Schall/Theusinger/Pour Rafsendjani
Lieferkettensorgfaltspflichtengesetz
De Gruyter Kommentar

Schall/Theusinger/Pour Rafsendjani

Lieferkettensorgfaltspflichtengesetz

Kommentar

herausgegeben von
Alexander Schall, Professor
Ingo Theusinger, Rechtsanwalt
Mansur Pour Rafsendjani, Rechtsanwalt

bearbeitet von
Dr. Jacob Böhringer; Carsten Bringmann; Karolin Fitzer; Dr. Philipp Gergen, LL.M. (Exeter);
Alida Gölz; Prof. Dr. Axel Halfmeier, LL.M. (Michigan); PD Dr. Franziska Humbert, LL.M. UCL (London);
Dr. Sebastian Merkel; David Merz; Dr. Mansur Pour Rafsendjani; Anette Purucker;
Prof. Dr. Alexander Schall; Prof. Dr. Johannes Schäffer; Stefan Stitteneder; Dr. Ingo Theusinger;
Patrick Velte

DE GRUYTER

Zitiervorschlag: z.B. Halfmeier in Schall/Theusinger/Pour Rafsendjani LkSG § 11 Rn. 2

ISBN 978-3-11-078895-2
e-ISBN (PDF) 978-3-11-078897-6
e-ISBN (E-PUB) 978-3-11-078899-0

Library of Congress Control Number: 2023936238

Bibliografische Information der Deutschen Nationalbibliothek
Die Deutsche Nationalbibliothek verzeichnet diese Publikation in der Deutschen Nationalbibliografie; detaillierte bibliografische Daten sind im Internet über http://dnb.dnb.de abrufbar.

Satz: Meta Systems Publishing & Printservices GmbH, Wustermark
Druck und Bindung: CPI books GmbH, Leck

www.degruyter.com

Bearbeiterverzeichnis

Dr. Jacob Böhringer ist Rechtsanwalt bei der Rechtsanwaltskanzlei Eckstein & Kollegen in München. Er verteidigt und vertritt deutsche und internationale Unternehmen, Vorstände und Aufsichtsräte, leitende Mitarbeiter und Privatpersonen in strafrechtlichen Ermittlungsverfahren oder Bußgeldverfahren gegenüber Staatsanwaltschaft, Verwaltungsbehörden, Steuer- und Zollfahndung und Gerichten.

Carsten Bringmann ist Rechtsanwalt und Associated Partner im Düsseldorfer Büro der Rechtsanwaltskanzlei Noerr Partnerschaftsgesellschaft mbB. Er berät umfassend in sämtlichen Bereichen des öffentlichen Wirtschaftsrechts, wobei ein besonderer Schwerpunkt seiner Tätigkeit auf dem Verwaltungs- und Vergaberecht sowie der Compliance-Beratung im öffentlichen Sektor liegt. Neben seiner Tätigkeit als Rechtsanwalt ist Carsten Bringmann seit 2017 Lehrbeauftragter an der Bergischen Universität Wuppertal für Europäisches Wirtschaftsrecht.

Karolin Fitzer ist Rechtsanwältin und Associated Partner im Frankfurter Büro der Rechtsanwaltskanzlei Noerr Partnerschaftsgesellschaft mbB. Sie berät nationale und internationale Mandanten in allen Arten von Compliance-Angelegenheiten und begleitet Unternehmen in strafrechtlichen Ermittlungs- und Bußgeldverfahren. Karolin Fitzer berät zudem Unternehmen bei der Implementierung und Überprüfung von menschenrechts- und umweltbezogenen Maßnahmen mit dem Ziel der Lieferketten-Compliance.

Dr. Philipp Gergen, LL.M. (Exeter) ist Rechtsanwalt und Associated Partner im Frankfurter Büro der Rechtsanwaltskanzlei Noerr Partnerschaftsgesellschaft mbB. Er berät umfassend auf dem Gebiet der Compliance, unter anderem zur Implementierung von menschenrechts- oder umweltbezogenen Compliance-Maßnahmen. Ein weiterer Schwerpunkt seiner Tätigkeit bilden komplexe behördliche und interne Untersuchungen. Daneben verfügt Philipp Gergen über vertiefte Erfahrungen im Bank- und Kapitalmarktrecht und als Prozessanwalt vor deutschen Gerichten.

Alida Gölz ist Rechtsanwältin und Associated Partner im Münchner Büro der Rechtsanwaltskanzlei Noerr Partnerschaftsgesellschaft mbB. Sie berät im Bereich Compliance & Interne Untersuchungen zu allen Fragestellungen der präventiven und repressiven Compliance und begleitet Unternehmen in strafrechtlichen Ermittlungs- und Bußgeldverfahren. Ein Schwerpunkt ihrer Beratungstätigkeit liegt in der Entwicklung und Einführung nachhaltiger Compliance-Programme und der Optimierung bereits bestehender Compliance-Strukturen. Alida Gölz verfügt zudem über besondere Erfahrung in der Beratung zu außenwirtschaftsrechtlichen und geldwäscherechtlichen Fragestellungen.

Prof. Dr. Axel Halfmeier, LL.M. (Michigan), ist Inhaber des Lehrstuhls für Bürgerliches Recht, Rechtsvergleichung sowie internationales Privat- und Verfahrensrecht an der Leuphana Universität Lüneburg, wo er derzeit auch Dekan der Fakultät Staatswissenschaften ist und an dem Modellstudiengang Master Rechtswissenschaft mitwirkt. In der Forschung beschäftigt er sich insbesondere mit dem kollektiven Rechtsschutz sowie mit der Frage nach einem nachhaltigen Privatrecht.

PD Dr. LL.M. UCL (London) Franziska Humbert ist Rechtsanwältin und leitet bei der internationalen Nichtregierungsorganisation Oxfam in Deutschland in Berlin das Just Economies Team. Seit 2008 arbeitet und publiziert sie zum Thema unternehmerische Sorgfaltspflichten, insbesondere zur Ausgestaltung eines Lieferkettengesetzes sowohl auf deutscher als auch auf EU-Ebene, wozu sie auch bei der Leuphana-Universität in Lüneburg doziert. Ihre wissenschaftlichen Schwerpunkte sind transnationale Verfassungstheorie, Wirtschaftsvölkerrecht und Menschenrechte.

Dr. Sebastian Merkel, derzeit Referendar am Hanseatischen OLG Hamburg, zuvor wissenschaftlicher Mitarbeiter bei der Sozietät Renzenbrink & Partner im Gesellschaftsrecht. Promotion bei Prof. Dr. Alexander Schall, M.Jur. (Oxford) im Forschungsfeld des Deliktsrechts und dessen Anwendbarkeit in Konzernlagen.

David Merz ist General Counsel/ Chief Compliance Officer der BayWa AG und verfügt über 10 Jahre Erfahrung im Hinblick auf die rechtliche Beratung börsennotierter Unternehmen. Er ist spezialisiert auf die Einführung und Verbesserung von Management Systemen in den Bereichen Compliance, ESG, Geldwäscheprävention, Informationssicherheit, Datenschutz, Sanktionsrecht.

Dr. Mansur Pour Rafsendjani ist Rechtsanwalt und Partner im Münchner Büro der Rechtsanwaltskanzlei Noerr Partnerschaftsgesellschaft mbB. Er ist seit mehr als 25 Jahren in der internationalen Rechtsberatung tätig. Zusammen mit seinem Team berät er fachgebiets- und standortübergreifend im Bereich des Handels-, Vertriebs- und Logistikrechts,

https://doi.org/10.1515/9783110788976-202

insbesondere auch zu menschenrechtlichen und umweltbezogenen Aspekten entlang der Lieferkette. Als Mitglied der Digital Business Group befasst er sich auch intensiv mit Rechtsfragen der Digitalisierung der Supply Chain.

Anette Purucker ist Rechtsanwältin bei der Rechtsanwaltskanzlei AssmannPeiffer Partnerschaft von Rechtsanwälten mbB in München. Neben der Beratungstätigkeit im Energierecht liegen ihre Forschungsinteressen insbesondere im Umwelt- und Völkerrecht.

Prof. Dr. Alexander Schall, M.Jur. (Oxford), ist Universitätsprofessor für Deutsches, Europäisches und Internationales Privat- und Unternehmensrecht sowie Rechtvergleichung an der Staatswissenschaftlichen Fakultät der Leuphana Universität Lüneburg. Er publiziert national wie international und befasst sich seit geraumer Zeit mit Fragen der Menschenrechtscompliance im Gesellschaftsrecht. Er fungiert unter anderem als Mitherausgeber des Heidel/Schall, HGB, des Reinhard/Schall, SchVG, des Vicari/Schall, Company Laws of the EU, der Zeitschrift European Company and Case Law (ECCL) sowie der kommenden neunten Auflage des Hachenburg, GmbHG.

Prof. Dr. Johannes Schäffer ist Professor für Öffentliches Wirtschaftsrecht, insbesondere Außenwirtschaftsrecht, an der Hochschule für Wirtschaft und Recht in Berlin. Er forscht zu sanktions-, exportkontroll-, investitionskontroll- und zollrechtlichen Themen einschließlich Fragen „strategischer Autonomie" in Außenhandelsbeziehungen sowie zu lieferkettenbezogener Gesetzgebung.

Stefan Stitteneder ist Head of Compliance bei der BayWa AG und verfügt über 10 Jahre Erfahrung in der Gestaltung und Umsetzung von Geschäftsprozessen zur Erfüllung gesetzlicher und regulatorischer Anforderungen. Seine Spezialisierung liegt auf der Identifikation von Risiken u.a. im Nachhaltigkeitsmanagement und der Integration von Maßnahmen in die Steuerungssysteme von Unternehmen.

Dr. Ingo Theusinger ist Rechtsanwalt und Partner im Düsseldorfer Büro der Rechtsanwaltskanzlei Noerr Partnerschaftsgesellschaft mbB. Er berät zu Corporate Governance-Fragen und allen Fragen des Kapitalgesellschaftsrechts, insbesondere des Aktienrechts. Dabei liegt einer seiner Beratungsschwerpunkte auf der Beratung zu nachhaltiger Unternehmensführung. Zudem verfügt er über umfassende Erfahrungen bei der präventiven und repressiven Compliance-Beratung. Er hat Unternehmen insbesondere bei der Einführung und Verbesserung von Compliance-Management-Systemen beraten.

Patrick Velte ist Universitätsprofessor für Betriebswirtschaftslehre, insbesondere Accounting, Auditing & Corporate Governance an der Leuphana Universität Lüneburg. Er forscht zu den Bereichen Unternehmensberichterstattung, Abschlussprüfung sowie Unternehmensführung aus einer nachhaltigkeitsorientierten Perspektive. Ein besonderer Fokus richtet sich an die (integrierte) Nachhaltigkeits- und Corporate Governance-Berichterstattung und ihre Überwachung.

Vorwort

Das LkSG regelt die menschenrechtlichen Sorgfaltspflichten in den Lieferketten von Unternehmen. Damit setzt es die Selbstverpflichtung der Bundesrepublik Deutschland um, die UN-Leitprinzipien für Wirtschaft und Menschenrecht („Ruggie-Principles“) aus dem Jahre 2011 zu implementieren. Das LkSG ist eines der wirkmächtigsten Wirtschaftsgesetze der jüngeren Geschichte. Es ist als Kompromiss von Gesinnungs- und Verantwortungsethik zum Ende der Ära Merkel nach zähem Ringen verabschiedet worden und am 1. Januar 2023 in Kraft getreten. Die menschenrechtliche und umweltrechtliche Sorgfaltspflicht hält die erfassten Unternehmen weltweit zur Verhinderung von Menschenrechts- und Umweltverstößen an. Das stellt die Wirtschaftspraxis vor große Herausforderungen.

Das LkSG ist insofern auch eine Antwort auf die Globalisierung. Der Beitritt Chinas zur WTO im Jahre 2001 und die weltweite Öffnung der Kapitalmärkte haben in nie dagewesenem Ausmaß zu arbeitsteiligem Wirtschaften rund um den Globus geführt. Wurden zuvor im globalen Süden lediglich Rohstoffe gesourct, sind mittlerweile die Lieferketten praktisch aller industriellen Massenprodukte des täglichen Konsums internationalisiert. Diese Entwicklung war politisch gewollt. Sie sollte zur weltweiten Wohlstandssteigerung beitragen und hat das insgesamt auch getan. Im Lauf der Zeit traten aber auch die Schattenseiten der Globalisierung immer deutlicher hervor. Die kühle Marktlogik des geringsten Preises (vor allem für den Produktionsfaktor Arbeit) führte eben nicht automatisch zum Obsiegen des „besten“, da effizientesten Wettbewerbers, wie sich das die Ökonomen in ihren Modellen erdacht hatten, sondern infolge der völlig unterschiedlichen regulatorischen Rahmenbedingungen oft genug zu einem „race to the bottom“ auf Kosten der Menschen in den Low-cost-Ländern des globalen Südens ging. Diese Entwicklung war auch begleitet von Kinderarbeit, Zwangsarbeit und Sklaverei, Umweltzerstörung, Vertreibungen, Verfolgung politischer oder gewerkschaftlicher Aktivisten, gemeingefährlichen Arbeitsbedingungen. Die Liste ist lang und traurig. Sie hat zu einem tiefgreifenden Bewusstseinswandel geführt. Die aufgeklärten Zivilgesellschaften des Westens wollen diese Zustände nicht mehr ertragen. Mit dem LkSG hat Deutschland bereits jetzt reagiert, noch bevor die Corporate Sustainability Due Diligence Directive in Europa für ein level playing field sorgen wird.

Das LkSG markiert den Übergang von Soft zu Hard Law. Das erklärt seine neuralgische Dogmatik. Die Verantwortung von „Unternehmen“ für Menschenrechte als moralisches Prinzip zu formulieren ist etwas anderes als eine justitiable Sorgfaltspflicht zu formulieren, die sich an konkrete Rechtsträger im Konzern zu richten hat. Dazu kommt das eigenartige Novum einer Sorgfaltspflicht in Form einer „Bemühenspflicht“, die nicht mit ziviler Haftung bewehrt ist, sondern im Verwaltungswege und mit Geldbußen durchgesetzt wird. Dabei findet sie zumindest gegenüber den Zulieferern auf der Upstream-Seite ihren tieferen Grund nicht, wie die deliktischen Verkehrspflichten, in der Herrschaft über eine Gefahrenquelle, sondern in zwei anderen altehrwürdigen Rechtsprinzipien: zum einen das Verbot, sich aus dem Schaden Dritter zu bereichern, zum anderen das der unterlassenen Hilfeleistung verwandte Gebot, Menschenrechtsverletzungen durch Dritte unter Mobilisierung aller verfügbaren Einflussmöglichkeiten entgegen zu wirken.

Das LkSG betritt aber nicht nur mit seinen Pflichten Neuland, sondern berührt überdies auch so grundverschiedene Rechtsgebiete wie das Völkerrecht, das Gesellschaftsrecht, das Verwaltungsverfahrensrecht, das Sanktionenrecht sowie Einrichtung und Betrieb von Compliance-Management-Systemen. Daher haben wir uns als Herausgeber zusammengefunden und ein Team profilierter Experten und Expertinnen aus Wissenschaft und Praxis um uns geschart, mit welchen wir das hochkomplexe LkSG in seiner gesamten Bandbreite wissenschaftlich durchdringen und für die Rechtspraxis der Unternehmen, NGOs, Berater, Behörden und Gerichte erschließen wollen. Im Kern stehen zwei mit der Thematik bestens vertraute Institutionen. Die Leuphana versteht sich als Universität der Zivilgesellschaft des 21. Jahrhunderts und befasst sich seit vielen Jahren mit Fragen der Nachhaltigkeit. Durch die Kooperation mit einer der führenden deutschen Wirtschaftskanzleien ist es gelungen, sämtliche unterschiedliche Facetten des LkSG mit einschlägiger Exper-

https://doi.org/10.1515/9783110788976-203

tise zu beleuchten. Wir hoffen und glauben, dass uns damit ein attraktives Angebot für unsere Leserschaft gelungen ist, deren Wünsche und Anregungen wir gerne entgegennehmen.

Ihre
Herausgeber

Inhaltsverzeichnis

Abkürzungsverzeichnis

%	Prozent
€	Euro
§	Paragraph
°C	Grad Celsius
a.A.	andere Ansicht
a.E.	am Ende
a.F.	alte Fassung
ABl.	Amtsblatt
Abs.	Absatz
AEUV	Vertrag über die Arbeitsweise der Europäischen Union
AG	Aktiengesellschaft
AktG	Aktiengesetz
Alt.	Alternative
amtl. Slg.	amtliche Sammlung
ÄnderungsG	Änderungsgesetz
ArbGG	Arbeitsgerichtsgesetz
Art.	Artikel
AuA	Auslegungs- und Anwendungshinweise
AUD	Australische Dollar
AÜG	Gesetz zur Regelung der Arbeitnehmerüberlassung
Az.	Aktenzeichen
BaWü	Baden-Württemberg
BAFA	Bundesamts für Wirtschaft und Ausfuhrkontrolle
BaFin	Bundesanstalt für Finanzdienstleistungen
BBiG	Berufsbildungsgesetz
Begr.	Begründung
Beschl.	Beschluss
BetrVG	Betriebsverfassungsgesetz
BGB	Bürgerliches Gesetzbuch
BGBl.	Bundesgesetzblatt
BGH	Bundesgerichtshof
BImSchG	Bundes-Immissionsschutzgesetz
BMAS	Bundesministerium für Arbeit und Soziales
BR	Bundesrat
BR-Drs.	Bundesrat-Drucksache
bspw.	bespielweise
BT-Drs.	Bundestag-Drucksache
BVerfG	Bundesverfassungsgericht
BVerwG	Bundesverwaltungsgericht
BVerwGE	Bundesverwaltungsgerichtsentscheidung
BVwVfG	Verwaltungsverfahrensgesetz (Bund)
bzgl.	bezüglich
bzw.	beziehungsweise
CDU	Christlich Demokratische Union
CEF	Continuous Ecological Functionality-measures (Maßnahmen zur dauerhaften Sicherung der ökologischen Funktion)
CNG	Compressed Natural Gas (Erdgas)
CO_2	Kohlendioxid
COSO	Committee of Sponsoring Organizations of the Treadway Commission
CSDD-E	Corporate Sustainability Due Diligence Directive

https://doi.org/10.1515/9783110788976-205

CSR	Corporate Social Responsibility
CSRD	Corporate Sustainability Reporting Directive
CSU	Christlich-Soziale Union
d.h.	das heißt
dena	Deutsche Energie-Agentur GmbH
DLR	Deutsches Zentrum für Luft- und Raumfahrt e. V.
DNK	Deutsches Nachhaltigkeitskodex
DÖV	Die Öffentliche Verwaltung (Zeitschrift)
DS-GVO	Datenschutz-Grundverordnung
DVBl.	Deutsches Verwaltungsblatt
EEG NW	Enteignungs- und Entschädigungsgesetz Nordrhein-Westfalen
EEG	Erneuerbare-Energien-Gesetz
EFRAG	European Financial Reporting Advisory Group
EG	Europäische Gemeinschaft
EKI	Europäische kritische Infrastrukturen
endg.	endgültig
EnLAG	Energieleitungsausbaugesetz
EntGBbg	Enteignungsgesetz des Landes Brandenburg
EL	Ergänzungslieferung
EMAS	Gemeinschaftssystem für das Umweltmanagement und die Umweltbetriebsprüfung
EN	Europäische Norm
ENTSO-E	European Network of Transmission System Operators for Electricity
EnWG	Energiewirtschaftsgesetz
EnWR-NRG	Gesetz zur Neuregelung des Energiewirtschaftsrechts
EnWZ	Zeitschrift für das gesamte Recht der Energiewirtschaft
EP	Europäisches Parlament
EPSKI	Europäisches Programm für den Schutz kritischer Infrastrukturen
ER	EnergieRecht (Zeitschrift)
Erg. Lief.	Ergänzungslieferung
ESG	Environment Social Governance
et	Energiewirtschaftliche Tagesfragen (Zeitschrift)
etc.	et cetera
EU	Europäische Union
EuGH	Europäischer Gerichtshof
EUR	Euro
EurUP	Zeitschrift für Europäisches Umwelt- und Planungsrecht
EUV	Vertrag über die Europäische Union
f./ff.	folgende/fortfolgende
FAQ-LkSG	Fragen und Antworten zum Lieferkettengesetz
FDP	Freie Demokratische Partei
Fn	Fußnote
GA	Gutachten
GBP	Pfund Sterling
GeschGehG	Geschäftsgeheimnisgesetz
gem.	gemäß
GG	Grundgesetz
ggf.	gegebenenfalls
GmbH	Gesellschaft mit beschränkter Haftung
GmbHG	Gesetz betreffend die Gesellschaften mit beschränkter Haftung
GRI	Global Reporting Initiative

h.M.	herrschende Meinung
HGB	Handelsgesetzbuch
Hs.	Halbsatz
i.d.F.	in der Fassung
i.d.R.	in der Regel
i.E.	im Ergebnis; im Erscheinen
i.V.m.	in Verbindung mit
IDW PS	Institut der Wirtschaftsprüfer in Deutschland e. V. Prüfungsstandard
IFG	Gesetz zur Regelung des Zugangs zu Informationen des Bundes
IFRS	International Financial Reporting Standards
ILO	International Labour Organization
ISO	International Organization for Standardization
ISSB	International Sustainability Standards Board
km	Kilometer
KMU	Kleine und mittlere Unternehmen
KSchG	Kündigungsschutzgesetz
KWG	Gesetz über das Kreditwesen
LG	Landgericht
li. Sp.	linke Spalte
lit.	literatura
LkSG	Lieferkettensorgfaltspflichtengesetz
m	Meter
m. Anm.	mit Anmerkungen
m.w.N.	mit weiteren Nachweisen
MitbestG	Gesetz über die Mitbestimmung der Arbeitnehmer
mm	Millimeter
MW	Megawatt
NAP	Nationaler Aktionsplan für Wirtschaft und Menschenrechte
n.F.	neue Fassung
NGO	Nichtregierungsorganisation
Nr.	Nummer
NRW	Nordrhein-Westfalen
o.ä.	oder ähnliches
o.g.	oben genannt
OECD	Organisation for Economic Cooperation and Development
OLG	Oberlandesgericht
OVG	Oberverwaltungsgericht
OWiG	Gesetz über Ordnungswidrigkeiten
RL	Richtlinie
Rn.	Randnummer
Rspr.	Rechtsprechung
S.	Seite/-n
sog.	sogenannte(r)
std. Rspr.	ständige Rechtsprechung
StGB	Strafgesetzbuch

u.a.	unter anderem
u.E.	unseres Erachtens
u.g.	unten genannt
u.U.	unter Umständen
Urt.	Urteil
usw.	und so weiter
UWG	Gesetz gegen den unlauteren Wettbewerb
v.	von
v.a.	vor allem
Var.	Variante
Verf.	Verfasser
VG	Verwaltungsgericht
VGH	Verwaltungsgerichtshof
vgl.	vergleiche
VN	Vereinte Nationen
VO	Verordnung
VwGO	Verwaltungsgerichtsordnung
VwVfG	Verwaltungsverfahrensgesetz
z.B.	zum Beispiel
z.T.	zum Teil
Ziff.	Ziffer

Literaturverzeichnis

Altmeppen, Holger	Kommentar zum Gesetz betreffend die Gesellschaft mit beschränkter Haftung, 11. Auflage (2023).
Bay, Karl-Christian / Hastenrath, Katharina (Hrsg.)	Compliance-Management-Systeme, 3. Auflage (2022).
Boos, Karl-Heinz / Fischer, Reinfrid / Schulte-Mattler, Hermann (Hrsg.)	Kommentar zu KWG, VO (EU) Nr. 575/2013 (CRR) und Ausführungsvorschriften, 5. Auflage (2016).
Born, Manfred / Ghassemi-Tabar, Nima / Gehle, Burkhard (Hrsg.)	Münchener Handbuch des Gesellschaftsrechts, Band 7, 6. Auflage (2020).
Bungenberg, Marc / Schelhaas, Stefan	BeckOK Vergaberecht, 24. Edition (Stand: 30.4.2022).
Bürkle, Jürgen (Hrsg.)	Compliance in Versicherungsunternehmen, 3. Auflage, (2020).
Depping, André/Walden, Daniel (Hrsg.)	LkSG, 1. Auflage (2022).
Emmerich, Volker / Habersack, Mathias / Schürnbrand, Jan	Kommentar zum Aktien- und GmbH- Konzernrecht, 10. Auflage (2022).
Ennuschat, Jörg / Wank, Rolf / Winkler, Daniela (Hrsg.)	Gewerbeordnung, 9. Auflage (2020).
Fleischer, Holger / Goette, Wulff (Hrsg.)	Münchener Kommentar zum GmbHG, Band 1 §§ 1–34 GmbHG, 4. Auflage (2022).
Fuhlrott, Michael / Hiéramente, Mayeul	Gesetz zum Schutz von Geschäftsgeheimnissen, 11. Edition, (Stand: 15.3.2022).
Gehling, Christian / Ott, Nicolas (Hrsg.)	LkSG Kommentar, 1. Auflage (2022).
Gesellschaftsrechtliche Vereinigung (Hrsg.)	Gesellschaftsrecht in der Diskussion 2021, 1. Auflage (2022).
Goette, Wulf / Habersack, Mathias / Kalss, Susanne (Hrsg.)	Münchener Kommentar zum Aktiengesetz, Band 1 §§ 1–75, 5. Auflage (2019).
Dies.	Münchener Kommentar zum Aktiengesetz, Band 5 §§ 278–328, SpruchG, ÖGesAusG, Österreichisches Konzernrecht, 5. Auflage (2020).
Grabosch, Robert (Hrsg.)	Das neue Lieferkettensorgfaltspflichtengesetz, 1. Auflage (2021).
Grigoleit, Hans Christoph	Aktiengesetz Kommentar, 2. Auflage (2020).
Grottel, Bernd / Justenhoven, Petra / Schubert, Wolfgang / Störk, Ulrich	Beck'scher Bilanzkommentar, 13. Auflage (2022).
Gsell, Beate / Krüger, Wolfgang / Lorenz, Stephan, Reymann, Christoph (Ges.hrsg.)	beck-online Grosskommentar zum BGB (Stand: 1.11.2022).
Habersack, Mathias / Henssler, Martin (Hrsg.)	Mitbestimmungsrecht, 4. Auflage (2018).
Hachenburg,	siehe *Ulmer, Peter* (Hrsg.).
Hauschka, Christoph E./Moosmayer, Klaus / Lösler, Thomas (Hrsg.)	Corporate Compliance, 3. Auflage (2016).
Harings, Lothar / Jürgens, Max	Das Lieferkettensorgfaltspflichtengesetz – Umsetzung und Auswirkungen des LkSG in der Praxis, 1. Auflage (2022).
Hau, Wolfgang / Poseck, Roman (Hrsg.)	BeckOK BGB, 64. Edition (Stand: 1.11.2022).
Hopt, Klaus	Beck'scher Kurzkommentar Handelsgesetzbuch, 42. Auflage (2023).
Heidel, Thomas / Schall, Alexander,	HGB Handkommentar, 3. Auflage (2020).
Heidinger, Andreas / Leible, Stefan / Schmidt, Jessica (Hrsg.)	Kommentar zum Gesetz betreffend die GmbH, 3. Auflage (2017).
Hembach, Holger	Praxisleitfaden Lieferkettensorgfaltspflichtengesetz, 1. Auflage (2022).

https://doi.org/10.1515/9783110788976-206

Hirte, Heribert / Mülbert, Peter / Roth, Markus	Großkommentar Aktiengesetz, 5. Auflage (2016).
Hopt, Klaus	Beck'sche Kurzkommentare HGB, 42. Auflage (2023).
Immenga, Ulrich / Mestmäcker, Ernst-Joachim	Wettbewerbsrecht, Band 3 Fusionskontrolle, 6. Auflage (2020).
Jarass, Hans	Bundes-Immissionsschutzgesetz Kommentar, 12. Auflage (2017).
Jauerning, Othmar	siehe bei *Stürner, Rolf* (Hrsg.).
Johann, Christian / Sangi, Roya (Hrsg.)	LkSG Handkommentar, 1. Auflage (2022).
Kark, Andreas,	Compliance-Risikomanagement, 2. Auflage (2019).
Keller, Erhard / Schönknecht, Marcus / Glinke, Anna	Gesetz zum Schutz von Geschäftsgeheimnissen, 1. Auflage (2021).
Klindt, Thomas	Produktsicherungsgesetz, 3 Auflage (2021).
Koch, Hans-Joachim / Hofmann, Ekkehard / Reese, Moritz (Hrsg.)	Handbuch Umweltrecht, 5. Auflage (2018).
Koch, Jens (Hrsg.)	Aktiengesetz, 16. Auflage (2022).
Kubis, Dietmar / Tödtmann, Ulrich (Hrsg.)	Arbeitshandbuch für Vorstandsmitglieder, 3. Auflage (2022).
Lutter, Marcus / Bayer, Walter (Hrsg.)	Holding-Handbuch, 6. Auflage (2020).
Mehrbrey, Kim Lars	Streitigkeiten beim Unternehmenskauf, 2. Auflage (2022).
Michalski	siehe *Heidinger, Andreas / Leible, Stefan / Schmidt, Jessica* (Hrsg.).
Musielak, Hans-Joachim / Voit, Wolfgang	Kommentar Zivilprozessordnung mit Gerichtsverfassungsgesetz, 19. Auflage (2022).
Moosmayer, Klaus (Hrsg.)	Compliance-Risikoanalyse – Praxisleitfaden für Unternehmen, 2. Auflage (2020).
Moosmayer, Klaus	Compliance – Praxisleitfaden für Unternehmen, 4. Auflage (2021).
Nietsch, Michael (Hrsg.)	Corporate Social Responsibility Compliance, 1. Auflage (2021).
Noack, Ulrich / Servatius, Wolfgang / Haas, Ulrich (Hrsg.)	Beck'scher Kurzkommentar GmbHG, 23. Auflage (2022).
Oppenländer, Frank / Trölitzsch, Thomas (Hrsg.)	Praxishandbuch der GmbH-Geschäftsführung, 3. Auflage (2020).
Grüneberg, Christian	Becksche Kurzkommentare Bürgerliches Gesetzbuch, 82. Auflage (2023).
Prinz, Ulrich / Winkeljohann, Norbert (Hrsg.)	Beck'sches Handbuch der GmbH, 6. Auflage (2021).
Pünder, Hermann / Schellenberg, Martin (Hrsg.)	Vergaberecht, 3. Auflage (2019).
Rauscher, Thomas / Krüger, Wolfgang (Hrsg.)	Münchener Kommentar zur Zivilprozessordnung mit Gerichtssverfassungsgesetz und Nebengesetzen, Band 1, 6. Auflage (2020).
Richardi, Reinhard (Hrsg.)	Betriebsverfassungsgesetz, 17. Auflage (2021).
Schack, Haimo	Internationales Zivilverfahrensrecht, 8. Auflage (2021).
Schmidt, Karsten / Lutter, Marcus (Hrsg.)	AktG Kommentar, 4. Auflage (2020).
Schönke, Adolf / Schrönke, Horst	Kommentar zum Strafgesetzbuch, 30. Auflage (2019).
Schwark, Eberhard / Zimmer, Daniel	Kapitalmarktrechtskommentar, 5. Auflage (2020).
Säcker, Franz Jürgen / Rixecker, Roland / Oetker, Hartmut / Limpberg, Bettina (Hrsg.)	Münchner Kommentar zum Bürgerlichen Gesetzbuch, Band 1, Allgemeiner Teil, §§ 1–240 AllgPersR, ProstG, AGG, 9. Auflage (2021).
Dies.	Münchner Kommentar zum Bürgerlichen Gesetzbuch, Band 4, Schuldrecht Besonderer Teil I, §§ 433–534 8. Auflage (2019).
Dies.	Münchner Kommentar zum Bürgerlichen Gesetzbuch, Band 7, Schuldrecht Besonderer Teil IV, §§ 705–853 PartGG, ProdHaftG, 8. Auflage (2020).
Spindler, Gerald / Stilz, Eberhard (Hrsg.)	beck.online Grosskommentar AktG (Stand: 1.1.2023).
Staudinger, Julius v.	Kommentar zum Bürgerlichen Gesetzbuch, Buch 2: Recht der Schuldverhältnisse: §§ 830–833 (Unerlaubte Handlungen) (2017).

Stürner, Rolf (Hrsg.)	Bürgerliches Gesetzbuch, Kommentar, 18. Auflage (2021).
Ulmer, Peter (Hrsg.)	Gesetz betreffend die Gesellschaften mit beschränkter Haftung (GmbH) Großkommentar, Band 1, 8. Auflage (1992).
Vicari, Andrea / Schall, Alexander (Hrsg.)	Company Laws of the EU, 1. Auflage (2020).
Wagner, Eric / Ruttloff, Marc / Wagner, Simon (Hrsg.)	Das Lieferkettensorgfaltspflichtengesetz in der Unternehmenspraxis, 1. Auflage (2022).
Ziekow, Jan / Völlink, Uwe-Carsten (Hrsg.)	Vergaberecht, 4. Auflage (2020).
Ziemons, Hildegard / Jaeger, Carsten / Pöschke, Moritz (Hrsg.)	BeckOK GmbHG, 54. Edition, (Stand: 1.11.2022).

ABSCHNITT 1 **Allgemeine Bestimmungen**

§ 1 Anwendungsbereich

(1) [1]Dieses Gesetz ist anzuwenden auf Unternehmen ungeachtet ihrer Rechtsform, die

1. ihre Hauptverwaltung, ihre Hauptniederlassung, ihren Verwaltungssitz oder ihren satzungsmäßigen Sitz im Inland haben und

2. in der Regel mindestens 3 000 Arbeitnehmer im Inland beschäftigen; ins Ausland entsandte Arbeitnehmer sind erfasst.

[2]Abweichend von Satz 1 Nummer 1 ist dieses Gesetz auch anzuwenden auf Unternehmen ungeachtet ihrer Rechtsform, die

1. eine Zweigniederlassung gemäß § 13d des Handelsgesetzbuchs im Inland haben und

2. in der Regel mindestens 3 000 Arbeitnehmer im Inland beschäftigen.

[3]Ab dem 1. Januar 2024 betragen die in Satz 1 Nummer 2 und Satz 2 Nummer 2 vorgesehenen Schwellenwerte jeweils 1 000 Arbeitnehmer.

(2) Leiharbeitnehmer sind bei der Berechnung der Arbeitnehmerzahl (Absatz 1 Satz 1 Nummer 2 und Satz 2 Nummer 2) des Entleihunternehmens zu berücksichtigen, wenn die Einsatzdauer sechs Monate übersteigt.

(3) Innerhalb von verbundenen Unternehmen (§ 15 des Aktiengesetzes) sind die im Inland beschäftigten Arbeitnehmer sämtlicher konzernangehöriger Gesellschaften bei der Berechnung der Arbeitnehmerzahl (Absatz 1 Satz 1 Nummer 2) der Obergesellschaft zu berücksichtigen; ins Ausland entsandte Arbeitnehmer sind erfasst.

Schrifttum

Bauer/Kock Arbeitsrechtliche Auswirkungen des neuen Verbraucherschutzrechts, DB **2002** 42; *Bettermann/Hoes* Das Lieferkettensorgfaltspflichtengesetz – Besondere Pflichten für Kreditinstitute? BKR **2022** 23; *ders.* Der Entwurf der Europäischen Corporate Sustainability Due Diligence Richtlinie – Vergleich zum deutschen Lieferkettensorgfaltspflichtengesetz, WM **2022** 697; *Birkefeld/Schäfer* Praktische Hinweise zur Umsetzung des Lieferkettensorgfaltspflichtengesetz in Unternehmen der Lebensmittelwirtschaft, ZLR **2022** 444; *Bornkamm* Hoheitliches und unternehmerisches Handeln der öffentlichen Hand im Visier des europäischen Kartellrechts – Der autonome Unternehmensbegriff der Art. 81, 82 EG, FS Hirsch (2008) 231; *Brandes* Die Rechtsprechung des Bundesgerichtshofs zur GmbH, WM **1998** 1; *Brouwer* Noch viele offene Rechts- und Auslegungsfragen zum Lieferkettensorgfaltspflichtgesetz – Hinweise zum VCI-Diskussionspapier zur Umsetzung des LkSG, CCZ **2022** 137; *Cappel/Hund* Das Lieferkettensorgfaltspflichtengesetz – Ein Überblick über den Anwendungsbereich und die zentralen Regelungen, IWRZ **2022** 174; *Charnitzky/Weigel* Die Krux mit der Sorgfalt – Zu den Untiefen und der Unschärfe des neuen Lieferkettensorgfaltspflichtengesetzes aus Unternehmenssicht, RIW **2022** 12; *dies.* Die Krux mit der Sorgfalt (Teil 2) – Der Entwurf der Richtlinie zur unternehmerischen Sorgfalt in den Lieferketten, RIW **2022** 413; *Duden* Zur Mitbestimmung in Konzernverhältnissen nach dem Mitbestimmungsgesetz, ZHR **1977** 145; *Dutzi/Schneider/Hasenau* Lieferkettenregulierung und Risk Governance – Implikationen für die betriebliche Praxis und Kritik, DK **2021** 454; *Ehmann* Der Regierungsentwurf für das Lieferkettengesetz: Erläuterung und erste Hinweise zur Anwendung, ZVertriebsR **2021** 141; *Ehmann/Berg* Das Lieferkettensorgfaltspflichtengesetz (LkSG): ein erster Überblick, GWR **2021** 287; *Fleischer* Grundstrukturen der lieferkettenrechtlichen Sorgfaltspflichten, CCZ **2022** 205; *Frank/Edel/M. Heine/N. Heine* Pionierarbeiten in der Lieferkette, Praxisfolgen für das Handels- und Arbeitsrecht (Teil I), BB **2021** 2165; *dies.* Pionierarbeiten in der Lieferkette, Praxisfolgen für das Handels- und Arbeitsrecht (Teil II), BB **2021** 2890; *Fritz/Klaedtke* Lieferketten im Vergabeverfahren, Sofortige und zukünftige Änderungen durch das Lieferkettensorgfaltspflichtengesetz, NZBau **2022** 131; *Gehling/Ott/Lüneborg* Das neue Lieferkettensorgfaltspflichtengesetz – Umsetzung in der Unternehmenspraxis, CCZ **2021** 230; *Groß* Das „Lieferkettengesetz": umfassende Handlungspflichten und Notwendigkeit zur Anpassung der Compliance-Management-Systeme zeichnen sich ab, SPA **2021** 69; *Grothaus/Winter* Die Bedeutung des Lieferkettensorgfaltspflichtengesetzes für Kreditinstitute, DB Beilage **2022** 24; *Harings/Jürgens* Lieferkettengesetz: Aktueller Stand der Umsetzung, ExportManager **2022** 20; *Hermann/Rünz* Praktische Hinweise und Maßnahmen zur Umsetzung des Lieferkettensorgfaltspflichtengesetzes im Unternehmen, DB **2021** 3078; *Hromadka* Zur Auslegung des § 611 a BGG, Eine historisch-dogmatische Analyse, NZA **2018** 1583; *Hübner/Habrich/Weller* Corporate Sustainability Due Diligence, NZG **2022** 644; *Jungkind/Raspé/Terbrack* Unternehmensverantwortung in der Lieferkette, Das Lieferkettensorgfaltspflichtgesetz und seine Folgen für die Unternehmensorganisation, DK **2021** 445; *Kleinmann/Josenhans* „Blut ist dicker als Wasser": Familiäre Verbundenheit als Zurechnungsgrund in der deutschen Fusionskontrolle, BB **2003** 1341; *Klinner* Deutschland

https://doi.org/10.1515/9783110788976-001

gibt sich ein Lieferkettensorgfaltsgesetz, IWRZ **2021** 243; *Konzen* Der ‚Konzern im Konzern' im Mitbestimmungsrecht, ZIP **1984** 269; *Krause* Die Berücksichtigung von Leiharbeitnehmern bei den Schwellenwerten der Unternehmensmitbestimmung, ZIP **2014** 2209; *Krebs* Menschenrechtliche und umweltbezogene Sorgfaltspflicht: Der Wettlauf zwischen europäischer und deutscher Rechtssetzung, ZUR **2021** 394; *Krieger/Rudnik/Povedano Peramato* Homeoffice und Mobile Office in der Corona-Krise, NZA **2020** 473; *Lambrich/Reinhard* Schwellenwerte bei der Unternehmensmitbestimmung – Wann beginnt die Mitbestimmung, NJW **2014** 2229; *Leitzen* Die GmbH mit Verwaltungssitz im Ausland, NZG **2009** 728; *Löwisch* Unternehmensmitbestimmung im Mehrmütterkonzern, FS Schlechtriem (2003) 833; *Lutz-Bachmann/Vorbeck/Wengenroth* Nachhaltigkeitsbezogene Sorgfaltspflichten in Geschäftsbeziehungen – zum Entwurf der EU-Kommission für eine „Lieferkettenrichtlinie", BB **2022** 835; *Maul* Aktienrechtliches Konzernrecht und Gemeinschaftsunternehmen (GU), NZG **2000** 470; *H. Meilicke/W. Meilicke* Mitbestimmung im Konzern, BB **1978** 406; *Mittwoch/Bremenkamp* Das Lieferkettensorgfaltspflichtengesetz – Ein nachhaltiger Ordnungsrahmen für international tätige Marktakteure, KritV **2021** 207; *Nasse* Devoir de vigilance, Die neue Sorgfaltspflicht zur Menschenrechtsverantwortung für Großunternehmen in Frankreich, ZEuP **2019** 774; *Nietsch/Wiedmann* Der Regierungsentwurf eines Gesetzes über die unternehmerischen Sorgfaltspflichten in der Lieferkette, CCZ **2021** 101; *dies.* Adressatenkreis und sachlicher Anwendungsbereich des neuen Lieferkettensorgfaltspflichtengesetz, NJW **2022** 1; *Ott/Lüneborg/Schmelzeisen* Zur Anwendung des Lieferkettensorgfaltspflichtengesetzes im Konzern, DB **2022** 238; *Passarge* Zur Anwendung des Lieferkettensorgfaltspflichtengesetzes auf Konzerngesellschaften, CB **2021** 332; *Pils/Rünz/Schiffeholz* Lieferkettensorgfaltspflichtengesetz – Neues aus dem Arbeitsrecht, COMPLY **2022** 60; *Plemper/Damm* Gesetz über die unternehmerischen Sorgfaltspflichten in Lieferketten (LkSG), AW-Prax **2021** 455; *Querenet-Hahn/Babst* Sorgfaltspflichten für Unternehmen in Deutschland und Frankreich, DB **2022** 351; *Reinecke* Rechtsprechung des BAG zum Arbeitnehmerstatus – Eine kritische Bestandsaufnahme, NZA-RR **2016** 393; *Rieger* Neue Regeln für die Beurkundung von Verbraucherverträgen, MittBayNot **2022** 325; *Rittner* Die Ermittlung der Arbeitnehmerzahl nach § 9 MitbestG (8000) für schrumpfende Unternehmen, AG **1983** 99; *Rothenburg/Rogg* Die Umsetzung des Lieferkettensorgfaltspflichtengesetzes im Konzern, AG **2022** 257; *Rühl* Die Haftung von Unternehmen für Menschenrechtsverletzungen: Die französische *Loi de vigilance* als Vorbild für ein deutsches Wertschöpfungskettengesetz? FS Windbichler (2020) 413; *Schäfer* Das neue Lieferkettensorgfaltspflichtengesetz und seine Auswirkungen auf die Ernährungswirtschaft, ZLR **2022** 22; *Schall* Offene Zurechnungsfragen in der Lieferkette – zur Auslegung des § 2 Abs. 6 Satz 3 LkSG, NZG **2022** 1235; *Schmidt* Konzernunternehmen, Unternehmensgruppe und Konzern-Rechtsverhältnis – Gedanken zum Recht der verbundenen Unternehmen nach §§ 15 ff., 291 ff. AktG, FS Lutter (2000) 1167; *Schmidt-Räntsch* Sorgfaltspflichten der Unternehmen – Von der Idee über den politischen Prozess bis zum Regelwerk, ZUR **2021** 387; *Schumm* Das modifizierte Lieferkettensorgfaltspflichtengesetz (LkSG) und die Pflichten der Geschäftsleiter, StuB **2022** 894; *Seibt/Vesper-Gräske* Lieferkettensorgfaltspflichtengesetz, CB **2021** 357; *Spindler* Verantwortlichkeit und Haftung in Lieferketten – das Lieferkettensorgfaltspflichtengesetz aus nationaler und europäischer Perspektive, ZHR **2022** 67; *Stauder* Das neue Lieferkettengesetz und seine Auswirkungen auf Kreditinstitute, Finanz Colloquium Heidelberg **2022** 56; *Ulmer* Zur Berechnung der für die Anwendung des MitbestG auf Kapitalgesellschaften maßgebenden Arbeitnehmerzahl, FS Heinsius (1991) 855; *Valdini* Die Anwendung des Lieferkettensorgfaltspflichtengesetzes auf ausländische Unternehmen, BB **2021** 2955; *Wagner/Ruttloff* Das Lieferkettensorgfaltspflichtengesetz – Eine erste Einordnung, NJW **2021** 2145; *E. Wagner/Ruttloff/S. Wagner/Hahn* Der Entwurf des „Sorgfaltspflichtengesetzes", Neue Compliance-Herausforderungen für Unternehmen in der Lieferkette, CB **2021** 89.

Materialien

Art. 1 de la Loi n° 2017-399 du 27.3.2019 relative au devoir de vigilance des sociétés mères et des entreprises donneuses d'ordre, abrufbar unter https://www.legifrance.gouv.fr (zuletzt am 31.3.2023); BAFA Antwort III.2. FAQ-LkSG, Antwort III.4. FAQ-LkSG ; Antwort III.5. FAQ-LkSG, Antwort III.6. FAQ-LkSG, Antwort III.8. FAQ-LkSG, Antwort III.9. FAQ-LkSG, Antwort IV.1. FAQ-LkSG, Antwort IV.21. FAQ-LkSG, Antwort IV.3. FAQ-LkSG, Antwort IV.6. FAQ-LkSG, Antwort IV.8. FAQ-LkSG, Antwort VI.9. FAQ-LkSG (Stand: 27.2.2023), abrufbar unter https://www.bafa.de/DE/Lieferketten/Ueberblick/ueberblick_node.html;jsessionid=32B2821B8CA2CBF3B68DF1333DE4B67D.2_cid371 (zuletzt am 31.3.2023); Bundesverband der Deutschen Industrie e.V. und 27 weitere Verbände, Verbändebrief zum Sorgfaltspflichtengesetz vom 25.3.2021, S. 4 f., abrufbar unter https://bdi.eu/artikel/news/sorgfaltspflichtengesetz-kernprobleme-des-regierungsentwurfs-beheben-lieferketten-menschenrechte/ (zuletzt am 31.3.2023); Deutscher Anwaltverein Stellungnahme zum Regierungsentwurf eines Gesetzes über die unternehmerischen Sorgfaltspflichten in Lieferketten, 27/2021, S. 9, abrufbar unter https://anwaltverein.de/de/newsroom/sn-27-21-sorgfaltspflichtengesetz?file=files/anwaltverein.de/downloads/newsroom/stellungnahmen/2021/dav-sn-27-2021.pdf (zuletzt am 31.3.2023); Deutsche Kreditwirtschaft Stellungnahme zum Entwurf für ein Gesetz über die unternehmerischen Sorgfaltspflichten in Lieferketten, 4.5.2021, abrufbar unter https://die-dk.de/media/files/2021-05-04_DK-Stn_Sorgfaltspflichtengesetz_fin.pdf (zuletzt am 31.3.2023); Modern Slavery Act 2015, abrufbar unter https://www.legislation.gov.uk/ukpga/2015/30/contents/enacted (zuletzt am 31.3.2023); Modern Slavery Act 2018, abrufbar unter https://www.legislation.gov.au/Details/C2018A00153 (zuletzt am

31.3.2023); Wet van 24 oktober 2019 houdende de invoering van een zorgplicht ter voorkoming van de levering van goederen en diensten die met behulp van kinderarbeid tot stand zijn gekomen (Wet zorgplicht kinderarbeid), abrufbar unter https://zoek.officielebekendmakingen.nl/stb-2019-401.html (zuletzt am 31.3.2023).

Übersicht

A. Normzweck

1 § 1 LkSG bestimmt den Anwendungsbereich des LkSG. Das LkSG findet auf Unternehmen Anwendung, die in der Bundesrepublik Deutschland ansässig sind und in der Regel mehr als 3.000 Arbeitnehmer[1] beschäftigen (bzw. ab dem 1.1.2024 mehr als 1.000 Arbeitnehmer). Besondere Zurechnungsregelungen enthalten § 1 Abs. 2 LkSG für Leiharbeitnehmer und § 1 Abs. 3 LkSG für Arbeitnehmer innerhalb verbundener Unternehmen.

2 Das LkSG fokussiert sich auf größere Unternehmen und möchte zugleich zusätzliche Belastungen für kleine und mittlere Unternehmen vermeiden.[2] Es lässt sich jedoch nicht abstreiten, dass auch kleine und mittlere Unternehmen mittelbar vom LkSG betroffen sein werden bspw. über vertragliche Weitergabeklauseln (vgl. § 6 Abs. 2 Nr. 2 LkSG, *trickle-down* Effekt).[3] Es ist daher zu erwarten, dass weitaus mehr Unternehmen zukünftig die Sorgfaltspflichten nach dem LkSG zu erfüllen haben, als lediglich die von der Arbeitnehmerschwelle erfassten größeren Unternehmen, die der deutsche Gesetzgeber primär im Blick hatte.[4]

3 Maßgeblich ist die Anzahl der Arbeitnehmer, die ein Unternehmen in der Regel im Inland beschäftigt. Auf die im Gesetzgebungsverfahren vorgebrachten weiteren oder alternativen Anknüpfungspunkte, wie etwa die Umsatz- oder die Bilanzgröße, ging der Gesetzgeber nicht ein.[5] Man kann sich durchaus fragen, ob es überzeugend ist, allein an die Arbeitnehmerzahl anzuknüpfen bzw. ob die Arbeitnehmerzahl isoliert genügend aussagekräftig ist, ob und inwiefern Menschenrechte in der Lieferkette bedroht sein sollen.[6] Andere Rechtsrahmen, die die Sorgfaltspflichten in globalen Wertschöpfungsketten regeln, stellen nicht auf die Arbeitnehmeranzahl eines Unternehmens ab. So nimmt der Richtlinienvorschlag der Europäischen Union auf bilanzielle Kenngrößen eines Unternehmens Bezug.[7] Zu Recht wird daher kritisiert, dass andere Größen, wie etwa die Höhe der Umsatzerlöse im Anwendungsbereich des LkSG keine Rolle spielen.[8] Der Arbeitnehmerschwellenwert des LkSG fällt zudem weitaus höher aus als der Schwellenwert des Nationalen Aktionsplan für Wirtschaft und Menschenrechte, der auf lediglich 500 Beschäftigte abstellt.[9] Außerdem blendet der formalisierte Ansatz des LkSG das unmittelbare oder mittelbare Risikopotential eines Unternehmens innerhalb der Lieferkette aus.[10]

4 Betrachtet man ausländische Rechtsordnungen, ergibt sich ein unterschiedliches Bild. Das französische *Loi de vigilance*[11] knüpft ebenfalls an eine Arbeitnehmerschwelle an. In den Anwendungsbereich fällt jede Gesellschaft mit Sitz in Frankreich, die einschließlich ihrer inländischen Tochtergesellschaften mindestens 5.000 Arbeitnehmer beschäftigt oder die mit ihren im In- oder Ausland ansässigen Filialen mindestens 10.000 Arbeitnehmer hat.[12] Zudem erfasst das Gesetz nur

---

1 Anmerkung: Zur besseren Lesbarkeit wird auf die gleichzeitige Verwendung der Sprachformen männlich, weiblich und divers (m/w/d) verzichtet. Sämtliche Personenbezeichnungen gelten gleichermaßen für alle Geschlechter.

2 BT-Drs. 19/28649 S. 23.

3 *Ehmann/Berg* GWR **2021** 287, 292; *Jungkind/Raspé/Terbrack* DK **2021** 445, 446; *E. Wagner/Ruttloff/S. Wagner/Hahn* CB **2021** 89, 91; *Wagner/Ruttloff* NJW **2021** 2145, 2145.

4 *Seibt/Vesper-Gräske* CB **2021** 357, 357; *Groß* SPA **2021** 69.

5 *Krebs* ZUR **2021** 394, 395; *Deutscher Anwaltverein* Stellungnahme zum Regierungsentwurf eines Gesetzes über die unternehmerischen Sorgfaltspflichten in Lieferketten, 27/2021 S. 9.

6 *Gehling/Ott/Lüneborg* CCZ **2021** 230, 231; *Spindler* ZHR **186** (2022) 67, 74 m.w.N.; *Cappel/Hund* IWRZ **2022** 174, 174.

7 Richtlinienentwurf vom 23.2.2022, Proposal for a Directive of the European Parliament and of the Council on Corporate Sustainability Due Diligence and amending Directive (EU) 2019/1937, COM/2022/71 final.

8 *Ehmann* ZVertriebsR **2021** 141; *Deutscher Anwaltverein* Stellungnahme zum Regierungsentwurf eines Gesetzes über die unternehmerischen Sorgfaltspflichten in Lieferketten, 27/2021 S. 9.

9 *Schmidt-Räntsch* ZUR **2021** 387, 389; kritisch dazu *Krebs* ZUR **2021** 394, 395; *Krajeswi* Schriftliche Stellungnahme vom 12.5.2021, Deutscher Bundestag, Ausschuss für Arbeit und Soziales, Ausschussdrucks. 19(11)1118 S. 12.

10 *Nietsch/Wiedmann* NJW **2022** 1, 2.

11 Art. 1 de la Loi n° 2017-399 du 27.3.2019 relative au devoir de vigilance des sociétés mères et des entreprises donneuses d'ordre; ausführlich hierzu *Nasse* ZeuP **2019** 774; *Querenet-Hahn/Babst* CB **2022** 351.

12 Art. L. 225-102-4 I Abs. 1 C. Com ; Conseil constitutionnel, Décision n° 2017-750 DC, Rn. 3.

bestimmte Unternehmensformen.[13] Das niederländische *Wet Zorgplicht Kinderarbeid*[14] geht einen anderen Weg und erfasst alle in- und ausländischen Unternehmen, die Waren an niederländische Verbraucher liefern oder Dienstleistungen erbringen.[15] Der *Modern Slavery Act 2015*[16] wiederum findet auf Unternehmen Anwendung, die Produkte oder Dienstleistungen im Vereinigten Königreich anbieten und selbst oder durch Tochtergesellschaften eine Umsatzschwelle von weltweit 36 Mio. GBP erreichen.[17] Der australische *Modern Slavery Act* 2018[18] erfasst Unternehmen mit Sitz oder Aktivitäten in Australien und einem konsolidierten Umsatz von mehr als 100 Mio. AUD.[19] Zudem ist es ausreichend, wenn das Unternehmen in Australien eine Niederlassung („*place of business*") hat.[20] Das norwegische Transparenzgesetz knüpft an weitaus geringe Arbeitnehmerzahlen an, allerdings in Kombination mit Umsatz- oder Gewinnschwellen.[21]

B. Voraussetzungen

Das LkSG gilt für Unternehmen ungeachtet ihrer Rechtsform (I.), die im Inland ansässig sind (II.) 5
und in der Regel eine bestimmte Anzahl an Arbeitnehmern beschäftigen (III.).

I. Unternehmen

Das LkSG versteht unter „*Unternehmen*" einen rechtsformunabhängigen Sammelbegriff (1.). Dem- 6
entsprechend können insbesondere Unternehmen der Finanzwirtschaft (2.) und Non-Profit-Organisationen (3.) in den Anwendungsbereich des Gesetzes fallen. Unter bestimmten Voraussetzungen trifft dies auch auf juristische Personen des öffentlichen Rechts zu (4.).

1. Oberbegriff für alle Unternehmensformen

Das LkSG definiert nicht, was unter einem „*Unternehmen*" zu verstehen ist. In der Betriebswirt- 7
schaft versteht man als Unternehmen organisierte Wirtschaftseinheiten.[22] In der Rechtsordnung existiert hingegen kein einheitlicher Unternehmensbegriff.[23] Vielmehr orientiert sich der Unternehmensbegriff nach heute herrschender Meinung nach dem Sinn und Zweck der jeweiligen Norm oder Normengruppe, in der er verwendet wird (sog. teleologischer Unternehmensbegriff).[24]

---

13 Dem Wortlaut nach sind von Art. L. 225-102-4 I Abs. 1 C. Com nur die *sociétés anonymes* (Aktiengesellschaften) erfasst. Über die Verweise in Art. L. 226–1 Abs. 2 C. Com. und Art. L. 229–1 Abs. 2 C. Com. unterfallen außerdem in Frankreich ansässige *sociétés en commandite par actions* (Kommanditgesellschaften auf Aktien) sowie in Frankreich registrierte *sociétés européennes* (Europäische Aktiengesellschaften) der Norm. Nach überwiegender Auffassung sind auch die *sociétés par actions simplifiées* (vereinfachte Aktiengesellschaften) erfasst; siehe dazu *Spindler* ZHR **186** (2022) 67, 74; *Rühl* FS Windbichler 1413, 1418 ff.; *Nasse* ZeuP **2019** 774, 790 m.w.N.

14 Wet zorgplicht kinderarbeid.

15 Siehe dazu Nietsch/*Wiedmann* § 26 Rn. 42.

16 Modern Slavery Act 2015.

17 Sec. 54 (2) Modern Slavery Act 2015; siehe hierzu auch Nietsch/*Wiedmann* § 26 Rn. 39.

18 Modern Slavery Act 2018.

19 Part. 1 sec. 5 Modern Slavery Act 2018.

20 Part. 1 sec. (2)(a) Modern Slavery Act 2018, sec. 21(1) Corporations Act 2001; siehe hierzu auch Nietsch/*Wiedmann* § 26 Rn. 39.

21 Zu den Einzelheiten siehe *Mittwoch/Bremenkamp* KritV **2021** 207, 223.

22 Vgl. *Schall* NZG **2022** 1235, 1235; nach der sog. Gesamtbetrachtung gelten Konzerne als einheitliche Unternehmen.

23 MüKo-AktG/*Bayer* § 15 Rn. 9 m.w.N.

24 MüKo-AktG/*Bayer* § 15 Rn. 10 m.w.N.

8 Dies gilt für das LkSG ebenso. Der Gesetzgeber verweist an anderer Stelle darauf, dass für die Auslegung von Begriffen allein der Schutzzweck des Gesetzes und die weiteren auslegungsrelevanten Merkmale des LkSG maßgeblich sind.[25] Nach der Gesetzesbegründung dient der Begriff des *„Unternehmens"* als Oberbegriff für alle Unternehmensformen.[26] Die Rechtsform spielt keine Rolle.[27] Als Anknüpfungspunkt dient die jeweilige natürliche, juristische Person oder sonstige rechtsfähige Personengesellschaft als Rechtsträgerin des Unternehmens und damit nicht der Gegenstand der Geschäftstätigkeit.[28]

2. Unternehmen der Finanzwirtschaft

9 Das LkSG hat vornehmlich Unternehmen der Realwirtschaft im Blick. Der Gesetzgeber führt in diesem Zusammenhang aus, dass deutsche Unternehmen stark in globale Absatz- und Beschaffungsmärkte eingebunden und dadurch in besonderer Weise mit menschenrechtlichen Herausforderungen in ihren Lieferketten konfrontiert seien und nennt hierbei unter anderem klassische Industrie- und Handelssektoren.[29] Unternehmen der Finanzwirtschaft haben demgegenüber regelmäßig keinen direkten Bezug zu Herstellungs- oder Dienstleistungsprozessen.[30]

10 Gleichwohl ist das LkSG auch auf solche Unternehmen und insbesondere auf Kreditinstitute und Finanzdienstleistungsinstitute anzuwenden. § 1 Abs. 1 LkSG differenziert nicht nach bestimmten Arten von Unternehmen. Nach dem Sinn und Zweck ist ebenfalls nicht ersichtlich, weshalb gerade Unternehmen der Finanzwirtschaft vom Anwendungsbereich des LkSG *per se* ausgenommen werden sollten. Auch das Gesetzgebungsverfahren streitet für diese Sichtweise, weil der Gesetzgeber anführt, dass Kreditinstituten und insbesondere Finanzdienstleistungen eine besondere Funktion innerhalb der Lieferkette zukomme.[31]

11 Dem Gesetzestext ist auch nicht zu entnehmen, dass das LkSG auf Unternehmen der Finanzwirtschaft nur insofern anzuwenden wäre, als sie Dienstleistungen für die Realwirtschaft erbringen. Zwar deutet die Gesetzesbegründung darauf hin, dass gerade Kreditinstituten eine besondere Bedeutung innerhalb der Lieferkette zukommt, weil sie Unternehmen der Realwirtschaft finanzieren.[32] Dies könnte dafür sprechen, dass Kreditinstitute nicht vom LkSG erfasst wären, wenn sie Dienstleistungen erbringen, die nicht mit der Realwirtschaft in Verbindung stehen, z.B. im Privatkundengeschäft oder im Wertpapierhandel. Diese Sichtweise überzeugt indes nicht. Der Anwendungsbereich des LkSG stellt bereits nicht auf die Erbringung von Dienstleistungen ab. Erst Recht spart § 1 Abs. 1 LkSG keine bestimmten Dienstleistungen aus. Während des Gesetzgebungsverfahrens gab die Deutsche Kreditwirtschaft zu bedenken, dass der Gesetzgeber die Besonderheiten der Produkte und Dienstleistungen sowie Prozesse zum Angebot von Krediten und Finanzdienstleistungen nicht ausreichend berücksichtige.[33] Den Anwendungsbereich des LkSG änderte der Gesetzgeber im weiteren Verlauf jedoch insoweit nicht. Zudem ist der Begriff der Lieferkette nach § 2 Abs. 5 S. 1 LkSG weit zu verstehen und umfasst alle Dienstleistungen eines Unternehmens. Die Gesetzesbegründung nennt dabei explizit *„Finanzdienstleistungen"*,[34] auch wenn der Gesetzgeber nicht näher erläutert, was er alles hierunter verstehen möchte. Es sprechen jedoch gute Gründe

---

25 BT-Drs. 19/28649 S. 33 für den Begriff *„in der Regel"*.

26 BT-Drs. 19/28649 S. 33.

27 BT-Drs. 19/28649 S. 33.

28 BT-Drs. 19/28649 S. 33.

29 BT-Drs. 19/28649 S. 23: Automobil, Maschinenbau, Metallindustrie, Chemie, Textilien, Nahrungs- und Genussmittel, Einzelhandel, Elektronikindustrie, Energieversorger.

30 *Bettermann/Hoes* BKR **2022** 23, 24.

31 *Bettermann/Hoes* BKR **2022** 23; BT-Drs. 19/28649 S. 40.

32 BT-Drs. 19/28649 S. 40; ebenso *Bettermann/Hoes* BKR **2022** 23, 24.

33 Ebenso *Bettermann/Hoes* BKR **2022** 23, 24.

34 *Die Deutsche Kreditwirtschaft* Stellungnahme zum Entwurf für ein Gesetz über die unternehmerischen Sorgfaltspflichten in Lieferketten, 4.5.2021 S. 4 f.

dafür, den Begriff *„Finanzdienstleistungen“* untechnisch zu verstehen. So nennt der Gesetzgeber beispielhaft die Kreditvergabe. Diese stellt aber gerade keine Finanzdienstleistung, sondern ein Bankgeschäft nach § 1 Abs. 1 S. 2 Nr. 2 KWG dar. Auch sollte beachtet werden, dass das LkSG ebenso auf Unternehmen anwendbar sein kann, die andere als die im KWG geregelten erlaubnispflichtigen Dienstleistungen erbringen.

Der Anwendungsbereich des LkSG ist damit für Unternehmen der Finanzwirtschaft genauso zu bestimmen, wie für andere Unternehmen auch. Für den Anwendungsbereich spielt es also keine Rolle, ob bspw. ein Kreditinstitut regulatorisches Kerngeschäft oder sonstige Dienstleistungen im Privatkundengeschäft erbringt.[35] Besonderheiten des jeweiligen Wirtschaftszweigs oder Dienstleistungen, die ein Unternehmen anbietet, können im Rahmen der Risikoanalyse berücksichtigt werden.[36] 12

3. Non-Profit-Organisationen

Non-Profit-Organisationen, wie etwa Kirchen, ihre Hilfsorganisationen, Verbände und Vereine können ebenfalls in den Anwendungsbereich des LkSG fallen.[37] Die gemeinsam vom BMAS und BAFA erarbeiteten FAQ-LkSG sehen bei gemeinnützigen Unternehmensformen des Privatrechts keine Besonderheiten.[38] So seien Vereine, Stiftungen und gemeinnützige Gesellschaften (gGmbH, gUG, gAG) und Genossenschaften vom Anwendungsbereich des LkSG ohne Einschränkungen erfasst.[39] Man kann jedoch durchaus die Frage stellen, ob es sich bei diesen Organisationen um *„Unternehmen“* im Sinne des § 1 Abs. 1 LkSG handelt. Für diese Sichtweise streitet der Umstand, dass es sich um einen rechtsformneutralen Obergriff handelt. Ebenfalls dafür spricht, dass die dem LkSG zugrunde liegenden Rahmenwerke keine erwerbswirtschaftliche Tätigkeit voraussetzen,[40] auch wenn diese nach dem Willen des Gesetzgebers als Orientierungshilfe und nicht als Auslegungsmaßstab dienen.[41] Andererseits könnte man argumentieren, dass der Gesetzgeber bei einem *„Unternehmen“* im Sinne des § 1 Abs. 1 LkSG darauf abstellt, dass dieses auch am Markt unternehmerisch tätig wird. Dieses Verständnis äußert der Gesetzgeber ausdrücklich bei juristischen Personen des öffentlichen Rechts (siehe unten B.I.4.). 13

Um zu bestimmen, ob eine Non-Profit-Organisation unternehmerisch am Markt tätig ist, könnte man die zivilrechtlichen Grundsätze heranziehen, die Rechtsprechung und Literatur entwickelt haben, um den wirtschaftlichen vom nicht-wirtschaftlichen Verein abzugrenzen (§§ 21, 22 BGB). Die heute herrschende Meinung geht aufgrund der Systematik und des Schutzzwecks der §§ 21, 22 BGB von Fallgruppen wirtschaftlicher Vereine aus (sog. typologische Betrachtung).[42] Für einen wirtschaftlichen Geschäftsbetrieb ist entscheidend, ob sich der Verein unternehmerisch am Marktgeschehen betätigt und demnach das mit einer solchen Tätigkeit typischerweise verbundene Risiko trägt. So entschied der Bundesgerichtshof, dass ein wirtschaftlicher Geschäftsbetrieb vorliegt, wenn der Verein planmäßig, auf Dauer angelegt und über den vereinsinternen Bereich hinausgehend, eigenunternehmerische Tätigkeiten gegen Entgelt entfaltet, die auf die Verschaffung vermögenswerter Vorteile zugunsten des Vereins oder seiner Mitglieder abzielen (sog. unternehmeri- 14

---

35 Ebenso *Bettermann/Hoes* BKR **2022** 23, 24; *Nietsch/Wiedmann* CCZ **2021** 101, 103; zweifelnd *Stauder* Finanz Colloquium Heidelberg **2022** 56, 57.

36 Ebenso *Bettermann/Hoes* BKR **2022** 23, 24; zur Reichweite der Sorgfaltspflichten von Kreditinstituten siehe z.B. *Grothaus/Winter* DB **2022** 24, 25; Vgl. Antwort VI.9. FAQ-LkSG, wonach bei Kredit- und Bankgeschäften Endkunden kein Teil der Lieferkette seien, sodass sich die Sorgfaltspflichten des LkSG nicht auf diese erstrecken.

37 *Nietsch/Wiedmann* NJW **2022** 1, 5; Gehling/Ott/*Schmelzeisen* § 1 Rn. 5.

38 Antwort III.4. (FAQ-LkSG).

39 Antwort III.4. (FAQ-LkSG).

40 *Nietsch/Wiedmann* NJW **2022** 1, 5.

41 BT-Drs. 19/28649 S. 41; *Fleischer* CCZ **2022** 205, 207.

42 MüKo-BGB/*Leuschner* § 22 Rn. 18 f.; Schulze/*Heinrich*/*Dörner* § 22 Rn. 4.

scher Verein).[43] Die Absicht der Gewinnerzielung ist nicht erforderlich.[44] Als unternehmerischer Verein wurden bereits anerkannt:[45] in der Rechtsform eines Vereins betriebene freie Sparkassen;[46] Abmahnvereine, wenn sie bereits wegen geringfügiger wettbewerbsrechtlicher Verstöße schriftlich abmahnen und pauschalen Aufwendungsersatz verlangen;[47] Sparkassen-Lotterieverein, der über Sparkassen entgeltlich Lose vertreibt und regelmäßig Verlosungen in Form eines Gewinnspiels durchführt;[48] Fitnessstudios;[49] Sportvereine mit Abteilungen von Berufssportlern, soweit nicht das Nebenzweckprivileg eingreift.[50]

15 Fraglich ist aber, ob das steuerrechtliche Nebenzweckprivileg hieran etwas ändert.[51] Hiernach kann ein Verein nicht-wirtschaftlich sein, wenn er zur Erreichung seiner ideellen Ziele unternehmerische Tätigkeiten entfaltet, sofern diese dem nicht-wirtschaftlichen Hauptzweck zugeordnet sind sowie dazu untergeordnet und Hilfsmittel zu dessen Erreichung sind.[52] So entschied der Bundesgerichtshof in seinem vorgenannten Urteil im Ergebnis, dass im dortigen Fall kein wirtschaftlicher Geschäftsbetrieb vorlag, weil der Verein steuerrechtlich als gemeinnützig anerkannt war.[53] Die Gesetzgebungshistorie zeige, dass der Gesetzgeber den gemeinnützigen Verein als einen Regelfall eines Idealvereins ansehe, der nicht auf einen wirtschaftlichen Geschäftsbetrieb gerichtet sei.[54] Insoweit könnte man argumentieren, dass gemeinnützige Vereine nicht dem Anwendungsbereich des LkSG unterfallen, selbst wenn sie unternehmerisch am Markt tätig werden. Der Sinn und Zweck des LkSG spricht allerdings gegen diese Sichtweise. Auch bei Tätigkeiten gemeinnütziger Vereine können menschenrechts- und umweltbezogene Risiken auftreten, selbst wenn sie nur als Nebenzweck unternehmerisch am Markt tätig sind. Es spricht daher viel dafür, das LkSG auf den Non-Profit-Sektor anzuwenden.[55]

4. Juristische Personen des öffentlichen Rechts

16 Auf juristische Personen des öffentlichen Rechts (a)) kann das LkSG anwendbar sein, wenn die Voraussetzungen des § 1 LkSG vorliegen und diese am Markt unternehmerisch tätig sind (b)).

---

43 BGH Beschl. v. 16.5.2017 – II ZB 7/16 = NJW **2017** 1943, Rn. 19; BGH Urt. v. 30.11.1954 – I ZR 147/53 = NJW **1955** 422; BGH Urt. v. 14.6.1966 – II ZB 2/66 = NJW **1966** 2007; BGH Urt. v. 29.9.1982 – I ZR 88/80 = NJW **1983** 569.

44 BayObLG Beschl. v. 6.8.1985 – Breg. 2 Z 116/84 = BayObLGZ **1985** 283, 284; OLG Schleswig Beschl. v. 30.7.1996 – 2 W 54/96 = OLGR Schleswig **1997** 12; LG Hamburg Beschl. v. 7.10.1985 – 71 T 39/85 = NJW-RR **1986** 417; Grüneberg/*Ellenberger* § 21 Rn. 2; *K. Schmidt* GesR, 4. Aufl. 2022, § 23 III 3a, S. 670 ff.; **a.A.** OLG Stuttgart Beschl. v. 24.8.1970 – 8 W 76/70 = OLGZ **1970** 416; OLG Düsseldorf Beschl. v. 12.8.1983 – 3 W 268/82 = NJW **1983** 2574.

45 BeckOK-BGB/*Schöpflin* § 21 Rn. 111.1.

46 Vgl. VG Schleswig Urt. v. 6.6.1984 – 12 A 249/83 = ZIP **1985** 46.

47 BayObLG Beschl. v. 24.2.1983 – Breg. 2 Z 1/83 = BayObLGZ **1983** 45; VG Schleswig-Holstein Urt. v. 31.7.1984 – 3 A 197/83 = ZIP **1984** 1229; siehe jetzt auch § 8 Abs. 4 UWG.

48 LG Potsdam Beschl. v. 24.3.1994 – 5 T 47/94 = Rpfleger **1994** 361.

49 OLG Zweibrücken Beschl. v. 3.9.2013 – 3 W 34/13 = Rpfleger **2014** 214.

50 KG Beschl. v. 20.1.2011 – 25 W 35/10 = DnotZ **2011** 634, 635 f.

51 Kritisch zum Nebenzweckprivileg, z.B. *Beuthien* NZG **2015** 449 sowie KG Beschl. v. 11.4.2016 – 22 W 40/15 = NZG **2016** 993; KG Beschl. v. 16.2.2016 – 22 W 71/15 = DStR **2016** 1173, 1174.

52 BGH Beschl. v. 11.9.2018 – II ZB 11/17 = NZG **2018** 1392, 1393 Rn. 15; BGH Urt. v. 30.11.1954 – I ZR 147/53 = NJW **1955** 422; BGH Urt. v. 29.9.1982 – I ZR 88/80 = NJW **1983** 569 m.w.N.; BGH Beschl. v. 16.5.2017 – II ZB 7/16 = ZIP **2017** 1021 Rn. 19; BVerwG Urt. v. 6.11.1997 – 1 C 18–95 = NJW **1998** 1166; BVerwG Urt. v. 20.3.1979 – 1 C 13/75 = NJW **1979** 2265.

53 BGH Beschl. v. 16.5.2017 – II ZB 7/16 = NJW **2017** 1943, 1944 Rn. 19.

54 Vgl. aber insoweit die wohl strengere Rechtsprechung des EuGH. Dieser hat einen gemeinnützigen Verein als wirtschaftlich tätigen Verein angesehen, der herrenlose Hunde von einem Mitgliedstaat in einen anderen transportiert, um sie Personen anzuvertrauen, die sich verpflichtet haben, sie gegen Zahlung eines Betrags aufzunehmen, der grundsätzlich die dem Verein hierdurch entstandenen Kosten deckt. Zugleich hat der EuGH diesen Verein als Unternehmer eingestuft, entscheidend sei die Gegenleistung, nicht die Gewinnerzielungsabsicht (EuGH Urt. v. 3.12.2015 – C-301/14 = BeckRS **2015** 81895).

55 Ebenso *Nietsch/Wiedmann* NJW **2022** 1, 5; *Spindler* ZHR **186** (2022) 67, 73; Gehling/Ott/*Schmelzeisen* § 1 Rn. 5.

Wann dies der Fall ist, legt weder das LkSG noch die Gesetzesbegründung fest und muss für jeden Einzelfall entschieden werden. Anhaltspunkte können dabei aus Grundsätzen anderer Gesetzesvorschriften abgeleitet werden (c)).

a) Begriff. Zu den juristischen Personen des öffentlichen Rechts zählen Körperschaften, Anstalten und Stiftungen, die nach dem öffentlichen Bundes- oder Landesrecht organisiert sind.[56] Zu den öffentlich-rechtlichen Körperschaften gehören insbesondere die Gebietskörperschaften (Bund und Länder, die Landkreise und die Kommunen). Hierunter fallen außerdem die Personalkörperschaften (z.B. Kranken- und Rentenversicherungsträger, Handwerks- und Landwirtschaftskammern, Rechtsanwalts- und Steuerberaterkammern, Kirchen und Universitäten), die Realkörperschaften (z.B. Wasser- und Bodenverbände), die Betriebskörperschaften (z.B. Industrie- und Handelskammern) und die Verbandskörperschaften (z.B. Gemeindeverbände).[57] Zu den Anstalten zählen z.B. die öffentlich-rechtlichen Rundfunk- und Fernsehsender.[58] Stiftungen nach öffentlichem Bundes- oder Landesrecht sind solche, die insbesondere durch Gesetz oder Verwaltungsakt geschaffen wurden.[59] 17

Abzugrenzen sind juristische Personen des öffentlichen Rechts von juristischen Personen des Privatrechts in öffentlicher Hand. Für juristische Personen des Privatrechts in öffentlicher Hand bestehen keine Besonderheiten. Diese sind nach dem LkSG verpflichtet, wenn sie die Voraussetzungen des § 1 Abs. 1 LkSG erfüllen.[60] 18

b) Unternehmerische Tätigkeit am Markt. Der Wortlaut des § 1 Abs. 1 LkSG schließt juristische Personen des öffentlichen Rechts nicht ausdrücklich aus dem Anwendungsbereich des LkSG aus. Die Gesetzesbegründung unterscheidet allerdings danach, ob die juristischen Personen des öffentlichen Rechts auf dem Markt unternehmerisch tätig sind oder nicht.[61] Diese Voraussetzung lässt sich § 1 Abs. 1 LkSG nicht entnehmen.[62] Allerdings stellt sich Frage, ob juristische Personen des öffentlichen Rechts „*Unternehmen*" im Sinne des § 1 Abs. 1 LkSG sind. Dies könnte auf den ersten Blick bezweifelt werden, weil sie oftmals keine privatwirtschaftlichen, sondern öffentliche Ziele verfolgen.[63] Nach dem Sinn und Zweck des LkSG erschließt es sich aber nicht, weshalb menschenrechtliche und umweltbezogene Risiken in Lieferketten nur bei einem unternehmerischen Tätigwerden am Markt bestehen sollen. Diese Sichtweise verkennt auch die Nachfrageseite, da eine juristische Person des öffentlichen Rechts auf Produkte und Dienstleistungen zurückgreifen muss, um öffentliche Aufgaben zu erfüllen.[64] Daher leuchtet es ein, dass auch juristische Personen des öffentlichen Rechts uneingeschränkt in den Anwendungsbereich des LkSG fallen, sofern die weiteren Voraussetzungen des § 1 Abs. 1 LkSG erfüllt sind. Gleichwohl spricht der Wille des Gesetzgebers gegen eine solche Sichtweise.[65] Das Verständnis des Gesetzgebers reflektieren derzeit auch die FAQ-LkSG. Hiernach sollen juristische Personen des öffentlichen Rechts grundsätzlich vom LkSG erfasst sein, sofern sie am Markt unternehmerisch tätig sind.[66] Maßgeblich ist, dass die unternehmerische Tätigkeit der juristischen Person des öffentlichen Rechts die Schwelle 19

56 Vgl. Antwort III.4. FAQ-LkSG; BeckOK-WpHR/*Lehmann* § 101 Rn. 72 m.w.N.
57 MüKo-BGB/*Leuschner* § 89 Rn. 17; BeckOK-WpHR/*Lehmann* § 101 Rn. 72.
58 BeckOK-WpHR/*Lehmann* § 101 Rn. 72.
59 MüKo-BGB *Weitemeyer* § 80 Rn. 303; BeckOK-WpHR/*Lehmann* § 101 Rn. 72.
60 Antwort III.8. FAQ-LkSG.
61 BT-Drs. 19/28649 S. 33.
62 Zutr. *Nietsch/Wiedmann* NJW **2022** 1, 5; *Altenschmidt/Helling* § 1 Rn. 32 ff.
63 Vgl. Gehling/Ott/*Schmelzeisen* § 1 Rn. 5.
64 *Nietsch/Wiedmann* NJW **2022** 1, 5; *Altenschmidt/Helling* § 1 Rn. 32 ff.
65 BT-Drs. 19/28649 S. 33.
66 Antwort III.5. FAQ-LkSG.

des § 1 Abs. 1 LkSG übersteigt.[67] Nur dem unternehmerisch tätigen Teil obliegen dann die Sorgfaltspflichten des LkSG.[68] Zwar sind Ausführungen der FAQ-LkSG nicht bindend und werden wohl auch zukünftig weiterhin überarbeitet werden. Die Ausführungen in den FAQ-LkSG werden jedoch in zahlreiche Fachbeiträge übernommen und prägen damit derzeit auch das allgemeine Verständnis über die Auslegung des LkSG mit.

20 Dementsprechend kann z.B. ein Zusammenschluss von Krankenhäusern in öffentlich-rechtlicher Trägerschaft vom LkSG erfasst sein, wenn dieser im Rahmen seiner unternehmerischen Tätigkeit in der Regel mehr als 3.000 bzw. 1.000 Mitarbeitende im Inland beschäftigt.[69] Ungeklärt ist allerdings, ob bspw. kommunale Krankenhäuser nicht überwiegend Aufgaben der Daseinsvorsorge übernehmen und daher nicht unternehmerisch im Sinne des LkSG tätig sind. Dies wird insbesondere mit Blick auf die geplante Krankenhausreform unterstrichen, durch die die Elemente der Daseinsvorsorge verstärkt bei der Finanzierung berücksichtigt werden. Die besseren Argumente sprechen daher gegen die Anwendbarkeit des LkSG auf kommunale Krankenhäuser. Im Laufe der Zeit werden sich Leitlinien im Umgang mit den unterschiedlichen Arten von Krankenhäusern und ihren unterschiedlichen Trägern herausbilden. Eine privatrechtliche Ausgliederung in öffentlicher Hand ist nicht nach dem LkSG verpflichtet, wenn diese reine Verwaltungsaufgaben einer Gebietskörperschaft wahrnimmt, ohne dabei am Markt unternehmerisch tätig zu sein.

21 **c) Anhaltspunkte.** Bislang ungeklärt ist die Frage, wann eine juristische Person des öffentlichen Rechts am Markt unternehmerisch tätig ist. Dies muss für jeden Einzelfall bestimmt werden. Weder § 1 LkSG noch die Gesetzesbegründung geben hierfür Anhaltspunkte.

22 Nach den FAQ-LkSG liegt eine unternehmerische Tätigkeit am Markt vor, wenn die juristische Person des öffentlichen Rechts Dritten ein Produkt oder eine Dienstleistung (auch unentgeltlich) anbietet und dabei zu anderen Marktteilnehmern in Konkurrenz tritt. Eine solche Konkurrenzsituation soll immer dann vorliegen, wenn andere Marktteilnehmer das Produkt oder die Dienstleistung ebenfalls anbieten können.[70] Ein tatsächliches Angebot ist damit nicht erforderlich.

23 Zieht man andere Gesetze heran, lassen sich Anhaltspunkte ableiten, die allerdings im Lichte des LkSG ausgelegt werden müssen. So ist anerkannt, dass juristische Personen des öffentlichen Rechts *„Unternehmer"* im Sinne des § 14 BGB sind, soweit sie privatrechtliche Verträge schließen,[71] bzw. wenn sie sich gewerblich betätigen und die Leistungsbeziehung nicht ausschließlich öffentlich-rechtlich organisiert ist.[72] In ähnlicher Weise wird teils darauf abgestellt, dass juristische Personen des öffentlichen Rechts dann als Unternehmer anzusehen sind, wenn sie planvoll am Markt als Anbieter tätig werden und die Leistungsbeziehung privatrechtlich ausgestaltet ist.[73] Die Vertragsqualifikation dürfte indes für das LkSG kein geeigneter Anhaltspunkt sein. Risiken in der Lieferkette bestehen unabhängig davon, ob der zugrundeliegende Vertrag privatrechtlich oder öffentlich-rechtlich zu qualifizieren ist.

24 Das Anbieten von Leistungen gegen Entgelt kann hingegen ein Anhaltspunkt für ein unternehmerisches Tätigkeitwerden am Markt sein. Ebenso der Umstand, dass die juristische Person des öffentlichen Rechts die diesbezüglichen finanziellen Risiken trägt.

25 Ein weiterer Anhaltspunkt liegt vor, wenn juristische Personen des öffentlichen Rechts in Wettbewerb zur Privatwirtschaft treten. Eine wirtschaftliche Ausrichtung allein dürfte dabei aber noch nicht genügen.[74] Allerdings tritt die öffentliche Hand heute bereits in vielen Bereichen in

67 Antwort III.5. und III.7. FAQ-LkSG.

68 Antwort III.5. FAQ-LkSG.

69 Vgl. hierzu auch die frühere Antwort III.5. der FAQ-LkSG (Stand: 28.4.2022).

70 Antwort III.5. FAQ-LkSG.

71 Staudinger/*Fritzsche* § 14 Rn. 39; Erman/*Saenger* § 14 Rn. 6; *Bauer/Kock* DB **2002** 42, 43.

72 NK-BGB/*Ring* § 14 Rn. 41; BeckOK-BGB/*Martens* § 14 Rn. 21; vgl auch *Rieger* MittBayNot **2002** 325, 327.

73 Soergel/*Pfeiffer* § 14 Rn. 18; Staudinger/*Fritzsche* § 14 Rn. 39.

74 **A.A.** *Nietsch/Wiedmann* NJW **2022** 1, 5.

Wettbewerb, z.B. im Transport- und Medienbereich sowie der kommunalen Daseinsvorsorge oder der Hochschulbildung.[75]

Ein weiterer Anhaltspunkt kann es sein, dass die juristische Person des öffentlichen Rechts am Markt als Einkäufer auftritt.[76] Eine vergleichende Betrachtung zu § 1 GWB ist für die Zwecke des LkSG nicht zielführend. Im Rahmen des § 1 GWB differenzieren Stimmen danach, welchem Zweck die Beschaffung dient. So haben EuG und EuGH die Unternehmenseigenschaft bspw. für eine staatliche Einrichtung verneint, die Waren einkauft, um sie zu rein sozialen Zwecken zu verwenden.[77] Dementsprechend wird vertreten, dass die öffentliche Hand nicht als Unternehmer im Sinne des § 1 GWB anzusehen ist, wenn sie Waren oder Dienstleistungen einkauft, um ihre spezifisch hoheitliche Tätigkeit zu ermöglichen.[78] Wenn die Polizei Polizeiuniformen einkauft, handelt sie insoweit nicht als „*Unternehmen*" im Sinne des § 1 GWB. Auch das BAFA vertritt die Auffassung, dass der Einkauf von Leistungen nur dann relevant ist, wenn er zum Zwecke der Marktbetätigung erfolgt.[79] Diese Sichtweise ist indes für das LkSG nicht zielführend. Insbesondere erschließt sich nicht, weshalb Polizeiuniformen, die unter menschenrechtswidrigen Bedingungen hergestellt worden sind, nicht vom Schutzbereich des LkSG erfasst sein sollen. 26

Zusammenfassend können daher folgende Merkmale auf ein unternehmerisches Tätigwerden am Markt hindeuten: 27

- Erbringung von Dienstleistungen oder Herstellung von Produkten gegen Entgelt
- Tragen finanzieller Risiken
- Planvolles Auftreten auf dem jeweiligen Markt
- Wettbewerbssituation zu privaten Anbietern
- Auftreten als Einkäufer von Produkten und Dienstleistungen auf dem Markt

II. Inlandsbezug

Unternehmen müssen ihre Hauptverwaltung, ihre Hauptniederlassung, ihren Verwaltungssitz oder ihren satzungsgemäßen Sitz im Inland haben (1.) oder über eine Zweigniederlassung im Inland verfügen (2.). 28

1. Satzungssitz, Hauptverwaltung, Hauptniederlassung

§ 1 Abs. 1 S. 1 Nr. 1 LkSG erfasst Unternehmen, die ihre Hauptverwaltung, ihre Hauptniederlassung, ihren Verwaltungssitz oder ihren satzungsgemäßen Sitz im Inland haben. Der Gesetzgeber knüpft in Anlehnung an das Territorialprinzip an diese Merkmale an, weil er davon ausgeht, dass an diesen Stellen relevante Entscheidungen für das Risikomanagement der Lieferkette getroffen werden.[80] 29

Auch nach europäischem oder ausländischem Recht gegründete Unternehmen unterfallen daher dem Anwendungsbereich des LkSG, wenn sich ihre Hauptverwaltung, ihre Hauptniederlassung oder ihr Verwaltungssitz in der Bundesrepublik Deutschland befindet.[81] Hierzu zählen bspw. die Societas Europaea (SE), die Europäische Genossenschaft (SCE), die Europäische Interessenver- 30

75 *Nietsch/Wiedmann* NJW **2022** 1, 5.

76 Zweifelnd *Fritz/Klaedtke* NZBau **2022** 131, 136.

77 EuG Urt. v. 4.3.2003 – T-319/99 = EuZW **2003** 283, Rn. 37; bestätigt durch EuGH Urt. v. 11.7.2006 – C-205/03 = EuZW **2006** 600, 601; kritisch *Roth* FS Bechtold 393, 393 ff.; *Bornkamm* FS Hirsch 231, 237 f.

78 Vgl. BGH Urt. v. 19.6.2007 – KVR 23/98 = NJW-RR **1999** 342 zur Charakterisierung der Rechtsprechung der europäischen Gerichte.

79 Antwort III.6. FAQ-LkSG.

80 BT-Drs. 19/28649 S. 33.

81 BT-Drs. 19/28649 S. 33.

einigung (EWIV), Europäische Privatgesellschaft (SPE) und Gesellschaften mit beschränkter Haftung mit einem einzigen Gesellschafter (*Societas Unius Personae*, SUP). Nach ausländischem Recht gegründete Gesellschaften sind unter anderem die Private Limited Liability Company (Ltd.), die Public Limited Company (PLC) oder die Limited Liability Partnership (LLP).

31 Der satzungsgemäße Sitz ist der formale Sitz der Gesellschaft, also der in der Gesellschaftssatzung festgelegte Ort.[82] Der Gesetzgeber führt neben dem Satzungssitz den Verwaltungssitz als selbstständigen Anknüpfungspunkt an. Dies ist konsequent, da der Satzungssitz und der Verwaltungssitz einer Gesellschaft auseinanderfallen können und sich etwa der Verwaltungssitz im Ausland befinden kann.[83]

32 Hauptverwaltung und Verwaltungssitz sind synonyme Begriffe für den Ort, von dem aus die Geschäfte tatsächlich geleitet werden. Es handelt sich um den Ort, an dem die Willensbildung und die für Dritte objektiv erkennbare eigentliche unternehmerische Leitung der Gesellschaft erfolgt.[84] Dies ist in der Regel der Sitz der Organe.[85] Die Hauptniederlassung bezeichnet demgegenüber den Ort der Gesellschaft, an der sich der tatsächliche Schwerpunkt ihrer Geschäftstätigkeit befindet. Dieser ist durch ihre wesentlichen personellen und sachlichen Mittel gekennzeichnet.[86]

2. Zweigniederlassung bei ausländischen Gesellschaften

33 Gemäß § 1 Abs. 1 S. 2 Nr. 1 LkSG sind auch Unternehmen vom Anwendungsbereich des LkSG erfasst, die eine Zweigniederlassung im Sinne des § 13d HGB im Inland haben.

34 Der ursprüngliche Gesetzesentwurf des LkSG sah zunächst keine dem § 1 Abs. 1 S. 2 Nr. 1 LkSG entsprechende Regelung vor. Diese Vorschrift wurde erst während des Gesetzgebungsverfahrens durch die Beschlussempfehlung und des Berichts des Ausschusses für Arbeit und Soziales vom 9.6.2021 nach intensiver Kritik ergänzt.[87] Stimmen aus der Wirtschaft befürchteten, dass inländische Unternehmen, die dem Anwendungsbereich des LkSG unterfallen, Wettbewerbsnachteile im Vergleich zu konkurrierenden ausländischen Unternehmen erleiden, die nicht vom LkSG erfasst wären.[88] Diese Bedenken griff der Gesetzgeber auf, indem das LkSG nun auch an die Zweigniederlassung anknüpft.

35 Stimmen in der Literatur verweisen darauf, dass der Gesetzgeber mit § 1 Abs. 1 S. 2 LkSG die ursprüngliche Regelungskonzeption teilweise relativiert habe, da relevante Entscheidungen zum Risikomanagement oftmals gerade nicht in Zweigniederlassungen getroffen werden.[89] Allerdings fällt nach dem Wortlaut des § 1 Abs. 1 S. 2 LkSG das ausländische Unternehmen selbst in den Anwendungsbereich des LkSG, wenn es eine Zweigniederlassung im Inland betreibt und nicht die Zweigniederlassung als solche.[90] Als Konsequenz ist ein ausländisches (Konzern)Unternehmen nach dem LkSG verpflichtet, wenn neben einer inländischen Zweigniederlassung in der Regel mehr als 3.000 bzw. 1.000 Arbeitnehmer im Inland beschäftigt werden.[91]

36 Hinsichtlich der Zweigniederlassung verweist das LkSG auf § 13d HGB. Diese Vorschrift definiert aber nicht, wann eine Zweigniederlassung vorliegt. Insoweit muss auf die durch die Literatur und Rechtsprechung entwickelten Merkmale zurückgegriffen werden. Eine Zweigniederlassung

82 Gehling/Ott/*Schmelzeisen* § 1 Rn. 13.
83 *Leitzen* NZG **2009** 728, 733; Grabosch/*Grabosch* § 3 Rn. 10.
84 Grabosch/*Grabosch* § 3 Rn. 11; Gehling/Ott/*Schmelzeisen* § 1 Rn. 11 m.w.N.
85 Gehling/Ott/*Schmelzeisen* § 1 Rn. 11 m.w.N.
86 Geiger/Khan/Kotzur/*Kotzur* EUV/AEUV, 6. Aufl. 2017, Art. 54 Rn. 8; Grabosch/*Grabosch* § 3 Rn. 12; vgl. auch Gehling/Ott/*Schmelzeisen* § 1 Rn. 12.
87 BR-Drs. 239/21 S. 1; dazu auch *Klinner* IWRZ **2021** 243, 244.
88 BR-Drs. 239/21 S. 6; Bundesverband der Deutschen Industrie e.V. und 27 weitere Verbände, Verbändebrief zum Sorgfaltspflichtengesetz vom 25.3.2021 S. 4 f.
89 *Nietsch/Wiedmann* NJW **2022** 1, 2.
90 *Valdini* BB **2021** 2955, 2956.
91 *Ott/Lüneborg/Schmelzeisen* DB **2022** 238, 239; Grabosch/*Grabosch* § 3 Rn. 13.

zeichnet sich demnach durch einen räumlich – nicht aber rechtlich – getrennten Teil des Unternehmens der Gesellschaft aus, von dem aus dauerhaft selbständig Geschäfte abgeschlossen werden und der die hierfür erforderliche Organisation in sachlicher und personeller Hinsicht aufweist.[92] Die Errichtung der Zweigniederlassung stellt einen rein tatsächlichen Vorgang dar.[93] Der Eintragung im Handelsregister kommt somit keine rechtsbegründende, sondern lediglich deklaratorische Wirkung zu.[94] Die Zweigniederlassung ist existent, wenn das Geschäftslokal, das zum Betrieb erforderliche Personal und die erforderlichen Betriebsmittel vorhanden sind. Umstritten ist, ob die Zweigniederlassung ihr Geschäft tatsächlich aufnehmen muss.[95]

Bei einer Zweigniederlassung handelt es sich somit um mehr als eine einfache Betriebsstätte. 37
Ausländische Unternehmen, die lediglich Geschäftsstellen, Fabrikations- oder Werkstätten, Warenlager, Ein- oder Verkaufsstellen bzw. Repräsentanzen in Deutschland unterhalten, sind somit nicht erfasst.[96]

Unterhält ein ausländisches Unternehmen mehrere inländische Zweigniederlassungen, sind 38
die in den Zweigniederlassungen beschäftigten Arbeitnehmer zusammenzurechnen.[97] Dies ergibt sich aus dem Sinn und Zweck des § 1 Abs. 1 S. 2 Nr. 1 LkSG.

III. Arbeitnehmerschwelle

Das LkSG ist anzuwenden auf Unternehmen, die mehr als 3.000 Arbeitnehmer (1.) in der Regel im 39
Inland beschäftigen (2.). Diese Arbeitnehmerschwelle soll ab dem 1.1.2024 auf 1.000 Arbeitnehmer herabgesenkt werden (3.).

1. Arbeitnehmerbegriff

Zur Auslegung des Arbeitnehmerbegriffs kann grundsätzlich die arbeitsgerichtliche Rechtspre- 40
chung herangezogen werden (a)), um bestimmte Einzelfragen zu beantworten (b)).

a) Grundsätzliche Anwendung der arbeitsgerichtlichen Rechtsprechung. Das LkSG defi- 41
niert den Begriff des *„Arbeitnehmers“* nicht. Auch die Gesetzesbegründung enthält hierzu keine näheren Ausführungen. Der Gesetzgeber nimmt allerdings an mehreren Stellen auf die Rechtsprechung des Bundesarbeitsgerichts für die Berechnung von Arbeitnehmerschwellen Bezug. Insbe-

---

92 Ebenroth/Boujong/Joost/Strohn/*Pentz* HGB, 4. Aufl. 2020, § 13d Rn. 8; BeckOGK-HGB/*Schall* § 13d Rn. 29; siehe für die GmbH auch Lutter/Hommelhoff/*Bayer* 20. Aufl. 2020, Anh. § 4a Rn. 2; Rowedder/Schmidt-Leithoff/*Schmidt-Leithoff* 6. Aufl. 2017, § 4a Rn. 31; Altmeppen/*Altmeppen* § 4a Rn. 30 f.; *Koch* § 13 Rn. 5; siehe auch *Rothermel* § 1 Rn. 13, der zudem darauf verweist, dass die Geschäftstätigkeit sachlich dieselbe sein muss, wie die der Hauptniederlassung; **a.A.** Koller/Kindler/Roth/Drüen/*Roth* 9. Aufl. 2019, § 13d Rn. 5: vor dem Hintergrund einer unionsrechtsautonomen Auslegung und dem Schutzzweck der Richtlinie 89/666/EWG, Richtlinie 2017/1132/EU soll unter einer Zweigniederlassung auch jede Außenstelle anzusehen sein, die nennenswert Geschäftsabschlüsse tätigt (und nicht nur Hilfsdienste erbringt), ohne dass es auf organisatorische und personelle Selbständigkeit ankommen soll.

93 Oetker/*Preuß* HGB, 7. Aufl. 2021, § 13d Rn. 6; KG Beschl. v. 18.11.2003 – 1 W 444/02 = NZG **2004** 49, 50; MüKo-HGB/*Krafka* § 13 Rn. 11; Schmidt-Kessel/Leutner/Müther/*Schmidt-Kessel* § 13d Rn. 78; Ebenroth/Boujong/Joost/Strohn/*Pentz* § 13d Rn. 9; MüKo-AktG/*Pentz* § 13d HGB Rn. 9.

94 OLG München Beschl. v. 2.5.2006 – 31 Wx 9/06 = NZG **2006** 513; OLG Frankfurt am Main Beschl. v. 19.2.2008 – 20 W 263/07 = BeckRS **2008** 6063; KG Beschl. v. 18.11.2003 – 1 W 444/02 = NZG **2004** 49; MüKo-HGB/*Krafka* § 13d Rn. 12; Staub/*Koch* HGB, 5. Aufl. 2009, § 13d Rn. 19; BeckOK-HGB/*Müther* § 13d Rn. 16; BeckOGK-HGB/*Schall* § 13d Rn. 32.

95 Bejahend BeckOGK-HGB/*Schall* § 13d Rn. 32; Ebenroth/Boujong/Joost/Strohn/*Pentz* § 13 Rn. 9; **a.A.** Baumbach/Hopt/*Hopt* § 13d Rn. 5: Geschäftsaufnahme erforderlich.

96 Grabosch/*Grabosch* § 3 Rn. 13, 15; Gehling/Ott/*Schmelzeisen* § 1 Rn. 17.

97 Gehling/Ott/*Schmelzeisen* § 1 Rn. 17.

sondere verweist der Gesetzgeber auf ein Urteil des Bundesarbeitsgerichts zur Ermittlung des Schwellenwertes bei Betriebsänderungen nach § 111 S. 1 BetrVG.[98] Insofern liegt es nahe, sich für die Ermittlung der Arbeitnehmerschwelle nach dem LkSG grundsätzlich an den von der arbeitsgerichtlichen Rechtsprechung entwickelten Maßstäben zu orientieren.[99] Wie der Gesetzgeber aber klarstellt, ist den Besonderheiten des LkSG bei der Auslegung Rechnung zu tragen.[100]

42 Nach der ständigen Rechtsprechung des Bundearbeitsgerichts ist Arbeitnehmer, wer aufgrund eines privatrechtlichen Vertrags im Dienste eines anderen zur Leistung weisungsgebundener, fremdbestimmter Arbeit in persönlicher Abhängigkeit verpflichtet ist.[101] Durch die Vorschrift des § 5 BetrVG wird der Begriff des Arbeitnehmers im Hinblick auf den Schutzzweck des Gesetzes für bestimmte Arbeitnehmergruppen eingeschränkt, für andere erweitert.[102] Beruht die Tätigkeit eines Beschäftigten auf einem öffentlich-rechtlichen Zwang oder kommt dem Beschäftigen ein Sonderstatus zu, handelt es sich bei diesem nicht um einen Arbeitnehmer im Sinne des BetrVG. Insbesondere Entwicklungshelfer,[103] Beschäftigte im freiwilligen sozialen Jahr[104] und Ein-Euro-Jobber nach § 16 Abs. 3 S. 2 SGB II[105] fallen demnach nicht unter den Arbeitnehmerbegriff. Ebenso wenig sind Soldaten und Beamte bei der Arbeitnehmerschwelle nach dem LkSG mitzuzählen.[106]

43 **b) Einzelfragen.** Bei näherer Betrachtung stellt sich die Frage, welche Beschäftigten bei der Berechnung der Arbeitnehmerschwelle zu berücksichtigen sind. Dies gilt insbesondere für Arbeitnehmer ausländischer Tochtergesellschaften (aa)), ins Ausland entsandte Arbeitnehmer (bb)), freie Mitarbeiter (cc)), freigestellte Arbeitnehmer (dd)), Gesellschafter (ee)), im Home-Office tätige Arbeitnehmer (ff)), Leiharbeitnehmer (gg)), leitende Angestellte (hh)), neue Arbeitsplätze (ii)), Organmitglieder (jj)), Teilzeitbeschäftigte und befristete Arbeitnehmer (kk)), unselbständige Handelsvertreter (ll)), zeitweilig Beschäftigte (mm)), Auszubildende, Umschüler (nn)) sowie Praktikanten, Volontäre und Schüler (oo)).

44 **aa) Arbeitnehmer ausländischer Tochtergesellschaften.** Der Kreis der zu berücksichtigenden Arbeitnehmer gemäß § 1 Abs. 3 LkSG umfasst nur die im Inland ansässigen Teile des Unternehmensverbunds. Daher sind die Arbeitnehmer einer ausländischen Muttergesellschaft bzw. von ausländischen Tochtergesellschaften einer inländischen Obergesellschaft bei der Ermittlung der Arbeitnehmergrenze nicht zu berücksichtigen.[107]

45 **bb) Entsandte Arbeitnehmer.** Sofern ein Unternehmen Arbeitnehmer ins Ausland entsendet, sind diese bei der Ermittlung der Arbeitnehmerschwelle mitzuzählen (§ 1 Abs. 1 S. 1 Nr. 2,

---

98 BAG Urt. v. 16.11.2004 – 1 AZR 642/03 = NZA-RR **2005** 615.

99 Vgl. *Brouwer* CCZ **2022** 137, 139, der sich an dem BGB-rechtlichen oder mitbestimmungsrechtlichen Arbeitnehmerbegriff orientieren möchte.

100 BT-Drs. 19/28649 S. 33; Gehling/Ott/*Schmelzeisen* § 1 Rn. 18 (*normzweckorientierte Auslegung*).

101 BAG Urt. v. 1.12.2020 – 9 AZR 102/20 = NZA **2021** 552 Rn. 31; vgl. auch § 611a BGB. Auf § 611a BGB abstellend: BAFA Antwort III.1. und III.2. FAQ-LkSG. Zu den Ursprüngen des Arbeitnehmerbegriffs vgl. *Hromadka* NZA **2018** 1583, 1584; kritisch zur Rechtsprechung des Bundesarbeitsgerichts zum Arbeitnehmerstatus im Lichte der sich verändernden Arbeitswelt: *Reinecke* NZA-RR **2016** 393 sowie zur Diskussion zum Arbeitnehmerbegriff, insbesondere in Abgrenzung zur sogenannten Scheinselbstständigkeit, BeckOK-BGB/*Baumgärtner* § 611a Rn. 11 m.w.N.

102 BeckOK-ArbR/*Besgen* § 5 BetrVG Rn. 2.

103 BAG Urt. v. 27.4.1977 – 5 AZR 129/76 = AP BGB § 611 Entwicklungshelfer Nr. 1.

104 BAG Beschl. v. 12.2.1992 – 7 ABR 42/91 = NZA **1993** 334.

105 ErfK-ArbR/*Koch* § 5 BetrVG Rn. 5.

106 Antwort III.2. FAQ-LkSG; **a.A.** Gehling/Ott/*Schmelzeisen* § 1 Rn. 19.

107 Antwort IV.6. FAQ-LkSG; ebenso *Nietsch*/*Wiedmann* NJW **2022** 1, 2; Gehling/Ott/*Schmelzeisen* § 1 Rn. 15.

HS. 2 LkSG). Für ausländische Gesellschaften, die eine Zweigniederlassung im Sinne des § 13d HGB im Inland haben, sind hingegen die ins Ausland entsandten Arbeitnehmer nicht zu berücksichtigen. Dies folgt aus dem Umkehrschluss zu § 1 Abs. 1 S. 2 Nr. 2 LkSG sowie der Beschlussempfehlung und des Berichts des Ausschusses für Arbeit und Soziales vom 9.6.2021.[108] Aus dem Ausland nach Deutschland entsandte Mitarbeiter sind ebenfalls nicht zu berücksichtigen.[109]

cc) Freie Mitarbeiter. Freie Mitarbeiter werden für den Arbeitgeber im Rahmen eines Dienstvertrags tätig. Im Gegensatz zu einem Arbeitnehmer unterscheiden sie sich jedoch im Grad der persönlichen Abhängigkeit, weil sie im Wesentlichen frei ihre Tätigkeit gestalten und ihre Arbeitszeit frei bestimmen können.[110] Bei freien Mitarbeitern handelt sich daher nicht um Arbeitnehmer im arbeitsrechtlichen Sinne.[111] Freie Mitarbeiter sind konsequenterweise nicht bei der Arbeitnehmerschwelle des LkSG zu berücksichtigen.[112] 46

dd) Freistellungen. Freigestellte Arbeitnehmer sind von ihrer Arbeitspflicht befreit. Nach § 1 Abs. 1 S. 1 Nr. 2 LkSG sind nur die regelmäßig vom Unternehmen *„beschäftigten"* Arbeitnehmer bei der Berechnung der Arbeitnehmerschwelle zu berücksichtigen. Der Umstand, dass eine Arbeitsvertragsbeziehung besteht, dürfte hierfür nicht genügen. Erforderlich dürfte vielmehr sein, dass der Arbeitnehmer innerhalb des Unternehmens tatsächlich eingesetzt wird. Daher stellt sich die Frage, ob freigestellte Arbeitnehmer bei der Arbeitnehmerschwelle des LkSG hinzuzuaddieren sind. Hier erscheint eine differenzierte Betrachtung vorzugswürdig, die sich an den arbeitsrechtlichen Grundsätzen orientiert: 47

Arbeitnehmer, deren Arbeitspflichten im Geschäftsjahr mehr als sechs Monate ruhen, sind bei der Berechnung der Arbeitnehmerschwelle nicht mitzuzählen. Dabei ist es gleichgültig, ob diese auf Basis einer Altersteilzeitvereinbarung oder aus sonstigen Gründen freigestellt sind.[113] Dies gilt bspw. für ausgeschiedene Vorruheständler und Personen in der passiven Phase der Altersteilzeit oder Arbeitnehmer in Elternzeit.[114] 48

Demgegenüber sind Arbeitnehmer mitzuzählen, deren Arbeitspflichten in einem Geschäftsjahr weniger als bzw. sechs Monate ruhen und der ihnen zugeordnete Arbeitsplatz fortgeführt wird. Die Gründe der vorübergehenden Freistellung sind irrelevant, wie etwa Arbeitnehmer in Kurzarbeit, temporäre Arbeitsunfähigkeit, Pflegezeit oder Mutterschaftsurlaub.[115] 49

ee) Gesellschafter. Gesellschafter sind in der Regel nicht bei der Ermittlung der Arbeitnehmerschwelle mitzuzählen, da es sich nicht um Arbeitnehmer des Unternehmens handelt. Dies ist nur ausnahmsweise der Fall, wenn die Person als nicht geschäftsführender Gesellschafter zugleich Arbeitnehmer im Unternehmen ist.[116] 50

---

108 BT-Drs. 19/30505 S. 35.

109 *Schumm* StuB **2022** 894, 895.

110 BAG Urt. v. 27.3.1991 – 5 AZR 194/90 = AP BGB § 611 Abhängigkeit Nr. 53; BAG Urt. v. 19.1.2000 – 5 AZR 644/98 = AP Nr. 33 zu § 611 BGB Rundfunk; BAG Beschl. v. 13.10.2004 – 7 ABR 6/04 = AP BetrVG **1972** § 5 Nr. 71; BeckOK-ArbR/*Besgen* § 5 BetrVG Rn. 10.

111 NK-ArbR/*Matthias/Spirolke* 1. Aufl. 2016, § 111 BetrVG Rn. 6.

112 Grabosch/*Grabosch* § 3 Rn. 5; Antwort III.2. FAQ-LkSG.

113 Vgl. MüKo-AktG/*Annuß* § 1 MitbestG Rn. 16.

114 Antwort III.2. FAQ-LkSG.

115 Vgl. zum Mutterschutz: BAG Urt. v. 31.1.1991 – 2 AZR 356/90 = NZA **1991** 562, 563; im Übrigen: MüKo-AktG/*Annuß* § 1 MitbestG Rn. 16; zu Mutterschaftsurlaub, Kurzarbeit, siehe auch Antwort III.2. FAQ-LkSG.

116 Antwort III.2. FAQ-LkSG.

51 **ff) Home-Office.** Auch Beschäftigte eines Unternehmens, die im Home-Office arbeiten, sind bei der Ermittlung der Arbeitnehmerschwelle hinzuzuzählen.[117] Dies ist konsequent und trägt der sich wandelnden Arbeitswelt Rechnung. Die persönliche Abhängigkeit des Arbeitnehmers kann heutzutage im Grad variieren. Dies zeigt sich an flexibleren Arbeitszeiten und Arbeitsorten, insbesondere wegen der wachsenden Verbreitung des Home-Office.[118] Erforderlich ist aber nach wie vor, dass die Leistungserbringung des Arbeitnehmers von der Zusammenarbeit mit der dem Arbeitgeber zuzurechnenden Arbeitsorganisation abhängig ist und der Arbeitnehmer weisungsgebunden ist.[119]

52 Sofern die FAQ-LkSG davon sprechen, dass *„Heimarbeitende"* bei der Berechnung der Arbeitnehmerschwelle hinzu zu addieren seien,[120] dürften wohl nicht Heimarbeitende im Sinne des Heimarbeitsgesetzes gemeint sein.[121] Denn solche Personen arbeiten nicht weisungsgebunden und sind daher keine Arbeitnehmer.[122]

53 **gg) Leiharbeitnehmer.** Leiharbeitnehmer sind bei der Berechnung der Arbeitnehmerzahl des Entleihunternehmens zu berücksichtigen, wenn die Einsatzdauer sechs Monate übersteigt (§ 1 Abs. 2 LkSG).

54 Die Leiharbeitnehmer bleiben während der Zeit der Arbeitsüberlassung bei einem Entleiher Angehörige des entsendenden Betriebs (§ 14 Abs. 1 AÜG). Allerdings werden die Leiharbeitnehmer für die Ermittlung des Arbeitnehmerschwellenwertes hinzugezählt, wenn das Unternehmen Leiharbeit als längerfristiges Instrument nutzt, um den Personalbedarf zu decken.[123] § 1 Abs. 2 LkSG stellt hierbei auf eine zeitliche Untergrenze von sechs Monaten ab. Wenn diese Zeitspanne überschritten wird, ist der Einsatz von Leiharbeitnehmern kennzeichnend für die maßgebliche Größe des Unternehmens und die Leiharbeiter sind bei der Ermittlung der Arbeitnehmerschwelle hinzuzurechnen.[124] Der Gesetzgeber begründet dies damit, dass die Anzahl langfristig eingesetzter Leiharbeitnehmer für die wirtschaftliche Leistungsfähigkeit eines Unternehmens ebenso relevant sei, wie die Stammbelegschaft.[125]

55 Wie lange die Leiharbeit stattgefunden hat, wird auf der Grundlage einer arbeitsplatzbezogenen Betrachtung ermittelt.[126] Dementsprechend kommt es entscheidend darauf an, ob das Unternehmen während eines Jahres über die Dauer von mehr als sechs Monaten Arbeitsplätze mit Leiharbeitnehmern besetzt. Hierbei spielt es keine Rolle, ob das Unternehmen bestimmte oder wechselnde Leiharbeitnehmer einsetzt oder ob die Leiharbeitnehmer auf demselben oder verschiedenen Arbeitsplätzen tätig werden.[127] Das Unternehmen muss die Arbeitsplätze bei der Ermittlung der Arbeitnehmerschwelle mithin hinzurechnen, wenn es Leiharbeitnehmer über die Dauer von sechs Monaten regelmäßig beschäftigt.[128] Durch diese arbeitsplatzbezogene Betrachtung wird ein Gleichlauf zu § 14 Abs. 2 S. 6 AÜG gewährleistet.[129] Eine arbeitnehmerbezogene Betrachtung, wonach Leiharbeitnehmer nur dann berücksichtigt werden, wenn ihre individuelle Einsatzdauer beim Entleiher sechs Monate überschreitet, findet damit nicht statt.[130]

---

117 Vgl. Antwort III.2. FAQ-LkSG.

118 In diesem Zusammenhang siehe zu den Auswirkungen der COVID-19 Pandemie z.B. *Krieger/Rudnik/Povedano Peramato* NZA **2020** 473.

119 Vgl. Jauernig/*Mansel* BGB, 18. Aufl. 2021, § 611a Rn. 4.

120 Antwort III.2. FAQ-LkSG.

121 Zu Abgrenzung zwischen Heimarbeit, Home-Office und anderen Formen siehe ErfK-BGB/*Preis* § 611a Rn. 85 ff.

122 Vgl. BAG Urt. v. 24.8.2016 – 7 AZR 625/15 = NZA **2017** 244 Rn. 15; Gehling/Ott/*Schmelzeisen* § 1 Rn. 26.

123 BT-Drs. 19/28649 S. 34.

124 BT-Drs. 19/28649 S. 34.

125 BT-Drs. 19/28649 S. 34.

126 BT-Drs. 19/28649 S. 34.

127 BT-Drs. 19/28649 S. 34.

128 BGH Beschl. v. 25.6.2019 – II ZB 21/18 = NJW **2019** 2856, 2857 ff.

129 *Frank/Edel/Heine/Heine* BB **2021** 2165, 2165.

130 Vgl. BGH Beschl. v. 25.6.2019 – II ZB 21/18 = NJW **2019** 2856, 2857; BeckOK-ArbR/*Motz* § 14 AÜG Rn. 26; ErfK-MitbestG/*Oetker* § 1 Rn. 9; ErfK-AÜG/*Wank* § 14 Rn. 15.

Dementsprechend ist in zwei Schritten vorzugehen.[131] Zunächst ist festzustellen, ob das Unternehmen während eines Jahres über mehr als sechs Monate Arbeitsplätze mit Leiharbeitnehmern besetzt. Dabei spielt es keine Rolle, ob es sich um den Einsatz eines bestimmten oder wechselnder Leiharbeitnehmer handelt. Auch ist es irrelevant, ob die Leiharbeitnehmer auf demselben oder auf verschiedenen Arbeitsplätzen eingesetzt werden. Danach ist zu prüfen, ob die Beschäftigung von Leiharbeitnehmern über die Dauer von sechs Monaten hinaus regelmäßig erfolgt. Ist dies der Fall, sind die betreffenden Arbeitsplätze bei der Bestimmung des Schwellenwertes mitzuzählen.[132] 56

Das Ergebnis dieser beiden Prüfungsschritte muss nicht zwingend übereinstimmen. So kann es bei Umstrukturierungen oder zur Bewältigung anderer zeitlich begrenzter Aufgaben einen Zusatzbedarf an Arbeitskräften geben, der zwar die Dauer von sechs Monaten übersteigt, aber nicht kennzeichnend für den regelmäßigen Personalbestand des Unternehmens ist. In diesem Fall, in dem die Leiharbeitnehmer nicht längerfristig als Instrument zur Deckung des Personalbedarfs im Betrieb eingesetzt werden, zählen sie selbst dann nicht für den Schwellenwert des § 1 Abs. 1 Nr. 2 MitbestG mit, wenn sie länger als sechs Monate zum Einsatz kämen.[133] Diese Grundsätze lassen sich auf das LkSG übertragen. 57

hh) Leitende Angestellte. Leitende Angestellte sind ebenfalls bei der Ermittlung der Arbeitnehmerschwelle zu berücksichtigten.[134] 58

Wann ein Beschäftigter als leitender Angestellter anzusehen ist, regelt das LkSG nicht. Auch die Gesetzesbegründung schweigt zu dieser Frage. Der Verweis auf arbeitsrechtliche Grundsätze bei der Ermittlung der Arbeitnehmerschwelle hilft hier nur bedingt weiter, weil keine einheitliche Definition des leitenden Angestellten existiert. So entspricht der Begriff des leitenden Angestellten nach § 5 Abs. 3 S. 2 BetrVG nicht der Definition des leitenden Angestellten nach §§ 14 Abs. 2, 17 Abs. 5 Nr. 3 KSchG oder § 22 Abs. 2 Nr. 2 ArbGG.[135] Da das LkSG hinsichtlich der Methodik zur Ermittlung der Arbeitnehmerschwelle auf die Rechtsprechung des Bundesarbeitsgerichts zu § 111 BetrVG verweist, könnte man das Verständnis des BetrVG für die weitere Betrachtung zugrunde legen. Allerdings führt diese Sichtweise zu keinem überzeugenden Ergebnis. Denn leitende Angestellte sind bei der Berechnung des Schwellenwertes nach § 111 BetrVG nicht mitzuzählen, weil es sich um keine wahlberechtigten Arbeitnehmer gemäß §§ 7, 5 BetrVG handelt.[136] Gleichwohl ist zu beachten, dass für die Auslegung nach dem LkSG alleine der Schutzzweck des LkSG und die weiteren auslegungsrelevanten Merkmale des Gesetzes maßgeblich sind.[137] Vor diesem Hintergrund sprechen gute Argumente dafür, auch leitende Angestellte in die Ermittlung der Arbeitnehmerschwelle nach dem LkSG miteinzubeziehen. Insofern spricht auch nichts dagegen, nach den Grundsätzen des BetrVG zu bestimmen, wann ein Beschäftigter ein leitender Angestellter ist. 59

Nach § 5 Abs. 3 S. 2 BetrVG ist leitender Angestellter, wer nach Arbeitsvertrag und Stellung im Unternehmen oder im Betrieb zur selbständigen Einstellung und Entlassung von im Betrieb oder in der Betriebsabteilung beschäftigten Arbeitnehmern berechtigt ist (§ 5 Abs. 3 S. 2 Nr. 1 BetrVG). Diese Berechtigung muss im Außenverhältnis und im Innenverhältnis zum Arbeitgeber bestehen[138] sowie Ein- 60

---

131 *Frank/Edel/Heine/Heine* BB **2021** 2165, 2165.

132 Vgl. BGH Beschl. v. 25.6.2019 – II ZB 21/18 = NJW **2019** 2856, Rn. 39 zu § 14 Abs. 2 S. 6 AÜG und § 1 Abs. 1 Nr. 2 MitbestG; *Frank/Edel/Heine/Heine* BB **2021** 2165, 2165.

133 BGH Beschl. v. 25.6.2019 – II ZB 21/18 = NJW **2019** 2856, Rn. 40 zu § 14 Abs. 2 S. 6 AÜG und § 1 Abs. 1 Nr. 2 MitbestG.

134 Grabosch/*Grabosch* § 3 Rn. 5; Gehling/Ott/*Schmelzeisen* § 1 Rn. 23; Antwort III.2. FAQ-LkSG.

135 ErfK-ArbR/*Koch* § 5 BetrVG Rn. 17; BeckOK-ArbR/*Besgen* § 5 BetrVG Rn. 37.

136 BeckOK-ArbR/*Besgen* § 7 BetrVG Rn. 3.

137 BT-Drs. 19/28649 S. 33.

138 BAG Urt. v. 11.3.1982 – 6 AZR 136/79 = AP BetrVG **1972** § 5 Nr. 28; BAG Beschl. v. 16.4.2002 – 1 ABR 23/01 = AP BetrVG **1972** § 5 Nr. 69.

stellungen als auch Entlassungen betreffen.[139] Außerdem muss der Beschäftigte alleine und im Wesentlichen frei von Weisungen über die Einstellung und Entlassung von Arbeitnehmern entscheiden können.[140] Sollte eine Zweitunterschrift für Entscheidungen erforderlich sein, ist dies unschädlich, sofern der Dritte lediglich die Richtigkeit kontrolliert und nicht selbst zur Entscheidung befugt ist.[141]

61 Ein Beschäftigter ist auch leitender Angestellter, wenn er Generalvollmacht oder Prokura hat und die Prokura auch im Verhältnis zum Arbeitgeber nicht unbedeutend ist (§ 5 Abs. 3 S. 2 Nr. 2 BetrVG). Dem Beschäftigten müssen daher durch die Prokura sowohl im Außenverhältnis wie auch im Innenverhältnis bedeutende unternehmerische Leitungsaufgaben mit erheblichem Entscheidungsspielraum übertragen werden.[142] Prokuristen, die bspw. ausschließlich Stabsfunktionen wahrnehmen[143] oder deren Prokura einzig dem Zweck dient, gegenüber Behörden Erklärungen abzugeben, sind demnach keine leitenden Angestellten nach dieser Vorschrift.[144]

62 Außerdem ist ein Beschäftigter leitender Angestellter, wenn er regelmäßig sonstige Aufgaben wahrnimmt, die für den Bestand und die Entwicklung des Unternehmens oder eines Betriebs von Bedeutung sind und deren Erfüllung besondere Erfahrungen und Kenntnisse voraussetzt, wenn er dabei entweder die Entscheidungen im Wesentlichen frei von Weisungen trifft oder sie maßgeblich beeinflusst. Dies kann auch bei Vorgaben insbesondere auf Grund von Rechtsvorschriften, Plänen oder Richtlinien sowie bei Zusammenarbeit mit anderen leitenden Angestellten gegeben sein (§ 5 Abs. 3 S. 2 Nr. 3 BetrVG). Diese Regelung dient als Auffangtatbestand und enthält eine funktionsbezogene Umschreibung des Begriffs des leitenden Angestellten.[145]

63 Das Bundesarbeitsgericht hat als leitende Angestellte unter anderem folgende Positionen angesehen: Abteilungsleiter für Organisation und Unternehmensplanung,[146] Chefpilot,[147] Verkaufsleiter,[148] Wirtschaftsprüfer.[149] Nicht als leitende Angestellte hat das Bundesarbeitsgericht angesehen: Abteilungsleiter eines Maschinenbauunternehmens,[150] Bereichsleiter,[151] Leiter eines Verbrauchermarkts ohne nennenswerte Entscheidungsbefugnis[152] sowie Produktionsleiter.[153] Bei Chefärzten urteilte das Bundesarbeitsgericht bislang uneinheitlich.[154]

64 **ii) Neue Arbeitsplätze.** Werden neue Arbeitsplätze ausgeschrieben, aber noch nicht besetzt, liegt es nahe, die künftigen Arbeitnehmer mitzuzählen.[155]

---

139 BeckOK-ArbR/*Besgen* § 5 BetrVG Rn. 45.

140 BAG Urt. v. 11.3.1982 – 6 AZR 136/79 = AP BetrVG **1972** § 5 Nr. 28; Beschl. v. 16.4.2002 – 1 ABR 23/01 = AP BetrVG **1972** § 5 Nr. 69; BeckOK-ArbR/*Besgen* § 5 BetrVG Rn. 46.

141 BAG Urt. v. 27.9.2001 – 2 AZR 176/00 =AP KSchG **1969** § 14 Nr. 6; Beschl. v. 16.4.2002 – 1 ABR 23/01 = AP BetrVG **1972** § 5 Nr. 69.

142 BAG Urt. v. 11.1.1995 – 7 ABR 33/94 = AP BetrVG **1972** § 5 Nr. 55.

143 BAG Urt. v. 11.1.1995 – 7 ABR 33/94 = AP BetrVG **1972** § 5 Nr. 55; BAG Beschl. v. 25.3.2009 – 7 ABR 2/08 = BeckRS **2009** 68901 Rn. 15 f.

144 BeckOK-ArbR/*Besgen* § 5 BetrVG Rn. 50; Fitting/*Linsenmaier*/*Schelz*/*Schmidt I.*/*Schmidt K.*/*Trebinger* BetrVG, 31. Aufl. 2022, § 5 Rn. 350; ähnlich Däumler/Klebe/Wedde/*Trümner* BetrVG, 18. Aufl. 2022, § 5 Rn. 209.

145 Siehe dazu näher: BeckOK-ArbR/*Besgen* § 5 BetrVG Rn. 52–58 m.w.N.

146 BAG Beschl. v. 17.12.1974 – 1 ABR 105/73 = NJW **1975** 1720.

147 BAG Beschl. v. 25.10.1989 – 7 ABR 60/88 = NZA **1990** 820.

148 BAG Beschl. v. 23.3.1976 – 1 AZR 314/75 = AP BetrVG **1972** § 5 Nr. 14.

149 BAG Beschl. v. 28.1.1975 – 1 ABR 52/73 = NJW **1975** 1296.

150 BAG Beschl. v. 17.12.1974 – 1 ABR 131/73 = NJW **1975** 1717.

151 BAG Beschl. v. 16.4.2002 – 1 ABR 23/01 = NZA **2003** 56.

152 BAG Urt. v. 19.8.1975 – 1 AZR 565/74 = BetrVG **1972** § 105 Nr. 1.

153 BAG Beschl. v. 15.3.1977 – 1 ABR 86/76 = BeckRS **1977**, 159.

154 Bejaht BAG Urt. v. 5.6.2014 – 2 AZR 615/13 = NZA **2015** 40; BAG Urt. v. 10.12.1992 – 2 AZR 271/92 = NZA **1993** 593; verneinend BAG Beschl. v. 10.10.2007 – 7 ABR 61/06 = BeckRS **2008** 50632 zu § 5 Abs. 3 Nr. 1; BAG Beschl. v. 5.5.2010 – 7 ABR 97/08 = NZA **2010** 955 zu § 5 Abs. 3 Nr. 3.

155 Vgl. LAG Köln Beschl. v. 17.4.1998 – 5 TaBV 20/98 = LAGE Nr. 16 zu § 19 BetrVG **1972** = NZA-RR **1999** 247; vgl. auch Richardi/*Thüsing* § 9 Rn. 12a m.w.N.

jj) Organmitglieder. Organmitglieder sind nicht bei der Arbeitnehmerschwelle zu berücksichtigen, weil es sich nicht um Arbeitnehmer des Unternehmens handelt.[156] Organmitglieder sind z.B. Mitglieder der Geschäftsführung oder des Aufsichtsrats. 65

kk) Teilzeitbeschäftigte, befristete Arbeitnehmer, Probezeit. Im Rahmen des BetrVG sind Teilzeitbeschäftigte und befristet Beschäftigte ebenfalls Arbeitnehmer.[157] Der Gesetzgeber bezieht sich für das LkSG auf die arbeitsrechtliche Methodik zur Ermittlung der Arbeitnehmerschwelle.[158] Insofern lässt sich gut argumentieren, Teilzeitbeschäftigte und befristet Beschäftigte bei der Berechnung der Arbeitnehmerschwelle des LkSG mitzuzählen. Voraussetzung ist, dass die von ihnen besetzten Arbeitsplätze die regelmäßige Größe des Unternehmens prägen.[159] Die Berechnung erfolgt nach Kopfzahlen und nicht nach Arbeitsstunden.[160] Auch Arbeitnehmer in Probezeit sind mitzuzählen.[161] 66

ll) Unselbständige Handelsvertreter. Unselbständige Handelsvertreter gelten als Angestellte und sind daher bei der Arbeitnehmerschwelle des LkSG mitzuzählen.[162] Hierbei handelt es sich um Personen, die ohne selbständig zu sein, ständig damit betraut sind, für einen Unternehmer Geschäfte zu vermitteln oder in dessen Namen abzuschließen (§ 84 Abs. 2 HGB).[163] 67

mm) Zeitweilig Beschäftigte. Zeitweilig Beschäftigte sind bei der Arbeitnehmerschwelle hinzuzurechnen, wenn das Unternehmen diese normalerweise länger als sechs Monate beschäftigt.[164] Auch hier gilt eine arbeitsplatzbezogene Betrachtung.[165] Das heißt, dass es ebenfalls maßgeblich darauf ankommt, ob das Unternehmen während eines Jahres über die Dauer von mehr als sechs Monaten Arbeitsplätze mit zeitweiligen Beschäftigten besetzt. 68

nn) Auszubildende, Umschüler. Auszubildende sind keine Arbeitnehmer im arbeitsrechtlichen Sinne. Sie sind daher bei der Ermittlung der Arbeitnehmerschwelle grundsätzlich nicht hinzuzurechnen.[166] Gleiches gilt für Umschüler.[167] 69

---

156 Antwort III.2. FAQ-LkSG.

157 BeckOK-ArbR/*Besgen* § 5 BetrVG Rn. 5; vgl. BAG Beschl. v. 29.1.1992 – 7 ABR 27/91, AP BetrVG **1972** § 7 Nr. 1 für Teilzeitbeschäftigte, für befristet Beschäftigte vgl.: Däumler/Klebe/Wedde/*Trümner* BetrVG, 18. Aufl. 2022, § 5 Rn. 9, 30; Fitting/*Linsenmaier/Schelz/Schmidt I./Schmidt K./Trebinger* BetrVG, 31. Aufl. 2022, § 5 Rn. 91; Richardi/*Maschmann* § 5 Rn. 58.

158 Richardi/*Annuß* § 111 Rn. 23; ebenso Grabosch/*Grabosch* § 3 Rn. 5.

159 Vgl. BeckOK-ArbR/*Besgen* § 111 BetrVG Rn. 2; Richardi/*Annuß* § 111 Rn. 23; Grabosch/*Grabosch* § 3 Rn. 5.

160 Vgl. Antwort III.2. FAQ-LkSG; Gehling/Ott/*Schmelzeisen* § 1 Rn. 25.

161 Antwort III.2. FAQ-LkSG.

162 Vgl. Antwort III.2. FAQ-LkSG.

163 Siehe zu den Einzelheiten: BeckOGK-HGB/*Bieder* § 84 Rn. 75 ff.

164 BT-Drs. 19/28649 S. 34; BGH Beschl. v. 25.6.2019 – II ZB 21/18 = NZA **2019** 1232; BAG Urt. v. 18.10.2011 – 1 AZR 335/10 = AP BetrVG **1972** § 111 Nr. 70, Rn. 21.

165 BT-Drs. 19/28649 S. 34; BGH Beschl. v. 25.6.2019 – II ZB 21/18 = NZA **2019** 1232.

166 Antwort III.2. FAQ-LkSG; Gehling/Ott/*Schmelzeisen* § 1 Rn. 21; **a.A.** Grabosch/*Grabosch* § 3 Rn. 5; *Altenschmidt/Helling* § 1 Rn. 12.

167 Vgl. Antwort III.2. FAQ-LkSG.

70 Für die Berufsbildung gilt das BBiG. Der Berufsausbildungsvertrag ist kein Arbeitsvertrag, sondern ein atypischer Dienstvertrag.[168] Das Berufsausbildungsverhältnis wird durch den Ausbildungs- bzw. Erziehungszweck geprägt.[169] Hierin liegt der Unterschied zum sich möglicherweise danach anschließenden Arbeitsverhältnis, das ein Arbeitnehmer eingeht, um sich selbst in seiner Ausbildung zu vervollkommnen.[170] Dies zeigt sich auch darin, dass gemäß § 10 Abs. 2 BBiG auf den Berufsausbildungsvertrag die für den Arbeitsvertrag geltenden Rechtsvorschriften und Rechtsgrundsätze nur insoweit anzuwenden sind, als sich aus seinem Wesen, Zweck und aus dem BBiG nichts anderes ergibt. Verschiedene arbeitsrechtliche Vorschriften sind auch auf Auszubildende anzuwenden, etwa § 5 Abs. 1 S. 1 BetrVG.[171]

71 Eine Person kann auch eingestellt werden, um berufliche Kenntnisse, Fertigkeiten oder Erfahrungen zu erwerben, ohne dass es sich um eine Berufsausbildung im Sinne des BBiG handelt (§ 26 BBiG). Erfasst sind solche Rechtsverhältnisse, die im Gegensatz zur Umschulung oder Fortbildung auf die erstmalige Vermittlung beruflicher Kenntnisse, Fertigkeiten oder Erfahrungen gerichtet sind, wie dies etwa bei Anlernlingen, Volontären oder Praktikanten der Fall ist.[172] Für diese sog. Anlernverhältnisse kann ein Arbeitsvertrag zur Begründung eines Arbeitsverhältnisses geschlossen werden. Hierbei ist kennzeichnend, dass die eine Person sich in erster Linie zur Leistung von Arbeit nach Weisung der anderen Person gegen Entgelt verpflichtet hat.[173] In diesen Fällen ist es zulässig, solche Personen bei der Berechnung der Arbeitnehmerschwelle hinzuzuzählen.

72 **oo) Praktikanten, Volontäre, Schüler.** Die Rechtsstatus von Volontären und Praktikanten wird unterschiedlich beurteilt.[174]

73 Der Volontär erhält im Unterschied zum Auszubildenden die Möglichkeit, seine Fachkenntnisse zu erweitern oder zu vertiefen, ohne dass eine geregelte Fachausbildung in einem staatlich anerkannten Ausbildungsberuf beabsichtigt ist.[175] Für die Zwecke des § 1 Abs. 1 LkSG ist darauf abzustellen, ob der Ausbildungszweck oder die Pflicht zur Arbeitsleistung überwiegt. Im ersten Fall liegt ein Anlernverhältnis nach § 26 BBiG vor.[176] Eine Berücksichtigung im Rahmen der Arbeitnehmerschwelle findet dann nicht statt.[177]

74 Gleiches gilt für Praktikanten. Im Unterschied zum Volontär ist der Praktikant im Betrieb tätig, um praktische Kenntnisse und Erfahrungen zur Vorbereitung auf einen Beruf zu sammeln.[178] Praktikanten sind in der Regel keine Arbeitnehmer, weil der Ausbildungszweck im Vordergrund steht und für das Praktikantenverhältnis der Schüler- oder Studentenstatus maßgebend bleibt.[179] In diesem Fall sind Praktikanten nicht im Rahmen des § 1 Abs. 1 LkSG zu berücksichtigen.[180]

---

168 Staudinger/*Richardi/Fischinger* § 611a BGB, Rn. 313; MüKo-BGB/*Spinner* § 611a Rn. 1190 m.w.N.; BAG Urt. v. 21.9.2011 – 7 AZR 375/10 = NZA **2012** 255; **a.A.** ErfK-ArbR/*Preis* § 611a BGB Rn. 177 f.

169 MüKo-BGB/*Spinner* § 611a Rn. 1190.

170 Staudinger/*Richardi/Fischinger* § 611a BGB Rn. 313.

171 Staudigner/*Richardi/Fischinger* § 611a BGB Rn. 313 m.w.N.; siehe auch BAG Beschl. v. 6.11.2013 – 7 ABR 76/11 = NZA **2014** 678, 678.

172 BAG Urt. v. 12.2.2013 – 3 AZR 120/11 = NZA **2014** 31 Rn. 12.

173 MüKo-BGB/*Spinner* § 611a Rn. 1190 m.w.N.

174 ErfK-ArbR/*Preis* § 611a BGB Rn. 179.

175 BAG Urt. v. 21.12.1954 – 2 AZR 76/53 = BAGE **1** 217.

176 BAG Urt. v. 1.12.2004 – 7 AZR 129/04 = NZA **2005** 779, 781; Staudinger/*Richardi/Fischinger* § 611a BGB, Rn. 316.

177 Vgl. aber ohne Differenzierung Antwort III.2. FAQ-LkSG.

178 Staudinger/*Richardi/Fischinger* § 611a BGB, Rn. 317 m.w.N; vgl. auch Legaldefinition in § 22 Abs. 1 S. 3 MiLoG.

179 Staudinger/*Richardi/Fischinger* § 611a BGB, Rn. 317 m.w.N.

180 Vgl. Antwort III.2. FAQ-LkSG.

Schüler, die im Rahmen ihrer schulischen Ausbildung ein Betriebspraktikum absolvieren, sind keine Arbeitnehmer.[181] Sie sind daher nicht bei der Arbeitnehmerschwelle zu berücksichtigen.[182] 75

c) Zusammenfassung

Zu berücksichtigende Personen	Nicht zu berücksichtigende Personen
Arbeitnehmer, die ins Ausland entsandt sind	Auszubildende und Umschüler gemäß Berufsbildungsgesetz, Praktikanten und Volontäre
Arbeitnehmer in Kurzarbeit, Probezeit, Befristung	Beamte
Arbeitnehmer in Vollzeit bzw. Teilzeit	Freie Mitarbeiter
Arbeitnehmer im Home Office	Gesellschafter (Ausnahme: die Person ist als nicht geschäftsführender Gesellschafter zugleich Arbeitnehmer im Unternehmen)
Leiharbeitnehmer, wenn die Einsatzdauer sechs Monate übersteigt	Leiharbeitnehmer, wenn die Einsatzdauer sechs Monate nicht übersteigt
Leitende Angestellte	Organmitglieder juristischer Personen (z.B. Mitglieder der Geschäftsführung, Aufsichtsrat)
Personen, bei denen die Hauptpflichten aus dem Arbeitsverhältnis im Geschäftsjahr weniger als sechs Monate ruhen (z.B. Mutterschaftsurlaub)	Selbstständige

Abb. 1: Personengruppen zur Ermittlung des Schwellenwertes gem. § 1 Abs. 1 LkSG.

2. Prägende Personalstärke des Unternehmens

Unternehmen fallen in den Anwendungsbereich des LkSG, wenn sie *„in der Regel“* mehr als 3.000 (bzw. 1.000) Arbeitnehmer beschäftigen. Für bestehende Unternehmen ist der Stichtag zunächst der 1.1.2023 bzw. 1.1.2024 (a)). Die normale Personalstärke ist grundsätzlich rückblickend und vorausschauend zu ermitteln (b)). Dabei ist der maßgebliche Zeitraum im Einzelfall zu bestimmen, sollte sich aber am Geschäftsjahr des Unternehmens orientieren (c)). 76

a) Stichtage. Für bestehende Unternehmen ist der maßgebliche Stichtag der 1.1.2023. Sollte ein Unternehmen mit Sitz in Deutschland zum 1.1.2023 in der Regel weniger als 3.000 Arbeitnehmer beschäftigen, ist der nächste Stichtag der 1.1.2024. Das Unternehmen muss dann beurteilen, ob es zu diesem Stichtag in der Regel mehr als 1.000 Arbeitnehmer beschäftigt oder weniger. Sodann muss das Unternehmen zukünftig kontinuierlich überwachen, ob es in der Regel mehr als 1.000 Arbeitnehmer beschäftigt. 77

181 BAG, Beschl. v. 6.11.2013 – 7 ABR 76/11 = NZA **2014** 678, 680 Rn. 29.
182 Vgl. Antwort III.2. FAQ-LkSG.

78 **b) Rückblick und Prognose.** Für die Ermittlung, wie viele Arbeitnehmer ein Unternehmen in der Regel beschäftigt, ist nicht entscheidend, wie viele Arbeitnehmer dem Unternehmen zufällig zum Stichtag angehören. Vielmehr ist auf die normale Zahl der Beschäftigten abzustellen. Maßgeblich ist damit, welche Personalstärke für ein Unternehmen im Allgemeinen kennzeichnend ist.[183] Zu berücksichtigende Arbeitnehmer sind pro Kopf zu zählen.[184]

79 Welche Kriterien hierbei anzusetzen sind, ergibt sich aus § 1 LkSG nicht. Die Gesetzesbegründung führt an, dass regelmäßig ein Rückblick und eine Prognose über die künftige Personalentwicklung erforderlich ist.[185] Der Rückblick und die Prognose haben sich an den tatsächlichen und konkreten Umständen des jeweiligen Unternehmens auszurichten.[186] Für die normale Personalstärke kann der Stellenplan eines Unternehmens damit nur als Anhaltspunkt dienen, weil nicht auszuschließen ist, dass Stellen unbesetzt bleiben oder überbesetzt sind.[187]

80 Durch eine rückblickende und vorausschauende Betrachtung sollen momentane, plötzliche oder zufällige Schwankungen im Personalbestand außer Acht bleiben.[188] Auch Zeiten außergewöhnlich hohen oder niedrigen Geschäftsanfalls sind nicht zu berücksichtigen.[189] So haben z.B. Saisonbetriebe für einige Wochen oder Monate im Jahr einen erhöhten Arbeitskräftebedarf. Die für diese Zeit vorübergehend eingestellten Arbeitnehmer zählen dann nicht zu den in der Regel Beschäftigten.[190]

81 Zukünftige Entwicklungen im Personalbestand sind nur zu berücksichtigen, wenn der Arbeitgeber bereits konkret entschieden hat, die Beschäftigtenzahl gegenüber dem bisherigen Zustand zu verändern. Bloße Befürchtungen oder Erwartungen, dass Stellen abgebaut werden könnten, sind unerheblich.[191] Daher reicht es z.B. nicht aus, dass sich die Auftragslage verschlechtern könnte oder dass ein Unternehmen beabsichtigt, ein Werk zu schließen.[192] Vielmehr muss das zuständige Gesellschaftsorgan die Veränderung beschlossen haben. Außerdem darf der Umsetzung *„nichts mehr Wesentliches“* im Wege stehen, wobei der Gesetzgeber nicht erläutert, was hierunter genau zu verstehen ist.[193] Dem Ansatz ist allerdings zu entnehmen, dass die Sorgfaltspflichten nach dem LkSG nicht durch Aktivitäten umgangen werden, die nachträglich wieder rückgängig gemacht werden können.[194] Das Unternehmen dürfte daher auch verpflichtet sein, gegenüber dem BAFA darzulegen und ggf. zu substantiieren, dass eine Maßnahme ohne wesentliche weitere Schritte umgesetzt wird.[195]

---

183 BT-Drs. 19/28649 S. 33; BAG Urt. v. 18.10.2011 – 1 AZR 335/10 = NZA **2012** 221; BAG Beschl. v. 9.5.1995 – 1 ABR 51/94 = NZA **1996** 166, 167.

184 Vgl. Antwort III.2. FAQ-LkSG.

185 BT-Drs. 19/28649 S. 33 unter Verweis auf BAG Urt. v. 16.11.2004 – 1 AZR 642/03 = BeckRS **2005** 40267, Rn. 11 ff.; vgl. BAG Urt. v. 18.10.2011 – 1 AZR 335/10 = NZA **2012** 221, 222, Rn. 21; BAG Beschl. v. 10.12.1996 – 1 ABR 43/96 = NZA **1997** 733; *Frank/Edel/Heine/Heine* BB **2021** 2165.

186 BT-Drs. 19/28649 S. 33.

187 BAG Beschl. v. 29.5.1991 – 7 ABR 27/90 = NZA **1992** 182, 183.

188 BT-Drs. 19/28649 S. 33; vgl. BAG Urt. v. 18.10.2011 – 1 AZR 335/10 = NZA **2012** 221, 222 Rn. 21.

189 BT-Drs. 19/28649 S. 33; vgl. NK-ArbR/*Matthias/Spirolke* BetrVG § 111 Rn. 4; BAG Urt. v. 19.7.1983 – 1 AZR 26/82 = DB **1983** 2634; Urt. v. 18.12.1984 – 1 AZR 434/82 = BeckRS **1984** 4363; Urt. v. 24.1.2013 – 2 AZR 140/12 = NZA **2013** 726, 729 Rn. 24 m.w.N. zum KSchG.

190 Vgl. BAG Urt. v. 16.11.2004 – 1 AZR 642/03 = NJOZ **2005** 4140, 4141 f.; Richardi/*Maschmann* § 1 Rn. 135.

191 BAG Beschl. v. 29.5.1991 – 7 ABR 27/90 = NZA **1992** 182, 183.

192 BT-Drs. 19/28649 S. 33.

193 BT-Drs. 19/28649 S. 33; so auch zur Mitbestimmung OLG Düsseldorf Beschl. v. 9.12.1994 – 19 W 2/94 AktE = DB **1995** 277.

194 *Schäfer* ZLR **2022** 22, 35.

195 *Schäfer* ZLR **2022** 22, 35.

Bei einem gleitenden Personalabbau stellt sich die Frage, wie die regelmäßige Beschäftigtenzahl nach dem LkSG zu ermitteln ist. Zunächst könnte man auf die ursprüngliche Beschäftigtenzahl abstellen.[196] Diese Sichtweise ignoriert aber, dass das Unternehmen tatsächlich über weniger Beschäftigte verfügt bzw. verfügen wird. Sofern die Personalverminderung für eine gewisse Zeit zu einer Stabilisierung der Belegschaft auf niedrigerem Niveau führt, sprechen die besseren Argumente dafür, dass diese die (neue) normale Belegschaftsstärke bildet.[197] Hierbei kann ein Zeitraum von sechs Monaten ausreichen.[198] 82

c) Zeitraum. Das LkSG gibt keinen Zeitraum vor, über den ein Unternehmen seine normale Personalstärke ermitteln muss. Die Gesetzesbegründung führt aus, dass der Zeitraum nach den jeweiligen Umständen des Einzelfalles zu bestimmen ist.[199] Damit räumt der Gesetzgeber Unternehmen einen gewissen Ermessensspielraum ein. Der Zeitraum sollte sich jedenfalls über eine gewisse Dauer erstrecken, um den normalen Personalbestand des Unternehmens ermitteln zu können.[200] 83

Nach der Gesetzesbegründung soll sich der Referenzzeitraum *„am"* Geschäftsjahr orientieren.[201] Daraus lässt sich nicht zwingend ableiten, dass Rückblick und Prognose regelmäßig nur auf einen Zeitraum von einem Geschäftsjahr zu beziehen sind.[202] Nach dem Sinn und Zweck des LkSG soll der Zeitraum so bemessen sein, dass möglichst verlässlich ermittelt werden kann, wie viele Arbeitnehmer in dem Unternehmen normalerweise beschäftigt sind.[203] Ein allgemeiner Regelzeitraum von einem Geschäftsjahr könnte hierfür zu kurz gegriffen sein. So werden in der arbeitsrechtlichen Rechtsprechung und Literatur unterschiedliche Referenzzeiträume zwischen sechs bis 24 Monaten als angemessen angesehen.[204] Daher dürfte es bspw. ebenso möglich sein, auf das letzte Geschäftsjahr zurückzublicken und die Personalentwicklung für das laufende Geschäftsjahr zu prognostizieren.[205] 84

---

196 Grabosch/*Grabosch* § 3 Rn. 8.

197 Vgl. BAG Urt. v. 16.11.2004 – 1 AZR 642/03 = NJOZ **2005** 4140, 4142; BAG Beschl. v. 9.5.1995 – 1 ABR 51/94 = NZA **1996** 166.

198 BAG Beschl. v. 9.5.1995 – 1 ABR 51/94 = NZA **1996** 166, 167.

199 BT-Drs. 19/28649 S. 33.

200 BAG Urt. v. 16.11.2004 – 1 AZR 642/03 = NJOZ **2005** 4140, 4142; BAG Beschl. v. 9.5.1995 – 1 ABR 51/94 = NZA **1996** 166, 167; ebenso Grabosch/*Grabosch* § 3 Rn. 8.

201 BT-Drs. 19/28649 S. 33.

202 So aber wohl *Spindler* ZHR **186** (2022) 67, 74; *Schäfer* ZLR **2022** 22, 35 versteht „den Referenzzeitraum" wohl nur für den Rückblick, nicht hingegen für die Prognose.

203 BT-Drs. 19/28649 S. 33.

204 BAG Beschl. v. 4.11.2015 – 7 ABR 42/13 = NZA **2016** 559, 564 Rn. 36; BGH Beschl. v. 25.6.2019 – II ZB 21/18 = NZA **2019** 1232, 1234 Rn. 34; im Detail soll der Referenzzeitraum für die Bestimmung der Arbeitnehmerschwelle des § 1 Abs. 1 Nr. 2 MitbestG betragen: *6–12 Monate*: *Ulmer* FS Heinsius 855, 864; BAG Beschl. v. 4.11.2015 – 7 ABR 42/13 = NZA **2016** 559, 564, Rn. 36; ErfK-ArbR/*Oetker* § 1 Rn. 9; *12–18 Monate*: *Krause* ZIP **2014** 2209, 2219; *17–20 Monate*: OLG Düsseldorf Beschl. v. 9.12.1994 – 19 W 2/94 = BeckRS **1994** 09503 Rn. 14; OLG Saarbrücken Beschl. v. 2.3.2016 – 4 W 1/15 = NZG **2016** 941, 942 Rn. 118; *Brock* GmbHR **2019** 101, 105; siehe auch BAG Beschl. v. 4.11.2015 – 7 ABR 42/13 = NZA **2016** 559, 564 Rn. 36; BGH Beschl. v. 25.6.2019 – II ZB 21/18 = NZA **2019** 1232, 1234 Rn. 34; *18–24 Monate*: Lutter/Bayer/*Wackerbarth* Holding-Handbuch, Arbeitsrecht und Mitbestimmung in der Holding, Rn. 12.85 mit Verweis auf: OLG Düsseldorf Beschl. v. 9.12.1994 – 19 W 2/94 AktE = DB **1995** 277, 278; *Rittner* AG **1983** 99, 102; Habersack/Henssler/*Henssler* § 3 Rn. 62; Wißmann/Kleinsorge/Schubert/*Wißmann* MitbestG, 5. Aufl. 2017, § 1 Rn. 47 m.w.N.; kritisch zur Länge des Zeitraums *Lambrich*/*Reinhard* NJW **2014** 2229, 2233; vgl. auch Nachweise bei MüKo-AktG/*Annuß* § 1 Rn. 13.

205 So wohl auch *Frank*/*Edel*/*Heine*/*Heine* BB **2021** 2165, 2165, die zwei Geschäftsjahre als angemessen ansehen; vgl. ferner *Pils*/*Rünz*/*Schiffeholz* COMPLY **2022** 60, 61.

d) Beispiele[206]

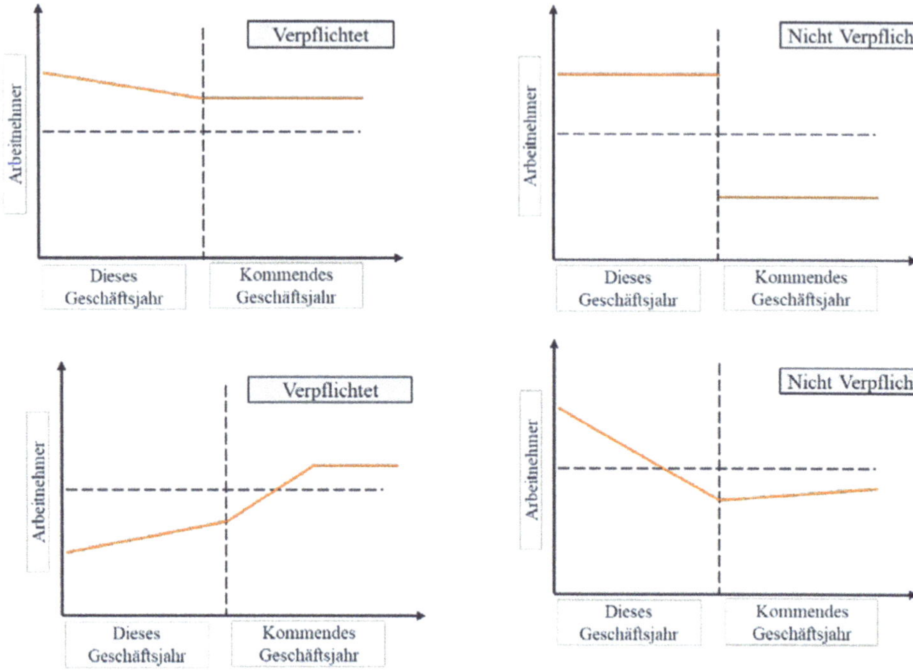

Abb. 2: Beispiele zur möglichen Bewertung der prägenden Personalstärke.

3. Dokumentation

85 Unternehmen sollten nachvollziehbar dokumentieren, wie sie die Arbeitnehmerschwelle nach dem LkSG ermittelt haben. Hierbei sollten sie insbesondere festhalten, für welchen Zeitraum sie die Regelbeschäftigung ermittelt haben und konkret begründen, weshalb für sie dieser Zeitraum als angemessen anzusehen ist.

86 Außerdem sollten Unternehmen erläutern, welche Umstände sie in der Prognose berücksichtigt haben. Sollte das Unternehmen bspw. relevante Entscheidungen getroffen haben, die sich zukünftig auf die Regelbeschäftigung auswirken, sollte dargelegt werden, weshalb sich diese ohne Weiteres und in welchem Ausmaß zukünftig auf die Regelbeschäftigung im Unternehmen auswirken werden. Zudem sollten Unternehmen dokumentieren, welche Beschäftigtengruppen sie für die Ermittlung herangezogen haben und dabei die Anzahl der Personen der jeweiligen Gruppen anführen.

4. Herabsenkung der Schwelle auf 1.000 Arbeitnehmer ab 2024 und Überprüfung

87 Ab dem 1.1.2024 verringert sich die Arbeitnehmerschwelle von 3.000 Arbeitnehmern auf 1.000 Arbeitnehmer (§ 1 Abs. 1 S. 3 LkSG).

206 **A.A.** Gehling/Ott/*Schmelzeisen* § 1 Rn. 35, wonach ein Unternehmen nicht verpflichtet ist, wenn es perspektivisch den Schwellenwert überschreitet, sondern erst dann, wenn es den Schwellenwert tatsächlich überschritten hat.

Wie viele Unternehmen letztlich durch die Absenkung des Schwellenwertes in den Anwendungsbereich des LkSG fallen werden, wird unterschiedlich beantwortet. Der Gesetzgeber[207] erwartet etwa 2.900 Unternehmen, andere[208] schätzen die Zahl auf etwa 3.900 bzw. 4.800 Unternehmen. Zum 30.6.2024 soll außerdem evaluiert sein, ob die Schwellenwerte weiter abgesenkt werden müssen. 88

C. Zurechnung von Arbeitnehmern innerhalb verbundener Unternehmen

Die Zurechnung von Arbeitnehmern hinsichtlich mehrerer Gesellschaften (I.) gilt nicht für Konzerne, sondern für sämtliche Arten verbundener Unternehmen (II.). Die Zurechnung erfolgt dabei grundsätzlich entlang der Beteiligungskette von unten auf die Obergesellschaft (III.). Für bestimmte Arten verbundener Unternehmen stellen sich jedoch besondere Fragen im Zusammenhang mit der Zurechnung (IV.). 89

I. Allgemeines

§ 1 Abs. 3 LkSG regelt die Zurechnung von Arbeitnehmern innerhalb verbundener Unternehmen. Innerhalb verbundener Unternehmen sind die im Inland beschäftigten Arbeitnehmer sämtlicher konzernangehöriger Gesellschaften bei der Berechnung der Arbeitnehmerzahl der Obergesellschaft zu berücksichtigen. Dies bedeutet, dass die Beschäftigten einer ausländischen Muttergesellschaft bzw. Tochtergesellschaft nicht erfasst sind.[209] Ins Ausland entsandte Arbeitnehmer sind demgegenüber hinzuzuzählen. Der Gesetzgeber möchte mit dieser Vorschrift gewährleisten, dass Mutterunternehmen unter das LkSG fallen, unabhängig davon, ob die Arbeitnehmer bei dem Mutterunternehmen selbst oder bei dem Tochterunternehmen beschäftigt sind.[210] 90

Hinsichtlich Gebietskörperschaften, also etwa Bund, Ländern, Landkreisen und Kommunen, hat das BAFA klargestellt, dass diese nicht als Obergesellschaft im Sinne des § 1 Abs. 3 LkSG für unternehmerisch tätige juristische Personen anzusehen sind.[211] 91

Hinsichtlich § 1 Abs. 3 LkSG stellen sich derzeit in der praktischen Beratung zahlreiche Fragen, die das LkSG nicht eindeutig beantwortet. 92

II. Zurechnung nur bei Konzernunternehmen gemäß § 18 AktG?

In der Literatur wird diskutiert, ob § 1 Abs. 3 LkSG nur Unternehmensverbindungen gemäß § 18 AktG erfasst. Dies ist abzulehnen. 93

Zwar spricht § 1 Abs. 3 LkSG von *„konzernangehörigen Gesellschaften"*. Zudem stand in früheren Entwürfen des § 1 Abs. 3 LkSG noch das Wort *„Konzernmutter"*.[212] Im weiteren Gesetzgebungsverfahren ersetzte der Gesetzgeber den Begriff durch *„Obergesellschaft"* und führte aus, dass es sich lediglich um eine stilistische Anpassung handle.[213] Insofern könnte man argumentieren, dass eine Zurechnung von Arbeitnehmern nur bei Konzernunternehmen im Sinne des § 18 AktG erfol- 94

207 BT-Drs. 19/28649 S. 26.

208 *Nietsch/Wiedmann* CCZ **2021** 101, 102.

209 Ebenso E. Wagner/Ruttloff/S. Wagner/*E. Wagner/S. Wagner/Schuler* § 1 Rn. 9.

210 BT-Drs. 19/28649 S. 34.

211 Antwort III.9. FAQ-LkSG.

212 Ref-E, S. 5; BR-Drs. 239/21 S. 1; BT-Drs. 19/28649 S. 7.

213 BT-Drs. 19/30505 S. 35.

gen solle.[214] Der Begriff der *„Obergesellschaft"* wäre dann einschränkend als *„Konzernobergesellschaft"* zu verstehen.[215]

95 Andererseits verweist § 1 Abs. 3 LkSG auf *„verbundene Unternehmen"* und nennt explizit § 15 AktG. Damit sind Konzernunternehmen im Sinne des § 18 AktG lediglich eine Möglichkeit verbundener Unternehmen im Sinne des § 15 AktG. Der Gesetzgeber hätte wohl nicht ausdrücklich auf § 15 AktG verwiesen, wenn er nur Konzernkonstellationen im Sinne des § 18 AktG vor Augen gehabt hätte.[216] Der Sinn und Zweck des LkSG spricht ebenfalls dagegen, Arbeitnehmer nur bei Konzernunternehmen im Sinne des § 18 AktG zuzurechnen. § 1 Abs. 3 LkSG soll gewährleisten, dass Mutterunternehmen unter das LkSG fallen, unabhängig davon, ob die Arbeitnehmer bei dem Mutterunternehmen oder dem oder den Tochterunternehmen beschäftigt sind.[217] Hieraus ergibt sich ein weites Verständnis, das nicht zwingend einen Konzern im Sinne des § 18 AktG voraussetzt. Für dieses weite Verständnis spricht auch der Umstand, dass der Begriff *„konzernangehörig"* ein untechnischer Sammelbegriff ist.[218] Der Begriff beschränkt sich nicht auf Unternehmen gemäß § 18 AktG, sondern umfasst alle Formen verbundener Unternehmen im Sinne des § 15 AktG.[219]

96 Auch spricht ein systematischer Vergleich mit § 17 Abs. 1 S. 2 LkSG für diese Auslegung. Hiernach sind Unternehmen verpflichtet, der zuständigen Behörde auf Verlangen die Auskünfte zu erteilen und die Unterlagen herauszugeben, die sie zur Durchführung der ihr übertragenen Aufgaben benötigt. Diese Verpflichtung erstreckt sich auch auf Auskünfte verbundener Unternehmen im Sinne § 15 AktG.[220]

III. Richtung der Zurechnung

97 Bei der Zurechnung von Arbeitnehmern innerhalb verbundener Unternehmen verfolgt § 1 Abs. 3 LkSG einen *bottom-up* Ansatz.

98 Dies ergibt sich bereits aus dem Wortlaut des § 1 Abs. 3 LkSG, der auf die obere Gesellschaft in einem Unternehmensverbund als Zurechnungsobjekt abstellt. Dementsprechend werden die Arbeitnehmer im Unternehmensverbund von *„unten nach oben"* gezählt.[221] Arbeitnehmer von Töchter- bzw. Enkelunternehmen werden damit der oberen Gesellschaft zugerechnet.[222] Umgekehrt werden die Arbeitnehmer der Obergesellschaft grundsätzlich nicht den Töchterunternehmen zugerechnet.[223] Außerdem werden die Arbeitnehmer nur auf der obersten Stufe innerhalb des Unternehmensverbunds zugerechnet und nicht auf Zwischenstufen, wie z.B. auf Ebene der Tochtergesellschaft.[224]

99 Unabhängig hiervon bleibt jedoch die Möglichkeit bestehen, dass ein Unternehmen innerhalb des Unternehmensverbundes selbst die Voraussetzungen des § 1 Abs. 1 LkSG erfüllt. Sollte daher

---

214 Vgl. *Nietsch/Wiedmann* NJW **2022** 1, 6; auf Konzerne abstellend *Ehmann/Berg* GWR **2021** 287, 287; *Passarge* CB **2021** 332, 333; *Dutzi/Schneider/Hasenau* DK **2021** 454, 456; **a.A.** *Altenschmidt/Helling* § 1 Rn. 21; Grabosch/*Grabosch* § 3 Rn. 6; *Falder/Frank-Fahle/Poleacov* S. 9; *Harings/Jürgens* 3.4.; *Harings/Jürgens* ExportManager 2/2022, 20; *Ott/Lüneborg/Schmelzeisen* DB **2022** 238, 239 f.; *Rothenburg/Rogg* AG **2022** 257, 260; wohl auch *Jungkind/Raspé/Terbrack* DK **2021** 445, 446; *Birkefeld/Schäfer* ZLR **2022** 444, 450; *Schall* NZG **2022** 1235, 1236; E. Wagner/Ruttloff/S. Wagner/*E. Wagner/S. Wagner/Schuler* § 1 Rn. 12 Fn. 27; Gehling/Ott/*Schmelzeisen* § 1 Rn. 53.

215 So wohl *Plemper/Damm* AW-Prax **2021** 455, 456.

216 Vgl. *Ott/Lüneborg/Schmelzeisen* DB **2022** 238, 238 f.

217 BR-Drs. 239/21 S. 33.

218 Vgl. zum unpräzisen aber weit verbreiteten Gebrauch des Wortes „Konzern" MüKo-AktG/*Bayer* § 15 Rn. 6.

219 Antwort IV.1. FAQ-LkSG.

220 Vgl. *Rothenburg/Rogg* AG **2022** 257, 260.

221 Antwort IV.3. FAQ-LkSG.

222 Antwort IV.2. FAQ-LkSG; Gehling/Ott/*Schmelzeisen* § 1 Rn. 67.

223 Antwort IV.3. FAQ-LkSG; *Harings/Jürgens* 3.4.2.; Gehling/Ott/*Schmelzeisen* § 1 Rn. 85.

224 Antwort IV.4. FAQ-LkSG; *Passarge* CB **2021** 323, 335; *Rothenburg/Rogg* AG **2022** 257, 260; E. Wagner/Ruttloff/S. Wagner/*E. Wagner/S. Wagner/Schuler* § 1 Rn. 11; Gehling/Ott/*Schmelzeisen* § 1 Rn. 62 m.w.N.; **a.A.** wohl *Rack* CB **2022** 1, 23.

bspw. eine inländische Tochtergesellschaft selbst in der Regel über 3.000 bzw. 1.000 Arbeitnehmer im Inland beschäftigen, ist es unter dem LkSG wegen des gesellschaftsrechtlichen Trennungsprinzips selbst verpflichtet.[225]

Die nachfolgende Übersicht fasst die Zurechnung innerhalb verbundener Unternehmen nach dem LkSG zusammen: 100

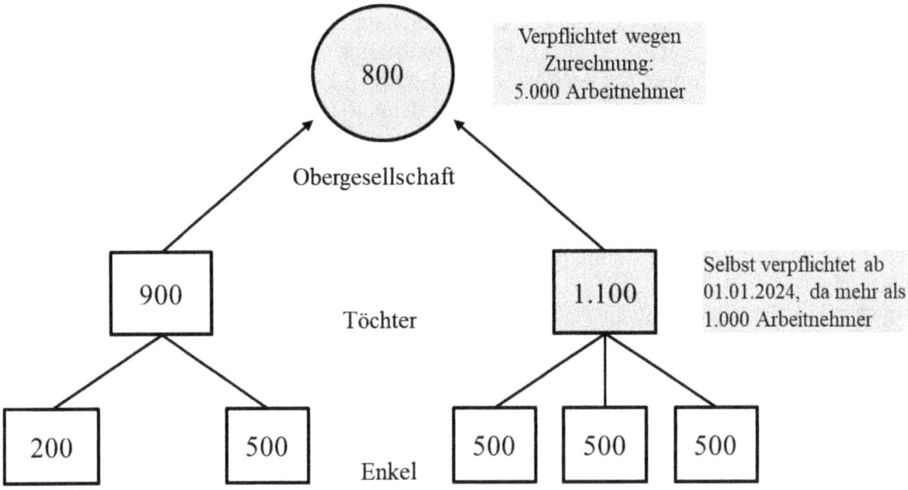

Abb. 3: Zurechnung innerhalb verbundener Unternehmen.

IV. Einzelfragen hinsichtlich der Zurechnung

Nachfolgend gehen wir der Frage nach, ob bzw. inwiefern sich für die Zurechnung von Arbeitnehmern Besonderheiten ergeben, wenn die Obergesellschaft eine Holding ist (1.), es sich um einen dezentral organisierten Unternehmensverbund handelt (2.), nur eine ausländische Obergesellschaft ohne inländische Tochtergesellschaft besteht (3.) bzw. ein Gemeinschaftsunternehmen (4.) oder ein Gleichordnungskonzern (5.) vorliegt. 101

1. Inländische Holding als Obergesellschaft

Holdinggesellschaften zeichnen sich oftmals dadurch aus, dass sie aus strukturellen oder bilanziellen Erwägungen gegründet werden. Sie verfügen daher in der Regel über kein oder nur geringes operatives Geschäft, Arbeitnehmer oder eine Verwaltungsstruktur.[226] Von daher stellt sich die Frage, ob die Arbeitnehmer eines Unternehmensverbunds auf eine solche inländische Holding zugerechnet werden müssen.[227] 102

225 Ebenso Gehling/Ott/*Schmelzeisen* § 1 Rn. 47 ff.

226 *Valdini* BB **2021** 2955, 2957.

227 Anmerkung: Diese Frage ist von der Zurechnung auf eine inländische Zwischenholding zu unterscheiden. Da eine Zurechnung gemäß § 1 Abs. 3 LkSG grundsätzlich *„von unten nach oben"* auf die oberste Gesellschaft in einem Unternehmensverbund erfolgt, sind Arbeitnehmer nicht auf eine inländische Zwischenholding zuzurechnen (siehe oben C.III.). Stimmen in der Literatur diskutieren zudem, ob eine Holding als *„Unternehmen"* im Sinne des § 1 LkSG anzusehen (vgl. E. Wagner/Ruttloff/S. Wagner/*E. Wagner*/*S. Wagner*/*Schuler* § 1 Rn. 16 ff. im Ergebnis offengelassen).

103 Nach § 1 Abs. 3 LkSG sind die Arbeitnehmer *„sämtlicher"* Gesellschaften eines Unternehmensverbundes *„der Obergesellschaft"* zuzurechnen. Dem Wortlaut ist damit nicht zu entnehmen, dass die Arbeitnehmer jeder Muttergesellschaft in einem mehrstufigen Konzern zuzurechnen wären.[228] Außerdem spricht die Vorschrift nicht davon, verbundene Unternehmen für die Zwecke des LkSG konsolidiert als ein Unternehmen zu behandeln.[229] Unternehmen innerhalb eines Verbundes bleiben auch für die Zwecke des LkSG selbständig. Dies zeigt sich bereits darin, dass ein Unternehmen innerhalb eines Verbundes selbst Adressat des LkSG sein kann, wenn es die Voraussetzungen des § 1 Abs. 1 LkSG erfüllt. Zudem erstreckt sich der Pflichtenkatalog des LkSG nicht pauschal auf den gesamten Unternehmensverbund, sondern richtet sich nach § 2 Abs. 6 LkSG. Der Wortlaut des § 1 Abs. 3 LkSG spricht vielmehr dafür, dass die Arbeitnehmer in einem Unternehmensverbund umfassend und allein der obersten Gesellschaft zugerechnet werden sollen.

104 Für diese Sichtweise spricht die Gesetzesgenese, da im Entwurf des § 1 Abs. 3 LkSG noch von *„der Konzernmutter"* die Rede war. Diese Formulierung ersetzte der Gesetzgeber aus stilistischen Gründen durch den Begriff der *„Obergesellschaft"*.[230] Auch hierin kommt zum Ausdruck, dass der Gesetzgeber nur das oberste Unternehmen im Verbund für die Zurechnung der Arbeitnehmer vor Augen hatte.[231]

105 Hiergegen lässt sich auch nicht der Rechtsgedanke des § 24 Abs. 3 S. 2 LkSG anführen. Diese Vorschrift befasst sich mit der Ermittlung der Geldbuße bei bestimmten juristischen Personen, die einen bestimmten durchschnittlichen Jahresumsatz überschreiten. Hierbei ist der weltweite Umsatz aller natürlichen und juristischen Personen zugrunde zu legen, soweit diese als *„wirtschaftliche Einheit"* operieren. Die Vorschrift drückt damit eine Gesamtzurechnung auf ein bestimmtes Unternehmen im Verbund aus. Dieser Rechtsgedanke ist aber nicht analog auf die Zurechnung von Arbeitnehmern übertragbar. Die Begriffe *„wirtschaftliche Einheit"* und *„Obergesellschaft"* sind unterschiedliche Rechtsbegriffe.[232] Es fehlt wegen § 1 Abs. 3 LkSG an einer planwidrigen Regelungslücke. Zudem fehlt es an der notwendigen Vergleichbarkeit der Interessenlagen.

106 Der Gedanke des § 5 Abs. 1 MitbestG ist ebenfalls nicht übertragbar. Im Rahmen des § 5 Abs. 1 MitbestG können Mitarbeiter nicht nur der Konzernobergesellschaft, sondern auch der Zwischengesellschaft zugerechnet werden. Dies ist der Fall, wenn die Konzernspitze einer Konzernzwischengesellschaft Entscheidungsspielräume gestattet und dieser insoweit Leitungsmacht über ihr nachgeordnete Konzernunternehmen zukommt. In diesen Konstellationen werden die Arbeitnehmer der nachgeordneten Konzernunternehmen der Konzernzwischengesellschaft zugerechnet (sog. Konzern im Konzern[233]).[234] Mit dieser Rechtsfigur soll die Arbeitnehmermitbestimmung im mehrstufigen Konzern dort angesiedelt werden, wo Entscheidungen getroffen werden, die frei vom Einfluss Dritter sind.[235] § 5 Abs. 1 MitbestG soll daher Mitbestimmungsrechte der Arbeitnehmer in einem Konzern an der Stelle verorten, wo sie möglichst effektiv zur Geltung kommen. Das LkSG soll demgegenüber menschenrechts- und umweltbezogene Belange adressieren. Diese Interessenlagen unterscheiden sich signifikant. Selbst die Stimmen in der Literatur, die eine Parallele zwischen § 5 Abs. 1 MitbestG und § 1 Abs. 3 LkSG sehen, folgern

228 So wohl *Hermann/Rünz* DB **2021** 3078, 3078, die unter *„Obergesellschaft"* jede Muttergesellschaft in einem mehrstufigen Konzern und nicht nur die Konzernmutter verstehen möchten. Allerdings verweisen die Autoren darauf, dass ein gewisser Auslegungsspielraum wegen der unterschiedlichen Begriffe in der Gesetzesbegründung verbliebe.

229 Für diese Lesart *Dutzi/Schneider/Hasenau* DK **2021** 454, 456.

230 BT-Drs. 19/30505 S. 35.

231 *Ott/Lüneborg/Schmelzeisen* DB **2022** 238, 241.

232 *Passarge* CB **2021** 332, 334.

233 Zum Konzern im Konzern jeweils ErfK-ArbR/*Oetker* § 5 Rn. 8; MHdB-GesR/*Hoffmann-Becking* Bd. 4, 5. Aufl. 2020, § 28 Rn. 20; Habersack/Henssler/*Habersack* § 5 Rn. 35.

234 ErfK-ArbR/*Oetker* § 5 Rn. 8; MHdB-GesR/*Hoffmann-Becking* § 28 Rn. 20; Habersack/Henssler/*Habersack* § 5 Rn. 35.

235 OLG Düsseldorf Beschl. v. 30.1.1979 – 19 W 17/78 = BeckRS **1979** 31367082; ErfK-ArbR/*Oetker* § 5 Rn. 8; NK-ArbR/*Heither/von Morgen* § 5 Rn. 19; *Konzen* ZIP **1984** 269, 270 f.

nicht, dass die Arbeitnehmer innerhalb verbundener Unternehmen einer Zwischenholding zu gerechnet werden.[236]

107 Nach alledem ist nach dem Wortlaut des § 1 Abs. 3 LkSG die inländische oberste Gesellschaft im Unternehmensverbund verpflichtet, sofern die weiteren Voraussetzungen des § 1 LkSG vorliegen (siehe aber § 2 Rn 246 ff.).[237]

108 Ob dieses Ergebnis mit dem vom LkSG verfolgten Sinn und Zweck immer im Einklang steht, ist zu bezweifeln. Für den Gesetzgeber ist es entscheidend, dass die Pflichten des LkSG dort angesiedelt werden, wo relevante Entscheidungen für das Risikomanagement getroffen werden.[238] Diese Wertung ist auch § 2 Abs. 6 S. 3 LkSG zu entnehmen. So wird der Geschäftsbereich des verpflichteten Unternehmens auf alle Unternehmen innerhalb des Verbunds erweitert, soweit das verpflichtete Unternehmen einen bestimmenden Einfluss auf diese ausübt. Nach dem Sinn und Zweck des LkSG ist es daher überzeugend, die Arbeitnehmer innerhalb eines Unternehmensverbundes auf das Unternehmen zuzurechnen, das in der Lage ist, relevante Entscheidungen für das Risikomanagement zu treffen und einen bestimmenden Einfluss auf andere verbundene Unternehmen ausübt.[239] Der Umstand, dass eine Holding in der Regel über wenige Arbeitnehmer verfügt, ist hierbei irrelevant. § 1 Abs. 3 LkSG soll gerade sicherstellen, dass Mutterunternehmen unter das LkSG fallen, unabhängig davon, ob die Arbeitnehmer dort oder in Tochterunternehmen beschäftigt sind.[240] Auch der Umstand, dass die Holding selbst über kein oder kaum operatives Geschäft verfügt, ist nicht entscheidend.[241] Richtigerweise bildet die Prüfung unmittelbarer Zulieferer nur einen Ausschnitt der Pflichten nach dem LkSG. Daneben bestehen Dokumentations- und Berichtspflichten sowie Organisationspflichten im eigenen Geschäftsbereich.[242] Übt die Holding einen bestimmenden Einfluss auf die nachgeordneten Unternehmen im Verbund aus, erweitert sich ihr Geschäftsbereich und damit die Pflichten nach dem LkSG auch auf diese Unternehmen. In diesen Fällen kann die oberste Gesellschaft die Pflichten nach dem LkSG für den Unternehmensverbund vorgeben und wirksam delegieren.[243] Daher ist es in diesen Fällen überzeugend, die Arbeitnehmer innerhalb verbundener Unternehmen auf die (oberste) Holding im Verbund zuzurechnen.

109 Etwas anderes kann sich jedoch in einem dezentral organisierten Unternehmensverbund ergeben, in der die Holdingsgesellschaft keinen bestimmenden Einfluss auf die nachgeordneten Unternehmen ausübt (siehe unten C.IV.2.).

2. Dezentral organisierter Unternehmensverbund

110 § 1 Abs. 3 LkSG liegt das Leitbild eines zentral organisierten Unternehmensverbunds zugrunde. Nach den Vorstellungen des Gesetzgebers steht im Unternehmensverbund eine Gesellschaft an oberster Stelle, wo die für die Lieferkette des Verbunds relevanten Entscheidungen getroffen werden. Bildlich läuft die Organisation einem Dreieck gleich an der Spitze zusammen.

---

236 *Frank/Edel/Heine/Heine* BB **2021** 2165, 2166.

237 So wohl *Nietsch/Wiedmann* NJW **2022** 1, 2; *Passarge* DB **2021** 332, 333; Antwort IV.4. FAQ-LkSG.

238 BT-Drs. 19/28649 S. 33.

239 Ebenso *Harings/Jürgens* 3.4.3. sprechen sich ausdrücklich für eine teleologische Reduktion bei nicht operativ tätiger Obergesellschaft bzw. operativ tätiger Holdingsgesellschaft aus; vgl. *Harings/Jürgens* ExportManager 2/2022 20, 21; *Nietsch/Wiemann* NJW **2022** 1, 6 abstellend auf *„Einflussträger"*; wohl auch *Frank/Edel/Heine/Heine* BB **2021** 2165, 2166; *Spindler* ZHR **186** (2022) 67, 75; vgl. ferner BGH Urt. v. 16.6.2015 – II ZR 384/13 = NJW-RR **2015** 1175; differenzierend *Schall* NZG **2022** 1235, 1236, abstellend auf die Produktionsgesellschaften, wobei es auf die Dachgesellschaft ankomme, die das Gesamtunternehmen wirtschaftlich repräsentiere. Zur Möglichkeit eines Entherrschungsvertrags siehe *Schall* NZG **2022** 1235, 1239.

240 BT-Drs. 19/28649 S. 34.

241 Ebenso *Rothenburg/Rogg* AG **2022** 257, 259; *Ott/Lüneborg/Schmelzeisen* DB **2022** 238, 241.

242 Ebenso *Ott/Lüneborg/Schmelzeisen* DB **2022** 238, 241.

243 Vgl. *Passarge* CB **2021** 332, 334.

111 In der Praxis existieren jedoch auch dezentral organisierte Unternehmensverbünde, die von diesem Leitbild signifikant abweichen. Ein Beispiel kann die Organisation in einzelne Sparten sein. Diese Organisationsform bietet sich bei unterscheidbaren Geschäftsbereichen an, die divisional aufgeteilt werden.[244] Spartenorganisationen bieten unter anderem den Vorteil, dass die einzelnen Sparten wesentlich näher am Marktgeschehen sind. Allerdings kann die organisatorische Autonomie der einzelnen Sparten es erschweren, eine einheitliche Strategie für das Gesamtunternehmen zu verfolgen.[245]

112 Bei dezentralen Organisationsformen stellt sich daher die Frage, welcher Gesellschaft die Arbeitnehmer nach § 1 Abs. 3 LkSG zuzurechnen sind. Der Wortlaut des § 1 Abs. 3 LkSG differenziert insoweit nicht zwischen zentralen und dezentralen Organisationsformen. Bei wortgetreuer Anwendung des § 1 Abs. 3 LkSG werden daher auch in diesen Fällen der Obergesellschaft die Arbeitnehmer der mit ihr verbundenen Unternehmen zugerechnet.

113 Dieses Ergebnis ist allerdings anzuzweifeln, wenn es sich bei der Obergesellschaft lediglich um eine reine Holding handelt, die aus bilanziellen oder strukturellen Gründen existiert und keinen bestimmenden Einfluss auf die einzelnen Spartengesellschaften ausübt. Bei konsequenter Anwendung des § 1 Abs. 3 LkSG wäre die Obergesellschaft bei Vorliegen der weiteren Voraussetzungen des § 1 LkSG nach dem LkSG verpflichtet. Allerdings wären die Spartengesellschaften dann nicht dem Geschäftsbereich der Holding zuzurechnen, da sie nach § 2 Abs. 6 S. 3 LkSG keinen bestimmenden Einfluss auf die Spartengesellschaften ausübt. Insofern könnte die Holding auch keine Pflichten nach dem LkSG wirksam auf die Spartengesellschaften delegieren. Damit verbliebe der originäre Geschäftsbereich der Holding. Dieser wird sich aber mangels operativen Geschäfts und mangels eigener unmittelbarer Zulieferer quasi auf ein Minimum reduzieren.[246]

114 Im Ergebnis kämen bei stark dezentralen Organisationsformen die Pflichten nach dem LkSG nicht im wünschenswerten Umfang zur Geltung. Dies ist mit dem Sinn und Zweck des LkSG nicht vereinbar. Daher muss es in diesen speziellen Unternehmensorganisationen zulässig sein, eine andere Gesellschaft als Obergesellschaft zu bestimmen. Dem Rechtsgedanken des § 2 Abs. 6 S. 3 LkSG folgend, bietet es sich jedoch an, die Gesellschaft(en) zu bestimmen, die einen bestimmenden Einfluss im Unternehmensverbund ausübt.[247]

115 Diese Herangehensweise dürfte in der Regel dazu führen, dass die einzelnen obersten Gesellschaften der jeweiligen Sparte als Obergesellschaft(en) im Sinne des § 1 Abs. 3 LkSG anzusehen sind. Die Arbeitnehmer der einzelnen Gesellschaften innerhalb einer Sparte sind dann auf die jeweilige obere Gesellschaft der Sparte zuzurechnen (Spartenköpfe). Allein der Umstand, dass einzelne Sparten möglicherweise dann nicht in den Anwendungsbereich des LkSG fallen, bspw. weil in der Sparte in der Regel weniger als 3.000 (bzw. 1.000) Arbeitnehmer im Inland beschäftigt werden, führt zu keiner anderen Beurteilung. Bei wortgetreuer Anwendung des § 1 Abs. 3 LkSG wäre faktisch keine Sparte den Regelungen des LkSG unterworfen. Zwar wäre die Holding nach dem LkSG verpflichtet. Die Verpflichtung beschränkte sich jedoch auf den eigenen Geschäftsbereich der Holding. Die Spartengesellschaften wären überhaupt nicht erfasst, weil die Holding auf diese keinen bestimmenden Einfluss ausübt.[248]

244 Vgl. Kubis/Tödtmann/*Dörrwächter* § 5 Rn. 25, 27, 28; Hölters/Weber/*Hölters* AktG, 4. Aufl. 2022, § 93 Rn. 41.

245 BeckOGK-AktG/*Fleischer* § 77 Rn. 43.

246 Kritisch wohl auch *Ott/Lüneborg/Schmelzeisen* DB **2022** 238, 241; *Harings/Jürgens* 3.4.3.

247 Ähnlich wohl *Frank/Edel/Heine/Heine* BB **2021** 2165, 2166; *Spindler* ZHR **186** (2022) 67, 75; vgl. ferner BGH Urt. v. 16.6.2015 – II ZR 384/13 = NJW-RR **2015** 1175; **a.A.** Gehling/Ott/*Schmelzeisen* § 1 Rn. 65, wonach die Holding dann zur Organisation, Dokumentation und Berichterstattung verpflichtet sei.

248 Anmerkung: Sollte diese Zurechnungsvariante im Einzelfall dennoch zu unbefriedigenden Ergebnissen führen, könnte man stattdessen erwägen, die Produktionsgesellschaft(en) innerhalb des Unternehmensverbunds, anstelle der Spartenköpfe heranzuziehen (vgl. *Schall* NZG **2022** 1235, 1236, wobei es auf die Dachgesellschaft ankomme, die das Gesamtunternehmen wirtschaftlich repräsentiere).

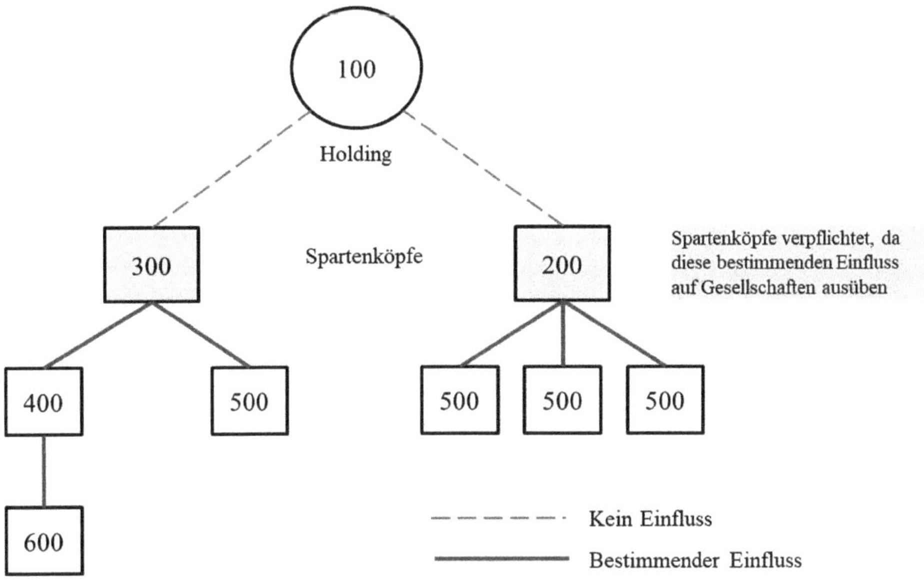

Abb. 4: Mögliche Zurechnung im dezentral organisierten Unternehmensverbund.

3. Ausländische Obergesellschaft ohne inländische Holding

Bei einer ausländischen Obergesellschaft, die über keine inländische Holdinggesellschaft verfügt, **116**
stellt sich die Frage, ob alle Arbeitnehmer der inländischen Gesellschaften nach § 1 Abs. 3 LkSG der ausländischen Obergesellschaft zugerechnet werden.

Denkbar sind Fälle, in denen eine ausländische Obergesellschaft fünf inländische Gesellschaf- **117**
ten mit je 900 Arbeitnehmern unterhält. Die inländischen Gesellschaften unterfielen nicht dem LkSG. Die ausländische Obergesellschaft wäre nur verpflichtet, wenn ihr die Arbeitnehmer der fünf Inlandsgesellschaften gemäß § 1 Abs. 3 LkSG zuzurechnen wären. Dies ist zu verneinen; eine Zusammenrechnung auf die ausländische Obergesellschaft findet nicht statt.[249]

249 E. Wagner/Ruttloff/S. Wagner/*E. Wagner/S. Wagner/Schuler* § 1 Rn. 13; *Altenschmidt/Helling* § 1 Rn. 19; Gehling/Ott/*Schmelzeisen* § 1 Rn. 91; **a.A.** wohl *Birkefeld/Schäfer* ZLR **2022** 444, 455; *Schäfer* ZLR **2022** 22, 37 ff.

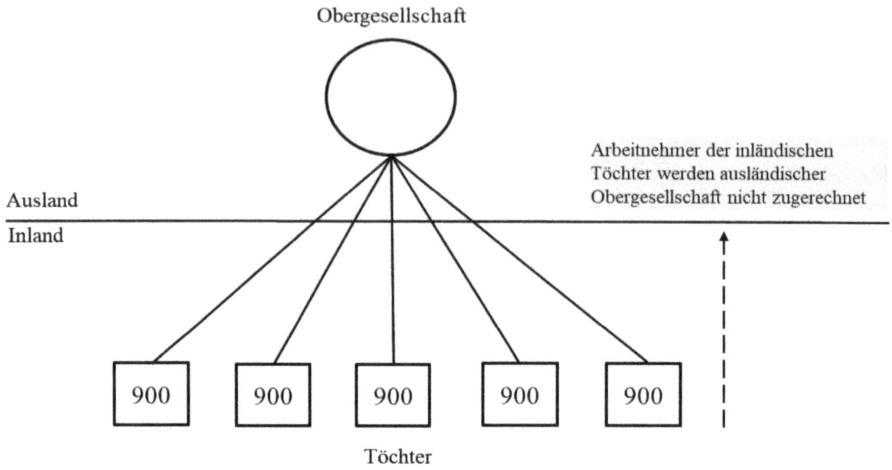

Abb. 5: Keine Zurechnung bei ausländischer Obergesellschaft.

118 Während des Gesetzgebungsverfahren wurde diskutiert, ausländische Obergesellschaften mit Geschäft in Deutschland in den Anwendungsbereich des LkSG einzubeziehen. Der Gesetzgeber hatte sich dazu entschieden, § 1 Abs. 1 S. 2 LkSG aufzunehmen und hierbei an die inländische Zweigniederlassung anzuknüpfen.[250] § 1 Abs. 3 LkSG verweist indes nicht auf § 1 Abs. 1 S. 2 LkSG, sondern nur auf die Fälle inländischer Obergesellschaften gemäß § 1 Abs. 1 S. 1 LkSG.[251] Dieses Ergebnis steht auch nicht in einem Spannungsverhältnis zum Sinn und Zweck des LkSG. Der Gesetzgeber geht davon aus, dass im Inland relevante Entscheidungen für das Risikomanagement am Satzungssitz, der Hauptverwaltung oder der Hauptniederlassung getroffen werden. Bei ausländischen Obergesellschaften dürften die für das Risikomanagement relevanten oder strategischen Entscheidungen in der Regel ebenfalls am Satzungssitz, der Hauptverwaltung oder der Hauptniederlassung getroffen werden. § 1 Abs. 1 S. 2 LkSG knüpft indes an die Zweigniederlassung im Inland an. Auch hieraus wird ersichtlich, dass der Gesetzgeber eine Ausweitung des Anwendungsbereichs auf ausländische Obergesellschaften nicht bezweckte.

119 Verfügt die ausländische Obergesellschaft stattdessen über eine inländische Holding, sind die inländischen Arbeitnehmer grundsätzlich auf diese zuzurechnen (siehe oben C.IV.1.).

250 BT-Drs. 19/30505 S. 34.

251 *Ott/Lüneborg/Schmelzeisen* DB **2022** 238, 242; *Valdini* BB **2021** 2955, 2956; E. Wagner/Ruttloff/S. Wagner/*E. Wagner/S. Wagner/Schuler* § 1 Rn. 13.

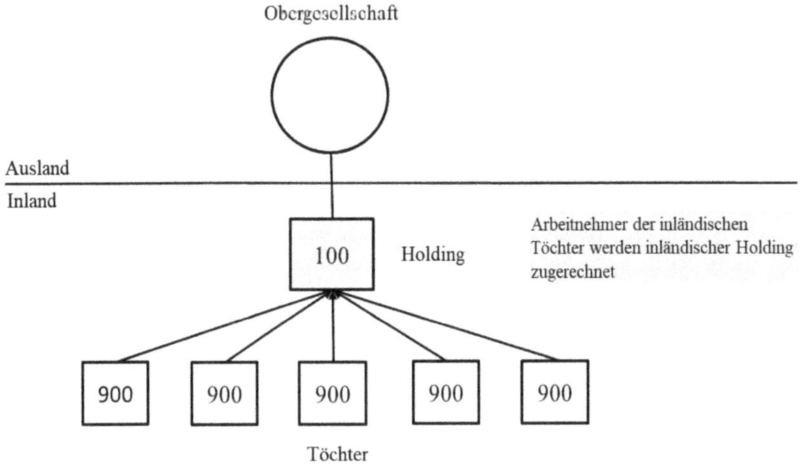

Abb. 6: Zurechnung bei ausländischer Obergesellschaft und inländischer Holding.

4. Gemeinschaftsunternehmen

Ein Gemeinschaftsunternehmen zeichnet sich dadurch aus, dass sich mehrere Unternehmen an einem Tochterunternehmen gemeinsam beteiligen und beide Unternehmen gemeinsam potentiell Einfluss auf dieses ausüben.[252] In der Praxis bestehen Gemeinschaftsunternehmen oftmals in Form von Joint Ventures, Einkaufs- bzw. Verkaufsgesellschaften oder Produktionsgesellschaften.[253] Häufig halten die beteiligten Unternehmen das Gemeinschaftsunternehmen paritätisch, es finden sich allerdings auch abweichende Konstellationen. **120**

Im Rahmen des § 1 Abs. 3 LkSG stellt sich die Frage, welchem Unternehmen die Arbeitnehmer des Gemeinschaftsunternehmens zuzurechnen sind. Insoweit kommt in Betracht, die Arbeitnehmer beiden Unternehmen jeweils zur Hälfte, oder jeweils insgesamt oder überhaupt nicht zuzurechnen. Hier kommt es maßgeblich auf die konkreten Umstände des Einzelfalles an.[254] Insofern können jedoch grundsätzlich mehrere Konstellationen unterschieden werden: **121**

Unproblematisch sind die Fälle, in denen ein beteiligtes Unternehmen die Mehrheit der Anteile und Stimmrechte an dem Gemeinschaftsunternehmen besitzt. Hier sind die Arbeitnehmer des Gemeinschaftsunternehmens gemäß § 1 Abs. 3 LkSG i.V.m. §§ 15, 16 Abs. 1 AktG dem mehrheitlich beteiligten Unternehmen zuzurechnen. **122**

Schwieriger gestalten sich die Fälle des paritätisch geführten Gemeinschaftsunternehmens. Eine Zurechnung der Arbeitnehmer nach § 1 Abs. 3 LkSG i.V.m. §§ 15, 16 AktG hilft nicht weiter, weil keines der beiden Unternehmen mehrheitlich beteiligt ist. Es bietet sich an, danach zu unterscheiden, ob und inwiefern die beteiligten Unternehmen auf das Gemeinschaftsunternehmen Einfluss ausüben. **123**

Koordinieren die beteiligten Unternehmen ihren Einfluss auf das Gemeinschaftsunternehmen, kann nach der vorherrschenden Meinung im Aktienrecht eine mehrfache Abhängigkeit im **124**

252 *Koch* § 17 Rn. 13.
253 MüKo-AktG/*Bayer* § 17 Rn. 77.
254 Ebenso *Birkefeld/Schäfer* ZLR **2022** 444, 452 f., abstellend auf die konkrete Satzung und weitere gesellschaftsrechtliche Dokumentation.

Sinne des § 17 Abs. 1 AktG vorliegen.[255] Daher wäre bspw. das 50 %-50 % Joint Venture nicht nur von A und B gemeinsam, sondern sowohl von A als auch von B abhängig.[256] Voraussetzung ist, dass eine ausreichend sichere Grundlage für die gemeinsame Einflussnahme besteht, die sich nicht erst von Fall zu Fall finden muss.[257] Hierbei kommen vertragliche Regelungen, wie Koordinierungs- oder Stimmrechtpoolungsverträge[258] oder organisatorische Umstände, wie personelle Verflechtungen[259] in Betracht. Tatsächliche oder rechtliche Umstände können im konkreten Einzelfall aber ebenfalls ausreichen.[260] In solchen Konstellationen ist es gerechtfertigt, beiden beteiligten Unternehmen die Arbeitnehmer des Gemeinschaftsunternehmens jeweils vollständig zuzurechnen.[261] Dieses Ergebnis entspricht auch der Rechtsprechung des Bundesarbeitsgerichts und der wohl überwiegenden Auffassung in der arbeitsrechtlichen Literatur zur Frage der Unternehmensmitbestimmung.[262]

125 Anders liegt der Fall hingegen, wenn die beteiligten Unternehmen ihre Mitgliedschaftsrechte unkoordiniert, also unabhängig voneinander wahrnehmen. Der Umstand, dass die paritätische Beteiligung faktisch zum Einigungszwang führt, genügt richtigerweise nicht für eine Abhängigkeit.[263] Eine Zurechnung der Arbeitnehmer des Gemeinschaftsunternehmens nach § 1 Abs. 3 LkSG i.V.m. §§ 15, 17 Abs. 2 AktG scheidet daher aus. Für eine Lösung ist der Rechtsgedanke des § 2 Abs. 6 S. 3 LkSG heranzuziehen. Dieser stellt darauf ab, ob das Unternehmen einen bestimmenden Einfluss ausübt. Bei der im Einzelfall vorzunehmenden Gesamtabwägung sind alle Umstände des konkreten Falles zu berücksichtigen. Der Gesetzgeber führt hierbei zahlreiche Anhaltspunkte an, die für einen bestimmenden Einfluss sprechen können.[264] Übt eines der beteiligten Unternehmen hiernach einen bestimmenden Einfluss auf das Gemeinschaftsunternehmen aus, sind die Arbeitnehmer diesem Unternehmen zuzurechnen. Übt demgegenüber keines der beteiligten Unternehmen einen bestimmenden Einfluss auf das Gemeinschaftsunternehmen aus, sind dessen Arbeitnehmer keinem der beteiligten Unternehmen zuzurechnen. Dies dürfte in der Praxis aber kaum vorkommen.

---

255 Sogenannte Mehrmütterherrschaft: BGH Urt. v. 4.3.1974 – II ZR 89/72 = BGHZ **62** 193, 196; BGH Urt. v. 16.2.1981 – II ZR 168/79 = NJW **1981** 1512; BGH Beschl. v. 30.9.1986 – KVR 8/85 = NJW **1987** 1639; ebenso BAG Beschl. v. 18.6.1970 – 1 ABR 3/70 = NJW **1970** 1766; *Koch* § 17 Rn. 13; KK-AktG/*Koppensteiner* § 17 Rn. 83; Emmerich/Habersack/*Emmerich* § 17 Rn. 28 ff.; Schmidt K./Lutter/*Vetter* AktG, 4. Aufl. 2020, § 17 Rn. 45; Hirte/Mülbert/Roth/*Windbichler* GK-AktG, 5. Aufl. 2017, § 17 Rn. 59 ff.; *K. Schmidt* FS Lutter 1167, 1184 ff.; *Maul* NZG **2000** 470 ff.; vgl. BAG Beschl. v. 13.10.2004 – 7 ABR 56/03 ZIP **2005** 915; zum Erfordernis einer beständigen Interessenkoordination siehe MüKo-AktG/*Bayer* § 17 Rn. 80.

256 BeckOGK-AktG/*Schall* § 17 Rn. 19.

257 BGH Urt. v. 4.3.1974– II ZR 89/72 = NJW **1974** 855, 857; BGH Urt. v. 16.9.1985 – II ZR 275/84 = BGHZ **95**, 330; BGH Urt. v. 19.9.1994 – II ZR 237/93 = WM **1994** 2016, 2018; BGH Urt. v. 27.3.1995 – II ZR 136/94 = WM **1995**, 896; vgl. BGH Urt. v. 6.4.1995 – VII ZR 73/94 = WM **1995** 989, 900; *Brandes* WM 1998, 1, 2.

258 MüKo-AktG/*Bayer* § 17 Rn. 79; BAG Beschl. v. 18.6.1970 – 1 ABR 3/70 = BAGE **22** 390.

259 BAG Beschl. v. 16.8.1995 – 7 ABR 57/94 = NJW **1996** 1691, 1692; *Koch* § 17 Rn. 16; *Maul* NZG **2000** 470.

260 BGH Urt. v. 4.3.1974 – II ZR 89/72 = NJW **1974** 855, 857; Schmidt. K./Lutter/*Vetter* AktG, 4. Aufl. 2020, § 17 Rn. 48; vgl. BAG Beschl. v. 30.10.1986 – 6 ABR 19/85 = WM **1987** 1551, 1553; BGH Urt. v. 16.12.1991 – II ZR 294/90 = NJW **1992** 1167; BGH Beschl. v. 8.12.1998 – KVR 31/97 = NZG **1999** 254, 258; *Kleinmann/Josenhans* BB **2003** 1341, 1342 ff.

261 Vgl. *Ott/Lüneborg/Schmelzeisen* DB **2022** 238, 245.

262 ErfK-ArbR/*Oetker* § 5 Rn. 10; BAG Beschl. v. 18.6.1970 – 1 ABR 3/70 = BAGE **22** 390; OLG Düsseldorf Beschl. v. 30.10.2006 – I-26 W 14/06 AktE = NZA **2007** 707; Wißmann/Kleinsorge/Schubert/*Wißmann* MitbestG, 5. Aufl. 2017, § 5 Rn. 44 f.; Habersack/Henssler/*Habersack* § 5 Rn. 48; RVJ/*Raiser* MitbestG, 7. Aufl. 2020, § 5 Rn. 26 f.; *Löwisch* FS Schlechtriem 833, 845 ff.; **a.A.** *Duden* ZHR **1977** 145, 164; *Meilicke/Meilicke* BB **1978** 406, 407.

263 BGH Urt. v. 28.4.1980 – II ZR 254/78 = BGHZ **77** 94, 105; BGH Urt. v. 16.2.1981 – II ZR 168/79 = BGHZ **80** 69, 73; BGH Urt. v. 16.12.1991 – II ZR 294/90 = NJW **1992** 1167, 1169; OLG Hamm Urt. v. 26.5.1997 – 8 U 115/96 = AG **1998** 588; OLG Frankfurt am Main Beschl. v. 22.12.2003 – 19 U 78/03 = AG **2004** 567, 568; MüKo-AktG/*Bayer* § 17 Rn. 82; KK-AktG/*Koppensteiner* § 17 Rn. 93; Emmerich/Habersack/*Emmerich* § 17 Rn. 31; *Koch* § 17 Rn. 16; Hirte/Mülbert/Roth/*Windbichler* GK-AktG, 5. Aufl. 2017, § 17 Rn. 65; **a.A.** MHdB-GesR/*Kiefner* Bd. 3, 5. Aufl. 2018, § 67 Rn. 34.

264 BT-Drs. 19/30505 S. 38; Antwort IV.8. FAQ-LkSG.

5. Gleichordnungskonzern

Ein Gleichordnungskonzern zeichnet sich gemäß § 18 Abs. 2 AktG dadurch aus, dass rechtlich selbstständige Unternehmen unter einheitlicher Leitung zusammengefasst sind, ohne, dass das eine Unternehmen von dem anderen abhängig ist. Die einzelnen Unternehmen sind dann Konzernunternehmen (§ 18 Abs. 2 HS. 2 AktG).[265] Außerdem setzt ein Gleichordnungskonzern voraus, dass keines der verbundenen Unternehmen von dem oder den anderen verbundenen Unternehmen abhängig im Sinne des § 17 Abs. 1 AktG ist.[266] 126

Ein Gleichordnungskonzern ist grundsätzlich nur anzunehmen, wenn die einheitliche Leitung die verbundenen Unternehmen in ihrer Gesamtheit erfasst. Dementsprechend genügt es nicht, wenn hinsichtlich eines Teilbereichs eine gemeinsame Unternehmenspolitik verfolgt wird oder einzelne Betriebe koordiniert werden.[267] Die einheitliche Leitung kann auf Vertrag beruhen (vgl. § 291 Abs. 2 AktG) oder sich aus den tatsächlichen Umständen ergeben. 127

Bei einem vertraglichen Gleichordnungskonzern regeln die beteiligten Unternehmen, welche Unternehmensbereiche der einheitlichen Leitung unterliegen und nach welchen Regeln die Partner auf die gemeinsamen Leitungsentscheidungen Einfluss nehmen (sog. Gleichordnungsverträge).[268] Hierbei können die beteiligten Unternehmen die einheitliche Leitung auf eines der beteiligten Unternehmen übertragen oder ein gemeinsames Leitungsorgan schaffen, oftmals in einem selbständigen Gemeinschaftsunternehmen (z.B. Holding in Form einer Führungs-GmbH).[269] Dieses Leitungsorgan ist jedoch lediglich koordinierend tätig; die Leitung des Unternehmensverbunds muss in den Händen der gleichgeordneten beteiligten Unternehmen liegen.[270] Diese bilden gemeinsam einen einheitlichen Leitungswillen.[271] Wenn die beteiligten Unternehmen nicht gleichberechtigt an der einheitlichen Leitung beteiligt sind, soll hingegen ein Unterordnungskonzern vorliegen.[272] 128

Ein faktischer Gleichordnungskonzern liegt vor, wenn sich eine an sich unabhängige Gesellschaft rein tatsächlich auf Dauer zusammen mit einem anderen Unternehmen der gemeinsamen Leitung durch eines der beteiligten Unternehmen unterstellt, bspw. wenn die Unternehmensleitung ganz oder überwiegend aus denselben Personen besteht.[273] Hierbei genügt das Faktum einer einheitlichen Leitung, abgesichert meistens durch personelle Verflechtungen der beteiligten Unternehmen oder durch wechselseitige Beteiligungen.[274] 129

Soweit ersichtlich diskutiert die Literatur die Frage, wie Arbeitnehmer in einem Gleichordnungskonzern nach § 1 Abs. 3 LkSG i.V.m. §§ 15, 18 Abs. 2 AktG zugerechnet werden, derzeit noch kaum. Sofern sich die Literatur mit dem Gleichordnungskonzern befasst, wird derzeit wohl überwiegend vertreten, die Arbeitnehmer den beteiligten Unternehmen wechselseitig zuzurechnen.[275] Dies ist nicht überzeugend. 130

---

265 Zur Besonderheit eines gemeinsamen Allein- oder Mehrheitsgesellschafters siehe MüKo-AktG/*Bayer* § 18 Rn. 55.

266 Nach h.M. scheidet ein Gleichordnungskonzern auch dann aus, wenn ein Dritter beide Unternehmen beherrscht (hierzu Schmidt K./Lutter/*Vetter* AktG, 4. Aufl. 2020, § 18 Rn. 22 m.w.N.; MüKo-AktG/*Bayer* § 18 Rn. 57 m.w.N.).

267 Emmerich/Habersack/*Emmerich* § 18 Rn. 28; MüKo-AktG/*Bayer* § 18 Rn. 51; Hölters/Weber/*Krebs* AktG, 4. Aufl. 2022, § 18 Rn. 24; *Koch* § 18 Rn. 20 f.; Hirte/Mülbert/Roth/*Windbichler* GK-AktG, 5. Aufl. 2017, § 18 Rn. 50; **a.A.** Grigoleit/*Grigoleit* AktG, 2. Aufl. 2020, § 18 Rn. 19 (wesentlicher Unternehmensbereich ausreichend).

268 *Koch* § 18 Rn. 20; MüKo-AktG/*Bayer* § 18 Rn. 53.

269 Emmerich/Habersack/*Emmerich* § 18 Rn. 28; BAG Beschl. v. 30.3.2004 – 1 ABR 61/01= BAGE **110** 100.

270 MüKo-AktG/*Bayer* § 18 Rn. 52.

271 Str. siehe MüKo-AktG/*Krieger* § 69 Rn. 82 m.w.N.

272 MüKo-AktG/*Krieger* § 69 Rn. 82 m.w.N.

273 Bürgers/Körber/Lieder/*Fett* § 18 Rn. 18; MüKo-AktG/*Bayer* § 18 Rn. 54; BeckOGK-AktG/*Schall* § 18 Rn. 34; Emmerich/Habersack/*Emmerich* § 18 Rn. 37; *Koch* § 18 Rn. 21; *Raiser/Veil* KapGesR, 6. Aufl. 2015, § 65 Rn. 2; MHdB-GesR/*Krieger* Bd. 4, 5. Aufl. 2020, § 69 Rn. 83; OLG Dresden Urt. v. 27.10.1999 – 13 U 1257/99 = NZG **2000** 598, 601 f.

274 Emmerich/Habersack/*Emmerich* § 18 Rn. 30.

275 Gehling/Ott/*Schmelzeisen* § 1 Rn. 71; *Frank/Edel/Heine/Heine* BB **2021** 2165, 2166; *Spindler* ZHR **186** (2022) 67, 75, ohne Begründung unter Verweis auf *Frank/Edel/Heine/Heine;* **a.A.** E. Wagner/Ruttloff/S. Wagner/*Bicker/Reischl* § 5 Rn. 951.

131 Gegen eine wechselseitige Zurechnung spricht zunächst der Wortlaut des § 1 Abs. 3 LkSG. In einem Gleichordnungskonzern existiert keine „*Obergesellschaft*", auf die die Arbeitnehmer zuzurechnen wären.[276] Zudem spricht gegen eine wechselseitige Zurechnung die Besonderheit des Gleichordnungskonzerns. Es wäre gerechtfertigt, einem Unternehmen die Arbeitnehmer der anderen beteiligten Unternehmen zuzurechnen, wenn dieses Unternehmen die Geschicke des Unternehmensverbunds alleine steuern könnte. Eine solche Konstellation ist in einem Gleichordnungskonzern gerade nicht gegeben. Vielmehr ist kein Unternehmen in der Lage, die Leitung alleine auszuüben. Für diese Sichtweise streitet auch der Rechtsgedanke des § 2 Abs. 6 S. 3 LkSG. Innerhalb verbundener Unternehmen ist die Zurechnung nach § 1 Abs. 3 LkSG eng verknüpft mit der Zurechnung nach § 2 Abs. 6 S. 3 LkSG.[277] Nach § 2 Abs. 6 S. 3 LkSG kommt es für die Zurechnung innerhalb verbundener Unternehmen auf die tatsächliche Einflussaufnahme und damit letztlich auf Kontrolle an. Diese ist bei herrschaftslosen Unternehmensverbünden, wie im Gleichordnungskonzern zwischen den beteiligten Unternehmen untereinander, nicht gegeben.[278] Auch vor diesem Hintergrund ist es nicht gerechtfertigt, den beteiligten Unternehmen wechselseitig die Arbeitnehmer der anderen Unternehmen zuzurechnen. Eine wechselseitige Zurechnung findet nicht statt.

D. Potentielle Auswirkungen der geplanten EU-Richtlinie

132 Der von der EU-Kommission vorgestellte Entwurf für eine Corporate Sustainability Due Diligence Richtlinie[279] wird sich in seiner jetzigen Form signifikant auf den Anwendungsbereich des LkSG auswirken. Einerseits erweitert die CSDDD-E den Anwendungsbereich des LkSG (I.). Andererseits sollen im Unterschied zum LkSG nur bestimmte Rechtsformen erfasst sein (II.).

I. Erweiterter Anwendungsbereich

133 Die CSDDD-E knüpft im Gegensatz zum LkSG an niedrigere Arbeitnehmerschwellen und zusätzlich an Umsatzschwellen an (1.). Außerdem enthält die CSDDD-E niedrigere Schwellenwerte für bestimmte Risikosektoren (2.). Im Unterschied zum LkSG reicht es hinsichtlich ausländischer Unternehmen aus, wenn diese in der Europäischen Union einen bestimmten Umsatz erwirtschaftet haben. Eine Zweigniederlassung ist hingegen nicht erforderlich (3.).

1. Niedrigere Arbeitnehmerzahl mit Umsatzschwelle

134 Die CSDDD-E stellt auf eine geringere Arbeitnehmerschwelle und gleichzeitig auf bestimmte Mindestumsätze ab. Die CSDDD-E verlangt indes nicht, dass Unternehmen einen Sitz in der Europäischen Union haben müssen.[280] So sind Unternehmen erfasst, die durchschnittlich mehr als 500 Arbeitnehmer beschäftigen. Außerdem muss der weltweite jährliche Nettoumsatz mehr als 150 Mio. EUR betragen (Art. 2 Abs. 1 lit. a) CSDDD-E). Der Umsatz bestimmt sich allein nach dem letzten Geschäftsjahr, für das ein Abschluss vorliegt, sodass Schwankungen soweit nicht berücksichtigt werden. Derzeit noch ungeklärt ist die Frage, ob ein Unternehmen der Richtlinie unterfällt, wenn es für ein Jahr unter die Um-

276 So auch *Frank/Edel/Heine/Heine* BB **2021** 2165, 2166.
277 Vgl. *Schall* NZG **2022** 1235, 1237 („*Telos übertrumpft Systematik*").
278 *Schall* NZG **2022** 1235, 1237.
279 Vorschlag für eine Richtlinie des Europäischen Parlaments und des Rates über die Sorgfaltspflichten von Unternehmen im Hinblick auf Nachhaltigkeit und zur Änderung der Richtlinie (EU) 2019/1937, COM(2022) 71 final.
280 *Charnitzky/Weigel* RIW **2022** 413, 414.

satzschwelle fällt.[281] Durch die anders ausgestalteten Schwellenwerte wird erwartet, dass die CSDDD-E mehr Unternehmen erfasst als das LkSG.[282]

Auch bei der Zurechnung von Arbeitnehmern enthält die CSDDD-E andere Regelungen als das LkSG. So werden Leiharbeitnehmer nach der CSDDD-E sofort als Beschäftigte eines Unternehmens behandelt (Art. 2 Abs. 3 CSDDD-E) und nicht erst nach einer Übergangszeit von sechs Monaten (siehe oben B.III.1.b)gg), sowie § 1 Abs. 2 LkSG). Dabei stellt die CSDDD-E auf Vollzeitäquivalente ab (Art. 2 Abs. 3 CSDDD-E). Ein wesentlicher Unterschied zum LkSG besteht darin, dass innerhalb verbundener Unternehmen der Obergesellschaft keine Arbeitnehmer zugerechnet werden.[283] 135

2. Niedrigere Schwellenwerte bei bestimmten Risikosektoren

Außerdem können Unternehmen erfasst sein, wenn sie in bestimmten Risikosektoren tätig sind (*high impact sectors*). In diesen Fällen gilt eine niedrigere Arbeitnehmer- und Umsatzschwelle. 136

Zu diesen Risikosektoren zählen: 137

- Herstellung von Textilien, Leder und verwandten Erzeugnissen (z.B. Schuhe) sowie der Handel mit Textilien, Bekleidung und Schuhen (Art. 2 Abs. 1 lit. b) (i) CSDDD-E)
- Land- und Forstwirtschaft, Fischerei (einschließlich Aquakultur), Herstellung von Lebensmittelprodukten und der Großhandel mit landwirtschaftlichen Rohstoffen, lebenden Tieren, Holz, Lebensmitteln und Getränken (Art. 2 Abs. 1 lit. b) (ii) CSDDD-E) sowie
- Gewinnung mineralischer Ressourcen unabhängig davon, wo sie gewonnen werden (einschließlich Rohöl, Erdgas, Stein- und Braunkohle, Metalle und Metallerze sowie alle anderen, nichtmetallischen Mineralien und Steinbruchprodukte), Herstellung von Grundmetallerzeugnissen, sonstigen Erzeugnissen aus nichtmetallischen Mineralien und Metallerzeugnissen (ausgenommen Maschinen und Ausrüstungen) sowie der Großhandel mit mineralischen Rohstoffen, mineralischen Grunderzeugnissen und Zwischenerzeugnissen (einschließlich Metalle und Metallerze, Baust- und Brennstoffe, Chemikalien und andere Zwischenprodukte) (Art. 2 Abs. 1 lit. b) (iii) CSDDD-E).

Ein Unternehmen, das in einem oder mehreren dieser Sektoren tätig ist, ist von der CSDDD-E erfasst, wenn es im letzten Geschäftsjahr, für das ein Jahresabschluss erstellt wurde, durchschnittlich mehr als 250 Arbeitnehmer beschäftigt und einen weltweiten Nettoumsatz von 40 Mio. EUR erzielte hatte. Dieser Umsatz muss zu mindestens 50 % in einem der genannten Risikosektoren erwirtschaftet worden sein (Art. 2 Abs. 1 lit. b) CSDDD-E).[284] 138

3. Extraterritoriale Wirkung bei bestimmten Umsatz in der Europäischen Union

Das LkSG knüpft bei ausländischen Unternehmen neben der Arbeitnehmerschwelle daran an, dass diese eine Zweigniederlassung in Deutschland betreiben (siehe oben B.II.2.). Demgegenüber reicht es nach der CSDDD-E aus, wenn ausländische Unternehmen im vorletzten Geschäftsjahr in der Europäischen Union einen Nettoumsatz von mehr als 150 Mio. EUR erzielt haben (Art. 2 Abs. 2 lit. a) CSDDD-E). 139

Für ausländische Unternehmen, die in den Risikosektoren tätig sind, wird der Schwellenwert weiter herabgesetzt. Insofern reicht es aus, wenn das Unternehmen im vorletzten Geschäftsjahr 140

281 *Bettermann/Hoes* WM **2022** 697, 698.
282 *Bettermann/Hoes* WM **2022** 697, 698 mit Verweis auf EU-Kommission, Begründung, COM (2022) 71 final S. 20, Fn. 62 f.
283 *Bettermann/Hoes* WM 2022 697, 698; *Lutz-Bachmann/Vorbeck/Wengenroth* BB **2022** 835, 836.
284 Kritisch zu diesen *„relativen"* Schwellenwerten *Hübner/Habrich/Weller* NZG **2022** 644, 645 f.

in der Europäischen Union einen Nettoumsatz von mehr als 40 Mio. EUR erzielt hat. Zudem ist erforderlich, dass dieses Unternehmen mindestens 50 % seines weltweiten Nettoumsatzes in mindestens einem der Risikosektoren erwirtschaftet hat (Art. 2 Abs. 2 lit. b) i.V.m. Art. 2 Abs. 1 lit. b) (i)-(iii) CSDDD-E).

II. Unterschiedliche Anknüpfungspunkte

141 Im Gegensatz zum LkSG knüpft die CSDDD-E an unterschiedliche Merkmale im Anwendungsbereich an. Einerseits erfasst die CSDDD-E Kapitalgesellschaften und Personengesellschaften, die Kapitalgesellschaften halten (1.). Andererseits können Unternehmen des Finanzsektors unter die CSDDD-E fallen, unabhängig von ihrer Rechtsform (2.).

1. Kapitalgesellschaften und von ihnen gehaltene Personengesellschaften

142 Ebenso wie das LkSG beschränkt sich die CSDDD-E nicht auf bestimmte Wirtschaftssektoren, insbesondere nicht auf Unternehmen der Realwirtschaft.[285] Allerdings sollen im Wesentlichen nur Kapitalgesellschaften und Personengesellschaften erfasst sein, die aus Kapitalgesellschaften bestehen. Insofern ist die CSDDD-E enger ausgestaltet als der rechtsformneutrale Ansatz des LkSG. Insofern könnte der deutsche Gesetzgeber jedoch den Ansatz des LkSG beibehalten, wenn er die CSDDD-E überschießend umsetzen möchte.[286]

143 Nach deutschem Recht gegründete Unternehmen in Form der Aktiengesellschaft, Kommanditgesellschaft auf Aktien, und der Gesellschaft mit beschränkter Haftung sind erfasst (Art. 3 lit. a) (i) CSDDD-E i.V.m. Anhang I zu Art. 1 Abs. 1 lit. a) Richtlinie 2013/34/EU[287]). Auch juristische Personen, die nach dem Recht eines Drittlandes gegründet wurden und mit der deutschen offenen Handelsgesellschaft oder Kommanditgesellschaft vergleichbar sind, sind erfasst (Art. 3 lit. a) (ii) CSDDD-E i.V.m. Anhang II zu Art. 1 Abs. 1 lit. a) Richtlinie 2013/34/EU). Zudem kann eine nach deutschem Recht gegründete offene Handelsgesellschaft oder Kommanditgesellschaft in den Anwendungsbereich der CSDDD-E fallen, wenn diese ausschließlich aus Kapitalgesellschaften besteht (Art. 3 lit. a) (iii) CSDDD-E i.V.m. Anhang I und Anhang II zu Art. 1 Abs. 1 lit. a) Richtlinie 2013/34/EU).

2. Rechtsformunabhängige Anknüpfung im Finanzsektor

144 Für Unternehmen des Finanzsektors gilt die CSDDD-E unabhängig von der jeweiligen Rechtsform.[288] Allerdings führt die CSDDD-E bestimmte Unternehmen an, worunter unter anderem bestimmte Kreditinstitute, Wertpapierfirmen oder Versicherungsunternehmen fallen (Art. 3 lit. a) (iv) CSDDD-E).

---

285 *Bettermann/Hoes* WM **2022** 697, 698.

286 *Lutz-Bachmann/Vorbeck/Wengenroth* BB **2022** 835, 836.

287 Richtlinie 2013/34/EU des Europäischen Parlaments und des Rates vom 26.6.2013 über den Jahresabschluss, den konsolidierten Abschluss und damit verbundene Berichte von Unternehmen bestimmter Rechtsformen und zur Änderung der Richtlinie 2006/43/EG des Europäischen Parlaments und des Rates und zur Aufhebung der Richtlinien 78/660/EWG und 83/349/EWG des Rates, Abl.EU L 182/19.

288 EU-Kommission, Begründung zum CSDDD-E, COM (2022) 71 final S. 19; siehe auch *Charnitzky/Weigel* RIW **2022** 413, 415.

§ 2 Begriffsbestimmungen

(1) Geschützte Rechtspositionen im Sinne dieses Gesetzes sind solche, die sich aus den in den Nummern 1 bis 11 der Anlage aufgelisteten Übereinkommen zum Schutz der Menschenrechte ergeben.

(2) Ein menschenrechtliches Risiko im Sinne dieses Gesetzes ist ein Zustand, bei dem aufgrund tatsächlicher Umstände mit hinreichender Wahrscheinlichkeit ein Verstoß gegen eines der folgenden Verbote droht:

1. das Verbot der Beschäftigung eines Kindes unter dem Alter, mit dem nach dem Recht des Beschäftigungsortes die Schulpflicht endet, wobei das Beschäftigungsalter 15 Jahre nicht unterschreiten darf; dies gilt nicht, wenn das Recht des Beschäftigungsortes hiervon in Übereinstimmung mit Artikel 2 Absatz 4 sowie den Artikeln 4 bis 8 des Übereinkommens Nr. 138 der Internationalen Arbeitsorganisation vom 26. Juni 1973 über das Mindestalter für die Zulassung zur Beschäftigung (BGBl. 1976 II S. 201, 202) abweicht;
2. das Verbot der schlimmsten Formen der Kinderarbeit für Kinder unter 18 Jahren; dies umfasst gemäß Artikel 3 des Übereinkommens Nr. 182 der Internationalen Arbeitsorganisation vom 17. Juni 1999 über das Verbot und unverzügliche Maßnahmen zur Beseitigung der schlimmsten Formen der Kinderarbeit (BGBl. 2001 II S. 1290, 1291):
   a) alle Formen der Sklaverei oder alle sklavereiähnlichen Praktiken, wie den Verkauf von Kindern und den Kinderhandel, Schuldknechtschaft und Leibeigenschaft sowie Zwangs- oder Pflichtarbeit, einschließlich der Zwangs- oder Pflichtrekrutierung von Kindern für den Einsatz in bewaffneten Konflikten;
   b) das Heranziehen, Vermitteln oder Anbieten eines Kindes zur Prostitution, zur Herstellung von Pornographie oder zu pornographischen Darbietungen;
   c) das Heranziehen, Vermitteln oder Anbieten eines Kindes zu unerlaubten Tätigkeiten, insbesondere zur Gewinnung von und zum Handel mit Drogen;
   d) Arbeit, die ihrer Natur nach oder aufgrund der Umstände, unter denen sie verrichtet wird, voraussichtlich für die Gesundheit, die Sicherheit oder die Sittlichkeit von Kindern schädlich ist;
3. das Verbot der Beschäftigung von Personen in Zwangsarbeit; dies umfasst jede Arbeitsleistung oder Dienstleistung, die von einer Person unter Androhung von Strafe verlangt wird und für die sie sich nicht freiwillig zur Verfügung gestellt hat, etwa in Folge von Schuldknechtschaft oder Menschenhandel; ausgenommen von der Zwangsarbeit sind Arbeits- oder Dienstleistungen, die mit Artikel 2 Absatz 2 des Übereinkommens Nr. 29 der Internationalen Arbeitsorganisation vom 28. Juni 1930 über Zwangs- oder Pflichtarbeit (BGBl. 1956 II S. 640, 641) oder mit Artikel 8 Absatz 3 Nummer 2 und 3 des Internationen Paktes vom 19. Dezember 1966 über bürgerliche und politische Rechte (BGBl. 1973 II S. 1533, 1534) vereinbar sind;
4. das Verbot aller Formen der Sklaverei, sklavenähnlicher Praktiken, Leibeigenschaft oder andere Formen von Herrschaftsausübung oder Unterdrückung im Umfeld der Arbeitsstätte, etwa durch extreme wirtschaftliche oder sexuelle Ausbeutung und Erniedrigungen;
5. das Verbot der Missachtung der nach dem Recht des Beschäftigungsortes geltenden Pflichten des Arbeitsschutzes, wenn hierdurch die Gefahr von Unfällen bei der Arbeit oder arbeitsbedingte Gesundheitsgefahren entstehen, insbesondere durch:
   a) offensichtlich ungenügende Sicherheitsstandards bei der Bereitstellung und der Instandhaltung der Arbeitsstätte, des Arbeitsplatzes und der Arbeitsmittel;
   b) das Fehlen geeigneter Schutzmaßnahmen, um Einwirkungen durch chemische, physikalische oder biologische Stoffe zu vermeiden;

https://doi.org/10.1515/9783110788976-002

   c) das Fehlen von Maßnahmen zur Verhinderung übermäßiger körperlicher und geistiger Ermüdung, insbesondere durch eine ungeeignete Arbeitsorganisation in Bezug auf Arbeitszeiten und Ruhepausen oder
   d) die ungenügende Ausbildung und Unterweisung von Beschäftigten;
6. das Verbot der Missachtung der Koalitionsfreiheit, nach der
   a) Arbeitnehmer sich frei zu Gewerkschaften zusammenzuschließen oder diesen beitreten können,
   b) die Gründung, der Beitritt und die Mitgliedschaft zu einer Gewerkschaft nicht als Grund für ungerechtfertigte Diskriminierungen oder Vergeltungsmaßnahmen genutzt werden dürfen,
   c) Gewerkschaften sich frei und in Übereinstimmung mit dem Recht des Beschäftigungsortes betätigen dürfen; dieses umfasst das Streikrecht und das Recht auf Kollektivverhandlungen;
7. das Verbot der Ungleichbehandlung in Beschäftigung, etwa auf Grund von nationaler und ethnischer Abstammung, sozialer Herkunft, Gesundheitsstatus, Behinderung, sexueller Orientierung, Alter, Geschlecht, politischer Meinung, Religion oder Weltanschauung, sofern diese nicht in den Erfordernissen der Beschäftigung begründet ist; eine Ungleichbehandlung umfasst insbesondere die Zahlung ungleichen Entgelts für gleichwertige Arbeit;
8. das Verbot des Vorenthaltens eines angemessenen Lohns; der angemessene Lohn ist mindestens der nach dem anwendbarem Recht festgelegte Mindestlohn und bemisst sich ansonsten nach dem Recht des Beschäftigungsortes;
9. das Verbot der Herbeiführung einer schädlichen Bodenveränderung, Gewässerverunreinigung, Luftverunreinigung, schädlichen Lärmemission oder eines übermäßigen Wasserverbrauchs, die
   a) die natürlichen Grundlagen zum Erhalt und der Produktion von Nahrung erheblich zu beeinträchtigt,
   b) einer Person den Zugang zu einwandfreiem Trinkwasser verwehrt,
   c) einer Person den Zugang zu Sanitäranlagen erschwert oder zu zerstört oder
   d) die Gesundheit einer Person zu schädigt;
10. das Verbot der widerrechtlichen Zwangsräumung und das Verbot des widerrechtlichen Entzugs von Land, von Wäldern und Gewässern bei dem Erwerb, der Bebauung oder anderweitigen Nutzung von Land, Wäldern und Gewässern, deren Nutzung die Lebensgrundlage einer Person sichert;
11. das Verbot der Beauftragung oder Nutzung privater oder öffentlicher Sicherheitskräfte zum Schutz des unternehmerischen Projekts, wenn aufgrund mangelnder Unterweisung oder Kontrolle seitens des Unternehmens ein Einsatz der Sicherheitskräfte
   a) das Verbot von Folter und grausamer, unmenschlicher oder erniedrigender Behandlung missachtet wird;
   b) Leib und Leben verletzt werden oder
   c) die Vereinigungs- und Koalitionsfreiheit beeinträchtigt werden;
12. das Verbot eines über die Nummern 1 bis 11 hinausgehenden Tuns oder pflichtwidrigen Unterlassens, das unmittelbar geeignet ist, in besonders schwerwiegender Weise eine geschützte Rechtsposition zu beeinträchtigen und dessen Rechtswidrigkeit bei verständiger Würdigung aller in Betracht kommenden Umstände offensichtlich ist.

(3) Ein umweltbezogenes Risiko im Sinne dieses Gesetzes ist ein Zustand, bei dem auf Grund tatsächlicher Umstände mit hinreichender Wahrscheinlichkeit ein Verstoß gegen eines der folgenden Verbote droht:
1. das Verbot der Herstellung von mit Quecksilber versetzten Produkten gemäß Artikel 4 Absatz 1 und Anlage A Teil I des Übereinkommens von Minamata vom 10. Ok-

tober 2013 über Quecksilber (BGBl. 2017 II S. 610, 611) (Minamata-Übereinkommen);

2. das Verbot der Verwendung von Quecksilber und Quecksilberverbindungen bei Herstellungsprozessen im Sinne des Artikels 5 Absatz 2 und Anlage B Teil I des Minamata-Übereinkommens ab dem für die jeweiligen Produkte und Prozesse im Überkommen festgelegten Ausstiegsdatum;
3. das Verbot der Behandlung von Quecksilberabfällen entgegen den Bestimmungen des Artikels 11 Absatz 3 des Minamata-Übereinkommens;
4. das Verbot der Produktion und Verwendung von Chemikalien nach Artikel 3 Absatz 1 Buchstabe a und Anlage A des Stockholmer Übereinkommens vom 23. Mai 2001 über persistente organische Schadstoffe (BGBl. 2002 II S. 803, 804) (POPs-Übereinkommen), zuletzt geändert durch den Beschluss vom 6. Mai 2005 (BGBl. 2009 II S. 1060, 1061), in der Fassung der Verordnung (EU) 2019/1021 des Europäischen Parlaments und des Rates vom 20. Juni 2019 über persistente organische Schadstoffe (ABl. L 169 vom 26.5.2019, S. 45), die zuletzt durch die Delegierte Verordnung (EU) 2021/277 der Kommission vom 16. Dezember 2020 (ABl. L 62 vom 23.2.2021, S. 1) geändert worden ist;
5. das Verbot der nicht umweltgerechten Handhabung, Sammlung, Lagerung und Entsorgung von Abfällen nach den Regelungen, die in der anwendbaren Rechtsordnung nach den Maßgaben des Artikels 6 Absatz 1 Buchstabe d Ziffer i und ii des POPs-Übereinkommens gelten;
6. das Verbot der Ausfuhr gefährlicher Abfälle im Sinne des Artikel 1 Absatz 1 und anderer Abfälle im Sinne des Artikel 1 Absatz 2 des Basler Übereinkommens über die Kontrolle der grenzüberschreitenden Verbringung gefährlicher Abfälle und ihrer Entsorgung vom 22. März 1989 (BGBl. 1994 II S. 2073, 2704) (Basler Übereinkommen), zuletzt geändert durch die Dritte Verordnung zur Änderung von Anlagen zum Basler Übereinkommen vom 22. März 1989 vom 6. Mai 2014 (BGBl. II S. 306, 307), und im Sinne der (Verordnung (EG) Nr. 1013/2006), die zuletzt durch die Delegierte Verordnung (EU) 2020/2174 der Kommission vom 19. Oktober 2020 (Abl. L 433 vom 22.12.2020, S. 11) geändert worden ist,
   a) in eine Vertragspartei, die die Einfuhr solcher gefährlichen und anderer Abfälle verboten hat (Artikel 4 Absatz 1 Buchstabe b des Basler Übereinkommens),
   b) in einen Einfuhrstaat im Sinne des Artikels 2 Nummer 11 des Basler Übereinkommens, der nicht seine schriftliche Einwilligung zu der bestimmten Einfuhr gegeben hat, wenn dieser Einfuhrstaat die Einfuhr dieser gefährlichen Abfälle nicht verboten hat (Artikel 4 Absatz 1 Buchstabe c des Basler Übereinkommens),
   c) in eine Nichtvertragspartei des Basler Übereinkommens (Artikel 4 Absatz 5 des Basler Übereinkommens),
   d) in einen Einfuhrstaat, wenn solche gefährlichen Abfälle oder andere Abfälle in diesem Staat oder anderswo nicht umweltgerecht behandelt werden (Artikel 4 Absatz 8 Satz 1 des Basler Übereinkommens);
7. das Verbot der Ausfuhr gefährlicher Abfälle von in Anlage VII des Basler Übereinkommens aufgeführten Staaten in Staaten, die nicht in Anlage VII aufgeführt sind (Artikel 4A des Basler Übereinkommens, Artikel 36 der Verordnung (EG) Nr. 1013/2006 sowie
8. das Verbot der Einfuhr gefährlicher Abfälle und anderer Abfälle aus einer Nichtvertragspartei des Basler Übereinkommens (Artikel 4 Absatz 5 des Basler Übereinkommens).

(4) Eine Verletzung einer menschenrechtsbezogenen Pflicht im Sinne dieses Gesetzes ist der Verstoß gegen ein in Absatz 2 Nummer 1 bis 12 genanntes Verbot. Eine Verletzung

einer umweltbezogenen Pflicht im Sinne dieses Gesetzes ist der Verstoß gegen ein in Absatz 3 Nummer 1 bis 8 genanntes Verbot.

(5) Die Lieferkette im Sinne dieses Gesetzes bezieht sich auf alle Produkte und Dienstleistungen eines Unternehmens. Sie umfasst alle Schritte im In- und Ausland, die zur Herstellung der Produkte und zur Erbringung der Dienstleistungen erforderlich sind, angefangen von der Gewinnung der Rohstoffe bis zu der Lieferung an den Endkunden und erfasst

1. **das Handeln eines Unternehmens im eigenen Geschäftsbereich,**
2. **das Handeln eines unmittelbaren Zulieferers und**
3. **das Handeln eines mittelbaren Zulieferers.**

(6) [1]Der eigene Geschäftsbereich im Sinne dieses Gesetzes erfasst jede Tätigkeit des Unternehmens zur Erreichung des Unternehmensziels. [2]Erfasst ist damit jede Tätigkeit zur Herstellung und Verwertung von Produkten und zur Erbringung von Dienstleistungen, unabhängig davon, ob sie an einem Standort im In- oder Ausland vorgenommen wird. [3]In verbundenen Unternehmen zählt zum eigenen Geschäftsbereich der Obergesellschaft eine konzernangehörige Gesellschaft, wenn die Obergesellschaft auf die konzernangehörige Gesellschaft einen bestimmenden Einfluss ausübt.

(7) Unmittelbarer Zulieferer im Sinne dieses Gesetzes ist ein Partner eines Vertrages über die Lieferung von Waren oder die Erbringung von Dienstleistungen, dessen Zulieferungen für die Herstellung des Produktes des Unternehmens oder zur Erbringung und Inanspruchnahme der betreffenden Dienstleistung notwendig sind.

(8) Mittelbarer Zulieferer im Sinne dieses Gesetzes ist jedes Unternehmen, das kein unmittelbarer Zulieferer ist und dessen Zulieferungen für die Herstellung des Produktes des Unternehmens oder zur Erbringung und Inanspruchnahme der betreffenden Dienstleistung notwendig sind.

Schrifttum

Bantekas/Oette International Human Rights Law and Practice· 3rd. ed, **(2020)**; *Bartels* Article XX of GATT and the Problem of Extraterritorial Jurisdiction, The Case of Trade Measures for the Protection of Human Rights JWT 36 (2) **2002** 370; *Belz/Mussmann/Kahlert/Sander* Polizeigesetz für Baden-Württemberg, 9. Aufl. **(2022)**; *Bettermann/Hoes* Das Lieferkettensorgfaltspflichtengesetz – Besondere Pflichten für Kreditinstitute?, BKR **2022**, 23; *Bettzieche* Die Spruchpraxis des UN-Ausschusses für wirtschaftliche, kulturelle und soziale Rechte in *Deutsches Institut für Menschenrechte* https://www.institut-fuer-menschenrechte.de/publikationen/detail/die-spruchpraxis-des-un-ausschusses-fuer-wirtschaftliche-soziale-und-kulturelle-rechte; (zuletzt abgerufen am 8.5.2023). *Birke* Migration und Arbeit in der Fleischindustrie in: Bundeszentrale für politische Bildung **(2021)** https://www.bpb.de/themen/migration-integration/kurzdossiers/migration-in-staedtischen-und-laendlichen-raeumen/325067/migration-und-arbeit-in-der-fleischindustrie/#footnote-target-3; *Bonnet* Child Labour in Africa, International Labour Review, 132 (3) **1993** 371; *Bossuyet* Guide to the Travaux Préparatoires of the International Covenant on Civil and Political Rights **(1987)**; *Breining-Kaufmann* The Legal Matrix of Human Rights and Trade Law in *Cottier/Pauwelyn/Bürgi* Human Rights and International Trade **(2006)**, 95; *Brouwer* Noch viele offene Rechts- und Auslegungsfragen zum Lieferkettensorgfaltspflichtengesetz – Hinweise zum VCI-Diskussionspapier zur Umsetzung des LkSG, CCZ **2022**, 137; *Charnitzky/Weigel* Die Krux mit der Sorgfalt – Zu den Untiefen und der Unschärfe des neuen Lieferkettengesetzes aus Unternehmenssicht, RIW **2022**, 12; *de la Cruz/von Potobsky/Swepston* The International Labour Organization, The International Standards System and Basic Human Rights **(1996)**; *De Schutter/Eide/Khalfan* Commentary to the Maastricht Principles on Extraterritorial Obligation of States in the Area of Economic, Social and Cultural Rights **(2012)**; *Dohrmann* Das deutsche Lieferkettensorgfaltspflichtengesetz als Vorbild für den europäischen Gesetzgeber? – eine kritische Analyse, CCZ **2021**, 265; *Dutzi/Schneider/Hasenau* Lieferkettenregulierung und Risk Governance – Implikationen für die betriebliche Praxis und Kritik, Der Konzern **2021**, 454; *Ehmann* ZVertriebsR **2021** 141; *Emmerich-Fritsche* Zur Verbindlichkeit der Menschenrechte für transnationale Unternehmen AdV **2007** 541; *Fredman* Discrimination and Human Rights – The Case of Racism **(2001)**; *Gailhofer/Verheyen* Klimaschutzbezogene Sorgfaltspflichten: Perspektiven der gesetzlichen Regelung in einem Lieferkettengesetz, ZUR **2021** 402; *Gehling/Ott/Lüneborg* Das neue Lieferkettensorgfaltspflichtengesetz – Umsetzung in der Unternehmenspraxis, CCZ **2021** 230; *Gorshkov* Peasants in Russia from Serfdom to Stalin, accommodation, survival, resistance **(2017)**; *Goßler/Padler* Distributionslogistik, Vertriebsmittler, Endkunde – Glieder der Lieferkette iSd LkSG?, BB **2022**, 906; *Grabosch* im Auftrag der FES, Unternehmen und Menschenrechte **(2019)**; *Humbert* The Challenge of Child Labour in International Law

(2009) (zit. *Humbert* The Challenge of Child Labour); *dies.* Corporate Social Responsibility und die Frage nach staatlicher Regulierung – Eine rechtspolitische Einschätzung, ZGR **2018** 295; *Jordan*, Slavery, Forced Labor, Debt Bondage and Human Trafficking: From Conceptual Confusion to Targeted Solutions, **2011**, https://humantraffickingsearch.org/resource/s-lavery-forced-labor-debt-bondage-and-human-trafficking-from-conceptional-confusion-to-targeted-solutions/; *Joseph* Taming the Leviathans: Multinational Enterprises and Human Rights, Netherlands International Law Review **1999** 176; *Joseph/Castan* The ICCPR, Cases, Materials and Commentary **(2013)**; *Jungkind/Raspé/Terbrack* Unternehmensverantwortung in der Lieferkette, Der Konzern **2021**, 445; *Kaleck/Saage-Maaß* Unternehmen vor Gericht **(2016)**; *Kälin/Künzli* Universeller Universeller Menschenrechtsschutz, Der Schutz des Individuums auf globaler und regionaler Ebene, 4. Auflage **(2019)**; *Kaltenborn/Reit* Verbot der Aufstellung von Grabsteinen aus Kinderarbeit, NZVwR **2012** 925; *Kamann/Irmscher* Das Sorgfaltspflichtengesetz – Ein neues Sanktionsrecht für Menschenrechts- und Umweltsverstöße in Lieferketten NZWiSt **2021** 249; *Karavias* „Corporate responsibility for environmental law" in *Fitzmaurice/Brus/Merkouris* International Environmental Law, second ed. **(2021)** S. 62, 63; *Kaufmann* Globalization and Labour Rights, The Conflict between Core Labour Rights and International Economic Law **(2007)**; *Kilkelly/Liefaard/Sanghera* International Human Rights of Children **(2019)**; *Klein* Grundrechtliche Schutzpflicht des Staates NJW **1989** 1633; *Klinger/Krajewski/Krebs/Hartmann* Verankerung menschenrechtlicher Sorgfaltspflichten von Unternehmen im deutschen Recht, Gutachten im Auftrag von Amnesty International, Brot für die Welt, Germanwatch, Oxfam Deutschland, S. 15, www.oxfam.de/ueber-uns/publikationen/gutachten-verankerung-menschen rechtlicher-sorgfaltspflichten-unternehmen; *Kloepfer* Umweltrecht **(2016)**; *Koch/Hofmann/Reese* (Hrsg.) Handbuch Umweltvölkerrecht, 5. Aufl. **(2018)**; *Krajewski* Rahmenwerke für die CSR-Berichterstattung ZGR **2018** 271; *Krajewski/Saage-Maasz* Die Durchsetzung menschenrechtlicher Sorgfaltspflichten von Unternehmen – Zivilrechtliche Haftung und Berichterstattung als Steuerungsinstrumente **(2018)**; *Kühle/Schulte-Hullern*, Konzernrecht im LkSG – die Zurechnung konzernangehöriger Gesellschaften nach § 2 Abs. 6 Satz 3 LkSG ZVglRWiss 122 (2023), 200; *Lanfermann* Auswirkungen der EU-Taxonomie-Verordnung auf die Unternehmensberichterstattung, BB 30 **(2020)** 1643; *Lassen* Slavery and Slavery-like Practices: United Nations Standards and Implementation, Nordic Journal of International Trade, **57** (1988), 197; *Lehmann/Eichel* Globaler Klimawandel und Internationales Privatrecht RabelsZ **83** (2019) 77; *Lutz-Bachmann/Vorbeck/Wengenroth* Menschenrechte und Umweltschutz in Lieferketten – der Regierungsentwurf eines Sorgfaltspflichtengesetzes, BB **2021** 906; *Macdonald/Molenaar/Pennartz* The IRENE Report 2000: Controlling Corporate Wrongs: The Liability of Multinational Corporations, Legal Possibilities, Initiatives and Strategies for Civil Society, Law, Social Justice and Global Development, 1 (2000), https://war wick.ac.uk/fac/soc/law/elj/lgd/2000_1/irene (zuletzt abgerufen am 8.5.2023). 24; *Maunz/Dürig*, Grundgesetzkommentar, 88. EL; *Meng* Extraterritorial Effects of Administrative, Judicial and Legislative Acts, in Rudolph Bernhardt, Encyclopaedia of Public International Law, Vol. II **(1995)**; *Münder* Streiks gegen Standortentscheidungen – Zugleich ein Beitrag zum Tarifbezug des Arbeitskampfs und zur Berufsfreiheit als Streikgrenze RdA **2020** 340; *Myers* The Right Rights? Annals of the American Academy of Political and Social Science 575 **2001** 38; *Nietsch/Wiedemann* Adressatenkreis und sachlicher Anwendungsbereich des neuen Lieferkettensorgfaltspflichtengesetz, NJW **2022** 1; *Nordhues* Die Haftung der Muttergesellschaft und ihres Vorstands für Menschenrechtsverletzungen im Konzern *Nowak* Einführung in das internationale Menschenrechtssystem **(2002)**; *Nowrot* Normative Ordnungsstruktur und private Wirkungsmacht: Konsequenzen der Beteiligung transnationaler Unternehmen an den Rechtssetzungsprozessen im internationalen Wirtschaftssystem **(2006)**; *Ott/Lüneborg/Schmelzeisen* Zur Anwendung des Lieferkettensorgfaltspflichtengesetzes im Konzern, DB **2022**, 238; *Reiling* Die Anwendung des Grundsatzes der Völkerrechtsfreundlichkeit auf rechtsunverbindliche internationale Standards, ZaöRV **2018**, 311; *Rothenburg/Rogg*, Die Umsetzung des Lieferkettensorgfaltspflichtengesetzes im Konzern, AG **2022**, 257; *Sanabría/Schönfelder*, Recognising Nuances: Mandatory Human Rights Due Diligence in Mexico and Colombia, VerfBlog 21.4.**2021**, https://verfas sungsblog.de/recognising-nuances/; *Sands/Peel/Fabra/McKenzie* Principles of International Environmental Law, 4th Ed., **2018**, 92; *Schall* (Berechtigte) Lücken in der Lieferkettensorgfaltspflicht des LkSG? NZG **2022** 787; *Schall* Offene Zurechnungsfragen in der Lieferkette – zur Auslegung des § 2 Abs. 6 Satz 3 LkSG, NZG **2022**, 1235; *Schmahl* United Nations Convention on the Rights of the Child: article-by-article commentary **(2021)**; *Schmidt/Sagan* Das Lieferkettensorgfaltspflichtengesetz: Ein Überblick aus der Perspektive des Arbeitsrechts NZA-RR **2022** 281; *Shaw* International Law (1997); *Spießhofer*, Das Lieferkettensorgfaltspflichtengesetz: Was kommt ab 2023? AnwBl **2021**, 534; *Smit/Griffith/McCorquodale* When National Law conflicts with international human rights **(2020)** https://www.biicl.org/projects/when-national-law-conflicts-with-inter national-human-rights-standards; *Smolin*, Conflict and Ideology in the International Campaign against Child Labour, Hofstra Labor § Employment Law Journal **16** (1999) 383; *Spindler* Der Vorschlag einer EU-Lieferketten-Richtlinie ZIP **2022**, 765; *ders.* Klimaschutz und Aktienrecht, Der Funktionswandel der Corporate Governance, NZG **2021** 993; *ders.* Verantwortlichkeit und Haftung in den Lieferantenketten – das Lieferkettensorgfaltspflichtengesetz aus nationaler und europäischer Perspektive, ZHR 186 **(2022)** 67; *Steuer* Klimaziele im Unternehmensrecht Freiwillige Verlautbarungen und Perspektiven nach dem CSDDD-Entwurf ZIP **2023**, 13; *Stöbener de Mora/Noll* Grenzenlose Sorgfalt? – Das Lieferkettensorgfaltspflichtengesetz, NZG **2021**, 1237 (Teil I) und 1285 (Teil II); *Terwindt/Morrison/Schliemann* Health Rights Impacts by Agrochemical Business: Legally Challenging the "Myth of Safe Use"' Utrecht Journal of International and European Law **2018** 34(2), 130; *Thalhammer* DÖV **2021** 825; *Tietje* Internationalisiertes Verwaltungshandeln **(2001)**; *Tretter* Entwicklung und Gegenwärtige Bedeutung der Internationalen Sklavereiverbote in Fortschritt im Bewußtsein der Menschenrechte in: Nowak/Steurer/Tretter (Hrsg.) Festschrift für Felix Ermacora (1988) 528; *UN OHCHR*, The Corporate Responsibility to Respect Human Rights, An Interpretive Guide (2012); *van Bueren* The International Law on the Rights of the Child (**1995**); *Wagner/Ruttloff* Das Lieferkettensorgfaltspflichtengesetz – Eine erste Einordnung, NJW **2021** 2145, 2150; *Wagner/Ruttloff/Hahn* CB-Beitrag: Der Entwurf des „Sorgfaltspflichtengesetzes", CB **2021** 89, 94; *Weissbrodt/Anti-Slavery International* Abolishing Slavery and its Contemporary Forms, HR/PUB/02/4 OHCHR, **2002**; *Weller/Benz* Klimaschutz und Corporate Governance, ZGR **2022** 563; *Zimmermann/Weiss* Völker- und verfassungsrechtliche Parameter eines deutschen Lieferkettengesetzes, AVR **58** (2020) 424.

Materialien

Amnesty et al, Putting the Environment in Human Rights and Environmental Due Diligence, 2021, https://www.amnesty.org/en/documents/pol30/4116/2021/en/; dies. The Great Palm Oil Scandal: Labour Behind Big Names, 2016; *Committee on Economic, Social and Cultural Rights* General comment No. 24 on State obligations under the International Covenant on Economic, Social and Cultural Rights in the context of business activities, 10 August 2017, E/C.12/GC/24; ders. General comment No. 26 (2023) on land and economic, social and cultural rights, E/C.12/GC/26 (2023): *Committee on the Rights of the Child* General Comment No. 16 on State obligations regarding the impact of the business sector on children rights, Rn. 43, CRC/C/GC/16, 27.4.2013; *Deutsches Global Compact Netzwerk* Leitprinzipien für Wirtschaft und Menschenrechte, Umsetzung des Rahmens der Vereinten Nationen „Schutz, Achtung und Abhilfe" (2014); *Deutsches Institut für Menschenrechte* Die Individualbeschwerde nach dem Fakultativprotokoll zum Zivilpakt, https://www.institut-fuer-menschenrechte.de/menschenrechtsschutz; ders. Sozialpakt, Allgemeine Bemerkungen, https://www.institut-fuer-menschenrechte.de/menschenrechtsschutz/deutschland-im-menschenrechtsschutzsystem/vereinte-nationen/vereinte-nationen-menschenrechtsabkommen/sozialpakt-icescr; *Deutsch-Kolumbianisches Friedensinstitut CAPAZ, Sanabría Ramírez*, El derecho al acceso progresivo a la propriedad_ la tierra, https://www.instituto-capaz.org/documentos-de-trabajo/; https://www.instituto-capaz.org/conozcanos-2-2/; *ECCHR/Brot für die Welt/Misereor*, Unternehmen zur Verantwortung ziehen, 2017, https://www.ecchr.eu/publikation/unternehmen-zur-verantwortung-ziehen (zuletzt abgerufen am 8.5.2023); *Initiative Lieferkettengesetz*, Nachhaltige unternehmerische Sorgfaltspflicht: Stellungnahme zum Vorschlag der EU-Kommission, https://lieferkettengesetz.de/hintergrund/; *Internationale Arbeitskonferenz* 100. Tagung 2011, Gleichheit bei der Arbeit: Die andauernde Herausforderung, Bericht I (B), Gesamtbericht im Rahmen der Folgemaßnahmen zur Erklärung der IAO zu grundlegenden Rechten und Pflichten bei der Arbeit; *International Labour Organisation (ILO)* Child Trafficking, Essentials (2010) https://www.ilo.org/ipecinfo/product/viewProduct.do?productId=14616 (zit. als *ILO* Child Trafficking); *dies.* Combating Forced Labour, A Handbook for Employers and Business (2015) https://www.ilo.org/global/topics/forced-labour/publications/WCMS_101171/lang--en/index.htm (zit. als *ILO* Combating Forced Labour); *dies.* Global Estimates of Child Labour, Results and Trends 2012–2016 (2017) (zit. als *ILO* Global Estimates of Child Labour); *ILO/UNICEF* Child Labour, Global Estimates 2020, Trends and the Road Forward (2021) (zit. als *ILO/UNICEF* Child Labour); *ILO/OECD/IOM/UNICEF* Ending Child Labour, Forced Labour and Human Trafficking in global supply chains (2019); *OECD* (2011), OECD-Leitsätze für multinationale Unternehmen, https://www.oecd.org/berlin/publikationen/oecd-leitsaetze-fuer-multinationale-unternehmen.htm, 38; Öko-Institut und Geulen & Klinger Rechtsanwälte im Auftrag des *Umweltbundesamtes* Umweltbezogene und menschenrechtliche Sorgfaltspflichten als Ansatz zur Stärkung einer nachhaltigen Unternehmensführung, Abschlussbericht, 2020, https://www.oeko.de/publikationen/p-details/umweltbezogene-und-menschenrechtliche-sorgfaltspflichten-als-ansatz-zur-staerkung-einer-nachhaltigen-unternehmensfuehrung-1; *Oxfam* Bittere Bananen (2011) https://www.oxfam.de/ueber-uns/publikationen/bittere-bananen-ausbeuterische-arbeitsbedingungen-ecuador-lieferkette (zit. *Oxfam* Bittere Bananen); *dies.* Süße Früchte, Bittere Wahrheit (2016) https://www.oxfam.de/ueber-uns/publikationen/suesse-fruechte-bittere-wahrheit (zit. als *Oxfam* Süße Früchte, Bittere Wahrheit); *dies.* Grenzenlose Ausbeutung (2022) https://www.oxfam.de/ueber-uns/publikationen/grenzenlose-ausbeutung-arbeitsmigrantinnen-lieferketten-deutscher (zit. als *Oxfam* Grenzenlose Ausbeutung); *dies.* Schwarzer Tee, Weiße Weste (2018) https://www.oxfam.de/ueber-uns/publikationen/schwarzer-tee-weisse-weste (zit. als *Oxfam* Schwarzer Tee); dies. Supermarket Responsibilities for Supply Chain Workers Rights, 2018, https://policy-practice.oxfam.org/resources/supermarket-responsibilities-for-supply-chain-workers-rights-continuing-challen-620480/; *UN Human Rights Council* Human rights and transnational corporations and other business enterprises, eighteenth session, 6.7.2011, Resolution 17/4, A/HRC/RES/17/4; *UN Human Rights Council* Protect, Respect and Remedy: a Framework for Business and Human Rights, Report of the Special Representative of the Secretary-General on the issue of human rights and transnational corporations and other business enterprises, John Ruggie, eighth session, 7.4.2008, A/HRC/8/5; *UN Human Rights Council*, Report of the Special Rapporteur on the issue of human rights obligations relating to the enjoyment of a safe, clean, healthy and sustainable environment, *Knox*, A/HRC/37/59 (2018); (alle zuletzt abgerufen am 26.4.2023).

Übersicht

A. Allgemeines

1 Nach der Gesetzesbegründung kommt die Bundesrepublik Deutschland mit der Verabschiedung des LkSG ihrer **Verantwortung zum Schutz der Menschenrechte** nach.[1] Im Nationalen Aktionsplan der Bundesregierung zur Umsetzung der vom Menschenrechtsrat 2011 verabschiedeten **Leitprinzi-**

1 BT-Drs. 19/28649 S. 1.

pien der Vereinten Nationen für Wirtschaft und Menschenrechte (VN-Leitprinzipien)[2] war vorgesehen, dass ein rechtlich verbindlicher Sorgfaltsstandard eingeführt wird, wenn – wie eingetreten – eine staatliche Überprüfung bis 2020 ergibt, dass weniger als die Hälfte aller in Deutschland ansässigen Unternehmen mit über 500 Mitarbeitern menschenrechtliche Sorgfaltspflichten in ihre Unternehmensprozesse integriert haben.[3] Als Ziel des Gesetzes ist explizit die **Verbesserung der internationalen Menschenrechtslage** angegeben, welches dadurch erreicht werden soll, dass Unternehmen klare, verhältnismäßige und zumutbare gesetzliche Vorgaben zur Erfüllung ihrer menschenrechtlichen Sorgfaltspflichten auf der Grundlage der VN-Leitprinzipien bekommen.[4] Begründet wird die Verantwortung für eine Verbesserung der Menschenrechtslage entlang globaler Lieferketten mit der hohen internationalen Verflechtung deutscher Unternehmen in globale Beschaffungs- und Absatzmärkte.[5] Darüber hinaus kann auch die **völkerrechtliche Verpflichtung** Deutschlands zum Erlass eines Lieferkettengesetzes angeführt werden, von der zunehmend Institutionen der Vereinten Nationen (VN) wie der Ausschuss für wirtschaftliche, soziale und kulturelle Rechte (WSK-Ausschuss) zum **Internationalen Pakt für wirtschaftliche, soziale und kulturelle Rechte von** 1976 (Sozialpakt)[6] sowie eine vordringende Meinung in der Rechtslehre.[7]

§ 2 Abs. 1 und 2 sind die **zentralen Bestimmungen zur Verankerung der Menschenrechte** 2
im Gesetz durch einerseits einen Verweis auf einen im Anhang aufgeführten Menschenrechtskatalog (Abs. 1) und andererseits die Definition typischer menschenrechtlicher Gefährdungslagen in Form von Verbotstatbeständen (Abs. 2 Nr. 1–12).

Da Ausgangspunkt für den politischen Prozess zur Verabschiedung eines Lieferkettengesetzes 3
der Nationale Aktionsplan für Wirtschaft und Menschenrechte war, ist eine eigenständige **umweltbezogene Sorgfaltspflicht** erst im späteren Verlauf aufgenommen worden; die im Juni 2020 bekanntgewordenen „Eckpunkte" sah diese noch nicht vor.[8] Dies und das im Vergleich zum internationalen Menschenrechtsschutz eher fragmentierte und ad hoc reaktiv bestimmte internationale Umweltrecht[9] sind mögliche Erklärungen, warum die Gesetzesbegründung den Umweltschutz nicht als Ziel des Gesetzes aufführt.[10] Das Gesetz erfasst den Umweltschutz einerseits dann, wenn Menschenrechte betroffen sind, § 2 Abs. 2 Nr. 9, und verweist andererseits in § 2 Abs. 3 auf fünf Umweltabkommen.[11] Diese punktuelle Verankerung des Umweltschutzes im Gesetz wird dem allgemein anerkannten Konzept der Nachhaltigkeit gemäß dem Brundtland-Bericht, den auch die Enquête-Kommission des Deutschen Bundestages zu einer nachhaltigen zukunftsverträglichen Entwicklung und dem Konzept der Nachhaltigkeit aufgegriffen hat, nicht gerecht. Danach sind gesellschaftliche, ökologische und ökomische Belange gleichrangige Dimensionen der Nachhaltig-

---

2 https://www.auswaertiges-amt.de/blob/266624/b51c16faf1b3424d7efa060e8aaa8130/un-leitprinzipien-de-data.pdf (zuletzt abgerufen am 8.5.2023)

3 Die Bundesregierung Nationaler Aktionsplan, Umsetzung der VN-Leitprinzipien für Wirtschaft und Menschenrechte 2016 – 2020, S. 10 und 28, https://www.auswaertiges-amt.de/blob/297434/8d6ab29982767d5a31d2e85464461565/nap-wirtschaft-menschenrechte-data.pdf (zuletzt abgerufen am 8.5.2023).

4 BT-Drs. 19/28649 S. 1.

5 BT-Drs. 19/28649 S. 1.

6 Internationaler Pakt über wirtschaftliche, soziale und kulturelle Rechte, vom 19.12.1966, BGBl. 1973 II S. 1569.

7 Vgl. zum Beispiel *Zimmermann/Weiss* AVR **58** (2020) 424, 425 ff.; CESCR General Comment Nr. 24 vom 10.8.2017, E/C.12/GC/24, Rn. 38; *Krajewski* Völkerrechtliche Verpflichtung der Bundesrepublik zum Erlass eines Lieferkettengesetzes, in Verfassungsblog on matters constitutional, 2020, https://verfassungsblog.de/voelkerrechtliche-verpflichtung-der-bundesrepublik-zum-erlass-eines-lieferkettengesetzes/.

8 *Initiative Lieferkettengesetz* Eckpunkte für ein Lieferkettengesetz, Zivilgesellschaftliche Auswertung, Juli 2020, https://lieferkettengesetz.de/2020/07/30/da-muss-mehr-drin-sein-wie-wir-die-eckpunkte-bewerten/.

9 Koch/Hofmann/Reese/*Buck/Verheyen* Umweltvölkerrecht, 1, 6 ff.

10 BT-Drs. 19/28649 S. 1, 23.

11 BT-Drs. 19/28649 S. 24.

keit.[12] Eine Revision des Lieferkettengesetzes sollte die umweltbezogene Sorgfaltspflicht unbedingt ausweiten.[13]

4 Im Folgenden werden grundsätzliche Fragen zur Anwendbarkeit von Menschenrechts- und Umweltabkommen auf Unternehmen erörtert, verfassungsrechtliche Anforderungen an ein Lieferkettengesetz und die daraus folgende Regelungssystematik des § 2 sowie die Zulässigkeit einer grenzüberschreitenden (extraterritorialen) Geltung behandelt. Ebenso wird auf Hintergrund und Regelungsgegenstand sowohl der VN-Leitprinzipien für Wirtschaft und Menschenrechte als auch der OECD-Leitsätze für multinationale Unternehmen eingegangen, auf die die Gesetzesbegründung als Grundlage des LkSG verweist.[14]

I. Internationaler Menschenrechtsschutz und Unternehmen

1. Unmittelbare Anwendbarkeit von Menschenrechten auf Unternehmen

5 Nach traditioneller Doktrin verpflichtet das Völkerrecht nur Staaten als Völkerrechtssubjekte, infolgedessen nur diese für Menschenrechtsverletzungen zur Verantwortung gezogen werden können.[15] In Literatur und Praxis wird daher der Begriff der **Menschenrechtsverletzung** oft auf staatliches Handeln beschränkt.[16] Dementsprechend verwenden die VN-Leitprinzipien den Begriff „nachteiligen menschenrechtlichen Auswirkungen“. In jüngerer Zeit wird jedoch zunehmend vertreten, dass auch Unternehmen Adressaten menschenrechtlicher Pflichten sein können.[17] Teilweise wird die unmittelbare Anwendbarkeit von zwingendem Völkerrecht bejaht[18] oder argumentiert, dass jedenfalls solche Menschenrechte unmittelbar anwendbar sein müssen, deren Kern ausreichend konkret und justiziabel ist und sich für die Anwendung auf Unternehmen eignen.[19] Nowak ist der zutreffenden Ansicht, dass Menschenrechte von ihrem historischem und philosophischem Ursprung her auch gegen Verletzungen durch nicht-staatliche Akteure schützen, die Durchsetzung im klassischen Völkerrecht jedoch grundsätzlich nur gegenüber Staaten erfolgt.[20] So richten sich Berichts- und Beschwerdesysteme zur Durchsetzung der beiden Menschenrechtspakte der Vereinten Nationen (VN) lediglich gegen Staaten und auch der Europäische und Interamerikanische Menschenrechtsgerichtshof sind nur für Beschwerden gegen Staaten zuständig.[21]

---

12 UN GA Resolution 60/1 vom 24.10.2005, 2005 World Summit Outcome, A/RES/60/1. Para. 48; Deutscher Bundestag, Enquête-Kommission, Schutz der Menschenrechte und der Umwelt – Ziele und Rahmenbedingungen einer nachhaltig zukunftsverträglichen Entwicklung, Konzept der Nachhaltigkeit, Vom Leitbild zur Umsetzung (Deutscher Bundestag), 13/11/200, 1998, 17.

13 Zum Verhältnis Umweltschutz und Menschenrechte und der Forderung einer umfassenden eigenständigen umweltbezogenen Sorgfaltspflicht im Rahmen einer zukünftigen EU-Richtlinie, siehe *Amnesty et al*, Putting the Environment in Human Rights and Environmental Due Diligence, 2021, https://www.amnesty.org/en/documents/pol30/4116/2021/en/.

14 BT-Drs. 19/28649 S. 2.

15 *Nowak* Einführung in das internationale Menschenrechtssystem (2002) S. 64 ff.; *Verdross/Simma* Universelles Völkerrecht, S. 267; *Shaw* International Law (**1997**), S. 139; *Kälin/Künzli* Universeller Menschenrechtsschutz, Der Schutz des Individuums auf globaler und regionaler Ebene, 4. Aufl. (**2019**) S. 80 ff.

16 Vgl. *Klinger/Krajewski/Krebs/Hartmann* Verankerung menschenrechtlicher Sorgfaltspflichten von Unternehmen im deutschen Recht, Gutachten im Auftrag von Amnesty International, Brot für die Welt, Germanwatch, Oxfam Deutschland, S. 15, www.oxfam.de/ueber-uns/publikationen/gutachten-verankerung-menschenrechtlicher-sorgfaltspflichten-unternehmen.

17 *Nowrot* Normative Ordnungsstruktur und private Wirkungsmacht: Konsequenzen der Beteiligung transnationaler Unternehmen an den Rechtssetzungsprozessen im internationalen Wirtschaftssystem (**2006**), S. 562 ff.; *Emmerich-Fritsche* Zur Verbindlichkeit der Menschenrechte für transnationale Unternehmen AdV **2007** 541, 554 ff.; *Nowak* S. 64 ff.

18 *Nowrot* S. 562 ff.

19 *Emmerich-Fritsche* AdV **2007** 554 ff.

20 *Nowak* S. 66.

21 https://www.coe.int/de/web/portal/gerichtshof-fur-menschenrechte; https://www.corteidh.or.cr/que_es_la_corte.cfm?lang=en; https://www.ohchr.org/en/treaty-bodies.

6 Seitdem im Zuge der fortschreitenden Globalisierung immer mehr transnationale marktmächtige Unternehmen entstanden sind, die ihr Geschäftsmodell auf einer weltweiten Arbeitsteilung in globalen Wertschöpfungsketten aufbauen, sind auch Menschenrechtsverletzungen durch Unternehmen immer mehr in den Blick der Öffentlichkeit sowie staatlicher und nicht-staatlicher Akteure geraten.[22] Das Business Human Rights Resource Centre (BHRRC) verfolgt fortlaufend Menschenrechtsverletzungen durch Unternehmen.[23] Zwar gab es mit den **OECD (Organization for Economic Cooperation and Development)-Leitsätzen für multinationale Unternehmen**[24] oder der **Dreigliederigen Erklärung Grundsatzerklärung über multinationale Unternehmen und Sozialpolitik der Internationalen Arbeitsorganisation (IAO)**[25] bereits in den 70ziger Jahren des letzten Jahrhunderts Instrumente in Form von nicht verbindlichem *soft law*,[26] die zum Ziel hatten, verantwortungsvolle Unternehmensführung weltweit zu fördern, jedoch haben Unternehmen erst Mitte der 90ziger Jahre begonnen, als Kinderarbeit beim Herstellen von Fußbällen und Sportkleidung in asiatischen Fabriken bekannt wurde, mit verschiedenen Maßnahmen darauf zu reagieren und sich zu gesellschaftlicher Unternehmensverantwortung (**Corporate Social Responsibility – CSR**) zu bekennen.[27] Unter dem Druck der Öffentlichkeit haben sich Unternehmen so genannte Code of Conducts (deutsch: Verhaltenskodizes) gegeben, in denen sie sich zum Ziel setzten, Menschenrechte und die IAO-Kernarbeitsnormen[28] einhalten zu wollen. Seitdem sind eine Vielzahl an freiwilligen Initiativen, Standards und Zertifizierungen entstanden, die je nach Art der Teilnehmer*innen, inhaltlicher Zielrichtung auf Umwelt- oder Menschenrechtsstandards, Art der Kommunikation und Maßnahmen, Branche etc. sehr unterschiedlich ausgestaltet sein können.[29] In der Textil- und Einzelhandelsbranche wird in Deutschland vor allem das Textilbündnis,[30] die Amfori-Initiative,[31] die Fair Wear Foundation,[32] SAI,[33] die Fair Labour Association,[34] die Ethical Trading

22 *Oxfam* International Trading Away our Rights, Women Working in Global Supply Chains, 2004, S. 16; *Joseph* Taming the Leviathans: Multinational Enterprises and Human Rights, Netherlands International Law Review **1999** 176; *Macdonald/Molenaar/Pennartz* The IRENE Report 2000: Controlling Corporate Wrongs: The Liability of Multinational Corporations, Legal Possibilities, Initiatives and Strategies for Civil Society, Law, Social Justice and Global Development, 1 (2000), https://warwick.ac.uk/fac/soc/law/elj/lgd/2000_1/irene, (zuletzt abgerufen 8.5.2023) 24.

23 https://www.business-humanrights.org/en/.

24 OECD-Leitsätze für Multinationale Unternehmen, Ausgabe 2011 https://www.oecd.org/berlin/publikationen/oecd-leitsaetze-fuer-multinationale-unternehmen.htm.

25 *Internationale Arbeitsorganisation* (IAO) Dreigliederige Erklärung Grundsatzerklärung über multinationale Unternehmen und Sozialpolitik, vom Verwaltungsrat auf seiner 204. Tagung in Genf im November 1977 angenommen, Fassung auf der 279. Tagung in 2000 und auf der 295. Tagung 2006 geändert.

26 Resolutionen und Deklarationen internationaler Organisationen sind zwar rechtlich nicht verbindlich, sind aber gerade im Bereich der Menschenrechte von besonderer Bedeutung. Erstens sind sie wie die Allgemeine Erklärung oft Ausgangspunkt für später verbindliche Instrumente wie den Zivil- und Sozialpakt, zweitens dienen sie der Konkretisierung vertraglich verankerter Garantien wie die Empfehlungen der IAO zu den einzelnen Abkommen, zum Beispiel die Empfehlung Nr. 146 zu IAO-Übereinkommen Nr. 182, vgl. *Kälin/Künzli* S. 78, 79.

27 Für einen Überblick zur Entwicklung des CSR-Konzeptes siehe *Humbert* The Challenge of Child Labour, 333f. sowie *Humbert* ZGR **2018** 296 ff.

28 Die IAO hat 1998 mit der Erklärung über grundlegende Rechte und Prinzipien bei der Arbeit, angenommen auf der 86. Tagung der Internationalen Arbeitskonferenz vom 18.6.1998, die Kernarbeitsnormen definiert, https://www.ilo.org/berlin/ziele-aufgaben/verfassung/WCMS_193727/lang--de/index.htm.

29 Für einen Überblick über verschiedene Leitfäden, Brancheninitiativen und kostenlose Unterstützungsangebote seitens der Bundesregierung siehe Helpdesk Wirtschaft & Menschenrechte, https://wirtschaft-entwicklung.de/downloads/#c4980.

30 https://www.textilbuendnis.com/.

31 https://www.amfori.org/content/amfori-bsci.

32 https://www.fairwear.org/.

33 https://sa-intl.org/.

34 https://www.fairlabor.org/.

Initiative[35] und insbesondere zum Thema existenzsichernde Löhne das Bündnis ACT[36] von Unternehmen genutzt. Darüber hinaus wurden auch eine Vielzahl privater Leitfäden und Initiativen mit staatlicher Beteiligung oder Unterstützung wie zum Beispiel die ISO 26 000,[37] der Deutsche Nachhaltigkeitskodex[38] oder der UN Global Compact[39] entwickelt.[40]

7 Unternehmensverantwortung oder englisch CSR wurde zunächst als ein rein **freiwilliges Konzept** ohne rechtliche Verpflichtung verstanden. So definierte die EU-Kommission in ihrer **Mitteilung von 2006** soziale Unternehmensverantwortung als ein Konzept, „das den Unternehmen als Grundlage dient, um auf freiwilliger Basis soziale und ökologische Belange in ihre Unternehmenstätigkeit und in die Beziehungen zu den Stakeholdern zu integrieren".[41] Im gleichen Jahr scheiterten die von der damaligen „UN-Sub-Commission on the Promotion and Protection of Human Rights" entwickelten **„Norms on the Responsibilities of Transnational Corporations and other Business Enterprises with regard to Human Rights"**, die Unternehmen direkt als Adressat völkerrechtlicher Menschenrechtsverpflichtungen vorsahen. Der UN-Generalsekretär benannte daraufhin einen Sonderbeauftragten für Wirtschaft und Menschenrechte, John Ruggie, der in seinem Bericht für den Menschenrechtsrat der Vereinten Nationen ein **Drei-Säulen-Modell für Wirtschaft und Menschenrechte** mit der staatlichen Pflicht zum Schutz der Menschenrechte, der Unternehmensverantwortung und dem Zugang zu Rechtsschutz und außergerichtlichen Beschwerdemechanismen entwickelte.[42] Dieses Modell, bekannt als **„Rahmen ‚Schutz, Achtung und Abhilfe'** der Vereinten Nationen" zum Thema Menschenrechte und transnationale Konzerne, wurde vom Menschenrechtsrat im Juni 2008 angenommen.[43] Im Jahr 2011 verabschiedete der Menschenrechtsrat die auf Grundlage dieses „Rahmens" unter Führung des Sonderbeauftragten Ruggie in einem zweijährigen Prozess zusammen mit Unternehmen, Akteuren der Zivilgesellschaft und Regierungsvertretern erarbeiteten **VN-Leitprinzipien.**[44] Diese sahen einen so genannten **„smart mix of measures"** aus internationalen und nationalen, zwingenden und freiwilligen Maßnahmen für Staaten und Unternehmen zur Umsetzung der Menschenrechte vor.[45] In der Mitteilung der EU-Kommission von 2011 heißt es dementsprechend zum Konzept der Unternehmensverantwortung und staatlichen Vorgaben, dass „eine intelligente **Kombination aus freiwilligen Maßnahmen und nötigenfalls ergänzenden Vorschriften"** bei der Entwicklung von CSR eingesetzt werden soll.[46] Zudem forderte die Kommission explizit die Mitgliedstaaten auf, bis 2012 nationale

35 https://www.ethicaltrade.org/.

36 https://actonlivingwages.com/.

37 Leitfaden der *International Standardization Organisation* ISO 26000, Guidance on social responsibility, Fair Operating practices, 6.6, ISO 26 000 2010-11-01, First edition.

38 https://www.csr-in-deutschland.de/DE/CSR-Allgemein/CSR-Grundlagen/Internationale-Rahmenwerke/internationale-rahmenwerke.html (zuletzt abgerufen 8.5.2023).

39 https://www.globalcompact.de/.

40 https://www.csr-in-deutschland.de/DE/CSR-Allgemein/CSR-Grundlagen/Internationale-Rahmenwerke/internationale-rahmenwerke.html (zuletzt abgerufen am 8.5.2023).

41 KOM (2006) endgültig 136, S. 2.

42 *UN Human Rights Council* Protect, Respect and Remedy: a Framework for Business and Human Rights, Report of the Special Representative of the Secretary-General on the issue of human rights and transnational corporations and other business enterprises, John Ruggie, eighth session, 7.4.2008, A/HRC/8/5.

43 *UN Human Rights Council* Mandate of the Special Representative of the Secretary General on the Issue on Human Rights and Transnational Corporations and Other Business Enterprises, 18.6.2008, Resolution 8/7.

44 *UN Human Rights Council* Human rights and transnational corporations and other business enterprises, eighteenth session, 6.7.2011, Resolution 17/4, A/HRC/RES/17/4. Zum Hintergrund und Entstehung der VN-Leitprinzipien siehe auch *Krajewski* Rahmenwerke für die CSR-Berichterstattung ZGR **2018** 271, 282 ff.

45 UN Human Rights Council Report of the Special Representative of the Secretary-General on the issue of human rights and transnational corporations and other business enterprises, John Ruggie, Guiding Principles on Business and Human Rights: Implementing the United Nations „Protect, Respect and Remedy" Framework, seventeenth session, 21.3.2011, A/HRC/17/31, 8.

46 KOM (2011) endgültig 681, S. 9.

Pläne zur Umsetzung der VN-Leitprinzipien zu erstellen.[47] Die Bundesregierung ist dieser Auffor derung mit der Erstellung des **Nationalen Aktionsplans** Ende 2016 nachgekommen, der eine staatliche Regelung mit **verbindlichen Vorgaben für menschenrechtliche Sorgfaltspflichten** forderte, vorausgesetzt, dass zu wenig deutsche Unternehmen freiwillig ihrer menschenrechtlichen Verantwortung nachkommen.[48]

Insgesamt ist festzuhalten, dass zwar weder Rechtsprechung noch die herrschende Lehre im Völkerrecht Unternehmen als direkte Adressaten von Menschenrechtsübereinkommen ansehen, die VN-Leitprinzipien jedoch in Praxis und Lehre einen Konsens darüber hergestellt haben, dass auf der einen Seite nationale Regierungen eine Umsetzungspflicht durch Verabschiedung entsprechender Maßnahmen einschließlich nationaler Gesetze haben (Prinzip 1 ff.), auf der anderen Seite Unternehmen eine Verantwortung zur Achtung von Menschenrechten und der Vornahme entsprechender Umsetzungsmaßnahmen tragen (Prinzip 16 ff.). Dementsprechend arbeitet eine vom VN-Menschenrechtsrat in 2014 eingesetzte zwischenstaatliche Arbeitsgruppe (OEIGWG) daran, ein Instrument, den so genannten „**UN Treaty on Business and Human Rights**" zu schaffen, dass Staaten verpflichtet, Unternehmen in nationalen Gesetzen an die Einhaltung von Menschenrechten zu binden.[49] 8

Unabhängig von der Frage, ob eine unmittelbare Anwendbarkeit von völkerrechtlichen Menschenrechtsverpflichtungen auf Unternehmen bejaht werden sollte, ist es jedenfalls zulässig, dass Staaten Unternehmen rechtliche Vorgaben zum Schutz der in internationalen Abkommen enthaltenen Menschenrechte machen. In diesem Sinne definiert das LkSG die unternehmerische „Verletzung einer menschenrechtsbezogenen Pflicht" in § 2 Abs. 4 als einen „Verstoß gegen ein in § 2 Abs. Nr. 1–12 genanntes Verbot". Ob darüber hinaus eine entsprechende völkerrechtliche Verpflichtung der Bundesregierung besteht, kann insofern dahinstehen, als dass mit Erlass des LkSG Deutschland diese mögliche Pflicht erfüllt hätte. Fraglich bleibt insofern lediglich, welche Menschenrechte in entsprechenden nationalen Gesetzen enthalten sein sollten oder müssen, und ob Regelungen globaler Lieferketten mit dem völkerrechtlichen Souveränitäts- und Territorialitätsprinzip im Einklang sind. Diese Fragen werden unter siehe Rn. 10 ff. erörtert. 9

2. Menschenrechtsabkommen

Seit dem Ende des Zweiten Weltkriegs und der Gründung der Vereinten Nationen sowie der Annahme der **Allgemeinen Erklärung der Menschenrechte** im Jahr 1948 hat die Staatengemeinschaft eine Vielzahl von Menschenrechtsabkommen abgeschlossen, die teilweise jedoch nur von wenigen Staaten ratifiziert sind. Die Vereinten Nationen definieren **neun Kernabkommen** bestehend aus den beiden Menschenrechtspakten und verschiedenen Spezialabkommen.[50] Die **Internationale Menschenrechtscharta** umfasst die **Allgemeine Erklärung der Menschenrechte** und die beiden Menschenrechtspakte, den **Internationalen Pakt über bürgerliche und politische Rechte** von 1976 (Zivilpakt)[51] und den Sozialpakt, die von der Mehrheit der Staaten ratifiziert sind.[52] Dementsprechend bezeichnen die VN-Leitprinzipien diese Menschenrechtscharta, verbunden mit den acht **IAO-Kernübereinkommen** der **Erklärung über grundlegende Prinzipien und** 10

47 KOM (2011) endgültig 681, S. 17.

48 https://www.bmas.de/DE/Service/Publikationen/Broschueren/a740-aktionsplan-bundesregierung.html.

49 *UN Human Rights Council* Elaboration of an international legally binding instrument on transnational corporations and other business enterprises with respect to human rights, A/HRC/RES/26/9, 14.7.2014.

50 *United Nations, Office of High Commissioner for Human Rights* The United Nations Human Rights Treaty System, Fact Sheet No. 30, Rev. 1, 2014, 1.

51 Internationaler Pakt über bürgerliche und politische Rechte, vom 19.12.1966, BGBl. 1973 II S. 1533.

52 Der Zivilpakt ist von 173, der Sozialpakt von 171 Staaten ratifiziert, United Nations, Treaty Collection, 22.6.2022, https://treaties.un.org/.

Rechte bei der Arbeit der Internationalen Arbeitsorganisation (IAO),[53] als „autoritatives Verzeichnis“ „international anerkannter“ Menschenrechte.[54] Die **OECD-Leitsätze für multinationale Unternehmen** verweisen auf die VN-Leitprinzipien und beziehen sich ebenfalls auf diese international anerkannte Menschenrechte.[55] Das LkSG folgt diesem Ansatz und nennt im Anhang die entsprechenden Übereinkommen, allerdings nicht die Allgemeine Erklärung der Menschenrechte. Diese Auswahl erscheint grundsätzlich überzeugend, da die genannten Instrumente auf universelle Geltung angelegt sind, von der Mehrheit der Staaten ratifiziert sind, ein hohes Schutzniveau haben, das heißt eine Mehrheit grundlegender Menschenrechte erfasst ist, und Spezialabkommen wie die Kinderrechts- oder Frauenkonvention diese oftmals spezifizieren und bei Lücken im Wege der völkerrechtlichen Auslegung nach Art. 31 Abs. 3 c) des Wiener Übereinkommens über das Recht der Verträge[56] herangezogen werden können, siehe Rn. 21.[57] Zudem decken die IAO-Kernarbeitsnormen viele Schutzbedürfnisse von der Geschäftstätigkeit von Unternehmen in globalen Lieferketten betroffenen Personen wie den Schutz vor Kinderarbeit und Mindestalterregelungen (IAO-Übereinkommen Nr. 182[58] und 138[59]) oder den Schutz vor Diskriminierung bei der Beschäftigung (IAO-Übereinkommen Nr. 100[60] und 111[61]) ab.

11 Allerdings empfehlen beide Rahmenwerke die Anwendung zusätzlicher Standards und Abkommen, wenn Menschenrechte besonders schutzbedürftiger Bevölkerungsgruppen wie Menschen mit Behinderung, Wanderarbeitnehmer/-innen oder die indigene Bevölkerung betroffen sind.[62] Auch verweisen sie in Fällen bewaffneter Konflikte auf das humanitäre Völkerrecht. Die Regierungsbegründung § 2 Abs. 2 Nr. 11 LkSG nimmt auf das Humanitäre Völkerrecht Bezug, siehe Rn. 140 ff.[63]

12 Sowohl die VN-Leitprinzipien als auch die OECD-Leitsätze erkennen an, dass die Geschäftstätigkeit von Unternehmen grundsätzlich auf alle in den Übereinkommen enthaltenen Menschenrechte negative Auswirkungen haben können, je nach Sektor und Kontext jedoch einzelne Menschenrechte besonders betroffen sein könnten und das Risikomanagement einschließlich -analyse nach §§ 4 ff., sich daher grundsätzlich auf alle Menschenrechte bezieht.[64] Dementsprechend verpflichtet das LKSG Unternehmen, alle im Gesetz enthaltenen Menschenrechtspositionen in den Blick zu nehmen und die Priorisierung auf einzelne Menschenrechte bei der Risikoanalyse vorzunehmen, siehe § 5.

---

53 Erklärung der IAO über grundlegende Prinzipien und Rechte bei der Arbeit und ihre Folgemaßnahmen angenommen von der Internationalen Arbeitskonferenz auf ihrer 86. Tagung, Genf, 18.6.1998, *https://www.ilo.org* › documents › wcms_193727.

54 *Deutsches Global Compact Netzwerk* S. 16.

55 OECD-Leitsätze für Multinationale Unternehmen, Ausgabe 2011, Rn. 39, https://www.oecd.org/berlin/publikationen/oecd-leitsaetze-fuer-multinationale-unternehmen.htm.

56 *Deutsches Global Compact Netzwerk* S. 16; OECD (2011), OECD-Leitsätze für multinationale Unternehmen, https://doi.org/10.1787/9789264122352-de (zuletzt abgerufen am 8.5.2023), 38.

57 Vgl. zur Auswahl einzelner Menschenrechtsabkommen auch *Zimmermann/Weiss* AVR **58** (2020) 440, 451 ff.

58 Übereinkommen Nr. 182 der Internationalen Arbeitsorganisation über das Verbot und unverzügliche Maßnahmen zur Beseitigung der schlimmsten Formen der Kinderarbeit vom 17.6.1999, BGBl. 2001 II S. 1290, 2091.

59 Übereinkommen Nr. 138 der Internationalen Arbeitsorganisation über das Mindestalter für die Zulassung zur Beschäftigung vom 26.6.1973, BGBl. 1976 II S. 201, 202.

60 Übereinkommen Nr. 100 der Internationalen Arbeitsorganisation über die Gleichheit des Entgelts männlicher und weiblicher Arbeitskräfte für gleichwertige Arbeit vom 29.6.1951, BGBl. 1956 II S. 23, 24.

61 Übereinkommen Nr. 111 der Internationalen Arbeitsorganisation über die Diskriminierung in Beschäftigung und Beruf vom 25.6.1958, BGBl. 1958 S. 97, 98.

62 *Deutsches Global Compact Netzwerk* S. 16; OECD (2011) OECD-Leitsätze für multinationale Unternehmen, https://doi.org/10.1787/9789264122352-de (zuletzt abgerufen am 8.5.2023), 38.

63 Vgl. BT-Drs. 19/28649 S. 39.

64 *Deutsches Global Compact Netzwerk* S. 16; OECD (2011), OECD-Leitsätze für multinationale Unternehmen, https://doi.org/10.1787/9789264122352-de (zuletzt abgerufen am 8.5.2023), 37.

3. Der extraterritoriale Geltungsanspruch

13 Grundsätzlich gilt im Völkerrecht das **Prinzip der Nicht-Einmischung** in innerstaatliche Angelegenheiten nach Art. 2 Abs. 7 der UN-Satzung, auch als staatliches „Souveränitätsdogma" bezeichnet.[65] Seitdem auf der Zweiten Weltkonferenz über Menschenrechte in Wien der internationale Schutz der **Menschenrechte als legitime Aufgabe der Vereinten Nationen** bekräftigt wurde, kann jedoch Art. 2 Abs. 7 der UN-Satzung nicht mehr auf Menschenrechtsfragen angewendet werden.[66] Unabhängig davon erlauben die **allgemeinen Regeln des Völkerrechts** die Regelung von nationalen Sachverhalten mit Auslandsbezug, sofern eine „wichtige Verbindung"[67] oder ein „angemessener Mindestbezug"[68] zum ausländischen Territorium besteht. Da das LkSG nationale unternehmerische Tätigkeiten zur Einhaltung der Menschenrechte in globalen Lieferketten regelt und somit einerseits die vom Prinzip der Nicht-Einmischung ausgeschlossene Menschenrechtsfragen betrifft, andererseits sein Regelungsgegenstand der Lieferkette den nötigen wichtigen Mindestbezug zum Ausland herstellt, verstößt es nach den genannten Regeln des Völkerrechts nicht gegen das völkerrechtliche Territorialprinzip.

14 In diesem Sinne legen die von Völkerrechts- und Menschenrechtsexperten erarbeiteten, so genannten **Maastrichter Prinzipien** von 2011 zu extraterritorialen Staatenpflichten[69] in Prinzip 23 fest, dass Staaten auch außerhalb ihres Staatsgebietes Menschenrechte schützen müssen.[70] Das gilt nach Prinzip 24 auch für die Schutzpflicht gegenüber Verletzungen seitens privater Akteure. Prinzip 25 c legt fest, dass diese staatliche Schutzpflicht insbesondere dann gilt, wenn ein Unternehmen einen Sitz im Inland hat, dort ihr hauptsächliches Geschäftsgebiet hat oder wesentliche Geschäftstätigkeiten ausübt.

15 Die Zulässigkeit grenzüberschreitender Regelungen ergibt sich auch aus einzelnen **Menschenrechtsabkommen** selbst sowie der Spruchpraxis der zugehörigen **Vertragsorgane**. So sieht Art. 2 Abs. 1 des Sozialpaktes vor, dass Staaten bei der Umsetzung der darin enthaltenen Rechte zusammenarbeiten sollen. Demnach sollen Staaten sich nicht nur auf die innerstaatliche Umsetzung der Rechte beschränken, sondern auch weltweit auf die Durchsetzung der Menschenrechte hinwirken. In seiner **„Allgemeinen Bemerkung" Nr. 24** aus 2017 zu **extraterritorialen Staatenpflichten** führt der WSK-Ausschuss aus, dass sich die staatlichen Umsetzungspflichten auch auf die Verhinderung von Menschenrechtsverstößen durch privater Akteure, das heißt Unternehmen beziehen, und diese in der Einführung entsprechender strafrechtlicher, verwaltungsrechtlicher und zivilrechtlicher Maßnahmen einschließlich der Einrichtung entsprechender Klagemöglichkeiten für Betroffene bestehen.[71] Der Ausschuss sieht es ausdrücklich als Teil der staatlichen Umsetzungspflicht zum Schutz der Menschenrechte (duty to protect) an, Unternehmen zu rechtlich verpflichten, durch entsprechende Sorgfalt Menschenrechtsverstöße zu verhindern und im Fall negativer Auswirkungen, zu denen die Unternehmen oder von ihnen kontrollierte Entitäten beigetragen haben, rechtliche Möglichkeiten vorzusehen, Unternehmen zur Verantwortung ziehen zu kön-

---

65 *Nowak* S. 45.

66 *Nowak* S. 46; Vgl. auch *Shaw* S. 202; *Kaufmann* Globalization and Labour Rights, The Conflict between Core Labour Rights and International Economic Law (2007), S. 285.

67 *Bartels* Article XX of GATT and the Problem of Extraterritorial Jurisdiction, The Case of Trade Measures for the Protection of Human Rights, JWT 36 (2) **2002** 370 (deutsche Übersetzung der Autorin).

68 *Meng* Extraterritorial Effects of Administrative, Judicial and Legislative Acts, in Rudolph Bernhardt, Encyclopaedia of Public International Law, Vol. II, 1995, S. 337, 340 (deutsche Übersetzung der Autorin).

69 ETO-Consortium, Maastricht Principles on Extraterritorial Obligation of States in the Area of Economic, Social and Cultural Rights, (2011) https://www.etoconsortium.org/en/the-maastricht-principles/ (zuletzt abgerufen am 8.5.2023).

70 Vgl. Zu den einzelnen Prinzipien *De Schutter/Eide/Khalfan* Commentary to the Maastricht Principles on Extraterritorial Obligation of States in the Area of Economic, Social and Cultural Rights, 2012.

71 *Committee on Economic, Social and Cultural Rights* General comment No. 24 on State obligations under the International Covenant on Economic, Social and Cultural Rights in the context of business activities, 10.8.2017, E/C.12/GC/24, Rn. 15.

nen.[72] Das sollte auch für die Lieferkette, also Lieferanten und andere Vertragspartner gelten.[73] Diese Umsetzungspflichten gelten explizit auch extraterritorial, das heißt, sie sind nicht auf das nationale Hoheitsgebiet beschränkt.[74] In Rn. 33 führt der WSK-Ausschuss aus, dass Staaten auf ihrem Gebiet ansässige Unternehmen verpflichten sollen, die entsprechende Sorgfalt walten zu lassen, um Verstöße gegen Menschenrechte durch Tochterunternehmen und Vertragspartner zu verhindern, „wherever they may be located".[75] Ebenso hat der **Kinderrechtsausschuss** in seiner **Allgemeinen Bemerkung Nr. 16** festgelegt, dass Staaten verpflichtet sind, Kinderrechte im Rahmen von grenzüberschreitenden Geschäftstätigkeiten zu schützen, wenn ein „reasonable link" zum Verhalten im Ausland besteht.[76]

16 Schließlich lässt sich die Zulässigkeit extraterritorialer Regulierungen von Sachverhalten mit Auslandsbezug auch aus den **Grundrechten** ableiten. Vertreter der Rechtslehre nehmen eine grundsätzliche Verpflichtung des Gesetzgebers an, das in Lieferketten organisierte globale Wirtschaften deutscher Unternehmen mit Risiko für Menschenrechts- und Grundrechtsfragen zu regulieren.[77] Das Bundeverfassungsgericht hat in seinem Urteil zur Auslandsüberwachung durch den Bundesnachrichtendienst vom 19. Mai 2021 entschieden, dass die Bindung der deutschen Staatsgewalt an die Grundrechte nicht auf das deutsche Hoheitsgebiet begrenzt ist.[78]

17 Spezielle Fragen zu einzelnen Menschenrechten wie der Anwendung der Koalitionsfreiheit in China, das weder den Zivilpakt noch das IAO-Übereinkommen Nr. 87 über die Vereinigungsfreiheit und den Schutz des Vereinigungsrechts unterzeichnet hat, werden unter den einzelnen Verbotstatbeständen behandelt.

4. Verfassungsrechtliche Anforderungen des Bestimmtheitsgebots an Verweisungen auf Menschenrechtsabkommen

18 Das LkSG nimmt in unterschiedlicher Weise auf Menschenrechtsabkommen Bezug, bedient sich mithin **verschiedener Regelungstechniken**. So verweist § 2 Abs. 1. für die Definition einer geschützten Rechtsposition auf die im Anhang genannten Menschenrechtsabkommen. Darüber hinaus übernimmt der Verbotskatalog in § 2 Abs. 2 Nr. 1–3 direkt Teile der Vertragstexte der IAO-Kernarbeitsnormen und benennt diese auch als Quelle. Stimmen in der Literatur zweifeln wegen der Verweisungen auf völkerrechtliche Texte und dem dynamischen Menschenrechtsschutz an der verfassungsrechtlichen Vereinbarkeit gerade mit Blick auf den Bestimmtheitsgebot in Art. 103 Abs. 2 GG und die nach § 24 drohenden Bußgelder bei Verstößen gegen einzelne Sorgfaltspflichten.[79] Ohne Zweifel muss dem Bestimmtheitsgrundsatz hinreichend Rechnung getragen werden, ein pauschaler Verweis auf die Einhaltung der „Menschenrechte und Umwelt" mit an Zuwider-

72 *Committee on Economic, Social and Cultural Rights* General comment No. 24 (2017) on State obligations under the International Covenant on Economic, Social and Cultural Rights in the context of business activities, 10.8.2017, E/C.12/GC/24, Rn. 16.

73 A.a.O.

74 *Committee on Economic, Social and Cultural Rights* General comment No. 24 (2017) on State obligations under the International Covenant on Economic, Social and Cultural Rights in the context of business activities, 10.8.2017, E/C.12/GC/24, Rn. 27 ff.

75 A.a.O. Rn. 33.

76 *Committee on the Rights of the Child* General Comment No. 16 on State obligations regarding the impact of the business sector on children rights, Rn. 43, CRC/C/GC/16, 27.4.2013.

77 *Klein* Grundrechtliche Schutzpflicht des Staates, NJW **1989** 1633, 1640; *Zimmermann/Weiss* AVR **58** (2020) 424, 430.

78 BVerfG, Urteil des Ersten Senats vom 19. Mai 2020, – 1 BvR 2835/17 –, http://www.bverfg.de/e/rs20200519_1bvr283517.html. (zuletzt abgerufen am 8.5.2023).

79 *Lutz-Bachmann/Vorbeck/Wengenroth* Menschenrechte und Umweltschutz in Lieferketten – der Regierungsentwurf eines Sorgfaltspflichtengesetzes BB **2021** 906, 908.

handlungen anknüpfenden Ordnungswidrigkeiten wie im Fall des französischen „loi de vigilance“[80] wäre wohl verfassungswidrig.[81]

Das **verfassungsrechtliche Bestimmtheitsgebot** leitet sich aus sich aus dem Rechtsstaatsprinzip aus Art. 20 Abs. 3 GG ab. Danach muss jedes Gesetz so formuliert sein, dass der Adressat der Regelung – in diesem Fall zunächst die betroffenen Unternehmen – die Folgen seines Handelns voraussehen und berechnen sowie entsprechend handeln kann.[82] Zudem dient die hinreichende Bestimmtheit dem Bestehen klarer Vorgaben für die Verwaltung sowie ihrer gerichtlichen Kontrolle.[83] Grundsätzlich sind die Anforderungen an die Bestimmtheit je höher, desto intensiver in grundrechtlich geschützte Bereiche eingegriffen wird.[84] Das Maß bestimmt sich auch danach, ob und welche Sanktionen vorgesehen sind.[85] Ebenso wie der französische Conseil Constitutionnel[86] beim französischen „loi de vigilance“ hat auch das Bundesverfassungsgericht wiederholt festgestellt, dass an ein strafrechtliches Bestimmtheitsgebot auch nach Art. 103 Abs. 2 GG höhere Anforderungen zu stellen sind.[87] Allerdings ist auch bei einer strafbewehrten Norm ausreichend, dass sach- und fachkundige Normadressaten den Normgehalt erkennen können.[88] Bei der Verwendung von unbestimmten Rechtsbegriffen und Ermessensvorschriften genügt, dass der Normgehalt anhand der etablierten juristischen Auslegungsmethoden ermittelt werden kann und hinreichend bestimmbar ist.[89] 19

Im Hinblick auf **Verweisungen auf andere Vorschriften** ist es ausreichend, dass die betreffenden Regelwerke aufgrund des Verweises eindeutig bestimmt werden können, wobei an die Identifizierbarkeit keine allzu hohen Anforderungen zu stellen sind.[90] Das Bundesverfassungsgericht lässt genügen, dass die Verweisungsnorm hinreichend klar erkennen lässt, welche Vorschriften gelten sollen und dem Normadressaten durch eine frühere ordnungsgemäße Veröffentlichung zugänglich sind.[91] Daher ist eine statische Verweisung auf die geltende Gesetzesfassung, aber auch dynamische Verweisung auf Vorschriften in ihrer jeweils geltenden Fassung grundsätzlich möglich.[92] Es ist also möglich, in sogenannten Blankettgesetzen auf andere Vorschriften zu verweisen mit der Folge, dass der in Bezug genommene Normtext vollständig in der Verweisungsnorm verankert wird.[93] Die Rechtsfolge bestimmt sich nach der Verweisungsnorm.[94] Bei der Erkennbarkeit 20

---

80 Loi n° 2017-399 du 27.3.2017 relative au devoir de vigilance des sociétés mères et des entreprises donneues d'ordre, JOREF n° 74 du 28.3.2017 texte n° 1.

81 Vgl. *Zimmermann/Weiss*, Völker- und verfassungsrechtliche Parameter eines deutschen Lieferkettengesetzes, AVR **58** (2020), 424 (447); *Nordhues, S.*, Die Haftung der Muttergesellschaft und ihres Vorstands für Menschenrechtsverletzungen im Konzern, 2019, 297ff, 306.

82 *Zimmermann/Weiss*, Völker- und verfassungsrechtliche Parameter eines deutschen Lieferkettengesetzes, AVR **58 (2020)**, 424 (440); Maunz/Dürig/ *Grzeszick*, Art. 20, Rn. 58.; BVerfGE **45**, 400 (420); BVerfGE **108**, 52 (75) https://www.bundesverfassungsgericht.de/SharedDocs/Entscheidungen/DE/2003/04/ls20030409_1bvl000101.html, (zuletzt abgerufen am 8.5.2023) Rn. 56.

83 BVerfGE **110**, 33 (54 f.) https://www.bundesverfassungsgericht.de/SharedDocs/Entscheidungen/DE/2004/03/fs20040303_1bvf000392.html (zuletzt abgerufen am 8.5.2023), Rn. 106.

84 Vgl. *Maunz/Dürig/Grzeszick* Art. 20 Rn. 60; BVerfGE **83** 130, 145.

85 Maunz/Dürig/*Grzeszick* Art. 20 Rn. 60 m.w.N.

86 Conseil Constitutionnell n° 2017-750 DC vom 23.3.2017; JORF n° 74 du 28 mars 2017 texte n° 2.

87 BVerfG, Beschluss vom 11. März 2020, 2 BvL 5/17, BVerfGE 153, 310, https://www.bundesverfassungsgericht.de/SharedDocs/Entscheidungen/DE/2020/03/ls20200311_2bvl000517.html (zuletzt abgerufen am 8.5.2023), Rn. 71–74; BVerfGE 143, 38 (53f.); Vgl. auch *Nordhues*, Die Haftung der Muttergesellschaft und ihres Vorstands für Menschenrechtsverletzungen im Konzern, 2019, 297 ff.

88 BVerfG, Beschluss vom 11. März 2020, 2 BvL 5/17, BVerfGE 153, 310, https://www.bundesverfassungsgericht.de/SharedDocs/Entscheidungen/DE/2020/03/ls20200311_2bvl000517.html (zuletzt abgerufen am 8.5.2023), Rn. 97.

89 BVerfGE 17, 67 (82).

90 *Tietje* Internationalisiertes Verwaltungshandeln, 2001, 620.

91 BVerfG Beschl. v. 11.3.2020 – 2 BvL 5/17 Rn. 78.

92 BVerfG Beschl. v. 11.3.2020 – 2 BvL 5/17 Rn. 79.

93 BVerfGE **47** 285, 312; **143** 38, 55; BVerfG Beschl. v. 3.5.2018 – 2BvR 463/17 Rn. 24; Beschl. v. 11.3.2020 – 2 BvL 5/17 Rn. 78.

94 *Zimmermann/Weiss* AVR **58** (2020) 424, 440, 443.

des in Bezug genommenen Normtexts stellt das Unternehmen auf sach- und fachkundige Normadressaten ab.[95]

21 Das LkSG verweist in § 2 Abs. 1 zur Definition geschützter Rechtspositionen auf bestimmte, in der Anlage genannten und die Bundesrepublik Deutschland bindende Menschenrechtsabkommen sowie die IAO-Kernarbeitsnormen und nennt auch jeweils die Fundstelle im Bundesgesetzblatt II. Das ist weitergehend als die zulässige statische Verweisung auf die geltende Fassung und ermöglicht es den adressierten fachkundigen Unternehmen, die zudem in der Regel über Rechtsabteilungen verfügen, ohne weiteres den Inhalt der Vertragstexte einzusehen und zur Kenntnis zu nehmen. Der Begriff der „geschützten Rechtsposition" ist erst aufgrund der Beschlussempfehlung des Ausschusses für Arbeit und Soziales vom 9. Juni 2021[96] in das Gesetz aufgenommen worden und hat den breiteren Begriff der „Menschenrechte" eindeutig auf die Schutzbereiche der in der Anlage genannten Abkommen begrenzt und somit die Vorschrift noch klarer definiert. Zudem verfügt das internationale Recht ebenso wie das nationale Recht auch über gesicherte und anerkannte Auslegungsmethoden, mit deren Hilfe sich der Inhalt der Vertragsnorm bestimmen lässt.[97] In Art. 31 bis 33 des Wiener Übereinkommens über das Recht der Verträge von 1969 (VRK)[98] sind die grundlegenden Normen, die die verschiedenen Auslegungsmethoden festschreiben. Nach Art. 31 Abs. 1 VRK, die auch zum Völkergewohnheitsrecht gezählt wird, ist zunächst der Wortlaut maßgeblich, der nach Treu und Glauben in seinem Zusammenhang auszulegen ist. Nach Art. 31 (2) VRK zählt zum Zusammenhang neben Präambel und Anlagen auch jede Übereinkunft (b) oder Urkunde (c), die zwischen den Vertragsparteien anlässlich des Vertragsschlusses getroffen wurde. Außerdem ist nach Art. 31 Abs. 3 (c) VRK auch jeder zwischen den Parteien anwendbare einschlägige Völkerrechtssatz zu berücksichtigen. Letzteres ist relevant bei der Auslegung der Menschenrechtspakte, auf die das LkSG verweist, da zwischen der Bundesrepublik Deutschland und anderen Vertragsstaaten meist auch die IAO-Kernarbeitsnormen oder andere Menschenrechtskonventionen wie die Kinderrechts- oder Frauenrechtskonvention gelten. Schließlich ist der Vertragstext im Lichte seines Zieles und Zweckes auszulegen, Art. 31 Abs. 1 VRK. Dies ermöglicht eine flexible Auslegung im Sinne eines hohen Schutzniveaus.

22 Neben den anerkannten völkerrechtlichen Auslegungsmethoden stehen dem Normadressaten außerdem die umfangreiche und langjährige Spruchpraxis der Vertragsorgane, dem Menschenrechtsausschuss zum Zivilpakt und dem Ausschuss für wirtschaftliche, soziale und kulturelle Rechte zum Sozialpakt, zu den Menschenrechtspakten in Form von sogenannten „Views (deutsch: Auffassungen)" zur Verfügung.[99] Der Grundsatz der Völkerrechtsfreundlichkeit, der unter anderem aus Art. 25 GG abgeleitet wird, gebietet, dass innerstaatliche Normen völkerrechtskonform auszulegen sind.[100] Nach der Entscheidung des Bundesverfassungsgerichts Görgülü v. Germany aus 2004 gebietet zudem der Grundsatz der Völkerrechtsfreundlichkeit, dass Gerichte sich auch mit Entscheidungen internationaler Spruchköper auseinandersetzen müssen, wenn der entsprechende völkerrechtliche Vertrag nach Art. 59 Abs. 2 GG ins nationale Recht inkorporiert ist.[101] Dasselbe muss auch für die Rechtsanwender der adressierten Unternehmen

---

95 Vgl. oben, BVerfG Beschl. v. 11.3.2020 – 2 BvL 5/17 Rn. 97 f.

96 BT-19/30505 S. 6.

97 Zu völkerrechtlichen Auslegungsmethoden vgl. *Shaw* 655–660; *Kälin/Künzli* Rn. 2.19 f.

98 Wiener Übereinkommen über das Recht der Verträge, BGBl. 1985 II S. 926.

99 Vgl. *Bettzieche* Die Spruchpraxis des UN-Ausschusses für wirtschaftliche, kulturelle und soziale Rechte in *Deutsches Institut für Menschenrechte* https://www.institut-fuer-menschenrechte.de/publikationen/detail/die-spruchpraxis-des-un-ausschusses-fuer-wirtschaftliche-soziale-und-kulturelle-rechte (zuletzt abgerufen am 8.5.2023). *Deutsches Institut für Menschenrechte* Die Individualbeschwerde nach dem Fakultativprotokoll zum Zivilpakt https://www.institut-fuer-menschenrechte.de/publikationen/detail/die-individualbeschwerde-nach-dem-fakultativprotokoll-zum-zivilpakt (zuletzt abgerufen am 8.5.2023). Die „Views" der Ausschüsse zu den Vertragsorganen findet sich hier: https://juris.ohchr.org/.

100 BVerfGE **6** 309, 362 f., NJW **1957** 705.

101 BVerfG, Beschluss des Zweiten Senats vom 14. Oktober 2004 – 2 BvR 1481/04 –, Rn. 1–73, http://www.bverfg.de/e/rs20041014_2bvr148104.html, BVerfGE **111**, 307, Rn. 36.

gelten. Die Verweisung in § 2 Abs. 1 auf die in der Anlage genannten Bestimmungen ist ausreichend bestimmbar.

Darüber hinaus benennt § **2 Abs. 2 Nr. 1–11 Verbote,** die die in Abs. 1 geschützten Rechtsposi- 23
tionen konkretisieren.[102] Dadurch wird dem Rechtsanwender verdeutlicht, welche typischen Gefährdungslagen er zu beachten hat, was den Bestimmtheitsgrad der Norm erhöht.[103] Die im Anhang zu § 2 Abs. 1 genannte Liste der Menschenrechts- und IAO-Übereinkommen stellt dabei sicher, dass ein hohes menschenrechtliches Schutzniveau eingehalten wird und eine unzulässige Unbestimmtheit der genannten menschenrechtlichen Risiken vermieden wird.[104] Der Auffangtatbestand in **§ 2 Abs. 2 Nr. 12,** trägt dazu bei, dass keine menschenrechtlichen Schutzlücken entstehen.

5. Zivilrechtliche Durchsetzung von Menschenrechten

Nach intensiver politischer Auseinandersetzung um die Aufnahme einer zivilrechtlichen Haftung in 24
das Gesetz hat der Gesetzgeber die Vorschrift des § 3 Abs. 3 in das LkSG aufgenommen, die ausdrücklich vorsieht, dass eine Verletzung der im LkSG statuierten Sorgfaltspflichten keine zivilrechtliche Haftung begründet, eine Haftung nach anderen Gesetzen jedoch möglich ist. Seit den letzten Jahren gibt es in Deutschland und weltweit vermehrt transnationale Menschenrechts- und Klimaklagen gegen Unternehmen.[105] Die Anspruchsgrundlagen stammen meist aus dem Deliktsrecht oder tort law sowie auch dem Umwelthaftungsgesetz.[106] Während in Deutschland die erste transnationale zivilrechtliche Klage pakistanischer Arbeiterinnen gegen den Textildiscounter kik vor dem Landgericht Dortmund auf Entschädigung wegen eines Fabrikbrandes abgewiesen wurde,[107] haben die nigerianischen Kläger gegen das britisch-niederländische Ölunternehmen Shell vor dem britischen Supreme Court im Fall von Entschädigung für Gesundheits- und Umweltschäden einen Erfolg dergestalt erzielt, dass das Gericht die Verantwortung der Muttergesellschaft für die nigerianische Tochter anerkannt hat und die Rechtssache an den High Court zur Entscheidung zurückverwiesen hat.[108] Die privatrechtliche Durchsetzung von Menschenrechten mit Hilfe zivilrechtlicher Klagen hatte zunächst in den USA auf der Grundlage das Alien Tort Claims Act von 1798 mit vielversprechenden Fällen wie John Doe v. UNOCAL[109] und Sosa v. Alvarez-Machain[110] begonnen, wurde jedoch durch den US Supreme Court mit Fällen wie Kiobel[111] und Daimler v. Baumann[112] faktisch auf nationale Sachverhalte begrenzt und als Lösung für transnationale Fälle untauglich gemacht.

102 Vgl. BT-Drs. 19/28649 S. 35.

103 *Zimmermann/Weiss* AVR **58** (2020) 424, 440, 456.

104 *Zimmermann/Weiss* AVR **58** (2020) 424, 440, 456.

105 Siehe zum Beispiel, *Krajewski/Saage-Maasz* Die Durchsetzung menschenrechtlicher Sorgfaltspflichten von Unternehmen – Zivilrechtliche Haftung und Berichterstattung als Steuerungsinstrumente, **2018**; *Kaleck/Saage-Maaß* Unternehmen vor Gericht (**2016**); ECCHR/Brot für die Welt/Misereor, Unternehmen zur Verantwortung ziehen, 2017, https://www.ecchr.eu/publikation/unternehmen-zur-verantwortung-ziehen/ (zuletzt abgerufen am 8.5.2023); *Lehmann/Eichel* Globaler Klimawandel und Internationales Privatrecht RabelsZ **83** (2019) 77.

106 Für Klimaklagen siehe *Lehmann/Eichel* Globaler Klimawandel und Internationales Privatrecht RabelsZ **83** (2019) 77, 85. Für einen Überblick über nationale Gesetze zur Sorgfaltspflicht siehe *Grabosch* im Auftrag der FES, Unternehmen und Menschenrechte, 2019.

107 LG Dortmund Urt. v. 10.1.2019 – 7 O 95/15.

108 *Okpabi and others v Royal Dutch Shell Plc and another* [2021] UKSC 3, 12.2.2021, https://www.supremecourt.uk/press-summary/uksc-2018-0068.html (zuletzt abgerufen am 8.5.2023).

109 *John Doe I, et al., v. UNOCAL Corp., et al.* 395 F.3d 932 (9 Cir. 2002), https://www.escr-net.org/caselaw/2009/john-doe-i-et-al-v-unocal-corp-et-al-395-f3d-932-9-cir-2002 (zuletzt abgerufen am 8.5.2023).

110 *Sosa v. Alvarez-Machain* 124 S. Ct. 2739 (2004) zitiert in *Breining-Kaufmann* The Legal Matrix of Human Rights and Trade Law in *Cottier/Pauwelyn/Bürgi* Human Rights and International Trade (**2006**), 95, 128.

111 *Kiobel v. Royal Dutch Petroleum* US Supreme Court, No. 10–1491. 7.4.2013.

112 *Daimler AG v. Baumann et al.* US Supreme Court, No. 11-965, 14.1.2014.

II. Umweltschutz

1. Internationales Umweltrecht und Unternehmen

25 Das Umweltvölkerrecht regelt die Rechtsbeziehungen zwischen Völkerrechtssubjekten, was insbesondere die bestehenden 194 Staaten, aber auch internationale Organisationen und in beschränktem Maße auch Individuen und Nichtregierungsorganisationen sind.[113] Unternehmen sind trotz ihrer stetig zunehmenden Marktmacht keine offiziellen Völkerrechtssubjekte, sondern Adressaten des jeweiligen nationalen Rechts.[114] Nach der Staatenpraxis ist Voraussetzung einer Bindung innerstaatlicher Organe und Individuen an das Völkerrecht, dass das innerstaatliche Recht die Geltung völkerrechtlicher Normen vorsieht.[115] Das LkSG hat solch eine Geltung für die in § 2 Abs. 3 Nr. 1–8 genannten Umwelttatbestände vorgesehen. Unternehmen sind damit an die dort genannten Verbote gebunden.

26 Wie im Menschenrechtsschutz übernimmt der Privatsektor in jüngster Zeit eine zunehmend aktivere Rolle bei internationalen Verhandlungen von Völkerrechtsinstrumenten wie der Klimarahmenkonvention der Vereinten Nationen von 1992[116] und post-2020 Entwicklungen wie das Pariser Übereinkommen von 2015.[117] Wirtschaftsverbände wie die internationale Handelskammer (International Chamber of Commerce, ICC) haben auch soft-law-Instrumente (siehe Rn. 6) wie die **„Business Charter on Sustainable Development"**[118] entwickelt.

27 Das zentrale Instrument für die Regulierung unternehmerischer grenzüberschreitender Tätigkeiten im Umweltbereich sind die erstmals 1976 verabschiedeten **OECD-Leitsätze für multinationale Unternehmen,** die laut Gesetzesbegründung für die Auslegung des LkSG heranzuziehen sind.[119] Eine private Initiative mit staatlicher Unterstützung ist der im Jahr 2000 ins Leben gerufene **UN Global Compact**, siehe Rn. 134, der u.a. auch für Unternehmen das Vorsorgeprinzip vorsieht. Insofern steht der grundsätzlichen Anwendbarkeit von völkerrechtlichen umweltbezogenen Pflichten auf Unternehmen nichts entgegen.

28 Die jüngste internationale Initiative zur Schaffung verbindlicher Regelungen für die grenzüberschreitenden unternehmerischen Tätigkeiten ist die Einrichtung einer zwischenstaatlichen Arbeitsgruppe zum **UN Treaty on Business and Human Rights** durch den Menschenrechtsrat, siehe Rn. 8. Der zweite Vertragsentwurf fasst in Art. 1 Abs. 2 unter den Begriff der Menschenrechte auch **umweltbezogene Rechte** (environmental rights).[120] Eine solche ökologische Interpretation von Menschenrechten gewinnt zunehmend an Bedeutung und findet auch im LkSG in § 2 Abs. 2 Nr. 9 ihren Niederschlag.[121]

2. Grenzüberschreitende Geltung umweltbezogener Pflichten

29 Das auf den Umweltschutz gerichtete Verbot einer schädlichen Bodenveränderung, Gewässerverunreinigung, Luftverunreinigung, schädlichen Lärmemission oder übermäßigen Wasserverbrauchs gemäß § 2 Abs. 3 Nr. 9 dient dem Schutz der Menschenrechte, nämlich dem Schutz des

113 Koch/Hofmann/Reese/*Buck*/*Verheyen* Umweltvölkerrecht S. 1, 7.

114 *Karavias* „Corporate responsibility for environmental law" in *Fitzmaurice*/*Brus*/*Merkouris* International Environmental Law, second ed., 2021, S. 62, 63; ICJ *Barcelona Traction*, 1970, para. 37–38.

115 Koch/Hofmann/*Reese*/*Buck*/*Verheyen* Umweltvölkerrecht S. 1, 7; *Kloepfer* Umweltrecht, 4. Aufl. 2016, S. 860.

116 United Nations, United Nations Framework Convention on Climate Change, FCCC/INFORMAL/84, GE.05-62220 I 200705.

117 *Sands*/*Peel*/*Fabra*/*McKenzie* Principles of International Environmental Law, 4th Ed., **2018**, 92.

118 Business Charter on Sustainable Development, angenommen auf der 64. Sitzung des Vorstands der Internationalen Handelskammer.

119 Vgl. BT-Drs. 19/28649 S. 41.

120 OEIGWG Revised Draft, 2020, https://www.institut-fuer-menschenrechte.de/themen/wirtschaft-und-menschenrechte/un-treaty-prozess (zuletzt abgerufen am 8.5.2023).

121 Vgl. *Kloepfer* Umweltrecht, 860.

Lebens, der Gesundheit und dem Zugang zu Nahrung, Wasser und ausreichender Sanitäranlagen.[122] Insofern gilt bezüglich des Interventionsverbots das unter Rn. 13 Gesagte, d.h. die genannte Vorschrift verstößt nicht gegen das völkerrechtliche Territorialprinzip, auch wenn sie Sorgfaltsmaßnahmen für die Lieferkette, d.h. mit Auslandsbezug, erfordert.

Für die Beurteilung der völkerrechtlichen Zulässigkeit der übrigen umweltbezogenen Pflichten 30
mit Auslandsbezug gemäß § 2 Abs. 3 Nr. 1–8 ist zunächst das grundlegende umweltvölkerrechtliche Prinzip der Souveränität der Staaten, über ihre eigenen Ressourcen verfügen zu können, bei gleichzeitiger Verpflichtung, dass Tätigkeiten innerhalb ihres Hoheitsgebiets oder unter ihrer Kontrolle keine Umweltschäden in anderen Staaten verursachen (Schädigungsverbot, neminem laedere), das in **Prinzip 21 der Stockholmer Erklärung** auf der Umweltkonferenz von 1972[123] festgeschrieben wurde und in **Prinzip 2 der Rio-Deklaration**[124] der UN-Konferenz zu Umwelt und Entwicklung von 1992 bestätigt wurde, einschlägig. Prinzip 21 zählt auch zum Völkergewohnheitsrecht.[125] Der leading case für die Staatenverantwortlichkeit im Fall grenzüberschreitender Umweltschäden ist der Trail-Smelter-Fall, in dem den USA eine Entschädigung für Schwelbelästigungen durch eine kanadische Zink- und Bleischmelze zugesprochen wurde.[126] Jeden Staat trifft damit eine Verpflichtung für den Umweltschutz insgesamt.[127] Im Fall **US-Shrimp** hat die Berufungsinstanz des WTO-Streitbeilegungs-Systems, der Appellate Body, zudem entschieden, dass nationale Regelungen mit Auslandbezug dann zulässig sind, wenn nationale Reglungen einen ausreichenden Anknüpfungspunkt („sufficient nexus") des Regelungsgegenstandes – hier die wandernden Wasserschildkröten – zum Regelungsstaat aufweisen.[128] Diese Entscheidung ist im Einklang mit den allgemeinen Regeln des Völkerrechts, nach der nationale Regeln mit Auslandsbezug dann zulässig sind, wenn der Regelungsgegenstand der Vorschrift einen ausreichenden Mindestbezug zum Ausland herstellt, siehe Rn. 13. Insgesamt wird eine nationale Regelung mit Auslandsbezug eher gerechtfertigt sein, wenn grenzüberschreitende Umweltbelastungen vermieden werden sollen und globale Rechtsgüter (global commons, shared ressources) geschützt werden sollen.[129]

Die Beurteilung der völkerrechtlichen Zulässigkeit der eigenständigen umweltbezogenen 31
Pflichten mit Auslandsbezug gemäß § 2 Abs. 3 Nr. 1–8 zur Einhaltung der völkerrechtlichen Umweltvorschriften aus dem Minamata-Übereinkommen[130] zum Umgang mit Quecksilber, dem POPs-Übereinkommen[131] zum Umgang mit persistenten organischen Schadstoffen und dem Basler Übereinkommen[132] ist insofern einfacher, als dass die einschlägigen Vorschriften aus den jeweiligen Verträgen zu entnehmen sind und im Gegensatz zu unilateralen Vorschriften das Ergebnis eines Kooperationsprozesses sind.[133] Demnach richtet sich die Zulässigkeit der Regelung nach dem Gel-

---

122 Vgl. BT-Drs. 19/28649 S. 38.

123 Adopted by the United Nations Conference on the Human Environment, Stockholm, 16.6.1972; see UN General Assembly Resolutions 2994/XXVII, 2995/UVII and 2996/XXII of 15.12.1972.

124 Report of the United Nations Conference on Environment and Development, 12.8.1992, Rio Declaration on Environment and Development, A/CONF.151/26 (Vol. I), Principle 2.

125 ICJ Advisory Opinion on the Legality of the Threat or Use of Nuclear Weapons, https://www.icj-cij.org/en/case/95 (zuletzt abgerufen am 8.5.2023).

126 *United States v. Canada* Schiedssprüche vom 16.4.1938 und vom 11.3.1941, UN Rep. Int'l Awards 3 (1941) 1905 ff.; *United States v. Canada* 3 RIAA 1907 (1941).

127 Koch/Hofmann/Reese/*Buck*/*Verheyen* Umweltvölkerrecht, S. 1, 4.

128 United States – Import Prohibition of Certain Shrimps and Shrimp Products, WT/DS 58/AB/R, report of the panel, 15.5.1998, und Appellate Body, 12.10.1998, para. 133.

129 *Sands*/*Peel*/*Fabra*/*McKenzie* Principles of International Environmental Law, 4th Ed., 2018, S. 204, 205.

130 Übereinkommen von Minamata vom 10.10.2013 über Quecksilber BGBl. 2017 II S. 610, 611.

131 Stockholmer Übereinkommen vom 23.5.2001 über persistente organische Schadstoffe, BGBl. 2002 II S. 803, 804, zuletzt geändert durch den Beschluss vom 6.5.2005, BGBl. 2009 II S. 1060, 1061.

132 Basler Übereinkommen über die Kontrolle der grenzüberschreitenden Verbringung gefährlicher Abfälle und ihrer Entsorgung vom 22.3.1989, BGBl. 1994 II S. 2703, 2704, zuletzt geändert durch die Dritte Verordnung zur Änderung von Anlagen zum Basler Übereinkommen vom 22.3.1989 vom 6.5.2014, BGBl. II S. 306/307.

133 Vgl. Koch/Hofmann/Reese/*Buck*/*Verheyen* Umweltvölkerrecht, 1, 11.

tungsbereich der entsprechenden Abkommen. Denn wenn der betreffende ausländische Staat diese Abkommen unterzeichnet und/oder ratifiziert hat, muss er sein lokales Recht entsprechend ausgestalten. Ein Konflikt mit dem Territorialprinzip liegt in diesem Fall nicht vor. Ebenso ist ein Verstoß gegen das völkerrechtliche Interventionsverbot bei einem Vollzugsdefizit durch lokale Behörden nicht anzunehmen.[134] Da bislang 131 Staaten dem Minamata-Abkommen beigetreten sind,[135] 184 dem POPs-Abkommen[136] und 187 Staaten dem Baseler Übereinkommen sind,[137] dürfte die Frage der völkerrechtlichen Zulässigkeit der im LkSG vorgesehen umweltbezogenen Sorgfaltspflichten in den meisten Fällen unproblematisch ein. Da die genannten Abkommen zudem dem Schutz der Gesundheit und damit auch Menschenrechten dienen, sollte das Interventionsverbot auch aus diesem Grund der Anwendung nicht entgegenstehen.[138]

3. Bestimmtheitsgrundsatz und Regelungssystematik

32 Die oben genannten Anforderungen, siehe Rn. 18 ff., des verfassungsrechtlichen Bestimmtheitsgrundsatzes an die Verweisung auf völkerrechtliche Vorschriften gelten auch beim Umweltschutz. Eine statische Verweisung auf bestimmte internationale Umweltabkommen im Sinne einer Enumerationslösung ist jedenfalls möglich.[139] Der Verbotskatalog in § 2 Abs. 3 Nr. 1–8 bezieht sich auf verschiedene Umweltabkommen einschließlich deren Fundstelle im Bundesgesetzblatt und übernimmt deren Definitionen und Vertragstexte. Darüber hinaus sind die die genannten Umweltabkommen einschließlich Fundstelle in der Anlage zu § 2 Abs. 1 genannt. Insofern bestehen in Bezug auf die Verweisungstechnik grundsätzlich keine Bedenken an die verfassungsrechtliche Bestimmtheit.[140] Für fachkundige Normadressaten wie die betroffenen Unternehmen ist der Norminhalt bestimmbar.

33 Ein besonders beim Umweltschutz auftretendes Problem dürfte jedoch die mitunter schwierige Anwendung völkervertraglicher Staatenpflichten auf private Akteure wie Unternehmen sein.[141] Da die im LkSG aufgeführten Umweltabkommen jedoch ausschließlich stoffbezogene Verbote, so das Stockholmer Übereinkommen (POPs-Übereinkommen) und das Minamata-Übereinkommen, sowie tätigkeitsbezogene Verbote wie das Basler Übereinkommen betrifft, deren Pflichten sich in klare Handlungspflichten für Private übertragen lassen, besteht auch hier kein Problem für die verfassungsrechtliche Bestimmtheit der gesetzlichen Vorgaben.[142] Rechtlich möglich aber vom LkSG nicht vorgesehen ist auch eine schutzgutbezogene und verhaltensstandardbezogene Generalklausel als Auffangtatbestand.[143] Eine solche Generalklausel ginge über den Geltungsbereich einzelner Umweltabkommen hinaus und würde ein hohes Schutzniveau

---

134 Öko-Institut und Geulen & Klinger Rechtsanwälte im Auftrag des *Umweltbundesamtes* Umweltbezogene und menschenrechtliche Sorgfaltspflichten als Ansatz zur Stärkung einer nachhaltigen Unternehmensführung, Abschlussbericht, 2020, 51.

135 https://www.mercuryconvention.org/en/parties (zuletzt abgerufen am 8.5.2023).

136 http://www.pops.int/Countries/StatusofRatifications/PartiesandSignatoires/tabid/4500/Default.aspx (zuletzt abgerufen am 8.5.2023).

137 https://www.bmuv.de/gesetz/basler-uebereinkommen-ueber-die-kontrolle-der-grenzueberschreitenden-verbringung-gefaehrlicher-abfaelle-und-ihrer-entsorgung (zuletzt abgerufen am 8.5.2023).

138 Der Ausschuss für Arbeit und Soziales hat in seiner Beschlussempfehlung die Aufnahme des Basler Übereinkommens damit begründet, dass es wie die beiden anderen Umweltübereinkommen auch der menschlichen Gesundheit dient, BT-Drs. 19/30505 S. 36.

139 *Öko-Institut und Geulen & Klinger Rechtsanwälte* im Auftrag des Umweltbundesamtes, Umweltbezogene und menschenrechtliche Sorgfaltspflichten als Ansatz zur Stärkung einer nachhaltigen Unternehmensführung, Abschlussbericht, 2020, 64, https://www.oeko.de/publikationen/p-details/umweltbezogene-und-menschenrechtliche-sorgfaltspflichten-als-ansatz-zur-staerkung-einer-nachhaltigen-unternehmensfuehrung-1 (zuletzt abgerufen am 8.5.2023).

140 So auch *Thalhammer* DÖV **2021** 825 in Bezug auf die Verweisung auf menschenrechtliche Abkommen.

141 Siehe hierzu auch Johann/Sangi/*Gabriel*, § 2 Rn. 113 ff.

142 *Öko-Institut und Geulen & Klinger Rechtsanwälte* S. 66.

143 *Öko-Institut und Geulen & Klinger Rechtsanwälte* S. 72 ff.

sicherstellen.[144] In der Literatur wird die Verweisungstechnik des LkSG als möglicherweise gegen den Bestimmtheitsgrundsatz verstoßend und damit als potenziell verfassungswidrig angesehen, da sich das anwendbare Recht nicht eindeutig in allen Fällen bestimmen lasse.[145] Da das LkSG in den einschlägigen Bestimmungen konkret auf die anzuwendenden Bestimmungen des Völker-, EU- und nationalen Rechts verweist, ist für fachkundige Normadressaten der jeweilige Norminhalt jedoch bestimmbar. Mögliche Auslegungsschwierigkeiten unterscheiden sich nicht substantiell von anderen Gesetzen, sodass eine Verfassungswidrigkeit wohl zu verneinen ist.

B. Die Vorgaben des § 2 im Einzelnen

I. Absatz 1 – Geschützte Rechtspositionen und Verweis auf Menschenrechtsabkommen

1. Inhalt und Bestimmtheit

Absatz 1 definiert **geschützte Rechtspositionen**, anhand der Rechte, die in den in der Anlage zu die- 34
sem Gesetz aufgeführten, weitgehend universell ratifizierten völkerrechtlichen Verträge zum Schutz der Menschenrechte enthalten sind (Anlage Nummer 1 bis 11).[146] Die Norm ist ausreichend bestimmbar, da die ausgewählten Menschenrechtsabkommen verbunden mit den genannten IAO-Kernübereinkommen als „autoritatives Verzeichnis" international anerkannter Menschenrechte bezeichnet werden, siehe Rn. 10. Zudem hat Bundesrepublik alle aufgeführten Verträge ratifiziert und sie ausweislich der in der Anlage genannten Fundstellen des Bundesgesetzblattes bereits in deutsches Recht umgesetzt. Ihr Inhalt ist ausreichend bestimmbar im Sinne der verfassungsrechtlichen Anforderungen, da durch die Veröffentlichung im Bundesgesetzblatt ihr Inhalt für die Unternehmen zugänglich ist und als Ausgangspunkt für das Risikomanagement verwendet werden kann.[147]

Die nötige Bestimmtheit der Verweisung ist außerdem durch die langjährige **Spruchpraxis** 35
und Auslegung der einzelnen Artikel der Verträge durch die zuständigen Gremien, insbesondere die beiden VN-Vertragsausschüsse zum Zivil- und Sozialpakt und den IAO-Sachverständigenausschusses, sichergestellt.[148] Die „Auffassungen" (Views) des Individualbeschwerdeverfahrens vor dem VN-Menschenrechtsausschuss werden als wichtiger Beitrag zur internationalen Jurisprudenz gesehen.[149] Ebenso hat das BVerwG betont, dass die Spruchpraxis des Ausschusses für wirtschaftliche, soziale und kulturelle Rechte zur Interpretation herangezogen werden kann.[150] Ebenso dienen die „Concluding Observations" des Menschenrechtsausschuss und des Ausschusses für wirtschaftliche, soziale und kulturelle Rechte der Auslegung.[151] Sämtliche Verlautbarungen des IAO-Sachverständigenausschusses in Form von „direkten Anfragen" (direct requests) an die betroffenen Regierungen zu den Regierungsberichten zum Stand der Umsetzung der IAO-Konventionen, schärfer formulierten „Beobachtungen" (observations) bei wiederholten Rechtsverstößen bzw. Umsetzungsproblemen und die in regelmäßigen Abständen veröffentlichten „allgemeinen Erhebungen" (general surveys) zu einzelnen Übereinkommen sind allgemein als Auslegungshilfe anerkannt und haben dadurch ausreichende Autorität, auch wenn sie die

---

144 Siehe dazu die Forderung der *Initiative Lieferkettengesetz*, Nachhaltige unternehmerische Sorgfaltspflicht: Stellungnahme zum Vorschlag der EU-Kommission, 11, https://lieferkettengesetz.de/hintergrund/.

145 Johann/Sangi/*Gabriel*, § 2 Rn. 113–119.

146 BT-Drs. 19/28649 S. 34.

147 BT-Drs. 19/28649 S. 34.

148 BT-Drs. 19/28649 S. 34; Die Views der Vertragsorgane zu den VN-Übereinkommen finden sich hier: https://juris.ohchr.org/. Sämtliche Verlautbarungen des IAO-Sachverständigenausschusses finden sich hier: https://www.ilo.org/dyn/normlex/en/f?p=1000:11000:::NO::: (zuletzt abgerufen am 8.5.2023).

149 *Bantekas/Oette* International Human Rights Law and Practice 3rd. ed. (2020) 219; *Humbert* The Challenge of Child Labour in International Law, 2009, 125 m.w.N.

150 BVerwG Urt. v. 29.4.2008 – 6 C 16.08 Rn. 48.

151 *Humbert* The Challenge of Child Labour S. 16, 134.

Mitgliedstaaten nicht formell binden.[152] Zudem kann nach der Indizienrechtsprechung des BVerfG[153] die Nichtbefolgung von „soft law" Grundrechtsverletzungen indizieren.[154] Vor allem haben die allgemein anerkannten geltenden Allgemeinen Bemerkungen,[155] die die einzelnen Rechte der Menschenrechtsabkommen erläutern, zunehmend die Bedeutung für Unternehmen herausgearbeitet, so dass auch deshalb die Verweisung hinreichend bestimmt ist.[156] Demgegenüber wird vertreten, dass nicht klar werde, welche Pflichten Unternehmen aufgebürdet werden und der Prüfungsmaßstab daher rechtsstaatlich bedenklich sei.[157] Dem kann jedoch nicht gefolgt werden, da die einzelnen Verbotstatbestände in § 2 Abs. 2 Nr. 1–11 zusätzlich zur Spruchpraxis und den Allgemeinen Bemerkungen die völkerrechtlichen Normen für das LkSG konkretisieren.

36 Die VN-Leitprinzipien und die OECD-Leitsätze empfehlen über den gewählten Menschenrechtskatalog hinaus die Anwendung zusätzlicher Standards und Abkommen, wenn **Menschenrechte besonders schutzbedürftiger Bevölkerungsgruppen** wie Menschen mit Behinderung, Wanderarbeitnehmer/-innen oder die indigene Bevölkerung betroffen sind.[158] Auch verweisen sie in Fällen bewaffneter Konflikte auf das humanitäre Völkerrecht. Demgegenüber ist der **Katalog des LkSG abschließend**.[159] Zur Begründung führt das LkSG neben den genannten Argumenten an, dass auch die Europäische Union sich in der Verordnung (EU) 2020/852 des Europäischen Parlaments und des Rates vom 18. Juni 2020 über die Einrichtung eines Rahmens zur Erleichterung nachhaltiger Investitionen (sog. Taxonomie-VO) ausdrücklich auf diesen Menschenrechtskatalog als Bewertungsgrundlage bezieht, ob eine unternehmerische Wirtschaftstätigkeit als nachhaltig einzustufen ist (vgl. Artikel 3c und Artikel 18 Taxonomie-VO).[160] Die Begrenzung des Menschenrechtskatalogs auf die Menschenrechtscharta und die Kernarbeitsnormen ist aufgrund der hohen Ratifizierungszahlen und entsprechenden Legitimation sowie der im Vergleich zu den genannten Spezialabkommen besseren Bestimmbarkeit aufgrund der Spruchpraxis der Vertragsorgane auch in Anbetracht des Bußgeldkatalogs nachvollziehbar. Eine Revision des LkSG sollte den Menschenrechtskatalog jedoch unbedingt im Hinblick auf eine mögliche Erweiterung überprüfen.

---

152 Vgl. *Humbert* The Challenge of Child Labour, 165,166; **a.A.** *Lutz-Bachmann/Vorbeck/Wengenroth* BB **2021** 906, 908, die die Auslegung der Vertragsorgane lediglich als unverbindliche Hinweise qualifizieren. Sämtliche Verlautbarungen des IAO-Sachverständigenausschusses finden sich hier: https://www.ilo.org/dyn/normlex/en/f?p=1000:11000:::NO::: (zuletzt abgerufen am 8.5.2023). Eine Einführung in das Überwachungssystem der IAO findet sich auf der Website des DGB: https://www.dgb.de/themen/++co++c64bd60c-8acb-11e0-5636-00188b4dc422 (zuletzt abgerufen am 8.5.2023).

153 BVerfG Beschl. v. 17.10.2012 – BvR 736/11 Rn. 25, Rn. 34, Rn. 63.

154 Vgl. *Reiling* Die Anwendung des Grundsatzes der Völkerrechtsfreundlichkeit auf rechtsunverbindliche internationale Standards ZaöRV **2018** 311 (318 f.).

155 *Deutsches Institut für Menschenrechte.* Sozialpakt, Allgemeine Bemerkungen, https://www.institut-fuer-menschenrechte.de/menschenrechtsschutz/deutschland-im-menschenrechtsschutzsystem/vereinte-nationen/vereinte-nationen-menschenrechtsabkommen/sozialpakt-icescr; *Bantekas/Oette* International Human Rights Law and Practice, 3rd. Edition, 2020, 213. Die „General Comments" des Menschenrechtsausschuss finden sich hier: https://tbinternet.ohchr.org/_layouts/15/treatybodyexternal/TBSearch.aspx?Lang=en&TreatyID=8&DocTypeID=11 (zuletzt abgerufen am 8.5.2023). Die „General Comments" des Ausschusses für wirtschaftliche, soziale und kulturelle Rechte findet sich hier: https://tbinternet.ohchr.org/_layouts/15/treatybodyexternal/TBSearch.aspx?Lang=en&TreatyID=9&DocTypeID=11 (zuletzt abgerufen am 8.5.2023).

156 BT-Drs. 19/28649 S. 34; Vgl. zum Beispiel Committee on Economic, Social and Cultural Rights, General Comment No. 11, The right to adequate food, 12 May 1999, E/C.12/1999/5, Rn. 20 und 27; Committee on Economic, Social and Cultural Rights, General Comment No. 23 (2016) on the right to just and favourable conditions of work (article 7 of the International Covenant on Economic, Social and Cultural Rights), 26.4.2016, E/C.12/GC/23.

157 *Stöbener de Mora/Noll* Grenzenlose Sorgfalt – Das Lieferkettensorgfaltspflichtengesetz, Teil 1, NZG **28** (2021), 1237 (1240).

158 *Deutsches Global Compact Netzwerk* Leitprinzipien für Wirtschaft und Menschenrechte, Umsetzung des Rahmens der Vereinten Nationen „Schutz, Achtung und Abhilfe", 2014, deutsche Version, 16; OECD (2011), OECD-Leitsätze für multinationale Unternehmen, https://doi.org/10.1787/9789264122352-de (zuletzt abgerufen am 8.5.2023), 38.

159 BT-Drs. 19/28649 S. 35.

160 BT-Drs. 19/28649 S. 35. Vgl. auch *Lanfermann* Auswirkungen der EU-Taxonomie-Verordnung auf die Unternehmensberichterstattung, BB 30 **2020** 1643.

Die Gesetzesbegründung zu Abs. 1 stellt abschließend klar, dass der Verweis auf die in der Anlage aufgelisteten Abkommen nicht bedeutet, dass Unternehmen unmittelbar an die völkerrechtlich garantierten internationalen Menschenrechte gebunden sind und nur Staaten sind als Vertragsparteien der jeweiligen internationalen Abkommen oder durch Völkergewohnheitsrecht unmittelbar an die darin festgehaltenen Menschenrechte gebunden.[161] 37

2. Regelungssystematik und Zweck

§ 2 Abs. 1 hat den Zweck, die Inhalte der in der Anlage genannten Menschenrechtsabkommen als geschützte Rechtspositionen im LkSG zu verankern. Da die diesbezüglichen einzelnen Verbotstatbestände in Abs. 2 definiert werden, dienen die völkerrechtlichen Definitionen der einzelnen Tatbestände der Menschenrechtsabkommen vor allem als **Auslegungsmaßstab**.[162] Darüber hinaus wird § 2 Abs. 1 insbesondere dann relevant, wenn im Fall des **Auffangtatbestandes** des § 2 Abs. 2 Nr. 12 entschieden werden muss, ob ein über die Nr. 1–11 hinausgehender Tatbestand vorliegt, der von den in der Anlage genannten Menschenrechtsabkommen umfasst und geeignet ist, die darin geschützten Rechtspositionen in besonders schwerwiegender Weise zu beeinträchtigen. 38

II. Absatz 2 – Menschenrechtliches Risiko und Verbotstatbestände

1. Überblick

In Absatz 2 Satz 1 wird der Begriff des menschenrechtlichen Risikos für dieses Gesetz definiert. Ein solches liegt vor, wenn ein Verstoß gegen die in Nr. 1–12 auf Grundlage der im Anhang genannten Menschenrechts- und Umweltabkommen formulierten Verbote droht. Die in Nr. 1–11 definierten Verbote konkretisieren zugleich die in § 2 Abs. 1 genannten Rechtsgüter und erhöhen die Bestimmbarkeit dieser Vorschrift.[163] § 2 Abs. 2 Nr. 1, 2 und 3 verweisen zudem im Gesetzestext auf IAO-Abkommen Nr. 29, 138 und 182 sowie den Zivilpakt. Der jeweils in Bezug genommene Normtext wird damit vollständig in die jeweilige Vorschrift aufgenommen. 39

Der drohende oder gemäß § 2 Abs. 4 eingetretene Verstoß gegen ein Verbot – letzterer definiert als eine Verletzung einer menschenrechtsbezogenen Pflicht – stellt jedoch noch keine Verletzung einer Sorgfaltspflicht dar.[164] Die menschenrechtlichen Risiken und menschenrechtsbezogenen Pflichten sind jedoch insofern Gegenstand der Sorgfaltspflicht, als dass die einzelnen Sorgfaltspflichten Risiken und Verstößen gegen die Pflichten vorbeugen oder diese minimieren oder beenden sollen, siehe §§ 4 ff. Ausschließlich die Nichterfüllung oder nicht rechtzeitige Erfüllung einer Sorgfaltspflicht ist gemäß § 24 als Ordnungswidrigkeit definiert und gemäß dieser Vorschrift mit Bußgeld belegt. Eine Verletzung einer menschenrechtsbezogenen Pflicht ist für einen Verstoß gegen eine Sorgfaltspflicht nicht notwendig. Das LkSG begründet damit lediglich „Bemühenspflichten“, keine Erfolgspflichten.[165] Der Ausschuss für Arbeit und Soziales hat in seiner Beschlussempfehlung nochmal ausdrücklich darauf hingewiesen, dass das LkSG Unternehmen Verfahrenspflichten auferlegt und sie nicht zur Garantie eines Erfolges verpflichtet.[166] Im Kommentar zu den VNLP wird jedoch richtigerweise daraufhin gewiesen, dass auch die Erfüllung der Sorgfaltspflichten Unternehmen nicht vollständig und automatisch von jeglicher Verantwortung für 40

161 BT-Drs. 19/28649 S. 35.
162 Grabosch/*Grabosch* § 2 Rn. 9.
163 Vgl. BT-Drs. 19/28649 S. 35.
164 Vgl. Grabosch/*Grabosch* § 2 Rn. 12.
165 BT-Drs. 19/28649 S. 2.
166 BT-Drs. 19/30505 S. 37.

Menschenrechtsverletzungen befreit.[167] In der Literatur wird richtigerweise darauf hingewiesen, dass entgegen den Ausführungen in der Gesetzesbegründung das Gesetz Unternehmen zumindest teilweise Erfolgspflichten auferlegt:[168] So verlangt § 6 Abs. 4 Ziff. 2 nicht nur ein Bemühen um Prävention, sondern effektive Vorbeugung und Vermeidung von Risiken im eigenen Geschäftsbereich wie auch bei unmittelbaren Zulieferern, von denen die vertragliche Zusicherung verlangt wird, dass sie die an sie gerichteten menschenrechts- und umweltbezogenen Vorgaben einhalten (§ 6 Abs. 4 Ziff. 2). Und § 7 Abs. 1 verlangt im Rahmen von Abhilfemaßnahmen, dass Unternehmen Verletzungen im eigenen Geschäftsbereich angemessene Abhilfemaßnahmen ergreift, um die Verletzung zu verhindern, zu beenden oder das Ausmaß zu minimieren.[169] Im Inland muss die Abhilfemaßnahme immer zu einer Beendigung der Verletzung führen, im Ausland im Regelfall.

2. Menschenrechtliches Risiko

41 **a) Begriffsdefinitionen in Anlehnung an das Polizeirecht.** Die Legaldefinition des **menschenrechtlichen Risikos** als „ein Zustand, bei dem aufgrund tatsächlicher Umstände mit hinreichender Wahrscheinlichkeit ein Verstoß gegen eines der folgenden Verbote droht“, nämlich gegen die in Nr. 1–12 genannten Verbotstatbestände, lehnt sich an den Gefahrenbegriff des Polizeirechts an.[170] Im Polizeirecht wird eine **Gefahr** definiert als „Sachlage, bei der die hinreichende Wahrscheinlichkeit besteht, dass in absehbarer Zeit ein Schaden für die Schutzgüter der öffentlichen Sicherheit und Ordnung eintreten wird.“[171] Zudem ist die Verletzung einer menschenrechtsbezogenen Pflicht in § 2 Abs 4, in ähnlicher Weise wie eine polizeirechtliche Störung definiert. Bei einer Störung liegt bereits ein Schadenseintritt vor,[172] bei einer Verletzung der Verstoß gegen eines der genannten Verbote. Die fast vollständige Übernahme der Gefahrendefinition und die Anlehnung der „Verletzung“ an die „Störung“ legt nahe, dass der Gesetzgeber das LkSG die Dogmatik des Gefahrenabwehrrechts bewusst zur Grundlage genommen hat.[173] Demnach kann für die Definition der einzelnen Begriffe das Polizeirecht herangezogen werden.

42 Während im Polizeirecht ein **Schaden** für ein polizeiliches Schutzgut abgewendet werden soll, zielt das LkSG auf die Vermeidung eines Verstoßes gegen eines der Verbote nach § 2 Abs. 2 Nr. 1–12 ab, die die Rechtspositionen nach von § 2 Abs. 1 schützen. Das Polizeirecht definiert einen Schaden als „nicht unerhebliche Beeinträchtigung“ eines polizeilichen Schutzgutes und unterscheidet davon die bloße Belästigung.[174] Da das Polizeirecht mit seinem Schutzgut der öffentlichen Sicherheit und Ordnung sehr viel weiter reicht als die in Nr. 1–12 definierten Verbote und das LkSG die verbotenen Handlungen und Unterlassungen sehr genau definiert hat, dürfte es im Gegensatz zum Polizeirecht jedoch in der Praxis relativ unproblematisch sein, einen Verstoß gegen ein Verbot festzustellen.

43 Für den Risikobegriff des LkSG können die Definitionen der **konkreten und abstrakten Gefahr** aus dem Polizeirecht herangezogen werden.[175] Eine abstrakte Gefahr liegt danach vor, wenn ein bestimmtes Verhalten oder eine Sachlage zu konkreten Gefahren für die polizeirechtlichen Schutzgüter droht.[176] Konkret ist eine Gefahr, bei der sich die hinreichende Wahrscheinlich-

---

167 *Deutsches Global Compact Netzwerk* S. 22.
168 *Spießhofer*, AnwBl **2021**, 534, 537.
169 *Spießhofer*, AnwBl **2021**, 534, 537.
170 Vgl. Grabosch/*Schönfelder* § 4 Rn. 4, der auch einen polizeirechtlichen Risikobegriff heranzieht.
171 *Belz/Mussmann/Kahlert/Sander* § 1 Rn. 42.
172 *Belz/Mussmann/Kahlert/Sander* § 1 Rn. 50.
173 Grabosch/*Schönfelder* 4 Rn. 5; *Wagner/Rutloff* NJW **2021** 2145, 2150; *Wagner/Rutloff/Hahn* CB **2021** 89, 94.
174 *Belz/Mußmann/Kahlert/Sander* § 1 Rn. 41.
175 *Grabosch/Schönfelder* § 4 Rn. 6.
176 *Belz/Mussmann/Kahlert/Sander* § 17 Rn. 12.

keit eines Schadenseintritts aus einem bestimmten, realen Sachverhalt ergibt.[177] Die Gefahrenbegriffe unterscheiden sich durch die Gefahrensituation, in der entweder in einem konkreten einzelnen Fall vorhanden ist oder in einer unbestimmten Zahl nicht bekannter Fälle typischerweise besteht.[178] Der Grad der Wahrscheinlichkeit hingegen ist in beiden Situationen gleich, beides mal geht es um hinreichende Wahrscheinlichkeit.[179] So liegt zum Beispiel eine konkrete Gefahr vor, wenn ein Hund ein Kind gebissen hat und zu befürchten ist, dass der Hund weitere Menschen verletzt. Dagegen beruht eine Polizeiverordnung, die einen Leinenzwang in einem bestimmten Gebiet anordnet, auf der von Hunden generell ausgehenden, abstrakten Gefahr für die menschliche Gesundheit und andere Hunde.[180] Ob eine konkrete oder abstrakte Gefahr erforderlich ist, richtet sich nach der Auslegung der fraglichen Norm, da im Gesetz meist nur der Begriff der „Gefahr" erwähnt ist.[181] Die polizeiliche Generalklausel nach §§ 1,3 PolG Ba-Wü erfordert eine konkrete Gefahr.[182] Das BImSchG geht beispielsweise bei vorbeugenden Maßnahmen von einem abstrakten Gefahrenbegriff aus.[183]

Übertragen auf das LkSG bedeutet das, dass es sich bei den menschenrechtlichen Risiken 44
nach § 2 Abs. 2 um **konkrete und abstrakte Risiken** handeln kann. Je nach Sorgfaltspflicht ist zu unterscheiden, ob ein konkreter Einzelfall vorliegen muss. So reichen zum Ergreifen grundlegender Präventionsmaßnahmen nach § 6 Abs. 3 Nr. 1–4, nämlich der Verankerung der Menschenrechtsstrategie in den Geschäftsabläufen, der Anpassung der Beschaffungsstrategie und Einkaufspraktiken und der Durchführung von Schulungen und Kontrollmaßnahmen bereits abstrakte Risiken aus.[184] Bei konkreten Risiken muss das Unternehmen erst recht handeln. Ebenso muss die Einrichtung eines Beschwerdeverfahrens nach § 8 bereits bei abstrakten Risiken, d.h. typischen Gefährdungslagen, erfolgen, da dessen Einrichtung erst bei Vorliegen eines konkreten Risikos in der Regel zu spät käme seinem Zweck, dem Hinweisen auf und die Beilegung von menschenrechtliche(n) und umweltbezogene(n) Risiken zuwiderliefe. § 9 Abs. 3 lässt laut Gesetzesbegründung für das Ergreifen von Maßnahmen tatsächliche Anhaltspunkte in Form von Berichten über eine schlechte Menschenrechtslage in einer Produktionsregion, und damit eine abstrakte Risikolage, genügen.[185] Dagegen geht der Wortlaut von § 7 Abs. 1, bei dem eine Verletzung bei einem unmittelbaren Zulieferer bevorstehen muss, offensichtlich von einem konkreten Risiko aus.

Wie das Polizeirecht verlangt das LkSG, dass mit **„hinreichender Wahrscheinlichkeit"** ein 45
Verstoß gegen ein Verbot „droht". Im Polizeirecht bedeutet „hinreichende Wahrscheinlichkeit" eine Situation zwischen der bloßen Möglichkeit und der Gewissheit des Schadenseintritts.[186] Was das im Einzelfall bedeutet, hängt von der Wertigkeit des zu schützenden und der Rechtsgüter ab, in die eingegriffen werden soll.[187] Werden besonders hochwertige Rechtgüter wie das Leben oder das Grundwasser gefährdet, genügt bereits die Möglichkeit des Schadenseintritts.[188] Diese Auslegung ist problemlos übertragbar auf das LkSG, da ausreichend flexibel und deshalb gut geeignet für die verschiedenen möglichen Konstellationen drohender Verstöße. Zudem entspricht die Abhängigkeit von der Wertigkeit der Rechtsgüter dem Angemessenheitskriterium der typischerweise zu erwartenden Schwere der Verletzung der menschenrechtsbezogenen Pflicht beim Ergreifen der Maßnahmen im Rahmen der Sorgfaltspflicht nach § 3 Abs. 2 und insofern der Gesetzeslogik.

---

177 *Belz/Mussmann/Kahlert/Sander* § 3 Rn. 12.
178 *Belz/Mussmann/Kahlert/Sander* § 17 Rn. 12.
179 BVerwG NVwZ **2003** 95, 96; *Belz/Mussmann/Kahlert/Sander* § 17 Rn. 13.
180 *Belz/Mussmann/Kahlert/Sander* § 17 Rn. 13.
181 Grabosch/*Schönfelder* § 4 Rn. 6; Vgl. zum Beispiel § 3 Abs. 1 BImschG, § 1 PolGBW.
182 *Belz/Mussmann/Kahlert/Sander* § 3 Rn. 12.
183 Vgl. *Jarass* BImSchG § 3 Rn. 27; Vgl. Grabosch/*Schönfelder* § 4 Rn. 6.
184 Vgl. Grabosch/*Schönfelder* § 4 Rn. 7.
185 Vgl. BT-Drs. 19/28649 S. 50.
186 *Belz/Mußmann/Kahlert/Sander* § 1 Rn. 42.
187 *Belz/Mußmann/Kahlert/Sander* § 1 Rn. 42; VGH BW Urt. v. 28.7.2009 – 1 S 2200/2008 = NVwZ **1990**, 781, 782.
188 NVwZ-RR **1996** 387, 388.

Da das LkSG im Einklang mit den VNLP den Fokus auf die Prävention[189] zum Schutze der Menschenrechte gelegt hat und sich die Verbote in Abs. 2 Nr. 1–12 ausschließlich auf den Schutz hochwertiger menschenrechtlicher Rechtsgüter beziehen, wird in der Regel die bloße Möglichkeit eines Verstoßes ausreichen.

46 Die Beurteilung der Situation, die Prognose, erfolgt im Polizeirecht aufgrund der verständigen Würdigung aller Umstände des Einzelfalls, also aufgrund einer subjektiven Ex-ante-Betrachtung. Ebenso muss das Unternehmen die Einschätzung eines drohenden Verstoßes nach dem Gesetzeswortlaut **aufgrund tatsächlicher Umstände** nach seinem Kenntnisstand vornehmen.

47 Im Unterschied zur Gefahrendefinition des Polizeirechts muss der Schadenseintritt oder vielmehr Verstoß i.S.d. LkSG jedoch **nicht in absehbarer Zeit** erfolgen. Daher reicht beim LkSG die entfernte Möglichkeit eines Verstoßes aus. Dadurch wird dem vorbeugenden Charakter des Gesetzes im Einklang mit den VNLP ausreichend Rechnung getragen. Das ist im Einklang mit der Verwendung des Begriffs „**Drohen**“. „Drohen“ ist im Duden definiert u.a. als „als Gefahr bevorstehen“.[190] Das ist weitergehend als das “unmittelbar bevorstehend“, was Voraussetzung für unverzügliche Abhilfemaßnahmen nach § 7 Abs. 1 ist.

48 **b) Würdigung der Kritik.** Die Anlehnung an den polizeirechtlichen Gefahrenbegriff und die Verwendung des Wortlauts „droht“ ist als problematische **Verkürzung der Pflichten aus den VNLP** und deren Vorbeugungscharakter kritisiert worden.[191] Im Gegensatz zum engeren Gefahrenbegriff würden die VNLP menschenrechtliche Risiken als potenzielle nachteilige Auswirkungen des Unternehmens auf die Menschenrechte definieren und damit früher ansetzen.[192] Insbesondere das Wort „droht“ würde das Vorliegen eines Risikos auf den Fall eines unmittelbar bevorstehenden Risikos einengen. In der Tat verkürzt das LkSG den weiteren Risikobegriff der VNLP. Das ist nach der zutreffenden Analyse des Menschenrechtsinstituts der Anlehnung an das Polizeirecht sowie dem Ordnungswidrigkeiten- und Bußgeldkatalog des § 24 geschuldet. Eben diese Ausgestaltung des LkSG in Anlehnung an das Gefahrenabwehrrecht im Gegensatz zum völkerrechtlichen „soft law“ verhindert eine zu weite Risikodefinition mit sehr niedriger Eingriffsschwelle. Allerdings wird insgesamt der vorbeugende Charakter der VNLP gewahrt, da einerseits der in der Regel die bloße Möglichkeit eines Verstoßes gegen eines der in Nr. 1–12 genannten Verbote als Eingreifschwelle ausreichen wird, andererseits überwiegend auch abstrakte Risiken genügen und der Schadenseintritt nicht in absehbarer Zeit erfolgen muss, also insgesamt an das Vorliegen eines Risikos keine allzu großen Anforderungen gestellt werden müssen. Schließlich bedeutet „drohen“ auch nicht, dass das Risiko unmittelbar bevorstehen muss, es genügt, dass es bevorsteht.

3. Einzelne Verbotstatbestände

a) Nr. 1 – Verbot der Beschäftigung unter dem Mindestalter

49 **aa) Verbreitung von Kinderarbeit und Definition.** Kinderarbeit ist bis heute eines der zentralen globalen Probleme. Nach Schätzungen der IAO sind immer noch rund **160 Millionen Kin-**

189 Vgl. Artikel 1 des LkSG: „Gesetz über die unternehmerischen Sorgfaltspflichten zur Vermeidung von Menschenrechtsverletzungen in Lieferketten (Lieferkettensorgfaltspflichtengesetz – LkSG).

190 Duden Deutsches Universalwörterbuch, 9. Aufl., 2019.

191 *Deutsches Institut für Menschenrechte*, Stellungnahme im Rahmen der Verbändeanhörung zum Referentenentwurf des Bundesministeriums für Arbeit und Soziales, März 2021, 7, https://www.institut-fuer-menschenrechte.de/aktuelles/detail/ein-erster-schritt-in-die-richtige-richtung-lieferkettensorgfaltspflichtengesetz-im-bundestag-verabschiedet.

192 Vgl. Kommentar zu VNLP Nr. 17, *Deutsches Global Compact Netzwerk*, Leitprinzipien für Wirtschaft und Menschenrechte, Umsetzung des Rahmens der Vereinten Nationen „Schutz, Achtung und Abhilfe“, 2014, deutsche Version, 20 ff.

der von Kinderarbeit betroffen.[193] Davon sind 89,3 Mio. Kinder, d.h. 55,8 Prozent, der insgesamt betroffenen Kinder, zwischen 5 und 11 Jahre alt, 35,6 Mio. (22,2 Prozent) zwischen 12 bis 14 Jahre alt und 35 Mio. (21,9 Prozent) – zwischen 15 und 17 Jahre alt.[194] In den Ländern südlich der Sahara sind schätzungsweise 60 Prozent der von Kinderarbeit betroffenen Kinder zwischen 5 und 11 Jahre alt.[195] In Zentral- und Südasien sind nach Schätzungen der IAO insgesamt 26,3 Mio. Kinder, in Ost- und Südostasien 24,3 Mio. Kinder, in Nord- und Westafrika 10,1 Mio. Kinder, in Lateinamerika und der Karibik 8,2 Mio. Kinder und in Europa und Nordamerika 8,2 Mio. Kinder von Kinderarbeit betroffen.[196] 70 Prozent der globalen Kinderarbeit ist in der Landwirtschaft zu finden, ein großer Anteil entfällt aber auch auf den Dienstleistungssektor in Bereichen wie Handel, Transport und Reparatur sowie auf die Industrie in den Bereichen wie Bau, Bergbau und dem verarbeitendem Gewerbe.[197]

Der prozentuale Anteil von Kinderarbeit in **globalen Wertschöpfungsketten** an der Gesamtzahl von Kinderarbeit betroffener Kinder fällt regional unterschiedlich aus und reicht von 9 Prozent in Nord- und Westafrika bis zu 26 Prozent in Ost- und Südostasien.[198] Die Anteile sind mit 28 Prozent in Nord- und Westafrika und 43 Prozent in Ost- und Südostasien ungleich höher, wenn die Arbeit am Anfang der Lieferkette im Rohstoffabbau und in der Landwirtschaft miteinbezogen wird.[199] Folgende Sektoren bergen je nach Region unterschiedlich entweder im Rahmen der Exportindustrie oder der Herstellung der Rohstoffe oder sonstiger dazugehöriger Produkte oder Dienstleistungen das Risiko der Kinderarbeit: Landwirtschaft, Groß- und Einzelhandel, Transport- und Lagerung, Textil- und Bekleidungsindustrie, Lebensmittel, Bergbau und Energie, Metall, ICT und Elektronik, unternehmensbezogene Dienstleistungen, Beherbergung und Kraftfahrzeuge.[200] Daher ist es wichtig, dass sich Unternehmen im Rahmen ihrer Sorgfaltspflicht nach den VNLP auch die weiter entfernten Stufen der Lieferkette wie Landwirtschaft und Herstellung der Rohstoffe anschauen. Die VNLP erfassen auch entferntere Stufen in der Lieferkette,[201] das LkSG jedenfalls bei substantiierter Kenntnis des Unternehmens in der Region nach § 9 Abs. 3.[202] 50

Nach den einschlägigen Berichten der IAO[203] und UNICEF[204] ist nicht jegliche **Form der Kinderarbeit** inakzeptabel, sondern nur solche Kinderarbeit, die in einem zu jungen Alter ausgeführt wird, das Recht auf Erziehung und Schulbildung behindert und der physischen, psychischen und geistigen Entwicklung entgegensteht. Kurz gesagt all jene Arbeit, die Kinder in ihrer physischen, kognitiven und emotionalen Entwicklung behindert.[205] Der grundlegende Bericht der IAO zur IAO-Erklärung über grundlegende Prinzipien und Rechte bei der Arbeit der IAO[206] teilt inakzeptable Kinderarbeit in folgende drei Kategorien ein:[207] 51

– Arbeit, die von Kindern unter dem nach dem nationalen Recht im Einklang mit internationalen Standards zulässigem Mindestalter ausgeführt wird und daher voraussichtlich Schul- und Ausbildung sowie Entwicklung behindert;

193 ILO/UNICEF Child Labour, S. 8.
194 ILO/UNICEF Child Labour, S. 28.
195 ILO/UNICEF Child Labour, S. 29.
196 ILO/UNICEF Child Labour, S. 22.
197 ILO/UNICEF Child Labour, S. 37.
198 ILO/OECD/IOM/UNICEF Ending Child Labour, S. 9.
199 ILO/OECD/IOM/UNICEF Ending Child Labour, S. 10.
200 ILO/OECD/IOM/UNICEF Ending Child Labour, S. 11.
201 ILO/OECD/IOM/UNICEF Ending Child Labour, S. 14.
202 BT-Drs. 19/28649, 50.
203 ILO Child Labour, S. 8.
204 UNICEF The State of the World's Children, 1997, 24.
205 Vgl. *Humbert* The Challenge of Child Labour, S. 18 m.w.N.
206 Erklärung der IAO über grundlegende Prinzipien und Rechte bei der Arbeit und ihre Folgemaßnahmen angenommen von der Internationalen Arbeitskonferenz auf ihrer 86. Tagung, Genf, 18.6.199org.
207 ILO A Future without Child Labour, Global Report under the follow-up to the ILO Declaration on Fundamental Principles and Rights at Work, 2002, 9.

- Arbeit, die das physische, mentale und moralische Wohlbefinden des Kindes gefährdet; einerseits aufgrund der Art der Arbeit oder andererseits der Bedingungen, unter denen sie ausgeführt wird, definiert als gefährliche Arbeit;
- bedingungslos schlimmste Formen der Kinderarbeit, die international festgeschrieben sind als Sklaverei, Kinderhandel, Schuldknechtschaft und andere Formen der Zwangsarbeit, die Pflichtrekrutierung von Kindern in bewaffneten Konflikten, ihre Prostitution und Kinderpornographie sowie anderes Heranziehen zu unerlaubten Tätigkeiten.

52 Diese drei Kategorien werden auch als „ausbeuterische Kinderarbeit" bezeichnet.[208] Das Verbot der Beschäftigung unter dem zulässigen Mindestalter zählt demnach zu einer der international inakzeptablen Kategorien der Kinderarbeit, die in die Verbote der IAO-Übereinkommen Nr. 138 und 182 Eingang gefunden haben bzw. diese widerspiegeln.[209] Demgegenüber wird zulässige „leichte Kinderarbeit" von der IAO als solche Arbeit definiert, die ihrer Art nach nicht gefährlich ist und vierzehn Stunden pro Woche nicht übersteigt.[210]

53 § 2 Abs. 1 Nr. 1 lehnt sich stark an den Wortlaut des IAO-Übereinkommens Nr. 138 an und verweist im Gesetzestext auf dessen verschiedene Ausnahmeregelungen. Damit folgt die Vorschrift der Logik des IAO-Übereinkommens Nr. 138, das verschiedene Mindestalter für verschiedene Beschäftigungsarten festlegt. Das ist Ausdruck der wissenschaftlichen Erkenntnis, dass nicht sämtliche Formen der Kinderarbeit nicht hinnehmbar sind,[211] sondern dass das Alter des Kindes verknüpft mit der Art und Umstände der Tätigkeit darüber entscheiden, ob die jeweilige Beschäftigung oder Arbeit zu verbieten ist.[212]

54 **bb) zulässiges Mindestalter für eine Beschäftigung.** § 2 Abs. 2 Nr. 1 verknüpft das **Verbot der Kinderarbeit** mit dem **Ende der Schulpflicht** nach dem einschlägigen lokalen Recht des Beschäftigungsortes. Beim eigenen Geschäftsbereich des Unternehmens ist demnach deutsches Recht anzuwenden, bei den unmittelbaren und mittelbaren Zulieferern je nach Standort deutsches oder ausländisches Recht.[213] In keinem Fall dürfen Kinder vor Beendigung des 15. Lebensjahres beschäftigt werden. Eine Liste zu nationalen Mindestalterregelungen ist darüber hinaus auf der Website der ILO einzusehen.[214] Länderinformationen zum Vorhandensein von Kinderarbeit vor Ende der Schulpflicht oder dem Erreichen des 15. Lebensjahres sowie zur nationalen gesetzlichen Lage finden sich in den „direkten Anfragen" und „Beobachtungen" des IAO-Sachverständigenausschusses zu den Regierungsberichten zu IAO-Abkommen Nr. 138.[215] So hat der Ausschuss beispielsweise in seiner „Beobachtung" zum Regierungsbericht der Demokratischen Republik Kongo zu Art. 2 Abs. 3 des Übereinkommens zur Schulpflicht angesichts der Tatsache, dass die Schulpflicht eines der wirksamsten Mittel zur Be-

208 Vgl. *Humbert* The Challenge of Child Labour, S. 19; UNICEF The State of the World's Children, 1997, 24.

209 Das IAO-Abkommen über das zulässige Mindestalter ist bereits 1973 und damit vor der Erklärung von 1998, das IAO-Übereinkommen Nr. 182 erst 1998 und damit später angenommen worden.

210 Vgl. ILO/IPEC/SIMPOC Every Child Counts, New Global Estimates on Child Labour, 2002, 21; ILO Global Estimates of Child Labour, S. 13.

211 *Smolin* Conflict and Ideology in the International Campaign against Child Labour, Hofstra Labor § Employment Law Journal, 16 **1999** 383, 394; *Bonnet* Child Labour in Africa, International Labour Review, 132 (3) **1993** 371; *Espinosa/Calvo* Child Work and Labour in Spain: A First Approach, 2000, 19.

212 Vgl. *Humbert* The Challenge of Child Labour, S. 89.

213 Eine Datenbank zu nationalen Gesetzen und Suchmaschine findet sich auf der Website der IAO/ILO: https://www.ilo.org/dyn/natlex/natlex4.home?p_lang=en. https://www.ilo.org/dyn/normlex/en/f?p=1000:11300:0::NO:11300:P11300_INSTRUMENT_ID:312242 (zuletzt abgerufen am 8.5.2023).

214 https://www.ilo.org/dyn/normlex/en/f?p=1000:11300:0::NO:11300:P11300_INSTRUMENT_ID:312283.

215 Die direkten Anfragen und Beobachtungen können für alle Mitgliedstaaten und Konventionen hier abgerufen werden: https://www.ilo.org/dyn/normlex/en/f?p=NORMLEXPUB:20010:0::NO::: (zuletzt abgerufen am 8.5.2023).

kämpfung von Kinderarbeit ist, bemängelt, dass nur 65 Prozent der Kinder die Grundschule beenden und die gesetzliche Schulpflicht nur acht Jahre beträgt.[216]

Vorausgesetzt, die betreffenden Staaten haben das IAO-Übereinkommen Nr. 138 ratifiziert[217] 55
und insbesondere die Ausnahmeregelungen in nationales Recht umgesetzt, können sie jedoch die im Folgenden erläuterten **Ausnahmen vom festgesetzten Mindestalter** bestimmen, die teilweise eine besondere wirtschaftliche Lage voraussetzen, siehe Rn. 56. Länderinformationen zum Vorliegen solcher Ausnahmereglungen sind in der Sammlung „direkter Anfragen" und „Beobachtungen" des ILO-Sachverständigenausschusses zu finden.[218] Unternehmen obliegt es mithin, im Rahmen der Risikoanalyse die Rechtslage bezüglich der Ausnahmen auf Grundlage der Informationen des IAO-Sachverständigenausschusses zu prüfen. In der Literatur wird richtigerweise jedoch vertreten, dass es Unternehmen im Sinne des Angemessenheitserfordernisses nach § 3 Abs. 2 nicht zugemutet werden kann, festzustellen, ob auch die Voraussetzungen für die Ausnahmebestimmungen wie eine besondere wirtschaftliche Lage vorliegen.[219] Etwas anderes muss richtigerweise dann gelten, wenn der Sachverständigenausschuss der IAO die Rechtswidrigkeit der Ausnahmebestimmungen bemängelt hat.[220]

Nach Art. 2 Abs. 4 des IAO-Übereinkommens kann der Staat, dessen Recht anzuwenden ist 56
und dessen **Wirtschaft und schulische Einrichtungen unterentwickelt** sind, das Mindestbeschäftigungsalter auf **vierzehn Jahre** herabsetzen. Indien hat zum Beispiel das zulässige Mindestalter bei vierzehn Jahren angesetzt, was der Sachverständigenausschuss nicht bemängelt hat.[221]

Nach Art. 6 ist Kinderarbeit im Rahmen der **Schul-** und **Ausbildung** ab vierzehn Jahren zuläs- 57
sig. Entsprechend der Unterscheidung der IAO- und UNICEF-Berichte zwischen hinnehmbaren und nicht tolerierbaren Formen der Kinderarbeit gilt gemäß Art. 7 das Mindestalter von **dreizehn Jahren für leichte Arbeit**, die voraussichtlich weder Gesundheit noch Entwicklung noch den Schulbesuch oder die Teilnahme in beruflichen Orientierungs- oder Ausbildungsprogrammen gefährdet oder die Fähigkeit der Kinder beeinträchtigen, dem Unterricht mit Nutzen zu folgen. Ferner ist die Stundenanzahl zu begrenzen und die Art der Tätigkeit vom jeweiligen Staat festzulegen. Staaten, aufgrund eines unterentwickelten Wirtschafts- und Schulsystems gemäß Art. 2 Abs. 4 das Mindestalter grundsätzlich auf vierzehn Jahre herabgesetzt haben, dürfen für leichte Arbeit ein **Mindestalter von zwölf Jahren** festlegen. Das hatte zunächst für heftige Kritik von vielen Staaten gesorgt, die aber angesichts der mittlerweile hohen Anzahl von Ratifikationen[222] von IAO-Abkommen Nr. 138 nahezu verschwunden sein dürfte.[223] Im Fall von Ägypten hatte der Sachverständigenausschuss zum Beispiel zur Ausnahme gemäß Art. 7 für leichte Arbeit bemängelt, dass der Staat das Mindestalter auf zwölf Jahre herabsenkt hat, obwohl das grundsätzlich zulässige

216 IAO-Sachverständigenausschuss, Observation (CEACR) – adopted 2021, published 110th ILC session (2022), Minimum Age Convention, 1973 (No. 138– – Democratic Republic of the Congo (Ratification: 2001) https://www.ilo.org/dyn/normlex/en/f?p=1000:13100:0::NO:13100:P13100_COMMENT_ID:4124039:YES (zuletzt abgerufen am 8.5.2023).

217 Eine Auflistung, welche Staaten welche Abkommen ratifiziert haben, findet sich auf der Website der IAO/ILO: https://www.ilo.org/dyn/normlex/en/f?p=NORMLEXPUB:11001:0::NO:::. https://www.ilo.org/dyn/normlex/en/f?p=1000:20010::

218 https://www.ilo.org/dyn/normlex/en/f?p=1000:20010:::NO::: (zuletzt abgerufen am 8.5.2023).

219 Vgl. Grabosch/*Schönfelder* § 4 Rn. 14.

220 Vgl. Grabosch/*Schönfelder* § 4 Rn. 14.

221 IAO-Sachverständigenausschuss Direct Request (CEACR) – adopted 2020, published 109th ILC session (2021), Minimum Age Convention, 1973 (No. 138– – India (Ratification: 2017), https://www.ilo.org/dyn/normlex/en/f?p=1000:13100:0::NO:13100:P13100_COMMENT_ID,P11110_COUNTRY_ID,P11110_COUNTRY_NAME,P11110_COMMENT_YEAR:4049488,102691,India,2020.

222 Im Juli 1976 haben 176 Mitgliedstaaten das Abkommen ratifiziert, https://www.ilo.org/dyn/normlex/en/f?p=NORMLEXPUB:11300:0::NO:11300:P11300_INSTRUMENT_ID:312283:NO (zuletzt abgerufen am 8.5.2023).

223 Vgl. *Humbert* The Challenge of Child Labour, S. 93; *Myers* The Right Rights? Annals of the American Academy of Political and Social Science 575 **2001** 38, 47.

Mindestalter von vierzehn auf fünfzehn Jahre angehoben worden war.[224] Denn dann liegen offensichtlich die Voraussetzungen des Art. 2 Abs. 4 bezüglich der unterentwickelten wirtschaftlichen Lage nicht mehr vor, die auch Voraussetzung für das Herabsenken des Mindestalter auf 12 Jahre ist. Unter zwölf Jahren ist mit Ausnahme von Aufgaben im Familienhaushalt oder Tätigkeiten im elterlichen Betrieb jegliche Kinderarbeit verboten.[225]

58 Nach Art. 4 des IAO-Übereinkommens Nr. 138 können Staaten begrenzte **Kategorien der Beschäftigung oder Arbeit**, bei denen im Zusammenhang mit der Durchführung besondere Probleme von erheblicher Bedeutung entstehen, von der Mindestalterregelung ausnehmen, vorausgesetzt, es handelt sich nicht um gefährliche Arbeit nach Art. 3, siehe Rn. 61. So hat zum Beispiel Pakistan Arbeit in Familienbetrieben vom Geltungsbereich seines Gesetzes zur Regelung der Beschäftigung von Kindern ausgenommen.[226]

59 Darüber hinaus können gemäß Art. 5 des IAO-Übereinkommens Nr. 138 Staaten, dessen Wirtschaft und Verwaltungseinrichtungen ungenügend entwickelt sind, den Geltungsbereich anfangs begrenzen und **bestimmte Wirtschaftszweige ausnehmen**. Dies gilt jedoch nicht für Industrien zur Gewinnung von Rohstoffen; verarbeitende Industrien; Baugewerbe und öffentliche Arbeiten; Elektrizität, Gas und Wasser; sanitäre Dienste; Verkehrswesen, Lagerung und Nachrichtenübermittlung; Plantagen und andere vorwiegend zu Erwerbszwecken erzeugende landwirtschaftliche Betriebe, mit Ausnahme von Familien- oder Kleinbetrieben, deren Erzeugnisse für den örtlichen Verbrauch bestimmt sind und die nicht regelmäßig Lohnarbeiter beschäftigen.

60 Nach Art. 8 des IAO-Übereinkommens Nr. 138 können von den zuständigen staatlichen Stellen in Einzelfällen auch Ausnahmen erteilt werden wie zum Beispiel für die **Teilnahme an künstlerischen Veranstaltungen**, wenn die Stundenzahl begrenzt wird und die Bedingungen für die Tätigkeit festlegt werden.

61 Die in Art. 3 des Übereinkommens Nr. 138 definierte **gefährliche Arbeit**, für die das Mindestalter für die Zulassung zu einer Beschäftigung oder Arbeit bei 18 Jahren liegt, hat das LkSG in § 2 Nr. 2 d) geregelt, siehe Rn. 76.[227] Das ist im Einklang mit den IAO-Übereinkommen Nr. 138 und 182, die beide gefährliche bzw. schädliche Kinderarbeit regeln.

62 Während das IAO-Übereinkommen Nr. 138 von „Beschäftigung und Arbeit" spricht, also jede Art der Beschäftigung und Arbeit einschließt,[228] verwendet das LkSG nur den Begriff der „Beschäftigung". Das entspricht dem Jugendarbeitsschutzgesetz,[229] das jedoch in § 1 von einem **weiten Begriff der „Beschäftigung** ausgeht". Diese Vorschrift umfasst alle Tätigkeiten in der Berufsausbildung, als Arbeitnehmer oder Heimarbeiter, sonstigen Dienstleistungen, die der Arbeitsleistung von Arbeitnehmern oder Heimarbeitern ähnlich sind und solche in einem der Berufsausbildung ähnlichen Ausbildungsverhältnis. Außerdem wird der Begriff der Beschäftigung auch in § 1 Abs. 2 Nr. 2 Jugendarbeitsschutzgesetz verwendet, der die Geltung des Gesetzes für die Beschäftigung durch die Personensorgeberechtigten im Familienhaushalt ausschließt. Demnach geht der Begriff der Beschäftigung über formale Abhängigkeitsverhältnisse hinaus. Das muss erst recht für das LkSG gelten, das auch Länder des Globalen Südens im Blick hat. Denn nach jüngsten Erkenntnis-

224 IAO-Sachverständigenausschuss Observation (CEACR) – adopted 2021, published 110th ILC session (2022) Minimum Age Convention, 1973 (No. 138) – Egypt *(Ratification: 1999)*, https://www.ilo.org/dyn/normlex/en/f?p=1000:13100:0::NO:13100:P13100_COMMENT_ID,P11110_COUNTRY_ID,P11110_COUNTRY_NAME,P11110_COMMENT_YEAR:4118596,102915,Egypt,2021 (zuletzt abgerufen am 8.5.2023).

225 ILO A Future Without Child Labour, Global Report under the the Follow-up to the ILO Declaration on Fundamental Principles and Rights at Work, 2002 10; Vgl. *Humbert* The Challenge of Child Labour, S. 93.

226 Direct Request (CEARC–) – adopted 2020, published 109th ILC session (2021), Minimum Age Convention, 1973 (No. 138– – Pakistan (Ratification: 2006), https://www.ilo.org/dyn/normlex/en/f?p=1000:13100:0::NO:13100:P13100_COMMENT_ID,P11110_COUNTRY_ID,P11110_COUNTRY_NAME,P11110_COMMENT_YEAR:4054323,103166,Pakistan,2020 (zuletzt abgerufen am 8.5.2023).

227 Vgl. BT-Drs. 19/28649 S. 35.

228 *Humbert* The Challenge of Child Labour, S. 90.

229 Jugendarbeitsschutzgesetz vom 12.4.1976 (BGBl. I S. 965), das zuletzt durch Artikel 2 des Gesetzes vom 16.7.2021 (BGBl. I S. 2970).

sen ist mit 72 Prozent der größte Anteil nicht tolerierbarer Kinderarbeit in landwirtschaftlichen Familienbetrieben und damit ohne formelle Arbeitsverträge verortet.[230] Ein Großteil der Kinderarbeit ist auch in informellen Mikrobetrieben am Anfang globaler Lieferketten zu finden, wo ein enger Beschäftigungsbegriff nicht greifen würde.

b) Nr. 2 – Verbot der schlimmsten Formen der Kinderarbeit

aa) Verhältnis zum IAO-Übereinkommen Nr. 138 und Verbreitung schlimmster Formen der Kinderarbeit. § 2 Abs. 2 Nr. 2 a)–d) hat den Wortlaut von IAO-Übereinkommen Nr. 182 übernommen und verbietet die „**schlimmsten Formen der Kinderarbeit** für Kinder unter 18 Jahren". Nach dem Wortlaut gehören dazu alle Formen der Sklaverei und sklavereiähnliche Praktiken wie Schuldknechtschaft, Zwangsarbeit, der Einsatz in bewaffneten Konflikten, Kinderprostitution und -pornographie, Drogenhandel und gefährliche Arbeit, die schädlich ist für die Gesundheit, Sicherheit oder Sittlichkeit von Kindern. Im Gegensatz zu IAO-Übereinkommen Nr. 138 bezieht sich das IAO-Übereinkommen Nr. 182 dem Wortlaut nach nicht auf solche Kinderarbeit, die allein dem Recht auf Schul- oder Ausbildung entgegensteht.[231] Das Übereinkommen Nr. 138 geht auch insofern weiter als dass es explizit Kinderarbeit erfasst, die in einem zu jungen Alter, das heißt unter dem jeweiligen Mindestalter, ausgeführt wird.[232] Das Übereinkommen Nr. 182 verbietet dagegen bestimmte schädliche Tätigkeiten für Kinder unter 18 Jahren, ohne dass es auf einen Eingriff in das Recht auf Erziehung oder die Schulpflicht ankommt. Das Übereinkommen Nr. 182 geht insofern weiter als IAO-Übereinkommen Nr. 138, als dass gefährliche/schädliche Kinderarbeit in Familienbetrieben nicht ausgenommen ist, siehe Rn. 57. 63

Die Idee zur Verabschiedung eines **zusätzlichen Abkommens zu Kinderarbeit** mit Fokus auf deren schlimmste Formen entstand Mitte der 90ziger Jahre des letzten Jahrhunderts, als die Zahl der der Ratifikationen der IAO-Konvention Nr. 138 mit nur 49 zunehmen industrialisierten Staaten zum Stillstand gekommen war, gleichzeitig aber der Handlungsdruck auf Entwicklungsländer durch eine wachsende Prominenz des Themas in Verhandlungen über Handelsverträge gestiegen war und diese sich aufgrund ihrer begrenzten Kapazitäten und Handlungsfähigkeit zunehmend bedrängt fühlten.[233] Ein anderer Grund war die Komplexität des IAO-Abkommens Nr. 138, das mit seinem komplexen Gefüge der verschiedenen Mindestalterregelungen zwar den verschiedenen wirtschaftlichen Bedingungen Rechnung trägt, gleichzeitig politische Entscheidungsträger jedoch überforderte.[234] Kritisiert wurde auch das weite Ermessen, das das Übereinkommen den Staaten bei den verschiedenen Ausnahmen und Einschränkungsmöglichkeiten beim Geltungsbereich zubilligte.[235] Auch die fehlende Konkretisierung des Konzepts der „leichten Arbeit" und Nichteinbeziehung von Kinderarbeit in privaten Haushalten und Familienbetrieben wurde in der Literatur bemängelt.[236] Diese Kritik wird durch die jüngsten Erkenntnisse, dass gefährliche Kinderarbeit in privaten Haushalten von 62 Prozent auf 73 Prozent gestiegen ist, bestätigt.[237] 1999 wurde das IAO-Übereinkommen Nr. 182 verabschiedet, das in Ergänzung zu IAO-Übereinkommen Nr. 138, das das grundlegende Instrument zur Abschaffung von Kinderarbeit bleiben sollte,[238] die am wenigsten tolerierbaren Formen von Kinderarbeit auflistet und verbietet. Beide Übereinkommen folgen jedoch demselben Ansatz, der zwischen akzeptabler Kinderarbeit und inakzeptabler 64

230 Vgl. *ILO/UNICEF* Child Labour, S. 11.
231 Vgl. *Humbert* The Challenge of Child Labour, S. 96, 102.
232 Vgl. *Humbert* The Challenge of Child Labour, S. 96.
233 Vgl. *ILO* Global Estimates of Child Labour, S. 58 f.
234 Vgl. *ILO* Global Estimates of Child Labour, S. 58.
235 *Kilkelly/Liefaard/Sanghera* International Human Rights of Children, 2019 465 ff.
236 *van Bueren* The International Law on the Rights of the Child, 1995, 265 ff.
237 ILO/UNICEF Child Labour, S. 45.
238 ILO Child Labour, Report IV (2A), International Labour Conference, eighty-seventh session, 1999, 29.

Kinderarbeit unterscheidet, siehe Rn. 52.[239] Überscheidungen bestehen beim Verbot gefährlicher oder schädlicher Kinderarbeit, siehe Rn. 76. Das IAO-Übereinkommen Nr. 182 wird gegenüber dem IAO-Abkommen Nr. 138 durch die Auflistung und Definition der verbotenen Arten der Kinderarbeit als handlungsorientierter bewertet.[240]

65 Die **Verbreitung der von den schlimmsten Formen der Kinderarbeit betroffenen Kindern** ist groß. Weltweit verrichten 4,3 Mio. Kinder Zwangsarbeit, davon 300 000 in staatlichen Einrichtungen.[241] Die Zahl schließt eine Million Fälle gewerblicher sexueller Ausbeutung von Kindern mit ein.[242] Nach Schätzungen der IAO und UNICEF sind global rund 79 Mio. Kinder von gefährlicher Arbeit betroffen.[243] Während der Industriesektor mit 18 Mio. Kinderarbeitern den geringsten Anteil an Kinderarbeit hat, sind dort die Risiken am größten: Dreiviertel aller Kinderarbeit im Industriesektor ist als gefährlich einzustufen.[244] Aber auch in der Landwirtschaft, in der rund 70 Prozent und damit der größte Anteil aller weltweiten Kinderarbeit zu finden ist,[245] ist aufgrund ihrer Natur und der Bedingungen, unter denen die Arbeit verrichtet wird, Kinderarbeit oft als gefährlich einzustufen, obwohl sie meist im Rahmen der Familie erfolgt und unbezahlt ist.[246]

66 **bb) Sklaverei und sklavereiähnliche Praktiken.** Nr. 2 a) verbietet zunächst alle Formen der **Sklaverei** und alle sklavereiähnliche Praktiken für Kinder unter 18 Jahren. Das generelle Sklavereiverbot auch für Erwachsene ist in Nr. 4 enthalten. Der Wortlaut des Nr. 4 verknüpft den Begriff der Sklaverei mit dem der Herrschaftsausübung: „das Verbot aller Formen der Sklaverei [...] oder andere Formen der Herrschaftsausübung oder Unterdrückung im Umfeld der Arbeitsstätte [...]", so dass der Begriff der Sklaverei nach dem LkSG jedenfalls das Element der Herrschaftsausübung über einen anderen oder Unterdrückung eines anderen umfassen muss. Im internationalen Recht findet sich eine Definition im Sklaverei-Übereinkommens von 1926.[247] Das Sklaverei-Übereinkommen hatte „Sklaverei" noch mit Blick auf das System der „chattel slavery" definiert, nach dem Sklaven als bewegliche Sache galten und verkauft werden konnten: „Sklaverei ist der Zustand oder die Stellung einer Person, an der die mit dem Eigentumsrecht verbundenen Befugnisse oder einzelne davon ausgeübt werden." Nach der Abschaffung der Sklaverei ist dieses System jedoch nicht mehr rechtmäßig[248] und die Verknüpfung des Begriffs mit eigentumsrechtlichen Befugnissen ausgeschlossen.[249] Wenngleich argumentiert wurde, dass das Sklaverei-Abkommen auch andere Formen von Sklaverei umfasst,[250] beschloss der Wirtschafts- und Sozialrat der Vereinten Nationen, dass es weiterer Verbote bedurfte, was zur Verabschiedung des Zusatzübereinkommens zur Abschaffung der Sklaverei, des Sklavenhandels und sklavereiähnlichen Einrichtungen und Praktiken von 1956[251] (Zusatzübereinkommen zur Abschaffung der Sklaverei) führte. Demnach dürfte der

---

239 ILO Child Labour, Report IV (2A), International Labour Conference, eighty-seventh session, 1999, 31; Ausführlich zum Verhältnis der beiden IAO-Übereinkommen, *Humbert* The Challenge of Child Labour, S. 95 ff.
240 *Schmahl* United Nations Convention on the Rights of the Child: article-by-article commentary, 2021, Art. 32, Rn. 18.
241 ILO Global Estimates of Child Labour, S. 13.
242 ILO Global Estimates of Child Labour, S. 13.
243 ILO/UNICEF Child Labour, S. 23.
244 ILO Global Estimates of Child Labour, S. 35.
245 ILO/UNICEF Child Labour, S. 37.
246 ILO Global Estimates of Child Labour, S. 34.
247 https://www.ohchr.org/en/instruments-mechanisms/instruments/slavery-convention (zuletzt abgerufen am 8.5.2023). Deutschland hat das Übereinkommen 1929 ratifiziert, https://treaties.un.org/pages/ViewDetails.aspx?src=IND&mtdsg_no=XVIII-3&chapter=18&clang=_en (zuletzt abgerufen am 8.5.2023).
248 *Lassen* Slavery and Slavery-like Practices: United Nations Standards and Implementation, Nordic Journal of International Trade, **57** (1988), 197, 205.
249 Grabosch/*Schönfelder* § 4 Rn. 28.
250 UN Sub-Commission on the Promotion and Protection of Human Rights, Contemporary Forms of Slavery, E/CN.4/Sub.2/2000/3, para. 10.
251 Deutschland hat das ratifiziert, BGBl 1958 II S. 203.

Begriff „Formen der Sklaverei" neben „sklavenähnlichen Praktiken" eine untergeordnete Rolle spielen und nur selten zum Tragen kommen. Es wird vertreten, dass es sich dann um Sklaverei handelt, wenn die Herrschaftsausübung absolut ist, über alle Freiheiten der Person, bis zur faktischen Reduzierung zum reinen Objekt.[252]

Das Zusatzübereinkommen zur Abschaffung der Sklaverei definiert nicht den Begriff **„sklavereiähnliche Praktiken"**, sondern in Art. 1 a)–d) einzelne Praktiken wie Schuldknechtschaft, Leibeigenschaft und so genannte „Scheinadoptionen". Ebenso definiert das LkSG nicht den Begriff der sklavereiähnlichen Praxis, sondern verweist in Übernahme des Wortlauts des IAO-Übereinkommen Nr. 182 auf einzelne Praktiken als Regelbeispiele wie den Verkauf von Kindern und den Kinderhandel, siehe Rn. 68, Schuldknechtschaft, siehe Rn. 69, und Leibeigenschaft, siehe Rn. 70, sowie Zwangs- und Pflichtarbeit, siehe Rn. 71, einschließlich der Zwangs- und Pflichtrekrutierung von Kindern für den Einsatz in bewaffneten Konflikten, siehe Rn. 72. 67

Nr. 2 a) nennt zunächst den **Verkauf von Kindern und den Kinderhandel**. Das Zusatzprotokoll zur Kinderrechtskonvention betreffend Kinderhandel, Kinderprostitution und Kinderpornographie vom 18. Januar 2002, das Deutschland und weitere 179 Staaten ratifiziert haben,[253] definiert den Verkauf von Kindern als „jede Handlung oder jedes Geschäft, mit denen ein Kind gegen Bezahlung oder für eine andere Gegenleistung von einer Person oder Personengruppe an eine andere übergeben wird". Kinderhandel ist eine weit verbreitete Praxis, die 1,2 Mio. Kinder betrifft und die Hälfte der insgesamt von Menschenhandel betroffenen Personen ausmacht.[254] Während Mädchen vor allem zum Zweck der gewerblichen Prostitution und Einsatz und Privathaushalten verkauft werden, werden Jungen zur Arbeit in der Landwirtschaft, im Bergbau und zum Einsatz in bewaffneten Konflikten verkauft.[255] Der IAO-Sachverständigenausschuss rügte zum Beispiel in seiner „Beobachtung" aus dem Jahr 2022 zum Länderbericht von Madagaskar die herrschende Praxis des Verkaufs von Kindern in Nachbarstaaten und in den Mittleren Osten zum Einsatz als Haushaltskraft und sexueller Ausbeutung.[256] Im Länderbericht von Ghana finden sich laut IAO-Sachverständigenausschuss Informationen zum Kinderhandel u.a. im Goldschmiedhandwerk, Bergbau, Viehzucht und Landwirtschaft.[257] 68

Art. 1 a) des Zusatzübereinkommens zur Abschaffung der Sklaverei definiert **Schuldknechtschaft** (debt bondage) als „eine Rechtsstellung oder eine Lage, die dadurch entsteht, dass ein Schuldner als Sicherheit für eine Schuld seine persönlichen Dienstleistungen oder diejenigen einer von ihm abhängigen Person verpfändet, wenn der in angemessener Weise festgesetzte Wert dieser Dienstleistungen nicht zur Tilgung der Schuld dient oder wenn diese Dienstleistungen nicht sowohl nach ihrer Dauer wie auch nach ihrer Art begrenzt und bestimmt sind." In der Praxis betrifft Schuldknechtschaft bei Kindern oft Fälle, bei denen Eltern zur Bezahlung ihrer Schulden ihre Kinder in landwirtschaftlichen Betrieben verdingen.[258] So wird von Sklavenarbeitsverhältnissen 69

252 *Jordan* Slavery, Forced Labour, Debt Bondage, and Human Trafficking: From Conceptional Confusions to Targeted Solutions, 2011, 2 ff., https://humantraffickingsearch.org/resource/s-lavery-forced-labor-debt-bondage-and-human-trafficking-from-conceptional-confusion-to-targeted-solutions/ (zuletzt abgerufen am 8.5.2023).

253 BGBl. 2008 II Nr. 29 S. 1222; https://treaties.un.org/Pages/ViewDetails.aspx?src=TREATY&mtdsg_no=IV-11-c&chapter=4&clang=_en (zuletzt abgerufen am 8.5.2023).

254 ILO Child Trafficking, S. 1.

255 ILO Child Trafficking, S. 1.

256 Direct Request (CEACR) – adopted 2021, published 110th ILC session (2022) Worst Forms of Child Labour Convention, 1999 (No. 182) – Madagascar (Ratification: 2001), https://www.ilo.org/dyn/normlex/en/f?p=1000:13100:0::NO:13100:P13100_COMMENT_ID,P11110_COUNTRY_ID,P11110_COUNTRY_NAME,P11110_COMMENT_YEAR:4124218,102955,Madagascar, 2021 (zuletzt abgerufen am 8.5.2023).

257 Observation (CEAC–) – adopted 2021, published 110th ILC session (2022), Worst Forms of Child Labour Convention, 1999 (No. 182– – Ghana (Ratification: 2000), https://www.ilo.org/dyn/normlex/en/f?p=1000:13100:0::NO:13100:P13100_COMMENT_ID,P11110_COUNTRY_ID,P11110_COUNTRY_NAME,P11110_COMMENT_YEAR:4115623,103231,Ghana,2021 (zuletzt abgerufen am 8.5.2023).

258 ILO Global Estimates of Child Labour, S. 37; ILO A Future Without Child Labour, Global Report under the Follow-up to the ILO Declaration on Fundamental Principles and Rights at Work, 2002, 32.

von Kindern auf Kakaoplantagen in Ghana berichtet, wenn diese aus dem trockenen Norden des Landes auf die auf die Kakaoplantagen im Süden geholt werden, und dafür Abschlagszahlungen geleistet wurden, die abgearbeitet werden müssen.[259] Diese Fälle sind besonders relevant für den Anwendungsbereich des LkSG, da sie globale Lieferketten der Kakaoindustrie und des -handels betreffen. In den Jahren 2018/19, waren rund 1,6 Mio. Kinder von Kinderarbeit im Kakaosektor in Ghana und der Elfenbeinküste, den Hauptanbauländern für die globale Kakaoproduktion, betroffen.[260] Auch im Bereich der Ziegelbrennerei/Ziegelofenbau oder in der Fabrikarbeit treten Fälle von Schuldknechtschaft bei Kindern auf.[261] So berichtet der IAO-Sachverständigenausschuss in seiner „Beobachtung" zum Länderbericht von Pakistan von 1,3 Mio. Personen einschließlich Kindern, die in Schuldknechtschaft im Ziegelbrennerei/Ziegelofen-Sektor arbeiten.[262] Schuldknechtschaft von Kindern ist auch im Bergbau in Sambia, Simbabwe, Nigeria, Ghana, Liberia, Sierra Leone and der Demokratischen Republik Kongo verbreitet.[263]

70 Art. 1 b) des Zusatzübereinkommens zur Abschaffung der Sklaverei definiert **Leibeigenschaft** (serfdom) als „die Stellung einer Person, die durch Gesetz, Gewohnheitsrecht oder Vereinbarung verpflichtet ist, auf einem einer anderen Person gehörenden Grundstück zu leben und zu arbeiten und dieser Person bestimmte entgeltliche oder unentgeltliche Dienste zu leisten, ohne seine Stellung selbständig ändern zu können." Während diese spezielle Praxis eher im Russland des 19. Jahrhunderts zu verorten ist und in dieser Form heute kaum noch anzutreffen ist,[264] weist Kinderarbeit in fremden Privathaushalten, wo Kinder als Haushaltskraft oftmals isoliert bis zu fünfzehn Stunden täglich arbeiten, ähnliche Charakteristiken auf.[265]

71 Art. 2 Nr. 1 des IAO-Übereinkommens Nr. 29 definiert **Zwangsarbeit- oder Pflichtarbeit** als „jede Art von Arbeit oder Dienstleistung, die von einer Person unter Androhung irgendeiner Strafe verlangt wird und für die sie sich nicht freiwillig zur Verfügung gestellt hat."[266] Diese Definition gilt auch für Art. 8 des Zivilpaktes und ist daher allgemein anerkannt.[267] Zwei Kriterien sind nach der Definition ausschlaggebend für das Vorliegen von Zwangsarbeit: Einerseits die Androhung einer Sanktion, andererseits die Unfreiwilligkeit auf Seite der betroffenen Person, hier des Kindes.[268] Da Kinder schutzbedürftig, oft noch nicht geschäftsfähig sind und abhängig vom Willen ihrer Eltern, wird das Element der Unfreiwilligkeit in der Regel leicht zu bejahen sein.[269] Im Unterschied zum allgemeinen Verbot der Zwangsarbeit nach § 2 Abs. 2 Nr. 3 sind keine Ausnahmen für zulässige Zwangsarbeit vorgesehen.[270] Das ist darauf zurückzuführen, dass nach IAO-Abkommen Nr. 182 und § 2 Abs. 2 Nr. 2 Zwangsarbeit von Kindern als eine sklavereiähnliche Praxis definiert ist, die im Sinne des Zusatzübereinkommens zur Abschaffung der Sklaverei keine Ausnahme zulässt.[271] In der Praxis ist Zwangsarbeit von Kindern im bereits erwähnten Kakaosektor in der Elfenbeinküste und Ghana anzutreffen. In Ghana sind rund zwei Kinder von 1000 im Kakaosektor arbeitenden Kindern von

259 *Südwind*, Institut für Ökonomie und Ökumene Kinderarbeit Ghana, Factsheet 2022 – 1, https://www.suedwind-institut.de/alle-verfuegbaren-publikationen/fact-sheet-kinderarbeit-in-ghanas-kakaosektor-weit-verbreitet.html (zuletzt abgerufen am 8.5.2023).

260 *Forum nachhaltiger Kakao* Hintergrund und Lösungsansätze, Kinderarbeit im Kakaosektor in Westafrika, 2022, 1, https://www.kakaoforum.de/unsere-arbeit/herausforderungen-im-kakaosektor/.

261 *ILO* Global Estimates of Child Labour, S. 37.

262 Observation (CEARC–) – adopted 2020, published 109th ILC session (2021), Worst Forms of Child Labour Convention, 1999 (No. 182) – Pakistan (Ratification: 2001), https://www.ilo.org/dyn/normlex/en/f?p=1000:13100:0::NO:13100:P13100_COMMENT_ID:4054350.

263 *ILO* Combatting forced labour and trafficking in Africa, ILO, November 2013.

264 Vgl. *Gorshkov* Peasants in Russia from Serfdom to Stalin, accommodation, survival, resistance, 2017.

265 Vgl. *Humbert* The Challenge of Child Labour, S. 20.

266 Deutschland hat das IAO-Überkommen ratifiziert, BGBl. 1956 II S. 640.

267 Vgl. *Humbert* The Challenge of Child Labour, S. 58.

268 Vgl. *Humbert* The Challenge of Child Labour, S. 58.

269 Vgl. *Humbert* The Challenge of Child Labour, S. 84; ILO World Labour Report, 1993, 6.

270 Grabosch/*Schönfelder* § 4 Rn. 18, Fn. 58.

271 Vgl. *Humbert* The Challenge of Child Labour, S. 58 f.

Zwangsarbeit betroffen; in der Elfenbeinküste sind es 20 von 1000 arbeitenden Kindern.[272] In der Elfenbeinküste befindet sich rund 70 Prozent der globalen Kakaoproduktion, in Ghana 60 Prozent.[273] In Peru gibt es Kinderzwangsarbeit im informellen Kleinbergbau, vor allem im Goldabbau, wo sie Gefahren ausgesetzt sind, wie z.B. dem Einsturz von Wänden und Minen, Erdrutschen, Unfällen mit Sprengstoffen und dem Kontakt mit Quecksilber und schädlichen Gasen.[274] In Indien ist in exportorientierten Branchen wie der Herstellung von Bekleidung und von Teppichen die Zwangsarbeit von Kindern weit verbreitet.[275]

Das dritte Fakultativprotokoll zum Übereinkommen über die Rechte des Kindes betreffend die **Beteiligung von Kindern an bewaffneten Konflikten** regelt in Art. 4, dass bewaffnete Gruppen, die sich von den Streitkräften eines Staates unterscheiden, unter keinen Umständen Personen unter 18 Jahren einziehen oder in Feindseligkeiten einsetzen sollen.[276] Immer noch werden weltweit Kinder von bewaffneten Gruppen zwangsrekrutiert und in Bürgerkriegen eingesetzt, die Demokratische Republik ist ein Beispiel.[277] In den 90ziger Jahren häuften sich Berichte zu so genannten „Konfliktmineralien“, die für die Finanzierung für Bürger/Rebellenkriege vor allem in Westafrika eingesetzt wurden.[278] Der Bezug von Edelsteinen, so genannte „Blutdiamanten“, können daher den Einsatz von Kindersoldaten befördern. Ein gängiges Instrument zur Verhinderung des Handels mit solchen Blutdiamanten ist das Kimberley Process Certificationa Scheme.[279] In seinen „direkten Anfragen“ zum Länderbericht aus Sierra Leone hat der IAO-Sachverständigenausschuss die Regierung aufgefordert, die nötigen Maßnahmen zur Rehabilitation und Integration früherer Kindersoldaten zu ergreifen.[280] 72

In der **Gesamtschau** der im LkSG und Zusatzübereinkommen zur Abschaffung der Sklaverei aufgezählten Praktiken wird deutlich, dass einerseits der Grad der Herrschaftsausübung über die von der **sklavereiähnlichen Praxis** betroffenen Person und andererseits die Abhängigkeit der betroffenen Person von der Herrschaft ausübenden Person entscheidende Faktoren für das Vorliegen einer sklavereiähnlichen Praxis sind.[281] Gleichzeitig wird die betroffene Person bei allen aufgezählten Praktiken wirtschaftlich ausgebeutet. Demnach kann eine sklavereiähnliche Praxis als eine solche definiert werden, bei der eine Person von einer anderen Person, von der sie abhängig ist, wirtschaftlich ausgebeutet wird.[282] „Ausbeuten“ definiert der Duden als „für sich ausnutzen“.[283] Da Kinder schutzbedürftig und von ihren Eltern/Vormündern faktisch und rechtlich abhängig sind, wird im Fall ihrer wirtschaftlichen Ausbeutung auch mit Einwilligung der Eltern der notwendige Grad der Abhängigkeit für die Einstufung als sklavereiähnliche Praxis in der Regel 73

272 *Tony Chocolony/Tulane University/Walk Free Foundation* Bitter Sweets, Prevalence of Forced Labour and Child Labour in the Cocoa Sectors of Côte d'Ivoire&Ghana, 2018, 3, https://www.cocoainitiative.org/knowledge-hub/resources/walk-free-foundation-study-prevalence-forced-labour-and-child-labour-cocoa (zuletzt abgerufen am 8.5.2023).

273 *Tony Chocolony/Tulane University/Walk Free Foundation* Bitter Sweets, Prevalence of Forced Labour and Child Labour in the Cocoa Sectors of Côte d'Ivoire&Ghana, 2018, 9, https://www.cocoainitiative.org/knowledge-hub/resources/walk-free-foundation-study-prevalence-forced-labour-and-child-labour-cocoa (zuletzt abgerufen am 8.5.2023).

274 *Südwind, Institut für Ökonomie und Ökumene, Morazan/Hütz-Adams/Knoke* Kinderarbeit, Dossier 2021–26, In die Mine statt zur Schule, Kinderarbeit im 21. Jahrhundert, 10.

275 *Terre des Hommes/Südwind, Institut für Ökonomie und Ökumene* Zwölf Jahre, Sklave, 2014, 20.

276 Deutschland hat das Protokoll ratifiziert, BGBl. 2004 II S. 1354.

277 *Terre des Hommes/Südwind, Institut für Ökonomie und Ökumene* Zwölf Jahre, Sklave, 2014, 36 ff.; https://www.unicef.de/informieren/projekte/afrika-2244/demokratische-republik-kongo-19260/kriegskinder/9942 (zuletzt abgerufen am 8.5.2023).

278 Vgl. *Humbert* The Challenge of Child Labour, S. 329.

279 https://www.kimberleyprocess.com/ (zuletzt abgerufen am 8.5.2023).

280 Direct Request (CEARC–) – adopted 2021, published 110th ILC session (2022), **Worst Forms of Child Labour Convention, 1999 (No. 182–** – Sierra Leone *(Ratification: 2011),* https://www.ilo.org/dyn/normlex/en/f?p=1000:13100:0::NO:13100:P13100_COMMENT_ID,P13100_COUNTRY_ID:4129462,103269:NO (zuletzt abgerufen am 8.5.2023).

281 Vgl. *Tretter* FS Felix Ermacora 528, 547.

282 Vgl. *Humbert* The Challenge of Child Labour, S. 41; *Tretter* FS Felix Ermacora 528, 547.

283 *Duden* Deutsches Universalwörterbuch, 9. Aufl., 2019.

vorliegen.[284] Das LkSG unterstreicht durch die Verwendung des Begriffs „alle sklavereiähnlichen Praktiken“, dass jedenfalls ein umfassendes Verbot ohne Schutzlücken gewollt ist und der Begriff weit auszulegen ist. In der Praxis wird daher nicht entscheidend sein, ob das die Norm anwendende Unternehmen die vorliegende Kinderarbeit als Schuldknechtschaft, Zwangsarbeit oder sklavereiähnliche Praxis eingestuft hat.[285]

74 **cc) Prostitution und Pornographie.** Nach dem Fakultativprotokoll zum Übereinkommen über die Rechte des Kindes betreffend den Verkauf von Kindern, die Kinderprostitution und die Kinderpornographie, das Deutschland ratifiziert hat, und was am 5. November 2008 als Gesetz in Kraft getreten ist, ist „Kinderprostitution“ die Benutzung eines Kindes bei sexuellen Handlungen gegen Bezahlung oder jede andere Art der Gegenleistung.[286] „Kinderpornographie“ jede Darstellung eines Kindes, gleichviel durch welches Mittel, bei wirklichen oder simulierten eindeutigen sexuellen Handlungen oder jede Darstellung der Geschlechtsteile eines Kindes zu vorwiegend sexuellen Zwecken. Das LkSG verbietet in beiden Fällen das „Heranziehen, Vermitteln oder Anbieten eines Kindes“. Bei der Erarbeitung des IAO-Abkommens Nr. 182 war vorgeschlagen worden, einen Zusatz zur Online-Verbreitung zu machen, was jedoch mit dem Argument abgelehnt worden war, dass jeder Fall erfasst wäre, ungeachtet der Mittel der Verbreitung.[287] Diese Auslegung entspricht dem genannten Fakultativprotokoll, das klarstellt, dass es auf das Mittel der Darstellung nicht ankommt. Dementsprechend ist in Länderberichten auch die Online-Variante gewerblicher sexueller Ausbeutung erfasst.[288] Nach Schätzungen der IAO sind weltweit rund eine Million Kinder gewerblicher sexueller Ausbeutung ausgesetzt.[289] Der Menschenrechtsausschuss zum Zivilpakt hat sich zum Beispiel zur anhaltenden sexuellen Ausbeutung von Kindern in Guatemala besorgt geäußert.[290] Auch in Madagaskar sind Kinder gewerblicher sexueller Ausbeutung ausgesetzt.[291]

75 **dd) Unerlaubte Tätigkeiten wie Drogenhandel.** Das LkSG verbietet auch das „Heranziehen, Vermitteln oder Anbieten eines Kindes“ zu unerlaubten Tätigkeiten wie den Drogenhandel. Die Allgemeine Bemerkung Nr. 17 zu Art. 24 des Zivilpaktes, auf den die Gesetzesbegründung verweist[292] hatte explizit auf den Einsatz von Kindern im unerlaubten Drogenhandel als eine Form der Ausbeutung aufgenommen.[293]

---

284 Vgl. *Humbert* The Challenge of Child Labour, S. 41; UNICEF bezeichnet jegliche intolerable Form der Kinderarbeit als ausbeuterische Kinderarbeit, *UNICEF*, The State of the World's Children, 1997, 24.

285 Lidl GB berichtet in seinem Modern Slavery Statement über Kinderarbeit ohne genau zu definieren, ob es sich um eine sklavereiähnliche Praxis handelt: Lidl GB Modern Slavery Statement 2020/2021, 14, https://corporate.lidl.co.uk/sustainability/human-rights/modern-slavery (zuletzt abgerufen am 8.5.2023).

286 BGBl. 2008 II Nr. 29 S. 1222.

287 Vgl. *Humbert* The Challenge of Child Labour, S. 97.

288 Direct Request (CEACR) – adopted 2021, published 110th ILC session (2022) Worst Forms of Child Labour Convention, 1999 (No. 182) – Colombia (Ratification: 2005), https://www.ilo.org/dyn/normlex/en/f?p=1000:13100:0::NO:13100:P13100_COMMENT_ID,P11110_COUNTRY_ID,P11110_COUNTRY_NAME,P11110_COMMENT_YEAR:4116971,102595,Colombia,2021 (zuletzt abgerufen am 8.5.2023).

289 ILO Global Estimates of Child Labour, S. 13.

290 Guatemala CCPR/C/GTM/CO/4 (2018) 3.

291 Madagascar CCPR/C/MDG/CO/4 (2017) 7.

292 Vgl. BT-Drs. 19/28649 S. 35.

293 General Comment No. 17: Article 24 (Rights of the child), (1989), https://tbinternet.ohchr.org/_layouts/15/treatybodyexternal/TBSearch.aspx?Lang=en&TreatyID=8&DocTypeID=11 (zuletzt abgerufen am 8.5.2023) auch abgedruckt in *Joseph/Castan* The ICCPR, Cases, Materials and Commentary (2013) 706.

ee) Schädliche Kinderarbeit. Das LkSG verbietet schließlich in Übernahme des Wortlauts des IAO Übereinkommens Nr. 182 in einer Generalklausel[294] **schädliche Kinderarbeit**, was dem Verbot des IAO-Abkommens Nr. 138 in dessen Art. 3 entspricht.[295] Der Unterschied liegt dem Wortlaut nach lediglich in der Verwendung von schädlich bzw. gefährlich und dem Begriff „Jugendlicher" statt „Kind" in Nr. 138. Während schädlich „zu Schädigungen führend" bedeutet, bedeutet gefährlich „eine Gefahr bildend".[296] In der englischen Fassung heißt es im Übereinkommen Nr. 138 in Art. 3 „jeopardize", also „gefährden", während das Übereinkommen Nr. 182 den Begriff „harm", also „Schaden zufügen" verwendet.[297] Da der Gefahrenbegriff etwas früher ansetzt als der Schadensbegriff, siehe Rn. 42, da der Schaden im Gegensatz zu einer Gefahr immer schon eingetreten ist, dürfe der Anwendungsbereich von Übereinkommen Nr. 138 etwas weiter sein als der von Übereinkommen Nr. 182. Das passt zum Sinn und Zweck des Übereinkommens Nr. 182, das auf die Verhinderung der schlimmsten Formen von Kinderarbeit abzielt und demnach wirkliche Schäden verhindern will. Allerdings dürfte der Unterschied in der Praxis sehr gering ausfallen, da in beiden Fällen ausreicht, dass die Arbeit **„voraussichtlich"** gefährlich/schädlich für die Gesundheit des Kindes ist, also wie im Polizeirecht eine subjektive **Prognoseentscheidung** aufgrund tatsächlicher Anhaltspunkte erfolgen muss. 76

Die Kinderarbeit muss für die **Gesundheit, Sicherheit** oder **die Sittlichkeit** des Kindes voraussichtlich schädlich sein, das entspricht einer der Kategorien von Kinderarbeit, die die IAO als inakzeptabel eingestuft hat, nämlich Arbeit, die das physische, mentale und moralische Wohlbefinden des Kindes gefährdet, siehe Rn. 51. Allerdings ist die kognitive oder geistige Entwicklung sowie das Recht auf Schuldbildung als Schutzgut explizit nicht genannt. Das ist wiederum darauf zurückzuführen, dass das Übereinkommen Nr. 182 auf die Verhinderung der schlimmsten Formen abzielt, worunter allein die Gefährdung der Schuldbildung nicht fallen sollte.[298] 77

Die Arbeit kann einerseits aufgrund ihrer Art oder andererseits aufgrund der Umstände, unter denen sie verrichtet wird, als schädlich eingestuft werden. **Regelbeispiele** finden sich in Empfehlung 190 der IAO betreffend das Verbot und unverzügliche Maßnahmen zur Beseitigung der schlimmsten Formen der Kinderarbeit,[299] die wie Äußerungen des IAO-Sachverständigenausschusses als Auslegungshilfe heranzuziehen ist, siehe Rn. 35.[300] Genannt sind in Nr. 3 der Empfehlung folgende Arten von Arbeit, die sich auch im jüngsten Bericht der IAO wiederfinden:[301] 78

- „Arbeit, die Kinder einem körperlichen, psychologischen oder sexuellen Missbrauch aussetzt;
- Arbeit unter Tage, unter Wasser, in gefährlichen Höhen oder in engen Räumen;
- Arbeit mit gefährlichen Maschinen, Ausrüstungen und Werkzeugen oder Arbeit, die mit der manuellen Handhabung oder dem manuellen Transport von schweren Lasten verbunden ist;
- Arbeit in einer ungesunden Umgebung, die Kinder beispielsweise gefährlichen Stoffen, Agenzien oder Verfahren oder gesundheitsschädlichen Temperaturen, Lärmpegeln oder Vibrationen aussetzen kann;
- Arbeit unter besonders schwierigen Bedingungen, beispielsweise Arbeit während langer Zeit oder während der Nacht oder Arbeit, bei der das Kind ungerechtfertigterweise gezwungen ist, in den Betriebsräumen des Arbeitgebers zu bleiben."

Allerdings ist zu prüfen, ob nicht nach Nr. 4 eine **staatlich genehmigte Praxis** vorliegt, weil die Gesundheit, Sicherheit und Sittlichkeit der Kinder voll geschützt ist und die Kinder eine angemes-

294 Grabosch/*Schönfelder* § 4 Rn. 19.

295 Vgl. BT-Drs. 19/28649 S. 35, die für Art. 3 des IAO-Übereinkommens auf das Verbot der schlimmsten Formen der Kinderarbeit nach Übereinkommen Nr. 182 verweist.

296 *Duden* Universalwörterbuch, 2019.

297 Siehe für die englischen Fassungen: https://www.ilo.org/dyn/normlex/en/f?p=normlexpub:12100:0::no::P12100_ilo_code:C138; Übersetzung nach Pons, Großwörterbuch Englisch, 2003.

298 Vgl. *Humbert* The Challenge of Child Labour, S. 98, 102.

299 https://www.ilo.org/wcmsp5/groups/public/---ed_norm/---normes/documents/normativeinstrument/wcms_r190_de.htm (zuletzt abgerufen am 8.5.2023).

300 Grabosch/*Schönfelder* § 4 Rn. 19.

301 *ILO* Global Estimates of Child Labour, S. 21.

sene sachbezogene Unterweisung oder berufliche Ausbildung im entsprechenden Wirtschaftszweig erhalten haben. Bedeutsam ist vor allem, dass Arbeit in Familienbetrieben erfasst ist, was beim IAO-Abkommen Nr. 138 nicht der Fall ist, siehe Rn. 57.

79 In der Praxis gibt es zahlreiche Fälle gefährlicher Kinderarbeit, vor allem auch in relevanten Exportindustrien, siehe Rn. 50. Weltweit sind 79 Mio. Kinder von gefährlicher Kinderarbeit betroffen.[302] Gefährliche Kinderarbeit ist zum Beispiel auf Palmölplantagen in Singapur zu finden.[303] Oder in Textilfabriken in Südostasien, die für europäische und US-amerikanische Firmen produzieren;[304] bei der Katastrophe Rana Plaza, bei der 2013 eine Textilfabrik in Bangladesch zusammenstürzte waren unter den 1133 Toten auch Kinderarbeiter.[305] Die Industriesektoren des Baugewerbes und Bergbaus sind explizit als gefährlich eingestuft.[306] Gefährliche Kinderarbeit in Steinbrüchen zur Herstellung von Grabsteinen ist ein prominentes Beispiel.[307] Im Bergbau in Indien und Madagaskar schürfen bis zu vier Jahre alten Kindern das Mineral Mica unter erheblichen Gesundheits- und Lebensgefahren.[308] In Ghana arbeiten laut „Beobachtung" des IAO-Sachverständigenausschusses von 2022 neun Prozent aller Kinder im Kakaoanbau, wovon 84 Prozent gefährlicher Arbeit ausgesetzt sind.[309] Zum Länderbericht zur Elfenbeinküste hat der IAO-Sachverständigenausschuss in seiner „Beobachtung" von 2022 angemerkt, dass die Regierung ihre Maßnahmen zum Abbau gefährlicher Kinderarbeit insbesondere im Kakaoanbau verstärken soll.[310] Gegenwärtig seien 189,427, Kinder von gefährlicher Kinderarbeit in der Landwirtschaft betroffen. Gefährliche Kinderarbeit ist an der Tagesordnung im Kobaltabbau im Kongo, der für die IT- und Elektroindustrie relevant ist.[311] In Guatemala arbeiten Kinder in ausbeuterischen Verhältnissen in der Landwirtschaft und Handel.[312]

c) Nr. 3 – Verbot der Beschäftigung in Zwangsarbeit

80 **aa) Überblick.** Nach den jüngsten Schätzungen der IAO sind weltweit 24,9 Millionen Menschen von Zwangsarbeit betroffen, davon sind 16 Millionen Fälle in der Privatwirtschaft und 4,1 Millionen im staatlichen Sektor zu finden.[313] 4,8 Millionen Fälle betreffen sexuelle Ausbeutung. Rund die Hälfte der Fälle in der Privatwirtschaft sind Fälle von Schuldknechtschaft, insbesondere in der Landwirtschaft, bei Dienstleistungen im Haushalt oder der verarbeitenden Industrie. Insgesamt sind Fälle von Zwangsarbeit am meisten im Haushaltssektor, im Baugewerbe und in der Landwirtschaft und Fischerei zu finden. Die Betroffenen befinden sich meistens in Situationen, die sie nicht aus eigener Kraft verlassen können, d.h. in solchen, in denen Gehälter zurückgehalten

302 *ILO/UNICEF Child Labour,* S. 23.

303 *Amnesty International* The Great Palm Oil Scandal: Labour Behind Big Names, 2016.

304 *Schmahl* United Nations Convention on the Rights of the Child: article-by-article commentary, 2021, Art. 32, Rn. 1.

305 Kilkelly/Liefaard/*Sanghera* International Human Rights of Children, 2019, S. 455, 456.

306 *ILO* Global Estimates of Child Labour, S. 59.

307 *Kaltenborn/Reit* Das Verbot der Aufstellung von Grabsteinen aus Kinderarbeit, NZVwR **2012** 925, 926.

308 *Initiative Lieferkettengesetz* Die Schatten des Glitzers, Wie Kinder nach dem Mineral Mica schürfen, https://lieferkettengesetz.de/fallbeispiel/glimmermineral-mica/ (zuletzt abgerufen am 8.5.2023).

309 Observation (CEACR) – adopted 2021, published 110th ILC session (2022), Worst Forms of Child Labour Convention, 1999 (No. 182– – Ghana (Ratification: 2000), https://www.ilo.org/dyn/normlex/en/f?p=NORMLEXPUB:13100:0::NO::P13100_COMMENT_ID:4117270 (zuletzt abgerufen am 8.5.2023).

310 Observation (CEACR) – adopted 2021, published 110th ILC session (2022), Worst Forms of Child Labour Convention, 1999 (No. 182) – Côte d'Ivoire (Ratification: 2003), https://www.ilo.org/dyn/normlex/en/f?p=1000:13100:0::NO:13100:P13100_COMMENT_ID,P13100_COUNTRY_ID:4117056,103023 (zuletzt abgerufen am 8.5.2023).

311 *Amnesty International* Democratic Republic of Congo: "This is what we die for": Human rights abuses in the Democratic Republic of the Congo power the global trade in cobalt, 2016, https://www.amnesty.org/en/documents/afr62/3183/2016/en/ (zuletzt abgerufen am 8.5.2023).

312 Guatemala CCPR/C/GTM/CO/4 (2018), 3.

313 *ILO/Walk Free Foundation*, Global estimates of modern slavery: Forced labour and forced marriage, 2017, 10 f., https://www.ilo.org/global/topics/forced-labour/statistics/lang--en/index.htm (zuletzt abgerufen am 8.5.2023).

werden oder in denen mit der Nichtzahlung der Gehälter gedroht wird, in denen Gewalt angedroht wird oder die Familie bedroht wird. Frauen leiden zudem unter sexueller Gewalt.[314] Zwangsarbeit ist ein globales Problem, das alle Länder betrifft. In den USA und Europa sind nach Schätzungen der IAO 1,5 Mio. Menschen von Zwangsarbeit betroffen.[315]

bb) Definition. Das **Verbot von Zwangsarbeit** ist in Anlehnung an den Wortlaut von IAO-Übereinkommen Nr. 29[316] legaldefiniert als „Verbot der Beschäftigung von Personen in Zwangsarbeit; dies umfasst jede Arbeitsleistung oder Dienstleitung, die von einer Person unter Androhung von Strafe verlangt wird und für die sie sich nicht freiwillig zur Verfügung gestellt hat, etwa in Folge von Schuldknechtschaft oder Menschenhandel". Mithin sind die Elemente von Zwang auf der einen und Unfreiwilligkeit auf der anderen Seite zentrale Bestandteile der Definition von Zwangsarbeit.[317] In den Vorarbeiten zur Konvention Nr. 29 wurde klargestellt, dass Strafe nicht im strafrechtlichen Sinn zu verstehen ist, sondern auch das Einziehen von Rechten oder Vorteilen umfassen soll.[318] Zudem hat die ehemalige Europäische Kommission für Menschenrechte – jetzt der Europäische Gerichtshof für Menschenrechte – festgestellt, dass der Begriff der „Zwangs- oder Pflichtarbeit" in den IAO-Übereinkommen über den wörtlichen Sinn hinaus jede Arbeit umfasst, die gegen den Willen den Betroffenen in Situationen ausgeführt wird, in denen der Betroffene unterdrückt wird oder sich in einer Notlage befindet.[319] 81

Laut Gesetzesbegründung sind **Indikatoren** für die Beschäftigung in Zwangsarbeit etwa das Einbehalten von Löhnen, das Einschränken der Bewegungsfreiheit eines Beschäftigten, das Einbehalten von Ausweisdokumenten, die Schaffung unzumutbarer Arbeit- und Lebensverhältnisse durch eine Arbeit unter gefährlichen Bedingungen oder in vom Arbeitgeber gestellten unzumutbaren Unterkünften, physische und sexuelle Gewalt, Auslieferung an Polizei und Einwanderungsbehörden, Entzug von Rechten, Täuschung über Art und Bedingungen der Arbeit, Verschuldung des Arbeitnehmers zum Beispiel durch überhöhte Preise, ein exzessives Maß an Überstunden sowie die Anwendung von Einschüchterungen und Drohungen.[320] Zudem befinden sich Migranten oft in einer Zwangssituation, wenn Arbeitsvermittler überdurchschnittliche Gebühren verlangt haben und sie deshalb nicht die Möglichkeit haben, im Zielland den Arbeitgeber zu wechseln.[321] Nach der IAO sollte grundsätzlich der Arbeitgeber Kosten für Vermittlungsgebühren übernehmen.[322] Für einen menschenwürdigen Umgang mit Wanderarbeitern und Migranten sind die vom britischen Menschenrechtsinstitut entwickelten **Dhaka-Principles**[323] hilfreich, die deut- 82

314 *ILO/Walk Free Foundation*, S. 11.
315 *ILO* Combating Forced Labour, S. 9.
316 Deutschland hat das IAO-Überkommen ratifiziert, BGBl. 1956 II S. 640.
317 Vgl. *Humbert* The Challenge of Child Labour, S. 83.
318 Record of Proceeding, ILC, 14th session, Geneva, 1930, 691 zitiert in ILO Forced Labour in Myanmar (Burma), Report of the Commission of Inquiry appointed under Art. 26 of the Constitution of the ILO to Examine the Observance by Myanmar of the Forced Labour Convention 1930 (Bo. 29), Official Bulletin, 81 (1998), Series B, Special Supplement, 9; *de la Cruz/von Potobsky/Swepston* The International Labour Organization, The International Standards System and Basic Human Rights (1996)137.
319 European Court of Human Rights (7641/7–) – Commission (Plenary) – Decision – X. and Y. v. Federal Republic of Germany, 229, https://www.stradalex.com/nl/sl_src_publ_jur_int/document/echr_7641-76 (zuletzt abgerufen am 8.5.2023).
320 BT-Drs. 19/28649 S. 36. Siehe für häufig vorkommende Formen der Zwangsarbeit auch ILO Combating Forced Labour, S. 1, 10.
321 ILO Combating Forced Labour, S. 1, 10; Siehe auch Grabosch/*Schönfelder* § 4 Rn. 22; *Jordan*, Slavery, Forced Labor, Debt Bondage and Human Trafficking: From Conceptual Confusion to Targeted Solutions, 2011, 8, https://humantraffickingsearch.org/resource/s-lavery-forced-labor-debt-bondage-and-human-trafficking-from-conceptional-confusion-to-targeted-solutions/ (zuletzt abgerufen am 8.5.2023).
322 ILO Combating Forced Labour, S. 4, 15.
323 https://www.ihrb.org/dhaka-principles/about (zuletzt abgerufen am 8.5.2023).

sche Unternehmen bereits anwenden.[324] Für die Vermeidung von Zwangsarbeit sind daneben auch die **Forced Labour Priority Principles**[325] des Consumer Goods Forum für Unternehmen ein praxistaugliches Instrument.[326]

83 Regelbeispiele sind Schuldknechtschaft und Menschenhandel.[327] **Schuldknechtschaft** wird definiert in Art. 1 a) des Zusatzübereinkommens zur Abschaffung der Sklaverei als eine Rechtsstellung oder eine Lage, die dadurch entsteht, dass ein Schuldner als Sicherheit für eine Schuld seine persönlichen Dienstleistungen oder diejenigen einer von ihm abhängigen Person verpfändet, wenn der in angemessener Weise festgesetzte Wert dieser Dienstleistungen nicht zur Tilgung der Schuld dient oder wenn diese Dienstleistungen nicht sowohl nach ihrer Dauer wie auch nach ihrer Art begrenzt und bestimmt sind.“, siehe Rn. 69. Ein Beispiel für Schuldknechtschaft in globalen Lieferketten ist das in Indien in der Textilindustrie verbreitete **„Sumangali-System“**, unter dem Frauen aus armen Familien gefangen sind, die ihre Mitgift für ihre Heirat verdienen wollen und sich dafür unter Beschränkungen der Bewegungsfreiheit für eine geringe Summe Geld bei Arbeitgebern verdingen.[328]

84 **Menschenhandel** wird im Protokoll zum UN-Übereinkommen gegen die grenzüberschreitende organisierte Kriminalität (Palermo-Konvention),[329] das Deutschland gemeinsam mit der Palermo-Konvention im September 2005 ratifiziert hat, in Art. 3 definiert:

85 „Menschenhandel ist die Anwerbung, Beförderung, Verbringung, Beherbergung oder Aufnahme von Personen durch die Androhung oder Anwendung von Gewalt oder anderen Formen der Nötigung, durch Entführung, Betrug, Täuschung, Missbrauch von Macht oder Ausnutzung besonderer Hilflosigkeit oder durch Gewährung oder Entgegennahme von Zahlungen oder Vorteilen zur Erlangung des Einverständnisses einer Person, die Gewalt über eine andere Person hat, zum Zweck der Ausbeutung. **Ausbeutung** umfasst mindestens die Ausnutzung der Prostitution anderer oder andere Formen sexueller Ausbeutung, Zwangsarbeit oder Zwangsdienstbarkeit, Sklaverei oder sklavereiähnliche Praktiken, Leibeigenschaft oder die Entnahme von Organen.“

86 Der Menschenrechtsausschuss hat in seinen Schlussfolgerungen zu Kenia die niedrige Rate der Verurteilung von Menschenhändlern kritisiert.[330] Insbesondere Frauen und Kinder sind von Menschenhandel betroffen, so zum Beispiel auf den Philippinen.[331]

87 **cc) Ausnahmen.** § 2 Abs. 2 Nr. 3 sieht mit Verweis auf Artikel 2 des IAO-Übereinkommens Nr. 29 und Art. 8 Abs. 3 b) und c) des Zivilpaktes folgende Ausnahmen vom Verbot der Zwangs- und Pflichtarbeit vor, das heißt in diesem Fällen liegt keine Zwangs- oder Pflichtarbeit vor:

- Jede Arbeit, die von einer Person aufgrund einer gerichtlichen Verurteilung verlangt wird, jedoch unter der Bedingung das diese Arbeit oder Dienstleistung unter Überwachung Aufsicht von öffentlichen Behörden ausgeführt wird und dass der Verurteilte nicht an Einzelpersonen oder private Gesellschaften oder Vereinigungen verdingt wird oder ihnen sonst zur Verfügung gestellt wird;
- Dienstleistungen militärischer Art sowie für Wehrdienstverweigerer gesetzlich vorgeschriebene nationale Dienstleistungen;

---

324 Lidl wendet zum Beispiel die Dhaka-Prinzipien an, vgl. Lidl Unternehmerische Sorgfaltspflicht für Handelsware, 6, https://unternehmen.lidl.de/verantwortung/positionspapiere (zuletzt abgerufen am 8.5.2023).

325 https://www.theconsumergoodsforum.com/social-sustainability/human-rights-ending-forced-labour/about/mission/ (zuletzt abgerufen am 8.5.2023).

326 Die Rewe Group arbeitet zum Beispiel mit diesen Prinzipien, siehe Rewes Grundsatzerklärung Menschenrechte, 4, https://www.rewe-group.com/de/presse-und-medien/publikationen/leitlinien/grundsatzerklaerung-menschenrechte/ (zuletzt abgerufen am 8.5.2023).

327 Vgl. Grabosch/*Schönfelder* § 4 Rn. 22.

328 *Sharma/Shanbros* Advocates and Solicitors, Report on India Domestic Rules and Legislations, 2021, Report on India- Domestic Rules and Legislations – OHCHR, https://www.ohchr.org › ReportHRC48 › CSOs.

329 BGBl. 2005 II S. 954.

330 Kenya CCPR/C/KEN/CO/4 (2021), 11.

331 Philippines CCPR/C/PHL/CO/4 (2012), 5: *Joseph/Castan* The International Covenant on Civil and Political Rights, Cases, Materials and Commentary, 3rd ed. 2013, 333.

- Dienstleistungen im Falle von Notständen oder Katastrophen,
- Arbeit oder Dienstleistungen, die zu den normalen Bürgerpflichten gehört;
- Kleinere Gemeindearbeiten, die dem Wohle der Gemeinschaft dienen.

Da diese Ausnahmen vor allem staatliche Aufgaben betreffen, dürften sie für die Anwendungsfälle des LkSG weniger relevant sein. Allein der Fall von Nutzung von Gefängnisarbeit könnte für Unternehmen relevant werden.

dd) Praxis. Ein aktueller Fall von Zwangsarbeit in globalen Lieferketten betrifft **zwangsrekrutierte Uiguren** in der Provinz Xinjiang in China.[332] Laut Medien- und Expertenberichten wird die muslimische Minderheit der Uiguren systematisch im Rahmen staatlicher Programme in so genannte Umerziehungslager interniert und von dort in Fabriken eingewiesen, in denen sie in Zwangsarbeit Produkte für internationale Firmen herstellen.[333] Nach einem Gutachten des wissenschaftlichen Dienstes des Bundestages begründen die vorgebrachten Vorwürfe schwere Menschenrechtsverstöße.[334] Am 21. Juni 2022 ist ein US-amerikanisches Handelsembargo in Kraft getreten, das auf der Annahme beruht, dass jedes Produkt, das teilweise in Xinjiang gefertigt wurde, in Zwangsarbeit hergestellt wurde und daher einem Einfuhrverbot unterliegt.[335] Im August 2022 hat China die IAO-Übereinkommen Nr. 30 und 105 zum Verbot der Zwangsarbeit unterzeichnet und muss zukünftig über das Vorliegen von Zwangsarbeit nach dem IAO-Überwachungssystem berichten.[336] 88

Ein weiterer zentraler Fall von Zwangsarbeit, der auch Gegenstand einer Beschwerde des Internationalen Gewerkschaftsbunds unter dem IAO-Beschwerdesystem ist, betrifft **Migranten aus Myanmar und Laos**, die auf Fischereibooten in Thailand in Zwangsarbeit beschäftigt werden, denen regelmäßig zuvor Reisedokumente entzogen wurden, sie mit physischer Gewalt bedroht oder Gehälter nicht ausgezahlt wurden.[337] Ebenso kritisiert der Menschenrechtsausschuss unter dem Zivilpakt fortbestehenden Menschenhandel und Zwangsarbeit in Thailand insbesondere im Landwirtschafts- und Fischereisektor, im Haushalt und in Form sexueller Ausbeutung.[338] In Kenia werden laut Menschenrechtsausschuss insbesondere Frauen von Arbeitsagenturen gezwungen, im Ausland in ausbeuterischen Verhältnissen zu arbeiten.[339] Der Menschenrechtsausschuss kritisiert die fortbestehende **Zwangs- und Kinderarbeit in Usbekistan** bei der Baumwollernte insbesondere durch das staatlich vorgeschriebene Quotensystem einschließlich Bestrafungen bei Nichterfüllung der Quote 89

332 https://www.business-humanrights.org/en/latest-news/china-83-major-brands-implicated-in-report-on-forced-labour-of-ethnic-minorities-from-xinjiang-assigned-to-factories-across-provinces-includes-company-responses/ (zuletzt abgerufen am 8.5.2023). Vgl. zum Hintergrund auch *Arnold/Fitze* Zwangsarbeit in Xinjiang, Entmenschlicht, Sklaverei im 21. Jahrhundert, 2022, 144 ff.

333 *Business and Human Rights Resource Centre* Major brands implicated in report on forced labour beyond Xinjiang, https://www.business-humanrights.org/de/latest-news/major-brands-implicated-in-report-on-forced-labour-beyond-xinjiang/ (zuletzt abgerufen am 8.5.2023). *Süddeutsche Zeitung* vom 24.5.2022, https://www.sueddeutsche.de/politik/baerbock-china-uiguren-xinjiang-1.5591043 (zuletzt abgerufen am 8.5.2023).

334 *Wissenschaftlicher Dienst des Bundestages* Die Uiguren in Xinjiang im Lichte der Völkermordkonvention, Mai 2021, WD 2-3000-027/21, S. 45, 72.

335 *Guardian* 21.6.2022, US ban on cotton from forced Uyghur labour comes into force, https://www.theguardian.com/world/2022/jun/21/us-ban-on-cotton-from-forced-uyghur-labour-comes-into-force (zuletzt abgerufen am 8.5.2023). https://www.ilo.org/global/about-the-ilo/newsroom/news/WCMS_853575/lang--en/index.htm (zuletzt abgerufen am 8.5.2023).

336 https://www.ilo.org/global/about-the-ilo/newsroom/news/WCMS_853575/lang--en/index.htm (zuletzt abgerufen am 8.5.2023).

337 *ILO Governing Body*, Report of the Director-General, Sixth Supplementary Report: Report of the Committee set up to examine the representation alleging non-observance by Thailand of the Forced Labour Convention, 1930 (No. 29), made under article 24 of the ILO Constitution by the International Trade Union Confederation (ITUC) and the International Transport Workers' Federation (ITF), 2017, GB.329/INS/2/06; siehe auch Oxfam Supermarket Responsibilities for Supply Chain Workers Rights, 2018, 11.

338 Thailand CCPR/C/THA/CO/2 (2017) 4.

339 Kenya CCPR/C/KEN/CO/4 (2021) 11.

sowie den Einsatz von Freiheitsentzug für den zwangsweisen Arbeitseinsatz.[340] An Zwangsarbeit grenzende Zustände finden sich nach den oben genannten Indikatoren auch in der Fleischindustrie in Deutschland, wo Wanderarbeiten in einem Vierbettzimmer für 250 € Miete im Monat oder in Baracken oder auf Campingplätzen untergebracht werden, und (überhöhten) Kosten für die Unterbringung direkt vom Lohn abgezogen werden.[341]

d) Nr. 4 – Verbot aller Formen der Sklaverei, sklavenähnlicher Praktiken, Leibeigenschaft und anderer Formen der Herrschaftsausübung oder Unterdrückung

90 **aa) Verhältnis zum Verbot der Zwangsarbeit in Nr. 3.** Laut Gesetzestext und -begründung umfasst das Verbot nach Nr. 4 alle Formen der Sklaverei, sklavenähnliche Praktiken, Leibeigenschaft oder andere Formen von Herrschaftsausübung oder Unterdrückung im Umfeld der Arbeitsstätte.[342] Der Gesetzestext und seine Begründung nennen für Fälle der Herrschaftsausübung oder Unterdrückung extreme wirtschaftliche oder sexuelle Ausbeutung und Erniedrigung als Anwendungsfälle.[343] Dass der Gesetzgeber unter das Verbot von Nr. 3 vor allem Extremfälle fassen wollte, ergibt sich auch aus der systematischen Auslegung, da typische Fälle moderner Sklaverei wie Zwangsarbeit mit ihren Formen der Schuldknechtschaft und Menschenhandel bereits beim Verbot der Zwangsarbeit genannt sind.[344] Demnach nimmt das Verbot in Nr. 4 die Rolle eines Auffangtatbestandes für Extremfälle sklavereiähnlicher Praktiken ein.[345]

91 **bb) Definitionen.** Angesichts der Tatsache, dass das System der **Sklaverei** formal abgeschafft ist, wird der enge Sklavereibegriff im Sinne der Konvention von 1926 heutzutage kaum eine Rolle spielen.[346] Auch der in Art. 8 Abs. 1 des Zivilpaktes verwendete Begriff der Sklaverei wird in seinem traditionellen Sinn der rechtlichen Verfügungsgewalt über eine andere Person verstanden.[347] Die entscheidenden Faktoren für das Vorliegen einer **sklavereiähnlichen Praxis** nach Art. 1 im Sinne des Zusatzübereinkommens zur Abschaffung der Sklaverei und Art. 8 Abs. 2 des Zivilpaktes ist einerseits der Grad der Herrschaftsausübung über die betroffene Person und andererseits die Abhängigkeit der betroffenen Person von der Herrschaft ausübenden Person.[348] Gleichzeitig wird die betroffene Person bei allen aufgezählten Praktiken wirtschaftlich ausgebeutet. Demnach kann eine sklavereiähnliche Praxis als eine solche definiert werden, bei der eine Person von einer anderen Person, von der sie abhängig ist, wirtschaftlich ausgebeutet wird.[349] Der Grad der Herrschaftsausübung und Kontrolle der einen über die andere Person ist dabei entscheidend, ob eher eine sklavereiähnliche Praxis im Sinne von Nr. 4 oder Zwangsarbeit im Sinne des Verbots nach Nr. 3 vorliegt.[350]

---

340 Usbekistan CCPR/C/UZB/CO/5 (2020) 7.

341 *Birke* Migration und Arbeit in der Fleischindustrie.

342 BT-Drs. 19/28649 S. 36.

343 BT-Drs. 19/28649 S. 36.

344 Nach der IAO ist Zwangsarbeit moderne Sklaverei, vgl. ILO Walk Free Foundation, Global estimates of modern slavery: Forced labour and forced marriage, 2017; *Humbert* The Challenge of Child Labour, S. 83; ILO Stopping Forced Labour, Global Report under the Follow-up to the ILO Declaration on Fundamental Principles and Rights at Work, 2001, S. 10.

345 Ähnlich auch Grabosch/*Schönfelder* § 4 Rn. 30.

346 Vgl. auch Grabosch/*Schönfelder* § 4 Rn. 28.

347 *Bossuyet* Guide to the Travaux Préparatoires of the International Covenant on Civil and Political Rights (1987), 167.

348 Vgl. *Tretter* FS Felix Ermacora 528, 547.

349 Vgl. *Humbert* The Challenge of Child Labour, 1; *Tretter* FS Felix Ermacora 528, 547.

350 Vgl. Zur Abgrenzung auch *Humbert* The Challenge of Child Labour in International Law, 2009, 41; *Tretter* FS Felix Ermacora 528, 547. *Weissbrodt/Anti-Slavery International* Abolishing Slavery and its Contemporary Forms, HR/PUB/02/4 OHCHR, 2002, S. 7. https://www.antislavery.org/slavery-today/domestic-work-and-slave (zuletzt abgerufen am 8.5.2023).

Wie beim Verbot der schlimmsten Formen der Kinderarbeit wird **Leibeigenschaft**, siehe Rn. 70, im formal-rechtlichen Sinn kaum noch existieren, ist jedoch denkbar in Situationen, in denen Hausangestellte faktisch den fremden Haushalt nicht verlassen können. 92

Wie oben erwähnt meint der Begriff der **Herrschaftsausübung oder Unterdrückung im Umfeld der Arbeitsstätte** extreme wirtschaftliche oder sexuelle Ausbeutung und Erniedrigung als Anwendungsfälle. Denkbar sind Fälle von „Sexsklaven" oder „Arbeitssklaven" in Privathaushalten. So berichtet die Organisation „Anti-Slavery" von Frauen und Kindern in Ländern wie Nepal, Tansania, Peru, Indien und im Nahen Osten, die Tag und Nacht für Haushalts- und sexuelle Dienste verfügbar sein müssen und ihrer Situation nicht entkommen können.[351] 93

e) Nr. 5 – Verbot der Missachtung des Arbeitsschutzes

aa) Hintergrund und Systematik. Das in Nr. 5 statuierte Verbot betrifft den Bereich des **Arbeitsschutzes**. Die Gesetzesbegründung verweist auf das von Art. 6 des Zivilpaktes geschützte Recht auf Leben, das in Art. 12 des Sozialpaktes statuierte Recht auf Gesundheit und die in Art. 7 b) und d) des Sozialpaktes festgeschriebenen Rechte auf sichere und gesunde Arbeitsbedingungen und angemessene Arbeitszeit, deren Verwirklichung der Arbeitsschutz dient.[352] Die von diesen Rechten „geschützten Rechtspositionen" gemäß § 2 Abs. 1 gilt es zu sichern und das menschenrechtliche Risiko arbeitsbedingter Unfälle und Gesundheitsgefahren oder gar Tod durch Beachtung nach dem anwendbaren nationalen Recht geltenden Pflichten des Arbeitsschutzes zu vermeiden. Neben den genannten internationalen Vorschriften verweist die Gesetzesbegründung für die Auslegung des Rechts auf sichere und gesunde Arbeitsbedingungen auch auf die IAO-Übereinkommen Nr. 155 vom 22. Juni 1981 über Arbeitsschutz und Arbeitsumwelt[353] sowie IAO-Übereinkommen Nr. 187 vom 15. Juni 2006 über den Förderungsrahmen für den Arbeitsschutz niedergelegten Grundstandards des Arbeitsschutzes[354] und macht dies mit Verweis auf den Ausschuss zum Sozialpakt explizit unabhängig von deren Ratifikationsstand.[355] Hilfreich ist die Allgemeine Bemerkung zu Art. 7 b) und d) des Sozialpaktes, die das Recht auf sichere und gesunde Arbeitsbedingungen sowie auf angemessene Arbeitszeiten genauer definiert.[356] 94

Nach dem Gesetzeswortlaut verbietet Nr. 5 die Missachtung der Pflichten aus dem Arbeitsschutz des Beschäftigungsortes, „wenn hierdurch die Gefahr von Unfällen bei der Arbeit oder arbeitsbedingte Gesundheitsgefahren entstehen". Solche **Gefahren- und Risikosituationen** sind in den nicht abschließenden („insbesondere") Regelbeispielen a) bis d) definiert.[357] Da die Gefahrensituationen sich auf die von genannten internationalen Übereinkommen „geschützte Rechtspositionen" beziehen und die Sozial- und Zivilpakte von der Mehrheit der Staaten ratifiziert und damit gesetzlich verpflichtend für die einzelnen Staaten und ihre nationalen Akteure sind, siehe Rn. 5 ff., dürfte es im Einzelnen nicht auf das Recht des Beschäftigungsortes ankommen, da dieses in der Regel solche Gefahrensituationen verbieten wird.[358] Eine Datenbank zu nationalen Arbeitsgesetzen findet sich auf der Website der IAO.[359] 95

351 https://www.antislavery.org/slavery-today/domestic-work-and-slavery/ (zuletzt abgerufen am 8.5.2023).

352 BT-Drs. 19/28649 S. 36.

353 https://www.ilo.org/wcmsp5/groups/public/---ed_norm/---normes/documents/normativeinstrument/wcms_c155_de.htm (zuletzt abgerufen am 8.5.2023).

354 Deutschland hat das Übereinkommen ratifiziert, BGBl. 2010 Teil II S. 378, 379.

355 BT-Drs. 19/28649 S. 36.

356 General comment No. 23 (2016) on the right to just and favourable conditions of work (article 7 of the International Covenant on Economic, Social and Cultural Rights) E/C.12/GC/23, 7 ff.

357 Vgl. auch Grabosch/*Schönfelder* § 4 Rn. 31.

358 Vgl. ähnlich Grabosch/*Schönfelder* § 4 Rn. 32.

359 https://www.ilo.org/dyn/natlex/natlex4.home?p_lang=en (zuletzt abgerufen am 8.5.2023).

96 **bb) Ungenügende Sicherheitsstandards.** Nach der Gesetzesbegründung kann ein Risiko für die Gesundheit oder das Leben einer Person insbesondere aus der Missachtung von Sicherheitsstandards bei der Bereitstellung und Instandhaltung der **Arbeitsstätte und des Arbeitsplatzes und der Arbeitsmittel** entstehen.[360] Der Arbeitsplatz umfasst alle Orte, an denen der Beschäftige für die Arbeit tätig ist, einschließlich der Arbeitsstätte und darüber hinaus auch dem weiteren Betriebsgelände sowie Verkehrs- und Fluchtwege.[361] Ebenso ist auch für Sicherheit beim Anfahrtsweg zur Arbeit zu sorgen.[362] Ein Risiko für die Gesundheit oder das Leben wird bei der Einrichtung und Gestaltung von Arbeitsstätte und Arbeitsplatz insbesondere dann vorliegen, wenn das Gebäude, in dem Arbeit verrichtet wird, nicht genügend gegen Brandgefahren gerüstet ist oder keine Fluchtwege und Notausgänge bereithält.[363] **Unzureichender Brandschutz** mit zu wenig Fluchtwegen wie Treppen, Notausgängen sowie zu wenig Feuerlöschern und Alarmsirenen war der Grund für den Tod der 258 Verstorbenen beim Brand der Fabrik Ali Enterprises, einer Textilzulieferfabrik des Textildiscounters kik, der vor dem Landgericht Dortmund verhandelt wurde.[364] Ebenso ist auf die **Gebäudesicherheit** zu achten, insbesondere wenn wie in Bangladesch bereits vielfach Textilfabriken zusammengestürzt sind.[365] Eine der schlimmsten Katastrophen war der Fabrikeinsturz der Textilfabrik Rana Plaza in 2013 mit über 1130 Toten.[366]

97 Nach der Gesetzesbegründung müssen Unternehmen bei der Verwendung von Arbeitsmitteln, einschließlich Arbeitsstoffen, Maschinen, Ausrüstung, Anlagen und Geräten in der Lieferkette Gefährdungen, die sich aus deren Einsatz ergeben, erkennen und minimieren.[367] Risiken können sich auch aus dem Zusammenhang zwischen Arbeitsplatz, Arbeitsmitteln und Arbeitsverfahren ergeben.[368] Nach Art. 5 b) des IAO-Übereinkommens Nr. 155 sind Maschinen, Ausrüstungen, Arbeitszeit, der Arbeitsorganisation und Arbeitsverfahren an die körperlichen und geistigen Fähigkeiten der Arbeitnehmer anzupassen. Neben der Sicherheit von Maschinen, Ausrüstung, Geräten und Anlagen müssen Unternehmen auch überprüfen, ob die Arbeiter bei der Tätigkeit Gefahrenstoffen ausgesetzt sind, welche die Gesundheit schädigen können.[369] **Pestizidvergiftungen bei landwirtschaftlichen Tätigkeiten** sind ein weit verbreitetes und gut dokumentiertes Beispiel für Gesundheitsschäden.[370] Im Bananenanbau in Ecuador und Ananasanbau in Costa Rica für deutsche Supermarktketten werden von der Weltgesundheitsorganisation (WHO) als hochtoxische eingestufte Pestizide entgegen nationaler Vorschriften eingesetzt, während Arbeiter ohne ausreichende Schutzkleidung auf den Feldern sind.[371] Dies ist auch an der Tagesordnung auf südafrikanischen Wein- und Weintraubenplantagen in Südafrika[372]

360 BT-Drs. 19/28649 S. 36.

361 BT-Drs. 19/28649 S. 36.

362 General comment No. 23 (2016) on the right to just and favourable conditions of work (article 7 of the International Covenant on Economic, Social and Cultural Rights) E/C.12/GC/23, 7.

363 BT-Drs. 19/28649 S. 36.

364 *ECCHR* Der Preis der Arbeitsbedingungen in der Textilindustrie Südostasiens, https://www.ecchr.eu/fall/kik-der-preis-der-arbeitsbedingungen-in-der-textilindustrie-suedasiens/ (zuletzt abgerufen am 8.5.2023); Siehe auch LG Dortmund, Urteil vom 10.1.2019, 7 O 95/15, http://www.justiz.nrw.de/nrwe/lgs/dortmund/lg_dortmund/j2019/7_O_95_15_Urteil_20190110.html.

365 Bereits im Jahr 2004 stürzte zum Beispiel die Fabrik Spectrum ein, in der Näherinnen auch für deutsche Unternehmen Kleidung nähten. 79 Menschen starben, https://www.spiegel.de/wirtschaft/blut-in-der-zulieferkette-a-b83932a1-0002-0001-0000-000040712949#Inhalt.

366 *ECCHR* Mehr Show als Sicherheit, Zertifikate in der Textilindustrie, https://www.ecchr.eu/fall/mehr-show-als-sicherheit-zertifikate-in-der-textilindustrie/ (zuletzt abgerufen am 8.5.2023).

367 BT-Drs. 19/28649 S. 36.

368 BT-Drs. 19/28649 S. 36.

369 BT-Drs. 19/28649 S. 36.

370 Vgl. BT-Drs. 19/28649 S. 36.

371 *Oxfam* Bittere Bananen, S. 9 f.; *Oxfam* Süße Früchte, Bittere Wahrheit, S. 20 f., 25 ff.; Oxfam Grenzenlose Ausbeutung, S. 19.

372 *Oxfam* Grenzenlose Ausbeutung, S. 26.

und im Teeanbau in Assam.[373] Zu Pestizidvergiftungen kommt es auch, wenn Arbeiter die frisch eingesprühten Pflanzen zum Pflücken oder Pflegen berühren müssen.[374] Die Betroffenen leiden unter Hautverätzungen, Schwindel, Erbrechen.[375] In Ecuador sind Kinder von Plantagenarbeitern von Behinderungen betroffen.[376] In Brasilien werden nach NGO-Berichten in der Landwirtschaft jährlich bis zu 7000 Fälle von Pestizidvergiftungen registriert.[377]

cc) Fehlende Schutzmaßnahmen bei Einwirkungen durch Stoffe. Unternehmen müssen 98
solchen Risiken entgegenwirken, die im Zusammenhang mit ihrer Tätigkeit durch die **Einwirkung physikalischer, chemischer oder biologischer Stoffe** entstehen.[378] Gesundheitsgefahren können entweder durch unmittelbaren Kontakt von Arbeitern mit zum Beispiel chemischen Stoffen oder mittelbar über den Kontakt mit kontaminierten Boden, Luft oder Wasser entstehen. Ein aktuelles Beispiel ist die **Schuhindustrie in Europa**, in der Arbeiter einer ganzen Reihe von in Klebstoffen und Reinigungsmitteln enthaltenen gesundheitsgefährdenden Chemikalien wie Stoffe wie Benzol, Dichlorethan und Hexan ausgesetzt sind, was häufig zu Vergiftungen führt.[379] Der regelmäßige Kontakt mit Benzol kann gar Leukämie verursachen. Beim Vulkanisieren von Stoffen wie Latex zur Herstellung von Gummi werden giftige Dämpfe freigesetzt; vielen wird davon schwindlig, sie bekommen Hustenattacken oder müssen sich übergeben.[380] Ein weiteres Beispiel ist das **Sandstrahlen von Jeans**, bei dem Arbeiter durch das Einatmen von Quarzstaub dem Risiko der Erkrankung an Silikose, der klassischen Bergarbeiter-Krankheit der Staublunge, die irreversibel ist und zum Tod durch Ersticken führt, ausgesetzt sind.[381] Seitdem Bekanntwerden des Risikos ist diese Technik von der Türkei 2009 verboten worden und von einigen Unternehmen geächtet, jedoch noch weit verbreitet in China, Bangladesch und Pakistan.[382] Außerdem können Beschäftigte durch physikalischen Einwirkungen im Rahmen der betrieblichen Tätigkeit etwa durch Unfälle mit **unsicheren Maschinen**, durch extreme Temperaturen, Bränden oder Detonationen explosiver Materialien, durch elektrische Gefährdung und durch Strahlung ausgesetzt sein.[383] So kommt es in der Teeindustrie in Indien häufig zu Gesundheitsschäden, da veraltete Maschinen eingesetzt werden.[384] Die Gesundheit der Arbeiter kann auch durch chemische Einwirkungen hervorgerufen durch **Gase in der Raumluft** beschädigt werden.[385] Durch Kontakt mit Bakterien, Viren oder Pilzen kann für die Beschäftigten die Gefahr einer biologischen Einwirkung bestehen, deren Risiken durch ausreichende Schutzbekleidung und Schutzausrüstung gemindert werden müssen.[386]

---

373 *Oxfam* Schwarzer Tee, Weiße Weste, S. 17.

374 *Oxfam* Schwarzer Tee, Weiße Weste, S. 17; *Oxfam* Grenzenlose Ausbeutung, S. 26.

375 *Oxfam* Süße Früchte, Bittere Wahrheit, S. 20 f., 25 ff.; *Oxfam* Grenzenlose Ausbeutung, S. 19.

376 *Oxfam* Bittere Bananen, S. 27.

377 https://www.inkota.de/themen/unternehmen-verantwortung/initiative-lieferkettengesetz/bayer-verkauft-gefaehrliche (zuletzt abgerufen am 8.5.2023).

378 BT-Drs. 19/28649 S. 37.

379 *Public Eye* Schuhproduktion: Arbeitsrechte mit Füßen getreten, 2017, m.w.N, https://www.publiceye.ch/de/themen/mode/schuhproduktion (zuletzt abgerufen am 8.5.2023).

380 *Public Eye* Schuhproduktion: Arbeitsrechte mit Füßen getreten, 2017, m.w.N.

381 https://www.umweltnetz-schweiz.ch/themen/konsum/2901-artikelserie-sandstrahlen-jeans.html.

382 Vgl. Informationen der Firma Tortland m.w.N. https://www.stuttgarter-zeitung.de/inhalt.textilproduktion-in-china-die-welthauptstadt-der-jeans-stinkt.878008ff-08db-4ae1-8fae-47a795b2ae52.html (zuletzt abgerufen am 8.5.2023).

383 BT-Drs. 19/28649 S. 37.

384 *Oxfam* Schwarzer Tee, Weiße Weste, S. 17.

385 In einer Zuliefererfabrik für Puma, in der verschiedene Chemikalien eingesetzt werden, war es 2013 zu Ohnmachtsanfällen https://www.focus.de/finanzen/boerse/mysterioese-ohnmachtsattacken-bei-puma-arbeitern-sportartikel-hersteller_id_2203461.html (zuletzt abgerufen am 8.5.2023).

386 Vgl. BT-Drs. 19/28649 S. 37.

99 **dd) Übermäßige körperliche und geistige Ermüdung.** Die Gesetzesbegründung weist auf das Risiko einer arbeitsbedingten Gesundheitsgefahr aus einer ungeeigneten Arbeitsorganisation in Bezug auf Arbeitszeiten und Ruhepausen ergeben, die zu übermäßiger körperlicher oder geistiger Ermüdung der Arbeiter führt.[387] Das Verbot dient dem in Artikel 7 Buchstabe d des Sozialpaktes verankerten Schutz des Rechts auf Arbeitspausen, Freizeit und einer angemessenen Begrenzung der Arbeitszeit. Exzessive Überstunden sowie fehlende Mindestpausenregelungen und Arbeitszeitbegrenzungen sind zum Beispiel im **Textilsektor** vorzufinden.[388] Berichte von zivilgesellschaftlichen Organisationen zu Textilfabriken in China weisen auf Arbeitszeiten bis zu 18 Stunden an bis zu 30 Tagen im Monat hin.[389] Ebenso arbeiten Beschäftigte im Ananasanbau in Costa Rica regelmäßig mehr als zwölf Stunden pro Tag.[390] Die Organisation Oxfam hat nachgewiesen, dass prekäre Arbeitsbedingungen einschließlich unbezahlter und unter Zwang geleisteter Überstunden in der Lebensmittelproduktion weltweit ein **strukturelles Problem** sind.[391] In Deutschland finden sich überlange Arbeitszeiten, die zwar nicht offiziell aber in der Praxis gegen das Arbeitszeitgesetz verstoßen, in der Fleischindustrie.[392] Die Arbeitszeiten werden insbesondere durch das Streichen von Pausen verändert.[393]

100 **ee) Ungenügende Ausbildung und Unterweisung.** Ebenso können arbeitsbedingte Unfälle und Gesundheitsgefahren durch mangelnde Ausbildung eines Arbeiters hervorgerufen werden.[394] Nach der Gesetzesbegründung müssen Arbeitnehmer vor der Einstellung eine den Anforderungen der Tätigkeit entsprechende Ausbildung besitzen und eine geeignete Unterweisung bezüglich der konkreten Gefährdungen des Arbeitsplatzes oder Aufgabenbereiches sowie geeigneter Gegen- und Notfallmaßnahmen erhalten, um Gefahrensituationen zu erkennen.[395] Einer erneuten Unterweisung bedarf es zudem bei der Verwendung neuer Arbeitsmittel oder dem Einsatz in neue Aufgabenbereiche, sofern diese besonders gefahrgeneigt sind.[396] Sofern dies im Hinblick auf die von der Arbeitstätigkeit ausgehenden Gefahren erforderlich ist, müssen Unterweisungen regelmäßig wiederholt werden.[397] In der Fleischindustrie in Deutschland ereignen sich häufig Arbeitsunfälle durch **mangelnde Einweisung und hohen Arbeitstempodruck**.[398] Bei Lebensmittellieferdiensten sind Unfälle der Fahrradkuriere stark angestiegen, was unter anderem auf mangelnde Unterweisung und Zeitdruck zurückgeführt wird.[399]

101 Eine ungenügende Einweisung ist beispielsweise bei dem Umgang mit Chemikalien besonders risikoreich. Dies kann sowohl die Gesundheit der Arbeiternehmer ernsthaft gefährden als auch nachhaltige Umweltschäden verursachen, etwa durch die Verunreinigung von Böden und Gewässern. Daher sind Arbeiter, die in der Landwirtschaft Pestizide einsetzen müssen, entsprechend einzuweisen.[400]

---

387 BT-Drs. 19/28649 S. 37.

388 BT-Drs. 19/28649 S. 37.

389 *Kampagne für Saubere Kleidung* Licht ins Dunkel, 2018, S. 10, https://saubere-kleidung.de/2020/10/licht-ins-dunkel/ (zuletzt abgerufen am 8.5.2023).

390 *Oxfam* Grenzenlose Ausbeutung, S. 19.

391 *Oxfam* Die Zeit ist reif, 2018, S. 7 ff.; https://www.oxfam.de/ueber-uns/publikationen/bericht-zeit-reif-supermarkt-check (zuletzt abgerufen am 8.5.2023).

392 *Birke* Migration und Arbeit in der Fleischindustrie.

393 *Birke* Migration und Arbeit in der Fleischindustrie.

394 BT-Drs. 19/28649 S. 37.

395 BT-Drs. 19/28649 S. 37.

396 BT-Drs. 19/28649 S. 37.

397 BT-Drs. 19/28649 S. 37.

398 *Birke* Migration und Arbeit in der Fleischindustrie.

399 *Süddeutsche Zeitung Magazin* 31.3.2022, https://sz-magazin.sueddeutsche.de/leben-und-gesellschaft/lieferdienste-unfaelle-gorillas-91388?reduced=true (zuletzt abgerufen am 8.5.2023).

400 So führt das Unternehmen Bayer Trainings zum Gebrauch von Pestiziden durch, https://www.bayer.com/de/de/hsdf-exportiert-bayer-pestizide-die-in-europa-verboten-sind-in-entwicklungslaender (zuletzt abgerufen am 8.5.2023).

ff) Sonstige Gefahren- und Risikosituationen. Gefahr- und Risikosituationen sind auch solche, in denen Unterkünfte des Arbeitgebers die Gesundheit gefährden. Das als Auslegungsmaßstab heranzuziehende Recht auf Gesundheit nach Art. 12 Abs. 1 und Abs. 2 b) des Sozialpaktes umfasst das Recht auf eine angemessene Unterkunft,[401] das allerdings in erster Linie der Staat umzusetzen hat. Wenn es sich um Unterkünfte des Arbeitgebers handelt, trifft jedoch auch diesen eine Verantwortung zur Bereitstellung angemessener Unterkünfte. Nach Art. 11 Abs. 1 des Sozialpaktes bedeutet eine **angemessene Unterkunft** eine solche mit angemessener Privatsphäre, angemessenem Raum, angemessener Sicherheit, angemessener Beleuchtung und Lüftung, angemessener grundlegender Infrastruktur einschließlich Zugang zu Trinkwasser, Energie, zu sanitären Anlage und Müllversorgung und angemessenem Standort im Hinblick auf Arbeitsort und grundlegenden Einrichtungen – zu angemessenen Kosten.[402] Unterkünfte von Arbeitgebern, wie sie in Costa Rica im Ananasanbau zu finden sind, in denen vier Arbeiter auf zehn Quadratmetern untergebracht sind, dürften diesen Standards widersprechen.[403] Ebenfalls dürfte Unternehmen eine Verantwortung zur Vermeidung von Situationen wie im exportorientierten Obstanbau in Spanien treffen, wo Arbeiter in selbstgebauten Hütten aus Müll und ohne Wasser und Strom leben.[404] Gleiches trifft auf die Slums-ähnlichen Siedlungen im italienischen Apulien zu, wo migrantische Arbeiter, die im Tomatenanbau beschäftigt sind, unter unzureichenden hygienischen Bedingungen fernab von Städten oder Dörfern hausen.[405] Auch wenn in diesen Situationen (vor allem) Staaten zum Handeln verpflichtet sind, ist der Arbeitgeber zumindest nach § 2 Abs. 2 in Verbindung mit Art. 7 a) des Sozialpaktes der Arbeitgeber verpflichtet, einen Lohn zu zahlen, der eine angemessene Unterkunft ermöglicht.[406] Vom Arbeitgeber zur Verfügung gestellte unzumutbare Unterkünfte sind außerdem ein Indikator für das Vorliegen von Zwangsarbeit, Rn. 82. 102

Gefahren- und Risikosituationen ergeben sich außerdem bei **unzumutbarer schwerer körperlicher Arbeit** wie in italienischen Gerbereien für die Schuhproduktion, bei der Migranten etwa aus dem Senegal pro Tag rund 20 Tonnen Häute heben und ihren Rücken nicht mehr strecken können.[407] 103

f) Nr. 6 – Verbot der Missachtung der Koalitionsfreiheit

aa) Überblick. Nummer 6 betrifft das Verbot der Missachtung der Koalitionsfreiheit.[408] Die Gesetzesbegründung verweist auf als Auslegungsmaßstab auf Artikel 22 des Zivilpaktes, Artikel 8 des Sozialpaktes und die IAO-Kernübereinkommen Nr. 87 über die Vereinigungsfreiheit und den Schutz des Vereinigungsrechts[409] und Nr. 98 über die Grundsätze des Vereinigungsrechts und des Rechts auf Kollektivverhandlungen.[410] Im Einklang mit diesen Vorschriften schützt die Norm unter Buchstabe a) die Bildung von und den Beitritt zu Gewerkschaften, unter b) vor Diskriminierungen von Arbeitnehmern aufgrund gewerkschaftlicher Betätigung und unter c) die Betätigung von Gewerkschaften im Einklang mit dem Recht des Beschäftigungsortes. 104

---

401 Allgemeine Bemerkung zum Sozialpakt Nr. 14, CESCR E/C.12/2000/4, Rn. 15.

402 Allgemeine Bemerkung Nr. 4 zum Sozialpakt, CESCR E/1992/23 13.12.1991.

403 Vgl. *Oxfam* Süße Früchte, Bittere Wahrheit, S. 18.

404 https://www.br.de/nachricht/b5-reportage-moderne-sklaven100.html (zuletzt abgerufen am 8.5.2023).

405 *Oxfam* The People behind the Prices, A focused human rights impact assessment of SOK corporation's Italian processed tomato chains, 2019, 40–43, https://policy-practice.oxfam.org/resources/the-people-behind-the-prices-a-focused-human-rights-impact-assessment-of-sok-co-620619/ (zuletzt abgerufen am 8.5.2023).

406 General comment No. 23 (2016) on the right to just and favourable conditions of work (article 7 of the International Covenant on Economic, Social and Cultural Rights) E/C.12/GC/23, 5.

407 *Public Eye* Reportage, Das steckt in Ihren Schuhen, https://schuhe.publiceye.ch/ (zuletzt abgerufen am 8.5.2023).

408 BT-Drs. 19/28649 S. 37.

409 BGBl. 1956 II S. 2072, 2073.

410 BGBl. 1955 II S. 1122, 1123.

105 Obwohl die Mehrheit der Staaten die beiden Kernarbeitsnormen der IAO Nr. 87[411] und 98[412] ratifiziert haben, sind Verletzungen des Rechts auf Vereinigungsfreiheit und Kollektivverhandlungen durch Entlassung, Belästigung, Inhaftierung, bis hin zur Gewaltanwendung und Tötung von Arbeitnehmern, die sich gewerkschaftlich betätigen, sowie die Untersagung von Gewerkschaften und Streikverbote weltweit immer noch weit verbreitet.[413] Ein Überblick über Verletzungen von Gewerkschaftsrechten findet sich im Globalen Rechtsindex von 2022.[414] Zu Staaten, die IAO-Übereinkommen Nr. 98 nicht ratifiziert haben gehören zum Beispiel Afghanistan, China, Myanmar, Indien, Laos, Katar, Saudi-Arabien, Thailand, USA und die Vereinigten Arabischen Emirate.[415] Dieselben Staaten mit Ausnahme von Myanmar haben auch das IAO-Übereinkommen Nr. 87 nicht ratifiziert; zu den Nicht-Ratifizierern zählen außerdem auch Brasilien, Kenia, Malaysia, Marokko, Nepal und Vietnam, also insgesamt alles Ländern die für die globale Lebensmittel- und Textilproduktion sowie Rohstoffabbau und andere globale Lieferketten von Bedeutung sind.

106 **bb) Einzelne Verbotstatbestände.** Ein Fall der Verletzung des Rechts auf **Bildung von und des Beitritts zu Gewerkschaften** nach **Buchstabe a)** durch staatliches Handeln ist zum Beispiel die Nichtanerkennung der Gewerkschaft ASTAC im Bananensektor durch die Regierung Ecuadors mit dem Argument, Branchengewerkschaften seien unzulässig, wenn sie in anderen Sektoren erlaubt sind.[416] Aber auch Unternehmensverhalten kann sich unmittelbar negativ auf das Recht ausüben, Gewerkschaften oder andere Mitarbeitenden-Vertretungen zu bilden.[417] Nach der Gesetzesbegründung müssen Unternehmen im eigenen Geschäftsbereich vor allem darauf achten, durch ihr Handeln Vereinigungen in ihrer Gründung und ihren Aktivitäten nicht zu behindern.[418] Nach Art. 2 des IAO-Übereinkommens Nr. 98 ist jede Einmischung seitens des Arbeitgebers in die Gründung von Arbeitnehmerorganisationen unzulässig einschließlich finanzieller Unterstützung oder sonstiger Einflussnahme. Solche Fälle liegen bei so genannten „Sindicatos blancos“ in Costa Rica vor, d.h. bei vom Unternehmen kontrollierten Gewerkschaften.[419] Grenzwertig dürfte auch die in Costa Rica verbreitete Unterstützung und Proklamierung der „Solidarismo“-Bewegung als Achtung der Gewerkschaftsrechte sein, bei der Arbeitnehmer einen Teil ihres Gehalts mit Unterstützung des Unternehmens zur Altersvorsorge anlegen können.[420] In Bulgarien ist die Gründung „gelber Gewerkschaften“ durch Arbeitgeber eine verbreitete Praxis, die Gründung von Gewerkschaften durch Arbeitnehmer zu verhindern.[421] Die meisten Fälle, in denen unternehmerisches Handeln die Gründung von und den Beitritt zu Gewerkschaften behindert, betreffen jedoch vor allem die unter Buchstabe b) genannten Handlungen gegenüber Arbeitnehmern.

107 Die unter **Buchstabe b) verbotene Diskriminierung von Arbeitnehmern** und **(angedrohte) Vergeltungsmaßnahmen** mit dem Ziel, die Gründung, den Beitritt oder die Mitgliedschaft in einer Gewerkschaft zu verhindern, sind in weiten Teilen Lateinamerikas, Osteuropas und Asiens

---

411 157 Staaten haben bislang das IAO-Übereinkommen Nr. 87 ratifiziert. https://www.ilo.org/dyn/normlex/en/f?p=NORMLEXPUB:11300:0::NO::P11300_INSTRUMENT_ID:312232.

412 168 Staaten haben bislang das IAO-Übereinkommen Nr. 98 ratifiziert.

413 ILO Global Report under the follow-up to the ILO Declaration on Fundamental Principles and Rights at Work, Freedom of Association in practe: Lessons learned, ILC, 9th session, 2008, Report I B, ix.

414 https://www.globalrightsindex.org/de/2022/regions.

415 https://www.ilo.org/dyn/normlex/en/f?p=NORMLEXPUB:11310:0::NO:11310:P11310_INSTRUMENT_ID:312243:NO.

416 *Committee on Freedom of Association*, Interim Report – Report No 391, October 2019, Case No 3148 (Ecuador) – Complaint date: 18ILO, -MAY-15 – Active, https://www.ilo.org/dyn/normlex/en/f?p=1000:50002:0::NO:50002:P50002_COMPLAINT_TEXT_ID:4017595.

417 BT-Drs. 19/28649 S. 37.

418 BT-Drs. 19/28649 S. 37. Darüber hinaus haben Unternehmen in Deutschland jedoch die Sorgfaltspflicht nach §§ 4–9, Behinderungen der Gewerkschaftsfreiheit in der Lieferkette entgegenzuwirken.

419 *Oxfam* Süße Früchte, Bittere Wahrheit, S. 19.

420 *Oxfam* Süße Früchte, Bittere Wahrheit, S. 19.

421 https://www.globalrightsindex.org/de/2022/regions/europe.

an der Tagesordnung.[422] In Ecuador zum Beispiel berichten Nichtregierungsorganisationen seit mehreren Jahren über die systematische Unterdrückung von Gewerkschaftsrechten in der Bananenindustrie, in der schwarze Listen über „aufmüpfige Personen" zirkulieren sollen und mit Entlassung bei gewerkschaftlicher Betätigung gedroht wird. Gewerkschaftsaktivisten werden auch bedroht.[423] In wenigen Betrieben existiert daher eine unabhängige Arbeitnehmervertretung.[424] Im Ananas- und Bananenanbau in Costa Rica wird Arbeitnehmern mit Entlassung gedroht und diese auch entlassen, wenn sie gewerkschaftlich aktiv werden.[425] Auch die Einstellung vornehmlich von Migranten über Arbeitsvermittler verhindert die Bildung von Gewerkschaften.[426] Im Wein- und Weintraubenanbau in Südafrika, wenn Arbeitnehmer versuchen, sich in Gewerkschaften zu organisieren, drohen Arbeitgeber ebenfalls mit Entlassung.[427] In der Textilproduktion in Myanmar sind gewalttätige Übergriffe auf Gewerkschaftsaktivisten, Schikanierung, Einschüchterungen und Verhaftungen kein Einzelfall.[428] In Kolumbien sind sogar Ermordungen von Gewerkschaftern nicht selten.[429] In Fall der Ermordung des Gewerkschaftsführers und ehemaligen Nestlé-Cicloac-Mitarbeiters Luciano Romero durch paramilitärische Gruppen blieb die Rolle des Unternehmens Nestlé und seine Handlungspflichten ungeklärt, da sämtliche Klagen gegen Nestlé als unzulässig abgewiesen wurden.[430] In Brasilien in der Orangensaftindustrie reicht es aus, mit einem Gewerkschafter in einer Bar oder auf der Straße gesehen zu werden, um in eine „Schwarze Liste" zu kommen.[431]

§ 2 Abs. 2 Nr. 5 c) verbietet die **Einschränkung der freien Betätigung von Gewerkschaften.** 108
Das Recht des Beschäftigungsortes ist für die Zulässigkeit von Streiks und für das Recht auf Kollektivverhandlungen einschlägig. Ansonsten dürfen Aktivitäten von Gewerkschaften nicht eingeschränkt werden.[432] In Deutschland wie andernorts ist insbesondere das Streikverbot für Beamte[433] oder die Verhältnismäßigkeit von Streiks[434] zu beachten. Allerdings ist das vollständige Verbot von Streiks und Kollektivverhandlungen unzulässig. Nach dem globalen Rechtsindex 2022 haben 87 Prozent der Länder einschließlich Ägypten, Belarus, Myanmar, die Philippinen und der Sudan das Streikrecht verletzt.[435] Ebenso haben 117 Länder das Recht auf Kollektivverhandlungen verletzt, darunter zum Beispiel Kenia.[436]

---

422 https://www.globalrightsindex.org/de/2022/regions.

423 *Committee on Freedom of Association* Interim Report – Report No 391, October 2019, Case No 3148 (Ecuador) – Complaint date: 18ILO, -MAY-15 – Active, https://www.ilo.org/dyn/normlex/en/f?p=1000:50002:0::NO:50002:P50002_COMPLAINT_TEXT_ID:4017595.

424 *Oxfam* Süße Früchte, Bittere Wahrheit, S. 25.

425 *Oxfam* Grenzenlose Ausbeutung, S. 20.

426 *Oxfam* Grenzenlose Ausbeutung, S. 20.

427 *Oxfam* Grenzenlose Ausbeutung, S. 29.

428 *Kampagne für Saubere Kleidung* „Union-Busting" in Myanmar: Gewerkschaftsunterdrückung in Zeiten von Covid-19, 2020, https://saubere-kleidung.de/2020/11/union-busting-in-myanmar-covid-19/.

429 Seit Mitte der 80er Jahre sind mindestens 3000 Gewerkschafter ermordet worden, ECCHR Die Ermordung des Nestlé-Arbeiters Romero in Kolumbien, https://www.ecchr.eu/fall/die-ermordung-des-nestle-arbeiters-romero-in-kolumbien/.

430 *ECCHR* Die Ermordung des Nestlé-Arbeiters Romero in Kolumbien, https://www.ecchr.eu/fall/die-ermordung-des-nestle-arbeiters-romero-in-kolumbien/ (zuletzt abgerufen am 8.5.2023).

431 *Ver.di/CIR*, Im Visier: Orangensaft bei Edeka, Rewe, Lidl, Aldi & Co., 2013, S. 33.

432 Vgl. Grabosch/*Schönfelder* § 4 Rn. 33.

433 Vgl. zum Streikverbot für Beamte BVerfG Urt. V. 12.6.2018 – 2 BvR 1738/12, 2 BvR 1395/13, 2 BvR 1068/14, 2 BvR 646/15.

434 *Münder* Streiks gegen Standortentscheidungen – Zugleich ein Beitrag zum Tarifbezug des Arbeitskampfs und zur Berufsfreiheit als Streikgrenze RdA **2020** 340, 350.

435 https://www.ituc-csi.org/2022-global-rights-index-de?lang=en.

436 *ITUC* Der Globale Rechtsindex 2022, 38, https://www.ituc-csi.org/2022-global-rights-index-de?lang=en.

109 **cc) Fälle nationaler gesetzlicher Verbote von Gewerkschaften.** Von besonderer Bedeutung für unternehmerisches Handeln ist die Frage, wie ein Unternehmen sich verhalten muss, wenn es in Ländern aktiv ist, in denen Gewerkschaften verboten sind.[437] Laut Gesetzesbegründung müssen generell, d.h. in den meisten Fällen,[438] alle Unternehmen innerhalb ihres Geschäftsbereiches darauf achten, Vereinigungen oder andere Gruppen in ihrer Gründung und ihren Aktivitäten nicht durch ihr unternehmerisches Handeln zu behindern.[439] Damit wird klargestellt, dass Unternehmen auch in solchen Fällen eine Sorgfaltspflicht haben, in denen vor allem der Staat die Menschenrechtsverletzung verursacht hat.[440] Nach Prinzip 23 b) der VN-Leitprinzipien sollen Unternehmen „Wege finden, die Grundsätze der international anerkannten Menschenrechte zu wahren, wenn sie mit widersprüchlichen Anforderungen konfrontiert sind." Eine Möglichkeit ist die Einrichtung von Betriebsräten oder andere Beteiligungsmöglichkeit für Arbeitnehmer.[441] Jedenfalls besteht keine Rückzugspflicht bei Nichtratifizierung eines der beiden IAO-Übereinkommen oder der Menschenrechtspakte.[442] Vielmehr ist die Tatsache der Nichtratifizierung bei der Wahl der angemessenen Maßnahmen nach §§ 4–9 im Rahmen des tatsächlich und rechtlich Möglichen zu berücksichtigen.[443] Das gilt auch für den Fall eines nationalen Gewerkschaftsverbots, d.h. die Handlungspflichten im eigenen Geschäftsbereich und gegenüber seinen unmittelbaren und mittelbaren Zulieferern bemisst sich nach §§ 4–9 je nach Vorliegen substantiierter Kenntnis unter Berücksichtigung des tatsächlich und rechtlich Möglichen im Sinne der Angemessenheitskriterien des § 3 Abs. 2.

g) Nr. 7 – Verbot der Ungleichbehandlung

110 **aa) Überblick.** Nr. 7 betrifft das Verbot der Diskriminierung von Beschäftigten im Arbeitsleben auf Grund von nationaler und ethnischer Abstammung, sozialer Herkunft, Gesundheitsstatus, Behinderung, sexueller Orientierung, Alter, Geschlecht, Religion und Weltanschauung oder anderen Merkmalen.[444] Grundlage für das Diskriminierungsverbot ist das allgemeine Diskriminierungsverbot gemäß Artikel 2 Absatz 1 des Zivilpaktes und Artikel 2 Absatz 2 des Sozialpaktes, das eine grundlegende Bestimmung für die Anwendung der Menschenrechte insgesamt ist.[445] IAO-Übereinkommen Nr. 111 verbietet darüber hinaus jede Form der Ungleichbehandlung in Beschäftigung und Beruf.[446] Artikel 1 Buchstabe a des ILO-Übereinkommens Nr. 111 definiert „Diskriminierung" als jede Unterscheidung, Ausschließung oder Bevorzugung, die auf Grund der Rasse, der Hautfarbe, des Geschlechts, des Glaubensbekenntnisses, der politischen Meinung, der nationalen Abstammung oder der sozialen Herkunft vorgenommen wird und die dazu führt, die Gleichheit der Gelegenheiten oder der Behandlung in Beschäftigung oder Beruf aufzuheben oder zu beeinträchtigen. Artikel 7 a) i) des Sozialpaktes enthält ein spezielles Diskriminierungsverbot in Bezug auf das Geschlecht. Demnach dürfen Frauen nicht unter ungünstigeren Arbeitsbedingungen als Männer beschäftigt werden, sie müssen für gleiche Arbeit gleiches Entgelt erhalten. Der Grundsatz der Gleichheit des Entgelts männlicher und weiblicher Arbeitskräfte für gleichwertige Arbeit ist eben-

437 BT-Drs. 19/28649 S. 37.
438 *Duden* Universalwörterbuch, 9. Aufl. 2019.
439 BT-Drs. 19/28649 S. 37.
440 A.A. *Ehmann* ZVertriebsR **2021** 141, 144.
441 *Smit/Griffith/McCorquodale* When National Law conflicts with international human rights 2020, 25 ff, https://www.biicl.org/projects/when-national-law-conflicts-with-international-human-rights-standards.
442 Vgl. BT-Drs. 19/30505 S. 40; Grabosch/*Schönfelder* § 4 Rn. 33.
443 Vgl. BT-Drs. 19/30505 S. 40.
444 BT-Drs. 19/28649 S. 37.
445 General Comment No. 20, Non-discrimination in economic, social and cultural rights (art. 2, para. 2, of the International Covenant on Economic, Social and Cultural Rights), (2009), E/C.12/GC/20.
446 BGBl. 1961 II S. 97, 98.

falls im ILO-Übereinkommen Nr. 100 niedergelegt.[447] Diese Diskriminierungsverbote umfassen direkte und indirekte Diskriminierungen. Letztere können insbesondere dann vorliegen, wenn eine Maßnahme keine Unterscheidung aufgrund der genannten Maßnahme trifft, in ihren tatsächlichen Auswirkungen jedoch ausschließlich und klar überwiegend eine Personengruppe mit den genannten Merkmalen trifft.[448] Zum Beispiel können Boni-Zahlungen nur an Vollzeitangestellte Frauen diskriminieren, da diese häufiger in Teilzeit arbeiten.[449] Im Gegensatz zum Übereinkommen zur Beseitigung jeder Form von Diskriminierung der Frau verbieten die genannten Verbote die Diskriminierung aufgrund des Geschlechts und werden daher als symmetrisch bezeichnet. Mit ihnen soll das Recht auf gleiche Behandlung und Chancengleichheit geschützt werden.[450] Das Verbot der Diskriminierung der Frau soll asymmetrisch wirken und darüber hinaus ein Recht auf faktische Gleichstellung im Sinne einer Ergebnisgleichheit gewähren.[451] Nach Art. 1 Abs. 3 IAO-Übereinkommen Nr. 111 umfasst der Begriff der Beschäftigung neben den **Beschäftigungsbedingungen** auch die **Zulassung** zur Berufsausbildung und Beschäftigung.

111 Trotz gestiegener Ratifizierung der IAO-Übereinkommen Nr. 100[452] und Nr. 111,[453] hat in jüngster Zeit hat die Diskriminierung von Personengruppen zugenommen und Mehrfachdiskriminierung aufgrund verschiedener Merkmale wird zur Regel. Die Löhne von Frauen betragen nach Schätzungen der IAO im Durchschnitt 70 bis 90 Prozent derjenigen von Männern.[454] Das geschlechtsspezifische Lohngefälle gibt es trotz der Fortschritte bei der Bildung immer noch, und Frauen sind nach wie vor in schlecht bezahlten Tätigkeitsbereichen überrepräsentiert.[455] Der Internationale Gewerkschaftsbund setzt sich vorrangig sich vorrangig für die Wahrung der Rechte von Arbeitnehmern ein, die am anfälligsten für Diskriminierung sind, darunter **Frauen, Migranten und rassische oder ethnische Minderheiten.**[456] So sind zum Beispiel Kinderbetreuungseinrichtungen außerhalb der Familie eine Voraussetzung für viele Frauen und Männer, um voll in das Erwerbsleben einsteigen und ihren Lebensunterhalt verdienen zu können. Gerade durch das Fehlen solcher Dienste werden Arbeitnehmer mit Familienpflichten benachteiligt. Schwangerschaft und Mutterschaft ist immer noch gang und gäbe. Der Zugang von Frauen zu bestimmten Tätigkeiten kann aufgrund ihrer **Rolle als Mutter** eingeschränkt sein. Mehrere Gleichstellungsgremien weltweit haben sogar eine zunehmende Diskriminierung von Frauen aufgrund von Mutterschaft beobachtet. Einzelne Fälle betreffen Entlassungen aufgrund der Schwangerschaft und des Stillens, die Nichtgewährung von Stillzeit, die Vorenthaltung von vor und nachgeburtlichen Leistungen, die Ablehnung einer Beförderung und die Weigerung, Arbeitnehmerinnen auf Arbeitsplätze zurückkehren zu lassen, die sie vor dem Mutterschaftsurlaub innehatten.[457] **Sexuelle Belästigung** ist auf jedem Kontinent und in unterschiedlichen Arten und Kategorien von Tätigkeiten verbreitet. Unter Frauen sind solche am anfälligsten für sexuelle Belästigung, die jung, finanziell abhängig, alleinstehend oder geschieden und Migrantinnen. Männer, die Belästigung erfahren, sind regelmäßig jung, homosexuell und Angehörige ethnischer oder rassischer Minderheiten.[458] **Rassismus** betrifft insbesondere Menschen afrikanischer und asiatischer Abstammung, indigene

---

447 BGBl. 1956 II S. 23, 24.

448 *Kälin/Künzli* 418.

449 General comment No. 23 (2016) on the right to just and favourable conditions of work (article 7 of the International Covenant on Economic, Social and Cultural Rights) E/C.12/GC/23, Rn. 13.

450 *Kälin/Künzli* 420.

451 *Kälin/Künzli* S. 420.

452 Das IAO-Einkommen Nr. 100 haben 174 Staaten ratifiziert, https://www.ilo.org/dyn/normlex/en/f?p=NORMLEXPUB:10011:0::NO::P10011_DISPLAY_BY,P10011_CONVENTION_TYPE_CODE:1,F.

453 Das IAO-Übereinkommen Nr. 111 haben 175 Staaten ratifiziert, https://www.ilo.org/dyn/normlex/en/f?p=NORMLEXPUB:10011:0::NO::P10011_DISPLAY_BY,P10011_CONVENTION_TYPE_CODE:1,F.

454 Internationale Arbeitskonferenz Bericht I (B) xi.

455 Internationale Arbeitskonferenz, Bericht I (B) xi.

456 Internationale Arbeitskonferenz Bericht I (B) xv.

457 Internationale Arbeitskonferenz Bericht I (B) xi, xii.

458 Internationale Arbeitskonferenz Bericht I (B) xii.

Völker und ethnische Minderheiten und vor allem die Frauen in diesen Gruppen.[459] Weltweit sind **Migranten** unfairen Arbeitsbedingungen ausgesetzt.[460] Zudem sind Fälle **religiöser Diskriminierung** immer noch weit verbreitet.[461] Diskriminierung aufgrund bestimmter **politischer Meinungen** findet weiterhin statt.[462] Weitere aktuelle Beispiele sind Fälle von aufgrund von **sexueller Orientierung**, des **Alters**, von **Behinderung**, der **Betroffenheit** von **HIV/AIDS**, **sozialer Herkunft** und des **Lebensstils**.[463]

112 **bb) Einzelne Aspekte.** In Deutschland kann zur Auslegung die Rechtsprechung zum Allgemeinen Gleichbehandlungsgesetz (AGG)[464] herangezogen werden.[465] Ebenso wie § 2 Abs. 2 Nr. 7 eine **Ausnahme für Ungleichbehandlungen** vorsieht, „sofern diese in den Erfordernissen der Beschäftigung begründet ist", ist nach dem AGG eine Ungleichbehandlung bei gleicher oder gleichwertiger Arbeit aufgrund unterschiedlicher beruflicher Anforderungen zulässig mit Ausnahme ungleicher Entgelte im Fall von Schutzvorschriften für unter § 1 genannte schutzbedürftige Bevölkerungsgruppen. Letzteres heißt, dass zum Beispiel Frauen mit Verweis auf ihre geringere körperliche Stärke als Männer oder wegen Schwangerschaft für gleichwertige Tätigkeiten nicht geringer bezahlt werden dürfen, siehe Rn. 114. Im Einklang mit der Auffassung des IAO-Sachverständigenausschusses muss die Ausnahme für eine Ungleichbehandlung aufgrund unterschiedlicher Erfordernisse eng ausgelegt werden.[466]

113 Das Unterscheidungsmerkmal der **Rasse** ist heutzutage als problematisch einzustufen, da nach aktueller Forschung die Begriffe der Rasse und Ethnie auch soziale Konstrukte sind, die aufgrund kollektiver Zuschreibungen entstehen, wo einer Gruppe von Menschen bestimmte physische und kulturelle Eigenschaften zugeschrieben werden.[467]

114 Das Regelbeispiel der Ungleichbehandlung durch **Zahlung ungleichen Entgelts** für gleichwertige Arbeit in § 2 Abs. 2 Nr. 7 HS 2 umfasst nach dem Wortlaut alle Fälle einer Ungleichbehandlung, d.h. sowohl aufgrund des Geschlechts als auch in den anderen genannten Fällen wie aufgrund nationaler Abstammung, sozialer Herkunft, Gesundheit etc.[468] Das Konzept gleichwertiger Arbeit im Gegensatz zu gleicher Arbeit bedeutet, dass auch komplett verschiedene Tätigkeiten, die jedoch den gleichen Wert haben, gleich bezahlt werden müssen. Der Begriff „Entgelt" bezieht sich nicht nur auf den Lohn, sondern alle Zahlungen wie Sozialleistungen, Boni in Form von Anteilen oder auch jede andere Sondervergütung.[469]

---

459 Internationale Arbeitskonferenz Bericht I (B) xii.

460 Internationale Arbeitskonferenz Bericht I (B) xii.

461 Internationale Arbeitskonferenz Bericht I (B) xiii.

462 Internationale Arbeitskonferenz Bericht I (B) xiii.

463 Internationale Arbeitskonferenz Bericht I (B) xiii–xiv.

464 Allgemeines Gleichbehandlungsgesetz vom 14.8.2006 (BGBl. I S. 1897), das zuletzt durch Artikel 1 des Gesetzes vom 23.5.2022 (BGBl. I S. 768) geändert worden ist, https://www.gesetze-im-internet.de/agg/BJNR189710006.html.

465 Vgl. Grabosch/*Schönfelder* § 4 Rn. 36.

466 Vgl. bei Schwangerschaft, Direct Request (CEACR) – adopted 2021, published 110th ILC session (2022), Discrimination (Employment and Occupation) Convention, 1958 (No. 111) – Haiti *(Ratification: 1976)*, https://www.ilo.org/dyn/normlex/en/f?p=1000:13100:0::NO:13100:P13100_COMMENT_ID,P11110_COUNTRY_ID,P11110_COUNTRY_NAME,P11110_COMMENT_YEAR:4123202,102671,Haiti,2021.

467 Panel on Methods for Assessing Discrimination, *Blank/Dardy/Citro* National Research Council Measuring Racial Discrimination, 2004, 26; *Fredman* Discrimination and Human Rights – The Case of Racism **(2001)** 11; EGMR *Sejdic and Finci v. Bosnia and Herzegowina*, Reports 2009-IV, Rn. 43.

468 General comment No. 23 (2016) on the right to just and favourable conditions of work (article 7 of the International Covenant on Economic, Social and Cultural Rights) E/C.12/GC/23, Rn. 11; vgl. auch m.w.N. Grabosch/*Schönfelder* § 4 Rn. 37.

469 General comment No. 23 (2016) on the right to just and favourable conditions of work (article 7 of the International Covenant on Economic, Social and Cultural Rights) E/C.12/GC/23, Rn. 11.

cc) Praxisbeispiele. Fälle **geschlechtsspezifischer Diskriminierung** sind weit verbreitet in globalen Lieferketten; typische Fälle betreffen sexuelle Belästigung und Gewalt gegen Frauen, Mehrfachdiskriminierung und geringere Bezahlung als Männer im Wein- und Weintraubenanbau Südafrikas,[470] im Teeanbau in Assam, Indien[471] und im Ananas- und Bananenanbau in Costa Rica.[472] Dabei spielt es keine Rolle, ob die sexuelle Belästigung auf dem Weg zur **Arbeit oder in Arbeitsunterkünften** stattfindet. Denn nach dem Sachverständigenausschuss der IAO reicht es aus, dass die sexuelle Belästigung als entweder als Beschäftigungs(vor)bedingung angesehen werden kann, Einfluss auf Entscheidungen hat oder die Ausführung der beruflichen Tätigkeit beeinflussen kann.[473] Der Arbeitsweg und vom Arbeitgeber gestellt Unterkünfte sind für die Ausführung der Beschäftigung jedenfalls notwendige Bestandteile, so dass auch dort stattfindende sexuelle Belästigung von § 2 Abs. 2 Nr. 7 erfasst wird. In der Vergangenheit wurden im Ananas- und Bananenanbau in Costa Rica Frauen nur dann eingestellt, wenn sie belegen konnten, dass sie sterilisiert sind.[474] In der Orangenindustrie in Brasilien werden Frauen mit Kindern oder aufgrund ihrer Schwangerschaft entlassen.[475] Wie auch bei anderen Produkten sind Frauen im Teeanbau in Assam meist mit den arbeitsintensiveren und schlechter bezahlten Tätigkeiten betraut.[476] Der IAO-Sachverständigenausschuss hat zum Beispiel die fortwährende sexuelle Belästigung von Frauen in Madagaskar angemahnt.[477] 115

Fälle der **Diskriminierung von Migranten** sind u.a. in Costa Rica gegenüber Nicaraguanern im Ananas- und Bananenanbau zu finden.[478] In Indien ist insbesondere die **Minderheit** der Dalits von Diskriminierung betroffen. Sie übernehmen Tätigkeiten, die andere nicht ausüben wollen, wie gerben, Kadaver häuten und andere Schritte der Schuherstellung.[479] Diskriminierung aufgrund von **HIV/AIDS** ist in Madagaskar anzutreffen[480] Migranten sind auch besonders von Zwangsarbeit betroffen. Nach Schätzungen der IAO waren 2016 ein Viertel der Opfer von Zwangsarbeit Migranten.[481] 116

h) Nr. 8 – Verbot des Vorenthaltens eines angemessenen Lohns

aa) Hintergrund. Nummer 8 verbietet das Vorenthaltens eines angemessenen Lohns.[482] Die Gesetzesbegründung verweist als Grundlage der Vorschrift auf Art. 7 a) ii) des Sozialpaktes, nach 117

470 *Oxfam* Grenzenlose Ausbeutung, S. 26 ff.
471 *Oxfam* Schwarzer Tee, Weiße Weste, S. 22 f.
472 *Oxfam* Grenzenlose Ausbeutung, S. 20.
473 International Labour Conference, Report of the Committee of Experts, Equality in Employment and Occupation, 1996, Report III4B\281-llA.E95/v.3, S. 15 f.
474 *Oxfam* Grenzenlose Ausbeutung, S. 20.
475 *Ver.di/CIR* Im Visier: Orangensaft bei Edeka, Rewe, Lidl, Aldi & Co., 2013, S. 33.
476 *Oxfam* Schwarzer Tee, Weiße Weste, S. 22 f.
477 Direct Request (CEACR) – adopted 2021, published 110th ILC session (2022), Discrimination (Employment and Occupation) Convention, 1958 (No. 111) – Madagascar (Ratification: 1961), https://www.ilo.org/dyn/normlex/en/f?p=1000:13100:0::NO:13100:P13100_COMMENT_ID,P11110_COUNTRY_ID,P11110_COUNTRY_NAME,P11110_COMMENT_YEAR:4123579,102955 (zuletzt abgerufen am 8.5.2023).
478 *Oxfam* Grenzenlose Ausbeutung, S. 17.
479 https://www.spiegel.de/ausland/minderheiten-in-indien-wo-diffamierung-und-gewalt-alltag-sind-a-c68e1ea3-ed35-42e6-a148-037ac588272e.
480 Direct Request (CEACR) – adopted 2021, published 110th ILC session (2022), Discrimination (Employment and Occupation) Convention, 1958 (No. 111) – Madagascar (Ratification: 1961), https://www.ilo.org/dyn/normlex/en/f?p=1000:13100:0::NO:13100:P13100_COMMENT_ID,P11110_COUNTRY_ID,P11110_COUNTRY_NAME,P11110_COMMENT_YEAR:4123579,102955 (zuletzt abgerufen am 8.5.2023).
481 *ILO/Walk Free Foundation*, Global estimates of modern slavery: Forced labour and forced marriage, 2017, 20 und 24, https://www.ilo.org/global/topics/forced-labour/statistics/lang--en/index.htm.
482 BT-Drs. 19/28649 S. 38.

dem ein angemessener Lohn sich danach richtet, was an finanziellen Mitteln für einen angemessenen Lebensunterhalt erforderlich ist.[483] Demgegenüber bezieht sich Art. 7 a) i) des Sozialpaktes, der auch den Begriff eines „angemessenen Lohn[s]" enthält, auf das grundsätzliche Gebot, Arbeitnehmer angemessen, d.h. unter Berücksichtigung von Kriterien wie Leistung, Art der Tätigkeit, ihre Auswirkung auf die Gesundheit und Familie der Arbeiter, zu bezahlen und die Art der Auszahlung gerecht zu gestalten, d.h. Gehälter regelmäßig und pünktlich zu bezahlen und nicht einzubehalten.[484] Nachdem in der Vergangenheit viele global tätige Unternehmen in ihren Verhaltenskodizes von ihren Zulieferern regelmäßig lediglich die Einhaltung des national festgelegten Mindestlohns verlangt hatten, fordern jetzt vermehrt Unternehmen sowie Brancheninitiativen die Einhaltung existenzsichernder Löhne (living wages) oder zumindest Schritte dahin.[485]

118 **bb) Mindestlohn und angemessener Lohn.** Nach dem Gesetzeswortlaut sind bei der Bemessung des Lohns mindestens die **Mindestlohnbestimmungen** des anwendbaren Rechts einzuhalten. „Ansonsten" bemisst sich der Lohn nach dem Recht des Beschäftigungsortes. Nach der Gesetzesbegründung sollen die örtlichen Lebenserhaltungskosten des Beschäftigten und seiner Familienangehörigen sowie die örtlichen Leistungen der sozialen Sicherheit sollen berücksichtigt werden.[486] Demnach ist mindestens entweder der nach anwendbarem Recht zum Beispiel im Arbeitsvertrag oder Arbeitnehmerentsendegesetz[487] vorgesehene Mindestlohn oder der nationale oder lokale Mindestlohn zu gewährleisten. Darüber hinaus sind bei der Bemessung des Lohns die örtlicher Lebenserhaltungskosten für den Arbeitnehmer und seiner Familie einschließlich örtlicher sozialer Leistungen zu berücksichtigen, so dass der angemessene Lohn durchaus höher sein kann als der Mindestlohn.[488] Das entspricht den Vorgaben des zu berücksichtigenden Art. 7 a) ii) des Sozialpaktes, nachdem ein angemessener Lohn örtliche Sozialleistungen wie Gesundheitsversorgung, Wohnungs- und Essenszuschüsse, Ausbildung und andere Sachleistungen berücksichtigt sowie die Kosten für einen angemessenen Lebensunterhalt des Arbeitnehmers und seiner Familie einschließlich Ausgaben für eine angemessener Wohnung und Lebensmittel einbeziehen muss.[489] Obwohl nach Art. 7 a ii) des Sozialpaktes Staaten verpflichtet sind, den gesetzlichen Mindestlohn an den Lebenshaltungskosten und Sozialleistungen auszurichten, entspricht jedoch gesetzliche Lohn in vielen Staaten nicht dem, was für einen angemessenen Lohn erforderlich ist.[490]

119 In der Praxis wird häufig der Begriff **„existenzsichernder Lohn"** oder „living wage" verwendet. Allgemein anerkannte Initiativen wie die „Global Living Wage Coalition" oder die Fair Wear Foundation beziehen sich für die Definition auch auf die IAO- Übereinkommen 26 und 131 und verstehen unter einem existenzsichernden Lohn einen solchen, der für eine reguläre Arbeitswo-

483 BT-Drs. 19/28649 S. 38.

484 General comment No. 23 (2016) on the right to just and favourable conditions of work (article 7 of the International Covenant on Economic, Social and Cultural Rights) E/C.12/GC/23, Rn. 10.

485 *Fair Wear Foundation* Our Labour Standards, https://www.fairwear.org/about-us/labour-standards/; BCSI/amfori, Code of Conduct, https://www.amfori.org/node/223/field_resource_language/english-4/field_resource_type/code-conduct-119; Verhaltenskodex von Puma https://about.puma.com/en/sustainability/codes-policies-and-handbooks; Verhaltenskodex von Tchibo, https://www.tchibo-nachhaltigkeit.de/de/downloads.

486 BT-Drs. 19/28649 S. 38.

487 AEntG, BGBl. 2009 I S. 799; Grabosch/*Schönfelder* § 4 Rn. 39.

488 Vgl. Johann/Sangi/*Johann*/*Gabriel* § 2 Rn. 83; **A.A.** *Schmidt*/*Sagan* Das Lieferkettensorgfaltspflichtengesetz: Ein Überblick aus der Perspektive des Arbeitsrechts, NZA-RR **2022** 281 (287).

489 General comment No. 23 (2016) on the right to just and favourable conditions of work (article 7 of the International Covenant on Economic, Social and Cultural Rights) E/C.12/GC/23, Rn. 18.

490 General comment No. 23 (2016) on the right to just and favourable conditions of work (article 7 of the International Covenant on Economic, Social and Cultural Rights) E/C.12/GC/23, Rn. 10, 20–21.

che gezahlten gezahlt wird und ausreichen muss, um die Grundbedürfnisse der Arbeiter/innen und ihrer Familien zu befriedigen, einschließlich eines gewissen Betrages zur freien Verfügung.[491]

Initiativen wie die Fair Wear Foundation, die Asia Floor Wage Campaign und die Global Living Wage Coalition haben verschiedene Instrumente wie die „Wage Ladder" und Methoden zur Ermittlung und Erreichung des existenzsichernden Lohns entwickelt.[492] Für angemessene Einkommen von zum Beispiel Kleinbauern gibt es die Living Income Community of Practice.[493] Die verschiedenen Initiativen verwenden Informationen von Gewerkschaften, Nichtregierungsorganisationen sowie nationale und regionale Statistiken und Warenkörbe zur Berechnung von Referenzwerten.[494] Nach der Anker-Methode werden zum Beispiel zunächst die Kosten für Grundbedürfnisse wie Nahrung und Unterkunft für eine Durchschnittsfamilie errechnet und darauf basierend unter Berücksichtigung der durchschnittlichen Anzahl der Arbeitnehmer pro Familie der existenzsichernde Lohn ermittelt.[495] Die Global Living Wage Coalition hat nach dieser Methode existenzsichernde Löhne für Ländern wie Bangladesch, Pakistan und Nicaragua zusammengestellt.[496] 120

Für viele Zulieferer ist ein Hindernis auf dem Weg zur Erreichung der Zahlung eines existenzsichernden Lohns der hohe Preisdruck seitens der Einkäufer.[497] Das LkSG erkennt ebenfalls an, dass Einkaufspraktiken wie Lieferzeiten, Einkaufspreise und die Dauer von Vertragsbeziehungen eine entscheidende Rolle für menschenrechtliche Risken wie Löhne unterhalb des Existenzminimums sind und fordert von Unternehmen in § 6 Abs. 3 Nr. 2 die Anwendung geeigneter Beschaffungsstrategien und Einkaufspraktiken.[498] In Reaktion auf diese Problematik sowie den herrschenden Wettbewerbsdruck haben verschiedene Unternehmen der Bekleidungs- und Textilindustrie wie Tchibo, Lidl und Zalando zusammen mit Gewerkschaften die Initiative Act on Living Wages (ACT) gegründet.[499] Vorschläge zur Vertragsgestaltung zur Vermeidung unfairer Einkaufspraktiken gegenüber Zulieferern im Hinblick auf die Erreichung der Zahlung angemessener Löhne machen die Musterklauseln der American Bar Association.[500] Praktische Vorschläge für einen fairen Umgang mit Zulieferern bietet auch das Handbuch der Ethical Trading Initiative.[501] 121

cc) Praxisbeispiele. In der Praxis werden häufig Löhne gezahlt, die nicht nur unter dem Existenzminimum, sondern auch unter dem nationalen Mindestlohn liegen. So werden im Ananas- und Bananensektor in Costa Rica sowie im Wein- und Weintraubenanbau in Südafrika Löhne unter dem nationalen Mindestlohn gezahlt.[502] Häufig werden Arbeiter zudem nicht nach Arbeits- 122

---

491 *Fair Wear Foundation* Living Wages and the Fair Wear Code of Labour Practices, https://www.fairwear.org/programmes/lw-colp; Global Living Wage Coalition, https://www.globallivingwage.org/.

492 https://www.fairwear.org/resources-and-tools/wage-ladder; https://www.globallivingwage.org/; https://asia.floorwage.org/.

493 https://www.living-income.com/.

494 https://www.fairwear.org/resources-and-tools/wage-ladder.

495 https://www.globallivingwage.org/about/anker-methodology/. Auch die BAFA verweist auf die Ankermethode, vgl. FAQ LkSG V. 4.

496 https://www.globallivingwage.org/resource-library/?fwp_resource_type=livingwage.

497 Vgl. zum Beispiel *Oxfam* Billig verkauft, teuer bezahlt, 2017, https://www.oxfam.de/ueber-uns/publikationen/billig-verkauft-teuer-bezahlt (zuletzt abgerufen am 8.5.2023); *Oxfam* Billige Bananen, 2014, https://www.oxfam.de/presse/pressemitteilungen/2014-09-24-billige-bananen-preisdumping-deutscher-supermaerkte-bedroht; Grabosch/*Schönfelder* § 4 Rn. 41.

498 Vgl. BT-Drs. 19/28649 S. 38.

499 https://actionlivingwages.com/.

500 https://www.americanbar.org/groups/business_law/resources/business-law-today/2021-may/model-contract-clauses-to-protect-international-supply-chain-workers/ (zuletzt abgerufen am 8.5.2023).

501 https://www.ethicaltrade.org/resources/guide-to-buying-responsibly.

502 *Oxfam* Grenzenlose Ausbeutung, S. 18, 23.

zeit, sondern nach Stückzahl bezahlt.[503] Da Arbeiter meist länger als die für den Mindestlohn angegebene Zeit arbeiten, das aber nicht dokumentiert wird, wird der Mindestlohn oft unterschritten ohne dass die Unterschreitung nachweisbar ist.[504]

i) Nr. 9 – Verbot von schädlichen Umweltveränderungen

123 **aa) Hintergrund.** Nummer 9 verbietet die Herbeiführung einer schädlichen **Bodenveränderung, Gewässerverunreinigung, Luftverunreinigung, Lärmemission** oder eines **übermäßigen Wasserverbrauchs**, die entweder natürlichen Grundlagen der Nahrungsproduktion erheblich beeinträchtigt, den Zugang zu Trinkwasser verwehrt oder zu Sanitäranlagen erschwert oder zerstört oder die Gesundheit einer Person schädigt. Mithin werden qualifizierte Umweltbeeinträchtigungen verboten, die Menschenrechtsverletzungen zur Folge haben.[505] Die Vorschrift verdeutlicht den Zusammenhang zwischen Umweltschäden und Menschenrechtsverletzungen, siehe Rn. 29. Die Gesetzesbegründung führt aus, dass das Verbot dem Schutz des Lebens nach Artikel 6 Absatz 1 des Zivilpaktes, der Gesundheit nach Artikel 12 des Sozialpaktes und der Gewährleistung ausreichender Nahrung, Wasser- und Sanitärversorgung nach Artikel 11 Abs. 1 Satz 1 des Sozialpaktes dient. Nach der Allgemeinen Bemerkung Nr. 14 ist Recht auf Gesundheit nach Art. 12 1) des Sozialpaktes ein inklusives Recht, das sich nicht nur auf eine zeitgerechte und angemessene Gesundheitsfürsorge, sondern auch auf die zugrunde liegenden Parameter der Gesundheit erstreckt. Dazu zählen der Zugang zu sauberem und gesundem Trinkwasser und adäquaten Sanitäranlagen, die angemessene Versorgung mit unbedenklicher Nahrung und Unterkunft, gesunde Arbeits- und Umweltbedingungen sowie der Zugang zu gesundheitsbezogener Ausbildung und Information, einschließlich der Aufklärung über Sexualgesundheit und reproduktive Gesundheit.[506] Das Recht auf angemessene Nahrung nach Art. 11 Abs. 2 des Sozialpaktes betrifft auch den Privatsektor und bedeutet unter anderem, dass sich Menschen dank ertragreicher Böden oder sonstiger natürlicher Ressourcen unmittelbar selbst ernähren können.[507] Das Recht auf Wasser nach Art. 11 Abs. 1 des Sozialpaktes umfasst das Recht auf ausreichend Trinkwasser, als auch auf Wasser für die persönliche Hygiene, die Reinigung von Kleidung, Nahrungsherstellung sowie die persönliche und häusliche Sauberkeit.[508] Schließlich umfasst das Recht auf Wasser auch den Zugang zu angemessenen Sanitäreinrichtungen.[509]

124 Die **Umweltbeeinträchtigung** in Form einer schädlichen Bodenveränderung, Gewässer- oder Luftverunreinigung, schädlicher Lärmemission oder eines übermäßigen Wasserbrauchs muss **erheblich** sein. Das ergibt sich aus dem Wortlaut „schädlichen“, „Verunreinigung“ und „übermäßig“ in Verbindung mit den einzelnen Tatbeständen unter a) bis d), die jeweils erhebliche Beeinträchtigungen und Schäden für Mensch und Umwelt voraussetzen. Das Verbot nach § 2 Abs. 2 Nr. 9 ähnelt dem Tatbestand der schädlichen Umwelteinwirkung gemäß § 3 Abs. 1 Bundesimmissionsschutzgesetz (BImSchG), das jedoch an den polizeirechtlichen Gefahrenbegriff und damit lediglich an die Eignung erhebliche Nachteile anknüpft und damit früher ansetzt.[510] Gemäß § 3 BImSchG sind schädliche Umwelteinwirkungen solche, die geeignet sind, Gefahren, erhebliche Nachteile oder erhebliche Belästigungen für die Allgemeinheit durchzuführen. Im Unterschied dazu erfordert § 2 Abs. 2 Nr. 9 unter den Buchstaben a) bis c) an mit Sicherheit eintretende Beeinträchtigungen und Schäden. Die Lebensgrundlage muss „erheblich beeinträchtigt“, der Zugang zu Trinkwasser und

---

503 *Oxfam* The People Behind the Prices, A Focused Human Rights Impact Assessment of SOK Corporation's Italian Processed Tomato Supply Chains, 2019, S. 37.
504 *Oxfam* Grenzenlose Ausbeutung, S. 18.
505 Grabosch/*Schönfelder* § 4 Rn. 42.
506 Allgemeine Bemerkung zum Sozialpakt Nr. 14, CESCR E/C.12/2000/4, Rn. 14.
507 Allgemeine Bemerkung zum Sozialpakt Nr. 12, E/C.12/1999/5, Rn. 12.
508 Allgemeine Bemerkung zum Sozialpakt Nr. 15 CESCR E/C.12/2002/11, Rn. 12.
509 Allgemeine Bemerkung zum Sozialpakt Nr. 15 CESCR E/C.12/2002/11, Rn. 29.
510 *Jarass* BImschG § 3 Rn. 28.

Sanitäranlagen „verwehrt" bzw. „zerstört" und die Gesundheit einer Person „geschädigt" sein. Diese Verschärfung gegenüber dem polizeirechtlichen Gefahrenbegriff wurde erst aufgrund der Beschlussempfehlung des Ausschusses für Arbeit und Soziales eingefügt.[511] Der Regierungsentwurf hatte ebenfalls an die Eignung angeknüpft.[512] Allerdings ist zu beachten, dass § 2 Abs. 2 S. 1 für alle Verbote an das menschenrechtliche Risiko und insofern den Gefahrenbegriff anknüpft, siehe Rn. 41 ff. Das heißt, dass auch gemäß § 2 Abs. 2 Nr. 9 Unternehmen prüfen müssen, ob das Risiko der Herbeiführung solch schädlicher Umwelteinwirkungen droht, die die in a) bis d) definierten Menschenrechtsverletzungen sicher eintreten lässt. Tatbestandsvoraussetzung ist somit eine konkret drohende schädliche Umwelteinwirkung, ähnlich wie eine konkrete Gefahr. Bei beiden Gesetzen sind jedenfalls Beeinträchtigungen unterhalb gewisser Schwellen erlaubt.[513]

Klimaauswirkungen sind nach dem Wortlaut nicht erfasst.[514] Spätestens nach dem Beschluss des 125 Bundesverfassungsgerichts zu Art. 20a GG und dem Klimaschutzgesetz dürfte allerdings klar sein, dass der Klimawandel ebenso wie Umwelteinwirkungen die Schutzgüter Leben und Gesundheit verletzen kann.[515] Zudem hat in einer aktuellen niederländischen Gerichtsentscheidung Milieudefensie v. Shell das Den Haager Gericht das Unternehmen Shell zu konkreten (Sorgfalts-)Pflichten zur Reduktion von Treibhausgasen des Unternehmens über die gesamte Wertschöpfungskette bis 2030 verpflichtet.[516] Auch in der deutschen Rechtslehre wird vertreten, dass bereits jetzt de lege lata eine zivilrechtliche unternehmerische Pflicht begründet werden kann, wenn erhebliche und vorhersehbare Klimaschäden durch zumutbare und im erforderlichen Umfang erkennbare Reduktionsleistungen zu vermeiden sind.[517] Vor diesem Hintergrund stellt sich hier die Frage, ob Treibhausgasemissionen aufgrund ihrer potentiell schädlichen Auswirkung auf die Gesundheit unter den Begriff „Luftverunreinigung" zu subsumieren sind. § 3 Abs. 4 BImSchG erfasst unter dem Begriff Luftverunreinigungen auch Veränderungen der Zusammensetzung der Luft durch Treibhausgase,[518] so dass grundsätzlich auch Luftverunreinigungen gemäß § 2 Abs. 2 Nr. 9 Treibhausgasemissionen umfassen könnten. Das BImSchG zählt zu als schädlich einzustufenden Beeinträchtigungen auch Klimaveränderungen.[519] Demnach sollten Klimaauswirkungen grundsätzlich im unternehmerischen Risikomanagement berücksichtigt werden. Jedoch legt der Gesetzeswortlaut des 2 Abs. 2 Nr. 9 durch die gewählte Gegenwartsform des Präsens „beeinträchtigt", „verwehrt", „zerstört" oder „geschädigt" in den Buchstaben a) bis c) sowie auch die Gesetzesbegründung nahe, dass eine konkrete negative Folge für Mensch und Umwelt gleichzeitig oder zumindest zeitnah drohen muss. Das kann jedoch bei Treibhausgasemissionen nach bisherigem Wissensstand nicht ohne weiteres angenommen werden. Nach dem Bericht des Weltklimarats ist die Beurteilung des Zusammenhangs zwischen Emissionen und Erwärmung (und negativen Auswirkungen) aufgrund der Komplexität des Klimawandels mit Unsicherheiten verbunden.[520] Laut Schrifttum kann die Festlegung konkreter Reduktionsverpflichtungen für die Lieferkette für unterschiedlichste (Vor-)Produkte, Sektoren insbesondere über die Zeitachse hinweg nicht allein aufgrund wissenschaftlicher Evidenzen erfolgen.[521] Der Gesetzgeber darf Entscheidungen darüber, wann schädliche Auswirkungen auf die Umwelt anzunehmen sind, nicht dauerhaft einem „wissenschaftlichen Erkenntnisvakuum" übertragen, sondern muss für zumindest untergesetzliche Maßstäbe

511 BT-Drs. 19/30505 S. 8.
512 BT-Drs. 19/28649 S. 9.
513 Grabosch/*Schönfelder* § 4 Rn. 43; *Jarass* BImschG § 3 Rn. 52 ff.
514 Vgl. zum Beispiel *Spindler* ZIP **2022**, 765, 770.
515 BVerfG, Beschluss v. 24.3.2021, 1 BvR 2656/18, 1 BvR 78/20, 1 BvR 96/20, 1 BvR 288/20, z.B. Rn. 90 ff.
516 *Gailhofer/Verheyen* ZUR **2021** 402, 404; Rechtbank Den Haag, 26.5.2021, C/09/571932/HA ZA 19-379, ECLI:NL:RBDHA:2021:5337; https://uitspraken.rechtspraak.nl, unter /inziendocument?id=ECLI:NL:RBDHA:2021:5339.
517 *Gailhofer/Verheyen* ZUR **2021** 402, 411, 413.
518 *Jarass* BImschG § 3 Rn. 5.
519 *Jarass* BImschG § 3 Rn. 34.
520 BVerfG, Beschluss v. 24.3.2021, 1 BvR 2656/18, 1 BvR 78/20, 1 BvR 96/20, 1 BvR 288/20, z.B. Rn. 220.
521 *Gailhofer/Verheyen* ZUR **2021** 402, 411.

sorgen.[522] Da die Aufteilung der Emissionsvermeidungsverantwortung mit erheblichen Grundrechtseingriffen verbunden sein wird, hat das Bundesverfassungsgericht entschieden, dass eine Gesetzesgrundlage für die grundsätzliche Festlegung von Jahresemissionen auch durch Vorgabe wesentlicher Kriterien erforderlich ist.[523] Demnach ist festzuhalten, dass Klimaauswirkungen in Form von Luftverunreinigungen durch Treibhausgasemissionen zwar grundsätzlich vom LkSG erfasst sind, ein Verstoß gegen § 2 Abs. 2 Nr. 9 aufgrund ungewisser Ursachenzusammenhänge und mangelnden Zielvorgaben für Treibhausgasemissionen kaum zu begründen sein wird. Auch eine Verpflichtung zur Formulierung von Klimazielen zum Beispiel als Präventionsmaßnahme nach § 6 LkSG unter Heranziehung vom § 2 Abs. 2 Nr. 9 wird im Schrifttum abgelehnt.[524] Für diese restriktive Auslegung spricht auch, dass der Richtlinienentwurf zu Sorgfaltspflichten[525] in Art. 15 ausdrücklich den Klimawandel erwähnt. Dementsprechend ist anzunehmen, dass der Gesetzgeber, hätte er den Einbezug von klimabezogenen Sorgfaltspflichten gewollt, diese auch benannt hätte.[526] Allerdings vermag der Einwand, dass nach der Rechtsprechung des BVerwG Treibhausgasemissionen vornehmlich nach dem umweltspezifischen Fachrecht wie, dem Treibhausgas-Emissionshandelsgesetz, zu regeln sind, nicht zu überzeugen.[527] § 14 BImschG stellt klar, dass Schadensersatzpflichten gegenüber privaten Personen trotz Vorliegen einer Genehmigung für den Betrieb einer Anlage bestehen können. Ebenso kann die Durchsetzung von Unternehmenspflichten zur Einhaltung geschützter Rechtspositionen neben dem Treibhausgas-Emissionshandelsgesetz auch im LkSG geregelt werden.

126 **bb) Die Tatbestände im Einzelnen.** Unternehmenstätigkeiten sind dann verboten, wenn sie durch eine schädliche Kontamination des Bodens, der Luft, des Wassers des Landes, natürliche Ressourcen derart beeinträchtigen oder zerstören, dass der Zugang zu natürlichen Grundlagen zum Erhalt und der **Produktion von Nahrung (Nr. 9 a) erheblich** beeinträchtigt wird. Das heranzuziehende BImSchG nimmt eine erhebliche Beeinträchtigung dann an, wenn die Beeinträchtigungen den Betroffenen nicht mehr zumutbar sind.[528] Heranzuziehende Schwellenwerte sind in den verschiedenen Umweltgesetzen und Verwaltungsvorschriften festgelegt.[529] Da das deutsche Recht in ausländischen Fällen jedoch nur als Orientierung dienen darf, sind dazu das lokale Recht sowie internationale Standards wie die der Welternährungsorganisation (FAO)[530] oder der Weltgesundheitsorganisation (WHO)[531] heranzuziehen. Bei größeren Projekten in besiedelten Gebieten sollte eine Umweltverträglichkeitsprüfung im Rahmen der Risikoanalyse durchgeführt werden.[532] Hilfreich sind Umweltmanagementsysteme wie EMAS (Eco-Management and Audit Scheme)[533] oder gemäß ISO 14001.

---

522 *Gailhofer/Verheyen*, ZUR **2021** 402, 41; BVerfG, Beschluss v. 24.3.2021, 1 BvR 2656/18, 1 BvR 78/20, 1 BvR 96/20, 1 BvR 288/20, z.B. Rn. 259 ff.

523 BVerfG, Beschluss v. 24.3.2021, 1 BvR 2656/18, 1 BvR 78/20, 1 BvR 96/20, 1 BvR 288/20, z.B. Rn. 264 und Leitsatz 2 b).

524 *Steuer* ZIP **2023**, 13, 18; *Gailhofer/Verheyen* ZUR **2021** 402, 413.

525 COM(2022) 71 final.

526 Vgl. hierzu *Gehling/Ott/Lüneborg* CCZ **2021** 230, 233; *Weller/Benz* ZGR 2022, Klimaschutz und Corporate Governance, 563, 567 sprechen von einer „vagen und versteckten Andeutung" von CO_2-Emissionsreduzierung in § 2 Abs. 2 Nr. 9; *Steuer* Klimaziele im Unternehmensrecht Freiwillige Verlautbarungen und Perspektiven nach dem CSDDD-Entwurf ZIP **2023**, 13, 18 spricht von einem „beredtem Schweigen"; vgl. dazu auch *Initiative Lieferkettengesetz*, Analyse, Was das neue Gesetz liefert, 5, https://lieferkettengesetz.de/hintergrund/#deutsches-Gesetz.

527 Vgl. BVerwG, Urt. Vom 14.9.2017 – 4CN 6.16; Grabosch/*Schönfelder* § 4 Rn. 43.

528 *Jarass* BImschG § 3 Rn. 53.

529 Vgl. z.B. Erste Verwaltungsvorschrift zum Bundes-Immissionsschutzgesetz (TA-Luft) und Sechste Allgemeine Verwaltungsvorschrift zum Bundes-Immissionsschutzgesetz (TA-Lärm), für Bodenverunreinigungen Anhang 2 BbodSchV.

530 https://www.fao.org/faolex/en/; https://www.fao.org/faolex/thematic-collections/en/ (zuletzt abgerufen am 8.5.2023); https://www.umweltbundesamt.de/themen/klima-energie/treibhausgas-emissionen (zuletzt abgerufen am 8.5.2023).

531 https://www.who.int/data/gho/data/themes/public-health-and-environment (zuletzt abgerufen am 8.5.2023).

532 OECD-Leitfaden für die Erfüllung der Sorgfaltspflicht für verantwortungsvolles unternehmerisches Handeln (2018), 27.

533 https://www.emas.de/ (zuletzt abgerufen am 8.5.2023).

§ 2 Abs. 2 Nr. 9 b) betrifft den Fall, dass der Zugang zu **einwandfreiem Trinkwasser verwehrt** wird, d.h. der Zugang zu einwandfreiem Trinkwasser darf nicht mehr möglich sein. Diese hohe Eingriffsschwelle ist im Einklang mit den übrigen Verbotstatbeständen des § 2 Abs. 2, die ebenfalls vorwiegend eher schwere Menschenrechtsauswirkungen betreffen. 127

Ein bedeutender Fall betrifft die Umweltkatastrophe des sich auf 1000 km^2 erstreckenden Ogonilandes in Nigeria durch Öllecks und damit einhergehende Brände in der Umgebung der Ölförderung durch das Tochterunternehmen Shell Petroleum Development Company (Nigeria) Ltd des britisch-niederländischen Ölkonzerns Shell. Das UN Environmental Programme (UNEP) hat in seiner umfangreichen Untersuchung massive Umweltschäden wie die Ölverseuchung des Grundwassers, des Bodens, der Mangrovenwälder und der Luft durch Hydrcarbonpartikel festgestellt, was zu reduzierten Ernteerträgen, erheblichem Niedergang im Fischeisektor und mit krebserregenden Stoffen verseuchtem Trinkwasser geführt hat.[534] Die Lebenserwartung der mit diesen massiven Umweltschäden und hoher Gesundheitsbelastung lebenden Bevölkerung ist auf unter 50 Jahre gesunken.[535] Der Lebensunterhalt großer Teile des Ogonivolkes ist bedroht.[536] Bis heute ist das Ogoniland nicht saniert.[537] Ein älteres Beispiel war das von einer deutschen Stahlfirma geplante Stahlwerk in Brasilien an der Bucht von Sepetiba, das nach Berichten von Nichtregierungsorganisationen den Fischbestand und damit den Lebensunterhalt vieler Fischer bedrohte.[538] In Regionen mit akuter Wasserknappheit kann eine Entnahme großer Wassermengen durch unternehmerische Aktivitäten zur Bedrohung der Wasserversorgung der Bevölkerung führen.[539] Ein aktuelles Beispiel ist die umstrittene Wassernutzung durch Nestlé in Pakistan, die nach Angaben von Kritikern für die Dürre in Pakistan mitverantwortlich ist.[540] Das Unternehmen bestreitet dies mit Verweis die Nutzung von lediglich zwei von 680.000 Brunnen.[541] Der EuGH hat kürzlich Spanien wegen rechtswidriger Entnahme von Grundwasser für die Bewässerung von Beerenplantagen in der spanischen Anbauregion Huelva, die auch nach Deutschland exportiert werden, verurteilt.[542] Nach Ansicht des EuGH verstößt die unverhältnismäßige Entnahme von Grundwasser im Naturgebiet Doñana gegen EU-Recht, besonders gegen die Wasserrahmen- und die Habitat-Richtlinie.[543] Es liege eine Störung der Lebensräume und Senkung des Grundwasserspiegels vor.[544] Potentiell kann daher zukünftig auch die Wasserversorgung der lokalen Bevölkerung betroffen sein und damit ein menschenrechtliches Risiko nach Nr. 9 vorliegen. 128

Ebenso besteht das menschenrechtliche Risiko, dass der **Zugang zu Sanitäranlagen (Nr. 9 c)** verwehrt wird, wenn durch eine Verunreinigung des Grundwassers oder den Entzug übergroßer 129

---

534 UNEP Environmental Assessment of Ogoniland, 2011, S. 8 ff., https://www.unep.org/explore-topics/disasters-conflicts/where-we-work/nigeria/environmental-assessment-ogoniland-report (zuletzt abgerufen am 8.5.2023).

535 UNEP Environmental Assessment of Ogoniland, 2011, S. 10, https://www.unep.org/explore-topics/disasters-conflicts/where-we-work/nigeria/environmental-assessment-ogoniland-report (zuletzt abgerufen am 8.5.2023).

536 *Amnesty* Shell und die Ölverschmutzung im Nigerdelta – Kein Ende in Sicht, 2021, https://www.amnesty.ch/de/themen/wirtschaft-und-menschenrechte/fallbeispiele/nigeria/dok/2020/shell-kein-ende-in-sicht (zuletzt abgerufen am 8.5.2023).

537 *Amnesty* Shell und die Ölverschmutzung im Nigerdelta – Kein Ende in Sicht, 2021, https://www.amnesty.ch/de/themen/wirtschaft-und-menschenrechte/fallbeispiele/nigeria/dok/2020/shell-kein-ende-in-sicht (zuletzt abgerufen am 8.5.2023).

538 *Germanwatch* Unternehmensverantwortung – Vorschläge für EU-Reformen, 2010, 16 ff., https://www.germanwatch.org/de/2572.

539 BT-Drs. 19/28649 S. 38.

540 Handelsblatt Warum Nestlé so unbeliebt ist, 2019, https://www.handelsblatt.com/unternehmen/handel-konsumgueter/lebensmittelkonzern-warum-nestle-so-unbeliebt-ist/26287122.html (zuletzt abgerufen am 8.5.2023).

541 https://www.nestle.de/frag-nestle/film-wem-gehoert-das-wasser-suedafrika (zuletzt abgerufen am 8.5.2023).

542 EuGH Rechtssache C-559/19 vom 24.6.2021, https://curia.europa.eu/juris/document/document.jsf?text=&docid=243362&pageIndex=0&doclang=DE&mode=req&dir=&occ=first&part=1 (zuletzt abgerufen am 8.5.2023).

543 *FAZ* Doñana-Nationalpark trocknet aus, https://www.faz.net/aktuell/gesellschaft/tiere/coto-de-do-ana-spanien-schuetzt-nationalpark-zu-wenig-17407749.html (zuletzt abgerufen am 8.5.2023).

544 EuGH, Rechtssache C-559/19 vom 24.6.2021, Rn. 137.

Wassermengen der Zugang zur Sanitärversorgung bedroht wird.[545] Nach einem UN-Bericht von Juli 2017 haben 4,5 Milliarden Menschen keinen Zugang zu sicheren Toiletten.[546]

130 Die Herbeiführung einer schädlichen Bodenveränderung, Wasser- oder Luftverunreinigung oder übermäßigen Wasserverbrauchs darf ebenso nicht dazu führen, dass eine **Person an der Gesundheit (Nr. 9 d)** geschädigt wird.[547] Im Fall der Ölverseuchung von Landstrichen im Ogoniland in Nigeria in der Umgebung der Ölförderung durch die Shell-Tochterfirma kamen es zu Gesundheitsschäden der örtlichen Bevölkerung.[548] Anwohner von Ananasplantagen in Costa Rica leiden unter von Pestiziden verseuchtem Grundwasser und berichten von einer erhöhten Krebsrate, Magenleiden und eingeschränkter Sehfähigkeit schon bei Kindern.[549] Ebenso kann eine erhebliche Lärmemission die Gesundheit einer Person schädigen.[550] Eine der größten Umweltkatastrophen ist die Austrocknung des Aralsees in Usbekistan und Kasachstan, unter anderem verursacht durch den intensiven Baumwollanbau mit Hilfe von Pestiziden.[551] Auch deutsche Firmen beziehen Baumwolle aus Usbekistan, bei deren Produktion auch von Kinder- und Zwangsarbeit berichtet wurde.[552] Die Bevölkerung leidet unter seitdem unter giftigen Winden mit Atemwegserkrankungen und Missbildung von Säuglingen.[553]

j) Nr. 10 – Verbot von Zwangsräumungen und Entzug von Land

131 **aa) Überblick.** Nummer 10 betrifft den Schutz vor **widerrechtlicher Zwangsräumung** sowie vor dem **widerrechtlichen Entzug von Land, Wäldern und Gewässern** beim Erwerb, der Bebauung oder der anderweitigen Nutzung solcher Gebiete, deren Nutzung die Lebensgrundlage einer Person sichert, für unternehmerischen Tätigkeiten.[554] Diese Verbote finden ihre Grundlagen in dem Recht auf einen angemessenen Lebensstandard einschließlich ausreichender Nahrung, Unterbringung sowie Wasser- und Sanitätsversorgung gemäß Artikel 11 Abs.S. 1 des Sozialpaktes.[555] Nach der Allgemeinen Bemerkung Nr. 4 zu Artikel 11 Abs. 1 des Sozialpaktes sollte ungeachtet der Form der Unterkunft allen Menschen eine gewisse Sicherheit zustehen, die rechtlichen Schutz gegen Zwangsumsiedlung, Belästigung und andere Bedrohungen gewährleistet.[556] Das in Art. 11 Abs. 1 festgeschriebene Recht auf eine angemessene Unterkunft umfasst auch den nachhaltigen Zugang zu natürlichen und allgemeinen Ressourcen, sauberem Trinkwasser, Energie für Kochen, Heizung und Beleuchtung, zu Sanitär und Wascheinrichtungen, Vorrichtungen für die Lagerung von Nahrungsmitteln, zu Müllbeseitigung, Grundstücksentwässerung und Notdiensten.[557] Nach dem Entwurf zur Allgemeinen Bemerkung Nr. 26 zu Land und wirtschaftlichen, sozialen und kulturellen Rechten ist der Zugang zu Land zentrale Voraussetzung für die Wahrnehmung andere Menschenrechte wie dem Recht auf Nahrung, Unterkunft, Wasser, Gesundheit

545 BT-Drs. 19/28649 S. 38.
546 https://www.bmz.de/de/themen/wasser/sanitaerversorgung-20686 (zuletzt abgerufen am 8.5.2023).
547 Vgl. BT-Drs. 19/28649 S. 38.
548 *UNEP* Environmental Assessment of Ogoniland, 2011, 10, https://www.unep.org/explore-topics/disasters-conflicts/where-we-work/nigeria/environmental-assessment-ogoniland-report (zuletzt abgerufen am 8.5.2023).
549 *Oxfam* Süße Früchte, Bittere Wahrheit, S. 21.
550 Vgl. BT-Drs. 19/28649 S. 38.
551 Vgl. https://www.fluchtgrund.de/2017/01/usbekistan-die-produktion-unserer-baumwollkleidung-trocknet-das-land-aus/ (zuletzt abgerufen am 8.5.2023).
552 https://www.spiegel.de/wirtschaft/staatliche-zwangsarbeit-a-2cd2b3bf-0002-0001-0000-000074735310.
553 https://www.fluchtgrund.de/2017/01/usbekistan-die-produktion-unserer-baumwollkleidung-trocknet-das-land-aus/ (zuletzt abgerufen am 8.5.2023).
554 Vgl. BT-Drs. 19/28649 S. 38.
555 Vgl. BT-Drs. 19/28649 S. 38.
556 Allgemeine Bemerkung Nr. 4, CESCR E/1992/23, Rn. 8.
557 Allgemeine Bemerkung Nr. 4, CESCR E/1992/23, Rn. 8.

und Diskriminierung.[558] Weitere maßgebliche Instrumente sind die „Freiwilligen Leitlinien für die verantwortungsvolle Regulierung von Eigentums-, Besitz- und Nutzungsrechten an Land, Fischgründen und Wäldern im Rahmen nationaler Ernährungssicherheit“ (Freiwillige Leitlinien für Landrechte)[559] und das von Deutschland in 2021 ratifizierte IAO-Übereinkommen vom 27. Juni 1989 über eingeborene und in Stämmen lebende Völker.[560] Zentral bei Umsiedlungen und Entzug von Land ist das Prinzip des „Free Prior Informed Consent“, der freien, vorherige und informierten Zustimmung, das Unternehmen beachten müssen, wenn sie in Gebieten tätig werden, die indigene Bevölkerungsgruppen als Lebensgrundlage nutzen oder die diesen aufgrund von Gewohnheitsrecht oder auf andere Weise erworben haben.[561] Die Sicherung der Lebensgrundlage erfolgt meist durch Nutzungen wie Fischerei, Wasserversorgung, Landwirtschaft, Forstwirtschaft oder die Jagd.[562]

Fälle des Entzugs oder der Umverteilung von Land, die in den Anwendungsbereich des LkSG **132** fallen können, sind häufig privat finanzierte Entwicklungsprojekte wie Staudämme oder Anlagen für erneuerbare Energien.[563] Aber auch industriell betriebene und für den Export bestimmte Landwirtschaft für die Lebensmittelproduktion, Bioenergie und Viehzucht ist ein Bereich, wo es zu Landnahmen, so genannten „land grabs“, kommt, die die Rechte der lokalen Bevölkerung beeinträchtigen können.[564] Besonders Frauen, indigene Bevölkerungsgruppen und Kleinbauern sind unter den Betroffenen.[565]

bb) Die Verbotstatbestände. Nr. 10 des LkSG betrifft sowohl die widerrechtliche Zwangsräu- **133** mung als auch den widerrechtlichen Entzug von Land, Wäldern und Gewässern, deren Nutzung der Sicherung der Lebensgrundlage der lokalen Bevölkerung – auch wenn es nur eine Person ist – dient, d.h. es sind sowohl Eigentums- und Besitz- als auch Nutzungsrechte betroffen.[566] Beide Verbote sind einzuhalten beim Erwerb, der Bebauung oder anderweitigen Nutzung von Land, Wäldern und Gewässern.

Für die Frage der **Widerrechtlichkeit** ist die Allgemeine Bemerkung Nr. 4 zu Art. 11 des Sozial- **134** pakt maßgeblich, nach der Fälle von **Zwangsumsiedlungen** prima facie mit den Anforderungen des Pakts unvereinbar und nur in besonderen Ausnahmefällen und in Übereinstimmung mit den relevanten Prinzipien des Völkerrechts zu rechtfertigen sind.[567] Demnach widersprechen grundsätzlich **jegliche Zwangsräumungen**, d.h. nicht nur solche, die nach dem nationalen Recht unzulässig sind, sondern grundsätzlich alle Zwangsräumungen der Vorschrift des § 2 Abs. 2 Nr. 10. Unternehmen soll-

---

558 Committee on Economic, Social and Cultural Rights, General comment No. 26 (2023), E/C.12/GC/26, Rn. 5–11.

559 www.bmel.de unter downloads, Broschüren; *FAO*, Voluntary Guidelines on Tenure, https://www.fao.org/tenure/voluntary-guidelines/en/.

560 IAO-Übereinkommen vom 27.6.1989 über eingeborene und in Stämmen lebende Völker, ratifiziert am 26.5.2021, BGBl. 2021 II Nr. 2 S. 494, 495.

561 *Committee on Economic, Social and Cultural Rights*, General comment No. 24 (2017) on State obligations under the International Covenant on Economic, Social and Cultural Rights in the context of business activities, E/C.12/GC/24, Rn. 12; Vgl. auch United Nations Declaration on the Rights of Indigenous Peoples, Art. 10, 19, 28, 29 and 32; IAO-Übereinkommen vom 27.6.1989 über eingeborene und in Stämmen lebende Völker, ratifiziert am 26.5.2021, BGBl. 2021 II Nr. 2 S. 494, 495; Vgl. *Human Rights Council*, Report of the Special Rapporteur on the issue of human rights obligations relating to the enjoyment of a safe, clean, healthy and sustainable environment, *Knox*, A/HRC/37/59 (**2018**), Framework Principle 15, Rn. 51 und 54.

562 Grabosch/*Schönfelder* § 4 Rn. 47.

563 Committee on Economic, Social and Cultural Rights, General comment No. 26 (2023), E/C.12/GC/26, Rn. 40.

564 Committee on Economic, Social and Cultural Rights, General comment No. 26 (2023), E/C.12/GC/26, Rn. 1–4.

565 Committee on Economic, Social and Cultural Rights, General comment No. 26 (2023), E/C.12/GC/26; Rn. 13 ff., 16 ff., 18 ff.

566 Vgl. Grabosch/*Schönfelder* § 4 Rn. 49.

567 Allgemeine Bemerkung Nr. 4, CESCR E/1992/23, Rn. 18.

ten aller Erforderliche tun, um die Bestimmungen des Paktes einzuhalten.[568] Nach der Gesetzesbegründung ergeben sich allerdings Problemlagen insbesondere dort, wo im nationalen Recht vorgesehene prozessrechtliche Garantien für eine Zwangsräumung wie etwa eine rechtzeige Information und Konsultation der Betroffenen nicht eingehalten werden oder der Zugang zu Rechtmitteln und angemessener Kompensation durch das Handeln eines Unternehmens erschwert wird.[569] Das heißt, dass Unternehmen grundsätzlich nach dem lokalen Recht handeln müssen. Wenn dieses jedoch mit dem internationalem Recht unvereinbar ist, sollten Unternehmen letzteres anwenden, da die Gesetzesbegründung gleichzeitig auch auf Art. 11 Abs. 1 des Sozialpaktes verweist und die übrigen Bestimmungen von § 2 Abs. 2 sich auch vorwiegend auf das internationale Recht beziehen, es sei denn der Gesetzestext nennt das Recht des Beschäftigungsortes als maßgebliches Recht.[570] Im internationalem Recht hat sich in Bezug auf Landrechte der Begriff des „legitimate tenure rights holder" entwickelt, mit dem klargestellt wurde, dass in Fällen vom Umsiedlungen und Entzug von Land nicht nur dokumentierte Eigentums- und Besitzverhältnisse maßgeblich sind, sondern auch **gewohnheitsrechtliche und traditionell überlieferte** und **lokal übliche Rechte**, die nicht offiziell einsehbar sind.[571] Aufgrund von verbreiteter Korruption ist bei Landerwerb das Risiko von erfolgten Vertreibungen im Sinne von Zwangsumsiedlungen auch dann nicht auszuschließen, wenn neue Eigentümer formale Eigentumstitel vorweisen können, so zum Beispiel in (Post)Konfliktsituationen.[572] Unternehmen müssen jedenfalls auch bei staatlichem Versagen im Rahmen ihrer Risikoanalyse prüfen, inwieweit durch den Landerwerb Rechte Betroffener beeinträchtigt werden könnten.[573] Allerdings können Unternehmen bei mangelnden Hinweisen auf die formalen Eigentumsverhältnisse vertrauen.[574] Wenn es im Ausnahmefall zu Zwangsräumungen kommt, müssen jedenfalls **verhältnismäßig** in Bezug auf ihren Zeck und ihre Auswirkung auf die umgesiedelten Personen sein.[575] Das heißt, dass Zwangsumsiedlungen grundsätzlich gesetzlich geregelt sein und dem Gemeinwohl dienen müssen; sie erforderlich im Hinblick auf die Wahl der möglichen milderen Mittel des Eingriffs sein müssen und der gute Zweck der Zwangsumsiedlung gegenüber der Beeinträchtigung der Rechte der lokalen Bevölkerung überwiegen muss.[576] Darüber hinaus gilt bei Umsiedlungen indigener Bevölkerungsgruppen das **Prinzip der der freien, vorherigen und informierten Zustimmung** der betroffenen Personengruppen.[577] Bei Beteiligung von solchen Bevölkerungsgruppen muss die Gefahr von Vergeltungsmaßnahmen ausgeschlossen werden.[578] Grundsätzlich haben indigene Bevölkerungen das Recht auf Entschädigung.[579] Wo Bevölkerungsgruppen umgesiedelt wurden, müssen alternative Unterkünfte sicher sein und den

---

568 Zu diesem Ergebnis kommt auch Grabosch/*Schönfelder* § 4 Rn. 49.

569 Vgl. BT-Drs. 19/28649 S. 38.

570 Vgl. Grabosch/*Schönfelder* § 4 Rn. 48.

571 Committee on Economic, Social and Cultural Rights, General comment No. 26 (2023), E/C.12/GC/26, Rn. 22–25.

572 Grabosch/*Schönfelder* § 4 Rn. 48; Siehe für Kolumbien *Sanabría/Ramírez*, El derecho al acceso progresivo a la propriedad de la tierra, 28.

573 Entscheidung des kolumbianischen Verfassungsgerichts SU 123/18 in *Sanabría/Schönfelder*, Recognising Nuances: Mandatory Human Rights Due Diligence in Mexico and Colombia, VerfBlog 21.4.**2021**; **a.A.** *Ehmann* ZVertriebsR **2021** 141, 144.

574 Vgl. den Fall des Erwerbs einer Kaffeeplantage durch das Kaffeeunternehmen Neumann und Vertreibungen *Nationale Kontaktstelle* **(2011)**, Abschließende Erklärung der deutschen Nationalen Kontaktstelle für die OECD-Leitsätze für multinationale Unternehmen zu einer Beschwerde von Wake Up and Fight for Your Rights Madudu Group und FIAN gegen die Neumann Gruppe GmbH, M. Steffens, Bundesministerium für Wirtschaft und Technologie, **2011**.

575 Committee on Economic, Social and Cultural Rights, General comment No. 26 (2023), E/C.12/GC/26, Rn. 22, 23; *Ben Djazia et al. v. Spain* E/C.12/61/D/5/2015 para. 13.4.

576 *Ben Djazia et al. v. Spain* E/C.12/61/D/5/2015 para. 13.4; Committee on Economic, Social and Cultural Rights, General comment No. 26 (2023), E/C.12/GC/26, Rn. 22, 23.

577 Committee on Economic, Social and Cultural Rights, General comment No. 26 (2023), E/C.12/GC/26, Rn. 16, 21; 9.9. Freiwillige Leitlinien für Landrechte, www.bmel.de unter downloads, Broschüren; Art. 16 Abs. IAO-Abkommen Nr. 169; Art. 10 UN Declaration on the Rights of Indigeneous Peoples, 61/295, A/61/L.67 and Add.1).

578 Committee on Economic, Social and Cultural Rights, General comment No. 26 (2023), E/C.12/GC/26, Rn. 20.

579 Committee on Economic, Social and Cultural Rights, General comment No. 26 (2023), E/C.12/GC/26, Rn. 16. Vgl. auch Art. 15 Abs. 5 IAO-Übereinkommen Nr. 169.

Zugang zu öffentlicher Daseinsvorsorge wie Bildung, Gesundheitsschutz, Teilnahme am Gemeinwesen und Möglichkeiten der Verbesserung des Lebensstandards gewährleistet sein.[580]

Über Zwangsräumungen hinaus verbietet Nr. 10 auch den **widerrechtlichen Entzug von Land, Wäldern** und **Gewässern,** deren Nutzung der Lebensgrundlage der örtlichen Bevölkerung sichert. Demnach sind besonders solche Fälle erfasst, in denen die Eigentumsverhältnisse nicht geklärt sind, die lokale Bevölkerung aber bspw. Gewässer zum Fischen oder Wälder für Brennholz oder Jagd nutzt.[581] Für die Frage der **Widerrechtlichkeit** ist vor allem die Einhaltung von Konsultationen und Beteiligungsprozessen der örtlichen Bevölkerung relevant.[582] Nach Art. 2 und 15 des IAO-Übereinkommens 169 sind die Bevölkerungsgruppen, die die betreffenden Ressourcen nutzen, vor Beginn etwaiger Vorhaben zu konsultieren und am Nutzen der Ressourcen zu beteiligen. Jedenfalls ist das lokale Recht zu beachten und das IAO-Übereinkommen Nr. 169 jedenfalls im Falle seiner Ratifizierung durch den betreffenden Staat zu beachten. So hat zum Beispiel Sierra Leone im August 2021 den „Customary Land Rights Act“ und den „Land Commission Act“ verabschiedet, nach dem Investoren für Projekte in Sierra Leone nun die Zustimmung der Bevölkerung benötigen und auch mit ihnen Preise für Land aushandeln müssen.[583] 135

cc) Praxisbeispiele. Zu Zwangsräumungen, Umsiedlungen oder den Entzug von Land, Gewässern und Wäldern kommt es häufig bei **Staudammprojekten**. So steht das Unternehmen Siemens wegen Staudammprojekten in Lateinamerika und damit verbundenen Zwangsumsiedlungen sowie dem Entzug der Lebensgrundgrundlage indigener Völker seit längerem in der Kritik zahlreicher Nichtregierungeorganisationen.[584] Während Unternehmen in diesen Fällen jedenfalls die VN-Leitprinzipien und die OECD-Leitsätze anwenden und ihre Projekte danach ausrichten sollten, ist jedoch fraglich, ob solche Projekte vom Anwendungsbereich des Lieferkettengesetzes umfasst sind. Nach § 2 Abs. 5 erfasst die Lieferkette lediglich die Schritte, die zur Herstellung von Produkten und der Erbringung von Dienstleistungen erforderlich sind, angefangen von der Gewinnung von Rohstoffen bis zu der Lieferung an den Endkunden. Die nachgelagerte Lieferkette ist grundsätzlich nicht erfasst.[585] Daher kommt es darauf an, ob das Unternehmen lediglich Maschinen und Geräte für den Bau von Anlagen liefert oder selbst am Bau beteiligt ist. Wenn Unternehmen die Bauplanung, Bauüberwachung und Inbetriebnahme eines Staudamms übernehmen, treffen es jedenfalls Sorgfaltspflichten nach dem Lieferkettengesetz.[586] Im Fall eines Joint Venture mit dem Anlagenbauer von Wasserkraftanlagen treffen das Unternehmen auch im Fall einer Minderheitsbeteiligung Sorgfaltspflichten nach dem LkSG.[587] Anders wäre die Sachlage zu beurteilen, wenn es lediglich um die Lieferung von Turbinen geht. 136

580 Committee on Economic, Social and Cultural Rights, General comment No. 26 (2023), E/C.12/GC/26, Rn. 24; vgl. auch Art. 16 Abs. 4 des IAO-Abkommen Nr. 169.

581 Committee on Economic, Social and Cultural Rights, General comment No. 26 (2023), E/C.12/GC/26, Rn. 19.

582 Committee on Economic, Social and Cultural Rights, General comment No. 26 (2023), E/C.12/GC/26, Rn. 20, 21.

583 https://taz.de/Landgrabbing-in-Sierra-Leone/!5874961/;https://www.business-humanrights.org/de/neuste-meldungen/sierra-leone-neue-gesetze-fordern-ausdr%C3 %BCckliche-zustimmung-der-menschen-vor-ort-zugang-zu-land-f%C3%BCr-frauen/ (zuletzt abgerufen am 8.5.2023).

584 *Gegenströmung* 2019, https://www.gegenstroemung.org/blog/siemens-wegen-staudammprojekten-in-kolumbien-und-kanada-in-der-kritik/.

585 Vgl. BT-Drs. 19/28649 S. 40.

586 Vgl. zum Beispiel den Fall des deutschen Unternehmens Lahmeyer, *ECCHR/Brot für die Welt/Misereor* Unternehmen zur Verantwortung ziehen, Erfahrungen aus transnationalen Menschenrechtsklagen, 2017; *ECCHR* Bauen ohne Rücksicht, Lahmeyer und die Vertreibungen im Sudan, https://www.ecchr.eu/fall/bauen-ohne-ruecksicht-das-unternehmen-lahmeyer-und-die-vertreibungen-beim-staudammbau-im-sudan/ (zuletzt abgerufen am 8.5.2023).

587 Vgl. zum Beispiel den Fall des Joint Venture vom Siemens mit Voith Hydro am Wasserkraftwerk in Agua Zarca in Honduras, aus dem sich Siemens schließlich zurückgezogen hat, https://www.fdcl.org/pressrelease/2021-11-24-siemens-energy-verkauft-seinen-35-anteil-am-joint-venture-voith-hydro/ (zuletzt abgerufen am 8.5.2023); https://www.oxfam.de/

137 Ein weiterer Bereich, in dem es häufig zu Umsiedlungen und Entzug von Land kommt, ist der Agrarsektor. Das Forschungsnetzwerk Land Matrix Initiative hat in seiner „Bestandaufnahme des globalen Landrauschs" recherchiert, dass weltweit Landakquisitionen stark zugenommen haben und zwischen 2008 und 2020 Agrarflächen weltweit von der Größe Italiens den Besitzer gewechselt haben, das heißt insgesamt über 33 Millionen Hektar Wald, Wiese und Ackerland.[588] Die meisten Investoren investieren in den Anbau von Agrarrohstoffen wie Palmöl, Kautschuk, Zuckerrohr und -rüben. Die damit einhergehende Umwandlung von Regenwald und anderen natürlichen Lebensräumen in Ackerland führt dann häufig zum Verlust der Lebensgrundlage der örtlichen Bevölkerung.[589] Weitere Beispiele sind Brandrodungen im Amazonasgebiet, in dem Wald zugunsten von Soja-Plantagen und zum Schaden der lokalen Bevölkerung zwangsgerodet wird.[590]

138 Bei Finanzdienstleistungen sollen nach der Gesetzesbegründung Finanzdienstleister grundsätzlich nur Sorgfaltspflichten gegenüber dem Kreditnehmer, Sicherungsnehmer und dem Anlageobjekt treffen, nicht gegenüber dem Endkunden.[591] Aufgrund der damit einhergehenden Informations- und Einflussmöglichkeiten soll der Endkunde jedoch im Fall der Vergabe von Großkrediten ab nach Art. 392 der Verordnung (EU) Nr. 575/2013 über Aufsichtsanforderungen an Kreditinstitute zu bestimmenden Schwelle einbezogen werden.[592] Das heißt zum Beispiel, dass in diesen Fällen Banken und andere Kreditinstitute ihre Investitionen in Staudammprojekte, an denen ihre Kunden beteiligt sind, in ihre Risikoanalyse nach § 5 LkSG einbeziehen müssen. Der Kommissionsvorschlag für eine Richtlinie zu Sorgfaltspflichten im Bereich der Nachhaltigkeit[593] sieht in Art. 3, 6, 7 und 8 etwas weitergehende Regelungen vor, die der Rat in seiner Allgemeinen Ausrichtung[594] jedoch wieder eingeschränkt hat. Daher sind in diesem Bereich mit Änderungen zu rechnen.

139 **k) Nr. 11 – Verbot des Einsatzes von privaten Sicherheitskräften.** Nummer 11 hat den Zweck, Beschäftigte und die Bevölkerung im Produktionsland vor extensiver Gewalt, Folter und der Verletzung der Vereinigungs- und Koalitionsfreiheit durch private oder staatliche Sicherheitskräfte im Dienste eines Unternehmens zu schützen.[595] Die Gesetzesbegründung verweist auf Art. 7 des Zivilpaktes als Grundlage für das **Folterverbot** und das **Verbot grausamer, unmenschlicher** und **erniedrigender Behandlung gemäß Buchstabe a)**, auf das in Art. 6 statuierte Recht auf Leben und das in Art. 12 statuierte Recht auf Gesundheit gemäß Artikel 12 des Sozialpaktes als Grundlage für das **Verbot der Verletzung von Leib und Leben gemäß Buchstabe b)** und auf die in Art. 22 des Zivilpaktes und Art. 8 des Sozialpaktes verankerte Vereinigungs- und Koalitionsfreiheit für den Schutz vor Beeinträchtigen **gemäß Buchstabe c).**

140 Unternehmerische Tätigkeiten in einem Gebiet, das von einem **bewaffneten Konflikt** betroffen ist, aber auch insgesamt in verschiedenen Ländern des globalen Südens,[596] gehen mit dem

presse/pressemitteilungen/2017-07-06-oxfam-rueckzug-agua-zarca-ueberfaelliger-schritt-siemens-voith (zuletzt abgerufen am 8.5.2023).

588 Siehe m.w.N. https://taz.de/Investitionen-in-Boden/!5800370/ und https://landmatrix.org/ (zuletzt abgerufen am 8.5.2023).

589 Vgl. m.w.N. https://taz.de/Investitionen-in-Boden/!5800370/ (zuletzt abgerufen am 8.5.2023).

590 *Christliche Initiative Romero*, Landkonflikte eskalieren in Brasilien, https://www.ci-romero.de/landkonflikte-eskalieren-in-brasilien/ (zuletzt abgerufen am 8.5.2023).

591 Vgl. BT-Drs. 19/28649 S. 40.

592 Vgl. BT-Drs. 19/28649 S. 40; A.A. BMAS, Fragen und Antworten zum Lieferkettengesetz, https://www.csr-in-deutschland.de/DE/Wirtschaft-Menschenrechte/Gesetz-ueber-die-unternehmerischen-Sorgfaltspflichten-in-Lieferketten/FAQ/faq.html#doc977f9a9d-bfdd-4d31-9e31-efab307ceee6bodyText3 (zuletzt abgerufen am 8.5.2023).

593 COM(2022) 71 final.

594 COD 15024/1/22 REV 1.

595 Vgl. BT-Drs. 19/28649 S. 38.

596 Grabosch/*Schönfelder* § 4 Rn. 42; *Brot für die Welt/Misereor/ECCHR* **2011**, Transnationale Unternehmen in Lateinamerika: Gefahr für die Menschenrechte, 14 ff., https://www.ecchr.eu/publikation/transnationale-unternehmen-in-lateinamerika-gefahr-fuer-die-menschenrechte/ (zuletzt abgerufen am 8.5.2023).

Risiko einher, dass Unternehmen Menschenrechtsverletzungen oder Verstöße gegen das Humanitäre Völkerrecht anderer Akteure fördern.[597] Insbesondere wenn Arbeiten Unternehmen zum Schutz ihres Betriebes mit privaten oder öffentlichen Sicherheitskräften zusammen, müssen sie gewährleisten, dass diese bei dem Einsatz für das Unternehmen Menschenrechte achten.[598] Bei der Nutzung von **staatlichen Sicherheitskräften** sollten Unternehmen vor der Beauftragung überprüfen, ob gravierende Menschenrechtsverletzungen durch diese Einheiten dokumentiert sind.[599] So ist zum Beispiel in der DR Kongo Gewaltbereitschaft auch bei staatlichen Sicherheitskräften bekannt und verbreitet, so dass in Konfliktfällen mit der lokalen Bevölkerung Unternehmen die Sorgfaltspflicht treffen kann, Anweisungen zu erteilen, dass zur Lösung solcher Konflikte keine staatlichen Sicherheitskräfte gerufen werden dürfen, um Gewalt und Misshandlung zu vermeiden.[600] Dem Ölunternehmen Shell werden seit Jahren Mittäterschaft bei der durch den Einsatz von Gewalt erfolgten Bekämpfung und Niederschlagung von Protesten der Bevölkerung und Aktivitäten durch das nigerianische Militär und paramilitärische Einheiten in den 1990er Jahren vorgeworfen.[601]

Beim Einsatz **privater Wachmannschaften** haben Unternehmen ganz besonderen Einfluss darauf, die Vertragsbeziehung zu solchen Sicherheitskräften derart zu gestalten, dass diese sich an den geltenden Rechtsrahmen halten.[602] Nach der Gesetzesbegründung soll durch eine angemessene Unterweisung und Kontrolle der verwendeten Sicherheitskräfte das Risiko der Verletzung von in § 2 Absatz 1 geschützten Rechtspositionen minimiert werden.[603] Da § 2 Abs. 1 auf alle in der Anlage genannten Menschenrechtsverträge verweist, soll sich die Unterweisung demnach nicht nur auf die in Buchstabe a) bis c) genannten Tatbestände beziehen. Wenn nicht unter Nr. 11, könnten Verstöße dagegen unter Auffangtatbestand in Nr. 12, siehe Rn. 142 fallen. Der Kommentar zu den VN-Leitprinzipien empfiehlt Unternehmen, die genannten Fälle menschenrechtlicher als Frage der Rechtskonformität, d.h. in der Compliance-Abteilung, zu behandeln.[604] Ein geeignetes Toolkit mit Empfehlungen zum menschenrechtskonformen Einsatz von privaten Sicherheitskräften hat das Internationale Rote Kreuz zusammen mit dem Geneva Centre for the Democratic Control of Armed Forces entwickelt.[605] Danach sollten Unternehmen bspw. Schulungen zum Verhalten in Extremsituationen wie Streiks und Protesten, dem Vorgehen bei Verhaftungen usw. durchführen, die Schulungen regelmäßig auffrischen und in den Dialog mit der lokalen Bevölkerung treten.[606] Diese Empfehlungen sollte das Unternehmen in die Verträge mit privaten Sicher- **141**

597 Vgl. BT-Drs. 19/28649 S. 39; Siehe auch Kommentar zu Prinzip 23 der VN-Leitprinzipien, *Deutsches Global Compact Netzwerk*, Leitprinzipien für Wirtschaft und Menschenrechte, Umsetzung des Rahmens der Vereinten Nationen „Schutz, Achtung und Abhilfe", 2014, deutsche Version, 29.

598 Vgl. BT-Drs. 19/28649 S. 39.

599 Vgl. BT-Drs. 19/28649 S. 39.

600 Vgl. den Fall des deutsch-schweizerischen Holzhandelsunternehmens Danzer, *ECCHR/Brot für die Welt/Misereor* Unternehmen zur Verantwortung ziehen, Erfahrungen aus transnationalen Menschenrechtsklagen, 2017, https://www.ecchr.eu/publikation/unternehmen-zur-verantwortung-ziehen-1/; ECCHR Thema Danzer, https://www.ecchr.eu/thema/danzer/ (zuletzt abgerufen am 8.5.2023).

601 *Amnesty* Investigate Shell for complicity in murder, rape and torture, https://www.amnesty.org/en/latest/press-release/2017/11/investigate-shell-for-complicity-in-murder-rape-and-torture/. Vgl. auch den Fall *Kiobel vs. Shell* https://www.business-humanrights.org/en/latest-news/the-hague-esther-kiobel-vows-to-continue-her-campaign-for-justice/ (zuletzt abgerufen am 8.5.2023); US Supreme Court, Urt. V. 17.4.2013 – *Kiobel et al. v. Royal Dutch Petroleum et al*), https://www.amnesty.org/en/latest/news/2022/03/the-hague-esther-kiobel-vows-to-continue-her-campaign-for-justice/ (zuletzt abgerufen am 8.5.2023).

602 Vgl. BT-Drs. 19/28649 S. 39.

603 Vgl. BT-Drs. 19/28649 S. 39.

604 Siehe Kommentar zu Prinzip 23 der VN-Leitprinzipien, *Deutsches Global Compact Netzwerk*, Leitprinzipien für Wirtschaft und Menschenrechte, Umsetzung des Rahmens der Vereinten Nationen „Schutz, Achtung und Abhilfe", 2014, deutsche Version, 30.

605 *DCAF/ICRC* Addressing security and human rights challenges in complex environments, 89 ff., https://www.securityhumanrightshub.org/toolkit/ (zuletzt abgerufen am 8.5.2023).

606 *DCAF/ICRC* Addressing security and human rights challenges in complex environments, 89 ff.; 107 ff.

heitsleuten aufnehmen.[607] Hilfreich ist dafür auch der "International Code of Conduct for private security service providers".[608]

142 **l) Nr. 12 – Auffangtatbestand.** Nach der Gesetzesbegründung ist der Zweck der Auffangklausel, jedes weitere über die Nummern 1 bis 11 hinausgehende Tun oder pflichtwidrige Unterlassen zu erfassen, das ebenso wie die ausdrücklich genannten Verbote geeignet ist, in besonders schwerwiegender Weise die in § 2 Absatz 1 geschützten Rechtspositionen zu verletzen und dessen Rechtswidrigkeit bei verständiger Würdigung aller in Betracht kommenden Umstände offensichtlich ist.[609] Damit erstreckt Nr. 12 den Anwendungsbereich des Lieferkettengesetzes auf alle in der Anlage genannten Menschenrechtsverträge und schließt so menschenrechtliche Schutzlücken.[610] Zudem wird im Sine einer einheitlichen Gesetzesauslegung auf diese Weise auch sichergestellt, dass auch die übrigen Verbote im Einklang mit dem internationalen Recht ausgelegt und angewendet werden, was gleichzeitig die **Bestimmtheit** der Verbotstatbestände erhöht.[611] Daher kann auch nicht der Ansicht gefolgt werden, diese Vorschrift führe zu einer erheblichen Rechtsunsicherheit und Unbestimmtheit.[612] Unternehmen werden nicht verpflichtet, „ständig neue Schutzgüter abzuleiten",[613] sondern sich mit den Rechtsgütern der beiden Menschenrechtspakte und den IAO-Kernübereinkommen zu beschäftigen, was sie nach Prinzip 12 der VN-Leitprinzipien ohnehin tun müssen, siehe Rn. 12. Zudem wird der Tatbestand durch objektive und subjektive Anforderungen auf gleich schwerwiegende Fälle wie von den übrigen Verboten erfassten Fällen eingeschränkt.[614]

143 In objektiver Hinsicht muss das unternehmerische Verhalten **„unmittelbar geeignet"** zur Beeinträchtigung der geschützten Rechtspositionen sein. Auch hier greift das LkSG offensichtlich auf die Begriffe des Polizeirechts zurück, siehe Rn. 41 ff.[615] „Unmittelbar" ist eine über die in § 2 Abs. 1 S. 1 für das Vorliegen eines menschenrechtlichen Risikos geforderte hinausgehende hinreichende Wahrscheinlichkeit, mit der ein Verstoß gegen ein Verbot drohen muss. „Unmittelbar" bedeutet im Recht der Gefahrenabwehr, dass besonders hohe Anforderungen an die erforderliche Wahrscheinlichkeit und die Nähe zum Schadenseintritt zu stellen sind.[616] Daher dürften solche Fälle nicht erfasst sein, die eher langfristig Schäden verursachen, zum Beispiel bei Umweltverschmutzungen und Langzeitfolgen für die Gesundheit. Im Einzelfall muss bei der Bewertung auch die Hochwertigkeit des Rechtsguts eine Rolle spielen, je hochwertiger das Schutzgut wie Leben und Wasser, desto geringer die Anforderungen an die zeitliche Nähe. Diese Lesart stellt auch eine einheitliche Auslegung aller Verbotstatbestände Nr. 1–12 sicher. Ob eine **besonders schwerwiegende Beeinträchtigung** vorliegt, ist im Vergleich mit den Verbotstatbeständen gemäß Nr. 1–11 zu bestimmen, die nach der Gesetzbegründung ebenfalls in besonders schwerwiegender Weise in die geschützten Rechtspositionen eingreifen.[617] Zudem sind die Kriterien für die Anforderungen an die Sorgfaltspflicht nach § 3 Abs. 2 Nr. 3 heranzuziehen, nämlich die zu erwartende Schwere, die Umkehrbarkeit und Wahrscheinlichkeit der Verletzung einer menschenrechts- oder umweltbezogenen Pflicht, was den Kriterien eines „severe human rights impact" nach den VN-Leitprinzipien für Wirtschaft und Menschenrechte entspricht.[618] Dagegen ist zunächst unerheblich, ob es sich um „unternehmensferne Rechtspositionen"

---

607 Grabosch/*Schönfelder* § 4 Rn. 52.

608 Vgl. Grabosch/*Schönfelder* § 4 Rn. 42 und www.icoca.ch, The Code, downloads.

609 Vgl. BT-Drs. 19/28649 S. 39.

610 *Zimmermann/Weiss* AVR **58** (2020) 424, 456.

611 *Zimmermann/Weiss* AVR **58** (2020) 424, 456.

612 *Lutz-Bachmann/Vorbeck/Wengenroth* BB **2021** 906, 908; *Wagner/Rutloff* NJW **2021** 2145, 2146.

613 *Kamann/Irmscher* NZWiSt **2021** 249, 254.

614 Vgl. auch *Lutz-Bachmann/Vorbeck/Wengenroth* BB **2021** 906, 907.

615 Vgl. auch Grabosch/*Schönfelder* § 4 Rn. 56.

616 Hessischer VGH, Beschluss vom 19.3.2021 – 2 B 588/21 Rn. 16.

617 Vgl. BT-Drs. 19/28649 S. 39.

618 Grabosch/*Schönfelder* § 4 Rn. 57; UN OHCHR, The Corporate Responsibility to Respect Human Rights, An Interpretive Guide (2012), S. 19.

handelt, da die Unternehmensnähe erst bei der Angemessenheit der ergriffenen oder zu ergreifenden Maßnahme nach den Kriterien des § § Abs. 2 beurteilt wird.[619]

In subjektiver Hinsicht muss die Rechtswidrigkeit der Beeinträchtigung der geschützten Rechtsposition „**bei verständiger Würdigung aller in Betracht kommenden Umstände offensichtlich**" sein. In Betracht kommen Fälle, in denen sich die mögliche Menschenrechtsverletzung aufdrängt.[620] 144

III. Absatz 3 – Umweltbezogenes Risiko und Verbotstatbestände

1. Überblick

§ 2 Abs. 3 Nr. 1–8 enthält acht umweltbezogene Risikotatbestände, die auf den Vorschriften der 145
in der Anlage Nr. 12–14 genannten völkerrechtlichen Übereinkommen beruhen, dem Minamata-Übereinkommen[621] zum Umgang mit Quecksilber, siehe Rn. 147 ff., dem POPs-Übereinkommen zum Umgang mit persistenten organischen Schadstoffen,[622] siehe Rn. 151 ff., und dem Basler Übereinkommen zu grenzüberschreitenden Abfällen, siehe Rn. 157 ff.[623] Alle Übereinkommen sind in der Anlage genannt, dienen dem Schutz der Umwelt und der menschlichen Gesundheit und wurden von der Bundesrepublik Deutschland ratifiziert.[624] Emissionen und Klimarisiken sind bisher nicht aufgenommen, das dürfte sich mit der zukünftigen Verabschiedung der EU-Richtlinie über die Sorgfaltspflichten von Unternehmen ändern, deren Entwurf auch Vorschriften zum Klimawandel enthält.[625] Zudem hat der Klimaschutz Einzug in die gesellschafts- und kapitalmarktrechtliche Diskussion gefunden.[626] Klimaklagen häufen sich, siehe Rn. 24.

2. Umweltbezogenes Risiko

Absatz 4 definiert den **Begriff des umweltbezogenen Risikos** für dieses Gesetz. Anhand von 146
abschließenden Verboten wird konkretisiert, in welchen Fällen eine Verletzung einer in § 2 Absatz 3 aufgeführten umweltbezogenen Pflicht für dieses Gesetz droht. Die Vorschrift wurde aufgrund der Empfehlung des Ausschusses für Arbeit und Soziales im Gesetzgebungsverfahren neu gefasst.[627] Der Wortlaut der Vorschrift verwendet dieselbe Definition des Risikos wie Abs. 2 über das menschenrechtliche Risiko und wendet sie auf das umweltbezogene Risiko an. Für die Begriffsdefinitionen in Anlehnung an das Recht der Gefahrenabwehr kann daher auf die Ausführungen zu § 2 Abs. 2 (siehe Rn. 41 ff.) verwiesen werden. Es sind sowohl abstrakte und konkrete Risiken erfasst, die „hinreichenden Wahrscheinlichkeit" eines Verstoßes richtet sich nach der Wertigkeit der geschützten Rechtsposition aus der subjektiven Ex-ante-Betrachtung und beruht auf tatsächlichen Umständen, wobei der Verstoß im Unterschied zur Gefahrendefinition des Polizeirechts nicht in absehbarer Zeit erfolgen muss. Daher reicht beim LkSG die entfernte Möglichkeit eines Verstoßes aus.

---

619 A.A. *Lutz-Bachmann/Vorbeck/Wengenroth* BB **2021** 906, 907.

620 Grabosch/*Schönfelder* § 4 Rn. 57.

621 Übereinkommen von Minamata vom 10.10.2013 über Quecksilber BGBl. 2017 II S. 610, 611.

622 Stockholmer Übereinkommen vom 23.5.2001 über persistente organische Schadstoffe, BGBl. 2002 II S. 803, 804, zuletzt geändert durch den Beschluss vom 6.5.2005, BGBl. 2009 II, 1060, 1061.

623 Basler Übereinkommen über die Kontrolle der grenzüberschreitenden Verbringung gefährlicher Abfälle und ihrer Entsorgung vom 22.3.1989, BGBl. 1994 II S. 2703, 2704, zuletzt geändert durch die Dritte Verordnung zur Änderung von Anlagen zum Basler Übereinkommen vom 22.3.1989 vom 6.5.2014, BGBl. II 306/307.

624 Vgl. BT-Drs. 19/28649 S. 39.

625 COM(2022) 71 final.

626 *Spindler* Klimaschutz und Aktienrecht, Der Funktionswandel der Corporate Governance, NZG **2021** 993.

627 BT-Drs. 19/30505 S. 9.

3. Die einzelnen Verbotstatbestände

147 **a) Umgang mit Quecksilber (Nr. 1–3).** Die Nummern 1 bis 3 dienen der Vermeidung von Verstößen gegen die genannten Verbote, die sich aus umweltbezogenen Pflichten nach dem Minamata-Überkommen ergeben. Die Pflichten dienen dem Schutz der Umwelt und menschlichen Gesundheit vor negativen Folgen einer Quecksilberemission.[628] Quecksilber löst bei Einatmung von damit versetzten Dämpfen und Hautkontakt Gesundheitsrisiken und Vergiftungen aus, die zu Lähmungen führen können.[629] Die Verbotstatbestände betreffen den **Einsatz von Quecksilber in Produkten**, dessen **Verwendung bei Herstellungsprozessen** und bei seiner **Entsorgung**.

148 **Nummer 1** verbietet die **Herstellung von mit Quecksilber versetzten Produkten**, lässt jedoch Ausnahmen des Produktionslandes zu.[630] Die zulässigen Ausnahmen sind ausdrücklich benannt, womit noch einmal klargestellt wird, dass es auf eine Ratifizierung des Minimata-Übereinkommens durch das Produktionsland nicht ankommt.[631] Nach der Gesetzesbegründung müssen Unternehmen ihre Tätigkeit in der Lieferkette daraufhin überprüfen, ob sie an der Herstellung quecksilberanteiliger Produkte im Sinne des Artikel 4 Absatz 1 und der Anlage A Teil I zum Minamata-Übereinkommen beteiligt sind.[632] Beispiele sind Batterien mit einem Quecksilbergehalt über 2 Prozent, Thermometer und Pestizide. Die Herstellung von mit Quecksilber versetzten Produkten nach Anlage A Teil I des Minimata-Übereinkommens stellt nach der Gesetzesbegründung kein Risiko dar, wenn Anlage A für den konkreten Fall einen Ausschluss vorsieht. Das ist der Fall bei für den Zivilschutz und militärische Verwendungszwecke unerlässliche Produkte, bei Produkten für die Forschung, die Kalibrierung von Instrumenten, zur Verwendung als Referenzstandard, sofern keine machbare quecksilberfreie Alternative als Ersatz verfügbar ist wie bei Schaltern und Relais, Kaltkathoden-Leuchtstofflampen und Leuchtstofflampen mit externen Elektroden (CCFL und EEFL) für elektronische Displays und Messgeräte, bei traditionellen oder religiösen Praktiken verwendete Produkte, bei Impfstoffen mit Thiomersal als Konservierungsstoff. Ebenfalls ist zu prüfen, ob in der geltenden Rechtsordnung eine registrierte Ausnahme nach Artikel 6 des Minamata-Übereinkommens vorliegt[633] oder von der Option des Artikel 4 Absatz 2 Gebrauch gemacht wurde.[634] Nach Art. 4 Abs. 2 des Übereinkommens kann eine nationale Rechtsverordnung vorsehen, dass in Bezug auf die in Anlage A Teil I aufgeführten Produkte andere Maßnahmen oder Strategien anwenden wird, wenn auch die übrigen Voraussetzungen des Art. 4 Abs. 2 des Minanamata-Übereinkommens vorliegen. Derzeit haben nur die USA solchen alternativen Maßnahmen angegeben.[635]

149 **Nummer 2** sieht vor, dass nach Art. 5 Absatz 2 des Minamata-Übereinkommens die **Verwendung von Quecksilber und Quecksilberverbindungen** bei Herstellungsprozessen im Sinne der Anlage B Teil I des Minamata-Übereinkommens ab dem für den jeweiligen Prozess im Übereinkommen bestimmten Ausstiegszeitpunkt unterbleiben müssen. Danach muss ab 2025 die Chlor-Alkali-Produktion unterbleiben sowie seit 2018 die Produktion von Acetaldehyden mit Quecksilber als Katalysator. Dies gilt nicht, wenn das Land, dessen Rechtsordnung für die unternehmerische Tätigkeit Anwendung findet, eine Ausnahme nach Artikel 6 des Minamata-Übereinkommens registriert hat. Argentinien, Ghana, Iran, Peru und die USA haben Ausnahmen für die Chloralkali-

628 BT-Drs. 19/28649 S. 39.

629 Grabosch/*Schönfelder* § 4 Rn. 60 m.w.N.; *BMU* FAQ zur Quecksilber-Konvention www.bmu.de/faqs/quecksilber-konvention/ (zuletzt abgerufen am 8.5.2023); Deutsche Welle Was macht Quecksilber giftig? https://www.dw.com/de/was-macht-quecksilber-giftig/a-16514157 (zuletzt abgerufen am 8.5.2023).

630 Vgl. auch Grabosch/*Schönfelder* § 4 Rn. 61.

631 *Schönfelder* in *Grabosch*, Das neue Lieferkettensorgfaltspflichtengesetz, § 4, Rn. 60.

632 BT-Drs. 19/28649 39.

633 Eine Liste aktueller Ausnahmen kann unter www.mercuryconvention.org/Countries/Parties/Exemptions/tabid/5967/language/en-US/Default.aspx abgerufen werden.

634 BT-Drs. 19/28649 S. 39.

635 Die aktuelle Liste registrierter Alternativverfahren kann unter https://www.mercuryconvention.org/en/parties/notifications abgerufen werden (zuletzt abgerufen am 8.5.2023).

Produktion registriert.[636] Indien hat eine Ausnahme für die Produktion von Acetaldehyden registriert.[637] Artikel 5 Absatz 1 des Minamata-Übereinkommens schränkt den Begriff der Herstellungsprozesse in Hinblick auf bestimmte Tätigkeiten zusätzlich ein. Danach sind weder Prozesse erfasst, bei denen mit Quecksilber versetzte Produkte verwendet werden, noch Prozesse zur Herstellung von mit Quecksilber versetzten Produkten noch Prozesse, bei denen quecksilberhaltiger Abfall verarbeitet wird.

Quecksilberabfälle gemäß Art. 11 Abs. 2 müssen von Unternehmen in Übereinstimmung mit Art. 11 Abs. 3 des Minamata-Abkommens umweltgerecht behandelt werden. Das Minamata-Abkommen verweist diesbezüglich auf die Bestimmung des Basler Übereinkommens und dessen technische Leitlinien.[638] Quecksilberabfälle dürfen außerdem für vom Basler Übereinkommen erlaubte Verwendungszwecke wiedergewonnen werden, Art. 11 Abs. 3 b), aber nicht in Staaten ausgeführt werden, wo eine umweltgerechte Entsorgung in Frage steht, Art. 11 Abs. 3 c). 150

b) Umgang mit POPs (Nr. 4 und 5). Die Verbote der Nummern 4 und 5 dienen der Einhaltung umweltbezogener Pflichten aus dem sogenannten **POPs-Übereinkommen**. Die dort enthaltenen Verbote sollen vor den negativen Folgen von persistenten organischen Schadstoffen schützen.[639] POPs sind bestimmte chemische Stoffe, die die Luft verunreinigen, sich über die Luft auch in entfernte Gebiete über internationale Grenzen hinweg verbreiten, in der Umwelt verbleiben, sich über die Nahrungskette anreichern und so ein Risiko für die menschliche Gesundheit und die Umwelt begründen.[640] Das POPs-Abkommen weist in seinen Erwägungen insbesondere auf gesundheitliche Gefahren in Entwicklungsländern hin, die sich aus der Berührung mit chemischen Schadstoffen ergeben können, insbesondere für Frauen und damit künftige Generationen.[641] Die im POPs-Übereinkommen und der umsetzenden EU-Verordnung 2019/1021[642] sowie der Delegierten Verordnung 2021/277[643] vorgesehenen Maßnahmen sollen die menschliche Gesundheit und die Umwelt vor diesen Schadstoffen schützen. Pestizide enthalten solche chemischen Stoffe; weiterhin entstehen POPs als Nebenprodukte bei chemischen Verfahren.[644] Die Liste der somit erfassten Pestizide ist jedoch begrenzt, die Mehrheit gefährlicher Pestizide bleibt außen vor.[645] Die Verbote in Nr. 4 und 5 regeln mit Bezug auf Art. 3 Abs. 1 a) und Art. 6 Abs. 1 d) Ziffer i und ii des POPs-Übereinkommens die Produktion, Verwendung und Handhabung sowie Entsorgung bestimmter Chemikalien. 151

Nach der Gesetzesbegründung müssen Unternehmen im Hinblick auf das **Verbot** von **2 Abs. 3 Nr. 4** überprüfen, ob bei ihren Aktivitäten in der Lieferkette Chemikalien im Sinne des Artikel 3 Abs. 1 a) in Verbindung mit der Anlage A des POPs-Übereinkommen produziert oder verwendet 152

636 https://www.mercuryconvention.org/en/parties/exemptions (zuletzt abgerufen am 8.5.2023).

637 https://www.mercuryconvention.org/en/parties/exemptions (zuletzt abgerufen am 8.5.2023).

638 http://www.basel.int/Implementation/MercuryWastes/TechnicalGuidelines/tabid/5159/Default.aspx (zuletzt abgerufen am 8.5.2023).

639 BT-Drs. 19/28649 S. 40.

640 Spiegelstrich 2 der Erwägungen der EU-Verordnung 2019/1021 über persistente organische Schadstoffe vom 25.6.2019, L 169/45.

641 Spiegelstrich 2 der Erwägungen zum POPs-Übereinkommen.

642 Spiegelstrich 2 der Erwägungen der EU-Verordnung 2019/1021 über persistente organische Schadstoffe vom 25.6.2019, L 169/45.

643 Delegierte Verordnung der EU-Kommission vom 16.12.2020 zur Änderung des Anhangs I der Verordnung (EU) 2019/1021 des Europäischen Parlaments und des Rates über persistente organische Schadstoffe in Bezug auf Pentachlorphenol sowie seine Salze und Ester, L 62/1.

644 Grabosch/*Schönfelder* § 4 Rn. 64; European Chemical Agency POP-Begriffsverständnis, https://echa.europa.eu/de/understanding-pops (zuletzt abgerufen am 8.5.2023).

645 *Terwindt/Morrison/Schliemann* Health Rights Impacts by Agrochemical Business: Legally Challenging the "Myth of Safe Use"' Utrecht Journal of International and European Law **2018** 34(2), 130, 143; *UN Human Rights Council*, Report of the Special Rapporteur on the right to food, A/HRC/34/48 **2017** Rn. 57.

werden.[646] Für die Feststellung, ob ein Stoff verboten ist, oder zulässige Ausnahmen gelten, verweist Nr. 4 auf das Verbot der Produktion und Verwendung des POPs-Übereinkommen in seiner aktuell ratifizierten Form durch die EU-Verordnung 2019/1021 sowie der Delegierten Verordnung 2021/277. Die EU-Verordnung 2019/1021 enthält in Art. 3 Abs. 1 in Verbindung mit Anlage A eine Auflistung verbotener Stoffe vorbehaltlich der nach Art. 4 zugelassenen Verwendung. Der in der Regierungsfassung und Gesetzesbegründung aufgeführte Verweis auf die anwendbare Rechtsordnung oder die Ratifikation des POPs-Übereinkommens ist entfallen, so dass es auf die nationale Rechtsordnung oder eine Ratifikation für die Anwendung des POPs-Übereinkommens in Verbindung mit den genannten EU-Rechtsakten nicht mehr ankommt.[647] Das **Verbot der Produktion und Verwendung** gemäß Art. 3 Abs. 1 der EU-Verordnung 2019/1021 verweist in **Anhang 1 A** auf eine Liste mit über zwanzig verschiedenen chemischen Verbindungen.

153 Art. 4 Abs. 1 und 2 der EU-Verordnung 2019/1021 sehen **Ausnahmen** vor. Danach sind solche Stoffe vom Verbot befreit, die nach Buchstabe a) für die Forschung im **Labormaßstab oder als Referenzstandard** verwendet werden oder gemäß Buchstabe b) gemäß den Angaben in den einschlägigen Einträgen in Anhang I Teil A, rechte Spalte, als **unbeabsichtigte Spurenverunreinigung** in Stoffen, Gemischen oder Erzeugnissen vorhanden sind. Für Stoffe, die nach dem 15. Juli 2019 in Anhang I Teil A aufgenommen werden, gilt eine **Übergangsfrist von sechs Monaten** zur Einhaltung des Verbots, wenn die Stoffe in Erzeugnissen vorhanden sind, die vor oder zu dem Zeitpunkt hergestellt worden sind, ab dem diese Verordnung für diese Stoffe gilt. Eine Ausnahme gilt ebenfalls für **Stoffe, die in Erzeugnissen vorhanden sind**, die vor oder zu dem Zeitpunkt, seitdem die vorliegende Verordnung oder die Verordnung (EG) Nr. 850/2004 auf diese Stoffe Anwendung findet – je nachdem, welcher Zeitpunkt früher eintrat –, bereits verwendet wurden.

154 Auch bei der **Handhabung, Sammlung, Lagerung und Entsorgung von Abfällen**, die persistente organische Schadstoffe im Sinne des POPs-Abkommens enthalten, müssen Unternehmen gemäß **§ 2 Abs. 3 Nr. 5** die sich aus den geltenden nationalen Regelungen und den Maßgaben der Artikel 6 Buchstabe d Ziffern i und ii des POPS-Übereinkommen ergebenden Pflichten beachten.[648] Das Verbot richtet sich demnach sowohl nach der anwendbaren Rechtsordnung als auch der genannten Vorschrift des POPs-Übereinkommens. Wenn die Rechtsordnung keine dem POPs-Übereinkommen entsprechenden Verbote enthält, ist demnach letzteres einschlägig.[649]

155 Erfasste **Abfälle** nach dem POPs-Übereinkommen sind gemäß Art. 6 Abs. 1 solche, die Chemikalien nach Anlage A, B oder C des POPS-Übereinkommens enthalten; dazu zählen auch Produkte und Artikel, wenn diese zu derartigen Abfällen werden. Lagerbestände verbotener Chemikalien im Sinne des Art. 6 Abs. 1 POPs-Übereinkommen werden derzeit nicht erfasst vom LkSG, was im Hinblick auf einen umfassenden Gesundheitsschutz allerdings geboten wäre. Unternehmen ist angeraten, Lagerbestände verbotener Chemikalien im Hinblick auf das Recht auf Gesundheit gemäß Art 12 des Sozialpaktes zu überprüfen, da ggfls. in Zusammenhang mit der Lagerung verbotener Chemikalien entstandene Gesundheitsschäden vom Auffangtatbestand gemäß § 2 Abs. 2 Nr. 12 erfasst werden könnten.

156 **§ 2 Abs. 3 Nr. 5** verlangt die **Ergreifung geeigneter Maßnahmen** im Sinne des POPs-Abkommens Art. 6 Abs. 1 d) Ziffer i und ii, damit die vom Verbot erfassten Abfälle umweltgerecht gehandhabt, gesammelt, befördert und gelagert werden. Das heißt, solche Abfälle müssen so entsorgt werden, dass die darin enthaltenen vom POPS-Abkommen erfassten Chemikalien zerstört werden. Sie können auch unumkehrbar umgewandelt werden, so dass sie nicht mehr die Eigenschaften persistenter organischer Schadstoffe aufweisen. Eine andere Weise umweltgerechter Entsorgung ist auch zulässig, sofern ihre Zerstörung oder unumkehrbare Umwandlung nicht die unter Umweltgesichtspunkten vorzuziehende Möglichkeit darstellt oder ihr Gehalt an persistenten organischen Schadstoffen niedrig ist. Internationale Regeln, Normen und Richtlinien, auch solche, die nach Art. 6 Abs. 2 des POPS-Übereinkommens zusammen mit den Vertragsparteien des Basler

646 BT-Drs. 19/28649 S. 40.
647 BT-Drs. 19/30505 S. 9, 35; Vgl. Grabosch/*Schönfelder* § 4 Rn. 64.
648 BT-Drs. 19/28649 S. 40.
649 Vgl. auch Grabosch/*Schönfelder* § 4 Rn. 67.

Übereinkommens über die Kontrolle der grenzüberschreitenden Verbringung gefährlicher Abfälle und ihrer Entsorgung vom 22. März 1989[650] gegebenenfalls erarbeitet werden, sowie einschlägige weltweite und regionale Regelungen zur Behandlung gefährlicher Abfälle sind dabei zu berücksichtigen. und dazu verabschiedete Vorschriften zu beachten, die die Umwandlung, Entsorgung und Konzentration der erfassten Chemikalien regeln.[651]

c) Ausfuhr und Einfuhr von Abfällen (Nr. 6–8). Gefährliche Abfälle wie medizinische, Altöl oder benutzte Batterien, Quecksilber und POPs und andere Abfälle und ihre grenzüberschreitende Verbringung verursachen Schädigung der menschlichen Gesundheit und der Umwelt.[652] In Anbetracht der wachsenden Bedrohung, welche die zunehmende Erzeugung und Vielfalt gefährlicher Abfälle und anderer Abfälle und deren grenzüberschreitende Verbringung für die menschliche Gesundheit und die Umwelt darstellen, sowie eingedenk dessen, dass die menschliche Gesundheit und die Umwelt vor den mit solchen Abfällen verbundenen Gefahren am wirksamsten dadurch geschützt werden, dass die Erzeugung solcher Abfälle nach Menge und/oder gefährlichen Eigenschaften auf ein Mindestmaß beschränkt wird, verbieten Nr. 6–8 mit Bezug auf das **Basler Übereinkommen** in seiner durch die Dritte Verordnung zur Änderung von Anlagen[653] sowie durch EU-Rechtsakte[654] geänderten Fassung den **internationalen Verkehr mit bestimmten gefährlichen Abfällen.**[655] Nach dem Basler Übereinkommen benötigen grenzüberschreitende Abfallverbringungen die Zustimmungen der zuständigen Behörden des Ausfuhrlandes, sämtlicher Durchfuhrländer sowie des Einfuhrlandes. Insbesondere sollen hierdurch Staaten geschützt werden, die nicht über die notwendigen technischen Voraussetzungen für den Umgang mit gefährlichen Abfällen verfügen.[656] Unternehmen müssen zunächst feststellen, ob von den Nr. 6–8 erfassten Abfälle vorliegen, um dann zu prüfen, ob ein verbotenes Ziel- oder Herkunftsland vorliegt. 157

Die **erfassten Abfälle** ergeben sich aus **Art. 1 Abs. 1** und **2 des Basler Übereinkommens** in Verbindung mit den genannten bzw. dort genannten EU-Rechtsakten und der Dritten Verordnung zur Änderung von Anlagen, das „gefährliche" und „andere Abfälle" erfasst. 158

„Gefährliche Abfälle" sind danach Abfälle, die einer in Anlage I enthaltenen Abfallart angehören oder aufgelistete Bestandteile enthalten. Anlage I nennt unter den Buchstaben Y 1–Y18 verschiedene Abfallarten wie klinische Abfälle, Abfälle von Arznei- und Heilmitteln und Abfälle aus der Herstellung, Zubereitung oder Verwendung von Harzen, Latex, Weichmachern, Klebstoffen/Adhäsiva. Die Buchstaben Y19–45 zählen Bestandteile wie Chrom IV-Verbindungen, Arsen und Asbest auf. Besitzen die die in Anlage I genannten Abfälle keine der in Anlage III aufgeführten Eigenschaften, zählen sie nicht als gefährlicher Abfall. Anlage III zählt über zehn verschiedene Stoffgruppen auf wie zum Beispiel entzündbare Feststoffe, giftige Stoffe mit akuter Wirkung oder infektiöse Stoffe. Anlage I verweist zudem auf Anlage VIII, nach der die dort aufgeführten Abfallarten wie zum Beispiel Asbestabfälle als gefährlich gelten. Anlage I verweist darüber hinaus auch auf Anlage IX, nach der die dort aufgeführten Abfallarten wie zum Beispiel nicht kontaminierte Metallschrott als nicht gefährlich gelten. Gefährliche Abfälle sind außerdem 159

650 BGBl. 1994 II S. 2703, 2704.

651 Siehe zum Beispiel Technischer Leitfaden zur Abfalleinstufung ((2018/C 124/01) oder http://www.basel.int/Implementation/POPsWastes/TechnicalGuidelines/tabid/5052/Default.aspx (zuletzt abgerufen am 8.5.2023); UNEP/CHW.13/6/Add.5/Rev.1.

652 Vgl. auch Grabosch/*Schönfelder* § 4 Rn. 69.

653 Dritte Verordnung zur Änderung von Anlagen zum Basler Übereinkommen vom 22.3.1989, BGBl. 2014 II 306, 307.

654 EU-Verordnung über die Verbringung von Abfällen (EG) Nr. 1013/2006, 14.6.2006, L190/1; Delegierte Verordnung (EU) 2020/2174 vom 19.10.2020 zur Änderung der Anhänge IC, III, IIIA, IV, V, VII und VIII der Verordnung (EG) Nr. 1013/2006 des Europäischen Parlaments und des Rates über die Verbringung von Abfällen.

655 Spiegelstrich 2 und 3 der Erwägungen zum Basler Übereinkommens.

656 Vgl. *BMUV* Sachstand und Gesetzgebung, https://www.bmuv.de/themen/wasser-ressourcen-abfall/kreislaufwirtschaft/internationales/abfallverbringung-in-deutschland-und-europa/sachstand-und-gesetzgebung-zur-grenzueberschreitenden-abfallverbringung#c27630 (zuletzt abgerufen am 8.5.2023).

solche, die nach den innerstaatlichen Rechtsvorschriften des Ausfuhr-, Einfuhr- oder Durchfuhrstaats als gefährlicher Abfall eingestuft sind oder als solche gelten, Art. 1 Abs. 1 b) des Basler Übereinkommens.

160 Das Verbot des § 2 Abs. 3 Nr. 6 erfasst auch **„andere" Abfälle** gemäß der Anlage II zu Art. 1 Abs. 2 des Basler Übereinkommens wie zum Beispiel Haushaltsabfälle oder Rückstände aus der Verbrennung von Haushaltsabfällen, sofern sie Gegenstand grenzüberschreitender Verbringung sind.

161 Für die Einstufung als gefährlicher oder anderer Abfall verweist § 2 Abs. 3 Nr. 6 auch auf die **EU-Verordnung 1013/2006**, die wiederum auf die EU-Richtlinie 91/689/EWG vom 12. Dezember 1991 verweist.[657] Nach Art. 1 Abs. 4 in Verbindung mit Anlage I und II sind die dort genannten Abfälle als **gefährlich** einzustufen, wenn sie die in Anlage III genannten Eigenschaften aufweisen, zumindest nach dem Recht des Mitgliedsstaates. Da die Richtlinie nicht explizit im Gesetzeswortlaut des § 2 Abs. 3 Nr. 6 genannt ist, sondern nur durch Verweis auf die EU-Verordnung 1013/2006 Anwendung findet, sollte bei der Einstufung der Abfälle zunächst das Basler Übereinkommen herangezogen werden und danach die EU-Richtlinie 91/689/EWG. Da sich Inhalt und Systematik der Erfassung gefährlicher und anderer Abfälle sich weitgehend decken, dürften keine Widersprüche auftauchen. Eine Ausnahme bildet „Hausmüll", der nach Anlage II des Basler Übereinkommens unter bestimmten Umständen einbezogen ist. In diesem Fall dürften die jüngeren Bestimmungen des Basler Übereinkommens gelten. Die Dritte Verordnung zur Änderung der Anlagen hat zur Liste B der ungefährlichen Abfälle in Anlage IX neue Einträge wie zum Beispiel Kunststoffabfall aus selbstklebenden Etiketten eingefügt.

162 § 2 Abs. 3 Nr. 6–8 verbietet in Verbindung mit den relevanten Bestimmungen des Basler Übereinkommens die **Ein-** und **Ausfuhr** erfasster Abfälle auch in Nichtvertragsparteien.[658] Diese Einschränkung der souveränen Entscheidungsmacht von Staaten, sich am Schutz globaler Gemeinschaftsgüter wie der Umwelt zu beteiligen oder nicht, ist zu begrüßen.[659]

163 Die **Ausfuhr** erfasster Abfälle ist nach § 2 Abs. 3 Nr. 6 a) bis d) und Nr. 8 in Verbindung mit dem Basler Abkommen verboten, wenn der Einfuhrstaat dies nach Art. 4 Abs. 1 b) des Basler Übereinkommen verboten hat und davon das Sekretariat in Kenntnis gesetzt hat[660] oder seine Einwilligung Art. 4 Abs. 1 b) des Basler Übereinkommen nicht gegeben hat[661] oder die Ausfuhr in eine Nichtvertragspartei erfolgen soll oder im Einfuhrstaat die erfassten Abfälle nicht umweltgerecht behandelt werden. Informationen zu letzterer Variante sind beim Ausschuss zur Umsetzung des Basler Übereinkommens zu finden, der sich mit allgemeinen und länderspezifischen Fragen der Umsetzung beschäftigt und Berichte erstellt, Art. 16 des Basler Übereinkommens.[662] Die Vertragsstaaten erstellen ebenfalls regelmäßig Länderberichte zur Umsetzung des Basler Überkom-

---

657 Diese Richtlinie wurde inzwischen durch die Richtlinie 2008/98/EG ersetzt. Das hat allerdings keine praktischen Auswirkungen, da beide Richtlinien einem in der Entscheidung 2000/532/EG geführten Verzeichnis folgen, vgl. hierzu Johann/Sangi/*Gabriel*, § 2 Rn. 143, 144.

658 190 Staaten haben das Basler Übereinkommen ratifiziert, http://www.basel.int/Countries/StatusofRatifications/PartiesSignatories/tabid/4499/Default.aspx (zuletzt abgerufen am 8.5.2023).

659 Vgl. Koch/Hofmann/Reese/*Buck*/*Verheyen* Umweltvölkerrecht, 24.

660 Siehe hier zu den Verfahren: http://www.basel.int/Procedures/ImportExportProhibitions/tabid/2751/Default.aspx; siehe hier zur Liste von Ländern, die Ein- und Ausfuhr gefährlicher Abfälle verboten haben, http://www.basel.int/Procedures/ImportExportProhibitions/tabid/2751/Default.aspx (zuletzt abgerufen am 8.5.2023).

661 Vgl. zum Verfahren hier: http://www.basel.int/Procedures/ImportExportProhibitions/tabid/2751/Default.aspx; vgl. für eine Länderliste hier: http://www.basel.int/Countries/ImportExportRestrictions/tabid/1481/Default.aspx (zuletzt abgerufen am 8.5.2023).

662 Siehe zur Überwachung der Einhaltung des Basler Übereinkommens durch die Vertragsstaaten, http://www.basel.int/Implementation/LegalMatters/Compliance/OverviewandMandate/tabid/2308/Default.aspx (zuletzt abgerufen am 8.5.2023).

mens.[663] Zudem müssen nach Art. 5 die Vertragsstaaten Anlaufstellen einrichten, bei denen ebenfalls Informationen zu länderspezifischen Informationen zur Abfallentsorgung zu finden sein dürften. In Deutschland sind das das Umweltbundamt[664] und das Bundesamt für Wirtschaft und Ausfuhrkontrolle, § 19 Abs. 1, Satz 1.

§ 2 Abs. 3 Nr. 7 in Verbindung mit Art. 4a des Basler Übereinkommens,[665] Artikel 36 der EU-Verordnung 1013/2006 verbietet die Ausfuhr gefährlicher, nicht anderer Abfälle, von in Anlage VII des Basler Übereinkommens genannten Staaten in Staaten, die nicht in dieser Anlage genannt sind. Anlage VII betrifft alle Vertragsparteien und Staaten, die **OECD- und EG-Mitglieder sowie Liechtenstein**.[666] 164

Die **Einfuhr** ist gemäß § 2 Abs. 3 Nr. 6 c) und Nr. 8 aus und in Nichtvertragsstaaten verboten. 165

IV. Absatz 4 – Verletzung einer menschenrechts- und umweltbezogenen Pflicht

Wie bei der polizeirechtlichen Störung, bei der der Schaden bereits eingetreten ist (siehe Rn. 4), liegt die **Verletzung einer menschenrechtsbezogenen Pflicht** vor, wenn gegen eines der in § 2 Abs. 2 Nr. 1–12 genannten Verbote verstoßen worden ist und die **Verletzung einer umweltbezogenen Pflicht**, wenn gegen eines der in § 2 Abs. 3 Nr. 1–8 genannten Verbote verstoßen worden ist.[667] Im Gegensatz dazu stehen die Sorgfaltspflichten nach §§ 5–10, die die zu ergreifenden Maßnahmen definieren und gleichzeitig der Vermeidung der Verwirklichung der Verbotstatbestände des Abs. 2 und 3 und Verletzung der in Abs. 4 genannten Pflichten dienen. Die Vorschrift ist erst aufgrund der Beschlussempfehlung des Ausschusses für Arbeit und Soziales eingefügt worden und dient der Definition einer Verletzung der Bestimmtheit.[668] 166

V. Zukünftige Rechtsentwicklung

1. Gesetzgebungsprozess

Die EU-Kommission hat am 23.2.2022 einen Vorschlag für eine Richtlinie über die Sorgfaltspflichten von Unternehmen im Hinblick auf Nachhaltigkeit[669] (im Folgenden EU-Kommissionsvorschlag) mit weitergehenden Regelungen veröffentlicht, der voraussichtlich Änderungen des LkSG auch im Hinblick auf menschenrechtliche und umweltbezogene Sorgfaltspflichten sowie klimabezogene Pflichten zur Folge haben wird. Der Gesetzgebungsprozess dürfte sich wohl bis Ende 2023/Anfang 2024 hinziehen. Nachdem der Ministerrat Ende 2022 seine Position vorgelegt hat,[670] befasst sich derzeit das Europäische Parlament mit dem Vorschlag und wird voraussichtlich im Mai 2023 dazu abstimmen. Danach beginnt der Trilog zwischen Rat, Kommission und Parlament der Europäischen Union. 167

663 Vgl. http://www.basel.int/Countries/NationalReporting/ElectronicReportingSystem/tabid/3356/Default.aspx (zuletzt abgerufen am 8.5.2023).

664 Vgl. https://www.umweltbundesamt.de/themen/abfall-ressourcen/grenzueberschreitende-abfallverbringung/anlaufstelle-basler-uebereinkommen#die-aufgaben-der-anlaufstelle-basler-ubereinkommen (zuletzt abgerufen am 8.5.2023).

665 Neuer Art. 4a des Basler Übereinkommens gemäß der Entscheidung III/1 der Konferenz der Vertragsparteien, *Amtsblatt Nr. L 272 vom 04/10/1997 S. 0045–0046*, https://eur-lex.europa.eu/legal-content/DE/TXT/HTML/?uri=CELEX:31997D0640&from=SL (zuletzt abgerufen am 8.5.2023).

666 https://eur-lex.europa.eu/legal-content/DE/TXT/HTML/?uri=CELEX:31997D0640&from=SL (zuletzt abgerufen am 8.5.2023).

667 *Belz/Mußmann/Kahlert/Sander* Polizeigesetz für Baden-Württemberg, 9. Aufl. 2022, § 1 Rn. 50.

668 BT-Drs. 19/30505 S. 36.

669 COM(2022) 71 final.

670 Rat der Europäischen Union, 2022/0051(COD), 15024/1/22 REV 1, 30.11.2022.

2. Überblick über derzeitige Änderungsvorschläge

168 Bisher hat bereits die Berichterstatterin des Rechtsauschusses des Europäischen Parlaments einen Berichtsentwurf mit über den EU-Kommissionsvorschlag hinausgehenden Änderungsanträgen veröffentlicht,[671] der Ministerrat in einer Allgemeinen Ausrichtung[672] Stellung genommen, und verschiedene Ausschüsse haben über Änderungsanträge abgestimmt. Mitglieder der Europäischen Volkspartei (EVP) haben indes Änderungen zu diesen Vorschlägen vorgelegt,[673] sodass nicht abschließend zu beurteilen ist, wie eine zukünftige europäische Regelung und damit auch ein zukünftiges deutsches Gesetz aussehen dürfte. Im Folgenden wird ein Überblick über den derzeitigen Stand möglicher Änderungen gegeben.

169 **a) Der EU-Kommissionsvorschlag.** Anders als das LkSG definiert der EU-Kommissionsvorschlag nicht festgelegte menschenrechtliche Risiken, sondern in Art. 3 c) **„negative Auswirkungen auf Menschenrechte“** mit Verweis auf in Anhang Teil I 1 aufgelistete Verstöße gegen in Menschen- und Arbeitsrechtsabkommen und -erklärungen verbriefte Rechte und Verbote, die sich aus den in Teil II 2 aufgelisteten Menschen- und Arbeitsrechtsabkommen und -erklärungen ergeben. Da Art. 6, 7 und 8 Unternehmen verpflichtet, geeignete Maßnahmen zur Ermittlung, Vermeidung und Behebung negativer Auswirkungen zu ergreifen und Art. 3 q) im Einklang mit Prinzip 17–19 der VN-Leitprinzipien für Wirtschaft und Menschenrechte eine „geeignete Maßnahme“ als eine Maßnahme definiert, „die dem Schweregrad und der Wahrscheinlichkeit der negativen Auswirkungen entsprechen und die dem Unternehmen nach vernünftigem Ermessen zur Verfügung stehen“, dürfte jedoch der Beurteilungsmaßstab für die Eingriffsschwelle, also zu welchem Zeitpunkt Maßnahmen zu ergreifen sind, ungefähr derselbe sein.[674] Ebenso definiert Art. 3 b) **„negative Auswirkungen auf die Umwelt“** mit Verweis auf im Anhang Teil II aufgelistete „Verstöße gegen in Umweltübereinkommen aufgenommene international anerkannte Ziele und Verbote“.

170 Die aufgelisteten Verstöße beziehen sich neben den im LkSG genannten Verboten auch noch insbesondere explizit auf folgende in internationalen **Menschen- und Arbeitsrechtsdokumenten** enthaltenen Rechte und Verbote:

- Verstoß gegen das Recht der Bevölkerung, über die **natürlichen Ressourcen eines Landes** zu verfügen und nicht ihrer Existenzmittel beraubt zu werden, gemäß Artikel 1 des Zivilpaktes;
- Verstoß gegen das **Recht auf Leben und Sicherheit** gemäß Artikel 3 der Allgemeinen Erklärung der Menschenrechte;
- Verstoß gegen das **Verbot der Folter** und grausamer, unmenschlicher oder erniedrigender Behandlung gemäß Artikel 5 der Allgemeinen Erklärung der Menschenrechte;
- Verstoß gegen das **Verbot willkürlicher oder unrechtmäßiger Eingriffe in die Privatsphäre**, Familie, Wohnung oder Korrespondenz einer Person und Angriffe auf ihren Ruf gemäß Artikel 17 der Allgemeinen Erklärung der Menschenrechte;
- Verstoß gegen das **Verbot der Beeinträchtigung der Gedanken-, Gewissens- und Religionsfreiheit** gemäß Artikel 18 Allgemeinen Erklärung der Menschenrechte;
- Verstoß gegen das **Recht des Kindes auf vorrangige Berücksichtigung seines Wohls** bei allen Entscheidungen und Maßnahmen, die Kinder betreffen, gemäß Artikel 3 des Übereinkommen über die Rechte des Kindes; Verstoß gegen das Recht des Kindes zur Ausschöpfung seines vollen Potenzials gemäß Artikel 6 des Übereinkommens über die Rechte des Kindes; Verstoß gegen das Recht des Kindes auf das erreichbare Höchstmaß an Gesundheit gemäß Artikel 24 des Übereinkommen über die Rechte des Kindes; Verstoß gegen das Rechts des

---

671 EP, Committee on Legal Affairs, 2022/0051/COD, 7.11.2022.

672 Rat der Europäischen Union, 2022/0051(COD), 15024/1/22 REV 1, 30.11.2022.

673 EP, Committee on Legal Affairs, 198 Amendments, Proposal for a Directive, COM(2022)0071 – C9-0050/2022 – 2022/0051(COD), 30.11.2022.

674 Vgl. Johann/Sangi/*Johann*/*Gabriel* § 2 Rn. 21.

Kindes auf soziale Sicherheit und auf einen angemessenen Lebensstandard gemäß Artikel 26 und 27 des Übereinkommen über die Rechte des Kindes; Verstoß gegen das Recht auf Bildung gemäß Artikel 28 des Übereinkommen über die Rechte des Kindes; Verstoß gegen das Recht des Kindes auf Schutz vor allen Formen sexueller Ausbeutung und sexuellen Missbrauchs sowie auf Schutz vor Entführung oder rechtswidriger Verbringung an einen anderen Ort innerhalb oder außerhalb ihres Landes zum Zwecke der Ausbeutung gemäß Art, 34 und 35 des Übereinkommen über die Rechte des Kindes;

- Verstoß gegen das **Verbot des Menschenhandels** gemäß Artikel 3 des Protokolls von Palermo zur Verhütung, Bekämpfung und Bestrafung des Menschenhandels, insbesondere des Frauen- und Kinderhandels, zum Übereinkommen der Vereinten Nationen gegen die grenzüberschreitende Kriminalität;
- Verstoß gegen das Verbot, messbare Umweltschädigungen wie schädliche Bodenveränderung, Wasser- oder Luftverschmutzung, schädliche Emissionen oder übermäßigen Wasserverbrauch oder andere Auswirkungen auf natürliche Ressourcen verursachen, die [...] **die ökologische Integrität beeinträchtigen, wie beispielsweise Entwaldung** gemäß Artikel 3 der Allgemeinen Erklärung der Menschenrechte, Artikel 5 des Zivilpaktes und Artikel 12 des Sozialpaktes;
- **Verstoß gegen das Recht der indigenen Völker auf Land**, Gebiete und Ressourcen, die sie traditionell besessen, innegehabt oder auf andere Weise genutzt oder erworben haben, gemäß Artikel 25, Artikel 26 Absätze 1 und 2, Artikel 27 und Artikel 29 Absatz 2 der Erklärung der Vereinten Nationen über die Rechte der indigenen Völker.

Nr. 21 im Teil I 1 des Anhangs sieht ebenso wie § 2 Abs. 2 Nr. 12, siehe Rn. 142 ff., einen Auffangtatbestand vor, der jedoch weiter gefasst ist.

Teil II des Anhangs enthält ebenfalls mehr Verstöße gegen in **Umweltabkommen** genannte 171
Ziele und Verbote als die genannten Verbote im LkSG. Das sind insbesondere folgende Verstöße:

- Verstoß gegen die Verpflichtung, die erforderlichen Maßnahmen im Zusammenhang mit der Nutzung biologischer Ressourcen zu ergreifen, um nachteilige Auswirkungen auf die **biologische Vielfalt** zu vermeiden oder auf ein Mindestmaß zu beschränken, im Einklang mit Artikel 10 Buchstabe b des Übereinkommens von 1992 über die biologische Vielfalt [unter Berücksichtigung möglicher Änderungen infolge des Übereinkommens der Vereinten Nationen über die biologische Vielfalt von 2020], einschließlich der Verpflichtungen des Protokolls von Cartagena über die Entwicklung, Handhabung, Beförderung, Nutzung, Weitergabe und Freisetzung lebender veränderter Organismen und des Protokolls von Nagoya vom 12. Oktober 2014 über den Zugang zu genetischen Ressourcen und die ausgewogene und gerechte Aufteilung der sich aus ihrer Nutzung ergebenden Vorteile zum Übereinkommen über die biologische Vielfalt;
- Verstoß gegen die Einfuhr oder Ausfuhr von Exemplaren einer in einem Anhang des Übereinkommens über den internationalen Handel mit gefährdeten Arten **frei lebender Tiere und Pflanzen (CITES)** vom 3. März 1973 aufgeführten Art ohne Genehmigung, gemäß den Artikeln III, IV und V;
- Verstoß gegen das Verbot der Einfuhr einer Chemikalie, die in Anlage III zum Übereinkommen über das Verfahren der vorherigen Zustimmung nach Inkenntnissetzung für bestimmte gefährliche Chemikalien sowie **Pflanzenschutz- und Schädlingsbekämpfungsmittel** im internationalen Handel (UNEP/FAO) vom 10. September 1998 aufgeführt ist, wie von der einführenden Vertragspartei des Übereinkommens im Einklang mit dem Verfahren der vorherigen Zustimmung nach Inkenntnissetzung (PIC)-Verfahren angegeben;
- Verbot gegen das Verbot der Herstellung und Verbrauchs bestimmter Stoffe, die zum Abbau der **Ozonschicht** führen (z.B. FCKW, Halone, CTC, TCA, BCM, MB, HBFKW und HFCKW), nach dem schrittweisen Auslaufen ihrer Verwendung gemäß dem Wiener Übereinkommen zum Schutz der Ozonschicht und dem zugehörigen Montrealer Protokoll über Stoffe, die zum Abbau der Ozonschicht führen.

Im Gegensatz zum LkSG verpflichtet Art. 15 des EU-Kommissionsvorschlags Unternehmen explizit 172
zur **Vorlage eines Klimaplans**, der die Anpassung des Geschäftsmodells einschließlich Strategie

des Unternehmens an Nachhaltigkeitsziele sowie das Ziel des Pariser Abkommens, die Erderwärmung auf 1,5 °C zu begrenzen, festlegt. Insbesondere muss der Plan darstellen, inwiefern der Klimawandel ein Risiko für die Unternehmenstätigkeit darstellt oder sich darauf auswirkt. Diese Formulierung ist missverständlich. Gemeint ist der Fall, dass das der Klimawandel ein Hauptrisiko oder eine negative Hauptauswirkung des Unternehmens ist, das ergibt sich aus Art. 15 Abs. 2.[675] Trifft das zu, muss das Unternehmen Emissionsreduktionsziele aufnehmen, die jedoch nicht näher definiert sind. Anders als bezüglich der menschenrechtlichen und umweltbezogenen Sorgfaltspflicht ist für durch die Nichtvorlage eines Klimaplans begründete Schäden keine zivilrechtliche Haftung gemäß Art. 22 vorgesehen. Den Mitgliedstaaten wird gemäß Art. 20 überlassen, inwieweit die Nichtvorlage oder ein unzureichender Klimaplan mit Sanktionen belegt wird. Art. 15 sieht ebenfalls vor, dass Unternehmen der Eindämmung des Klimawandels Rechnung tragen, indem sie daran variable Vergütungen für Mitglieder der Unternehmensleitung knüpfen, wenn die variable Vergütung an den Beitrag eines Mitglieds der Unternehmensleitung an Strategie und Nachhaltigkeit geknüpft ist. Unternehmen haben demnach sehr viel Spielraum bei der Festlegung und Umsetzung ihrer Emissionsziele.

173 **b) Änderungsanträge des Europäischen Parlaments.** Der Bericht der Berichterstatterin des Rechtsausschusses geht noch über den EU-Kommissionsvorschlag hinaus und sieht für Verstöße nach Teil I 1 des Anhangs u.a. noch die Aufnahme des Rechts indigener Völker auf freie vorherige Zustimmung nach Art. 32 der Erklärung der Vereinten Nationen über die Rechte der indigenen Völker vor und fügt dem Menschenrechtskatalog nach Teil I 2 des Anhangs u.a. noch die UN-Konvention gegen Verschwindenlassen, die Internationale Konvention zum Schutz der Rechte aller Wanderarbeitnehmer und ihrer Familienangehörigen, das IAO-Abkommen Nr. 155 über den Arbeitsschutz und die Arbeitsumwelt, die Europäische Menschenrechtskonvention und die Genfer Konventionen und Zusatzprotokolle zum humanitären Völkerrecht zu.[676] Die Liste der Umweltabkommen nach Teil II des Anhangs wird zum Beispiel durch das Pariser Abkommen und das UN-Rahmenkonvention zum Klimawandel sowie Europäisches Klimarecht ergänzt.[677] Der Klimaplan wird konkreter definiert und muss u.a. Reduktionsziele für Scope 1–3 Emissionen umfassen sowie effektiv umgesetzt werden.[678] Zudem umfasst die zivilrechtliche Haftung, siehe Rn. 24, auch Verstöße gegen klimabezogene Pflichten.[679]

174 **c) Änderungsanträge der EVP.** Anstatt eines Anhangs mit Verstößen gegen bestimmte Menschenrechts- und Umweltüberkommen und -erklärungen schlagen Mitglieder der EVP den Bezug auf die VN-Leitprinzipien und das OECD-Rahmenwerk vor. Beide Instrumente verweisen auf die beiden Menschenrechtspakte, die Allgemeine Erklärung der Menschenrechte und die IAO-Kernarbeitsnormen, siehe Rn. 10, also auf weniger internationale Menschenrechtsstandards als der EU-Kommissionsvorschlag. Bezüglich Umweltbelangen verweisen die OECD-Leitsätze auf die Rio-Erklärung über Umwelt und Entwicklung, die Agenda 21 (im Rahmen der Rio-Erklärung) und die Aarhus-Konvention über den Zugang zu Informationen, die Beteiligung der Öffentlichkeit am Entscheidungsverfahren und den Zugang zu Gerichten in Umweltangelegenheiten sowie auf Standards, die in Instrumenten wie dem ISO-Standard für Umweltmanagementsysteme aufgestellt wurden.[680] Gegenüber den konkreten Verpflichtungen zur Umsetzung bestimmter Umweltabkom-

675 Siehe auch *Initiative Lieferkettengesetz* Stellungnahme, 25, https://lieferkettengesetz.de/hintergrund/.
676 EP, Committee on Legal Affairs, 2022/0051/COD, 7.11.**2022,** Amendment 223 ff.
677 EP, Committee on Legal Affairs, 2022/0051/COD, 7.11.**2022,** Amendment 258.
678 EP, Committee on Legal Affairs, 2022/0051/COD, 7.11.**2022,** Amendment 166 ff.
679 EP, Committee on Legal Affairs, 2022/0051/COD, 7.11.**2022,** Amendment 196 ff.
680 OECD-Leitsätze für multinationale Unternehmen, Ausgabe 2011, Rn. 60, https://www.oecd.org/berlin/publikationen/oecd-leitsaetze-fuer-multinationale-unternehmen.htm (zuletzt abgerufen am 8.5.2023).

men wie im EU-Kommissionsvorschlag, und in der Allgemeinen Ausrichtung des Ministerrats, siehe Rn. 173, ist das voraussichtlich ein niedrigeres Schutzniveau.

d) Die Allgemeine Ausrichtung des Ministerrats. Der Ministerrat hat in seiner Stellungnahme aus der Liste der im EU-Kommissionsvorschlag enthaltenen Vorschläge für Menschenrechtsverstöße für Teil I 1 des Anhangs, den Verstoß gegen das Recht der Bevölkerung, über die natürlichen Ressourcen eines Landes zu verfügen, die Verstöße gegen die Rechte des Kindes nach dem Übereinkommen über die Rechte des Kindes, den Verstoß gegen Menschenhandel nach dem Palermo-Protokoll, den Verstoß gegen die Vorenthaltung einer Entlohnung, die einen angemessenen Lebensstandard ermöglicht, den Verstoß zu Umweltschädigungen bzgl. der ökologischen Integrität, den Verstoß gegen das Recht der indigenen Völker auf Land, Gebiete und Ressourcen nach der UN-Erklärung und den Auffangtatbestand gestrichen.[681] Teil I 2 des Anhangs umfasst im Einklang mit dem LkSG, lediglich die beiden Menschenrechtspakte und die IAO-Kernübereinkommen, also weniger als die in den VN-Leitprinzipien und OECD-Leitsätzen genannte internationale Menschenrechtscharta. Die Liste der Umweltabkommen wurde demgegenüber um Verpflichtungen aus dem Übereinkommen zum Schutz des Kultur- und Naturerbes der Welt vom 16. November 1972 („Welterbeübereinkommen"), dem Übereinkommen über Feuchtgebiete, insbesondere als Lebensraum für Wasser- und Watvögel, von internationaler Bedeutung vom 2. Februar 1971 (Übereinkommen von Ramsar) und dem Internationalen Übereinkommen zur Verhütung der Meeresverschmutzung durch Schiffe vom 2. November 1973 in der Fassung des Protokolls von 1978 (MARPOL 73/78) erweitert.[682] Die Verpflichtung zur Vorlage eines Klimaplans nach Artikel 15 wurde um Durchführungsbestimmungen erweitert und die Möglichkeit einer Offenlegungspflicht für Beteiligungen an Tätigkeiten in Verbindung mit Öl, Gas und Kohle aufgenommen. Allerdings wird Unternehmen anstatt der Vorlage von Reduktionszielen, die grundsätzlich auch die Wertschöpfungskette umfasst hätten, nur noch die Verringerung „seiner Treibhausgasemissionen" aufgegeben. Die Regelung zur variablen Vergütung von Mitgliedern der Unternehmensleitung geknüpft an die Umstellung des Geschäftsmodells zur Begrenzung der Erderwärmung wurde gestrichen, sodass die Regelung zum Klimawandel insgesamt gegenüber dem EU-Kommissionsvorschlag geschwächt wurde. Nach Art. 20 können die Mitgliedstaaten allerdings immer noch Sanktionen für Verstöße gegen klimabezogene Pflichten vorgesehen. 175

VI. Absatz 5 – Die Lieferkette

1. Allgemeines

Absatz 5 definiert die **Lieferkette** als zentralen Begriff des LkSG, der die Reichweite der Human Rights Due Diligence nach den §§ 3 ff. bestimmt.[683] Es handelt sich um die erste juristische Definition dieses Begriffs im deutschen Recht, wenn auch nicht um seine erstmalige Verwendung. In §§ 445a Abs. 3, 445b Abs. 3, 478 Abs. 3 wird der Verkäuferregress in der „Lieferkette" geregelt. Damit ist die Handels- bzw. Absatzkette bezüglich derselben Sache gemeint, also ein engerer Begriff unter Ausschluss von Zulieferern.[684] Für das LkSG hat diese Begrifflichkeit keine Bedeutung, da Zulieferer nach Absatz 5 Nr. 2 und 3 explizit miterfasst werden. 176

681 Rat der Europäischen Union, 2022/0051(COD), 15024/1/22 REV 1, 30.11.**2022**, S. 117 ff.

682 Rat der Europäischen Union, 2022/0051(COD), 15024/1/22 REV 1, 30.11.**2022**, S. 123 ff.

683 *Jungkind/Raspé/Terbrack* Der Konzern **2021** 445, 446 f.

684 MüKo-BGB/*Lorenz* § 445a Rn. 25; BeckOGK-BGB/*Arnold* § 445a Rn. 69 und 153. Umgekehrt sollen nach allgemeinem Sprachgebrauch nur die Zuliefererbeziehungen erfasst werden, Gehling/Ott/*Gehling/Fischer*, § 2 Rn. 325; *Charnitzky/Weigel*, RIW **2022**, 12, 14.

177 Die Lieferkette im Sinne des Absatz 5 erfasst alle Produkte und Dienstleistungen eines Unternehmens und erfasst alle Schritte im In- und Ausland, die zur Herstellung der Produkte und zur Erbringung der Dienstleistung erforderlich sind. Sie beginnt mit der Gewinnung der Rohstoffe (typischerweise im Ausland) und endet mit der Lieferung an den Endkunden, die im Inland oder Ausland erfolgen kann und ebenfalls mit menschenrechtlichen Risiken befrachtet sein kann (z.B. Lieferung von Überwachungstechnologie an Diktaturen). Trotz dieser umfassenden Definition ergeben sich in Einzelfällen Fragen zur konkreten Reichweite der Sorgfaltspflicht, namentlich auf der „downstream"-Seite (Einbeziehung von Vertriebspartnern, Rn. 238, oder Entsorgungsunternehmen, Rn. 181), bei mittelbaren Produktionsgütern (Energie, Rn. 335) sowie bei reinen Handelsunternehmen (Rn. 193)

178 Zu überwachen hat das Unternehmen gemäß den §§ 3 ff. in der Lieferkette den eigenen Geschäftsbereich sowie unmittelbare und mittelbare Zulieferer, Satz 2 Nr. 1–3, näher definiert in den Absätzen 6–8. Allerdings sieht das Gesetz Abstufungen in der Kontrolldichte vor, namentlich gegenüber mittelbaren Zulieferern (vgl. § 5 Abs. 1 Satz 1 und § 6 Abs. 4).

179 Der Begriff der Lieferkette nach dem LkSG orientiert sich an der Betriebswirtschaftslehre. Die Standarddefinition der Lieferkette bzw. „supply chain" wurde im Bereich der Logistik im Zusammenhang mit dem „supply chain management" entwickelt. Sie ist bei Wikipedia abzurufen, wo sie auf Martin Christopher zurückgeführt wird. Dort liest man in der deutschen Fassung eine Formulierung, die in entscheidenden Punkten mit Absatz 5 kongruent ist: „In einer weit verbreiteten Definition wird die Lieferkette als das Netzwerk von Organisationen bezeichnet, die über vor- und nachgelagerte Verbindungen an den verschiedenen Prozessen und Tätigkeiten der Wertschöpfung in Form von Produkten und Dienstleistungen für den Endkunden beteiligt sind." Beziehungsweise im englischen Originaltext: „the network of organizations that are involved, through upstream and downstream linkages, in the different processes and activities that produce value in the form of products and services in the hands of the ultimate consumer."[685]

180 Diese Beschreibung umfasst die Merkmale, die für die Reichweite der Lieferkette nach Absatz 5 entscheidend sind: Die Einbeziehungen sämtlicher Schritte (im In- und Ausland) zur Erzeugung von Waren und Dienstleistungen, von der Rohstoffgewinnung bis hin zum Absatz an den Endverbraucher, einschließlich aller begleitenden Dienstleistungen wie z.B. Transport oder Lagerung. Ein ähnlicher Begriff ist derjenige der **Wertschöpfungskette** („value chain"), der ebenfalls den Wirtschaftswissenschaften entstammt und im ursprünglichen Entwurf der Corporate Sustainability Due Diligence Directive zugrunde gelegt war, bevor er durch den neuartigen Terminus „**Aktivitätskette**" ersetzt wurde (siehe Rn. 183).

2. Die Frage der Entsorgung

181 Der Bezugspunkt „Lieferung an den Endkunden" bedeutet, dass die **Entsorgung** der **Endprodukte** anders als nach § 23 KrWG nicht von der ursprünglichen Produktverantwortung mitumfasst ist. Das wird durch die Regierungsbegründung ausdrücklich bestätigt.[686] Menschenrechtsverletzung, die sich im Zuge der Entsorgung ereignen, wie z.B. im Fall beim illegalen Billigabwracken von Schiffen in Bangladesch,[687] sind daher nach dem LkSG kein Teil der Verantwortung des Unternehmens, das dieses Produkt vertrieben hat. Vielmehr stellt die Entsorgung der Endprodukte eine selbstständige Dienstleistung dar. Sie kann dem LkSG unterfallen, wenn die Entsorgungsunternehmen die Größenkriterien erfüllen. In diesem Fall wären eingesetzte Subunternehmer als „Zulieferer" dieser Dienstleistung anzusehen.

685 *Christopher* Logistiscs and Supply Chain management, 5. Aufl. 2016, S. 13.

686 Begr. zum Regierungsentwurf vom 19.4.2021, BT-Drs. 19/28649 S. 40: „Als Dienstleistungen erfasst sind auch Wiederverwertung oder Entsorgung bei Unternehmen, deren Geschäftszweck die Wiederverwertung und Entsorgung ist.".

687 *Hamida Begum v Maran (UK) Ltd* [2021] EWCA Civ 326.

Anders liegt es wiederum bezüglich der **Entsorgung von Abfällen** im Zuge des **Produktionsprozesses**. Diese wird man als begleitende Dienstleistung wie Lagerung und Transport ansehen können, so dass sie grundsätzlich der Lieferkettensorgfalt des Produzenten unterfallen. Die jeweiligen Entsorgungsbetriebe werden dabei seine unmittelbaren „Zulieferer" darstellen, ihre Geschäftspartner und Subunternehmer mittelbare „Zulieferer". 182

Im Gegensatz zum LkSG bezieht der aktuelle Richtlinienentwurf für eine Corporate Sustainability Due Diligence Directive (CSDDD-E) unter ii) ausdrücklich die Entsorgung in die mittlerweile sog. **Aktivitätskette** ein: 183

> Artikel 3 Buchst. g) „Aktivitätskette"
>
> i) die Tätigkeiten der vorgelagerten Geschäftspartner eines Unternehmens im Zusammenhang mit der Produktion von Waren oder der Erbringung von Dienstleistungen durch das Unternehmen, einschließlich der Entwicklung, Gewinnung, Herstellung, Beförderung, Lagerung und Lieferung von Rohstoffen, Produkten oder Teilen von Produkten und der Entwicklung des Produkts oder der Dienstleistung, und
>
> ii) die Tätigkeiten der nachgelagerten Geschäftspartner eines Unternehmens im Zusammenhang mit dem Vertrieb, der Beförderung, der Lagerung und Entsorgung des Produkts, einschließlich der Demontage, des Recycling, der Kompostierung oder Deponierung, sofern die Geschäftspartner diese Tätigkeiten für das Unternehmen oder im Namen des Unternehmens ausüben.

Das führt zu einer weiter aufgespannten Sorgfaltspflicht. In der Sache ist das nicht ganz ohne Zweifel. Denn auf den ersten Blick scheint hier eine unmögliche Verpflichtung des produzierenden Gewerbes statuiert, die Entsorgung durch die Endverbraucher lenken zu müssen. Aber dem ist nicht so. Vielmehr greift die Sorgfaltspflicht nur dann, wenn die Produzenten sich im Rahmen ihrer Geschäftstätigkeit tatsächlich um die Entsorgung ihrer Endprodukte kümmern. Das erfolgt typischerweise dann, wenn sie gesetzlich zur Rücknahme verpflichtet sind.[688] Wenn sich Unternehmen um die Entsorgung kümmern, ist es aber auch richtig, sie der menschenrechtlichen Sorgfaltspflicht zu unterstellen. Denn es ist bekannt, dass es auf der Entsorgungsseite zu menschenrechtlichen Risiken kommen kann, etwa durch illegale Müllexporte und nicht-fachgerechte Entsorgung im Ausland.[689] Dementsprechend hat das deutsche Deliktsrecht auch eine Ausnahme vom Prinzip der Eigenverantwortung aller selbstständigen Unternehmen (nur) für ihren eigenen Betrieb anerkannt, wenn es um die Entsorgung von Gefahrstoffen geht.[690] 184

So wird klar: Die Entsorgung wird von der Due Diligence Richtlinie nur dann in die menschenrechtliche Sorgfalt einbezogen, wenn sie ohnehin *zum Geschäftsbereich des Unternehmens* gehört.[691] Das kann sich in zwei unterschiedlichen Konstellationen ergeben. Zum einen aus der gesetzlichen Verantwortung für das Recycling des Endprodukts nach § 23 KrWG (samt seiner spezialgesetzlichen Konkretisierungen). Zum anderen aus der Notwendigkeit, die Abfallprodukte des betriebseigenen Produktionsprozesses zu entsorgen. Hingegen zwingt die Due Diligence Richtlinie das produzierende Gewerbe *nicht*, sich künftig generell um die Entsorgung zu kümmern. 185

Nach diesen Maßgaben erscheint die Einbeziehung der Entsorgung gerechtfertigt. Nach dem LkSG ist dies nicht in vollem Umfang gewährleistet (Rn. 181 f.). Das eröffnet eine Lücke, die im Zuge der Umsetzung der Richtlinie geschlossen werden muss. 186

---

688 Generalgrundlage der Produktverantwortung ist § 23 KrWG. Einzelausprägungen finden sich z.B. in §§ 5, 7 Batteriegesetz, für Elektrogeräte im ElektroG3, für Verpackungen aller Art im VerpackungsG. Sie treffen idR den Hersteller, oft zusammen mit dem Vertreiber.

689 Vgl. *Hamida Begum v Maran (UK) Ltd* [2021] EWCA Civ 326, wo es um einen tödlichen Arbeitsunfall beim Abwracken eines Schiffs in einem unsicheren Billigbetrieb in Bangladesch ging.

690 BGH NJW **1976** 46; ausf. zu den VSP bei der Abfallentsorgung BeckOK-BGB/*Förster* Stand 1.5.2022, § 823 Rn. 416.

691 Enger dagegen die LkSG, wo sie unmittelbar zum „Geschäftszweck" gehören muss, vgl. Begr. zum Regierungsentwurf vom 19.4.2021, BT-Drs. 19/28649 S. 40: „Als Dienstleistungen erfasst sind auch Wiederverwertung oder Entsorgung bei Unternehmen, deren Geschäftszweck die Wiederverwertung und Entsorgung ist.".

3. Die Tatbestandsmerkmale der Lieferkette nach Satz 1: Produkte und Dienstleistungen

187 **a) Allgemeines.** Absatz 5 Satz 1 besagt: Die Lieferkette im Sinne dieses Gesetzes bezieht sich auf alle Produkte und Dienstleistungen eines Unternehmens. Das **Leitbild** des Gesetzes ist dabei die klassische **Produktionskette von Sachgütern** (= „Produkten"). Das geht auch aus Satz 2 hervor. Nur bei der Herstellung von Sachgütern macht die Einbeziehung der „Zulieferer" Sinn. Denn dort kommt es zu den typischen menschenrechtlichen Gefährdungslagen, die sich bei Rohstoffgewinnung und Weiterverarbeitung in Billiglohnländern mit niedrigen Sozial- und Arbeitsstandards ergeben. Diese lassen sich durch die Marktmacht der westlichen Großkonzerne in der Lieferkette „upstream" bekämpfen. Mit Ausnahme der Dual-use Güter geht es bei der Lieferkette von Produkten nicht um menschenrechtliche Risiken, die sich aus der Verwendung des Produktes selbst durch den Endkunden ergeben. Im Blickpunkt steht vielmehr dessen schmutzige Gewinnung („Blutdiamanten").

188 Ganz anders liegt es bei Dienstleistungen. Dort existieren häufig keine „schmutzigen" Beschaffungsketten auf der „upstream"-Seite. Vielmehr geht es hier um negative Effekte, die sich **infolge der Dienstleistung selbst** ergeben. Zu denken ist etwa an umwelt- und **menschenrechtsgefährdende Großprojekte** wie z.B. die Errichtung von Kraftwerken, Pipelines, Staudämmen, Kanälen oder die Erschließung von Rohstoffvorkommen (z.B. das australische Kohlebergwerk in „Siemens-Adani") samt der begleitenden **Projektfinanzierung**. Auf letzterer liegt das Augenmerk der Regierungsbegründung (S. 40, siehe noch unten Rn. 220 ff.). Zusätzlich rücken neuerdings die menschenrechtlichen Risken durch das Geschäftsmodell der **Social Media Giganten** ins Blickfeld („Facebook/Meta – Rohingya"). Allerdings gibt es auch „körperliche" Dienstleistungen wie die Errichtung von Bauwerken oder die Lieferung von Energie (falls man diese nicht als Produkt ansehen möchte), wo es durchaus menschenrechtliche Probleme auf der „Zulieferseite" denkbar sind (Russisches Gas,[692] Saudisches Öl; dazu noch Rn. 335).

189 Dass die Erbringung von Dienstleistungen nicht das Leitbild der Lieferkette darstellt, bedeutet jedenfalls nicht, dass die Lieferkettensorgfalt generell auf produktbezogene Dienstleitungen einzuschränken wäre (hiergegen ausf. Rn. 209; anders bei Zulieferungen, wo ein unmittelbarer Produktbezug zu fordern ist, Rn. 335). Tatsächlich werden zwar nur relativ wenige Dienstleistungen, die durch große inländische Unternehmen erbracht werden, menschenrechtliche Risiken verursachen. Das heißt aber nicht, dass bereits der Begriff der Dienstleistung zu verengen wäre. Denn die möglichen Menschenrechtsrisiken unternehmerischer Tätigkeit lassen sich nicht verlässlich ex-ante abschätzen, wie etwa der Facebook-Rohingya-Fall zeigt. Daher gibt es im LkSG auch **keine Bereichsausnahmen**. Vielmehr ist der Begriff der Dienstleistungen so weit zu fassen, so dass er im Grundsatz die gesamte Wirtschaft jenseits der Produktion von Sachgütern zu erfassen vermag – was mit Ausnahme der reinen Handelsketten (gleich ab Rn. 193) auch gelungen ist.

190 Eine Einschränkung der Sorgfaltspflicht bei Dienstleistungen ergibt sich allerdings aus dem Gesetzeszweck, wonach die verpflichtenden Unternehmen kraft ihrer Marktmacht auf die Verbesserung der Menschenrechtslage hinwirken sollen. Bei Dienstleistungen folgt daraus, dass ein **unmittelbarer Bezug** zu einem (Projekt mit einem) **menschenrechtlichen Risiko** vorhanden sein muss (näher Rn. 220 ff.). Denn die allgemeine Versorgung von Unternehmen oder Staaten mit Kapital und Dienstleistungen verschafft dem Dienstleister regelmäßig keinen Einfluss auf die konkreten Aktivitäten des Empfängers.[693] Kreditgewähr an undemokratische Staaten, Emission und Handel ihrer Staatsanleihen, Rechtsberatung und Auditing ihrer Staatsfonds, all das kann die Human Rights Due Diligence nach dem LkSG nicht auslösen. Denn es liegt kein konkreter Bezug der Leistung zu etwaigen Menschenrechtsverletzungen des Empfängers vor. Die Dienstleistung ist weder kausal noch final mit dem menschenrechtlichen Risiko verknüpft. Nichts anderes gilt für

692 *Schall* NZG **2022** 787, 790.

693 Der Empfänger einer Dienstleistung ist entgegen der Regierungsbegründung in solchen Fällen immer der Endkunde (ausf. Rn. 217).

die Deckung des allgemeinen Finanzbedarfs großer Konzerne durch Fremd- oder Eigenkapital. Goldman Sachs ist nicht schon deshalb für die menschen- und umweltrechtlichen Risiken des Kohlekraftwerksprojekts in Australien mitverantwortlich, weil es die Hausbank von Siemens ist.

b) Lieferkette. Der Terminus „Lieferkette“ beschreibt laut Duden die Gesamtheit aller Herstel- **191** lungs- und Lieferprozesse innerhalb einer „Wertschöpfungskette“, wo Werte in Form von Produkten oder Dienstleistungen geschaffen werden. Der Begriff indiziert eine Verengung auf Hersteller, die durch die Gesetzessystematik bestätigt wird (Rn. 193 ff.). Die genaue Spannweite der Lieferkette des LkSG ergibt sich aus Satz 2. Zu jedem einzelnen Produkt und jeder einzelnen Dienstleistung eines nach § 1 sorgfaltspflichtigen Unternehmens kann eine Lieferkette nach Abs. 5. bestehen. Das Gesetz enthält keine Beschränkung auf solche Produkte, welche nach wirtschaftlicher Betrachtung „Haupt-“ bzw. „Endprodukte“ eines Herstellungsprozesses sind (Rn. 192), obwohl dies der landläufigen Vorstellung von einer Lieferkette entsprechen dürfte. Die **Relativität** der Lieferkette im Sinn des LkSG kann zu Überlappungen führen. Der Autoteilezulieferer gehört zur Lieferkette des Automobilherstellers, der das (End)Produkt fertigt. Er ist aber, sofern er die Schwellen des § 1 erfüllt, für das von ihm zugelieferte (Teil)Produkt selbst sorgfaltspflichtig (Rn. 316).

c) Produkte des Unternehmens. „Produkte“ sind nach dem allgemeinen Sprachgebrauch Er- **192** zeugnisse, die aus einem **Herstellungsvorgang** resultieren. Das entspricht auch der Definition des § 2 Nr. 21 ProdSG: „Produkt eine Ware, ein Stoff oder ein Gemisch, das durch einen Fertigungsprozess hergestellt worden ist.“ Die ältere Definition des § 2 ProdHaftG enthält demgegenüber zwar keinen Hinweis auf den Herstellungsvorgang, sondern spricht nur von beweglichen Sachen. Das ändert aber in der Sache nichts. Auch das Produkthaftungsgesetz bezieht sich nach Systematik und Telos ausschließlich auf hergestellte Sachen (arg. e § 4 I 1 ProdHaftG). Anders als das Produkthaftungsgesetz enthält das LkSG aber keine Unterscheidung von (End)Produkten und bloßen Teilprodukten (vgl. § 1 Abs. 3 ProdHaftG). Die Lieferkettensorgfalt erfasst jedes Erzeugnis eines pflichtigen Unternehmens, gleich ob bei wirtschaftlicher Betrachtung ein Teil- oder ein Endprodukt vorliegt (eben Rn. 191).

aa) Verengung der Sorgfaltspflicht auf Hersteller. Es muss sich um Produkte *des Unterneh-* **193** *mens* handeln. Das deutet darauf hin, dass das Unternehmen selbst den Herstellungsvorgang zu verantworten hat.[694] Fremde Erzeugnisse, mit denen das Unternehmen lediglich Handel treibt, ohne sie herzustellen bzw. herstellen zu lassen, werden von Betriebswirtschaft und Bilanz als „Waren“ bezeichnet und von den Erzeugnissen (= Produkten) des Unternehmens abgegrenzt (s. § 266 B I 3 HGB). Waren werden von Abs. 5 Satz 1 nicht in die Lieferkettensorgfalt einbezogen. Das zeigt auch der Umkehrschluss zu Absatz 7, wo die „Lieferung von Waren“ (durch Zulieferer) direkt angesprochen wird. Es bestätigt sich in Satz 2, wo das Gesetz von allen Schritten spricht, die „zur Herstellung der Produkte“ erforderlich sind (nicht: zum Erwerb). Nach dieser Lesart wären reine **Handelsketten nicht** vom LkSG erfasst.[695] Die Wahrung der Lieferkettensorgfaltspflicht durch große deutsche Handelsunternehmen würde auf freiwilliger Basis im Zeichen von CSR/ESG erfolgen.

694 *Schall* NZG **2022** 787, 788 f.

695 *Schall* NZG **2022** 787, 788; auf Basis des Wortlauts zust. Johann/Sangi/*Gehne*/*Gabriel*, LkSG, § 2 Rn. 153; für Beschränkung der Lieferkettensorgfalt auf Herstellung von Produkten und Erbringung von Dienstleistungen auch Depping/Walden/*Walden*, LkSG, § 2 Rn. 526 f. und 563 ff.

194 Dem lässt sich entgegenhalten, dass die Gesetzesbegründung auch Handelsketten adressiert.[696] In globalen Handelsketten bestehen menschenrechtliche Risiken, und so greift auch den großen Handelsunternehmen gegenüber der allgemeine Grundgedanke des LkSG, ihre vorhandene Marktmacht als Druckmittel zur Verbesserung der Menschenrechtslage einzusetzen. Mit dem allgemeinen Sprachgebrauch ließe sich wohl noch vereinbaren, auch eingekaufte Fremderzeugnisse als „Produkte des Unternehmens" anzusehen, wenn sie anschließend in dessen Regalen angeboten werden.

195 Dieser Argumentation stehen aber der juristische Sprachgebrauch und die Systematik des deutschen Rechts entgegen, das bei produktbezogenen Pflichten exakt zwischen Hersteller, Quasihersteller, Importeur, Händler und sonstigen Verantwortlichen differenziert (z.B. § 4 ProdHaftG; 2 Nr. 3, 6, 8, 13, 15 ProdSG). Diese Differenzierung ist keine willkürliche Wortklauberei, sondern beruht auf der Wertung, dass der Hersteller seinen Produkten am nächsten ist. Ihm kommen generell größere Einfluss- und Kontrollmöglichkeiten im Herstellungsprozess zu. Daher trägt er eine höhere Produktverantwortung. Aus dem gleichen Grund ist ihm aber auch die hohe Last der globalen Lieferkettensorgfalt eher zuzumuten als einem Händler, der eine große Vielzahl von Fremdprodukten im Sortiment hat.

196 Von erheblichem Gewicht ist schließlich, dass die Verengung der Lieferkettensorgfalt auf den Hersteller auch im **Entwurf der Nachhaltigkeitsrichtlinie** COM (20223) 71, mittlerweile in der revidierten Fassung nach 15024/1/22 REV 1, in aller Deutlichkeit hervortritt. Dort definiert Art. 3 lit. g) i) die jetzt sog. Aktivitätskette (zuvor: Wertschöpfungskette) wie folgt: „die Tätigkeiten der vorgelagerten Geschäftspartner eines Unternehmens im Zusammenhang **mit der Produktion von Waren oder der Erbringung von Dienstleistungen durch das Unternehmen** ..." Wenn Worte noch Sinn machen, kann mit der „Produktion von Waren durch das Unternehmen" nicht der bloße Handel mit Waren gemeint sein.

197 Vor diesem Hintergrund wird klar: Die Frage bedarf der Lösung, und die Lösung liegt nicht mehr allein in deutscher Hand. Der Entwurf der Richtlinie muss im Interesse einer einheitlichen europäischen Lösung klarstellen, ob Handelsketten in die menschenrechtliche Sorgfaltspflicht miteinbezogen werden sollen. Zu bedenken ist dabei, dass große Unternehmen ihre Produkte in Drittmärkten herstellen und von dort durch den Handel importieren lassen könnten, ohne dem LkSG zu unterfallen. Das hätte erhebliche Wettbewerbsnachteile für Europa zur Folge. Wenn die Handelsketten von der Richtlinie miteinbezogen werden, sollte dies im Zuge der Umsetzung im LkSG ohne jeden Zweifel klargestellt werden, etwa indem Abs. 5 Satz 1 wie folgt gefasst wird: „Die Lieferkette im Sinne dieses Gesetzes bezieht sich auf alle Produkte, **Waren** und Dienstleistungen eines Unternehmens."

198 Komplexer wird die Lage, wenn sich der europäische Regulator nicht zu einer (ausdrücklichen) Einbeziehung der Handelsketten durchringen oder diese gar explizit ablehnen sollte. Dann müsste Deutschland sich entscheiden, ob es über die Richtlinie hinausgehen und Handelsketten miteinbeziehen will, oder ob es diese in Übereinstimmung mit der Richtlinie ausschließt und sich auf die freiwilligen CSR-Aktivitäten seiner Handelsunternehmen verlässt. In jedem Fall muss jede Rechtspflicht zur Human Rights Due Diligence durch Handelsunternehmen **klar und rechtssicher** angeordnet werden. Das erfordern die erheblichen Sanktionen, die bei Verstößen drohen.[697] Dieser rechtsstaatlichen Vorgabe wird die derzeitige Fassung des LkSG bedauerlicherweise nicht gerecht.

---

696 BegrRegE, BT-Drs. 19/28649 S. 23: „Deutsche Unternehmen sind durch ihre starke Einbindung in globale Absatz- und Beschaffungsmärkte in besonderer Weise mit menschenrechtlichen Herausforderungen in ihren Lieferketten konfrontiert. Das betrifft insbesondere volkswirtschaftlich bedeutende Branchen wie Automobil, Maschinenbau, Metallindustrie, Chemie, Textilien, **Nahrungs- und Genussmittel, Groß- und Einzelhandel,** Elektronikindustrie, Energieversorger.".

697 *Schall* NZG **2022** 787, 788.

bb) Weitere Einzelprobleme des Produktbegriffs: erste Annäherung. Das LkSG ist nicht das erste deutsche Gesetz, das den Begriff des Produktes verwendet. Wie eben schon in Rn. 192 gesehen, finden sich Definitionen z.B. im Produktsicherheitsgesetz oder im Produkthaftungsgesetz. Die Kommentierungen dieser Gesetze befassen sich mit einer Reihe von Zweifelsfällen, die auch für das LkSG von Interesse sein können. Zu beachten ist aber, dass seine Begrifflichkeiten betriebswirtschaftlich inspiriert sind. Das kommt insbesondere beim Begriff der „Dienstleistungen" zu tragen, der weit über den klassischen Dienstvertrag des § 611 BGB hinaus reicht (Rn. 211). Es gilt aber auch für das „Produkt". Zwar deckt sich der allgemeine Sprachgebrauch hier im Wesentlichen mit dem, was ProdHaftG und ProdSG unter Produkten verstehen (nicht aber mit den digitalen Produkten des § 327 Abs. 1 BGB, dazu Rn. 201). Es bleibt aber immer noch die unterschiedliche Zwecksetzung dieser Normen zu berücksichtigen. Bei Produkthaftung und Produktsicherheit geht es um den Schutz des Verkehrs vor Schädigungen durch fehlerhaft hergestellte, (i.d.R.) technische Produkte. Dazu werden breitflächig alle Personen, die für die Verbreitung des Endprodukts auf dem Markt verantwortlich sind, in die Pflicht gegenüber dem Verbraucher genommen. Das LkSG hat einen anderen Fokus. Ihm geht es um die Vermeidung menschenrechtlicher Risiken im gesamten Produktionsprozess, wobei in erster Linie solche in der Rohstoffgewinnung und Zulieferung in Low-Cost-Ländern avisiert werden. Diese Risiken sollen durch **Einsatz der Marktmacht** hiesiger Großunternehmen minimiert werden. Ob sich aus ihnen irgendeine (Gesundheits)Gefahr für den Konsumenten ergibt, spielt keine Rolle. Das LkSG kennt daher **keine Bereichsausnahmen**. 199

cc) Produkte als „bewegliche Sachen"? Produkte sind Erzeugnisse aller Art. Das umfasst die gesamte Palette der Produktions- und Konsumgüter, einschließlich von Naturprodukten (Rn. 204). In aller Regel wird es sich dabei um bewegliche Sachen i.S. des § 90 BGB handeln. Die Regierungsbegründung spricht von „Sachgütern".[698] Weder Immobilien noch Forderungen, Rechte oder Immaterialgüter werden als Produkte oder Erzeugnisse verstanden. Das folgt schon aus dem natürlichen Sprachverständnis und deckt sich mit der bilanziellen Betrachtungsweise. Fraglich ist aber, ob die Eigenschaft als bewegliche Sache eine bloße Daumenregel sein soll, oder ob es sich um eine zwingende Voraussetzung handelt. Das LkSG schweigt sich dazu ebenso aus wie die Regierungsbegründung. Die systematische Auslegung deutet eher auf ein zwingendes Merkmal. § 2 ProdHaftG spricht das direkt aus. Das Gleiche folgt „übers Eck", aus dem Begriff der „Ware" in § 2 Nr. 22 ProdSG. Nach § 241a BGB sind Waren bewegliche Sachen. 200

Dagegen lassen sich die neuen §§ 327 ff. BGB ins Feld führen, wo das Gesetz von „**digitalen Produkten**" spricht. Die Definition in § 327 Abs. 1 BGB („digitale Inhalte oder digitale Dienstleistungen") zeigt nicht nur, dass es sich um einen komplett vergeistigten Produktbegriff handelt, der nur noch das Herstellungselement berücksichtigt. Sie offenbart auch ein Abgrenzungsproblem zu den Dienstleistungen. Da sämtliche Dienstleistungen durch menschliche Tätigkeit erstellt werden müssen, scheint eine Abgrenzung zu den „Produkten" nur noch schwer möglich. Sie ist aber möglicherweise auch gar nicht nötig. 201

Das Gesetz behandelt Produkte und Dienstleistungen gleich. Es unterstellt beide gleichermaßen der Lieferkettensorgfalt. Wichtig ist ihm nur, dass das Unternehmen über Marktmacht verfügt, die es zugunsten der Menschenrechte einsetzen kann. Entscheidend ist daher nicht, welches von beiden Merkmalen (Produkt oder Dienstleistung) eingreift, sondern nur, ob keines von beiden Merkmalen gegeben ist. Das ist nach hier vertretener Sicht für den reinen Warenhandel der Fall, und das ungeachtet der Frage, ob bewegliche oder unbewegliche Sachen oder Immaterialgüter gehandelt werden. Ist jedoch seitens des Unternehmens ein Herstellungsvorgang zu verzeichnen, kommt es nach den Zwecken des LkSG nicht darauf an, ob eine bewegliche oder eine unbewegliche Sache, ein Immaterialgut oder leitungsgebundene Güter wie Strom, Gas oder Wasser erzeugt wurden. Beispielsweise erstreckt § 2 ProdHaftG den Produktbegriffs auf **Elektrizität**, um über- 202

698 BegrRegE, BT-Drs. 19/28649 S. 40.

haupt erst die Haftung der Stromerzeuger trotz fehlender Sacheigenschaft[699] begründen zu können. Für Dienstleistungen haftet man nicht nach dem ProdHaftG. Im Rahmen des LkSG erscheint eine solche Erweiterung nicht nötig, da man die Stromversorger ebenso wie alle andere leitungsgebundene Grundstofflieferanten (Gas, Wasser, Fernwärme) über den weiten, betriebswirtschaftlichen Begriff der Dienstleistungen erfassen kann (Rn. 212).[700] Umgekehrt ist aber erst recht eine strikte Begrenzung auf bewegliche Sachen unnötig. Warum sollte Computersoftware nur dann ein Produkt sein, wenn sie auf einem Datenträger verkörpert ist (bewegliche Sache), nicht aber, wenn sie rein digital zum Download angeboten wird. Für die Zwecke des LkSG spielt diese Unterscheidung keine Rolle.

203 Vor diesem Hintergrund scheint folgende Abgrenzung richtig: Produkte sind körperliche oder geistige Erzeugnisse, die anschließend in den Handel gegeben werden.[701] Dienstleistungen werden zwar ebenfalls erstellt, aber nicht „in den Handel" gegeben. Produkte sind typischerweise bewegliche Sache, können aber auch digitale Produkte oder „Produkte" der Kapitalmärkte sein. Überschneidungen zu Dienstleistungen sind möglich, aber unschädlich, da die Rechtsfolgen gleich sind.[702]

204 **Immobilien**, Forderungen und Rechte *als solche* sind **keine** Produkte bzw. Erzeugnisse. Zu den beweglichen Sachen zählen hingegen **Schiffe** und **Flugzeuge**, selbst wenn sie im Fall ihrer Registrierung wie Immobilien übertragen werden sollten (vgl. § 98 LuftRG; §§ 2,3 SchiffRG; § 452 BGB).[703] Auch **Naturprodukte** wie Südfrüchte, Avocados, Kaffee oder Kakao sind einzubeziehen. Das gebietet der Zweck des LkSG und entspricht dem Produktbegriff. Die deutsche Sprache unterscheidet anders als die englische nicht zwischen Naturprodukten („produce") und den Produkten technischer Herstellungsvorgänge („products"), sondern umfasst beides gleichermaßen. Entsprechend liegt es im ProdHaftG.[704] Die abweichende Rechtslage im ProdSG folgt daraus, dass dort zwingend ein technischer „Fertigungsprozess" vorausgesetzt wird.[705] Im LkSG findet sich diese Verengung nicht. Als bewegliche Sachen gelten auch **Organe**, **Körperteile und Blut** nach ihrer Trennung vom Menschen.[706] Da hier jegliche Kommerzialisierung besonders menschenrechtssensitiv ist, müssen sie als Produkte i.S. des LkSG gelten. Ebenfalls werden **medizinische Produkte** erfasst (Medikamente).

205 **Software** ist nicht nur dann als Produkt anzusehen, wenn sie auf Datenträgern **verkörpert** und dadurch zu einer beweglichen Sache geworden ist, wie es der Sicht von ProdHaftG und ProdSG entspricht. Sie ist auch in rein digitaler Form ein Produkt (eben Rn. 201). Es gilt jedenfalls für Standardsoftware, deren Veräußerung schuldrechtlich als Kaufvertrag eingeordnet wird.[707] Ob man dem auch für Individualsoftware folgen will, deren Erstellung als Werkvertrag einzuordnen ist,[708] muss hingegen zweifelhaft erscheinen. Auch das ausgedruckte Rechtsgutachten ist eher kein Produkt. Letztlich kann es im LkSG aber dahinstehen, da die Konstellation andernfalls vom Begriff der Dienstleistung erfasst wird. Das gilt erst recht für solche Programme, Apps, Dienste, Plattformen etc., die man nur nutzt und nicht erwirbt.[709]

---

699 RGSt **32** 165; siehe aber Gehling/Ott/*Gehling/Fischer*, § 2 Rn. 326, die Strom als körperlichen Gegenstand bzw. Stoff und daher als Produkt ansehen.

700 Dagegen wird die leitungsgebundene Versorgung mit Gas und Wasser vom Verbrauchsgüterkaufrecht erfasst, vgl. MüKo-BGB/*Lorenz* § 474 Rn. 12 m.w.N.

701 Enger Gehling/Ott/*Gehling/Fischer*, § 2 Rn. 326: „Alle körperlichen Gegenstände und Stoffe.".

702 So auch Gehling/Ott/*Gehling/Fischer*, § 2 Rn. 326.

703 MüKo-BGB/*Stresemann* § 90 Rn. 13.

704 BeckOK-BGB/*Förster* § 2 ProdHaftG Rn. 14, 14.1. und 15.

705 Klindt/*Klindt/Schluch* ProdSG, 3. Aufl. 2021, § 2 Rn. 159.

706 BGHZ **124** 54; BeckOK BGB/*Förster* § 2 ProdHaftG Rn. 16; BeckOK-BGB/*Fritzsche* § 90 Rn. 33 ff.

707 BGHZ **143** 307; BGH NJW **2007** 2394, Rn. 15.

708 Vgl. BeckOK-BGB/*Förster* § 2 ProdHaftG Rn. 22.

709 Unter der abweichenden Teleologie des ProdHaftG für Umorientierung – „zumindest de lege ferenda" – in Anlehnung an das „Sonderprodukt Elektrizität" BeckOK-BGB/*Förster* § 2 ProdHaftG Rn. 24.

206 Anders als in § 2 ProdHaftG bedarf es **keiner besonderen Erweiterung** des Produktbegriffs auf **vormals bewegliche Sachen**. Der spätere Verlust der Sacheigenschaft nach § 946 ff. BGB oder als Implantat des menschlichen Körpers[710] hat keine Bedeutung, weil bis zu jenem Zeitpunkt bereits ein Produkt in Form einer beweglichen Sache vorgelegen hatte, das innerhalb einer Lieferkette erzeugt und einem „Endkunden" zur Weiterverarbeitung geliefert worden ist. Das Unternehmen, welches dieses (Teil)Produkt hergestellt hat, unterliegt selbst unmittelbar der Lieferkettensorgfaltspflicht. Dass es sich dabei um einen typischen Zulieferbetrieb handelt (z.B. in der Automobilbranche), ändert daran nichts. Die Zurechnung zur Lieferkette des Endprodukts, die über Abs. 5 Satz 2 und Abs. 7 erreicht wird, ist für die eigene Pflichtbindung nicht erforderlich. Vielmehr kann es zu einer überlappenden Sorgfaltspflicht kommen, weil der Hersteller des Endprodukts bzw. einer Dienstleistung (zB Bauwerk) ebenfalls für dieses Unternehmen als seinem „Zulieferer" einzustehen hat.

207 Sind auch Produkte typischerweise bewegliche Sachen, so sind doch umgekehrt selbstverständlich **nicht alle beweglichen Sachen** zugleich als Produkte i.S.d. LkSG anzusehen. Beispielweise gelten **Aktien, Schuldverschreibungen** und generell **Wertpapiere** zwar als bewegliche Sachen, die nach den §§ 929 ff. BGB (ggf. zuzüglich Indossament) übertragen werden. Sie sind aber weder nach allgemeinem noch nach bilanziellem Sprachgebrauch „Erzeugnisse", die von Unternehmen hergestellt werden. Der Handel mit Aktien, Anleihen und sonstigen Finanzinstrumenten, wie sie in § 2 WpHG aufgeführt sind, mag zwar „Produkte" der Finanzmärkte betreffen. Es handelt sich aber insgesamt um Finanzdienstleistungen, die dem Begriff der „Dienstleistung" unterfallen. Das gilt auch dann, wenn Schuldverschreibungen ausgeklügelte Derivate zugrunde liegen.

208 Ebenso sind **Abfälle** zwar bewegliche Sachen, aber **keine Produkte**. Denn sie sind keine „Erzeugnisse", die mit dem Zweck das Absatzes an Endkunden veredelt werden, sondern fallen als notwendiges Übel des Produktionsvorgangs an, das weitmöglichst zu vermeiden und im Übrigen ordnungsgemäß zu entsorgen ist. Diese produktspezifische Dienstleistung ist als solche Teil der Lieferkette,[711] die der Entsorger zuliefert. Abfälle, die bei der Herstellung entstehen, sind aber keine Produkte des Unternehmens und der Entsorger nicht ihr „Endkunde". Eine andere Frage ist, ob Abfall in der Hand von **Entsorgungsbetrieben** zu einem Produkt werden kann. Das wird man nur dort ausnahmsweise bejahen können, wo er im Wege des Recyclings zu Grundstoff für neue Produkte umgearbeitet wird.[712] Ansonsten ist die Tätigkeit der Entsorger die eines Dienstleisters.[713]

d) Dienstleistungen des Unternehmens

209 **aa) Keine Verengung auf produktbezogene Dienstleistungen.** Der Begriff der „Dienstleistungen" steht gleichberechtigt neben den „Produkten". Das ergibt sich systematisch aus Satz 2: „zur Herstellung der Produkte und zur Erbringung der Dienstleistungen erforderlich." Daraus folgt, dass nicht nur produktbezogene Dienstleistungen erfasst werden, also solche, die innerhalb der Lieferkette zur Erstellung eines Produkts dienen. Es gilt **kein** Erfordernis einer **Konnexität** zur Güterproduktion.[714] Vielmehr werden auch Branchen, die selbst überhaupt keine „Produkte" herstellen, sondern nur Dienstleistungen anbieten, in vollem Umfang der Lieferkettensorgfalt unterworfen. Das ist schon deshalb richtig, weil die Dienstleistung einer Bank, die einem Hersteller Kredit gewährt, dadurch nicht zu einer Dienstleistung des Herstellers wird. Sie wird daher auch

710 Zu dieser Problematik BeckOK-BGB/*Förster* § 2 ProdHaftG Rn. 17.

711 Gehling/Ott/*Gehling/Fischer*, § 2 Rn. 337.

712 Vgl. zu dieser Frage bei der Produkthaftung BeckOK-BGB/*Förster* § 2 ProdHaftG Rn. 12.

713 Begr. zum Regierungsentwurf vom 19.4.2021, BT-Drs. 19/28649 S. 40: „Als Dienstleistungen erfasst sind auch Wiederverwertung oder Entsorgung bei Unternehmen, deren Geschäftszweck die Wiederverwertung und Entsorgung ist.".

714 Ebenso Gehling/Ott/*Gehling/Fischer*, § 2 Rn. 326; *Bettermann/Hoes*, BKR **2022**, 23, 24.

nicht Teil der Lieferkette des Produktes des Herstellers, die sich bis zu dessen Endkunden erstreckt.[715] Wenn aber der Anknüpfungspunkt für die Lieferkettensorgfaltspflicht die Dienstleistung des Unternehmens ist, macht es keinen Sinn, diese auf mittelbar produktbezogene Dienstleistungen zu beziehen. Dem Gesetz geht es um die breitflächige Erfassung der Unternehmen einer modernen, post-industriellen Wirtschaft – was bis auf den reinen Warenhandel (siehe Rn. 193 ff.) auch gelungen ist. Eine sinnvolle Einschränkung kann nur über das Erfordernis eines **unmittelbaren Zusammenhangs** zum menschenrechtlichen Risiko bewirkt werden (Rn. 220 ff.).

210 Aus der Regierungsbegründung lässt sich nichts Gegenteiliges herleiten. Dort heißt es zwar auf S. 40: „Erfasst wird dabei auch die Inanspruchnahme von *Dienstleistungen, die erforderlich für die Produkterstellung* ist, wie zum Beispiel der Transport oder die Zwischenlagerung von Waren." Doch schon die Verwendung des Adverbs „auch" zeigt, dass produkt-akzessorische Dienste nur eines von vielen Anwendungsfeldern markieren. Das wird gegen Ende der Begründung auf S. 40 bestätigt, wo es heißt: „Bei Versicherungsunternehmen ist die Anlage von Vermögenswerten nicht Bestandteil der Lieferkette, aufgrund derer das Unternehmen seine Dienstleistungen [sc. an den Kunden] erbringt." Und danach: „Als Dienstleistungen erfasst sind auch Wiederverwertung oder Entsorgung bei Unternehmen, deren Geschäftszweck die Wiederverwertung und Entsorgung ist." In beiden Fällen geht es um eigenständige, nicht produkt-akzessorische Dienstleistungen. Dabei macht die Formulierung der Regierungsbegründung unzweifelhaft klar, dass die Lieferkette des LkSG die Entsorgung *nicht* zur Verantwortung des Produktherstellers rechnet, sondern sie als eigene Dienstleistung auffasst. Die menschenrechtliche Sorgfaltspflicht bei der Entsorgung trifft daher nur Unternehmen, die derartige Dienstleistungen nach ihrem „Geschäftszweck" erbringen. Auf die Diskrepanz zur Aktivitätskette des Richtlinienentwurfs wurde bereits oben hingewiesen (Rn. 186).

211 **bb) Der weite Begriff der Dienstleistung.** Der Begriff der Dienstleistung in Absatz 5 ist weit zu verstehen. Er kann nicht auf Dienstverträge (§ 611 BGB) verengt werden, sondern folgt einem betriebswirtschaftlichen Verständnis. Das ergibt sich schon aus der Hervorhebung der Finanzdienstleistungen durch die Regierungsbegründung.[716] Zu diesen gehören auch ganz andere Vertragstypen wie z.B. der Darlehens- oder der Versicherungsvertrag (näher Rn. 215). Maßgeblich für die weite Auslegung ist das Ziel, große Unternehmen zum Einsatz ihrer Marktmacht für die Menschrechte zu bewegen. Die Regierungsbegründung hat dabei vor allem die Projektfinanzierung durch Banken vor Augen (siehe schon oben, Rn. 188).

212 Neben den **Dienstleistungen** des BGB („services") erfasst der Begriff sämtliche **Werkleistungen** („services to an end"), körperlich wie unkörperlich, sämtliche **Finanzdienstleistungen**, das Angebot **digitaler Produkte** i.S. des **§ 327 Abs. 1 BGB** (sofern es sich nicht um Produkte, sondern um Dienste handelt, dazu eben Rn. 201), ferner Beförderungsleistungen und Reiseverträge, Geschäftsbesorgungen, Kommissionsgeschäfte, Auskunfts- und Beratungsleistungen, Maklertätigkeiten, Verwahrung und Lagerung sowie sonstige professionelle Tätigkeiten für andere. Aber auch die **Vermietung** von Wohnraum, Gewerbeobjekten oder beweglichen Sachen ist im betriebswirtschlichen Sinn grundsätzlich eine Dienstleistung,[717] ebenso wie alle anderen Formen der **Nutzungs- und Überlassungsverträge** (Softwarelizenzen, Cloud Computing, „Software as a service", Leasingverträge). Schließlich lassen sich zu den Dienstleistungen die Lieferung leitungsgebundener Leistungen rechnen (Gas, Wärme, Wasser, Strom), soweit man sie nicht dem Produktbegriff zuordnen möchte (eben Rn. 202).

213 Erfasst werden danach (sofern nicht im Einzelfall Produkte i.S. des LkSG hergestellt werden) unter anderem die gesamte **Dienstleistungsbranche** einschließlich der **Finanzdienstleister** so-

715 Unzutr. Begr. zum Regierungsentwurf vom 19.4.2021, BT-Drs. 19/28649 S. 40, dazu gleich noch Rn. 217.

716 BegrRegE, BT-Drs. 19/28649 S. 40: „Zu der Erbringung einer Dienstleistung gehört auch jede Form von Finanzdienstleistung.".

717 Mietkauf und Finanzierungsleasing deuten hingegen auf den Vertrieb von „Produkten".

wie der **beratenden Berufe** (Anwälte,[718] WP, StB, Unternehmensberater); die **Bauindustrie**, der **Anlagen**- und **Maschinenbau**; die **Daseinsvorsorge** (Rn. 212), **die Abfallwirtschaft** (Rn. 181), das **Gesundheitswesen**, die **Transport**- und **Logistikbranche**, der **Touristiksektor**, die **Immobilienbranche** (Rn. 204), **Telekommunikationsunternehmen** sowie die **Digitalwirtschaft** (soziale Netzwerke, Plattformen, Suchmaschinen oder Streamingdienste).

cc) Insbesondere Finanzdienstleistungen. Besonders hervorzuheben sind **Finanzdienstleistungen**. Die Regierungsbegründung geht auf sie ausführlich ein (S. 40).[719] Zugrunde gelegt werden kann die Definition des § 312 Abs. 5 Satz 1 BGB, also „Verträge über Bankdienstleistungen sowie Dienstleistungen im Zusammenhang mit einer Kreditgewährung, Versicherung, Altersversorgung von Einzelpersonen, Geldanlage oder Zahlung." Daneben enthält freilich auch § 1 Abs. 1a Satz 2 KWG eine detaillierte Definition der Finanzdienstleistung. Diese hat zum Ziel, Finanzdienstleistungsinstitute zu definieren und damit den Umfang der Überwachungszuständigkeit der BaFin festzulegen und von anderen Unternehmensgegenständen abzugrenzen. Eine ähnliche Definition verwendet § 2 Abs. 8 WpHG zur Bestimmung von Wertpapierdienstleistungen.[720] Der Unterschied dieser Definitionen zu der des BGB liegt in der Reichweite. Die aufsichtsrechtliche Definition verwenden die Finanzdienstleistungen nicht als Oberbegriff. Vielmehr stellt es den Finanzdienstleistungsunternehmen des § 1 Abs. 1a KWG die klassischen Kreditinstitute nach § 1 Abs. 1 KWG gegenüber. Diese werden in § 1 Abs. 1 Satz 2 KWG durch die Tätigung von Bankgeschäften definiert. Diese feine aufsichtsrechtliche Ziselierung macht für das LkSG keinen Sinn, da § 2 Abs. 5 ohnehin sämtliche Dienstleistungen umfasst. Daher ist vom kompletteren Begriff der Finanzdienstleistung nach § 312 Abs. 5 BGB auszugehen, der die „Bankdienstleistungen" miteinschließt. Die Bankdienstleistungen des BGB wird man wiederum mit den Bankgeschäften des § 1 Abs. 1 Satz 2 KWG gleichsetzen dürfen. Zwar folgt die Definition in § 312 Abs. 5 BGB wortlautgetreu dem Art. 2 lit. b Finanzdienstleistungs-Fernabsatzrichtlinie.[721] Jedoch ist das LkSG nicht an diese europarechtliche Grundlage gebunden. Daher besteht jedenfalls hier kein „Rückgriffsverbot" auf nationale Parallelbegriffe.[722] 214

Die Finanzdienstleistungen sind paradigmatisch für den weiten Dienstleistungsbegriff des LkSG. Sie werden in jeder Form erfasst, völlig unabhängig von dem Vertragstypus des konkret abgeschlossenen Geschäfts. Darunter fallen zum einen das typische Bankgeschäft, also die Gewähr von Krediten aller Art,[723] das Garantiegeschäft, das Einlagengeschäft, der Aktien- und Wertpapierhandel als Kommissionsgeschäft, das Depotgeschäft, das Emissionsgeschäft (vgl. § 1 Abs. 1 Satz 2 KWG), auch das Investmentbanking. Finanzdienstleistungen markieren z.B. Versicherungsverträge, Anlagevermittlung und Anlageberatung. 215

Die Betonung der Finanzdienstleistungen zeigt, dass der Gesetzgeber die Marktmacht der Banken zur Menschenrechtspflege urbar machen wollte. Die Ausführungen in der Regierungsbegründung offenbaren aber zugleich eine gesetzgeberische Fehleinschätzung, was die konkrete Tragweite der Lieferkettensorgfalt bei Dienstleistungen angeht. 216

---

718 Es gilt keine Bereichsausnahme, dazu kritisch Stellungnahme des Deutschen Anwaltvereins durch die Ausschüsse Corporate Social Responsibility und Compliance, Handelsrecht sowie Menschenrechte zum Regierungsentwurf eines Gesetzes über die unternehmerischen Sorgfaltspflichten in Lieferketten, S. 8.

719 Dazu auch *Bettermann/Hoes*, BKR **2022**, 23 ff.

720 *Schwark/Zimmer/Kumpan* § 2 WpHG Rn. 91.

721 MüKo-BGB/*Wendehorst* § 312 Rn. 128.

722 Im Rahmen der Auslegung des § 312 ist das str., vgl. MüKo-BGB/*Wendehorst* § 312 Rn. 128 (gegen Heranziehung nationaler Regelungen).

723 Die Zeichnung einer Anliehe durch die Bank wird eher Emissionsgeschäft als Kreditgeschäft sein, es sei denn, sie soll im Eigenbestand bleiben. Der derivative Erwerb erfüllt nach h.M. nicht den Tatbestand der Kredit**gewähr**, vgl. Boos/Fischer/Schulte-Mattler/*Schäfer* KWG, CRR-VO, 5. Aufl. 2016, § 1 Rn. 57. Er ist i.d.R. Finanzdienstleistung (a.a.O., Rn. 166 ff.).

BegrRegE, BT-Drs. 19/28649 S. 40: „Bei der Anbietung einer Finanzdienstleistung, zum Beispiel durch Kreditinstitute, findet ein wesentlicher Teil der Produktion zeitgleich mit der Erbringung der Dienstleistung gegenüber dem Kunden statt und setzt, zum Beispiel durch Investition oder Kreditvergabe, weitere Produktionsprozesse frei. Deshalb werden für solche Dienstleistungen auch die Beziehung zum Endkunden und die nachgelagerten Stufen der Lieferkette erfasst. Wenn beispielsweise ein Zulieferer, der einen Hersteller beliefert, einen Kredit zur Finanzierung seiner Produktion aufnimmt, ist auch der Kredit und die kreditgebende Bank von der Lieferkette des Herstellers umfasst."

217 Das ist in mehrfacher Hinsicht unrichtig.[724] Wenn eine Bank ihrem Kunden ein Darlehen gewährt (ggf. unter Zwischenschaltung von Konzerngesellschaften), ist grundsätzlich allein er ihr „Endkunde", weil die Leistung für ihn bestimmt ist (zum Begriff des Endkunden siehe noch Rn. 231 ff.).[725] Es gibt in solchen Fällen keinen weiteren „Kunden" oder „Empfänger", für den diese Dienstleistung endgültig bestimmt sein könnte (anders bei konkreter Projektfinanzierung, gleich Rn. 219). Werden die Mittel vom Kunden der Bank verwendet, um „weitere Produktionsprozesse" in Gang zu setzen, entsteht eine *neue* Lieferkette, welche dann das Produkt oder die Dienstleistung *des Kunden* betrifft und allein von diesem zu überwachen ist. Die Verwendung der Mittel durch den Kunden ist nicht Teil der „Lieferkette" des Darlehens der Bank, denn ihre Lieferkette endet grundsätzlich beim Kreditnehmer als „Endkunden".[726] Andernfalls wären „Endkunden" jeder Staatsschuld die Bürger des Landes. Die Bank avanciert aber auch nicht zur Herstellerin eines Produktes des Kunden noch zur (Mit)Erbringerin einer vom Kunden erbrachten Dienstleistung. Ansonsten wäre jedes in Deutschland erworbene Produkt und jede erbrachte Dienstleistung immer zugleich Teil der Lieferkette der das Unternehmen finanzierenden Hausbank. Entgegen der Vorstellung der Regierungsbegründung wird die Bank aber in der Regel auch nicht zum „Zulieferer" in der Lieferkette, die sich auf die geschäftlichen Aktivitäten des Kunden bezieht. Maßgeblich für diese Wertung ist, dass die Bank die Produktion des Kunden nur in vollkommen unspezifischer Weise mitfinanziert. Solche Beiträge können keinen konkreten Produkten oder Dienstleistungen zugerechnet werden (Rn. 335).[727]

218 Im Normalfall kann daher die Dienstleistung eines „Bankdarlehens", das einem produzierenden Unternehmen gewährt wird, weder dem Erwerber von dessen Produkten als nachgeschalteten „Endempfänger" zugedacht sein noch als Zulieferung zur Produktion des Herstellers zugerechnet werden. Endkunde ist allein der Darlehensempfänger. Die Bank ist nicht für ihren Kunden verantwortlich, und der Kunde nicht für seine Bank. Die Regierungsbegründung steht der Sache nach auf dem gleichen Standpunkt, begründet das aber ungenau:

BegrRegE, BT-Drs. 19/28649 S. 40: „Beschränkt sich die Dienstleistung auf die Vermittlung von Finanzdienstleistungen, erstrecken sich die Sorgfaltspflichten **wie bei anderen Dienstleistungen** auch **nicht auf den Endkunden**." (Hervorh. d. Verf.)

219 Das bringt zutreffend zum Ausdruck, dass „normale" Dienstleistungen keine Sorgfaltspflichten über ihren unmittelbaren Empfänger hinaus zeitigen. Der Grund ist aber schlicht, dass in solchen Fällen der Empfänger zugleich der Endkunde ist (eben Rn. 217), nicht dass die Lieferkettensorgfalt

724 Zur berechtigten Kritik an dieser Passage siehe auch *Bettermann/Hoes*, BKR **2022**, 23, 27 f.; Depping/Walden/*Walden*, LkSG, § 2 Rn. 501 ff.; der BegrRegE folgend dagegen Johann/Sangi/*Gehne/Gabriel*, LkSG, § 2 Rn. 161.

725 So auch BMWK/BMAS/BAFA, Fragen und Antworten zum LkSG, Stand 27.2.2023, VI. 11. Enger Gehling/Ott/*Gehling/Fischer*, § 2 Rn. 333 und *Bettermann/Hoes*, BKR **2022**, 23, 26 f., welche die Lieferkette generell beim unmittelbaren Kunden des Kreditinstituts enden lassen (generell *Spindler*, ZHR **186** (2022) 67, 75; i.E. auch Depping/Walden/*Walden*, § 2 Rn. 497 ff., 524). Das ist aber begrifflich schwer herleitbar und wird dem Einfluss und menschenrechtlicher Mitverantwortung bei der Projektfinanzierung im Globalen Süden nicht gerecht, dazu *Schall* NZG **2022** 787, 789; gegen die enge Sicht auch Johann/Sangi/*Gehne/Gabriel*, LkSG, § 2 Rn. 162.

726 Zutr. *Bettermann/Hoes*, BKR **2022**, 23, 26; Gehling/Ott/*Gehling/Fischer*, § 2 Rn. 331.

727 Zu Produktionsmitteln wie Energielieferungen („Russisches Gas") siehe *Schall* NZG **2022** 787, 790.

in diesen Fällen nicht bis zum Endkunden reicht (was dem Gesetzeswortlaut widerspräche). Anders liegt es nur dann, wenn eine **Dienstleistung unmittelbar einem anderen Produkt oder einer anderen (Haupt)Dienstleistung zugeordnet** werden kann, so dass man sie in der Tat im wirtschaftlichen Sinne als eine **Zulieferung** betrachten kann. Dann, aber nur dann, sind die Destinatäre des Produkts bzw. der Hauptleistung die „Endempfänger" dieser Zuliefer-Dienstleistung. Paradigma sind die oben schon angesprochenen, produktakzessorischen Dienstleistungen wie Transport und Lagerung (Rn. 210; siehe auch unten Rn. 229 f.). Eine produktspezifische Zuliefer-Dienstleistung kann man auch in einer Projektfinanzierung durch eine Bank sehen, etwa für ein Bauvorhaben. Ebenso ist für die die Subunternehmer eines Bauprojekts bei wirtschaftlicher Betrachtung der Bauherr und nicht der Hauptunternehmer der „Endkunde", obwohl der Hauptunternehmer als Besteller ihr unmittelbarer Vertragspartner ist. Die Unterscheidung zwischen diesen Fällen ist richtigerweise durch das im Folgenden entfaltete **Unmittelbarkeitserfordernis** umzusetzen.

dd) Einschränkung durch das Erfordernis eines unmittelbaren Bezugs der Dienstleistung zum menschenrechtlichen Risiko. Die Regierungsbegründung weist zu Recht darauf hin, dass die Lieferkettensorgfalt der Unternehmen an das Vorhandensein von **Kontroll- und Einflussrechten** geknüpft ist. Allerdings schlägt sie zur Eingrenzung solcher Konstellationen einen schwer nachvollziehbaren Argumentationsweg ein, indem sie im am Beispiel von Krediten eine größenabhängige Erheblichkeitsschwelle propagiert. 220

> BegrRegE, BT-Drs. 19/28649 S. 40: „Nach Sinn und Zweck des Gesetzes, wonach mit den Sorgfaltspflichten gewisse Informations- und Einflussnahmemöglichkeiten einhergehen müssen, ist es nur bei Krediten, Sicherheiten oder anderen Finanztransaktionen, die so bedeutend sind, dass mit ihnen typischer besondere Informations- und Kontrollmöglichkeiten einhergehen, gerechtfertigt, den Endkunden in die Lieferkette einzubeziehen. Bei Krediten ist das beispielsweise der Fall, wenn die Schwelle für Großkredite nach Art. 392 der Verordnung (EU) Nr. 575/2013 des Europäischen Parlaments und des Rates vom 26. Juni 2013 über Aufsichtsanforderungen an Kreditinstitute erreicht wird."

Die Vorstellung, die Sorgfaltspflicht würde erst bei Großkrediten ausgelöst, die mindestens 10 % der anrechenbaren Eigenmittel des Kreditinstituts ausmachen, wirkt wenig zielführend. Hier scheint der Gesetzgeber den Banken einen „safe harbour" nach Art der Holzmüller/Gelatine-Kriterien errichten zu wollen. Denn eine derart hohe Exposure eines einzelnen Hauses gegenüber einem Kreditnehmer wird selten sein. Typischerweise werden Großkredite durch Syndikate vergeben. Das ist im Lichte der Regierungsbegründung künftig **dringend anzuraten**, um den eigenen Beitrag unterhalb der 10 %-Schwelle zu halten. Denn oberhalb dieser Schwelle müssen Kreditinstitute nach der Begründung des LkSG künftig damit rechnen, in eine **menschenrechtliche Sorgfaltspflicht für sämtliche Aktivitäten ihrer Kundschaft** zu geraten. Auch wenn man das mit der hier vertretenen Sicht in der Sache für unrichtig hält, ist diesem Risiko unbedingt entgegen zu wirken. 221

Einen verlässlichen „safe harbour" für Aktivitäten unterhalb der Schwelle dürfte das Größenkriterium gleichwohl nicht bieten. Denn in der Sache ist es kaum begründbar. Selbst wenn jene Schwellen überschritten werden, fehlt es ja immer noch an jedem kausalen oder gar finalen Bezug zu den Aktivitäten des darlehensnehmenden Unternehmens oder Staates (siehe schon oben Rn. 217). Wenn man einen solchen allein aus dem Umfang der Finanzierung ableiten wollte, wäre der Anteil am Fremdkapital des Empfängers heranzuziehen, nicht die Eigenkapitalquote der Bank. Umgekehrt kann eine Verquickung mit den menschenrechtlichen Risken bei der Finanzierung eines konkreten Investitionsprojekts aber auch weit unterhalb der Schwelle solcher Großkredite eintreten. Der Wortlaut des § 2 Abs. 5 würde eine solche Dienstleistung ohne Weiteres erfassen. Wer wollte sich dann noch auf einen „safe harbour" verlassen, der nicht in den Gesetzestext aufgenommen wurde, sondern nur in einer dogmatisch nicht stichhaltigen Regierungsbegründung 222 zu finden ist? Zu guter Letzt müsste der „safe harbour" eines Größenkriteriums in entsprechender Weise für sämtliche unternehmensbezogenen Dienstleistungen gelten. Denn es wäre schon im Licht des Art. 3 GG nicht einzusehen, warum z.B. die Transaktionsanwälte schärferer Human Rights Due Diligence unterworfen sein sollten als die finanzierende Investmentbank. Ganz abgesehen von der Frage, wie das bankaufsichtsrechtliche Größenkriterium von 10 % der Eigenmittel konkret auf andere Dienstleistungen zu übertragen sein sollte: es würde mit Sicherheit dazu führen, dass praktisch so gut wie keine Dienstleistungen mehr erfasst würden.

223 Nach hiesiger Sicht sollte das Transaktionsvolumen keine maßgebliche Rolle spielen. Entscheidend für die Ausübung von Marktmacht ist vielmehr, ob die Dienstleistung einen **unmittelbaren Bezug zu konkreten menschenrechtlichen Risken** aufweist. Das ist vor allem bei der Errichtung von großen Anlagen und Bauwerken im globalen Süden der Fall (Staudamm; Kraftwerk; Bergbau). Es betrifft dann auch die konkreten Begleitdienste (Finanzierung; Unternehmensberatung; Rechtsberatung), die man als „Zulieferungen" einstufen kann (Rn. 219). Derart zielgerichtete Dienste stehen anders als allgemeine Finanzierungs- und Beratungsleistungen in einem konkreten kausalen bzw. sogar finalen Zusammenhang mit dem Projekt, welches das menschenrechtliche Risiko hervorbringt. Sie müssen daher der Lieferkettensorgfalt unterfallen, um den Dienstleister zur Geltendmachung seines Einflusses zu bewegen – der typischerweise vorhanden ist, wenn er den Größenkriterien des LkSG unterfällt. Zugleich sind die Erbringer solcher Zuliefer-Dienstleistungen ihrerseits Teil der Lieferkette des Hauptdienstleisters – was allerdings bei geistigen Werken mangels „Beschaffungskriminalität" kaum je Probleme bereiten wird.

224 Einen Anhaltspunkt auf das hier vertretene Unmittelbarkeitserfordernis bringt die Regierungsbegründung selbst zum Ausdruck: „Bei Versicherungsunternehmen ist die Anlage von Vermögenswerten nicht Bestandteil der Lieferkette, aufgrund derer das Unternehmen seine Dienstleistungen erbringt."[728] Implizit geht der Gesetzgeber hier offenbar davon aus, dass die Anlage der Vermögenswerte (z.B. Aktien; Anleihen, Hybride) auch keine Dienstleistung gegenüber den finanzierten Unternehmen darstellt. Dieser Gedanke betrifft nicht nur Versicherungen, sondern ist für alle Finanzdienstleister zu verallgemeinern. Die Finanzierung von Unternehmen oder Staaten mit Fremd- oder Eigenkapital löst jenseits der konkreten Projektfinanzierung keine Lieferkettensorgfaltspflicht des Kapitalgebers aus. Sie macht die Bürger der Staaten oder die Konsumenten der Produkte nicht zu Endkunden der Kapitalgeber.

4. Die Reichweite der Lieferkette nach Satz 2

225 **a) Systematik; Reichweite „downstream".** Der zweite Satz des Absatz 5 konkretisiert die Reichweite der Lieferkette in objektiver und subjektiver Hinsicht. Der erste Satzteil (bis „und erfasst") betrifft den sachlichen Geltungsbereich der Lieferkettensorgfalt. Er spannt den Bogen zwar nicht ganz „von der Wiege bis zum Grab" der Produkte (= Entsorgung), aber doch auf alle Schritte im **In- und Ausland von der Rohstoffgewinnung bis hin zur Lieferung an den „Endkunden"**. Damit wird die Lieferkette zwar grundsätzlich sowohl **upstream** als auch **downstream** erfasst.[729] Sie wird downstream aber bereits in objektiver Hinsicht begrenzt, weil das eigenständige Handeln des Endkunden *als solches* nicht mehr in die Lieferkettensorgfalt des pflichtigen Unternehmens fällt. Noch enger zieht dann der zweite Satzteil den Rahmen, weil er noch nicht einmal die Zurechnung von selbstständigen Vertriebspartnern vorsieht (Rn. 332).[730] Vor diesem Hintergrund wurde in ersten Stellungnahmen viel über Bestehen und Reichweite der kupierten Lieferkettensorgfalt auf der Downstream-Seite nachgedacht, was meist mit dem unklaren Begriff des Endkunden verbunden wurde (Rn. 230 ff.).[731] Der Zweck der Einbeziehung der

728 BegrRegE, BT-Drs. 19/28649 S. 40.
729 *Schall*, NZG **2022**, 787, 789.
730 Zur teleologischen Rechtfertigung *Schall*, NZG **2022**, 787, 789 f.
731 Vgl. Depping/Walden/*Walden*, LkSG, § 2 Rn. 497 ff.

„Lieferung“ erschließt sich aus den bekannten menschenrechtlichen Risiken, die bei Verwendung der Produkte westlicher Unternehmen (dual use Güter, Informationstechnologie) sowie durch Finanzierungsleistungen westlicher Banken für Großprojekte (Kraftwerke, Staudämme) entstehen können. Die pflichtigen Unternehmen sollen durch Abs. 5 i.V.m. §§ 3 ff. in die Verantwortung genommen werden, dass ihre Produkte oder Dienste auch auf der Abnehmerseite keine menschenrechtlichen Risiken verursachen. Dabei gelten aber gelockerte Maßstäbe, die dem geringeren Einflusspotential der Unternehmen gegenüber ihren Kunden Rechnung tragen. Für Fehlverhalten Dritter (Vertriebspartner und Endkunden) haben die Unternehmen grundsätzlich nicht einzutreten, ebenso wenig wie die Hersteller von Küchenmessern für Attentate oder Autobauer für Unfälle. Daher müssen sie auf ihre Downstream-Vertragspartner auch nicht ebenso intensiv durch Covenants etc. einwirken wie auf ihre Zulieferer – was sich schon aus der viel geringeren Marktmacht erklärt. Um Kunden muss man werben, um Zulieferer nicht. Mangels spezieller Sorgfaltsvorgaben bleibt es auf der Downstream-Seite bei den allgemeinen haftungsrechtlichen Grundsätzen. Diese sehen keine Zurechnung von eigenverantwortlichem Fehlverhalten Dritter vor, das sich im Rahmen des allgemeinen Lebensrisikos bewegt. Wo Unternehmen mit ihren Leistungen jedoch das erlaubte Risiko überschreiten und zu Beteiligten an Delikten Dritter im Sinne des § 830 BGB werden, greift ihre Lieferkettensorgfaltspflicht im *eigenen* Geschäftsbereich und sorgt dafür, dass sie den von ihnen zurechenbar mitverursachten Menschenrechtsrisiken entgegenwirken müssen.[732]

Der zweite Satzteil steht gleichberechtigt neben dem ersten. Er stellt klar, dass das Unternehmen, welches das Produkt herstellt oder die Dienstleistung erbringt, innerhalb der so beschriebenen Lieferkette nur in den drei genannten Bereichen der Lieferkettensorgfalt unterfällt: Im **eigenen Geschäftsbereich** und beim Handeln seiner **unmittelbaren und mittelbaren Zulieferer**. Die drei Begriffe des zweiten Satzteils sind zentral für die **subjektive Reichweite** und **Intensität** der Lieferkettensorgfalt. Sie werden in den Absätzen 6–8 näher definiert. Nach der Systematik des Gesetzes sind die drei genannten Bereiche abschließend („und“). 226

b) Erforderlichkeit und unmittelbarer Produktbezug. Zur sachlichen Reichweite der Lieferkette lassen Wortlaut und begleitende Regierungsbegründung kaum Fragen offen. Leitbild ist die Güterproduktion. Umfasst werden sämtliche Zulieferungen, die für die Herstellung des jeweiligen Produktes erforderlich sind. Die Regierungsbegründung erläutert zunächst: 227

> BegrRegE, BT-Drs. 19/28649 S. 40: „Absatz 5 definiert den Begriff der Lieferkette. Der Begriff bezieht sich auf die von einem Unternehmen produzierte Leistung und erfasst alle Schritte, die im Inland und im Ausland zu der Herstellung eines Produktes oder zu der Erbringung einer Dienstleistung notwendig sind. Erfasst wird dabei auch die Inanspruchnahme von Dienstleistungen, die erforderlich für die Produkterstellung ist, wie zum Beispiel der Transport oder die Zwischenlagerung von Waren. ...“

Als produktakzessorische Dienstleistungen werden beispielhaft Transport und Lagerung genannt. Zu denken ist aber auch an projektbezogene Beratungsleistungen oder Finanzierung, z.B. vermittels eines Dokumentenakkreditivs. Eine gewisse Einschränkung sollte sich daraus ergeben, dass die jeweiligen Leistungen **erforderlich** sein müssen.[733] Ob das überhaupt der Fall ist, hängt jedoch davon ab, wie eng oder weit man den Begriff interpretiert. Wie das Beispiel der Betriebskantine oder des Bürobedarfs zeigt, erfasst die „weite Auslegung“ *jede* Beitragsleistung.[734] Damit wird das Merkmal der Erforderlichkeit aber nicht ausgelegt, sondern beseitigt. An seine Stelle tritt schlichte 228

---

732 Zu eng Depping/Walden/*Walden*, LkSG, § 2 Rn. 521 ff., 524 (Pflichtigkeit nur bei nach Abs. 7 und 8 zurechenbaren Zulieferleistungen).

733 *Nietsch/Wiedemann* NJW **2022** 1, 3 f.

734 Johann/Sangi/*Gehne/Gabriel*, LkSG, § 2 Rn. 159; BMWK/BMAS/BAFA, Fragen und Antworten zum LkSG, Stand 27.2.2023, II. 4 (zu Bürobedarf); nach a.A. ist die Betriebskantine nicht erforderlich, *Nietsch/Wiedemann* NJW **2022** 1, 4.

Kausalität.[735] Das ist methodisch fragwürdig und kann weder durch den konzilianten Hinweis auf die vage Angemessenheitsschranke in § 3 Abs. 2[736] gerechtfertigt werden noch durch Verweis auf die UN-Leitprinzipen,[737] die sich zu solchen Detailfragen nicht verhalten.

229 Aber selbst eine eng verstandene Erforderlichkeit[738] genügt bei näherer Betrachtung nicht. Das zeigt sich hinsichtlich der Zulieferer von nicht produktspezifischen Produktionsfaktoren wie Energie oder Arbeitskräften (Leiharbeit). An der Erforderlichkeit solcher Leistungen ist schwerlich zu zweifeln.[739] Dennoch bedarf es einer **weiteren Einschränkung**.[740] Sie ist im Erfordernis eines **unmittelbaren Produktbezugs** zu finden.[741] Das findet seine Rechtfertigung in der Erwägung, dass die Lieferkettensorgfalt nicht ins Unermessliche überspannt werden darf, sondern sich an den Einfluss- und Kontrollmöglichkeiten des Herstellers infolge seiner **Marktmacht** orientieren muss. Diese Möglichkeiten bestehen gegenüber dem (mittelbaren) Zulieferer vor allem im Zusammenhang mit der Spezifikation der Rohstoffe oder Teilprodukte. In diesem Kontext mag man kraft der Einkaufsmacht durchaus vorgeben können, dass nachhaltige Energie bezogen oder arbeitsrechtliche Mindeststandards auch gegenüber Leiharbeitern gewahrt werden. Gegenüber den jeweiligen Vertragspartnern des Zulieferers (den lokalen Energieversorgern, Caterern etc.) sind solche Vorgaben hingegen vollkommen unrealistisch und liegen weit jenseits des Grundgedankens der Ruggie-Prinzipien. Solche allgemeinen Zulieferungen sind daher nicht Bestandteil der Lieferkette des LkSG.

230 Zur sachlichen Reichweite der Lieferkette von Sachgütern führt die Regierungsbegründung in der weiteren Folge aus:

> BegrRegE, BT-Drs. 19/28649 S. 40: „Die Lieferkette beginnt mit der Gewinnung der Rohstoffe und endet mit der Lieferung des Produktes an den Endkunden. Dabei können die Bestandteile einer Lieferkette je nach Art des Produktes oder der Leistung variieren. Die Lieferkette zur Herstellung eines Sachgutes enthält typischerweise die Phase der Beschaffung (d.h. die Gewinnung und Lieferung von Rohstoffen für die Herstellung von Produkten), der Produktion (die Verarbeitung der Rohstoffe zu den Fertigprodukten) und des Vertriebs (Aktivitäten, die dafür sorgen, dass das Produkt seinen endgültigen Bestimmungsort erreicht, zum Beispiel mit Hilfe von Distributoren, Lagern, physischen Geschäften oder Online-Plattformen)."

231 **c) Der Begriff des Endkunden.** Das beschreibt die übliche Lieferkette eines Produktes anschaulich und umfassend. Näher zu vertiefen ist lediglich die Frage nach dem **„Endkunden"**. Der Terminus deutet darauf hin, dass damit **nicht** automatisch der Empfänger der Leistung im Sinne des BGB gemeint ist, der das Produkt oder die Dienstleistung direkt vom Unternehmen erwirbt.[742] Die Regierungsbegründung lässt vielmehr auch hier auf ein betriebswirtschaftliches Verständnis schließen. Normalerweise ist der Endempfänger eines Produkts der Konsument, der das fertige

---

735 Dafür Gehling/Ott/*Gehling/Fischer*, § 2 Rn. 328; siehe auch noch unten, Rn. 334.
736 Johann/Sangi/*Gehne/Gabriel*, LkSG, § 2 Rn. 159; BMWK/BMAS/BAFA, Fragen und Antworten zum LkSG, Stand 27.2.2023, II. 4.
737 Johann/Sangi/*Gehne/Gabriel*, LkSG, § 2 Rn. 160.
738 Z.B. VCI, Diskussionspapier LkSG, S. 28 f.: mit dem Hinweis, „förderlich" sei nicht gleich „zwingend erforderlich".
739 Ebenso Johann/Sangi/*Gehne/Gabriel*, LkSG, § 2 Rn. 159, die den Begriff bewusst weit auslegen; anders aber Depping/Walden/*Walden*, LkSG, § 2 Rn. 540.
740 *Schall* NZG **2022** 787, 790; ebenso *Gehling/Ott/Lüneborg* CCZ **2021** 231, 233; *Bettermann/Hoes*, BKR **2022**, 23, 24 f.; *Brouwer*, CCZ 2022, 137, 14; **a.A.** Johann/Sangi/*Gehne/Gabriel*, LkSG, § 2 Rn. 159; *Nietsch/Wiedemann* NJW **2022** 1, 3 f.
741 *Schall* NZG **2022** 787, 790; Gehling/Ott/*Gehling/Fischer*, § 2 Rn. 337 sowie Rn. 328 („alle Schritte, die in Wertschöpfung einfließen"); *Gehling/Ott/Lüneborg* CCZ **2021** 231, 233; *Bettermann/Hoes*, BKR **2022**, 23, 24 f. („spezifischer Bezug"); *Brouwer*, CCZ 2022, 137, 141 („produktspezifischer Zusammenhang"); i.E. auch Depping/Walden/*Walden*, LkSG, § 2 Rn. 535 ff.
742 Wie hier BMWK/BMAS/BAFA, Fragen und Antworten zum LkSG, Stand 27.2.2023, VI. 10. und 11.; **a.A.** Gehling/Ott/*Gehling/Fischer*, § 2 Rn. 331; *Charnitzky/Weigel*, RIW 2022, 12, 14; VCI, Diskussionspapier LkSG, S. 30; für Finanzdienstleistungen auch *Bettermann/Hoes*, BKR **2022**, 23, 26.

Endprodukt erwirbt,[743] sei dieser Verbraucher oder gewerblicher Kunde. Wird an staatliche Stellen geliefert (Dienstfahrzeuge), sind diese der Endkunde. Diesem wirtschaftlichen Verständnis entspricht die Definition des Endkunden im Duden: „Kunde, für den ein Produkt oder eine Dienstleistung letztendlich bestimmt ist; Verbraucher, Konsument." Dahin deutet auch die Antwort in den FAQ der Exekutive.[744] Bei Dienstleistungen ist in aller Regel der unmittelbare Empfänger als Endkunde anzusehen (oben Rn. 217, aber auch Rn. 219).[745] Bei Produkten deutet der Begriff aber weiter auf den Endverbraucher, der nicht unbedingt mit dem direkten Abnehmer identisch sein muss. Der Kunde, der seinen Volkswagen in der Autostadt abholt, wird seltener sein als der Kunde, der ihn beim Vertragshändler erwirbt.

Problematisch wird es, wenn das fertige Endprodukt (Kfz) erst über selbständige Zwischenhändler an den Endverbraucher gelangt. Zweifel weckt zudem der Fall, dass das Produkt an ein Unternehmen geliefert wird, welches damit weitere Güter oder Dienstleistungen produziert (z.B. Spedition, Bauunternehmen, Taxiunternehmen). Hier ist fraglich, ob der Zwischenhändler bzw. das Unternehmen „Endkunde" sind und damit die Lieferkette bei ihnen endet. Einerseits haben sie ein Endprodukt erworben, so dass die Lieferkettensorgfalt des Produktherstellers ihr natürliches Ende finden müsste. Andererseits ist das Produkt noch nicht beim Endverbraucher angelangt bzw. werden im zweiten Fall mit ihm weitere Produktionsvorgänge in Gang gesetzt und neue Endkunden geschaffen. Es liegt nicht anders als es die Regierungsbegründung bei Dienstleistungen beschreibt. Dort geht sie offenkundig davon aus, dass die Destinatäre der Anschlussleistungen die Endkunden sind (hiergegen allerdings schon Rn. 217): 232

> BegrRegE, BT-Drs. 19/28649 S. 40: „Bei der Anbietung einer Finanzdienstleistung, zum Beispiel durch Kreditinstitute, findet ein wesentlicher Teil der Produktion zeitgleich mit der Erbringung der Dienstleistung gegenüber dem Kunden statt und setzt, zum Beispiel durch Investition oder Kreditvergabe, weitere Produktionsprozesse frei. Deshalb werden für solche Dienstleistungen auch die Beziehung zum Endkunden und die nachgelagerten Stufen der Lieferkette erfasst."

Unzweifelhaft ist dabei noch: Wenn das B2B mit dem Endprodukt belieferte Unternehmen selbst von einer Lieferkettensorgfalt betroffen ist, werden der Hersteller und der Händler des Kfz zu seinen (mittelbaren) Zulieferern.[746] Eine ganz andere Frage ist dagegen, ob die Endkunden dieses Unternehmens nun **zugleich** auch Endkunden des Kfz-Herstellers geworden sind. Dafür lässt sich die Sicht der Regierungsbegründung bei Dienstleistungen ins Feld führen. Dagegen sprechen aber die BWL-orientierten Ausführungen zur Lieferkette bei Sachgütern (eben Rn. 230). 233

---

743 *Schall* NZG **2022** 787, 789; Johann/Sangi/*Gehne/Gabriel*, LkSG, § 2 Rn. 157; **a.A.** Gehling/Ott/*Gehling/Fischer*, § 2 Rn. 331.

744 BMWK/BMAS/BAFA, Fragen und Antworten zum LkSG, Stand 27.2.2023, VI. 10: „Endkunde oder Endkundin ist (a) die Person, für die das Produkt bestimmt ist und die es tatsächlich nutzt oder aber (b) die Instanz, die das Produkt verarbeitet, sodass es in einem nach der Verkehrsanschauung neuen Produkt aufgeht. Die Bestimmung des Endkunden, der Endkundin hängt somit von der Perspektive bzw. der Rolle des Unternehmens in der Lieferkette ab. Die Endkunden oder Endkundinnen sind nicht unbedingt direkte Vertragspartner oder Vertragspartnerinnen. Vereinfacht ausgedrückt bedeutet das: Produzenten liefern Zwischenprodukte an Hersteller, die diese zu Endprodukten zusammenfügen.".

745 Auch hierzu ausf. und übereinstimmend BMWK/BMAS/BAFA, Fragen und Antworten zum LkSG, Stand 27.2.2023, VI. 11.: „Bei der Erbringung von Dienstleistungen ist Endkunde oder Endkundin die Person, für die die Dienstleistung bestimmt ist und die die Dienstleistung in Anspruch nimmt. Dies sind in der Regel direkte Vertragspartner und Vertragspartnerinnen. Unter Umständen sind aber eine oder mehrere Personen dazwischengeschaltet, die die Dienstleistung an die Person vermitteln, die sie in Anspruch nimmt. Bei einem Vertrag zugunsten Dritter ist Endkunde oder Endkundin ebenso die Person, die die Dienstleistung in Anspruch nimmt.".

746 So auch die BegrRegE, BT-Drs. 19/28649 S. 40 (zu Finanzdienstleistungen): „Wenn beispielsweise ein Zulieferer, der einen Hersteller beliefert, einen Kredit zur Finanzierung seiner Produktion aufnimmt, ist auch der Kredit und die kreditgebende Bank **von der Lieferkette des Herstellers** umfasst.".

234 Die unterschiedlichen Sichtweisen könnten erhebliche Auswirkungen auf die Reichweite der Lieferkette zeitigen. Stellt man immer auf den schuldrechtlichen **Ersterwerber des Endprodukts** ab (**absolute Betrachtung**),[747] hätte die Lieferkette keine Lücke, wäre aber immer kurz. Je nach Vertriebsweg würden Zwischenhändler, Großhändler oder Verbraucher zu Endkunden. Wenn mit dem Endprodukt weitere Produktionsprozesse entfacht werden, würden die Lieferketten nacheinander geschaltet, ohne zu überlappen. Allein das erwerbende Unternehmen wäre Endkunde des Kfz des Herstellers. Die Kunden des Unternehmens wären ausschließlich die Endkunden der Dienstleistung, nicht zugleich die Endkunden des Herstellers des Kfz. Nach diesem Ansatz wäre aber auch der Hersteller des Endprodukts zugleich der „Endkunde" der Zulieferer. Denn aus Sicht des Zulieferers ist die Herstellung seines Teilproduktes abgeschlossen.[748]

235 Sieht man umgekehrt als Endkunden immer den **Endverbraucher** am Ende irgendeiner Leistungskette, könnten auf dem Weg dorthin eine Vielzahl von Lieferketten parallelgeschaltet werden. Der Kunde des Dienstleisters wäre nicht nur dessen Endkunde, sondern auch der Endkunde des Herstellers des Kfz, des Händlers sowie eines jeden Zulieferers. Das kann zu massiven Überlappungen auf der Downstream-Seite führen. Das ist zwar nicht per se schädlich oder gar denklogisch ausgeschlossen. Denn der gleiche Effekt tritt ein, wenn auf der Upstream Seite bereits einer oder mehrere Zulieferer selbst der Lieferkettensorgfalt unterliegen. Dazu kann, falls man den Handel entgegen der hier vertretenen Auffassung (Rn. 193 ff.) als erfasst ansieht, auch noch die Lieferkette des Handelsunternehmens treten. Allerdings ist es begrifflich schwierig, den Empfänger eines DHL-Pakets als Endkunden des Lieferfahrzeugs anzusehen.

236 Die Lösung muss Gesetzeszweck und Begrifflichkeit bestmöglich in Einklang bringen. Dazu bietet sich an, eine **wirtschaftliche Betrachtungsweise** anzustellen. Zu bestimmen ist das Endprodukt in der jeweiligen Lieferkette. Auf dessen Destinatär kommt es an. Er ist Endkunde. Das gilt bei Sachgütern ebenso wie bei Dienstleistungen.[749] Die wirtschaftliche Betrachtung entscheidet über den Endkunden und bestimmt so die objektiven Grenzen der Lieferkette. Danach ist ein Kfz oder Lkw typisches Endprodukt eines Herstellungsvorgangs. Das gilt auch, wenn B2B an ein Unternehmen geliefert wird, das damit Dienstleistungen erbringt. Die Kunden dieses Unternehmens sind nicht Endkunden des Kfz-Herstellers. Dessen Endkunden bleiben immer die Erwerber des Fahrzeugs. Läuft der Vertrieb über selbstständige Zwischenhändler, muss der Hersteller für deren Verhalten allerdings nicht einstehen, da es sich nicht um Zulieferer handelt (Rn. 332).

237 Dagegen stellen Zulieferungen zu einem Herstellungsprozess nach wirtschaftlicher Betrachtung keine End-, sondern nur Teilprodukte dar. Auch das gilt bei Sachgütern wie bei Dienstleistungen. Es bedeutet, dass sich die mögliche Lieferkettensorgfalt eines Auto-Zulieferers bis hin zum Endkunden des Kfz spannt und dort mit derjenigen des Kfz-Herstellers überlappt.[750] Das deckt sich mit der Produktverantwortung des Teilherstellers, die sich ebenfalls auf den Endverbraucher erstreckt. Zu beachten ist, dass keine Zulieferung vorliegt, wenn kein unmittelbarer Bezug zu einem anderen Produkt oder einer anderen Dienstleistung (siehe Rn. 332) vorliegt. Dann gibt es keinen Endkunden jenseits des unmittelbaren Vertragspartners. Zulieferer ist danach der Hersteller des Lkw der Spedition, nicht aber der Hersteller der Dienstwagenflotte einer Versicherung.

238 Gegen die Erstreckung der Zuliefersorgfalt auf den Destinatär des fertigen Endprodukts lassen sich keine Zweifel aus dem Gesetzeszweck herleiten, die Wirtschaftsmacht der Unternehmen zur Wahrung der Menschenrechte zu mobilisieren. Zwar werden die Zulieferer von Sachgütern – anders

747 Dafür Gehling/Ott/*Gehling/Fischer*, § 2 Rn. 331; *Spindler*, ZHR **186** (2022) 67, 75; i.E. auch Depping/Walden/*Walden*, § 2 Rn. 497 ff., 524; für Finanzdienstleistungen *Bettermann/Hoes*, BKR **2022**, 23, 26.

748 Insoweit auch BMWK/BMAS/BAFA, Fragen und Antworten zum LkSG, Stand 27.2.2023, VI. 10.: „Endkunde oder Endkundin ist … (b) die Instanz, die das Produkt verarbeitet, sodass es in einem nach der Verkehrsanschauung neuen Produkt aufgeht.".

749 Übereinstimmend BMWK/BMAS/BAFA, Fragen und Antworten zum LkSG, Stand 27.2.2023, VI. 10 und 11.

750 I.E. übereinstimmend insoweit BMWK/BMAS/BAFA, Fragen und Antworten zum LkSG, Stand 27.2.2023, VI. 10.: „Endkunde oder Endkundin ist …(b) die Instanz, die das Produkt verarbeitet, sodass es in einem nach der Verkehrsanschauung neuen Produkt aufgeht.".

als die Zulieferer von projektfinanzierenden Finanzdienstleistungen (siehe oben Rn. 223) – typischerweise wenig oder gar keinen Einfluss auf die weitere Verwendung ihrer Teilprodukte durch den oder die Endhersteller. Das erfordert aber keine Verkürzung der Lieferkette aus teleologischen Gründen, etwa auf den Hersteller als formalen „Endkunden". Denn hier sorgen bereits die subjektiven Lücken der Lieferkette auf der Downstream-Seite für die richtige Lösung. Eine Zurechnung jenseits des eigenen Geschäftsbereichs findet nur auf der Upstream-Seite statt („Zulieferer").[751] Daraus folgt, dass der Hersteller bzw. Dienstleister nur dort für menschenrechtliche Risiken bis zum Endkunden nach dem LkSG verantwortlich ist, wo er innerhalb seines eigenen Geschäftsbereichs über hinreichende Kontroll- und Einflussmöglichkeiten die Kette hinab verfügt. Das wird regelmäßig bei keinem Zulieferer (etwa in der Autoindustrie) der Fall sein.[752] Aus diesem Grund stimmt auch für Sachgüter, was die Regierungsbegründung bezüglich normaler Dienstleistungen ohne besondere Machthebel sagt: Dann „erstrecken sich die Sorgfaltspflichten wie bei anderen Dienstleistungen auch nicht auf den Endkunden." Wo es indes anders liegt, weil der Zulieferer Kontrollrechte und -pflichten hat, wie bei projektfinanzierenden Krediten oder bei menschenrechtsrelevanten Teilprodukten (dual use), muss die Lieferkettensorgfalt auf der Downstream-Seite bis zum „Endkunden" reichen. Daher darf dieser Begriff auf den ersten Vertragspartner des Unternehmens als den unmittelbaren Leistungsempfänger im schulrechtlichen Sinne verengt werden.

Das bedeutet im Ergebnis, dass die Lieferkette nur dann bis zum Endkunden reicht, wenn **239** der Hersteller des Produkts bzw. Erbringers der Dienstleistung in seinem eigenen Geschäftsbereich über Kontroll- und Einwirkungsbefugnisse bis zum Endkunden verfügt. Denn eine Zurechnung dritter Personen findet auf der Downstream-Seite der Lieferkette nach dem LkSG – anders als nach dem Richtlinienentwurf[753] – nicht statt. Das gilt sowohl für Endkunden als auch für Vertriebspartner, da diese keine Zulieferer sind (Rn. 332). Diese Diskrepanz zwischen objektiver und subjektiver Reichweite der Lieferkette ist angemessen (siehe schon Rn. 225).[754]

VII. Absatz 6 – Eigener Geschäftsbereich

Absatz 6 definiert den eigenen Geschäftsbereich des Unternehmens als **jede Tätigkeit** zur Errei- **240** chung des Unternehmensziels. Satz 2 präzisiert das näher als jede Tätigkeit **zur Herstellung und Verwertung von Produkten oder Erbringung der Dienstleistungen**. Satz 3 schafft eine bedeutende **Zurechnungsnorm** für das Handeln **von Konzerngesellschaften.** Er entscheidet, ob diese dem eigenen Geschäftsbereich der Konzernmutter zugeschlagen oder als selbstständige Dritte gelten, hinsichtlich derer lediglich die Pflichten gegenüber unmittelbaren oder mittelbaren Zulieferern (Abs. 7 und 8) zu beachten sind. Die Norm des Satz 3 ist in mehrfacher Hinsicht unklar. Das betrifft sowohl die Tatbestandsvoraussetzungen als auch die Rechtsfolgen und ist angesichts der **überragenden Bedeutung** für die Steuerung der Pflichten nach den §§ 3 LkSG bedauerlich.

1. Der Begriff des Unternehmens

Zu klären ist zunächst der Begriff des Unternehmens.[755] Hier kommt es (erneut) zu Friktionen mit **241** dem wirtschaftlichen Sprachgebrauch. Für die Ökonomie ist das Unternehmen immer die gesamte

751 *Schall* NZG **2022** 787, 789 f.; Johann/Sangi/*Gehne*/*Gabriel*, LkSG, § 2 Rn. 158; *Goßler*/*Padler*, BB 2022, 906; **a.A.** Wagner/Rutloff/Wagner/*Wagner*/*Wagner*/*Schuler*, LkSG, § 1 Rn. 69, noch im Anschluss an FAQ VI. 11 vom 28.4.22, die mittlerweile so nicht mehr existiert.

752 I.E. zutr. daher BMWK/BMAS/BAFA, Fragen und Antworten zum LkSG, Stand 27.2.2023, VI. 10. unter b).

753 Der aktuelle Entwurf rechnet „nachgelagerte Geschäftspartner" in der „Aktivitätskette" zu, Art. 3 g) ii) CSDDD-E.

754 *Schall* NZG **2022** 787, 789 f.

755 Siehe auch *Schall* NZG **2022** 1235 f.; oben § 1 Rn. 6 ff.; Gehling/Ott/*Schmelzeisen*, LkSG, § 1 Rn. 4 ff.; Johann/Sangi/*Johann*/*Wildfeuer*, § 1 Rn. 6 ff.

Wirkungseinheit ungeachtet ihrer rechtlichen Struktur.[756] Auch große, börsennotierte Konzerne mit unzähligen Tochtergesellschaften wie Volkswagen, Siemens oder Bayer erscheinen in dieser Gesamtbetrachtung als einheitliche „Unternehmen". Diese Sichtweise spiegelt sich in den Anschauungen des Alltags, wenn in Politik und Medien von Unternehmen die Rede ist. Das LkSG hat genau solche Großunternehmen vor Augen, die es der Human Rights Due Diligence unterwerfen will. Denn dort ist die wirtschaftliche Macht konzentriert, welche die Ruggie-Prinzipien für die Verbesserung der Menschenrechtslage im globalen Süden urbar machen wollen.

242 Die Gesamtbetrachtung des Unternehmens bricht sich aber an der notwendigen **juristischen Einzelbetrachtung**. Der Konzern also solcher ist kein Rechtssubjekt. Er kann nicht den Pflichten des LkSG unterworfen werden. Diese müssen vielmehr an einen konkreten Rechtsträger adressiert werden. Um den Konzern zu erfassen, wird in der Regel die Muttergesellschaft adressiert, so namentlich bei der Konzernbilanz (§ 290 HGB). Im Wettbewerbsrecht gilt demgegenüber zwar ein weiter, rechtsträgerübergreifender Unternehmensbegriff nach Art. 101 AEUV (dazu EuGH C-724/17 Skanska Industrial Solutions). Aber auch dort müssen die konkreten Pflichten letztlich auf die beteiligten Rechtsträger heruntergebrochen werden.

243 Mit **Unternehmen** ist im LkSG der **Rechtsträger** selbst gemeint,[757] nicht das von ihm betriebene Unternehmen. Das ergibt sich aus § 1 Abs. 1 Satz 1 („Dieses Gesetz ist anzuwenden auf Unternehmen ungeachtet ihrer Rechtsform..."). In der Fassung des Regierungsentwurfs war das noch ausdrücklich gesagt worden: „Tätigkeit einer Gesellschaft als Rechtsträger des Unternehmens".[758] Die spätere Streichung der Worte „einer Gesellschaft als Rechtsträger" durch den Ausschuss für Arbeit und Soziales erfolgte lediglich, um mögliche Zweifel an der Rechtsformneutralität auszuräumen und die Einbeziehung ausländischer Rechtsträger klarzustellen.[759] Das ist gut nachvollziehbar vor dem Hintergrund der Tatsache, dass die Unterwerfung ausländischer Kapitalgesellschaften unter die zwingenden Gesetze zur unternehmerischen Mitbestimmung bis heute von der h.M. abgelehnt wird.[760] Es ändert aber nichts daran, dass mit „Unternehmen" im LkSG unmittelbar der **Rechtsträger** angesprochen werden sollte. Das wird durch § 24 Abs. 3 und 4 bestätigt, wo besondere Vorschriften zur Bußgeldbemessung für „künstliche", als Verband verfasste Rechtsträger („juristische Person oder Personenvereinigung") mit bestimmten Größenkriterien getroffen werden.

244 Mit dem Rechtsträgerprinzip ist der wirtschaftlichen Gesamtbetrachtung als „Unternehmen" im LkSG eine Absage erteilt.[761] Auch aus Satz 3 ergibt sich nichts anderes. Im Gegenteil: Die Notwendigkeit einer besonderen Zurechnungsnorm im Konzern bestätigt gerade, dass mit Unternehmen der einzelne Rechtsträger und nicht der Unternehmensverbund angesprochen ist. Im Grundsatz gilt das Trennungsprinzip, welches der Gesetzgeber durch die Zurechnungsnorm des Satz 3 teilweise überwunden hat. In welchem Umfang das geschehen ist, kann allerdings unterschiedlich betrachtet werden (dazu Rn. 273).

245 Mit dem Vorstehenden ist natürlich nicht gesagt, dass innerhalb eines Konzerns *jede* Gesellschaft für sich der Lieferkettensorgfalt genügen muss. Vielmehr gilt das LkSG nur für denjenigen Rechtsträger („Unternehmen"), der seine Kriterien erfüllt.[762] Innerhalb von Konzernen ist unklar, welchen Rechtsträger die menschenrechtlichen Sorgfaltspflichten treffen. In Betracht kommt ent-

---

756 Zum Folgenden BeckOGK-HGR/*Schall* § 15 AktG Rn. 8, 8.1 und 8.2.

757 So auch Johann/Sangi/*Johann/Wildfeuer*, § 1 Rn. 6; Gehling/Ott/*Schmelzeisen*, LkSG, § 1 Rn. 4.

758 Wörtlich aufgegriffen auch in BegrRegE, BT-Drs. 19/28649 S. 41.

759 BT-Drucks. 19/30505, S. 37 f.: „Bei der Formulierung „jede Tätigkeit einer Gesellschaft als Rechtsträger des Unternehmens" kann missverständlich von einer Beschränkung nur auf rechtsfähige Gesellschaften ausgegangen werden. Diese Lesart steht aber im Widerspruch zum Anwendungsbereich nach § 1, wonach Unternehmen ungeachtet ihrer Rechtsform erfasst werden sollen. Deshalb wird die Formulierung „jede Tätigkeit des Unternehmens" verwendet.".

760 **A.A.** mit guten Gründen *Kindler* ZHR **179** (2015) 330, 374 ff.

761 So auch Gehling/Ott/*Schmelzeisen*, LkSG, § 1 Rn. 43 ff. Johann/Sangi/*Johann/Wildfeuer*, § 1 Rn. 6 und Rn. 39; **a.A.** lediglich *Dutzi/Schneider/Hasenau*, DK 2021, 454, 456.

762 Insoweit zutr. auch Gehling/Ott/*Gehling/Fischer*, § 2 Rn. 344.

weder eine Konzentration auf die Konzernmutter (z.B. Mercedes-Benz Group AG) oder eine Einzelbetrachtung, welche Gesellschaften (a) die Größenkriterien erfüllen und (b) Produkte oder Dienstleistungen herstellen. Das sind typischerweise die Produktionsgesellschaften, welche die Geschäfte betreiben und nicht nur Beteiligungen verwalten (z.B. Mercedes-Benz AG).

Die Systematik des § 1 LkSG deutet darauf hin, dass immer die Konzernspitze adressiert sein **246** soll. Das geht vor allem aus der Zurechnungsnorm des § 1 Abs. 3 hervor, welche in „verbundenen Unternehmen (§ 15 AktG)" die Arbeitnehmer der „konzernangehörigen Gesellschaften" zur Beschäftigtenzahl der „Obergesellschaft" hinzurechnet. Damit sei laut BAFA die „oberste Konzernmutter" gemeint.[763] In der Sache spricht für die Konzernspitze, dass sie das Gesamt-Unternehmen in wirtschaftlicher Hinsicht repräsentiert. So würden wirtschaftliche Gesamt- und juristische Einzelbetrachtung versöhnt.

Bei näherer Betrachtung ist die generelle Heranziehung der Konzernmutter, wie sie dem **247** Gesetz vorschwebt, aber nicht durchzuhalten.[764] Die Lieferkette bezieht sich auf „Produkte und Dienstleistungen des Unternehmens". Da mit Unternehmen der Rechtsträger gemeint ist und zwischen den Konzerngesellschaften das Trennungsprinzip herrscht, können die Produkte und Dienstleistungen nicht pauschal der Konzernspitze zugeordnet werden. Das wäre ein unzulässiger Rückfall in die wirtschaftliche Gesamtbetrachtung. Diese Sicht wird mittelbar auch vom BAFA bestätigt. In der Handreichung vom August 2022 heißt es:

> „Die Konzernobergesellschaft muss Sorgfaltspflichten für ihren eigenen Geschäftsbereich und entlang ihrer Lieferketten erfüllen. Das schließt auch den Geschäftsbereich und die Lieferketten einer konzernangehörigen Gesellschaft ein, wenn die Obergesellschaft auf diese einen bestimmenden Einfluss ausübt."

Das bedeutet, auch das BAFA geht davon aus, dass die eigenen Produkte und Dienstleistungen **248** („Lieferketten") der Tochtergesellschaften nur dann als solche der Mutter gelten, wenn sie nach Maßgabe des § 2 Abs. 6 Satz 3 zurechenbar sind. Es übersieht lediglich, dass diese Rechtsfolge aus der Norm nicht abzuleiten ist.[765]

Nun trifft es zwar zu, dass das (Gesamt)Unternehmen im wirtschaftlichen Sinne auf der juris- **249** tischen Seite i.d.R. durch die Konzernmutter repräsentiert wird, welche die Konzernbilanz erstellt und ggf. an der Börse notiert ist. Aber nach den einschlägigen Zurechnungsregeln der §§ 15 ff. AktG, auf die § 1 Abs. 3 LkSG verweist, ist das „Unternehmen" an der Spitze einer Unternehmensverbindung gar nicht notwendig die Konzernmutter. So wurde im VW-Urteil BGHZ 135, 107 festgestellt, dass das Land Niedersachsen kraft faktischer Hauptversammlungsmehrheit im Jahr „herrschendes Unternehmen" bei VW war. Unter dem weiten Begriff der Herrschaft nach § 17 AktG könnte sich so etwas immer wiederholen, etwa bei der Mercedes-Benz Group AG, die Daimler-Trucks zwar 2021 an die Börse gebracht hat, aber immer noch 35 % der Anteile hält. Ebenso können herrschende Kommanditisten, Stimmrechtskonsortien und Beteiligungsgesellschaften der Mehrheitseigner wie die Porsche Automobil Holding SE in die menschenrechtlichen Sorgfaltspflichten geraten, weil das Gesetz nicht auf den Konzernbegriff abstellt, sondern auf den weiteren Begriff der Unternehmensverbindungen. Dadurch werden sogar Doppelungen möglich, weil es zwar keinen Konzern im Konzern, wohl aber „Mehrmütterherrschaft" gibt. Und schlösse man sich der Sicht des BAFA an, ergäbe sich noch ein weiteres Argument gegen das generelle Abstellen auf die Konzernspitze. Denn dann könnte diese sich ihrer Pflichtigkeit nach den §§ 3 ff. LkSG durch Entherrschung entziehen. In einem solchen Fall bliebe nichts anderes mehr übrig als das, was von vornherein und durchweg richtig ist: die Anknüpfung der menschenrechtlichen Sorgfaltspflichten an die jeweiligen **Betriebs- bzw. Produktionsgesellschaften**, welche (a) die Größenkri-

---

763 BMWK/BMAS/BAFA, Fragen und Antworten zum LkSG, Stand 27.2.2023, IV. 4; dem folgend Johann/Sangi/*Johann*/*Wildfeuer*, § 1 Rn. 40.

764 Ausf. Begründung bei *Schall* NZG **2022** 1235 f.

765 *Schall* NZG **2022** 1235, 1239 f.; näher Rn. 299.

terien des § 1 LkSG erfüllen und (b) selbst Produkte herstellen bzw. Dienstleistungen erbringen.[766] Sie, und nicht die Konzernspitze, ist das „Unternehmen" des LkSG und die „Obergesellschaft" nach den § 1 Abs. 3, 2 Abs. 6 Satz 3 LkSG. Allerdings kann für die Zwecke der Arbeitnehmerzurechnung nach § 1 Abs. 3 ausnahmsweise auf eine Dachholding durchgegriffen werden, um die wirtschaftliche Größe des Gesamtkonzerns zu erfassen und Umgehungsversuche durch die Aufteilung von Produktionssparten zu vermeiden (was § 5 Abs. 1 Satz 2 LkSG nicht vermag).[767] Bei § 2 Abs. 6 Satz 3 ist das nicht möglich, weil es dort nicht um die wirtschaftliche Größe des Gesamtunternehmens geht, sondern um die richtige Reichweite der Sorgfaltspflichten innerhalb desselben.[768]

250 Das Bild bestätigt sich bei **ausländischen Konzernspitzen**, die vom LkSG nicht erfasst werden. Die inländische Produktionsgesellschaft ist gleichwohl dem LkSG zu unterwerfen, wenn sie selbst die Kriterien des § 1 erfüllt.[769] Dabei sind ihr auch diejenigen Arbeitnehmer in Deutschland zuzurechnen, für welche sie ähnlich dem Vorbild des Mitbestimmungsrechts[770] als Obergesellschaft eines „Teilkonzerns" fungiert. Das folgt aus einem Erst-recht-Schluss zu § 1 Abs. 1 Satz 2. Dabei kann es allerdings – ebenso wie bei deutschen Konzernspitzen (eben Rn. 249) – zum Durchgriff auf eine vorgelagerte Holding kommen, kraft dessen dann möglicherweise auch die Beschäftigten in inländischen Schwestergesellschaften zugerechnet werden.

251 Folgt man dem, ist die Konzernspitze nicht generell menschenrechtspflichtig. Sie ist es nur dann, wenn sie selbst die Produkte herstellt (z.B. Volkswagen AG) bzw. die Dienstleistungen erbringt (z.B. Universalbanken mit Filialnetz).[771] Wo es daran mangelt, stehen stattdessen die Produktionsgesellschaften in der Pflicht. Will die Konzernspitze gleichwohl die Human Rights Due Diligence an sich ziehen, um sie konzernweit zu organisieren (was durchaus sinnvoll sein kann), bedarf es einer **Delegation**.[772] Die Voraussetzungen hierfür orientieren sich an den Grundsätzen zur Delegation deliktischer Verkehrssicherungspflichten. Das bedeutet, dass es i.d.R. einer vertraglichen Grundlage bedarf. Außerdem kann es zu keiner befreienden Delegation kommen, sondern es verbleiben Auswahl-, Organisations- und Überwachungspflichten bei der primär verpflichteten Betriebsgesellschaft. So multiplizieren sich unterm Strich die Verantwortlichkeiten unter dem LkSG. Allerdings dürfte die Zulässigkeit einer Delegation davon abhängen, dass auch der mit der Wahrnehmung der Sorgfalt betraute Rechtsträger in vollem Umfang dem LkSG unterliegt. Denn die Übernahme öffentlich-rechtlicher Pflichten durch nicht-pflichtige Rechtsträger würde die Durchsetzung der menschenrechtlichen Sorgfalt in Frage stellen.

252 Bezüglich des mit „Unternehmen" angesprochenen Rechtsträgers gilt **Rechtsformneutralität**,[773] so dass sämtliche in- und ausländische rechtsfähige Gebilde erfasst werden. Dabei muss es sich nicht um juristische Personen im klassischen Sinne handeln. Auch rechtsfähige Personengesellschaften kommen in Betracht (§ 14 BGB), ebenso einzelkaufmännische Betriebe und sogar juris-

---

766 Ähnliches Verständnis bei Johann/Sangi/*Johann*/*Wildfeuer*, § 1 Rn. 6, die im Konzern dann aber doch grundsätzlich auf die Mutter an der Spitze des Konzerns abstellen wollen, Rn. 40.

767 *Schall* NZG **2022** 1235, 1236.

768 *Schall* NZG **2022** 1235, 1236.

769 I.E. auch Johann/Sangi/Johann/*Wildfeuer*, § 1 Rn. 40.

770 § 5 Abs. 3 MitbestG; dazu BeckOGK-HGB/*Schall* § 18 Rn. 20 m.w.N.

771 *Schall* NZG **2022** 1235 f. Dabei kann sie die Produktion entweder selbst durchführen oder den Produktionsablauf beherrschen bzw. maßgeblich beeinflussen. Inwieweit letzteres bei Holdingstrukturen der Fall ist, lässt sich nur im Einzelfall klären.

772 Dazu *Schall* NZG **2022** 1235, 1237; für Möglichkeit konzerninterner Delegation auch Gehling/Ott/*Gehling*/*Fischer*, § 2 Rn. 344; BMWK/BMAS/BAFA, Fragen und Antworten zum LkSG, Stand 27.2.2023, IV. 7. sowie 9. a.E.

773 Aus diesem Grund erfolgte auch die redaktionelle Streichung der Worte „einer Gesellschaft als Rechtsträger" gegenüber dem Regierungsentwurf, vgl. Ausschussbegründung BT-Drs. 19/30505 S. 37 f.: „Bei der Formulierung „jede Tätigkeit einer Gesellschaft als Rechtsträger des Unternehmens" kann missverständlich von einer Beschränkung nur auf rechtsfähige Gesellschaften ausgegangen werden. Diese Lesart steht aber im Drucksache 19/30505 S. 38 – Deutscher Bundestag – 19. Wahlperiode Widerspruch zum Anwendungsbereich nach § 1, wonach Unternehmen ungeachtet ihrer Rechtsform erfasst werden sollen. Deshalb wird die Formulierung „jede Tätigkeit des Unternehmens" verwendet.".

tische Personen des öffentlichen Rechts, sofern sie selbst unternehmerisch tätig sind[774] (wobei die vom Gesetzgeber hier gemachte Einschränkung belegt, dass hinsichtlich der sorgfaltspflichtigen Aktivitäten keine Zurechnung beherrschter Unternehmen stattfinden kann, Rn. 299). So erfasst das LkSG lückenlos jeden Rechtsträger, der eine Unternehmung betreiben kann. Das entspricht inhaltlich dem, was das Aktiengesetz als abhängige „Unternehmen" versteht.[775] Die besondere Teleologie des Aktienkonzernrechts um die „Konzerngefahr", die nach h.M. einen abweichenden Begriff des herrschenden Unternehmens erfordert, wo es auf die anderweitige wirtschaftliche Interessenbindung ankommt,[776] spielt hier keine Rolle. Im Anschluss an die ursprüngliche Gesetzesfassung ist das Unternehmen i.S.d. LkSG zu definieren als der **Rechtsträger, der das Unternehmen betreibt, in dem die Produkte hergestellt oder die Dienstleistungen erbracht werden**. Abzulehnen ist demgegenüber eine ungenaue Definition des Unternehmens als „Einheit", die „am Markt tätig ist"[777] bzw. „regelmäßig wirtschaftliche Tätigkeit ausübt."[778] Das führt aber nicht weiter. „Einheit" ist kein fassbarer Rechtsbegriff und zielt in die falsche Richtung des Gesamtunternehmens im wirtschaftlichen Sinne.[779]

Dem Befund der Rechtsformneutralität kann **nicht** der Wortlaut des Abs. 6 Satz 3 entgegengehalten werden. Zwar spricht das LkSG dort – ebenso wie in § 1 Abs. 3 – von der „Obergesellschaft" und von „konzernangehöriger Gesellschaft". Dennoch müssen auch dort nach Sinn und Zweck sowie dem systematischen Zusammenhang mit Abs. 6 Satz 1 und 2 jeder unternehmenstragende Rechtsträger in- oder ausländischen Rechts erfasst sein, der an der Konzernspitze stehen oder Teil eines Konzerns sein kann. Das gilt etwa auch für eine Stiftung, einen e.V. oder einen Einzelkaufmann. Richtig ist allerdings, dass Konzerne in aller Regel aus Gesellschaften bestehen. Dabei handelt es sich zumeist um Kapitalgesellschaften, wo Mehrheitsbesitz der Obergesellschaft bestimmenden Einfluss vermittelt. Insofern ist der Wortlaut des Gesetzes in Satz 3 auf den typischen Fall ausgerichtet. Eine grundsätzliche Einschränkung der Rechtsformneutralität des LkSG ist daraus nicht herzuleiten. Vielmehr sollte der Übergang vom rechtsformneutralen Begriff der „Konzernmutter" zur „Obergesellschaft" ausweislich der Begründung des Ausschusses für Arbeit und Soziales lediglich stilistischer Natur sein.[780] 253

Der **Entwurf der CSDDD** versteht unter dem **Unternehmen** ebenfalls den Rechtsträger. Das geht aus Art. 3 lit. a) hervor. Allerdings beschränkt sich die Richtlinie grundsätzlich auf juristische Personen. Lediglich hinsichtlich „beaufsichtigter Finanzunternehmen" gilt Rechtsformneutralität. 254

2. Jede Tätigkeit zur Erreichung des Unternehmensziels (Satz 1 und 2)

Der eigene Geschäftsbereich des Unternehmens umfasst jede Tätigkeit des Rechtsträgers zur Erreichung des „Unternehmensziels". Der Begriff folgt nicht der herkömmlichen Terminologie des Gesellschaftsrechts. Dort unterscheidet die h.M. zwischen dem „Gesellschaftszweck" und dem „Unternehmensgegenstand".[781] Der Unternehmensgegenstand ist z.B. in § 23 Abs. 3 Nr. 2 AktG und § 3 Abs. 1 Nr. 2 GmbHG geregelt. Bei einer Aktiengesellschaft muss er sehr detailliert beschreiben 255

774 BegrRegE BT-Drucks. 19/28649, S. 33; Johann/Sangi/*Johann*/*Wildfeuer*, § 1 Rn. 6; Gehling/Ott/*Schmelzeisen*, LkSG, § 1 Rn. 7.

775 BeckOGK-AktG/*Schall* § 15 Rn. 58; *Koch* AktG § 15 Rn. 14.

776 BGHZ **69** 334, 339 ff.; BeckOGK-AktG/*Schall* § 15 Rn. 54 ff.

777 Laut Johann/Sangi/*Johann*/*Wildfeuer*, § 1 Rn. 6 ein „funktionaler Unternehmensbegriff".

778 Gehling/Ott/*Schmelzeisen*, LkSG, § 1 Rn. 5.

779 Paradigmatisch Gehling/Ott/*Schmelzeisen*, LkSG, der in § 1 Rn. 43 ff. den Unternehmensverbund als Regelungsadressaten zu Recht ablehnt, aber seine Definition in § 1 Rn. 5 an das europäische Wettbewerbsrecht anlehnt, welches wiederum den Unternehmensverbund adressiert.

780 BT-Drucks. 19/30505, S. 35: „Die Ersetzung des Wortes „Konzernmutter" durch „Obergesellschaft" ist lediglich stilistischer Natur.".

781 GroßkommAktG/*Röhricht*/*Schall*, 5. Aufl. 2016, § 23 Rn. 125 ff.; Noack/Servatius/Haas/*Servatius* GmbHG, 23. Aufl. 2022, § 1 Rn. 5.

werden.[782] Sein Verhältnis zum Gesellschaftszweck ist unklar und umstritten. Einigkeit besteht allerdings darin, dass der Erwerbszweck einer Kapitalgesellschaft zum Gesellschaftszweck zu rechnen und daher gemäß § 33 BGB (analog) nur einstimmig zu ändern sei.[783]

256 Das LkSG vermeidet diese Debatten, indem es den eigenständigen Begriff des „Unternehmensziels" formuliert.[784] Das mag auch der Erstreckung auf alle Rechtsträger des In- und Auslands geschuldet sein, was weit über die Kapitalgesellschaften deutscher Rechtsform hinausreicht.[785] Es schafft aber neuen Definitionsbedarf. Diesem Bedarf kommt der **Satz 2** des Absatz 6 nach:[786] „Erfasst ist damit jede Tätigkeit zur Herstellung und Verwertung von Produkten und zur Erbringung von Dienstleistungen, unabhängig davon, ob sie an einem Standort im In- oder Ausland vorgenommen wird."

257 Hier ist zunächst fraglich, ob eine abschließende Definition oder ein Regelbeispiel vorliegt. Gegen ein Regelbeispiel spricht schon die Formulierung, die keine „insbesondere", „beispielsweise" o.ä. enthält. Auf eine abschließende Definition deutet auch der systematische Zusammenhang zu Absatz 5 hin. Der Terminus „zur Herstellung und Verwertung von Produkten oder zur Erbringung von Dienstleistungen" knüpft unmittelbar an die Merkmale der Lieferkette an, welche die Produkte oder Dienstleistungen des Unternehmens von der Rohstoffgewinnung bis zum Endkunden erfasst. Nur hierauf soll sich die menschenrechtliche Sorgfaltspflicht beziehen.[787]

258 Folgt man dem, liegt hier eine rein **objektive Definition des „Unternehmensziels"** vor. *Jedes* Unternehmen, das Produkte herstellt und verwertet oder Dienstleistungen erbringt, unterfällt hinsichtlich aller seiner Produkte oder Dienstleistungen der Lieferkettensorgfalt, wenn es die Boxen des § 1 tickt. Das geht auch aus der Regierungsbegründung hervor, die darauf im Zusammenhang mit dem Vorhandensein mehrerer Produktionsstandorte eingeht:

> BegrRegE, BT-Drs. 19/28649 S. 41: „Unterhält eine Gesellschaft mehrere Standorte, an denen sie selber Produkte oder Dienstleistungen erstellt oder verwertet, ist jede Tätigkeit zur Erstellung und Verwertung von Produkten und Dienstleistungen erfasst, unabhängig davon ob sie an einem Standort im In- oder Ausland vorgenommen wird. Dies können demnach Tätigkeiten an dem Sitz, der Niederlassung, Zweigstelle oder Produktionsstätte eines Unternehmens sein. Maßgeblich ist, dass der Standort Teil der Gesellschaft als rechtliche Unternehmenseinheit ist."

259 Erfasst ist jeder einzelne Arbeitsschritt zur Herstellung bzw. Verwertung des Produkts oder der Erbringung der Dienstleistung. Es geht um diejenigen Schritte in der Lieferkette nach Absatz 5, die im eigenen Geschäftsbereich des Unternehmens vorgenommen werden. Bei Sachgütern betrifft das in erster Linie den Einkauf der Rohstoffe und Teile, deren Verarbeitung zum Endprodukt sowie den Vertrieb. Hinzu kommen alle betriebsinternen Begleitleistungen wie Zwischenlagerung, Verpackung, Transport und Qualitätskontrollen. Erforderlich ist hier ebenso wie in Absatz 5 allerdings ein konkreter, **unmittelbarer Bezug** zu dem jeweiligen Produkt oder der Dienstleistung. Allgemeine, nicht direkt zuzuordnende Begleitfunktionen wie IT-Services, Gebäudemanagement, Public Relations oder HR reichen nicht aus.[788]

260 Wie aus der Regierungsbegründung hervorgeht, ist grundsätzlich nötig, dass der pflichtige **Rechtsträger** die betreffenden Produkte oder Dienstleistungen **selbst** erstellt. Zur Folgefrage, wie

782 Dazu GroßkommAktG/*Röhricht*/*Schall* § 23 Rn. 142 ff.

783 GroßkommAktG/*Röhricht*/*Schall* § 23 Rn. 126; Noack/Servatius/Haas/*Servatius* GmbHG, 23. Aufl. 2022, § 1 Rn. 5.

784 Für Gleichsetzung mit dem Unternehmensgegenstand aber *Charnitzky*/*Weigel*, RIW 2022, 12, 13; dagegen zutr. Gehling/Ott/*Gehling*/*Fischer*, § 2 Rn. 342.

785 Was nicht heißt, dass es dort nicht zu ähnlichen Debatten kommen kann. So besteht ein Unterschied zwischen den „objects" einer company, welche durch die „objects clause" bestimmt werden und ihren Unternehmensgegenstand bezeichnen, zu ihrem corporate objective. Zu letzterem siehe *Keay* The Corporate Objective, 2011.

786 Diese Definitionsfunktion des zweiten Satzes, die über das Scharnier der „Tätigkeit" erreicht wird, verkennen Gehling/Ott/*Gehling*/*Fischer*, § 2 Rn. 341.

787 **A.A.** Johann/Sangi/*Gehne*/*Gabriel*, LkSG, § 2 Rn. 167. Doch dann wäre die Unbestimmtheit des Begriffs „Unternehmensziel" in der Tat kritikwürdig (vgl. *Rothermehl*, § 2 Rn. 112).

788 **A.A.** Gehling/Ott/*Gehling*/*Fischer*, § 2 Rn. 343; Johann/Sangi/*Gehne*/*Gabriel*, LkSG, § 2 Rn. 166.

mit der Aufteilung solcher Vorgänge zwischen verschiedenen Konzerngesellschaften umzugehen ist, siehe gleich unten Rn. 265 ff. Der eigene Geschäftsbereich der Gesellschaft wird sich typischerweise mit ihrem Unternehmensgegenstand i.S. der § 23 Abs. 3 Nr. 2 AktG, § 3 Abs. 1 Nr. 2 GmbHG decken. Entscheidend kommt es darauf aber nicht an. Aus dem Bezug auf das Unternehmensziel ist **keine weitergehende Begrenzungsfunktion** herzuleiten.[789] Es kommt daher nicht darauf an, ob die Tätigkeiten des Unternehmens zur Erreichung des Unternehmensziels notwendig oder auch nur förderlich sind, und ob dies so beabsichtigt ist oder nicht. Solche Einschränkungen wären nicht sachgerecht. Im deutschen (und europäischen) Gesellschaftsrecht gibt es keine Ultra-vires-Doktrin.[790] Personen- wie Kapitalgesellschaften können jede erdenkliche Tätigkeit wirksam vornehmen. Dabei gilt der Grundsatz: ein Rechtsträger, ein Unternehmen. Gesellschaften haben auch keine „Privatsphäre".

Vor diesem Hintergrund müssen alle Aktivitäten erfasst sein, die durch den Rechtsträger tatsächlich ausgeübt werden, sofern sie zur Herstellung von Produkten oder Erbringung von Dienstleistungen führen. Das hat gerade auch dann zu gelten, wenn diese Tätigkeiten im Einzelfall außerhalb des Unternehmensgegenstandes bzw. Gesellschaftszwecks liegen sollten.[791] Unternehmen dürfen sich keinesfalls von der Lieferkettensorgfalt mit der Behauptung freizeichnen, dass es um illegale Aktivitäten gehe (z.B. verbotene Ölbohrungen), die schon deshalb außerhalb des Unternehmensziels lägen, weil jenes nur legale Tätigkeiten erlaube (§ 134 BGB). **261**

Der Bezugspunkt Unternehmensziel kann allerdings bei **einzelkaufmännischen Unternehmen** eine eingrenzende Wirkung haben. Denn Einzelkaufleute können in einer Person mehrere Unternehmungen betreiben. In einem solchen Fall ist maßgeblich, ob die jeweilige Aktivität dem Unternehmensziel desjenigen Unternehmens des Kaufmanns diente, welches die Kriterien des § 1 erfüllt. **262**

3. Tätigkeit im eigenen Geschäftsbereich

Zum eigenen Geschäftsbereich des Unternehmens als Rechtsträger gehört der gesamte ihm rechtlich zugeordnete und von ihm getragene Unternehmensbetrieb. Typischerweise wird der Unternehmensbetrieb (nicht notwendig die einzelnen Vermögengegenstände) im Eigentum des Rechtsträgers stehen. Er kann aber auch gepachtet sein. Die Tätigkeiten im eigenen Geschäftsbereich des Unternehmens werden durch seine Organe und durch seine Belegschaft vorgenommen. Es handelt sich sowohl um Realakte (namentlich Herstellung von Produkten und Erbringung von Dienstleistungen) als auch um Rechtsakte (z.B. Vertragsschlüsse). Die Realakte werden üblicherweise unter der Ägide des Unternehmens in seinem Herrschaftsbereich vorgenommen (Produktionsstätten).[792] Rechtsakte werden von seinen Organen oder seinen Mitarbeitern im Namen des Unternehmens durchgeführt. Zum Unternehmen gehören sämtliche seiner rechtlich unselbstständigen Betriebsabteilungen und -stätten, Filialen, Zweigniederlassungen und Agenturen. Es ist unerheblich, ob die Betriebsstätte oder Zweigniederlassung im In- oder Ausland angesiedelt ist. Allerdings gelten bezüglich des eigenen Geschäftsbereichs im Ausland geringere Anforderungen bei der Pflicht zur Abhilfe. Nach § 7 Abs. 1 Satz 4 muss die Abhilfe nur „in der Regel" zur Beendigung der Verletzung führen (das Gleiche gilt bei abhängigen Konzerngesellschaften, Rn. 297), während das beim eigenen Geschäftsbereich ausnahmslos der Fall sein muss. **263**

Nicht zum eigenen Geschäftsbereich gehören grundsätzlich die Aktivitäten von Tochter- und Enkelgesellschaften. Innerhalb von Konzernen ist das kapitalgesellschaftsrechtliche **Trennungsprinzip** zu beachten. Danach ist jede Konzerngesellschaft für ihren eigenen Geschäftsbereich verantwortlich. **264**

---

789 Enger Johann/Sangi/*Gehne/Gabriel*, LkSG, § 2 Rn. 166, die eine tatsächliche Eignung zur Förderung des Ziels erfordern.

790 GroßkommAktG/*Röhricht/Schall* § 23 Rn. 115; *Kindler/Lieder/Schall/Günther* European Corporate Law, 2021, Art. 9 Rn. 2, 15.

791 So auch Gehling/Ott/*Gehling/Fischer*, § 2 Rn. 342.

792 *Schall* NZG **2022** 1235.

Sie verfügt über ihr eigenes Vermögen, hat ihre eigenen Verpflichtungen, führt Transaktionen im eigenen Namen, nicht im Namen des Konzerns durch und unterliegt Verkehrssicherungspflichten nur für den eigenen Herrschaftsbereich. Das gilt auch bei besonders engen Unternehmensverbindungen wie der Eingliederung nach § 319 AktG oder Beherrschungs- und Gewinnabführungsverträgen nach §§ 291 ff. AktG.

265 Anders liegt es nur, wenn die Voraussetzungen der **Zurechnungsnorm des Satz 3** erfüllt sind, die spät im Gesetzgebungsverfahren noch durch den Ausschuss für Arbeit und Soziales eingefügt worden ist. Mit ihr bestätigt der Gesetzgeber die Geltung der juristischen Einzelbetrachtung im Zeichen des Trennungsprinzips. Nur unter den Voraussetzungen des Satz 3 kommen auch Aktivitäten der Tochter- und Enkelinnengesellschaften des sorgfaltspflichtigen Rechtsträgers in Betracht. Würde im LkSG von vornherein eine wirtschaftliche Gesamtbetrachtung des „Unternehmens“ gelten, hätte diese Zurechnungsnorm keinen Sinn. Dann wären automatisch sämtliche Aktivitäten aller Konzerngesellschaften als „eigener Geschäftsbereich des Unternehmens“ erfasst.

4. Die Zurechnung nach Satz 3

266 **a) Hintergrund, Zweck und Kritik der Zurechnungsnorm.** Das LkSG spricht mit „Unternehmen“ konkrete Rechtsträger an. Dem Gesetz schwebt vor, dass es sich hierbei immer um die Konzernmutter handelt, die an der Spitze steht und das Gesamtunternehmen wirtschaftlich repräsentiert. Wie eben gezeigt, trifft das nicht zu und es ist stattdessen auf die Betriebsgesellschaften abzuheben, welche die Produkte oder Dienstleistungen erstellen. Dabei kann es sich durchaus um die Konzernmutter handeln. Sie kann aber auch unter einer Dachholding, ggf. vermittels weiterer Zwischenholdings, aufgehängt sein.

267 Der rechtsträgerbezogene Regelungsansatz entspricht der juristischen Einzelbetrachtung des Konzerns. Er verursacht allerdings diverse Zurechnungsfragen. In der ursprünglichen Fassung war noch gar keine Zurechnungsnorm für andere Konzerngesellschaften enthalten. Das führte zu Befürchtungen, dass die Konzernspitzen keine menschenrechtliche Verantwortlichkeit für ihre Tochter- und Enkelgesellschaften träfe. Diese Befürchtungen hatten einen realen Hintergrund. Trennungsprinzip und Haftungsbeschränkung führen zur Haftungssegmentierung im Konzern (eben Rn. 264).[793] Wissenschaft und Praxis in Deutschland haben dieses Prinzip immer hochgehalten. In seiner Folge werden Konzerngesellschaften grundsätzlich als selbstständige Unternehmen angesehen. Die Konzernmutter soll für ihre Tätigkeiten weder als Geschäftsherrin nach § 831 BGB noch aus der ihrer unternehmerischen Verkehrssicherungspflicht verantwortlich sein.

268 Gegen diese Sicht der h.M. wird allerdings zunehmend Kritik vorgebracht.[794] Sie widerspricht nicht nur den Anschauungen des Alltags und den Vorgaben der UN-Leitprinzipien, sondern auch der Wertung der §§ 16–18 AktG. Zusätzliche Schubkraft bezieht die Kritik aus dem Rechtsvergleich. Der englische Supreme Court hat der Haftungssegmentierung im Konzern, die der Court of Appeal in *Okpabi v. Shell* besonders schützen wollte, kein eigenständiges Gewicht zuerkannt.[795]

269 Ungeachtet dessen hätte man unter der ursprünglichen Fassung des Regierungsentwurfs auch ohne Zurechnungsregel argumentieren können, dass zum eigenen Geschäftsbereich der Konzernmutter generell sämtliche Aktivitäten ihrer Tochter- und Enkelgesellschaften gehören. Grundlage wären die allfälligen **Konzernklauseln** gewesen, die es der Mutter erlauben, den Unternehmensgegenstand entweder selbst oder *mittelbar durch Beteiligungsgesellschaften* zu verfolgen. Aus ihnen folgt, dass der Vorstand der Muttergesellschaft *im Innenverhältnis* zur Führung der Geschäfte

---

793 *Hommelhoff* ZIP **1990** 761, 762.

794 Vgl. *Schall* ZGR **2018** 479 ff. mwN. Ausf. zum Ganzen Anhang zu § 3 Rn. 38 ff.

795 *Okpabi v Shell* (2021) UKSC 3 Rn. 143 (Lord Hamblen) unter Verweis auf *Lungowe v Vedanta* (2019) UKSC 20 Rn. 52 (Lord Briggs); *Schall* ZIP **2021** 1241, 1246. Für einen safe harbour bezüglich Konzernrichtlinien dagegen noch der Court of Appeal als Vorinstanz, *HRE Emre Okpabi v Royal Dutch Shell* (2018) EWCA Civ 191 Rn. 89 (Simon LJ) und Rn. 205 (Chancellor Vos).

des Gesamtkonzerns befugt und nach der überzeugenden Sicht *Peter Hommelhoffs* auch verpflichtet ist (**Konzernleitungspflicht**).[796] Versteht man den eigenen Geschäftsbereich nach dieser Maßgabe, hätte die Muttergesellschaft die menschenrechtliche Sorgfalt auch ohne besondere Zurechnungsnorm im gesamten Konzernbereich einhalten müssen.

Der Gesetzgeber hat sich stattdessen dafür entscheiden, die Problematik direkt zu adressieren. Er hat das Trennungsprinzip durch die Einfügung der Zurechnungsnorm des Satz 3 überwunden. Damit hat er zugleich klargestellt, dass der eigene Geschäftsbereich grundsätzlich nach dem Rechtsträgerprinzip zu bestimmen ist (Rn. 243 und 265). Die menschenrechtliche Sorgfaltspflicht des Mutterunternehmens kann sich nur unter den in Satz 3 genannten Voraussetzungen auf die Aktivitäten anderer Konzerngesellschaften erstrecken. Soweit die Zurechnung reicht, wird das Trennungsprinzip überwunden. Für die Bestimmung der menschenrechtlichen Sorgfaltspflichten werden die konzernangehörigen Gesellschaften dann wie eine unselbstständige Betriebsabteilung der Mutter angesehen – ganz ähnlich wie nach einer Eingliederung gemäß § 319 AktG.[797] 270

Die ausdrückliche Regelung ist im Interesse der Rechtssicherheit zu begrüßen, da die Anwendung der menschenrechtlichen Sorgfalt im Konzern zentrale Bedeutung für die Praxis entfaltet. Umso bedauerlicher ist jedoch, dass die geschaffene Norm an erheblichen Unschärfen leidet. Das beginnt beim Terminus der „verbundenen Unternehmen“. Anders als in § 1 Abs. 3 verweist das LkSG an dieser Stelle nicht ausdrücklich auf § 15 AktG. Damit steht als Alternative § 271 Abs. 2 HGB im Raum, der den Begriff durch den Konsolidierungskreis der Konzernbilanz gemäß § 290 HGB definiert. 271

Noch unglücklicher erscheint die Formulierung der Zurechnungskriterien. „Bestimmender Einfluss“ lehnt sich weder an § 17 Abs. 1 AktG noch an das europarechtlich induzierte Control-Konzept des § 290 Abs. 2 HGB an. Damit ignoriert es die beiden wesentlichen Konzernzurechnungstatbestände des deutschen Rechts. Die Taxonomie scheint eher dem Kartellrecht zu folgen. Damit könnte am Ende aber gar die hochumstrittene Akzo-Rechtsprechung des EuGH importiert worden sein! Doch selbst im Kartellrecht, ebenso wie in § 290 Abs. 2 HGB und § 17 Abs. 1 AktG, reicht immer die **Möglichkeit zur Ausübung** des Einflusses. Hintergrund sind die immensen Beweisschwierigkeiten, die auftauchen, wenn man tatsächlichen Einfluss verlangt. Ihnen begegnet das Recht zudem mit Vermutungsregeln wie § 17 Abs. 2 und § 18 Abs. 1 Satz 3 AktG. Im Gegensatz dazu verlangt Abs. 6 Satz 3 die **tatsächliche Ausübung** des Einflusses und liefert keine Vermutungsregeln dazu. Das bereitet erhebliche Probleme im Umgang mit der Norm. 272

Schließlich sind auch die Rechtsfolgen bei erfolgreicher Zurechnung nicht klar. Das Gesetz sagt nur, dass die konzernangehörigen Unternehmen nun **zum eigenen Geschäftsbereich** der Konzernmutter gehören. Doch was soll das heißen? Es bedeutet zweifellos, dass es sich die menschenrechtlichen Sorgfaltspflichten des eigenen Geschäftsbereichs auf alle Aktivitäten der konzernangehörigen Unternehmen erstrecken als handele es sich um bloße Betriebsabteilungen der Muttergesellschaft. Ob das aber auch zur Folge hat, dass sämtliche Vertragspartner konzernangehöriger Unternehmen zu „unmittelbaren Zuliefern“ i.S.d. Abs. 7 werden oder dass sämtliche Produkte von konzernangehörigen Unternehmen zu Produkten des Mutterunternehmens werden, ist völlig offen (Rn. 299 ff. und 327). Dabei handelt es sich aber um Fragen, die von immenser Bedeutung für Reichweite und Inhalt der menschenrechtlichen Sorgfaltspflicht sind. Sie können die aus dem LkSG erwachsenden Lastwirkungen vervielfachen, ohne dass dies vom Gesetzgeber (konkret: im Ausschuss für Arbeit und Soziales) erkannt und diskutiert worden wäre. 273

b) Die Tatbestandsvoraussetzungen der Zurechnung. Der Tatbestand des Satz 3 erfordert eine zweistufige Prüfung.[798] Nach dem Wortlaut muss es sich im ersten Schritt um „verbundene Unternehmen“ handeln. Im zweiten Schritt muss innerhalb dieser Unternehmensverbindung die 274

796 *Hommelhoff* Die Konzernleitungspflicht – zentrale Aspekte eines Konzernverfassungsrechts, 1982.
797 RegBegr. *Kropff* S. 429 und 431.
798 *Schall* NZG **2022** 1235, 1237 ff.; Johann/Sangi/*Gehne*/*Gabriel*, LkSG, § 2 Rn. 169.

„Obergesellschaft“ auf die „konzernangehörige Gesellschaft“ „bestimmenden Einfluss“ „tatsächlich ausüben“. Während das Gesetz auf der ersten Stufe an bestehende Konzernzurechnungsnormen anknüpft, schafft es auf der zweiten Stufe eine eigenständige Zurechnungsregel, die sich nicht an gängigen Zurechnungssystemen orientiert. Indem es „bestimmenden“ statt „beherrschenden Einfluss“ verlangt, verlässt es die Taxonomie der „verbundenen Unternehmen“ nach AktG bzw. HGB und lehnt sich zunächst an das Kartellrecht an (§ 37 Abs. 2 GWB; Art. 3 Abs. 2 FKVO). Anschließend löst es sich aber komplett von allen Vorbildern, indem es die *tatsächliche Ausübung* des Einflusses verlangt („ausübt“).

275 **aa) Verbundene Unternehmen.** Der Begriff der „verbundenen Unternehmen“ ist mehrdeutig. In § 1 Abs. 3 verweist das LkSG explizit auf die verbundenen Unternehmen „im Sinne des § 15 AktG“. In Absatz 6 Satz 3 fehlt eine solche Klarstellung. Das lässt mehrere Deutungen zu. Nahe liegt, in § 1 Abs. 3 eine Art Klammerdefinition zu sehen. Damit wäre der ansonsten gleich formulierte § 2 Abs. 6 Satz 3 gleich zu lesen. Denkbar wäre aber auch der Gegenschluss, dass hier eben nicht auf das Aktienrecht verweisen werden sollte. Das öffnet die Tür für den Konkurrenzbegriff der verbundenen Unternehmen in § 271 Abs. 2 HGB, der auf den Konsolidierungskreis der Konzernbilanz zielt.

276 Von vornherein auszuschließen ist eine eigenständige Definition. Zwar hat das LkSG im gleichen Satz mit „Obergesellschaft“ (statt „Mutterunternehmen“ in § 290 HGB bzw. herrschendem Unternehmen in §§ 17, 18 AktG) und „konzernangehöriger Gesellschaft“ zwei eigenständige Begrifflichkeiten geschaffen, mit denen es die beiden Pole der verbundenen Unternehmen beschreibt. Aber eine autonome Definition der „verbundenen Unternehmen“ kann schon deshalb nicht angenommen werden, da weder das Gesetz noch die Ausschussbegründung irgendwelche Hinweise darauf enthalten, was darunter zu verstehen wäre, und auch § 1 Abs. 3 diesen Schlüsselbegriff nur importiert hat. Zu entscheiden ist daher zwischen Aktienrecht und Konzernbilanzrecht. Hier spräche manches für die Heranziehung des § 271 Abs. 2 HGB. Der Konsolidierungskreis der Konzernbilanz beruht auf Kontrolle, auch durch Stimmvereinbarungen (§ 290 Abs. 3 Satz 2 HGB)[799] sowie durch wirtschaftliche Abhängigkeit ohne gesellschaftsrechtliche Grundlage. Da wegen des Erfordernisses tatsächlicher Ausübung bestimmenden Einflusses kontrolllose Unternehmensverbindungen aber ohnehin ausscheiden, sind die Unterschiede zwischen § 15 AktG und § 271 Abs. 2 HGB unterm Strich so gering, dass der naheliegende systematische Gleichlauf zu § 1 Abs. 3 nicht aus teleologischen Aspekten in Frage gestellt werden muss.[800]

277 Damit sind auf der ersten Stufe alle Unternehmensverbindungen der §§ 15–19 AktG erfasst. Die §§ 15–19 AktG sind ebenso wie das LkSG (Rn. 252) **rechtsformneutral** formuliert und erfassen sämtliche Rechtsträger in- wie ausländischer Rechtsform, ungeachtet ihres tatsächlichen Sitzes im In- oder Ausland.[801] Mit Unternehmen sind auch hier die Rechtsträger gemeint, nicht das Gesamtunternehmen (siehe schon oben Rn. 243). So werden insbesondere sämtliche **Auslandstöchter inländischer Konzerne** (dazu noch Rn. 284) und sämtliche **Inlandstöchter ausländischer Konzerne** erfasst. Da es sich unmittelbar aus dem aktienrechtlichen Begriff der verbundenen Unternehmen ergibt, lässt sich das schon im Ansatz nicht mit dem Argument bestreiten, dass es nicht im Wortlaut des Satz 3 ausgesprochen werde.

278 Die einschlägigen Unternehmensverbindungen sind Mehrheitsbesitz (§ 16 AktG – Stimmen- und Kapitalmehrheit), Herrschaft (§ 17 AktG), Konzerne (§ 18 AktG) sowie einfache und qualifizierte wechselseitige Beteiligungen (§ 19 AktG). Bei Mehrheitsbesitz wird Herrschaft widerleglich vermutet (§ 17 Abs. 2 AktG), bei Herrschaft wiederum einheitliche Leitung (§ 18 Abs. 1 Satz 3 AktG;

799 Nach § 16 Abs. 4 ist hingegen die Übernahme des wirtschaftlichen Risikos („auf Rechnung“) erforderlich, wie sie namentlich bei der Treuhand erfolgt.

800 *Schall* NZG **2022** 1235, 1237 f.; zust. Johann/Sangi/*Gehne/Gabriel*, LkSG, § 2 Rn. 170.

801 BeckOGK-AktG/*Schall* § 15 AktG Rn. 53. Für das LkSG Gehling/Ott/*Gehling/Fischer*, § 2 Rn. 358 m.w.N.; zweifelnd aber Johann/Sangi/*Gehne/Gabriel*, LkSG, § 2 Rn. 174.

daneben besteht die unwiderlegliche Vermutung des § 18 Abs. 1 Satz 2 AktG bei Beherrschungsverträgen und Eingliederung).

279 Neben Mehrheitsbesitz kommt aber auch **Minderheitsbesitz** zur Begründung von Herrschaft in Betracht, wenn er durch **verlässliche Umstände tatsächlicher oder rechtlicher Art** zur Herrschaft verdichtet wird. Als Beispiele sind hier zu nennen faktische Hauptversammlungsmehrheit,[802] beständige faktische Verbindungen mit Dritten,[803] personelle Verflechtungen[804] oder wirtschaftliche Abhängigkeit (= „kombinierte Beherrschung").[805] Bei personalen Verflechtungen ist umstritten, ob diese auch ohne gesellschaftsrechtliche Beteiligung genügen können.[806]

280 Aus dem Verweis auf die Unternehmensverbindungen des AktG würde an sich folgen, dass zwischen den verbundenen Unternehmen im Fall des § 17 AktG eine **gesellschaftsrechtlich fundierte Einflussmöglichkeit** bestehen muss,[807] während eine rein wirtschaftliche Abhängigkeit, wie sich sie etwa aus eng geführten Franchise-Systemen, Just-in-time-Lieferverträgen oder umfassender Darlehensgewähr ergeben kann, nach ganz h.M. nicht zur Begründung von Herrschaft ausreicht.[808] Für das LkSG scheint diese Wertung freilich nicht zwingend. Wichtiger als die Quelle ist ihm die Stärke des Einflusses. Das scheidet den eigenen Geschäftsbereich von den Zulieferern. Scheitert die Zurechnung nach Satz 3, können auch Tochterunternehmen als unmittelbare oder mittelbare Zulieferer fungieren. Die gesellschaftsrechtliche Verbindung steht dem nicht entgegen. Umgekehrt könnte man sie daher ebenfalls für entbehrlich halten. Der Verweis auf die §§ 15 ff. AktG erfordert in systematischer Hinsicht zwar grundsätzlich die Übernahme aller Merkmale. Das ist aber nicht zu verabsolutieren. Das Telos des sachrechtlichen Normgebiets kann im Einzelfall eine andere Auslegung gebieten.[809] Denn die §§ 15 ff. AktG sind bloße Definitionsnormen, die in unterschiedlichen Kontexten Verwendung finden.

281 Dennoch ist fraglich, ob eine umfassende schuldrechtliche Bindung von selbstständigen Unternehmen zur Zurechnung nach dem LkSG ausreichen soll. Erforderlich wäre zum einen, dass sie *unternehmerischen* Einfluss auf die Geschäftsleitung begründet, nicht lediglich umfassende Kontrollrechte (wie etwa bei Darlehen üblich). Außerdem müsste der Einfluss so umfassend angelegt und hierarchisch strukturiert sein, dass er dem Leitbild des Mehrheitsbesitzes nahekäme (Rn. 278). Selbst wenn solche Konstellationen in der Praxis vorkommen sollten, ist es im Interesse einer rechtssicheren Handhabung des Verweises aber vorzuziehen, der h.M. zu folgen. Danach können wirtschaftliche Abhängigkeiten nur vorhandene Minderheitsbeteiligungen nach den Grundsätzen zur **kombinierten Beherrschung** zur Herrschaft verdichten.[810] Gerade im Verhältnis Produzent – Zulieferer kann es sehr enge schuldrechtliche Verflechtungen und Abhängigkeiten geben, die andernfalls beständig Fragen aufwürfen. Das entspricht letztlich auch der Logik der Zurechnung in Abs. 6 Satz 3. Ihr Zweck ist Verengung gerichtet. Nicht jede Unternehmensverbindung nach §§ 15 ff. AktG soll automatisch die Zurechnung begründen. Scheitert sie, werden selbst gesellschaftsrechtlich verbundene Tochterunternehmen als externe Zulieferer behandelt. Vor die-

---

802 BGHZ **69** 334, 337; BGHZ **135** 107 – VW; BeckOGK-AktG/*Schall* § 17 AktG Rn. 31.

803 BGHZ **125** 366; BeckOGK-AktG/*Schall* § 17 AktG Rn. 33; nicht per se ausreichend sind familiäre Bindungen, BGHZ 77 94, 106; BGHZ **80**, 69, 73 – Süssen; BGHZ **121** 137, 141 ff. – WAZ.

804 BGHZ **135** 107, 114 ff. – VW; *Emmerich/Habersack* 10. Aufl. 2022, § 17 AktG Rn. 19; BeckOGK-AktG/*Schall* § 17 AktG Rn. 32.

805 MünchKomm-AktG/*Bayer* § 17 Rn. 31 ff.; BeckOGK-AktG/*Schall* § 17 AktG Rn. 26 ff.; zurückhaltend *Koch* AktG § 17 Rn. 8.

806 BeckOGK-AktG/*Schall* § 17 AktG Rn. 45.

807 Mittelbare Beteiligungen zwischen Mutter und Enkelgesellschaft sowie Zurechnung kraft Treuhandverhältnissen gemäß § 16 Abs. 4 reichen aus, BeckOGK-AktG/*Schall* § 17 AktG Rn. 15.

808 Ganz h.M. seit BGHZ **90** 381, 395 f.; *Koch* AktG § 17 Rn. 8; einschränkend BeckOGK-AktG/*Schall* § 17 AktG Rn. 21 ff.: rein wirtschaftliche Abhängigkeit genügt ausnahmsweise dann, wenn herrschendes Unternehmen dem anderen seinen Willen aufzwingen kann.

809 BeckOGK-AktG/*Schall* § 15 Rn. 13 ff.

810 MünchKomm-AktG/*Bayer* § 17 Rn. 31 ff.; BeckOGK-AktG/*Schall* § 17 AktG Rn. 26 ff.; zurückhaltend *Koch* AktG § 17 Rn. 8.

sem Hintergrund liegt es fern, tatsächlich selbstständige Unternehmen umgekehrt dem eigenen Geschäftskreis des Unternehmens zuzuschlagen.

282 **bb) Obergesellschaft.** Mit Obergesellschaft ist wie in § 1 Abs. 3 das menschenrechtspflichtige „Unternehmen" gemeint. Das ist nicht notwendig die Konzernspitze, sondern immer die Betriebsgesellschaft, welche das jeweilige Produkt herstellt oder die Dienstleistung erbringt (ausf. Rn. 249).[811] Die Bezeichnung „Obergesellschaft" rührt daher, dass sie sich in der Unternehmensverbindung nach den §§ 15 ff. immer in der übergelagerten Position befindet, sei es als Mehrheitsbesitzerin (§ 16 AktG), herrschendes Unternehmen (§ 17 AktG) oder Konzernspitze. Die Aufgabe der rechtsformneutralen Diktion ist unglücklich, aber inhaltlich bedeutungslos (vgl. Rn. 253). Jeder Rechtsträger, der ein Unternehmen betreiben kann, kommt als „Obergesellschaft" in Betracht. Es muss sich auch nicht um einen Rechtsträger handeln, der deutschem Recht unterliegt, solange er eines der Anknüpfungskriterien des § 1 Abs. 2 erfüllt.

283 **cc) Konzernangehörige Gesellschaften.** Mit „konzernangehörigen Gesellschaften" werden die anderen Glieder der Unternehmensverbindung nach den §§ 15 ff. bezeichnet. Es handelt sich entweder um die untergeordneten Gesellschaften in den bipolaren Verbindungen der § 16 AktG („in Mehrheitsbesitz befindliches Unternehmen") und des § 17 AktG („abhängiges Unternehmen") oder um sämtliche Konzernunternehmen in der multipolaren Verbindung der § 18 Abs. 1 und 2 AktG. Aus dem Begriff „konzernangehörig" folgt keine Verengung auf letztere. Das ergibt sich schon daraus, dass das Gesetz nicht nur auf Konzernunternehmen nach § 18 AktG verweist, sondern auf verbundene Unternehmen.[812] Auch hier ist die Aufgabe der rechtsformneutralen Diktion im Ergebnis irrelevant. Allerdings spielen andere Rechtsträger als Personen- und Kapitalgesellschaften praktisch keine Rolle als abhängige Unternehmen (sofern sie solche überhaupt sein können).[813]

284 Die Zurechnungsregel des Satz 3 erfasst unterschiedslos **inländische wie ausländische Konzerngesellschaften** (Rn. 277). Allerdings dürfen die tatsächlichen und rechtlichen Unterschiede nicht übersehen werden, die sich bei der Frage nach der „Konzernangehörigkeit" von Auslandsgesellschaften im Sinne des LkSG stellen. In vielen Ländern dürfen Tochtergesellschaften aufgrund politisch motivierter Restriktionen nicht von ihren ausländischen Konzernmüttern „durchregiert" werden (z.B. in China). Oft unterbleibt die Leitung der Tochter auch aufgrund drohender Haftungsrisiken (z.B. in den USA und vielen anderen Ländern das Common Law, die Haftungskonzepte für „shadow directors" kennen). Unter solchen Rahmenbedingungen wird kaum anzunehmen sein, dass auf die Auslandstochter tatsächlich bestimmender Einfluss ausgeübt wurde.

285 **dd) Bestimmender Einfluss.** Auf der zweiten Stufe wirft das LkSG ganz neuartige Anwendungsfragen auf, weil es eine eigenständige Zurechnungsregel geschaffen hat, die sich nicht an gängigen Zurechnungssystemen orientiert. Indem es „bestimmenden" statt „beherrschenden Einfluss" verlangt, verlässt es die Taxonomie der „verbundenen Unternehmen" nach AktG bzw. HGB und lehnt sich zunächst an das Kartellrecht an. Die Formulierung spiegelt das Kontrollkonzept des Zusammenschlussbegriffs (§ 37 Abs. 2 GWB; Art 3 Abs. 2 FKVO). Dort versteht man unter bestimmendem Einfluss **steuernden unternehmerischen Einfluss**. Das ist weiter gefasst als „beherrschender Einfluss" nach § 17 AktG. Das Aktiengesetz definiert diesen zwar nicht näher, sondern begnügt sich mit dem Leitbild des Mehrheitsbesitzes (§ 17 Abs. 2 AktG), hinter dem sich maßgeblich die Personalhoheit ver-

---

811 I.E. ähnlich Gehling/Ott/*Gehling/Fischer*, § 2 Rn. 348: jede Konzerngesellschaft, die Größenkriterien des § 1 Abs. 3 erfüllt.

812 *Schall* NZG **2022** 1235, 1237 f.; Johann/Sangi/*Gehne/Gabriel*, LkSG, § 2 Rn. 171; enger Depping/Walden/*Walden*, LkSG, § 2 Rn. 579.

813 Ausf. BeckOGK-AktG/*Schall* § 15 Rn. 97 f.

bergen soll.[814] Zur gleichlautenden Bestimmung des § 290 Abs. 1 HGB hat sich jedoch mittlerweile eine Definition durchgesetzt, welche auf die umfassende Bestimmung der Finanz- und Geschäftspolitik abhebt und verlangt, dass die Mutter ihre Interessen bei *allen* wichtigen finanziellen, operativen und strategischen Entscheidungen durchsetzen kann.[815] Das bedeutet bei genauem Hinsehen nicht weniger als die *Möglichkeit* zur einheitlichen Leitung, deren *tatsächliche Ausübung* früher für die Konzernbilanz maßgeblich war. Auch im Aktienrecht ist ein umfassendes Verständnis von beherrschendem Einfluss zugrunde zu legen.[816] Nicht erforderlich ist allerdings, dass die Mutter der Tochter ihren Willen aufzwingen kann, wie das noch vom Reichsgericht zum früheren § 15 AktG vertreten worden war.[817] Doch wie dem auch sein: bestimmender Einfluss bleibt im Umfang hinter beherrschendem Einfluss zurück.[818]

Teilweise wird allerdings angenommen, dass „bestimmender Einfluss" eine Verbindung verlange, die noch enger sei als einheitliche Leitung nach § 18 AktG.[819] Im Ergebnis soll eine Zurechnung nur in Betracht kommen, wenn die Einflussnahme über die reguläre Konzernführung und Überwachung hinausgehe und die konzernangehörige Gesellschaft wie eine unselbstständige Betriebsabteilung der Mutter geführt werde. Diese Annahme ist mit der Regelungssystematik schon deshalb nicht vereinbar, weil das LkSG die Zurechnung nicht auf Konzerne nach § 18 AktG verengt, sondern alle verbundenen Unternehmen einbezieht. Dagegen lässt sich nicht auf Art. 81a Abs. 1 GWB verweisen, da der bestimmende Einfluss dort innerhalb einer „wirtschaftlichen Einheit" der Konzernunternehmen erfolgen muss.[820] Im Rahmen des LkSG kommt es auf das Vorliegen einer wirtschaftlichen Einheit aber nicht an. Vielmehr verstieße eine solche Verengung gegen den Willen des Gesetzgebers. 286

Der **Ausschussbegründung** ist keinerlei Verengung auf eine „qualifizierte" Konzernierung zu entnehmen. Sie hebt ganz im Gegenteil hervor, dass für „bestimmenden Einfluss" **punktuelle Aspekte** wie ein zentrales Compliance-System oder Einfluss auf das Lieferkettenmanagement der Tochter ausreichen können.[821] Daran ist nur scheinbar sinnwidrig, dass die betreffenden Gesellschaften bereits durch die Pforte des „verbundenen Unternehmens" eingetreten sein mussten, bei denen nach §§ 16, 17 AktG viel umfassenderer Einfluss erforderlich ist. Es erhellt daraus, dass der bestimmende Einfluss *tatsächlich* ausgeübt werden muss. Liegt die *Möglichkeit* zur *umfassenden* Kontrolle vor, genügt für die Zurechnung nach LkSG, dass sie nur punktuell ausgeübt wird.[822] Anders als im Kartellrecht reichen punktuelle Beherrschungs*möglichkeiten*, wie etwa die Innehabung einer Vetoposition, dagegen nicht schon per se aus.[823] 287

Ein weiterer zu betonender Aspekt des „bestimmenden" Einflusses ist seine „Einseitigkeit". 288
Leitbild aller gängigen Zurechnungsnormen ist die Mehrheitsmacht, die sich jedenfalls in der

814 *Emmerich/Habersack* § 17 AktG Rn. 5 ff.; *Koch* AktG § 17 Rn. 5; kritisch BeckOGK-AktG/*Schall* § 17 AktG Rn. 10 mit Fn. 32.

815 Vgl. DRS 19.6 und 19.11.; Beschlussempfehlung Rechtsausschuss, BT-Drs. 16/12407 S. 89; Heidel/Schall/*Gattung/M. Kreßler* HGB, 3. Aufl. 2020, § 290 Rn. 4.

816 So im Grundsatz *Koch* AktG § 18 Rn. 9; BeckOGK-AktG/*Schall* § 17 Rn. 10 f. und § 18 Rn. 14.

817 RGZ **167** 40, 49 – *Thega*. Dagegen heute die allg.M., *Koch* AktG § 17 Rn. 5; BeckOGK-AktG/*Schall* § 17 AktG Rn. 11.

818 Richtig *Jungkind/Raspe/Terbrack*, DK 20221, 445, 447.

819 Gehling/Ott/*Gehling/Fischer*, § 2 Rn. 349 und 352 mwN.

820 ...."so kann gegen juristische Personen oder Personenvereinigungen, die ... *das Unternehmen gebildet und* auf die verantwortliche juristische Person ... einen bestimmenden Einfluss ausgeübt haben.... Die engen Voraussetzungen, die Gehling/Ott/*Gehling/Fischer*, § 2 Rn. 352 f. auf Abs. 6 Satz 3 übertragen wollen, beschreiben die wirtschaftliche Einheit, nicht den bestimmenden Einfluss.

821 BT-Drs. 19/30505 S. 38.

822 Eine ähnliche Ratio verbirgt sich hinter dem sog. weiten Konzernbegriff, der vor allem im Arbeitsrecht Rückhalt findet, BAGE **80** 322; BeckOGK-AktG/*Schall* § 18 Rn. 11 und 14.

823 Zum Kartellrecht Immenga/Mestmäcker/*Thomas* 6. Aufl. 2020, § 37 Rn. 78 f., 131 (Vetorechte) und 132 (wirtschaftliche Kontrolle).

Stimmenmehrheit manifestiert.[824] Sie vermittelt **hierarchischen Einfluss**, der sich deutlich von vertraglichen Einflussmöglichkeiten unterscheidet, welche durch Konsens eingeräumt werden. Ein Beispiel für letzteres ist der rare Gleichordnungskonzernnach § 18 Abs. 2 AktG, der auf freiwilliger Unterwerfung der Unternehmen unter gemeinsame einheitliche Leitung beruht. Das bedeutet nicht, dass bestimmender Einfluss nicht auf vertraglichen Regelungen beruhen könnte. Diese müssen aber in Zustandekommen und Inhalt ein erhebliches Machtgefälle aufzeigen, das hierarchischem Einfluss gleichkommt, in etwa vergleichbar mit einem subordinationsrechtlichen Verwaltungsakt nach § 54 S. 2 VwVfG.

289 **ee) Tatsächliche Ausübung.** Das Erfordernis *tatsächlicher Ausübung* des Einflusses („ausübt") markiert eine Verengung, welche die Zurechnung nach dem LkSG von Aktien-, Konzernbilanz- und Kartellrecht löst. Die Entscheidung ist als Kompromiss auf dem Weg zur Umsetzung der Ruggie-Prinzipien zu begreifen. Deren Grundgedanke ist, die westlichen Unternehmen zum Einsatz ihrer Wirtschaftsmacht für die Menschenrechte im globalen Süden zu verpflichten. Dafür wäre die Möglichkeit zur Einflussnahme ausreichend, wie sie die traditionellen Zurechnungsregeln in §§ 15 ff. AktG, § 290 HGB oder § 37 GWB/Art 3 Abs. 2 FKVO avisieren.[825] Im Gegensatz dazu hatte der Regierungsentwurf noch nicht einmal Tochtergesellschaften im Konzern erfassen wollen.

290 Zwischen diesen beiden Polen balanciert die autonome Lösung des Ausschusses. Praktisch erschwert wird ihre Handhabung, weil es sich um ein unternehmensinternes Merkmal handelt, dessen Erfüllung von außen kaum zu beurteilen ist. Dennoch kommen die herkömmlichen Beweisregeln nicht zum Zug. § 290 Abs. 2 HGB und § 17 Abs. 2 AktG zielen ohnehin nur auf die *Möglichkeit* der Ausübung von Einfluss, was nicht genügt. § 18 Abs. 1 Satz 2 und 3 AktG vermuten hingegen die Ausübung einheitlicher Leitung. Das ist zwar nicht absolut identisch mit hierarchischem Einfluss (vgl. § 18 Abs. 2 AktG). Dennoch stellt bestimmender Einfluss in aller Regel ein Minus dar. Eine Heranziehung verbietet sich aber, weil die Pflichten des LkSG nicht zivilrechtlich umgesetzt werden, sondern im Verwaltungsverfahren, wobei sie mit gravierenden Sanktionen belegt sind. Daher dürfen nach deutschem Recht keine materiellen Beweislastregeln zum Zug kommen.[826] Das gilt auch für die Akzo-Vermutung[827] des Kartellrechts.[828] Letzteres bestätigt die Ausschussbegründung, die in einer hohen Mehrheitsbeteiligung lediglich einen frei zu würdigenden Aspekt für die tatsächliche Ausübung sieht (gleich Rn. 291). Schließlich kommt auch keine Beweislastumkehr nach Vorbild der Produzentenhaftung[829] in Betracht.

291 Methodisch zulässig ist im Sanktionsverfahren lediglich der Rückgriff auf **„gesicherte Erfahrungssätze"**.[830] Bei deren Ermittlung ist aber höchste Vorsicht vor pauschalen Annahmen geboten, die auf das Gleiche wie eine Beweislastumkehr hinausliefen (z.B. „Wo die Möglichkeit zur Beherrschung vorliegt, wird sie auch genutzt").[831] Denkbar scheint ein Erfahrungssatz, dass bei

---

824 So nach § 290 Abs. 2 Nr. 1 HGB, während nach § 16 Abs. 1 und 2 AktG auch eine Kapitalmehrheit genügen kann und die Akzo-Vermutung auf sehr hohen Kapitalanteil abstellt.

825 Vgl. Immenga/Mestmäcker/*Thomas* § 37 GWB Rn. 67; Heidel/Schall/*Gattung*/*M. Kreßler* HGB, 3. Aufl. 2020, § 290 Rn. 6; Beck-BiKo/*Grottel*/*Kreher* 13. Aufl. 2022 § 290 HGB Rn. 31 und 34; *Koch* AktG § 17 Rn. 4.

826 Ausf. (zum Kartellrecht) Loewenheim/Meessen/Riesenkampff/Kersting/Meyer-Lindemann/*Meyer-Lindemann* Kartellrecht, 4. Aufl. 2020, § 81 GWB Rn. 78 ff., 83. Hingegen erfordert die Unschuldsvermutung der EMRK nach Sicht des EuGH in C-45/08 Spector Photo bei Verwaltungsstrafen lediglich die Zulassung eines Entlastungsbeweises. Danach wären nur § 18 Abs. 1 Satz 2 AktG sowie der unwiderlegliche erste Teil der Akzo-Vermutung absolut ausgeschlossen.

827 EuGH Rs. C-87/08 *Akzo Nobel*; EuGH C-286/98 *Stora*.

828 So explizit die Stellungnahme des Bundesrates zum Entwurf eines Neunten Gesetzes zur Änderung des Gesetzes gegen Wettbewerbsbeschränkungen, BR-Drs. 606/16 S. 90.

829 BGHZ **51** 91 – Hühnerpest.

830 *Schall* NZG **2022** 1235, 1238; explizit in diesem Sinne die Stellungnahme des Bundesrates zum Entwurf eines Neunten Gesetzes zur Änderung des Gesetzes gegen Wettbewerbsbeschränkungen, BR-Drs. 606/16 S. 90.

831 Krit. zu Erfahrungssätzen daher in Loewenheim/Meessen/Riesenkampff/Kersting/Meyer-Lindemann/*Meyer-Lindemann* § 81 GWB Rn. 84.

Eingliederungen und Beherrschungsverträgen (nicht: isolierter Gewinnabführung) bestimmender Einfluss ausgeübt wird, weil diese kostspieligen Gestaltungen sonst nicht plausibel wären.[832] Wo Erfahrungssätze bestehen, können sie immer noch erschüttert werden. Anders als bei gesetzlichen Vermutungen (§ 292 ZPO) bedarf es dabei nicht des vollen Beweises des Gegenteils. Jenseits möglicher Erfahrungssätze sind für die Feststellung tatsächlicher Einflussnahme gemäß Ausschussbegründung alle Faktoren des jeweiligen Einzelfalls abzuwägen:

> BT-Drs. 19/30505 S. 38: „...alle erheblichen Gesichtspunkte in einer Gesamtschau zu würdigen. Dabei sind alle wirtschaftlichen, personellen, organisatorischen und rechtlichen Bindungen zwischen Tochter- und Muttergesellschaft im Zusammenhang zu betrachten und zu gewichten. Anhaltspunkte für eine bestimmende Einflussnahme können eine hohe Mehrheitsbeteiligung an der Tochtergesellschaft, das Bestehen eines konzernweiten Compliance Systems, die Übernahme von Verantwortung für die Steuerung von Kernprozessen im Tochterunternehmen, eine entsprechende Rechtskonstellation, in der die Möglichkeit der Einflussnahme angelegt ist, personelle Überschneidungen in der (Geschäfts-) Führungsebene, ein bestimmender Einfluss auf das Lieferkettenmanagement der Tochtergesellschaft, die Einflussnahme über die Gesellschafterversammlung sein und dass der Geschäftsbereich der Tochtergesellschaft dem Geschäftsbereich der Obergesellschaft entspricht, etwa, weil die Tochtergesellschaft die gleichen Produkte erstellt und verwertet oder die gleichen Dienstleistungen erbringt wie die Obergesellschaft."[833]

Das Erfordernis der tatsächlichen Ausübung geht zwangsläufig auf Kosten der Rechtssicherheit. 292
Unklar scheint beispielweise die Beurteilung von allgemeinen Konzernrichtlinien zur Wahrung der Human Rights Compliance, über die in *Okpabi v Shell* gestritten wurde.[834] Dort wurde eine Haftung nach dem *tort of negligence* für möglich gehalten, weil die Richtlinien als erforderliche *assumption of liability* angesehen werden konnten.[835] „Steuernder unternehmerischer Einfluss" erfordert aber nicht nur die Aufstellung, sondern auch die Durchsetzung der Richtlinien.[836]

Eine besondere Problematik stellt sich in **Enkelkonstellationen**. Auf der ersten Stufe der 293
Zurechnungsprüfung, bei der Frage nach der „Unternehmensverbindung", sind sie unproblematisch erfasst, weil die Möglichkeit zur Ausübung beherrschenden Einflusses ausreicht und diese Möglichkeit unmittelbar oder mittelbar begründet sein kann.[837] Auch auf der zweiten Stufe, wo die Ausübung bestimmenden Einflusses festgestellt werden muss, kann mittelbarer Einfluss daher grundsätzlich ausreichen.[838] Da er aber tatsächlich ausgeübt werden muss, ist der Nachweis – jenseits zentral verankerter Lenkungsinstrumente wie Compliance-Systeme o.ä. – umso schwieriger zu erbringen, je schwächer der Zugriff der Obergesellschaft auf die Leitung der Enkelinnen mit zunehmender Mediatisierung wird.

---

832 Näher *Schall* NZG **2022** 1235, 1239; zust. Johann/Sangi/*Gehne/Gabriel*, LkSG, § 2 Rn. 175. Abstrakter, aber wohl auch in diesem Sinne BT-Drs. 19/30505 S. 38: „eine entsprechende Rechtskonstellation, in der die Möglichkeit der Einflussnahme angelegt ist".

833 Dazu auch – praktisch gleichlautend – BMWK/BMAS/BAFA, Fragen und Antworten zum LkSG, Stand 27.2.2023, VI. 8., ergänzend: „Diese Anhaltspunkte müssen bereits vorliegen. So würde es beispielsweise nicht genügen, wenn ein konzernweites Compliance-System erst geplant, aber noch nicht umgesetzt ist. Jedoch ist nicht erforderlich, dass der bestimmende Einfluss bereits mit Blick auf die Einhaltung der Sorgfaltspflicht gemäß LkSG ausgeübt wurde.".

834 *King Emre Okpabi v Royal Dutch Shell* [2021] UKSC 3; siehe auch *Lungowe v Vedanta Resources plc* [2019] UKSC 20. Zum Ganzen *Schall*, ZIP 2021, 1241 ff.

835 *Okpabi v Shell* [2021] UKSC 3, Rn. 143 (Lord Hamblen) unter Verweis auf *Lungowe v Vedanta* [2019] UKSC 20, Rn. 52 (Lord Briggs); *Schall* ZIP **2021** 1241, 1246. Für einen safe harbour bezüglich Konzernrichtlinien dagegen noch der Court of Appeal als Vorinstanz, *HRE Emre Okpabi v Royal Dutch Shell* [2018] EWCA Civ 191, Rn. 89 (Simon LJ) und Rn. 205 (Chancellor Vos).

836 *Schall* NZG **2022** 1235, 1239.

837 BeckOGK-AktG/*Schall*, 5. Aufl. 2022, § 17 Rn. 15 („mehrstufige Abhängigkeit").

838 BMWK/BMAS/BAFA, Fragen und Antworten zum LkSG, Stand 27.2.2023, IV. 11.

294 **ff) Entherrschung.** Durch das Erfordernis der tatsächlichen Ausübung eröffnet das Gesetz die Möglichkeit, die Zurechnung durch Entherrschung in rechtssicherer Weise zu erreichen.[839] Wo Einflussnahme unzulässig ist, findet keine Zurechnung statt. Das LkSG ist an dieser Stelle enger als das Aktienkonzernrecht, dem die mittelbare faktische Einflussmöglichkeit vermittels Personalhoheit ausreicht. Wo die Gesellschaft keine Möglichkeit zur Einflussnahme hat, ist eine Zurechnung laut Ausschussbegründung ausgeschlossen.

BT-Drs. 19/30505 S. 38: „In Satz 3 wird klargestellt, dass eine verbundene Gesellschaft zum eigenen Geschäftsbereich der Obergesellschaft gezählt wird, wenn die Obergesellschaft einen bestimmenden Einfluss auf die verbundene Gesellschaft ausübt. Dies setzt zunächst voraus, dass eine **Einflussnahme nach dem jeweils anwendbaren Recht** möglich ist."

295 Damit scheiden von vornherein alle in- und ausländischen Gesellschaftsformen aus, bei denen die Muttergesellschaften keinen hierarchischen Einfluss auf die Geschäftsleitung der Tochter ausüben *dürfen*. Die Ausübung bestimmenden Einflusses ist dann „nach dem anwendbaren *Recht* nicht möglich. Im Ausland kommen *corporations* mit zwingender *management autonomy* nach US-amerikanischem Vorbild in Betracht, ferner autokratische Länder, die keine ausländische Kontrolle von Unternehmen dulden. In Deutschland verbietet § 76 AktG bestimmenden Einfluss auf den Vorstand von Aktiengesellschaft (sofern nicht einem Beherrschungsvertrag unterworfen oder eingegliedert). Faktischer Einfluss kann für die Zwecke des Abs. 6 Satz 3 nicht ausreichen, weil er der Obergesellschaft kein Recht zur Durchsetzung der Sorgfaltspflichten in der Tochter ermöglicht.[840] Damit fehlt es an der Grundlage für die Einbeziehung in die intensiven Sorgfaltspflichten des eigenen Geschäftsbereichs. Die Obergesellschaft hat gegenüber einer AG-Tochter sogar noch weniger Rechtsmacht als gegenüber ihren Zulieferern, die sie wenigstens schuldrechtlich zur Sorgfaltswahrung verpflichten kann (und muss). Im Übrigen ist die Zulässigkeit faktischen Einflusses nicht unumstritten. Sie hängt allemal an der Gewährleistung von Nachteilsausgleich, die hier kaum darstellbar wäre.

296 Rechtlich möglich ist Einflussnahme hingegen in allen Gesellschaften, welche die Gesellschafterversammlung als oberstes Organ akzeptieren und ihr Weisungsrechte zubilligen, so etwa in der deutschen GmbH (§ 37 Abs. 2 GmbHG), in englischen *companies* samt ihrer weltweiten Nachbildungen, in der französischen SaRL oder SAS.[841] In diesen Konstellationen kann rechtsgeschäftliche Entherrschung die Zurechnung ausschließen. Dabei müssen nicht die engen Voraussetzungen der Entherrschungsverträge nach deutschem Aktienkonzernrecht gewahrt werden, weil nur der unternehmerische Einfluss auf die Geschäftsleitung, nicht aber die mittelbare Beeinflussung durch Personalhoheit auszuschließen ist.[842] Das kann durch satzungsmäßigen oder vertraglichen Verzicht auf die Weisungsrechte erzielt werden. Zusätzlich könnte die Möglichkeit zur jederzeitigen Abberufung der Geschäftsleitung („ad nutum") zugunsten „wichtiger Gründe" ausgeschlossen werden, um nach Vorbild des § 84 Abs. 4 AktG die Autonomie der Geschäftsleitung zu untermauern. Freilich die allgemeinen Mittel zur Entherrschung nach § 17 Abs. 2 AktG,[843] namentlich **Entherrschungsverträge**,[844] erst recht.

839 Ausf. *Schall* NZG **2022** 1235, 1239 f.

840 A.A Depping/Walden/*Walden*, LkSG, § 2 Rn. 596; Kühle/Schulte-Hullern, ZVglRWiss *122* (2023) 200, 210 f., die der (vermeintlichen) Zulässigkeit faktischen Einflusses zu viel Bedeutung zumessen.

841 Siehe z.B. *Vicari/Schall* (Hrsg.) Company Laws of the EU, 2020 für einen Blick auf Frankreich, Italien, Spanien, Polen, Rumänien, England und die Niederlande.

842 *Schall* NZG **2022**, 1235, 1239.

843 Dazu nur *Koch* AktG § 17 Rn. 19 ff.; BeckOGK-AktG/*Schall*, 5. Aufl. 2022, § 17 AktG Rn. 51 ff.

844 OLG Düsseldorf NZG **2007** 77, 78; *Koch* AktG § 17 Rn. 22; MüKo-AktG/*Bayer* § 17 Rn. 99 ff.; Emmerich/Habersack/*Emmerich* 10. Aufl. 2022, Rn. 42 ff.; Schmidt/Lutter/*J. Vetter* AktG, 4. Aufl. 2020, § 17 Rn. 61; BeckOGK-AktG/*Schall* § 17 Rn. 53.

c) Die Rechtsfolgen der Zurechnung. Satz 3 rechnet der „Obergesellschaft" (= Produktionsgesellschaft in der Spitzengruppe des Konzerns) die Tätigkeiten ihrer Tochter- und Enkelgesellschaften als „konzernangehörige Gesellschaften" zum eigenen Geschäftsbereich gehörig zu. Das führt zu einer partiellen Überwindung des Trennungsprinzips für die Zwecke der §§ 3 ff. Damit gelten auch dort die strengen menschenrechtlichen Sorgfaltspflichten der §§ 5 Abs. 1 Satz 1, 6 Abs. 3, 7 Abs. 1 Satz 1 und 8 Abs. 1 Satz 2 LkSG. Eine völlige Gleichstellung ist damit aber nicht verbunden. Nach § 7 Abs. 1 Satz 4 müssen Abhilfemaßnahmen nur „in der Regel" zur Beendigung der Verletzung führen (ebenso wie beim eigenen Geschäftsbereich im Ausland, Rn. 263), während die Verletzung im originär eigenen Geschäftsbereich im Inland ausnahmslos immer beendet werden muss. Damit trägt das Gesetz der Einschränkung der Einflussmöglichkeiten durch die Mediatisierung Rechnung. 297

Die Tätigkeiten der konzernangehörigen Gesellschaften sind nur insoweit zu berücksichtigen, als sie dem **Unternehmensziel** der Obergesellschaft dienen, wie es durch Satz 1 und 2 umrissen wird. Die Zurechnung nach Satz 3 kann nicht weiter reichen als bei originärem Handeln der Obergesellschaft. Im Ergebnis führt die Zurechnung dazu, dass durch die rechtliche Selbstständigkeit der konzernangehörigen Gesellschaften hindurchgesehen und ihre Aktivitäten wie diejenigen einer unselbstständigen Betriebsabteilung der Obergesellschaften aufgefasst werden, sofern sie deren Unternehmensziel dienen. 298

Die konsolidierte Einheitsbetrachtung betrifft nur die Sorgfaltspflichten der Konzernmutter im Innenverhältnis. Sie führt **nicht** dazu, dass Vertragsbeziehungen, Schulden oder Vermögen der konzernangehörigen Gesellschaften als solche der Mutter behandelt werden (ausf. Rn. 327 hinsichtlich der Stellung als unmittelbarer Zulieferer). Das Gleiche gilt für die Produkte und Dienstleistungen der konzernangehörigen Gesellschaften. Sie werden auch durch eine erfolgreiche Zurechnung nach Satz 3 nicht automatisch zu Produkten und Dienstleistungen der Obergesellschaft.[845] Vielmehr unterfallen sie dem LkSG nur, wenn die konzernangehörigen Unternehmen selbst die Kriterien des § 1 erfüllen. Bei Auslandstöchtern ist das grundsätzlich nicht der Fall. Bei Inlandstöchtern hängt es von der Reichweite der Arbeitnehmerzurechnung nach § 1 Abs. 3 ab, die im Regelfall nur „downstream", also von der Tochter als „Obergesellschaft" abwärts vorzunehmen ist. 299

Eine abweichende Auffassung scheint allerdings das BAFA zu vertreten. In seiner Handreichung zur Risikoanalyse heißt es:[846] „Die Konzernobergesellschaft muss Sorgfaltspflichten für ihren eigenen Geschäftsbereich und entlang ihrer Lieferketten erfüllen. Das schließt auch den Geschäftsbereich und die Lieferketten einer konzernangehörigen Gesellschaft ein, wenn die Obergesellschaft auf diese einen bestimmenden Einfluss ausübt." 300

Dieser Satz scheint anzudeuten, dass durch erfolgreiche Zurechnung auch die Lieferketten der konzernangehörigen Unternehmen zu solchen der Mutter werden. Diese Annahme findet jedoch keine Stütze im Gesetz. Nach § 2 Abs. 5 Satz 1 bezieht sich die Lieferkette auf „alle Produkte und Dienstleistungen des Unternehmens" (nicht: des eigenen Geschäftsbereichs!). Nach Satz 2 umfasst sie alle Schritte zur Herstellung der Produkte und zur Erbringung der Dienstleistung. Diese Schritte werden entweder von mittelbaren oder unmittelbaren Zulieferern oder vom Unternehmen selbst vorgenommen („im eigenen Geschäftsbereich"). Dem eigenen Handeln des Unternehmens schlägt Abs. 6 Satz 3 zwar die Aktivitäten der konzernangehörigen Gesellschaften zu. Das geschieht aber nach der klaren Systematik der Sätze 1–3 nur *innerhalb* der Lieferketten *dieses* Unternehmens. Von einer zusätzlichen Erstreckung der menschenrechtlichen Sorgfaltspflichten auf *alle* Lieferketten konzernangehöriger Unternehmen ist weder in § 2 Abs. 5 Satz 1 noch in § 2 Abs. 6 Satz 3 die Rede. Dort findet sich an keiner Stelle die Aussage, dass der Geschäftsbereich 301

---

845 *Schall* NZG **2022** 1235, 1239 f.

846 BAFA, Risiken ermitteln, gewichten und priorisieren – Handreichung zur Umsetzung einer Risikoanalyse nach den Vorgaben des Lieferkettensorgfaltspflichtengesetzes, 1. Aufl., August 2022, S. 6 Fn. 4. Abrufbar unter: https://www.bafa.de/SharedDocs/Downloads/DE/Lieferketten/handreichung_risikoanalyse.pdf?__blob=publicationFile&v=3. Ebenso BMWK/BMAS/BAFA, Fragen und Antworten zum LkSG, Stand 27.2.2023, VI. 7.

oder Lieferketten der Tochter der Obergesellschaft zugerechnet wird.[847] Das bedeutet: die Volkswagen AG ist für die Lieferketten der ihr hergestellten Automobile verantwortlich, nicht aber für die Lieferketten von SEAT, Škoda oder Bugatti.

302 Ein valider Test für diese Sicht ist die Frage, wie sich die Rechtslage nach dem Regierungsentwurf dargestellt hätte. Ohne Zurechnungsnorm wäre selbstverständlich gewesen, dass nur diejenigen Unternehmen vom LkSG erfasst sind, die (a) den Kriterien des § 1 Abs. 1–3 genügen und (b) Produkte herstellen oder Dienstleistungen erbringen. Das wäre für jedes Konzernunternehmen im Inland isoliert zu prüfen gewesen. Eine Einbeziehung ausländischer Lieferketten (SEAT, Škoda, Bugatti) wäre a limine ausgeschlossen gewesen.

303 Die entscheidende Testfrage ist, ob sich an *dieser* Rechtslage durch die Einfügung des Abs. 6 Satz 3 etwas ändern sollte. Sie ist zu verneinen. Die Erstreckung der menschenrechtlichen Sorgfalt auf die Lieferketten aller zurechenbaren Konzerngesellschaften im In- und (vor allem) im Ausland würde der Anwendungsbereich des LkSG ganz wesentlich über den ursprünglichen Kompromiss, den der Regierungsentwurf verkörperte, ausgedehnt. Eine derart massive Extension hatte der Ausschuss für Arbeit und Soziales an keiner Stelle im Blick. Im Gegenteil lassen sich in den Ausschussverhandlungen Anhaltspunkte dafür finden, dass bezüglich der vom LkSG erfassten Produkte und Dienstleistungen auf ein (durch die Kriterien des § 1 Abs. 2 zusätzlich beschränktes) Marktortprinzip gelten soll.[848] Das ist schon deshalb sinnvoll, weil die Befolgung der menschenrechtlichen Sorgfaltspflichten mit Kostensteigerungen einhergehen kann, welche die Unternehmen typischerweise auf ihre Kunden abwälzen. Der deutsche Gesetzgeber kann diesen Preis für sein Hoheitsgebiet ebenso festlegen wie der europäische für die EU. In rechtlicher wie moralischer Hinsicht ist es aber eine ganz andere Frage, ob man Endprodukte und Dienstleistungen auf Märkten im globalen Süden verteuern darf.

304 Die abweichende Auffassung des BAFA hat aber nicht nur Wortlaut, Systematik und Gesetzgebungsgeschichte gegen sich. Sie verstößt auch gegen den Zweck der Zurechnung in Verbindung mit dem Grundsatz der engen Auslegung von Spezialvorschriften. Die Regel im Konzern sind Einzelbetrachtung und Trennungsprinzip. Davon macht Abs. 6 Satz 3 eine eng begrenzte Ausnahme mit einem klar verständlichen Zweck (oben Rn. 267 f.). Durch sie wird die menschenrechtliche Sorgfalt auf die gesamte „interne Lieferkette" erstreckt, die innerhalb des (Gesamt)Unternehmens im wirtschaftlichen Sinn von der Beschaffung über die Produktion zum Absatz reicht. Kraft der Zurechnung gilt überall das strenge Regime des eigenen Geschäftsbereichs, auch wenn einzelne Vorgänge durch verschiedene Konzerngesellschaften betrieben werden. Das vermeidet künstliche Aufspaltungen und erscheint sinnvoller als die Lage nach dem Regierungsentwurf, wo es keine Zurechnungsregel gab, so dass selbst eigene Konzernunternehmen immer nur als Zulieferer gegolten hätten. Nunmehr sind in erster Linie die Lieferanten der externen Lieferkette unmittelbare und mittelbare Zulieferer nach Abs. 7 und 8.[849] Satz 3 macht also zweifellos Sinn, bedingt aber in keiner Weise die Ausdehnung der Lieferkettensorgfalt auf alle Produkte aller Tochtergesellschaften im In- und Ausland.

305 Nach der (abzulehnenden) Sicht des BAFA könnten Unternehmen der Erstreckung der menschenrechtlichen Sorgfaltspflicht nur, aber immerhin durch Entherrschung (eben Rn. 294) entgehen. Misslingt die Zurechnung nach Abs. 6 Satz 3, besteht auch nach der Sicht des BAFA keine Grundlage für eine Zurechnung der Produkte und Dienstleistungen von Tochtergesellschaften zur Mutter. Auf diese Weise dürfte sich zumindest die praktischen Härten aus der kaum überschauba-

847 Dagegen wird in BMWK/BMAS/BAFA, Fragen und Antworten zum LkSG, Stand 27.2.2023, VI. 7. zur Reichweite der Sorgfaltspflichten behauptet: „Dies schließt auch den Geschäftsbereich und die Zulieferer eines Tochterunternehmens mit ein, wenn die Obergesellschaft einen bestimmenden Einfluss auf das Tochterunternehmen ausübt (vgl. § 2 Abs. 6 LkSG).". Das steht aber nicht im Gesetz!

848 Näher *Schall* NZG **2022** 1235, 1240 unter Verweis auf die Begründung des abgelehnten Änderungsantrags von Bündnis90/Die Grünen BT-Drs. 19/30505 S. 31, der eine Erweiterung des Marktortprinzips vorsah, aber kein Weltprinzip.

849 Ihnen stehen lediglich noch diejenigen Konzerngesellschaften gleich, die nicht nach Abs. 6 Satz 3 zurechenbar sind, dazu gleich Rn. 307.

ren Erstreckung der menschenrechtlichen Sorgfalt auf Auslandtöchter eingrenzen lassen. Denn in vielen Ländern werden Gesellschaften aus rechtlichen oder tatsächlichen Gründen nicht von Deutschland aus zentral hierarchisch geführt. Wo aber nicht unternehmerischer Einfluss genommen, sondern sich auf Kontrolle beschränkt wird, genügt das nicht zur Zurechnung.

d) Verhältnis des eigenen Geschäftsbereichs zu Zulieferern (Abs. 7 und 8). Fraglich ist, ob konzernangehörige Gesellschaften **zugleich** unmittelbare oder mittelbare **Zulieferer** sein können. Das wäre z.B. für die Frage relevant, ob die Konzernmutter auch bei konzerninternen Transaktionen zur Verwendung von ESG-Covenants nach § 6 Abs. 4 Nr. 2 verpflichtet ist. Nach der Systematik des Gesetzes ist diese Frage zu verneinen.[850] Gelingt die Zurechnung, gehört die Gesellschaft zum eigenen Geschäftsbereich, den das LkSG durchweg scharf von den unmittelbaren Zulieferern abgrenzt. Das ist auch teleologisch überzeugend. Die Zurechnung erfolgt ja nur, wo bestimmender Einfluss durch die Obergesellschaft ausgeübt wird. Genau dieser Einfluss soll dann auch zur Hebung der menschenrechtlichen Risiken eingesetzt werden. Des Umwegs über die vertraglichen Instrumente, derer man sich gegenüber selbstständigen dritten Unternehmen befleißigen muss, bedarf es daher nicht. 306

Daraus folgt umgekehrt, dass bei **Nichtgelingen der Zurechnung** mangels tatsächlicher Ausübung bestimmenden Einflusses auch solche Gesellschaften, die nach allgemeinem Gesellschaftsrecht als verbundene Unternehmen in Mehrheitsbesitz (§ 16 AktG) bzw. Abhängigkeit (§ 17 AktG) oder sogar als Konzernunternehmen unter einheitlicher Leitung gelten (denkbar etwa im Gleichordnungskonzern nach § 18 Abs. 2 AktG), **für die Zwecke des LkSG nicht als konzernangehörig** anzusehen sind, sondern als **selbstständige dritte Unternehmen**. Die eigenständige Zurechnungsregel des Abs. 6 Satz 3 ist eben enger als die §§ 15–19 AktG angelegt. Das hat zur Folge, dass solche Tochter- und Enkelgesellschaften im In- und Ausland, welche die Voraussetzungen des Satz 3 nicht erfüllen, uneingeschränkt als unmittelbare oder mittelbare **Zulieferer** in Betracht kommen, wenn sie die Voraussetzungen der Abs. 7 und 8 erfüllen. 307

VIII. Absatz 7 – Unmittelbare Zulieferer

1. Hintergrund

Absatz 7 definiert den Begriff des unmittelbaren Zulieferers. An ihm macht das LkSG eine wichtige Abstufung der menschenrechtlichen Sorgfaltspflicht fest. Um sie zu verstehen, ist der Blick auf das ökonomische Schema der Lieferkette zu werfen. Dort steht das Unternehmen (im wirtschaftlichen Sinn) an der Spitze. Bei ihm münden alle externen Lieferketten und werden in die internen Lieferkette aus Einkauf, Produktion und Absatz überführt. Aus den Rohstoffen und Teilprodukten werden die Endprodukte gefertigt und dann „downstream" in die externen Absatzketten eingespeist. 308

An diesem vereinfachten Bild der Wirtschaftswissenschaft setzt das Gesetz an. Es will nur den ersten Kranz der Zulieferer erfassen. Unmittelbare Zulieferer sind jeweils die letzten Glieder in der externen Lieferkette, die ihre Produkte in das Unternehmen geben, wo die Endprodukte gefertigt werden. Nur ihnen gegenüber soll das Unternehmen verschärften, proaktiven Sorgfaltspflichten unterliegen, während es bei den entfernteren Zulieferern mehr oder weniger genügt, anlassbezogen zu reagieren (siehe § 9 Abs. 3 mit dem Zentralbegriff der substantiierten Kennt- 309

850 Siehe auch noch unten, Rn. 324. **A.A.** ohne nähere Begründung Gehling/Ott/*Gehling/Fischer*, § 2 Rn. 344; BMWK/BMAS/BAFA, Fragen und Antworten zum LkSG, Stand 27.2.2023, VI. 7.: „Ist das Tochterunternehmen gleichzeitig unmittelbarer Zulieferer (vgl. § 2 Abs. 7 LkSG) der Obergesellschaft, dann hat die Obergesellschaft entsprechende auf unmittelbare Zulieferer bezogene Sorgfaltspflichten auch im Hinblick auf die Tochter zu erfüllen.".

nis[851]). Die Abstufung ist so scharf, dass im rechtsvergleichenden Diskurs bisweilen verkürzt behauptet wird, Deutschland begrenze die Human Rights Due Diligence auf unmittelbare Zulieferer.

310 Die Abstufung der Sorgfaltspflicht ist rechtspolitisch auf erhebliche Kritik gestoßen. Verständlicherweise wurde eingewandt, dass die typischen menschenrechtlichen Risiken natürlich nicht am Ende, sondern am Anfang der Lieferketten bestehen, bei der Rohstoffbeschaffung im globalen Süden.[852] Die UN-Leitprinzipien kennen eine solche Differenzierung nicht. Auch der Entwurf einer CSDDD greift sie bislang nicht auf, sondern behandelt alle „Geschäftspartner" (so der neue Entwurf nach Aufgabe des Konzepts der „etablierten Geschäftsbeziehungen") nach dem gleichen Maßstab. All das ändert aber nichts daran, dass sich der deutsche Gesetzgeber im hart errungenen Kompromiss um die Einführung des Lieferkettengesetzes für die Differenzierung entscheiden hat. Auch in der endgültigen Fassung des Gesetzes, die auf intensive Beratungen im Ausschuss für Arbeit und Soziales zurückgeht, wurde daran festgehalten. Diese gesetzgeberische Entscheidung ist bei der Auslegung maßgeblich zu berücksichtigen.

311 Auslegungsbedarf wirft die Norm vor allem dadurch auf, dass das vereinfachte ökonomische Leitbild der externen und internen Lieferkette sich mit der juristischen Realität nicht deckt. Es passt nur in den raren Fällen von sog. „Einheitsunternehmen". Meist hat man es jedoch mit Konzernen zu tun, die aus einer Vielzahl einzelner Rechtsträger Zusammengesetz sind. Dort gilt Einzelbetrachtung und Trennungsprinzip. Die Ökonomie kann darüber hinweg gehen. Die Juristerei kann es nicht. Wenn das Gesetz den unmittelbaren Zulieferer als „Vertragspartner" definiert, kann damit nicht das Unternehmen im wirtschaftlichen Sinne gemeint sein, das an der Spitze der wirtschaftswissenschaftlichen Lieferkette steht. Es muss eine bestimmte Konzerngesellschaft herausdestilliert werden.

2. Systematik

312 Inhalt und Intensität der Sorgfaltspflichten des LkSG sind dreigeteilt. Dabei erstrecken sich die intensiven Sorgfaltspflichten des Unternehmens für den eigenen Geschäftsbereich grundsätzlich auf die Tätigkeiten seiner unmittelbaren Zulieferer (§§ 5 Abs. 1, 7 Abs. 1 Satz 1, 8 Abs. 1 Satz 2), während jene Pflichten mit Blick auf mittelbare Zulieferer einem abgesenkten Niveau nach § 9 unterliegen. Dabei bedeutet die Erstreckung der Sorgfaltspflicht auf Zulieferer nicht, dass diese selbst Pflichten unter dem LkSG treffen (gleich Rn. 316). Es geht nur darum, sie in den Verantwortungsbereich des pflichtigen Unternehmens zu integrieren, mit der Folge, dass jenes zur Überwachung und zur Abhilfe bei Verletzung in die Pflicht genommen werden kann.

313 Bei der Konkretisierung der Präventionspflichten nach § 6 differenziert das Gesetz dementsprechend zwischen den Maßnahmen, die das Unternehmen im eigenen Geschäfts- und damit Herrschaftsbereich umsetzen muss (§ 6 Abs. 3) und denjenigen, die es gegenüber seinen unmittelbaren Zulieferern zu ergreifen hat (§ 6 Abs. 4). Differenziert wird auch bei der Pflicht zur Abhilfe, einschließlich des Abbruchs der Geschäftsbeziehungen als ultima ratio. Sie unterliegt mit Blick auf unmittelbare Zulieferer nur einem abgeschwächten, keinem absoluten „Erfolgsdruck" (§ 7 Abs. 1 Satz 4 gegenüber Satz 3). Damit trägt das Gesetz der Tatsache Rechnung, dass der Einfluss des Unternehmens auf seine Zulieferer geringer ist als auf konzernangehörige Gesellschaften (Abs. 6 Satz 3), weil es sich um selbstständige Unternehmen handelt, gegenüber denen die Konzernspitze keinen hierarchischen Einfluss auf Grundlage des Anteilsbesitzes hat, sondern nur vertraglich eingeräumte Einwirkungsmöglichkeiten. Daher kommt eine völlige Gleichstellung mit dem eigenen Geschäftsbereich nicht in Betracht.

314 Die unterschiedliche Pflichtenintensität gegenüber unmittelbaren bzw. mittelbaren Zulieferern führt zur Notwendigkeit von **Umgehungsschutz**. Dem versucht der Gesetzgeber durch § 5 Abs. 1 Satz 2 zu genügen. Dabei hat er allerdings den Konflikt zwischen vereinfachter wirtschafts-

---

851 Dazu etwa *Stemberg* NZG **2022** 1093 ff.

852 Siehe nur die Begründung des abgelehnten Änderungsantrags von Bündnis90/Die Grünen BT-Drs. 19/30505 S. 24.

wissenschaftlicher und exakter juristischer Betrachtung von Konzernen nicht hinreichend ausgelotet (unten Rn. 326).

3. Vertragspartner des Unternehmens

a) Der Grundsatz. Der zentrale Begriff des Absatz 7 ist der „Partner eines Vertrags". Er grenzt den unmittelbaren Zulieferer von den mittelbaren Zulieferern nach Abs. 8 ab. Unmittelbarer Zulieferer kann daher **jeder erdenkliche Rechtsträger** sein, ob natürliche oder juristische Person oder rechtsfähige Personenvereinigung (vgl. § 14 Abs. 1 BGB), der einen Vertrag abschließen kann. Nach dem Wortlaut des Abs. 7 ist nicht erforderlich, dass es sich beim Zulieferer um ein Unternehmen handelt, also einen Rechtsträger, der ein Unternehmen betreibt. Allerdings spricht Abs. 8 aus, dass es sich bei Zulieferern um Unternehmen handelt. Es wäre praktisch auch kaum vorstellbar, wie eine reine Privatperson als Zulieferer fungieren könnte. Wo es allerdings im Einzelfall doch so sein sollte, bestünde kein Anlass, die Sorgfalt des pflichtigen Unternehmens zu beschränken. Ein denkbares Beispiel mag sein, dass jemand einem Unternehmen den Abbau von Rohstoffen oder die Verarbeitung von Gütern auf seinem privaten Grundbesitz erlaubt – was dann sicher eine Zulieferdienstleistung ist, aber den Vermieter/Verpächter nicht notwendig zum Unternehmer qualifiziert. 315

Sicher ist, dass Zulieferer nicht die Schwellen des § 1 überschreiten müssen. Tun sie es, unterfallen sie als Unternehmen selbst dem LkSG. In ihrer Eigenschaft als unmittelbarer Zulieferer nach Abs. 7 sind sie jedoch nicht Adressat der Pflichten des LkSG, sondern lediglich Referenzpunkt für die Pflichten, die das mit ihm kontrahierende, dem LkSG unterworfene Unternehmen in seiner Lieferkette nach den §§ 3 ff. treffen (insbes. § 6 Abs. 4). 316

Aus dem systematischen Zusammenhang ergibt sich, dass es sich grundsätzlich um einen **Vertragspartner des Unternehmens, d.h. des menschenrechtspflichtigen Rechtsträgers** handeln muss.[853] Der Wortlaut spricht das zwar nicht direkt aus. Aber schon die Formulierung der Umgehungsschutznorm des § 5 Abs. 1 Satz 2 deutet darauf hin, dass die Eigenschaft als unmittelbarer Zulieferer aus Sicht des Unternehmens zu bestimmen ist.[854] Auch die daran anknüpfenden Pflichten nach § 6 Abs. 4 sind so zu verstehen, namentlich die Pflicht zur Verwendung von ESG-Covenants und deren Kontrolle (§ 6 Abs. 4 Nr. 2 und 4). 317

Demgegenüber können in Abs. 7 nicht die Vertragspartner des (Gesamt-)Unternehmens im wirtschaftlichen Sinne gemeint sein, weil diesem keine Rechtsfähigkeit zukommt und man mit ihm daher keinen Vertrag schließen kann. Ebenso wenig kommen die Vertragspartner *aller* Einzelgesellschaften des Konzerns in Betracht. Denn nur das Unternehmen, nicht aber die anderen konzernangehörigen Gesellschaften werden vom LkSG verpflichtet. Daran ändert Abs. 6 Satz 3 nichts, so dass auch die Vertragspartner von zurechenbaren Konzernunternehmen außer Betracht bleiben (ausf. noch Rn. 327). 318

Es wurde bereits begründet, dass mit dem Unternehmen i.S.d. § 1 LkSG nicht das herrschende Unternehmen an der Spitze des Konzerns (also des Unternehmensverbundes im aktienrechtlichen Sinne) gemeint ist, sondern direkt die Betriebsgesellschaft, welche das Produkt herstellt oder die Dienstleistungen erbringt. Die Richtigkeit dieser Sicht bestätigt sich hier. Die Konzernspitze besteht häufig aus einer börsennotierten Dachholding, welche direkt oder vermittels einer Zwischenholding die Betriebsgesellschaften verwaltet. Diese Dachholding stellt selbst nichts her und schließt auch keine Verträge. Die Lieferkette des LkSG läuft juristisch gesehen glatt unter ihr hindurch. Namentlich die Pflichten nach § 6 Abs. 4 würden daher ins Leere laufen. An die Produktionsgesellschaft sind sie hingegen richtig adressiert. Das gilt aber nur, wenn die interne Lieferkette zumin- 319

853 So auch Johann/Sangi/*Gehne*/*Gabriel*, LkSG, § 2 Rn. 180; Gehling/Ott/*Gehling*/*Fischer*, § 2 Rn. 363; *Dohrmann*, CCZ 2021, 265, 269.

854 „In Fällen, in denen ein Unternehmen eine missbräuchliche Gestaltung der unmittelbaren Zuliefererbeziehung … vorgenommen hat …".

dest hinsichtlich ihrer ersten beiden Komponenten (Einkauf und Produktion) im gleichen Rechtsträger angesiedelt ist. Sind diese beiden Geschäftsbereiche auf unterschiedliche Rechtsträger verteilt, stellen sich Zurechnungsfragen, die der Klärung bedürfen.

320 **b) Zurechnung der Vertragspartner anderer Konzernunternehmen als unmittelbare Zulieferer?** Das LkSG folgt zwar dem Rechtsträgerprinzip, setzt aber auf dem wirtschaftswissenschaftlichen Konzept der Lieferkette auf. Eine friktionslose Auflösung des Widerspruchs von juristischer und wirtschaftlicher Betrachtung misslingt dem Gesetz namentlich beim Begriff des unmittelbaren Zulieferers.

321 Im ursprünglichen Entwurf gab es nur den eigenen Geschäftsbereich des Rechtsträgers und daneben unmittelbare und mittelbare Zulieferer. Eine Berücksichtigung von Konzernbindungen fand nicht statt. Hätte die Produktionsgesellschaft selbst ihre Einkäufe getätigt (**Konstellation 1**), wäre ihr Vertragspartner der letzte externe Zulieferer gewesen. Er wäre der unmittelbare Zulieferer im juristischen Sinne gewesen, zugleich aber auch der unmittelbare Zulieferer im wirtschaftlichen Sinne. Das LkSG hätte ins Schwarze getroffen. Hätte die Produktionsgesellschaft ihre Einkäufe hingegen durch eine ausgegliederte Tochter vorgenommen (**Konstellation 2**), wäre diese Tochter ihr Vertragspartner und damit unmittelbarer Zulieferer gewesen. Der letzte externe Zulieferer wäre zum mittelbaren Zulieferer geworden, da er nicht Vertragspartner der Produktionsgesellschaft war. So wäre es in Konstellation 2 zu einem Auseinanderklaffen von juristischer Betrachtung und wirtschaftlicher Betrachtung gekommen.

322 Nach der Einfügung des § 2 Abs. 6 Satz 3 durch den Rechtsausschuss veränderte sich die bei wirtschaftlicher Betrachtung zweifelhafte, in juristischer Hinsicht aber klare Ausgangslage in Konstellation 2. Indem das Gesetz die Tätigkeiten konzernangehöriger Gesellschaften dem eigenen Geschäftsbereich zuschlägt, verändern sich die Pflichten des Unternehmens. Gelingt die Zurechnung, muss es nunmehr mit Blick auf seine Tochter unzweifelhaft die Pflichten nach § 2 Abs. 6 Satz 3 einhalten. Aber was wird aus den Pflichten, die es eigentlich nach § 6 Abs. 4 im Umgang mit seinen unmittelbaren Vertragspartnern treffen?

323 Die Antwort auf diese Frage ist völlig offen. Der Ausschuss für Arbeit und Soziales hat dazu nichts erwogen. So sind Rechtslehre und -praxis berufen. Folgende Möglichkeiten stehen zur Wahl:

(1) Das Unternehmen muss gegenüber seiner Tochter auch die Pflichten nach § 6 Abs. 4 einhalten, weil sie zugleich unmittelbarer Zulieferer geblieben ist.

(2) Das Unternehmen muss gegenüber seiner Tochter nur die Pflichten nach § 6 Abs. 3 einhalten, weil sich eigener Geschäftsbereich und Eigenschaft als Zulieferer ausschließen.

(3) Entscheidet man sich für (2), stellt sich die Frage, ob der Verlust der Eigenschaft der Tochter als unmittelbarer Zulieferer dazu führt, dass es nunmehr keinen solchen mehr gibt, oder ob sich stattdessen die Stellung als unmittelbarer Zulieferer der Produktionsgesellschaft nach außen auf den externen Lieferanten verschiebt (wie es der wirtschaftlichen Betrachtung eigentlich entspräche).

(4) Im letzteren Fall stellt sich die Frage nach der dogmatischen Grundlage einer Verschiebung. In Betracht kommen § 5 Abs. 1 Satz 2 oder § 2 Abs. 6 Satz 3.

324 Nach hier vertretener Sicht (Rn. 306) stehen der eigene Geschäftsbereich und die Stellung als unmittelbarer oder mittelbarer Zulieferer in einem Exklusivitätsverhältnis. Der Unterschied zwischen den drei Bereichen besteht ja nicht in der Person des Verpflichteten (das ist immer das Unternehmen), sondern nur in Art und Intensität der menschenrechtlichen Sorgfaltspflichten. Im eigenen Herrschaftsbereich kann das Unternehmen die menschenrechtlichen Risiken direkter steuern als gegenüber fremden Unternehmen, wo es nur seine Wirtschaftsmacht in die Waagschale werfen kann (und soll). Deshalb macht auch eine „Doppelung" der Pflichtenregime nach § 6 Abs. 3 und 4 keinen Sinn. Denn Absatz 4 ist ein Minus und kein Aliud zu Absatz 3.

325 Dieser Gedankengang entscheidet auch die Wahl zwischen dem ersatzlosen Wegfall des unmittelbaren Zulieferers und der Verschiebung auf den nächsten externen Vertragspartner. Obzwar

es der wirtschaftlichen Betrachtung der Lieferkette zu widersprechen scheint, ist der ersten Alternative der Vorzug zu geben. Ausschlaggebend ist in Sinn und Zweck. Nach Maßgabe des Abs. 6 Satz 3 wurde die menschenrechtliche Sorgfalt in der Lieferkette für konzernangehörige Gesellschaften verschärft und haftet das Unternehmen für deren Aktivitäten wie für den eigenen Geschäftsbereich. Dennoch handelt es sich formaljuristisch weiterhin um selbstständige Rechtsträger. Das „Levelling-up“ der Sorgfaltspflicht des Unternehmens gegenüber „eigenen“ Konzerngesellschaften ist sinnvoll, bedeutet aber nicht, dass deshalb automatisch der nächst gelegene Vertragspartner in der supply chain zum unmittelbaren Zulieferer erhoben werden muss oder auch nur kann. Denn er ist nicht Vertragspartner des sorgfaltspflichtigen Unternehmens, so dass das Unternehmen auch die Wahrung des § 6 Abs. 4 nicht sicherstellen kann. Die Zurechnung nach § 2 Abs. 6 Satz 3 verlangt nur bestimmenden Einfluss, keinen umfassenden beherrschenden Einfluss. Die Wahrnehmung punktueller Einflussmöglichkeiten genügt zwar zur Zurechnung, garantiert aber nicht, dass das menschenrechtspflichtige Unternehmen als Obergesellschaft dem konzernangehörigen Unternehmen Form und Inhalt seiner Vertragsschlüsse vorgeben kann. Genau das müsste es aber, um die Vorgaben des § 6 Abs. 4 gegenüber den Vertragspartnern des konzernangehörigen Unternehmens durchzusetzen, da jenes nicht selbst sorgfaltspflichtig ist. Daher fügt sich nur der ersatzlose Wegfall, nicht aber die Verschiebung des unmittelbaren Zulieferers „upstream“ in die Systematik der Lieferkettensorgfalt nach der Erweiterung des eigenen Geschäftsbereichs durch Abs. 6 Satz 3.

Dieser Befund wird dadurch bestätigt, dass es keine überzeugende dogmatische Grundlage für eine Verschiebung der Zuliefereigenschaft gibt. Die Umgehungsschutznorm des § 5 Abs. 1 Satz 2 kann hier nicht greifen, da es nicht um eine missbräuchliche Gestaltung geht, sondern um eine ganz gewöhnliche Aufgabenteilung im Konzern. Die Aufteilung von verschiedenen Unternehmensbereichen auf unterschiedliche Rechtsträger ist ebenso alltäglich wie der Einsatz von Holdinggesellschaften. 326

Aber auch § 2 Abs. 6 Satz 3 trägt keine „Umwidmung“ der Zuliefereigenschaft.[855] Zwar könnte mit der Zurechnung zum eigenen Geschäftsbereich die Wertung einher gehen, dass auch die Verträge, welche von konzernangehörigen Gesellschaften abgeschlossen werden als eigene Verträge des Unternehmens gelten. Die besseren Gründe sprechen jedoch prinzipiell gegen die Annahme, Abs. 6 Satz 3 könne den Kreis der unmittelbaren Zulieferer erweitern. Eine solche Rechtsfolge ginge bereits über den Wortlaut hinaus. Dieser spricht lediglich für die Zwecke der §§ 3 ff. die Zurechnung der Tätigkeiten der konzernangehörigen Unternehmen zum eigenen Geschäftsbereich des Unternehmens aus (siehe schon oben Rn. 299 ff.). Dadurch wird die eigene Rechtspersönlichkeit der Tochter partiell missachtet. Diese „Fiktion“ wirkt sich jedoch nur im Innenverhältnis zwischen Mutter und Tochter aus. Sie führt dazu, dass die Sorgfaltspflichten der Konzernmutter auf die Aktivitäten ihrer Töchter erstreckt werden als wären es ihre eigenen (insbesondere § 6 Abs. 3). Ziel ist die sektorale Erweiterung der Leitungsmacht der Mutter. Sie soll die Human Rights Due Diligence für die Aktivitäten der Tochter mitübernehmen als wären es ihre eigenen. Damit soll verhindert werden, dass sie sich gegenüber dieser speziellen Verantwortlichkeit hinter dem Trennungsprinzip verschanzt, wie das im allgemeinen Deliktsrecht jedenfalls bis dato weithin üblich war. Nur zu diesem Zweck und in diesem Umfang soll die Tochter wie eine unselbstständige Betriebsabteilung behandelt werden. Im Übrigen bleibt es aber ebenso wie im Fall der Eingliederung nach § 319 AktG beim Trennungsprinzip. Das gilt für das gesamte **Außenverhältnis** und mithin für alle Vertragsverhältnisse mit dritten Personen. Die Zurechnung gemäß § 2 Abs. 6 Satz 3 kann nicht bewirken, dass die Vertragspartner konzernangehöriger Gesellschaften zu unmittelbaren Zulieferern der Mutter avancieren. Es gibt keine Vertragspartner des eigenen Geschäftsbereichs, sondern nur des Unternehmens. Das gilt erst recht, wenn der eigene Geschäftsbereich eine Vielzahl konzernangehöriger Unternehmen umfasst. Eine erweiternde Auslegung der Folgen des Abs. 6 Satz 3 verstieße damit bereits gegen den Grundsatz der engen Auslegung von 327

855 Siehe schon *Schall* NZG **2022** 1235, 1240; ebenso Depping/Walden/*Walden*, LkSG, § 2 Rn. 603 ff.; *Charnitzky/Weigel*, RIW 2022, 12, 13; **a.A.** Gehling/Ott/*Gehling/Fischer*, § 2 Rn. 354 ff., 356, die allerdings von (zu) engen Zurechnungsvoraussetzungen ausgehen (oben Rn. 286), weshalb sie möglicherweise die Belastungswirkung ihrer Sicht unterschätzen.

Ausnahmevorschriften. Sie würde die hart errungenen Kompromisse des LkSG unterlaufen und zu einer massiven Ausweitung führen. Denn die Zurechnung wäre ja tatbestandlich nicht auf die ersten Ebene vor der Produktionsgesellschaft beschränkt, sondern beträfe den gesamten Konzern mit vielen hunderten, gar tausenden Tochtergesellschaften im In- und Ausland. Würde *jeder* Vertragspartner einer zurechenbaren Konzerngesellschaft zum unmittelbaren Zulieferer aufqualifiziert, hätte das eine immense Vervielfachung des strengen Pflichtenregimes gegenüber unmittelbaren Zulieferern zur Folge. Das hat der Gesetzgeber, namentlich der Ausschuss für Arbeit und Soziales, nicht erkannt. Er kann es auch nicht gewollt haben, da es in diametralem Widerspruch zu den Eckpunkten des Gesetzes mit seiner bewussten Abstufung der menschenrechtlichen Sorgfaltspflicht bezüglich mittelbarer Zulieferer stünde. Diese Entscheidung wurde heftig kritisiert, weil sie die menschenrechtliche Sorgfalt am Anfang der Lieferkette, wo die größten Risiken drohen, am schwächsten ausgestaltet. Sie ist jedoch *de lege lata* hinzunehmen. Das würde unterlaufen, wenn alle Vertragspartner zurechenbarer Auslandstöchter im globalen Süden als unmittelbare Zulieferer gälten.

328 Die erheblichen Bedenken gegen eine unüberschaubare Vervielfachung der belastenden Sorgfaltspflichten ließen sich allenfalls mildern, wenn man für die Figur des unmittelbaren Zulieferers von einer juristischen zu einer wirtschaftlichen Betrachtungsweise wechselt und immer auf die letzten externen Zulieferer abstellt, deren Waren und Produkte *unmittelbar* zur Verwendung durch das Produktionsunternehmen *bestimmt* sind. Kraft einer solchen Definition könnte man den juristischen Unterscheid zwischen Verträgen mit der Produktionsgesellschaft (Konstellation 1) und Verträgen mit einer vorgelagerten Einkaufsgesellschaft (Konstellation 2) nivellieren. Diese Sicht entspräche der „natürlichen“ Vorstellung von der Lieferkette. Mit ihr schiene aber nur auf den ersten Blick die Notwendigkeit einer Zurechnung zu entfallen. Denn es ändert sich nichts daran, dass in Konstellation 2 nicht das pflichtige Unternehmen selbst mit dem unmittelbaren Zulieferer kontrahiert. Die Instrumente aus § 6 Abs. 4 müssten von ihm erst durch Einflussnahme auf das konzernangehörige Unternehmen durchgesetzt werden. Daher wird hier an der Sicht festgehalten, wonach es in Situationen, in denen die unmittelbare Zulieferleistung an das pflichtige Unternehmen durch zurechenbare konzernangehörige Gesellschaften erbracht wird, keine unmittelbaren Zulieferer gibt (eben Rn. 325). Eine Gestaltung der Vertragsverhältnisse der konzernangehörigen Gesellschaften durch die Mutter zur Umsetzung der Maßgaben des § 6 Abs. 4 würde viel stärkere zentrale Eingriffsbefugnisse erfordern als die Umsetzung der Maßnahmen im eigenen Geschäftsbereich nach § 6 Abs. 3. Sie müsste praktisch in jeden relevanten Geschäftsabschluss eingreifen, die ESG-Covenants verankern und ihre Durchsetzung kontrollieren. Das LkSG will die Obergesellschaft aber nicht zur stetigen Verdichtung ihres Einflusses hin zu einem hierarchischen Zentralkonzern zwingen.[856] Vielmehr akzeptiert es, dass bei Tochtergesellschaften (ebenso wie im Ausland) geringere Einflussmöglichkeiten bestehen als im originär eigenen Geschäftsbereich. Dementsprechend mildert es die Abhilfepflicht dahingehend ab, dass die Verletzung nur „in der Regel“ und nicht immer beendet werden muss (§ 7 Abs. 1 Satz 4 gegenüber Satz 3). Das deckt sich am Ende auch mit dem Grundgedanken der Ruggie-Prinzipien, die lediglich vorhandenen Einfluss urbar machen wollen.

4. Vertrag über die Lieferung von Waren oder die Erbringung von Dienstleistungen

329 Inhalt des Vertrags mit dem Partner des Unternehmens muss die Lieferung von Waren oder die Erbringung von Dienstleistungen sein. Die Lieferung von Waren beruht typischerweise auf Kaufverträgen, ggf. auch auf Werklieferverträgen. Sie umfasst die Zulieferung der einzelnen Komponenten und Rohstoffe, die zur Herstellung von Produkten oder zur Erbringung körperlicher

856 Zu dieser Tendenz der Corporate Compliance *Bergmann et al.* Vom Konzern zum Einheitsunternehmen, ZGR-Sonderheft 22 **2020** passim, mit eindringlichem Schlussplädoyer von Peter Hommelhoff: „Rettet den Konzern!“; siehe auch *Holle* Legalitätskontrolle im Kapitalgesellschafts- und Konzernrecht, 2014, S. 84 ff. und 322 ff. In der Tat gibt es sehr gute Gründe für die Existenz dezentraler Konzernstrukturen, namentlich die Wissensmehrung, dazu ausf. *Amstutz* Globale Unternehmensgruppen, 2017, S. 57 ff.

Dienstleistungen (Bauwerke) benötigt werden. Sukzessivlieferverträge genügen. Hingegen kann ein bloßer Rahmenvertrag, der weder auf die konkrete Lieferung von Waren noch auf die spezifische Erbringung von Dienstleistungen gerichtet ist, nicht genügen, um den Vertragspartner aktuell zum Zulieferer zu erheben.[857] Das Gleiche gilt bei beendeten Vertragsverhältnissen, weil es dann schon an der notwendigen Einflussmöglichkeit fehlt.[858] Auf die Wirksamkeit kommt es hingegen nicht an, solange der leistungsaustausch durchgeführt wird.[859] Ob der Zulieferer die gelieferten Waren selbst herstellt oder aus anderen Quellen fertig bezieht, ist für die Zwecke des Abs. 7 egal. Denn das LkSG beschreibt damit nur die Pflichten des Unternehmens gegenüber dem Zulieferer, keine eigenen Pflichten des Zulieferers. Jener unterliegt dem LkSG nicht aufgrund seiner Eigenschaft als Zulieferer, sondern nur nach Maßgabe des § 1 (Rn. 316).

Bei Erwerb von Zulieferprodukten über eine **Rohstoffbörse** oder **Internetplattform** können die Sorgfaltspflichten des LkSG gegenüber dem **Lieferanten** leerlaufen, wenn und weil dort die Vertragspartner anonym bleiben.[860] Insoweit gilt „Impossibilia nulla obligatio".[861] Zudem besteht mangels individualvertraglicher Einflussmöglichkeit auf den anderen Teil regelmäßig keine Marktmacht. Allerdings ist hier möglicherweise daran zu denken, die **Betreiber** mittelbar in die Pflicht zu nehmen, etwa um die Achtung der Menschenrechte zum Bestandteil ihre Handelsbedingungen zu machen. Da Zurverfügungstellung und Nutzung der Plattform eine digitale Dienstleistung darstellen, können die Betreiber der Börse bzw. Plattform aus Sicht des Unternehmens als Zulieferer einer produktspezifischen Dienstleistung angesehen werden. So können Lücken in der Lieferkettensorgfalt auf der upstream-Seite vermieden werden. Eine andere, im Rahmen von § 3 Abs. 2 und § 7 zu gewichtende Frage ist dann der konkrete Einfluss des Unternehmens. 330

Der Begriff der **Dienstleistungen** ist im weiten, wirtschaftswissenschaftlichen Sinne zu verstehen und umfasst neben den klassischen Dienstverträgen des BGB auch sämtliche Arten von Werkverträgen über körperliche und nichtkörperliche Werke, Finanzierungsverträge etc. (ausf. oben, Rn. 211 ff.). Damit umfasst diese Alternative namentlich das „Herstellen lassen" von Produkten durch Zulieferunternehmen im In- und Ausland, wie es etwa im der Modeindustrie anzutreffen ist. Die Abgrenzung zur bloßen Lieferung von Waren dürfte sich im Einzelfall schwierig darstellen. Sie ist aber notwendig, da nur im Fall eines „Herstellen Lassens" das Unternehmen selbst Hersteller sein kann. Entscheidend ist demnach nicht die zivilrechtliche Typisierung des Vertrags, sondern die Erfüllung der Merkmale des Herstellerbegriffs. Werden nur fremde Waren angekauft, ohne dass das Unternehmen selbst daraus neue, eigene Waren herstellt, unterfällt der Vorgang als reine „Handelskette" nach hier vertretener Sicht nicht dem LkSG (Rn. 193 ff.[862]). Diese Sicht wird gerade durch Abs. 7 bestätigt, der zeigt, dass dem LkSG die Differenzierung zwischen der „Lieferung von Waren" und der „Herstellung von Produkten" durchaus geläufig ist: „...Partner eines Vertrages über die *Lieferung von Waren* oder die Erbringung von Dienstleistungen, dessen Zulieferungen für die *Herstellung des Produktes des Unternehmens* oder zur Erbringung und Inanspruchnahme der betreffenden Dienstleistung notwendig sind." 331

5. Notwendigkeit der Zulieferleistung und unmittelbarer Produktbezug

Zuletzt ist nach Absatz 7 erforderlich, dass die Zulieferleistungen des Vertragspartners „für die Herstellung des Produktes des Unternehmens oder zur Erbringung und Inanspruchnahme der 332

857 **A.A.** Gehling/Ott/*Gehling*/*Fischer*, § 2 Rn. 364, mit weiteren Differenzierungen bei ruhenden Verträgen.

858 **A.A.** Gehling/Ott/*Gehling*/*Fischer*, § 2 Rn. 364, der bei bloßem Auslaufen des Kontakts erfordert, dass mindestens im laufenden und vorherigen Geschäftsjahr keine Transaktionen stattfanden.

859 Gehling/Ott/*Gehling*/*Fischer*, § 2 Rn. 363.

860 Gehling/Ott/*Gehling*/*Fischer*, § 2 Rn. 335.

861 Richtig BT-Drs. 19/30505, S. 38 (zu § 3): „Klar ist dabei: von keinem Unternehmen darf etwas rechtlich und tatsächlich Unmögliches verlangt werden.".

862 *Schall* NZG **2022** 787, 788 f.

betreffenden Dienstleistung notwendig sind." Diesem Merkmal kommt in der Systematik des Abs. 7 eine Einschränkungsfunktion zu.[863] Nicht sämtliche Vertragspartner des Unternehmens und sämtliche ihrer Aktivitäten sind nach den §§ 3 ff. zu überwachen, sondern nur solche, die zur Herstellung des Produktes oder der Erbringung der Dienstleistung beitragen. Der letzte Halbsatz wäre ansonsten überflüssig. Damit bestätigt sich zugleich, dass Vertriebspartner auf der Downstream-Seite nicht als Zulieferer zugerechnet werden können. Denn sie tragen nicht zur *Herstellung* des Produktes bei, sondern zu seinem Absatz. Auch mögliche Beiträge von Kunden zur Leistungserbringung (z.B. Spezifikationen) sind keine Zulieferleistungen.[864] Sonst würde jeder Kunde schon aufgrund seiner notwendigen Mitwirkung beim Leistungsempfang zum Zulieferer.

333 Allerdings trifft das Gesetz bei der Wahl des Beschränkungskriteriums auch hier nicht das Richtige. Die Erforderlichkeit eines Zulieferbeitrags, etwa einer Herstellungskomponente, ist ex post schwer zu verneinen, denn das Produkt ist ja damit hergestellt worden. Die Debatte um eine enge oder weite Auslegung der Erforderlichkeit ist bereits oben geführt worden (Rn. 228 f.) und wiederholt sich hier.[865] Eben deshalb kann es auch gar nicht darauf ankommen, ob die Verwendung der Zulieferung wirklich erforderlich war oder ob es irgendwie hätte ersetzt werden können. Solche Debatten, wie man sie beispielsweise aus dem Markenrecht oder aus dem Verhältnismäßigkeitsgrundsatz („milderes Mittel") kennt, machen beim LkSG keinen Sinn, da ja die Möglichkeit der Verwendung von Alternativen nichts an den eingetretenen menschenrechtlichen Risiken bei den tatsächlich verwendeten Rohstoffen und Komponenten ändert. Deshalb wäre es sinnwidrig, solche Zulieferungen mit dem Argument aus den §§ 3 ff. auszuklammern, dass sie nicht erforderlich gewesen sind, weil man die Komponenten gar nicht hätte verwenden müssen.[866] Derlei Erwägungen können allenfalls auf der Rechtsfolgenebene, bei der Frage nach dem Vorhandensein von Abhilfemöglichkeiten, eine Rolle spielen. Man denke z.B. an die Verwendung seltener Erden aus undemokratischen Staaten mit hohem Menschenrechtsverletzungsrisiko. Dann aber weist Erforderlichkeit in die andere Richtung. Kann man den Rohstoff oder die Komponente nicht ersetzen, mindert sich die Erfolgspflicht bei der Abhilfe nach § 7 Abs. 2 ff.

334 Im Lichte der vorhergehenden Erwägungen kommt man kaum umhin, die „Erforderlichkeit" einer Zulieferung mit schlichter Kausalität gleichzusetzen. Wurde sie verwendet, war sie für das konkrete Produkt oder die Dienstleistung automatisch erforderlich. Allerdings schleift man damit die Begrenzungsfunktion des Merkmals zur Unkenntlichkeit. Das Gesetz hätte einfach auf die Verwendung als solche abstellen können, anstatt ein leerlaufendes Erforderlichkeitskriterium zu formulieren.

335 Nach hier vertretener Auffassung kann und sollte auch an dieser Stelle die notwendige Begrenzung nicht über die Erforderlichkeit erfolgen. Vielmehr ist darauf abzustellen, ob die Zulieferung einen **unmittelbaren Produktbezug** hat, weil sie in identifizierbarer Weise zum konkreten Herstellungsvorgang beigetragen hat. Das ist nicht der Fall bei ganz allgemeinen Zulieferungen, etwa der Grundversorgung mit Energie oder Wasser, allgemeiner Finanzierung durch Kredite oder Eigenkapital (im Gegensatz zu konkreter Projektfinanzierung) oder Versorgungsleistungen der Belegschaft (Verpflegung; Transport zur Arbeitsstätte, z.B. durch die Busunternehmen, welche die Arbeiter aus dem niederbayrischen Umland zu den großen BMW-Fabrikationshallen in Dingolfing befördern). Solchen Leistungen fehlt keineswegs die Notwendigkeit zur Herstellung des Produkts, wohl aber der unmittelbare Bezug zum konkreten Produkt.[867] Sie lassen sich allenfalls anteilig in Prozent oder Promille den einzelnen Erzeugnissen zurechnen. Es handelt sich daher nicht um Zulieferungen zu den „Produkten des Unternehmens", sondern zum Unternehmen an sich bzw. zur allgemeinen Tätigkeit des Unternehmens. Das entspricht nicht dem Leitbild der Lieferkette. Die Lieferkettensorgfaltspflicht kann so nicht ausgelöst werden, da die Anknüpfungspunkte zu

863 So auch unter ausf. Begründung Gehling/Ott/*Gehling*/*Fischer*, § 2 Rn. 367 ff.
864 I.E. auch Depping/Walden/*Walden*, LkSG, § 2 Rn. 509 m.w.N.
865 Für weite Auslegung (auch hier) Johann/Sangi/*Gehne*/*Gabriel*, LkSG, § 2 Rn. 178.
866 Richtig Gehling/Ott/*Gehling*/*Fischer*, § 2 Rn. 328 f.
867 *Schall* NZG **2022** 787, 790.

unbestimmt und die Überwachungspflichten zu ausgefranst würden. Das gilt umso mehr, als nach Abs. 8 bei mittelbaren Zulieferern abgesehen von der direkten Vertragsbeziehung mit dem Unternehmen die gleichen Voraussetzungen herrschen, so dass die Unbestimmtheit zur Uferlosigkeit würde.

IX. Absatz 8 – Mittelbarer Zulieferer

Absatz 8 grenzt den mittelbaren Zulieferer vom unmittelbaren in Absatz 7 lediglich negativ dadurch ab, dass es sich um Unternehmen handelt, die **keine unmittelbaren Zulieferer** (= Vertragspartner des pflichtigen Unternehmens) sind. Entscheidend ist die formale Eigenschaft als Vertragspartner bzw. deren Fehlen, auch wenn das pflichtige Unternehmen faktisch direkt beliefert wird (z.B. bei VzD oder Direktlieferung in Anweisungslage).[868] Im Übrigen sind die Voraussetzungen gleich wie in Abs. 7. Das gilt insbesondere für das (ungeeignete) gesetzliche Begrenzungskriterium der Erforderlichkeit und den stattdessen zu fordernden unmittelbaren Produktbezug (eben Rn. 335). Letzteres ist umso wichtiger als das Gesetz bewusst keine Beschränkung der Reichweite der Lieferkette enthält. In Zusammenschau mit § 2 Abs. 5 Satz 2 ergibt sich, dass es von der Gewinnung aller verwendeten Rohstoffe an jede Zulieferleistung erfasst, die in dem Produkt oder der Dienstleistung des pflichtigen Unternehmens mündet, ungeachtet der Anzahl der auf dem Weg dorthin durchlaufenen von Zwischenstationen. **336**

868 BMWK/BMAS/BAFA, Fragen und Antworten zum LkSG, Stand 27.2.2023, II.2 (neu): „...mangels unmittelbarer vertraglicher Beziehung zum verpflichteten Unternehmen ist das Drittunternehmen nicht unmittelbarer Zulieferer. Die Unterscheidung zwischen unmittelbaren und mittelbaren Zulieferern erfolgt einzig nach dem Vorliegen einer unmittelbaren Vertragsbeziehung (dann unmittelbarer Zulieferer). Erbringen Unternehmen ihre Leistung in einer Leistungskette nach dem Willen der Beteiligten nicht entlang der vertraglichen Beziehungen, sondern als Direktlieferung an ein anderes Unternehmen, verändert dies nicht die Einordnung der Unternehmen als mittelbare bzw. unmittelbare Zulieferer. Dabei findet bei einer missbräuchlichen Gestaltung der unmittelbaren Zuliefererbeziehung oder einem Umgehungsgeschäft § 5 Abs. 1 S. 2 LkSG Anwendung."

ABSCHNITT 2 **Sorgfaltspflichten**

§ 3 Sorgfaltspflichten

(1) [1]Unternehmen sind dazu verpflichtet, in ihren Lieferketten die in diesem Abschnitt festgelegten menschenrechtlichen und umweltbezogenen Sorgfaltspflichten in angemessener Weise zu beachten mit dem Ziel, menschenrechtlichen oder umweltbezogenen Risiken vorzubeugen oder sie zu minimieren oder die Verletzung menschenrechtsbezogener oder umweltbezogener Pflichten zu beenden. [2]Die Sorgfaltspflichten enthalten:

1. die Einrichtung eines Risikomanagements (§ 4 Absatz 1),
2. die Festlegung einer betriebsinternen Zuständigkeit (§ 4 Absatz 3),
3. die Durchführung regelmäßiger Risikoanalysen (§ 5),
4. die Abgabe einer Grundsatzerklärung (§ 6 Absatz 2),
5. die Verankerung von Präventionsmaßnahmen im eigenen Geschäftsbereich (§ 6 Absatz 1 und 3) und gegenüber unmittelbaren Zulieferern (§ 6 Absatz 4),
6. das Ergreifen von Abhilfemaßnahmen (§ 7 Absatz 1 bis 3),
7. die Einrichtung eines Beschwerdeverfahrens (§ 8),
8. die Umsetzung von Sorgfaltspflichten in Bezug auf Risiken bei mittelbaren Zulieferern (§ 9) und
9. die Dokumentation (§ 10 Absatz 1) und die Berichterstattung (§ 10 Absatz 2).

(2) Die angemessene Weise eines Handelns, das den Sorgfaltspflichten genügt, bestimmt sich nach

1. Art und Umfang der Geschäftstätigkeit des Unternehmens,
2. dem Einflussvermögen des Unternehmens auf den unmittelbaren Verursacher eines menschenrechtlichen oder umweltbezogenen Risikos oder der Verletzung einer menschenrechtsbezogenen oder einer umweltbezogenen Pflicht,
3. der typischerweise zu erwartenden Schwere der Verletzung, der Umkehrbarkeit der Verletzung und der Wahrscheinlichkeit der Verletzung einer menschenrechtsbezogenen oder einer umweltbezogenen Pflicht sowie
4. nach der Art des Verursachungsbeitrages des Unternehmens zu dem menschenrechtlichen oder umweltbezogenen Risiko oder zu der Verletzung einer menschenrechtsbezogenen oder einer umweltbezogenen Pflicht.

(3) [1]Eine Verletzung der Pflichten aus diesem Gesetz begründet keine zivilrechtliche Haftung. [2]Eine unabhängig von diesem Gesetz begründete zivilrechtliche Haftung bleibt unberührt.

Schrifttum

Bäumges/Jürgens Vorbereiter, Challenger, Verantwortlicher, Überwacher – die Rolle von Compliance bei der Umsetzung des LkSG, CCZ **2022** 195; *Beckers* Globale Wertschöpfungsketten: Theorie und Dogmatik unternehmensbezogener Pflichten, ZfPW **2021** 220; *Birkefeld/Schäfer* Update Lieferkettenrecht: Was das LkSG von der Lebensmittelwirtschaft ab dem 1. Januar 2023 verlangt, ZLR 2023 25–46; *Charnitzky/Weigel* Die Krux mit der Sorgfalt, RIW **2022** 12; *Dohrmann* Das deutsche Lieferkettensorgfaltspflichtengesetz als Vorbild für den europäischen Gesetzgeber? – Eine kritische Analyse, CCZ **2021** 265; *Ehmann/Berg* Das Lieferkettensorgfaltspflichtengesetz (LkSG): ein erster Überblick, GWR **2021** 287; *Gailhofer/Verheyen* Klimaschutzbezogene Sorgfaltspflichten: Perspektiven der gesetzlichen Regelung in einem Lieferkettengesetz, ZUR **2021** 402; *Gehling/Ott/Lüneborg* Das neue Lieferkettensorgfaltspflichtengesetz – Umsetzung in der Unternehmenspraxis, CCZ **2021** 230; *Hembach* Der Vorschlag der EU-Kommission für eine Richtlinie über die Sorgfaltspflichten von Unternehmen, CB **2022** 191; *Hess* Die Folgen des Lieferkettensorgfaltspflichtengesetzes für KMU, NWB **2021** 2981; *Hübner/Habrich/Weller* Corporate Sustainability, NZG **2022** 644; *Kamann/Irmscher* Das Sorgfaltspflichtengesetz – Ein neues Sanktionsrecht für Menschenrechts- und Umweltverstöße in Lieferketten, NZWiSt **2021** 249; *Keilmann/Schmidt* Der Entwurf des Sorgfaltspflichtengesetzes – Warum es richtig ist, auf eine zivilrechtliche Haftung zu verzichten, WM **2021** 717; *Lutz-Bachmann/Vorbeck/Wengenroth* Menschenrechte und Umweltschutz in Lieferketten – der Regierungsentwurf eines Sorgfaltspflichtengesetzes, BB **2021** 906; *Nietsch/Wiedmann* Der Regierungsentwurf eines Gesetzes über die unternehme-

https://doi.org/10.1515/9783110788976-003

rischen Sorgfaltspflichten in der Lieferkette, CCZ **2021** 101; *Ritz/Werner* Die Handreichungen des BAFA zum Lieferkettensorgfaltspflichtengesetz, DB 2023 125–127; *Ruttloff/Rothenburg/Hahn* Der Richtlinienvorschlag zu unternehmerischen Sorgfaltspflichten im Bereich der Nachhaltigkeit – Auswirkungen auf die Corporate Governance, DB **2022** 1116; *Sagan/Schmidt* Das Lieferkettensorgfaltspflichtengesetz, NZA-RR **2022** 281; *Schmidt* Unternehmensrecht: Supply chain due diligence – EP-Entwurf, EuZW **2021** 273; *Spindler* Verantwortlichkeit und Haftung in Lieferantenketten – das Lieferkettensorgfaltspflichtengesetz aus nationaler und europäischer Perspektive, ZHR **2022** 67; *Stöbener de Mora/Noll* Grenzenlose Sorgfalt? – Das Lieferkettensorgfaltspflichtengesetz, NZG **2021** 1285; *Thalhammer* DÖV **2021** 825; *Wagner/Ruttloff* Das Lieferkettensorgfaltspflichtengesetz – Eine erste Einordnung, NJW **2021** 2145.

Materialien

BAFA Antwort VI.3 FAQ-LkSG, Antwort XVII.1 FAQ-LkSG, abrufbar unter https://www.bafa.de/DE/Lieferketten/Ueberblick/ueberblick_node.html (zuletzt am 20.2.2023); Gesellschaftsrechtliche Vereinigung (Hrsg.) Gesellschaftsrecht in der Diskussion 2021, 125 (zit. GesRVer/*Bearbeiter*); Verband der Chemischen Industrie e.V. Diskussionspapier zu Rechts- und Umsetzungsfragen des Lieferkettensorgfaltspflichtengesetze vom 18.3.2022 (zit. VCI Diskussionspapier), abrufbar unter https://www.vci.de/themen/nachhaltigkeit/lieferketten-menschenrechte-wirtschaft/lieferkettensorgfaltspflichtengesetz-rechts-umsetzungsfragen.jsp (zuletzt am 20.2.2023).

Übersicht

A. Zweck

1 **Ziel** aller Sorgfaltspflichten des LkSG ist nach § 3 Abs. 1 S. 1, menschenrechtlichen oder umweltbezogenen Risiken vorzubeugen oder sie zu minimieren oder die Verletzung menschenrechtsbezogener oder umweltbezogener Pflichten zu beenden. Die Organisation, Standards und Verfahrensweisen von Unternehmen in Bezug auf die Achtung von Menschenrechten sind so anzupassen, dass sich die Situation von Personen, die von der Geschäftstätigkeit des Unternehmens betroffen sind, verbessert und das Unternehmen so zu einem sozial nachhaltigen, globalen Wirtschaften beitragen kann.[1] Hierzu muss das Unternehmen die in §§ 4 bis 10 genannten Maßnahmen in angemessener Weise umsetzen.[2]

2 § 3 LkSG gibt in Abs. 1 insoweit einen Überblick über die bestehenden Sorgfaltspflichten. In Abs. 2 wird festgehalten, dass die betreffenden Sorgfaltspflichten nur im Rahmen des Angemessenen bestehen.

3 Die Sorgfaltspflichten der §§ 4 bis 10 orientieren sich an den VN-Leitprinzipien für Wirtschaft und Menschenrechte der Vereinten Nationen aus dem Jahr 2011 („**VN-Leitprinzipien**") sowie am Nationalen Aktionsplan für Wirtschaft und Menschenrechte von 2016 („**NAP**").[3] Sie beziehen sich auf den eigenen Geschäftsbereich des Unternehmens, den Geschäftsbereich von unmittelbaren Zulieferern und in einigen Fällen gemäß § 9 sogar den Geschäftsbereich von mittelbaren Zulieferern.[4]

4 Die Verpflichtung zur Achtung von menschenrechtlichen und umweltbezogenen Sorgfaltspflichten spiegelt die Rolle von Wirtschaftsorganen als „spezialisierte Organe der Gesellschaft", die dem gesamten geltenden Recht unterworfen sind und daher auch die Menschenrechte zu achten haben.[5] Diese Verpflichtung zur Achtung der Menschenrechte wird auch im **OECD-Leitfaden** für die Erfüllung der Sorgfaltspflicht für verantwortungsvolles unternehmerisches Handeln von 2018 zum Ausdruck gebracht. In Zusammenarbeit mit dem Hochkommissariat der Vereinten Nationen für Menschenrechte („**OHCHR**") hat die OECD zudem die von Wirtschaftsunternehmen zu beachtenden Sorgfaltspflichten branchenübergreifend sowie branchenspezifisch in Leitfäden konkretisiert.[6] Auf diese **Leitfäden** beziehen sich auch die Sorgfaltspflichten des LkSG.[7] Die VN-

1 Vgl. die allgemeinen Prinzipien der VN-Leitprinzipien, S. 1; dazu auch *Beckers* ZfPW **2021** 220, 235.
2 Grabosch/*Grabosch* § 5 Rn. 1.
3 BT-Dr. 19/28649 S. 41; auch *Schumm* StuB **2021** 894, 898.
4 BT-Dr. 19/28649 S. 41.
5 Allgemeinen Prinzipien der VN-Leitprinzipien, S. 1.
6 BT-Dr. 19/28649 S. 41 f.; *Spindler* ZHR **2022** 67, 79.
7 BT-Dr. 19/28649 S. 41 f.

Leitprinzipien sowie die OECD-Leitfäden stellen jedoch nur *soft law* dar und binden völkerrechtlich schon nicht die Mitgliedstaaten und noch weniger international tätigen Unternehmen.[8]

5 An für Unternehmen verpflichtenden Lieferkettenpflichten existierten in Deutschland bis Inkrafttreten des LkSG allein die auf der **CSR-Richtlinie**[9] basierenden **Berichtspflichten** für große Kapitalmarktunternehmen. Diese **nichtfinanzielle Erklärung** wurde in §§ 289 b ff. HGB umgesetzt und muss Angaben zu nichtfinanziellen Aspekten wie Umweltbelangen, Arbeitnehmerbelangen, Sozialbelangen sowie die Achtung der Menschenrechte und die Bekämpfung von Korruption und Bestechung enthalten.[10] Das LkSG weitet diese Lieferkettenpflichten nun auch auf Sorgfaltspflichten aus und geht dabei mit Einführung umweltbezogener Pflichten sogar noch über die Konzeption der VN-Leitprinzipien hinaus.[11]

B. Zu beachtende Sorgfaltspflichten

6 § 3 Abs. 1 S. 2 enthält eine abschließende Aufzählung der Sorgfaltspflichten. Eine allgemeine Sorgfaltspflicht in Gestalt einer **Generalklausel** enthält § 3 nicht.[12] Es handelt sich nicht um einmalig zu erfüllende Leistungspflichten, sondern vielmehr um einen dauerhaften, mehrstufigen Prozess verschiedener und aufeinander bezogener Verfahrensschritte, die zyklisch, also regelmäßig wiederholt bzw. neu durchlaufen werden müssen.[13]

7 Die Unternehmensleitung trägt die Verantwortung für die Erfüllung der Sorgfaltspflichten im jeweils angemessenen Umfang.[14]

I. Einrichtung eines Risikomanagements

8 Mit dem Risikomanagement sollen menschenrechtliche Risiken und Rechtsgutsverletzungen entlang der Lieferketten von Unternehmen identifiziert, verhindert, beendet oder zumindest minimiert werden, soweit eine Beendigung nicht möglich oder mit einem unverhältnismäßigen Aufwand verbunden ist.[15]

II. Festlegung einer betriebsinternen Zuständigkeit

9 Am Unternehmensstandort sind in allen maßgeblichen unternehmensinternen Geschäftsabläufen, die voraussichtlich die Risikominimierung beeinflussen können, Zuständigkeiten zu verankern, um die Erfüllung der Sorgfaltspflichten zu überwachen. Empfohlen wird die Einrichtung der Stelle eines Menschenrechtsbeauftragten, die unmittelbar der Geschäftsleitung unterstellt ist.[16]

---

8 *Spindler* ZHR **2022** 67, 70; *Beckers* ZfPW **2021** 220, 223.

9 Richtlinie 2014/95/EU des Europäischen Parlamentes und des Rates vom 22.10.2014 zur Änderung der Richtlinie 2013/34/EU im Hinblick auf die Angabe nichtfinanzieller und die Diversität betreffender Informationen durch bestimmte große Unternehmen und Gruppen, ABl. EU 2014 L 330, 1 vom 15.11.2014.

10 Vgl. dazu allgemein MüKo-HGB/*Kajüter* 4. Aufl. 2020, HGB §§ 289b–289e Rn. 34.

11 *Beckers* ZfPW **2021** 220, 224.

12 Grabosch/*Grabosch* § 5 Rn. 4.

13 BT-Dr. 19/28649 S. 41; *Sagan*/*Schmidt* NZA-RR **2022** 281, 287; Grabosch/*Grabosch* § 5 Rn. 8; *Nasse* RAW **2022** 3, 7; *Hübner* NZG **2020** 1411, 1415.

14 Grabosch/*Grabosch* § 5 Rn. 7.

15 Siehe dazu § 4 Rn. 1 ff.

16 Siehe dazu § 4 Rn. 1 ff.

III. Durchführung regelmäßiger Risikoanalysen

Mithilfe der Risikoanalyse soll das Unternehmen die menschenrechtlichen und umweltbezogenen Risiken für den eigenen Geschäftsbereich und den Geschäftsbereich des unmittelbaren Zulieferers identifizieren, bewerten und priorisieren. Die Analyse dient als Grundlage, um wirksame Präventions- und Abhilfemaßnahmen festzulegen.[17] 10

IV. Abgabe einer Grundsatzerklärung

Die Grundsatzerklärung enthält eine zu entwickelnde Menschenrechtsstrategie und ist von der Unternehmensleitung zu verabschieden. Die Strategie bringt die Selbstverpflichtung und das Engagement des Unternehmens zur Achtung der Menschenrechte und der umweltbezogenen Pflichten zum Ausdruck.[18] 11

V. Verankerung von Präventionsmaßnahmen

Mithilfe der Präventionsmaßnahmen beugen Unternehmen – basierend auf den Erkenntnissen der Risikoanalyse – den menschenrechtlichen Risiken im eigenen Geschäftsbereich[19] und beim unmittelbaren Zulieferer[20] vor. 12

VI. Ergreifen von Abhilfemaßnahmen

Mithilfe einer Abhilfemaßnahme soll ein Unternehmen – basierend auf den Erkenntnissen der Risikoanalyse – eine bereits realisierte oder unmittelbar bevorstehende Verletzung einer geschützten Rechtsposition oder einer umweltbezogenen Pflicht beenden oder zumindest minimieren.[21] 13

VII. Einrichtung eines Beschwerdeverfahrens

Das Beschwerdeverfahren dient als „Frühwarnsystem" innerhalb der Lieferkette. Unternehmen können entweder ein unternehmensinternes Beschwerdeverfahren einrichten oder sich an einem entsprechenden externen Beschwerdeverfahren beteiligen.[22] 14

VIII. Umsetzung von Sorgfaltspflichten in Bezug auf Risiken bei mittelbaren Zulieferern

§ 9 verankert die Sorgfaltspflichten eines Unternehmens in Bezug auf die Risiken beim mittelbaren Zulieferer. Mit Ausnahme der Einrichtung eines die ganze Lieferkette erfassenden Beschwerdeverfahrens sind Sorgfaltspflichten bezüglich mittelbaren Zulieferern nur zu treffen, wenn das 15

17 Siehe dazu § 5 Rn. 1 ff.
18 Siehe dazu § 6 Rn. 12 ff.
19 Siehe dazu § 6 Rn. 29 ff.
20 Siehe dazu § 6 Rn. 43 ff.
21 Siehe dazu § 7 Rn. 1 ff.
22 Siehe dazu § 8 Rn. 1 ff.

Unternehmen substantiierte Kenntnis der Verletzung einer menschenrechts- oder einer umweltbezogenen Pflicht hat.[23]

IX. Dokumentation und die Berichterstattung

16 Das Unternehmen ist zur internen Dokumentation aller Maßnahmen sowie zur externen Berichterstattung hinsichtlich des vergangenen Geschäftsjahres verpflichtet.[24]

C. Bemühenspflicht

17 Die Sorgfaltspflichten begründen überwiegend eine Bemühens- und keine Erfolgspflicht. Dies geht zwar nicht ausdrücklich aus § 3 hervor, findet sich jedoch in den Gesetzesmaterialen.[25]

I. Bemühen

18 § 3 Abs. 1 verpflichtet die Unternehmen dazu, in ihren Lieferketten die Sorgfaltspflichten der §§ 4 bis 10 in angemessener Weise zu beachten *mit dem Ziel*, menschenrechtlichen oder umweltbezogenen Risiken vorzubeugen oder sie zu minimieren oder die Verletzung menschenrechtsbezogener oder umweltbezogener Pflichten zu beenden. Das Gesetz verpflichtet Unternehmen also gerade nicht dazu, erfolgreich den genannten Risiken vorzubeugen oder Verletzungen zu beenden bzw. zu minimieren.[26] Vielmehr müssen sie dies nur im Sinne bester Bemühungen versuchen, weshalb hier von **Bemühenspflichten** gesprochen wird.[27]

19 Die Bemühenspflicht verlangt von Unternehmen einerseits, dass sie im Rahmen ihrer Einflussnahmemöglichkeiten bzw. im Rahmen des ihnen zumutbar Möglichen auf die Wahrung der von § 2 geschützten Menschenrechte und Umweltbelange hinwirken müssen.[28] Geschuldet ist danach ein ernsthaftes Bemühen; Maßnahmen, die sich lediglich in einem **„ticking boxes-Ansatz"** erschöpfen und der konkreten Risikosituation des Unternehmens nicht oder nicht angemessen Rechnung tragen, sind nicht ausreichend.[29] Der konkrete Maßstab des angemessenen Bemühens hängt von den jeweiligen Umständen ab. Generell wird von Unternehmen in Bezug auf den eigenen Geschäftsbereich jedoch mehr abverlangt als in Bezug auf unmittelbare Zulieferer.[30] Das Gesetz verfolgt insoweit ein Konzept abgestufter Verantwortlichkeit.[31]

20 Andererseits wird von den Unternehmen aber auch verlangt, die angemessenen Sorgfaltsmaßnahmen zu ergreifen. Ein **Erfolg** ist also jedenfalls dahingehend geschuldet, dass die prozess- und organisationsbezogenen Pflichten der §§ 4 bis 10 umzusetzen sind.[32] Ein Bemühen hinsichtlich dieser Umsetzung genügt nicht. Insbesondere hat das Unternehmen also ein Risikomanagement

23 Siehe dazu § 9 Rn. 1 ff.
24 Siehe dazu § 10 Rn. 1 ff.
25 BT-Drs. 19/28649 S. 41; Beschlussempfehlung des Ausschuss für Arbeit und Soziales, BT-Drs. 19/30505 S. 2; vgl. auch *Wagner/Ruttloff* NJW **2021** 2145.
26 BT Drs. 19/30505 S. 37; *Charnitzky/Weigel* RIW **2022** 12, 17; *Gehling/Ott/Lüneborg* CCZ **2021** 230, 232; auch VCI Diskussionspapier S. 31.
27 *Wagner/Ruttloff* NJW **2021** 2145; Koch/*Koch* AktG § 76 Rn. 35k; Grabosch/*Grabosch* § 5 Rn. 1.
28 Koch/*Koch* AktG § 76 Rn. 35k; *Gehling/Ott/Lüneborg* CCZ **2021** 230, 232.
29 *Hübner* NZG **2020** 1411, 1415.
30 BT-Drs. 19/28649 S. 48; *Lutz-Bachmann/Vorbeck/Wengenroth* BB **2021** 906; *Wagner/Ruttloff* NJW **2021** 2145, 2146.
31 Siehe dazu § 6 Rn. 45.
32 *Schäfer* ZLR **2022** 22, 25; *Charnitzky/Weigel* RIW **2022** 12, 17; auch Kubis/Tödtmann/*Hettich/Charnitzky* Vorstands-HdB, § 14 Rn. 259; *Beckers* ZfPW **2021** 222, 236.

einzurichten, konkrete Verantwortliche zu benennen und eine Risikoanalyse durchzuführen.[33] Es handelt sich daher um eine **Pflicht zum *Tätigwerden*.**[34]

21 Ihre Grenze findet diese Pflicht dort, wo vom Unternehmen etwas rechtlich oder faktisch Unmögliches verlangt würde.[35] **Rechtliche Unmöglichkeit** bedeutet, dass es z.B. mit einem Verhalten gegen geltendes Recht verstoßen würde. **Faktische Unmöglichkeit** liegt etwa vor, wenn ein Unternehmen aufgrund fehlender Einflussmöglichkeit an seine Grenzen stößt.[36] Die Gesetzesmaterialien stellen daher klar, dass das Unternehmen seine Sorgfaltspflichten auch dann erfüllt hat, wenn es seine gesamte Lieferkette nicht nachverfolgen oder bestimmte Präventions- oder Abhilfemaßnahmen nicht ergreifen konnte, weil dies rechtlich oder tatsächlich unmöglich gewesen wäre.[37] In diesem Zusammenhang bedeutet rechtliche Unmöglichkeit, dass eine Maßnahme gegen geltendes Recht verstoßen würde; faktische Unmöglichkeit soll vorliegen, wenn das Unternehmen aufgrund fehlender Einflussmöglichkeiten an seine Grenzen stößt.[38]

22 Beispiel einer rechtlichen Unmöglichkeit ist nach *Grabosch* und *Rothermel* beispielsweise gegeben, wenn eine Sorgfaltspflichtmaßnahme gegen das **Chinesische Anti Foreign Sanctions Law** verstoßen würde.[39] Der chinesische Volkskongress hat am 10.6.2021 (ein Tag vor der Verabschiedung des LkSG) ein **Anti-Sanktionen-Gesetz** beschlossen (Anti-Foreign Sanctions Law of the People's Republic of China), das ausländischen Sanktionen insbesondere auch aufgrund von Beschränkungen auf dem Gebiet der Menschenrechte entgegenwirken sollte. Chinesische Unternehmen können auf Basis dieses Gesetzes vor Gericht auf Schadensersatz wegen ausländischer Sanktionen klagen.[40]

23 Da § 3 nur eine Bemühenspflicht begründet, kann es also trotz aller notwendiger Bemühungen des Unternehmens zu einer Verletzung von menschenrechtlichen oder umweltbezogenen Pflichten kommen. Hat das Unternehmen jedoch die notwendigen, angemessenen Maßnahmen erfüllt, so drohen ihm trotz des Erfolgseintritts keine Sanktionen.[41] Im Umkehrschluss bedeutet dies allerdings auch, dass es auch ohne Schaden zu einem Verstoß gegen die Bemühenspflichten und somit zu einer Haftung kommen kann.[42]

II. Erfolgspflichten in § 7 Abs. 1

24 Die Sorgfaltspflichten enthalten nur an einer Stelle eine Ausnahme vom Grundsatz der Bemühenspflicht. Nach § 7 Abs. 1 S. 3 schuldet das Unternehmen bei **Verletzungen im eigenen Geschäftsbereich** einen konkreten Maßnahmenerfolg.[43] Im eigenen Geschäftsbereich im Inland „*muss* die Abhilfemaßnahme zu einer **Beendigung der Verletzung** führen." Hier genügt ein bloßes Bemühen nicht.[44] Bei Verletzungen im eigenen Geschäftsbereich im Ausland bzw. bei Konzerngesellschaften muss die Maßnahme nach § 7 Abs. 1 S. 4 „in der Regel zur Beendigung der Verletzung führen." Auch hier ist daher in der Regel der Erfolg der Beendigung der Verletzung geschuldet. Das Unternehmen muss daher im Einzelfall genau prüfen, in welchem Bereich die Verletzung bzw. das Risiko auftritt und ob in diesem Bereich ausnahmsweise ein Erfolg geschuldet ist.[45]

---

33 Grabosch/*Grabosch* § 5 Rn. 1.
34 *Wagner/Ruttloff* NJW **2021** 2145, 2146.
35 Hopt/*Leyens* Handelsgesetzbuch, 41. Aufl. 2022, HGB § 347 Rn. 4c.
36 BT-Drs. 19/30505 S. 38.
37 Beschlussempfehlung des Ausschuss für Arbeit und Soziales, BT Drs. 19/30505 S. 37.
38 Beschlussempfehlung des Ausschuss für Arbeit und Soziales, BT Drs. 19/30505 S. 37.
39 Grabosch/*Grabosch* § Rn. 118 ff.; *Rothermel* Kap. A. Rn. 25.
40 Grabosch/*Grabosch* § 5 Rn. 118 ff.
41 Grabosch/*Grabosch* § 5 Rn. 2.
42 *Wagner/Ruttloff* NJW **2021** 2145; *Spindler* ZHR **2022** 80; Grabosch/*Grabosch* § 5 Rn. 3.
43 So auch *Schäfer* ZLR **2022** 22, 25; Grabosch/*Grabosch* § 5 Rn. 1.
44 *Charnitzky/Weigel* RIW **2022** 12, 17.
45 *Charnitzky/Weigel* RIW **2022** 12, 18.

25 **Kritik** erfuhr die Ausgestaltung der Abhilfemaßnahmen als teilweise Erfolgspflichten bereits im Gesetzgebungsverfahren.[46] Dies stehe der Grundkonzeption der Sorgfaltspflichten als Bemühenspflichten entgegen und ginge auch über die Anforderungen der VN-Leitprinzipien für Wirtschaft und Menschenrechte hinaus,[47] an denen sich die Sorgfaltspflichten des LkSG orientieren.[48] Diese Konzeption trägt jedoch dem oben genannten Grundsatz Rechnung, dass Unternehmen in ihrem unmittelbaren Einflussbereich größere Anstrengungen abverlangt werden können.[49] Es handelt sich aus Sicht des Gesetzgebers dabei also um eine direkte Folge der Angemessenheit der Sorgfaltspflichten.[50]

III. Risikounabhängige und risikoabhängige Pflichten

26 Die Sorgfaltspflichten nach § 3 können in **risikounabhängige Pflichten**, die das Unternehmen immer umsetzen muss, sowie **risikoabhängige Pflichten**, deren Umsetzung die konkrete Risikosituation zu beachten hat, unterteilt werden.[51]

27 Unabhängig von der konkreten Risikolage hat das Unternehmen nach § 4 ein Risikomanagement einzurichten sowie die Zuständigkeiten für dessen Überwachung festzulegen. Zudem ist nach § 5 eine Risikoanalyse durchzuführen sowie nach § 8 ein Beschwerdeverfahren einzurichten. Auch den Dokumentations- und Berichtspflichten des § 10 muss das Unternehmen in jedem Fall nachkommen.[52] Umstritten ist, ob auch die Abgabe einer Grundsatzerklärung risikounabhängig, also immer, notwendig ist.[53] Aufgrund des generellen Bekenntnisses zur Achtung der Menschenrechte in der Grundsatzerklärung ist dies anzunehmen.[54] Auch wenn das „Ob" dieser Sorgfaltsmaßnahmen grundsätzlich unabhängig von der Risikosituation zu beantworten ist, wird der Umfang der jeweiligen Pflicht, das „Wie", jedoch umso größer ausfallen, je höher das jeweilige Risikopotential des Unternehmens ist. Das LkSG verfolgt hinsichtlich aller Sorgfaltspflichten einen risikobasierten Ansatz.[55]

28 Dies gilt erst recht für die risikoabhängigen Pflichten, die nur nach Feststellung eines Risikos in der Risikoanalyse zu ergreifen sind. Zu diesen Pflichten gehören die Präventions- und Abhilfemaßnahmen sowie die anlassbezogenen Pflichten in Bezug auf mittelbare Zulieferer.[56]

D. Angemessenheit

29 Nach § 3 Abs. 2 haben Unternehmen die menschenrechtlichen und umweltbezogenen Sorgfaltspflichten „in angemessener Weise zu beachten". Die **Angemessenheit** findet sich zudem in allen weiteren Sorgfaltspflichten.[57] So hat das Unternehmen ein angemessenes und wirksames Risikomanagement einzurichten, eine angemessene Risikoanalyse durchzuführen, angemessene Präventiv- und Abhilfemaßnahmen einzuleiten sowie ein angemessenes Beschwerdeverfahren einzurich-

46 Vgl. Stellungnahme der DAV-Ausschüsse NZG **2021** 546, 551.

47 Siehe VN-Leitprinzipien 17 bis 20, die nur prozessorientierte Pflichten, keine Erfolgspflichten im eigentlichen Sinn darstellen; vgl. dazu auch *Beckers* ZfPW **2021** 222, 236.

48 DAV-Ausschüsse NZG **2021** 546, 551.

49 BT-Drs. 19/28649 S. 48; *Lutz-Bachmann/Vorbeck/Wengenroth* BB **2021** 906; *Wagner/Ruttloff* NJW **2021** 2145, 2146.

50 BT-Drs. 19/28649 S. 48.

51 *Bäumges/Jürgens* CCZ **2022** 195, 196.

52 GesRVer/*Lochen* 125, 131; *Bäumges/Jürgens* CCZ **2022** 195, 196.

53 Vergleiche dazu § 6 Rn. 12 ff.

54 Ebenfalls *Bäumges/Jürgens* CCZ **2022** 195, 196; GesRVer /*Lochen* 125, 131.

55 Grabosch/*Grabosch* § 5 Rn. 10.

56 GesRVer/*Lochen* 125, 131.

57 *Charnitzky/Weigel* RIW **2022** 12, 15.

ten. Immer dort, wo auf das Wort „angemessen“ Bezug genommen wird, gelten die Kriterien des § 3 Abs. 2.[58]

Mit dem Kriterium der Angemessenheit versucht das LkSG, sowohl einen rechtssicheren Maßnahmenkatalog zu definieren als auch im Einzelfall der Situation des jeweiligen Unternehmens gerecht zu werden.[59] Das Unternehmen soll seine Pflichten nicht durch bloßes **„box-ticking“** erfüllen können, darf aber auch nicht über Gebühr belastet werden.[60] Insbesondere soll die Angemessenheit der Maßnahmen sicherstellen, dass von keinem Unternehmen etwas rechtlich oder tatsächlich Unmögliches verlangt wird.[61] Zur Bestimmung des jeweils angemessenen Handelns gibt § 3 Abs. 2 den Unternehmen vier Kriterien an die Hand. **30**

Zur Auslegung des Begriffes kann auch auf die Handreichung des BAFA zur Angemessenheit zurückgegriffen werden. Die Handreichungen – geregelt in § 20 LkSG – sind branchenspezifische oder branchenübergreifende Informationen, Hilfestellungen und Empfehlungen zur Einhaltung des LkSG. Diese sind nicht bindend, haben aber für das BAFA ermessenslenkenden Charakter.[62] Unternehmen, die sich bei der Umsetzung ihrer Sorgfaltspflichten an die Handreichungen halten, dürfen davon ausgehen, dass ihr Verhalten als LkSG-konform angesehen wird.[63] In der Praxis muss diese Einordnung allerdings mit Vorsicht betrachtet werden, da mit Überarbeitungen der Handreichungen zu rechnen ist. Auch wenn eine Anpassung der Ausführungen mit der Zeit wünschenswert ist, erscheint dies mit Blick auf die Rechtssicherheit als nicht ideal.[64] **31**

I. Kriterien zur Beurteilung der Angemessenheit (Abs. 2)

§ 3 Abs. 2 nennt die vier wesentlichen Kriterien für eine **angemessene Ausgestaltung des Risikomanagements** bzw. der Umsetzung der übrigen Sorgfaltspflichten.[65] Dies stellt klar, dass die Sorgfaltspflichten nicht am Maßstab der **„verkehrsüblichen Sorgfalt“** des § 276 BGB zu bewerten sind, sondern lediglich eine **„angemessene Weise des Handelns“** gefordert wird.[66] **32**

Unternehmen haben folgende Faktoren zu beachten: **33**

1. Die Art und der Umfang der Geschäftstätigkeit des Unternehmens;
2. Das Einflussvermögen des Unternehmens auf die unmittelbare Verursacherquelle der Verletzung oder des Risikos im Sinne des LkSG;
3. Die Schwere, Wahrscheinlichkeit und Auswirkung der Verletzung;
4. Der Verursachungsbeitrag des Unternehmens zu der Verletzung oder dem Risiko.

Diese Kriterien finden sich bereits in den VN-Leitprinzipien. Nach Leitprinzip 14 ist etwa die Größe des Unternehmens sowie die Schwere der Auswirkungen entscheidend für den Maßstab der Sorgfaltspflichten.[67] Nach Leitprinzip 19 ist der Verursachungsbeitrag sowie das Einflussvermögen des Unternehmens zu beachten.[68] **34**

Der Gesetzgeber nutzt diese Kriterien zur Entwicklung einer **„Je-Desto-Formel“**. Maßstab ist die individuelle Unternehmens- und Risikosituation:[69] Je stärker die Einflussmöglichkeit eines Unternehmens ist, je wahrscheinlicher und schwerer die zu erwartende Verletzung der geschützten Rechtsposition und je größer der Verursachungsbeitrag eines Unternehmens ist, desto größere **35**

58 BT-Dr. 19/28649 S. 42.
59 *Gehling/Ott/Lüneborg* CCZ **2021** 230, 233.
60 Zu diesen Zielen Grabosch/*Grabosch* § 5 Rn. 7.
61 *Dohrmann* CCZ **2021** 265, 270.
62 *Wagner/Ruttloff/Hahn*, LkSG, Rn. 1378ff.
63 *Birkefeld/Schäfer*, ZLR 2023, 25, 35.
64 so auch *Birkefeld/Schäfer*, ZLR 2023, 25, 35.
65 BT-Drs. 19/28649, 42; Grabosch/*Grabosch* § 2 Rn. 66.
66 *Ehmann/Berg* GWR **2021** 287, 288.
67 Kommentar zu VN-Leitprinzip 14, S. 17 f.; ebenso Leitprinzip 17 Buchst. b).
68 Siehe dazu auch *Nasse* RAW **2022** 3, 7.
69 BT-Dr. 19/30505 S. 39.

Anstrengungen können einem Unternehmen zur Vermeidung oder Beendigung einer Verletzung zugemutet werden. Je anfälliger eine Geschäftstätigkeit nach Produkt und Produktionsstätte für menschenrechtliche Risiken ist, desto wichtiger ist die Überwachung der Lieferkette.[70]

36 Diese Formel soll Unternehmen den notwendigen flexiblen **Handlungs- und Ermessensspielraum** bei der Auswahl der geeigneten Maßnahmen gewähren, damit sie auf alle in der Zukunft auftretenden Risikosituationen reagieren können.[71] Die genannten Kriterien bleiben indes jedoch vage, sodass die Kehrseite dieser Offenheit die konkrete Bestimmung des angemessenen Maßstabs der Pflichten im Einzelfall erschwert.[72] In seinen Beispielen zeigt das BAFA weiter einen stark eingeschränkten Ermessensspielraum auf und setzt mit Preiserhöhungen bei Zulieferern auch in der Preis- und Sortimentspolitik eines Unternehmens an.[73] Diese außerrechtlichen Faktoren sollten zum Schutz des Unternehmens einer Beurteilung durch das BAFA entzogen sein.[74]

37 Den gewährten Ermessensspielraum müssen die Unternehmen fehlerfrei ausüben.[75] Die korrekte Ermessensausübung kann vom BAFA überprüft werden. Hierbei sind jedoch die allgemeinen Grundsätze der Überprüfung von Ermessensentscheidungen zu berücksichtigen, die sowohl im Zivil- wie auch im Verwaltungsrecht gelten. So kann die Behörde oder ein Gericht Maßnahmen erst bei Überschreitung des Ermessens sanktionieren, nicht schon allein dann, wenn andere Maßnahmen für sinnvoller gehalten werden.[76]

1. Risikobasierter Ansatz

38 Mit den Kriterien sowie der „Je-Desto-Formel" verfolgt das LkSG einen **risikobasierten Ansatz**,[77] der in der Unternehmens-Compliance allgemein anerkannt ist.[78] Je risikoaffiner die Geschäftstätigkeit des Unternehmens ist, desto mehr Anstrengungen werden dem Unternehmen zugemutet werden, um die in seiner Lieferkette festgestellten Risiken oder Verletzungen zu adressieren.[79] Mit diesem Gedanken wird der **verfassungsrechtliche Verhältnismäßigkeitsvorbehalt** vom LkSG umgesetzt.[80]

39 Der risikobasierte Ansatz des LkSG stellt daher gerade kein „one size fits all" dar.[81] Zur Bestimmung der jeweils angemessenen Sorgfaltspflichten muss das Unternehmen zunächst sein konkretes Risikoprofil ermitteln.[82] Bei der ersten Risikoanalyse wird das Unternehmen dabei meist nur das Kriterium des § 3 Abs. 2 Nr. 1, also Art und Umfang seiner Geschäftstätigkeit berücksichtigen können, da die übrigen Kriterien in Verbindung zu einem festgestellten Risiko bzw. einer Verletzung stehen.[83] Weiter bestehen die einzelnen Angemessenheitskriterien nach Ansicht des BAFA auch nicht in einer bestimmten Hierarchie; diese sind vielmehr stets gleichrangig zueinander zu

70 BT-Drs. 19/28649 S. 42; *Charnitzky/Weigel* RIW **2022** 12, 15.

71 BT-Dr. 19/28649 S. 42; *Nasse* RAW **2022** 3, 7.

72 *Lutz-Bachmann/Vorbeck/Wengenroth* BB **2021** 906, 910; *Schmidt* EuZW **2021** 273, 274.

73 Handreichung „Prinzip der Angemessenheit nach den Vorgaben des Lieferkettensorgfaltspflichtengesetzes" (im folgenden **„Handreichung Angemessenheit"**) S. 20 – abrufbar unter https://www.bafa.de/SharedDocs/Downloads/DE/Lieferketten/handreichung_angemessenheit.html (zuletzt am 2.2.2023).

74 *Birkefeld*/Schäfe, ZLR 2023, 25, 39; Spindler, ZHR 186 (2022), 67, 106.

75 Vgl Grabosch/*Grabosch* § 5 Rn. 4; *Beckers* ZfPW **2021** 220, 235 f.

76 Zum zivilrechtlichen Grundsatz siehe BGHZ **163** 119, 130; BGHZ **41** 270, 280; BGH NJW-RR **1991** 1248; MüKo-BGB/*Würdinger* BGB § 315 Rn. 61; zum verwaltungsrechtlichen Grundsatz siehe BVerwGE **22** 215, 218; BVerwG BeckRS **2017** 139143 Rn. 11; BVerwG NVwZ **2010** 1502; Schoch/Schneider/Riese VwGO, 41. EL Juli 2021, VwGO § 114 Rn. 52.

77 *Charnitzky/Weigel* RIW **2022** 12, 15; so auch *Gehling/Ott/Lüneborg* CCZ **2021** 230, 234; Grabosch/*Grabosch* § 2 Rn. 67.

78 *Gehling/Ott/Lüneborg* CCZ **2021** 230, 233.

79 *Charnitzky/Weigel* RIW **2022** 12, 15.

80 BT-Drs. 19/28649 S. 42; *Spindler* ZHR **2022** 67, 81; *Lutz-Bachmann/Vorbeck/Wengenroth* BB **2021** 906, 910.

81 *Charnitzky/Weigel* RIW **2022**, 12, 15; so auch *Gehling/Ott/Lüneborg* CCZ **2021** 230, 234.

82 Siehe dazu § 5 Rn. 27 ff.

83 *Charnitzky/Weigel* RIW **2022** 12, 16.

berücksichtigen.[84] Das Unternehmen darf zwar als hoch eingestufte Risiken priorisiert bearbeiten, es darf sich aber nicht auf die Bereiche und Akteure beschränken, bei denen ein hohes Einflussvermögen besteht.[85] Am Ende muss es sich mit allen Akteuren und Risiken auseinandergesetzt haben.

2. Art und Umfang der Geschäftstätigkeit (Nr. 1)

Erstes Kriterium der Angemessenheit ist Art und Umfang der Geschäftstätigkeit des Unternehmens. Nach der Gesetzesbegründung ist Art und Umfang der Geschäftstätigkeit nach qualitativen und quantitativen Merkmalen zu beurteilen.[86] 40

Die **Art der Geschäftstätigkeit** ist dabei an den qualitativen Merkmalen zu beurteilen. Als Hilfskriterien der Beurteilung werden beispielsweise die Beschaffenheit des Produkts oder der Dienstleistung, die Vielfalt der erbrachten Leistungen und Geschäftsbeziehungen, also das Produktportfolio,[87] sowie die überregionale oder internationale Ausrichtung der Geschäftstätigkeit genannt.[88] Hinsichtlich der internationalen Ausrichtung dürfte zudem zu differenzieren sein nach den betreffenden Ländern, in denen das Unternehmen oder seine Zulieferer ansässig sind und den dort herrschenden spezifischen Risiken.[89] Beim Bezug von Rohstoffen ist zu beachten, dass gerade bei Rohstoffbörsen der Ursprung der Rohstoffe nicht immer nachverfolgt werden kann. Gesteigerte Maßnahmen zur Ermittlung des Ursprungs bzw. der Lieferkette, etwa durch den Einsatz von **Blockchain-Technologien**, dürften hier zwar möglich, aber dem einzelnen Unternehmen wahrscheinlich nicht zumutbar sein.[90] Etwas anderes gilt jedoch dann, wenn der Einsatz dieser Technologien in Branchen bereits erprobt wird.[91] 41

Der **Umfang der Geschäftstätigkeit** ist nach den quantitativen Merkmalen zu beurteilen. Hier wird etwa auf die Größe des Unternehmens verwiesen, auf die Anzahl und Funktion der Beschäftigten, das Umsatzvolumen sowie das Anlage- und Betriebskapital sowie die Produktionskapazitäten.[92] Hier sind insbesondere länder-, branchen-, und warengruppenspezifische Risiken zu berücksichtigen.[93] Zur Ermittlung branchen- oder warengruppenspezifischer Risiken sollte das Unternehmen zudem auf die wesentlichen Referenzdokumente, insbesondere die VN-Leitprinzipien sowie die OECD-Leitfäden achten.[94] So sind insbesondere aus den **sektorspezifischen OECD-Leitlinien** für Konfliktmineralien,[95] die Bekleidungsindustrie,[96] sowie die Landwirtschaft[97] besondere branchenspezifische Risiken und diesbezüglicher Sorgfaltspflichten zu entnehmen. 42

Umso anfälliger eine Geschäftstätigkeit nach Art und Umfang ist, die geschützten Rechtspositionen oder umweltbezogenen Pflichten zu verletzen, desto umfassender müssen die zu ergreifen- 43

84 Handreichung „Prinzip der Angemessenheit nach den Vorgaben des Lieferkettensorgfaltspflichtengesetzes" (im folgenden „Handreichung Angemessenheit") S. 14 – abrufbar unter https://www.bafa.de/SharedDocs/Downloads/DE/Lieferketten/handreichung_angemessenheit.html (zuletzt am 2.2.2023).

85 Handreichung Angemessenheit S. 14.

86 BT-Drs. 19/28649 S. 42.

87 Kubis/Tödtmann/*Hettich/Charnitzky* § 14 Verbundene Unternehmen Rn. 266.

88 BT-Drs. 19/28649 42; dazu auch Grabosch/*Grabosch* § 2 Rn. 66.

89 Kubis/Tödtmann/*Hettich/Charnitzky* Vorstands-HdB, § 14 Verbundene Unternehmen Rn. 266.

90 Vgl. *Spindler* ZHR **2022** 67, 81.

91 Grabosch/*Grabosch* § 5 Rn. 102.

92 BT-Drs. 19/28649 S. 42; dazu auch Grabosch/*Grabosch* § 2 Rn. 66.

93 BT-Drs. 19/28649 S. 42; Kubis/Tödtmann/*Hettich/Charnitzky* § 14 Verbundene Unternehmen Rn. 266.

94 Antwort VI.3 FAQ-LkSG.

95 OECD-Due Diligence Guidance for Responsible Supply Chains of Minerals from Conflict-Affected and High-Risk Areas, 2012.

96 OECD-Leitfaden für die Erfüllung der Sorgfaltspflicht zur Förderung verantwortungsvoller Lieferketten in der Bekleidungs- und Schuhwarenindustrie, 2020.

97 OECD/FAO, OECD-FAO-Leitfaden für verantwortungsvolle landwirtschaftliche Lieferketten, 2016.

den Präventions- und Abhilfemaßnahmen ausfallen.[98] Entsprechend werden größere Unternehmen mit weitreichenden Geschäftstätigkeiten und einem breiten Produktportfolio schon bei der Ermittlung ihrer Risikoaffinität anhand Art und Umfang der Geschäftstätigkeit weitreichendere Ermittlungsmaßnahmen durchführen müssen als kleinere Unternehmen.[99]

3. Einflussvermögen des Unternehmens (Nr. 2)

44 Zweites Kriterium zur Bestimmung der Angemessenheit ist das **Einflussvermögen** des Unternehmens auf den unmittelbaren Verursacher eines menschenrechtlichen oder umweltbezogenen Risikos oder der Verletzung einer menschenrechtsbezogenen oder einer umweltbezogenen Pflicht. Zur näheren Bestimmung des Einflussvermögens nennt die Gesetzesbegründung drei Hilfskriterien. So ist einerseits die Größe des Unternehmens entscheidend, wobei es hier vor allem auf die *relative* Größe des Unternehmens im Vergleich zu Wettbewerbern sowie dem Verursacher ankommt.[100] Ein besonders **marktdominantes Unternehmen** hat in der Regel mehr Einflussmöglichkeiten. Relevant kann zudem das Auftragsvolumen sein.[101] Insbesondere dort, wo das Auftragsvolumen einen wesentlichen Teil des Umsatzes des unmittelbaren Verursachers des Risikos oder der Verletzung ausmacht, wird das Unternehmen entsprechenden Druck ausüben können.[102] Je „austauschbarer" der Zulieferer ist, desto größer sind die (faktischen) Einflussmöglichkeiten des Unternehmens.[103] Das Unternehmen ist dabei angehalten, sich über seinen Einfluss auf das Unternehmen schrittweise Transparenz zu verschaffen.[104] Ein mögliches Indiz für das eigene Einflussvermögen auf den unmittelbaren Zulieferer kann dabei dessen Bereitschaft sein, an Verbesserungen mitzuwirken.[105]

45 Ein Beispiel für nur schwer auszutauschende Zulieferer sind Fälle sogenannter **Nominated Sub-Contractor**-Klauseln. Diese gerade im internationalen Anlagenbau verbreiteten Klauseln sehen vor, dass der Auftraggeber dem Auftragnehmer gegenüber das Recht hat, die durch den Auftragnehmer zu verwendenden – meist lokalen – Subunternehmer zu bestimmen.[106] Solche Klauseln können unterschiedliche Gründe haben; sie reichen von Verpflichtungen des Auftraggebers aus existierenden Lieferantenverbindungen hin zu Protektionismus.[107] Lässt der Auftragnehmer Arbeiten nicht durch vorgeschriebene Subunternehmer ausführen, begeht er eine zivilrechtliche Pflichtverletzung, die bis zu einem Kündigungsrecht des Auftraggebers führen kann.[108] Handelt es sich nun bei dem Auftragnehmer um ein LkSG-pflichtiges Unternehmen, begibt sich dieser in ein kritisches Spannungsfeld, da er vertraglich zwingend mit einem Subunternehmen zusammenarbeiten muss, das gegebenenfalls LkSG-relevante Verstöße begeht. Dennoch kann auch in diesem Bereich von den Unternehmen gefordert werden, sich bereits bei Abschluss des Vertrages mit dem Auftraggeber im Rahmen der Risikoanalyse mit etwaigen Subunternehmen zu beschäftigen oder in dem Vertrag Klauseln vorzusehen, die ein Aussetzen der Zusammenarbeit mit dem Subunternehmen ermöglichen.[109]

---

98 BT-Drs. 19/28649 S. 42.

99 OECD-Leitfaden für die Erfüllung der Sorgfaltspflicht für verantwortungsvolles Unternehmerisches Handeln, 2018, S. 18; *Charnitzky/Weigel* RIW **2022** 12, 16.

100 BT-Drs. 19/28649 S. 42; dazu auch Grabosch/*Grabosch* § 2 Rn. 66.

101 BT-Drs. 19/28649 S. 42.

102 Grabosch/*Grabosch* § 2 Rn. 66.

103 *Charnitzky/Weigel* RIW **2022** 12, 16.

104 Handreichung Angemessenheit S. 7.

105 Handreichung Angemessenheit S. 7.

106 *Frank-Fahle*, ZfBR 2023,6,7.

107 *Frank-Fahle*, ZfBR 2023,6,8.

108 *Frank-Fahle*, ZfBR 2023,6,8.

109 *Frank-Fahle*, ZfBR 2023,6,8.

46 Schließlich ist entscheidend, in welcher Nähe zum Risiko sich das Unternehmen befindet. Je näher das Unternehmen dem Risiko steht, etwa wenn der eigene Geschäftsbereich betroffen ist, desto größer sind die Anforderungen an das Unternehmen.[110] Dagegen ist das Einflussvermögen des Unternehmens umso geringer, je weiter die Gefahrenquelle vom eigenen Geschäftsbereich entfernt ist.[111]

47 Das Einflussvermögen ist kein statisches Element der Bewertung der Angemessenheit.[112] So ist das Unternehmen etwa nach § 6 Abs. 3 verpflichtet, mit **vertraglichen Zusicherungen** ein (rechtliches) Einflussvermögen auf unmittelbare Zulieferer herzustellen. Auch sieht § 7 Abs. 3 eine Steigerung des Einflussvermögens als milderes Mittel zum Abbruch der Geschäftsbeziehung vor. Daher ist im Prozess der wiederholenden Risikoanalyse das jeweils bestehende Einflussvermögen zugrunde zu legen.

4. Schwere und Wahrscheinlichkeit der negativen Auswirkungen (Nr. 3)

48 Drittes Kriterium der Angemessenheit sind die typischerweise zu erwartenden **Schwere der Verletzung**, die **Umkehrbarkeit der Verletzung** und die **Wahrscheinlichkeit der Verletzung** einer menschenrechtsbezogenen oder einer umweltbezogenen Pflicht. Die Gesetzesbegründung verweist insoweit auf das Gefahrenpotential als wesentliches Kriterium.[113] Aufgrund des risikobasierten Ansatzes wird diesem Kriterium daher in Zweifelsfällen eine besondere Relevanz zukommen, auch wenn die Kriterien der Nummern 1 bis 4 keine explizite Rangfolge beinhalten.[114] Entsprechend knüpft auch § 7 Abs. 3 wesentlich an die Schwere der eingetretenen Verletzung an. Dort, wo besonders schwere Risiken oder Verletzungen drohen, können vom Unternehmen besonders umfangreiche Maßnahmen erwartet werden, bis hin zum Abbruch der Geschäftsbeziehungen.[115]

49 Die zu erwartende Schwere der Verletzung bestimmt sich nach dem Grad der tatsächlichen oder potenziellen Beeinträchtigung, nach der Zahl der tatsächlich oder potenziell betroffenen Menschen und der Möglichkeit, die negativen Auswirkungen wieder zu beheben.[116] Diese Erwägungen finden sich unter anderem auch in VN-Leitprinzip 14 wieder. Anders als in Großbritannien und den Niederlanden enthält das LkSG jedoch keine Gewichtung oder Vorauswahl an besonders bedeutenden Rechtsgütern wie Sklavenarbeit, Menschenhandel oder Kinderarbeit.[117] Daher wiegen grundsätzlich alle nach § 2 geschützten Rechtspositionen gleich, insbesondere wiegen die menschenrechtlichen nicht schwerer als die umweltbezogenen Pflichten.[118] Eine entsprechende Gewichtung könnte sich jedoch aus der grundsätzlichen gesetzgeberischen Wertung ergeben, die in den deutschen Grundrechten zum Ausdruck kommt. Das LkSG fügt sich insoweit in die Werteordnung des Grundgesetzes ein, sodass diese auch im Verhältnis der Unternehmen zu potenziell Geschädigten zu beachten ist.[119] Insbesondere sind die Menschenrechte auch als interpretationslei-

---

110 BT-Drs. 19/28649, 42; zum Konzept der abgestuften Verantwortlichkeit siehe auch § 7 Rn. 9 ff.

111 *Wagner/Ruttloff* NJW **2021** 2145, 2146.

112 *Charnitzky/Weigel* RIW **2022** 12, 16.

113 BT-Drs. 19/28649 S. 42.

114 Ebenso Grabosch/*Grabosch* § 2 Rn. 67.

115 Siehe dazu § 7 Rn. 45 ff.

116 BT-Drs. 19/28649 S. 42.

117 Der UK Modern Slavery Act von 2015 erfasst etwa nur die Bekämpfung von Sklaverei und Menschenhandel, das niederländische Wet Zorgplicht Kinderarbeid beschränkt sich auf die Bekämpfung von Kinderarbeit, vgl. dazu *Charnitzky/Weigel* RIW **2022** 12, 16 sowie Grabosch/*Grabosch* § 8 Rn. 5 ff. und 27 ff.

118 *Charnitzky/Weigel* RIW **2022** 12, 16.

119 Nach ständiger Rechtsprechung können die Grundrechte im Wege der mittelbaren Drittwirkung Wirksamkeit entfalten, vgl. BVerfGE 7 198, 203 ff.; BVerfGE **42** 143, 148 = NJW **1976** 1677; BVerfGE **89** 214, 229 = NJW **1994** 36; BVerfGE **103** 89, 100 = NJW **2001** 957; BVerfGE **137** 273, 313 = NZA **2014** 1387 Rn. 109; BVerfG NJW 2018 1667 Rn. 32; dazu auch Dürig/Herzog/Scholz/*Di Fabio* GG, 96. EL November 2021, Art. 2 Abs. 1 Rn. 138.

tender Maßstab bei der Auslegung des LkSG zu beachten.[120] Dort, wo etwa das **Recht auf Leben**,[121] oder gar die **(unantastbare) Menschenwürde** betroffen ist,[122] dürfte dem Unternehmen keine andere Wahl bleiben, als alle ihm möglichen Sorgfaltsmaßnahmen bis hin zum sofortigen **Abbruch der Geschäftsbeziehung** zu ergreifen. Zur selben Wertung gelangt man zudem, wenn man die Umkehrbarkeit der Folgen der Verletzung in die Bewertung einbezieht. Die Auswirkungen etwa von Zwangs- oder Kinderarbeit auf die Betroffenen werden in aller Regel deutlich schwerer wiegen und weniger leicht bis gar nicht umkehrbar sein können.[123]

50 Zudem ist die Eintrittswahrscheinlichkeit der Verletzung relevant, also die Frage, ob und wann die Verletzung eintritt.[124] Je unmittelbarer die Verletzung droht, desto eher werden dem Unternehmen auch einschneidendere Maßnahmen zugemutet werden können. Entsprechend wertet auch § 7 Abs. 1 eine unmittelbar bevorstehende wie eine bereits eingetretene Verletzung.[125] Kriterien für die Schwere und Wahrscheinlichkeit einer Verletzung können etwa die Zugehörigkeit des Unternehmens zu einem Hochrisikosektor, schwache tatsächliche oder ordnungspolitische Rahmenbedingungen am Produktionsort oder eine mangelhafte Nachhaltigkeitsperformance von Lieferanten sein.[126] Daneben ist die Wahrscheinlichkeit auch durch Verletzungen in der Vergangenheit, das bisherige Verhalten des Verursachers sowie nach dem Bestehen möglicher Präventionsmaßnahmen zu beurteilen.[127]

51 Die Schwere und Eintrittswahrscheinlichkeit haben Einfluss auf die Angemessenheitsbewertung wie auch auf die Priorisierung der festgestellten Risiken und Verletzungen.[128] Insoweit ist mit Blick auf die Rahmenbedingungen am Produktionsort jedoch festzuhalten, dass vom Unternehmen nicht erwartet werden kann, diese rechtlichen Bedingungen – wie etwa die Nichtratifizierung von Übereinkommen nach § 2 – zu verändern.[129]

5. Verursachungsbeitrag (Nr. 4)

52 Schließlich bestimmt sich die Angemessenheit nach der **Art des Verursachungsbeitrages** des Unternehmens zu dem menschenrechtlichen oder umweltbezogenen Risiko oder zu der Verletzung einer menschenrechtsbezogenen oder einer umweltbezogenen Pflicht. Die Gesetzesbegründung unterscheidet hier danach, ob das Unternehmen das Risiko oder die Verletzung unmittelbar alleine oder gemeinsam mit einem anderen Akteur verursacht hat, oder ob es nur mittelbar einen Beitrag zum Risiko oder der Verletzung geleistet hat.[130] Die Anforderungen an das Unternehmen sind umso höher, je größer der Verursachungsbeitrag ist.[131] Die Art des Verursachungsbeitrages ist typischerweise eng verknüpft mit dem Kriterium des unternehmerischen Einflussvermögens.[132]

120 Dürig/Herzog/Scholz/*Herdegen* Art. 1 Abs. 2 Rn. 47.

121 Das Leben stellt einen „Höchstwert" innerhalb der grundgesetzlichen Ordnung dar und ist „die vitale Basis der Menschenwürde und die Voraussetzung aller anderen Grundrechte"; BVerfGE 39 1, 42; BVerfGE 88 203, 251 ff.; BVerfG NJW 1999 3399, 3401; ebenso Lang, in: BeckOK GG, 51. Edition 2022, GG Art. 2 Rn. 56; Dürig/Herzog/Scholz/*Di Fabio* Art. 2 Abs. 2 Nr. 1 Rn. 7.

122 Zur Menschenwürdegarantie BVerfGE **6** 32, 41; **54** 143, 146; **75** 369, 380; **80** 367, 373 f.; **93** 266, 293; Dürig/Herzog/Scholz/*Di Fabio* Art. 2 Abs. 2 Nr. 1; Rn. 11.

123 *Charnitzky/Weigel* RIW **2022** 12, 17.

124 BT-Drs. 19/28649 S. 42; Grabosch/*Grabosch* § 2 Rn. 66.

125 Siehe hierzu § 7 Rn. 45 ff.

126 BT-Drs. 19/28649 S. 42; Grabosch/*Grabosch* § 2 Rn. 66.

127 Handreichung Angemessenheit S. 8.

128 *Charnitzky/Weigel* RIW **2022** 12, 16.

129 *Charnitzky/Weigel* RIW **2022** 12, 17; siehe hierzu im Detail auch § 7 Rn. 58 ff., insbesondere im Hinblick auf die Menschenrechtslage in der chinesischen Provinz Xinjiang.

130 BT-Drs. 19/28649 S. 43.

131 BT-Drs. 19/28649 S. 42; Grabosch/*Grabosch* § 2 Rn. 66; *Charnitzky/Weigel* RIW **2022** 12, 17.

132 BT-Dr. 19/28649 S. 43.

a) Unmittelbare (Mit-)Verursachung. § 3 Abs. 2 definiert nicht, wann eine **unmittelbare Verursachung eines Risikos** vorliegt. Die Gesetzesbegründung setzt diesbezüglich voraus, dass das Unternehmen das Risiko unmittelbar und allein hervorgerufen hat oder durch sein Handeln zur Entstehung oder Vertiefung des Risikos kausal beigetragen hat.[133] Das kausale Beitragen zur Entstehung eines Risikos dürfte indes Fälle mittelbarer Verursachung betreffen.[134] Als Beispiel für eine unmittelbare alleinige Verursachung nennt die Gesetzesbegründung die Missachtung von Arbeitsschutzstandards am eigenen Standort. Eine unmittelbare (Mit-)Verursachung soll zum Beispiel dann gegeben sein, wenn ein Unternehmen durch nicht fachgerechte Abfallentsorgung einen Fluss verschmutzt – und andere Unternehmen dies ebenfalls tun – und hierdurch gegebenenfalls die Trinkwasserversorgung der Anwohnenden gefährdet.[135] 53

Hier könnte daran gedacht werden, die allgemeinen Grundsätze zur Ermittlung unmittelbarer Verursacher aus dem Gefahrenabwehrrecht zu übertragen. Grund dafür ist, dass die Definition des Risikos in § 2 Abs. 2 und 3 hinsichtlich der wesentlichen Elemente mit dem Gefahrenbegriff des Ordnungsrechts übereinstimmt. Danach liegt eine (konkrete) Gefahr bei einer Sachlage vor, die im Einzelfall bei ungehindertem Ablauf in absehbarer Zeit die hinreichende Wahrscheinlichkeit eines Schadenseintritts in sich birgt.[136] Ein Risiko im Sinne des LkSG liegt bei einem Zustand vor, bei dem auf Grund tatsächlicher Umstände mit hinreichender Wahrscheinlichkeit ein Verstoß gegen eines der folgenden Verbote droht.[137] Im Ordnungsrecht ist derjenige unmittelbarer Verursacher, dessen Verhalten die Gefahrengrenze überschritten hat und der damit die unmittelbare Ursache für den Eintritt einer Gefahr gesetzt hat.[138] Dies setzt neben einem kausalen Beitrag die Unmittelbarkeit der Verursachung voraus.[139] Entsprechend hätte ein Unternehmen ein Risiko im Sinne des LkSG nur dann unmittelbar verursacht, wenn es die unmittelbare Ursache für den Eintritt des Risikos gesetzt hat. 54

Dieser Ansatz dürfte jedoch im Ergebnis nicht zu einer Begrenzung des nach § 3 Abs. 2 maßgeblichen Verursachungsbeitrags des Unternehmens beitragen, da nach der Intention des Gesetzgebers neben unmittelbaren Verursachungsbeiträgen auch mittelbare Beiträge erfasst sind. Die Anforderungen an die Maßnahmen des Unternehmens dürften jedoch dort höher sein, wo ein solcher unmittelbarer Verursachungsbeitrag gegeben ist.[140] 55

b) Mittelbare Verursachung. Nach der Gesetzesbegründung leistet ein Unternehmen auch dann einen Verursachungsbeitrag (**mittelbare Verursachung**), wenn es durch sein Handeln zur Entstehung oder Vertiefung des Risikos kausal beigetragen hat.[141] Der Begriff „beitragen“ ist dem Zivilrecht bislang unbekannt, zielt jedoch auf eine mittelbare Verursachungshandlung ab.[142] Auch das BAFA legt in seiner Handreichung zur Risikoanalyse ein weites Verständnis des Begriffs „beitragen“ zugrunde: Eine Verursachung liegt danach dann vor, wenn eine Handlung oder Unterlassung des Unternehmens die Verletzung einer konkreten Pflicht in irgendeiner Weise erlaubt, ermöglicht oder motiviert.[143] 56

---

133 BT-Dr. 19/28649 S. 43.
134 *Charnitzky/Weigel* RIW **2022** 12, 17.
135 BT-Drs. 19/28649 S. 43.
136 Statt vieler Landmann/Rohmer/*Kubitza* UmweltR, 97. EL Dezember 2021, WHG § 100 Rn. 22.
137 Siehe dazu auch § 4 Rn. 8 ff.
138 So etwa VGH München NJW **2019** 3014 Rn. 8; HessVGH NVwZ **1986** 660; OVG Münster NWVBl. **1993** 351.
139 Landmann/Rohmer/*Beckmann/Wittmann* USchadG § 2 Rn. 38.
140 BT-Drs. 19/28649 S. 42; Grabosch/*Grabosch* § 2 Rn. 66; *Charnitzky/Weigel* RIW **2022** 12, 17.
141 BT-Drs. 19/28649 S. 43.
142 *Charnitzky/Weigel* RIW **2022** 12, 17.
143 „Handreichung zur Umsetzung einer Risikoanalyse nach den Vorgaben des Lieferkettensorgfaltspflichtengesetzes“ (im Folgenden **„Handreichung Risikoanalyse“**) S. 14 – abrufbar unter https://www.bafa.de/DE/Lieferketten/Risikoanalyse/risikoanalyse_node.html (zuletzt am 14.2.2023).

57 Dieses Verständnis wird bestärkt durch die VN-Leitprinzipien, denen die Sorgfaltspflichten des LkSG im Wesentlichen nachgebildet sind. Danach erstrecken sich die Sorgfaltspflichten des Unternehmens auf alle nachteiligen Auswirkungen, die „das Wirtschaftsunternehmen durch seine eigene Tätigkeit unter Umständen verursacht oder zu denen es beiträgt oder die *infolge seiner Geschäftsbeziehungen* mit seiner Geschäftstätigkeit, seinen Produkten oder Dienstleistungen *unmittelbar verbunden sind.*“[144] Dieses Verständnis geht deutlich über eine unmittelbaren Verursachung hinaus und setzt lediglich, wie dies auch in der Gesetzesbegründung anklingt, lediglich einen kausalen Verursachungsbeitrag voraus.[145] Daher wird man letztlich in jedem Beitrag, der kausal im Sinne der *conditio sine qua non*-Formel ist, eine Mitverursachung sehen müssen, geschah dies nun unmittelbar oder mittelbar.[146]

58 Ein solch weites Verständnis des Verursachungsbeitrages muss jedoch, um die Anforderungen an die Unternehmen nicht unverhältnismäßig auszudehnen, zur Folge haben, dass bei bloß mittelbaren Verursachungsbeiträgen, die keinen unmittelbaren Beitrag zur Risikoschaffung oder -vertiefung geleistet haben, keine hohen Anforderungen an das Maß der angemessenen Sorgfaltspflichten gestellt werden dürfen. Eine Konkretisierung des Verursachungsbeitrages durch die zuständigen Behörden wäre jedoch angebracht.[147]

59 Als Beispiel einer mittelbaren Verursachung nennt die Gesetzesbegründung den Fall, dass ein Unternehmen die Produktanforderungen gegenüber seinem Zulieferer in letzter Minute ändert, ohne die Lieferzeiten oder den Einkaufspreis anzupassen, und der Zulieferer in Folge gegen ILO-Kernarbeitsnormen verstößt, um den geänderten Anforderungen gerecht zu werden.[148] Auch aus diesem Beispiel geht hervor, dass der Gesetzgeber hier keine Einschränkungen des Verursachungsbeitrages etwa im Sinne eines adäquaten Kausalzusammenhangs oder einer Unmittelbarkeit vorsieht.[149]

II. Zusammenhang von Wirksamkeit und Angemessenheit

60 Neben einer Angemessenheitsprüfung der Maßnahme muss das Unternehmen auch stets eine Wirksamkeitsprüfung vornehmen.[150] Wirksam sind dabei nach § 4 Abs. 2 LkSG jene Maßnahmen, die es ermöglichen, menschenrechtliche und umweltbezogene Risiken zu erkennen und zu minimieren, Verletzungen zu verhindern, zu beenden oder deren Ausmaß zu minimieren. Gedanklich erfolgt die Wirksamkeitsprüfung vor der Angemessenheitsprüfung. Denn nur aus wirksamen Maßnahmen darf das Unternehmen angemessen auswählen. Ziel muss es sein, dass eine angemessene Maßnahme stets auch wirksam Risiken oder Verletzungen verringert oder beendet.

III. Beurteilung der Angemessenheit

1. Zeitpunkt

61 Ob eine Maßnahme zur Erfüllung der Sorgfaltspflichten bzw. die diesbezügliche Ermessensentscheidung des Unternehmens angemessen war, ist nach allgemeinen Grundsätzen[151] wie auch den Antworten des Bundesministeriums für Arbeit und Soziales *ex ante* zu beurteilen. Der dem

144 VN-Leitprinzip 17 Buchst. a).
145 In diese Richtung *Charnitzky/Weigel* RIW **2022** 12, 17.
146 *Charnitzky/Weigel* RIW **2022** 12, 17.
147 Ebenso *Charnitzky/Weigel* RIW **2022** 12, 17.
148 BT-Drs. 19/28649 S. 43.
149 Kritisch daher *Charnitzky/Weigel* RIW **2022** 12, 17.
150 Beispiel zum Zusammenspiel von Wirksamkeit und Angemessenheit: Handreichung Angemessenheit S. 21.
151 So etwa für die Beurteilung von Ermessensspielräumen im Zivilrecht MüKo-BGB/*Würdinger* BGB § 315 Rn. 62.

Unternehmen eingeräumte Ermessensspielraum muss auch bei der behördlichen Kontrolle anerkannt und berücksichtigt werden. Das BAFA hat also zu prüfen, ob ein Unternehmen zum Zeitpunkt der Entscheidung, also ex ante, angemessen gehandelt hat und hinterfragt die Unternehmensentscheidung nicht aus einer *ex-post-facto*-Sicht.[152] Es liegt also kein Verstoß gegen Sorgfaltspflichten vor, wenn das Unternehmen bei der Bewertung von Risiken oder Maßnahmen vernünftigerweise davon ausgehen durfte, die Kriterien des § 3 Abs. 2 ausreichend berücksichtigt zu haben.[153]

2. Nachweisführung

62 Entscheidend ist auch, wie das Unternehmen darlegen muss, wirksame und angemessene Maßnahmen getroffen zu haben. Das BAFA führt in seiner Handreichung aus, die Unternehmen müssten „*nachweisen*", dass sie wirksame und angemessene Maßnahmen getroffen hätten.[154] Diese Formulierung kann allerdings nicht bedeuten, dass das Unternehmen in einem Sanktionsverfahren die Beweispflicht bezüglich der Wirksamkeit oder Angemessenheit der eigenen Maßnahmen trägt. Die Grundsätze des Strafprozessrechts, die auch auf das im LkSG durchzuführende Ordnungswidrigkeitenverfahren anzuwenden sind, widersprechen einem derartigen Verständnis.[155]

IV. Unbestimmtheit der Angemessenheit

63 Obwohl der Angemessenheitsvorbehalt des § 3 Abs. 2 als Abschwächung gegenüber der verkehrsüblichen Sorgfalt nach § 276 BGB insbesondere aufgrund des flexiblen Handlungsrahmens begrüßt wurde, so wurde vielfach kritisiert, dass die Offenheit der Angemessenheitskriterien die Rechtsanwendung erschwere und zu **Rechtsunsicherheiten** führen wird.[156]

64 Einerseits setzt das LkSG mit § 3 Abs. 2 den **Verhältnismäßigkeitsgrundsatz** um und versucht so, eine unverhältnismäßige Belastung der Unternehmen im Einzelfall zu vermeiden.[157] Aufgrund der Schwierigkeiten, die konkret geschuldeten angemessenen Sorgfaltspflichten zu bestimmen, wurden jedoch **verfassungsrechtliche Zweifel** hinsichtlich der Bestimmtheit von § 3 Abs. 2 geäußert.[158] Insbesondere wird das Konzept der Angemessenheit im Hinblick auf die teils gravierenden Bußgeldrisiken mit dem verfassungsrechtlichen Bestimmtheitsgrundsatz bei strafbewehrten Normen nach Art. 103 Abs. 2 GG für unvereinbar gehalten.[159] An einer vergleichbaren Hürde hinsichtlich der Bestimmtheit scheiterte bereits die Bußgeldregelung des *loi de vigilance*[160] in Frankreich,[161] dem die Regelungen des LkSG weitgehend entsprechen.

---

152 Antwort VI.3 FAQ-LkSG.

153 VCI Diskussionspapier S. 33.

154 Handreichung Angemessenheit S. 3ff.

155 So auch *Birkefeld/Schäfe*, ZLR 2023, 25, 39.

156 *Dohrmann* CCZ **2021** 265, 270; *Wagner/Ruttloff* NJW **2021** 2145, 2146; *Ehmann* ZVertriebsR **2021** 141, 145; *Gehling/Ott/Lüneborg*, CCZ **2021** 230, 233; *Nietsch/Wiedmann* CCZ **2021** 101, 110.

157 BT-Drs. 19/28649, 42; *Spindler* ZHR **2022** 67, 81; *Lutz-Bachmann/Vorbeck/Wengenroth* BB **2021** 906, 910. Entsprechend dürfte das Kriterium der Angemessenheit im Einzelfall eine mit der Berufsfreiheit nach Art. 12 Abs. 1 GG vereinbare verfassungskonforme Auslegung der Sorgfaltspflichten ermöglichen, vgl. *Thalhammer*, DÖV **2021** 825, 831.

158 So etwa von *Spindler* ZHR **2022**, 67, 81; *Wagner/Ruttloff* NJW **2021** 2145, 2146; *Nietsch/Wiedmann* CCZ **2021** 101, 110.

159 *Wagner/Ruttloff* NJW **2021** 2145, 2146; *Nietsch/Wiedmann* CCZ **2021** 101, 110; Kritik auch bei *Jungkind/Raspé/Terbrack* Der Konzern **2021** 445, 448; DAV-Ausschüsse NZG 2021 546; *Thüsing* ZRP **2021** 97, 98; *Keilmann/Schmidt* WM **2021** 717, 718.

160 Loi n° 2017–399 du 27.3.2017 relative au devoir de vigilance des sociétés mères et des entreprises donneuses d'ordre; vgl. dazu *Nasse* ZEuP **2019** 774 ff.

161 Vgl. Entscheidung des *Conseil Constitutionnel*, Décision N°2017-750DC = ECLI:FR:CC:2017:2017.750.DC; dazu auch *Wagner/Ruttloff* NJW **2021** 2145.

65 Das **Bestimmtheitsgebot** verlangt von Gesetzen, dass diese steuernde und begrenzende Handlungsmaßstäbe enthalten, anhand derer Gerichte eine wirksame Rechtskontrolle vornehmen können. Das Gebot der Normenklarheit legt zudem den Fokus auf die inhaltliche Verständlichkeit der Regelung.[162] Die Gebote der Bestimmtheit und der **Normenklarheit** verlangen also, dass für die Normadressaten sowohl die von ihnen verlangten Pflichten als auch die bei Nichtbeachtung drohenden Folgen absehbar sind.[163] Der Gesetzgeber ist dabei gehalten, seine Regelungen so bestimmt zu fassen, wie dies nach der Eigenart des zu ordnenden Lebenssachverhalts mit Rücksicht auf den Normzweck möglich ist.[164]

66 Das Gebot der Bestimmtheit und Normklarheit steht der Verwendung unbestimmter, konkretisierungsbedürftiger Rechtsbegriffe nicht entgegen. Die Nutzung von **Generalklauseln** oder unbestimmten, wertausfüllungsbedürftigen Begriffen ist aber nur dann verfassungsrechtlich unbedenklich, wenn die Norm eine zuverlässige Grundlage für ihre Auslegung und Anwendung bietet.[165] Dabei kann der Grad der für eine Norm jeweils erforderlichen Bestimmtheit nicht abstrakt festgelegt werden, sondern hängt von den Besonderheiten des jeweiligen Tatbestandes einschließlich der Umstände ab, die zur gesetzlichen Regelung geführt haben.[166] Vor dem Hintergrund der **Gewaltenteilung** und dem Verfassungsgrundsatz des **Vorbehalts des Gesetzes** ist in diesem Fall zu beachten, dass der Gesetzgeber die entscheidenden Grundlagen des zu regelnden Rechtsbereichs, die den Freiheits- und Gleichheitsbereich des Bürgers wesentlich betreffen, selbst festlegt und dies nicht dem Handeln der Verwaltung überlässt[167] Die Verwaltung kann zwar durch Gesetz ermächtigt werden, Rechtsverordnungen zu erlassen. Gerade die Komplexität der zu regelnden Sachverhalte kann insoweit den Umfang der Regelungspflicht durch den Gesetzgeber begrenzen.[168] Je schwerwiegender die Auswirkungen für die Normadressaten sind, desto höhere Anforderungen werden jedoch an die Bestimmtheit der Ermächtigung zu stellen sein.[169]

67 Die entsprechende Unbestimmtheit der Angemessenheitskriterien des § 3 Abs. 2 ist daher grundsätzlich keineswegs unzulässig. Dies gilt insbesondere, da die von den Sorgfaltspflichten des LkSG zu erfassenden Einzelfälle eine sehr hohe Streubreite an einzelfallspezifischen Besonderheiten aufweisen können.[170] So geht auch das Bundesministerium für Arbeit und Soziales davon aus, dass der Begriff der Angemessenheit ein unbestimmter Rechtsbegriff sein muss, damit er auf die Vielzahl der unterschiedlichen Unternehmenstypen und Risiken anwendbar ist.[171]

68 Der Gesetzgeber muss jedoch jedenfalls die wesentlichen Kriterien zur Bestimmung der Angemessenheit selbst – etwa durch einen parlamentsgesetzlichen Katalog – regeln.[172] Einen solchen Katalog sieht § 3 Abs. 2 Nummern 1 bis 4 vor. Die verbleibende Unbestimmtheit dieser Kriterien ist notwendig, um Einzelfallgerechtigkeit zu ermöglichen.[173]

69 Zur weiteren Konkretisierung dieser Kriterien darf der Gesetzgeber den Behörden gewisse **Spielräume** lassen.[174] Hierzu darf er auch auf bestimmte Verwaltungsvorschriften oder sonstige

---

162 Vgl. BVerfGE **156** 11, 45 f. = NVwZ 2021, 226 Rn. 86 f; BVerfG, NJW 2022, 1583 Rn. 272.

163 BVerwG NVwZ **2014** 527 Rn. 21; dazu auch *Thalhammer* DÖV **2021** 825, 832.

164 BVerfG NJW **2022** 1583 Rn. 272.

165 BVerfG NJW **2003** 1030, 71; BVerfGE **153** 310 = NVwZ-RR **2020** 569, 572 Rn. 77; *Kamann/Irmschwer* NZWiSt **2021** 249, 253.

166 Vgl. BVerfGE **28** 175, 183; BVerfGE **86** 288, 311 = NJW **1992** 2947; BVerfGE **126** 170, 196 = NJW **2010** 3209; BVerfGE **131** 268, 307 = NJW **2012** 3357; BVerfGE **134** 33, 81 f. = NJW **2013** 3151 Rn. 112; BVerfGE **143** 38, 55 = NJW **2016** 3648 Rn. 41.

167 StRspr, vgl. BVerfGE **56** 1, 13; **141** 143, 170 Rn. 59; **147** 253, 309 f. Rn. 116; **150** 1, 99 ff. Rn. 199 ff.; BVerfG NJW **2021** 1723, Rn. 260.

168 BVerfGE **150** 1, 99 Rn. 197; BVerfG NJW **2021** 1723, Rn. 260.

169 BVerfG NJW **2021** 1723, Rn. 260.

170 *Gailhofer/Verheyen* ZUR **2021** 402, 410.

171 Antwort VI.3 FAQ-LkSG.

172 BVerfG NJW **2018** 361 Rn. 120.

173 *Thalhammer* DÖV **2021** 825, 832; ebenso Grabosch/*Grabosch* § 2 Rn. 69.

174 So auch in BVerfG NJW **2018** 361 Rn. 120.

untergesetzliche Regelwerke verweisen,[175] solange es sich dabei um einen **statischen Verweis** handelt, aus dem selbst hervorgeht, welche Regelwerke gelten sollen.[176] Entsprechend ist der Verweis auf die in § 2 genannten völkerrechtlichen Übereinkommen unproblematisch.[177] Als weitere Konkretisierung sieht der Gesetzgeber zudem die in der Begründung zu § 3 genannten Referenzdokumente wie die branchenspezifischen und branchenübergreifenden Leitlinien internationaler Organisationen vor.[178] Unternehmen sollen danach im Rahmen der Angemessenheitsprüfung sollten insbesondere folgende **Leitfäden** zugrunde legen:

- VN-Leitprinzipien für Wirtschaft und Menschenrechte von 2011;
- OECD-Leitsätze für multinationale Unternehmen (2011);
- Nationaler Aktionsplan für Wirtschaft und Menschenrechte von 2016;
- UN OHCHR (2012): The Corporate Responsibility to Respect Human Rights: An Interpretive Guide;
- UN OHCHR (2018): Corporate human rights due diligence – Getting started, emerging practices, tools and resources;
- OECD (2018): OECD Due Diligence Guidance for Responsible Business Conduct.

Hinzu kommen ggf. **Sektorspezifische Leitfäden**, insbesondere: 70

- OECD (2016): OECD Due Diligence Guidance for Responsible Supply Chains of Minerals from Conflict-Affected and High-Risk Areas,
- OECD/FAO (2016): OECD-FAO Guidance for Responsible Agricultural Supply Chains,
- OECD (2017): OECD Due Diligence Guidance for Meaningful Stakeholder Engagement in the Extractive Sector,
- OECD (2018): OECD Due Diligence Guidance for Responsible Supply Chains in the Garment and Footwear Sector,
- OECD (2017): Responsible business conduct for institutional investors: Key considerations for due diligence under the OECD Guidelines for Multinational Enterprises,
- OECD (2019): Due Diligence for Responsible Corporate Lending and Securities Underwriting: Key considerations for banks implementing the OECD Guidelines for Multinational Enterprises.

Die Fülle dieser ggf. zu beachtenden Leitfäden macht es den Unternehmen jedoch nicht leichter, 71 im Einzelfall den Umfang der Angemessenheit zu bestimmen. Verbleibende Zweifel an der hinreichenden Bestimmtheit von § 3 Abs. 2 dürften sich jedoch nicht auf die Verfassungsmäßigkeit von § 3 Abs. 2 selbst auswirken; insoweit drohen den Unternehmen aus dieser Norm alleine noch keine Nachteile. Eine mögliche Verfassungswidrigkeit dürfte allenfalls, wie in Frankreich, die Bußgeldnormen betreffen.[179]

Zur Konkretisierung der Anforderungen und Schaffung von Rechtssicherheit hat daher unter 72 anderem der Wissenschaftliche Beirat beim Bundesministerium für Wirtschaft und Klimaschutz in seinem Gutachten zum LkSG gefordert, zumindest im Rahmen der europäischen Regeln eine Liste „sicherer Herkunftsländer" vorzusehen. Für Unternehmen aus nicht-sicheren Herkunftsländern sollten zudem Positiv- sowie Negativlisten eingeführt werden, die eine Wahrung von Menschen- und Arbeitnehmerrechten zertifizieren oder aber auf eine systematische Verletzung hin-

175 BVerfG NVwZ **2011** 1062, Rn. 70.

176 BVerfGE **153** 310 = NVwZ-RR **2020** 569 Rn. 79; siehe auch *Thalhammer* DÖV **2021** 825, 832.

177 Siehe hierzu auch § 24 Rn. 10 ff.

178 BT-Drs. 19/28649 S. 41 f.; ein expliziter Verweis findet sich auch in Antwort VI.4 FAQ-LkSG; dazu *Beckers* ZfPW **2021** 220, 236.

179 Vgl. *Kamann/Irmscher* NZWiSt **2021** 249, 253. Nach dem Bestimmtheitsgebot des Art. 103 Abs. 2 GG ist Wortlaut von Strafnormen so zu fassen, dass der Normadressat im Regelfall bereits anhand des Wortlauts der gesetzlichen Vorschrift voraussehen kann, ob ein Verhalten strafbar ist oder nicht, vgl. BVerfGE **143** 38, 53 f. = NJW **2016** 3648 Rn. 38; BVerfGE **153** 310, 340 = NVwZ-RR **2020** 569 Rn. 74; BVerfG NJW **2022** 139 Rn. 155; kritisch daher *Schäfer* ZLR **2022** 22, 30 f.; ebenso *Kamann/Irmscher* NZWiSt **2021** 249, 253; *Keilmann/Schmidt* WM **2021** 717, 721; *Harings/Zegula* CCZ **2022** 165, 170.

weisen.[180] Entsprechende Forderungen wurden bereits im Rahmen des Gesetzgebungsverfahrens zum LkSG laut.[181]

73 Zur rechtssicheren Anwendung des Gesetzes – sowie zur verfassungsrechtlich gebotenen Konkretisierung des unbestimmten Rechtsbegriffs – ist es daher unerlässlich, dass die zuständigen Ministerien und Behörden mithilfe von Verordnungen, der Herausbildung einer Entscheidungspraxis und Handreichungen den Maßstab der jeweils *angemessenen* Sorgfaltspflichten näher zu determinieren. Eine Konkretisierung ist umso dringender, als das Gesetz mit dem Kriterium der Angemessenheit auch den „überschießend gesetzten Schutzbereich"[182] des § 2 ausgleichen will. Das Gesetz sieht in § 20 vor, dass künftig **Handreichungen** der zuständigen Behörden zur weiteren Konkretisierung beitragen.[183] Diese Handreichungen können jedoch nur bedingt zur Rechtssicherheit beitragen, da es sich dabei nur um Empfehlungen handelt.[184]

E. Reichweite der Sorgfaltspflichten in verbundenen Unternehmen

74 Bislang wenig Beachtung im Schrifttum hat die Frage gefunden, welche Sorgfaltspflichten die Muttergesellschaft hinsichtlich solcher Tochtergesellschaften treffen, die nach § 2 Abs. 6 in ihren Geschäftsbereich einbezogen sind.[185] Nach § 2 Abs. 6 S. 3 gehören zum eigenen Geschäftsbereich neben der Gesellschaft selbst auch mit ihr **verbundene Unternehmen** im In- und Ausland. Voraussetzung ist, dass die Obergesellschaft auf die konzernangehörige Gesellschaft einen bestimmenden Einfluss ausübt. Dabei muss eine Einflussnahme nach dem jeweils anwendbaren Recht möglich sein.[186]

75 Teilweise wird jedoch angenommen, dass aus dieser Einbeziehung noch nicht folgt, dass die Konzernmutter auch Sorgfaltspflichten gegenüber den Zulieferern ihrer Tochterunternehmen (als eigene unmittelbare Zulieferer) wahrnehmen muss, wenn diese die Muttergesellschaft weder unmittelbar noch mittelbar beliefern.[187] Hierfür könnte auch sprechen, dass der Gesetzgeber nicht ausdrücklich klargestellt hat, dass die Einbeziehung einer Gesellschaft in den eigenen Geschäftsbereich der Muttergesellschaft nach § 2 Abs. 6 S. 3 einer originären Eröffnung des Anwendungsbereichs des LkSG entsprechen soll, mit der einzigen Abweichung der Verantwortlichkeit.[188] Nach dem Wortlaut des § 2 Abs. 6 S. 1 umfasst der eigene Geschäftsbereich also jede Tätigkeit des Unternehmens zur Erreichung des Unternehmensziels. Auch § 2 Abs. 6 Satz 3 bezieht sich nur auf den so definierten Geschäftsbereich, nicht auf die Tätigkeiten von Zulieferern des Unternehmens.[189] Die Sorgfaltspflichten würden sich nach dem Wortlaut daher nur auf Zulieferungen an das Unternehmen selbst, keine Zulieferungen an die über § 2 Abs. 6 S. 3 LkSG einbezogenen Konzerngesellschaften erstrecken.[190]

---

180 Gutachten des Wissenschaftlichen Beirats beim Bundesministerium für Wirtschaft und Klimaschutz (BMWK), Menschenrechte und unternehmerische Sorgfaltspflichten, 7.4.2022, S. 29, abrufbar unter https://www.bmwk.de/Redaktion/DE/Publikationen/Ministerium/Veroeffentlichung-Wissenschaftlicher-Beirat/gutachten-menschenrechte-und-unternehmerische-sorgfaltspflichten.pdf?__blob=publicationFile&v=20 (zuletzt am 20.2.2023).

181 So etwa in den Stellungnahmen des VDMA und BGA; vgl. auch *Thalhammer* DÖV **2021** 825, 832 m.w.N.; ebenso *Herrman/Rünz* DB **2021** 3078, 3081; VCI Diskussionspapier Frage 33.

182 So *Ehmann/Berg* GWR **2021** 287, 291.

183 *Gehling/Ott/Lüneborg* CCZ **2021** 230, 233.

184 *Thalhammer* DÖV **2021** 825, 832.

185 Bislang dazu *Ott/Lüneborg/Schmelzeisen* DB **2022** 238, 246; *Charnitzky/Weigel* RIW **2022** 12, 13; Grabosch/*Grabosch* § 5 Rn. 29 ff.; sowie im Ansatz bei Kubis/Tödtmann/*Hettich/Charnitzky* Vorstands-HdB, § 14 Verbundene Unternehmen Rn. 285; sowie *Nietsch/Wiedmann* NJW **2022** 1, 7.

186 Antwort IV.5 FAQ-LkSG.

187 *Schall* NZG **2022** 1235, 1240; *Charnitzky/Weigel* RIW **2022** 12, 13.

188 Zu dieser Sicht auch *Ott/Lüneborg/Schmelzeisen* DB **2022** 238, 246.

189 *Ott/Lüneborg/Schmelzeisen* DB **2022** 238, 246.

190 *Charnitzky/Weigel* RIW **2022** 12, 13.

Dieser Ansicht widersprechen jedoch die Antworten und Hinweise des Bundesministeriums für Arbeit und Soziales, die insoweit entscheidend dahingehend differenzieren, ob Konzernmutter und Tochter jeweils in den Anwendungsbereich des LkSG fallen und ob die Obergesellschaft bestimmenden Einfluss ausübt oder nicht.[191] 76

Fallen sowohl Obergesellschaft als auch Tochter unter den Anwendungsbereich des LkSG, wird jedoch **kein bestimmender Einfluss** ausgeübt, so müssen beide Unternehmen die Sorgfaltspflichten für ihren eigenen Geschäftsbereich und entlang ihrer Lieferketten erfüllen. Dabei ist grundsätzlich von einer getrennten Durchführung sämtlicher Pflichten auszugehen.[192] Dies entspricht dem „normalen" Ablauf der Sorgfaltspflichten, § 2 Abs. 6 S. 3 kommt hier nicht zur Anwendung. Entsprechend muss die Konzernmutter die Tochter als unmittelbaren Zulieferer in ihre Sorgfaltspflichten einbeziehen, wenn entsprechende Lieferbeziehungen bestehen. 77

Fallen sowohl Konzernmutter wie -tochter unter das LkSG und besteht ein **bestimmender Einfluss**, so umfassen die Sorgfaltspflichten der Konzernmutter auch den Geschäftsbereich und die Lieferketten des Tochterunternehmens, unabhängig davon, ob die Tochter Produkte oder Dienstleistungen an die Obergesellschaft liefert.[193] Dies hat zur Folge, dass für die Bestimmung des Umfangs der Sorgfaltspflichten das konzernrechtliche Trennungsprinzip gelockert wird und unmittelbare Zulieferer der jeweiligen Gruppengesellschaften im Rahmen der Prüfung wie eigene unmittelbare Zulieferer der Muttergesellschaft behandelt werden.[194] In diesem Fall kann das Risikomanagement des Tochterunternehmens, abhängig von der Risikodisposition von Mutter und Tochter, bei der Mutter oder im Tochterunternehmen verankert werden. Wird das Risikomanagement bei der Tochter angesiedelt, kann es angemessen sein, dass sich der Pflichteninhalt der **Obergesellschaft** auf bloße **Überwachungspflichten** bzgl. des Tochterunternehmens reduziert. Das Bundesministerium stellt hier jedoch auf die jeweilige Risikolage ab.[195] Unabhängig von den Pflichten der Konzernmutter ist in dieser Konstellation jedoch auch das Tochterunternehmen selbst dafür verantwortlich, dass die Sorgfaltspflichten im eigenen Geschäftsbereich und entlang seiner Lieferketten erfüllt werden.[196] Gegebenenfalls ist hier jedoch ein Verweis auf die Pflichterfüllung durch die Mutter ausreichend.[197] 78

Fällt nur die Obergesellschaft in den Anwendungsbereich, so muss sie die Sorgfaltspflichten entlang ihrer Lieferkette im eigenen Geschäftsbereich erfüllen. Dieser schließt nach § 2 Abs. 6 S. 3 den Geschäftsbereich einer Tochter ein, wenn bestimmender Einfluss ausgeübt wird. Andernfalls muss die Obergesellschaft die Tätigkeiten der Tochter nur dann prüfen, wenn sie (unmittelbarer) Zulieferer der Obergesellschaft ist.[198] Hat nur das Tochterunternehmen Sorgfaltspflichten nach dem LkSG zu beachten, so bleibt der Geschäftsbereich der Konzernmutter außer Acht. § 2 Abs. 6 S. 3 rechnet insoweit nur in Richtung der Konzernmutter zu, nicht umgekehrt. 79

Mit dieser Differenzierung dürfte der Regelungsintention des Gesetzgebers Rechnung getragen werden, da menschenrechtliche und umweltbezogene Risiken vor allem entlang der Lieferkette und nicht im eigenen **inländischen Geschäftsbereich** zu erwarten sein dürften.[199] Zudem werden zufällige Erweiterungen oder Begrenzungen des Prüfungsumfangs vermieden, etwa wenn Konzernmütter als **Holdinggesellschaften** über keine oder nur wenige unmittelbare Zulieferer 80

191 Antwort IV.7 FAQ-LkSG. Auch *Nietsch/Wiedmann* NJW **2022** 1, 7 wollen die Adressaten der Sorgfaltspflichten einflussabhängig bestimmen.

192 Antwort IV.7 FAQ-LkSG.

193 Antwort IV.7 FAQ-LkSG.

194 *Ott/Lüneborg/Schmelzeisen* DB **2022** 238, 246.

195 Antwort IV.7 FAQ-LkSG.

196 Antwort IV.7 FAQ-LkSG; einen Befreiungstatbestand für konzernangehörige Unternehmen lehnt auch *Grabosch*. in: Grabosch (Hrsg.), Das neue Lieferkettensorgfaltspflichtengesetz, § 5 Rn. 30 ab.

197 *Ott/Lüneborg/Schmelzeisen* DB **2022** 238, 246.

198 Antwort IV.7 FAQ-LkSG.

199 *Ott/Lüneborg/Schmelzeisen* DB **2022** 238, 246; **aA** *Schall* NZG **2022** 1235, 1240: die weitereichenden Folgen wurden nicht bedacht und würden den Kompromisscharakter des Gesetzes unterlaufen.

verfügen.[200] Eine starre Orientierung am Gesetzeswortlaut nach der eingangs dargestellten Ansicht würde dazu führen, dass die Zulieferer von Konzerntöchtern auch bei bestimmendem Einfluss der Mutter allenfalls als mittelbare Zulieferer zu beachten wären. Dies würde jedoch zu einer Ungleichbehandlung führen gegenüber Konzernmüttern mit einem umfangreicheren operativen Geschäft.[201]

F. Zivilrechtliche Haftung für das Verhalten von Zulieferern[202]

I. Keine Haftung nach dem LkSG

81 Die Frage der zivilrechtlichen Haftung gehörte im Laufe des Gesetzgebungsverfahrens zu den umstrittensten Punkten.[203] Eine explizite Haftungsnorm war zwar, entgegen dem Vorschlag der Fraktion Bündnis 90/Die Grünen[204] nie vorgesehen. Es wurde jedoch diskutiert, ob die Sorgfaltspflichten des LkSG als **Schutzgesetze** im Sinne des § 823 Abs. 2 BGB wirken oder **erweiterte Verkehrssicherungspflichten** nach § 823 Abs. 1 BGB begründen können.[205]

82 Um klarzustellen, dass das LkSG keine zivilrechtliche Haftung begründen soll, wurde nach der Beschlussempfehlung des Ausschusses für Arbeit und Soziales § 3 Abs. 3 eingefügt.[206] Nach § 3 Abs. 3 S. 1 begründet eine Verletzung der Pflichten aus dem LkSG keine zivilrechtliche Haftung. Eine unabhängig vom LkSG begründete **zivilrechtliche Haftung** bleibt nach § 3 Abs. 3 S. 1 unberührt. Damit stellt der Gesetzgeber klar, dass das LkSG gegenüber der geltenden Rechtslage keine zusätzlichen zivilrechtlichen Haftungsrisiken für Unternehmen schafft.[207] Diese Klarstellung bezieht sich auf die materielle Erweiterung oder Begründung sowohl von vertraglichen wie auch deliktischen Ansprüchen.[208] Insbesondere stellen die Gesetzgebungsmaterialien klar, dass die Sorgfaltspflichten keine Schutzgesetze im Sinne des § 823 Abs. 2 BGB darstellen.[209] Eine Durchsetzung der Sorgfaltspflichten soll vielmehr allein im Verwaltungsverfahren bzw. mit Mitteln des Ordnungswidrigkeitenrechts erfolgen.[210] Danach scheidet also eine unmittelbare **Außenhaftung** nach dem LkSG bzw. aus § 823 Abs. 2 in Verbindung mit Normen des LkSG aus.[211]

83 Mit dieser Klarstellung berücksichtigt der Gesetzgeber insbesondere, dass das Unternehmen keinen unmittelbaren Einfluss auf Zulieferer hat, um die Erfüllung der Pflichten nach § 2 LkSG durchzusetzen und nicht zum Erfolg, sondern nur zu einem Bemühen verpflichtet ist.[212]

II. Haftung nach anderen Normen

84 Trotz Einführung des § 3 Abs. 3 ist jedoch weiterhin umstritten, ob die Sorgfaltspflichten des LkSG nicht eine Haftung des Unternehmens nach anderen Normen begründen. Hierbei wird insbeson-

---

200 *Ott/Lüneborg/Schmelzeisen* DB **2022** 238, 246.
201 Ebenso *Ott/Lüneborg/Schmelzeisen* DB **2022** 238, 246.
202 Weiterführend hierzu *Schall/Merkel* Anhang zu § 3 LkSG.
203 Statt vieler Grabosch/*Grabosch* § 7 Rn. 1.
204 Siehe zu diesem Vorschlag BT-Drs. 19/30505 S. 24 f.
205 Siehe etwa die Ausarbeitung des Wissenschaftlichen Dienstes des Bundestags, Gesetzentwurf über die unternehmerischen Sorgfaltspflichten in Lieferketten (Sorgfaltspflichtengesetz-E) Einzelfragen zur zivilrechtlichen Haftung, 27.4.2021, WD 7-3000-040/21.
206 Vgl. BT-Drs. 19/30505 S. 11.
207 BT-Drs. 19/30505 S. 39.
208 Grabosch/*Grabosch* § 7 Rn. 10.
209 BT-Drs. 19/30505 S. 39.
210 BT-Drs. 19/30505 S. 39; dazu auch *Fleischer* DB **2022** 920, 921.
211 *Schäfer* ZLR **2022** 22, 28; *Sagan/Schmidt* NZA-RR **2022** 281, 283.
212 *Rack* CB-Sonderbeilage 1/**2022**, 1, 23.

dere auf § 11 verwiesen, der das Bestehen solcher Ansprüche, inklusive von Ansprüchen aus dem Deliktsrecht, impliziere.[213] Diese Norm führt eine gewillkürte Prozessstandschaft für inländische Gewerkschaften und Nichtregierungsorganisationen ein.[214] Aufgrund der Stellung von § 11 im Abschnitt „Zivilprozess“ läge nahe, aus der Existenz von § 11 eine zivilrechtliche Haftung von Unternehmen aus dem LkSG anzunehmen.[215]

1. Vertragliche Haftung

a) Haftung für Schäden von Arbeitnehmern. Eine Verantwortlichkeit des Unternehmens für das Verhalten von Zulieferern kann sich einerseits aus einem Vertrag ergeben. Dies betrifft insbesondere die Haftung für **Schäden von Arbeitnehmern**. Eigene Arbeitnehmer des Unternehmens können bei Verstößen gegen Menschenrechte häufig einen Schadensersatz- oder Unterlassungsanspruch aus §§ 280 ff. BGB gegen ihren Arbeitgeber geltend machen, da diese Verletzungen gleichzeitig einen Verstoß gegen die **arbeitsvertraglichen Schutzpflichten** des Unternehmens begründen.[216] Dagegen bestehen in der Regel keine eigenen (arbeitsvertraglichen) mit Arbeitnehmern von unmittelbaren oder mittelbaren Zulieferern Verbindungen. 85

Teilweise wird erwogen, aus **Verhaltenskodizes** bzw. einem **Supplier Code of Conduct** eine Haftung des Unternehmens für Verletzungen von Umwelt- oder Arbeitsschutzstandards durch Zulieferer zu begründen.[217] Werden dem Zulieferer bestimmte Vorgaben im Verhaltenskodex hinsichtlich dieser Schutzgüter gemacht, so könnte sich ein Arbeitnehmer des Zulieferers auf diesen Kodex berufen, sofern dieser einen Vertrag zugunsten[218] oder mit Schutzwirkung für Dritte[219] darstellt. Ob dies der Fall ist, muss jeweils durch Auslegung im Einzelfall ermittelt werden.[220] 86

Ansprüche aus **Vertrag zugunsten Dritter** oder aus **Vertrag mit Schutzwirkung für Dritte** scheiden jedoch im Regelfall aus.[221] Im Regelfall ist ein Verhaltenskodex nicht dazu bestimmt, den Arbeitnehmern des Zulieferers Ansprüche gegen ihren Arbeitgeber zu vermitteln und beinhaltet auch keine Selbstbindung des Unternehmens, einen Zulieferer im Interesse seiner Arbeitnehmer zu überwachen. Dazu fehlt es schon an der Leistungsnähe der Arbeitnehmer der Zulieferer.[222] Denn die Arbeitnehmer des Zulieferers sind ebenso wenig wie dieser selbst einer spezifischen Gefahr durch den Auftraggeber ausgesetzt, weil ihm praktisch nur die Zahlung der Vergütung an den Zulieferer obliegt.[223] Außerdem dürfte der Dritte rechtlich nicht schutzbedürftig sein, da ihm als Arbeitnehmer ein vertraglicher Anspruch gegen den Zulieferer zusteht.[224] Würden Lieferantenkodizes dazu verwendet, eine zivilrechtliche Haftung zu begründen, so bestünde zudem die 87

---

213 *Edel/Frank/Heine/Heine* BB **2021** 2890, 2892.
214 *Wagner/Ruttloff* NJW **2021** 2145, 2150; so auch *Treffer* ZAP **2022** 335, 341.
215 *Edel/Frank/Heine/Heine* BB **2021** 2890, 2892.
216 Vgl. *Edel/Frank/Heine/Heine* BB **2021** 2890, 2893.
217 Vgl. dazu *Treffer* ZAP **2022** 335, 336.
218 Vgl. zu dessen Voraussetzungen MüKo-BGB/*Gottwald* BGB § 328 Rn. 19 ff.
219 Zu den Voraussetzungen der Schutzwirkung für Dritte vgl. BGHZ **138** 257, 261 = NJW **1998** 1948; BGH NJW **2004** 3035, 3037; auch MüKo-BGB/*Gottwald* BGB § 328 Rn. 183 ff.
220 BGH NJW **2008** 2245, 2247; auch *Treffer* ZAP **2022** 335, 336.
221 *Späth/Werner* CCZ **2021** 241, 249.
222 LG Dortmund Urt. v. 10.1.2019 – 7 O 95/15, BeckRS **2019** 388 Rn. 34.
223 *Treffer* ZAP **2022** 335, 336.
224 *Fleischer* DB **2022** 920, 926; *Spindler* ZHR **2022** 67, 104; *Thomale/Murko* EuZA **2021** 40, 51. Etwas anderes kann gelten, wenn die Arbeitnehmer des Zulieferers in den räumlichen und organisatorischen Herrschaftsbereich des auftraggebenden Unternehmens eingebunden sind und in dessen Betrieb produzieren; in diesem Fall wird teilweise eine Haftung des Unternehmens analog § 618 Abs. 1 BGB begründet, weil sich die Arbeitnehmer des Zulieferers in seiner Risikosphäre bewegen, vgl. *Treffer* ZAP **2022** 335, 336. Für eine Schutzwirkung zugunsten Dritter in diesen Fällen vgl. MüKo-BGB/*Henssler* BGB § 618 Rn. 26.

Gefahr, dass solche Kodizes nicht mehr verwendet würden, was die Einhaltung von Menschenrechten insgesamt verschlechtern würde.[225]

88 Von manchen Stimmen in der Literatur wird jedoch darauf hingewiesen, dass Unternehmen möglicherweise durch besonders weitreichende Maßnahmen zur Erfüllung ihrer Sorgfaltspflichten auf Basis vertraglicher Vereinbarungen die Voraussetzungen des Vertrags mit Schutzwirkung für Dritte oder die Voraussetzungen einer deliktischen Fürsorgepflicht aufgrund vertraglicher Verantwortungsübernahme begründen können.[226] Dies sollten Unternehmen bei der Ausarbeitung ihrer Kodizes beachten und ggf. explizit klarstellen, dass die Verhaltensregeln für Lieferanten nur diese binden sollen und gerade keinen Schutz für Dritte vermitteln sollen.

89 Unternehmen haften für ihre Zulieferer regelmäßig auch nicht aus **Gehilfenhaftung** über § 278 S. 1 BGB.[227] Eine solche Haftung für einen **Erfüllungsgehilfen** setzt voraus, dass der Zulieferer in den spezifischen Vorgang der Leistungserbringung des Unternehmens gegenüber dessen Kunden eingebunden ist.[228] Das Unternehmen wird jedoch in der Regel nur die Übergabe einer Kaufsache oder die Durchführung einer Dienstleistung oder die Herstellung eines Werks schulden.[229] Der Beschaffungsvorgang des Unternehmers ist dagegen üblicherweise nicht in die Leistungshandlung integriert.[230] Zudem wird es häufig auch an einem Schaden des Kunden des Unternehmers fehlen, wenn etwa dessen Zulieferer Umwelt- oder Arbeitsschutzstandards verletzen, wenn diese Verletzung nicht einen Sachmangel darstellt.[231]

90 **b) Haftung als Zulieferer.** Vertragliche Ansprüche gegen das Unternehmen als Zulieferer können jedoch ggf. von anderen Unternehmen als Abnehmer geltend gemacht werden, wenn die Zulieferer durch Verhaltenskodizes oder spezifische vertragliche Verpflichtungen zur Einhaltung von bestimmten Schutzstandards oder zum Ergreifen von Präventions- oder Abhilfemaßnahmen nach §§ 6, 7 LkSG verpflichtet sind.[232] Die Verletzung von Schutzstandards oder eines Supplier Code of Conduct wäre jedenfalls eine **Nebenpflichtverletzung** in Bezug auf den entsprechenden Liefervertrag nach §§ 241 Abs. 2, 280 Abs. 1 BGB, die den Zulieferer zum Ersatz des aus der Pflichtverletzung resultierenden Schadens verpflichtet.[233] Teilweise dürfte es jedoch schwierig sein, einen entsprechenden Schaden durch das Verhalten eines Zulieferers nachzuweisen.[234] Gelingt dies, können Unternehmen den Zulieferer unter Umständen für erlittene **Bußgeldschäden** in **Regress** nehmen.[235]

91 **c) Haftung wegen Werbung mit Einhaltung von Menschenrechtsstandards.** Auch an eine Haftung aufgrund von **Mängelrechten** nach § 434 Abs. 1 S. 3 BGB kommt in Betracht, wenn das Unternehmen öffentlich mit einer menschen- und umweltrechtskonformen Produktion seiner Waren geworben hat.[236] Nach dem neuen **Sachmangelbegriff** des § 434 Abs. 3 Nr. 2 lit. b BGB gehören zur Beschaffenheit einer Sache auch die Erwartungen des Käufers über bestimmte Eigen-

---

225 Vgl. *Stöbener de Mora/Noll* NZG **2021** 1285, 1287.
226 *Schneider* ZIP **2022** 407, 418.
227 Hopt/*Leyens* Handelsgesetzbuch, 41. Aufl. 2022, HGB § 347 Rn. 4d; *Treffer* ZAP **2022** 335, 337. Andere Normen, die die Haftung von Erfüllungsgehilfen regeln, sind etwa § 651 Abs. 1 Nr. 2 BGB für Reiseveranstalter und §§ 428, 462, 480, 501 und 540 HGB für kaufmännische Beförderer.
228 Vgl. statt vieler BGH NJW **2020** 3312 Rn. 18.
229 Vgl. BGH NJW **2020** 3312 Rn. 18.; MüKo-BGB/*Grundmann* BGB § 278 Rn. 31.
230 BGH NJW **2020** 3312 Rn. 18.; BGH NJW **2014** 2183 Rn. 31, 34; aber vgl. *Treffer* ZAP **2022** 335, 337 zu den Ausnahmen zu dieser Grundregel.
231 Siehe dazu Rn. 88, 89.
232 Vgl. dazu § 6 Rn. 54 ff.
233 Vgl. *Klinner* IWRZ **2021** 243, 248.
234 *Edel/Frank/Heine/Heine* BB **2021** 2890, 2893.
235 Siehe dazu § 6 Rn. 54 ff.
236 *Edel/Frank/Heine/Heine* BB **2021** 2890, 2893.

schaften, soweit sie Gegenstand von öffentlichen Äußerungen des Verkäufers waren.[237] Dies ist insbesondere der Fall bei Werbung oder besonderer Kennzeichnung der Sache, etwa auf der Verpackung. Für solche Äußerungen haftet das Unternehmen auch nach § 434 Abs. 2 S. 1 Nr. 1 BGB, wenn sie Vertragsinhalt wurden, etwa auch durch Nutzung von Prospekten der Hersteller.[238]

Eine **öffentliche Äußerung** liegt vor, wenn sie sich an einen größeren, unbestimmten Perso- 92
nenkreis richtet.[239] Neben Werbeaussagen könnte hier auch die CSR-Berichterstattung nach § 289b HGB bzw. die vom Unternehmen zu veröffentlichende Grundsatzerklärung nach § 6 Abs. 2 eine solche relevante öffentliche Äußerung darstellen. Für CSR-Berichte geht die Literatur überwiegend davon aus, dass diese zwar eine öffentliche Äußerung darstellt, sich aber nicht an den Käufer der Sache richtet, sondern nur an den Kapitalmarkt.[240] Daher soll sie keine Basis einer Sachmängelhaftung sein können.[241] Diese Argumentation dürfte auf die Grundsatzerklärung bzw. die jährlichen Berichte des Unternehmens nach § 10 zu übertragen sein, da das Unternehmen zur Berichterstattung bzw. Abgabe der Grundsatzerklärung gesetzlich verpflichtet ist.[242] Zudem dürfte der Haftungsausschluss aus § 3 Abs. 3 einer Haftung im Zusammenhang mit Äußerungen zur Erfüllung von Sorgfaltspflichten entgegenstehen.[243]

2. Haftung aus Verkehrssicherungspflichten

Eine Haftung des Unternehmens für das Verhalten von Zulieferern kann sich aus der Verletzung 93
von Verkehrssicherungspflichten gemäß § 823 Abs. 1 BGB ergeben.

Verkehrssicherungspflichten verpflichten Unternehmen dazu, den eigenen Betrieb bzw. das 94
eigene Aufsichtsverhalten so einzurichten, dass Verletzungen von Rechtsgütern Dritter durch Personen oder Sachen, die dem Herrschaftsbereich des Unternehmens zuzurechnen sind, vermieden werden.[244] Von Verkehrssicherungspflichten abzugrenzen sind dagegen **Fürsorgepflichten** zum Schutz fremder Rechtsgüter vor Gefahren, die diesen Rechtsgütern aus der Sphäre Dritter oder infolge des Verhaltens des Rechtsgutträgers selbst drohen.[245] Solche Fürsorgepflichten bestehen im Allgemeinen nicht bzw. bedürften einer besonderen Begründung.[246]

Unter Geltung des LkSG stellt sich daher die Frage, ob die Sorgfaltspflichten des LkSG auf 95
den Umfang der Verkehrssicherungspflichten von Unternehmen Einfluss haben, diese Verkehrssicherungspflichten nunmehr also am Maßstab des LkSG zu messen sind.

Der Regierungsentwurf eines Sorgfaltspflichtengesetzes wurde mit dem Ziel und der Vorstellung 96
beschlossen, gegenüber der geltenden Rechtslage keine zusätzlichen zivilrechtlichen Haftungsrisiken für Unternehmen zu schaffen (zur zivilrechtlichen Haftung nach deutschem Recht ausf. Schall/Merkel im Anhang zu § 3).[247] Soweit unabhängig von den neu geschaffenen Sorgfaltspflichten bereits nach der geltenden Rechtslage eine zivilrechtliche Haftung begründet ist, soll diese jedoch unverändert fortbestehen und in besonders schwerwiegenden Fällen in ihrer Durchsetzung erleichtert wer-

237 BeckOK-BGB/*Faust* BGB § 434 Rn. 112.
238 BeckOK-BGB/*Faust* BGB § 434 Rn. 104.
239 *Koch* MDR **2022** 1, 6.
240 *Grunewald* NJW **2021** 1777; *Koch* MDR **2022** 1, 6.
241 *Fleischer* DB **2022** 920, 927; *Koch* MDR **2022** 1, 6.
242 *Fleischer* DB **2022** 920, 927.
243 Grabosch/*Grabosch* § 7 Rn. 22; ebenso *Spindler* ZHR **2022** 67, 103.
244 BGH NJW **2010** 1967 Rn. 6; BGH NJW **2006** 610, 611; BGH NJW **2006** 2326 Rn. 6; MüKo-BGB/*Wagner* BGB § 823 Rn. 447.
245 *Treffer* ZAP **2022** 335, 338; MüKo-BGB/*Wagner* BGB § 823 Rn. 455.
246 MüKo-BGB/*Wagner* BGB § 823 Rn. 455 und 463; *Treffer* ZAP **2022** 335, 338.
247 BT-Drs. 19/30505 S. 39; dazu auch *Späth/Werner* CCZ **2021** 241, 250. Aus diesem Grund hatte die Fraktion von Bündnis 90/Die Grünen den Gesetzesvorschlag abgelehnt und wollte mit einem Änderungsantrag einen eigenständigen deliktischen Haftungstatbestand schaffen, siehe BT-Drs. 19/30505 S. 24 f.; *Stöbener de Mora/Noll* NZG **2021** 1285.

den.[248] Insoweit könnte aus der Gesetzesbegründung also gefolgert werden, dass die Sorgfaltspflichten des LkSG sich nicht auf den Umfang bestehender Verkehrssicherungspflichten von Unternehmen auswirken sollen.[249] Diese Frage ist in der Literatur jedoch umstritten.[250]

97 **a) Für eine Ausweitung der Verkehrssicherungspflichten.** Befürworter einer **Ausweitung der Verkehrssicherungspflichten** um die Sorgfaltspflichten des LkSG weisen zunächst darauf hin, dass die Gesetzesmaterialien mit § 3 Abs. 3 allein eine Haftung nach § 823 Abs. 2 BGB ausschließen wollen.[251] Es sollte also klargestellt werden, was auch der Wissenschaftliche Dienst des Bundestags bereits in seinem Gutachten festgestellt hatte: die Sorgfaltspflichten stellen keine Schutzgesetze im Sinne des § 823 Abs. 2 BGB dar.[252]

98 Zudem wird darauf verwiesen, dass eine deliktische Haftung für das Verhalten Dritter bereits in anderen Fällen durch die Rechtsprechung anerkannt wurde. Einerseits wird das Urteil des BGH zu Verkehrssicherungspflichten von Reiseveranstaltern herangezogen, wonach derjenige, der in seinem Verantwortungsbereich eine Gefahr für Dritte schafft und in der Lage ist, ihr abzuhelfen, grundsätzlich auch verpflichtet ist, zumutbare Vorkehrungen zu treffen, um eine Schädigung anderer möglichst abzuwenden. Dies gelte auch, wenn der Reiseveranstalter nicht selbst zum Entstehen der Gefahr beigetragen hat.[253] Der Veranstalter würde daher jedenfalls wegen Verletzung seiner Kontrollpflichten bezüglich der ausgewählten Vertragspartner haften.[254] Weiter wird auf die Haftung der Betreiber von Internetauktionshäusern und Host-Providern verwiesen,[255] die ebenfalls strukturell vergleichbar mit einer Haftung des Unternehmens für Sorgfaltspflichten in der Lieferkette sei.[256]

99 Entsprechend dieser Urteile könnten auch die Sorgfaltspflichten der §§ 3 ff. die Herausbildung weiterer Verkehrssicherungspflichten nach § 823 Abs. 1 BGB begünstigen.[257] Insbesondere seien die Vorschriften des LkSG als öffentlich-rechtliche Verhaltensvorschriften im Rahmen der Anwendung von § 823 Abs. 1 BGB zu berücksichtigen.[258] Insoweit ist dieser Ansicht zuzugestehen, dass öffentlich-rechtliche Verhaltensvorschriften (wie etwa technische Standards oder die Regelungen des Bauordnungsrechts) als Ausgangspunkt dienen können für die weitere richterliche Herausbildung deliktsrechtlicher Verkehrspflichten.[259] Auch können diese öffentlich-rechtlichen Sicherheitsstandards trotz der Entkopplung von Deliktsrecht und öffentlichem Recht als deliktsrechtliche Mindeststandards fungieren.[260] Dem kann auch nicht der durch die Angemessenheit eingeräumte Ermessensspielraum der Unternehmen entgegengehalten werden, da Organisationspflichten im Zivilrecht stets nur ein Mindestmaß an Organisation verlangen dürfen.[261] Schließlich ist auch die Bemühenspflicht, die den meisten Sorgfaltspflichten zugrunde liegt, kein Ausschlussgrund einer

248 BT-Drs. 19/30505 S. 39.

249 So etwa *Stöbener de Mora/Noll* NZG **2021** 1285; *Späth/Werner* CCZ **2021** 241, 250 f.

250 Näher hierzu auch *Schall/Merkel* Anh. zu 3 LkSG.

251 Etwa *Paefgen* ZIP **2021** 2006, 2016; in der Tendenz auch *Charnitzky/Weigel* RIW **2022** 12, 18; *Ehmann/Berg* GWR **2021** 287; Kubis/Tödtmann/*Hettich/Charnitzky* Vorstands-HdB, § 14 Rn. 299. Ohne nähere Begründung bejahen eine Haftung wegen Verletzung von Verkehrssicherungs- und Organisationspflichten auch *Jungkind/Raspé/Terbrack* Der Konzern **2021** 445, 451; *Rack* CB-Sonderbeilage 1/**2022**, S. 24 f. und *Schumm* StuB **2021** 894, 900.

252 Wissenschaftlicher Dienst des Bundestags, WD 7 – 3000 – 040/21, S. 10 ff.

253 BGHZ **103** 298 = BGH NJW **1988** 1380, 1381; dazu *Paefgen* ZIP **2021** 2006, 2011.

254 BGHZ **103** 298 = BGH NJW **1988** 1380, 1381.

255 Vgl. BGHZ **173** 188 = GRUR **2007** 890.

256 *Paefgen*, ZIP **2021** 2006, 2011.

257 *Nietsch/Wiedmann* CCZ **2021** 101, 109.

258 *Paefgen* ZIP **2021** 2006, 2011.

259 Ausführlich MüKo-BGB/*Wagner* § 823 BGB Rn. 497 ff.; *Schneider* ZIP **2022** 407, 412.

260 MüKo-BGB/*Wagner* § 823 BGB Rn. 499; *Wagner* ZIP **2021** 1095, 1103; *Schneider* ZIP **2022** 407, 412.

261 *Paefgen* ZIP **2021** 2006, 2012; zustimmend insoweit *Spindler* ZHR **2022** 67, 97.

Verkehrssicherungspflicht, da auch diese nur auf eine „bestmögliche Verhinderung des Schadenseintritts" ausgerichtet sind.[262]

b) Gegen eine Ausweitung der Verkehrssicherungspflichten. Überwiegend wird jedoch vertreten, dass sich der gesetzliche Haftungsausschluss nicht nur auf Ansprüche aus dem LkSG selbst, sondern auch aus § 823 Abs. 1 BGB erstreckt (so auch Schall/Merkel, Anhang § 3 Rn. 88 ff.).[263] In dieser engen Interpretation von § 3 Abs. 3 S. 2 soll jedwede Haftung ausgeschlossen sein, die „nur" mit der Verletzung von Sorgfaltspflichten nach dem LkSG – also lediglich aufgrund mittelbarer Rechtsgutsverletzungen bzw. einem Unterlassen – begründet würde. Entsprechend könnte die richterliche Entwicklung von Verkehrssicherungspflichten nicht auf die Sorgfaltspflichten der §§ 3 ff. gestützt werden.[264] 100

Hierfür spricht einerseits der klare gesetzgeberische Wille einer umfassenden Haftungsbeschränkung, der aus den Gesetzesmaterialien hervorgeht. Die Gesetzesmaterialien erwähnen § 823 Abs. 1 BGB zwar nicht ausdrücklich. Genannt wird explizit § 823 Abs. 2 BGB i.V.m. Normen des LkSG als Schutzgesetz.[265] Diese Nennung soll jedoch nicht abschließend sein („insbesondere"),[266] sodass aus der Nichterwähnung von § 823 Abs. 1 BGB nicht gefolgert werden könne, dass § 3 Abs. 3 eine Haftung nach § 823 Abs. 1 BGB vorsehe. 101

Schon die weiteren Hinweise des Bundesministeriums für Arbeit und Soziales machen deutlich, dass deutsche Unternehmen auf Grundlage des LkSG nicht für das Verhalten von Dritten in der Lieferkette haften sollen[267] und eine Verletzung der Pflichten aus dem LkSG keine zivilrechtliche Haftung begründen soll.[268] Auch die Entstehungsgeschichte des § 3 Abs. 3 sowie die kontroversen Debatten und Änderungsanträge zur Schaffung einer Haftungsnorm zeigen, dass eine historisch-genetische Auslegung der Norm eine Ausweitung der Verkehrssicherungspflichten nicht trägt.[269] 102

Vielmehr wollte § 3 Abs. 3 jede zusätzliche aus dem LkSG resultierende Haftung ausschließen, unabhängig von der dogmatischen Grundlage.[270] Dies erfasst auch die Haftung aus Verkehrssicherungspflichten.[271] Andernfalls liefe der Anwendungsbereich von § 3 Abs. 3 praktisch ins Leere, da eine Bejahung von Verkehrssicherungspflichten im Umfang der Sorgfaltspflichten des LkSG dieselben Auswirkungen hätte wie die Bejahung der Schutzeigenschaften der Normen des LkSG.[272] Der Gesetzgeber hat sich bewusst für eine grundsätzliche Durchsetzung des LkSG mit den Mitteln des öffentlichen Rechts und gegen eine zivilrechtliche Haftung entschieden.[273] 103

Zudem widerspricht eine Haftungsbegründung dem deliktsrechtlichen Vertrauensgrundsatz.[274] Dieser besagt, dass das jeweilige Unternehmen nur für seine eigene Sphäre und die von ihm geschaffenen Risiken verantwortlich ist und sich darüber hinaus darauf verlassen kann, dass auch Dritte ihren Verkehrssicherungspflichten nachkommen.[275] Rein drittbezogene Verkehrspflichten sind dem deutschen Deliktsrecht fremd und bestanden vor Erlass des LkSG nicht.[276] 104

---

262 *Spindler* ZHR **2022** 67, 97.
263 So etwa *Fleischer* DB **2022** 920; *Rühl/Knauer* JZ **2022** S. 105, 108; *Stöbener de Mora/Noll* NZG **2021** 1285, 1287.
264 *Schneider* ZIP **2022** 407, 412; ebenso *Späth/Werner* CCZ **2021** 241, 250 f.; *Rühl/Knauer* JZ **2022** 105, 108.
265 Beschlussempfehlung Ausschuss für Arbeit und Soziales, BT-Drs. 19/30505 S. 39.
266 So auch *Schneider* ZIP **2022** 407.
267 Antwort XV.2 FAQ-LkSG.
268 Antwort VI.2 FAQ-LkSG.
269 Zur Entstehungsgeschichte der Norm im Detail *Schneider* ZIP **2022** 407, 410 ff.
270 Vgl. zum Gesetzgebungsprozess und Hintergrund des § 3 Abs. 3 ausführlich *Schneider* ZIP **2022** 407, 410 ff.
271 *Fleischer* DB **2022** 920.
272 Vgl. *Schneider* ZIP **2022** 407; ebenso *Sagan/Schmidt* NZA-RR **2022** 281, 283; *Spindler* ZHR **2022** 67, 100.
273 *Schneider* ZIP **2022** 407.
274 *Spindler* ZHR **2022** 67, 98; *Habersack/Ehrl* AcP **2019** 155, 197 f.; *Wagner* RabelsZ **2016** 717, 757 ff.
275 BGH NJW **1976** 46, 47; MüKo-BGB/*Wagner* § 823 Rn. 481; *Wagner* RabelsZ **2016** 717, 757 ff.
276 *Schneider* ZIP **2022** 407, 415.

Entsprechend können auch die von der Gegenansicht zitierten Entscheidungen des BGH nicht ohne weiteres auf den vorliegenden Fall der Haftung für Zulieferer in der Lieferkette übertragen werden.[277] Eine entsprechende Haftung setzt ein begründetes Vertrauen hinsichtlich der Vermeidung von Schäden von Anwohnern und Arbeitnehmern des Zulieferers voraus, das regelmäßig nicht bestehen dürfte. Einem solchen konkret begründeten Vertrauen dürfte in der Regel schon die Unbestimmtheit der Sorgfaltspflichten entgegenstehen.[278]

105 Auch aus der Existenz von § 11 Abs. 1 kann keine Haftung aus dem LkSG begründet werden. Bereits der Wortlaut von § 11 schränkt seinen Anwendungsbereich ein auf Verletzungen einer „überragend wichtigen geschützten Rechtsposition“. Darunter fallen jedenfalls nicht alle von § 2 erfassten Rechtsgüter, insbesondere nicht die geschützten umweltbezogenen Rechtsgüter.[279] Auch die Hinweise des Bundesministeriums für Arbeit und Soziales lösen diesen scheinbaren Widerspruch von § 11 Abs. 1 und § 3 Abs. 3 auf. Dort wird explizit auf die bereits bestehende Möglichkeit verwiesen, dass Arbeitnehmer im Ausland deutsche Unternehmen in Deutschland auf Schadensersatz verklagen. Denn in den meisten Verfahren kommt das Recht des Ortes zur Anwendung, an dem der Schaden eingetreten ist, also in aller Regel ausländisches Recht.[280] § 11 Abs. 1 hat daher trotz eines weit verstandenen Haftungsausschlusses weiter einen Anwendungsbereich hinsichtlich einer vor Inkrafttreten des LkSG bestehenden Haftung. Daher besteht auch kein Widerspruch zwischen § 3 Abs. 3 und § 11.[281]

106 **c) Ergebnis: Keine Haftung nach dem LkSG.** Es ist also festzuhalten, dass einer Ausweitung der Verkehrssicherungspflichten auf die Sorgfaltspflichten des LkSG der klare gesetzgeberische Wille entgegensteht.[282] Das LkSG müsste daher bei der Subsumtion deliktsrechtlicher Ansprüche im Rahmen von § 823 Abs. 1 BGB vollständig ausgeblendet werden.[283]

107 Im Lichte der Entscheidung des BVerfG zur Verfassungswidrigkeit des Klimaschutzgesetzes[284] sowie der Stimmen, die bereits vor Geltung des LkSG eine Haftung für Menschenrechtsverletzungen in der Lieferkette annahmen, scheint es jedoch nicht ausgeschlossen, dass deutsche Zivilgerichte in Zukunft den Haftungstatbestand des Zivilrechts ausweiten bzw. weiterentwickeln.[285]

3. Haftung aus § 831

108 Eine **Haftung des Geschäftsherren** gem. § 831 BGB wird von der h.M. sowohl bei Konzernsachverhalten als auch – erst recht – mit Blick auf Zulieferer verneint (ausführlich *Schall/Merkel*, Anhang § 3 Rn. 100 ff).

4. Keine Haftung nach Lauterkeitsrecht

109 Im Zusammenhang mit Werbung mit der Einhaltung menschenrechtlicher oder umweltrechtlicher Standards ist zudem an einen Verstoß gegen § 3 UWG bzw. den Irreführungstatbestand des § 5

---

277 Vgl. dazu *Spindler* ZHR **2022** 67, 98 f., der insbesondere auf die Änderungen der zwingenden Bestimmungen im Reisevertragsrecht hinweist.
278 *Spindler* ZHR **2022** 67, 100.
279 Vgl. *Edel/Frank/Heine/Heine* BB **2021** 2890, 2892.
280 Antwort XV.3 FAQ-LkSG.
281 So auch *Edel/Frank/Heine/Heine* BB **2021** 2890, 2892.
282 Nach *Fleischer* DB **2022** 920, 925 würden die Gerichte bei Bejahung einer solchen Haftung die Grenze richterlicher Rechtsfortbildung überschreiten.
283 Vgl. ebenso das Ergebnis des VCI Diskussionspapier Frage 61.
284 BVerfG NJW **2021** 1723.
285 *Rühl/Knauer* JZ **2022** 105, 109.

UWG zu denken,[286] da Versprechen über die Einhaltung von CSR- oder Menschenrechtsstandards als Konsumententäuschungen wettbewerbsrechtliche Konsequenzen haben könnten.[287] Ebenso könnte man an eine Fortführung der Ansätze zur Verfolgung von Rechtsbrüchen bei unrichtiger CSR-Berichterstattung gemäß § 289b HGB nach § 3a und § 5 Abs. 1 Nr. 1 und 6 UWG denken und auf die Grundsatzerklärung nach § 6 Abs. 2 übertragen.[288] Gegen eine Haftung nach UWG spricht indes schon der Haftungsausschluss des § 3 Abs. 3, da Unterlassungsansprüche nach dem UWG ebenfalls Teil der zivilrechtlichen Haftung sind.[289]

Zudem wird bezweifelt, ob das LkSG überhaupt eine Regelung des Marktverhaltens dar- **110**
stellt.[290] Eine **Marktverhaltensregel** setzt voraus, dass sie unmittelbar auf die Herstellung von Wettbewerbsgleichheit zwischen den auf dem Markt tätigen Unternehmen abzielt und darauf nicht nur mittelbare Auswirkungen hat.[291] Tätigkeiten, die dem Markt vorausgehen, sollen jedoch nicht als Marktverhalten gelten.[292] Die Sorgfaltspflichten des LkSG beziehen sich gerade auf eine vorgelagerte Stufe.[293]

5. Haftungsrisiken nach deutschem und ausländischem Recht im Lichte des Internationalen Privatrechts

Häufig wird sich der Streit um die Reichweite des Haftungsausschlusses des § 3 Abs. 3 in der Sache **111**
nicht auswirken, da nicht deutsches Zivilrecht auf den Fall anwendbar ist, sondern **ausländisches (Delikts-) Recht**.[294] Nach Art. 4 Abs. 1 **Rom II-VO** ist auf deliktische Ansprüche grundsätzlich das Recht des Ortes anzuwenden, an dem der Schaden eingetreten ist.[295] Eine Haftung von Unternehmen kann daher nach ausländischem Recht, insbesondere nach dem „tendenziell haftungsaffinen“[296] und in vielen Produktionsländern weiterhin anwendbaren britischen ***common law*** gegeben sein. So war im KIK-Fall[297] etwa das in Pakistan geltende *common law* anwendbar. Einer solchen Haftung steht auch nicht § 3 Abs. 3 entgegen, da die Haftung nach ausländischem Deliktsrecht kein durch das LkSG hinzugekommenes zusätzliches Haftungsrisiko darstellt.[298]

In diesem Zusammenhang ist insbesondere die Rechtsprechung des United Kingdom Supreme **112**
Court zum *tort of negligence* in den Entscheidungen *Vedanta*[299] und *Okpabi*[300] beachtenswert, die die Haftung der Konzernmutter bei Übernahme einer ***duty of care*** ausweitete. Im Fall *Okpabi* hatten nigerianische Bauern die Holdinggesellschaft *Royal Dutch Shell* wegen Schäden aus Öllecks

286 Vgl. dazu ausführlich *Birk* GRUR **2022** 361 ff.
287 *Fleischer* DB **2022** 920, 926.
288 Zu diesem Ansatz *Spindler* ZHR **2022** 67, 108 sowie Grabosch/*Grabosch* § 7 Rn. 22 f.
289 Grabosch/*Grabosch* § 7 Rn. 22.
290 *Spindler* ZHR **2022** 67, 108; dies ist bereits für CSR-Berichterstattung umstritten, vgl. *Beckers* ZfPW **2021** 220, 234.
291 MüKo-UWG/*Schaffert* UWG § 3a Rn. 63; Fezer/Büscher/Obergfell/*Götting*/*Hetmank* UWG § 3a Rn. 62a.
292 BGH GRUR **2010** 654 Rn. 18; MüKo-UWG/*Schaffert* UWG § 3a Rn. 63.
293 *Spindler* ZHR **2022** 67, 108; *Beckers* ZfPW **2021** 220, 234; **aA** jedoch Grabosch/*Grabosch* § 7 Rn. 23, der eine Marktverhaltensregel annimmt.
294 So bereits BT-Drs. 19/28649 S. 53. Grundlegend für die h.M. *Mansel* ZGR **2018** 439 m.w.N., unter Zurückweisung abweichender Ansätze.
295 Vgl. dazu MüKo-BGB/*Junker* Rom II-VO Art. 4 Rn. 3.
296 *Schneider* ZIP **2022** 407, 417.
297 LG Dortmund BeckRS **2019** 388; hier war der Anspruch jedoch nach pakistanischem Deliktsrecht bereits verjährt. Auch der deutsche *ordre public* des Art. 6 EGBGB führte nach der Begründung des OLG Hamm zu keinem anderen Ergebnis, vgl. OLG Hamm NJW **2019** 3527.
298 Grabosch/*Grabosch* § 7 Rn. 11.
299 UK Supreme Court v. 10.4.2019 – UKSC 2017/0185 (*Lungowe v Vedanta Resources*)[besser: *Vedanta Resources Plc v Lungowe* [2019] UKSC 20; siehe dazu *Schall* ZIP **2021** 1241 ff.; *Späth*/*Werner* CCZ **2021** 241 ff.
300 UK Supreme Court v. 12.2.2021 – UKSC 2018/0068 (*Okpabi v Shell*) [besser: *Okpabi v Royal Dutch Shell* [2021] UKSC 3]; siehe dazu *Schall* ZIP **2021** 1241 ff.; *Fleischer*/*Korch* ZIP **2021** 709, 717; *Kieninger* ZfPW **2021** 252, 255f.

verklagt, für die sie zusammen mit einer nigerianischen Konzerngesellschaft verantwortlich sein soll. Im Zwischenurteil *Okpabi* hielt der UK Supreme Court eine Haftung jedenfalls nicht für ausgeschlossen: Nach den in der Vedanta-Entscheidung aufgestellten Grundsätzen haftet die Konzernmutter für das Verhalten von (ausländischen) Tochtergesellschaften, wenn diese etwa eine konzernweite Menschenrechtserklärung oder einen konzernweiten Code of Conduct vorgibt und somit Sorgfaltspflichten für die Tochter übernimmt.[301] Eine formale Kontrolle der Tochter sei nicht nötig.[302] Entscheidend für eine Haftungsbegründung sei alleine die freiwillige Übernahme von Sorgfaltspflichten oder eine freiwillige Erklärung zur Wahrung der Menschenrechte.[303] In diesem Zusammenhang könnten aber gerade die gesetzlichen Pflichten des LkSG zur Abgabe einer Menschenrechtserklärung bzw. dem Ergreifen von Sorgfaltspflichten mit dem Freiwilligkeitselement der Verantwortungsübernahme unvereinbar sein und so einer Haftung nach *common law* entgegenstehen.[304] Diese Frage ist jedoch keine Frage des deutschen, sondern des englischen Zivilrechts, auf die der deutsche Gesetzgeber bzw. die deutsche Rechtsprechung keinen Einfluss hat.[305] Für die Praxis ist daher der Hinweis wichtig, dass eine „*Okpabi*-Haftung" durch **Entherrschung** vermieden werden kann. Denn das englische Recht hält nach wie vor an dem Prinzip fest, dass die bloße Kontrollmöglichkeit der Muttergesellschaft als solche nicht zur Haftung führt.[306]

113 Entgegen der allgemeinen Kollisionsnorm des Art. 4 Abs. 1 Rom II-VO kann jedoch deutsches Recht nach Art. 7 Rom II-VO zur Anwendung kommen. Nach Hs. 2 hat der Geschädigte einer Umweltschädigung die Möglichkeit, seinen Anspruch auf das **Recht des Handlungsorts** statt des **Rechts des Erfolgsortes** zu stützen.[307] Da § 2 Abs. 2 und 3 auch umweltbezogenen Rechtspositionen schützen, kann eine solche Anknüpfung hier im Einzelfall in Betracht kommen.[308] Zudem erlaubt Art. 4 Abs. 3 Rom II-VO eine Anknüpfung an deutsches Recht, wenn der Fall eine offensichtlich engere Verbindung zu einem anderen Staat hat als zu dem Staat, in dem der Schadenserfolg eintritt. Dies dürfte jedoch bei den typischen Fallgestaltungen bei der Verletzung von menschen- oder umweltrechtlichen Vorschriften nicht der Fall sein, da diese Schäden in der Regel in den Staaten eintreten, in denen die Zulieferer ansässig sind und die Anknüpfung nach Art. 4 Abs. 3 Rom II-VO ein engeres Verhältnis von Unternehmen und Geschädigtem voraussetzt.[309]

114 Die Sorgfaltspflichten dürften zudem auch keine Eingriffsnorm im Sinne des Art. 16 Rom II-VO darstellen. **Eingriffsnormen** sind in Übereinstimmung mit Art. 9 der Rom I-VO zwingende Vorschriften, deren Einhaltung von einem Staat als so entscheidend für die Wahrung seines öffentlichen Interesses, insbesondere seiner politischen, sozialen oder wirtschaftlichen Organisation, angesehen wird, dass sie ungeachtet des eigentlich anzuwendenden Rechts auf alle Sachverhalte anzuwenden sind, die in ihren Anwendungsbereich fallen.[310] Diese „zwingenden Vorschriften" sind aufgrund ihres Ausnahmecharakters an enge Voraussetzungen geknüpft.[311] Eine ausdrücklich als Kollisionsnorm ausgestaltete Regelung findet sich jedoch nicht im LkSG.[312] Vielmehr dürfte bereits § 3 Abs. 3 so zu verstehen sein, dass die Sorgfaltspflichten gerade keine Eingriffsnormen im Sinne des Art. 16 Rom II-VO darstellen sollen.[313] Der Entwurf der Nachhaltigkeitssorgfaltspflich-

---

301 Vgl. *Schall* ZIP **2021** 1241, 1246 f.

302 *Okpabi v Shell*, Rn. 147; vgl. auch *Fleischer/Korch* ZIP **2021** 709, 711.

303 *Schall* ZIP **2021** 1241, 1247.

304 *Schall* ZIP **2021** 1241, 1249; ebenso Grabosch/*Grabosch* § 7 Rn. 12.

305 Grabosch/*Grabosch* § 7 Rn. 12.

306 Aufgestellt in *Chandler v Cape plc* [2012] EWCA Civ 525, Rz. 69; bestätigt in *Vedanta Resources Plc v Lungowe* [2019] UKSC 20, Rz. 49; siehe dazu *Schall* ZIP **2021** 1241, 1243.

307 MüKo-BGB/*Junker* Rom II-VO Art. 4 Rn. 81; vgl. auch Grabosch/*Grabosch* § 7 Rn. 16 f.

308 Vgl. dazu *Späth/Werner* CCZ **2021** 241, 247.

309 *Klinner* IWRZ **2021** 243, 246; ebenso *Späth/Werner* CCZ **2021** 241, 246; *Spindler* ZHR **2022** 67, 110.

310 So die ausführliche Definition des EuGH EuZW **2019** 134, Rn. 27; dazu auch *Rühl/Knauer* JZ **2022** 105, 109.

311 EuGH EuZW **2013** 956 Rn. 49; EuGH EuZW **2019** 134, Rn. 29.

312 *Stöbener de Mora/Noll* NZG **2021** 1285, 1286 m.w.N.

313 *Schäfer* ZLR **2022** 22, 28; so auch *Rühl/Knauer* JZ **2022** 105, 110; die zudem eine Anwendung von Art. 17 Rom II-VO ablehnen.

tenrichtlinie (CSDDD-E) möchte hier ansetzen und den Mitgliedsstaaten aufgeben, ihre Haftungsnormen als Eingriffsnormen vorrangig zur Anwendung zu bringen (vgl. Art. 22 Abs. 5 CSDDD-E).

6. Klimaklagen

Schließlich kann eine Haftung des Unternehmens in Folge der **Klimaschutz-Entscheidung des BVerfG**[314] erwogen werden. In dieser Entscheidung hat das BVerfG aus den aus dem Recht auf Leben und Gesundheit aus Art. 2 Abs. 2 GG folgenden staatlichen Schutzpflichten sowie aus der Staatszielbestimmung in Art. 20a GG Klimaschutzziele einklagbar gemacht[315] – wobei es deren Konkretisierung in seinem Leitsatz 5 dem Gesetzgeber zugewiesen hat („Der Gesetzgeber muss die erforderlichen Regelungen zur Größe der für bestimmte Zeiträume insgesamt zugelassenen Emissionsmengen selbst treffen."). Einer Urbarmachung des Deliktsrechts für Klimaschutzklagen steht in Deutschland überdies die Wertung des § 906 Abs. 1 Satz 2 BGB entgegen. 115

Dennoch nehmen auf diese Entscheidung des BVerfG weitere Klimaklagen Bezug. So ist beim LG Detmold die Klage eines Landwirts gegen VW anhängig (Az. 01 O 199/21). Diese von Greenpeace unterstütze Klage verfolgt das Ziel, VW zu verpflichten, ab 2030 keine Autos mit Verbrenner-Motoren zu verkaufen.[316] Zugelassen hat das LG Stuttgart auch eine Klage der Deutschen Umwelthilfe gegen Mercedes (und BMW) mit dem Ziel, den Verkauf von Verbrenner-Autos bis 2030 zu stoppen.[317] Beachtlich ist auch der Fall Lliuya, in dem ein peruanischer Kleinbauer auf Feststellung klagt, dass RWE AG verpflichtet ist, anteilig zu ihrem Beeinträchtigungsbeitrag die Kosten für geeignete Schutzmaßnahmen vor einer drohenden Gefahr durch schmelzende Gletscher und den globalen Treibhausgasemissionen des RWE Konzerns zu tragen.[318] Die Klage wurde vom Landgericht mangels Kausalität der Klimabeeinträchtigung durch den Beitrag der Beklagten abgelehnt. Das Berufungsverfahren vor dem OLG Hamm ist anhängig.[319] Dessen Beweisbeschluss zur behaupteten Kausalität zwischen Klimabeeinträchtigung durch Treibhausgasemissionen und Flutgefahr[320] macht das Risiko deutlich, dass international tätige deutsche Unternehmen durch Klimawandelklagen in Anspruch genommen werden könnten.[321] 116

Ob das LkSG Einfluss auf den Ausgang dieser und anderer **Klimaklagen** haben kann, ist umstritten. Eine spezifische umweltbezogene Sorgfaltspflicht ist neben den menschenrechtlichen Pflichten nur sehr eingeschränkt angelegt.[322] Klimaschutz und Biodiversität selbst gehören jedoch nicht zu den von § 2 erfassten Rechtspositionen. Klimaschutzrechte können jedoch unter Umständen aus § 2 Abs. 2 Nr. 9 oder als Recht auf Leben aus § 2 Abs. 2 Nr. 12 LkSG abgeleitet werden, wenn man der Begründung des BVerfG in der Klimaschutzentscheidung folgt.[323] So wird etwa argumentiert, dass nach § 2 Abs. 2 Nr. 9 Buchst. d) das Verbot der Herbeiführung einer schädlichen Bodenveränderung, Gewässerverunreinigung, Luftverunreinigung, schädlichen Lärmemission oder eines übermäßigen Wasserverbrauchs erfasst wird, die die Gesundheit einer Person schädigt. Diesbezüglich wird auf die Klima-Entscheidung des BVerfG sowie das Urteil des Haager Landgerichts gegen Shell verwiesen, die eine Schutzpflicht aus den Rechtsgütern Leben und Gesundheit 117

314 BVerfG NJW **2021** 1723.
315 Vgl. *Muckel* JA **2021** 610, 613.
316 LTO (20.5.2022), Klimaklage gegen VW am LG Detmold verhandelt – Schlechte Karten für Bio-Landwirt, https://www.lto.de/recht/nachrichten/n/01o19921-lg-detmold-klimaschutz-vw-landwirtschaft-umwelt/ (zuletzt am20.2.2023).
317 Vgl. Handelsblatt (21.6.2022), Gericht hegt Zweifel an Klimaklage gegen Mercedes-Benz, https://www.handelsblatt.com/unternehmen/industrie/autobauer-gericht-hegt-zweifel-an-klimaklage-gegen-mercedes-benz/28442376.html (zuletzt am 20.2.2023).
318 Vgl. dazu etwa *Chatzinerantzis/Appel* NJW **2019** 881 f.
319 OLG Hamm, 30.11.2017 – 5 U 15/17.
320 OLG Hamm ZUR **2018** 118.
321 *Rack* CB Sonderbeilage 1/**2022** 25; *Paefgen* ZIP **2021** 2006, 2018.
322 *Gailhofer/Verheyen* ZUR **2021** 402, 404.
323 So *Gailhofer/Verheyen* ZUR **2021** 402, 404; **aA** *Charnitzky/Weigel* RIW **2022** 12, 18.

hergeleitet[324] bzw. ausgeführt haben, dass der Klimawandel diese Rechtsgüter akut bedroht.[325] Überträgt man die Argumentation des BVerfG auf § 2 Abs. 2 Nr. 9, so könnten auch hierüber Klimaschäden erfasst werden.[326]

118 Ob Gerichte dieser Argumentation folgen, bleibt abzuwarten. Dagegen ließe sich einwenden, dass – im Unterschied zum Richtlinienentwurf für das europäische Sorgfaltspflichtengesetz („**CSDDD-E**")[327] – weder der Gesetzestext noch die Gesetzesbegründung des LkSG den Klimaschutz oder Biodiversität in den Geltungsbereich des LkSG mit einbeziehen.[328] Auch qualifiziert das LkSG Beiträge zur Klimaveränderung nicht explizit als Risiko oder Verletzung, welche eine Handlungspflicht des Unternehmens auslösen.[329]

G. Auswirkungen auf nicht unmittelbar vom LkSG betroffene Gesellschaften

119 Aufgrund der in § 6 Abs. 3 vorgesehenen **Weitergabeklauseln** bzw. Vertragskaskade der Sorgfaltspflichten müssen sich auch kleinere Zulieferer darauf einstellen, gewisse Compliance-Vorgaben des LkSG zu erfüllen.[330] Direkte Zulieferer sollten sich daher jedenfalls darauf einstellen, dass sie von ihren Abnehmern mindestens einmal jährlich mit Fragen zu menschenrechtlichen und umweltbezogenen Risiken im Geschäftsbereich des Zulieferers konfrontiert werden.[331]

120 Hierbei ist jedoch zu beachten, dass die Pflichten aus dem LkSG ihrer Natur nach nicht einfach an die Zulieferer weitergegeben werden können und kleinere Zulieferer daher insbesondere nicht mit Kontrollen oder Sanktionen durch das BAFA rechnen müssen.[332] Gleichzeitig stellen die Hinweise des Bundesministeriums für Arbeit und Soziales jedoch auch klar, dass auch von Unternehmen, die nicht in den Anwendungsbereich des LkSG fallen, erwartet wird, dass sie Sorgfaltspflichten nach den VN-Leitprinzipien bzw. dem NAP umsetzen.[333]

H. Verhältnis zu anderen Normen und Standards

I. Richtlinienentwurf der Kommission zu unternehmerischen Sorgfaltspflichten

121 Da etwa das französische ***loi de vigilance*** eine zivilrechtliche Haftung vorsieht und auch in anderen Mitgliedstaaten Sorgfaltspflichtengesetze erlassen wurden oder in Vorbereitung sind,[334] möchte die EU-Kommission mit ihrem Richtlinienvorschlag eine Rechtszersplitterung verhindern

---

324 BVerfG NJW **2021** 1723 Rn. 146 ff. und 191.
325 *Gailhofer/Verheyen* ZUR **2021** 402, 404 mit Hinweis auf die Argumentation der Rechtbank Den Haag, 26.5.2021, C/09/571932/HA ZA 19-379, ECLI:NL:RBDHA:2021:5337. Das Urteil ist in englischer Übersetzung online zugänglich unter: https://uitspraken.rechtspraak.nl/inziendocument?id=ECLI:NL:RBDHA:2021:5339 (zuletzt am 20.2.2023). Das Gericht hat in dieser Entscheidung sowohl eine kategorische Treibhausgasminderungspflichten der *Royal Dutch Shell* als auch eine konkrete Reduktionspflicht um minus 45 Prozent bis zum Jahr 2030 gegenüber dem Ausstoß von 2019 begründet.
326 *Seibt/Vesper-Gräske* CB **2021** 357, 358 lässt dies offen.
327 Vgl. Erwägungsgrund 50 des Vorschlags der EU-Kommission für eine Richtlinie des Europäischen Parlaments und des Rats über unternehmerische Sorgfaltspflichten von Unternehmen im Hinblick auf Nachhaltigkeit und zur Änderung der Richtlinie (EU) 2019/1937 vom 23.2.2022, COM(2022) 71 (final).
328 *Charnitzky/Weigel* RIW **2022** 12, 18; ebenso VCI Diskussionspapier, 62.
329 *Charnitzky/Weigel* RIW **2022** 12, 18.
330 *Charnitzky/Weigel* RIW **2022** 12, 19.
331 *Hess* NWB **2021** 2981, 2985.
332 Antwort XVII.1 FAQ-LkSG.
333 Antwort XVII.1 FAQ-LkSG.
334 Fleischer DB **2022** 920.

und stattdessen mit einem einheitlichen *level playing field*, insbesondere in Bezug auf die Haftungsfrage, Rechtssicherheit für europäische Unternehmen schaffen.[335]

1. Angemessenheitsvorbehalt

Wie auch § 3 Abs. 2 enthält Art. 3 q) CSDDD-E in der Begriffsdefinition der angemessenen Maßnahmen das Verhältnismäßigkeitsprinzip. Danach sollen nur solche Maßnahmen erfasst sein, die gemessen an der Schwere und Wahrscheinlichkeit der Auswirkungen „vernünftigerweise“ vom Unternehmen ergriffen werden können.[336] Zudem stellt Erwägungsgrund 15 CSDDD-E klar, dass Unternehmen keine Erfolgspflichten bzw. Garantien aufgebürdet werden, nach denen sie die Verletzung von Umweltbelangen oder Menschenrechten vermeiden müssen.[337] Dies entspricht der Bemühenspflicht des LkSG. **122**

2. Haftung des Unternehmens

Art. 22 CSDDD-E sieht eine obligatorische zivilrechtliche Haftung vor. Nach Art. 22 Abs. 1 CSDDD-E müssen die Mitgliedstaaten eine Haftung der Unternehmen sicherstellen, sofern ein Unternehmen seine Pflicht zur Ergreifung von Präventions- oder Abhilfemaßnahmen nach Art. 7 und 8 CSDDD-E verletzt hat und die damit verbundenen, negativen Auswirkungen bei pflichtgemäßem Handeln, hätten erkannt, vermieden, gemildert, beendet oder in ihrem Ausmaß verringert werden können und dadurch ein Schaden entstanden ist. **123**

Diese Haftung soll – im Umkehrschluss zu Art. 22 Abs. 2 S. 1 CSDDD-E – nur für den eigenen Geschäftsbetrieb, Tochterunternehmen und auf der Ebene direkter Geschäftsbeziehungen gelten.[338] Für das Verhalten eines indirekten Partners, mit dem sie eine etablierte Geschäftsbeziehung unterhalten, sollen Unternehmen nicht haften, wenn sie davon ausgehen durften, dass ihre Maßnahmen zur Vermeidung und Behebung von Risiken ausreichend wären, um den Schaden zu vermeiden. Mit dieser Regelung kommt die EU-Kommission jedenfalls im Ansatz der Forderung nach einem safe harbor-Regelung nach.[339] Nutzen Unternehmen vertragliche Kaskaden und Zusicherungen und ergreifen sie Maßnahmen, um die Einhaltung zu überprüfen, sollen sie nicht haften.[340] Wer die Beweislast für diesen Haftungsausschluss trägt, soll jedoch einer Regelung des nationalen Rechts überlassen bleiben.[341] **124**

Art. 3 Buchst. f) CSDDD-E definiert „etablierte Geschäftsbeziehungen“ als „direkte oder indirekte Geschäftsbeziehungen, die in Anbetracht ihrer Intensität oder Dauer beständig ist oder sein dürfte und die keinen unbedeutenden oder lediglich untergeordneten Teil der Wertschöpfungskette darstellt.“ Ab wann Geschäftsbeziehungen als „beständig“ zu qualifizieren sind, wird dadurch nicht gesagt. Aufgrund der Haftungsrisiken wäre diesbezüglich eine Konkretisierung dieses Merkmals wünschenswert.[342] **125**

Schließlich soll die Haftungsregelung nach Art. 22 Abs. 5 CSDDD-E internationalprivatrechtlich als Eingriffsnorm im Sinne von Art. 16 Rom II-VO ausgestaltet werden.[343] Hiermit soll dem Pro- **126**

335 *Hübner/Habrich/Weller* NZG **2022** 644; *Hembach* CB **2022** 191, 195.
336 *Spindler* ZIP **2022** 765, 772.
337 *Spindler* ZIP **2022** 765, 772.
338 Vgl. *Hembach* CB **2022** 191, 195; so auch *Ruttloff/Rothenburg/Hahn* DB **2022** 1116, 1121.
339 *Hübner/Habrich/Weller* NZG **2022** 644, 649.
340 Vgl. dazu die Begründung des RL-E, S. 21.
341 *Hübner/Habrich/Weller* NZG **2022** 644, 649.
342 *Ruttloff/Rothenburg/Hahn* DB **2022** 1116, 1118.
343 *Sagan/Schmidt* NZA-RR **2022** 281, 283.

blem Rechnung getragen werden, dass aufgrund von Art. 4 Abs. 1 Rom II-VO häufig nicht das Deliktsrecht des Mitgliedstaates, in dem das Unternehmen sitzt, zur Anwendung kommt.[344]

3. Haftung für Klimaschutzbelange

127 Art. 15 des Richtlinienentwurfs sieht vor, dass Unternehmen einen Plan festlegen, mit dem sie sicherstellen, dass das Geschäftsmodell und die Strategie des Unternehmens mit der Begrenzung der Erderwärmung auf 1,5°C gemäß dem Übereinkommen von Paris vereinbar ist.[345] In diesem Plan soll nach Art. 15 Abs. 1 CSDDD-E insbesondere ermittelt werden, inwieweit der Klimawandel ein Risiko für die Unternehmenstätigkeit darstellt oder sich darauf auswirkt. Wird der Klimawandel als Hauptrisiko für die Unternehmenstätigkeit oder als Hauptauswirkung der Unternehmenstätigkeit identifiziert, sollen die Unternehmen nach Art. 15 Abs. 2 CSDDD-E Emissionsreduktionsziele in den Plan aufnehmen. Zudem soll die Umsetzung dieser Emissionsreduktionsziele finanziell attraktiv gemacht werden, indem sie bei der Festlegung der variablen Vergütung der Unternehmensleitung berücksichtigt wird.[346] Bleibt es bei diesem Entwurf, so muss der deutsche Gesetzgeber das LkSG um Klimaschutzaspekte erweitern.[347]

128 Zu beachten ist jedoch die systematische Sonderstellung des Art. 15 CSDDD-E. Er ist nach Art. 4 Abs. 1 CSDDD-E weder Teil der Sorgfaltspflichten, für die Art. 26 Abs. 1 CSDDD-E eine explizite Haftung der Unternehmensleitung anordnet, noch erstreckt sich die zivilrechtliche Haftung des Art. 22 CSDDD-E auf ihn. Insoweit stellt Art. 15 RL-E zwar eine Erweiterung der Sorgfaltspflichten des LkSG dar, nimmt diese jedoch von der Haftungsregelung aus.[348]

4. Außenhaftung der Unternehmensleitung

129 Art. 25 CSDDD-E ordnet eine persönliche Haftung der Unternehmensleitung nach nationalem Recht an. Das deutsche Recht kennt bereits über die Legalitätspflicht in § 93 AktG, § 43 GmbHG eine entsprechende Haftungsmöglichkeit.[349]

130 Für die Pflicht zur Eindämmung des Klimawandels nach Art. 15 CSDDD-E enthält Art. 26 Abs. 1 CSDDD-E zwar keine ausdrückliche Verantwortlichkeit der Unternehmensleitung. Da nach Art. 15 CSDDD-E die Mitglieder der Unternehmensleitung bei der Ausübung ihrer Pflicht, im besten Interesse des Unternehmens zu handeln, ggf. auch die Folgen des Klimawandels zu berücksichtigen haben, mögen hier bei einer entsprechenden Umsetzung ins nationale Recht dennoch Haftungsrisiken bestehen.[350]

II. Sektorspezifische Sorgfaltspflichten auf EU-Ebene

131 Sektorenspezifisch existiert bereits auf EU-Ebene die EU-Holz-Verordnung von 2013,[351] die bestimmte Sorgfaltspflichten zur Vermeidung von illegalem Holzschlag weltweit festlegt,[352] sowie

344 *Spindler* ZIP **2022** 765, 776; siehe dazu Rn. 112 ff.
345 Vgl. dazu auch *Hembach* CB **2022** 191, 193.
346 Vgl. *Ruttloff/Rothenburg/Hahn* DB **2022** 1116, 1120.
347 *Charnitzky/Weigel* RIW **2022** 12, 18.
348 Vgl. *Ruttloff/Rothenburg/Hahn* DB **2022** 1116, 1121.
349 *Spindler* ZIP **2022** 765, 776.
350 *Ruttloff/Rothenburg/Hahn* DB **2022** 1116, 1123.
351 Verordnung (EU) Nr. 995/2010 des Europäischen Parlaments und des Rates v. 20.10.2010 über die Verpflichtungen von Marktteilnehmern, die Holz und Holzerzeugnisse in Verkehr bringen, ABl. EU v. 12.11.2010, Nr. L 295, 23.
352 *Stöbener de Mora/Noll* NZG **2021** 1285, 1289.

die Konfliktmineralien-VO,[353] die Sorgfaltsstandards zur Vermeidung von Handel mit den Konfliktmineralien Zinn, Tantal, Wolfram und Gold enthält und an die einschlägigen OECD-Leitsätze angelehnt ist.[354] Das LkSG nimmt auf diese sektorspezifischen Vorgaben jedoch keinen Bezug.[355] Aufgrund des Anwendungsvorrangs des Europarechts sind beide Verordnungen jedoch neben bzw. vorrangig zum LkSG anwendbar. Aufgrund des weitgehenden Gleichlaufs der Sorgfaltspflichten dürfte das Konfliktpotenzial jedoch gering sein.

353 Verordnung (EU) 2017/821 des Europäischen Parlaments und des Rates vom 17. Mai 2017 zur Festlegung von Pflichten zur Erfüllung der Sorgfaltspflichten in der Lieferkette für Unionseinführer von Zinn, Tantal, Wolfram, deren Erzen und Gold aus Konflikt- und Hochrisikogebieten, Amtsblatt der Europäischen Union v. 19.5.2017, L 130/1.
354 Vgl. *Spindler* ZHR **2022** 67, 114 f.
355 *Nietsch/Wiedmann* CCZ **2021** 101, 110.

Anhang zu § 3: Zivilrechtliche Haftung

Schrifttum

Aberle Sanktionsdurchgriff und wirtschaftliche Einheit im deutschen und europäischen Kartellrecht (2013);*Alexy* Theorie der Grundrechte 3. Aufl. (1996); *ders.* Rechtsregeln und Rechtsprinzipien, Elemente einer juristischen Begründungslehre (2003); *Antweiler* Sanierungsverantwortlichkeit für Altlasten im Konzern, BB **2002** 1278; *Assmann* Prospekthaftung als Haftung für die Verletzung kapitalmarktbezogener Informationsverkehrspflichten nach deutschem und US-amerikanischem Recht (1985), Assmussen/*Wagner* Menschenrechtsklagen vor englischen Gerichten: Von Yachten zu Konzernen, ZEuP **2020** 979; *Bachmann/Eidenmüller/Engert/Fleischer/Schön*, Rechtsregeln für geschlossene Kapitalgesellschaften, ZGR-Sonderheft 18 (2012); *Bachmann/Vorbeck/Wengenroth* Menschenrechte und Umweltschutz in Lieferketten – der Regierungsentwurf eines Sorgfaltspflichtengesetzes, BB **2021** 906; *Bälz* Haftung für Menschenrechtsverletzungen im internationalen Projektgeschäft, BB 2021, 648; *v. Bahr* Verkehrspflichten (1980), *Blach* Menschenrechtsschutz durch Billigkeitshaftung – Konzeptionelle Überlegungen zur Haftungsverfassung von Wertschöpfungsketten –, CCZ 2022, 13; *Beckers* Enforcing corporate social responsibility codes: on global self-regulation and national private law (2015); *dies.* Globale Wertschöpfungsketten: Theorie und Dogmatik unternehmensbezogener Pflichten, ZfPW **2021** 220; *Bodiga*, Menschenrechtliche Sorgfaltspflichten in der italienischen Rechtspraxis, ZVglRWiss **122** (2023) 73; *Bomsdorf/Blatecki-Burgert* Haftung deutscher Unternehmen für „Menschenrechtsverstöße", ZRP 2020, 42; *Bunting* Konzernweite Compliance – Pflicht oder Kür? ZIP **2012** 1542; *Buxbaum* Konzernhaftung bei Patentverletzung durch die Tochtergesellschaft, GRUR **2009** 240; *Charnitzky/Weigel* Die Krux mit der Sorgfalt, RIW 2022, 12; *Dutta* Das Statut der Haftung aus Vertrag mit Schutzwirkung für Dritte, IPRax 2009, 293; *Edel/Frank/Heine/Heine* Pionierarbeiten in der Lieferkette, BB 2021, 2890; *Ehmann/Berg* Das Lieferkettengesetz (LkSG): ein erster Überblick, GWR 2021, 287; *Ehricke* Das abhängige Konzernunternehmen in der Insolvenz (1998); *Ekkenga/Erlemann* Lieferkettengesetz, Europäisches Kartellrecht und die Folgen: Effiziente Missbrauchsbekämpfung oder nutzlose Gängelung gesetzestreuer Unternehmen? ZIP **2022** 49; *v. Falkenhausen* Menschenrechtsschutz durch Deliktsrecht (2020); *Fleischer* Aktienrechtliche Compliance-Pflichten im Praxistest: Das Siemens/Neubürger-Urteil des LG München I, NZG 2014, 321; *ders.* Zivilrechtliche Haftung im Halbschatten des Lieferkettensorgfaltspflichtengesetzes, DB **2022** 920; *Fleischer/Korch* Konzerndeliktsrecht: Entwicklung und Zukunftsperspektiven, DB **2019** 1944; *dies.* Zur deliktsrechtlichen Verantwortlichkeit von Auftraggebern in der Lieferkette, ZIP **2019** 2181; *dies.* Okpabi v Royal Dutch Shell und das deutsche Deliktsrecht in Konzernlagen, ZIP **2021** 709; *Frank* Aspekte zur Risikobewertung beim Eigentumsschutz gem. § 1004 BGB am Beispiel der Klimaklage eines peruanischen Bauern gegen RWE, ZUR **2019** 518; *Grundmeier* Rechtspflicht zur Compliance im Konzern (2011); *Grunewald* Können Gesellschaften Verrichtungsgehilfen iSv § 831 I 1 BGB sein? NZG **2018** 481; *Güngör* Sorgfaltspflichten für Unternehmen in transnationalen Menschenrechtsfällen (2016); *Habersack/Ehrl* Verantwortlichkeit inländischer Unternehmen für Menschenrechtsverletzungen durch ausländische Zulieferer – de lege lata und de lege ferenda, AcP **219** (2019), 155; *Habersack/Zickgraf* Deliktsrechtliche Verkehrs- und Organisationspflichten im Konzern, ZHR **182** (2018) 252; *Hansmann/Kraakmann* Toward Unlimited Shareholder Liability for Corporate Torts, Yale Law Journal **100** (1991) 1879; *Harnos*, Menschenrechtsschutz durch Unternehmenskommunikation, ZVglRWiss **122** (2023) 38; *v. Hein* Punitive Damages für unternehmerische Menschenrechtsverletzungen, ZGR 2016, 414; *Holle* Legalitätskontrolle im Kapitalgesellschafts- und Konzernrecht (2015); *Hommelhoff* Produkthaftung im Konzern, ZIP **1990** 761; *Hübner* Unternehmenshaftung für Menschenrechtsverletzungen (2022); *Jungkind/Raspé/Terbrack* Unternehmensverantwortung in der Lieferkette Der Konzern 2021, 445; *Kieninger* Miniatur: Lieferkettengesetz – dem deutschen Papiertiger fehlen die Zähne, ZfPW **2021** 252; *dies.* Sorgfaltspflichtengesetz und internationale Zuständigkeit, FS Schack (2022) 668; *Kieninger/Krajewski/Wohltmann* Rechtsgutachten und Entwurf für ein Gesetz zur Umsetzung menschenrechtlicher und umweltbezogener Sorgfaltspflichten (2022); *Kleindiek* Deliktshaftung und juristische Person (1997); *Koch* Compliance-Pflichten im Unternehmensverbund, WM **2009** 1013; *Korch*, Rechtsökonomische Analyse menschenrechtlicher Sorgfaltspflichten, ZVglRWiss **122** (2023) 21; *König* Deliktshaftung von Muttergesellschaften, AcP **217** (2017) 611; *Krajewski/Oehm/Saage-Maß* Zivil- und Strafrechtliche Unternehmensverantwortung für Menschenrechtsverletzungen (2017); *Mansel* Internationales Privatrecht de lege lata wie de lege ferenda und Menschenrechtsverantwortlichkeit deutscher Unternehmen, ZGR 2018, 439; *Matusche-Beckmann* Das Organisationsverschulden (2001); *Merkel* Die Kapitalgesellschaft als Verrichtungsgehilfe (2022); *Nietsch/Wiedmann* Adressatenkreis und sachlicher Anwendungsbereich des neuen Lieferkettensorgfaltspflichtengesetz, NJW **2022** 1; *Nordhues* Die Haftung der Muttergesellschaft und ihres Vorstands für Menschenrechtsverletzungen im Konzern (2019); *Osieka* Zivilrechtliche Haftung deutscher Unternehmen für menschenrechtsbeeinträchtigende Handlungen ihrer Zulieferer (2014); *Paefgen* Haftung für die Verletzung von Pflichten nach dem neuen Lieferkettensorgfaltspflichtengesetz, ZIP **2021** 2006; *Rack* Lieferketten-Compliance im Digitalen Zwilling, Compliance-Berater Sonderbeilage 2022, 1; *Rehbinder* Konzernaußenrecht und allgemeines Privatrecht (1969); *Rudkowski* Arbeitsbedingungen in den globalen Lieferketten – Verantwortung deutscher Unternehmen de lege lata und de lege ferenda, RdA 2022, 232; *Rühl/Knauer* Zivilrechtlicher Menschenrechtsschutz? Das deutsche Lieferkettengesetz und die Hoffnung auf den europäischen Gesetzgeber, JZ **2022** 105; *Sagan/Schmidt* Das Lieferkettensorgfaltspflichtengesetz, NZA-RR 2022, 281; *Schall* Kapitalgesellschaftsrechtlicher Gläubigerschutz: Grund und Grenzen der Haftungsbeschränkung nach Kapitaldebat-

https://doi.org/10.1515/9783110788976-004

te, MoMiG und Trihotel (2009); *ders.* Deutsches Case Law? – zur Anwendung englischen Rechts unter § 293 ZPO, ZZP **122** (2009) 293; *ders.* Durchgriffshaftung im Aktienrecht – haften Aktionäre für existenzvernichtende Eingriffe, qualifiziert faktische Konzernierung oder materielle Unterkapitalisierung? FS Stilz (2014); *ders.* The New Law of Piercing the Corporate Veil in the UK, ECFR **2016** 549; *ders.* Die Mutterverantwortlichkeit für Menschenrechtsverletzungen ihrer Auslandstöchter, ZGR **2018** 479; *ders.* Die erhöhten Haftungsrisiken für Menschenrechtsverletzungen nach King Okpabi v Royal Dutch Shell – und die überraschende Enthaftungswirkung des Lieferkettengesetzes, ZIP **2021** 1241; *Schmidt-Räntsch* Sorgfaltspflichten der Unternehmen – Von der Idee über den politischen Prozess bis zum Regelwerk, ZUR **2021** 387; *B. Schneider* Menschenrechtsbezogene Verkehrspflichten in der Lieferkette und ihr problematisches Verhältnis zu vertraglichen Haftungsgrundlagen, NZG **2019** 1369; *ders.* Deliktische „Lieferkettenhaftung" unter Geltung des Lieferkettensorgfaltspflichtengesetzes (LkSG) Zur genauen Bedeutung des missglückten § 3 Abs. 3 LkSG, ZIP **2022** 407; *Schulz* System der Rechte auf den Eingriffserwerb AcP 105 (1909), 1; *Schum* Das modifizierte Lieferkettensorgfaltspflichtengesetz (LkSG) und die Pflichten der Geschäftsleiter, StuB 2021 894; S.*H.C. Lo* (2017) 46 Common Law World Review 42; *Späth/Werner* Die Okpabi-Entscheidung des Supreme Court of the United Kingdom zur Internationalen Konzernhaftung aus rechtsvergleichender Sicht, CZZ **2021** 241; *Spindler* Unternehmensorganisationspflichten (2011); *ders.* Verantwortlichkeit und Haftung in Lieferantenketten – das Lieferkettensorgfaltspflichtengesetz aus nationaler und europäischer Perspektive, ZHR **186** (2022) 67; *Stöbener de Mora/Noll* Grenzenlose Sorgfalt? – Das Lieferkettensorgfaltspflichtengesetz, NZG **2021** 1285; *Thomale/Hübner* Zivilgerichtliche Durchsetzung völkerrechtlicher Unternehmensverantwortung, JZ **2017** 385; *Thomale/Murko* Unternehmerische Haftung für Menschenrechtsverletzungen in transnationalen Lieferketten, EuZA **2021** 40; *Verse* Compliance im Konzern, ZHR 175 (2011), 401; *Vogt* Die Verbandsgeldbuße gegen eine herrschende Konzerngesellschaft (2009); *Voß*, Human Rights Litigation vor deutschen Gerichten, ZVglRWiss **122** (2023) 172; *Wagner* Haftung für Menschenrechtsverletzungen, Rabels Zeitschrift **80** (2016) 717; *ders.* Haftung für Menschenrechtsverletzungen in der Lieferkette, ZIP **2021** 1095; *ders.* Das Lieferkettengesetz: Viele Pflichten, keine Haftung, FS Singer (2021), 693; *Weller/Kaller/Schulz* Haftung deutscher Unternehmen für Menschenrechtsverletzungen im Ausland, AcP **216** (2016) 388; *Weller/Nasse* Unternehmensorganisation zum Schutz der Menschenrechte: Eine neue Verkehrspflicht in § 823 Abs. 1 BGB, FS Ebke **2021** 1071; *Weller/Thomale* Menschenrechtsklagen gegen deutsche Unternehmen, ZGR **2017** 509; *Weller/Tran* Klimawandelklagen im Rechtsvergleich – private enforcement als weltweiter Trend? ZEuP **2021** 573; *v. Westphalen* Einige Vorüberlegungen zum bevorstehenden Lieferkettengesetz, ZIP **2020** 2421; *Wimmer-Leonhardt* Konzernhaftungsrecht (2004); *Witting* Liability of Corporate Groups and Networks (2018).

Übersicht

A. Allgemeines

1 Das LkSG enthält keine zivilrechtliche Haftungsregelung. Noch kurz vor Beschlussfassung des LkSG hat der zuständige Ausschuss für Arbeit und Soziales die Änderungsanträge der Fraktionen Bündnis 90/Die Grünen sowie Die Linke abgelehnt, die eine ausdrückliche positivrechtliche Regelung einer zivilrechtlichen Haftung in dem LkSG statuieren wollten. Danach vertue der Gesetzgeber ohne eine solche Regelung die Chance, eklatante Schutzlücken beim Menschenrechtsschutz zu schließen und verpasse es mit dem Gesetz Rechtssicherheit zu schaffen.[1] Für Rechtssicherheit hat das Gesetz dann zwar gesorgt, allerdings in der entgegengesetzten Richtung. Nun ordnet § 3 Abs. 3 S. 1 ausdrücklich an, dass sich aus der Verletzung von den durch das LkSG begründeten Pflichten keine Schadensersatzpflicht ergeben soll. Unberührt ist davon nach § 3 Abs. 3 Satz 2 nur eine zivilrechtliche Haftung, die sich „unabhängig von diesem Gesetz" begründen lässt. Dadurch wird etwas Selbstverständliches klargestellt, nämlich dass die Ablehnung einer zivilrechtlichen Haftung wegen Verletzung des LkSG nicht bedeutet, dass es keine zivilrechtliche Haftung wegen der Verletzung von Menschenrechten geben kann.[2] In den Gesetzesmaterialien findet sich dazu die Feststellung: „Soweit unabhängig von den neu geschaffenen Sorgfaltspflichten bereits nach der geltenden Rechtslage eine zivilrechtliche Haftung begründet ist, soll diese jedoch unverändert fortbestehen und in besonders schwerwiegenden Fällen in ihrer Durchsetzung erleichtert werden."[3]

2 Vor diesem Hintergrund ist in der Folge ein Blick auf die allgemeinen Grundsätze zu werfen, nach denen Unternehmen für Menschenrechtsverletzungen haftbar werden können. Mit der Eigenhaftung befasst sich der Beitrag dabei nur unter dem Aspekt der möglichen Rechtsgutsverletzung nach § 823 Abs. 1 BGB. Eine solche lässt sich nicht bei sämtlichen Verstößen gegen die nach § 2 Abs. 1–3 relevanten Menschenrechte begründen (Rn. 19 ff.). Die Anerkennung als Schutzgesetz

1 BT-Drs. 19/30505 S. 28 f.
2 Auch *Rühl/Knauer* JZ **2022** 105, 108; *Paefgen* ZIP **2021** 2006, 2010.
3 BT-Drs. 19/30505 S. 39.

i.S.d. § 823 Abs. 2 BGB wird ganz überwiegend abgelehnt[4] – woran das LkSG aufgrund des § 3 Abs. 3 Satz 1 nichts ändert. Wo aber eine Rechtsgutsverletzung vorliegt, die eigenem Handeln des Unternehmens zugerechnet werden kann, werfen die weiteren Voraussetzungen keine Besonderheiten auf und sind den Kommentierungen des § 823 BGB zu entnehmen.

Näherer Erörterung bedürfen hingegen die Voraussetzungen der **Haftung im Konzern** sowie für **Zulieferer**. Hier sind die tradierten Grundsätze im Zuge der UN-Leitprinzipien sowie des Vordringens von Menschenrechtsklagen in den westlichen Industrienationen auch in Deutschland auf den Prüfstand gekommen. Bei Darstellung dieser Diskussion ist jedoch Vorsicht geboten. 3

Infolge der gesetzgeberischen Anordnung in § 3 Abs. 3 Satz 1 sind die neuen Pflichten des LkSG in einem **ersten Schritt** komplett außer Acht zu lassen, um eine akkurate Bestandsaufnahme der „unabhängig von diesem Gesetz" begründeten Haftung zu gewinnen (dazu unter Rn. 42 ff. und Rn. 57 ff.). Wenn die Anwendung deutschen Rechts internationalprivatrechtlich möglich ist und bereits vor Verabschiedung des LkSG eine Verantwortlichkeit in einer Lieferkette für Konzerntöchter oder Zulieferer im Fall von Menschrechtsverletzungen und Umweltschädigungen bestand, besteht ein reales Haftungsrisiko.[5] 4

Erst danach kann in einem **zweiten Schritt** darüber nachgedacht werden, ob und in welcher Weise das LkSG mittelbar einen Einfluss auf diese Auslegung der deutschen Haftungsnormen ausüben kann. Diskutiert wird namentlich die Fortentwicklung bereits bestehender Ansätze zu einer über den unmittelbar eigenen Herrschaftsbereich hinausgreifenden Verkehrssicherungspflichtigkeit von Unternehmen, die sich dann möglicherweise entlang der Lieferketten erstrecken kann. Dabei ist allerdings ein veritabler Drahtseilakt zu bewältigen. Zwar dürfte dem Gesetz keine absolute Sperrwirkung für die Weiterentwicklung menschenrechtsspezifischer Sorgfaltspflichten entlang der Lieferkette innewohnen.[6] In den Gesetzesmaterialien wird formuliert, eine zivilrechtliche Haftung sei nur dann zuzulassen, wenn diese unverändert fortbesteht,[7] was so klingt, als ob ausschließlich der „status quo ante" entscheidend wäre.[8] Im Ergebnis würde eine solche Lesart aber dem sich in einer stetigen Entwicklung befindlichen Verkehrspflichtenkonzept kaum gerecht.[9] Gleichzeitig ist aber allen Versuchungen zu widerstehen, eine derartige Fortentwicklung der Verkehrssicherungspflichten in der Lieferkette aus den Sorgfaltspflichten des LkSG herzuleiten. Das gebietet der Gehorsam gegenüber dem Gesetz. 5

B. Durchgriffshaftung

Das Kapitalgesellschaftsrecht wird durch das Trennungsprinzip und die Haftungsbeschränkung geprägt. Im Konzern kollidiert diese juristische Konstruktion häufig mit der Realität. Der Konzern wird daher in Ökonomie und der Allgemeinheit häufig als ein einheitliches Wirtschaftsgepräge gesehen (siehe auch § 2 Rn. 241). Sämtliche Diskussionen über bestehende Anspruchsgrundlagen werden vor dem Hintergrund dieses Konfliktes ausgetragen und durch ihn geprägt. 6

I. Keine Konzerndurchgriffshaftung

Ein früher verbreiteter Ansatz liegt in einer Durchgriffshaftung im Konzern begründet. In Deutschland wie auch andernorts wurde in der Vergangenheit immer wieder darüber nachge- 7

4 Vgl. *Edel/Frank/Heine/Heine*, BB 2021, 2890, 2893; *Habersack/Ehrl*, AcP 2019, 155, 194; *Paefgen*, ZIP 2021, 2006, 2010; *Späth/Werner*, CCZ 2021, 241, 250; MüKo-BGB/*Wagner* § 823 Rn. 548 ff.

5 Vgl. *Fleischer* DB **2022** 920, 921 f.

6 So insbesondere mit Blick auf das Deliktsrecht in Frage gestellt von *Fleischer* DB **2022** 920, 922.

7 BT-Drs. 19/30505 S. 39.

8 *Fleischer* DB **2022** 920, 922.

9 Näher dazu *Fleischer* DB **2022** 920, 922; vgl. auch Depping/Walden/*Ziegler*, § 3 Rn. 184.

dacht, Trennungsprinzip und Haftungsbeschränkung aufzuweichen. Der Ursprung um die Frage einer richterrechtlich entwickelten Gesellschafterhaftung liegt in der Haftungsverfassung der Privatgesellschaft, weil hier das Privileg der Haftungsbeschränkung schwerer zu legitimieren war, als in den großen Publikumsgesellschaften. Aus diesem Grund sind alle richterrechtlichen Gläubigerschutzinstrumente in Deutschland zunächst für die GmbH entwickelt worden.[10] Am nächsten an einer Durchgriffshaftung war man hierzulande im sog. Video-Urteil gekommen.[11] Diese Rechtsprechung wurde jedoch recht schnell korrigiert durch das TBB-Urteil[12] und eine Durchgriffshaftung letztlich, nach einem kurzen Intermezzo nach BGHZ **149** 10 Bremer Vulkan, mit dem Wechsel zur deliktsrechtlichen Begründung der Existenzvernichtungshaftung in BGHZ **173** 246 Trihotel ad acta gelegt.[13] Stand heute gibt es keine strukturell begründete Konzerndurchgriffshaftung.[14]

II. Kein Durchgriff bei Delikten

8 Eine aus dem anglo-amerikanischen Rechtsraum stammende Rechtsschule plädiert für eine Durchgriffshaftung bei Deliktsschulden.[15] Die Grundlage einer „unlimited liability rule“ für Deliktsschulden statt der im Gesellschaftsrecht geltenden Haftungsbeschränkung liegt in rechtsökonomischen Überlegungen begründet. Durch die Haftungsbeschränkung entstehe ein Anreiz, zu wenig in die Schadensvermeidung zu investieren. Die Externalisierung der Kosten verbillige das Unternehmen künstlich und führe zu Überinvestment in gefährliche, sozial schädliche Aktivitäten. Anders als im Vertragsrecht hätten die Opfer auch keine Möglichkeit, sich im Verhandlungswege gegen die Fehlanreize aus der Haftungsbeschränkung zu wappnen.[16]

9 Diese Bedenken haben ihre Daseinsberechtigung im anglo-amerikanischen Rechtsraum, im deutschen Recht können sie jedoch nur bedingt fruchtbar gemacht werden. Im deutschen Recht gibt es keine *vicarious liability* des Prinzipal für den Agenten auf Basis des Prinzips *„respondeat superior“* – also eine garantieartige Einstandshaftung –, sondern nur den weit milderen § 831 BGB mit Enthaftungsmöglichkeit. Im Übrigen gilt sowohl im Recht als auch der Ökonomie eine Gesellschaft im Konzern grundsätzlich nicht als Agent der Gesellschafter,[17] vielmehr sind die Direktoren als solche einzustufen. Etwas anderes kann nur höchst ausnahmsweise bei enger Führung angenommen werden.[18]

---

10 Zur Anwendbarkeit der gläubigerschützenden Haftungskonzeptionen der Rechtsprechung siehe *Schall* FS Stilz 537 ff.

11 BGHZ **115** 187.

12 BGHZ **122** 123.

13 Ausführlich zur Entwicklung der Existenzvernichtungshaftung etwa MüKo-GmbHG/*Liebscher* Anh. § 13 Rn. 539 ff.

14 MüKo-GmbHG/*Merkt* § 13 Rn. 361; Michalski/Heidinger/Leible/J. Schmidt/*Lieder* GmbHG, 3. Aufl. 2017, § 13 Rn. 405; BeckOK-GmbHG/*Wilhelmi* § 13 Rn. 154; Grigoleit/*Grigoleit* AktG, 2. Aufl. 2020, § 1 Rn. 115 f.; Großkomm-AktG/*Bachmann* 5. Aufl. 2016, § 1 Rn. 101; *Schall* ZGR **2018** 479, 484.

15 Grundlegend *Hansmann/Kraakmann* Yale Law Journal **100** (1991) 1879; zust. in Deutschland jüngst Behme et al./*Thomale* Versicherungsmechanismen im Recht, 2015, S. 131 ff. m.w.N. zu der in dieser Reichweite auch in den USA umstrittenen These; *Thomale/Hübner* JZ **2017** 385, 394 f.; *Weller/Thomale* ZGR **2017** 509, 522 f.; einschränkend (Deliktsdurchgriff nur bei impropriety) und auf Basis des sog. evasion principle *S.H.C. Lo* (2017) 46 Common Law World Review 42; zurückhaltend („im Einzelfall“) auch *König* AcP **217** (2017) 612, 617 ff. u. 627; einen Deliktsdurchgriff abl. z.B. der UK Court of Appeal in *Chandler v Cape* [2012] EWCA Civ 525 Rn. 69 f; *Wagner* RabelsZ **80** (2016) 717, 765 f.; allgemein gegen Durchgriff *Bainbridge/Henderson* Limited Liability: A Legal and Economic Perspective, 2016, S. 279 ff.; kritisch auch *Witting* Liability of Corporate Groups and Networks, 2018, S. 342 ff.

16 *Schall* ZGR **2018** 479, 485.

17 Gegen *vicarious liability* für Konzerntöchter auch der UK Court of Appeal in *Lubbe et al. v Cape plc* [1998] EWCA Civ 1351, Rn. 40.

18 *Schall* ZGR **2018** 479, 485 ff.

Insbesondere ist die von *Hansmann/Kraakmann* festgestellte Fehlsteuerung im deutschen Recht, jedenfalls unter Geltung des Baustoff-Urteils,[19] nicht feststellbar. Ausgangspunkt im Common Law ist das Fehlen jeglicher Eigenhaftung der Geschäftsleiter für Gesellschaftsdelikte. Zwar gilt dies nicht für Vorsatztaten oder unmittelbare Schädigungen,[20] die relevanten Fallgruppen, die in Deutschland unter die Verkehrssicherungspflichtverletzungen fallen, werden aber nicht erfasst. Unter der Konstruktion des *tort of negligence* bleibt kein Raum für die Eigenhaftung, da die Verletzung der *duty of care* nicht an die (mittelbare, pflichtwidrige) Verursachung einer Rechtsgutsverletzung, sondern an die Verletzung einer vorher einseitig übernommenen Sorgfaltspflicht anknüpft (*assumption of liability*). Ebenso wie im Vertragsrecht, verpflichtet sich der *agent* nicht persönlich für die Verbindlichkeiten des *principal*.[21] Haftbar ist nur die Gesellschaft und die haftet beschränkt. 10

Die aus der Haftungsbeschränkung ausgemachten Fehlanreize bestehen in Deutschland grundsätzlich nicht. Unter Geltung des Baustoff-Urteils haften die Geschäftsleiter für die Rechtsgutverletzungen der Gesellschaft persönlich. Dem Deliktsopfer steht trotz Trennungsprinzip und Haftungsbeschränkung immer noch der Geschäftsleiter als zusätzlicher Schuldner zur Verfügung.[22] Selbst unter der Prämisse eine Deliktsaußenhaftung des Geschäftsleiters abzulehnen, müsste immer noch eine Innenhaftung gegenüber der Gesellschaft angenommen werden, die den propagierten Fehlanreizen entgegenstünde. Das persönliche Haftungsrisiko führt dann entgegen der Auffassung von *Hansmann/Kraakman* zu keinem Fehlanreiz zu wenig in die Schadensverhütung zu investieren. Für eine generelle Pro-rata-Durchgriffshaftung bei Deliktsschulden, die nichts anderes als eine systemwidrige Deliktshaftung für fremdes Verschulden wäre, weil Art und Umfang der tatsächlichen Einflussnahme der Gesellschafter auf die Geschäftsführung nicht berücksichtigt würden, besteht in Deutschland de lege lata nicht nur kein Raum,[23] sondern auch kein Bedarf. Für die Fälle strukturellen Missbrauchs des Trennungsprinzips und der Haftungsbeschränkung hat das deutsche Recht Lösungen auf deliktsrechtlicher Ebene entwickelt. 11

III. Kein Durchgriff bei materieller Unterkapitalisierung – Außenhaftung

Die Rechtsprechung hatte schon früh als eine Form missbräuchlichen Geschäftsgebarens die Insolvenzverschleppung durch Gewährung von Gesellschafterdarlehen ausgemacht, die eine Krise derart verschleppten, dass nur noch eine verarmte, hochverschuldete Gesellschaft zurückblieb.[24] Nach einer allgemein anerkannten Definition gilt eine Gesellschaft als unterkapitalisiert, „wenn das Eigenkapital nicht ausreicht, um den nach Art und Umfang der angestrebten oder tatsächlichen Geschäftstätigkeit unter Berücksichtigung der Finanzierungsmethoden bestehenden, nicht durch Kredite Dritter zu deckenden mittel- oder langfristigen Finanzbedarf zu befriedigen."[25] Die Literatur rief im Zuge dieser Diskussion zu einem unmittelbaren Durchgriff wegen Missbrauchs der Haftungsbeschränkung auf.[26] Das Reichsgericht hingegen brachte § 826 BGB in Stellung.[27] Der 12

19 BGHZ **109** 297; erneut BGH ZIP **1996** 780.

20 Vgl. sec. 7.01 Restatement (Third) of Agency: An agent is subject to liability to a third party harmed by the agent's tortious conduct. Unless an applicable statute provides otherwise, an actor remains subject to liability although the actor acts as an agent or an employee, with actual or apparent authority, or within the scope of employment.

21 Vgl. sec. 7.02 Restatement (Third) of Agency: An agent's breach of a duty owed to the principal is not an independent basis for the agent's tort liability to a third party. An agent is subject to tort liability to a third party harmed by the agent's conduct only when the agent's conduct breaches a duty that the agent owes to the third party.

22 Bachmann et al./*Schön* ZGR-Sonderheft 18 **2012** 112, 119 ff.

23 So richtig Großkomm-AktG/*Bachmann* § 1 Rn. 109 ff., 113.

24 *Schall* FS Stilz 537, 540.

25 Hachenburg/*Ulmer* Anh. § 30 Rn. 16.

26 Siehe dazu *Schall* FS Stilz 537, 540 f. m.w.N.

27 RG JW **1938** 862; RGZ **166** 51, 57. Auch sonst war § 826 BGB die „Standardlösung", vgl. RGZ **129** 50, 54; RGZ **156** 271, 277; RGZ **169** 240, 248; MüKo-AktG/*Altmeppen* Anh. § 317 Rn. 1.

BGH behandelt nun die materielle Unterkapitalisierung als eine Fallgruppe des § 826 BGB unter dem Aspekt der sittenwidrigen Gläubigerschädigung.[28] Für eine allgemeine gesellschaftsrechtliche Haftung des Gesellschafters besteht mangels einer bestehenden Gesetzeslücke schon kein Raum.[29]

13 Auf Grundlage dieses Haftungskonzeptes ist jedoch kein verlässlicher Schutz in Lieferketten oder Konzernkonstellationen zu erreichen. Vielmehr sind die Voraussetzungen der Haftungsgrundlage vage und nur in extremen Ausnahmefällen einschlägig.

IV. Kein „echter" Durchgriff bei Existenzvernichtung – Innenhaftung

14 Im Zuge der Diskussion um den „qualifiziert faktischen" Konzern,[30] den der BGH durch die Entscheidung „Bremer Vulkan" endgültig aufgab,[31] wurde eine Haftung wegen Missbrauchs der Haftungsbeschränkung als Fallgruppe des § 826 BGB aufgenommen.[32] In der Entscheidung „KBV" fußte der existenzvernichtende Eingriff noch auf einem Durchgriffsmodel.[33] Dogmatischer Ausgangspunkt der Existenzvernichtungshaftung war der Ausschluss der Berufung auf die Haftungsbeschränkung. Die Haftung wurde insoweit durch eine analoge Anwendung des § 128 HGB erreicht.[34] Jedoch klang bereits im „KBV"-Urteil an, dass eine Haftung wegen existenzvernichtendem Eingriff sich aus § 826 BGH ergeben könnte. Schließlich hat der BGH die Rechtsfolgen in der „Trihotel"-Entscheidung neu bestimmt und die Haftung als reine Innenhaftung der Gesellschafter gegenüber der GmbH auf Grundlage des § 826 BGB ausgeformt.[35]

15 Schon auf der dogmatischen Grundlage des existenzvernichtenden Eingriffs als Fallgruppe der „kleinen Generalklausel" des Deliktsrechts, der auf der sittenwidrigen Schädigung der juristischen Person beruht und damit als Innenhaftung zu qualifizieren ist, zeigt sich die fehlende Schutzqualität gegenüber geschädigten Personen in der Lieferkette. Zum einen kann nur ein mittelbarer Schutz durch das Innenhaftungskonzept geboten werden. Zum anderen setzt die Haftung auf gesellschaftsrechtlicher Ebene an und kann keinen direkten Schutz menschenrechtlicher Standards vermitteln. Grundlage einer lieferkettenweiten (Delikts-) Verantwortlichkeit kann dieses Konzept daher nicht bieten.

V. Vermögensvermischung als einzig anerkannter Fall einer Durchgriffshaftung

16 Den einzigen echten Haftungsdurchgriff nach derzeitigem Stand stellt die sog. Vermögensvermischung im deutschen Recht dar.[36] Die Haftungsbegründung wird im Allgemeinen darauf gestützt, dass eine klare Trennung von Gesellschafts- und Gesellschaftervermögen Voraussetzung für die

---

28 BGH Urt. v. 30.11.1978 – II ZR 204/76 = NJW **1979** 2104; Urt. v. 25.4.1988 – II ZR 175/87 = NJW-RR **1988** 1181; Urt. v. 1.7.1991 – II ZR 180/90 = NJW-RR **1991** 1312; Urt. v. 16.3.1992 – II ZR 152/91 = NJW-RR **1992** 1061.

29 BGH Urt. v. 28.4.2008 – II ZR 264/06, BGHZ **176** 204 = NZG **2008** 547 – GAMMA.

30 Der Begriff geht auf Überlegungen des Arbeitskreises GmbH Reform zurück (Thesen und Vorschläge zur GmbH-Reform 1972 II S. 59, 67). Noch zurückhaltend, ob dem Begriff zu folgen sei, BGHZ **95** 330 = NJW **1986** 188, 191; auch BGHZ **107** 7 = NJW **1989** 1800, 1802 spricht nur von „dauernd und umfassend leiten". Klares Bekenntnis zum qualifiziert faktischen Konzern dann aber in BGHZ **115** 187 – Tiefbau = NJW **1991** 3142, 3144; BGHZ **122** 123 – TBB.

31 BGHZ **149** 10 = NJW **2011** 3622.

32 Vgl. MüKo-AktG/*Altmeppen* Anh. § 317 Rn. 7.

33 BGHZ **151** 181 = NJW **2002** 3024.

34 Vgl. ausführlich *Schall* FS Stilz 537, 541.

35 BGHZ **173** 246 = NJW **2007** 2689.

36 Vgl. BGHZ **125** 136; BGHZ **173** 246; *Altmeppen* GmbHG § 13 Rn. 136; Großkomm-AktG/*Bachmann* § 1 Rn. 99; Grigoleit/*Grigoleit* AktG § 1 Rn. 96; Michalski/Heidinger/Leible/J. Schmidt/*Lieder* GmbHG, 3. Aufl. 2017, § 13 Rn. 395; BeckOK-GmbHG/*Wilhelmi* § 13 Rn. 144 (auch zur sog. Sphärenvermischung, die aber im Einzelnen umstritten ist); *Schall* Kapitalgesellschaftsrechtlicher Gläubigerschutz, 2009, S. 241.

Funktionsfähigkeit des gesetzlichen Kapitalschutzes (§§ 57, 62 AktG; §§ 30 f. GmbHG) ist.[37] Wenn also die Vermögenszuordnung allgemein verschleiert ist und Vermögensbewegungen anhand der Bücher nicht mehr nachvollzogen werden können, ist der gesetzliche Kapitalschutz außer Kraft.[38] Solch eine Situation wird man aber nur in Fällen gänzlich fehlender oder grundlegend mangelhafter Buchführung annehmen können.[39] Aus diesem Grund ist eine solche Haftung entlang der Lieferkette bzw. für (ausländische) Tochtergesellschaften nur von untergeordneter Bedeutung. Es wird nur selten vorkommen, dass eine ausländische Tochtergesellschaft entgegen der buchhalterischen Ordnung geführt wird. „Waschkorblagen" dürften nicht die menschenrechtsspezifische Gefahrenquelle sein. Der Haftungstatbestand stellt ebenso wie die Fallgruppen des § 826 BGB auf Grundlage eines gesellschaftsrechtlichen Ansatzes den Kapitalschutz der Gesellschaft in den Vordergrund. Auf dieser Grundlage kann daher kein angemessener Menschenrechtsschutz gewährleistet werden.

VI. Deklarationshaftung

Ebenso wenig sind menschenrechtliche Erklärungen durch Unternehmen[40] dazu geeignet, eine Haftung dieser gegenüber den unmittelbar Geschädigten zu begründen.[41] Zwar werden Berichtspflichten zur Regulierung von Wertschöpfungsketten und einer damit einhergehenden Menschenrechts-Compliance als zentrales Element angesehen.[42] Dennoch ist primäres Ziel von Transparenzpflichten das Einwirken auf Stakeholder wie Anleger oder Kapitalgeber, um deren Marktentscheidungen zu beeinflussen.[43] Diesem Ansatz liegt ein Informationsmodell zugrunde, dass davon ausgeht, das derjenige Marktteilnehmer sich durchsetzen wird, der die Nachhaltigkeitspräferenzen seiner Stakeholder optimal bedient.[44] Einer solchen nach außen kundgetanen Information fehlt es daher an der Rechtsverbindlichkeit gegenüber dem Geschädigten: *„Erklärungen europäischer Kapitalgesellschaften über die menschenrechtlichen Auswirkungen ihres Verhaltens richten sich primär an das Anlegerpublikum, möglicherweise daneben noch an die Kunden des Unternehmens, nicht aber an Arbeitnehmer, Nachbarn oder Drittbetroffene von Zuliefererbetrieben oder Tochtergesellschaften im Ausland."*[45] Einer durch *soft law* oder *hard law* begründeten Menschenrechts-Compliance-Erklärung mangelt es eben am Rechtsbindungswillen gegenüber den Opfern von Menschenrechtsverletzungen.[46] Darüber hinaus dürften entsprechende Erklärungen regelmäßig derart vage formuliert sein, dass hierauf kein deliktsrechtlich relevantes Vertrauen gestützt werden kann.[47] Auch eine potentielle Haftung aus Kaufrecht, Kapitalmarktrecht oder Wettbewerbsrecht, ausgelöst durch falsche „Werbeaussagen" zur Einhaltung der Menschenrechte mit Blick auf das vertriebene Produkt, kann zwar verhaltenssteuernd wirken, eine Haftung träte nur gegenüber dem Kunden oder Mitbewerber, jedoch nicht gegenüber den Opfern der Menschenrechtsverletzungen ein. 17

---

37 BGHZ **125** 366, 368 = NJW **1994** 1801; BGH NJW **2006** 1344 Rn. 14; Grigoleit/*Grigoleit* AktG § 1 Rn. 96 mwN.

38 Vgl. BGH NJW **1986** 188 = BGHZ **95** 330.

39 Grigoleit/*Grigoleit* AktG § 1 Rn. 96.

40 So in etwa *Wagner* RabelsZ **80** (2016) 718, 777 ff.; *Weller/Kaller/Schulz* AcP **216** (2016) 387, 410 ff.; *Weller/Thomale* ZGR **2017** 509, 518; *Thomale/Hübner* JZ **2017** 385, 395; *Thomale/Murko* EuZA **2021** 40, 49; *Beckers* ZfPW **2021** 220, 239 ff.

41 So schon *Schall* ZGR **2018** 479, 508.

42 Vgl. *Beckers* ZfPW **2021** 220, 230 f.; *Thomale/Murko* EuZA **2021** 40, 49; *Harnos*, ZVglRWiss **122** (2023), 38 ff.

43 Siehe dazu auch Erwägungsgrund (3) der Richtlinie 2014/95/EU des Europäischen Parlaments und des Rates vom 22. Oktober 2014 zur Änderung der Richtlinie 2013/34/EU im Hinblick auf die Angabe nichtfinanzieller und die Diversität betreffender Informationen durch bestimmte große Unternehmen und Gruppen, ABl. 2014 L 330 S. 1, wonach die Informationspflicht in erster Linie den finanziellen Stakeholdern dienen soll.

44 *Assmussen/Wagner* ZEuP **2020** 979, 996.

45 *Wagner* RabelsZ **80** (2016) 718, 778.

46 Mit Blick auf CSR-Erklärungen auch *Bomsdorf/Blatecki-Burgert*, ZRP 2020, 42, 44.

47 *Spindler* ZHR 186 (2022), 67, 103; vgl. dazu auch *Hübner* S. 253 f. mit Bezug zu Beispielformulierungen zur Menschenrechts-Compliance aus der Praxis.

C. Haftung nach deutschem Deliktsrecht

18 Bereits vor der Verabschiedung des LkSG ist die Möglichkeit einer deliktischen Lieferkettenhaftung mehr und mehr in den Vordergrund der juristischen Diskussion getreten. In erster Linie wurde die Frage in Konzernkonstellationen erörtert. Im Rahmen dieser Diskussion haben sich § 831 BGB sowie der Grundtatbestand des deutschen Deliktsrecht § 823 Abs. 1 BGB in Verbindung mit der Verkehrspflichtenlehre als Schwerpunkte gebildet. Diese Diskussion ist zunächst darzustellen. Anschließend ist der Frage nachzugehen, ob es trotz der klaren Anordnung des § 3 Abs. 3 zu einer Haftungsausweitung infolge einer Fern- bzw. „Ausstrahlungswirkung" des LkSG zur Konkretisierung der deliktischen (Verkehrs-) Pflichten kommen kann.[48]

I. Geschützte Rechtsgüter und deren deliktsrechtliche Einordnung

19 Das deutsche Deliktsrecht bietet den Schutzbereich des § 823 Abs. 1 BGB sowie die Schutzgesetzverletzung des § 823 Abs. 2 BGB. Soweit das LkSG Rechtsgüter aufgreift, die der allgemeinen Deliktshaftung unterfallen, ist ein Gleichlauf von lieferkettensorgfaltsgestütztem Menschenrechtsschutz und einer Haftung nach deutschem Deliktsrecht gewährleistet. Im Übrigen soll das LkSG die Reichweite des Schutzbereiches von § 823 Abs. 1 und 2 BGB nicht erweitern.[49] Dementsprechend stellt die Ausschussbegründung klar, dass der Verweis in § 2 Abs. 1 auf die in der Anlage aufgelisteten Abkommen nicht impliziert, dass Unternehmen unmittelbar an die völkerrechtlich garantierten internationalen Menschenrechte gebunden sind.[50] Es gilt daher zu klären, inwieweit die aufgezählten Positionen in § 2 Abs. 2 und Abs. 3 vom deliktsrechtlichen Schutzbereich des § 823 Abs. 1 und 2 BGB erfasst sind.

1. § 2 Abs. 1 und 2 LkSG

20 Die Aufzählung der in § 2 Abs. 2 LkSG haftungsbewehrten Verbote sowie die in Bezug genommenen Übereinkommen stehen in engem Zusammenhang mit § 2 Abs. 1. Die beiden Absätze schützen menschenrechtsbezogene Positionen. Dadurch haben sie praktisch durchweg einen engen Bezug zu den geschützten Rechtsgütern des § 823 Abs. 1 BGB. Dieser Bezug wird lediglich dadurch bisweilen verdeckt, dass einige der schlimmsten Auswüchse, denen diese Normen entgegenwirken wollen, in der deutschen Zivilrechtspraxis seit Inkrafttreten des BGB keine Rolle (mehr) gespielt haben. Das gilt z.B. für Sklaverei, Kinder- und Zwangsarbeit. Selbst die Gräueltaten des NS-Regimes, welche die Weltgemeinschaft zur Verabschiedung der Menschenrechtscharta brachten, wurde nur selten zivilrechtsrelevant (etwa bei sachenrechtlichen Fragen um Beutekunst). Internationale Abkommen, nicht deutsches Delikts- oder Bereicherungsrecht (Eingriffskondiktion!) entschieden über die Entschädigung der Millionen Opfer nationalsozialistischer Verbrechen gegen die Menschlichkeit und ihrer Hinterbliebenen. So finden sich nicht viele Präjudizien zu Fragen, deren Lösung an sich eine Selbstverständlichkeit sein müsste.

21 Die formulierten Verbote in Nr. 1–12 lassen sich hierbei grob in vier Kategorien gliedern. Die erste Kategorie umfasst die äußersten Grenzen von zulässigen Arbeitsverhältnissen und dessen grundsätzlicher Ausformung in Gestalt eines Verbots von Kinder- und Zwangsarbeit sowie von Sklaverei (Nr. 1–4 und Nr. 11). In Nr. 5 werden sodann die Maßstäbe an ein zulässiges Arbeitsverhältnis definiert in Form einer Mindestvorgabe für den Arbeitsschutz nach dem jeweils anwendbaren nationalen Recht. Als zweite Kategorie eines „Freizügigkeitsschutzes" wird die Koalitionsfreiheit (Nr. 6) und das Verbot der Ungleichbehandlung (Nr. 7) proklamiert, die tendenziell die

48 Vgl. auch *Spindler* ZHR **186** (2022) 67, 95.
49 Vgl. auch *Wagner* ZIP **2021** 1095, 1103; kritisch zur Regelungstechnik *Paefgen* ZIP **2021** 2006, 2007.
50 BT-Drs. 19/30505 S. 35.

Freizügigkeit und Privatsphäre des Einzelnen schützen sollen. Bei dem Verbot der Vorenthaltung eines angemessenen Lohns (Nr. 8) handelt es sich um reine Vermögensinteressen des Einzelnen als dritte Kategorie, hingegen kann das Verbot emissionsbedingter Schädigungen der Umwelt (Nr. 9) und der widerrechtlichen Räumung oder Inbesitznahme von Grund und Boden (Nr. 10) als grundsätzlicher Eigentumsschutz des Individuums und damit als vierte Kategorie gesehen werden.

Die äußeren Grenzen eines zulässigen Arbeitsverhältnisses wie das Verbot von Kinder-, Zwangsarbeit und Sklaverei können in ihrer Schutzwirkung zur Vermeidung integraler Gesundheitsschäden und der Wahrung der körperlichen Unversehrtheit, aber auch der Wahrung des allgemeinen Persönlichkeitsrechts verschrieben gesehen werden.[51] Der Schutz des Körpers und der Gesundheit nach § 823 Abs. 1 BGB wird durch jeden unbefugten Eingriff in die körperliche Integrität oder Befindlichkeit, der einen von den normalen körperlichen Funktionen nicht nur unerheblich abweichenden Zustand hervorruft, definiert.[52] Davon umfasst sind auch psychische Beeinträchtigungen. Eine Verletzung des Körpers und der Gesundheit muss dabei nicht auf ein unmittelbar ursächliches Ereignis zurückzuführen sein, sondern kann beispielsweise auch durch eine andauernde Exposition mit chemischen Stoffen oder etwa Immissionen wie Lärm- oder Geruchsbelästigungen erfolgen.[53] Voraussetzung der deliktsrechtlichen Haftung ist aber stets, dass eine Verletzung auch tatsächlich eingetreten ist. Der Schutzbereich der Rechtsgüter „Körper" und „Gesundheit" bietet dann Raum für eine Einordnung der durch die Verbote in der ersten Kategorie geschützten Güter.[54] Allerdings verschieben diese nicht die Grundvoraussetzungen der Haftung. Es genügt also nicht, dass die äußeren Grenzen des zulässigen Arbeitsverhältnisses überschritten worden sind, sondern es muss eine kausale Rechtsgutsverletzung verursacht worden sein. 22

Darüber hinaus wird auch die innere Ausgestaltung von Arbeitsverhältnissen durch das Sorgfaltspflichtenprogramm des Gesetzes durch Verbote näher konturiert. Die geschützte Rechtsposition der „Koalitionsfreiheit" unterfällt als sonstiges Recht dem § 823 Abs. 1 BGB (dazu Rn. 31). Das „Diskriminierungsverbot" unterfällt nicht evident den absoluten Rechtsgütern des § 823 Abs. 1 BGB. Jedoch könnte das sich als Rahmenrecht entwickelte allgemeine Persönlichkeitsrecht Abhilfe schaffen und aufgrund dessen Offenheit Grundlage für einen weitergehenden Schutz bieten. Mit der Anerkennung und der Einbeziehung sonstiger Persönlichkeitsinteressen wurde die ursprüngliche Ausgestaltung der absoluten Schutzgüter des BGB aufgeweicht.[55] Als Rahmenrecht indiziert die Beeinträchtigung der Persönlichkeitsinteressen nicht schon die Rechtswidrigkeit, sondern diese ergibt sich erst aus einer Interessenabwägung.[56] Das allgemeine Persönlichkeitsrecht unterliegt daher einer steten Entwicklung, sodass es auch das Potential haben könnte, Szenarien in der Lieferkette abzubilden. Bislang sind als geschützte Bereiche der Schutz der Persönlichkeit und ihrer Würde selbst, ihrer Ehre, ihres Rufs, ihres Ansehens gegen Verletzung, Beschädigung und Entstellungen; der Schutz des Privat-, Intim- und Geheimbereichs; die Individualität, Identität und Selbstbestimmung einer Person; sowie das aus der Menschenwürde hergeleitete Diskriminierungsverbot umfasst.[57] In den krasseren Fällen von Menschenrechtsverletzungen, welche die Verbote in § 2 Abs. 2 umschreiben, liegt eine Verletzung meist viel klarer auf der Hand, wobei oftmals keine Abwägung erforderlich oder gar möglich sein wird (anschließend Rn. 24 ff.). 23

---

51 Siehe etwa Initiative Lieferkettengesetz, Rechtsgutachten zur Ausgestaltung eines Lieferkettengesetzes, Februar 2020, S. 60 mit Verweis auf *Osieka* S. 183 f., am Beispiel der Zwangsarbeit.

52 Grüneberg/*Sprau* BGB § 823 Rn. 4.

53 MüKo-BGB/*Wagner* § 823 Rn. 204.

54 Vgl. zum allgemeinen Menschenrechtsschutz: *v. Falkenhausen* S. 250.

55 MüKo-BGB/*Wagner* § 823 Rn. 417 spricht davon, dass die Entscheidung „rückgängig gemacht worden" sei.

56 Vgl. MüKo-BGB/*Wagner* § 823 Rn. 417.

57 Aufzählung bei BeckOK-BGB/*Förster* § 12 Rn. 171.

24 **a) Verbot von Kinderarbeit, § 2 Abs. 2 Nr. 1 und 2 LkSG.** Das Verbot von Kinderarbeit betrifft nicht jegliche, sondern die sog. „inakzeptable Kinderarbeit", die in einem zu jungen Alter ausgeführt wird, das Recht auf Erziehung und Schulbildung behindert und der physischen, psychischen und geistigen Entwicklung entgegensteht (siehe § 2 Rn. 49 ff.). Legt man den Maßstab der absoluten Rechtsgüter des § 823 Abs. 1 BGB an, lässt sich § 2 Abs. 2 Nr. 1, wo es um das Recht auf kindliche Bildung geht, nicht unmittelbar der Verletzung von Körper oder Gesundheit zuordnen. Ein Eingriff in das allgemeine Persönlichkeitsrecht scheint allerdings begründbar. Zwar liegt hier nicht der klassische Fall dieses sog. Rahmenrechts vor, das sich typischerweise mit der Grenzziehung zwischen (im BGB unterentwickelten) Ehrschutz und Meinungsfreiheit befasst. Die dort so typische Abwägung mit konkurrierenden (Grund)Rechtspositionen des Eingreifers scheint hier unsinnig. Das heißt aber nicht, dass die Persönlichkeit der betroffenen Kinder nicht geschützt werden kann, sondern im Gegenteil, dass sie hier absolut und ohne Abwägung geschützt werden muss. Wer zu junge Kinder ausbeutet, verletzt die Menschenwürde in ihrem unentziehbaren Kernbereich. Das gilt erst recht bei den „schlimmsten Formen" der Kinderarbeit in Nr. 2. Diese stehen überdies in engem Zusammenhang mit potentiellen Körper- und Gesundheitsschädigungen des betroffenen Individuums. So führt die Gesetzesbegründung unter Rückgriff auf das auch in Artikel 3 des ILO-Übereinkommens Nr. 138 verankerte Verbot von Kinderarbeit in den schlimmsten Formen unter anderem die voraussichtlichen Gesundheitsschädigungen des Kindes an.[58] Gesundheitliche Folgen von den „schlimmsten Formen" der Kinderarbeit sind nicht nur naheliegend, sondern auch sehr wahrscheinlich, da es sich hierbei um ein weit verbreitetes Phänomen in Lieferkettenkonstellationen mit Bezug zum „globalen Süden" handelt.[59] Die Gesundheit der Kinder kann hierbei regelmäßig durch die Aussetzung von gefährlichen und gesundheitsschädlichen Stoffen, aber auch durch Lärm oder der reinen körperlichen (Über-) Beanspruchung gefährdet werden. Auch psychische Beeinträchtigungen sind zu befürchten. Die Rechtsgüter „Körper" und „Gesundheit" gem. § 823 Abs. 1 BGB dürfte danach bei Verstößen gegen das Verbot von Kinderarbeit nach Nr. 2 in den meisten Fällen unmittelbar erfüllt sein. Wo das nicht der Fall ist, greift das allgemeine Persönlichkeitsrecht. Außerdem wird man das Verbot der schlimmsten Fälle der Kinderarbeit nach Nr. 2 als *ius cogens* ansehen und daher als Schutzgesetz qualifizieren müssen.[60]

25 **b) Verbot von Zwangsarbeit und Sklaverei, § 2 Abs. 2 Nr. 3 und 4 LkSG.** Die in § 2 Abs. 2 Nr. 3 u. 4 verankerten Verbote der „Zwangsarbeit" sowie der „Sklaverei" können mit der Verletzung des Körpers oder der Gesundheit einhergehen. Indikatoren für eine Beschäftigung in Zwangsarbeit sind ausweislich der Gesetzesbegründung u.a. die Anwendung von Einschüchterung und Drohung sowie die Schaffung unzumutbarer Arbeits- und Lebensumstände.[61] Sklaverei wird dahingehend als Form einer Herrschaftsausübung oder Unterdrückung im Umfeld der Arbeitsstätte aufgefasst, die z.B. zu einer extremen wirtschaftlichen oder sexuellen Ausbeutung und Erniedrigung führen können.[62] Auch hier wird eine nicht unerhebliche Überschneidung der geschützten Positionen mit den vorgenannten Rechtsgütern vorliegen. Sowohl Zwangsarbeit als auch Sklaverei können negative Auswirkungen auf die Gesundheit oder die körperliche Integrität des betroffenen Arbeiters haben, wenn eine faktische Verfügungsmacht über die Person besteht. Dieser wird in solchen Verhältnissen häufig über das Mittel der Gewaltanwendung zu der Arbeit gezwungen

58 BT-Drs. 19/30505 S. 35.

59 Vgl. dazu *v. Falkenhausen* S. 257 mit Beispielen aus der Landwirtschaft, aus Produktionsstätten wie Ziegelöfen und Webereien oder dem Einsatz von Kindern in unsicheren Minen.

60 *Weller/Thomale* ZGR **2017** 509, 513 und 520 f., anders noch *Weller/Kaller/Schulz* AcP **216** (2016) 388, 400; *Schall* ZGR **2018** 479, 481.

61 Vgl. BT-Drs. 19/30505 S. 36.

62 Vgl. BT-Drs. 19/30505 S. 36.

oder beispielsweise über die Verabreichung von Drogen zur Arbeit bewegt werden.[63] Eine solche Verrichtungsform geht schon denklogisch mit einer Beeinträchtigung der körperlichen Integrität und wahrscheinlichen Schäden an der Gesundheit einher.

Darüber hinaus wird in Fällen von Zwangsarbeit und Sklaverei häufig auch eine Beeinträchtigung der individuellen Freiheit, wie sie § 823 BGB beschreibt, beeinträchtigt sein. Zu beachten ist aber, dass hiermit nicht die allgemeine Handlungs- und Willensfreiheit gemeint ist, sondern nur die körperliche Bewegungsfreiheit. Der zivilrechtlich kaum durchdrungene Tatbestand soll sich insoweit an § 239 StGB anlehnen.[64] Danach muss man nicht in einem engen Raum eingesperrt sein. Ausreichen kann auch die erzwungene Unterbringung in Lagern oder Bordellen, sofern den Opfern z.B. durch Androhung von Gewalt gegen sie selbst oder ihre Angehörigen[65] oder durch Entzug von Papieren die Möglichkeit genommen wird, ihren erzwungenen Aufenthaltsort auf Dauer frei zu verlassen.[66] Sähe man den Begriff der Freiheitsberaubung enger, wären nicht einmal Strafgefangene, denen bisweilen Freigang zusteht, der Freiheit beraubt. 26

In Anbetracht der Unantastbarkeit der Menschenwürde im Kernbereich stellen Zwangsarbeit und Sklaverei immer auch eine durch Nichts zu rechtfertigende Verletzung des allgemeinen Persönlichkeitsrechts dar. Insoweit trifft die Beobachtung, dass es sich hier um *ius cogens* handelt, im Ergebnis zu. Man kann diese Verbote daher auch als **Schutzgesetze nach § 823 Abs. 2** qualifizieren.[67] 27

c) Verbot der Missachtung des Arbeitsschutzes, § 2 Abs. 2 Nr. 5 LkSG. Unzweifelhaft korreliert der in § 2 Abs. 2 Nr. 5 a)–d) sicherzustellende Arbeitsschutz mit den absolut geschützten Rechtsgütern der Gesundheit und der körperlichen Unversehrtheit des § 823 Abs. 1 BGB.[68] Sinn und Zweck der Einhaltung des Arbeitsschutzes ist ausweislich des Wortlauts der Schutz von arbeitsbedingten Gefahren sowie die Vorbeugung von Unfällen.[69] Nach der Gesetzesbegründung soll die Gesundheit und das Leben wegen der Nichtbeachtung von Sicherheitsstandards bei der Bereitstellung und Instandhaltung der Arbeitsstätte und des Arbeitsplatzes geschützt werden. Zudem soll das Risiko bei der Verwendung von Arbeitsmaterialien, Geräten o.Ä. minimiert und diesem entgegengewirkt werden. Das Risiko einer Gefährdung für die Gefährdung der Gesundheit oder des Lebens bei mangelhafter Einrichtung der Arbeitsstätte verdeutlicht das Beispiel des KIK-Falles, der vor dem LG Dortmund verhandelt wurde.[70] Zu beachten ist aber, dass die Verbote in Nr. 5 abstrakte Gefährdungsdelikte sind. Sie liegen typischerweise im Vorfeld schwerer Körper- bzw. Gesundheitsschäden. Doch zur Deliktshaftung kommt es erst, wenn sich diese Gefahren kausal in einer Rechtsgutsverletzung verwirklichen (Erfolgsdelikt). Daran würde auch eine Einord- 28

63 *v. Falkenhausen* S. 257 nimmt in diesem Zusammenhang Bezug auf derartige Praktiken in der südostasiatischen Fischindustrie, m.w.N.

64 MüKo-BGB/*Wagner* § 823 Rn. 240.

65 Vgl. Schönke/Schröder/*Eisele* § 239 Rn. 6b: „unzumutbare Gefährlichkeit".

66 Zu einem sibirischen Straflager BGH vom 10.7.1952 – 4 StR 73/52, BeckRS **1952** 31193970. Allg. Schönke/Schröder/*Eisele* § 239 Rn. 4: „Dazu ist erforderlich, dass ihm, wenn auch nur vorübergehend, *unmöglich* gemacht wird, nach seinem freien Willen seinen *Aufenthalt zu verändern.*".

67 *Weller/Thomale* ZGR **2017** 509, 513 und 520 f.; *Schall* ZGR **2018** 479, 481; *Nordhues* S. 94 ff.

68 So wohl auch *Wagner* ZIP **2021** 1095, 1102.

69 Nach den Gesetzesmaterialien, BT-Drs. 19/30505 S. 36 f., dient die Beachtung grundlegender Pflichten des Arbeitsschutzes dem *Recht auf Leben* aus Artikel 6 Absatz 1 des Internationalen Paktes vom 19.12.1966 über bürgerliche und politische Rechte, dem *Recht auf Gesundheit* aus Artikel 12 des Internationalen Paktes vom 19.12.1966 über wirtschaftliche, soziale und kulturelle Rechte und der *Verwirklichung sicherer und gesunder Arbeitsbedingungen* in Sinne des Artikel 7 Buchstabe b des Internationalen Paktes vom 19.12.1966 über wirtschaftliche, soziale und kulturelle Rechte.

70 Aufgrund eines Fabrikbrandes nahmen Arbeiter*innen eines pakistanischen Zulieferunternehmens die deutsche Abnehmergesellschaft auf Schadensersatz in Anspruch. Letztlich wies das Berufungsurteil des OLG Hamm die erstinstanzlich erfolgreiche Schadensersatzklage wegen Verjährung, die nach pakistanischen Recht zu beurteilen war, ab. Siehe dazu OLG Hamm NJW **2019** 3527.

nung dieser Verbote als Schutzgesetze nichts ändern, es bedürfte gleichermaßen des kausalen Schadens. Der bloße Verstoß gegen die Arbeitsschutznormen löst die Haftung noch nicht aus. Allenfalls mag man aus erwiesenen Verstößen eine Beweiserleichterung für die Kausalität von erlittenen Schäden konstruieren. Eine vorbeugende Unterlassungsklage wäre kaum begründbar. Durch die Lieferkettensorgfalt nach dem LkSG ist hingegen sichergestellt, dass bereits gegen Verstöße als solche vorgegangen werden kann.

29 **d) Sicherheitskräfte, § 2 Abs. 2 Nr. 11 LkSG.** Eine Überschneidung des Schutzbereichs bei dem Einsatz von Sicherheitskräften zwischen LkSG und § 823 Abs. 1 BGB lässt sich auch unter dem Gesichtspunkt des § 2 Abs. 2 Nr. 11 a) und b) ausmachen. Hier geht es um die unternehmerische Mitverantwortung für gravierende Rechtsgutsverletzungen durch private Sicherheitsdienste. Die Vorschrift soll den Betroffenen vor extensiver Gewalt und Folter schützen, die den Kern der körperlichen Unversehrtheit betreffen. Der Schutzbereich der Rechtsgüter „Körper und Gesundheit" des § 823 Abs. 1 BGB korreliert mit denen der vorgenannten Schutzgüter des LkSG. Es handelt sich hier bei diesem menschenrechtlichen Verbotstatbestand nicht um ein abstraktes Gefährdungsdelikt, sondern um ein Erfolgsdelikt, das sogar nur an besonders schwere, typischerweise mit *dolus malus* begangene Rechtsgutsverletzungen anknüpft, die aus Sicht des Sicherheitsdienstes (nicht: des Unternehmers!) auch als vorsätzliche sittenwidrige Schädigungen zu bewerten sind (§ 826 BGB). Aber auch der Tatbestand von Nr. 11 lit. c) deckt sich mit einer Rechtsgutsverletzung i.S.d. § 823 Abs. 1 BGB, weil die Koalitionsfreiheit als „sonstiges Recht" anerkannt ist (gleich Rn. 31).

30 Im Unterscheid zu § 831 BGB muss der private Sicherheitsdienst bzw. müssen seine Bediensteten nicht Verrichtungsgehilfen des Unternehmens sein. Allerdings dürfte sich in den beschriebenen Fällen unter dem Gesichtspunkt des Organisationsverschuldens unschwer eine Haftung aus § 823 Abs. 1 BGB begründen lassen.

31 **e) Koalitionsfreiheit, § 2 Abs. 2 Nr. 6 LkSG.** § 2 Abs. 2 Nr. 6 soll die Koalitionsfreiheit im Zusammenhang mit der Gründung und dem Beitritt von Gewerkschaften sichern. Der Schutz kann nach der Gesetzesbegründung dann von besonderer Bedeutung sein, wenn ein Unternehmen in Ländern aktiv ist, in denen Gewerkschaften verboten sind. Generell soll erreicht werden, dass durch das unternehmerische Handeln diese Aktivitäten nicht behindert werden. Die Koalitionsfreiheit ist als sonstiges Recht anerkannt und genießt daher Deliktsschutz nach § 823 Abs. 1 BGB.[71] Zusätzlich könnten die Verletzung von Gewerkschaftsfreiheiten das allgemeine Persönlichkeitsrecht auch dahingehend beeinträchtigen, dass beispielsweise ein Gewerkschafter diskriminiert wird. Das allgemeine Persönlichkeitsrecht bildet nämlich grundsätzlich einen Diskriminierungsschutz ab.[72] Dies gilt jedoch nur im Hinblick auf persönliche Eigenschaften, wozu die Zugehörigkeit zu einer Gewerkschaft nicht zählen dürfte, da diese in das persönliche Verhalten des Einzelnen fällt.[73] Das allgemeine Persönlichkeitsrecht schützt aber nicht die allgemeine Handlungsfreiheit, sondern nur Aktivitäten, die auf den Persönlichkeitskern beschränkt sind.[74] Danach fällt die „Koalitionsfreiheit" bzw. die „Gewerkschaftsfreiheit" nicht auch in den Schutzbereich des allgemeinen Persönlichkeitsrechts.

---

71 BGHZ **42** 210, 217 = NJW **1965** 29, 33; BeckOGK-BGB/*Spindler* § 823 Rn. 191.

72 Z.B. BeckOK-BGB/*Förster* § 12 Rn. 271 ff.

73 Vgl. auch *v. Falkenhausen* S. 297.

74 Vgl. *Wagner* ZIP **2021** 1095, 1103; Grüneberg/*Sprau* BGB § 823 Rn. 19 ausdrücklich bezogen auf die Vereinigungsfreiheit; so auch *v. Falkenhausen* S. 297.

f) Diskriminierungsverbot, § 2 Abs. 2 Nr. 7 LkSG. Eine Diskriminierung verletzt stets das allgemeine Persönlichkeitsrecht.[75] Nach den Vorgaben des Grundgesetzes darf niemand wegen seines Geschlechtes, seiner Abstammung, seiner Rasse, seiner Sprache, seiner Heimat und Herkunft, seines Glaubens, seiner religiösen oder politischen Anschauungen benachteiligt oder bevorzugt werden (Art. 3 Abs. 3 S. 1 GG). Darüber hinaus darf auch niemand wegen seiner Behinderung benachteiligt werden (Art. 3 Abs. 3 S. 2 GG). Der grundrechtlich gesicherte Anspruch deckt sich vorliegend mehr oder weniger mit dem durch das LkSG verfasste Verbot der Ungleichbehandlung. Die verfassungsrechtliche Garantie ist auch unproblematisch auf das Verhältnis Privater anwendbar, wobei zur Feststellung der Rechtswidrigkeit unter Umständen eine Interessenabwägung zwischen der diskriminierten Person und der Abschluss- und Vertragsfreiheit des anderen Teils erfolgen müsste.[76] 32

g) Zahlung eines „angemessenen Lohns“, § 2 Abs. 2 Nr. 8 LkSG. Das Verbot der Vorenthaltung eines angemessenen Lohns, ist als Schutz reiner Vermögensinteressen des Arbeitnehmers nicht als vom Deliktsrecht geschützte Position aufzufassen.[77] Die Gesetzesbegründung gibt dahin auch keine Anhaltspunkte, dass das Vorenthalten eines angemessenen Lohnes unmittelbar zur Vermeidung der Verletzung absolut geschützter Rechtspositionen dienen soll. Die Zahlung eines angemessenen Lohns kann zwar dazu geeignet sein, das Leben bzw. die körperliche Gesundheit des Individuums mittelbar zu schützen. Aber auch wenn man dem Gedankengang folgte, würde es sich nur um ein abstraktes Gefährdungsdelikt handeln, das an einen Vorfeldtatbestand anknüpft, der nicht selbst deliktisch relevant ist. Anders liegt es erst, wenn die Grenze der **vorsätzlichen sittenwidrigen Schädigung** erreicht wird (§ 826 BGB). Bei ausbeuterischen „Hungerlöhnen“ mag das durchaus naheliegen. 33

h) Umweltbezogene Belange. Mit Blick auf Umweltbezogene Sorgfaltspflichten ist ein möglicher Schutz in zwei Richtungen denkbar. Zum einen kann die Umwelt einer Person dahingehend betroffen sein, dass dessen Eigentums- oder Besitzrechte beeinträchtigt werden. In diesem Fall kann das Deliktsrecht problemlos Schutz bieten. Denn § 823 Abs. 1 BGB schützt ausdrücklich das Eigentum, wozu auch Grund und Boden gehören. Zum anderen kann die Umwelt aber auch nur mittelbar betroffen sein, etwa durch Immissionen wie den Klimawandel begründenden Treibhausgasausstoß. Hier ist die Rechtsgutsverletzung aber regelmäßig nicht eindeutig auf eine kausale Handlung des Treibhausemittenten zurückführbar. Der absolute Rechtsgüterschutz der deliktsrechtlichen Generalklausel steht dann in Frage. 34

aa) Eigentumsbezogener Bodenschutz, § 2 Abs. 2 Nr. 10 LkSG. Bei Einwirkungen auf eine mobile oder immobile Sache, die den Eigentümer daran hindern, mit ihr nach seinem Belieben umzugehen (§ 903 BGB), liegt im Grundsatz eine Eigentumsverletzung vor. Insbesondere stellt der Entzug der Sache und die Behinderung, eine Sache zu nutzen, eine solche Einwirkung dar.[78] Der Schutzbereich des § 2 Abs. 2 Nr. 10 entspricht dahingehend den grundsätzlichen Anforderungen des deutschen Deliktsrechtsschutzes. Problematisch ist aber, dass die Norm an den Schutz der Lebensgrundlage der geschädigten Person geknüpft ist. Die Behinderung, eine Sache gewinnbringend zu nutzen ist aber nur eine Vermögensbeeinträchtigung.[79] In diesem Fall ist daher genau darauf zu achten, ob mehr als die gewinnbringende Nutzung vereitelt wird, sodass ein 35

75 OLG Karlsruhe NJW **2022** 791, 794 Rz. 36 f. (str. ist nur, ob immer auch Schmerzensgeld zuzusprechen ist); BeckOK-BGB/*Förster* § 12 Rn. 273 m.w.N.; BeckOK-BGB/*Wendtland* § 21 AGG Rn. 26; Grüneberg/*Grüneberg* AGG § 21 Rn. 6.

76 Vgl. *v. Falkenhausen* S. 286.

77 Vgl. auch *Wagner* ZIP **2021** 1095, 1103.

78 Vgl. Jauernig/*Teichmann* BGB § 823, Rn. 9 f.; MüKo-BGB/*Wagner* § 823 Rn. 249 ff.

79 BGH NJW **2015** 1174.

Eingriff in die Substanz des Eigentumsrechts vorliegt. Es kommt hier auf den konkreten Einzelfall an.

36 **bb) Umweltrechtliche Risiken.** In Bezug auf Umweltbelange beschränkt sich das Gesetz in § 2 Abs. 3 auf die Abfallentsorgung und den Abfallhandel sowie auf Risiken im Zusammenhang mit Chemikalien, insbesondere Quecksilber. Lediglich in § 2 Abs. 2 Nr. 9 werden andere umweltgefährdende Risiken und Emissionen aufgeführt, die sich auf die Nahrungsproduktion (Nr. 1), den Zugang zu Trinkwasser (Nr. 2), den Zugang zu Sanitäranlagen (Nr. 3) und die Gesundheitsschädigung von Personen (Nr. 4) beschränken.

37 Ob das deutsche Deliktsrecht einen effektiven umweltrechtlich bezogenen Deliktsschutz bieten kann, ist fraglich. Die Beschränkung des § 823 Abs. 1 BGB auf den Schutz absoluter Rechtsgüter führt dazu, dass nur solche Umweltschädigungen sanktioniert werden können, die zu einer absoluten Rechtsgutsverletzung geführt haben, wie z.B. einer Eigentumsverletzung oder aber einer Gesundheitsschädigung. Entscheidend ist danach, dass auf die Substanz des Eigentums nachteilig eingewirkt wird. So können etwa das Verseuchen des Grundwassers,[80] die Kontaminierung des Bodens mit Schadstoffen[81] oder aber auch Überschwemmungen[82] vom Rechtsgüterschutz abgebildet werden. Klimatische Phänomene wie beispielsweise Dürre oder Hitzeperioden würden erst dann deliktsrechtlich relevant werden, wenn sie in eine Rechtsgutsverletzung umschlagen.[83] Reine Vermögensinteressen, wie der Verdienstausfall eines Getreidebauern aufgrund ausbleibenden Regens oder eines Skiliftbetreibers aufgrund ausbleibenden Schneefalls[84] sind nach § 823 Abs. 1 BGB nicht ersatzfähig. Darüber hinaus kommen aus deliktsrechtlicher Sicht noch Probleme bei dem Nachweis der Kausalität hinzu. Im Falle von Emissionen wird es meistens eine Vielzahl von Emittenten geben, die auch nur in Kumulation den Klimawandel und dessen schädigenden Auswirkungen fördern.[85] Wer dann in welchem Ausmaß haftbar gemacht werden kann, ist nach heutigem Stand nicht eindeutig beurteilbar. Insoweit sind viele Augen auf die Klage des peruanischen Bauern *Saúl Luciano Lliuya* gegen RWE gerichtet, die derzeit noch vor dem OLG Hamm anhängig ist.[86]

38 Ohnehin steht im deutschen Recht der Aspekt des rechtlich erlaubten Risikos, wie ihn § 906 Abs. 1 Satz 2 BGB festgeschrieben hat, einer Haftung regelmäßig im Weg.[87] Die Norm verkörpert ein wichtiges Prinzip. Sie schützt das Vertrauen auf das Recht und bewahrt vor moralisierender „Lynchjustiz" der Empörungsgesellschaft an ganzen Industriezweigen. Die Folgen des Klimawandels sind eine gesamtgesellschaftliche Aufgabe, welche das Zivilrecht mit seinem punktuellen Haftungsansatz nicht bewältigen kann und soll.[88] Daran ändert das **Klimaurteil** des BVerfG[89] nichts, vielmehr bestätigt es ausdrücklich die Pflicht und Zuständigkeit des Gesetzgebers zur Regelung der zulässigen Emissionen (vgl. *Pour Rafsendjani/Purucker* § 3 Rn. 112 ff.)

---

80 Vgl. BGH NJW **1966** 1360, zu § 1004 BGB.

81 BGH NJW **1995** 1150.

82 BGH NJW **1996** 3208.

83 So etwa *Wagner* RabelsZ **80** (2016) 718, 754; *Weller/Tran* ZEuP **2021** 573, 598.

84 Beispiel bei *Weller/Tran* ZEuP **2021** 573, 598.

85 Vgl. zum Problem der Bestimmung der Ursächlichkeit im zivilrechtlichen Sinne etwa *Frank* ZUR **2019** 518 ff.

86 OLG Hamm ZUR **2018** 118 zum Beschluss einer Beweisaufnahme vor Ort; dazu *Paefgen* ZIP **2021** 2006, 2008 f., der das damit einhergehende Haftungsrisiko als hoch einschätzt.

87 So nicht richtig daher OLG Hamm ZUR **2018** 118, LS 1., wo die Legitimationsfunktion dieser Norm bei mittelbaren Beeinträchtigungen durch Emissionen unterschätzt wird.

88 In diesem Sinne etwa auch *Wegener* NJW **2022** 425 ff.

89 BVerfG NJW **2021** 1723.

II. Grundsätze einer deliktischen Haftung des Unternehmens („Obergesellschaft")

39 Die Frage nach einer deliktischen Haftung des nach dem LkSG adressierten Unternehmens (dazu ausf. die Kommentierung zu § 1 sowie § 2 Rn. 241 ff.) ist von dem Konflikt der Einflussnahmemöglichkeiten auf den nach dem Gesetz definierten „eigenen Geschäftsbereich" sowie die unmittelbaren und mittelbaren Zulieferer und dem möglicherweise entgegenstehenden gesellschaftsrechtlichen Trennungsprinzip geprägt. Darüber hinaus lautet der Grundgedanke des deutschen Deliktsrechts dahin, dass jeder für sein Verhalten verantwortlich ist und sein Verhalten so einzurichten hat, dass er die Rechtsgüter und absoluten Rechte anderer nicht schädigt („neminem laedere"). Dieser Grundsatz ist nicht nur auf das Verbot aktiver Eingriffe beschränkt, sondern gebietet gegebenenfalls auch Handlungspflichten, wenn er die Verletzung anderer durch Vorkehrungen innerhalb seines Herrschaftsbereichs verhindern kann.[90]

40 Mit Blick auf eine Haftung in Konzernkonstellationen sind die Einflussnahmemöglichkeiten der Muttergesellschaft vermittels ihrer gesellschaftsrechtlichen Möglichkeiten in den Blick zu nehmen, um einer Verletzung der durch das LkSG geschützten Rechtspositionen entgegenzuwirken. In den Augen der Allgemeinheit reicht dies bereits aus, sie verantwortlich zu halten, wenn sie ihre Verhinderungsmacht nicht einsetzt. Dagegen streitet das Trennungsprinzip, welches sowohl der Ober- als auch der Untergesellschaft eine eigene Rechtspersönlichkeit zuweist und damit auch den Verantwortungsbereich im Grundsatz absteckt. Die faktische Verhinderungsmöglichkeit begründet rechtlich regelmäßig noch keine Verhinderungspflicht.[91] Das Trennungsprinzip weist aus gesellschaftsrechtlicher Sicht Unternehmen, Eigentum und Verkehrssicherungspflicht allein der handelnden (Tochter-)Gesellschaft zu. Die Muttergesellschaft erscheint dahingehend mehr als Dritte. Jedoch ist es nicht bestreitbar, dass die gesellschaftsrechtlich vermittelten Einflussmöglichkeiten eine Erstreckung des deliktischen Verantwortungsbereiches nicht ausschließen. So formuliert auch die Gesetzesbegründung, dass der eigene Geschäftsbereich aus einer Gesamtschau heraus zu bestimmen sei.[92]

41 Mit Blick auf die vom LkSG mitumfassten Zulieferer erscheint der skizzierte Konflikt noch gravierender. Die fehlende gesellschaftsrechtliche Einflussmöglichkeit auf den als regelmäßig selbständig agierenden Zulieferer lässt an einer deliktischen Verantwortlichkeit zweifeln. Andererseits scheint es auch nicht von vornherein ausgeschlossen, dass auf Zulieferer in anderer Weise erheblich Einfluss genommen werden kann. Auch ein Zulieferer kann gegebenenfalls derart eng in den Geschäftsbereich des Endabnehmers eingebunden sein, dass aus einer Zusammenschau der Einflüsse eine deliktische Pflicht zur Einflussnahme normativ geboten erscheint.

III. § 831 BGB

42 Um den Endabnehmer für Schädigungen einer Konzerngesellschaft oder eines Zulieferers einstehen zu lassen, ist es nach der Vorschrift des § 831 Abs. 1 BGB notwendig eben diese als Verrichtungsgehilfen i.S.d. Norm zu qualifizieren. In Judikatur und Literatur finden sich zum Begriff des Verrichtungsgehilfen sich ähnelnde Definitionen. Im Kern werden die Abhängigkeit und Weisungsgebundenheit des Gehilfen vorausgesetzt.[93] Darüber hinaus wird als weitere Voraussetzung die Übertragung einer Tätigkeit genannt. Dieses Erfordernis impliziert eine weitere Voraussetzung, die insoweit auch im Mittelpunkt steht. Entscheidend ist danach, dass die Tätigkeit in einer organisatorisch abhängigen Stellung vorgenommen wird und der Geschäftsherr die Tätigkeit des Han-

---

90 In Bezug auf die Haftung der Konzernspitze für (ausländische) Tochtergesellschaften schon *Schall* ZGR **2018** 479, 488.

91 So schon *Schall* ZGR **2018** 479, 488 m.w.N; vgl. auch *Blach* CCZ **2022** 13, 18.

92 Vgl. BT-Drs. 19/30505 S. 38.

93 So z.B. Staudinger/*Bernau* § 831 Rn. 100; MüKo-BGB/*Wagner* § 831 Rn. 14; BeckOK-BGB/*Förster* § 831 Rn. 15; Jauernig/*Teichmann* BGB § 831 Rn. 5.

delnden jederzeit beschränken oder entziehen oder nach der Zeit und Umfang bestimmen kann, mithin ein nicht ins Einzelne gehende Weisungsrecht besteht.[94] Die notwendige organisatorisch abhängige Stellung muss sich dahingehend in einer Eingliederung der Hilfsperson in den Organisationsbereich des Geschäftsherrn darstellen.[95]

1. Bisheriger Diskussionsstand

a) Konzernverhältnis

43 **aa) Kein genereller Ausschluss juristischer Personen aus dem Anwendungsbereich des § 831 BGB.** Die wohl h.M. lehnt in der Konzernkonstellation die Haftung einer Muttergesellschaft für Tochterdelikte nach § 831 BGB pauschal ab. Dabei werden verschiedene Anknüpfungspunkte gewählt, die die Ablehnung der Verrichtungsgehilfeneigenschaft der Tochtergesellschaft begründen. Die Argumentationslinien gehen von einer generellen Nonkonformität der Norm aufgrund der Konzeption und Gesetzgebungsgeschichte[96] aus und führen über die fehlende Weisungsgebundenheit[97] einer Tochtergesellschaft bis zu Argumenten aus dem Trennungsprinzip[98] zur Ablehnung.[99]

44 Ein genereller Ausschluss juristischer Personen aus dem Anwendungsbereich des § 831 BGB lässt sich aus dem Wortlaut und der Gesetzgebungsgeschichte nicht ableiten. § 831 BGB spricht lediglich von einem „Anderem". Der Wortlaut ist damit offen und auslegungsfähig. Ein Ausschluss aufgrund des Wortlauts würde vielmehr eine nicht zu rechtfertigende Tatbestandsreduktion auf natürliche Personen nach sich ziehen.[100] Zwar hatte der Gesetzgeber bei Schaffung der Gehilfenhaftung das klassische Meister-Gesellen-Verhältnis vor Augen,[101] einer Weiterentwicklung der Norm steht ein solches Leitbild jedoch nicht entgegen. Vielmehr liegt der Sinn und Zweck der Norm darin, eine Verantwortlichkeitserweiterung an denjenigen zu formulieren, der aus der Arbeitsteilung und der damit verbunden Einbeziehung des Gehilfen in seinen Organisationskreis, Vorteile zieht.[102]

45 **bb) Das gesellschaftsrechtliche Trennungsprinzip.** Die größte Schlagkraft entfaltet das Argument aus dem Trennungsprinzip, wonach Tochtergesellschaften selbständige Unternehmen seien und daher schon keine Verrichtungsgehilfen einer Konzernobergesellschaft sein könnten. Unterstützung hat man dahingehend in der Rechtsprechung des BGH ausgemacht. Der VI. Senat hat die Verrichtungsgehilfeneigenschaft einer Gesellschaft, die als „Konzernschwester" einer Bank deren Einkaufszentrum angemietet und anschließend an die Endnutzer untervermietet hatte, ver-

94 BeckRS **2015** 555 Rn. 11 = BGH Urt. v. 2.12.2014 – VI ZR 520/13; BGH NJW **2014**, 2797 Rn. 18 = BGH Urt. v. 3.6.2014 – VI ZR 394/13; BGH NJW-RR **2014** 614 Rn. 12 = BGH Urt. v. 10.12.2013 – VI ZR 534/12; BGH NJW **2013** 1002 Rn. 12 = BGH Urt. v. 6.11.2012 – VI ZR 174/11; BGH GRUR **2012** 1279 Rn. 44 = BGH Urt. v. 25.4.2012 – I ZR 105/10; BGH NJW-RR **1998** 250, 251 = BGH Urt. v. 12.6.1997 – ZR 36-95; BGH NJW **1966** 1807, 1808 = BGH Urt. v. 30.6.1966 – VII ZR 23/65.

95 Vgl. BGH GRUR **2012** 1279 Rn. 45.

96 *Ehricke* S. 130 f.; *Wimmer-Leonhardt* S. 409 f.; *Grundmeier* S. 35 stellt dahingehend auf die personalistische Ausrichtung des § 831 BGB ab und verneint die Möglichkeit einer „fortdauernden Eignungsprüfung" einer Tochtergesellschaft.

97 Insbesondere *Grunewald* NZG **2018** 481, 482 ff.; auch *Paefgen* ZIP **2021** 2006, 2008; in Bezug auf das Polizei- und Ordnungsrecht ablehnend, *Antweiler* BB **2002** 1278, 1279 f.

98 MüKo-BGB/*Wagner* § 831 Rn. 17; *ders.* RabelsZ **80** (2016) 718, 758 f., 772 f.; *Weller/Kaller/Schulz* AcP **216** (2016) 388, 407; *Aberle* Sanktionsdurchgriff, S. 192; offener BeckOGK-BGB/*Spindler* § 831 Rn. 18 (Stand: 1.11.2020).

99 Ausführlich zum Streitstand *Merkel* S. 144 ff.

100 *Vogt* S. 205; dem folgend *Güngör* S. 208 f.; *Holle* S. 264; *Nordhues* S. 142.

101 Die Gesetzesmaterialien sprechen dahingehend von Angestellten und Arbeitern, vgl. *Mugdan* Motive II, S. 411; *Mugdan* Protokolle II, S. 1092.

102 Vgl. z.B. BeckOK-BGB/*Förster* § 831 Rn. 1.

neint, da es an der Abhängigkeit und Weisungsbindung gemangelt habe. Dazu wurde u.a. ausgeführt, dass die Übertragung von Aufgaben auf ein bestimmtes Unternehmen innerhalb eines Konzerns regelmäßig dazu diene, durch die selbständige – nicht weisungsgebundene – Erledigung der Aufgabe andere Teile des Konzerns zu entlasten.[103]

Dem gegenüber steht jedoch ein weiteres Judikat des BGH, in dem der I. Senat eine Konzerntochter, die über einen Beherrschungsvertrag mit der Muttergesellschaft verbunden war, als Verrichtungsgehilfin einstufte.[104] Hierbei wurde festgestellt, dass selbständige Unternehmen grundsätzlich nicht die Stellung eines Verrichtungsgehilfen hätten, da es an der erforderlichen Abhängigkeit und Weisungsgebundenheit fehle. Beim Vorliegen besonderer Umstände sei es aber nicht ausgeschlossen, dass ein rechtlich selbständiges Unternehmen, soweit es eine Tätigkeit ausübe, bei der es den Weisungen eines anderen Unternehmens unterworfen sei, auch dessen Verrichtungsgehilfe sein könne. Im Ergebnis komme es nicht auf die rechtliche Ausgestaltung, sondern auf die tatsächlichen Verhältnisse an und ob danach eine Eingliederung in den Organisationsbereich des Geschäftsherrn erfolgt sei und dessen Weisungen unterliege, was bei einem abgeschlossenen Beherrschungs- und Gewinnabführungsvertrag der Fall sei.[105] Im Kontrast zu dem vorgenannten Urteil zeigt sich, dass die Rechtsprechung vielmehr von einem „dualen System"[106] der Bestimmung des Verrichtungsgehilfen ausgeht.[107] Einerseits kann eine Beziehung derart typisiert sein, dass stets eine Verrichtungsgehilfenstellung anzunehmen ist. Beispiel hierfür ist der Arbeitnehmer als „Prototyp" des Verrichtungsgehilfen.[108] Greift diese Art der Typisierung nicht, wird die Verrichtungsgehilfeneigenschaft am konkreten Einzelfall bestimmt. 46

In diese Richtung gehen auch die Literaturstimmen, die sich einer Verrichtungsgehilfeneigenschaft einer Tochtergesellschaft nicht in Gänze verschließen und am Einzelfall ansetzen. Grob wird danach die aktive Einflussnahme durch die Muttergesellschaft auf die Tochter vorausgesetzt, die dann im Rahmen einer Tätigkeit erfolgt, die ansonsten bei der Mutter stattfinden würde, mithin die Tochtergesellschaft als „verlängerter Arm"[109] der Mutter erscheinen müsse.[110] Denn dann liege die notwendige Eingliederung in den Organisationsbereich der Muttergesellschaft vor. 47

Einer pauschalen Ablehnung der Verrichtungsgehilfenstellung von verbundenen Unternehmen ist entgegenzuhalten, dass diese eben keine selbständigen Unternehmer sind, die gegenüber der Muttergesellschaft wie ein Dritter auftreten. Konzernpreise sind keine Marktpreise. Eine Tochtergesellschaft bewegt sich zwischen Unternehmens- und Marktsphäre.[111] Sie verkörpern aber auch nicht das Bild des klassischen Arbeitnehmers. Eine klare Aufgabenzuteilung wie es dem Bild des Meister-Gesellen-Verhältnis zugrunde liegt wird man nur in den wenigsten Fällen finden. Vielmehr liegen abhängige Konzerngesellschaften zwischen diesen Polen.[112] Entscheidend kommt es daher darauf an, wann eine abhängige Konzerngesellschaft als derart in den Organisationskreis 48

103 BGH, Urt. v. 6.11.2012 – VI ZR 174/11 = NJW **2013** 1002. Zur ökonomischen Analsyse der Deliktshaftung im Konzern jetzt ausf. und krit. *Korch*, ZVglRWiss 122 (2023), 20 ff.

104 BGH, Urt. v. 25.4.2012 – ZR I 105/10 = GRUR **2012** 1279.

105 BGH Urt. v. 25.4.2012 – ZR I 105/10 = GRUR **2012** 1279, 1283.

106 Siehe dazu ausführlich *Schall* ZGR **2018** 479, 491.

107 Aus der Rspr. mit Blick auf die Verrichtungsgehilfeneigenschaft einer Tochtergesellschaft aufgeschlossener: OLG Hamburg GRUR 1972 95, 96 f. – Polydor II; OLG Düsseldorf GRUR-RR 2013 273, 274 – Scheibenbremse; OLG Düsseldorf GRUR 2018 855 (Rn. 76) – Rasierklingeneinheiten; OLG Frankfurt GRUR-RR 2020 74 (Ls. 4) – World's Lightest.

108 So die Bezeichnung bei BeckOK-BGB/*Förster* § 831 Rn. 19.

109 Zu dieser Formulierung schon *Rehbinder* S. 535 ff.

110 Mit Unterschieden im Detail z.B. *Fleischer/Korch* DB **2019** 1944, 1946; *Güngör* S. 192 ff.; *Holle* S. 264 ff.; *König* AcP **217** (2017) 611, 656 ff.; *Nordhues* S. 132 ff.; *Hübner* S. 273 ff.

111 *Fleischer/Korch* DB **2019** 1944, 1946.

112 In diesem Sinne *Schall* ZGR **2018** 479, 493; auch *Holle* S. 271: „hybride Erscheinungsform zwischen den Polen"; *Rehbinder* S. 532, spricht von einer „Zwischenlage"; *Vogt* S. 209: „Die Konzerntochter befindet sich daher in ihrem Grad der Einordnung in eine fremde Organisation zwischen dem Arbeitnehmer und einem zur Ausführung einzelner Verrichtungen beauftragten Unternehmen.".

der Konzernspitze eingebunden zu sehen ist, dass sie als Verrichtungsgehilfe qualifiziert werden kann.

49 **cc) Beurteilungsmaßstab anhand der konzernrechtlichen Wertungen des AktG.** Ein verlässlicher Beurteilungsmaßstab kann in den gesetzlichen Wertungen der §§ 17, 18 AktG liegen.[113] Konzernabhängige Gesellschaften wären danach als Verrichtungsgehilfen einzuordnen, wenn die Kriterien der Weisungsbindung, (sozialer) Unterordnung und der Eingliederung in einen fremden Organisationsbereich vorliegen. Die konzernrechtlichen Wertungen spiegeln diese Kriterien durch Abhängigkeit (§ 17 AktG), Weisungsbindung (§ 37 Abs. 1 GmbHG; § 308 AktG) und Zusammenfassung unter einheitlicher Leitung (§ 18 AktG) auf den ersten Blick.[114] Abhängigkeit i.S.d. § 17 Abs. 1 AktG ist danach als Korrelat der notwendigen Abhängigkeits- und Weisungsbeziehung im Rahmen des § 831 Abs. 1 BGB zu sehen. Im Vertragskonzern gilt für die Aktiengesellschaft sowie für die GmbH, dass das durch Beherrschungsvertrag begründete Weisungsrecht gemäß § 308 AktG dem faktischen Direktionsrecht des Geschäftsherrn sehr nahekommt und entsprechen kann. Es beinhaltet zum einen eine rechtlich durchsetzbare Folgepflicht des Vorstands bzw. der Geschäftsführung in der Tochtergesellschaft[115] und kann damit den deliktsrechtlichen Anforderungen an die Befugnis auf das Verhalten des Gehilfen tatsächlich Einfluss zu nehmen und dessen Tätigkeit jederzeit zu „steuern" entsprechen.[116] Zum anderen kann sich diese Abhängigkeitsstellung einer Tochtergesellschaft als beherrschtem Unternehmen in einem Vertragskonzern noch intensiver als im Geschäftsherren-Verrichtungsgehilfen-Verhältnis darstellen, da das herrschende Unternehmen gegenüber der Geschäftsführung der Tochtergesellschaft sogar ein durchsetzbares Recht hat, das auch nachteilige Maßnahmen umfasst.[117] Im faktischen Konzern hilft die Vermutung des § 17 Abs. 2 AktG nur bedingt bei der Bestimmung der deliktsrechtlich erforderlichen Weisungsbindung und Abhängigkeit. Der Mehrheitsbesitz kann sowohl in der Aktiengesellschaft als auch in der GmbH weitreichende Einflussmöglichkeiten gegenüber der Unternehmensführung der abhängigen Gesellschaft nach sich ziehen, jedoch haben diese Möglichkeiten für sich genommen bei der faktisch konzernierten Aktiengesellschaft nicht die Qualität, die das faktische Direktionsrecht an die Abhängigkeitsstellung des Verrichtungsgehilfen stellt. So können Veranlassungen i.S.d. § 311 AktG bei tatsächlichem Vorliegen in Form von Personalverflechtungen oder durch Entscheidungen in der Hauptversammlung im Einzelfall den Anforderungen an die deliktsrechtliche Weisungsbindung genügen. Unter einer Veranlassung ist das Bestreben eines herrschenden Unternehmens zu verstehen, das Verhalten eines abhängigen Unternehmens durch gesellschaftsrechtlich vermittelten Einfluss zu bestimmen.[118] Die bloße Möglichkeit der Veranlassung kann aber aus deliktsrechtlicher Sicht noch nicht ausreichen. Die Umstände müssen eine faktische Weisungsgebundenheit erkennen lassen. Liegen die vorgenannten Verflechtungen nicht vor oder wird trotz dieser Konstellation nachweislich kein Einfluss genommen, so bestünde lediglich eine finanzielle Abhängigkeit, die für sich genommen keine deliktsrechtliche Einstandspflicht nach sich ziehen kann.[119] Denn auch auf Ebene der konzernrechtlichen Wertung des § 17 AktG vermag die bloße finanzielle Abhängigkeit keine konzernrechtliche Abhängigkeit begründen. Vielmehr muss sich die Begriffsbestimmung des § 17 AktG an den gesellschaftsrechtlich vermittelten Einflusspotentialen messen

113 So schon *Schall* ZGR **2018** 479, 494.

114 Vgl. *Schall* ZGR **2018** 479, 494.

115 Z.B. Emmerich/Habersack/*Emmerich* Konzernrecht, § 308 AktG Rn. 67; MüKo-AktG/*Altmeppen* § 308 Rn. 65.

116 Dazu ausführlich *Merkel* S. 183 ff.

117 Emmerich/Habersack/*Emmerich* Konzernrecht, § 308 AktG Rn. 45; BeckOGK-AktG/*Veil*/*Walla* § 308 Rn. 24.

118 Emmerich/Habersack/*Habersack* Konzernrecht, § 311 AktG Rn. 22.

119 Vgl. *Fleischer*/*Korch* DB **2019** 1944, 1952 rechtsvergleichend, dass ein reiner Finanzinvestor nicht deliktisch haftbar sein soll; auch *Schall* ZGR **2018** 479, 498: „[...] die bloße Kontrollmöglichkeit des Gesellschafters [löst] noch keine Kontrollpflicht über die beherrschte Gesellschaft [aus]. Reine Investoren sollen nicht haften.".

lassen.[120] In der faktisch konzernierten GmbH ist die Abhängigkeit gegenüber dem herrschenden Unternehmen jedoch ähnlich zu dem Fall der beherrschungsvertraglich konzernierten Gesellschaft ausgeformt, da sich die Weisungsbindung im deliktsrechtlichen Sinne durch das Weisungsrecht des Gesellschafters (vgl. § 37 Abs. 1 GmbHG) darstellen kann.

Die Konzernvermutungen des § 18 Abs. 1 AktG können darüber hinaus Anhaltspunkte für die 50
weitere Bestimmung der notwendigen Eingliederung in den Organisationsbereich des Geschäftsherrn liefern. Die konzernrechtliche Vermutung setzt an dem Merkmal der einheitlichen Leitung der beherrschten Gesellschaft an und gibt damit Anlass eine Sphärenzuordnung anhand dieses Merkmals vorzunehmen. Problematisch an einer Orientierung an der Vorschrift des § 18 Abs. 1 AktG ist jedoch die nicht unumstrittene Auslegung des Konzernbegriffs, wonach eine gestaffelte Intensität an Einflussnahme entscheidend für die Zusammenfassung unter einheitlicher Leitung sein soll.[121] Nach dem engen Konzernbegriff und der damit verbundenen Leitung der wesentlichen Unternehmensbereiche durch das herrschende Unternehmen, ließe sich am ehesten eine Zuordnung des Geschäftsbereichs der Tochtergesellschaft zu dem Betriebsrisiko der Muttergesellschaft rechtfertigen.[122] Die Nähe der abhängigen Gesellschaft zu dem Organisationskreis der herrschenden Gesellschaft ist bei einer Leitungsübernahme wohl nicht zu leugnen. Jedoch gebieten es der deliktsrechtliche Vertrauensgrundsatz sowie das Verschuldensprinzip, dass die Vermutungskaskade des § 18 Abs. 1 S. 1 u. S. 2 AktG für die Erfüllung des § 831 Abs. 1 BGB auch tatsächlich vorliegt. Dem herrschenden Unternehmen muss es trotz konzernrechtlicher Vermutung möglich sein die tatsächlichen Leitungsverhältnisse darzustellen und diese Vermutungen auf deliktsrechtlicher Ebene zu widerlegen, sodass nicht jedes (fremde) Handeln der Tochtergesellschaft als ein solches im Organisationsbereich der Muttergesellschaft zu werten ist. Dies ist insbesondere dem Umstand geschuldet, dass es viele Formen der Konzernleitung gibt, die trotz Vorliegen der konzernrechtlichen Vermutungen eher in Dezentralität aufgehen als in einer hierarchisch zentrierten Leitung.[123] Für diese Fälle muss das Deliktsrecht Lösungen bieten. Dass sich die Widerlegung der vorgenannten Vermutungen des Konzernrechts in der Praxis als schwierig erweisen wird, geht weniger auf eine extensive Auslegung des § 831 BGB zurück als auf die Belastbarkeit der konzernrechtlichen Wertungen und Vermutungen. Im Ergebnis bedeutet dies aber, dass tatsächlich Einfluss auf die Tochtergesellschaft genommen worden sein muss, damit die deliktsrechtliche Haftung nach § 831 Abs. 1 BGB in Betracht kommt. Damit kommt der vorgeschlagene Weg nahe an die neueren Stimmen in der Literatur, die ein Hineinregieren in das Tagesgeschäft oder das Führen der Tochter als eine Art Betriebsabteilung fordern.[124] Die Eingliederung in den Organisationsbereich des Geschäftsherrn kann durch die Konzernvermutungen des § 18 Abs. 1 AktG indiziert sein, das Vorliegen dieses Merkmals wird auf Tatbestandsebene im deliktsrechtlichen Sinne aber nicht schon unwiderleglich vermutet. Auf einer solchen Grundlage ist es ausgeschlossen, dass die bloße Finanzbeteiligung an einer Gesellschaft zu einer deliktischen Einstandspflicht führt. Im Streben nach Einzelfallgerechtigkeit kann eine solche Lösung auf die verschiedenen Konzernstrukturen reagieren und dort eine Haftung begründen, wo verstärkt Einfluss genommen wird. Einem Auseinanderdriften von Herrschaft und Haftung kann so entgegengewirkt werden. Für Konzerngesellschaften, die nach ausländischen Statuten gegründet wurden – vorausgesetzt deutsches Recht kommt zur Anwendung – müssen zur Bestimmung der Verrichtungsgehilfeneigenschaft die Einflusspotentiale auf gesellschaftsrechtlicher Ebene ausgelotet und die tatsächlichen Verhältnisse in den Blick genommen werden.

120 Vgl. BGHZ **90** 381, 395 ff. = NJW **1984** 1893.
121 Siehe zu den Konzernbegriffen BeckOGK-AktG/*Schall* § 18 Rn. 10 ff.
122 So schon *Schall* ZGR **2018** 479, 495.
123 Siehe dazu *Merkel* S. 226 ff.
124 Siehe dazu bereits unter Fn. 110.

51 **b) Lieferanten.** Die Diskussion vor Einführung des LkSG und einer möglichen Verantwortlichkeit für Menschenrechtsverletzungen nach § 831 BGB hat sich in erster Linie um das Konzernverhältnis gedreht. Nur vereinzelt sind Stimmen zu finden, die sich mit der Haftung in der Lieferkette nach § 831 BGB überhaupt auseinandergesetzt haben. Hier geht die Tendenz noch klarer zu einer Ablehnung der Anwendbarkeit der Haftungsnorm. Im Kern wird auf die fehlende Weisungsunterworfenheit des selbständigen Zulieferers abgestellt, sodass für eine Geschäftsherrenhaftung schon aus diesem Grund kein Raum mehr bestehen soll.[125]

52 Teilweise wird dann Raum für eine Haftung gesehen, wenn im konkreten Einzelfall die Zuordnung zum Organisationsbereich des Auftraggebers nachgewiesen werden kann.[126] Dies wird aus einer BGH-Entscheidung gefolgert, in der eine Kapitalgesellschaft als Verrichtungsgehilfin eines Nichtgesellschafters gesehen wurde, da die Gesellschaft im Einfluss des Nichtgesellschafters stand, von ihm abhängig war und der Nichtgesellschafter faktisch die Tätigkeiten beschränken, unterbinden oder nach Zeit, Art und Umfang bestimmen konnte.[127] Hier lägen sodann die Ausnahmen vor, die im Konzernkontext auch zu einer Geschäftsherrenhaftung führen können, namentlich wenn der Auftraggeber das Zulieferunternehmen nach Art einer unselbständigen Betriebsabteilung führt oder operative Kontrolle über den Geschäftsbetrieb des Zulieferers ausgeübt wird und dieser nur noch als „verlängerter Arm“ des Auftraggebers erscheint.[128]

53 Auch hier erscheint die pauschale Ablehnung eines nur vertraglich gebundenen Zulieferers im Grundsatz zu weitgehend. Es muss auch in diesem Falle auf die tatsächlichen Verhältnisse und die Intensität des Weisungsverhältnisses abgestellt werden.[129] Mögliche vertragliche Weisungsrechte, wie beispielsweise im Rahmen von Audits beim Lieferanten oder aber vertraglich eingeräumte Kontrollrechte sollen im Ergebnis aber wohl regelmäßig nicht die fehlende Einbindung in die Organisationsphäre des Endabnehmers wettmachen können.[130] Denn diese können weiterhin frei am Markt agieren und stehen nicht derart zwischen den Polen wie abhängige Tochtergesellschaften. Etwas anderes kann gelten, wenn der Zulieferer den Endabnehmer als einzigen Kunden hat und eine faktische Abhängigkeit von diesem entsteht. Auch wenn es an einem rechtlich durchsetzbaren Weisungsrecht fehlt, kann ein seine Machtstellung ausnutzendes Unternehmen das nach § 831 BGB notwendige faktische Direktionsrecht innehaben. Dann zeigt sich ein ähnliches Subordinationsverhältnis wie zwischen Arbeitgeber und Arbeitnehmer. Finanzielle Unwuchten und daraus resultierende Druckmittel können sodann im Einzelfall dazu führen, dass die Produktion faktisch als eine solche der am Ende der Lieferkette stehenden Gesellschaft erscheint. Die Selbständigkeit des Zulieferers ist dann nur noch eine leere Hülle. Ähnlich zum Arbeitsrecht kann ein formal Selbständiger unter gewissen Umständen eben wie ein abhängiger Beschäftigter arbeiten bzw. so gesehen werden. Zugegebenermaßen werden solche Konstellationen für die Geschädigten nur schwer nachweisbar sein, da alleine die finanzielle Abhängigkeit zur Qualifikation als Verrichtungsgehilfe noch nicht ausreichend ist.[131] Selbständige Unternehmer können eben nur dann Verrichtungsgehilfen sein, wenn sie in den Organisationsbereich des Geschäftsherrn eingegliedert sind und dessen Weisungen unterliegen. Ob dies der Fall ist, könnte nach den gleichen Kriterien bemessen werden, nach denen sich die Herstellereigenschaft im ProdHaftG richtet. Denn laut BGH ist Hersteller jeder, in dessen Organisationsbereich das Produkt entstanden ist.[132] Nachdem es sich

---

125 Z.B. *Habersack/Ehrl* AcP **219** (2019) 155, 193 f.; *Paefgen* ZIP **2021** 2006, 2008.

126 Vgl. *Thomale/Hübner* JZ **2017** 385, 393; *Hübner* S. 293 f.

127 BGH ZIP **1989** 830, 833 = Urt. v. 28.2.1989 – XI ZR 70/88; dazu *Thomale/Hübner* JZ **2017** 385, 393; vgl. auch *Wagner* RabelsZ **80** (2016) 717, 773; *Merkel* S. 132 f.

128 *Fleischer/Korch* ZIP **2019** 2181, 2184 f.

129 Vgl. auch *Spindler* ZHR **186** (2022) 67, 96.

130 *Spindler* ZHR **186** (2022) 67, 96.

131 BeckOGK-BGB/*Spindler* § 831 Rn. 17.

132 BGHZ 200, 242 = NJW **2014** 2106, 2108 Rn. 16; näher MüKo-BGB/*Wagner*, § 4 ProdHaftG Rn. 10 ff.

beim Produkthaftungsgesetz um eine deliktische Sonderverantwortlichkeit handelt, erscheinen die Zurechnungskriterien übertragbar.[133]

2. Ergebnis zur Geschäftsherrenhaftung

Eine Geschäftsherrenhaftung für konzernangehörige Gesellschaften ist nach geltendem Recht nicht ausgeschlossen, wird aber praktisch als eine enge Ausnahme gehandhabt, über deren Eingreifen im Einzelfall entschieden wird. Mehr Rechtssicherheit, wiewohl auch eine gewisse Ausweitung dieser Haftung träte ein, würde mit der hier vertretenen Sicht zur Bestimmung der Verrichtungsgehilfeneigenschaft an den Konzerntatbestandsmerkmalen angesetzt. Diese müssten freilich auf deliktsrechtlicher Ebene für die potentiell haftende Konzernmuttergesellschaft widerlegbar bleiben, da ansonsten Wertungswidersprüche zwischen gesellschaftsrechtlichen und deliktsrechtlichen Grundprinzipien drohen. Eine Rückkehr in die Tage der verpönten Video-Rechtsprechung nach BGHZ 115, 187 darf es keinesfalls geben. 54

Wo aber ein Konzern nach § 18 AktG vorliegt und umfassende Weisungsrechte gegenüber den abhängigen Unternehmen bestehen, sollte § 831 BGB grundsätzlich eingreifen. Zur Enthaftung muss die Konzernmutter dann bezüglich ihrer Töchter die Voraussetzungen des dezentralen Entlastungsbeweises erfüllen. Bei den heute üblichen (und erforderlichen, § 91 Abs. 3 AktG) Compliance-Systemen großer, börsennotierter Konzerne sollte das der Praxis keine unüberwindbaren Hürden bereiten. 55

Mit Auslegung der Geschäftsherrenhaftung im vorbeschriebenen Sinne dürften sich die Haftungsvorgaben nach Art. 22 (1) CSDDD für Sorgfaltsverstöße von Tochterunternehmen der pflichtigen Unternehmen weitgehend umsetzen lassen. Das stünde allerdings unter dem Vorbehalt, dass die Annahme eines „kontrollierten Unternehmens“ i.S.d. Art 2 (1) lit f. der Transparenzrichtlinie, auf welches Art 2 CSDDD abhebt, dort ausscheidet, wo die aufgeführten Kontrolltatbestände keinen Einfluss auf die Geschäftsführung vermitteln. Ob eine solche Lesart möglich wäre, ist hier nicht zu entscheiden. Sie wäre jedenfalls sinnvoll, da es in Art. 22 ebenso wie in § 2 Abs. 6 Satz 3 (§ 2 Rn. 266 ff.) nur um Haftung für rechtlich zulässige Beherrschung der Tochter bzw. für deren Unterlassen trotz Beherrschungsmöglichkeit gehen darf, nicht um mittelbare Einflussmöglichkeiten vor dem Hintergrund der Konzerngefahr, welche für die kapitalmarktrechtlichen Meldepflichten relevant ist. 56

IV. Haftung nach § 823 Abs. 1 BGB i.V.m. den Grundsätzen der Verkehrspflichtenlehre

Die Grundsätze zur Deliktshaftung im Konzern und in der Lieferkette sind bereits vor dem LkSG ins Wanken gekommen. Unter dem Eindruck der UN-Leitprinzipien einerseits, der Menschenrechtsklagen wie *Kiobel*,[134] *Vedanta v Lungowe*[135] oder *Okpabi v Shell*[136] andererseits ist das alte, seit den Siebziger Jahren des zwanzigsten Jahrhunderts kaum mehr hinterfragte, sondern zunehmend verabsolutierte Dogma der Eigenverantwortlichkeit jedes Rechtsträgers (nur) für seinen eigenen Organisationsbereich[137] ins Wanken gekommen.[138] Im Konzern muss man mittlerweile davon ausgehen, dass dort, wo zentral geleitet wird, auch deliktisch gehaftet werden kann. Die 57

133 Für Heranziehung dieser Wertung zur Bestimmung lieferkettensorgfaltspflichtiger Hersteller in Abgrenzung von Warenhändlern, die nach hier vertretener Sicht nicht dem LkSG unterfallen, *Schall* NZG **2022** 787 ff.

134 Kiobel *v. Royal Dutch Petroleum Co.* 569 U.S. 108 (2013) dazu *v. Hein* ZGR **2016** 414 ff.

135 *Vedanta Resources Plc v Lungowe* [2019] UKSC 20; dazu *Schall* ZIP **2021** 1241, 1244 ff.

136 *Okpabi v Royal Dutch Shell* [2021] UKSC 3; dazu *Fleischer/Korch* ZIP **2021** 709 ff.; *Schall* ZIP **2021** 1241, 1244 ff.

137 Grundlegend BGH NJW **1981** 2250 – Vertriebsgesellschaft; *Spindler* S. 948 ff.; *Hommelhoff* ZIP **1990** 761, 764 ff.

138 Siehe schon *Schall* ZGR **2018** 479, 489 ff. m.w.N.

Verantwortlichkeit für Vertragspartner, mit denen man „at arm's length" kontrahiert, ist hingegen im Wesentlichen noch auf dem „status quo ante". In der Diskussion um das LkSG wurden zwar immer wieder darauf hingewiesen, dass eine solche Verantwortlichkeit von der Rechtsprechung nicht grundsätzlich ausgeschlossen wird. Die Einbeziehung selbstständiger Vertragspartner in die eigene Verkehrssicherungspflicht sei kein Fremdkörper im deutschen Recht, so dass auch eine in die menschenrechtliche Sorgfaltspflicht für Lieferanten in der Lieferkette nicht systemwidrig sei. Aber der Eindruck, dass es sich bei den genannten Referenzurteilen entweder um neuralgische Einzelfälle (die Entsorgung von Gefahrstoffen durch ein offensichtlich ungeeignetes Unternehmen)[139] oder besondere Sachlagen handelte (Reiseveranstalter;[140] Produktbeobachtungspflicht durch inländische Vertriebsgesellschaft für ausländischem Produzenten[141]), die nicht verallgemeinerungsfähig sind, war nicht auszuräumen. Das deutsche Deliktsrecht kappt die Zurechnungskette prinzipiell bei eigenverantwortlichem Handeln Dritter.[142]

1. Haftung für Delikte von Tochtergesellschaften nach deutschem Recht vor dem LkSG

58 Die Diskussion um eine Haftung für Menschenrechtsverletzungen drehte sich bislang in erster Linie um das Konzernverhältnis. Inwiefern eine Muttergesellschaft für Menschenrechtsverletzungen ihrer Tochtergesellschaft einzustehen hat, wird in der Literatur uneinheitlich beantwortet. Bereits das Reichsgericht hat unter dem Stichwort „Organisationsverschulden" eine Unternehmensorganisationspflicht im Unternehmen auf Grundlage des § 823 Abs. 1 BGB begründet.[143] Im Laufe der Zeit haben sich daran Anforderungen an eine ordentliche Betriebsführung entwickelt, sodass die innerbetrieblichen Abläufe derart zu organisieren sind, dass Schädigungen Dritter in dem gebotenen Umfang vermieden werden.[144] Inwieweit diese Pflicht sich über die Grenze der eigenen Gesellschaft erstrecken kann, hat die Rspr. bislang noch nicht beantworten müssen.

59 Die bisher h.M. zeigte sich bei einer rechtsträgerübergreifenden Haftung im Konzernkontext tendenziell zurückhaltend.[145] Eine gesellschaftsübergreifende Verkehrspflicht wurde mit dem pauschalen Verweis auf das gesellschaftsrechtliche Trennungsprinzip abgelehnt.[146] Eine unternehmerische Verkehrspflicht bzw. Organisationspflicht fände danach ihre Grenzen in dem Herrschaftsbereich der eigenen juristischen Person. Im Grundsatz sollte dies auch im Konzern gelten.

60 Im Rahmen des einsetzenden juristischen Diskurses infolge der UN-Leitprinzipien hat sich jedoch eine vordringende Strömung herauskristallisiert, die beim Vorliegen bestimmter Umstände eine Verkehrspflichtenbegründung einer Muttergesellschaft in Konzernlagen annimmt. Dies soll der Fall sein, wenn eine normative Verantwortung der Muttergesellschaft für die Gefahrenlage besteht, wobei leitender Gesichtspunkt die Gefahrschaffung oder Gefahrbeherrschung ist.[147] Im Einzelnen kann sich diese Verantwortung aus tatsächlicher Steuerung der Gefahrenquelle, z.B.

---

139 BGH NJW **1976** 46 – Abfallentsorger.

140 BGHZ **99** 167 = NJW **1987** 1009.

141 BGH NJW **2006** 3628 Rz. 8.

142 Ebenso das Common Law, *Home Office v Dorset Yacht Co Ltd.* [1970] UKHL 2.

143 Vgl. RGZ **53** 53, 58; auch RGZ **53** 276, 281 f.; ausf. *Matusche-Beckmann* S. 37 ff.

144 *Fleischer/Korch* ZIP **2019** 2181, 2185; MüKo-BGB/*Wagner* § 823 Rn. 108.

145 Mit Unterschieden im Einzelnen *Habersack/Zickgraf* ZHR **182** (2018) 252, 279 ff.; *Holle* S. 322 ff.; *Koch* WM **2009** 1013, 1019; *Hübner* S. 269; *König* AcP **217** (2017) 611, 667 ff.; *Nordhues* S. 115 ff.; *Spindler* S. 948 ff., *Wagner* RabelsZ **80** (2016) 717, 770 f.

146 So etwa *Weller/Kaller/Schulz* AcP **216** (2016) 388, 401 f.; *Hommelhoff* ZIP **2019** 761, 764 ff.; *Koch* WM **2009** 1013, 1019; *Vogt* S. 190 ff.; *Holle* S. 322 ff.; offener MüKo-BGB/*Wagner* § 823 Rn. 941; *ders.* RabelsZ **80** (2016) 717, 762 ff. u. 767 f.; für eine nuancierte Betrachtung des Trennungsprinzips im deliktsrechtlichen Kontext *Schall* ZGR **2018** 479, 489 ff., 505 f.; vgl. auch rechtsvergleichend *Fleischer/Korch* ZIP **2021** 709, 712 f.

147 Vgl. *Fleischer/Korch* ZIP **2021** 709, 714; *Hübner* S. 248 ff.; *König*, AcP **217** (2017) 611, 671; *Nordhues* S. 138.

durch das „An-sich-Ziehen" der inhaltlichen Gefahrensteuerung,[148] konkreter Verantwortungsübernahme,[149] intensiver Ausübung von Leitungsmacht[150] oder einer sorgfaltswidrigen Delegation eigener Verkehrspflichten von der Muttergesellschaft auf die Tochtergesellschaft[151] ergeben. Die Begründung einer Verkehrspflichtverletzung wird vereinzelt aber auch dann angenommen, wenn eine Konzernmuttergesellschaft gegen ihr bekanntes schädigendes Verhalten einer Tochtergesellschaft nicht reagiert.[152]

Zur Begründung einer Verantwortlichkeit unter vorgenannten Umständen, wird in erster Linie auf die dogmatischen Grundlagen der Verkehrspflichten sowie deren ökonomische Fundierung rekurriert.[153] Bei deutschen Unternehmen wird die Gefahrenquelle einer im Ausland tätigen abhängigen Konzerngesellschaft nicht unmittelbar beherrschbar sein, sodass lediglich die gesellschaftsrechtlichen Einflussmöglichkeiten verbleiben. Für einen Minderheitsgesellschafter muss daher das Vorliegen von Verkehrspflichten schon auf Grundlage des „Gefahrbeherrschungsprinzips" ausscheiden.[154] Aber auch die Einflussmöglichkeit an sich, wie sie etwa einem Mehrheitsgesellschafter zukommt, soll noch nicht ausreichen, um eine Verkehrspflicht zu begründen. Danach muss ein aktives Tun im Sinne eines tatsächlichen Einwirkens auf die Gefahrenquelle, also die konzernangehörige Gesellschaft, hinzukommen.[155] In die Worte des Konzernrechts gekleidet genügt nicht die bloße Möglichkeit zur Ausübung von beherrschendem Einfluss, sondern ist dessen tatsächliche Ausübung erforderlich (parallel entscheidet § 2 Abs. 6 Satz 3 für die Zurechnung zum eigenen Geschäftsbereich, siehe § 2 Rn. 272). Die gleiche Wertung gilt im englischen Gesellschaftsrecht.[156] Durch sie bleiben reine Finanzbeteiligungen risikofrei. Den UN-Leitprinzipien läuft diese Grenzlinie zuwider. Denn sie zielen darauf, dass vorhandener (rechtlicher oder wirtschaftlicher) Einfluss proaktiv für die Menschenrechte eingespannt wird. Das ist aber, wie auszuführen sein wird, eine andere Art der Verantwortlichkeit, eine bloße Bemühenspflicht, die anders als das Deliktsrecht keine strenge Erfolgszurechnung benötigt und diese umgekehrt auch nicht rechtfertigt. **61**

Ein haftungsrelevantes aktives Einwirken wird zum einen bei der Übernahme von Sicherungspflichten angenommen, wenn also die Muttergesellschaft die Gefahrsteuerung an sich zieht und so die Verantwortung für die Verkehrspflichten der Tochtergesellschaft „übernimmt". Denn dann begründe die Muttergesellschaft die Gefahr, dass die Organe und Mitarbeiter der abhängigen Gesellschaft die gebotene Sicherheit nicht mehr eigenständig prüfen, sondern Weisungen von oben schlichtweg umsetzen würden.[157] Durch diese Bestimmungsgewalt ergebe sich die Verkehrspflichtigkeit sodann aus dem Gefahrerhöhungs- und Gefahrbeherrschungsprinzip.[158] **62**

Auch im Falle einer hohen Leitungsintensität bei der Tochtergesellschaft lässt sich aufgrund der vorgenannten Prinzipien die Verkehrspflichtigkeit der Muttergesellschaft begründen. Bislang wurde als Parameter das Dasein der Tochtergesellschaft als „unselbstständige Betriebsabteilung" oder als „verlängerter Arm" der Muttergesellschaft angeführt.[159] Ab wann dieser Status greift, ist **63**

---

148 *Habersack/Zickgraf* ZHR **182** (2018) 252, 288.
149 *Holle* S. 339.
150 *Bunting* ZIP **2012** 1542, 1548; *Buxbaum* GRUR **2009** 240, 244 f.; *Koch* WM **2009** 1013, 1019; *König* AcP **217** (2017) 611, 671; *Nordhues* S. 133; *Wagner* RabelsZ **80** (2016) 717, 770.
151 *Holle* S. 331 ff.; *König* AcP **217** (2017) 611,671 f.; *Nordhues* S. 132 f.
152 *König* AcP **217** (2017) 611, 674; dagegen aber *Habersack/Zickgraf* ZHR **182** (2018) 252, 282 ff.; *Schall* ZGR **2018** 479, 506; *Wagner* RabelsZ **80** (2016) 717, 770.
153 Grundlegend z.B. *Habersack/Zickgraf* ZHR **182** (2018) 252, 255 ff. u. 266 ff.
154 *Habersack/Zickgraf* ZHR **182** (2018) 252, 280.
155 So schon *Rehbinder* S. 544; auch *Fleischer/Korch* DB **2019** 1944, 1951; *Habersack/Zickgraf* ZHR **182** (2018) 252, 282; *König* AcP **217** (2017) 611, 671 f.; *Wagner* RabelsZ **80** (2016) 717, 770 f.
156 *Schall* ZIP **2021** 1241, 1243 mit Verweis auf *Chandler v Cape* [2012] EWCA Civ 525 und *Vedanta v Lungowe* [2019] UKSC 20.
157 *Habersack/Zickgraf* ZHR 182 (2018) 252, 288.
158 *Habersack/Zickgraf* ZHR 182 (2018) 252, 288.
159 *Fleischer/Korch* ZIP **2021** 709, 715; *König* AcP **217** (2017) 611, 671; *Nordhues* S. 133.

jedoch schwer zu bestimmen. Die Grenzen im Konzern können verschwimmen und mitunter schwer bestimmbar sein.[160] Bei einer einheitlichen Geschäftsführung soll es aber in jedem Fall zu einer Verantwortlichkeit der Muttergesellschaft kommen, da die Tochter durch eine umfassende Kontrollübernahme eben ihre eigene Fähigkeit zur Gefahrenabwehr verliert.[161]

64 Anknüpfend an vorgenannte Konstellation soll eine Organisationspflicht auch dann begründet werden können, wenn die Mutter ihre eigene Verkehrssicherungspflicht für eine von ihr selbst unterhaltene Gefahrenquelle an eine Tochter delegiert.[162] Dann reduziert sich ihre Sicherungspflicht zu einer Auswahl- und nicht sonderlich engmaschigen – Kontrollpflicht.[163] Dabei ist aber nicht jede Aufgabendelegation als pflichtenbegründend anzusehen. Nach h.M. steht es der Muttergesellschaft frei, sämtliche Tätigkeiten, gerade auch gefährliche, auf Tochtergesellschaften auszulagern, um so zu einer Haftungssegmentierung zu gelangen. Die deliktische Verantwortung zur Sicherung dieser Tätigkeiten liegt dann allein bei der Tochter.[164] Das soll auch gelten, wenn die Tätigkeit vorher bei der Mutter verrichtet und erst später auf die Tochter „ausgegründet" wurde.[165] Nur wenn die Mutter die Tätigkeit nicht vollständig ausgliedert, sondern selbst im Prozess beteiligt bleibt, könnten sie übergreifende Sicherungspflichten treffen.

65 Im Ergebnis erkennt die mittlerweile h.M. einen Strauß an Ausnahmen an, die von der grundsätzlichen Annahme, jeder sei nur für sich und seinen (unmittelbaren) Herrschaftsbereich verantwortlich, abweicht. Die Begründungsmuster unterscheiden sich hierbei nur geringfügig und führen letztlich zu der Frage wo die Grenzen des eigenen Herrschaftsbereiches im Konzern anzusiedeln sind.[166] Als Anknüpfungspunkt einer normativen Zuordnung wird unterm Strich an der **Intensität des Einflusses des herrschenden Unternehmens** angesetzt und rechnet Konzerntätigkeiten nach der Enge der Konzernführung zu.[167] Wie eingangs gesagt: Wo im Konzern geherrscht wird, besteht Stand heute auch Haftungsgefahr.

2. Haftung des deutschen Unternehmens für Fehlverhalten des Zulieferers

66 Eine Haftung entlang der Lieferkette nach deliktsrechtlichen Grundsätzen wird seit den UN-Leitprinzipien verstärkt auch für Rechtsgutsverletzungen bzw. von Menschenrechtsverletzungen durch Zulieferer, insbesondere im globalen Süden, diskutiert. Eine Haftungsbegründung nach der Verkehrspflichtendogmatik im Rahmen des § 823 Abs. 1 BGB erscheint hierbei noch problematischer als bei konzernangehörigen Gesellschaften, da ein Zulieferer nicht einmal zu der von dem deutschen Unternehmensträger beherrschten Unternehmensgruppe gehört.[168] Eine Haftung soll daher nach der h.M. grundsätzlich ausscheiden.[169] Dem Grunde nach erlaubt sich hier ein Verweis auf die kritischen Stimmen in Bezug auf die konzernrechtliche Dimension der Haftungsfrage für Tochtergesellschaften.[170] Vor dem Hintergrund eines womöglich gar im Aus-

---

160 Vgl. bereits *Schall* ZGR **2018** 479, 502.

161 *Fleischer/Korch* DB **2019** 1944, 1951; *dies.* ZIP **2021** 709, 715.

162 Grundlegend zur delegationsbedingten Organisationspflicht im Konzern *Holle* S. 325 ff.

163 Vgl. MüKo-BGB/*Wagner* § 831 Rn. 19.

164 *Hommelhoff* ZIP **1990** 761, 764 ff.; BeckOGK-BGB/*Spindler* § 823 Rn. 714 ff.; *Vogt* S. 190 ff.; *Holle* S. 328.

165 BGH NJW **1981** 2250; BeckOGK-BGB/*Spindler* § 823 Rn. 714 ff.; für hierarchischen Konzern aber **a.A.** *Bunting*, ZIP **2012** 1542, 1548.

166 Auf die Schwierigkeit der Bestimmung der Grenzen hinweisend *Schall* ZGR **2018** 479, 501 ff.

167 Zusammenfassend *Schall* ZGR **2018** 479, 502 u. 506 m.w.N.

168 So bereits *Wagner* RabelsZ **80** (2016) 717, 771; auch *Habersack/Ehrl* AcP **219** (2019) 155, 199: „Es liegt auf der Hand, dass die Anforderungen an dem Importeur obliegende Sorgfaltspflichten in Bezug auf den ihm gesellschaftsrechtlich nicht verbundenen Zulieferer keineswegs niedriger, sondern im Gegenteil höher liegen müssen, soll nicht ein erheblicher Wertungswiderspruch in Kauf genommen werden."; vgl. auch *B. Schneider* NZG **2019** 1369, 1373; *v. Westphalen* ZIP **2020** 2421, 2425.

169 *Späth/Werner* CCZ **2021** 241, 249; *Grunewald* NZG **2018** 481, 482; Hopt/*Leyens* HGB § 347 Rn. 4d.

170 So wohl auch *B. Schneider* NZG **2019** 1369 (1373 dort Fn. 52 m.w.N.).

land tätigen Zulieferers gilt all dies erst recht, und zwar auch hinsichtlich Menschenrechtsverletzungen bzw. Verstößen gegen menschenrechtliche Schutzstandards des Völkerrechts.[171] Bei einer Haftung für Zulieferer durch das in Deutschland ansässige Unternehmen würde man an die Grenzen des deliktsrechtlich verankerten Vertrauensprinzips und der eigenen Verantwortlichkeit geraten. Danach gilt im Grundsatz, dass jedes Rechtssubjekt bei der Steuerung des eigenen Sorgfaltsniveaus von dem rechtmäßigen Verhalten anderer Rechtssubjekte ausgehen darf, was eben auch für Geschäftspartner gilt.[172] Bejahte man eine Haftung, so würden darüber hinaus extensive Überwachungsmechanismen folgen (müssen), die den Rechtsverkehr mit massiven Kosten überschütteten.[173]

Allerdings ist der Hinweis auf das Vertrauensprinzip nicht so überzeugungskräftig, wenn man in Regionen agiert, wo man nicht in gleicher Weise wie hierzulande auf das rechtmäßige Verhalten des Vertragspartners vertrauen darf, weil menschenrechtliche Probleme allgemein bekannt sind. Aber auch dort muss es im Ausgangspunkt beim Grundsatz der Verantwortlichkeit für den eigenen Geschäftsbereich bleiben. Der Grund ist nicht, dass man wie im Straßenverkehr auf das verkehrsgerechte Verhalten der anderen vertrauen darf, sondern dass die Verkehrssicherungspflichten immer an die Gefahrbeherrschung anknüpfen. Die fremden Herrschaftssphären beherrscht das Unternehmen in Deutschland aber nicht. Dazu reicht seine mittelbare Einwirkungsmöglichkeit kraft wirtschaftlicher Verhandlungsmacht nicht aus. Entscheidend ist vielmehr, dass dem Unternehmen kein Recht zusteht, die Rechtsgutsverletzung im fremden Herrschaftsbereich zu unterbinden. Damit scheidet eine Verkehrssicherungspflicht grundsätzlich aus. Zugleich wird auch der Raum für mögliche Ausnahmen abgesteckt. 67

Eine offener formulierte Ansicht sieht dementsprechend dort Raum für Verkehrspflichten, wo die Gefahrenquelle tatsächlich durch den Endabnehmer beherrscht wird oder aber erheblicher Einfluss auf das Tagesgeschäft ausgeübt wird.[174] Analog zu der Diskussion um die Reichweite von Verkehrspflichten im Konzernverhältnis, stellt sich auch hinsichtlich Zulieferern die Frage, wo die Grenzen des eigenen Herrschaftsbereichs des deutschen Importeurs verlaufen und ab welchem Maß an Einfluss oder Einbindung des unmittelbaren bzw. mittelbaren Lieferanten eine verkehrspflichtenbegründende Beziehung bestehen kann. Ein passabler Leitmaßstab könnte sein, dass der Zulieferer dermaßen vom Unternehmen wirtschaftlich abhängig ist, dass dieses ihm seinen Willen aufzwingen kann und das auch tut.[175] Unter solchen Bedingungen nähert sich die Stellung des formal selbstständigen Unternehmens der eines Verrichtungsgehilfen so stark an, dass die allgemeinen Prinzipien zur Separierung der Herrschaftszonen überwunden werden können. Wenn diese enge Abhängigkeit nicht zur Konzernspitze, sondern zu einer (Auslands)Tochter oder Enkelin besteht, haftet auch die Mutter nach § 823 Abs. 1 BGB, wenn sie nach den oben beschriebenen Grundsätzen für die Konzernglieder deliktisch einstehen müsste. Andernfalls haftet nur diejenige Konzerngesellschaft, welche die enge und erdrückende wirtschaftliche Dominanz über den Zulieferer ausübt. 68

Vereinzelt wird nach geltendem Recht eine noch weitergehende Deliktshaftung für Fehlverhalten von Zulieferern angenommen. Die Begründung einer solchen Haftung entfernt sich dabei von hergebrachten Begründungsmustern. So sollen Ansätze auf der Ebene von *soft law* und Völ- 69

171 *Wagner* RabelsZ **80** (2016) 717, 771 f.

172 MüKo-BGB/*Wagner* § 823 Rn. 115; *ders.* RabelsZ **80** (2016) 717; *B. Schneider* NZG **2019** 1369, 1372 f.; *ders.* ZIP **2022** 407, 408; *Fleischer/Korch* ZIP **2019** 2181, 2187 ff.; *Habersack/Ehrl* AcP **219** (2019) 155, 197.

173 *Wagner* RabelsZ **80** (2016) 717, 771 f.

174 *Fleischer/Korch* ZIP **2019** 2181 (2189 f.) differenzierend für eine Verkehrspflichtigkeit aufgrund einer „day-to-day control" als Sicherungspflicht und einer Fürsorgepflicht aufgrund der faktischen Kontroll- und Verantwortungsübernahme.

175 Zur Urbarmachung dieses Aspekts im Konzernrecht vgl. RGZ **167** 40, 49 – Thega.

kerrecht mit verkehrspflichtbegründender Wirkung Verkehrserwartungen perpetuieren.[176] Eine solche Wirkung soll sich aus freiwilligen Selbstverpflichtungserklärungen, wie bspw. einem sog. „Code of Conduct", ergeben können. Wer öffentlich angebe, dass er bestimmte Schutzstandards einhalte, präge damit eine gewisse Verkehrserwartung und muss sich daran auch festhalten lassen.[177] Diese Vorstellungen lehnen sich an die UN-Leitprinzipien an, die wiederum vor dem Hintergrund des Common Law verfasst wurden. Dort können freiwillige (und die Betonung liegt auf „freiwillige") Selbstverpflichtungserklärungen in der Tat haftungsbegründend wirken, weil Grundlage des *tort of negligence* das Bestehen einer *duty of care* ist, die sich aus einer einseitigen *assumption of liability* ergeben kann.[178] Im geltenden deutschen Recht führt jedoch kein glatter Weg zum Import dieses *legal transplant*. Zwar ließe sich möglicherweise noch argumentieren, dass aus der Erklärung ein Vertrauenstatbestand erwachsen könnte. Doch entsteht dieser nicht gegenüber den Opfern der Rechtsgutsverletzungen im globalen Süden, welche mit derlei an die aufgeklärte Öffentlichkeit des Westens adressierten Erklärungen kaum in Berührung kommen werden. Einen „Vertrauenstatbestand mit Schutzwirkung zugunsten Dritter" gibt es aber nicht. Noch schwerer wiegt, dass es zur Annahme einer Verkehrssicherungspflicht nicht nur eines Vertrauenstatbestandes bedarf, sondern auch einer Möglichkeit zur Gefahrbeherrschung. Daran fehlt es hier aber (eben Rn. 66). Daran ändern die Leitprinzipien als solche nichts. Sie wollen vorhandene Wirtschaftsmacht zum Einsatz für die Menschenrechte ertüchtigen. Das muss nicht heißen und heißt auch nicht, dass sie eine durchgehende Zurechnung der Verletzungen zu den westlichen Unternehmen und deren absolute Einstandspflicht fordern (näher unten Rn. 71 ff.).

3. Ergebnis

70 Das deutsche Deliktsrecht begrenzt Verkehrssicherungspflichten grundsätzlich auf den eigenen Herrschaftsbereich. Das folgt aus dem „Gefahrbeherrschungsprinzip" und gilt bei natürlichen wie juristischen Personen. In der Lieferkette folgt daraus, dass weder für die Aktivitäten der Zulieferer noch für die anderer Gesellschaften des gleichen Konzerns eine übergreifende Verkehrssicherungspflicht besteht. Diese Grundsätze sind in der akademischen Debatte der jüngeren Zeit auf den Prüfstand gekommen. Dabei hat sich gezeigt, dass sie nicht mehr zu verabsolutieren sind. Insbesondere **im Konzern** hat ein sachter Paradigmenwechsel eingesetzt. Wo Leitungsmacht tatsächlich ausgeübt wird, kann (keinesfalls muss!) im Einzelfall ein deliktisches Haftungsrisiko bestehen. Gegenüber **selbstständigen Vertragspartnern** in der Lieferkette, die außerhalb des Konzernverbundes stehen, bleibt eine Mitverantwortung kraft bereichsübergreifender Verkehrssicherungspflicht hingegen nach wie vor auf singuläre Ausnahmefälle wirtschaftlicher Dominanz des Unternehmens beschränkt, wie sie *upstream* bei Just-in-time-Zulieferverträgen oder *downstream* in eng geführten Franchise-Systemen vorkommen mögen. Die herkömmliche wirtschaftliche Verhandlungsmacht des westlichen Großkunden reicht dafür bei Weitem nicht aus. Daher wird eine Haftung nach § 823 Abs. 1 BGB für menschenrechtliche Deliktsfälle im globalen Süden nach dem status quo kaum begründbar sein.

71 Von dieser Grundlage ausgehend ist nun der Blick auf die Frage zu wenden, ob die Verabschiedung des Lieferkettengesetzes trotz § 3 Abs. 3 zu einer Neujustierung des deliktischen Koordinatensystems führen könnte.

---

176 So *Thomale/Hübner* JZ **2017** 385, 394; *Weller/Thomale* ZGR **2017** 509, 521 f.; vgl. auch *Bälz*, BB 2021, 648, 651, der in menschenrechtlichen Verträgen und anderen „Soft Law-Instrumenten" den juristischen „Stand der Technik" sieht und diesen zur Konkretisierung eines Sorgfaltsmaßstabs allgemein heranziehen will.

177 *Thomale/Hübner* JZ **2017** 385, 394; vgl. auch *Weller/Thomale* ZGR **2017** 509, 521.

178 *Schall* ZIP **2021** 1241, 1242 ff.

D. Mögliche Implikationen durch Einführung des LkSG

I. Ausgangspunkt: Der explizite Ausschluss einer Deliktshaftung bei Verletzung der Pflichten nach dem LkSG (§ 3 Abs. 3) und seine Wirkung

Unmittelbar mit der Einigung der damaligen großen Koalition im Februar 2021, ein Lieferkettengesetz einzuführen, begann die Debatte über die zivilrechtliche Haftung für Menschenrechtsverletzungen in der Lieferkette. Der ursprüngliche Entwurf des LkSG enthielt hierzu keine Aussage. Das führte in den ersten Fachveranstaltungen zu hitzigen Diskussionen über zwei mögliche Stränge einer Deliktshaftung. Der eine war die Annahme eines Schutzgesetzes nach § 823 Abs. 2 BGB, der andere die Erstreckung der unternehmerischen Verkehrssicherungspflichten nach § 823 Abs. 1 BGB auf die gesamte Lieferkette. 72

Der Ansatz über die Schutzgesetzverletzung lag dabei nicht nur näher, sondern hätte zusätzlich den Charme gehabt, dass das Erfolgsortprinzip aus Art. 4 (1) Rom II-VO nicht so offensichtlich im Weg gestanden wäre wie das bei § 823 Abs. 1 BGB der Fall ist. Denn das LkSG stellt Handlungspflichten zur Prävention und Abhilfe auf, die nicht vom Nachweis einer (drohenden) Verursachung konkreter Menschrechtsverletzungen abhängen. Verstöße gegen solche Pflichten wären internationalprivatrechtlich als Handlungsdelikt, nicht als Erfolgsdelikt einzuordnen gewesen. Der Erfolgsort eines Handlungsdelikts liegt immer am Handlungsort,[179] nicht dort, wo daraus resultierende Schäden eintreten. Im Fall des LkSG wäre das der Sitz der Leitung des pflichtigen Unternehmens. 73

Allerdings hat der Gesetzgeber prompt auf die anschwellenden Debatten reagiert. Wohl auf Grundlage wirtschaftsseitlicher Kritik an den drohenden Haftungsrisiken,[180] hat der federführende Ausschuss für Arbeit und Soziales den § 3 Abs. 3 LkSG eingefügt. Danach soll gegenüber der geltenden Rechtslage kein zusätzliches zivilrechtliches Haftungsrisiko durch das Gesetz geschaffen werden:[181] 74

> § 3 Abs. 3 LkSG: „Eine Verletzung der Pflichten aus diesem Gesetz begründet keine zivilrechtliche Haftung. Eine unabhängig von diesem Gesetz begründete zivilrechtliche Haftung bleibt unberührt.“

Mit dieser Regelung ist zunächst klargestellt, dass es sich beim LkSG um kein Schutzgesetz i.S.d. § 823 Abs. 2 BGB handeln kann.[182] Dadurch ist der erste vor der ausdrücklichen Regelung erörterte Weg vom LkSG ins Deliktsrecht verbaut. Aber die Aussage des Gesetzes geht weiter.[183] Zwar wird in der Gesetzesbegründung nur § 823 Abs. 2 BGB, nicht aber § 831 BGB noch § 823 Abs. 1 BGB ausdrücklich ausgeschlossen. Ein Umkehrschluss darf daraus aber nicht gezogen werden, da die Nennung des § 823 Abs. 2 BGB nur beispielhaft erfolgt und damit nicht abschließend ist.[184] Der Gesetzestext bringt klar zum Ausdruck, dass die Verletzung der Pflichten aus *diesem* Gesetz **keine zivilrechtliche Haftung** begründet. Damit kann aus einer Verletzung der menschenrechtlichen Sorgfaltspflichten nach §§ 3–10 auch keine Verkehrssicherungspflichtverletzung unter § 823 Abs. 1 hergeleitet werden. 75

---

179 Die objektive Pflichtverletzung ist bei einem Tätigkeitsdelikt der unmittelbare Schaden (siehe auch BeckOGK-BGB/*Rühl*Art. 4 Rom II-VO, Rn. 61: Verletzung der Rechtsordnung, Stand: 1.12.2017). Daraus resultierende Personen- oder Sachschäden sind nur mittelbare Schadensfolgen; siehe auch MüKo-ZPO/*Patzina* § 32 Rn. 20; Musielak/Voit/*Heinrich* § 32 Rn. 15.

180 Dazu bspw. Ausschussdrs. 19(11)1113, Stellungnahme des Bundesverbands der Deutschen Industrie e.V., S. 8; Ausschussdrs. 19(11)1096, Stellungnahme des Verbands der Chemischen Industrie e.V., S. 13.

181 BT-Drs. 19/30505 S. 39.

182 BT-Drs. 19/30505 S. 39; *Paefgen* ZIP **2021** 2006, 2010; Depping/Walden/*Ziegler* § 3 Rn. 155.

183 Insoweit nicht überzeugend *Paefgen* ZIP **2021** 2006, 2010 f.; auch *B. Schneider* ZIP **2022** 407, der trotz der klaren Aussage eine „Nebelkerze“ fürchtet.

184 Vgl. auch *Fleischer* DB **2022** 920, 921. Die Beschlussempfehlung des Ausschusses für Arbeit und Soziales spricht „insbesondere“ von einem Ausschluss des § 823 Abs. 2 BGB, BT-Drs. 19/30505 S. 39.

76 Das leuchtet unmittelbar ein, wenn man im Anschluss an *von Bar* die Verkehrssicherungspflichten als Schutzgesetze auffassen möchte.[185] Aber es folgt auch unabhängig von dieser akademischen Streitfrage aus dem eindeutigen Wortlaut des § 3 Abs. 3 Satz 1. Die funktionale Ähnlichkeit von Verkehrspflichten zu den Schutzgesetzen ist nicht von der Hand zu weisen.[186] Im Falle von Verkehrspflichten wird der deliktische Schutzbereich deliktsrechtsautonom, im Falle von Schutzgesetzen deliktsrechtsheteronom bestimmt.[187] Würde man im Rahmen einer deliktsrechtsautonomen Schutzbereichssuche auf die heteronom bereits vorformulierten Pflichten des LkSG zurückgreifen, so käme man der verbotenen Schutzbereichsausdehnung,[188] die im Rahmen des § 823 Abs. 2 BGB vorgenommen wird, gleich.[189]

77 Die Situation ist vergleichbar zu den Wohlverhaltenspflichten nach §§ 63 ff. WpHG. Obwohl diese sehr präzise formulieren, welche Pflichten eine Bank bei der Anlageberatung ihrer Kunden zu erfüllen hat, begründet deren Verletzung unmittelbar keine zivilrechtliche Haftung. Hier sind vielmehr die Vorgaben der Bond-Rechtsprechung zu anlagegerechter und anlegergerechter Beratung einschlägig. Diskutiert wird in diesem Zusammenhang allerdings eine mögliche **Ausstrahlungswirkung** der öffentlich-rechtlichen Wohlverhaltenspflichten zur Konkretisierung der zivilrechtlichen Aufklärungspflichten. Um diese Frage besteht heftiger Streit, der sich namentlich am Zuwendungsverbot des § 70 WpHG (= § 31d WpHG a.F.) entzündete.[190] Die Rechtsprechung hatte eine Ausstrahlungswirkung zunächst strikt ablehnt.[191] Bezüglich des aufsichtsrechtlichen Transparenzgebots vollzog sie dann aber eine Neujustierung, indem sie dies zum allgemeinen Rechtsprinzip erhob und *deshalb* davon ausging, die Bank würde sich zur Einhaltung dieser Pflichten gegenüber dem Kunden konkludent vertraglich verpflichten (§§ 133, 157 BGB).

> BGHZ **201** 310 = NJW **2014** 2947, 2950, Rn. 37: „Das aufsichtsrechtliche Prinzip, dass Zuwendungen Dritter grundsätzlich verboten und allenfalls dann erlaubt sind, wenn diese offengelegt werden, ist daher als Ausdruck eines allgemeinen – nunmehr nahezu flächendeckenden – Rechtsprinzips bei der Auslegung der (konkludenten) Vertragserklärungen zu berücksichtigen. Der Anleger kann zwar nicht erwarten, dass sich die beratende Bank im gesamten Umfang ihrer öffentlich-rechtlichen Pflichten ohne Weiteres auch im individuellen Schuldverhältnis gegenüber dem jeweiligen Anleger verpflichten will. Er kann aber voraussetzen, dass die beratende Bank die tragenden Grundprinzipien des Aufsichtsrechts beachtet. Mit Zuwendungen Dritter an die beratende Bank, die nicht offengelegt werden, muss der Anleger, mangels abweichender Vereinbarungen, angesichts des aufsichtsrechtlichen Transparenzgebots deshalb ab dem 1.8.2014 nicht mehr rechnen."

78 Diese Argumentation dient als Blaupause, um die mögliche Ausstrahlungswirkung des öffentlichrechtlichen LkSG auf die zivilrechtlichen Verkehrssicherungspflichten zu testen. Öffentlich-rechtliche Standards können grundsätzlich den Inhalt privatrechtlicher Sorgfaltspflichten determinieren und so auf die Ausformung von Verkehrspflichten ausstrahlen.[192] Dabei sind aber vorneweg die unterschiedlichen Rahmenbedingungen zu beachten. Der Streit um die Ausstrahlungswirkung im WpHG macht lediglich an der unterschiedlichen Rechtsnatur von öffentlichem Aufsichtsrecht mit seinem reinen Allgemeinwohlzweck und zivilem Vertragsrecht fest. Im Gegensatz dazu statuiert § 3 Abs. 3 ein **ausdrückliches Verbot**, aus der Verletzung von LkSG-Vorschriften eine zivilrechtliche Haftung zu begründen. Es gehört nicht viel juristische Phantasie dazu, dieses Verbot auch auf eine „mittelbare" Haftungsbegründung zu beziehen und im Versuch, die Verkehrssicherungspflich-

185 *v. Bahr* S. 157 ff.; auch *Assmann* S. 262; **a.A.** die h.M., MüKo-BGB/*Wagner* § 823 Rn. 442.
186 Dazu näher *B. Schneider* ZIP **2022** 407, 412 f.
187 MüKo-BGB/*Wagner* § 823 Rn. 442 mit Verweis auf die Terminologie bei *v. Bar* Europäisches Deliktsrecht Bd. II (1999), Rn. 224.
188 Vgl MüKo-BGB/*Wagner* § 823 Rn. 442.
189 So letztlich auch *Fleischer* DB **2022** 920 (921); *B. Schneider* ZIP **2022** 407, 412 f.
190 Siehe nur Schwark/Zimmer/*Koch*/*Harnos* KMR § 70 WpHG Rn. 106 ff. m.w.N.
191 BGH BKR **2014** 32 Rn. 20; BGHZ **191** 119 Rn. 47.
192 So auch *Spindler* ZHR **186** (2022) 67, 97; *Paefgen* ZIP **2021** 2006, 2011; *Wagner* ZIP **2021** 1095, 1103.

ten unter dem Banner einer „Ausstrahlungswirkung“ des LkSG über das bisherige Maß zu erweitern, eine Gesetzesumgehung zu erblicken.[193] Dagegen kann der Verweis auf den dynamischen Charakter des Deliktsrechts im Allgemeinen und der Verkehrssicherungspflichten im Besonderen[194] nur bedingt überzeugen. Es ist schon richtig, dass § 3 Abs. 3 Satz 1 und 2 die sukzessive Ausdehnung der Verkehrssicherungspflichten auf die Lieferkette nicht „verbieten“ können, indem sie das Deliktsrecht in eine Art *freeze frame* des Rechtsstandes von 2021 pressen. Aber der Gehorsam gegenüber dem Gesetz gebietet es eben auch, eine mögliche Fortentwicklung autonom zu begründen und sie nicht simplifizierend aus den neuartigen Pflichten des LkSG herzuleiten. Wie eben gesehen hatte der BGH das aufsichtsrechtliche Transparenzgebot auch erst ins Vertragsrecht übertragen, *nachdem* er es zum allgemeinen Rechtsprinzip geadelt hatte. Darauf wird zurückzukommen sein.

Zusammenfassend ist zu sagen, dass zwar sehr viel für ein generelles Verbot jeglicher unmit- 79
telbaren und mittelbaren Haftungsbegründung durch das LkSG spricht, einschließlich des Verbots einer „Ausstrahlungswirkung“. Das dürfte dem in § 3 Abs. 3 manifestierten Willen des Souveräns bei diesem hart errungenen Kompromissgesetz entsprechen. Darauf kommt es letztlich aber nicht an, da auch die konkreten Voraussetzungen für eine Ausstrahlungswirkung nicht gegeben sind. Dies wird die Nachlese der jüngeren Diskussion aufzeigen. Zu beginnen ist hier mit den Verkehrssicherungspflichten, wo der Schwerpunkt der Argumentation liegt. Hier wird die Frage aufgeworfen, ob das Gesetz für inländische Unternehmen an der Spitze einer Lieferkette die Sorgfaltsanforderungen konkretisieren kann.

II. Keine Erweiterung der Verkehrssicherungspflichten in der Lieferkette aufgrund Ausstrahlungswirkung

1. Befürwortung einer erweiterten deliktischen Einstandspflicht durch Einführung des LkSG

Ein Teil der sich füllenden Literatur interpretiert den Verweis in § 3 Abs. 3 S. 2 recht offen und 80
sieht Raum für eine deliktsrechtliche Haftung, die (mittelbar) an die Sorgfaltspflichten des LkSG anknüpft.[195] *Wagner* formulierte, dass *„das wirklich Neue am Sorgfaltspflichtengesetz die Ausweitung der Sorgfaltspflichten über den Organisationsbereich der jeweiligen Unternehmung hinaus“* sei.[196] Das Deliktsrecht könnte daher die in §§ 3 ff. LkSG formulierten Sorgfaltspflichten des inländischen Unternehmens hinsichtlich Tochter- und Zuliefererunternehmen entlang der Lieferkette erstrecken müssen.[197] Diese Auffassung war allerdings noch vor dem gesetzgeberischen „Veto“ in § 3 Abs. 3 formuliert worden. Auch *Kieninger* wies vor der Änderung des RegE eine mögliche Haftung über das Deliktsrecht den ordentlichen Gerichten zu und hält daran auch nach dem eindeutigen Ausschluss nach § 3 Abs. 3 wohl weiterhin mit Blick auf § 823 Abs. 1 BGB fest.[198] *Paefgen* glaubt, eine *„Supply Chain Liability deutscher Prägung“* auch nach Einführung des § 3 Abs. 3 noch auf die Verkehrspflichtendogmatik stützen zu können. Verwiesen wird in diesem Zusammen-

193 Überzeugend *Spindler* ZHR **186** (2022) 67, 100; *Fleischer* DB **2022** 920, 921; *B. Schneider* ZIP **2022** 407, 415; *Späth/Werner* CZZ **2021** 241, 250.

194 Vgl. dazu *Fleischer* DB **2022** 920, 922.

195 Insbesondere *Paefgen* ZIP **2021** 2006, 2010 f.; vgl. auch *Charnitzky/Weigel* RIW **2022** 12, 18; *Ehmann/Berg* GWR **2021** 287, 291 f.; *Rühl/Knauer* JZ **2022** 105, 108 f.; *Koch* MDR **2022** 1 ff.; HK-LkSG/*Sangi*, § 3 Rn. 34; Grabosch LkSG/*Engel* § 7 Rn. 11; Hopt/ *Leyens* § 3 Rn. 7.

196 *Wagner* ZIP **2021** 1095, 1103, wobei zu dem Zeitpunkt des Beitrags der spät eingefügte Abs. 3 in § 3 LkSG noch nicht im Gesetzentwurf enthalten war.

197 *Wagner* ZIP **2021** 1095, 1103.

198 Vor Einführung des § 3 Abs. 3 LkSG: *Kieninger* ZfPW **2021** 252, 254; vgl. auch *Kieninger* in: FS Schack (2022), 666, 667. Nunmehr mit Blick auf eine Haftung nach der Verkehrspflichtdogmatik, vgl. *Kieninger/Krajewski/Wohltmann* S. 14.

hang auf Rechtsprechung des BGH, wonach deliktsrechtliche Verkehrspflichten mit Blick auf das Verhalten Dritter anerkannt seien.[199] Die als öffentlich-rechtliche ausgeformten Verhaltensvorgaben des LkSG seien auf deliktsrechtlicher Ebene zu berücksichtigen und darauf aufbauend als Grundlage für die in der jeweiligen Lieferkettensituation auszumachenden deliktsrechtlichen Verkehrspflichten heranzuziehen.[200] Eine Haftung aus § 823 Abs. 2 BGB sieht er aber als ausreichend klar ausgeschlossen.[201] Einige Stimmen sehen aufgrund der Gesetzesmaterialien aber **nur** einen Ausschluss einer Haftung nach § 823 Abs. 2 BGB hinreichend begründet, sodass über die Verkehrspflichtenlehre eine Haftung nach § 823 Abs. 1 BGB zumindest in Frage komme.[202]

81 Einen Widerspruch zum deliktsrechtlichen Vertrauensgrundsatz sehen die Befürworter einer deliktischen Einstandspflicht unter dem Einfluss des LkSG nach § 823 Abs. 1 BGB nicht, da es sich nicht um die Zurechnung deliktischen Verhaltens eines anderen handele und auch keine umfassende Pflicht zur Gewährung einer „sicheren Lieferkette" begründet würde, es sich vielmehr um ein abgestuftes Pflichtensystem für den eigenen Tätigkeitsbereich handele.[203] *Paefgen* sieht die Kohärenz mit dem Verkehrspflichtensystem dadurch gewahrt, dass es sich bei den Sorgfaltspflichten des LkSG um Bemühenspflichten handele und es so zu keiner Garantiehaftung komme, vielmehr ein Verschulden i.S.v. § 276 Abs. 2 BGB notwendig sei.[204]

82 Auch *Weller/Nasse* befürworten eine Haftung, sehen den deliktsrechtlichen Vertrauensgrundsatz jedoch tangiert. Sie stellen aber darauf ab, dass bereits Ausnahmen von diesem bestünden und anerkannt seien.[205] So finde bspw. eine Zurechnung von rechtswidrigen Handlungen eines Verrichtungsgehilfen über § 831 BGB statt.[206] Aber auch die Figur des Organisationsverschuldens erfasse Fehlverhalten Dritter um Schutzlücken des Deliktsrechts zu schließen.[207] Auch im Rahmen der Produkthaftung hafte der Importeur für Produkte, die ein anderer – der Hersteller – fehlerhaft produziert habe.[208] Hierin wird bereits eine „Art Lieferkettenhaftung"[209] gesehen. Diesen Umständen entsprechend, entwickeln *Weller/Nasse* eine Verkehrspflicht, die sich von der Sachgefahr entfernt und „moderner" gedacht, an die sog. „Menschenrechtsarbitrage als Gefahrenquelle" anknüpft.[210] Hierbei wird das Recht als Gefahrenquelle verstanden, wenn grenzüberschreitend ein Kombinationsdefizit aus defizitärem Auslandssachrecht und defizitärem Inlandskollisionsrecht zur Gefährdung absoluter Rechtsgüter führt und dies bewusst durch „kautelarjuristische Gestaltung" ausgenutzt wird.[211] Diese Kombination stelle sodann einen ausreichenden Anknüpfungspunkt für die Begründung einer deliktsrechtlichen Verkehrspflicht in Bezug auf das Verhalten Dritter dar.

---

199 *Paefgen* ZIP **2021** 2006, 2011 m. Verweis auf BGHZ **103** 298, 303 f. und BGHZ **173** 188 ff.

200 *Paefgen* ZIP **2021** 2006, 2010 ff.

201 *Paefgen* ZIP **2021** 2006, 2010.

202 So in etwa *Charnitzky/Weigel* RIW **2022** 12, 18; *Ehmann/Berg* GWR **2021** 287, 291 f.; Ohne nähere Begründung eine Haftung wegen Verletzung von Verkehrssicherungs- und Organisationspflichten bejahend *Jungkind/Raspé/Terbrack* Der Konzern **2021** 445, 451; *Rack* Compliance-Berater Sonderbeilage **2022** 24 f. und *Schumm* StuB **2021** 894, 901.

203 *Wagner* ZIP **2021** 1095, 1099 f. u. 1103.

204 *Paefgen* ZIP **2021** 2006, 2011 f.

205 *Weller/Nasse* FS Ebke 1071, 1076 f. mit Verweis auf BGH Urt. v. 26.11.1968 – VI ZR 212/66, BGHZ **51** 91 = NJW **1969** 269 und BGH Urt. v. 23.10.1975 – III ZR 108/73, BGHZ **65** 221.

206 Vgl. dazu auch *Merkel* S. 210 m.w.N.

207 *Weller/Nasse* FS Ebke 1076.

208 *Weller/Nasse* FS Ebke 1071, 1076, mit Verweis auf die EU-Produkthaftungs-RL und § 4 Abs. 2 ProduktftungsG: „Als Hersteller gilt ferner, wer ein Produkt zum Zweck des Verkaufs, […] im Rahmen seiner geschäftlichen Tätigkeit in den Geltungsbereich des Abkommens über den Europäischen Wirtschaftsraum einführt oder verbringt.".

209 *Weller/Nasse* FS Ebke 1071, 1076.

210 *Weller/Nasse* FS Ebke 1071, 1079.

211 *Weller/Nasse* FS Ebke 1071, 1079; *B. Schneider* ZIP **2022** 407, 412 zu Recht darauf hinweisend, dass nach diesem Ansatz nicht ganz klar wird, ob es sich um die Haftung für eigenes Fehlverhalten oder um eine Durchbrechung des deliktsrechtlichen Vertrauensgrundsatzes handelt.

83 Darüber hinaus wird auf Grundlage der Entwicklungen in den unmittelbaren Nachbarländern sowie der rasant an Bedeutung gewinnenden Entwicklungen im Klimaschutz eine Weiterentwicklung der deutschen Haftungstatbestände durch die Zivilgerichte in Betracht gezogen (dazu auch *Pour Rafsendjani/Purucker* § 3 Rn. 112 ff.).[212]

2. Ablehnung einer erweiterten deliktischen Haftung nach dem LkSG

84 Im Lichte einer engen Norminterpretation des § 3 Abs. 3 sieht eine vordringende Meinung keinen Raum einer Konkretisierung oder Herausbildung von Verkehrspflichten durch den Pflichtenkatalog der §§ 3 ff.[213]

85 *B. Schneider* sieht zwar im Grundsatz Raum einer Verkehrspflichtenbegründung bzw. Konkretisierung durch die Statuierung öffentlich-rechtlicher Verhaltensnormen, betrachtet die Sorgfaltsanforderungen des LkSG jedoch als evident überzogene öffentlich-rechtliche Sicherheitsanforderungen, sodass die deliktsrechtlichen Verkehrspflichten hier ausnahmsweise hinter den formulierten Standards zurückbleiben dürften.[214] Darüber hinaus sei es problematisch die Gestaltung internationaler Lieferketten pauschal als Gefahrenquelle i.S.d. Verkehrspflichtendogmatik zu verstehen, da es sich bei diesen um ein *„seriöses betriebswirtschaftliches Unterfangen"* handele.[215] In eine ähnliche Kerbe schlagen auch *Stöbener de Mora/Noll*, die in dem Einkauf legaler Produkte aus dem Ausland keine Schaffung einer deliktsrechtlich relevanten Gefahrenlage sehen wollen.[216]

86 Zudem wird auf die Unbestimmtheit des Pflichtenprogramms sowie die Probleme bei der Durchsetzbarkeit hingewiesen.[217] Was genau getan werden müsse[218] und ob das in Anspruch genommene Unternehmen überhaupt in der Lage sei in *„politisch besonders mächtigen Staaten"*[219] dem Pflichtenprogramm nachzukommen, bleibe fragwürdig.

87 *Spindler* stellt zentral auf die Unvereinbarkeit des Menschenrechtsschutzes in der Lieferkette mit dem deliktsrechtlichen Vertrauensgrundsatz ab. Zwar erkennt dieser an, dass sich in der Rechtsprechung gewisse Pflichten auf der Schnittstelle zwischen Lieferanten und Endabnehmern herausgebildet hätten, jedoch passten diese nicht auf die Situation von Menschenrechtsverletzungen in der Wertschöpfungs- bzw. Lieferkette, sodass durch das LkSG bereits bestehende Pflichten nicht weiter ausformuliert werden könnten.[220] Denn die bereits bestehenden Pflichten würden nicht in der gleichen Reichweite eingreifen wie es das LkSG vorsieht. Danach würden die Pflichten unabhängig davon gelten, ob das abnehmende Unternehmen selbst Gefahren oder entsprechende Verkehrserwartungen geschaffen habe. Würde man die Einhaltung der Pflichten des LkSG als vertrauensbegründenden Tatbestand aufgreifen, so unterliefe man die Wertung des Gesetzgebers, wonach das LkSG gerade keinen Schutzgesetzcharakter haben solle.[221] Auch im Hinblick auf eine mögliche deliktsrechtlich ausgeformte Organisationspflicht soll es in der Lieferkette an dem hierfür notwendigen Über- Unterordnungsverhältnis fehlen, welches für eine vertikale Organisations-

212 So etwa *Rühl/Knauer* JZ **2022** 105, 108 f. u.a. mit Bezug auf die Entscheidung des BVerfG Beschl. v. 24.3.2021 – 1 BvR 2656/18 zum Klimaschutzgesetz.

213 So etwa *Spindler* ZHR **186** (2022) 67, 98 ff.; *Wagner*, FS Singer (2021) 693, 708; *B. Schneider* ZIP **2022** 407, 413 ff.; *Stöbener de Mora/Noll* NZG **2021** 1285, 1286; *Späth/Werner*, CZZ **2021** 241, 250 f.; tendenziell auch *Gehling/Ott*, LkSG, Anh. § 11 Rn. 62 ff.; Wagner/Ruttloff/Wagner LkSG/*S. Wagner*, § 12 Rn. 1813 ff.

214 *B. Schneider* ZIP **2022** 407, 413 ff.

215 *B. Schneider* ZIP **2022** 407, 414 m. Verweis auf *Nietsch* Corporate Social Responsibility, 2021, § 7 Rn. 47.

216 *Stöbener de Mora/Noll* NZG **2021** 1285, 1286.

217 *B. Schneider* ZIP **2022** 407, 414; mit Blick auf das Kartellrecht *Ekkenga/Erlemann* ZIP **2022** 49 ff.

218 Vgl. *Ekkenga/Erlemann* ZIP **2022** 49, 56; *B. Schneider* ZIP **2022** 407, 414.

219 *B. Schneider* ZIP 2022 407, 414.

220 *Spindler* ZHR **186** (2022) 67, 98 ff.

221 *Spindler* ZHR **186** (2022) 67, 100.

pflicht gerade kennzeichnend ist, da es an Steuerungsmöglichkeiten und Kontrolle der gesamten Lieferkette fehle.[222]

3. Stellungnahme

88 Die besseren Gründe sprechen dafür, dem LkSG jegliche Ausstrahlungswirkung auf die deliktischen Verkehrssicherungspflichten abzusprechen (so auch *Pour Rafsendjani/Purucker* § 3 Rn. 90 ff., 103). Diese Sicht harmoniert sowohl mit § 3 Abs. 3 (siehe schon Rn. 74 ff.)[223] als auch mit der Dogmatik der Verkehrssicherungspflichten.

89 Vorauszuschicken ist allerdings, dass sich die herrschende Auffassung zur Verantwortlichkeit für Tochtergesellschaften nach hier vertretener Sicht bereits dahingehend bewegt hat, dass dort, wo Leitungsmacht ausgeübt wird, auch eine Verkehrssicherungspflichtigkeit bestehen kann. Insoweit harmoniert das Deliktsrecht bereits mit der Lage, wie sie sich nach Einfügung des § 2 Abs. 6 Satz 3 bei den menschenrechtlichen Sorgfaltspflichten des LkSG darstellt. Der Streit um die Ausstrahlungswirkung erübrigt sich insoweit.

90 Ganz anders liegt es allerdings bezüglich der Haftung für unmittelbare oder gar mittelbare, mit dem Unternehmen nicht vertraglich verbundene Zulieferer entlang der Lieferkette. Hier ist den Darlegungen *Spindlers* zu folgen. Es muss bei der Abgrenzung der Verantwortlichkeiten nach eigenen Herrschaftsbereichen bleiben.[224] Eine übergreifende Organisation der Verantwortungsbereiche ist hier, anders als im Konzern,[225] kaum vorstellbar. Falls überhaupt, werden allenfalls die Qualitätsanforderungen und Produktmerkmale über die vertraglichen Spezifikationen übergreifend gesteuert. Die für eine Verkehrssicherungspflichtigkeit erforderliche Rechtsmacht über die fremden Organisationsbereiche der selbstständigen Zulieferunternehmen wird dadurch nicht erlangt.[226] Das zeigt sich gerade beim Blick auf *Paefgen's* Beispiel des Reiseveranstalters. Der Reiseveranstalter ist als Vertragspartner des Kunden für das gesamte Leistungspaket verantwortlich. Vertraglich müsste er ohne Weiteres für das Verschulden aller eingesetzten Leistungsträger einstehen (§ 278 BGB). Dass unser Deliktsrecht hier schwächer ist und nur für sozial abhängige Verrichtungsgehilfen einstehen lässt (§ 831 BGB), ist eine vielfach beklagte Schwäche. Versuche, sie durch dogmatische Konstrukte wie p.V.V. und c.i.c. zu überwinden, sind in der deutschen Wissenschaft und Praxis seit langem als legitim anerkannt und werden nicht als „Gesetzesumgehung" gebrandmarkt (ähnlich bei der kautelarjuristischen Ausbildung besitzloser Sicherheitsrechte praeter legem). In diesen Kontext ist auch die Anerkennung einer übergreifenden deliktischen Verkehrssicherungspflicht des Reiseveranstalters zu setzen. Sie überwindet die Schwäche des § 831 BGB und zeichnet nur die ohnehin bestehende, parallele Sorgfaltspflicht aus der Vertragsbeziehung mit dem Kunden nach.[227]

> BGH NJW **2006** 3268, 3269, Rn. 20 f.: „Nach der Rechtsprechung des BGH trifft den Reiseveranstalter bei der Vorbereitung und Durchführung der von ihm veranstalteten Reisen eine eigene Verkehrssicherungspflicht. ... [Rn. 21] Für die deliktsrechtliche Haftung des Reiseveranstalters wegen Verletzung von Verkehrssicherungspflichten ist von Bedeutung, welche rechtlichen Verpflichtungen ihm obliegen ... Der Reiseveranstalter übernimmt gemäß seinem Angebot die Planung und Durchführung der Reise, haftet insoweit für deren Erfolg und trägt grundsätzlich die Gefahr des Nichtgelingens. Deshalb darf der Reisende darauf vertrauen, dass der Veranstalter

---

222 *Spindler* ZHR **186** (2022) 67, 101.

223 Ebenso *Fleischer* DB **2022** 920, 921; *Sagan/Schmidt* NZA-RR 2022 281, 283; *B. Schneider* ZIP **2022** 407, 415; *Späth/Werner* CZZ **2021** 241, 250; *Spindler* ZHR **186** (2022) 67, 100.

224 So *Spindler* ZHR **186** (2022) 67, 101.

225 Dazu *Schall* ZGR **2018** 479, 505.

226 Vgl. BeckOK-BGB/*Förster*, § 823 Rn. 305; *Rudkowski*, RdA **2020** 232, 238 f.; *Stöbener de Mora/Noll*, NZG **2021** 1285, 1286; *Schneider* NZG **2019** 1369, 1373.

227 BGH NJW **2006** 3268 (wo die kurze Ausschlussfrist der vertraglichen Mängelansprüche zur Flucht ins Deliktsrecht zwang); ferner KG BeckRS **2016** 9321 Rn. 7 f.

> alles zur erfolgreichen Durchführung der Reise Erforderliche unternimmt. Dazu gehört nicht nur die sorgfältige Auswahl der Leistungsträger, insbesondere der Vertragshotels, sondern der Reiseveranstalter muss diese auch überwachen. Somit ist er für die Sicherheit der Hotels selbst mitverantwortlich, mag auch die Verkehrssicherungspflicht in erster Linie den Betreiber treffen. Nimmt ein Reiseveranstalter ein Hotel unter Vertrag, so muss er sich zuvor vergewissern, dass es einen ausreichenden Sicherheitsstandard bietet. ..."

Mit dieser Begründung fügt sich die übergreifende Verkehrssicherungspflicht nahtlos in die allge- 91
meinen Rechtsprinzipien ein. Dagegen besteht zwischen dem Unternehmen an der Spitze der Lieferkette und den Opfern von Zulieferern keinerlei besonderes Pflichtenband. Das Unternehmen hat keine Stellung als Vertragspartner oder „Garantor" rechtmäßigen Verhaltens der Zulieferer, die selbstständig agieren und über die es keine Kontrolle hat.

Ergänzend ist anzumerken, dass die zuliefererbezogenen Pflichten des LkSG in Telos und 92
Ausgestaltung deliktsfremd sind. Sie sind so andersartig, dass sie selbst ohne die Anordnung des § 3 Abs. 3 nicht als Verkehrssicherungspflichten zum konkreten Rechtsgüterschutz nach § 823 Abs. 1 BGB, sondern lediglich als Schutzgesetze im Zeichen eines ins Vorfeld verlagerten, abstrakt-präventiven Rechtsgüterschutzes hätten qualifiziert werden können. Denn § 823 Abs. 1 BGB steht im Zeichen des **Erfolgsunrechts**. Es statuiert ein absolutes Rechtsgutsverletzungsverbot. Das LkSG stellt gegenüber Zulieferern hingegen bloße Bemühenspflichten auf. Nach § 7 Abs. 1 Satz 1 hat das Unternehmen „unverzüglich angemessene Abhilfemaßnahmen zu ergreifen, um diese Verletzung zu verhindern, zu beenden oder das Ausmaß der Verletzung zu minimieren." Das hat *Paefgen* richtig erkannt.[228] Er hält damit den Schlüssel zur Lösung in der Hand, dreht ihn aber in die falsche Richtung. Denn mit dem erfolgsbezogenen Haftungstatbestand des § 823 Abs. 1 sind derartige Bemühenspflichten inkompatibel. Rechtsgutverletzungen sind zu vermeiden, nicht in ihrem Ausmaß zu minimieren. Der Inhalt der Pflichten des LkSG lässt mit Blick auf Zulieferer schon am Charakter als Regel zweifeln. Laut *Robert Alexy* sind Regeln zu erfüllen, während Prinzipien lediglich zu optimieren sind.[229] Bei der Bekämpfung menschenrechtlicher Risiken im Bereich der Zulieferer besteht nach dem LkSG aber bloß ein Optimierungsgebot, keine strikte Erfolgsverhinderungspflicht. Auf Basis der Kategorisierung *Alexys* scheint hier ein moralisches Prinzip (zur Frage welches, gleich Rn. 95) direkt in eine Rechtsnorm gegossen worden zu sein.

Die Kluft, die sich hier zwischen Deliktsrecht und LkSG auftut, ist auch nicht durch den 93
Hinweis auf das Verschuldenserfordernis zu überbrücken.[230] Zwar ist richtig, dass man auch nicht jede mittelbare Rechtsgutsverletzung, zu der das eigene Handeln beiträgt, verhindern muss (impossibilia nulla obligatio!). Das Verschuldenserfordernis wirkt hier als Korrektiv, dem auch finanzielle Zumutbarkeitserwägungen nicht fremd sind. Das ist dann aber schlicht eine Frage von Haftung oder Nichthaftung für den Erfolg. Niemals kann es nach § 823 Abs. 1 BGB ausreichen, sich lediglich umgehend um Abhilfe zu *bemühen*. Wenn das Unternehmen in Deutschland für katastrophale Arbeitsbedingungen in den Sweat Shops des globalen Südens verkehrssicherungspflichtig wäre, müsste es diese abstellen. Andernfalls wird gehaftet. Ebenso deliktsfremd ist es, dass Handlungspflichten wie nach § 9 Abs. 3 erst einsetzen sollten, wenn man „substantiierte Kenntnis" von Rechtsgutsverletzungen hat. Die Kenntnis von aus der Sphäre Dritter stammender Gefahren kann unter der Verkehrspflichtenlehre keine Verantwortlichkeit für die Rechtsgüter Fremder begründen.[231] Der Grad der Kenntnis von Missständen ist daher schon kein geeignetes Kriterium, und die Abhilfepflicht ist auch keiner „Priorisierung" zugänglich.

---

228 *Paefgen* ZIP **2021** 2006, 2010.

229 *Alexy* Theorie der Grundrechte, 3. Aufl. 1996, S. 75 f.; *ders.* Rechtsregeln und Rechtsprinzipien, in: Alexy/Dreier, Elemente einer juristischen Begründungslehre, 2003, S. 224.

230 So aber *Paefgen* ZIP **2021** 2006, 2011; *Wagner* ZIP **2021** 1095, 1099.

231 So sollen nach *Habersack/Ehrl* AcP 219 (2019), 155, 202 ausnahmsweise deliktsrechtliche Fürsorgepflichten begründet werden können.

94 Dass all dies beim LkSG anders ist, liegt daran, dass die Pflichten *gegenüber Zulieferern* eben **nicht** auf dem Aspekt der **Gefahrbeherrschung** beruhen.[232] Das ist der entscheidende Unterschied gegenüber den Verkehrssicherungspflichten nach § 823 Abs. 1 BGB. Das LkSG stellt beim Pflichtenkanon hinsichtlich der Zulieferer weder auf die Verursachung der Gefahr durch das Unternehmen und noch auf die Innehabung von *Rechtsmacht* zu deren Verhinderung ab (anders im eigenen Geschäftsbereich, vgl. § 2 Abs. 6 Satz 3). Vielmehr fordert es von den Unternehmen die Ausübung ihrer *wirtschaftlichen Macht* zur positiven Einwirkung auf die Menschenrechte. Dahinter steht nicht das Verbot des „neminem laedere", weil das Unternehmen durch die bloße Tatsache der Warenbeschaffung niemanden verletzt. Vielmehr geht es für die Unternehmen um das moralische Verbot, vom Unrecht gegenüber Dritten zu profitieren. Dieses Prinzip hatte der Satz des Pomponius in Worte gekleidet.

D. 50, 17, 206: „Iure naturae aequum est neminem cum alterius detrimento et iniuria fieri locupletiorem."[233]

95 Dieser Satz markierte das alte Bereicherungsprinzip, das zwar in lateineuropäische Kodifikationen Einzug gehalten hat, in Deutschland jedoch aufgrund seiner Unbestimmtheit verworfen und nicht zur Grundlage der §§ 812 ff. BGB erhoben wurde.[234] Das ändert nichts daran, dass es sich um einen altehrwürdigen Gerechtigkeitsgedanken handelt, der sich zwar nach Auffassung des deutschen Rechts nicht zur direkten Anwendung eignet, aber dennoch hinter so mancher gesetzlicher Regel steht.[235] So auch hier. Die UN-Leitprinzipien und die Pflichten des Lieferkettengesetzes haben zum Ziel, die wirtschaftliche Macht der großen multinationalen Unternehmen für die Menschenrechte zu nutzen. Damit sind erhebliche finanzielle Belastungen für die Unternehmen verbunden. Die innere Rechtfertigung finden diese Lasten nicht in irgendeinem Fehlverhalten des Unternehmens, sondern im moralischen Verbot an diese Unternehmen, ihre Arbeitnehmer und ihre Kunden, von Unrecht und Ausbeutung im globalen Süden zu profitieren.

96 Ist man sich dieser teleologischen Grundlage bewusst, verlieren die Argumente für eine Ausstrahlung des LkSG auf die Verkehrssicherungspflichten an Überzeugungskraft. Auch wenn es sich beim LkSG um ein Pflichtensystem für den eigenen Geschäftsbereich handelt, ist sein Ziel nicht, gefahrstiftendes Verhalten des Unternehmens *selbst* zu verbieten, sondern vielmehr, das Unternehmen zu zwingen, seine Wirtschaftsmacht nach besten Kräften zur Bekämpfung unzurechenbaren Fehlverhaltens Dritter einzusetzen. Die Grundsatzentscheidung für den freien Welthandel im Zeichen der Globalisierung verbietet die Annahme einer „Gefahrenquelle Menschenrechtsarbitrage". Verbotene Gefahr ist nicht das real existierende Wohlstands- und Rechtsstaatsgefälle, sondern die Menschenrechtsverletzung selbst. Über diese hat das Unternehmen keine Herrschaftsmacht, wenn und weil sie außerhalb seines rechtlichen Einflussbereichs erfolgt. Das ist der Unterschied zum Importeur, durch dessen eigenen Hände die gefährliche Ware ins Land gelangt, aber auch zu den von *Paefgen* ins Spiel gebrachten Fällen eines Reiseveranstalters[236] oder eines Internetauktionshauses,[237] wo überall die Gefahrbeherrschung durch das Unternehmen erfolgen kann. Die Menschenrechtsverletzungen im globalen Süden erfolgen praktisch nie durch die lieferkettensorg-

---

232 Im Gegensatz zur Gefahrverursachung ist die Möglichkeit zur Gefahrbeherrschung im eigenen Verantwortungsbereich eine unentbehrliche Voraussetzung für die Annahme einer Verkehrssicherungspflicht, vgl. BGH NJW **1988** 1380, 1381: „Nach gefestigter Rechtsprechung ist derjenige, der in seinem Verantwortungsbereich eine Gefahr für Dritte schafft oder andauern läßt und in der Lage ist, ihr abzuhelfen, grundsätzlich auch verpflichtet, zumutbare Vorkehrungen zu treffen, um eine Schädigung anderer möglichst abzuwenden [Nachweis]. Dazu ist nicht erforderlich, daß er selbst zum Entstehen der Gefahr beigetragen hat.".

233 In einer anderen Version an anderer Stelle fehlt der Zusatz „et iniuria", D.12.6.14. („Nam hoc natura aequum est neminem cum alterius detrimento fieri locupletiorem").

234 Auf Einzelheiten ist hier nicht ansatzweise einzugehen.

235 Z.B. hinter der Eingriffskondiktion (vgl. *Schulz* AcP **105** (1909) 1 ff.); die Schenkungsanfechtung nach § 134 InsO (vgl. § 143 Abs. 2 InsO) oder der Anerkennung von Immaterialgüterrechten.

236 BGH Urt. v. 25.2.1988 – VII ZR 348/86 = NJW **1988** 1380, 1381.

237 BGH Urt. v. 12.7.2007 – I ZR 18/04 = BGHZ **173** 188 ff.

faltspflichtigen Unternehmen, und ihre Verhinderung liegt nicht in deren Macht. Daher greift nicht das Deliktsrecht, sondern nur das LkSG.

97 In die Irre führt auch das Vertrauensargument. Das LkSG kommt der völkerrechtlichen Verpflichtung unter den UN-Leitprinzipien nach und befriedigt dadurch das öffentliche Interesse an moralischem Handeln unserer Unternehmen. Vertrauen hierauf weckt es bei der aufgeklärten Öffentlichkeit in Deutschland. Diese ist aber nicht Opfer der Menschenrechtsverletzungen. Vertrauen mit Schutzwirkung für Dritte gibt es nicht. Die Begründung einer originären Verkehrserwartung bei den Betroffenen im globalen Süden durch Erlass eines deutschen Gesetzes ist praktisch unvorstellbar.[238]

98 Schließlich sind die Voraussetzungen nicht erfüllt, unter denen der BGH die Ausstrahlung des aufsichtsrechtlichen Transparenzgebots angenommen hatte. Entgegen den Ansichten, die eine Ausstrahlung des LkSG befürworten wollen, reicht der bloße Bestand einer öffentlich-rechtlichen Verpflichtung als solcher noch nicht aus, um das Zivilrecht umzuformen. Vielmehr hielt der BGH es für nötig, dass es sich um ein allgemeines Rechtsprinzip handelt. Die Schlüsselfrage hierzu muss lauten, ob das deutsche Deliktsrecht mittlerweile von der Handlungsmöglichkeit auf die Handlungspflicht schließt. Muss man jetzt die Bananenschale, die ein anderer hingeworfen hat, aufheben und so einen möglichen Unfall verhindern, weil man es kann? Moralisch mag das geboten sein, aber rechtlich scheint das nach wie vor nicht der Fall.[239] Ohne Garantenstellung keine Beseitigungspflicht. Wenn dem aber so ist, kann man erst recht nicht deliktisch verpflichtet sein, dem Wegwerfer hinterher zu rufen, er möge seine Bananenschale aufheben. Genau das verlangt aber das LkSG vom Unternehmen gegenüber seinen Zulieferern.

99 So bestätigt sich: Das LkSG hat hohe moralische Ansprüche der Zivilgesellschaft zu Rechtspflichten verfasst. Mit Blick auf die Zulieferer (nicht: auf den eigenen Geschäftsbereich) reichen diese weit über das Verhalten hinaus, welches nach den allgemeinen Prinzipien des Deliktsrechts geboten ist. Durch § 3 Abs. 3 hat der Gesetzgeber klargestellt, dass das auch so bleiben soll. Dem ist Folge zu leisten.

III. Mögliche Auswirkungen des LkSG auf § 831 BGB

100 Auch mit der Einführung des LkSG geht die h.M. davon aus, dass § 831 BGB weder in einer Konzernkonstellation noch bei Lieferanten Anwendung finden soll, da es sich jeweils um selbständige Unternehmen handele.[240] Insbesondere bei vertraglich gebundenen Zulieferern fehle es aber regelmäßig an der organisatorischen Einbindung in den Geschäftsbereich des Geschäftsherrn, da diese selbständig am Markt agierten.[241] Aber auch unter Zugrundelegung einer Einzelfallbetrachtung, wie sie die neuere Literatur befürwortet, wird eingewandt, dass die dem LkSG entspringenden Pflichten wie die Einrichtung eines Risikomanagements nach § 4 oder die Vereinbarung angemessener vertraglicher Kontrollmechanismen gem. § 6 Abs. 4 Nr. 4 nicht dazu geeignet seien, dass verbundene Unternehmen oder unmittelbare Zulieferer den „Quantensprung zum Verrichtungsgehilfen“[242] vollzögen.[243]

101 Wollte man dem LkSG eine die Haftung konkretisierende Wirkung zuschreiben, so müssten dessen Implikationen im Grundsatz aber dazu geeignet sein, den deliktsrechtlichen Tatbestand weiterzuentwickeln. Man könnte entgegen der von *Spindler* vertretenen These einwenden, dass

238 *Spindler* ZHR **186** (2022) 67, 100; vgl. im Bezug auf die Abgabe von CSR-Erklärungen auch *Wagner* RabelsZ **80** (2016) 718, 777 f.; tendenziell anders, aber nicht überzeugend *Weller/Nasse* FS Ebke 1071, 1076 f.

239 Siehe schon *Schall* ZGR **2018** 479, 488.

240 *Paefgen* ZIP **2021** 2006, 2008; *Spindler* ZHR **186** (2022) 67, 96; *Stöbener de Mora/Noll* NZG **2021** 1285, 1286; *Wagner* ZIP **2021** 1095, 1097.

241 *Spindler* ZHR **186** (2022) 67, 96.

242 *Spindler* ZHR **186** (2022) 67, 97.

243 *Fleischer* DB **2022** 920, 923.

die Einrichtung eines Risikomanagementsystems sowie zusätzliche Kontrollinstrumente durchaus dazu geeignet sein könnten, die operative Kontrolle über eine Tochtergesellschaft oder gar über einen unmittelbaren Zulieferer auszuüben, wodurch derart in das Tagesgeschäft hineinregiert wird, dass der Zulieferer nur noch als „dienender Arm" oder als unselbständige Betriebsabteilung erscheinen würde. Insbesondere bei der Verankerung von Präventionsmaßnahmen nach § 6 Abs. 3 könnte man an ein tatsächliches Eingreifen in das operative Geschäft der abhängigen Gesellschaft denken. Schon konturenloser erscheinen die vertraglichen Zusicherungs- und Kontrollmechanismen gegenüber unmittelbaren Zulieferern nach § 6 Abs. 4. Insgesamt ist es aber schwierig anhand dieser umzusetzenden Maßnahmen ein die Geschäftsherrenhaftung konkretisierendes Potential zu formulieren. Denn dafür sind die zu treffenden Präventivmaßnahmen zu offen formuliert und bedürfen selbst noch einer Konkretisierung, die sich wohl erst im Laufe der Zeit herausbilden wird. Zudem ist zu bedenken, dass das LkSG an sich nichts darüber aussagt, inwieweit ein Unternehmen in die Organisationssphäre des Endabnehmers als potentiellen Geschäftsherrn eingegliedert ist. Es knüpft umgekehrt seine Pflichten an die Voraussetzung einer umfassenden tatsächlichen Einwirkung an, damit eine abhängige Gesellschaft zu dem „eigenen Geschäftsbereich" zählt. Hierbei nehmen die Gesetzesmaterialien Bezug auf das sich in der deliktsrechtlichen Diskussion herausgebildete Bündel an Indikatoren für die Bestimmung der Verrichtungsgehilfeneigenschaft. Danach soll Anhaltspunkt für die Einordnung einer verbundenen Gesellschaft zum Geschäftsbereich der Obergesellschaft die bestimmende Einflussnahme sein. Diese kann sich ausdrücken durch „eine hohe Mehrheitsbeteiligung an der Tochtergesellschaft, das Bestehen eines konzernweiten Compliance Systems, die Übernahme von Verantwortung für die Steuerung von Kernprozessen im Tochterunternehmen, eine entsprechende Rechtskonstellation, in der die Möglichkeit der Einflussnahme angelegt ist, personelle Überschneidungen in der (Geschäfts-) Führungsebene, ein bestimmender Einfluss auf das Lieferkettenmanagement der Tochtergesellschaft, die Einflussnahme über die Gesellschafterversammlung sein und dass der Geschäftsbereich der Tochtergesellschaft dem Geschäftsbereich der Obergesellschaft entspricht, etwa, weil die Tochtergesellschaft die gleichen Produkte erstellt und verwertet oder die gleichen Dienstleistungen erbringt wie die Obergesellschaft."[244] Man könnte hier daher eher umgekehrt von Implikationen der deliktsrechtlichen Debatte auf die Ausformung des LkSG schließen.

102 Darüber hinaus geriete man bei der Anknüpfung an zu implementierende Sorgfaltsstandards nach dem LkSG, wie der Einführung von Kontrollinstrumenten oder der Einbeziehung in ein Risikomanagementsystem, zu einem Problem, das auf anderer rechtlicher Grundlage und in einer anderen Systematik bereits aus der strafrechtlichen Compliance Diskussion bekannt ist.[245] Knüpfte man an die engere Anbindung im Sinne einer Eingliederung des abhängigen Unternehmens oder des Zulieferers in den Organisationsbereich des abnehmenden Unternehmens aufgrund einer Implementierung von Präventivmaßnahmen nach § 6 Abs. 3 u. 4 an, so käme man zu dem Ergebnis, dass die Einhaltung und Vorgabe der Pflichten des LkSG auf deliktsrechtlicher Ebene faktisch haftungsbegründend wirken würde. Es würde das Gegenteil erreicht werden, was das Unternehmen mit der Befolgung der Standards des LkSG erreichen will: Haftungsvermeidungsbemühungen auf der einen Ebene führen zur Haftung auf der anderen Ebene. Auf Grundlage dieses Befundes könnte das mit den Pflichten des LkSG adressierte Unternehmen nun aus betriebswirtschaftlicher Sicht gehalten sein, für sich die finanziell lukrativere Haftung, entweder eine Bebußung nach dem LkSG oder eine potentielle deliktische Haftung in Kauf zu nehmen, indem sie entweder auf die Befolgung der Vorschriften des LkSG verzichtet oder diese eben einhält. Wechselwirkungen zwischen unterschiedlichen Gesetzen sind per se nicht ausgeschlossen. Das eine solche Wirkung dem Willen des Gesetzgebers jedoch unterlag, ist nur schwer vorstellbar.

103 Entscheidend gegen eine Konkretisierung von deliktsrechtlichen Pflichten durch das LkSG spricht aber erneut der Wille des Gesetzgebers. § 3 Abs. 3 schließt eine zivilrechtliche Haftung wegen einer Verletzung der lieferkettenrechtlichen Sorgfaltspflichten aus. Das gilt für eine Haf-

244 BT-Drs. 19/30505 S. 38.

245 Vgl. dazu *B. Schneider* NZG **2019** 1369, 1376 f. m.w.N.

tung aus § 823 BGB sowie § 831 BGB. Das LkSG kann daher keine konkretisierende Funktionsbestimmung leisten. Mit Blick auf unmittelbare und mittelbare Lieferanten bleibt es bei einer strikten Einzelfallbestimmung. Lieferanten bleiben auch nach Einführung des LkSG „independent contractors". Nach wie vor kann nur im Ausnahmefall eine Haftung nach § 831 BGB in Betracht kommen.

E. Deliktshaftung der Organe der Muttergesellschaft nach den Grundsätzen des Baustoffurteils

Eine bislang wenig beachtete Möglichkeit, in eine Deliktshaftung des Mutterkonzerns und seiner Organe für Menschenrechtsverletzungen in der Lieferkette zu geraten, ergibt sich aus einer „Addition" der Grundsätze des „Baustoffurteils" des BGH[246] mit denjenigen des Siemens/Neubürger-Urteils des LG München I.[247] Nach dem Baustoffurteil können die Geschäftsführer persönlich aus § 823 Abs. 1 BGB für Rechtsgutsverletzungen haften, welche die GmbH gegenüber Dritten begeht. Aus ihrer Geschäftsführungspflicht *gegenüber der Gesellschaft* nach § 43 GmbHG erwachse die Pflicht, die Gesellschaft zu überwachen, um Delikte zu verhindern. So entstehe eine Garantenstellung gegenüber den Deliktsopfern. Bei fehlerhafter Überwachung der Gesellschaft werden die Geschäftsführer so persönlich haftbar für die Delikte der Gesellschaft. Nach dem „Siemens-Neubürger"-Urteil des LG München I erstreckt sich die Leitungsaufgabe des Vorstandes in der Konzernobergesellschaft ohne Weiteres auch auf die Überwachung der Compliance aller Tochtergesellschaften weltweit.[248] Das bedeutet zusammen genommen, dass die Geschäftsleitung der Konzernmutter im Rahmen ihrer Pflichten nach § 93 AktG, § 43 GmbHG nicht nur zur Verhinderung von Delikten des eigenen Unternehmens, sondern auch solcher der Tochtergesellschaften verpflichtet ist und bei Verletzung ihrer Überwachungspflicht gegenüber den Opfern haftbar werden kann.[249] **104**

Zwar ist nicht zu übersehen, dass das Baustoffurteil verbreitet auf Kritik gestoßen[250] und in einem späteren Fall erheblich eingeschränkt worden ist,[251] während der Siemens-Neubürger-Fall nicht über die erste Instanz hinausgelangt ist. Dennoch ist das Risiko aus dem Additionsargument u.E. nicht vom Tisch. Entscheidend dafür steht folgende Aussage: **105**

> BGHZ **194** 26 = NJW **2012** 3439, 344 Rn. 19: „Ob eine solche Garantenstellung besteht, die es rechtfertigt, das Unterlassen der Erfolgsabwendung dem Herbeiführen des Erfolgs gleichzustellen, ist nicht nach abstrakten Maßstäben zu bestimmen. Vielmehr hängt die Entscheidung *von den Umständen des konkreten Einzelfalls* ab; dabei bedarf es einer Abwägung der Interessenlage und der Bestimmung des konkreten Verantwortungsbereichs der Beteiligten." (Hervorh. d. Verf.)

Damit ist klar: Einen Automatismus in Richtung einer Haftung bedeutet die Addition von Baustoff und Siemens/Neubürger nicht. Aber völlig auszuschließen ist es eben auch nicht. Das einschränkende Urteil des VI. Senats aus 2012 enthält zwar im Anschluss an die zitierte Aussage Passagen, die darauf schließen lassen könnten, dass der Gedanke der Herleitung einer Garantenstellung aus **106**

---

246 BGHZ **109** 297; bestätigt in BGH NZG **2019** 939, 941 Rn. 14.
247 LG München I NZG **2014**, 345 = ZIP **2014** 570 m. Anm. *Bachmann*.
248 *Weller/Thomale* ZGR **2017**, 519f; *Fleischer* NZG **2014** 321, 324; *Verse* ZHR **175** (2011) 401, 419.
249 *Schall* ZGR **2018** 479, 507 f.; übereinstimmend *Paefgen* ZIP **2021** 2006, 2014 f., der ferner auf die im Grundsatz angenommene und nur im Ergebnis aus verfassungsrechtlichen Erwägungen verneinte persönliche Haftung des ehemaligen Vorstandssprechers der Deutschen Bank, Rolf Breuer, im „Kirch-Breuer-Fall" verweist, BGHZ 166, 84 = NJW 2006, 830.
250 Grundlegend *Kleindiek* S. 197 ff.; *Spindler* S. 844 ff.
251 BGHZ **194** 26 = NJW **2012** 3439, 3441 Rn. 18 ff.; bestätigt in BGH NZG **2019** 939, 940 Rn. 10 ff.

der Position als Geschäftsleiter in Abkehr von BGHZ 109, 297 generell verworfen worden ist.[252] Das ist aber offenbar nicht die Lesart des BGH.[253] Tatsächlich lassen sich gegen die Sicht der Kritiker neben eben zitierter Rn. 18 noch weitere Aspekte anführen.

107 Zunächst grenzt der VI. Senat das Baustoffurteil in irreführendender Weise ab, indem er es als Fall deliktischen Eigenhandelns des Geschäftsführers einstuft.[254] Diese Ungenauigkeit erschüttert die Annahme eines impliziten „Overruling". Denn einerseits ist selbstverständlich, dass man im deutschen Recht nur für eigene Delikte bzw. Deliktsbeiträge haftet, nicht aber für reines Fremdverschulden wie nach § 278 BGB oder der *vicarious liability* des Common Law. Jedoch klingt der BGH mit seiner Aussage so als ob der Geschäftsführer *nur* bei aktiver Beteiligung an der Rechtsgutsverletzung haften soll („So haften der Geschäftsführer bzw. das Vorstandsmitglied persönlich, wenn sie den Schaden *selbst* durch eine unerlaubte *Handlung herbeigeführt* haben."[255]). Doch das träfe mit Sicherheit nicht zu. In Wahrheit drehte sich das Baustoffurteil genau darum, dass die unerlaubte *Handlung* dort ein Unterlassen war! Weil man dem Geschäftsführer eine aktive Beteiligung an der Tat (d.h. an den Verträgen zu Weiterverkauf und -übereignung der Vorbehaltsware ohne Abtretung des Kaufpreisanspruchs) nicht nachweisen konnte, wurde auf seinen Überwachungsfehler abgestellt, der darin lag, dieses Delikt durch die Gesellschaft bzw. die für sie handelnden Personen nicht verhindert zu haben.[256] Um dieses Unterlassen als tatbestandsmäßig qualifizieren zu können, hob der BGH auf die Garantenstellung aus § 43 GmbHG ab, kraft derer er als Überwachergarant solche Delikte der Gesellschaft zu verhindern hatte. Das gleiche Argument hätte auch bei der Untreue in BGHZ **194** 26 funktionieren können. Und dann hätte es ebenso eine unerlaubte *Handlung* des Beklagten begründet wie im Baustoffurteil. Der BGH hat diesen Weg nur deshalb nicht eingeschlagen, weil er aus der internen Legalitätspflicht aus § 43 GmbHG bzw. § 93 AktG keine allgemeine Garantenpflicht zum Schutz der *Vermögens*interessen externer Dritter herleiten wollte. Hintergrund ist, dass das deutsche Deliktsrecht keinen generellen Ersatz reiner Vermögensschäden vorsieht. Die Baustoff-Garantenpflicht bestand hingegen zum Schutz fremder Rechtsgüter, nicht bloßer Vermögensinteressen.[257] Dementsprechend schließt der Leitsatz die Herleitung der Garantenstellung aus der Geschäftsleiterpflicht nur „grundsätzlich" aus. Er wendet sich ausdrücklich nur bei bloßen **Vermögensschäden** gegen die Begründung einer

---

252 BGHZ **194** 26 = NJW **2012** 3439, 3441 Rn. 22 f.: Eine Garantenstellung des Bekl. zu 3 zu Gunsten der *N*-AG kann insbesondere nicht aus § 43 I GmbHG oder § 93 I 1 AktG abgeleitet werden. Zwar umfassen die Pflichten zur ordnungsgemäßen Geschäftsführung, die dem Geschäftsführer einer GmbH bzw. den Mitgliedern des Vorstands einer AG auf Grund ihrer Organstellung obliegen ... auch die Verpflichtung, dafür zu sorgen, dass sich die Gesellschaft rechtmäßig verhält und ihren gesetzlichen Verpflichtungen nachkommt (Legalitätspflicht ...). [*23*] Nach der gefestigten Rechtsprechung des erkennenden und des *II. Zivilsenats* besteht diese Pflicht aber grundsätzlich nur der Gesellschaft gegenüber und nicht auch im Verhältnis zu außenstehenden Dritten. Denn die Bestimmungen der § 43 I GmbHG, § 93 I 1 AktG regeln allein die Pflichten des Geschäftsführers bzw. Vorstandsmitglieds aus seinem durch die Bestellung begründeten Rechtsverhältnis zur Gesellschaft. ...".

253 BGH NZG **2019** 939, 941 Rn. 14; übereinstimmend *Paefgen* ZIP **2021** 2006, 2015.

254 BGHZ **194** 26 = NJW **2012** 3439, 3441 f., Rn. 24: „So haften der Geschäftsführer bzw. das Vorstandsmitglied persönlich, wenn sie den Schaden selbst durch eine unerlaubte Handlung herbeigeführt haben (vgl. *Senat* BGHZ **109** 297, 303 f.)...".

255 BGHZ **194** 26 = NJW **2012** 3439, 3441 f., Rn. 24 (Hervorh. d. Verf.).

256 Vgl. dagegen BGHZ **109** 297 = NJW **1990** 976, 977: „Fehlerhaft ist das Berufungsurteil jedoch, soweit das BerGer. für einen Anspruch der Kl. aus Eigentumsverletzung allein auf die persönliche Mitwirkung des Bekl. beim Abschluß der Verträge mit der Kl. und der G und die Kenntnis vom Inhalt der vertraglichen Vereinbarungen über den verlängerten Eigentumsvorbehalt und das Abtretungsverbot abgestellt hat.... Zwar hat das BerGer. in nicht angreifbarer Weise es für nicht bewiesen erachtet, daß der Bekl. persönlich am Abschluß der Verträge der Z-GmbH mit der Kl. und der G beteiligt gewesen sei. Indes traf den Bekl. aufgrund seiner Stellung als Geschäftsführer der Z-GmbH im Blick auf das Vorbehaltseigentum der Kl. eine Garantenpflicht dahin, dafür zu sorgen, daß der verlängerte Eigentumsvorbehalt bei Verarbeitung der Baumaterialien nicht aufgrund eines Abtretungsverbots des Auftraggebers ins Leere ging.

257 Ausdrücklich bestätigt durch BGH NZG **2019** 939, 941 Rn. 14.

solchen Haftung.[258] Ob die gleiche Zurückhaltung auch in einem Fall dramatischer Personenschäden im globalen Süden obwalten würde, lässt sich nicht seriös prognostizieren. Gerichte sind kein geschlossenes System, sondern spiegeln zu einem gewissen Grad die Strömungen in der Gesellschaft wider. Das wurde in England durch die *Okpabi*-Rechtsprechung deutlich und ist auch hierzulande vorstellbar. Daher sollte das Haftungsrisiko aus der „Additionsthese" („Baustoff-Urteil" plus „Neubürger-Urteil") nicht ignoriert werden.[259] Es handelt sich um ein besonders tückisches Risiko, weil es die in fremden Angelegenheiten tätigen **Organmitglieder persönlich** trifft und die **Gesellschaft** nur über § 31 BGB **mithaftet** (ohne Exkulpationsmöglichkeit). Dabei würde durch den geplanten **Art. 25 CSDDD-E** sogar noch gesteigertes Augenmerk auf die Haftung der Organe für Menschenrechts-Compliance gerichtet.

F. Zusammenfassung und Ausblick

I. Haftung nach deutschem Recht; Ortsrechtsprinzip des IPR

Eine Haftung deutscher Unternehmen für Menschanrechtsverletzungen im globalen Süden ist nach deutschem Sachrecht kaum begründbar. Eine Durchgriffshaftung im Konzern kennt das deutsche Recht ebenso wenig wie eine Deklarationshaftung (B.). Die Frage einer Deliktshaftung der Konzernspitze hängt einerseits an der fraglichen Belastbarkeit des umstrittenen Baustoffurteils (eben E.), andererseits am Ausgang der Debatte um eine Deliktsverantwortlichkeit über die Grenzen des Herrschafts- und Verantwortungsbereichs der natürlichen oder juristischen Personen (C. und D.). Im Rahmen der Geschäftsherrenhaftung ist nach wohl h.M. kein Raum für eine Haftung. Im Ergebnis bleibt es hier wie bisher bei der strengen Einzelfallprüfung. Dabei steht die Frage im Mittelpunkt, ob und wann eine Tochtergesellschaft bzw. ein Zulieferer derart in den Organisationsbereich des Auftraggebers eingebunden ist, dass die Unternehmung des Gehilfen als eine solche des Prinzipals gelten kann. Im Rahmen der Verkehrspflichtenhaftung stellt sich eine ganz ähnliche Frage, was unter anderem mit der Nähe der Verkehrspflichtdogmatik mit den aus § 831 BGB entstehenden Pflichten einhergeht.[260] Hier sieht die h.M. einen größeren Spielraum für eine potentielle Haftung. Die Frage lautet hier, inwieweit durch althergebrachte Begründungsmuster, wie Gefahrerhöhung oder -beherrschung, eine normative Haftungsbegründung erfolgen kann.[261] Möglich scheint das insbesondere beim Konzern unter zentraler Leitung, während sich bei selbstständigen Vertragspartnern at arm's length und erst recht bei entfernteren mittelbaren Zulieferern, zu denen nicht einmal vertragliche Beziehungen bestehen, kaum deliktische Haftungsgrundlagen begründen lassen werden. Das LkSG und dessen implizierten Sorgfaltspflichten können infolge der klaren Anordnung in § 3 Abs. 3 zu dieser laufenden Debatte kein Licht ins Dunkel bringen (ausf. D.). **108**

Die Irrelevanz deutschen Haftungsrechts wird auf der Ebene des IPR durch das **Ortsrechtsprinzip nach Art 4 Abs. 1 Rom II-VO** abgesichert. Die meisten Versuche, für Menschenrechtsverletzungen hieran vorbei zu argumentieren und ins deutsche Recht heimzukehren, müssen als **109**

258 BGHZ **194** 26 = NJW **2012** 3439: „Allein aus der Stellung als Geschäftsführer einer GmbH bzw. Mitglied des Vorstands einer AG ergibt sich keine Garantenpflicht gegenüber außenstehenden Dritten, *eine Schädigung ihres Vermögens* zu verhindern. Die Pflichten aus der Organstellung zur ordnungsgemäßen Führung der Geschäfte der Gesellschaft aus § 43 GmbHG, § 93 Abs. 1 AktG, zu denen auch die Pflicht gehört, für die Rechtmäßigkeit des Handelns der Gesellschaft Sorge zu tragen, bestehen *grundsätzlich* nur dieser gegenüber und lassen bei ihrer Verletzung Schadensersatzansprüche grundsätzlich nur der Gesellschaft entstehen. (Hervorh. d. Verf.)" Dementsprechend erläutert der Senat zu den Geschäftsleiterpflichten in Rn. 23: „Sie dienen nicht dem Zweck, Gesellschaftsgläubiger vor den mittelbaren Folgen einer sorgfaltswidrigen Geschäftsleitung zu schützen.".

259 Ebenso *Paefgen* ZIP **2021** 2006, 2015.

260 Siehe hierzu *Merkel* S. 81 ff.

261 Dazu grundlegend *Habersack/Zickgraf* ZHR **182** (2018) 252.

gescheitert gelten (so auch *Pour Rafsendjani/Purucker* § 3 Rn. 108).[262] Noch nicht ausdiskutiert ist lediglich der Vorschlag, die Ausnahmeklausel nach Art. 1 Abs. 2 lit. d Rom-II VO zu bemühen.[263] Die Grundsätze zur Konzerndeliktshaftung werden allgemein in Zusammenhang mit dem gesellschaftsrechtlichen Trennungsprinzip gesetzt. Die persönliche Deliktshaftung von Konzernmutter oder Organen lässt sich bei funktional-autonomer Betrachtung als Durchgriff im weiteren Sinne begreifen. Das könnte wie bei der Existenzvernichtungshaftung nach BGHZ 173, 246 – Trihotel den Weg zu einer nur oder zumindest auch **gesellschaftsrechtlichen Qualifikation** dieser stark gesellschaftsrechtlich überbauten Haftungsgrundlagen eröffnen. Im Ergebnis ähnlich wie hier möchte *Juncker* zwar die Bereichsausnahme nicht heranziehen, sieht aber dennoch das Gesellschaftsstatut anstelle des Deliktsstatuts berufen, wenn die Haftung auf typisch gesellschaftsrechtlichen Pflichtenlagen beruht.[264] Das würde vor allem bei der „Additionshaftung" („Baustoff-Urteil" plus „Neubürger-Urteil", oben Rn. 104 ff.) zum deutschen Recht führen.

110 Ferner könnten etwaige Ansprüche aus Verträgen mit Schutzwirkung zugunsten Dritter vertraglich qualifiziert werden. Im Gegensatz zur h.M. vor Rom-II wird diese Haftung heute aber zunehmend deliktsrechtlich qualifiziert.[265] Ob sich die funktional-autonome Qualifikation damit zu weit von der (natürlich nicht strikt bindenden, aber doch richtungsweisenden) Dogmatik des eigenen Rechts entfernt, kann hier nicht ausdiskutiert werden. Immerhin gilt es zu bedenken, dass die funktional äquivalente *duty of care* aus dem *tort of negligence* des Common Law eine *assumption of liability* voraussetzt – was sie eher vertragsähnlich erscheinen lässt (vergleichbar z.B. der c.i.c.).

111 Folgt man all diesen Ansätzen nicht, steht der Weg ins deutsche Recht nur bei Umweltdelikten nach Art. 7 Rom II-VO offen. Ob sich das durch die CSDDD in der jetzigen Entwurfsfassung ändert (dazu *Pour Rafsendjani/Purucker* § 3 Rn. 118 ff.), kann bezweifelt werden. Die Verfasser des ursprünglichen Entwurfs hatten in Anbetracht des deutschen Beispiels ausdrücklich auf der Implementierung einer zivilrechtlichen Haftung bestanden und den Mitgliedsstaaten überdies aufgegeben, dass diese international-privatrechtlich vorrangig anwendbar sein müsse. Dieser klare Regelungsauftrag ist nach Intervention des Europäischen Rates[266] mit gewissen Modifikationen versehen worden, die zum Quell von Unsicherheiten werden können.[267] Zum einen gibt es einen Vorbehalt zugunsten der nach nationalem Recht geschützten Rechtsgüter, womit jedenfalls die Ausgrenzung reiner Vermögensschäden auch unter der CSDDD beachtlich bliebe. Ob man in Anlehnung an § 3 Abs. 3 auch eine Schutzgesetzeigenschaft der Richtlinie verneinen könnte, ist eine offene und schwierige Frage. Dafür spräche die Hoheit des deutschen Gesetzgebers über sein Haftungsrecht einschließlich der geschützten Rechtsgüter und -positionen, dagegen jedoch der Regelungsauftrag des Art 22(1), an schuldhafte Verletzungen eine Haftung zu knüpfen. Sollte es

---

262 Für die ganz h.M. Krajewski/Oehm/Saage-Maß/*Halfmeier* S. 33 ff.; *Mansel* ZGR **2018** 439 ff. m.w.N.; ihm im Wesentlichen folgend *Hübner* S. 143 ff.

263 *Schall* ZGR **2018** 479, 508 ff., auch gegen die Sicht von Krajewski/Oehm/Saage-Maß/*Halfmeier* S. 33, 42, der meint, die Ausnahme betreffe nur die internen Verhältnisse der Gesellschafter.

264 MüKo-BGB/*Juncker* Art. 15 Rom II-VO Rn. 24: „Eine Ausnahme gilt, wenn ein Organ der Gesellschaft Pflichten verletzt, die speziell aus dieser Funktion erwachsen. In diesem Fall richtet sich die Haftung des handelnden Organs und der Gesellschaft nach dem Gesellschaftsstatut, auch wenn die Bereichsausnahme des Art. 1 abs. 2 lit. d nicht einschlägig ist.".

265 Siehe *Dutta* IPRax **2009** 293 ff.; *Thomale/Hübner* JZ **2017** 385, 390; *Hübner* S. 142 f. m.w.N.

266 Abrufbar unter https://data.consilium.europa.eu/doc/document/ST-15024-2022-REV-1/de/pdf

267 Art 22(1) CSDDD-E: Die Mitgliedstaaten stellen sicher, dass ein Unternehmen für Schäden haftbar gemacht werden kann, die einer natürlichen oder juristischen Person entstanden sind, sofern

a) das Unternehmen es vorsätzlich oder fahrlässig versäumt hat, den Pflichten gemäß den Artikeln 7 und 8 nachzukommen, wenn die in Anhang I aufgeführten Rechte, Verbote oder Pflichten auf den Schutz der natürlichen oder juristischen Person abzielen; und

b) durch das Versäumnis nach Buchstabe a das nach nationalem Recht geschützte rechtliche Interesse der natürlichen oder juristischen Person beschädigt wurde. Ein Unternehmen kann nicht haftbar gemacht werden, wenn der Schaden nur von seinen Geschäftspartnern in seiner Aktivitätskette verursacht wurde.

bei dieser Regelung bleiben, und folgt man der letztgenannten Sicht, müsste zur Umsetzung der Richtlinie mindestens § 3 Abs. 3 gestrichen und so der Weg für eine Schutzgesetzhaftung bei Verletzung des an die CSDDD angepassten LkSG eröffnet werden. Besser wäre dann allerdings eine ausdrückliche Klarstellung, dass es sich bei den die Artt. 7 und 8 CSDDD-E umsetzenden Normen des LkSG um Schutzgesetze handelt. Zu guter Letzt muss als völlig offen angesehen werden, was der Haftungsausschluss besagen soll, wenn „der Schaden *nur* von seinen Geschäftspartnern in seiner Aktivitätskette verursacht wurde." Da die Regelung ihrer Systematik nach ohnehin nur eingreift, wenn das Unternehmen schuldhaft seine Pflichten aus Artt. 7 und 8 CSDDD-E verletzt hat, ist der Einwand fehlender Kausalität schwer begründbar. Am ehesten dürfte das gelingen, wenn man zeigen kann, dass auch die Beachtung der Pflichten nicht geholfen hätte, weil der Geschäftspartner ein „omnimodo facturus" war, so dass in Wahrheit kein Einfluss bestand.

Der CSDDD-E hat auch die Problematik des Ortsrechtsprinzips erkannt und fordert die Mitgliedsstaaten ausdrücklich dazu auf, dafür zu sorgen, dass die Haftungsnormen, die in Umsetzung der CSDDD bestehen oder geschaffen werden, zwingend und mit Vorrang vor dem Ortsrecht zum Ansatz kommen (Art. 22 (5)[268]) – was eine interessante und umweghafte Regelung darstellt angesichts der Tatsache, dass die EU selbst über die Kompetenz zur entsprechenden Änderung bzw. Ergänzung der Rom-II-VO verfügt. Zur Umsetzung müsste der Gesetzgeber nicht nur klarstellen, dass es sich bei den Vorgaben des LkSG in der Fassung nach Umsetzung der CSDDD um Eingriffsnormen handelt, sondern auch, dass dies gleichermaßen für die an ihre Verletzung anknüpfende Schadensersatzhaftung aus § 823 Abs. 2 BGB gilt. **112**

Die Regelung des § 11 LkSG würde dann zu voller Blüte gelangen. Sie ist aber auch einstweilen nicht ohne Berechtigung. Denn Haftung für Menschenrechtsverletzungen, die Rechtsgutsverletzungen darstellen, kam bereits vor Einführung des LkSG in Betracht. So haften Muttergesellschaft und Auftraggeber bei unmittelbaren Verletzungen nach § 823 Abs. 1 BGB, sowie für Anstiftung oder Beihilfe zu unerlaubten Handlungen der Tochtergesellschaft oder eines Zulieferers nach § 830 Abs. 2 BGB.[269] Hier stellt sich allerdings ebenfalls die Problematik des Erfolgsortprinzips nach Art 4 (1) Rom-II VO, das regelmäßig zurück zum fremden Ortsrecht führen wird. Auf Ortsrecht beruhende Haftungsklagen können selbstverständlich ebenfalls in Gemäßheit des § 11 LkSG vor deutsche Gerichte gebracht werden. Im Anschluss ist daher noch ein systematischer Überblick über die mögliche Haftungsrisiken zu werfen, die sich aus dem Ortsrechtsprinzip ergeben. **113**

II. Haftungsrisiken nach ausländischem Recht (Überblick)

Die Haftungsrisiken aus dem Ortsrecht sind angesichts der Fülle von Rechtsordnungen im globalen Süden nur skizzenhaft aufzuzeigen. Einigermaßen verlässlich kann angesichts der bisherigen Erfahrungen mit Menschenrechtsklagen nur der Hinweis auf die Haftungsdrohung nach dem ***tort of negligence* des Common Law** englischer Prägung erfolgen, das in vielen Rechtsordnungen ehemaliger Kolonien des Britischen Empire weiterhin Geltung bzw. zumindest Leitbildcharakter beansprucht. Aus den einschlägigen Präzedenzfällen *Okpabi v Shell*[270] und *Vedanta v Lungowe*[271] lässt sich ableiten, dass eine reale Haftungsgefahr dann entstehen kann, wenn die Muttergesellschaft konkrete Leitungsmacht in ihren (Auslands)Töchtern ausübt, z.B. konzernweite Compliance-Regime installiert, zentrale Vorgaben durch Konzernrichtlinien macht oder Menschenrechtserklärungen abgibt.[272] Werden solche Maßnahmen allerdings gesetzlich vorgegeben, wie etwa durch **114**

268 Art 22 (5) CSDDD-E: Die Mitgliedstaaten stellen sicher, dass die nationalen Rechtsvorschriften zur Umsetzung dieses Artikels zwingend Anwendung finden und Vorrang haben in Fällen, in denen das auf entsprechende Ansprüche anzuwendende Recht nicht das Recht eines Mitgliedstaats ist.

269 *Fleischer* DB **2022** 920, 925; *B. Schneider* ZIP **2022** 407, 417; *Spindler* ZHR **186** (2022) 67, 102.

270 Okpabi v Royal Dutch Shell [2021] UKSC 3.

271 *Vedanta Resources Plc v Lungowe* [2019] UKSC 20.

272 *Fleischer/Korch* ZIP **2021** 709 ff.; *Schall* ZIP **2021** 1241, 1244 ff., 1249 f.

das LkSG oder die geplante CSDDD, kann das enthaftend wirken, weil es dann an einer freiwilligen „assumption of responsibility" fehlt.[273] Außerdem kann sich die Muttergesellschaft ggf. durch Entherrschung enthaften.[274] Das wirkt freilich nur dann verlässlich, wenn sie sich auch wirklich jeglicher Einmischung enthält und die Rolle eines vollkommen passiven Finanzinvestors annimmt – was kaum eine praxisnahe Option darstellen dürfte.

115 Generell können Haftungsrisiken aus fremden Ortsrechten entweder auf gesellschaftsrechtlicher Durchgriffshaftung oder auf deliktischen Haftungskonstruktionen entlang der Lieferketten erwachsen. Es ist nicht belastbar zu prognostizieren, wie fremde Rechtsordnungen mit der Kollision von Trennungsprinzip, Haftungsbeschränkung und Deliktsverantwortlichkeit in Konzernen oder in Zulieferketten im konkreten Einzelfall umgehen. Immerhin wird man sagen können, dass ein allzu leichtherziges Überspielen des Trennungsprinzips mit dem *ordre public* konfligieren kann (Art 6 EGBGB; Art 26 Rom II-VO), weil es sich jedenfalls bei Haftungsbeschränkung und Trennungsprinzip, möglicherweise auch bei der grundsätzlichen Beschränkung der Deliktshaftung auf eigenes, schuldhaftes Fehlverhalten (keine „vicarious liability") um tragende Grundsätze des deutschen Rechts handelt. Danach wird man z.B. einen generellen Haftungsdurchgriff im Konzern (und finde er auch nur bei Deliktsschulden statt) nicht hinnehmen müssen.

116 Neben den Haftungsrisken aus anwendbarem Ortsrecht sind für multinationale Konzerne auch solche aus **Klagemöglichkeiten** zu beachten, die **in anderen Industrieländern** im Fall von Menschenrechtsverletzungen eröffnet sind. Diese können sich einerseits aus besonderen Gesetzen wie der französischen *loi de vigilance*,[275] dem niederländischen Gesetz gegen Kinderarbeit oder dem UK Modern Slavery Act 2015 ergeben, andererseits aus allgemeinen Haftungsgrundlagen wie dem *tort of negligence* in der eben angesprochenen *Okpabi*-Rechtsprechung des englischen Supreme Court.[276] Innerhalb der EU möchte die CSDDD diese Rechtszersplitterung mit guten Gründen überwinden und für ein „level playing field" sorgen.

117 Jenseits des Binnenmarkts sind neben England vor allem die USA von Relevanz. Dort ist das einschlägige **Alien Tort Statute (ATS)** von 1789 freilich durch die Rechtsprechung des amerikanischen Supreme Court in Kiobel[277] und Nestle/Cargill[278] so zurückgefahren worden, dass es keine generelle Lieferkettenverantwortlichkeit für Delikte im globalen Süden mehr tragen kann. Erforderlich ist vielmehr, dass die Menschenrechtsverletzung einen konkreten territorialen Bezug zu den USA aufweist, wozu allgemeine „corporate activity" nicht ausreiche.[279] Aber auch eine Über-

273 *Schall* ZIP **2021** 1241, 1249 ff.

274 *Schall* ZIP **2021** 1241, 1250 f.

275 Dazu *Mansel* ZGR **2018** 439, 444 f.; *Nordhues* S. 271 ff. Verstöße führen zwar anders als in Deutschland zu einer zivilrechtlichen Haftung unter der Generalklausel des Art. 1240 Code Civil. Praktisch ist das aber unter dem Ortsrechtsprinzip bedeutungslos.

276 Für einen Überblick über die Fragen der Innenhaftung wie der Außenhaftung für Delikte in der Lieferkette siehe die Panel-Beiträge der Konferenz „Sustainability in Corporate Law" am 17. und 18.11.2022 an der Leuphana Universität Lüneburg, https://www.leuphana.de/en/institutes/lls/persons/alexander-schall/sustainability-in-corporate-law.html. Die Schriftfassungen der Beiträge sowie Berichte aus anderen Ländern werden sukzessive in der Zeitschrift European Company and Case Law (ECCL) publiziert, deren erste Ausgabe Heft 1/2023 sein wird. Zu Italien siehe auch *Bodiga*, ZVglRWiss 122 (2023) 73 ff.

277 *Kiobel v. Royal Dutch Petroleum* Co. 569 U.S. 108 (2013); dazu *von Hein* ZGR **2016** 414 ff.

278 *Nestlé (USA) and Cargill v John Doe* 593 U.S. (2022) 141 S. Ct. 1931, 210 L. Ed. 2d 207.

279 Siehe instruktiv im Syllabus, verfügbar unter https://www.supremecourt.gov/opinions/20pdf/19-416_i4dj.pdf: „Second, where the statute, as here, does not apply extraterritorially, plaintiffs must establish that "the conduct relevant to the statute's focus occurred in the United States... even if other conduct occurred abroad." ... The parties dispute what conduct is relevant to the „focus" of the ATS, but even if this dispute were resolved in respondents' favor, their complaint would impermissibly seek extraterritorial application of the ATS. Nearly all the conduct they allege aided and abetted forced labor – providing training, equipment, and cash to overseas farmers – occurred in Ivory Coast. Pleading general corporate activity, like „mere corporate presence," ..., does not draw a sufficient connection between the cause of action respondents seek and domestic conduct. To plead facts sufficient to support a domestic application of the ATS, plaintiffs must allege more domestic conduct than general corporate activity common to most corporations.".

nahme der *Okpabi*-Rechtsprechung durch das Common Law der Einzelstaaten (relevant wäre namentlich Delaware) liegt dort eher fern.[280]

280 Gegen eine Haftung nach Okpabi-Grundsätzen spricht namentlich der New Yorker Compliance-Fall John Doe and others v Wal-Mart Stores, United States Court of Appeal for the 9th Circuit, 572 F 3d 677; dazu auch *Beckers*, S. 58 ff.

§ 4 Risikomanagement

(1) [1]Unternehmen müssen ein angemessenes und wirksames Risikomanagement zur Einhaltung der Sorgfaltspflichten (§ 3 Absatz 1) einrichten. [2]Das Risikomanagement ist in alle maßgebliche Geschäftsabläufe durch angemessene Maßnahmen zu verankern.

(2) Wirksam sind solche Maßnahmen, die es ermöglichen, menschenrechtliche und umweltbezogene Risiken zu erkennen und zu minimieren sowie Verletzungen menschenrechtsbezogener oder umweltbezogener Pflichten zu verhindern, zu beenden oder deren Ausmaß zu minimieren, wenn das Unternehmen diese Risiken oder Verletzungen innerhalb der Lieferkette verursacht oder dazu beigetragen hat.

(3) [1]Das Unternehmen hat dafür zu sorgen, dass festgelegt ist, wer innerhalb des Unternehmens dafür zuständig ist, das Risikomanagement zu überwachen, etwa durch die Benennung eines Menschenrechtsbeauftragten. [2]Die Geschäftsleitung hat sich regelmäßig, mindestens einmal jährlich, über die Arbeit der zuständigen Person oder Personen zu informieren.

(4) Das Unternehmen hat bei der Errichtung und Umsetzung seines Risikomanagementsystems die Interessen seiner Beschäftigten, der Beschäftigten innerhalb seiner Lieferketten und derjenigen, die in sonstiger Weise durch das wirtschaftliche Handeln des Unternehmens oder durch das wirtschaftliche Handeln eines Unternehmens in seinen Lieferketten in einer geschützten Rechtsposition unmittelbar betroffen sein können, angemessen zu berücksichtigen.

Schrifttum

Bäumges/Jürgens Vorbereiter, Challenger, Verantwortlicher, Überwacher – die Rolle von Compliance bei der Umsetzung des LkSG, CCZ **2022** 195; *Bergstein* Das Lieferkettensorgfaltspflichtengesetz als Chance für echte Veränderung – Wie man Menschenrechte wirkungsvoll umsetzt am Beispiel von Tchibo, REF **2022** 72; *Birkefeld/Schäfer* Praktische Hinweise zur Umsetzung des Lieferkettensorgfaltspflichtengesetz in Unternehmen der Lebensmittelwirtschaft, ZLR **2022** 444; *Birkholz* CSDD-E: Konkrete Sorgfaltspflichten für Unternehmen statt Vorgaben zur Sustainable Corporate Governance? DB **2022** 1306; *Bodenstein/Lenz* Unternehmerische Sorgfaltspflichten in der Lieferkette Herausforderungen für die Corporate Governance im Lichte aktueller deutscher und europäischer Gesetzesinitiativen, ZCG **2021** 101; *Brouwer* Noch viele offene Rechts- und Auslegungsfragen zum Lieferkettensorgfaltspflichtgesetz – Hinweise zum VCI-Diskussionspapier zur Umsetzung des LkSG, CCZ **2022** 137; *Dutzi/Schneider/Hasenau* Lieferkettenregulierung und Risk Governance – Implikationen für die betriebliche Praxis und Kritik, DK **2021** 454; *Ehmann* Der Regierungsentwurf für das Lieferkettengesetz: Erläuterung und erste Hinweise zur Anwendung, ZVertriebsR **2021** 141; *Fitzer/Gergen* Know your risks – Risiken managen und analysieren nach dem LkSG, CB **2022** 327; *Fleischer* Aktienrechtliche Compliance-Pflichten im Praxistest: Das Siemens/Neubürger-Urteil des LG München I, NZG **2014** 321; *ders.* Risikomanagement im Querschnitt der Disziplinen Betriebswirtschaftslehre – Aktienrecht – Bankaufsichtsrecht – Lieferkettenrecht, AG **2022** 377; *Frank/Edel/M. Heine/N. Heine* Pionierarbeiten in der Lieferkette, Praxisfolgen für das Handels- und Arbeitsrecht (Teil I), BB **2021** 2165; *Gehling/Ott/Lüneborg* Das neue Lieferkettensorgfaltspflichtengesetz – Umsetzung in der Unternehmenspraxis, CCZ **2021** 230; *Häfeli* Der Menschenrechtsbeauftragte im Lieferkettensorgfaltspflichtgesetz – ein weiterer betrieblicher Beauftragter? ARP **2021** 299; *Harings/Jürgens/Thalhammer* Die Rolle des Menschenrechtsbeauftragten im Lieferkettensorgfaltspflichtengesetz, CB **2022** 93; *Hermann/Rünz* Praktische Hinweise und Maßnahmen zur Umsetzung des Lieferkettensorgfaltspflichtengesetzes im Unternehmen, DB **2021** 3078; *ders.* Praktische Umsetzung der LkSG-Pflichten, COMPLY **2022** 14; *Hoffmann/Schieffer* Pflichten des Vorstands bei der Ausgestaltung einer ordnungsgemäßen Compliance-Organisation, NZG **2017** 401; *Hohmann/Pede* Key Performance Indicators (KPI): Grundsätze, Gefahren, Möglichkeiten, CB **2017** 416; *Joos/Kerckhoff/Ghassemi-Tabar* Implementierung und Prüfung des Lieferketten-CMS nach IDW EPS 980 n.F., DB **2022** 1465; *Korch* Überprüfungs- und Aktualisierungspflichten nach dem Lieferkettensorgfaltspflichtengesetz, NJW **2022** 2065; *Laue/Brandt* Möglichkeiten und Grenzen des Outsourcing von Compliance-Aufgaben, BB **2016** 1002; *Lenz/Bodenstein/Wenzl* Erweiterung der Corporate Governance im Lichte des LkSG, Das Three Lines Modell als möglicher konzeptioneller Bezugsrahmen für die Umsetzung, ZCG **2022** 61; *Makowicz* Integrierte Umsetzung neuer LkSG-Anforderungen in einem CMS, COMPLY **2022** 10; *Mehle/Neumann* Die Bestellung von Betriebsbeauftragten, NJW **2011** 360; *Rack* Lieferketten-Compliance im Digitalen Zwilling, Zum zivilrechtlichen Haftungsrisiko von Vorständen und Geschäftsführern, CB Sonderbeilage **2022** (Heft 1) S. 1; *Rodewald/Unger* Kommunikation und Krisenmanagement im Gefüge der Corporate Compliance-Organisation, BB **2007** 1629; *Rothenburg/Rogg* Die Umsetzung des Lieferkettensorgfaltspflichtengesetzes im

https://doi.org/10.1515/9783110788976-005

Konzern, AG **2022** 257; *Ruttloff/E. Wagner/Hahn/Freihoff* Der Menschenrechtsbeauftragte, CCZ **2022** 20; *Ruttloff/E. Wagner/Reischl/Skoupil* Auf dem Weg zum Chief Sustainability Officer (CSO) – Teil 1, CB **2021** 364; *ders.* Auf dem Weg zum Chief Sustainability Officer (CSO) – Teil 2, CB **2021** 425; *Sagan/Schmidt* Das Lieferkettensorgfaltspflichtengesetz, Ein Überblick aus der Perspektive des Arbeitsrechts, NZA-RR **2022** 281; *Schäfer* Das neue Lieferkettensorgfaltspflichtengesetz und seine Auswirkungen auf die Ernährungswirtschaft, ZLR **2022** 22; *Schönfelder/Neitzel* Das Lieferkettensorgfaltspflichtengesetz: Menschenrechte als S in ESG, REF **2022** 63; *Teichmann* Ausgewählte Schwachstellen des Gesetzes über die unternehmerischen Sorgfaltspflichten zur Vermeidung von Menschenrechtsverletzungen in Lieferketten (Lieferkettensorgfaltspflichtengesetz –LkSG), ZWH **2022** 133; *E. Wagner/Ruttloff* Das Lieferkettensorgfaltspflichtengesetz – Eine erste Einordnung, NJW **2021** 2145; *Weinert/Schwarz/Stein* Country-by-Country-Reporting und die Substanzfrage: Referenzgröße Mitarbeiter, DB **2017** 737; *Wiedmann/Greubel* Compliance Management Systeme – Ein Beitrag zur effektiven und effizienten Ausgestaltung, CCZ **2019** 88; *Wörrlein* Ein Standard für wirkungsorientierte Berichterstattung – der Social Reporting Standard, npoR **2015** 14; *Wulf* Das Lieferkettensorgfaltspflichtengesetz: Anforderungen, praktische Hinweise und Handlungsempfehlungen für KMU, DStZ **2022** 476.

Materialien

BAFA Antwort IV.7. FAQ-LkSG; Antwort VI.5. FAQ-LkSG; Antwort VII.1. FAQ-LkSG; Antwort VII.2. FAQ-LkSG; Antwort VII.3. FAQ-LkSG (Stand: 27.2.2023), abrufbar unter https://www.bafa.de/DE/Lieferketten/Ueberblick/ueberblick_node.html;jsessionid=59548FC30EF5794115E82CF7B5BF1D08.1_cid390 (zuletzt am 31.3.2023); BAFA Angemessenheit – Handreichung zum Prinzip der Angemessenheit nach den Vorgaben des Lieferkettensorgfaltspflichtengesetzes, 1. Aufl. (2022), abrufbar unter https://www.bafa.de/DE/Lieferketten/Angemessenheit_und_Wirksamkeit/angemessenheit_und_wirksamkeit_node.html;jsessionid=997477073AD0ED5F7DEE7E142C7929CF.2_cid387 (zit. BAFA Angemessenheit); BAFA, Angemessenheit und Wirksamkeit, abrufbar unter https://www.bafa.de/DE/Lieferketten/Angemessenheit_und_Wirksamkeit/angemessenheit_und_wirksamkeit_node.html (zuletzt am 31.3.2023) (zit. BAFA Angemessenheit und Wirksamkeit); BAFA Beschwerdeverfahren organisieren, umsetzen und evaluieren – Handreichung „Beschwerdeverfahren nach dem Lieferkettensorgfaltspflichtengesetz“, 1. Aufl. (2022), abrufbar unter https://www.bafa.de/SharedDocs/Downloads/DE/Lieferketten/handreichung_beschwerdeverfahren.html?nn=18750466 (zuletzt am 31.3.2023) (zit. BAFA Beschwerdeverfahren); BAFA Lieferkettensorgfaltspflichtengesetz (LkSG) – Fragenkatalog zur Berichterstattung gemäß § 10 Abs. 2 LkSG, November 2022, abrufbar unter https://www.bafa.de/SharedDocs/Downloads/DE/Lieferketten/fragenkatalog_berichterstattung.pdf?__blob=publicationFile&v=2 (zit. BAFA Fragenkatalog); BAFA Risiken ermitteln, gewichten und priorisieren – Handreichung zur Umsetzung einer Risikoanalyse nach den Vorgaben des Lieferkettensorgfaltspflichtengesetzes, 1. Aufl. (2022), abrufbar unter https://www.bafa.de/SharedDocs/Downloads/DE/Lieferketten/handreichung_risikoanalyse.pdf?__blob=publicationFile&v=3 (zit. BAFA Risikoanalyse) (zuletzt am 31.3.2023); Deutsches Global Compact Netzwerk/twentyfifty Stakeholderbeteiligung bei der Erfüllung der menschenrechtlichen Sorgfaltspflichten, 2015 abrufbar unter https://www.globalcompact.de/migrated_files/wAssets/docs/Menschenrechte/Publikationen/stakeholderbeteiligung_bei_der_erfuellung_der_menschenrechtlichen_sorgfaltspflicht.pdf (zuletzt am 31.3.2023); Deutsches Global Compact Netzwerk/twentyfifty Was macht Stakeholderbeteiligung konstruktiv? – 5 Erkenntnisse aus der Praxis, Juli 2022, abrufbar unter https://www.globalcompact.de/fileadmin/user_upload/Dokumente_PDFs/UN_GCD_Insights_Series_MR_Sorgfalt_Stakeholderengagement_deutsch.pdf (zuletzt am 31.3.2023); DICO Standard S 16 – Lieferketten-Compliance-Management-System (L-CMS), August 2022; Econsense Menschenrechte messbar machen – Eine umfassende Zusammenstellung quantitativer Menschenrechtsindikatoren für Unternehmen, 2020, abrufbar unter https://econsense.de/wp-content/uploads/2020/09/2020_econsense_Menschenrechtsindikatoren_Diskussionspapier.pdf (zuletzt am 31.3.2023); OECD OECD-Leitfaden für die Erfüllung der Sorgfaltspflicht für verantwortungsvolles unternehmerisches Handeln, 2018, abrufbar unter https://mneguidelines.oecd.org/OECD-leitfaden-fur-die-erfullung-der-sorgfaltspflicht-fur-verantwortungsvolles-unternehmerisches-handeln.pdf (zuletzt am 31.3.2023).

Übersicht

A. Normzweck

1 § 4 LkSG legt wesentliche Grundsätze für das Risikomanagement fest. Verpflichtete Unternehmen müssen ein angemessenes und wirksames Risikomanagement zur Einhaltung der Sorgfaltspflichten nach § 3 Abs. 1 LkSG einrichten. Es umfasst daher die weiteren Sorgfaltspflichten des LkSG und bildet einen zentralen Baustein der Risikomanagement-Architektur eines Unternehmens.

2 Das Risikomanagement soll menschenrechtliche Risiken und Rechtsgutsverletzungen entlang der Lieferkette eines Unternehmens identifizieren, verhindern und beenden.[1] Sollte die Rechtsgutverletzung nicht oder nur mit unverhältnismäßigem Aufwand beendet werden können, ist es ausreichend, dass das Risiko zumindest minimiert wird.[2] Unternehmen müssen das Risikomanagement in alle ihre maßgeblichen Geschäftsabläufe durch angemessene Maßnahmen verankern (§ 4 Abs. 1 LkSG). § 4 Abs. 2 LkSG regelt, unter welchen Voraussetzungen Maßnahmen

1 BT-Drs. 19/28649 S. 43.
2 BT-Drs. 19/28649 S. 43.

wirksam sind. Organisatorische Anforderungen ergeben sich darüber hinaus aus § 4 Abs. 3 LkSG. Hiernach müssen Unternehmen festlegen, wer intern für die Überwachung des Risikomanagements zuständig ist. Die Geschäftsleitung ist zudem verpflichtet, sich über die Arbeit dieser zuständigen Stelle regelmäßig, mindestens einmal jährlich, zu informieren (§ 4 Abs. 3 LkSG). Der Stakeholderbeteiligung kommt im Rahmen des Risikomanagements eine besondere Bedeutung zu (§ 4 Abs. 4 LkSG).

B. Begriff

Risikomanagement ist kein neuer Gedanke. Seit Jahrzehnten gehört es zum Pflichtenheft der Geschäftsleitung, die mit ihrer Tätigkeit verbundenen Risiken für das Unternehmen zu adressieren und möglichst gering zu halten. 3

Als interdisziplinäres Aufgabengebiet bringt das Risikomanagement betriebs- und rechtswissenschaftliche Aspekte zusammen.[3] Eine einheitliche Definition existiert aber weder in der rechtswissenschaftlichen noch in der betriebswirtschaftlichen Lehre. Die überwiegende Meinung in der Betriebswirtschaft versteht unter Risikomanagement die Messung und Steuerung aller betriebswirtschaftlichen Unternehmensrisiken.[4] Dabei kann es sich unter anderem um finanz- und leistungswirtschaftliche Risiken (*Risikomanagement im klassischen Sinne*), spezifische Risiken in Projekten, wie etwa dem Anlagenbau (*Projekt Risikomanagement*), Risiken in den Produktionsprozessen, z.B. mangelnde Qualität der Produkte, zeitverzögerte Lieferungen oder Zahlungsschwierigkeiten des Zulieferers (*Supply-Chain Risikomanagement*) sowie Umweltrisiken, etwa durch Schadstoffbelastungen (*Umweltrisikomanagement*), handeln.[5] 4

Aus betriebswirtschaftlicher Sicht stellt das Risikomanagement zudem einen dynamischen Vorgang dar, der sich in unterschiedliche Phasen aufteilt, die zueinander in Wechselwirkung stehen.[6] Im Einzelnen sind die Prozessphasen in der betriebswirtschaftlichen Literatur umstritten. Die wohl überwiegende Meinung geht von einem Dreiklang aus, der sich aus Risikoanalyse (Identifikation und Bewertung), Risikosteuerung und Risikoüberwachung zusammensetzt.[7] 5

Die Umsetzung des Risikomanagements ist kein einmaliger Prozess, sondern ein sich *„wiederholender Kreislauf verschiedener Verfahrensschritte, die aufeinander aufbauen und sich aufeinander beziehen"*.[8] Damit unterliegen alle Maßnahmen beständiger Aktualisierung (vgl. §§ 5 Abs. 4, 6 Abs. 4, 7 Abs. 4, 8 Abs. 5 LkSG).[9] Diesen Kreislauf bildet das Risikomanagement ab.[10] Zudem stehen die Sorgfaltsprozesse und Maßnahmen nicht isoliert nebeneinander, sondern sollen sich in ihrer Wirkung gegenseitig verstärken.[11] So kann ein Unternehmen etwa Erkenntnisse aus dem Beschwerdeverfahren dazu nutzen, sein Risikomanagement oder bestimmte Maßnahmen zu optimieren.[12] 6

---

3 *Fleischer* AG **2022** 377, 377.

4 *Fleischer* AG **2022** 377, 377 f. m.w.N.; zum Begriff nach IDW PS 981, siehe *IDW Verlautbarungen*, Werkstand: IDW Life 5/2022, 2 Definitionen, Rn. 18; zum Risikomanagement allgemein siehe *Arbeitskreis Externe und Interne Überwachung der Unternehmung (AKEIÜ) der Schmalenbach-Gesellschaft für Betriebswirtschaft e.V., Köln* DB **2010** 1245.

5 Kark/*Kark* Rn. 227 ff.

6 *Fleischer* AG **2022** 377, 378 m.w.N.

7 *Fleischer* AG **2022** 377, 378 m.w.N., wobei dieser sich für fünf Phasen ausspricht: Risikoidentifikation, Risikomessung und Risikoanalyse, Risikosteuerung und Risikoüberwachung.

8 Ref-E vom 28.2.2021 S. 22; BR-Drs. 239/21 S. 42.

9 *Schäfer* ZLR **2022** 22, 24; *Gehling/Ott/Lüneborg* CCZ **2021** 230, 239 f.; Ref-E vom 28.2.2021 S. 22; BR-Drs. 239/21 S. 42.

10 *Joos/Kerckhoff/Ghassemi-Tabar* DB **2022** 1465, 1465; vgl. auch *Falder/Frank-Fahle/Poleacov* S. 57: *„Daueraufgabe"*.

11 Vgl. BAFA Risikoanalyse S. 4.

12 BAFA Risikoanalyse S. 4; DICO Standard S 16 S. 28 (*lessons learned*).

7 Vereinfacht lässt sich das Risikomanagement nach § 4 LkSG wie folgt schematisch darstellen:[13]

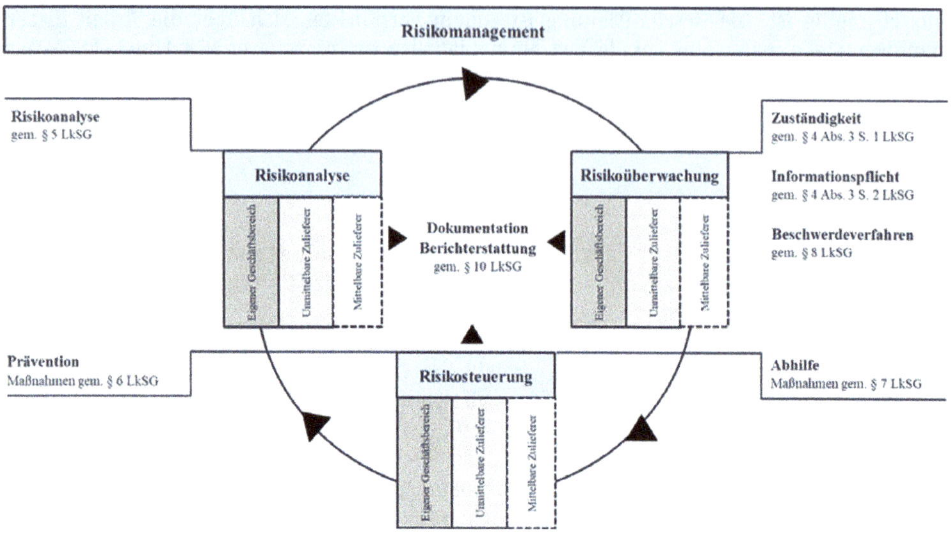

Abb. 1: Schematische Darstellung des Risikomanagements nach § 4 LkSG.

C. Risiken

8 Der Risikobegriff des LkSG leitet sich aus Verbotsnormen in völkerrechtlichen Verträgen ab (I.). Entscheidend ist die Risikoperspektive des LkSG, wonach die Belange der unmittelbar betroffenen Stakeholder maßgeblich sind (II.). Es werden konkrete und abstrakte Risiken erfasst (III.), wobei das Unternehmen diese entweder unmittelbar verursacht oder dazu beigetragen haben muss (IV.).

I. Begriff

9 Das LkSG leitet den Risikobegriff aus völkerrechtlichen Verbotsnormen ab (1.). Hierbei muss ein Verstoß gegen relevante Verbotsnormen aufgrund tatsächlicher Umstände mit hinreichender Wahrscheinlichkeit drohen (2.).

1. Ableitung aus völkerrechtlichen Verbotsnormen

10 Das LkSG benennt besonders bedeutende menschenrechtliche und umweltbezogene Risiken, die Unternehmen im Rahmen des Risikomanagements adressieren müssen (§ 2 Abs. 2 Nr. 1–12, Abs. 3 Nr. 1–8 LkSG).

11 Die Risiken orientieren sich an den geschützten Rechtspositionen der völkerrechtlichen Abkommen zum Schutz der Menschenrechte, die in der Anlage zum LkSG aufgelistet sind.[14] Diese Abkommen können nach Ansicht des Gesetzgebers als Ausgangspunkt für das Risikomanagement dienen.[15] Für die Herangehensweise ist wichtig zu verstehen, dass die völkerrechtlichen Abkom-

---

13 *Fitzer/Gergen* CB **2022** 327, 329.
14 Anlage zu §§ 2 Abs. 1, 7 Abs. 3 S. 2 LkSG.
15 BT-Drs. 19/28649 S. 34.

men Verbote an Staaten postulieren. Die Staaten sind damit primär zur Achtung der Menschenrechte verpflichtet. Das LkSG ordnet diese Verbote bestimmten Risikosituationen zu und stellt diese in einen Unternehmenskontext.[16]

Ein menschenrechtliches bzw. umweltbezogenes Risiko ist ein Zustand, bei dem aufgrund tatsächlicher Umstände mit hinreichender Wahrscheinlichkeit ein Verstoß gegen eines der im Einzelnen aufgelisteten Verbote droht (§ 2 Abs. 2 Nr. 1–12, Abs. 3 Nr. 1–8 LkSG).[17] 12

2. Wahrscheinlichkeitsprognose

§ 2 Abs. 2, Abs. 3 LkSG verlangt, dass ein Verstoß aufgrund tatsächlicher Umstände mit hinreichen- 13
der Wahrscheinlichkeit droht. Somit wird, wie auch im Gefahrabwehrrecht, eine in tatsächlicher Hinsicht genügend abgesicherte Prognose verlangt.[18] Risiken sind daher keine Tatsachen, sondern beziehen sich immer auf zukünftige Ereignisse, die möglicherweise bevorstehen.[19] Je schwerwiegender ein Verstoß gegen eines der näher aufgeführten Verbote wiegt, desto geringere Anforderungen sind daran zu stellen, dass der Verstoß mit hinreichender Wahrscheinlichkeit droht.[20]

Hinsichtlich der Schwere der negativen Auswirkungen kann auf die Erwägungen zu § 3 Abs. 2 14
Nr. 3 LkSG zurückgegriffen werden. Hiernach bemisst sich die zu erwartende Schwere der Verletzung nach dem Grad der Beeinträchtigung, der Zahl der betroffenen Menschen und der Möglichkeit, die negativen Auswirkungen wieder zu beheben.[21] Auch dann, wenn eine schwerwiegende Verletzung zu befürchten ist, bedarf es dennoch auf Grund allgemeiner Lebenserfahrung oder den Erkenntnissen fachkundiger Stellen zumindest einer gewissen Wahrscheinlichkeit für deren Eintritt.[22]

In methodischer Hinsicht kann eine Prognose in Ursache, Wirkung und zugrundeliegenden 15
Erfahrungssatz unterteilt werden. Ein Erfahrungssatz gilt nur, solange er nicht widerlegt ist und kommt standpunktabhängig sowie interessengeleitet zustande.[23] Der Schutz der Menschenrechte wird international sowie gesellschaftlich von unterschiedlichen Standpunkten aus geführt, oftmals auch emotional. Vor diesem Hintergrund wird es zwangsläufig zu konkurrierenden Prognosen kommen, je nach Standpunkt und Interessenlage.[24] Für Unternehmen ist es daher wichtig, nach Möglichkeit alle verfügbaren Erfahrungen über etwaige Menschenrechtsverletzungen und mögliche wirksame Präventions- und Abhilfemaßnahmen zu ermitteln und zu bewerten, um eine tragfähige Prognoseentscheidung zu treffen.[25]

II. Risikoperspektive

Das LkSG führt eine neue Risikoperspektive ein. Das klassische *Enterprise Risk Management* fokus- 16
siert sich auf die Perspektive des Unternehmens. Die Geschäftsleitung ermittelt und steuert die mit der unternehmerischen Tätigkeit verbundenen materiellen Risiken. Hierbei sind insbesondere die Risikotragfähigkeit, der Risikoappetit, der wirtschaftliche Erfolg und die Reputationsrisiken für das Unternehmen relevant.[26]

---

16 Vgl. *Schönfelder/Neitzel* REF **2022** 63, 64.
17 Zur Nähe des polizeirechtlichen Gefahrbegriffs vgl. Grabosch/*Schönfelder* § 4 Rn. 3 ff.
18 Vgl. BVerwG Urt. v. 3.7.2002 – 6 CN 8/01 = NVwZ **2003** 95, 96.
19 *Rack* CB Sonderbeilage 1/**2022** S. 11.
20 Vgl. BVerwG Urt. v. 3.7.2002 – 6 CN 8/01 = NVwZ **2003** 95, 96.
21 Vgl. BT-Drs. 19/28649 S. 42.
22 Vgl. BVerwG Urt. v. 3.7.2002 – 6 CN 8/01 = NVwZ **2003** 95, 96.
23 *Rack* CB Sonderbeilage 1/**2022** S. 13.
24 *Rack* CB Sonderbeilage 1/**2022** S. 12.
25 *Rack* CB Sonderbeilage 1/**2022** S. 12.
26 *Fleischer* AG **2022** 377, 387.

17 Im Rahmen des LkSG findet ein „*Paradigmenwechsel*“ statt.[27] Für das Risikomanagement nach dem LkSG spielt die Unternehmensperspektive keine bzw. allenfalls eine sekundäre Rolle.[28] Vielmehr müssen die Belange der Personen betrachtet werden, die von nachteiligen menschenrechtlichen und umweltbezogenen Auswirkungen des Unternehmens unmittelbar betroffen sind.[29] Dies drückt sich insbesondere in § 4 Abs. 4 LkSG aus (siehe unten E.VI.). Unternehmen müssen daher menschenrechtliche und umweltbezogene Risiken steuern, auch wenn die hiermit verbundenen Geschäfte gewinnbringend sind, der Marktwert oder die Produktionsziele nicht gefährdet sind oder keine beträchtlichen Reputationsrisiken drohen.[30] Dies führt im Ergebnis dazu, dass ein Unternehmen die Perspektive eines vorhandenen Risikomanagements erweitern muss.[31]

III. Risikoarten

18 Es stellt sich die Frage, ob Unternehmen im Rahmen des Risikomanagements (i) ausschließlich konkrete Risiken, z.B. bei einem Zulieferer oder (ii) typischerweise auftretende Risiken, etwa in bestimmten Ländern bzw. Branchen oder (iii) beide Arten von Risiken berücksichtigen müssen.

19 § 2 Abs. 2 S. 1 LkSG ist nicht zu entnehmen, ob die Vorschrift auf konkrete oder abstrakte Risiken abstellt. Der Sinn und Zweck des LkSG sowie die gesetzgeberische Zielsetzung spricht dafür, sowohl konkrete als auch abstrakte Risiken erfasst zu wissen. Das LkSG zielt darauf ab, menschenrechtliche und umweltbezogene Risiken in der Lieferkette möglichst umfassend zu adressieren. Außerdem sind Unternehmen zu einem wirksamen Risikomanagement verpflichtet, das menschenrechtliche und umweltbezogene Risiken erkennen und minimieren sowie Verletzungen verhindern, beenden und deren Ausmaß minimieren soll (§ 4 Abs. 2 LkSG). Möchte man nur konkrete Risiken umfasst wissen, wären Präventionsmaßnahmen weniger wirksam. Stellt man nur auf abstrakte Risiken ab, blieben auf den Einzelfall zugeschnittene Abhilfemaßnahmen unberücksichtigt.[32] Daher sind richtigerweise im Rahmen des Risikomanagements beide Risikoarten maßgeblich.[33]

20 Der Risikobegriff des § 2 LkSG weist Parallelen zu den Grundsätzen des Gefahrabwehrrechts auf.[34] Überträgt man diese auf das LkSG,[35] ergibt sich folgende Definition eines konkreten und abstrakten Risikos:

21 Ein konkretes Risiko ist ein Zustand im konkreten Einzelfall, bei dem aufgrund tatsächlicher Umstände mit hinreichender Wahrscheinlichkeit ein Verstoß gegen eines der näher bezeichneten menschenrechtlichen oder umweltbezogenen Verbote droht.[36]

22 Ein abstraktes Risiko ist gegeben, wenn eine generell-abstrakte Betrachtung für bestimmte Arten von Verhaltensweisen oder Zuständen zu dem Ergebnis führt, dass mit hinreichender Wahrscheinlichkeit eine solche Verletzung im Einzelfall einzutreten pflegt.[37]

---

27 Grabosch/*Grabosch* § 5 Rn. 27.

28 *Fitzer/Gergen* CB **2022** 327, 328; *Joos/Kerckhoff/Ghassemi-Tabar* DB **2022** 1465, 1466: „*Unternehmensperspektive allenfalls sekundär*“; *Fleischer* AG **2022** 377, 387; Grabosch/*Grabosch* § 5 Rn. 27.

29 *Fleischer* AG **2022** 377, 387; Grabosch/*Grabosch* § 5 Rn. 27; vgl. Ziffer 17 VN-Leitprinzipien; vertiefend *Fasterling* Business and Human Rights Journal (BHRJ) **2017** 225.

30 BAFA Risikoanalyse S. 8; DICO Standard S 16 S. 10 (nach außen gerichteter Ansatz); *Fleischer* AG **2022** 377, 387; Grabosch/*Grabosch* § 5 Rn. 27.

31 *Harings/Jürgens* 6.1.1.

32 Grabosch/*Schönfelder* § 4 Rn. 7.

33 Grabosch/*Schönfelder* § 4 Rn. 7, der ebenso für die in diesem Abschnitt nicht kommentierten Sorgfaltspflichten der Risikoanalyse, Präventionsmaßnahmen, Grundsatzerklärung und Beschwerdeverfahren beide Arten von Risiken als maßgeblich ansieht.

34 Ebenso Grabosch/*Schönfelder* § 4 Rn. 3 ff.

35 Ebenso Grabosch/*Schönfelder* § 4 Rn. 7.

36 Vgl. BVerwG Urt. v. 3.7.2002 – 6 CN 8/01 = NVwZ **2003** 95, 96; BeckOK-PolR/*Mühl/Fischer* 28. Ed., Stand: 15.1.2023, HSOG, § 1 Rn. 62.

37 Vgl. BVerwG Urt. v. 3.7.2002 – 6 CN 8/01 = NVwZ **2003** 95, 96; BeckOK-PolR/*Mühl/Fischer* § 1 Rn. 64.

D. Reichweite

Das Risikomanagement umfasst den eigenen Geschäftsbereich des Unternehmens. Hierunter fallen auch alle verbundenen Unternehmen im In- und Ausland, auf die das Unternehmen einen bestimmenden Einfluss ausübt (§ 2 Abs. 6 S. 3 LkSG). Außerdem müssen Unternehmen die spezifischen menschenrechtlichen und umweltbezogenen Risiken hinsichtlich ihrer unmittelbaren Zulieferer managen (§ 2 Abs. 7 LkSG). Hierzu wird auf die Ausführungen in § 2 LkSG verwiesen. 23

Mittelbare Zulieferer müssen nicht *per se* vom Risikomanagement umfasst sein. Zwar führt das BAFA in seiner Handreichung zur Risikoanalyse aus, dass Unternehmen erwägen sollten, ihre regelmäßige Risikoanalyse hinsichtlich bestimmter mittelbarer Zulieferer zu erweitern.[38] Konkret solle sich dies anbieten, wenn Unternehmen bereits bekannt sei, dass in tieferen Lieferketten mit hohen menschenrechtlichen oder umweltbezogenen Risiken zu rechnen ist.[39] Unternehmen sind hierzu gesetzlich aber nicht verpflichtet. Bereits aus dem Regelungskonzept und dem Wortlaut des § 9 Abs. 3 LkSG ergibt sich, dass Unternehmen nur verpflichtet sind, eine Risikoanalyse durchzuführen, wenn ihnen tatsächliche Anhaltspunkte vorliegen, die eine Verletzung einer menschenrechtlichen oder umweltbezogenen Pflicht bei mittelbaren Zulieferern möglich erscheinen lassen. Das Unternehmen hat in diesem Fall ggf. das Risikomanagement anlassbezogen anzupassen (§ 9 Abs. 3 Nr. 1–4 LkSG). Hierzu wird auf die Ausführungen in § 9 LkSG verwiesen. 24

E. Einrichtung des Risikomanagements

Unternehmen, die in den Anwendungsbereich des LkSG fallen, sind verpflichtet, ein Risikomanagement einzurichten und zu unterhalten. Die Verantwortung liegt hierbei bei der Geschäftsleitung (I.). Weitere wichtige Elemente bilden die Organisation (II.), die zu ergreifenden Maßnahmen (III.), die Überwachung des Risikomanagements (IV.), die Informationspflicht der Geschäftsleitung (V.) und die Berücksichtigung von Stakeholderinteressen (VI.). Derzeit werden Handlungsanleitungen zur Umsetzung der Sorgfaltspflichten in betrieblichen Managementsystemen erstellt (VII.). 25

I. Verantwortung der Geschäftsleitung

Das Risikomanagement nach § 4 LkSG ist eine Managementaufgabe (1.), wobei die Geschäftsleitung Pflichten delegieren kann (2.). 26

1. Aufgabe der Geschäftsleitung

Die Verantwortung für die Risikosteuerung eines Unternehmens gehört zu den grundlegenden Pflichten der Geschäftsleitung.[40] Das Risikomanagement, und damit die Erfüllung der Sorgfaltspflichten des LkSG insgesamt, ist „*Chefsache*".[41] Die Geschäftsleitung trägt hierbei die Gesamtver- 27

---

38 BAFA Risikoanalyse S. 8.

39 BAFA Risikoanalyse S. 8.

40 Vgl. *Birkefeld/Schäfer* ZLR **2022** 444, 447; *Fleischer* AG **2022** 377, 382; zahlreiche andere Gesetze verpflichten Unternehmen gewisse Risiken nach bestimmten Vorgaben zu steuern (vgl. § 25a KWG sowie die Mindestanforderungen an das Risikomanagement durch die BaFin (MaRisk); § 4 GwG sowie die Anwendungs- und Auslegungshinweise der BaFin; allgemeiner für börsennotierte Gesellschaften § 91 Abs. 2, Abs. 3 AktG).

41 Vgl. zur Compliance als Chefsache BeckOGK-AktG/*Fleischer* § 91 Rn. 82; *Harings/Jürgens/Thalhammer* CB **2022** 93, 94; zur Organisationspflicht der Geschäftsleitung siehe *Rack* CB Sonderbeilage 1/**2022**.

antwortung.[42] Dies folgt aus der sog. Legalitätspflicht. Hiernach verhält sich ein ordentlicher und gewissenhafter Geschäftsleiter[43] stets gesetzestreu und erfüllt insbesondere alle einschlägigen Rechtsnormen, die der Gesellschaft im Verhältnis zu Dritten ein bestimmtes Verhalten vorschreiben (§§ 76 Abs. 1, 93 Abs. 1 S. 1 AktG, § 43 Abs. 1 GmbHG).[44] Auch wenn die Legalitätspflicht grundsätzlich nur gegenüber dem Unternehmen besteht, darf die Geschäftsleitung keine aus ihrer Sicht vorteilhaften Gesetzesverstöße begehen.[45] Zudem hat sie aktiv dafür zu sorgen, dass Mitarbeitende keine Verstöße begehen (sog. Legalitätskontrollpflicht).[46]

28 Übertragen auf das LkSG bedeutet dies, dass die Geschäftsleitung gesamtverantwortlich dafür Sorge zu tragen hat, dass das Unternehmen die menschenrechtlichen und umweltbezogenen Sorgfaltspflichten erfüllt und insbesondere ein angemessenes und wirksames Risikomanagement nach § 4 LkSG unterhält. Hierbei handelt es sich um eine Daueraufgabe.[47] Die bestehenden Prozesse und Maßnahmen sind kontinuierlich auf ihre Wirksamkeit hin zu überprüfen und ggf. anzupassen.[48] Die Geschäftsleitung muss sich hierüber regelmäßig und anlassbezogen informieren (§ 4 Abs. 3 S. 2 LkSG).

2. Pflichtendelegation

29 Die Mitglieder der Geschäftsleitung können einzelne Aufgaben auf ein bestimmtes Mitglied übertragen (a)) bzw. in das Unternehmen delegieren (b)).

30 **a) Horizontale Delegation.** Die Mitglieder der Geschäftsleitung können einzelne Aufgaben auf ein bestimmtes Mitglied übertragen (Ressortprinzip).[49] Die anderen Mitglieder der Geschäftsleitung müssen diese Aufgabe dann nicht selbst wahrnehmen. Sie trifft allerdings eine Überwachungspflicht.[50] Sie müssen sich vergewissern, dass das ressortverantwortliche Mitglied seine ihm übertragenen Aufgaben ordnungsgemäß erfüllt, z.B. im Rahmen eines regelmäßigen Informationsaustauschs.[51]

31 Übertragen auf das LkSG ist eine Ressortverantwortung innerhalb der Geschäftsleitung ebenfalls möglich. So kann einem Mitglied der Geschäftsleitung die Aufgabe übertragen werden, die Sorgfaltspflichten zu erfüllen und insbesondere ein angemessenes und wirksames Risikomanagement zu etablieren. Diese Arbeitsteilung innerhalb der Geschäftsleitung wird in den meisten Fällen sinnvoll und ratsam sein.[52] Das LkSG richtet sich an große Unternehmen, bei denen bereits Ressortzuständigkeiten innerhalb der Geschäftsleitung bestehen dürften. Der Gedanke der effizienten Arbeitsteilung spricht ebenfalls dafür, dass sich ein Mitglied der Geschäftsleitung der Aufga-

---

42 Vgl. *Rothermel* § 4 Rn. 3; *Grabosch* § 5 Rn. 13 f.

43 Anmerkung: Zur besseren Lesbarkeit wird auf die gleichzeitige Verwendung der Sprachform männlich, weiblich und divers (m/w/d) verzichtet. Sämtliche Personenbezeichnungen gelten gleichermaßen für alle Geschlechter.

44 Siehe zur Legalitätspflicht nach § 93 Abs. 1 S. 1 AktG ausführlich BeckOGK-AktG/*Fleischer* § 93 Rn. 19–56 m.w.N. sowie zur Rechtsprechung z.B. BGH Urt. v. 27.8.2010 – 2 StR 111/09 = NJW **2010** 3458, 3460 Rn. 29; BGH Beschl. v. 13.9.2010 – 1 StR 220/09 = NJW **2011** 88, 92 Rn. 37; BGH Urt. v. 10.7.2012 – VI ZR 341/10 = NJW **2012** 3439, 3441 Rn. 22 f.; zur GmbH MüKo-GmbH/*Fleischer* § 43 Rn. 21 ff. m.w.N., sowie zur Rechtsprechung z.B. BGH Urt. v. 28.4. 2008 – II ZR 264/06 = NJW **2008** 2437, 2441 Rn. 38; zum Risikomanagement im Speziellen Oppenländer/Trölitzsch/*Leinekugel* § 18 Rn. 24 ff.

45 *Hoffmann/Schieffer* NZG **2017** 401, 402.

46 Koch/*Koch* § 93 Rn. 9.

47 *Falder/Frank-Fahle/Poleacov* S. 57.

48 Zu einzelnen Anpassungsmaßnahmen siehe *Korch* NJW **2022** 2065 ff.

49 Vgl. *Rothermel* § 4 Rn. 3.

50 BGH Urt. v. 6.11.2018 – II ZR 11/17 = NJW **2019** 1067, 1068 Rn. 15 ff.

51 *Hoffmann/Schieffer* NZG **2017** 401, 405.

52 *Ruttloff/Wagner/Hahn/Freihoff* CCZ **2022** 20, 25.

be annimmt. Das ressortverantwortliche Mitglied muss dann regelmäßig Bericht erstatten. Dabei erscheint es sinnvoll, die Berichterstattung innerhalb der Geschäftsleitung an § 4 Abs. 3 S. 2 LkSG auszurichten, um einen möglichst aktuellen Informationsaustausch auf allen Ebenen des Unternehmens zu gewährleisten.

b) Vertikale Delegation. Die Geschäftsleitung kann ihre Pflichten grundsätzlich auch an Mitarbeitende innerhalb des Unternehmens delegieren.[53] 32

Bei einer vertikalen Pflichtendelegation verbleibt die übergeordnete Organisations- und Systemverantwortung für die unternehmensinternen Delegationsprozesse bei der Geschäftsleitung.[54] Die Geschäftsleitung hat daher die mit der Aufgabe betrauten Personen ordnungsgemäß auszuwählen, einzuweisen und zu überwachen. Außerdem muss sie sich zeitnah, regelmäßig und anlassbezogen über die Arbeit informieren.[55] Hierbei ist es notwendig, die Zuständigkeiten und Pflichten im Verhältnis zu anderen Abteilungen klar zu definieren und die Schnittstellen abzugrenzen. Ein Delegationsverbot kommt bei wesentlichen, grundlegenden Organisationsfragen oder Fällen mit herausragender Bedeutung in Betracht. Dann muss sich die Geschäftsleitung selbst befassen und zumindest in wesentliche Schritte eingebunden sein.[56] 33

Hinsichtlich des LkSG kann die Geschäftsleitung einen Großteil der operativen Tätigkeiten auf Mitarbeitende delegieren. Die Frage ist aber, inwiefern sie die Pflicht zum Risikomanagement auf Mitarbeitende innerhalb des Unternehmens delegieren kann. Im Gegensatz zu § 6 Abs. 2 S. 2 LkSG enthält § 4 LkSG kein ausdrückliches Delegationsverbot.[57] Nach allgemeinen Grundsätzen handelt es sich bei der Einrichtung und dem Betrieb des Risikomanagements aber um eine grundlegende Organisationsaufgabe.[58] Die Geschäftsleitung hat sich daher mit dem Risikomanagement nach § 4 LkSG selbst zu befassen. Sie ist originär dafür verantwortlich, das Risikomanagement auszugestalten. Diese Verpflichtung kann sie nicht an operative Einheiten im Unternehmen delegieren.[59] Insbesondere ist sie dafür verantwortlich, hinreichend qualifiziertes Personal auszuwählen, das das Risikomanagement überwacht. Die Geschäftsleitung verfügt insofern über die notwendige Organisationsgewalt und Budgethoheit.[60] 34

Unabhängig hiervon kann die Geschäftsleitung Aufgaben des Risikomanagements vertikal delegieren, wie sich auch aus § 4 Abs. 1 S. 2 und Abs. 3 LkSG ergibt. Für die Delegation ist ein Delegationsakt notwendig, mit dem die Geschäftsleitung ihre menschenrechtliche Verantwortlichkeit klar und nachvollziehbar auf eine interne zuständige Stelle delegiert.[61] Die Geschäftsleitung hat in diesem Fall klare Zuständigkeiten und Verantwortungsbereiche festzulegen und voneinander abzugrenzen. § 4 Abs. 3 S. 2 LkSG regelt dies ausdrücklich für die Überwachung des Risikomanagements. Die Geschäftsleitung hat zudem angemessene personelle und technisch-organisatorische Ausstattungen für die delegierten Aufgaben vorzusehen.[62] Außerdem hat die Geschäftsleitung 35

---

53 Vgl. OLG Nürnberg Urt. v. 30.3.2022 – 12 U 1520/19 = NZG **2022** 1058, Tz. 82 zur Compliance-Organisation; *Hoffmann/Schieffer* NZG **2017** 401, 405 f.; *Grabosch* § 5 Rn. 13 f.; *Altenschmidt/Helling* § 1 Rn. 29 f.

54 Vgl. zu § 91 AktG BeckOGK-AktG/*Fleischer* § 91 Rn. 83–85; *Fleischer* NZG **2014** 321, 324; Hölters/Weber/*Hölters* § 93 Rn. 62–64, 92; Koch/*Koch* § 76 Rn. 12; MüKo-AktG/*Spindler* § 91 Rn. 68 f.; *Rodewald/Unger* BB **2007** 1629, 1633.

55 *Hoffmann/Schieffer* NZG **2017** 401, 406; Koch/*Koch* § 76 Rn. 19.

56 Vgl. Hauschka/Moosmayer/Lösler/*Klahold/Lochen* § 37 Rn. 19; vgl. BAFA Angemessenheit S. 11, wonach die Geschäftsleitung in wichtige Entscheidungsprozesse eingebunden sein muss.

57 Anmerkung: § 6 Abs. 2 S. 2 LkSG bezieht sich lediglich auf die Abgabe der Grundsatzerklärung. Die Geschäftsleitung kann sich jedoch sinnvollerweise bei der Erstellung der Grundsatzerklärung unterstützen lassen.

58 *Birkefeld/Schäfer* ZLR **2022** 444, 447.

59 Grabosch/*Schönfelder* § 4 Rn. 14.

60 *Fleischer* AG **2022** 377, 387; BeckOGK-AktG/*Fleischer* § 93 Rn. 19; *Harings/Jürgens* 6.2.2.2.

61 *Birkefeld/Schäfer* ZLR **2022** 444, 448; vgl. auch BeckOGK/*Spindler*, § 823 Rn. 434; BGH Urt. v. 13.12.2019 – V ZR 43/19 = NZM **2020** 611; BGH Urt. v. 22.1.2008 – VI ZR 2008 = NJW **2008** 1440, 1441; BGH Urt. v. 4.6.1996 – VI ZR 75/95 = NJW **1996**, 2646. Anmerkung: Auch unter Datenschutzgesichtspunkten ist es erforderlich, die Delegation schriftlich festzuhalten.

62 Vgl. LG München I Urt. v. 10.12.2013 – 5 HK 1387/10 = NZG **2014** 435 ff. zur Compliance-Organisation.

sicherzustellen, dass ihr regelmäßig über den Stand des Risikomanagements berichtet wird (vgl. § 4 Abs. 3 S. 2 LkSG). Wie ein Unternehmen die Stelle des sog. Menschenrechtsbeauftragten ausgestalten kann, erörtern wir weiter unten (siehe unten E.IV.).

36 Um ihrer Leitungsaufgabe gerecht zu werden, muss die Geschäftsleitung ferner gewährleisten, dass die Einhaltung der Sorgfaltspflichten und das Risikomanagement im Besonderen als wesentliche Themen im Unternehmen begriffen werden. Diesen *„tone from the top“*[63] hat die Geschäftsleitung in das Unternehmen und an die Mitarbeitenden zu kommunizieren. Auf die Grundsatzerklärung, die der externen Kommunikation dient, kann sie hierbei zurückgreifen. Sinnvoll ist es, die Ausführungen der Grundsatzerklärung durch interne Regelungen, wie etwa einen *Code of Conduct* und Schulungen, zu ergänzen.[64]

II. Organisatorische Umsetzung gemäß § 4 Abs. 1 LkSG

37 Das LkSG gibt bestimmte Leitplanken für die Organisation des Risikomanagements vor (1.). Die Organisation innerhalb des Unternehmens selbst (2.) und innerhalb verbundener Unternehmen (3.) kann sich unterscheiden.

1. Gesetzliche Leitplanken

38 Wichtige Leitplanken bilden das Prinzip der Angemessenheit (a)) und das Gebot der Wirksamkeit (b)).

39 **a) Prinzip der Angemessenheit.** Das Prinzip der Angemessenheit bildet eine wichtige Leitplanke für die Ausgestaltung des Risikomanagements (vgl. § 4 Abs. 1 S. 1 LkSG).[65] Das BAFA spricht sogar von einem *„Kernprinzip“* des LkSG.[66] Die Geschäftsleitung erhält hierdurch einen weiten Handlungs- und Ermessensspielraum.[67] Maßgeblich sind vor allem die Unternehmens- und Risikosituation.[68]

40 Durch das Wort *„angemessen“* nimmt der Gesetzgeber auf § 3 Abs. 2 Nr. 1–4 LkSG Bezug, der Kriterien für die Ausgestaltung des Risikomanagements beinhaltet.[69] Hierbei handelt es sich im Wesentlichen um:
- Art und der Umfang der Geschäftstätigkeit (§ 3 Abs. 2 Nr. 1 LkSG),
- Einflussvermögen des Unternehmens auf den unmittelbaren Verursacher des Risikos oder der Verletzung (§ 3 Abs. 2 Nr. 2 LkSG),
- Typischerweise zu erwartende Schwere, Umkehrbarkeit und Wahrscheinlichkeit der Verletzung (§ 3 Abs. 2 Nr. 3 LkSG),
- Art des Verursachungsbeitrags des Unternehmens zum Risiko oder der Verletzung (§ 3 Abs. 2 Nr. 4 LkSG).

41 Das BAFA gibt in seinen Handreichungen zur Angemessenheit und zur Risikoanalyse einen Überblick über die Angemessenheitskriterien nebst Hilfskriterien für deren nähere Bestimmung.[70]

---

63 Vgl. DICO Standard S 16 S. 7; BeckOGK-AktG/*Fleischer* § 91 Rn. 76 ff.; Kubis/Tödtmann/*Tödtmann*/*Winstel* § 13 Rn. 51–53.

64 Vgl. *Makowicz* COMPLY **2022** 10, 12.

65 *Fitzer*/*Gergen* CB **2022** 327, 328.

66 BAFA Angemessenheit und Wirksamkeit.

67 BT-Drs. 19/28649 S. 42; BAFA Angemessenheit S. 3.

68 BT-Drs. 19/28649 S. 42; BAFA Angemessenheit S. 3.

69 BT-Drs. 19/28649 S. 42.

70 BAFA Angemessenheit S. 7 ff.; BAFA Risikoanalyse S. 19, Anhang I.

Die Geschäftsleitung kann grundsätzlich selbst entscheiden, ob sie das Risikomanagement bspw. innerhalb einer bereits bestehenden Funktion ansiedelt oder als unabhängige Abteilung ausgestaltet, oder ob sie diese zentral oder eher dezentral organisiert.[71] Eine Lösung nach dem Motto *„one-size-fits-all"* existiert nicht.[72] 42

Kommen mehrere gleich angemessene und wirksame Möglichkeiten der Organisation in Betracht, hat die Geschäftsleitung bei ihrer Entscheidung die Grundsätze der *Business Judgment Rule* zu beachten.[73] Die Geschäftsleitung hat sich umfassend über die Vor- und Nachteile der Umsetzungsmöglichkeiten zu informieren und auf dieser Basis eine informierte Entscheidung zu treffen.[74] Sofern vorhanden, muss die Geschäftsleitung auch das Kontrollorgan in die maßgeblichen Entscheidungs- und Kontrollprozesse einbeziehen, z.B. den Aufsichtsrat.[75] 43

b) Gebot der Wirksamkeit. Nach § 4 Abs. 1 S. 1 LkSG muss das Risikomanagement wirksam sein. Damit bildet das Gebot der Wirksamkeit die zweite wichtige Leitplanke für die Ausgestaltung des Risikomanagements. 44

Dieses Merkmal bezieht sich auf das Risikomanagement als solches. Es soll bewirken, dass ein Unternehmen seine eigenen Sorgfaltspflichten nach dem LkSG tatsächlich einhält (sog. praktische Wirksamkeit).[76] Daneben müssen auch die ergriffenen Maßnahmen wirksam sein, die mit dem Risikomanagement in Wechselwirkung stehen (§ 4 Abs. 2 S. 1 LkSG i.V.m. §§ 5–10 LkSG).[77] Dies ist der Fall, wenn die Maßnahmen es ermöglichen, relevante menschenrechtliche und umweltbezogene Risiken zu erkennen und zu minimieren bzw. diesbezügliche Verletzungen zu verhindern, zu beenden oder zumindest deren Ausmaß zu minimieren (siehe unten E.III.2.). 45

Das Gebot der Wirksamkeit steht in engem Zusammenhang mit dem Angemessenheitsprinzip. Nur aus wirksamen Maßnahmen darf ein verpflichtetes Unternehmen eine angemessene Auswahl treffen.[78] Nach Ansicht des BAFA wird so gewährleistet, dass angemessene Maßnahmen stets Wirksamkeit entfalten und Risiken oder Verletzungen tatsächlich verringern oder beenden können.[79] 46

Allgemein gesprochen hängt die Wirksamkeit einer Maßnahme davon ab, inwiefern die im Rahmen der Risikosteuerung definierten Ziele erreicht wurden.[80] Dabei ist aber wichtig zu verstehen, dass das LkSG grundsätzlich keine Erfolgspflichten, sondern Bemühenspflichten begründet.[81] Das Risikomanagement muss daher nicht garantieren, dass im eigenen Geschäftsbereich des Unternehmens oder in seinen Lieferketten keine Menschenrechte oder umweltbezogene Pflichten verletzt werden. Aus dieser Logik ergibt sich ein auf den ersten Blick widersprüchliches Bild. So kann ein Risikomanagement wirksam sein, obwohl es zu Verletzungen menschenrechtlicher Pflichten gekommen ist. Ausnahmen können sich insbesondere für Maßnahmen im eigenen inländischen Geschäftsbereich ergeben (siehe unten E.III.2.). 47

---

71 Z.B. *Bodenstein/Lenz* ZCG **2021** 101, 105; siehe *Moosmayer* § 4 Rn. 108 ff. zu den unterschiedlichen Compliance-Organisationsformen (Matrixorganisation, autonome Organisation).

72 *Gehling/Ott/Lüneborg* CCZ **2021** 230, 234.

73 Siehe hierzu grundlegend BeckOGK-AktG/*Fleischer* § 93 Rn. 79–105.

74 Vgl. Grabosch/*Grabosch* § 5 Rn. 49.

75 *Bodenstein/Lenz* ZCG **2021** 101, 105 f.

76 Vgl. BT-Drs. 19/28649 S. 43; DICO Standard S 16 S. 8.

77 BAFA Angemessenheit und Wirksamkeit: *„Risiken und Verletzungen müssen von Unternehmen wirksam adressiert werden. Um dies zu gewährleisten, ist ein Unternehmen angehalten, regelmäßig zu überprüfen, ob die eigenen Maßnahmen tatsächlich die angestrebte Wirkung erreichen und bei Bedarf Anpassungen vorzunehmen. Dementsprechend müssen auch das übergeordnete Risikomanagement, die Risikoanalysen und die Beschwerdeverfahren eines Unternehmens den Anspruch der Wirksamkeit erfüllen."*; vgl. zudem BT-Drs. 19/28649 S. 43; DICO Standard S 16 S. 8.

78 BAFA Angemessenheit S. 4.

79 BAFA Angemessenheit S. 4.

80 Bay/Hastenrath/*Philippi* § 3 Rn. 112.

81 BT-Drs. 19/28649 S. 41; BAFA Angemessenheit S. 3.

2. Innerhalb des Unternehmens selbst

48 Das Unternehmen kann das Risikomanagement alleinstehend aufbauen oder in bestehende Prozesse integrieren (a)). Jedenfalls muss es das Risikomanagement in die maßgeblichen Geschäftsabläufe (b)) durch angemessene Maßnahmen verankern (c)). Herbei werden derzeit verschiedene Möglichkeiten diskutiert, wie ein Unternehmen die relevanten Zuständigkeiten verteilen bzw. aufteilen kann (d)).

49 **a) Stand Alone oder Integration.** Für die Einbindung des Risikomanagements innerhalb des Unternehmens existiert keine Blaupause.[82] Unternehmen können einen selbständigen Prozess aufsetzen oder das Risikomanagement in bestehende Systemstrukturen integrieren.[83]

50 Ein Großteil der Unternehmen, die in den Anwendungsbereich des LkSG fallen, dürfte bereits über ein Risikomanagementsystem (z.B. nach IDW PS 981, ISO 31000 oder COSO Enterprise Risk Management), Compliance-Management-System (z.B. nach IDW PS 980 oder ISO 19600), Sozialmanagementsystem (z.B. nach SA8000) oder einzelne Komponenten davon verfügen, auch wenn der Reifegrad variieren kann.[84]

51 Für Unternehmen bietet die Integration den Vorteil, dass sie doppelte Prozesse und Strukturen vermeiden und auf bereits bestehende Erfahrungen zurückgreifen können. Bei der Integration in bestehende Prozesse und Strukturen werden Unternehmen typischerweise eine sog. Gap-Analyse durchführen.[85] Der erste Schritt ist hierbei eine Bestandsaufnahme.[86] Die bestehenden Regelwerke, Prozesse, Anweisungen und Schulungen werden identifiziert und den Anforderungen des LkSG gegenübergestellt sowie ggf. angepasst. Da es sich um eine Querschnittsmaterie handelt, können interdisziplinäre Teams entscheidend zur erfolgreichen Integration beitragen. Hierbei sollten Personen eingebunden werden, die aus ihrer jeweiligen Perspektive aufgrund ihres speziellen Know-hows wichtigen Input für die Umsetzung geben können.[87] Dies betrifft z.B. die Abteilungen Einkauf, Vertrieb, Recht, Compliance, interne Revision, Personalwesen, Kommunikation, Nachhaltigkeit, Umweltschutz, Qualitäts- und Risikomanagement.

52 **b) Maßgebliche Geschäftsabläufe.** Das Risikomanagement ist in alle maßgeblichen Geschäftsabläufe zu verankern (§ 4 Abs. 1 S. 2 LkSG).

53 Damit muss jedes verpflichtete Unternehmen seine maßgeblichen Geschäftsabläufe zunächst identifizieren und erfassen. Der Gesetzgeber nennt keine typischen Geschäftsabläufe oder Beispiele, die er als maßgeblich ansieht. Die VN-Leitprinzipien spezifizieren diese ebenfalls nicht weiter.[88]

---

82 Für ein konkretes Umsetzungsbeispiel, allerdings noch nicht unter vollständiger Berücksichtigung des LkSG siehe *Bergstein* REF **2022** 72, 74 f.

83 Vgl. Grabosch/*Grabosch* § 5 Rn. 19; *Makowicz* COMPLY **2022** 10, 12; E. Wagner/Ruttloff/S. Wagner/*E. Wagner/S. Wagner* § 4 Rn. 609; ferner *Geschäftsstelle Deutsches Global Compact Netzwerk* Leitprinzipien für Wirtschaft und Menschenrechte S. 21, abrufbar unter https://www.auswaertiges-amt.de/blob/266624/b51c16faf1b3424d7efa060e8aaa8130/un-leitprinzipien-de-data.pdf (zuletzt am 31.3.2023).

84 Vgl. zur Implementierung in ein bestehendes Compliance-Management-System nach dem Entwurf IDW EPS 980 *Joos/Kerckhoff/Ghassemi-Tabar* DB **2022** 1465, 1465; zur Integration des Risikomanagements in die Unternehmensorganisation siehe *Arbeitskreis Externe und Interne Überwachung der Unternehmung (AKEIÜ) der Schmalenbach-Gesellschaft für Betriebswirtschaft e.V., Köln* DB **2010** 1245.

85 Vgl. Grabosch/*Schönfelder* § 4 Rn. 23; *Herrmann/Rünz* DB **2021** 3078, 3083 zu Präventionsmaßnahmen; vgl. *Bodenstein/Lenz* ZCG **2021** 101, 105 f.

86 Vgl. BAFA Angemessenheit S. 13.

87 DICO Standard S 16 S. 17 spricht von einem Umsetzungsnetzwerk.

88 VN-Leitprinzip Nr. 19 spricht lediglich davon, dass die menschenrechtliche Grundsatzverpflichtung in allen maßgeblichen Geschäftsbereichen eines Unternehmenns zu verankern ist, vgl. VN-Leitprinzipen für Wirtschaft und Menschenrechte, 2. Aufl. 2014 S. 24.

Die maßgeblichen Geschäftsabläufe sind für jedes Unternehmen individuell zu bestimmen und hängen insbesondere von der jeweiligen Geschäftsaktivität, der Größe und den individuellen Risiken des Unternehmens ab.[89] Auf den ersten Blick fallen hierunter die Abläufe, wie ein Unternehmen seine Produkte herstellt bzw. Dienstleistungen erbringt. Dies betrifft im Wesentlichen die Abteilung Einkauf und Vertrieb. Diese Perspektive ist jedoch zu weiten. Wesentliches Auswahlkriterium ist, welche Abteilung bzw. Stelle im Unternehmen mit den vom LkSG geschützten Rechtspositionen in Berührung kommen kann. Hierzu können auch die Abteilung Personalwesen, etwa bei der Frage des angemessenen Lohns (§ 2 Abs. 2 Nr. 8 LkSG) oder die Arbeitnehmervertretung (§ 2 Abs. 2 Nr. 6 LkSG) zählen. Daneben kommen die Abteilungen Recht, Compliance, interne Revision, Kommunikation bzw. Marketing, Nachhaltigkeit, Umweltmanagement, Qualitäts- und Risikomanagement, Standortentwicklung, Forschung und Entwicklung, Mergers und Acquisitions, Business Development, IT oder der Wirtschaftsausschuss in Betracht.[90] Auch die Geschäftsleitung zählt hierzu.[91] 54

c) Verankerung durch angemessene Maßnahmen. Das Risikomanagement muss durch angemessene Maßnahmen in den identifizierten maßgeblichen Geschäftsabläufen verankert werden (§ 4 Abs. 1 S. 2 LkSG). Durch das Wort *„angemessen"* nimmt der Gesetzgeber auch hier auf § 3 Abs. 2 Nr. 1–4 LkSG Bezug. Allgemein lässt sich sagen, dass sich ein Unternehmen umso mehr anstrengen muss, Risiken vorzubeugen und Verletzungen zu vermeiden bzw. zu beenden, je wahrscheinlicher und schwerer die zu erwartende Verletzung und je größer der Verursachungsbeitrag eines Unternehmens und seine Möglichkeit zur Einflussnahme ist.[92] 55

Weder das Gesetz noch die Gesetzesbegründung legen bestimmte Maßnahmen fest. Das BAFA scheint einen besonderen Schwerpunkt darauf zu legen, Awareness bei den Mitarbeitenden zu schaffen, die in den maßgeblichen Geschäftsabläufen tätig sind. So führt das BAFA in seiner Handreichung zur Risikoanalyse aus, dass die relevanten Mitarbeitenden für die Rechtspositionen sensibilisiert werden müssen, die das LkSG schützen möchte. In vergleichbarer Weise nimmt das BAFA in seiner Handreichung zur Angemessenheit darauf Bezug, dass die Mitarbeitenden die notwendige Expertise aufweisen müssen.[93] Die Mitarbeitenden sollen dadurch in die Lage versetzt werden, entsprechende Risiken für diese Rechtspositionen zu identifizieren und die hierfür zuständigen Stellen innerhalb des Unternehmens zu informieren. Zu diesem Zweck müsse das Unternehmen diese Mitarbeitenden schulen, etwa durch Workshops, E-Learnings bzw. Einzelgespräche und Handreichungen.[94] Außerdem müsse im Rahmen einer unternehmensweiten Unterrichtung dafür gesorgt sein, dass erkannte Risiken zuverlässig und zeitnah den zuständigen Stellen gemeldet werden.[95] Insoweit kann der Präventionsmaßnahme im eigenen Geschäftsbereich gemäß § 6 Abs. 3 Nr. 3 LkSG eine besondere Bedeutung zukommen. Unternehmen können diese durch interne Vorgaben und Kontrollen flankieren. 56

d) Zuständigkeiten. Die Literatur diskutiert derzeit verschiedene Möglichkeiten, wie ein Unternehmen die relevanten Zuständigkeiten verteilen bzw. aufteilen kann. Manche erachten ein zweigliedriges System als erstrebenswert. Auf der einen Seite sollen die Sorgfaltspflichten auf operati- 57

89 OECD-Leitfaden Ziff. II.1.2.

90 Vgl. OECD-Leitfaden S. 60 ff. Tabelle 5; *Herrmann/Rünz* COMPLY **2022** 14, 15; Gehling/Ott/*Balke* § 4 Rn. 10; BAFA Fragenkatalog S. 10.

91 BAFA Angemessenheit S. 11.

92 BT-Drs. 19/28649 S. 42.

93 Vgl. BAFA Angemessenheit S. 11.

94 Vgl. BAFA Risikoanalyse.

95 Vgl. BAFA Risikoanalyse.

ver Ebene durchgeführt und umgesetzt werden, wobei ein *Chief Human Rights Officer*[96] die Gesamtverantwortung tragen soll. Auf der anderen Seite soll der Menschenrechtsbeauftragte die Einhaltung aller Sorgfaltspflichten überwachen und ggf. begleitende und beratende Aufgaben wahrnehmen.[97] Andere sprechen sich für eine einheitliche Wahrnehmung von operativen und überwachenden Aufgaben aus, die bei einem *Chief Sustainability Officer* angesiedelt sein können.[98] Wieder andere erachten es als zielführend, die Durchführung der Sorgfaltspflichten vom Risikomanagement und dessen Überwachung zu trennen. Das Risikomanagement und die Überwachung könne jedoch in einer Abteilung liegen.[99]

58 Diese Ansichten – sowie weitere Lösungen – haben im Rahmen des § 4 LkSG ihre Berechtigung. Es kommt maßgeblich darauf an, dass diese für das Unternehmen zu einem angemessenen und wirksamen Risikomanagement führen. Auch wenn eine klare Trennung der operativen und überwachenden Tätigkeiten grundsätzlich sinnvoll erscheint, um möglichen Interessenkollisionen vorzubeugen, schreibt das LkSG diese Organisationsform nicht vor. Es kann für ein Unternehmen ebenso in Betracht kommen, die Wahrnehmung von operativen Aufgaben und deren Überwachung zu bündeln, solange das Risikomanagement menschenrechtlichen und umweltbezogenen Risiken vorbeugt und etwaige Verletzungen behebt bzw. minimiert.[100] Prozessinterne Kontrollen sind einer klassischen Compliance-Organisation jedenfalls nicht fremd.[101]

59 Im Übrigen schreibt § 4 LkSG nicht vor, wer und in welcher Weise die mit dem Risikomanagement verbundenen Aufgaben innerhalb des Unternehmens wahrzunehmen hat. Bei der Festlegung der Zuständigkeiten und Aufgaben kann auf bewährte Methoden zurückgegriffen werden, z.B. auf die RASCI-Analyse (*Responsible, Accountable, Support, Consulted, Informed*). Hierbei handelt es sich um eine konzeptionelle Methode zur strukturierten Analyse und Darstellung von Verantwortlichkeiten innerhalb betrieblicher Abläufe.[102] Hiermit kann ein Unternehmen systematisch darstellen, welche Abteilung für welche konkreten Sorgfaltspflichten und abgeleiteten Maßnahmen zuständig ist und welche Abteilungen jeweils in welchem Umfang zusätzlich involviert sind.

3. Innerhalb verbundener Unternehmen

60 Innerhalb verbundener Unternehmen stellen sich besondere Fragen für die Umsetzung des Risikomanagements. So wird derzeit diskutiert, ob das Risikomanagement zentral oder dezentral zu integrieren ist (a)). Zudem muss innerhalb des Unternehmensverbunds sichergestellt werden, dass alle relevanten Mitarbeitenden für die geschützten Rechtspositionen des LkSG sensibilisiert werden (b)).

61 **a) Zentrale oder dezentrale Integration sowie Delegation.** Von zentraler Integration sprechen wir, wenn nur die Obergesellschaft ein Risikomanagement und die betriebsinterne Zuständigkeit für dessen Überwachung eingerichtet hat. Als dezentrale Integration betrachten wir es, wenn zusätzlich auch eine Tochtergesellschaft, die selbst in den Anwendungsbereich des LkSG

96 Für einen *Chief Human Rights Officer Harings/Jürgens/Thalhammer* CB **2022** 93, 94.

97 *Harings/Jürgens/Thalhammer* CB **2022** 93, 94; wohl auch Gehling/Ott/*Balke* § 4 Rn. 45.

98 *Ruttloff/Wagner/Hahn/Freihoff* CCZ **2022** 20, 26; *Teichmann* ZWH **2022** 133, 136: *„Himmelfahrtskommando"*.

99 So wohl Gehling/Ott/*Balke* § 4 Rn. 42 f.

100 Vgl. *Ruttloff/Wagner/Hahn/Freihoff* CCZ **2022** 20, 26, wonach eine vollständige Freiheit von Interessenkonflikten die Anforderungen überdehnen würde.

101 Vgl. *Joos/Kerckhoff/Ghassemi-Tabar* DB **2022** 1465, 1470.

102 *Weinert/Schwarz/Stein* DB **2017** 737, 738.

fällt, entsprechende Vorkehrungen getroffen hat.[103] Der Wortlaut des Gesetzes und die Gesetzesmaterialien befassen sich nicht mit der zentralen oder dezentralen Pflichtenintegration. Für eine dezentrale Integration lässt sich anführen, dass jedes Unternehmen, das in den Anwendungsbereich des LkSG fällt, die Sorgfaltspflichten selbst erfüllen muss.[104] Hierfür spricht auch der Wortlaut des § 4 Abs. 3 LkSG, wonach eine zuständige Stelle für die Überwachung des Risikomanagements *„innerhalb des Unternehmens“* zu benennen ist.[105] Zudem lässt sich der Gesetzesbegründung entnehmen, dass das Risikomanagement *„am Unternehmensstandort“* in allen maßgeblichen unternehmensinternen Geschäftsabläufen zu integrieren ist.[106] Im Rahmen der konkreten Ausgestaltung der Pflichtenintegration ist zu berücksichtigen, inwiefern die Obergesellschaft auf das verpflichtete Tochterunternehmen[107] einen bestimmenden Einfluss ausübt (§ 2 Abs. 6 S. 3 LkSG).[108]

Übt die Obergesellschaft keinen bestimmenden Einfluss aus, bietet es sich an, dass sich die Obergesellschaft und das verpflichtete Tochterunternehmen abstimmen, wie sie die Sorgfaltspflichten im jeweils eigenen Geschäftsbereich und gegenüber ihren unmittelbaren und mittelbaren Zulieferern integrieren. Dabei verbietet das LkSG nicht, dass sich das verpflichtete Tochterunternehmen Maßnahmen der Obergesellschaft zu eigen macht, z.B. unternehmensweite Präventions- und Abhilfemaßnahmen, wie Schulungen oder Beschaffungsstrategien bzw. die Grundsatzerklärung.[109] Ebenso ist es denkbar, dass sich das verpflichtete Tochterunternehmen die von der Obergesellschaft entwickelte Methodik zur Risikoanalyse zu eigen macht. Dies ist vor allem sinnvoll, wenn es sich um vergleichbare wirtschaftliche Tätigkeiten handelt. In diesen Fällen ist es jedoch notwendig, dass das verpflichtete Tochterunternehmen eigenständig prüft und dokumentiert, ob die entwickelten Maßnahmen der Obergesellschaft für sie geeignet und ggf. anzupassen sind.[110] So kann es etwa hinsichtlich der Methodik zur Risikoanalyse erforderlich sein, dass das Tochterunternehmen länder- oder branchenspezifische Risiken ergänzt oder bei der konkreten Risikobewertung anders priorisiert. 62

Übt die Obergesellschaft einen bestimmenden Einfluss auf das Tochterunternehmen aus, kommen aus Perspektive der Obergesellschaft grundsätzlich zwei Möglichkeiten in Betracht, die eigenen Sorgfaltspflichten im Unternehmensverbund zu erfüllen. Die Obergesellschaft kann einerseits das Risikomanagement und die hieraus abgeleiteten Maßnahmen zentral entwickeln und sodann auf das verpflichtete Tochterunternehmen (sowie die anderen ihr gem. § 2 Abs. 6 S. 3 LkSG zugerechneten Unternehmen) delegieren (*Roll-Out*). In dieser Konstellation ist die Obergesellschaft verpflichtet zu überwachen, dass die ihr zugerechneten Unternehmen die von ihr entwickelten Maßnahmen ordnungsgemäß umsetzen.[111] Andererseits kann die Obergesellschaft das selbst verpflichtete Tochterunternehmen und die weiteren ihr zugerechneten Tochterunternehmen anweisen, eigenständig Maßnahmen zur Umsetzung und Überwachung der Sorgfaltspflichten zu entwickeln und zu implementieren.[112] Auch in diesem Fall wird die Obergesellschaft jedoch für die ordnungsgemäße Umsetzung im eigenen und ihr zugerechneten Geschäftsbereich letztlich verantwortlich bleiben. Welchen Weg die Obergesellschaft beschreitet, hängt von den konkreten Umstän- 63

103 Siehe zur Thematik z.B. *Ruttloff/Wagner/Hahn/Freihoff* CCZ **2022** 20, 23; Wagner/Ruttloff/Wagner/*Sturm* § 6 Rn. 1003; Gehling/Ott/*Balke* § 4 Rn. 44; *Altenschmidt/Helling* § 1 Rn. 31; DICO Standard S 16 S. 17; offengelassen *Rothermel* § 4 Rn. 30.

104 Vgl. Grabosch/*Schönfelder* § 4 Rn. 30; *Herrmann/Rünz* COMPLY **2022** 14, 15; Antwort IV.7. FAQ-LkSG. Für eine Holdinggesellschaft ohne eigenes operatives Geschäft, siehe insbesondere die Kommentierung zu § 1 LkSG.

105 *Rothenburg/Rogg* AG **2022** 257, 264.

106 BT-Drs. 19/28649 S. 43.

107 Anmerkung: In der Praxis sind auch oftmals mehrere Tochterunternehmen in Unternehmensverbünden nach dem LkSG verpflichtet. Die Ausführungen in diesem Abschnitt gelten sinngemäß auch für mehrere verpflichtete Tochterunternehmen.

108 Vgl. Antwort IV.7. FAQ-LkSG.

109 Vgl. Antwort IV.7. FAQ-LkSG.

110 Vgl. Antwort IV.7. FAQ-LkSG.

111 Vgl. Antwort IV.7. FAQ-LkSG; *Schäfer* ZLR **2022** 22, 47; *Wagner/Ruttloff* NJW **2021** 2145, 2149.

112 Vgl. Antwort IV.7. FAQ-LkSG.

den ab, insbesondere von der Risikostruktur des Unternehmensverbunds.[113] Der Obergesellschaft steht hierbei ein Beurteilungs- und Ermessenspielraum zu. Sind die Geschäftsabläufe etwa konzernweit organisiert, bietet es sich an, das Risikomanagement und die betriebsinterne Zuständigkeit ebenfalls zentral aufzusetzen.[114]

64 Aus Perspektive des selbst verpflichteten Tochterunternehmens ändert die Vorgehensweise der Obergesellschaft nichts daran, dass das Tochterunternehmen nach dem LkSG selbst verpflichtet ist und bleibt. Daher muss das verpflichtete Tochterunternehmen auch bei einer zentralen Umsetzung durch die Obergesellschaft prüfen, ob die ausgerollten Maßnahmen für sie geeignet oder ggf. anzupassen sind.

Noch wenig diskutiert wird die Frage, ob das selbst verpflichtete Tochterunternehmen das Risikomanagement auf die Obergesellschaft delegieren darf. Das LkSG verbietet dies nicht. Nach allgemeinen Grundsätzen ist für die Delegation des verpflichteten Tochterunternehmens an die Obergesellschaft ein Delegationsakt notwendig, mit dem die Geschäftsleitung des Tochterunternehmens klar und nachvollziehbar das Risikomanagement und insbesondere die zuständige Stelle für dessen Überwachung in die Obergesellschaft delegiert (siehe auch E.I.2.b)).[115] Hierbei haben Tochterunternehmen und Obergesellschaft klare Zuständigkeiten und Verantwortungsbereiche festzulegen und voneinander abzugrenzen. Zudem müssen angemessene personelle und technisch-organisatorische Ausstattungen für die delegierten Aufgaben innerhalb der Obergesellschaft vorhanden sein.[116] Außerdem hat die Geschäftsleitung des verpflichteten Tochterunternehmens sicherzustellen, dass ihr regelmäßig über den Stand des Risikomanagements berichtet wird (vgl. § 4 Abs. 3 S. 2 LkSG). Die Ausführungen in den aktuellen FAQ-LkSG, wonach eine externe Beauftragung für die Überwachung des Risikomanagements ausscheidet, stehen dem nicht entgegen.[117] Die FAQ-LkSG befassen sich bei verständiger Lesart mit der in der Literatur diskutierten Frage, ob die zuständige Überwachungsstelle auf externe Dritte ausgelagert werden kann und lehnen dies zutreffend ab (siehe auch E.IV.6.). Vor diesem Hintergrund sind unter dem Begriff *„extern"* externe Dritte außerhalb des Unternehmensverbunds zu verstehen. Hierfür spricht auch ein Vergleich zu § 8 Abs. 1 S. 6 LkSG, wonach sich Unternehmen eines *„externen Beschwerdeverfahrens"* bedienen können. Hierunter versteht der Gesetzgeber z.B. einen Beschwerdemechanismus eines Branchenverbands.[118] Für diese Sichtweise streitet außerdem der Umstand, dass die Obergesellschaft auch nach den aktuellen FAQ-LkSG weiterhin einen zentralen Ansatz wählen und unternehmensweit Prozesse ausrollen kann.

65 **b) Sensibilisierung aller relevanten Mitarbeitenden.** Innerhalb verbundener Unternehmen ist ebenfalls darauf zu achten, dass die relevanten Mitarbeitenden für die geschützten Rechtspositionen des LkSG sensibilisiert werden.

66 Übt das verpflichtete Unternehmen einen bestimmenden Einfluss auf andere Gesellschaften aus, zählen diese zum eigenen Geschäftsbereich des verpflichteten Unternehmens (§ 2 Abs. 6 S. 3 LkSG). Das BAFA betont in diesem Zusammenhang, dass alle relevanten Mitarbeitenden in allen vom eigenen Geschäftsbereich erfassten Gesellschaften, Filialen und Standorten geschult werden müssen, z.B. durch Workshops, E-Learnings, Einzelgespräche und Handreichungen.[119] Zu-

---

113 Vgl. *Ruttloff/Wagner/Hahn/Freihoff* CCZ **2022** 20, 23 *„bei hinreichender Berücksichtigung der Risikostrukturen des jeweiligen Unternehmens"*.

114 DICO Standard S 16 S. 17.

115 *Birkefeld/Schäfer* ZLR **2022** 444, 448; vgl. auch BeckOGK/*Spindler*, § 823 Rn. 434; BGH Urt. v. 13.12.2019 – V ZR 43/19 = NZM **2020** 611; BGH Urt. v. 22.1.2008 – VI ZR 2008 = NJW **2008** 1440, 1441; BGH Urt. v. 4.6.1996 – VI ZR 75/95 = NJW **1996**, 2646, Anmerkung: Auch unter Datenschutzgesichtspunkten ist es erforderlich, die Delegation schriftlich festzuhalten.

116 Vgl. LG München I Urt. v. 10.12.2013 – 5 HK 1387/10 = NZG **2014** 435 ff. zur Compliance-Organisation.

117 Antwort VII.1. FAQ-LkSG.

118 BT-Drs. 19/28649 S. 49.

119 Vgl. BAFA Risikoanalyse S. 13.

dem muss auch hier im Rahmen einer verbundweiten Unterrichtung dafür gesorgt sein, dass erkannte Risiken zuverlässig und zeitnah den zuständigen Stellen gemeldet werden.[120]

III. Maßnahmen gemäß § 4 Abs. 2 LkSG

§ 4 Abs. 2 LkSG regelt, in welchen Fällen das Unternehmen Maßnahmen ergreifen muss (1.) und wann diese wirksam sind (2.). 67

1. Verursachung und Beitrag

Das Unternehmen muss nur solche Risiken und Verletzungen innerhalb der Lieferkette adressieren, die es unmittelbar verursacht oder dazu beigetragen hat (a)). Ob hierbei ein qualifizierter Beitrag des Unternehmens erforderlich ist, ist zumindest zweifelhaft (b)). 68

a) Begriff. Nach § 4 Abs. 2 LkSG muss das Unternehmen im Rahmen des Risikomanagements nur solche Risiken und Verletzungen innerhalb der Lieferkette adressieren, die es unmittelbar verursacht oder dazu beigetragen hat. 69

Der letzte Halbsatz bedeutet nicht, dass ein Unternehmen nur dann zur Einrichtung eines Risikomanagements verpflichtet ist, wenn es ein menschenrechtliches Risiko verursacht oder zu seiner Entstehung beigetragen hat.[121] Die Sorgfaltspflichten des LkSG und damit auch die Einrichtung eines Risikomanagements nach § 4 LkSG treffen jedes Unternehmen, das in den Anwendungsbereich des LkSG fällt. Das verpflichtete Unternehmen hat dann im Rahmen des Risikomanagements die Risiken zu adressieren, die es unmittelbar verursacht oder zu deren Entstehung es beigetragen hat. Ereignisse, die nach der normalen Lebensanschauung eines objektiven, informierten Dritten völlig außerhalb der Erfahrung und Erwartung liegen, sind nicht erfasst.[122] Stellt ein Unternehmen fest, dass es keine Risiken verursacht oder zu deren Entstehung beiträgt, hat es dies zu dokumentieren.[123] 70

Voraussetzung ist, dass das Unternehmen das Risiko bzw. die Verletzung selbst unmittelbar verursacht oder zumindest zu dessen Entstehung oder Verstärkung kausal beigetragen hat.[124] Nach den gemeinsam vom BMAS und BAFA erarbeiteten FAQ-LkSG ist dies der Fall, wenn die Handlung des Unternehmens nicht hinweggedacht werden kann, ohne dass die Entstehung des Risikos entfiele.[125] Dabei sei im Einzelfall zu bewerten, wann ein relevanter Beitrag vorliegt.[126] Mit dem Verb *„beitragen"* werde klargestellt, dass auch Fälle von § 4 Abs. 2 LkSG erfasst sind, in denen das Unternehmen nicht alleine gehandelt hat.[127] 71

Das BAFA definiert *„beitragen"* außerdem in seiner Handreichung zur Risikoanalyse.[128] Hiernach bedeute *„Beitragen/(Mit)Verursachen, dass die Auswirkung das Ergebnis einer Handlung eines Dritten ist."* Das Unternehmen leiste dann einen Betrag, wenn die Handlung oder auch das Unterlassen des Unternehmens in irgendeiner Weise die Verletzung einer konkreten Pflicht erlaube, 72

120 Vgl. BAFA Risikoanalyse S. 13.
121 *Ehmann* ZVertriebsR **2021** 141, 145 f.
122 Antwort VI.5. FAQ-LkSG.
123 Vgl. BAFA Risikoanalyse S. 18.
124 BT-Drs. 19/28649 S. 43; Antwort VI.6. FAQ-LkSG.
125 Antwort VI.6. FAQ-LkSG.
126 Antwort VI.6. FAQ-LkSG.
127 Antwort VI.6. FAQ-LkSG.
128 BAFA Risikoanalyse S. 15 Fn. 14.

ermögliche oder motiviere.[129] Bei der Bestimmung, ob ein Unternehmen einen solchen Beitrag leistet, sollen folgende Faktoren helfen: (i) das Ausmaß, in dem das Unternehmen die Verletzung durch einen Dritten fördert oder motiviert, (ii) das Maß, zu dem das Unternehmen von der Verletzung Kenntnis hatte oder hätte haben sollen, sowie (iii) der Grad, zu dem die Handlung des Unternehmens die Verletzung tatsächlich verhindert, minimiert oder beendet hätte.[130] Das Konzept *„beitragen/mitverursachen"* sei nicht statisch zu sehen.[131]

73 Diese Ausführungen des BAFA dürften wohl als Auslegungshilfe für den gesetzlichen Begriff *„beitragen"* i.S.d. § 4 Abs. 2 LkSG heranzuziehen sein. Allerdings wirft diese Definition diverse Fragen auf. Möchte das BAFA den Begriff *„beitragen"* lediglich im Zusammenhang mit Verletzungen verwenden? Anders als § 4 Abs. 2 LkSG, der auf *„Risiken oder Verletzungen"* menschenrechtlicher oder umweltbezogener Pflichten abstellt, spricht die Definition des BAFA nur von der *„Verletzung"* einer konkreten Pflicht. Demgegenüber dürfte auch auf Risiken abzustellen sein. Außerdem stellt die Definition des BAFA einerseits auf das Begriffspaar *„beitragen/(mit)verursachen"* (also Beitragen/Mitverursachen/Verursachen), andererseits auf *„beitragen/mitverursachen"* (also Beitragen/Mitverursachen) ab. Bei verständiger Lesart dürfte es ausschließlich auf ein Mitverursachen ankommen, weil das alleinige Verursachen bereits von der Alternative *„verursachen"* i.S.d. § 4 Abs. 2 LkSG erfasst ist und der Begriff *„beitragen"* definiert werden soll.[132] Zudem stellen sich bei der Definition des BAFA Abgrenzungsfragen zwischen *„erlauben"*, *„ermöglichen"* und *„motivieren"*. Wo genau jeweils der Unterschied bestehen soll, erschließt sich ohne nähere Erläuterungen nicht. Überdies bleibt die notwendige Intensität des Beitrags unklar. Einerseits soll es ausreichen, wenn die Handlung oder das Unterlassen *„in irgendeiner Weise"* die Verletzung erlaubt, ermöglicht oder motiviert. Dies könnte man so verstehen, als komme es auf eine bestimmte Beitragsintensität nicht an. Andererseits sollen weitere Faktoren herangezogen werden, um zu bestimmen, ob ein solcher Beitrag vorliegt. Hierzu gehört auch *„das Ausmaß"*, in dem das Unternehmen die Verletzung durch einen Dritten *„fördert oder motiviert"*, also *„inwiefern"* die Handlung oder Unterlassen das Risiko erhöht, dass die Verletzung eintritt.[133] Nach diesem Zusatz scheint doch nicht jeder Beitrag auszureichen. Dies gilt zumindest für die Handlungsalternative des *„motivieren"*. Ob *„fördern"* gleichzusetzen ist mit *„ermöglichen"* bzw. *„erlauben"*, bleibt ebenfalls offen.

74 Legt man die OECD-Leitsätze zugrunde, kann man sich den Begriffen *„verursachen"* und *„beitragen"* wie folgt annähern:[134]

- Verursachen: Das Unternehmen ruft das Risiko bzw. die Verletzung menschenrechtlicher oder umweltbezogener Pflichten alleine hervor.
- Beitragen: Die Aktivität eines Unternehmens ruft in Kombination mit der Aktivität eines oder mehrerer anderer Unternehmen das Risiko bzw. die Verletzung hervor. Oder die Aktivität eines Unternehmens begünstigt zumindest, dass ein anderes Unternehmen das Risiko oder die Verletzung hervorruft.

75 **b) Qualifizierter Beitrag?** Derzeit diskutieren Stimmen in der Literatur, inwiefern das Unternehmen zu einem Risiko oder einer Verletzung beigetragen haben muss. Wenn ein Unternehmen eine Vertragsbeziehung mit einem *„pflichtvergessenen"* Zulieferer eingehe bzw. diese aufrechter-

129 BAFA Risikoanalyse S. 15 Fn. 14 sowie Anhang I.

130 BAFA Risikoanalyse S. 15 Fn. 14; ebenso BAFA Fragenkatalog Glossar ‚*Beitragen*'.

131 BAFA Risikoanalyse S. 15 Fn. 14; ebenso BAFA Fragenkatalog Glossar ‚*Beitragen*'.

132 Anmerkung: In dem später veröffentlichen Fragenkatalog spricht das BAFA nur von *„beitragen/mitverursachen"* (vgl. BAFA Fragenkatalog Glossar ‚*Beitragen*').

133 BAFA Risikoanalyse S. 15 Fn. 14.

134 Vgl. OECD-Leitfaden S. 73 Anhang A.2 F29.

halte, stelle dies keinen Risikobeitrag im Sinne des § 4 Abs. 2 LkSG dar.[135] Auch sei ein Unternehmen nach dem LkSG nicht verpflichtet, Präventions- und Abhilfemaßnahmen gegenüber Lieferanten aus besonders kritischen Herkunftsländern zu ergreifen, wenn es zu den Lieferanten lediglich Geschäftsbeziehungen unterhalte und keinen qualifizierten Risikobeitrag leiste.[136] Diese Argumentation ist zumindest zweifelhaft.

Der Wortlaut des § 4 Abs. 2 LkSG unterscheidet nicht nach der Qualität des Beitrags. Nach 76
der Gesetzesbegründung und den FAQ-LkSG reicht es aus, wenn das Unternehmen durch seine Handlung zur Entstehung oder Verstärkung des Risikos bzw. der Verletzung kausal beigetragen hat.[137] Nach den FAQ-LkSG soll dabei Kausalität im Sinne der *conditio sine qua non* ausreichen.[138]

Für ein weites Verständnis spricht auch der Sinn und Zweck des LkSG. Das Gesetz bezweckt, 77
dass sich Unternehmen umfassend bemühen müssen, Risiken in ihrer Lieferkette zu adressieren. Dieser Gesetzeszweck würde konterkariert, wenn ein Unternehmen z.B. hinsichtlich unmittelbarer Zulieferer aus besonders kritischen Herkunftsländern nicht tätig werden müsste.

Zudem ist das Konzept des *„Beitrags"* i.S.d. § 4 Abs. 2 LkSG nach den Ausführungen des BAFA 78
in seiner Handreichung zur Risikoanalyse nicht statisch.[139] Vor diesem Hintergrund ist es denkbar, dass ein Unternehmen durch den Abschluss oder die Aufrechterhaltung der Geschäftsbeziehung mit einem Zulieferer zu einem relevanten Risiko beiträgt. Stellt z.B. ein Zulieferer sein Produkt unter Verstoß gegen ILO-Kernarbeitsnormen her, verletzt er menschenrechtliche Pflichten. Ein Unternehmen, das mit diesem Zulieferer neu kontrahiert, trägt zwar nicht zu vergangenen Verletzungen bei. Allerdings kann es zur Entstehung oder Verstärkung zukünftiger menschenrechtlicher Risiken beitragen. Denn der Zulieferer wird aufgrund des Vertragsschlusses sein Produkt (weiter) herstellen und hierbei (wieder) Arbeitnehmer einsetzen. Ist die Pflichtverletzung des Zulieferers für das Unternehmen vorhersehbar gewesen, kommt ein Beitragen durch Unterlassen in Betracht.[140] Das Risiko muss adressiert werden. Gleiches gilt, wenn das Unternehmen von relevanten Risiken oder Verletzungen des Zulieferers erfährt und die Geschäftsbeziehung weiter aufrechterhalten möchte.

Die OECD-Leitsätze und die VN-Leitprinzipen stützen diese Auffassung. Nach den OECD-Leit- 79
sätzen reicht es aus, dass das Risiko bzw. die Verletzung unmittelbar mit der Geschäftstätigkeit, Produkten oder Dienstleistungen des Unternehmens verbunden ist.[141] So soll es z.B. genügen, dass ein Unternehmen Kobalt bezieht, welches Kinder abgebaut haben. In diesem Fall habe das Unternehmen das Risiko zwar nicht selbst verursacht oder dazu beigetragen. Jedoch bestehe eine unmittelbare Verbindung zwischen dem Produkt des Unternehmens und der Verletzung durch die Geschäftsbeziehung mit dem anderen Unternehmen, das in die Beschaffung des Kobalts involviert ist. Das Unternehmen müsse dann zumindest seine Einflussmöglichkeiten nutzen, um den Verursacher des Risikos bzw. der Verletzung zu beeinflussen, dieses zu vermeiden oder zu mindern. Nach den VN-Leitprinzipien soll es ebenfalls ausreichen, dass eine menschenrechtliche Auswirkung mit der Geschäftstätigkeit, Produkten oder Dienstleistungen eines Unternehmens wegen seiner Geschäftsbeziehung zu einem anderen Unternehmen unmittelbar verbunden ist.[142] Für die zu ergreifenden Maßnahmen komme es dann z.B. darauf an, inwiefern das Unternehmen auf das andere Unternehmen Einfluss ausüben könne, wie schwer die in Rede stehende Verletzung sei,

---

135 Vgl. *Brouwer* CCZ **2022** 137, 142 f. mit Verweis auf VCI-Papier, S. 34 ff, abrufbar unter https://www.vci.de/themen/nachhaltigkeit/lieferketten-menschenrechte-wirtschaft/lieferkettensorgfaltspflichtengesetz-rechts-umsetzungsfragen.jsp (zuletzt am 31.3.2023).

136 Vgl. *Brouwer* CCZ **2022** 137, 143 mit Verweis auf VCI-Papier, S. 34 ff; ähnlich Gehling/Ott/*Balke* § 4 Rn. 36.

137 Vgl. BT-Drs. 19/28649 S. 43; Antwort VI.5. FAQ-LkSG.

138 Antwort VI.5. FAQ-LkSG.

139 Vgl. BAFA Risikoanalyse S. 15 Fn. 14.

140 Vgl. BAFA Risikoanalyse S. 15 Fn. 14.

141 OECD-Leitfaden S. 74 f. Anhang I.2 F.29.

142 Vgl. *Geschäftsstelle Deutsches Global Compact Netzwerk* Leitprinzipen für Wirtschaft und Menschenrechte – Umsetzung des Rahmens der Vereinten Nationen „Schutz, Achtung und Abhilfe" S. 25 f; UN Guiding Principles on Business and Human Rights – Implementing the United Nations „Protect, Respect and Remedy" Framework, 2011, p. 21 et seq.

und ob die Beendigung der Geschäftsbeziehung selbst nachteilige menschenrechtliche Folgen hätte. Das Unternehmen kann daher die menschenrechtliche Auswirkung nicht ignorieren, sondern muss sie im Rahmen seiner Möglichkeiten adressieren.

80 Die Ausführungen des BAFA in seiner Handreichung zur Risikoanalyse könnten jedoch zu einem anderen Ergebnis führen. Hiernach soll es zwar für einen Beitrag i.S.d. § 4 Abs. 2 LkSG ausreichen, wenn das Unternehmen die Verletzung einer konkreten Pflicht insbesondere *„in irgendeiner Weise“* motiviert.[143] Allerdings soll hierbei unter anderem *„das Ausmaß“* maßgeblich sein, *„inwiefern“* die Handlung oder Unterlassen das Risiko erhöht, dass die Verletzung eintritt. Dies könnte dafür sprechen, dass ein qualifizierter Beitrag eines Unternehmens notwendig ist und etwa der Vertragsschluss mit einem Zulieferer, der gegen menschenrechtliche Pflichten verstößt, nicht ausreicht.

81 Mangels einer etablierten Verwaltungspraxis und ambivalenter Aussagen des BAFA in seiner Handreichung besteht derzeit Rechtsunsicherheit. Unternehmen sollten relevante Risiken bzw. Verletzungen ihrer unmittelbaren Zulieferer daher sicherheitshalber möglichst frühzeitig und umfassend adressieren. So schließt das Unternehmen aus, relevante Risiken bzw. Verletzungen zu übergehen. Gleichzeitig minimiert es die Möglichkeit, zu Risiken oder Verletzungen durch Unterlassen beizutragen, die es dann ohnehin adressieren müsste.

2. Wirksamkeit

82 Gemäß § 4 Abs. 2 LkSG sind Maßnahmen wirksam, die es ermöglichen, menschenrechtliche und umweltbezogene Risiken zu erkennen und zu minimieren sowie die Verletzung menschenrechts- oder umweltbezogener Pflichten zu verhindern, zu beenden oder deren Ausmaß zu minimieren. Soweit Risiken und Verletzungen nicht oder nur mit unverhältnismäßigem Aufwand beendet werden können, müssen diese durch das Risikomanagement zumindest minimiert werden.[144]

83 Das Gebot der Wirksamkeit wird durch die Möglichkeit des Unternehmens geprägt, Einfluss zu nehmen auf die Minimierung der Risiken. Bei Verletzungen im eigenen Geschäftsbereich kann das Gebot der Wirksamkeit dazu führen, dass sich die Bemühenspflicht zu einer Erfolgspflicht wandelt. Nach Ansicht des BAFA hat das Unternehmen im eigenen inländischen Geschäftsbereich die Verletzung abzustellen (Erfolgspflicht).[145] Im eigenen ausländischen Geschäftsbereich und im eigenen zugerechneten Geschäftsbereich (§ 2 Abs. 6 S. 3 LkSG) hat das Unternehmen die Verletzung hingegen in der Regel abzustellen.[146] Sollte es einem Unternehmen in den beiden letztgenannten Fällen nicht möglich sein, die Verletzung abzustellen, sollte es die durchgeführten Schritte, deren Ergebnis sowie die Gründe nachvollziehbar dokumentieren. Anderenfalls kann das Unternehmen einem etwaigen Vorwurf nicht entgegentreten, es sei seiner Bemühenspflicht nicht ausreichend nachgekommen.

IV. Überwachung gemäß § 4 Abs. 3 S. 1 LkSG

84 Das Unternehmen muss festlegen, wer dafür zuständig ist, das Risikomanagement zu überwachen (1.). Wesentliche Fragen bilden die Anforderungen an die Qualifikation (2.) und Unabhängigkeit (3.) der überwachenden Stelle sowie das Ausmaß der notwendigen Ressourcen (4.), das Haftungsrisiko (5.) und inwiefern Auslagerungen zulässig sind (6.).

---

143 BAFA Risikoanalyse S. 15 Fn. 14.

144 BT-Drs. 19/28649 S. 41.

145 BAFA Angemessenheit S. 3.

146 BAFA Angemessenheit S. 3.

1. Zuständige Stelle

Derzeit diskutiert das Schrifttum mehrere Möglichkeiten, wo die zuständige Stelle innerhalb des Unternehmens anzusiedeln ist (a). Konsens besteht insofern, dass das Unternehmen eine oder mehrere Personen konkret als Verantwortliche benennen muss (b). 85

a) Verortung. Nach § 4 Abs. 3 S. 1 LkSG hat das Unternehmen festzulegen, wer innerhalb des Unternehmens dafür zuständig ist, das Risikomanagement zu überwachen. Die Überwachung bezieht sich dabei auf die Erfüllung der Sorgfaltspflichten nach dem LkSG.[147] 86

Derzeit diskutiert das Schrifttum mehrere Möglichkeiten, wo die zuständige Stelle innerhalb des Unternehmens anzusiedeln ist. Manche argumentieren z.B. unter Verweis auf eine potentielle Interessenkollision, dass ein Mitglied der Geschäftsleitung nicht die Überwachung ausüben dürfe.[148] Andere halten dies für möglich.[149] Wiederum andere sehen die zuständige Stelle im Einkauf[150] bzw. in der Nachhaltigkeitsabteilung[151] als problematisch verortet oder bevorzugen die Compliance- bzw. Rechtsabteilung[152] bzw. interne Revision.[153] In der Praxis scheinen sich verschiedene Umsetzungen abzuzeichnen.[154] 87

Der Gesetzgeber verweist darauf, dass Zuständigkeiten etwa in der Compliance-Abteilung, dem Einkauf oder dem Vorstand bestehen können.[155] Denkbar ist daher auch eine Kombination oder stufenweise Durchführung der Überwachung.[156] Allerdings spricht der Gesetzgeber eine klare Empfehlung aus: Das Unternehmen sollte die Stelle eines Menschenrechtsbeauftragten einrichten und diese unmittelbar der Geschäftsleitung unterstellen.[157] Diesen Gedanken spiegelt § 4 Abs. 3 S. 2 LkSG wider, wonach sich die Geschäftsleitung (als Organ) über die Tätigkeiten des oder der zuständigen Personen informieren muss. 88

Zur Beantwortung kommt es abermals maßgeblich auf das Prinzip der Angemessenheit und das Gebot der Wirksamkeit an. Der Gesetzgeber räumt dem Unternehmen einen Ermessensspielraum ein. Von diesem darf es Gebrauch machen.[158] So betont auch das BAFA, dass das Unternehmen am besten selbst beurteilen könne, in welcher Abteilung bzw. auf welcher Ebene es die zuständige(n) Person(en) ansiedelt.[159] Unabhängig hiervon liegt die Besonderheit aber darin, dass der Gesetzgeber eine Organisationsempfehlung ausspricht. Vor diesem Hintergrund ist es ratsam, 89

---

147 BT-Drs. 19/28649 S. 43.

148 Für eine Trennung zwischen Geschäftsleitung und Menschenrechtsbeauftragtem: *Birkefeld/Schäfer* ZLR **2022** 444, 448; *Harings/Jürgens/Thalhammer* CB **2022** 93, 94; *Harings/Jürgens* 6.2.2.1: Menschenrechtsbeauftragter „sollte" nicht Teil der Geschäftsleitung sein.

149 *Häfeli* ARP **2021** 299, 300; *Ruttloff/Wagner/Hahn/Freihoff* CCZ **2022** 22, 26; E. Wagner/Ruttloff/S. Wagner/*E. Wagner/S. Wagner* § 4 Rn. 620.

150 Grabosch/*Schönfelder* § 4 Rn. 38; E. Wagner/Ruttloff/S. Wagner/*E. Wagner/S. Wagner* § 4 Rn. 620; *Wulf* DStZ **2022** 476, 486 *„unpassend"*; DICO Standard S 16 S. 17 *„Konfliktpotenzial"*.

151 DICO Standard S 16 S. 17 möglicher *„fehlender operativer Bezug"*.

152 *Bäumges/Jürgens* CCZ **2022** 195, 197; Grabosch/*Schönfelder* § 4 Rn. 38; wohl DICO Standard S 16 S. 17; *Makowicz* COMPLY **2022** 10, 12.

153 *Wulf* DStZ **2022** 476, 486 für die regelmäßige Kontrolle der ergriffenen Präventions- und Abhilfemaßnahmen.

154 Zu möglichen Verortungen in der Praxis vgl. DICO Standard S 16 S. 17.

155 BT-Drs. 19/28649 S. 43.

156 Vgl. zu den verschiedenen Möglichkeiten im Rahmen der Compliance-Organisation (Eigenkontrolle der Geschäftseinheiten, Kontrolle durch Compliance-Organisation bzw. Fachabteilung, Kontrolle durch interne Revision oder externe Experten) z.B. *Moosmayer* § 4 Rn. 128; Bay/Hastenrath/*Bay/Seeburg* § 7 Rn. 35.

157 BT-Drs. 19/28649 S. 43; der Umstand, dass die Funktion nicht als Menschenrechtsbeauftragter bezeichnet sein muss, ergibt sich bereits aus § 4 Abs. 3 S. 1 LkSG und dem Wort *„etwa"*.

158 Vgl. Gehling/Ott/*Balke* § 4 Rn. 48.

159 Antwort VII.2. FAQ-LkSG.

die zuständige Stelle direkt der Geschäftsleitung zu unterstellen, sofern möglich und zumutbar.[160] Hierfür sprechen mehrere Argumente. Ein direkter Berichtsweg ist vorteilhaft, weil sich die Geschäftsleitung über die Arbeit der zuständigen Stelle zu informieren hat (§ 4 Abs. 3 S. 2 LkSG). Durch eine direkte Anbindung an die Geschäftsleitung kann das Unternehmen außerdem den Stellenwert betonen, den die Achtung der Menschenrechte einnimmt. Weicht das Unternehmen von der Empfehlung ab, sollte es diese Entscheidung fundiert begründen und dokumentieren. Nur so kann sich das Unternehmen vor dem möglichen Vorwurf schützen, dass die abweichende Organisation einen etwaigen Verstoß begünstigt hätte.[161] Zudem muss ein verpflichtetes Unternehmen in zeitlicher Hinsicht beachten, dass es zum 1.1.2023 bzw. 1.1.2024 festgelegt haben muss, wer intern für die Überwachung des Risikomanagements zuständig ist.[162]

90 **b) Personenbezug und Aufgabenteilung.** Es reicht nicht aus, dass das Unternehmen die Funktion bzw. Rolle festlegt, sondern es muss eine oder mehrere Personen konkret benennen (§§ 4 Abs. 3 S. 2, 17 Abs. 2 Nr. 3 LkSG).[163]

91 Damit geht die Möglichkeit einher, mehrere Personen im Rahmen eines Gremiums oder einer Abteilung einzusetzen.[164] Hierbei darf es aber nicht zu einer *„Deresponsibilisierung"*[165] kommen, sodass sich letztlich niemand verantwortlich fühlt. Klare Zuständigkeiten und Verantwortlichkeiten sind unabdingbar.

92 Gleiches gilt, wenn die Aufgaben der zuständigen Stelle auf verschiedene Köpfe verteilt werden, z.B. hinsichtlich der menschenrechtlichen und umweltbezogenen Risiken.[166] Dies ist wegen des offenen Wortlauts von § 4 Abs. 3 LkSG ebenfalls möglich. Auch verbietet die Vorschrift nicht, Verantwortungsbereiche nach Produktsparten, Regionen oder bestimmten Sorgfaltspflichten zu bilden.[167] Beschreitet ein Unternehmen diesen Weg, muss es ebenfalls auf klare Zuständigkeiten und Verantwortlichkeiten achten und sicherstellen, dass Interessenkollisionen vermieden und keine blinden Flecke in der Überwachung bestehen.[168]

93 Eng damit verbunden ist die Diskussion über mögliche Aufgabenbegrenzungen der zuständigen Stelle. So erachten es manche als problematisch, wenn die zuständige Stelle operative Aufgaben hinsichtlich der Sorgfaltspflichten wahrnimmt, etwa anlassbezogene Risikoanalysen durchführt oder Abhilfemaßnahmen ergreift und hierbei Weisungsbefugnis hat.[169] Das LkSG schreibt nicht vor, wie ein Unternehmen die betriebsinternen Kompetenzen der zuständigen Stelle ausgestalten muss.[170] Auch hier gilt das Prinzip der Angemessenheit und das Gebot der Wirksamkeit.

---

160 *Fitzer/Gergen* CB **2022** 327, 329; *Ruttloff/Wagner/Hahn/Freihoff* CCZ **2022** 22, 24 ff.; Gehling/Ott/*Balke* § 4 Rn. 51.

161 Vgl. *Herrmann/Rünz* DB **2021** 3078, 3080; *Herrmann/Rünz* COMPLY **2022** 14, 15; ähnlich *Frank/Edel/Heine/Heine* BB **2021** 2165, 2167; *Ruttloff/Wagner/Hahn/Freihoff* CCZ **2022** 20, 22.

162 Antwort VI.2. FAQ-LkSG.

163 *Ruttloff/Wagner/Reischl/Skoupil* CB **2021** 364, 369.

164 *Birkefeld/Schäfer* ZLR **2022** 444, 449; *Harings/Jürgens/Thalhammer* CB **2022** 93, 93; *Ruttloff/Wagner/Hahn/Freihoff* CCZ **2022** 20, 25; *Lenz/Bodenstein/Wenzl* ZCG **2022** 61, 64 für ein Gremium aus Vertretern relevanter Funktionen und parallel interne Revision als zuständig für das gesamte *„Menschenrechtsrisikomanagement"*; *Harings/Jürgens* 6.2.2.; DICO Standard S 16 S. 16.

165 *Gehling/Ott/Lüneborg* CCZ **2021** 230, 235; *Ruttloff/Wagner/Hahn/Freihoff* CCZ **2022** 20, 25.

166 Ebenso *Harings/Jürgens/Thalhammer* CB **2022** 93, 93; *Harings/Jürgens* 6.2.2.; Grabosch/*Grabosch* § 5 Rn. 41; zu den Schnittstellen anderer Betriebsbeauftragter vgl. Grabosch/*Schönfelder* § 4 Rn. 34, 41; für einen Überblick über bereits existierende Betriebsbeauftragte siehe *Mehle/Neumann* NJW **2011** 360.

167 Vgl. Grabosch/*Schönfelder* § 4 Rn. 34, 41; E. Wagner/Ruttloff/S. Wagner/*E. Wagner/S. Wagner* § 4 Rn. 620; Gehling/Ott/*Balke* § 4 Rn. 42.

168 Vgl. *Harings/Jürgens/Thalhammer* CB **2022** 93, 93; Grabosch/*Schönfelder* § 4 Rn. 34, 41.

169 Ablehnend *Harings/Jürgens/Thalhammer* CB **2022** 93, 95; bejahend wohl *Dutzi/Schneider/Hasenau* DK **2021** 454, 460.

170 *Ruttloff/Wagner/Reischl/Skoupil* CB **2021** 364, 369.

Je nach konkreter Unternehmenssituation kann es in Betracht kommen, dass die zuständige Stelle auch selbst Abhilfemaßnahmen ergreifen kann.[171]

2. Qualifikation

Das LkSG stellt keine besonderen fachlichen oder persönlichen Anforderungen an die mit der Überwachung betraute Person. Das Unternehmen hat daher einen Beurteilungsspielraum, welche Qualifikation es für die zuständige Stelle nach den konkreten Umständen für notwendig erachtet.[172] 94

Allgemein lässt sich sagen, dass es sich um eine anspruchsvolle Rolle handelt. Die Sorgfaltspflichten des LkSG sind komplex. Die Steuerung von Risiken zur Einhaltung von Menschenrechten innerhalb der Lieferkette eines Unternehmen ist außerdem eine fachliche Querschnittsaufgabe, die Wissen aus verschiedenen Disziplinen erfordert, etwa der Rechtswissenschaften. Betriebswirtschaftliche, Sozial-, Umwelt- und Nachhaltigkeitsaspekte spielen ebenfalls eine Rolle.[173] Zudem können sich Sachverhalte im internationalen Kontext abspielen, vor allem wenn es um menschenrechtliche und umweltbezogene Risiken bei Zulieferern geht. 95

Aus Unternehmenssicht empfiehlt es sich, ein auf die konkreten Bedürfnisse zugeschnittenes Anforderungsprofil zu erstellen und anhand objektiv nachvollziehbarer Eignungskriterien die Rolle zu besetzen. Die Person bzw. Personen sollten insbesondere die gewünschte Fachkunde, Erfahrung und Vorbildung mitbringen.[174] Mögliche Kriterien für das Anforderungsprofil sind:[175] 96

- Kenntnis des Geschäfts und der (Einkaufs- und Beschaffungs-)Prozesse sowie der maßgeblichen Rechtsvorschriften
- Erfahrung im Projekt- und Risikomanagement
- Bereitschaft zur Durchsetzung von Veränderungsprozessen
- Durchsetzungsfähigkeit
- Ggf. Erfahrung in Verhaltensforschung[176]
- Führungserfahrung bzw. Standing und Glaubwürdigkeit im Unternehmen

Durch eine entsprechende Dokumentation kann das Unternehmen gegenüber der Aufsichtsbehörde darlegen und nachweisen, dass es die Stelle anhand der Anforderungen des LkSG und des speziellen Unternehmenskontexts besetzt hat. 97

3. Unabhängigkeit

Für ein angemessenes und wirksames Risikomanagement ist es erforderlich, dass die mit der Überwachung betraute Stelle unabhängig handelt. 98

Ungeklärt ist bislang, welche Anforderungen an die Unabhängigkeit zu stellen sind. Weder das LkSG noch die Gesetzesbegründung enthalten hierzu konkrete Anforderungen. Das LkSG verlangt nicht, dass die mit der Überwachung betraute Person in arbeitsrechtlicher Hinsicht privile- 99

171 Vgl. *Wagner/Rutloff/Reischl/Skoupil* CB **2021** 364, 369; zurückhaltender DICO Standard S 16 S. 16 (Voraussetzung: Vermeidung von Interessenkonflikten).
172 Antwort VII.1. FAQ-LkSG.
173 Vgl. *Harings/Jürgens* 6.2.2.1.
174 Vgl. Grabosch/*Schönfelder* § 4 Rn. 35.
175 Angelehnt an *Moosmayer* § 4 Rn. 128.
176 Vgl. *Wiedmann/Greubel* CCZ **2019** 88, 90 m.w.N.

giert und damit z.B. vor Sonderkündigung geschützt ist.[177] Daher ist es denkbar, die Person disziplinarisch einem Mitglied der Geschäftsleitung zu unterstellen.[178] Fachliche Weisungen gegenüber der überwachenden Person bewerten Stimmen in der Literatur kritisch.[179] Allerdings erschließt sich dies nicht von vornherein. So ist es denkbar, dass die Geschäftsleitung die Überwachung des Risikomanagements als unzureichend beurteilt. Sie sollte daher die Möglichkeit haben, im Zweifel durch fachliche Weisungen diesen Missstand zu beheben.

100 Gleichwohl sollte die Geschäftsleitung bei disziplinarischen Maßnahmen und fachlichen Weisungen die Leitplanken der Angemessenheit und Wirksamkeit im Blick behalten. Das Unternehmen darf die das Risikomanagement überwachende Person durch solche Maßnahmen nicht in ihrer Aufgabenerfüllung behindern.[180] Ebenso unzulässig ist es, wenn die Geschäftsleitung die Person gerade wegen ihrer Überwachungstätigkeit disziplinieren möchte, es sei denn, sie führt diese unzureichend aus. Zudem darf die überwachende Person wegen ihrer Arbeit nicht benachteiligt oder ihr wesentliche Informationen vorenthalten werden.[181]

4. Ressourcen

101 § 4 LkSG schreibt nicht vor, welche oder wie viele Ressourcen das Unternehmen der zuständigen Stelle zur Verfügung stellen muss.

102 Das Unternehmen kann grundsätzlich entscheiden, wie es die Funktion personell und organisatorisch ausgestaltet.[182] Allerdings muss die Geschäftsleitung die notwendigen Hilfsmittel zur Verfügung stellen, um eine angemessene Überwachung des Risikomanagements zu gewährleisten.[183] Damit unterstreicht der Gesetzgeber, dass für eine wirksame Pflichtendelegation eine aufgabengerechte Ausstattung notwendig ist.[184] Für das LkSG bedeutet dies, dass die Personal- und Sachausstattung der zuständigen Stelle insbesondere auf die Betriebsorganisation, die Geschäftsfelder, die geschäftliche Entwicklung sowie die Risikostruktur in der Lieferkette und auf die daraus resultierenden Aufgaben ausgerichtet sein muss.[185] Für große Unternehmen wird eine Vollzeitkraft oder eine spezielle Nachhaltigkeitsabteilung bzw. Stabsstelle zu erwägen sein.[186] Insbesondere muss der oder den Personen ausreichend Arbeitszeit für die Überwachung zur Verfügung stehen, wodurch eine arbeitsrechtliche Freistellung in Betracht kommen kann.[187] Damit die Person das notwendige Fachwissen besitzt, muss das Unternehmen Weiterbildungen ermöglichen.[188]

---

177 *Falder/Frank-Fahle/Poleacov* S. 55; *Rothermel* § 4 Rn. 31; *Ruttloff/Wagner/Hahn/Freihoff* CCZ **2022** 22, 25. Anmerkung: gesetzlicher Sonderkündigungsschutz besteht z.B. für den Geldwäschebeauftragten (§ 7 Abs. 7 S. 2, 3 GwG) oder Immissionsschutzbeauftragten (§ 58 Abs. 1 S. 1, 2 BImSchG).

178 *Ruttloff/Wagner/Hahn/Freihoff* CCZ **2022** 22, 25; E. Wagner/Ruttloff/S. Wagner/*Ruttloff/Kappler* § 3 Rn. 497.

179 *Harings/Jürgens* 6.2.2.2.; *Harings/Jürgens/Thalhammer* CB **2022** 93, 97; wohl auch *Frank/Edel/Heine/Heine* BB **2021** 2165, 2167 f., wonach allerdings das Unternehmen die Nutzung betrieblicher IT-Systeme vorgeben darf.

180 Vgl. *Frank/Edel/Heine/Heine* BB **2021** 2165, 2167.

181 *Frank/Edel/Heine/Heine* BB **2021** 2165, 2167; *Ruttloff/Wagner/Hahn/Freihoff* CCZ **2022** 22, 26; ähnlich *Harings/Jürgens/Thalhammer* CB **2022** 93, 98; Grabosch/*Grabosch* § 5 Rn. 35.

182 *Wagner/Ruttloff/Reischl/Skoupil* CB **2021** 364, 369.

183 BT-Drs. 19/28649 S. 43.

184 Vgl. Bay/Hastenrath/*Borowa* § 4 Rn. 146.

185 Vgl. Bay/Hastenrath/*Borowa* § 4 Rn. 146.

186 Vgl. *Falder/Frank-Fahle/Poleacov* S. 57.

187 Vgl. *Frank/Edel/Heine/Heine* BB **2021** 2165, 2167; Grabosch/*Grabosch* § 5 Rn. 35; für Betriebsbeauftragte allgemein *Mehle/Neumann* NJW **2011** 360, 361.

188 *Rack* CB Sonderbeilage 1/**2022**, S. 15; *Harings/Jürgens/Thalhammer* CB **2022** 93, 97; Grabosch/*Grabosch* § 5 Rn. 35; *Herrmann/Rünz* COMPLY **2022** 14, 15.

5. Haftungsrisiko

Ob die Person bzw. Personen, die das Risikomanagement überwachen, auch als Beauftragte im Sinne des OWiG haften, ist umstritten.[189] Voraussetzung gemäß § 9 Abs. 2 S. 1 Nr. 2 OWiG ist, dass eine Person von dem Inhaber eines Betriebes bzw. Unternehmens oder einem sonst dazu Befugten ausdrücklich beauftragt ist, in eigener Verantwortung Aufgaben wahrzunehmen, die dem Inhaber des Betriebes obliegen und er auf Grund dieses Auftrages handelt. 103

Für diese Frage hängt es davon ab, wie die Position im konkreten Einzelfall ausgestaltet ist. Einerseits bestehen gesetzliche Vorgaben. So hat die zuständige Stelle die Erfüllung der Sorgfaltspflichten nach dem LkSG zu überwachen.[190] Außerdem hat sie regelmäßig der Geschäftsleitung zu berichten. Andererseits kann ein Unternehmen der zuständigen Stelle auch weitere Aufgaben zuweisen, etwa die jährliche Wirksamkeitsprüfung.[191] Es kommt also darauf an, mit welchen konkreten Aufgaben die zuständige Stelle betraut wird und inwiefern sie diese in eigener Verantwortung wahrnimmt. Je nachdem besteht dann auch ein Haftungsrisiko für die Person bzw. Personen.[192] Ein etwaiges Haftungsrisiko kann dann z.B. über eine D&O-Versicherung abgefedert werden.[193] 104

6. Auslagerungen

Ungeklärt ist die Frage, ob das Unternehmen einen externen Dienstleister damit beauftragen kann, das Risikomanagement zu überwachen.[194] 105

Für eine Auslagerung spricht ein Vergleich zu Compliance-Systemen. Dort erachten Stimmen in der Literatur wegen Abgrenzbarkeit einzelner Überwachungsaktivitäten und der erforderlichen Unabhängigkeit und Fachexpertise eine partielle oder vollständige Auslagerung als besonders sinnvoll.[195] Dieser Gedanke könnte auf das LkSG übertragen werden. Auch hier sind die Unabhängigkeit und Fachexpertise für die Überwachung des Risikomanagements entscheidend. 106

Gegen eine zumindest vollständige Auslagerung der Überwachungsfunktion spricht allerdings § 4 Abs. 3 LkSG wonach, das Unternehmen dafür zu sorgen hat, dass festgelegt ist, wer *„innerhalb des Unternehmens"* dafür zuständig ist, das Risikomanagement zu überwachen. Zudem spricht § 3 Abs. 1 S. 2 Nr. 2 LkSG von einer *„betriebsinternen"* Zuständigkeit.[196] Ein systematischer Vergleich zu § 8 Abs. 1 S. 6 LkSG unterstützt diese Sichtweise. So räumt der Gesetzgeber unter bestimmten Voraussetzungen ausdrücklich die Möglichkeit ein, sich an einem externen Beschwerdeverfahren zu beteiligen.[197] Eine vergleichbare Regelung fehlt für die Überwachung des Risikomanagements. 107

---

189 Ablehnend *Harings/Jürgens* 6.2.2.2 bei strikter Trennung zwischen betriebsinterner Überwachung und Umsetzung der Sorgfaltspflichten; bejahend für CSO: *Rutloff/Wagner/Reischl/Skoupil* CB **2021** 425, 428; tendenziell bejahend: *Häfeli* ARP **2021** 299, 300; differenzierend: Grabosch/*Grabosch* § 5 Rn. 40; *Hermann/Rünz* DB **2021** 3078, 3080; *Rothermel* § 4 Rn. 36.

190 BT-Drs. 19/28649 S. 43.

191 Zu möglichen Aufgabenzuweisungen siehe z.B. DICO Standard S 16 S. 16.

192 Zu möglichen Vertragsklauseln siehe Grabosch/*Grabosch* § 5 Rn. 40.

193 Grabosch/*Grabosch* § 5 Rn. 40.

194 Bejahend *Harings/Jürgens/Thalhammer* CB **2022** 93, 97; *Harings/Jürgens* 6.2.2.1; für eine grundsätzlich betriebsinterne Organisation *Ruttloff/Wagner/Hahn/Freihoff* CCZ **2022** 20, 24; so wohl auch Gehling/Ott/*Balke* § 4 Rn. 56; eine Auslagerung von Sorgfaltspflichten auf Personen außerhalb des Unternehmens wohl generell bejahend *Altenschmidt/Helling* § 1 Rn. 30; zu einzelnen Formen des Outsourcings von Compliance-Aufgaben siehe *Laue/Brandt* BB **2016** 1002, 1003.

195 *Laue/Brandt* BB **2016** 1002, 1005.

196 A.A. *Harings/Jürgens/Thalhammer* CB **2022** 93, 97 argumentieren, dass es sich bei den Begrifflichkeiten lediglich um die Abgrenzung der Selbstkontrolle zur Kontrolle von außen handele.

197 Anmerkung: Eine ausdrückliche Regelung zum Outsourcing findet sich z.B. auch im Geldwäschegesetz (§ 6 Abs. 7 GwG).

Auch die FAQ-LkSG verweisen darauf, dass die Zuständigkeit innerhalb des Unternehmens zu benennen ist, sodass die Person(en) nicht extern, nach unserer Auffassung außerhalb des Unternehmensverbunds, benannt werden kann bzw. können.[198] Es soll aber möglich sein, dass die für die Überwachung des Risikomanagements zuständige(n) Person(en) nicht in Deutschland ansässig sind. Entscheidend sei, dass der Arbeitsort und die Arbeitsmittel so ausgestaltet sind, dass die Person(en) ihre Befugnisse und Ressourcen wirksam einsetzen kann bzw. können.[199]

108 Zulässig und zu empfehlen ist es jedenfalls, wenn die zuständige Stelle externen Sachverstand für die Erfüllung ihrer Aufgaben unterstützend heranzieht.[200] Wenn sich ein Unternehmen entgegen der Auffassung des BaFA für eine vollständige Auslagerung der Überwachung entscheidet, wird es maßgeblich darauf ankommen, ob dies dem Angemessenheitsprinzip und Wirksamkeitsgebot entspricht. Eine externe Überwachung ist nicht zwangsläufig wirksamer als eine intern organisierte Überwachung. Wegen der gesetzlichen Regelungen dürfte auch ein erhöhter Begründungsaufwand und Rechtfertigungsdruck bestehen, weshalb das Unternehmen einen externen Dritten beauftragt hat, anstatt eine interne Lösung zu bevorzugen. Seiner Legalitätskontrollpflicht (siehe oben E.I.) wird sich das Unternehmen auch bei einer Auslagerung nicht entledigen können.[201] Die Geschäftsleitung bleibt für die Erfüllung der Sorgfaltspflichten gesamtverantwortlich, wobei sie zur ordnungsgemäßen Auswahl- und Überwachung des Dienstleisters verpflichtet ist.[202]

V. Informationspflicht gemäß § 4 Abs. 3 S. 2 LkSG

109 Die Geschäftsleitung hat sich nach § 4 Abs. 3 S. 2 LkSG regelmäßig über die Arbeit der zuständigen Person bzw. Personen zu informieren. Damit geht eine Informationsbeschaffungspflicht der Geschäftsleitung einher.[203] Es ist ebenso notwendig, dass sich die Geschäftsleitung anlassbezogen informiert, etwa wenn das Unternehmen neue Geschäftsbereiche oder Produkte einführt.[204] Eine direkte Berichts- und Kommunikationslinie zur überwachenden Stelle ist empfehlenswert (siehe oben E.IV.1.).

110 § 4 Abs. 3 S. 2 LkSG sollte aber nicht als informatorische Einbahnstraße verstanden werden. Ein wirksames Risikomanagement lebt von einem gegenseitigen Informationsaustausch. Daher kann auch in Betracht kommen, der überwachenden Stelle ein Berichts- und Anhörungsrecht gegenüber der Geschäftsleitung einzuräumen. Dies ist z.B. relevant, wenn die Geschäftsleitung neue Geschäftsbereiche erschließen oder neue Produktionsstandorte im Ausland eröffnen möchte.[205]

111 Für die Art und Weise, wie die Informationen zu kommunizieren sind, erscheinen die Grundsätze gewissenhafter und getreuer Rechenschaft nach § 90 Abs. 4 AktG bzw. § 171 Abs. 2 AktG als sinnvoller Maßstab. Hiernach müssen die Informationen insbesondere inhaltlich vollständig, nachprüfbar und sachlich richtig sein.[206]

---

198 Antwort VII.1. FAQ-LkSG.

199 Antwort VII.1. FAQ-LkSG.

200 *Ruttloff/Wagner/Hahn/Freihoff* CCZ **2022** 20, 24; Gehling/Ott/*Balke* § 4 Rn. 56; Antwort VII.1. FAQ-LkSG.

201 *Ruttloff/Wagner/Hahn/Freihoff* CCZ **2022** 20, 24; vgl. zum Outsourcing im Compliance, *Moosmayer* § 4 Rn. 130b; *Laue/Brandt* BB **2016** 1002, 1006.

202 Vgl. *Laue/Brandt* BB **2016** 1002, 1006.

203 *Rack* CB Sonderbeilage 1/**2022** S. 9.

204 BT-Drs. 19/28649 S. 43.

205 Vgl. *Ruttloff/Wagner/Hahn/Freihoff* CCZ **2022** 20, 23; *Harings/Jürgens/Thalhammer* CB **2022** 93, 97, die ein Recht zur Stellungnahme gegenüber der Geschäftsleitung aus der wirksamen Überwachungsfunktion ableiten.

206 BeckOGK-AktG/*Fleischer* § 90 Rn. 51 m.w.N., daneben noch weitere Kriterien, wie übersichtlich gegliedert, zeitgerecht und Trennung von Tatsachen und Wertungen; ähnlich BeckOGK-AktG/*Euler/Klein* § 171 Rn. 78 m.w.N. zur Berichtspflicht des Aufsichtsrats nach § 171 Abs. 2 AktG.

VI. Berücksichtigung von Stakeholderinteressen gemäß § 4 Abs. 4 LkSG

Die Stakeholderbeteiligung ist ein zentrales Instrument im Rahmen des Risikomanagements. Das Unternehmen hat die Belange der unmittelbar betroffenen Stakeholder angemessen zu berücksichtigen (1.). Hierbei spielen insbesondere die Auswahl relevanter Stakeholder (2.) und deren konkrete Beteiligung (3.) eine Rolle. 112

1. Perspektivwechsel

Für das Risikomanagement nach dem LkSG sind die Belange der Personen maßgeblich, die von nachteiligen menschenrechtlichen und umweltbezogenen Auswirkungen der wirtschaftlichen Tätigkeit unmittelbar betroffen sind. Dieser Perspektivwechsel drückt sich insbesondere in § 4 Abs. 4 LkSG aus.[207] Unternehmen müssen daher menschenrechtliche und umweltbezogene Risiken steuern, auch wenn die hiermit verbundenen Geschäfte gewinnbringend, der Marktwert oder die Produktionsziele nicht gefährdet sind oder keine beträchtlichen Reputationsrisiken drohen (siehe oben C.II.). 113

2. Betroffene Stakeholder

Nach § 4 Abs. 4 LkSG hat das Unternehmen bei der Errichtung und Umsetzung seines Risikomanagementsystems die Interessen seiner Beschäftigten, der Beschäftigten innerhalb seiner Lieferketten und derjenigen, die in sonstiger Weise durch das wirtschaftliche Handeln des Unternehmens oder durch das wirtschaftliche Handeln eines Unternehmens in seinen Lieferketten in einer geschützten Rechtsposition unmittelbar betroffen sein können, angemessen zu berücksichtigen.[208] Der Prozess soll Unternehmen helfen, ihre menschenrechtlichen Risiken zu erkennen, richtig einzuschätzen und geeignete Präventions- und Abhilfemaßnahmen zu wählen.[209] 114

§ 4 Abs. 4 LkSG stellt auf die unmittelbar betroffenen Individuen ab.[210] Diese können etwa wichtige Erkenntnisse über die Entwicklung, Umsetzung und Wirksamkeit von Maßnahmen liefern und deren Glaubwürdigkeit verbessern.[211] Umfasst ist sowohl der eigene Geschäftsbereich als auch die Lieferketten des Unternehmens und damit insbesondere unmittelbare und mittelbare Zulieferer. Der Begriff der „*Beschäftigten*" ist weit zu verstehen, ebenso der Begriff der „*wirtschaftlichen Tätigkeit*". Der Gesetzgeber versteht unter letzterem nicht nur Produktionstätigkeiten, sondern z.B. auch die Erschließung oder den Erwerb von Grundeigentum, um darauf geschäftlich 115

---

207 *Fitzer/Gergen* CB **2022** 327, 330.

208 Vgl. auch *Geschäftsstelle Deutsches Global Compact Netzwerk* Leitprinzipien für Wirtschaft und Menschenrechte S. 23, abrufbar unter https://www.auswaertiges-amt.de/blob/266624/b51c16faf1b3424d7efa060e8aaa8130/un-leitprinzipien-de-data.pdf (zuletzt am 31.3.2023).

209 BT-Drs. 19/28649 S. 43.

210 Anmerkung: Das BAFA unterscheidet zwischen (i) Stakeholdern, (ii) betroffenen Stakeholdern und (iii) potenziell Betroffenen (vgl. BAFA Fragenkatalog Glossar). Stakeholder sind nach Ansicht des BAFA diejenigen, die die Entscheidungen und Handlungen des Unternehmens beeinflussen oder von ihnen beeinflusst werden (können). Betroffene Stakeholder sind Personen oder Gruppen, die von den Aktivitäten des Unternehmens und seiner Wertschöpfungskette beeinflusst werden oder beeinflusst werden könnten. Bei potenziell Betroffenen soll es sich um Personen oder Gruppen handeln, die über menschenrechts- oder umweltbezogene Verletzungen direkt oder *indirekt* vom Handeln eines Unternehmens und seiner unmittelbaren und mittelbaren Zulieferer betroffen sind oder sein könnten. (Potenziell) Betroffene sollen hierbei eine wichtige Untergruppe der externen Stakeholder eines Unternehmens sein. Das BAFA stellt auch an mehreren Stellen im Rahmen des Berichtfragebogens auf die Interessen dieser potenziell Betroffenen ab (z.B. bei der Ausgestaltung des Risikomanagements, vgl. BAFA Fragebogen S. 29). Im Gegensatz zu § 4 Abs. 4 LkSG scheint das BAFA damit auch die *indirekt* Betroffenen in die Betrachtung einbeziehen zu wollen.

211 *Deutsches Global Compact Netzwerk/twentyfifty* S. 40.

tätig zu sein.[212] Möglich ist es auch, dass Dritte anlassbezogen unmittelbar betroffen sein können, bspw. wenn etwaige Missstände aufgeklärt werden.[213]

116 Die nachfolgende Tabelle listet relevante betroffene Stakeholder, sortiert in Gruppen anhand von Beispielen auf:[214]

Stakeholder	**Beispiele**
Beschäftigte[215]	– (Schein)Selbständige – Informell Beschäftigte – Personen, die einem Arbeitsverbot unterliegen
Berechtigte Interessenvertretungen	– Betriebliche Arbeitnehmervertretungen – Lokale Verbände – NGOs
Besonders vulnerable Gruppen	– Analphabeten – Kinder und Jugendliche – Menschen mit Behinderung – Indigene
Personen, die in enger räumlicher Nähe zur unternehmerischen Tätigkeit stehen und unmittelbar von der Produktion betroffen sind	– Anwohnende einer Produktionsstätte[216] oder des Unternehmensstandorts – Gemeinden in der Nachbarschaft
Juristische Personen, Personenvereinigungen oder Gremien, sofern Sie vom persönlichen Schutzbereich der Menschenrechte erfasst sind	– Gewerkschaften

3. Auswahl von Stakeholdern

117 Das LkSG schreibt nicht vor, wie die Interessen der betroffenen Stakeholder zu berücksichtigen sind. Bei der Auswahl und Priorisierung der Stakeholder handelt es sich richtigerweise um einen dynamischen Prozess, der im Zuge wiederkehrender und anlassbezogener Überprüfungen ggf. anzupassen ist.[217] Es ist nicht erforderlich, dass ein Unternehmen mit allen identifizierten Stakeholdern eine engere Abstimmung durchführt.[218] So können die Interessen von betroffenen Stakeholdern auch mitgedacht werden, was allerdings zu Beweiszwecken dokumentiert werden sollte.[219]

118 Ausgangspunkt bildet die Risikoanalyse und die Frage, welche Stakeholder von den identifizierten menschenrechtlichen oder umweltbezogenen Risiken besonders betroffen sind. Auswahlkriterien können daneben der Einfluss der Stakeholder, deren Legitimität, die Bereitschaft zur Zusammenarbeit oder das fachliche Wissen hinsichtlich der identifizierten Risiken sein.[220] Unter-

212 BT-Drs. 19/28649 S. 44.
213 BT-Drs. 19/28649 S. 44.
214 *Fitzer/Gergen* CB **2022** 327, 330, angelehnt an BT-Drs. 19/28649 S. 44 sowie *Deutsches Global Compact Netzwerk/twentyfifty* S. 42.
215 Antwort VII.2. FAQ-LkSG; BAFA Fragenkatalog Glossar *‚Beschäftigte'*.
216 Dies bezieht sich nach Antwort VII.3. FAQ-LkSG auf den eigenen Geschäftsbereich, den unmittelbaren und mittelbaren Zulieferer.
217 *Fitzer/Gergen* CB **2022** 327, 330; *Deutsches Global Compact/twentyfifty* S. 19; siehe auch *Deutsches Global Compact Netzwerk* Was macht Stakeholderbeteiligung konstruktiv? – 5 Erkenntnisse aus der Praxis.
218 Vgl. *Sagan/Schmidt* NZA-RR **2022** 281, 287 zu der Stakeholdergruppe der Beschäftigten.
219 Vgl. Grabosch/*Grabosch* § 2 Rn. 80.
220 *Deutsches Global Compact Netzwerk/twentyfifty* S. 18.

nehmen sollten darauf achten, nach Möglichkeit auch Stakeholder zu Wort kommen zu lassen, die besonders gefährdet sind, aber vermutlich nur wenig Einfluss zur Veränderung besitzen.[221]

Daneben kann das Unternehmen wählen, ob es Stakeholder direkt beteiligt oder indirekt deren Interessen über Vertreter und unabhängige Experten abbildet.[222] Dies spiegelt sich in Ziffer 18 der VN-Leitprinzipien wider, wonach ein Unternehmen zumutbare Alternativen suchen kann, wenn eine direkte Beteiligung nicht möglich ist.[223] Dies kann z.B. der Fall sein, wenn ein Menschenrechtsaktivist in seinem Land im Zuge der Beteiligung mit Repressalien rechnen muss.[224] 119

4. Beteiligungsformen

Es kommen verschiedene Möglichkeiten in Betracht, wie ein Unternehmen die ausgewählten Stakeholder beteiligen kann.[225] Diese unterscheiden sich z.B. nach der Intensität der Beteiligung und reichen von Konsultationen bis hin zu Durchführungspartnerschaften, in denen Unternehmen und Stakeholder eng zusammenarbeiten.[226] Im Rahmen dieser Beteiligungsformen können etwa Workshops, Interviews oder Umfragen abgehalten oder Fokusgruppen gebildet werden.[227] Bei der Beteiligung ist darauf zu achten, dass sprachliche und anderweitige Barrieren bestmöglich abgebaut werden, um einen fruchtbaren Austausch zu ermöglichen.[228] 120

Der Gesetzgeber betont die Konsultation. Diese sei ein wichtiges partizipatives Mittel, um Informationen über die jeweiligen Interessen und die menschenrechtliche Situation zu erlangen und soll Transparenz, Verständnis und Akzeptanz für die beiderseitigen Interessen fördern.[229] 121

VII. Handlungsanleitungen

Derzeit werden im Rahmen der Branchendialoge des Nationalen Aktionsplans für Wirtschaft und Menschenrechte (NAP) praxisorientierte Handlungsanleitungen zur Umsetzung der Sorgfaltspflichten in betrieblichen Managementsystemen erstellt. Diese sollen sowohl die Anforderungen des NAP als auch des LkSG berücksichtigen.[230] Das BMAS hat angekündigt, darauf aufbauend branchenübergreifende Handlungsanleitungen zu veröffentlichen.[231] 122

F. Regelmäßige und anlassbezogene Überprüfung

Das Unternehmen hat regelmäßig und anlassbezogen zu überprüfen, ob das Risikomanagement und die ergriffenen Maßnahmen wirksam oder ggf. nachzubessern sind (I.). Der Wirksamkeitsmessung kommt hierbei eine besondere Bedeutung zu (II.). 123

221 *Deutsches Global Compact Netzwerk/twentyfifty* S. 18.

222 Vgl. auch Antwort VII.3. FAQ-LkSG, allerdings nur auf direkte Konsultation und berechtigte Interessenvertretung abstellend.

223 *Deutsches Global Compact Netzwerk/twentyfifty* S. 23.

224 *Deutsches Global Compact Netzwerk/twentyfifty* S. 18.

225 Zu Anregungen konstruktiver Stakeholderbeteiligung siehe *Deutsches Global Compact Netzwerk* Was macht Stakeholderbeteiligung konstruktiv? – 5 Erkenntnisse aus der Praxis.

226 Zu den Einzelheiten siehe *Deutsches Global Compact Netzwerk/twentyfifty* S. 19 f.

227 *Deutsches Global Compact Netzwerk/twentyfifty* S. 19.

228 Vgl. BT-Drs. 19/28649 S. 44 zur Konsultation.

229 BT-Drs. 19/28649 S. 44.

230 Vgl. BAFA Unterstützungsangebote zur Umsetzung, abrufbar unter https://www.bafa.de/DE/Lieferketten/Ueberblick/ueberblick_node.html (zuletzt am 31.3.2023).

231 Vgl. BAFA Unterstützungsangebote zur Umsetzung.

I. Wirksamkeitskriterium

124 Die Umsetzung des Risikomanagements ist kein einmaliger Prozess, sondern ein sich wiederholender Kreislauf (siehe oben B.). Dieser Gedanke ist Ausfluss eines wirksamen Risikomanagements und spiegelt sich in § 4 Abs. 1 S. 1 LkSG i.V.m. § 4 Abs. 2 LkSG wider.[232] Vor diesem Hintergrund hat das Unternehmen regelmäßig und anlassbezogen zu überprüfen, ob das Risikomanagement und die ergriffenen Maßnahmen wirksam oder ggf. nachzubessern sind.

125 Diese Überprüfung muss mindestens einmal im Jahr erfolgen. Außerdem kann es erforderlich sein, eine anlassbezogene Überprüfung durchzuführen. Dies ist etwa der Fall, wenn das Unternehmen eine strategische Entscheidung trifft, die das Risiko-Exposure ändern kann, z.B. die Erschließung eines neuen Marktes oder die Investition in ein Joint-Venture.[233] Der erste Schritt ist in diesem Fall eine anlassbezogene Risikoanalyse durchzuführen, um das Risiko-Exposure zu bestimmen. Hierzu wird auf die Ausführungen in § 5 LkSG verwiesen.

126 Aus den Ergebnissen der Risikoanalyse hat das Unternehmen die organisatorischen Anforderungen des Risikomanagements zu überprüfen und zu bewerten, ob diese nach wie vor genügen oder ggf. anzupassen sind. So kann es etwa erforderlich werden, die verfügbaren Ressourcen für die Umsetzung des Risikomanagements anzupassen, z.B. indem das Unternehmen zusätzliche Mitarbeitende hierfür beschäftigt oder spezielle Schulungen anbietet.[234]

127 Das Unternehmen hat gegenüber dem BAFA im Rahmen der jährlichen Berichterstattung anzugeben, ob ein Prozess existiert, der das Risikomanagement übergreifend auf seine Angemessenheit, Wirksamkeit und die Berücksichtigung der Interessen potentiell Betroffener prüft (siehe unten G.).[235]

II. Wirksamkeitsmessung

128 Im Rahmen der Wirksamkeitsmessung kann auf ein international anerkanntes Modell zurückgegriffen werden (I.), das durch geeignete Indikatoren (II.) und Zielvorgaben (III.) zu ergänzen ist.

1. Wirkungskettenmodell

129 Das LkSG schreibt nicht vor, wie Unternehmen die Wirksamkeit der ergriffenen Maßnahmen messen müssen. Zur Messung von Wirkungen wird oftmals das international anerkannte Wirkungskettenmodell herangezogen, das den Zusammenhang zwischen eingesetzten Ressourcen, durchgeführten Maßnahmen und erzielten Wirkungen beschreibt.[236] In der Praxis wird dieses Modell oftmals in eingesetzte Ressourcen (*Input*), umgesetzte Maßnahmen (*Activities*) sowie in unmittelbare (*Output*), mittelfristige (*Outcome*) und längerfristige Wirkungen (*Impact*) unterteilt.[237] Da dieses Modell strukturiert und bekannt ist, bietet es sich für die Prüfung an, ob menschenrechtliche und umweltbezogene Maßnahmen wirksam sind.[238] Als Ausgangspunkt können die im Rahmen der fortlaufenden und anlassbezogenen Risikoanalyse identifizierten Risiken bzw. Verletzungen herangezogen werden.

232 Vgl. BAFA Angemessenheit S. 12.

233 Vgl. BAFA Angemessenheit S. 13.

234 Vgl. BAFA Angemessenheit S. 12.

235 Vgl. BAFA Fragenkatalog S. 27.

236 Dazu *Wörrlein* npoR **2015** 14, 15 f.; *Schönfelder/Neitzel* REF **2022** 63, 67.

237 *Econsense* Menschenrechte messbar machen – Eine umfassende Zusammenstellung quantitativer Menschenrechtsindikatoren für Unternehmen, 2020 S. 14, abrufbar unter https://econsense.de/wp-content/uploads/2020/09/2020_econsense_Menschenrechtsindikatoren_Diskussionspapier.pdf (zuletzt am 31.3.2023).

238 Vgl. *Schönfelder/Neitzel* REF **2022** 63, 67.

In der Praxis existieren bereits viele Berichte und Projekte, die sich damit befassen, wie Menschenrechte gemessen werden können. Diese sind aber oft nicht aus der Unternehmensperspektive verfasst, sondern aus makroökonomischer bzw. staatlicher Perspektive geschildert.[239] 130

2. Indikatoren

131 Für die jeweiligen Phasen der Wirkungskette sind geeignete Indikatoren zu bestimmen. Zieht man die VN-Leitprinzipien heran, so sollte die Wirksamkeitsmessung von geeigneten qualitativen und quantitativen Indikatoren ausgehen.[240] Qualitative Indikatoren sind inputorientiert und beschreiben Unternehmensprozesse. Quantitative Indikatoren sind ergebnisorientiert und widmen sich den Wirkungen ergriffener Maßnahmen.[241] Die von den VN-Leitprinzipien angedachte Mischung aus quantitativen und qualitativen Indikatoren ist sinnvoll, um möglichen Fehlinterpretationen vorzubeugen. Eine verringerte Anzahl gemeldeter Fälle von Diskriminierung am Arbeitsplatz kann bspw. auf erfolgreiche Schulungsmaßnahmen zurückgehen oder darauf zurückzuführen sein, dass die Betroffenen mehr negative Konsequenzen bei einer Anzeige fürchten. Hier kann ein qualitativer Indikator in Form des Betriebsklimaberichts helfen.[242]

132 Die Indikatoren sollten in der Lage sein, die Wirkung einer Maßnahme zu ermitteln und nicht bloß die Tatsache widerspiegeln, dass die Maßnahme stattgefunden hat.[243] Außerdem sollten sie spezifisch genug sein, um sich auf das konkrete Unternehmen oder die konkrete Tätigkeit zu beziehen und mit zumutbaren Kosten zugänglich sein.[244] Maßnahmenbezogene Indikatoren können z.B. sein:[245]

– **Präventionsmaßnahmen**: *Quantitativ*: Anzahl festgestellter Fälle von Kinderarbeit, festgestellter Fälle sexueller Belästigung oder der Anteil von Beschäftigten, die sich gewerkschaftlich organisieren. *Qualitativ*: Ergebnisse von unabhängigen Berichten über die Zufriedenheit des durch die Präventionsmaßnahmen adressierten Risikos, also z.B. der Beschäftigten oder der lokalen Gemeinschaft bei Zulieferern.
– **Abhilfemaßnahmen**: *Quantitativ*: z.B. Anteil der betroffenen Personen, die angibt, ihnen sei geholfen worden. *Qualitativ:* z.B. Angaben von betroffenen Personen oder weiteren Stakeholdern in Fragebögen.
– **Beschwerdeverfahren**: *Quantitativ*: z.B. Anteil der betroffenen Personen, die mit dem Beschwerdeverfahren insgesamt zufrieden sind. Ergänzend können auch die weiteren Kriterien von Ziffer 31 VN-Leitprinzipien herangezogen werden. Entscheidend dürfte im Ergebnis sein, dass das Beschwerdeverfahren genutzt wird und die Betroffenen damit zufrieden sind.[246]

133 Nichtsdestotrotz besteht eine der größeren Herausforderungen, geeignete und aussagekräftige Indikatoren für die Wirksamkeitsmessung heranzuziehen. Wünschenswert wäre in diesem Zusammenhang, dass international anerkannte Schlüsselindikatoren für Unternehmen entwickelt werden.[247]

---

239 *Econsense* Menschenrechte messbar machen – Eine umfassende Zusammenstellung quantitativer Menschenrechtsindikatoren für Unternehmen, 2020 S. 10, abrufbar unter https://econsense.de/wp-content/uploads/2020/09/2020_econsense_Menschenrechtsindikatoren_Diskussionspapier.pdf (zuletzt am 31.3.2023); ebenso Grabosch/*Grabosch* § 2 Rn. 123 zu den *Sustainable Development Goals*.
240 Ziffer 20 VN-Leitprinzipien.
241 *Econsense* Menschenrechte messbar machen S. 10.
242 *Schönfelder/Neitzel* REF **2022** 63, 67.
243 *Schönfelder/Neitzel* REF **2022** 63, 67.
244 Grabosch/*Grabosch* § 2 Rn. 125.
245 Vgl. *Schönfelder/Neitzel* REF **2022** 63, 67 f.; vgl. für mögliche weitere Indikatoren auch die einzelnen Fragen in dem Berichtfragebogen des BAFA (BAFA, Fragenkatalog).
246 *Schönfelder/Neitzel* REF **2022** 63, 69.
247 Vgl. World Economic Forum, Measuring Stakeholder Capitalism: Towards Common Metrics and Consistent Reporting of Sustainable Value Creation, 22.9.2020, abrufbar unter https://www.weforum.org/reports/measuring-stakeholder-capitalism-towards-common-metrics-and-consistent-reporting-of-sustainable-value-creation (zuletzt am 31.3.2023).

134 Es gibt zahlreiche Orientierungen, die Unternehmen für Indikatoren nutzen können. So bietet *Shift*, eine Non-Profit-Organisation mit Expertise zu den VN-Leitprinzipien, einen Leitfaden an, wie ein Unternehmen für sich geeignete Indikatoren erstellen kann.[248] Zudem kann auf die Rahmenwerke der *Global Reporting Initiative* und die dortigen Indikatoren zurückgegriffen werden.[249] *The Danish Institute for Human Rights* führt seit 2005 eine Datenbank mit über 1.000 Indikatoren.[250] *Econsense* – Forum Nachhaltige Entwicklung der Deutschen Wirtschaft e.V. veröffentlichte im Jahr 2020 ein Diskussionspapier zur Messung von Menschenrechten aus Unternehmensperspektive inklusive tabellarischer Aufbereitung der Indikatoren und möglichen Quellen für die Datenerhebung.[251] Orientierung gibt zudem das *Corporate Human Rights Benchmark Methodology 2022 and 2023* der *World Benchmarking Alliance* für fünf Branchen, unter anderem für den Automobil- und Kleidungssektor.[252] Praktische Beispiele und theoretische Grundlagen lassen sich dem *Praxislotse Wirtschaft & Menschenrechte* des *UN Global Compact* entnehmen.[253]

3. Zielvorgaben

135 Die ermittelten Indikatoren sind in Zielvorgaben zu übersetzen (*Key Performance Indicators*, KPIs) und hieraus eine Strategie für deren Umsetzung abzuleiten. Dabei sind auch hier geeignete KPI zu bestimmen. KPIs setzen sich in der Regel aus Ist-, Soll- und Zielwerten zusammen.[254] Die KPIs müssen stets kritisch auf fehlerhafte Anreize hinterfragt werden.[255] Wichtig ist außerdem der Unterschied zwischen Kausalität und Korrelation. So stellt sich z.B. bei Abhilfemaßnahmen die Frage, ob diese tatsächlich dazu beigetragen haben, Verletzungen von Menschenrechten innerhalb der Lieferkette zu verringern oder ob dies auf andere Ursachen zurückzuführen ist.[256]

136 Für die Bestimmung der KPI kommt es daher entscheidend auf die dem Unternehmen zur Verfügung stehenden Daten und deren Qualität an. Im Unternehmen kommen verschiedene Datenquellen in Betracht, z.B. der Arbeitsschutz und die Personalabteilung.[257] Gerade im Hinblick auf besonders kritische Menschenrechtsfelder, wie dem Risiko von Kinderarbeit in Lieferketten oder Zwangsarbeit, werden dem Unternehmen oftmals aber keine oder nur begrenzte Daten im eigenen Geschäftsbereich vorliegen. Wesentliche Erkenntnisse können sich hier aus der Beteili-

248 *Shift* Indicator Design Tool, Mai 2021, abrufbar unter https://shiftproject.org/resource/indicator-design/indicator-design-tool/ (zuletzt am 31.3.2023); *Shift* Enhancing the "S" in ESG – Three tools for better evaluation and engagement on human rights for financial institutions, April 2022, abrufbar unter https://shiftproject.org/wp-content/uploads/2022/04/Introduction-Tools-Lenders-and-Investors-Shift.pdf (zuletzt am 31.3.2023).

249 *Global Reporting Initiative* Standards, abrufbar unter https://www.globalreporting.org/how-to-use-the-gri-standards/gri-standards-english-language/ (zuletzt am 31.3.2023).

250 *The Danish Institute for Human Rights* Human Rights Indicators for Business, abrufbar unter https://www.humanrights.dk/projects/human-rights-indicators-business (zuletzt am 31.3.2023).

251 *Econsense* Menschenrechte messbar machen, Diskussionspapier 2020; sowie Übersicht zu Menschenrechtsindikatoren, abrufbar unter https://econsense.de/wp-content/uploads/2020/09/2020_econsense_Menschenrechtsindikatoren_final-DE.xlsx (zuletzt am 31.3.2023).

252 *World Benchmarking Alliance* Corporate Human Rights Benchmark Methodology 2022 and 2023, abrufbar unter https://www.worldbenchmarkingalliance.org/research/the-methodology-for-the-2022-corporate-human-rights-benchmark/ (zuletzt am 31.3.2023).

253 *United Nations Global Compact* Praxislotse Wirtschat und Menschenrechte, abrufbar unter https://bhr-navigator.unglobalcompact.org/?lang=de (zuletzt am 31.3.2023); einen Leitfaden für kleinere und mittlere Unternehmen bietet die *Agentur für Wirtschaft & Entwicklung* mit dem *KMU-Kompass*, abrufbar unter https://kompass.wirtschaft-entwicklung.de/ (zuletzt am 31.3.2023).

254 *Hohmann/Pede* CB **2017** 416, 417.

255 *Hohmann/Pede* CB **2017** 416 sowie allgemein zum Einsatz von KPI, deren Grundsätzen und Risiken.

256 *Schönfelder/Neitzel* REF **2022** 63, 67.

257 Ziffer 20 VN-Leitprinzipien; *Deutsches Global Compact Netzwerk* Wie sieht effektives menschenrechtliches Risikomanagement aus? 5 Erkenntnisse aus der Praxis.

gung von Stakeholdern ergeben, z.B. durch Betroffene oder NGOs.[258] Instrumente können hierbei strukturierte Fragebögen, Termine vor Ort oder Fallstudien sein.[259]

Folgendes Schaubild stellt eine mögliche Wirkungskette mit Zielvorgaben am Beispiel des 137
Risikos von Zwangsarbeit bei unmittelbaren Zulieferern dar:[260]

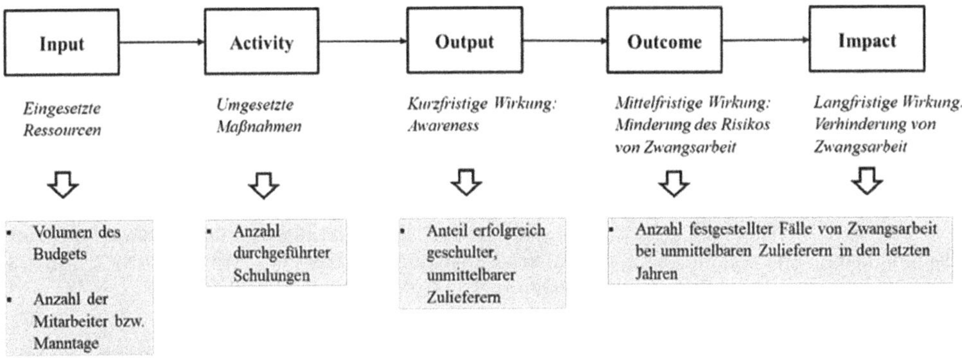

Abb. 2: Beispiel – Wirkungskette hinsichtlich Risikos von Zwangsarbeit bei unmittelbaren Zulieferern.

G. Berichterstattung und Dokumentation

Das Unternehmen hat über das Risikomanagement jährlich zu berichten. Insbesondere muss das 138
Unternehmen nachvollziehbar darlegen, was es konkret im Rahmen des Risikomanagements unternommen hat (§ 10 Abs. 2 S. 2 Nr. 2 LkSG). Betriebs- und Geschäftsgeheimnisse muss es hierbei nicht offenlegen (§ 10 Abs. 4 LkSG). Hierzu wird auf die Ausführungen in § 10 LkSG verwiesen.

Für die Berichterstattung stellt das BAFA einen strukturierten Berichtfragebogen bereit. Aus 139
den Antworten des Unternehmens wird der Bericht automatisch generiert.[261] Durch die vollständige und wahrheitsgemäße Beantwortung des Berichtfragebogens sowie die Veröffentlichung des dann generierten Berichts auf der Internetseite des Unternehmens, kommt ein Unternehmen nach Auffassung des BAFA der Berichtspflicht nach.[262]

Der Berichtfragebogen wird zahlreiche Passagen enthalten, die sich unmittelbar oder mittel- 140
bar mit dem Risikomanagement befassen. So muss ein verpflichtetes Unternehmen bspw. angeben, ob es für den Berichtszeitraum festgelegt hat, wer für die Überwachung des Risikomanagements zuständig ist und die Personen bzw. Funktionen benennen.[263] Zudem muss das Unternehmen berichten, wie es das Reporting zwischen der für die Überwachung des Risikomanagements zuständigen Stelle und der Geschäftsleitung ausgestaltet hat.[264] Darüber hinaus hat das Unternehmen konkrete Angaben darüber zu machen, in welchen Fachabteilungen bzw. Geschäftsabläufen es das Risikomanagement und auf welche Art und Weise verankert hat. Hierzu zählen Angaben, wie das Unternehmen die Verantwortung innerhalb der einzelnen Bereiche verteilt und welche Ressourcen bzw. Expertise es für die Umsetzung bereitgestellt hat.[265]

Das BAFA weist in seiner Handreichung zur Angemessenheit darauf hin, dass es im Rahmen der 141
risikobasierten Kontrolle nach § 14 LkSG insbesondere auch eine Gesamteinschätzung zur Angemes-

258 *Schönfelder/Neitzel* REF **2022** 63, 68.
259 *Wulf* DStZ **2022** 476, 483.
260 Angelehnt an *Econsense* Menschenrechte messbar machen S. 11.
261 BAFA Berichtspflicht.
262 BAFA Berichtspflicht.
263 BAFA Fragenkatalog S. 8; zu den damit verbundenen rechtlichen Implikationen siehe die Ausführungen in § 10 LkSG.
264 BAFA Fragenkatalog S. 8.
265 BAFA Fragenkatalog S. 11; der Fragenkatalog bezieht sich hierbei auf die Menschenrechtsstrategie.

senheit des Risikomanagements vornimmt.[266] Dementsprechend hat ein Unternehmen innerhalb des Berichtfragebogens anzugeben, ob ein Prozess existiert, der das Risikomanagement übergreifend auf seine Angemessenheit, Wirksamkeit und die Berücksichtigung der Interessen potentiell Betroffener prüft.[267]

142 Neben der Berichtspflicht besteht eine fortlaufende, interne Dokumentationspflicht. Dies betrifft zu Beginn die Einrichtung des Risikomanagements und die Umsetzung der Maßnahmen, im weiteren Verlauf zudem Anpassungen nach jährlichen oder anlassbezogenen Überprüfungen (§ 10 Abs. 1 S. 1 LkSG). Es gilt die siebenjährige Aufbewahrungsfrist (§ 10 Abs. 1 S. 2 LkSG).

H. Folgen von Verstößen

143 Bestimmt das Unternehmen intern keine Person bzw. Personen, die für die Überwachung des Risikomanagements zuständig sind, kommt ein Bußgeld in Betracht (§§ 24 Abs. 1 S. 1 Nr. 1, 4 Abs. 3 S. 1 LkSG). Hierzu wird auf die Ausführungen in § 24 LkSG verwiesen.

I. Potentielle Auswirkungen der geplanten EU-Richtlinie

144 Der von der EU-Kommission vorgestellte Entwurf für eine Corporate Sustainability Due Diligence Richtlinie[268] befasst sich auch mit Vorgaben für ein Risikomanagement.[269]

145 Bereits zu Beginn betont der europäische Richtliniengeber, dass die Richtlinie darauf abzielt, Risikomanagement und Verfahren zur Minderung von Risiken im Zusammenhang mit Menschenrechten und Umweltauswirkungen besser in Unternehmensstrategien zu integrieren (Ziffer I.1. Begründung CSDDD-E). In Erwägungsgrund Nr. 16 CSDDD-E verweist die Richtlinie zudem auf den OECD-Leitfaden,[270] wonach die Sorgfaltspflichten in die Unternehmenspolitik und die Managementsysteme einzubeziehen seien.

146 Nach den Vorstellungen des europäischen Richtliniengebers sollen die Mitglieder der Geschäftsleitung unter anderem für die Einführung und Überwachung der festgelegten Maßnahmen und zur Erfüllung der Sorgfaltspflicht verantwortlich sein. In Anlehnung an § 4 Abs. 4 LkSG sollten hierbei die Beiträge von Interessenträgern und Organisationen der Zivilgesellschaft zu berücksichtigen sein und die Sorgfaltspflicht in die Unternehmensmanagementsysteme integriert werden (Erwägungsgrund Nr. 64 CSDDD-E). Art. 5 Abs. 1 CSDDD-E regelt ähnlich wie § 4 Abs. 1 LkSG, dass Unternehmen die Sorgfaltspflichten in alle Bereiche ihrer Unternehmenspolitik einbeziehen und über eine Strategie zur Erfüllung der Sorgfaltspflichten verfügen müssen. Unternehmen müssen unter anderem beschreiben, welchen Ansatz sie auch langfristig hinsichtlich der Sorgfaltspflichten verfolgen und einen Verhaltenskodex für Beschäftigte vorhalten, der die entsprechenden Regeln und Grundsätze beschreibt (*due diligence policy*).

147 Zudem muss das Unternehmen einen Präventionsaktionsplan (*prevention action plan*) erstellen, der mit angemessenen und klar festgelegten Zeitplänen für Maßnahmen sowie qualitativen und quantitativen Indikatoren für die Messung der Verbesserung zu entwickeln und umzusetzen ist, falls dies aufgrund der Art oder Komplexität der für die Vermeidung erforderlichen Maßnah-

266 BAFA Angemessenheit S. 25.

267 BAFA Fragenkatalog S. 27.

268 Vorschlag für eine Richtlinie des Europäischen Parlaments und des Rates über die Sorgfaltspflichten von Unternehmen im Hinblick auf Nachhaltigkeit und zur Änderung der Richtlinie (EU) 2019/1937, COM(2022) 71 final.

269 Vgl. *Birkholz* DB **2022** 1306, 1311.

270 OECD-Leitfaden für die Erfüllung der Sorgfaltspflicht für verantwortungsvolles unternehmerisches Handeln, 2018, abrufbar unter https://mneguidelines.oecd.org/OECD-leitfaden-fur-die-erfullung-der-sorgfaltspflicht-fur-verantwortung svolles-unternehmerisches-handeln.pdf (zuletzt am 31.3.2023).

men notwendig ist. Ähnlich wie in § 4 Abs. 4 LkSG soll das Unternehmen den Plan unter Berücksichtigung betroffener Stakeholder entwickeln (Art. 7 Abs. 2 lit. a) CSDDD-E).

§ 5 Risikoanalyse

(1) [1]Im Rahmen des Risikomanagements hat das Unternehmen eine angemessene Risikoanalyse nach den Absätzen 2 bis 4 durchzuführen, um die menschenrechtlichen und umweltbezogenen Risiken im eigenen Geschäftsbereich sowie bei seinen unmittelbaren Zulieferern zu ermitteln. [2]In Fällen, in denen ein Unternehmen eine missbräuchliche Gestaltung der unmittelbaren Zuliefererbeziehung oder ein Umgehungsgeschäft vorgenommen hat, um die Anforderungen an die Sorgfaltspflichten in Hinblick auf den unmittelbaren Zulieferer zu umgehen, gilt ein mittelbarer Zulieferer als unmittelbarer Zulieferer.

(2) [1]Die ermittelten menschenrechtlichen und umweltbezogenen Risiken sind angemessen zu gewichten und zu priorisieren. [2]Dabei sind insbesondere die in § 3 Absatz 2 genannten Kriterien maßgeblich.

(3) Das Unternehmen muss dafür Sorge tragen, dass die Ergebnisse der Risikoanalyse intern an die maßgeblichen Entscheidungsträger, etwa an den Vorstand oder an die Einkaufsabteilung, kommuniziert werden.

(4) [1]Die Risikoanalyse ist einmal im Jahr sowie anlassbezogen durchzuführen, wenn das Unternehmen mit einer wesentlich veränderten oder wesentlich erweiterten Risikolage in der Lieferkette rechnen muss, etwa durch die Einführung neuer Produkte, Projekte oder eines neuen Geschäftsfeldes. [2]Erkenntnisse aus der Bearbeitung von Hinweisen nach § 8 Absatz 1 sind zu berücksichtigen.

Schrifttum

Balke/Klein Vorstandshaftung für fehlerhafte Ausrichtung der Compliance-Organisation, ZIP **2017** 2038; *Bergstein* Das Lieferkettensorgfaltspflichtengesetz als Chance für echte Veränderung, REF **2022** 72; *Bettermann/Hoes* Der Entwurf der Europäischen Corporate Sustainability Due Diligence Richtlinie – Vergleich zum deutschen Lieferkettensorgfaltspflichtengesetz, WM **2022** 697; *Bicker* Compliance – organisatorische Umsetzung im Konzern, AG **2012** 542; *Bihr/Kalinowsky* Risikofrüherkennungssystem bei nicht börsennotierten Aktiengesellschaften – Haftungsfalle für Vorstand, Aufsichtsrat und Wirtschaftsprüfer, DStR **2008** 620; *Dutzi/Schneider/Hasenau* Lieferkettenregulierung und Risk Governance – Implikationen für die betriebliche Praxis und Kritik, Der Konzern **2021** 454; *Ehmann* Der Regierungsentwurf für das Lieferkettengesetz: Erläuterung und erste Hinweise zur Anwendung, ZVertriebsR **2021** 141; *Ehmann/Berg* Das Lieferkettensorgfaltspflichtengesetz (LkSG): ein erster Überblick, GWR **2021** 287; *Fett/Theusinger* Compliance im Konzern – Rechtliche Grundlagen und praktische Umsetzung, BB Spezial 4 zu BB **2010** 6 (Heft 50); *Fitzer/Gergen* Know your risks: Risiken managen und analysieren nach dem LkSG, CB **2022** 327; *Fleischer* Corporate Compliance im aktienrechtlichen Unternehmensverbund, CCZ **2008** 1; *ders.* Risikomanagement im Querschnitt der Disziplin, AG **2022** 377; *Fleischer/Korch* Zur deliktsrechtlichen Verantwortlichkeit von Auftraggebern in der Lieferkette, ZIP **2019** 2181; *Frank/Edel/Heine/Heine* Pionierarbeiten in der Lieferkette, BB **2021** 2165; *ders.* Pionierarbeiten in der Lieferkette – Praxisfolgen für das Handels- und Arbeitsrecht (Teil II), BB **2021** 2890; *Gailhofer/Verheyen* Klimaschutzbezogene Sorgfaltspflichten: Perspektiven der gesetzlichen Regelung in einem Lieferkettengesetz, ZUR **2021** 402; *Gehling/Ott/Lüneborg* Das neue Lieferkettensorgfaltspflichtengesetz – Umsetzung in der Unternehmenspraxis, CCZ **2021** 230; *Goette* Organisationspflichten in Kapitalgesellschaften zwischen Rechtspflicht und Opportunität, ZHR **2011** 388; *Herrmann/Rünz* Praktische Hinweise und Maßnahmen zur Umsetzung des Lieferkettensorgfaltspflichtengesetzes im Unternehmen, Der Betrieb **2021** 3078; *Hess* Die Folgen des Lieferkettensorgfaltspflichtengesetzes für KMU, NWB Nr. 40 vom 8.10.2021; *Huth* Grundsätze ordnungsmäßiger Risikoüberwachung, BB **2007** 2167; *Joos/Kerckhoff/Ghassemi-Tabar* Implementierung und Prüfung des Lieferketten-CMS nach IDW EPS 980 n.F., DB **2022** 1465; *Jungkind/Raspé/Terbrack* Unternehmensverantwortung in der Lieferkette, Der Konzern **2021** 445; *Klinner* Deutschland gibt sich ein Lieferkettensorgfaltsgesetz, IWRZ **2021** 243; *Krebs* Menschenrechtliche und umweltbezogene Sorgfaltspflicht: Der Wettlauf zwischen europäischer und deutscher Rechtssetzung, ZUR **2021** 394; *Lutz-Bachmann/Vorbeck/Wengenroth* Menschenrechte und Umweltschutz in Lieferketten – der Regierungsentwurf eines Sorgfaltspflichtengesetzes, BB **2021** 906; *Moosmayer* Modethema oder Pflichtprogramm guter Unternehmensführung? – Zehn Thesen zu Compliance, NJW **2012** 3013; *Nasse* Das neue Lieferkettensorgfaltspflichtengesetz, RAW **2022** 3; *Nietsch/Wiedmann* Adressatenkreis und sachlicher Anwendungsbereich des neuen Lieferkettensorgfaltspflichtengesetz, NJW **2022** 1; *dies.* Der Regierungsentwurf eines Gesetzes über die unternehmerischen Sorgfaltspflichten in der Lieferkette, CCZ **2021** 101; *Niklas/Lex* Das neue Lieferkettengesetz, ArbRB **2021** 212; *Ott/Lüneborg/Schmelzeisen* Zur Anwendung des Lieferkettensorgfaltspflichtengesetzes im Konzern, DB **2022** 238; *Rothenburg/Rogg* Die Umsetzung des Lieferkettensorgfaltspflichtengesetzes im Konzern, AG **2022** 257; *Schäfer* Das neue Lieferkettensorgfaltspflichtengesetz und seine Auswirkungen auf die Ernährungswissen-

https://doi.org/10.1515/9783110788976-006

schaft, ZLR **2022** 22; *Schockenhoff/Roßkopf/Arnold* Konzern-Compliance im Lichte neuer Sanktionsgesetze, AG **2021** 66; *Schork/Schreier* Die angemessene Risikoanalyse gemäß § 5 LkSG, CB **2022** 334; *Schulz* Compliance-Management im Mittelstand, CB **2015** 309; *Seibt/Vesper-Gräske* Lieferkettensorgfaltspflichtengesetz erweitert Compliance-Pflichten, CB **2021** 357; *Spindler* Compliance in der multinationalen Bankengruppe, WM **2008** 905; *ders.* Verantwortlichkeit und Haftung in Lieferantenketten – das Lieferkettensorgfaltspflichtengesetz aus nationaler und europäischer Perspektive, ZHR **2022** 67; *Stöbener de Mora/Noll* Grenzenlose Sorgfalt? – Das Lieferkettensorgfaltspflichtengesetz, NZG **2021** 1237; *Verse* Compliance im Konzern, Zur Legalitätskontrollpflicht der Geschäftsleiter einer Konzernobergesellschaft, ZHR **2011** 401; *Wiedmann* Nichtfinanzielle Berichterstattung der DAX-30-Unternehmen zur Achtung der Menschenrechte, BB **2021** 1515.

Materialien

BAFA Antwort II.1. FAQ-LkSG, Antwort VIII.1. FAQ-LkSG, Antwort VIII.4. FAQ-LkSG, (Stand: 27.2.2023), abrufbar unter https://www.bafa.de/DE/Lieferketten/Ueberblick/ueberblick_node.html;jsessionid=59548FC30EF5794115E82CF7B5BF1D08.1_cid390, zuletzt aufgerufen am 30.3.2023; BAFA Handreichung zur Umsetzung einer Risikoanalyse nach den Vorgaben des Lieferkettensorgfaltspflichtengesetz, 1. Aufl., August 2022 (zit. BAFA Risikoanalyse); BAFA Handreichung zum Prinzip der Angemessenheit nach den Vorgaben des Lieferkettensorgfaltspflichtengesetz, 1. Aufl. Dezember 2022 (zit. BAFA Angemessenheit).

Übersicht

A. Normzweck und Hintergrund

1 Die Risikoanalyse bildet das Fundament für die Erfüllung der Sorgfaltspflichten des LkSG. Sie ist insbesondere unerlässlich für die Einrichtung eines angemessenen und wirksamen Risikomanagements und wird daher als wichtige Voraussetzung angesehen.[1] Die Ergebnisse der Risikoanalyse strahlen auf alle Sorgfaltspflichten des LkSG wie folgt aus:[2]

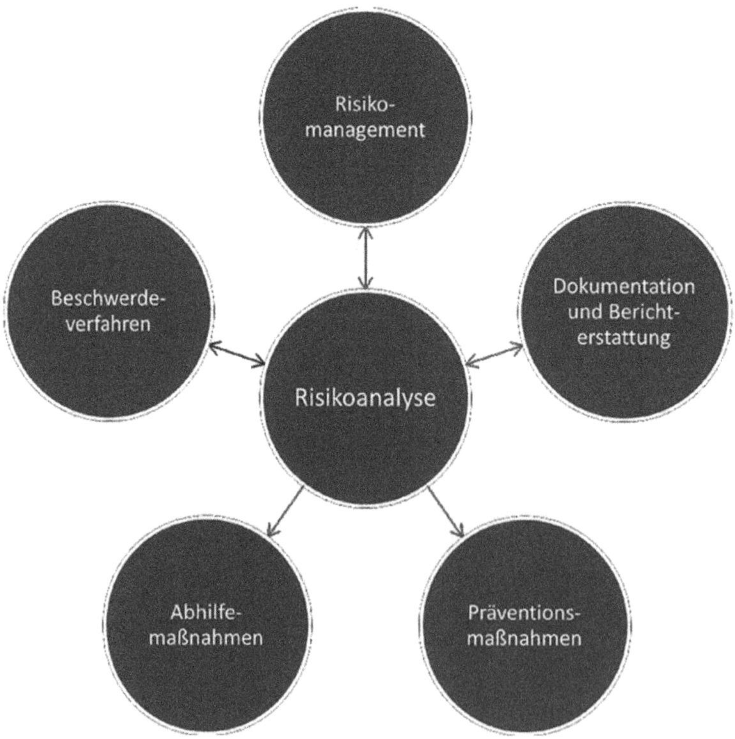

Abb. 1: Darstellung der Ausstrahlungswirkung.

1 BT-Drs. 19/28649 S. 44; *Klinner* IWRZ **2021** 243, 245.

2 Angelehnt an: BAFA Risikoanalyse S. 5.

Durch die Risikoanalyse soll das Unternehmen die Auswirkungen der eigenen unternehmerischen Tätigkeit auf die Personen, die infolge einer Geschäftsbeziehung mit den eigenen Geschäftsfeldern, der Produkte oder der Dienstleistungen verbunden sind, kennen.[3] Zudem soll das Unternehmen durch die Risikoanalyse die Risiken im eigenen Geschäftsbereich und auch im Geschäftsbereich des unmittelbaren Zulieferers identifizieren, bewerten und priorisieren.[4] Gleichzeitig sollen auf Basis der Risikoanalyse wirksame Präventions- und Abhilfemaßnahmen nach §§ 6 und 7 LkSG festgelegt werden, während die Erkenntnisse des Beschwerdeverfahrens in die Risikoanalyse mit einfließen.[5] 2

Das LkSG hat seine wesentliche Grundlage in den VN-Leitprinzipien aus dem Jahr 2011.[6] 3 Unternehmen sollten durch den Nationalen Aktionsplan aus dem Jahr 2016 auf freiwilliger Basis die Regelungen als eine Art Selbstverpflichtung und entlang der unternehmerischen Liefer- und Wertschöpfungskette einhalten.[7] Prinzip Nr. 18 sieht eine Risikoanalyse vor und verpflichtet Wirtschaftsunternehmen dazu, diese durchzuführen.[8]

Der Koalitionsvertrag aus dem Jahr 2018 sah eine gesetzlich verpflichtende Regelung zur 4 Umsetzung des Nationalen Aktionsplanes vor, sollte die Beteiligung der Unternehmen nicht für ausreichend erachtet werden.[9] Die Auswertung des Auswärtigen Amtes aus dem Jahr 2020 veranschaulichte, dass nur etwa 1 % der Unternehmen einen Umsetzungsplan erarbeitet und nur etwa 13 bis 17 % der Unternehmen die VN-Leitprinzipien erfüllt haben.[10] Der NAP Abschlussbericht moniert insbesondere, dass die Unternehmen die Risikoanalyse nur unzureichend durchführten und keine adäquaten Maßnahmen ableiteten.[11] Dies nahm der Gesetzgeber zum Anlass, das LkSG als verpflichtende Regelung zur Achtung der Menschenrechte und zum Schutz der Umwelt einzuführen.

B. Einordnung und Verhältnis zu anderen Normen

Viele Unternehmen führen bereits Risikoanalysen durch (I.). Sie werden etwa gesellschaftsrecht- 5 lich hierzu verpflichtet (II.), sind Verpflichtete nach dem Geldwäschegesetz (III.), Versicherungsaufsichtsrecht (IV.) und bzw. oder führen eine Risikoanalyse nach den Umweltvorschriften durch (V.). Zuletzt bildet die Risikoanalyse einen wichtigen Baustein im Compliance Management System (VI.).

I. Grundsatz

Die Durchführung einer Risikoanalyse ist im deutschen Rechtssystem in verschiedenen Normen 6 verankert. Unternehmen werden verpflichtet bestehende Risiken zu ermitteln und Maßnahmen zu ergreifen, um die Risiken zu reduzieren.

Auch wenn das BAFA im August 2022 seinem gesetzlichen Auftrag aus § 20 LkSG nachgekom- 7 men ist und eine Handreichung für Unternehmen zur Durchführung der Risikoanalyse veröffentlich hat, können die bisherigen gesetzlichen Vorgaben weiterhin Anhaltspunkte für die

3 BT-Drs. 19/28649 S. 44.
4 BT-Drs. 19/28649 S. 44.
5 BT-Drs. 19/28649 S. 44; BAFA Risikoanalyse S. 5.
6 *Ehmann* ZVertriebsR **2021** 141; Nationaler Aktionsplan Umsetzung der VN-Leitprinzipien für Wirtschaft und Menschenrechte, 2016–2020.
7 *Ehmann* ZVertriebsR **2021** 141; Nationaler Aktionsplan Umsetzung der VN-Leitprinzipien für Wirtschaft und Menschenrechte, 2016–2020.
8 *Nasse* RAW 1/2022 3, 7; Leitprinzipien für Wirtschaft und Menschenrechte, S. 22.
9 *Ehmann* ZVertriebsR **2021** 141; Koalitionsvertrag zwischen CDU, CSU und SPD, 19. Legislaturperiode, S. 156.
10 Abschlussbericht des NAP Monitorings, 2018–2020, S. 9.
11 Abschlussbericht des NAP Monitorings, 2018–2020, S. 13.

Durchführung der Risikoanalyse nach dem LkSG liefern. Unternehmen, die bereits in anderen Bereichen eine Risikoanalyse durchführen, sollten daher bereits eingerichtete Strukturen dahingehend prüfen, ob Erkenntnisse zur Etablierung und auch Durchführung der Risikoanalyse nach dem LkSG genutzt werden können. Hierbei sollten jedoch die Unternehmen sich stets bewusst sein, dass das LkSG zu einem Perspektivwechsel führt (hierzu auch C.II.). Bisher mussten Unternehmen untersuchen, inwieweit Risiken dem Unternehmen selbst drohen und diesem Schaden können. Unternehmen konnten und durften, im Rahmen des gesetzlich erlaubten, gewisse Risiken eingehen und auch Schäden in Kauf nehmen. Im Fokus der Risikoanalyse nach dem LkSG stehen die Interessen der Beschäftigten des Unternehmens, der Beschäftigten in der Lieferkette und derjenigen, die in sonstiger Weise vom Handeln des Unternehmens oder eines Unternehmens in der Lieferkette betroffen sein können.[12] Nach dem LkSG verpflichtete Unternehmen müssen also ermitteln, ob und inwiefern diesen Personengruppen oder der Umwelt ein Schaden zukommen könnte. Dies sollten die Unternehmen bei einer etwaigen Adaption bisheriger Strukturen zur Ermittlung von Risiken beachten. Auch die Unternehmen, die mit Blick auf die Einhaltung der Menschenrechte sich freiwillig an die Vorgaben der VN-Leitprinzipien gebunden haben oder bzw. und Maßnahmen im Bereich CSR oder ESG eingeleitet haben, müssen nun prüfen, ob die bisherigen Maßnahmen den neuen gesetzlichen Anforderungen entsprechen oder anzupassen sind.[13]

II. Gesellschaftsrechtliche Verpflichtung zur Durchführung einer Risikoanalyse

8 Zahlreiche Normen aus dem Kapitalgesellschaftsrecht verlangen von Geschäftsleitern direkt oder indirekt eine Risikoanalyse durchzuführen.

9 Vorstände von Aktiengesellschaften werden nach § 91 Abs. 2 AktG verpflichtet, ein Überwachungssystem einzurichten, um den Fortbestand der Gesellschaft gefährdende Entwicklungen früh zu erkennen.[14] Nach § 91 Abs. 3 AktG hat der Vorstand einer börsennotierten Gesellschaft ein angemessenes und wirksames Kontrollsystem und Risikomanagementsystem einzurichten. Die konkrete Ausgestaltung des Systems soll von Größe, Branche und Struktur des Unternehmens abhängen.[15] Bei der Ausgestaltung steht dem Vorstand ein weitgehender Ermessenspielraum zu, innerhalb dessen er seinen Plichten nachkommen kann.[16]

10 Kapitalgesellschaften müssen nach § 289b Abs. 1 HGB eine nichtfinanzielle Erklärung abgeben, mit dem Inhalt gemäß § 289c HGB. Die Erklärung muss wesentliche Risiken enthalten, die mit der eigenen Geschäftstätigkeit bzw. den Geschäftsbeziehungen, den eigenen Produkten oder Dienstleistungen verknüpft sind.[17] Unter einem Risiko sind alle Gefahren zu verstehen, die sehr wahrscheinlich schwerwiegende negative Auswirkungen auf die nichtfinanziellen Aspekte haben werden oder bereits zu solchen Auswirkungen geführt haben.[18] Das HGB schreibt die Art und Weise der Risikoerfassung nicht vor, so dass auch hier den Unternehmen ein Ermessensspielraum zusteht. Auch wenn die Durchführung der Risikoanalyse die Grundlage der Finanzberichterstattung nach dem HGB bildet, beschreiben nur wenige DAX-30-Unternehmen die konkrete Durchführung und die Art und Weise der Gewichtung der Risiken.[19]

12 BAFA Risikoanalyse S. 8.

13 *Gehling/Ott/Lüneborg* CCZ **2021** 230, 234.

14 *Dutzi/Schneider/Hasenau* Der Konzern 11/2021 454, 456 f.; MüKo-AktG/*Spindler* § 91 Rn. 20.

15 BeckOGK-AktG/*Fleischer* § 91 Rn. 37; vgl. BegrRegE KonTraG, BT-Drs. 13/9712 S. 15; *Bihr/Kalinowsky* DStR **2008** 620; Bürgers/Körber/Lieder/*Bürgers* § 91 Rn. 10; MüKo-AktG/*Spindler* § 91 Rn. 28, 51; Hüffer/Koch/*Koch* § 91 Rn. 7; *Huth* BB **2007** 2167.

16 *Klark* Compliance-Risikomanagement, 2. Aufl. 2019, Rn. 87; MüKo-AktG/*Spindler* § 93 Rn., 43 ff.

17 *Wiedmann* BB **2021** 1515, 1517.

18 BT-Drs 18/9982 S. 50.

19 *Wiedmann* BB **2021** 1515, 1517.

III. Risikoanalyse nach dem Geldwäschegesetz

Das Geldwäschegesetz sieht in § 5 GwG die Pflicht zur Durchführung einer Risikoanalyse vor. Die nach dem Geldwäschegesetz Verpflichteten haben Risiken der Geldwäsche oder Terrorismusfinanzierung zu ermitteln und zu bewerten, § 5 Abs. 1 Satz 1 GwG. 11

Die jeweiligen Aufsichtsbehörden veröffentlichen sogenannte AuAs, die den verpflichteten Unternehmen konkrete Anweisungen für die Ausgestaltung der Risikoanalyse an die Hand geben. Die BaFin, als Aufsichtsbehörde für u.a. Kreditinstitute, Finanzdienstleistungs- und Wertpapierinstitute oder auch Zahlungsinstitute, erachtet folgende Schritte bei der Durchführung der Risikoanalyse für erforderlich:[20] 12

- **Vollständige Bestandsaufnahme** der unternehmensspezifischen Situation (Erfassung der Kundenstruktur, der Geschäftsbereiche und -Abläufe, der angebotenen Produkte),
- **Erfassung und Identifizierung** der kunden-, produkt- und transaktionsbezogenen sowie geographischen **Risiken**,
- **Kategorisierung**, also Einteilung der Risiken in Risikogruppen unter Bewertung der identifizierten Risiken, in die Risikostufen hoch, mittel und gering (den verpflichteten Unternehmen wird ein Ermessenspielraum hinsichtlich der Bewertungsmethoden zuerkannt; so kann das Unternehmen etwa absolute Kriterien festlegen, die automatisch eine besondere Sicherungsmaßnahme zur Folge hat; die Kriterien sind zu dokumentieren),
- Entwicklung und Umsetzung angemessener Präventionsmaßnahmen sowie
- Überprüfung und Weiterentwicklung der internen Sicherungsmaßnahmen unter Berücksichtigung der Ergebnisse der Risikoanalyse.

Für Kreditinstitute schreibt die BaFin darüber hinaus im besonderen Teil der AuA vor, dass Kreditinstitute ein Verständnis für die Geschäftstätigkeit ihrer Kunden entwickeln müssen, um besonders verdächtige Transaktionen identifizieren zu können.[21] Hierbei sind folgende Informationen zu berücksichtigen: 13

- Art der Geschäftstätigkeit des Kunden;
- beim Kunden bestehende Kontrollen zur Prävention von Geldwäsche und Terrorismusfinanzierung;
- Qualität und Wirksamkeit der Bankenregulierung im Land des Kunden;
- Länder, in denen der Kunde Geschäfte betreibt;
- genutzte Handelsrouten;
- vom Kunden gehandelte Waren;
- Geschäftspartner des Kunden;
- Umstände, ob und warum der Kunde mit Handelspartnern oder Dritten arbeitet.[22]

Führt die Erhebung dieser Informationen zum Ergebnis, dass verstärkte Sorgfaltspflichten anzuwenden sind, bedarf es einer verstärkten und kontinuierlichen Überwachung der Transaktion und Prüfung der beteiligten Personen nach § 15 GwG.[23] 14

Für Güterhändler erlassen die jeweiligen nach Landes- oder Bundesgesetz zuständigen Stellen die AuA. Für Güterhändler in Hessen sehen die Regierungspräsidien vor, dass die Risikoanalyse schriftlich oder elektronisch dokumentiert und mindestens jährlich zu überprüfen ist.[24] Die Risikoanalyse muss die in den Anlagen des GwG genannten Faktoren berücksichtigen und wie folgt ausgestaltet sein:[25] 15

20 BaFin AuA zum Geldwäschegesetz, Stand: Oktober 2021, S. 12.
21 BaFin AuA für Kreditinstitute, Stand: Juni 2021, S. 21.
22 BaFin AuA für Kreditinstitute, Stand: Juni 2021, S. 12, 13, 21 f.
23 BaFin AuA für Kreditinstitute, Stand: Juni 2021, S. 22.
24 Regierungspräsidien in Hessen, AuA, Stand: Dezember 2020, S. 9.
25 Regierungspräsidien in Hessen, AuA, Stand: Dezember 2020, S. 10.

Schritt 1: Durchführung einer Bestandsaufnahme: Erfassung der
- Grunddaten des Vertragspartners (etwa Rechtsform des Unternehmens, Organisationsstruktur, Filialen)
- Standorte des Vertragspartners und des damit einhergehenden geographischen und infrastrukturellen Umfelds der Geschäftstätigkeit (etwa regionale Kriminalitätslage, Bevölkerungsstruktur)
- Kunden-, Vertriebs- und Produktionsstruktur (etwa Herkunftsländer der Kunden, Produktpalette)

Schritt 2: Risiken bestimmen und bewerten: Unter Heranziehung der in den Anlagen 1 und 2 des GwG genannten Risikofaktoren und Berücksichtigung von internem Wissen, Vorkommnissen, Veröffentlichungen von Aufsichts- und Ermittlungsbehörden und der allgemeinen Presse.

Schritt 3: Wiederholung der Risikoanalyse und Aktualisierung.

16 Bereits die vorgenannte Struktur zeigt, dass die Regelungen des LkSG nicht weit von den bereits bestehenden Bestimmungen anderer gesetzlich geregelter Risikoanalysen entfernt sind.[26] Auch das LkSG sieht in § 5 LkSG diese drei Stufen vor: Erfassung des Geschäftsfeldes (Abs. 1), Priorisierung und Gewichtung (Abs. 2) und schließlich Wiederholung (Abs. 4).

17 Anders als das LkSG gibt das GwG bei der Bewertung der Risiken jedoch erste Hilfestellungen in den Anlagen 1 und 2. Zudem regelt das GwG in § 15 GwG, wann verstärkte Sorgfaltspflichten seitens der GwG-Verpflichteten zu erfüllen sind. Auch werden die konkreten verstärkten Sorgfaltspflichten in § 15 Abs. 5 GwG bereits festgeschrieben, an denen sich die GwG-Verpflichteten zu orientieren haben.

18 Erste Hilfestellungen für die Durchführung der Risikoanalyse nach dem LkSG können die Unternehmen der Handreichung des BAFA aus August 2022 entnehmen. Diese sind jedoch noch nicht in der Detailtiefe wie die AuAs zum GwG. Das BAFA legt jedoch fest, dass die Lieferkettentransparenz bei *„Hochrisiko-Zulieferern"* zu erhöhen ist.[27]

IV. Risikoanalyse nach dem Versicherungsaufsichtsrecht

19 Versicherungsunternehmen müssen nach § 26 Abs. 1 Satz 1 VAG ein wirksames Risikomanagementsystem einrichten. Nach § 26 Abs. 1 Satz 2 VAG muss das Risikomanagementsystem die Strategien, Prozesse und internen Meldeverfahren umfassen, die erforderlich sind, um Risiken, denen das Unternehmen tatsächlich oder möglicherweise ausgesetzt ist, zu identifizieren, zu bewerten, zu überwachen und zu steuern sowie aussagekräftig über diese Risken zu berichten.

20 Für die Risikoidentifikation wird den Versicherungsunternehmen empfohlen einen Risikokatalog zu definieren und darin alle sich aus der Geschäfts- und Risikostrategie ergebenden Risiken zu verzeichnen.[28] Bestenfalls sollten Workshops durchgeführt werden, um mittels strukturierter Interviews einzelne Risiken in den Abteilungen zu erfassen.[29]

V. Freiwilliger betrieblicher Umweltschutz nach der EMAS-Verordnung

21 An dem von der Europäischen EMAS konnten und können sich Organisationen eigenverantwortlich messen und auditieren lassen.

22 Die konkreten Bestimmungen werden in der EMAS-Verordnung 1221/2009 niedergelegt. In Anhang I und II werden von den Unternehmen durchzuführenden Umweltprüfungen beschrieben. Überblicksartig lässt sich die Umweltprüfung wie folgt zusammenfassen:

---

26 *Fitzer/Gergen* CB **2022** 327, 328.
27 BAFA Risikoanalyse S. 11.
28 Bürkle/*Gehringer/Wettstein/Weidtmann* Rn. 119.
29 Bürkle/*Gehringer/Wettstein/Weidtmann* Rn. 120.

Schritt 1: Erfassung aller geltenden Umweltvorschriften und Erbringung eines Nachweises, dass diese Vorschriften durch das Unternehmen eingehalten werden.
Schritt 2: Erfassung aller direkten und indirekten Umweltaspekte, die bedeutende Umweltauswirkungen haben können unter Berücksichtigung der folgenden (auszugsweise dargestellten) Punkte:
- Umweltgefährdungspotential
- Ausmaß, Anzahl, Häufigkeit und Umkehrbarkeit der Aspekte oder der Auswirkungen
- Vorliegen einschlägiger Umweltvorschriften und deren Anforderungen
- Direkte Umweltaspekte, verbunden mit der Tätigkeit, Produkten oder Dienstleistungen der Organisation
  - Emissionen in der Atmosphäre
  - Ein- und Ableitung in Gewässer
  - Nutzung und Kontaminierung von Böden
  - Nutzung natürlicher Ressourcen und Rohstoffe
  - Risiko von Umweltunfällen und Umweltausfällen, die sich aus Vorfällen, Unfällen oder Notsituationen ergeben können

Schritt 3: Beschreibung der Kriterien für die Beurteilung der Bedeutung der Umweltauswirkungen.
Schritt 4: Prüfung der angewandten Praktiken und laufenden Verfahren des Umweltmanagements.
Schritt 5: Bewertung der Reaktion auf frühere Vorfälle.

Unternehmen, die bereits eine Umweltprüfung nach der EMAS-Verordnung durchgeführt haben, sollten nun prüfen, inwieweit die umweltrechtlichen Verbote des LkSG bei der Umweltprüfung berücksichtigt sind. 23

VI. Compliance-Risikoanalyse

Schließlich gehört die Erfassung und Bewertung vorhandener Risiken auch zu den Grundaspekten eines funktionierenden Compliance Management Systems. Nur wer seine Risiken kennt, kann wirksam Maßnahmen ergreifen, mit Hilfe derer Risiken minimiert und somit Verstöße verhindert werden. 24

Als zentrale Norm für die Pflicht zur Durchführung einer Compliance-Risikoanalyse wird § 130 OWiG herangezogen.[30] Auch in der Rechtsprechung ist anerkannt, dass ein effektives Compliance Management System, ausgerichtet auf die Vermeidung von Rechtsverstößen, zu einer Bußgeldminderung führen kann.[31] Die Risikoanalyse bildet hierbei den Grundstein eines effektiven Compliance Management Systems. Nur auf Basis einer Risikoanalyse können passgenaue Maßnahmen zur Risikominimierung ergriffen werden. 25

Auch aus dem IDW PS 980 geht hervor, dass die Identifizierung der Compliance-Risiken ein Grundelement und auch der Ausgangspunkt für die Entwicklung eines angemessenen Compliance-Programms ist.[32] Es bedarf eines Verfahrens zur systematischen Risikoidentifikation und -bewertung, anhand dessen die Risiken nach Eintrittswahrscheinlichkeit und mögliche Folgen zu analysieren sind.[33] Bestehende Compliance-Risiken sollen systematisch erfasst werden, etwa anhand von Interviews, Workshops oder der Auswertung verfügbarer Informationen anderer Unternehmen.[34] Die Befassung mit den Compliance-Risiken ist hierbei nicht als einmaliger Vorgang zu 26

---

30 *Moosmayer* Compliance-Risikoanalyse, 2. Aufl. 2020, S. 2; *Moosmayer* NJW **2012** 3013.
31 BGH Urt. v. 9.5.2017 – 1 StR 265/16 = NZWiSt **2018** 379, 387; LG München I Urt. v. 10.12.2023 – 5 HK O 1387/10 = NZG **2014** 345, 348.
32 IDW PS 980 n.F., 10.2021, Rn. A 25.
33 IDW PS 980 n.F., 10.2021, Rn. 27.
34 IDW PS 980 n.F., 10.2021, Rn. A 25.

verstehen. Vielmehr müssen weiterhin neue Risiken erfasst werden, sollten diese sich ergeben. Darüber hinaus müssen bereits erkannte Risiken sorgfältig adressiert und wiederkehrend überprüft werden.

27 Durchaus mit dem LkSG vergleichbar wird folgender Dreiklang für die Durchführung einer Compliance-Risikoanalyse gefordert:[35]

Schritt 1: Bestandsaufnahme der konkret in Betracht kommenden Compliance-Risiken:[36]
- Prüfung der tatsächlichen Organisationsstrukturen, Funktionsbereiche, Geschäftsfelder, Produkte, Kunden und Absatzmärkte
- Identifizierung der vom Unternehmen zu beachtenden Normen
- Erfassung bereits vorhandener Compliance-Maßnahmen
- Analyse bereits eingetretener Rechtsverstöße

Schritt 2: Risikokategorisierung, anhand von
- Schadenshöhe im Fall eines Rechtsverstoßes (unter Berücksichtigung der Möglichkeit der Verletzung von Straf- oder Bußgeldnormen, Bußgeldhöhe, Vergabesperren, etwaige Schadensersatzsatzansprüchen und auch Reputationsschäden) und
- potentieller Eintrittswahrscheinlichkeit des Verstoßes.[37]

Schritt 3: Risiko-Priorisierung: Anhand derer die Geschäftsleitung die Entscheidung treffen kann, auf welche Risiken Maßnahmen dringend erforderlich, ergänzend angebracht oder noch entbehrlich sind.[38]

28 Dieser Dreiklang ist mit dem LkSG vergleichbar, so dass Grundzüge für die Risikoanalyse nach dem LkSG herangezogen werden können.

C. Erstellung und Inhalt der Risikoanalyse nach § 5 Abs. 1 und 2 LkSG

I. Grundsatz

29 Nach § 5 Abs. 1 LkSG hat das verpflichtete Unternehmen eine angemessene Risikoanalyse durchzuführen, um menschenrechtliche und umweltbezogene Risiken im eigenen Geschäftsbereich und bei den unmittelbaren Zulieferern zu ermitteln.

30 Die Ausgestaltung der Risikoanalyse hat stets unter dem Aspekt der Angemessenheit nach § 3 Abs. 2 LkSG zu erfolgen. Der Angemessenheitsvorbehalt ist angesichts der Weite der Sorgfaltspflichten ein entscheidender Korrekturfaktor, um die Plichten praktisch handhabbar zu gestalten.[39] Das Prinzip der Angemessenheit bezieht sich auf alle Sorgfaltspflichten und ist ein Grundprinzip des LkSG.[40] Dies heißt, dass sich Umfang und Durchführung der Risikoanalyse an den folgenden Aspekten zu orientieren hat:

Kriterien § 3 Abs. 2 LkSG	Hilfskriterien Regierungsbegründung, BT-Dr. 19/28649
Art und Umfang der Geschäftstätigkeit	– Beschaffenheit des Produkts – Vielfalt der Leistungen und Geschäftsbeziehungen – überregionale oder internationale Ausrichtung – Unternehmensgröße – Anfälligkeit (länder-, branchen- und warengruppenspezifische Risiken)

35 BeckHdb-GmbH/*Reichert*/*Ullrich* § 20 Rn. 22.
36 *Goette* ZHR **175** (2011) 388, 400.
37 *Schulz* CB **2015** 309, 315; Hauschka/Moosmayer/Lösler/*Pauthner*/*Stephan* § 16 Rn. 116; Moosmayer/*Vetter*/*Harting* § 2 Rn. 16.
38 *Balke*/*Klein* ZIP **2017** 2038, 2039.
39 *Lutz-Bachmann*/*Vorbeck*/*Wengenroth* BB **2021** 906, 910.
40 BAFA Angemessenheit, S. 1.

Kriterien § 3 Abs. 2 LkSG	Hilfskriterien Regierungsbegründung, BT-Dr. 19/28649
Einflussvermögen	– Größe des Unternehmens (Marktdominanz) – Auftragsvolumen – Nähe zum Risiko
Typischerweise zu erwartende *Schwere, Wahrscheinlichkeit, Umkehrbarkeit* der Verletzung einer Pflicht	– Grad der tatsächlichen oder potenziellen Beeinträchtigung bemisst sich nach Zahl der tatsächlich oder potentiell betroffenen Menschen und der Möglichkeit, die negativen Auswirkungen wieder zu beheben – Eintrittswahrscheinlichkeit beschreibt die Einschätzung, ob und wann Risiko in Rechtsgutverletzung mündet
Art des Verursachungsbeitrags	Zu unterscheiden, ob ein Unternehmen das Risiko unmittelbar alleine oder gemeinsam mit einem anderen Akteur verursacht hat, oder ob es mittelbar einen Beitrag zum Risiko oder zur Verletzung leistet.

Das verpflichtete Unternehmen erhält so *„Ermessens- und Handlungsspielräume bei der Auswahl der geeigneten Maßnahmen"*.[41] Die Ermessens- und Handlungsspielräume verengen sich jedoch, je zahlreicher und gewichtiger die vorgenannten Kriterien vorliegen.[42] Das BAFA betont, dass die einzelnen Angemessenheitskriterien nicht in einer bestimmten Hierarchie zueinanderstehen, sondern stets gleichrangig zu berücksichtigen sind.[43] Grundsätzlich kann zwar das Unternehmen im Rahmen der Priorisierung einzelne – als hoch eingestufte Risiken – zunächst bearbeiten. Allerdings darf sich das Unternehmen hierbei nicht nur auf die Akteure beschränken, bei denen ein hohes Einflussvermögen besteht, sondern muss sich am Ende mit allen Akteuren und Risiken auseinandergesetzt haben. 31

II. Perspektivwechsel

Das verpflichtete Unternehmen muss bei der Identifizierung der Risiken einen sogenannten Perspektivwechsel vornehmen.[44] 32

Im Rahmen der bisher bekannten Risikoanalysen erfasste das verpflichtete Unternehmen all die Risiken, die für das eigene Unternehmen entstehen. Die Risikoanalyse nach dem LkSG ist jedoch aus der Perspektive der potentiell betroffenen Personen durchzuführen, also der eigenen bzw. der Mitarbeiter der produzierenden Unternehmen, der Anwohner, der Nutzer von Dienstleistungen und sonstigen Personen, die durch das Produkt oder die Dienstleistung beeinträchtigt werden könnten.[45] Es ist dem Unternehmen also verwehrt, die Risikotoleranz und Risikotragfähigkeit selbst zu bestimmen.[46] Für die Risikoanalyse nach dem LkSG spielt die Unternehmensperspektive also keine bzw. allenfalls eine sekundäre Rolle.[47] Diese potentiellen betroffenen Akteure sind bei der Durchführung der Risikoanalyse mit einzubeziehen.[48] 33

41 *Grabosch* § 2 Rn. 68 f.; *Lutz-Bachmann/Vorbeck/Wengenroth* BB **2021** 906, 910; *Fitzer/Gergen* CB **2022** 327, 331.

42 *Grabosch* § 2 Rn. 66.

43 BAFA Angemessenheit, S. 4.

44 BAFA Risikoanalyse S. 8; *Fitzer/Gergen* CB **2022** 327, 328; *Schork/Schreier* CB **2022** 334, 335.

45 So auch: Sorgfaltskompass https://kompass.wirtschaft-entwicklung.de/sorgfalts-kompass/risiken-analysieren#top, zuletzt aufgerufen am 29.9.2022; BAFA Risikoanalyse S. 8.

46 *Fleischer* AG **2022** 377, 387.

47 *Fitzer/Gergen* CB **2022** 327, 328; *Joos/Kerckhoff/Ghassemi-Tabar* DB **2022** 1465, 1466: *„Unternehmensperspektive allenfalls sekundär"*; *Fleischer* AG **2022** 377, 387; *Grabosch* § 5 Rn. 27.

48 OECD-Leitfaden für die Erfüllung der Sorgfaltspflichten zur Förderung verantwortungsvoller Lieferketten in der Bekleidungs- und Schuhwarenindustrie, 2020, S. 29.

III. Mitwirkende

34 Bei der Durchführung der Risikoanalyse sollten die Funktionen und Personen eingebunden werden, die den eigenen Geschäftsbereich sowie die Einkaufs- und Vertriebsprozesse kennen. Denkbar wären bspw. Mitarbeiter aus den Abteilungen Einkauf, Vertrieb, Qualitätsmanagement, Recht, Compliance, Nachhaltigkeit (sofern vorhanden), interne Revision, Risikomanagement und auch Personalwesen.

35 Eine Person bzw. Funktion sollte als Verantwortlicher für die Koordination der Risikoanalyse benannt werden. Dies kann etwa der Menschenrechtsbeauftragte im Sinne des § 4 Abs. 3 LkSG sein, der dann auch von Beginn an bei der Erfassung der Geschäftstätigkeit, der Identifizierung der vorhandenen Risiken und vor allem der Bewertung bzw. Priorisierung der identifizierten Risiken wegweisende Entscheidungen in Kenntnis der Geschäftstätigkeit treffen kann.

IV. Umfang

36 Durch die Risikoanalyse soll das verpflichtete Unternehmen menschenrechtliche und umweltbezogene Risiken im eigenen Geschäftsbereich sowie bei unmittelbaren Zulieferern ermitteln, § 5Abs. 1 LkSG.

37 Die Risikoanalyse bezieht sich mithin auf den eigenen Geschäftsbereich sowie auf die Lieferkette. Teil der Lieferkette nach § 2 Abs. 5 LkSG sind alle Waren, die ein Unternehmen zur Herstellung seiner Produkte oder Erbringung seiner Dienstleistungen bezieht.[49] Die Lieferketten zu diesen Waren muss das verpflichtete Unternehmen also bei der Risikoanalyse mit abdecken. Allerdings ist die Reichweite des § 2 Abs. 5 LkSG noch unklar und in der Literatur umstritten. Dies hat unmittelbare Auswirkungen auf die Reichweite der Risikoanalyse. Ein Teil der Literatur beschränkt die Sorgfaltspflichten auf die Faktoren, die in die Produktion des eigenen Produkts oder der eigenen Dienstleistung unmittelbar und kalkulatorisch messbar einfließen.[50] Erweitert das verpflichtete Unternehmen die Risikoanalyse auf weitere Produkte, etwa auf das selbst benötigte Büromaterial, führt dies zu einer erhöhten Sicherheit auf Unternehmensseite, verbunden jedoch mit einem hohen Prüfaufwand.

38 Grundsätzlich umfasst § 2 Abs. 5 LkSG die vorgelagerte und auch die nachgelagerte Lieferkette, also Logistik- und Vertriebsleistungen.[51] Jedoch orientieren sich nur wenige Sorgfaltspflichten an der nachgelagerten Lieferkette.[52] Lediglich die Produkteinführung kann einen Anlass zur Durchführung einer Risikoanalyse in der nachgelagerten Lieferkette nach § 5 Abs. 4 LkSG darstellen.[53]

V. Durchführung

39 Ausweislich der Gesetzesbegründung und der Handreichung des BAFA hat die Risikoanalyse in zwei Schritten zu erfolgen. In einem ersten Schritt muss sich das verpflichtete Unternehmen abstrakt mit den eigenen Geschäftsprozessen, den Zulieferern und den Produkten auseinandersetzen (1.). In einem zweiten Schritt sind bestehende Risiken zu identifizieren, angemessen zu gewichten und priorisieren (2.). Die Durchführung sollte stets dokumentiert werden (3.).

---

49 Vgl. Antwort II.1. FAQ-LkSG.
50 *Nietsch/Wiedmann* NJW **2022** 1, 3 f.; *Gehling/Ott/Lüneborg* CCZ **2021** 230, 233; *Schäfer* ZLR **2022** 22, 41.
51 *Schäfer* ZLR **2022** 22, 40.
52 *Schäfer* ZLR **2022** 22, 40.
53 *Schäfer* ZLR **2022** 22, 40.

1. Schritt 1: Vogelperspektive, abstrakte Erfassung der Geschäftstätigkeit (§ 5 Abs. 1 LkSG)

Risiken können nur erfasst, analysiert und minimiert werden, wenn das verpflichtete Unternehmen weiß, wo sie drohen. Daher muss das Unternehmen Transparenz über den eigenen Geschäftsbereich und bei den unmittelbaren Zulieferer herstellen. **40**

Deshalb beginnt die Risikoanalyse mit der Erarbeitung eines Überblicks über den eigenen Geschäftsbereich. Ausweislich der Handreichung des BAFA sind folgende Informationen zu erfassen:[54] **41**

Eigene Unternehmensstruktur	– Name und Branche aller konzernangehörigen Gesellschaften, auf die bestimmender Einfluss ausgeübt wird
	– Für jede Konzerngesellschaft:
	  – Kontaktpersonen
	  – Betriebsstätten/Standorte (nach Ländern)
	  – Produkttypen/Art der Dienstleistungen
	  – Umsatzvolumen
	  – Anzahl der Mitarbeiter

Beschaffungsstruktur	– Beschaffungskategorien (Produkte, Rohstoffe, Dienstleistungen) – Definition der beschafften Produkttypen/Dienstleistungen pro Beschaffungskategorie – Beschaffungsländer pro Beschaffungskategorie – Anzahl der unmittelbaren Zulieferer pro Beschaffungskategorie und Land – Auftragsvolumen pro Beschaffungskategorie im letzten Geschäftsjahr
Art und Umfang der Geschäftstätigkeit	– Erstellung einer Übersicht der umsatzmäßig wichtigsten Produkte/Dienstleistungen, die das Unternehmen herstellt oder vertreibt – Visualisierung der Lieferketten und der wichtigsten Geschäftsbeziehungen – Erstellung einer Übersicht über aktuellen Tätigkeits- und Beschaffungsländer
Sofern bereits ein „*Hochrisiko-Lieferant*" identifiziert ist	– Name – Ansprechpartner – Mutterkonzern (sofern vorhanden) – Produkttyp/Art der Dienstleistung – Auftragsvolumen im letzten Geschäftsjahr – Betriebs- und Produktionsstätten – Anzahl der Mitarbeiter – Vorhandensein von Mitarbeitervertretung

Das verpflichtete Unternehmen muss sich also einen Überblick über den eigenen Geschäftsbereich und auch die unmittelbaren Zulieferer verschaffen. Auch hier müssen die Geschäftsaktivitäten, die Strukturen und die verantwortlichen Personen beim unmittelbaren Zulieferer ermittelt werden. Ferner ist es wichtig, einen Überblick über die Personengruppen zu erhalten, die von der Geschäftstätigkeit des Unternehmens betroffen sein könnten.[55] Dies umfasst auch die Auseinandersetzung mit den eigenen Einkaufsprozessen und der durchschnittlichen Länge der Geschäftsbeziehungen und den Lieferantenbewertungen.[56] Möglich ist, dass sich das verpflichtete Unternehmen durch bestehende Debitoren- und Kreditorensysteme einen Überblick über alle aktiven Lieferanten und auch Kunden erstellen kann.[57] Ziel ist es, sich im ersten Schritt um Transparenz **42**

54 BAFA Risikoanalyse S. 10 f.
55 BT-Drs. 19/28649 S. 44.
56 Bündnis für nachhaltige Textilien, Risiken ermitteln und priorisieren, 2020, S. 9.
57 *Herrmann/Rünz* Der Betrieb **2021** 3078, 3080.

in der Lieferkette zu bemühen.[58] Darüber hinaus müssen sich die Unternehmen einen Überblick über potentielle Gefährdungen der umweltbezogenen Schutzgüter verschaffen. Interessant für die Unternehmen ist die Antwort des BAFA zur Frage, was zu tun ist, wenn die Schaffung der Transparenz nicht möglich ist. Nach Auffassung des BAFA handeln die Unternehmen gleichwohl im Einklang mit dem LkSG, wenn die Schaffung der Transparenz aus plausiblen Gründen nicht möglich ist.[59] Die Bemühungen und auch die plausiblen Gründe, die die Unternehmen hindern, sollten die Unternehmen zwingend nachvollziehbar dokumentieren.

43 Der Gesetzgeber schlägt für die Schaffung des Überblicks die Erstellung einer Matrix vor, geordnet nach Geschäftsfeldern, Standorten, Produkten, Wirtschaftszweigen oder Herkunftsländern.[60] Durch diesen Überblick kann das verpflichtete Unternehmen die Bereiche identifizieren, in denen Auswirkungen auf Menschenrechte und Umwelt möglich erscheinen.[61] In die Matrix sind auch die bisherigen (vertraglichen) Ausgestaltungen bezüglich menschenrechtlicher und umweltbezogener Sorgfaltspflichten aufzunehmen, die bereits innerhalb des Unternehmens bestehen oder mit Zulieferern oder Dritten vereinbart sind, etwa Klauseln zur Einhaltung internationaler Standards, Code Of Conduct usw.[62] Dies umfasst auch eine Auflistung all jener Maßnahmen, die das Unternehmen schon umgesetzt hat.

44 Im ersten Schritt der Risikoanalyse besteht die Gefahr, dass vorschnell bspw. Herkunftsländer als unproblematisch eingestuft werden, ohne bestehende Risiken tatsächlich zu prüfen und zu bewerten. Als Beispiel: Innerhalb des Vereinigten Königreiches würde man wohl keine Sklaverei vermuten, tatsächlich registrierten öffentlich zugängliche Quellen im Jahr 2019 mehr als 10.000 Fälle möglicher sklavereiähnlicher Praktiken.[63] Daher sollte sich das verpflichtete Unternehmen erst im Rahmen der weiteren anstehenden Schritte mit der Priorisierung und Gewichtung der Risiken auseinandersetzen und hier erst entscheiden, ob bspw. einzelne Länder oder Regionen einer detaillierten Prüfung unterzogen werden müssen oder ob man hiervon zunächst absehen kann.

2. Schritt 2: Bewertung der Risiken und Priorisierung (§ 5 Abs. 2 LkSG)

45 Die Risikoanalyse beginnt mit der Festlegung der Methodik (a)), gefolgt von der abstrakten Erfassung der Informationen (b)) und der Priorisierung (c)).

46 **a) Methodik.** Das verpflichtete Unternehmen kann sich über die Standorte bzw. Beschaffungsländer oder Regionen der Risikoanalyse nähern.[64] Auch der Gesetzgeber spricht sich dafür aus, dass bei der Risikoanalyse kontextabhängige Faktoren, etwa politische Rahmenbedingungen oder vulnerable Personengruppen mit einzubeziehen sind.[65] Fragestellungen wie etwa Regierungssystem, demographische Zusammensetzung, Religion können daher maßgebliche Informationen bei der Erfassung der abstrakten Risikolage sein. So können etwa streng religiöse Ansichten in Einzelfällen Rückschlüsse auf eine mögliche Diskriminierung von Frauen oder Minderheiten zulassen, gleichermaßen auch Regierungssysteme auf die mögliche Verhinderung der Vereinigungsfreiheit.

---

58 Vgl. Antwort VIII.4. FAQ-LkSG.

59 Vgl. Antwort VIII.4. FAQ-LkSG.

60 BT-Drs. 19/28649 S. 44; *Hembach* S. 139.

61 *Hembach* S. 137 f.

62 *Hembach* S. 137.

63 *Hembach* S. 140; https://www.gov.uk/government/statistics/national-referral-mechanism-statistics-uk-end-of-year-summary-2019, zuletzt aufgerufen am 29.9.2022.

64 BT-Drs. 19/28649 S. 45; *Hembach* S. 140; Nationaler Aktionsplan Umsetzung der VN-Leitprinzipien für Wirtschaft und Menschenrechte, 2016–2020, S. 9.

65 BT-Drs. 19/28649 S. 44.

Anhaltspunkte für Risiken in Ländern können zudem auch die nationalen Gesetze sein, nämlich welche Gesetze bestehen vor Ort und welche internationalen Verträge zum Schutz der Menschenrechte hat das jeweilige Land ratifiziert.[66]

Darüber hinaus sollte sich das verpflichtete Unternehmen nicht nur mit den Herkunftsländern auseinandersetzen, sondern auch mit speziellen Branchenrisiken.[67] Branchenrisiken sind Risiken, die weltweit über alle Produktlinien und Standorte hinweg in den einzelnen Industrien verbreitet sind.[68] Ausweislich der VN weist etwa die Landwirtschaft ein besonderes Risiko für Kinderarbeit auf.[69] So sollen nach Erhebung der ILO rund 70 % der arbeitenden Kinder weltweit in der Landwirtschaft beschäftigt sein.[70] In der Bekleidungs- und Schuhindustrie erhöhen etwa geringqualifizierte Arbeitskräfte das Risiko von Verstößen gegen Arbeits- und Menschenrechte.[71] 47

Auch der NAP der Bundesregierung zur Umsetzung der VN-Leitprinzipien spricht sich dafür aus, dass sich verpflichtete Unternehmen zumindest bei der ersten Risikoanalyse nach Geschäftsfeldern, Produkten oder auch Standorten nähern sollten.[72] Das Unternehmen kann hierfür eine Übersicht der wichtigsten Aktivitäten des Unternehmens und der dafür notwendigen Wertschöpfungsketten und Geschäftsbeziehungen erstellen.[73] Anhand dieser Übersicht sind dann, unter Berücksichtigung der zu beachtenden Gebote und Verbote, mögliche Risikofelder zu identifizieren.[74] Durch diese erste Analyse können die Bereiche identifiziert werden, in denen eine intensivere Prüfung notwendig ist.[75] Diese intensivere Prüfung soll dann erforderlich sein, wenn das Risiko negativer Auswirkungen auf die Menschenrechte besonders hoch ist, etwa weil eine Vielzahl von Personen betroffen sein könnte oder schwere, unumkehrbare oder nicht abschätzbare Auswirkungen zu erwarten sind, und umfassende Informationen zur Ergreifung von Maßnahmen notwendig sind.[76] Für die intensivere Prüfung schlägt der NAP einen Dialog vor Ort mit (potentiell) Betroffenen oder die Einbindung von externen und internen Fachwissens ein.[77] 48

b) Erfassung der Informationen. Das Unternehmen muss die Informationen beschaffen, die erforderlich sind, um bestehende Risiken zu identifizieren. Die Art und Weise der Informationsbeschaffung und Bewertung liegt im Ermessen des verpflichteten Unternehmens.[78] 49

Für die Erfassung und Sammlung der Informationen kann das verpflichtete Unternehmen auch auf externes Wissen, etwa in öffentlich zugänglichen Quellen, zurückgreifen und sich hierdurch einen Überblick über relevante Menschenrechts- und Umweltthemen in einzelnen Ländern, 50

66 *Hembach* S. 141; ermittelbar durch https://indicators.ohchr.org/, zuletzt aufgerufen 29.9.2022.

67 BT-Drs. 19/28649 S. 45; Sorgfaltskompass https://kompass.wirtschaft-entwicklung.de/sorgfalts-kompass/risiken-analysieren#top, zuletzt aufgerufen am 29.9.2022; Auflistung von Branchenrisiken etwa im Forschungsbericht „Die Achtung von Menschenrechten entlang globaler Wertschöpfungsketten", Juli 2020.

68 OECD-Leitfaden für die Erfüllung der Sorgfaltspflichten zur Förderung verantwortungsvoller Lieferketten in der Bekleidungs- und Schuhwarenindustrie, 2020, S. 47.

69 Praxislotse Wirtschaft und Menschenrechte, https://bhr-navigator.unglobalcompact.org/issues/kinderarbeit/branchenspezifische-risikofaktoren/?lang=de, zuletzt aufgerufen am 29.9.2022.

70 Global Estimates 2020 der ILO, https://www.ilo.org/wcmsp5/groups/public/---ed_norm/---ipec/documents/publication/wcms_797515.pdf, zuletzt aufgerufen am 29.9.2022.

71 OECD-Leitfaden für die Erfüllung der Sorgfaltspflichten zur Förderung verantwortungsvoller Lieferketten in der Bekleidungs- und Schuhwarenindustrie, 2020, S. 47.

72 Nationaler Aktionsplan Umsetzung der VN-Leitprinzipien für Wirtschaft und Menschenrechte, 2016–2020, S. 9.

73 Nationaler Aktionsplan Umsetzung der VN-Leitprinzipien für Wirtschaft und Menschenrechte, 2016–2020, S. 9.

74 Nationaler Aktionsplan Umsetzung der VN-Leitprinzipien für Wirtschaft und Menschenrechte, 2016–2020, S. 9.

75 Nationaler Aktionsplan Umsetzung der VN-Leitprinzipien für Wirtschaft und Menschenrechte, 2016–2020, S. 9.

76 Nationaler Aktionsplan Umsetzung der VN-Leitprinzipien für Wirtschaft und Menschenrechte, 2016–2020, S. 9.

77 Nationaler Aktionsplan Umsetzung der VN-Leitprinzipien für Wirtschaft und Menschenrechte, 2016–2020, S. 9.

78 BT-Drs. 19/28649 S. 45.

Regionen oder Branchen verschaffen.[79] Im **Anhang** werden mögliche Quellen aufgelistet, die für die abstrakte Risikoanalyse herangezogen werden können.

51 Für die Erfassung der Risiken setzen viele verpflichtete Unternehmen eine Software ein, die im Internet nach Informationen über die Menschenrechts- und Umweltsituation in der Branche oder auch dem Produktionsstandort sucht.[80] Der Einsatz von Softwarelösungen ist jedoch mit finanziellen Ausgaben verbunden und erfordert gleichwohl einen erheblichen Aufwand innerhalb des verpflichteten Unternehmens.[81] Typischerweise werten die Softwarelösungen eine enorme Masse an Daten aus, die dann auch dem verpflichteten Unternehmen zugespielt werden. Diese Daten müssen ausgewertet und, da die Informationen nun im Unternehmen sind, bei allen weiteren Schritten berücksichtigt werden.

52 Durch die abstrakte Informationserfassung kann das verpflichtete Unternehmen folgende Erkenntnisse erzielen:[82]

- Welche menschenrechtlichen und umweltbezogenen Risiken treten typischerweise in den Tätigkeitsländern auf?
- Welche Gruppen sind möglicherweise von den menschenrechtlichen und umweltbezogenen Risiken betroffen?
- Welche branchentypischen Risiken bestehen?
- Bei welchen angehörigen Gesellschaften, Filialen/Standorten, Produktionsstätten, unmittelbaren Zulieferern bestehen abstrakte menschenrechtliche und umweltbezogene Risiken?

53 **c) Priorisierung.** Nachdem das verpflichtete Unternehmen die Herangehensweise festgelegt und die Informationen erfasst hat, muss es die Risiken anhand Eintrittswahrscheinlichkeit und Schadenspotential priorisieren (aa)). Hierdurch ermittelt das Unternehmen, welche Risiken vertieft betrachtet werden sollten, also einer Detailanalyse zu unterziehen sind (bb)).

54 **aa) Eintrittswahrscheinlichkeit und Schadenspotential.** Das Unternehmen ist nicht verpflichtet, sämtliche Risiken, die es erfasst hat, sofort zu adressieren. Die ermittelten Risiken sind vielmehr angemessen zu gewichten und gem. § 5 Abs. 2 Satz 2 i.V.m. § 3 Abs. 2 LkSG zu priorisieren.[83] Die Feststellung der Eintrittswahrscheinlichkeit und des Schadenspotentials bildet die Grundlage der Gewichtung und Priorisierung. Durch die Priorisierung kann das verpflichtete Unternehmen entscheiden, welche Risiken zuerst adressiert oder vertieft betrachtet werden sollen.[84]

55 Die Identifikation folgenschwerer Risiken soll jedoch nicht zur Folge haben, dass sich das Unternehmen ausschließlich auf diese fokussieren kann und alle anderen unbeachtet lassen sollte.[85] Folgenschwere Risiken sollten jedoch im Mittelpunkt der Präventionsmaßnahmen und auch der internen sowie externen Berichterstattung stehen.[86] Fest steht: LkSG und BAFA lassen die Priorisierung zu, mit der Folge, dass verpflichtete Unternehmen gesetzestreu agieren, wenn sie sich anhand der Priorisierung den Risiken annähern. Unternehmen sollten jedoch, trotz Priorisie-

---

79 BT-Drs. 19/28649 S. 44; *Herrmann/Rünz* Der Betrieb **2021** 3078, 3080; *Lutz-Bachmann/Vorbeck/Wengenroth* BB **2021** 906, 909.

80 *Jungkind/Raspé/Terbrack* Der Konzern **2021** 445, 449; *Lutz-Bachmann/Vorbeck/Wengenroth* BB **2021** 906, 909.

81 *Lutz-Bachmann/Vorbeck/Wengenroth* BB **2021** 906, 909.

82 BAFA Risikoanalyse S. 12.

83 *Herrmann/Rünz* Der Betrieb **2021** 3078, 3081.

84 BT-Drs. 19/28649 S. 45; Bündnis für nachhaltige Textilien, Risiken ermitteln und priorisieren, 2020, S. 11; E. Wagner/Ruttloff/S. Wagner/*E. Wagner/S. Wagner* § 4 Rn. 634; *Fitzer/Gergen* CB **2022** 327, 332.

85 BAFA Angemessenheit, S. 4.

86 *Hembach* S. 146; BAFA Risikoanalyse S. 13.

rung, dafür Sorge tragen, dass die relevanten Mitarbeiter in allen Gesellschaften/Standorten/Filialen sensibilisiert und befähigt sind, Risiken zu identifizieren.[87]

56 Hilfe für die Bewertung der Eintrittswahrscheinlichkeit und des Schadenspotentials bietet der KMU Kompass, erstellt im Auftrag des Bundesministeriums für wirtschaftliche Zusammenarbeit und Entwicklung, welches verpflichteten Unternehmen eine Orientierung für die Etablierung eines Lieferketten-Managementsystems bietet.[88] Ausweislich des KMU-Kompass kann die Risikobewertung auf Basis folgender Erwägungen erfolgen:[89]

		HOCH	MITTEL	GERING
Schwere	**Ausmaß**	Das Eintreten des Risikos führt zum Tod oder zu gesundheitlichen Beeinträchtigungen, die zu einer erheblichen Verminderung der Lebensqualität der Betroffenen führen können oder deren Lebensdauer verkürzen beeinträchtigen könnte.	Das Eintreten des Risikos führt zu: – Einer konkreten Menschenrechtsverletzung hinsichtlich des Zugangs zu grundlegenden Aspekten (einschließlich Lebensunterhalt, Bildung usw.); – Auswirkungen auf kulturelle, wirtschaftliche, natürliche und soziale Infrastruktur/Vermögenswerte, die von bestimmten Gruppen oder Fachleuten im Rahmen des Folgenabschätzungsprozesses als hoch bewertet wurden; – Auswirkungen auf die Ökosystemleistungen, die im Prozess der Folgenabschätzung als Priorität für Lebensgrundlagen, Gesundheit, Sicherheit oder Kultur identifiziert wurden.	Alle anderen Auswirkungen, die nicht als hoch/mittel bewertet werden.
	Umfang	> 20 % der Gesamtbevölkerung im Wirkungsgebiet oder > 50 % der identifizierbaren Gruppe	> 10 % der Gesamtbevölkerung im Wirkungsgebiet oder > 11–50 % der identifizierbaren Gruppe	> 5 % der Gesamtbevölkerung im Wirkungsgebiet oder < 10 % der identifizierbaren Gruppe
	Unumkehrbarkeit	Schwierig zu beheben: – Komplexe technische Anforderungen; – Geringe Akzeptanz von Sanierungsmaßnahmen durch die identifizierte Gruppe; – Geringe Kapazität des Implementierungspartners, kein tragfähiger Ersatz für durch die Auswirkungen verursachte Verluste. Folgen können nicht mehr behoben werden.	– Einfachere technische Anforderungen; – Akzeptanz durch die identifizierte Gruppe; – Implementierungspartner kann mit etwas Kapazitätsentwicklung die Auswirkungen beheben.	Einfach zu beheben: – Einfache technische Anforderungen; – Akzeptanz durch die identifizierte Gruppe; – Der Implementierungspartner hat die Fähigkeit zu beheben.

87 BAFA Risikoanalyse S. 13.
88 Abrufbar unter https://kompass.wirtschaft-entwicklung.de/, zuletzt aufgerufen am 29.9.2022.
89 https://kompass.wirtschaft-entwicklung.de/, zuletzt aufgerufen am 29.9.2022.

	HOCH	MITTEL	GERING
Eintritts-wahr-schein-lichkeit	Häufig: Das Risiko ist bereits mehrmals pro Jahr aufgetreten.	Wahrscheinlich: Das Risiko ist bereits mehrmals in der Vergangenheit aufgetreten.	Gelegentlich: – Das Risiko tritt selten auf, kann aber auftreten; – Das Risiko trat mehrmals in der Branche auf. Es ist aber eher unwahrscheinlich, dass es auftritt.

57 Bei der Risikoanalyse sollten die verpflichtete Unternehmen die identifizierten Risiken nach den Kriterien der oben genannten Kriterien einordnen. In der Praxis hat sich, gerade auch im Rahmen der Analyse von Compliance-Risiken, durchgesetzt, die Risiken in die Kategorien hoch (rot), mittel (gelb) und gering (grün) einzuordnen und die Risiken anschaulich grafisch darzustellen:[90]

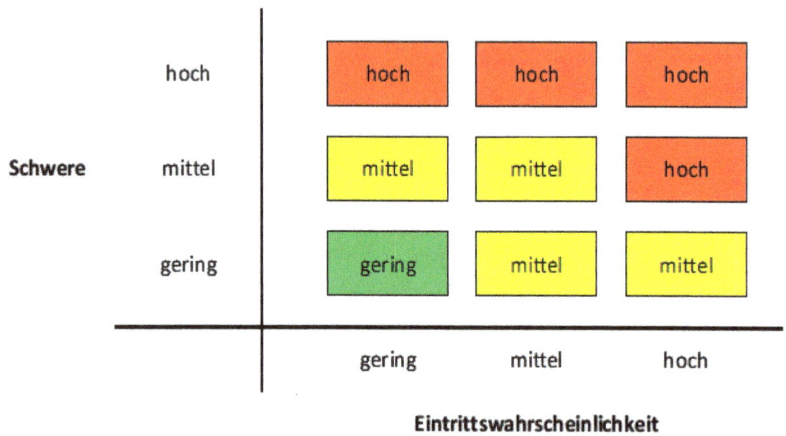

Abb. 2: Beispielhafte Darstellung der Einordnung nach Schadenspotential und Eintrittswahrscheinlichkeit.

58 Das Unternehmen hat bei der Erfassung der konkreten Eintrittswahrscheinlichkeit und des Schadenspotentials einen breiten Ermessenspielraum und kann die Informationen aus unterschiedlichen Quellen und auf unterschiedliche Art und Weise zusammentragen. In anderem Zusammenhang haben sich insbesondere folgende Maßnahmen bewährt:
- Besuche vor Ort
- Selbstauskünfte der Lieferanten (bspw. ermittelt durch Fragebögen, beantwortet durch den Vertragspartner)[91]
- Auswertung der über das Beschwerdeverfahren eingegangenen Informationen
- Prüfung vorhandener vertrauenswürdiger Zertifikate

59 Bei der Erfassung sind auch die Mitarbeiter und Abteilungen mit einzubeziehen, die sich mit Menschenrechts- und Umweltrisiken befassen und bzw. oder Kontakt zu den Lieferanten haben.[92] Deren bisherige Erfahrungen mit dem Lieferanten sind zu berücksichtigen. So sollten etwa auch

90 https://kompass.wirtschaft-entwicklung.de/, zuletzt aufgerufen am 29.9.2022.
91 *Harings/Jürgens* S. 99.
92 So auch: Sorgfaltskompass https://kompass.wirtschaft-entwicklung.de/sorgfalts-kompass/risiken-analysieren#top, zuletzt aufgerufen am 29.9.2022.

Lieferanten, die bspw. in der Vergangenheit negativ aufgefallen sind, als Risikolieferant erfasst werden.[93]

Nach Einschätzung der OECD können mehrere Warnsignale die Risikoabschätzung erleichtern. Bei kontextbezogenen Risikoabschätzungen sollen die Beschaffungsregionen und -länder in Bezug auf bestimmte Risikobereiche nach geringem, mittleren und hohem Risiko kategorisiert werden, indem der Regulierungsrahmen, der politische Kontext, die bürgerlichen Freiheiten und das sozioökonomische Umfeld bewertet werden.[94] Standortbezogene Risikoabschätzungen sollen Einblick in die tatsächlichen Gegebenheiten der Geschäftstätigkeiten der Geschäftspartner gewähren, um die Tragweite, das Ausmaß und die Eintrittswahrscheinlichkeit der Risiken vor Ort prüfen zu können.[95] 60

Folgende kontextbezogenen Warnsignale können Anlass zur Durchführung einer vertieften Prüfung dienen:[96] 61

- Produkt stammt bzw. Geschäftstätigkeit erfolgt in einem **Konflikt-**[97] **bzw. Hochrisikogebiet**[98]
- Gebiet schneidet laut den Governance Indikatoren der Weltbank oder des Korruptionsindexes von Transparency International schlecht ab
- International vereinbarte Standards werden von Zentralregierungen oder nachgelagerten Gebietskörperschaften nicht beachtet
- Menschen- oder Arbeitsrechtsverletzungen werden gemeldet
- Landrechte werden nicht genau definiert oder angefochten
- Bestehende Ernährungsunsicherheit oder Wassermangel
- Tätigkeit im Umweltschutzgebiet

Bei der Entscheidung über die Priorisierung sollte das verpflichtete Unternehmen auch die Produktpalette als solche mit berücksichtigen. So kann das verpflichtete Unternehmen sich bspw. zunächst mit den Risiken der wichtigsten Komponenten der eigenen Produkte auseinandersetzen.[99] Vertreibt das verpflichtete Unternehmen Fremdmarken, kann es zunächst diejenigen priorisieren, die den größten Teil der Waren ausmachen oder das höchste Risiko aufweisen.[100] Systematisch sollten jedoch die einzelnen Maßnahmen zur Analyse und Risikovermeidung festgelegt und sukzessive abgearbeitet werden. 62

Vor dem Hintergrund des oben angesprochenen Perspektivwechsels des LkSG soll kein Anhaltspunkt für die Priorisierung die eigene Reputation sein, vielmehr soll die Bewertung aus der Perspektive des betroffenen Rechtsträgers (also bspw. der konkreten Arbeiter vor Ort) ausgehen.[101] Dies hat zur Folge, dass ein Risiko auch dann hoch sein kann, wenn dem Unternehmen keine 63

93 *Herrmann/Rünz* Der Betrieb **2021** 3078, 3081.

94 OECD/FAO-Leitfaden für verantwortungsvolle Landwirtschaft in der Lieferkette, 2016, S. 35.

95 OECD/FAO-Leitfaden für verantwortungsvolle Landwirtschaft in der Lieferkette, 2016, S. 35; OECD-Leitfaden für die Erfüllung der Sorgfaltspflichten zur Förderung verantwortungsvoller Lieferketten in der Bekleidungs- und Schuhwarenindustrie, 2020, S. 23.

96 OECD/FAO-Leitfaden für verantwortungsvolle Landwirtschaft in der Lieferkette, 2016, S. 36.

97 In Konfliktgebieten sind bewaffnete Konflikte weit verbreitet, also Gebiete, in denen Befreiungskriege, bewaffnete Aufstände oder Bürgerkriege stattfinden, vgl. Unverbindliche Leitlinien der Europäischen Kommission für die Ermittlung von Konflikt- und Hochrisikogebiete (EU) 2018/1149.

98 Zu den Hochrisikogebieten zählen Regionen, die durch politische Instabilität, Unterdrückung, institutionelle Schwäche, Unsicherheit, Zusammenbruch der zivilen Infrastruktur oder weit verbreitete Gewalt geprägt sind; vgl. Unverbindliche Leitlinien der Europäischen Kommission für die Ermittlung von Konflikt- und Hochrisikogebiete (EU) 2018/1149.

99 OECD-Leitfaden für die Erfüllung der Sorgfaltspflichten zur Förderung verantwortungsvoller Lieferketten in der Bekleidungs- und Schuhwarenindustrie, 2020, S. 51.

100 OECD-Leitfaden für die Erfüllung der Sorgfaltspflichten zur Förderung verantwortungsvoller Lieferketten in der Bekleidungs- und Schuhwarenindustrie, 2020, S. 51.

101 *Hembach* S. 146; *Fleischer* AG **2022** 377, 387.

nennenswerten Reputationsschäden drohen und die betreffenden Geschäfte für das Unternehmen gewinnbringend sind.[102]

64 **bb) Detailanalyse.** Das verpflichtete Unternehmen muss die Risken nach der Identifizierung angemessen bewerten, gewichten und nach den in § 3 Abs. 2 LkSG festgelegten Kriterien priorisieren.[103] Auf Basis dieser Priorisierung kann das verpflichtete Unternehmen dann auch entscheiden, welche Risiken zuerst adressiert werden sollen, sollten nicht alle gleichzeitig bearbeitet werden können.[104]

65 Die Priorisierung hat zur Folge, dass das verpflichtete Unternehmen, die Risiken, die es als hoch ansieht, einer Detailanalyse unterziehen muss, wenn für die Ergreifung der erforderlichen Präventionsmaßnahmen weitere Informationen benötigt werden.[105] Das verpflichtete Unternehmen muss also Informationen zur Schwere und Wahrscheinlichkeit der möglichen Menschenrechtsverletzung, zu den betroffenen Personenkreisen, zu dem Zulieferer, bei dem das Risiko besteht, sowie zu den politischen, rechtlichen und kulturellen Situation am Produktionsort einholen.[106]

66 Das verpflichtete Unternehmen sollte bei der Detailanalyse stets beachten, dass die unterschiedlichen Risiken auf unterschiedlichen Wegen zu verifizieren sind. Das heißt, dass etwa die Auszahlung fairer Löhne anders zu ermitteln ist, als der Einsatz von Zwangsarbeit. Während die Zahlung fairer Löhne – neben anderen Maßnahmen – etwa durch Einblick in die Lohnbuchhaltung, Ermittlung des Stücklohns, Befragung der Arbeitskräfte ermittelt werden kann, sind diese Angaben für die Ermittlung der Zwangsarbeit nicht immer aussagekräftig.[107] Für die Prüfung von Zwangsarbeit empfiehlt die ILO etwa die Durchführung von Straßenumfragen, haushaltsbasierte Umfragen der Arbeitnehmer, Prüfung der Dokumente am Arbeitsplatz, Einbindung von lokalen Nicht-Regierungsorganisationen.[108]

67 Bei hohen Risiken kommen die verpflichteten Unternehmen nicht umhin, auch Vor-Ort-Audits in den Fabriken durchzuführen. Nur so besteht eine höhere Wahrscheinlichkeit der Feststellung, ob etwa die Produktion unter Einsatz von Kindern und bzw. oder Zwangsarbeitern erfolgt und ob Sicherheitsstandards tatsächlich eingehalten werden. Vor-Ort-Audits sollten nicht nur eine Besichtigung der Produktionsstätte umfassen, sondern auch Befragungen der Arbeitskräfte, gewerkschaftlicher Vertretungen, Interessensvertretern, Anwohner und unabhängiger Institutionen umfassen.[109] Vor-Ort-Audits werden jedoch in der Regel nur sichtbare Mängel feststellen können, etwa unsichere Arbeitsbedingungen, da die Audits in der Regel innerhalb von zwei bis drei Tagen stattfinden und schwer sichtbare Themen, wie etwa Diskriminierung, nicht aufgedeckt werden können.[110] Die Besichtigung vor Ort sollte daher genutzt werden, um sich einen ersten Eindruck zu verschaffen. Die Besichtigung sollte aber nicht als einziger Maßstab dienen, um die Einhaltung aller Sorgfaltspflichten zu belegen.[111] Auch hier sind die Informationen der NGOs zu berücksichtigen.[112]

---

102 *Fleischer* AG **2022** 377, 387; *Grabosch* § 5 Rn. 27; *Fitzer/Gergen* CB **2022** 327, 328.

103 *Stöbener de Mora/Noll* NZG **2021** 1237, 1242.

104 *Stöbener de Mora/Noll* NZG **2021** 1237, 1242.

105 BT-Drs. 19/28649 S. 45; *Hembach* S. 147.

106 BT-Drs. 19/28649 S. 45.

107 OECD-Leitfaden für die Erfüllung der Sorgfaltspflichten zur Förderung verantwortungsvoller Lieferketten in der Bekleidungs- und Schuhwarenindustrie, 2020, S. 153.

108 International Labour Office, Guidelines concerning the measurement of forced labour, 2018, https://www.ilo.org/wcmsp5/groups/public/---dgreports/---stat/documents/meetingdocument/wcms_648619.pdf, S. 5 f., zuletzt aufgerufen am 29.9.2022.

109 BT-Drs. 19/28649 S. 45.

110 *Bergstein* REF **2022** 72, 78.

111 *Bergstein* REF **2022** 72, 78.456.

112 *Frank/Edel/Heine/Heine* BB **2021** 2165, 2167.

Bei der Durchführung der Detailanalyse kann sich das verpflichtete Unternehmen auch an Anbieter wenden, die bestimmte Produktionsstätten im Hinblick auf vorab vereinbarte Kriterien überprüfen und darüber ein Zertifikat erstellen.[113] Für den Einsatz solcher Unternehmen lässt sich anführen, dass diese objektiv die Risiken der Produktionsstätte darstellen und kein Interesse an einer Beschönigung haben.[114] Anderseits bilden diese Prüfungen lediglich eine Momentaufnahme ab und sind anfällig für Manipulationen.[115] Gleichermaßen können Unternehmen auch lokale Experten einbeziehen.[116] Die Beauftragung eines Dritten zum Audit entbindet das verpflichtete Unternehmen jedoch nicht, selbst auch Prüfungen durchzuführen.[117] 68

3. Dokumentation

Das verpflichtete Unternehmen hat die Durchführung der Risikoanalyse, also insbesondere die Festlegung der Methodik, die Erwägungen der Bewertung und auch Priorisierung und die Detailanalyse nach den Vorgaben des § 10 Abs. 1 LkSG zu dokumentieren. Nur so kann das verpflichtete Unternehmen im Nachgang die eigenen Entscheidungen nachvollziehen, weshalb es Risiken als hoch, mittel oder gering eingestuft hat und weshalb einige Risiken prioritär behandelt wurden.[118] Auch kommt es nur so den eigenen Dokumentationspflichten nach. 69

VI. Risikoanalyse im eigenen Geschäftsbereich

Nach § 5 Abs. 1 LkSG muss die Risikoanalyse im eigenen Geschäftsbereich durchgeführt werden (1.). Die Durchführung kann unter Einhaltung von gewissen Voraussetzungen auch auf Dritte delegiert werden (2.). Dies ist auch im Vergleich mit anderen Vorschriften möglich (3.). 70

1. Allgemeines

Nach § 5 Abs. 1 Satz 1 LkSG ist die Risikoanalyse im eigenen Geschäftsbereich durchzuführen. 71

Hinsichtlich der Bestimmung des eigenen Geschäftsbereichs wird auf die Kommentierung zu § 2 Abs. 6 LkSG verwiesen. 72

In der Literatur wird die Verpflichtung zur Durchführung einer Risikoanalyse im eigenen Geschäftsbereich teilweise als rein bürokratischer Aufwand und daher als unnötige Belastung angesehen, da die hohen menschen-, arbeits- und sozialrechtlichen Standards des deutschen und europäischen Rechts gelten und die Unternehmen ohnehin den diesbezüglichen Aufsichts- und Kontrollgremien unterliegen.[119] Die verpflichteten Unternehmen werden demnach mit hohem Dokumentationsaufwand für einen Bereich belastet, in denen schwerwiegende Risiken wohl nicht zu erwarten seien.[120] Dies hätte dann auch zur Folge, dass die Unternehmen, aufgrund der Erfüllung der Pflichten aus dem LkSG, andere Bereiche nicht prüfen und erheblichen (Reputations-) 73

113 *Hembach* S. 135.

114 *Hembach* S. 135.

115 European Center for Consultation and Human Rights/Brot für die Welt, Menschenrechtsfitness von Audits und Zertifizierern, 2021, https://www.ecchr.eu/fileadmin/Publikationen/ECCHR_BfdW_MIS_HRDD_AUDITS_PREVIEW_DE.pdf, S. 3, zuletzt aufgerufen am 29.9.2022; *Hembach* S. 135.

116 Leitprinzipien für Wirtschaft und Menschenrechte, 2014, S. 22.

117 BT-Drs. 19/28649 S. 48.

118 So auch Gehling/Ott/*Balke* § 5 Rn. 54; *Altenschmidt/Helling* § 5 Rn. 11.

119 Stellungnahme Bundesverband der Deutschen Industrie e.V. vom 1.3.2021, S. 7; Stellungnahme Handelsverband Deutschland vom 1.3.2021, S. 3.

120 Vorläufige Stellungnahme Deutsches Institut für Menschenrechte, 1.3.2021, S. 4.

Risiken ausgesetzt seien, da sie diese Risiken, mangels substantieller Kenntnis, nicht kannten und auch nicht kennen mussten.[121]

74 Trotz bestehender hoher menschen-, arbeits- und sozialrechtlichen Standards innerhalb Deutschlands und der EU können auch im eigenen Geschäftsbereich menschenrechtliche und umweltbezogene Risken nicht von vornherein ausgeschlossen werden. Anzuführen sind vor allem Risiken mit Blick auf Arbeitsschutz und Ungleichbehandlung (bspw. durch geschlechterabhängige Besetzung von Positionen oder geschlechterabhängige Gehaltsstruktur).[122] Auch diesen Risiken ist mit Hilfe der Abhilfe- und Präventionsmaßnahmen zu begegnen.[123] Gerade bei der Gleichbehandlung mit Blick auf die Vergütungshöhe ist unklar, ob das Unternehmen darauf vertrauen darf, dass keine Unterschiede gemacht werden oder ob erst eine Datengrundlage zur Prüfung und Analyse geschaffen werden muss.[124]

2. Risikoanalyse im eigenen Geschäftsbereich nach § 2 Abs. 6 Satz 3 LkSG

75 Die Risikoanalyse ist im eigenen Geschäftsbereich durchzuführen (a)). Innerhalb des Konzerns kann die Durchführung unter Einhaltung der Grundsätze delegiert werden (b)).

76 **a) Grundsatz.** Fällt ein Unternehmen in den Anwendungsbereich des LkSG, ist es somit auch verpflichtet eine Risikoanalyse durchzuführen, § 5 Abs. 1 LkSG. Hinsichtlich des Verständnisses des Geschäftsbereichs der Muttergesellschaften und der Frage, unter welchen Voraussetzungen die Geschäftsbereiche der Tochter- und Enkelgesellschaften einzubeziehen sind, wird auf die Ausführungen zum § 2 Abs. 6 LkSG verwiesen.

77 **b) Möglichkeiten der unternehmensinternen Delegation.** Auch wenn jedes verpflichtete Unternehmen die Risikoanalyse durchführen muss, stellt sich gleichwohl die Frage, inwieweit die Aufgabenwahrnehmung an (unternehmensinterne) Dritte (etwa eine zentrale Konzernfunktion auf Ebene der Muttergesellschaft oder auf Ebene der Tochtergesellschaft) delegiert werden kann. Hierdurch könnten kostspielige Doppelstrukturen vermieden werden.[125]

78 Der Wortlaut ist dahingehend sehr streng und fordert die verpflichteten Unternehmen zur Durchführung der Risikoanalyse auf. Eine Möglichkeit zur Delegation auf andere Einheiten oder Dritte wird in § 5 Abs. 1 LkSG nicht eröffnet.

79 Für die Möglichkeit der Verlagerung des Risikomanagements innerhalb verbundener Unternehmen sprechen die Fragen und Antworten zum LkSG, die das Bundesministerium für Wirtschaft und Klimaschutz und das BAFA gemeinsam erarbeiten FAQ LkSG. Vor allem die Auslegung des BAFA hat besonderes Gewicht, da dieses nach §§ 20, 19 LkSG als zuständige Behörde Informationen, Hilfestellungen und Empfehlungen zur Einhaltung des LkSG veröffentlicht, sogenannte Handreichungen. Diese Handreichungen sollen den Unternehmen bei der Umsetzung der Sorgfaltspflichten unterstützen und als Hilfestellungen dienen.[126] Dies hat zur Folge, dass verpflichtete Unternehmen sich bei der Umsetzung der Sorgfaltspflichten an die Handreichung des BAFA orientieren und danach handeln können.

80 Die FAQ-LkSG unterscheiden danach, ob die Obergesellschaft und/oder das verbundene Unternehmen vom Anwendungsbereich des LkSG erfasst ist und ob die Obergesellschaft einen bestim-

---

121 Vorläufige Stellungnahme Deutsches Institut für Menschenrechte, 1.3.2021, S. 4.

122 *Herrmann/Rünz* Der Betrieb **2021** 3078, 3081; *Schäfer* ZLR **2022** 22, 47; *Ehmann/Berg* GWR **2021** 287, 292.

123 *Herrmann/Rünz* Der Betrieb **2021** 3078, 3081.

124 *Herrmann/Rünz* Der Betrieb **2021** 3078, 3081.

125 *Bicker* AG **2012** 542, 551.

126 BT-Drs. 19/28649 S. 56.

menden Einfluss auf das verbundene Unternehmen ausübt.[127] Übt die Obergesellschaft einen bestimmenden Einfluss auf das Tochter- bzw. Enkelunternehmen aus, kann das Risikomanagement der Tochtergesellschaft nach den FAQ-LkSG abhängig von der individuellen Risikodisposition entweder bei der Tochtergesellschaft oder bei der Obergesellschaft verankert werden.[128] In diesen Fällen kann es nach den FAQ-LkSG angemessen sein, dass sich der Pflichteninhalt der Obergesellschaft auf bloße Überwachungspflichten bzgl. des Tochterunternehmens reduziert bzw. dass die Tochter auf die Erfüllung der Pflichten durch die Mutter verweist. Dies hänge von der Konzernstruktur und der individuellen Risikodisposition der Obergesellschaft bzw. der Tochterunternehmen ab.[129] Diese Grundsätze können durchaus auch auf die Durchführung der Risikoanalyse überführt werden.

Weder das LkSG noch das BAFA definieren die Angemessenheit und Wirksamkeit der Pflich- 81
tendelegation. Daher ist ein Rückgriff auf bestehende Grundsätze zur Pflichtendelegation erforderlich, etwa auf die Delegation von Compliance- oder Verkehrssicherungspflichten.

Zusammengefasst ist bei der Delegation folgendes zu beachten: 82

- Für die Übertragung bedarf es zwar keines Vertrages, allerdings einer wirksamen klaren Absprache zwischen Delegierungsempfänger und Delegierendem.[130] Hierdurch soll klar geregelt werden, welche Einheit für die Aufgabenwahrnehmung zuständig oder eben nicht zuständig ist. Mit Blick auf die Dokumentationspflichten ist der Abschluss einer schriftlichen Vereinbarung empfehlenswert.
- Es bedarf klarer Berichtswege und festgelegte Berichtspflichten. Aufbau- und Ablauforganisation müssen festgelegt sein.
- Erfolgt ein *„outsourcen"*, entledigt sich die Geschäftsleitung des Delegierenden nicht vollumfänglich ihrer Pflicht.[131] Vielmehr muss sich der Delegierende selbst davon überzeugen, dass die Maßnahmen auch für den eigenen Geschäftsbereich angemessen und ausreichend sind.[132]
- Die Geschäftsleitung des Delegierenden ist dafür verantwortlich, die Funktionsfähigkeit der Vorgaben zu beobachten, zu überwachen und gegebenenfalls zu intervenieren, wenn die getroffenen Maßnahmen ihrem Geschäftsbereich, insbesondere wegen ihres besonderen Rechts- oder Tätigkeitsumfelds, nicht ausreichen.[133]
- Der Delegierende muss hierbei jedoch nicht jeden Schritt kontrollieren. Er kann auf die Aufgabenerfüllung des Delegierungsempfängers vertrauen, solange keine konkreten Anhaltspunkte für Zweifel an der Aufgabenerfüllung bestehen.[134] Gegebenenfalls muss der Delegierende zusätzliche Maßnahmen ergreifen.[135]
- Der Delegierende ist dazu verpflichtet, die Strukturen auch im einen Geschäftsbereich umzusetzen.[136] Der Delegierende muss daher stets einen Mindestumfang von eigenen Ressourcen vorhalten, um seinen Berichtspflichten nachkommen und notfalls selbst die Aufgaben wahrnehmen zu können.

---

127 Vgl. Antwort IV.7. FAQ-LkSG.

128 Vgl. Antwort IV.7. FAQ-LkSG.

129 Vgl. Antwort IV.7. FAQ-LkSG.

130 BeckOGK-BGB/*Spindler* § 823 Rn. 434; BGH Urt. v. 13.12.2019 – V ZR 43/19 = NZM **2020** 611; BGH Urt. v. 22.1.2008 – VI ZR 2008 = NJW **2008** 1440, 1441; BGH Urt. v. 4.6.1996 – VI ZR 75/95 = NJW **1996** 2646.

131 MüHdb-GesR/*Balke* Band 7, 6. Aufl. 2020, § 104 Rn. 50 m.w.N.; BeckOGK-AktG/*Fleischer* § 91 Rn. 91 m.w.N.

132 *Bicker* AG **2012** 542, 551; *Fett/Theusinger* BB Special 4 zu BB Heft 50/2010, 6, 10.

133 *Bicker* AG **2012** 543, 551; *Spindler* WM **2008** 905, 916; MüHdb-GesR/*Balke* Band 7, 6. Aufl. 2020, § 104 Rn. 48 m.w.N; *Fett/Theusinger* BB Special 4 zu BB Heft 50/2010, 6, 10; BeckOGK-BGB/*Spindler* § 823 Rn. 437.

134 BGH Urt. v. 22.7.1999 – III ZR 198/98 = NJW **1999** 3633, 3634; OLG Hamm Urt. v. 25.11.2002 – 6 U 105/02 = VersR **2003** 473; BeckOGK-BGB/*Spindler* § 823 Rn. 437.

135 *Fett/Theusinger* BB Special 4 zu BB Heft 50/2010, 6, 10.

136 *Bicker* AG **2012** 542, 551; *Fleischer* CCZ **2008** 1, 6; *Verse* ZHR **175** (2011) 401, 415.

83 Folglich bleiben beim Delegierenden weiterhin Pflichten fortbestehen. Die Organisationspflicht der Geschäftsleitung wandelt sich in eine Überwachungs- und Kontrollpflicht mit Blick auf die Aufgabenerfüllung durch den Delegierungsempfänger um.[137]

3. Vergleich mit anderen Regelungen

84 Wie bereits dargestellt, verpflichten auch andere Normen Unternehmen zur Durchführung einer Risikoanalyse und sehen teilweise auch Regelungen zur Durchführung im Konzern vor.

85 Das GwG klärt die Frage unabhängig vom bestimmenden Einfluss und regelt in § 5 Abs. 3 GwG, dass soweit die Obergesellschaft Verpflichtete nach dem GwG ist, diese die Risikoanalyse in der gesamten Gruppe durchführen muss. Die Gruppe wird in § 1 Abs. 16 GwG legaldefiniert und umfasst Mutterunternehmen; Tochterunternehmen; Unternehmen, an denen das Mutterunternehmen oder die Tochterunternehmen eine Beteiligung halten und Unternehmen, die untereinander verbunden sind. Durch § 5 Abs. 3 GwG soll sichergestellt werden, dass gruppenweit einheitliche Standards gelten und ein Informationsaustausch mit dem Ziel der Bekämpfung von Terrorismusfinanzierung und Geldwäsche möglich ist.[138] Die Regelung des § 5 Abs. 3 GwG führt jedoch nicht zu einer uferlos ausartenden Verpflichtung des Mutterunternehmens. Das Mutterunternehmen muss in die Risikoanalyse nur solche Unternehmen mit einbeziehen, die ihrerseits geldwäscherechtlichen Pflichten unterliegen.[139] Anders als das LkSG fordert das GwG mithin, dass die einzelnen Gesellschaften nur dann in die Risikoanalyse einzubeziehen sind, sofern sie ihrerseits Verpflichtete nach dem GwG sind. Daneben ist interessant, dass die Risikoanalyse des Mutterunternehmens die Risikoanalyse der eigenständig verpflichteten Gruppengesellschaften nicht ersetzt. Vielmehr sollen diese zusätzlich eine Risikoanalyse durchführen.[140]

VII. Risikoanalyse beim unmittelbaren Zulieferer

86 Neben dem eigenen Geschäftsbereich muss das verpflichtete Unternehmen die Risiken bei seinen unmittelbaren Zulieferern (Tier 1) ermitteln.[141]

87 Dies stellt Unternehmen vor eine Herausforderung, die teilweise über 100.000 Zulieferer verfügen.[142] Allerdings können die verpflichteten Unternehmen, durch eine nachvollziehbare und sinnvolle Priorisierung, die Komplexität der Risikoanalyse reduzieren.

88 Die Legaldefinition der Lieferkette des § 2 Abs. 5 LkSG deutet darauf hin, dass zur Lieferkette auch Abnehmer gehören, da die Lieferkette alle Schritte von der Herstellung bis hin zur Lieferung an den Endkunden erfasst, also auch die Absatzkette.[143] Gleichwohl spricht der § 5 Abs. 1 LkSG explizit von Zuliefern und eben nicht von Abnehmern. Dies hat zur Folge, dass die Lieferkette zwar explizit auch die Absatzkette (also Downstream) umfasst. Die Sorgfaltspflichten hingegen, also Risikoanalyse, beziehen sich jedoch nur auf Zulieferer und eben nicht auf Abnehmer. Ausschließlich bei der anlassbezogenen Risikoanalyse nach § 5 Abs. 4 LkSG soll auch die Downstream-Seite durch das verpflichtete Unternehmen durchleuchtet werden (hierzu auch E.II.).[144]

---

137 MüKo-AktG/*Spindler* § 91 Rn. 84.

138 BeckOK-GwG/*Müller* § 5 Rn. 67.

139 BT-Drs. 18/11555, 115; Regierungspräsidien in Hessen, AuA, Stand: Dezember 2020, S. 17; BaFin AuA zum Geldwäschegesetz, Stand: Oktober 2021, S. 81.

140 Regierungspräsidien in Hessen, AuA, Stand Dezember 2020, S. 17.

141 Für Einzelheiten zum Begriff des unmittelbaren Zulieferers verweisen wir auf die Kommentierung des § 2 LkSG.

142 Stellungnahme Bundesverband der Deutschen Arbeitgeberverbände vom 1.3.2021, S. 3; Stellungnahme Bundesverband der deutschen Industrie e.V. vom 12.5.2021, S. 4.

143 *Nietsch/Wiedmann* CCZ **2021** 101, 103; *Spindler* ZHR **2022** 67, 75; **aA** *Krebs* ZUR **2021** 394, 369.

144 *Grabosch* § 5 Rn. 58.

Die Verpflichtung zur Prüfung der Risiken beim unmittelbaren Zulieferer führt nicht nur zu einem Aufwand auf Seiten des verpflichteten Unternehmens. Vielmehr hat dies zur Folge, dass auch Unternehmen, die eigentlich nicht in den Anwendungsbereich des LkSG fallen würden, nun von ihren Vertragspartnern verpflichtet werden, im eigenen Geschäftsbereich die Sorgfaltspflichten umzusetzen (trickle-down-Effekt). Unternehmen, die selbst nicht direkt in den Anwendungsbereich des LkSG fallen, sollten daher darauf vorbereitet sein, mindestens einmal jährlich Fragen in Zusammenhang mit menschenrechts- und umweltbezogenen Risiken ausgesetzt zu sein und die Organisation dahingehend anpassen zu müssen.[145] 89

Hinsichtlich der Durchführung der Risikoanalyse bei unmittelbaren Zulieferern wird auf obige Ausführungen verwiesen (hierzu C.IV.). 90

Bei der Durchführung sollte das verpflichtete Unternehmen folgende Aspekte adressieren:[146] 91

- Kommunikation der konkreten Erwartungshaltung (ggf. bereits im Verhaltenskodex niedergeschrieben)
- Rückfrage, inwieweit der Lieferant bei der Einhaltung der konkreten Erwartungshaltung unterstützt werden kann
- Kommunikation der möglichen Präventions- und auch Abhilfemaßnahmen im Fall des Verstoßes gegen Erwartungshaltungen

VIII. Risikoanalyse beim mittelbaren Zulieferer

Die Risikoanalyse bei mittelbaren Zulieferern ist nur bei Umgehungsgeschäften (1.) und bei Anhaltspunkten für Verstöße (2.) erforderlich. 92

1. Umgehungsgeschäft nach § 5 Abs. 1 Satz 2 LkSG

Nach § 5 Abs. 1 Satz 2 LkSG sind auch die mittelbaren Zulieferer in die Risikoanalyse mit einzubeziehen, wenn ein Umgehungsgeschäft oder eine missbräuchliche Ausgestaltung der Zulieferkette zur Umgehung der Anforderungen an die Sorgfaltspflichten im Hinblick auf den unmittelbaren Zulieferer vorliegt.[147] 93

Es muss also zunächst objektiv ein Umgehungsgeschäft oder eine missbräuchliche Ausgestaltung der Zulieferkette vorliegen mit dem subjektiven Ziel, die Sorgfaltspflichten für unmittelbare Zulieferer zu umgehen.[148] 94

Zunächst stellt sich die Frage, wann ein Umgehungsgeschäft oder eine missbräuchliche Ausgestaltung der Zulieferkette vorliegen soll. Die Gesetzesbegründung sieht die Lieferkette dann als missbräuchlich an, wenn sie zum Zwecke der Vermeidung der auf den unmittelbaren Zulieferer bezogenen Sorgfaltspflichten abgeschlossen wird.[149] Das verpflichtete Unternehmen muss also durch die Ausgestaltung der Lieferkette einen Weg wählen, den es – ohne das LkSG – nicht gegangen wäre. Anhaltspunkte soll der Umstand liefern, wenn zwischen dem verpflichteten Unternehmen und dem unmittelbaren Zulieferer ein Dritter zwischengeschaltet wird, der keine nennenswerte eigene Wirtschaftstätigkeit nachweist oder keine auf Dauer angelegte Präsenz in Gestalt von Geschäftsräumen, Personal oder Ausrüstungsgegenständen unterhält.[150] 95

145 *Hess* NWB Nr. 40 vom 8.10.2021, S. 6.

146 So auch: Sorgfaltskompass https://kompass.wirtschaft-entwicklung.de/sorgfalts-kompass/risiken-analysieren#top, zuletzt aufgerufen am 29.9.2022.

147 BT-Drs. 19/28649 S. 44.

148 Gehling/Ott/*Balke* § 5 Rn. 44.

149 BT-Drs. 19/28649 S. 44.

150 BT-Drs. 19/28649 S. 45.

96 Neben dem objektiven Umgehungsgeschäft bzw. der missbräuchlichen Ausgestaltung der Lieferkette muss subjektiv der Wille zur Umgehung der Sorgfaltspflichten hinzutreten. Das Umgehungsgeschäft bzw. die missbräuchliche Ausgestaltung der Lieferkette muss also mit dem Ziel erfolgt sein, den unmittelbaren Lieferanten durch ein Dazwischenschalten eines Dritten nicht in die Risikoanalyse mit einzubeziehen zu müssen. Das verpflichtete Unternehmen muss nach unserer Auffassung und unter Würdigung des Wortlauts mit dolus directus 1. Grades gehandelt haben.

97 Liegen sowohl die objektiven als auch subjektiven Kriterien vor, hat § 5 Abs. 1 Satz 2 LkSG zur Folge, dass das verpflichtete Unternehmen den mittelbaren Zulieferer als unmittelbaren Zulieferer behandeln muss.[151]

2. Anhaltspunkte für Verstöße nach § 9 Abs. 3 Nr. 1 LkSG

98 Die Pflicht zur Durchführung einer Risikoanalyse soll nach § 9 Abs. 3 Nr. 1 LkSG auch dann bestehen, wenn dem verpflichteten Unternehmen tatsächliche Anhaltspunkte vorliegen, die eine Verletzung einer menschenrechts- oder umweltbezogenen Pflicht bei mittelbaren Zulieferern möglich erscheinen lassen. Das Gesetz fordert das Bestehen einer *„substantiierten Kenntnis“*. Für die Frage wann *„substantiierte Kenntnis“* vorliegt, wird auf die Ausführungen unter § 9 Abs. 3 LkSG verwiesen.

99 Mit Blick auf die Risikoanalyse und der Frage des Vorliegens von substantiierter Kenntnis, laufen natürlich Unternehmen, die überobligatorisch eine detaillierte Risikoanalyse durchführen, Gefahr, *„substantiierte Kenntnis“* von Verstößen bei mittelbaren Zulieferern zu erlangen, mit der Folge auch diese in die Risikoanalyse einzubeziehen müssen.[152] Dies könnte vor allem für solche Unternehmen einen Wettbewerbsnachteil darstellen, die bereits seit Jahren oder über die Anforderungen des LkSG hinaus auf freiwilliger Basis die Risiken ihrer Wertschöpfungskette prüfen.[153] Das sind etwa Unternehmen, die bereits den NAP erfüllen oder sich aufgrund von freiwilligen Initiativen verpflichten, etwa nach dem Textilbündnis oder nach dem Grünen Knopf. Diese Unternehmen kennen ihre Lieferkette besser als die Unternehmen, die sich auf Basis des LkSG erstmalig mit den Risiken auseinander setzen.[154] Typischerweise sehen freiwillige Initiativen keine Beschränkung der Analyse auf unmittelbare Zulieferer vor.[155]

IX. Einbindung Betriebsrat

100 Die Durchführung der Risikoanalyse kann Beteiligungsrechte nach § 94 Abs. 1 Satz 1 BetrVG auslösen, wenn Arbeitskräfte etwa zu menschenrechtlichen und umweltbezogenen Risken befragt werden und hierbei standardisierte Personalfragebögen verwendet werden.[156] Der Betriebsrat hat in diesem Zusammenhang über den Inhalt des Fragebogens mitzubestimmen. Die Mitbestimmungspflicht entfällt nur dann, wenn die Teilnahme an der Befragung freiwillig ist.[157] Darüber hinaus besteht ein Mitbestimmungsrecht nach § 87 Abs. 1 Nr. 6 BetrVG, wenn bei der Risikoanalyse digita-

---

151 BT-Drs. 19/28649 S. 45.

152 *Krebs* ZUR **2021** 394, 397; *Spindler* ZHR **2022** 67, 89; *Fleischer/Korch* ZIP **2019** 2181, 2190.

153 *Krebs* ZUR **2021** 394, 397.

154 *Krebs* ZUR **2021** 394, 397.

155 *Krebs* ZUR **2021** 394, 397; z.B. Bundesministerium für wirtschaftliche Zusammenarbeit und Entwicklung (Hrsg.), GRÜNER KNOPF-Standard 1.0, Unternehmens- und produktbezogenen Anforderungen des Grünen Knopfes, 2020.

156 *Edel/Frank/Heine/Heine* BB **2021** 2890, 2895.

157 *Edel/Frank/Heine/Heine* BB **2021** 2890, 2895; BAG 11.12.2018 – 1 ABR 13/17 = BB **2019** 1529 m. BB-Kommentar von Weller; AP BetrVG 1972 § 87 Überwachung Nr. 51, Rn. 36.

le Systeme eingesetzt werden, die zumindest auch eine Leistungs- und Verhaltenskontrolle der eigenen Arbeitnehmer und Arbeitnehmerinnen ermöglicht.[158]

X. Folge: Sanktionierung nach § 24 LkSG

Kommt das verpflichtete Unternehmen seiner Pflicht, eine Risikoanalyse durchzuführen, nicht oder **101** nicht genügend nach, kann es nach § 24 Abs. 1 Nr. 2 LkSG sanktioniert werden. Auch hier gilt: Sollte es trotz aller Bemühungen zu einer Verletzung der durch das LkSG geschützten Rechtsgüter kommen, liegen nicht allein deshalb die Voraussetzungen für die Verhängung einer Geldbuße vor. Diese Voraussetzungen sind allenfalls dann gegeben, wenn das Unternehmen im Einzelfall nicht die geeigneten, erforderlichen und angemessenen Maßnahmen bei der Durchführung der Risikoanalyse trifft.[159]

D. Interne Berichterstattung nach § 5 Abs. 3 LkSG

Die Ergebnisse der Risikoanalyse sind an die maßgeblichen Entscheidungsträger im Unternehmen **102** zu kommunizieren.[160] Maßgebliche Entscheidungsträger sind etwa die Geschäftsleitung und auch der Einkauf.[161]

§ 5 Abs. 3 LkSG nennt keine Vorgaben über die Art und Weise der internen Berichterstattung. **103** Die Vorgaben des § 10 Abs. 1 LkSG sind jedoch einzuhalten und die Berichterstattung an Entscheidungsträger sollte stets zum Nachweis schriftlich dokumentiert werden.[162] Da durch § 10 Abs. 1 LkSG auch die Risikoanalyse zu dokumentieren ist, sollten dem verpflichteten Unternehmen alle maßgeblichen Schritte der Risikoanalyse dokumentiert vorliegen. Dies kann, nach entsprechender Aufbereitung für die maßgeblichen Entscheidungsträger, in die Berichterstattung einfließen.

Es gelten die allgemeinen Grundsätze der ordnungsgemäßen Berichterstattung. Der Bericht **104** muss alle notwendigen Informationen enthalten, die der Wahrheit entsprechen, vollständig sind, klar gefasst und übersichtlich dargestellt werden.[163] Darüber hinaus sollte dem Bericht folgendes zu entnehmen sein:

- Darstellung der Methodik
- Benennung der Personen, die den Bericht erstellt haben
- Beschreibung der Funktionen, die den Bericht erstellt haben
- Darstellung der Ergebnisse der Risikoanalyse
- Darstellung und Erläuterung der vorgenommenen Priorisierung unter Darstellung der Ergebnisse
- Darstellung der angestoßenen Abhilfe- und Präventionsmaßnahmen

Das Berichtsformat ist so zu wählen, dass die maßgeblichen Entscheidungsträger bei der nächsten **105** Berichterstattung Abweichungen erkennen können.

E. Regelmäßige und anlassbezogene Durchführung der Risikoanalyse (Abs. 4)

Das Unternehmen muss erstmals eine Risikoanalyse durchführen, wenn es nach dem LkSG ver- **106** pflichtet ist (I.). Sodann muss das verpflichtete Unternehmen die Risikoanalyse jährlich wiederholen (II.) und anlassbezogen eine Risikoanalyse durchführen (III.).

158 *Niklas/Lex* ArbRB **2021** 212, 213.
159 *Gailhofer/Verheyen* ZUR **2021** 402, 409.
160 BT-Drs. 19/28649 S. 45.
161 *Nietsch/Wiedmann* CCZ **2021** 101, 107.
162 *Schork/Schreier* CB **2022** 334, 338.
163 Beck-BilK/*Justenhoven/Heinz* § 289 Rn. 361 ff.; Beck-BilK/*Störk/Schäfer/Schönberger* § 289c Rn. 1 ff.

I. Zeitpunkt der ersten Risikoanalyse

107 Der Gesetzeswortlaut lässt nicht darauf schließen, wann die verpflichteten Unternehmen erstmalig eine Risikoanalyse durchführen müssen. Daher stellt sich für die verpflichteten Unternehmen die nachvollziehbare Frage, ob die Risikoanalyse erst ab in Kraft treten des LkSG bzw. Geltung der Verpflichtung aus dem LkSG, also 2023 bzw. 2024 durchzuführen ist, oder die Risikoanalyse bereits zu diesem Zeitpunkt abgeschlossen sein sollte.

108 Das BAFA vertritt die Auffassung, dass die erste Risikoanalyse erst ab Geltung des Gesetzes für die jeweiligen Unternehmen, also 2023 oder 2024, durchzuführen ist.[164] Das BAFA legt hierbei fest, dass wenn im Rahmen der Risikoanalyse Risiken festgestellt werden, unverzüglich Präventionsmaßnahmen ergriffen werden müssen.[165] Bis zum Abschluss der Risikoanalyse darf mit der Ergreifung von Präventionsmaßnahmen nicht gewartet werden.

II. Jährliche Durchführung der Risikoanalyse nach § 5 Abs. 4 Satz 1 Var. 1 LkSG

109 Das verpflichtete Unternehmen muss die Risikoanalyse einmal jährlich durchführen. Unter *„Jahr"* ist das Geschäftsjahr zu verstehen.[166]

110 Die regelmäßige Durchführung der Risikoanalyse dient dem Zweck, identifizierte Risiken zu monitoren.[167] Hierdurch kann das verpflichtete Unternehmen abschätzen, ob sich identifizierte Risiken verändert haben und Präventionsmaßnahmen hierauf Einfluss genommen haben.

III. Anlassbezogene Risikoanalyse nach § 5 Abs. 4 Satz 1 Var. 2 LkSG

111 Die Durchführung einer Risikoanalyse kann auch anlassbezogen erforderlich sein, wenn das verpflichtete Unternehmen mit wesentlichen Veränderungen der Risikolage in der Lieferkette rechnen muss.[168] Es bedarf also des subjektiven Elements des verpflichteten Unternehmens dahingehend, mit Veränderungen in der Risikolage zu rechnen. Der Anlass kann ausweislich des BAFA bereits im ersten Jahr nach Inkrafttreten des Gesetzes sein, wenn mit einer veränderten oder wesentlich erweiterten Risikolage in der Lieferkette gerechnet werden muss.[169]

112 Das verpflichtete Unternehmen sollte festlegen, wann mit einer veränderten Risikolage zu rechnen ist. Hierbei sind externe und auch interne Faktoren zu berücksichtigen, da diese gleichermaßen den Anlass auslösen können. Dies hat zur Folge, dass etwa sämtliche Änderungen auf Unternehmensseite dahingehend zu analysieren sind, inwieweit diese eine Änderung der Risikolage zur Folge haben. So können etwa Veränderungen in der Geschäftstätigkeit oder ein bevorstehender Markteintritt, eine Produkteinführung, eine Veränderung der Geschäftsgrundsätze oder umfassendere geschäftliche Veränderungen im Geschäftsumfeld sein.[170] Darüber hinaus wird sich das verpflichtete Unternehmen mit Hinweisen aus Branchenverbänden auseinandersetzen und prüfen müssen, ob sich mit Blick auf die politischen und umweltspezifischen Rahmenbedingungen etwas zum Negativen verändern könnte.

113 Bei bestehen eines Anlasses hat die anlassbezogene Risikoanalyse nicht nur den eigenen Geschäftsbereich und unmittelbare Zulieferer zu umfassen, sondern die gesamte Lieferkette, also

---

164 Vgl. Antwort VIII.1. FAQ-LkSG so auch *Schork/Schreier* CB **2022** 334.
165 Vgl. Antwort VIII.1. FAQ-LkSG.
166 Vgl. Antwort VIII.1. FAQ-LkSG; E. Wagner/Ruttloff/S. Wagner/*E. Wagner/S. Wagner* § 4 Rn. 645.
167 *Falder/Frank-Fahle/Poleacov* S. 58.
168 *Klinner* IWRZ **2021** 243, 245.
169 Vgl. Antwort VIII.1. FAQ-LkSG.
170 BT-Drs. 19/28649 S. 45.

auch mittelbare Zulieferer und auch die Lieferkette bis hin zum Endkunden.[171] Denn in § 5 Abs. 4 LkSG kann die Einführung neuer Produkte zur Veränderung der Risikolage führen, so dass die Wertschöpfungskette zu berücksichtigen ist.

All diese Prüfungen sollte das Unternehmen unter Einhaltung der unter § 10 Abs. 1 LkSG genannten Vorgaben dokumentieren. 114

IV. Berücksichtigung der Erkenntnisse aus dem Beschwerdeverfahren (§ 5 Abs. 4 Satz 2)

Bei der regelmäßigen Prüfung der Risikolage sind die Erkenntnisse, die aus der Bearbeitung von Hinweisen nach § 8 Abs. 1 LkSG oder aus der Durchführung von Streitbeilegungsverfahren nach § 8 Abs. 1 Satz 4 LkSG stammen, zu berücksichtigen.[172] 115

Hierdurch sollen Erkenntnisse über Risiken, die das verpflichtete Unternehmen im Rahmen des Beschwerdeverfahrens erlangt, genutzt werden, um das Risikomanagement zu verbessern.[173] Daher hat das verpflichtete Unternehmen sicherzustellen, dass eingehende Meldungen des Beschwerdeverfahrens an die für das Risikomanagement und die Risikoanalyse zuständige Stelle weitergeleitet werden. 116

F. Auswirkung europäischer Gesetzgebung

Die geplanten Regelungen der EU zur Corporate Sustainability Due Diligence weichen mit Blick auf die Risikoanalyse nicht signifikant von den deutschen Regelungen ab. Unternehmen, die die Risikoanalyse nach dem LkSG etabliert haben, werden durch die geplanten Regelungen voraussichtlich nicht vor zusätzliche Schwierigkeiten gestellt. Die EU-Kommission sieht in ihrem Entwurf vom 23.2.2022 in Art. 6 Abs. 1 CSDDD-E vor, dass Unternehmen Maßnahmen zu ergreifen haben, um tatsächliche und auch potentielle Auswirkungen auf Menschenrechte und Umwelt zu ermitteln, die sich aus ihrer eigenen Geschäftstätigkeit oder der ihrer Tochtergesellschaften ergeben. Mit einzubeziehen sind auch Auswirkungen aus bestehenden Geschäftsbeziehungen, sofern sie mit ihrer Wertschöpfungskette in Verbindung stehen. Nach Art. 6 Abs. 4 Satz 1 CSDDD-E sind verpflichtete Unternehmen bei der Ermittlung der nachteiligen Auswirkungen berechtigt, auf unabhängige Berichte und Informationen aus dem Beschwerdeverfahren zurückzugreifen. Zudem sollen die verpflichteten Unternehmen Informationen über tatsächliche oder potentielle schädliche Auswirkungen auch über die Ansprache der potentiell betroffenen Gruppen, etwa der Arbeitnehmer oder anderer relevanter Interessensgruppen, sammeln, Art. 6 Abs. 4 Satz 2 CSDDD-E. 117

Dies deckt sich weitgehend mit § 5 LkSG. Ein Unterschied ist, dass Art. 6 Abs. 2 CSDDD-E eine Beschränkung der Risikoanalyse für solche Unternehmen vorsieht, welche allein aufgrund ihrer Tätigkeit in Risikosektoren in den Anwendungsbereich der CSDDD-E fallen.[174] Diese Unternehmen dürfen ihre Risikoanalyse ausweislich des CSDDD-E auf schwerwiegende nachteilige Auswirkungen beschränken. Darüber hinaus sieht die CSDDD-E auch für Finanzunternehmen eine Ausnahme hinsichtlich der Häufigkeit der durchzuführenden Risikoanalyse vor. Während das LkSG für alle verpflichteten Unternehmen eine jährliche Wiederholung der Risikoanalyse vorschreibt, sieht die CSDDD-E für Finanzunternehmen in Art. 6 Abs. 3 CSDDD-E eine Ausnahme vor. Diese müssen bezüglich ihrer Kundenbeziehungen nur einmalig vor Erbringung ihrer Leistungen (etwa Kreditvergabe) die Risikoanalyse durchführen.[175] Zum jetzigen Zeitpunkt ist allerdings noch unklar, ob 118

171 E. Wagner/Ruttloff/S. Wagner/*E. Wagner/S. Wagner* § 4 Rn. 649.
172 BT-Drs. 19/28649 S. 45.
173 BT-Drs. 19/28649 S. 45.
174 *Bettermann/Hoes* WM **2022** 697, 700.
175 *Bettermann/Hoes* WM **2022** 697, 700.

und inwieweit die Richtlinie im Rahmen des europäischen Gesetzgebungsverfahrens noch überarbeitet werden und in welchem Wortlaut dann eine Umsetzung in nationales Gesetz erfolgen wird.

Anhang

Organisation	Informationsgehalt	URL
Leitlinien, Standards & Guides		
Alliance 87 (Kooperation zwischen ILO, OECD, IOM und Unicef)	Empfehlungen zum Thema Kinder- und Zwangsarbeit und Sklaverei bzw. Menschenhandel in globalen Lieferketten	https://www.alliance87.org/news/child-labour-and-human-trafficking-remain-important-concerns-in-global-supply-chains/
amfori	Verhaltenskodex zur Orientierung beim Aufbau einer ethischen Lieferkette	https://www.amfori.org/content/bsci-code-conduct
Danish Institute for Human Rights	Guide zu den Auswirkungen von Unternehmen auf die Menschenrechte in lokalen Kontexten	https://globalnaps.org/human-rights-and-business-country-guides/
Deutsches Global Compact Netzwerk	Leitfaden zum menschenrechtlichen Beschwerdemanagement als Teil der menschenrechtlichen Sorgfalt	https://www.globalcompact.de/migrated_files/wAssets/docs/Menschenrechte/Publikationen/DGCN_GM-Leitfaden_20181005_WEB_Ringbuch.pdf
Europäische Kommission	Leitlinien für die Berichterstattung über umweltbezogene, soziale und die Unternehmensführung betreffende Informationen	https://eur-lex.europa.eu/legal-content/DE/TXT/HTML/?uri=CELEX:52017XC0705(01)&from=EN
ECPAT/UNWTO	Verhaltenskodex zum Schutz von Kindern vor sexueller Ausbeutung im Tourismus als Orientierungshilfe für Unternehmen	https://thecode.org/
Ethical Trading Initiative	Verhaltenskodex zur Orientierung hinsichtlich Arbeitnehmerrechten u.a. zur Zwangsarbeit und Arbeitsschutz	https://www.ethicaltrade.org/eti-base-code
Ethical Trading Initiative	Guide zur Umsetzung der Klausel 4 des ETI Base Code hinsichtlich Kinderarbeit	https://www.ethicaltrade.org/resources/base-code-guidance-child-labour
Fair Labor	Definition menschenwürdiger und angemessener Arbeitsstandards als Orientierungshilfe für Unternehmen	https://www.fairlabor.org/accountability/standards/manufacturing/mfg-code/
Global Child Forum	Empfehlungen und bewährte Verfahren im Umgang mit Kinderarbeit	https://www.globalchildforum.org/wp-content/uploads/2018/11/Child-Labour-Policy_181120.pdf
Global Reporting Initiative	Unterstützung bei der Erstellung eines Nachhaltigkeitsberichts zu den Themen Umwelt, Soziales und Unternehmensführung	https://www.globalreporting.org/how-to-use-the-gri-standards/gri-standards-german-translations/
ILO	Leitlinien für multinationale Unternehmen in Bereichen wie Beschäftigung, Ausbildung, Arbeits- und	https://www.ilo.org/empent/Publications/WCMS_579897/lang--en/index.htm

Organisation	Informationsgehalt	URL
	Lebensbedingungen und Arbeitsbeziehungen	
ILO	Erklärung über grundlegende Prinzipien und Rechte bei der Arbeit	https://www.ilo.org/berlin/ziele-aufgaben/verfassung/WCMS_193727/lang--de/index.htm
ILO	Orientierungshilfen zu den Arten gefährlicher Arbeit in Hinblick auf Kinderarbeit	https://www.ilo.org/ipec/facts/WorstFormsofChildLabour/Hazardouschildlabour/lang--en/index.htm
ILO	Leitlinien zur Bewertung von Zwangsarbeit	https://ilostat.ilo.org/about/standards/icls/icls-documents/
ILO	Anleitung für Produktionsstätten und Fabriken zur Verhinderung von Kinderarbeit	https://www.ilo.org/ipec/Informationresources/WCMS_792211/lang--en/index.htm
ILO	Good Practice Notes mit Empfehlungen für Unternehmen zur Entwicklung kinderrechtskonformer Arbeitsrichtlinien	https://www.ilo.org/ipec/Informationresources/WCMS_324013/lang--en/index.htm
OECD	Due-Diligence-Leitfaden für verantwortungsbewusstes unternehmerisches Handeln	https://www.oecd.org/investment/due-diligence-guidance-for-responsible-business-conduct.htm
OECD	Leitsätze für multinationale Unternehmen zur Vermeidung von Menschenrechtsverletzungen und zur Verantwortung der Unternehmen für ihre Lieferketten	https://www.oecd-ilibrary.org/docserver/9789264122352-de.pdf?expires=1652718059&id=id&accname=guest&checksum=30B042563E178C45C698E5EA336B4166
OECD	Empfehlungen für ein verantwortungsvolles globales Lieferkettenmanagement für Mineralien aus Konflikt- und Hochrisikogebieten	https://www.oecd-ilibrary.org/governance/oecd-leitfaden-fur-die-erfullung-der-sorgfaltspflicht-zur-forderung-verantwortungsvoller-lieferketten-fur-minerale-aus-konflikt-und-hochrisikogebieten_3d21faa0-de
OECD	Leitfaden für Unternehmen im Rohstoffsektor im Umgang mit Herausforderungen bei der Einbindung von Stakeholdern sowie Empfehlungen zur risikoabhängigen Due Diligence	https://read.oecd-ilibrary.org/governance/oecd-leitfaden-fur-die-erfullung-der-sorgfaltspflicht-zur-konstruktiven-stakeholderbeteiligung-im-rohstoffsektor_9789264285026-de#page1
OECD	Leitfaden für institutionelle Anleger	https://mneguidelines.oecd.org/rbc-financial-sector.htm
OECD/FAO	Leitfaden für verantwortungsvolle landwirtschaftliche Lieferketten	https://www.oecd.org/daf/inv/investment-policy/rbc-agriculture-supply-chains.htm
Responsible Business Alliance	Verhaltenskodex für ethische, soziale und umweltbezogene Industriestandards als Orientierungshilfe für die Implementierung im eigenen Unternehmen	https://www.responsiblebusiness.org/code-of-conduct/

Organisation	Informationsgehalt	URL
Shift & Mazars LLP	Berichtsrahmen für die UN Guiding Principles zur Unterstützung bei der Berichterstattung über Ergebnisse im Bereich Menschenrechte	https://www.ungpreporting.org/wp-content/uploads/UNGPRF_Deutsch_Dez2017.pdf
Shift & Mazars LLP	Hilfestellung für Auditoren zur Bewertung der Einhaltung von Menschenrechten	https://www.ungpreporting.org/wp-content/uploads/UNGPRF_AssuranceGuidance.pdf
UN	Globales Instrument zur Prävention und Behebung von Menschenrechtsverletzungen	https://www.ohchr.org/sites/default/files/documents/publications/guidingprinciplesbusinesshr_en.pdf
UN	Guiding Principles Reporting Framework	https://www.ungpreporting.org/framework-guidance/
UN	Handreichung zur Auslegung der UN Guiding Principles und zum Umfang der Risikoeinschätzung in Abhängigkeit von der Größe des Unternehmens, Sektor, dem geschäftlichen Umfeld und der Struktur und dem Eigentum	https://www.ohchr.org/sites/default/files/Documents/Issues/Business/RtRInterpretativeGuide.pdf
UN	Resolutionen des Sicherheitsrats der UN mit Beschreibungen der politischen und sicherheitspolitischen Lage in verschiedenen Ländern	https://www.un.org/securitycouncil/content/resolutions
UN	Bestandsaufnahme der Maßnahmen von Unternehmen zur Human Right Due Diligence anhand der Guiding Principles on Business and Human Rights	https://ap.ohchr.org/documents/dpage_e.aspx?si=A/73/163Ergänzungen durch Companion Note I & II https://www.ohchr.org/sites/default/files/Documents/Issues/Business/Session18/CompanionNote1DiligenceReport.pdf https://www.ohchr.org/sites/default/files/Documents/Issues/Business/Session18/CompanionNote2DiligenceReport.pdf
UN (Global Compact)	10 Prinzipien für verantwortungsvolles Handeln im Hinblick auf Menschenrechte, Arbeitsnormen, Umwelt und Korruptionsprävention zur Verwirklichung nachhaltiger Entwicklungsziele	https://www.globalcompact.de/ueber-uns/united-nations-global-compact
UN (Global Compact)	Leitfaden für Unternehmen zur verantwortungsvollen Geschäftsaktivität in Konflikt- und Hochrisikogebieten	https://d306pr3pise04h.cloudfront.net/docs/issues_doc%2FPeace_and_Business%2FGuidance_RB.pdf
UN (Global Compact)	Leitfaden für Unternehmen zur Entwicklung von Menschenrechtsstrategien	https://www.globalcompact.de/migrated_files/wAssets/docs/Menschenrechte/Publikationen/leitfaden-menschenrechtsstrategien_entwickeln.pdf

Organisation	Informationsgehalt	URL
UN (Global Compact)	Informationsportal zur menschenrechtlichen Sorgfalt	https://www.mr-sorgfalt.de/de/
UNICEF	Umsetzungshilfe mit Empfehlungen für Unternehmen, zur Einbeziehung von Kinderrechten in Richtlinien & Verhaltenskodizes	https://sites.unicef.org/csr/css/Children_s_Rights_in_Policies_26112013_Web.pdf
UNICEF	Leitfaden zur Berücksichtigung von Kinderrechten bei der Nachhaltigkeitsberichterstattung	https://sites.unicef.org/csr/css/Childrens_Rights_in_Reporting_Second_Edition_HR.pdf
Value Reporting Foundation	77 Standards zur Nachhaltigkeitsberichterstattung als Orientierungshilfe für Unternehmen	https://www.sasb.org/standards/
Analysen, Berichte & interaktive Karten		
ACAPS	Weltkarte und länderspezifische Analyse mit Überblick und Analyse der Länder in besorgniserregender Lage/humanitärer Krise	https://www.acaps.org/countries/
ACLED	Berichte und Analysen zur Entwicklung von Konflikten zur politischen Gewalt in Afrika, im Nahen Osten und in Asien	http://www.acleddata.com/
adelphi/Systain/Bundesministerium für Umwelt, Naturschutz, Bau und Reaktorsicherheit	Studie Umweltatlas Lieferketten	https://www.adelphi.de/de/publikation/umweltatlas-lieferketten
Agentur für Wirtschaft & Entwicklung/United Nations Global Compact/Verisk Maplecroft	Orientierungshilfe für Unternehmen zum besseren Verständnis und Umgang mit menschenrechtlichen Auswirkungen von Geschäftsaktivitäten und Lieferketten/Praxislotse Wirtschaft & Menschenrechte	https://bhr-navigator.unglobalcompact.org/?lang=dem.w.N. zu Risikofaktoren in einzelnen Bereichen wie Mode und Bekleidung (siehe bspw. OECD-Leitfaden für die Erfüllung der Sorgfaltspflicht zur Förderung verantwortungsvoller Lieferketten in der Bekleidungs- und Schuhwarenindustrie, https://www.oecd.org/publications/oecd-leitfaden-fur-die-erfullung-der-sorgfaltspflicht-zur-forderung-verantwortungsvoller-lieferketten-in-der-bekleidungs-9789264304536-de.htm)
Amnesty International	Länderberichte mit Informationen zur Lage der Menschenrechte in bestimmten Ländern und Regionen	https://www.amnesty.org/en/countries/
Autonome Universität Barcelona	Umweltgerechtigkeitsatlas zur Dokumentation und Kategorisierung von sozialen Konflikten im Zusammenhang mit Umweltfragen	https://ejatlas.org/featured/mining-latam

Organisation	Informationsgehalt	URL
British Geological Survey	Länderberichte über internationale Statistiken und Informationen zu Mineralen	https://www.bgs.ac.uk/mineralsuk/statistics/worldStatistics.html
Bundesministerium für Arbeit und Soziales	Forschungsbericht zur Achtung von Menschenrechten entlang globaler Wertschöpfungsketten	https://www.bmas.de/DE/Service/Publikationen/Forschungsberichte/fb-543-achtung-von-menschenrechten-entlang-globaler-wertschoepfungsketten.html
Bündnis für nachhaltige Textilien	Informationspapiere über diverse Themen im Textil- und Bekleidungssektor	https://www.textilbuendnis.com/
Business & Human Rights Resource Centre	Datenbank zur Unterstützung von Unternehmen und Bewertung von Strategien und Prozessen zur Achtung der Menschenrechte und Einhaltung der Sorgfaltspflichten mithilfe der Human Rights Due Diligence	https://www.business-humanrights.org/de/
CIA	Grundlegende Informationen und Daten u.a. zu Regierungen und Umweltfaktoren in allen Ländern	https://www.cia.gov/the-world-factbook/
Drive Sustainability	Hintergrundinformationen zu rohstoffspezifischen Risiken	https://www.drivesustainability.org/mediaroom/drive-sustainability-develops-raw-material-outlook/
GIZ (Deutscher Nachhaltigkeitskodex)	Deutscher Nachhaltigkeitskodex zur Unterstützung der Berichterstattung in Hinblick auf Nachhaltigkeitsaspekte (Umwelt und Menschenrechte)	https://www.deutscher-nachhaltigkeitskodex.de/de-de/Home/DNK/Criteria
Europäische Kommission	Informationen über Rohstoffabbau, -handelsströme und -politik	http://rmis.jrc.ec.europa.eu/
Fair Wear Foundation	Länder-Reports und Hilfestellungen in Bezug auf arbeitsrechtliche Themen	https://www.fairwear.org/
Freedom House	Informationen zur Lage politischer und bürgerlicher Rechte	https://freedomhouse.org/
Genfer Akademie	Datenbank und Analyse zur Umsetzung des Völkerrechts in bewaffneten Konflikten weltweit	http://www.rulac.org/
Global Witness	Investigationen und Interessenvertretung für Klimagerechtigkeit und Menschenrechte	https://www.globalwitness.org/en/
Heidelberg Institute for International Conflict Research	Analyse der jüngsten globalen Konfliktsituationen in Form von Texten und Grafiken	http://www.hiik.de
Human Development Data Center	Informationen zu Demographie, Erziehung, Gesundheit, Gender, Arbeit, Beschäftigung, Vulnerabilität, Armut, Ungleichheit etc.	https://hdr.undp.org/en/data
Human Rights Watch	Informationen zur allgemeinen menschenrechtlichen Lage	https://www.hrw.org/world-report/2022

Organisation	Informationsgehalt	URL
IndustrieALL	Informationen und Berichte zu Arbeitnehmerrechten	https://www.industriall-union.org/
International Crisis Group	Aktueller Stand der bedeutendsten globalen Konfliktsituationen	https://www.crisisgroup.org/
ILO	Bericht des Sachverständigenausschusses mit Stellungnahme zum Stand der Umsetzung verschiedener ILO-Übereinkommen in verschiedenen Ländern	https://ilo.primo.exlibrisgroup.com/permalink/41ILO_INST/so1tlh/alma995176793202676
ILO & UNICEF	Bericht mit Beschreibung der Verbreitung von Kinderarbeit, ihrer Ursachen, Trends, etc. in verschiedenen Ländern und Regionen	https://www.unicef.de/informieren/materialien/report-kinderarbeit/243308
ILO	Überblick über Indikatoren für Zwangsarbeit	https://www.ilo.org/global/topics/forced-labour/publications/WCMS_088492/lang--en/index.htm
ILO	Global Wage Report mit Informationen zu Mindestlöhnen und Umsetzung der Vorschriften darüber sowie Folgen für verschiedene Bevölkerungsgruppen	https://www.ilo.org/global/research/global-reports/global-wage-report/lang--en/index.htm
ILO	NATLEX – Datenbank mit nationalen Vorschriften betreffend Arbeit und soziale Sicherheit	https://www.ilo.org/dyn/natlex/natlex4.home?p_lang=en
International Peace Information Center	Karten der Demokratischen Republik Kongo (Konflikte/Konfliktminerale), der Zentralafrikanischen Republik, des Sudan/Südsudan (umkämpfte Gebiete, Vorfälle, natürliche Ressourcen, Bildung, Gewalt in der Gemeinschaft, innerstaatliche und zwischenstaatliche Gewalt) & Analyse der Karten	http://ipisresearch.be/
International Tin Association	Beurteilungen der Sicherheitslage in den Abbaustätten für Zinn in Ruanda, den östlichen Provinzen der Demokratischen Republik Kongo, Burundi und Uganda	http://www.itsci.org/
Mines and Communities	Datenbank und Analysen zum Bergbau und seinen Auswirkungen	http://www.minesandcommunities.org/
Minority Rights International	Informationen über die Lage von Minderheiten weltweit	https://minorityrights.org/publications/put-2021/
MyWage	Information über Mindestlöhne in zahlreichen Ländern	https://mywage.com/
National Resource Governance Institute	Länderspezifische Informationen und vergleichende Analyse zu Aspekten der Bewirtschaftung natürlicher Ressourcen	https://resourcegovernance.org/
Reporter ohne Grenzen	Informationen zu Pressefreiheit und Situation der Journalisten in den einzelnen Ländern und Regionen	https://rsf.org/en

Organisation	Informationsgehalt	URL
Sedex	Plattform zum Austausch von Daten, die bei Social Audits angefallen sind	https://www.sedex.com/sedex-platform-transformation/(Die Plattform wird aktuell noch überarbeitet und steht aktuell [September 2022] nicht bereit)
Sedex	Bericht über das Erkennen von Risiken der Zwangsarbeit in der globalen Lieferkette	https://www.sedex.com/wp-content/uploads/2021/10/Sedex-Recognising-forced-labour-risks.pdf
Sustainable Development Management (SD-M)	Leistungsindikatoren für nachhaltige Entwicklung	https://www.sd-kpi.com/en/sd-kpi-standards.html#:~:text=Sustainable%20Development%20Key%20Performance%20Indicators,companies%20in%2068 %20different%20sectors.
UN	Interaktive Karte zur Zwangsarbeit	https://www.modernslaverymap.org/#section=welcome
UN (Entwicklungsprogramm)	Jährliche Länderberichte über die länderspezifische Menschenrechtspraxis	https://hdr.undp.org/en/countries
UN (Global Compact)	Jährliche Offenlegung der teilnehmenden Unternehmen über die Einhaltung der 10 UN-Prinzipien für verantwortungsvolles Handeln	https://www.unglobalcompact.org/participation/report/cop
UN (Hochkommissar)	Interaktive Karte zur Übersicht bzgl. Ratifizierung internationaler Menschenrechtsverträge durch Länder	https://indicators.ohchr.org/
UN (Hochkommissar)	Länderspezifische Informationen zu Menschenrechtsfragen	http://www.ohchr.org/EN/pages/home.aspx
UN (Menschenrechtsrat)	Allgemeine Berichte des Menschenrechtsrats der UN	https://www.ohchr.org/en/hr-bodies/hrc/about-council
UN (Statistics Division)	Länderliste/Standard M49	https://unstats.un.org/unsd/methodology/m49/
UNICEF	Analyse zur Erfassung der Risiken von Kinderarbeit in der globalen Lieferkette	https://www.unicef.nl/files/Child%20Labour%20in%20Global%20Supply%20Chains.pdf
Uppsala Universität	Interaktive Karte mit Vorkommnissen organisierter Gewalt	https://ucdp.uu.se/
US Department of Labor	Liste von Gütern, die im Rahmen von Kinderarbeit oder Zwangsarbeit entstanden sind	https://www.dol.gov/sites/dolgov/files/ILAB/child_labor_reports/tda2019/2020_TVPRA_List_Online_Final.pdf
US Department of Labor	Jährliche Analyse zu den schlimmsten Formen von Kinderarbeit	https://www.dol.gov/agencies/ilab/resources/reports/child-labor/findings
US Department of State (dort: US Office on International Religious Freedom)	International Religious Freedom Report zum Stand der Religionsfreiheit in allen Ländern	https://www.state.gov/reports/2020-report-on-international-religious-freedom/
US Department of State	Trafficking in Persons Report mit Informationen zum Menschenhandel für diverse Länder	https://www.state.gov/reports/2021-trafficking-in-persons-report/

Organisation	Informationsgehalt	URL
U.S. Geological Survey	Länderberichte über internationale Statistiken und Informationen zu Mineralen	http://minerals.usgs.gov/minerals/pubs/country/
Vision of Humanity	Interaktive Karte zur Messung der weltweiten Friedenslage	https://www.visionofhumanity.org/maps/#/
World Bank	Informationen zu Kennzahlen wie BIP, Bevölkerungszahl, Lebenserwartung, Armutsquote	https://databank.worldbank.org/home.aspx
World Bank	Datensatz aktualisierter aggregierter und einzelner Governance-Indikatoren für bestimmte Länder zur Staatsführung	http://info.worldbank.org/governance/wgi/Home/Documents
World Benchmarking Alliance	Vergleichende Übersicht der größten Unternehmen weltweit mit Untersuchungen zu Strategien, Verfahren und Maßnahmen im Hinblick auf die Achtung der Menschenrechte	https://www.worldbenchmarkingalliance.org/corporate-human-rights-benchmark/
Indizes		
amfori	Klassifizierung von Länderrisiken	https://www.amfori.org/sites/default/files/amfori-2020-11-12-Country-Risk-Classification-2021_0.pdf
Bertelsmann Stiftung	Analyse und Vergleich weltweiter politischer und wirtschaftlicher Transformationsprozesse	https://bti-project.org/de/?&cb=00000
Europäische Kommission	Wiedergabe des statistischen Risikos eines gewaltsamen Konflikts in einem spezifischen Land	https://drmkc.jrc.ec.europa.eu/initiatives-services/global-conflict-risk-index#documents/1059/list
Europäische Kommission	Inform Risk Index zur Risikoanalyse humanitärer Krisen	https://drmkc.jrc.ec.europa.eu/inform-index/INFORM-Risk
Freedom House	Jährlicher Bericht über den Zugang der Menschen zu politischen Rechten und bürgerlichen Freiheiten in 210 Ländern und Territorien	https://freedomhouse.org/countries/freedom-world/scores
Human Development Data Center	Messung der akuten Armut (hinsichtlich Gesundheit, Bildung und Lebensstandard) in mehr als 100 Entwicklungsländern	https://hdr.undp.org/content/human-development-report-2021-22?gclid=EAIaIQobChMI7-vutumq-gIVEs13Ch20PgUvEAAYASAAEgJ0KvD_BwE
International Trade Union Confederation	Überblick und Analyse der Arbeitnehmerrechte weltweit	https://www.globalrightsindex.org/de/2021
The Fund for Peace	Messung der Instabilität in 179 Ländern in Bezug auf Korruption, Machtmissbrauch etc.	https://fragilestatesindex.org/
Transparency International	Überblick über Korruption in diversen Ländern	https://www.transparency.de/cpi/
Walk Free Foundation	Globaler Index über Zwangsarbeit und Sklaverei	https://www.globalslaveryindex.org/

Organisation	Informationsgehalt	URL
Wirtschafts- und sozialwissenschaftliches Institut	Internationale Mindestlohndatenbank	https://www.wsi.de/de/wsi-mindestlohndatenbank-international-15339.htm
World Justice Project	Index über Rechtsstaatlichkeit von 139 Ländern weltweit	https://worldjusticeproject.org/rule-of-law-index/
Yale Center for Environmental Law & Policy	Überblick über das weltweite Nachhaltigkeitsniveau	https://epi.yale.edu/
Tools & Anwendungen		
Agentur für Wirtschaft & Entwicklung/MVO Nederland	Online-Tool zur Einschätzung der lokalen Menschenrechtssituation	https://wirtschaft-entwicklung.de/wirtschaft-menschenrechte/csr-risiko-check/und https://www.mvorisicochecker.nl/de
Agentur für Wirtschaft & Entwicklung	Tools zum Einstieg und zur Verbesserung des Sorgfaltsprozesses in KMU hinsichtlich Umwelt und Menschenrechten entlang der Lieferkette	https://kompass.wirtschaft-entwicklung.de/
ALIGN	Orientierungshilfe zu existenzsichernden Löhnen und existenzsicherndem Einkommen	https://align-tool.com/
Danish Institute for Human Rights	HRIA Toolbox zur Einschätzung und Gewichtung des menschenrechtlichen Risikos für einzelne schutzbedürftige Gruppen	https://www.humanrights.dk/tools/human-rights-impact-assessment-guidance-toolbox
Engagement Global (für das Bundesministerium für wirtschaftliche Zusammenarbeit und Entwicklung)	Informationen zur nachhaltigen öffentlichen Beschaffung	https://www.kompass-nachhaltigkeit.de/
Global Fund to End Modern Slavery	Tool zur Erkennung von Risiken der Zwangsarbeit	https://www.gfems.org/wp-content/uploads/2021/11/21.10.22_GFEMS_-Supply-Chain-Tools.pdfTool kostenlos erhältlich unter: https://github.com/ShannonGFEMS/FLARE
ILO	Zentrale Plattform für Unternehmensleiter und Arbeitnehmer, die darüber informiert, wie Unternehmenstätigkeiten besser an die internationalen Arbeitsnormen angepasst werden können	https://www.ilo.org/empent/areas/business-helpdesk/lang--en/index.htm
ILO	Orientierungshilfe zu Kinderarbeit	https://d306pr3pise04h.cloudfront.net/docs/issues_doc%2Flabour%2Ftools_guidance_materials%2FILO-IOE-child-labour-guidance.pdf
Living Wage Coalition	Online Tool mit dem für viele Länder errechnet werden kann, wie hoch ein „living wage“ ist (zur Deckung grundlegender Bedürfnisse, Transport, Kleidung, Gesundheitsvorsorge etc.)	https://www.globallivingwage.org/

Organisation	Informationsgehalt	URL
The Reporting Exchange	Plattform, die als Ressource für die ESG-Berichterstattung dient	https://www.reportingexchange.com/
UN (Global Compact)	Tool zur Unterstützung bei der Entwicklung von unternehmenseigenen Nachhaltigkeitsbemühungen	https://www.unglobalcompact.org/library/231
UN (Global Compact)	Toolkit für menschenwürdige Arbeit	https://www.unglobalcompact.org/take-action/sustainableprocurement
UNICEF	Globale Daten zu Kinderrechten und zur Bewertung potenzieller und tatsächlicher Auswirkungen auf das Leben von Kindern mit Orientierungshilfe für die Einbeziehung von Kinderrechten in die Human Rights Due Diligence	https://www.childrensrightsatlas.org/
US Department of Labor (Bureau of International Labor Affairs)	Sweat and toil-app – Daten und Informationen bzgl. Kinderarbeit betreffend 131 Länder	https://dol.gov/agencies/ilab/our-work/child-forced-labor-trafficking
WWF	Water Risk Filter mit Information zu Wasserknappheitsrisiken	https://waterriskfilter.org/

Anhang zu § 5: Zur praktischen Umsetzung der Sorgfaltspflichten nach dem LkSG – Fallstudie zu einem Social Compliance Management System nach IDW PS 980

Nach kontroversen Diskussionen hatte die ehemalige Bundesregierung im Jahre 2021 das Lieferkettensorgfaltspflichtengesetz (LkSG) verabschiedet, welches am 1.1.2023 in Kraft getreten ist. Aufgrund des breiten rechtsformunabhängigen Anwendungsbereichs sind die Regelungen des LkSG nicht nur für börsennotierte, sondern auch für mittelständische Unternehmen in Deutschland einschlägig. Wie die in Abschnitt 2 des LkSG beschriebenen Sorgfaltspflichten (§§ 3–10) konkret umzusetzen sind, hängt von der unternehmensindividuellen Ausgestaltung der internen Corporate Governance-Systeme ab. Vor diesem Hintergrund wird im Folgenden auf der Grundlage einer Fallstudie dargelegt, wie eine mögliche Integration des LkSG in ein bestehendes Compliance Management System (CMS) und eine entsprechende Fortentwicklung zu einem „Social" CMS nach dem IDW Prüfungsstandard (PS) 980 vollzogen werden kann.[1]

Übersicht

A. Das LkSG im Kontext nationaler Corporate Governance-Regulierungen und Strukturierung von Corporate Governance-Systemen

1 In jüngerer Zeit erfolgt auf nationaler und internationaler Ebene eine kontroverse Diskussion zur Integration von Nachhaltigkeitsaspekten im Sinne der Triple Bottom Line (Ökonomie, Ökologie und Sozia-

1 Die nachfolgenden Ausführungen basieren auf dem IDW PS 980 (i.d.F. 2011), auf dem das CMS der Gesellschaft basiert. Zwischenzeitlich hat das IDW einen PS 980 (n.F., Stand: September 2022) veröffentlicht.

https://doi.org/10.1515/9783110788976-007

les) in die Unternehmensleitung und -überwachung (Sustainable Corporate Governance).[2] Unabhängig von aktuellen Reformüberlegungen auf Ebene der EU-Kommission, welche die Sustainable Corporate Governance als wichtigstes Element des Green-Deal-Projekts und der damit einhergehenden Sustainable Finance-Regulierungen klassifiziert, hatte die ehemalige Bundesregierung im Jahre 2021 zwei zentrale Gesetze verabschiedet: das Lieferkettensorgfaltspflichtengesetz (LkSG) sowie das Finanzmarktintegritätsstärkungsgesetz (FISG). Das LkSG[3] ist am 1.1.2023 in Deutschland in Kraft getreten und richtet sich an alle in Deutschland ansässigen Unternehmen mit mehr als 3.000 im Inland beschäftigen oder ins Ausland entsandten Arbeitnehmer. Dieser Schwellenwert wird zum 1.1.2024 auf 1.000 Arbeitnehmer abgesenkt. Die in Abschnitt 2 des LkSG angeführten unternehmerischen Sorgfaltspflichten (§§ 3–10) in Bezug auf Menschenrechte und umweltbezogene Pflichten bilden den Kern des Gesetzes.[4] Die in der Betriebswirtschaftslehre seit längerem diskutierte Einrichtung eines nachhaltigen Lieferkettenmanagements (Sustainable Supply Chain Management) wird durch das LkSG erstmals in Deutschland verpflichtend.[5] Konkret stellen die §§ 3–10 des LkSG auf ein Lieferketten-bezogenes Risikomanagement und Compliance ab, welche die Voraussetzungen der Angemessenheit und Wirksamkeit erfüllen müssen. Das LkSG stellt ein sog. „Inselgesetz" dar, welches nicht mit bisherigen Normierungen oder parallelen Reformprojekten verbunden wurde. So ist aus dem Blickwinkel einer (börsennotierten) Aktiengesellschaft relevant, die notwendige Erweiterung der Corporate Governance-Systeme infolge des deutschen Lieferkettengesetzes in den Kontext zu anderen aktienrechtlichen Bestimmungen zu stellen. So ergänzt das LkSG einerseits den § 91 II AktG, wonach seit dem Gesetz zur Kontrolle und Transparenz im Unternehmensbereich (KonTraG) 1998 Vorstände zur Einrichtung eines Risikofrüherkennungs- und Überwachungssystems für bestandsgefährdende Risiken verpflichtet sind. Während im betriebswirtschaftlichen Schrifttum im Allgemeinen eine umfassende Auslegung des § 91 II AktG als Risikomanagementsystem (RMS) erfolgt,[6] geht die h.M.[7] im rechtswissenschaftlichen Schrifttum davon aus, dass § 91 II AktG lediglich ein Früherkennungssystem für bestandsgefährdende Risiken als Teilmenge eines umfassenden RMS vorschreibt. Bei der damaligen Umsetzung der Achten EG-Richtlinie 2006/43/EG („EU-Abschlussprüfer-Richtlinie") durch das Bilanzrechtsmodernisierungsgesetz (BilMoG) 2009 wurden die Überwachungspflichten des Aufsichtsrats in § 107 III 2 AktG konkretisiert. Zu den Aufgaben des Prüfungsausschusses zählen seither u.a. die Überwachung „der Wirksamkeit des internen Kontrollsystems, des Risikomanagementsystems und des internen Revisionssystems". Wenngleich die Bezeichnungen Internes Kontrollsystem (IKS), Internes Revisionssystem (IRS) und RMS in § 107 III 2 AktG gleichrangig benannt werden, lässt sich aus der Gesetzesbegründung zum BilMoG entnehmen, dass das IKS als Oberbegriff fungiert und das IRS und RMS einschließt.[8]

Aus dem Blickwinkel einer börsennotierten Aktiengesellschaft ergänzt das LkSG andererseits 2
den § 91 III AktG. Nach dem FISG als Reaktion auf den Wirecard-Skandal wurde eine Spezialnorm in § 91 III AktG eingeführt, wonach Vorstände bei börsennotierten Aktiengesellschaften ein im Hinblick auf den Umfang der Geschäftstätigkeit und die Risikolage des Unternehmens angemessenes und wirksames IKS und RMS einrichten müssen.[9] Insofern wird die eingeschränkte Reichweite eines Risikofrüherkennungs- und Überwachungssystems nach § 91 II AktG für börsennotierte Aktiengesellschaften aufgehoben. Wie das „umfassende" RMS bei börsennotierten Aktiengesellschaften nach dem FISG aussehen soll, wird allerdings nicht weiter durch den Gesetzgeber verdeutlicht. In diesem Kontext ist u.a. unklar, ob ein Compliance Management System (CMS) nach § 91 III AktG verpflichtend

2 Vgl. hierzu im Einzelnen *Fleischer* DB **2022** 37 f.; *Velte* DB **2021** 1054 f.

3 Vgl. hierzu u.a. *Schumm* StuB **2021** 894; *Strohn* ZHR **2021** 629; *Herrmann/Rünz* DB **2021** 3078; *Jungkind/Raspé/Terbrack* Der Konzern **2021** 445.

4 Vgl. *Ehmann* ZVertriebsR **2021** 141; hierzu auch *Stave/Velte* DB **2021** 1797.

5 Vgl. *Velte* DStR **2020** 2034.

6 Vgl. *Lück* DB **1998** 8; *Preußner/Becker* NZG **2002** 848.

7 Vgl. *Huwer* Der Prüfungsausschuss des Aufsichtsrats, 2008, S. 134.

8 Vgl. BegrReg BilmoG, BT-Drs. 16/10067 S. 77, 104. Auch nach IDW PS 261 stellt das Risikofrüherkennungs- und Überwachungssystem nach § 91 II AktG eine Teilmenge des IKS dar.

9 Vgl. hierzu im Einzelnen *Roth* NZG **2022** 53; *Simons* NZG **2021** 1429; *Fischer/Schuck* NZG **2021** 534.

ist. Nach der Neufassung des Deutschen Corporate Governance Kodex (DCGK) 2022 zählt ein CMS als integraler Bestandteil des IKS und RMS für börsennotierte Aktiengesellschaften (Grundsatz 5). Zudem sollen das IKS und RMS nach Empfehlung A.3 des DCGK 2022, soweit nicht bereits gesetzlich geboten, auch nachhaltigkeitsbezogene Ziele abdecken. Dies soll die Prozesse und Systeme zur Erfassung und Verarbeitung nachhaltigkeitsbezogener Daten mit einschließen. Insofern nimmt der DCGK explizit Bezug auf die Vorgaben des LkSG. Wenngleich das LkSG selbst keine expliziten Vorgaben für den Aufsichtsrat beinhaltet, wirken sich die neuen Sorgfaltspflichten des Vorstands, die zu einer Ausweitung der Corporate Governance-Systeme i.S.v. § 91 II, III AktG führen, ebenfalls auf die Überwachungspflichten des Prüfungsausschusses nach § 107 IIII 2 AktG aus. Insofern hat der Aufsichtsrat auch die Wirksamkeit des Lieferketten-bezogenen RMS und CMS zu würdigen.

3 Eine zusätzliche Brisanz erfährt die vorliegende Thematik durch die sog. EU-Whistleblower-Richtlinie 2019/1937 zum Schutz von Personen, die Verstöße gegen das Unionsrecht melden.[10] Mit dieser EU-Richtlinie werden gemeinsame Mindeststandards bei Unternehmen ab 50 Mitarbeitenden zur Gewährleistung eines wirksamen Hinweisgeberschutzes in der EU geschaffen, insb. werden Hinweisgeber stärker geschützt. Dies wird ebenfalls signifikante Auswirkungen auf die Ausgestaltung und den Stellenwert des unternehmerischen CMS haben. Die Bundesregierung hatte es versäumt, die Vorgaben der EU-Whistleblower-Richtlinie fristgerecht bis Ende 2021 in nationales Recht umzusetzen. Hintergrund war ein Streit in der damaligen großen Koalition hinsichtlich der Frage, ob das künftige deutsche Hinweisgeberschutzgesetz sich lediglich auf Verstöße gegen geltende EU-Bestimmungen beziehen oder daneben auch auf Straftaten nach deutschem Recht ausgedehnt werden soll. Zwischenzeitlich hatte die neue Bundesregierung einen zweiten Anlauf unternommen und das Hinweisgeberschutzgesetz Ende 2022 beschlossen. Weitere zentrale Auswirkungen auf ein betriebliches CMS hätten sich ebenfalls durch ein geplantes Gesetz zur Stärkung der Integrität in der Wirtschaft (Verbandssanktionengesetz) ergeben, das bereits im Koalitionsvertrag der Bundesregierung 2018 angeführt wurde.[11] Analog zur Umsetzung der EU-Whistleblower-Richtlinie konnte beim Verbandssanktionengesetz keine Einigung in der großen Koalition hergestellt werden.

4 Vor diesem aktuellen regulatorischen Hintergrund wird im Folgenden auf der Basis einer Fallstudie dargelegt, wie eine konkrete Integration der Sorgfaltspflichten nach dem LkSG in ein bestehendes CMS exemplarisch gelingen kann. In diesem Zusammenhang wird auf den IDW Prüfungsstandard (PS) 980 abgestellt, der bei der Implementierung eines CMS neben anderen Leitfäden wertvolle Orientierungshilfe gibt.[12] Im Sinne einer Erweiterung zu einem „Social" CMS werden die nach dem LkSG erforderlichen Sorgfaltspflichten in den Bereichen Umwelt und Gesellschaft sowohl im eigenen Geschäftsbereich als auch entlang der Lieferketten adressiert. Nachfolgend wird die Adaption der sieben Grundelemente des CMS nach dem IDW PS 980 im Rahmen des „Social" CMS (Kultur, Ziele, Risiken, Programm, Organisation, Kommunikation sowie Überwachung und Verbesserung) vorgestellt. Für jedes der Grundelemente erfolgt zunächst eine kurze Bezugnahme auf den IDW PS 980, bevor sich die Anforderungen nach dem LkSG und die exemplarische Praxisimplementierung im Social CMS anschließen. Hinzuweisen ist jedoch, dass eine Integration der Sorgfaltspflichten nach dem LkSG in Abhängigkeit von der konkreten Ausgestaltung der internen Corporate Governance-Systeme auch im IKS/RMS oder in einem integrierten oder separaten Management-System möglich ist. Neben dem IDW PS 980 zur Implementierung und freiwilligen Prüfung eines CMS hat das IDW drei weitere Prüfungs-

---

10 Vgl. auch *Aszmons/Herse* DB **2019** 1849; *Brinkmann/Blank* BB **2021** 2475; *Gerdemann/Spindler* ZIP **2020** 1896.

11 Vgl. hierzu *Hopt* ZGR **2020** 377.

12 Vgl. IDW Prüfungsstandard: Grundsätze ordnungsmäßiger Prüfung von Compliance Management Systemen (IDW PS 980). Das IDW plant allerdings derzeit eine Neufassung des IDW 980; hierzu ist ein Entwurf eines neuen Prüfungsstandards (IDW EPS 980 n.F.) im Oktober 2021 veröffentlicht worden. Eine Kommentierung war bis Ende Mai 2022 möglich.

standards entwickelt: (1) IDW PS 981 zum RMS,[13] (2) IDW PS 982 zum IKS[14] sowie (3) IDW PS 983 zum IRS.[15]

5 Abbildung 1[16] zeigt eine mögliche Strukturierung der Corporate Governance-Systeme nach den Prüfungsstandards des IDW 980–983 und betont die Einflussnahme des LkSG, FISG und des Hinweisgeberschutzgesetzes auf die konkrete Systemausgestaltung.

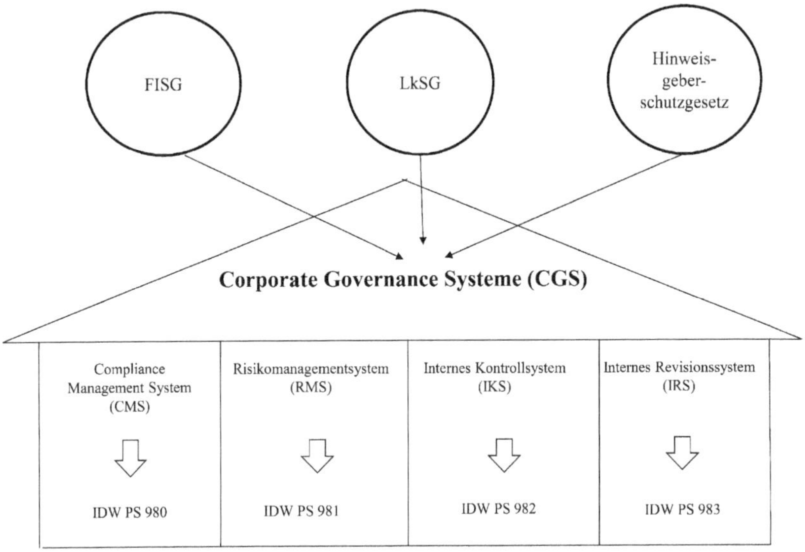

Abb. 1: Strukturierung von Corporate Governance-Systemen und Einwirkungen durch nationale Corporate Governance-Regulierungen.

6 Wie in Abbildung 1 verdeutlicht, lassen sich nach IDW PS 980–83 vier unterschiedliche Corporate Governance-Systeme differenzieren.

1) IDW PS 980.6 definiert ein CMS insoweit als die auf der „Grundlage der von den gesetzlichen Vertretern festgelegten Ziele eingeführten Grundsätze und Maßnahmen eines Unternehmens […], die auf die Sicherstellung eines regelkonformen Verhaltens der gesetzlichen Vertreter und der Mitarbeiter des Unternehmens sowie ggf. Dritten abzielen, d.h. auf die Einhaltung bestimmter Regeln und damit auf die Verhinderung von wesentlichen (Regel-)Verstößen".
2) Das RMS bildet nach IDW PS 981.2 „die Gesamtheit aller Regelungen, die einen strukturierten Umfang mit Risiken (i.S.v. positiven und negativen Zielabweichungen) im Unternehmen sicherstellt". Als „miteinander in Wechselwirkung stehende Grundelemente" des RMS werden die Risikokultur, die Ziele, die Organisation, die Risikoidentifikation, -bewertung, -steuerung und -kommunikation sowie die Überwachung und Verbesserung des RMS benannt.
3) IDW PS 982.2 fasst unter dem Begriff IKS des Berichtswesens „die von den gesetzlichen Vertretern im Unternehmen eingeführten Regelungen, die auf die organisatorische und technische Umsetzung der Entscheidungen der gesetzlichen Vertreter zur ordnungsgemäßen Durchführung des Berichtswesens gerichtet sind".
4) Last but not least bildet ein IRS nach IDW PS 983.19 die „Gesamtheit aller Regelungen, die darauf ausgerichtet sind, die Einrichtung einer internen Revisionsfunktion sowie die unab-

13 Vgl. IDW Prüfungsstandard: Grundsätze ordnungsmäßiger Prüfung von Risikomanagementsystemen (IDW PS 981).
14 Vgl. IDW Prüfungsstandard: Grundsätze ordnungsmäßiger Prüfung des internen Kontrollsystems des internen und externen Berichtswesens (IDW PS 982).
15 Vgl. IDW Prüfungsstandard: Grundsätze ordnungsmäßiger Prüfung von internen Revisionssystemen (IDW PS 983).
16 Modifiziert entnommen von *Stave/Velte* DB **2021** 1800.

hängige und objektive Erbringung von Prüfungs- und Beratungsleistungen durch die Interne Revision in Übereinstimmung mit den angewandten IRS-Grundsätzen zu gewährleisten“.

B. Ausgestaltung eines Social Compliance Management Systems auf der Basis von IDW PS 980

I. Ausgangslage

7 Im vorliegenden Fallbeispiel wird die Implementierung der LkSG-Sorgfaltspflichten in ein bestehendes CMS nach der best practice des IDW PS 980 skizziert. Das Beispielunternehmen verfügt neben dem CMS ebenfalls über die Corporate Governance-Systeme eines RMS nach den Vorgaben des IDW PS 981, in welches das IKS integriert ist. Neben diesen Systemen ist ein internes Revisionssystem (IRS) nach dem IDW PS 983 vorhanden.

Abb. 2: Integration von Corporate Governance-Systemen (RMS inkl. IKS, CMS und IRS).

8 Die Implementierung der Sorgfaltspflichten des LkSG im CMS erfordert ebenfalls Anpassungen in den übrigen Corporate Governance-Systemen: so sind die Ergebnisse der Risikoanalyse des CMS in das RMS zu überführen und entsprechend der internen Prozesse mit Maßnahmen zur Risikominderung zu versehen. Da die interne Revision die Überprüfung der Umsetzung bzw. Wirksamkeit der Maßnahmen durchführt, sind zur Beachtung der Anforderungen des LkSG entsprechende Kontroll- bzw. Prüfkonzepte zu erstellen und einzuführen.

II. Umsetzung

9 Im Rahmen seiner allgemeinen Sorgfaltspflicht muss jede Unternehmensführung geeignete Maßnahmen zur Einhaltung gesetzlicher Bestimmungen in Form von unternehmens- bzw. konzerninterner Regelungen etablieren. Da Regelverstöße empfindliche Strafen, z.B. in Form von Bußgeldern oder Ausschluss von öffentlichen Ausschreibungen für ein Unternehmen und seine Organe nach sich ziehen können, ist jedes Unternehmen gezwungen, Prozesse und Systeme fortlaufend auf Einhaltung der regulatorischen Anforderungen hin zu überprüfen. Der entsprechend korrekte Aufbau sowie die fortlaufende Überwachung und Verbesserung eines wirksamen CMS sind deshalb von zentraler Bedeutung. Ziel eines derartigen Managementsystems ist eine Unterstützung der Leitungs- und Aufsichtsorgane bei der Sicherstellung einer ordnungsgemäßen Unternehmensführung. Durch derartige Maßnahmen sollen Schäden für das Unternehmen vermieden und darüber hinaus die Vermeidung von persönlicher Haftung von Organmitgliedern (Aufsichtsrat, Vorstand, Geschäftsführung) sichergestellt werden. Der in Deutschland anerkannteste und weitverbreitetste Standard (IDW PS 980) untergliedert ein CMS in sieben Grundelemente. Dieser Aufbau kann ebenfalls für die Weiterentwicklung oder den Neuaufbau eines CMS mit Bezug zu sozialen und ökologischen Aspekten nach dem LkSG herangezogen werden. Vor diesem Hintergrund werden die sieben Bausteine nach IDW PS 980 in diesem Fall mit dem Zusatz „Social“ aufgelistet:

1. Social Compliance Kultur
2. Social Compliance Ziele
3. Social Compliance Organisation
4. Social Compliance Risiken
5. Social Compliance Programm

6. Social Compliance Kommunikation
7. Social Compliance Überwachung und Verbesserung

Die sieben Grundelemente nach IDW PS 980 sind nicht als starre Anforderungskriterien zu interpretieren, sondern als Blaupause, in der Handlungs- und Gestaltungsspielräume gelassen werden, um das CMS auf die jeweiligen spezifischen Anforderungen des Unternehmens auszurichten. Die sieben Grundelemente stehen hierbei in Wechselwirkung miteinander. Ein CMS kann somit unter Berücksichtigung des Konzepts individuell ausgestaltet werden. Im Folgenden sollen Handlungsempfehlungen aus Sicht eines Unternehmens abgeleitet werden, welches sich frühzeitig mit der Umsetzung der Anforderungen des LkSG beschäftigt und die sieben Grundelemente des IDW PS 980 jeweils mit den gesetzlichen Anforderungen des LkSG verknüpft hat. 10

1. Social Compliance Kultur

a) IDW-Vorgaben und Anforderungen des LkSG. Die Angemessenheit und Wirksamkeit eines Social CMS im Sinne des LkSG wird maßgeblich von der herrschenden Social Compliance Kultur beeinflusst. Sie bestimmt, inwieweit Mitarbeiter bereit sind, sich an Regeln zu halten. Das Verhalten des Managements und der für die Risiken verantwortlichen Personen ist maßgeblich für die gelebte Kultur. 11

Nach dem LkSG hat sich das Management eines Unternehmens regelmäßig, mindestens jedoch jährlich, über die Arbeit der für die Überwachung von Social Compliance Risiken zuständigen Person(en) zu informieren (§ 4 III LkSG). Die Zuständigkeit sollte bei einer Person oder Gruppe liegen, welche die relevanten Geschäftsabläufe kennt und versteht, Zugang zu allen relevanten Informationen hat und im Unternehmen bekannt und vor allem anerkannt ist. Ob ein eigens für den Sachverhalt geschaffenes Social Compliance Team, cross-funktionale Teams oder eine andere passende Person/Gruppe für die Überwachung der Risiken verantwortlich ist, obliegt der Entscheidung des Managements. Die mindestens jährliche Berichterstattung und die Ernennung der Verantwortlichkeit(en) durch das Management verdeutlichen das wichtige Zusammenspiel beider Parteien, das wiederum Auswirkungen auf die Social Compliance Kultur des gesamten Unternehmens hat. 12

Folgende verschiedene Ebenen innerhalb eines Unternehmens können implementiert werden, um die Social Compliance Kultur an die Anforderungen des LkSG anzupassen. 13

b) Praktische Umsetzung. Unternehmenswerte. Etablierte und bereits gelebte ökologische, soziale und ökonomische Unternehmenswerte definieren die kulturellen Eckpfeiler eines Unternehmens. Auch entlang der Lieferketten und in der Zusammenarbeit mit Geschäftspartnern sollte ein Unternehmen die in seiner Kultur verankerten Werte einfordern. Ein transparentes und integres Verhalten ist dabei von erheblicher Bedeutung: Durch konformes Verhalten können potenzielle Verstöße im eigenen Geschäftsbereich und bei unmittelbaren Lieferanten sowie daraus resultierende Reputationsschäden reduziert oder gar vermieden werden. 14

Tone at the Top. Die Schaffung einer verantwortlichen Stelle und die hierarchische herausgehobene Zuordnung sendet eine unmissverständliche Botschaft und prägt die Compliance Kultur eines Unternehmens. Der verantwortlichen Stelle muss nach § 4 III, § 17 II 3 LkSG ein direkter Berichtsweg und somit ein Informationsfluss an die Unternehmensführung ermöglicht werden. Die organisatorische Verankerung einer Verantwortlichkeit verdeutlicht zudem die Wichtigkeit des Themas innerhalb der Organisation. Zentrale Anweisungen werden regelmäßig durch die verantwortliche Stelle erlassen und im Vorfeld mit der Unternehmensführung abgestimmt. Folgende weitere Vorkehrungen dienen als Vorschläge, um die durch einen angemessenen Tone at the Top die Compliance Kultur für alle Mitarbeiter zugänglich zu machen und den „common sense“ zu stärken: 15

16 Die Unternehmensführung verabschiedet und bekennt sich in einem Verhaltenskodex (Code of Conduct) zu grundlegenden Verhaltensweisen, die unternehmens- bzw. konzernweit Gültigkeit haben. Hierunter fallen u.a. auch die Regelungen zum LkSG, wie etwa die Achtung der weltweit menschenrechtlichen Vorschriften sowie die ökonomische, ökologische und soziale Verantwortung entlang der Lieferketten.

17 Um die gesetzlichen Anforderungen des LkSG und wesentliche Empfehlungen für ein funktionierendes CMS zu erfüllen, ist es unumgänglich eine konzerninterne Richtlinie zum Umgang mit Menschen- und Umweltrechten durch den Vorstand/die Unternehmensführung zu beschließen und anschließend, gemäß vordefinierter Kommunikationsprozesse, zu veröffentlichen. Die Richtlinie sollte die Mindestanforderungen, die sich aus dem LkSG ergeben, umfassen und eine Handlungsanleitung für relevante Mitarbeiter (z.B. Einkaufsfunktionen, dezentrale Ansprechpartner, Rechtsabteilung) darstellen. Des Weiteren sollte sie ihnen eine erste Orientierung geben, mögliche Risiken zu erkennen und angemessen auf sie zu reagieren.

18 Eine regelmäßige Präsentation der aktuellen Social Compliance Themen in Bezug auf das LkSG und dessen Anforderungen sollte im Rahmen der Geschäftsführer- oder Vorstandssitzung durch die verantwortliche Stelle erfolgen. Es wird angeraten, die Berichterstattung zu dokumentieren, um den im LkSG geforderten Berichts- und Dokumentationspflichten nachzukommen.

19 Alle Schulungsformate sollten sowohl ein Bekenntnis der Unternehmensführung als auch die Aufforderung zur Einhaltung der Social Compliance Regelungen beinhalten.

20 **Tone from the Middle/Tone from the Bottom.** Gemeinsam mit allen Führungskräften sollte ein Führungskräfteleitbild durch die Unternehmensführung entwickelt werden, welches mitunter als Hauptvorbildfunktion der Social Compliance Kultur dient. Es sollte u.a. die Mindeststandards des Code of Conduct (siehe Folgeaspekt) insbesondere hinsichtlich der Aspekte im Dokument, welche sich auf die Sorgfaltspflichten gemäß LkSG beziehen, enthalten.

21 Schulungen von relevanten Mitarbeitern sollten auf Ebene der operativen Einkaufs- und Beschaffungsabteilungen erfolgen, um zu gewährleisten, dass relevante Inhalte durch den Vorgesetzten an die Mitarbeiter weitergegeben werden (siehe hierzu auch gesondert das Kapitel Kommunikation – Schulungen).

22 **Unternehmensweiter Verhaltensstandard durch Code of Conduct und Einführung eines Supplier Code of Conduct.** Für die Bekennung zu menschen- und umweltrechtlichen Sorgfaltspflichten empfiehlt sich die Aktualisierung eines bereits bestehenden internen – für Mitarbeiter gültigen – Verhaltenskodex (Code of Conduct) sowie die Einführung bzw. Aktualisierung eines externen Lieferantenverhaltenskodex (Supplier Code of Conduct) zu ethisch korrektem Verhalten entlang der Lieferketten. Gesetzesinhalte, insbesondere aus dem LkSG, und interne Regelungen sollten sich in beiden Dokumenten wiederfinden.

2. Social Compliance Ziele

23 **a) IDW-Vorgaben und Anforderungen des LkSG.** Die allgemeinen Unternehmensziele, abgeleiteten Strategien und internen Regelungen des Unternehmens bestimmen die Ziele, die mit dem SCMS erreicht werden sollen. Die Social Compliance Risiken werden anhand der vorgegebenen Ziele beurteilt.

24 Ziel des Social CMS sollte sein, menschenrechtliche und umweltbezogene Risiken mit Bezug zu menschenrechtlichen Risiken innerhalb des eigenen Geschäftsbereichs und der Lieferketten zu identifizieren, zu minimieren und das Unternehmen, seinen Ruf, die Geschäftsführung und alle Mitarbeiter zu schützen. Inwieweit ein Unternehmen seinen spezifischen Sorgfaltspflichten nachkommen muss, richtet sich nach Art und Umfang der Geschäftstätigkeit, seines Einflussvermögens und Verursachungsbeitrags sowie der zu erwartenden Schwere, Unumkehrbarkeit und Wahrscheinlichkeit der Menschenrechtsverletzung (§ 3 II LkSG).

b) Praktische Umsetzung. Um Risiken zu minimieren oder im besten Fall zu vermeiden, sollten entsprechende Maßnahmen etabliert werden, die in vielen Fällen die Zusammenarbeit mit anderen Unternehmensbereichen erfordern. Der besondere Fokus soll auf die Prävention gelegt werden. Dabei müssen die Maßnahmen entlang der untengenannten Dimensionen umgesetzt werden: 25

- **Vorbeugen** – präventive Maßnahmen, um Social Compliance Verstöße zu verhindern:
  - turnusmäßig stattfindende Risikoanalysen, welche eine Klassifizierung und Priorisierung von Risiken bspw. anhand von Länder-, Branchen- und Produktrisiken vornimmt (siehe Kapitel „Social Compliance Risiken");
  - Implementierung und kontinuierliche Weiterentwicklung von Code of Conduct, Social Compliance Richtlinien und weiteren Social Compliance-relevanten Vorgaben (siehe Kapitel „Social Compliance Kommunikation");
  - beraten, schulen und informieren von Mitarbeitern (siehe Kapitel „Social Compliance Kommunikation"),
- **Erkennen** – Social Compliance Verstöße rechtzeitig erkennen:
  - Nutzung eines Beschwerdeverfahrens durch ein Hinweisgebersystem zur (anonymen) Übermittlung möglicher Verdachtsfälle (siehe Kapitel „Social Compliance Programm");
  - Durchführung von Social Compliance Audits, z.B. durch die Audit-Abteilung/externe Auditoren (siehe Kapitel „Überwachung und Verbesserung");
  - Durchführung von internen Sonderuntersuchungen bei Social Compliance Verstößen oder Verdachtsfällen durch die Audit-Abteilung ggf. unter Einbeziehung der verantwortlichen Stelle (siehe Kapitel „Überwachung und Verbesserung").
- **Reagieren** – auf Social Compliance Verstöße klar und konsequent reagieren:
  - Reaktion auf Social Compliance Verstöße:
  - im eigenen Geschäftsbereich: Erstellung eines Sanktionskonzepts (z.B. durch Social Compliance, HR, Audit) für Fälle grober Fahrlässigkeit und Vorsatz durch eigene Mitarbeiter; („zero tolerance" Politik)
  - bei Lieferanten: Präventions- und Abhilfemaßnahmen, mit der Option der Beendigung der Geschäftsbeziehung, wobei diese immer die ultima ratio darstellt (siehe Kapitel „Social Compliance Programm")
  - Verbesserung des Social CMS basierend auf dem aufgedeckten Fehlverhalten (siehe Kapitel „Überwachung und Verbesserung").

Die Ziele und definierten Aufgaben des Social CMS sollen regelmäßig auf Angemessenheit und Wirksamkeit überprüft werden. Das BAFA veröffentlichte hierzu eine Handreichung mit weiteren Hintergrundinformationen. 26

3. Social Compliance Risiken

a) IDW-Vorgaben und Anforderungen des LkSG. Social Compliance Risiken werden systematisch identifiziert und nach Eintrittswahrscheinlichkeit und Schwere bewertet, wobei in diesem Schritt mögliche Abhängigkeiten berücksichtigt werden. 27

Folglich sind Risiken im Sinne des § 5 LkSG im Wege einer Risikoanalyse nach Eintrittswahrscheinlichkeit und möglichen Folgen in Form einer potenziellen Schadenshöhe zu ermitteln. Zur Vorbereitung auf die Risikoanalyse müssen zunächst die relevanten Vorgänge im eigenen Geschäftsbereich und bei allen Beteiligungsgesellschaften, welche unter den bestimmenden Einfluss der Obergesellschaft im Sinne des LkSG fallen, identifiziert werden (§ 2 VI LkSG). 28

b) Praktische Umsetzung. Nach dem LkSG sollten folgende Themen im eigenen Geschäftsbereich und bei unmittelbaren Zulieferern analysiert, dokumentiert und bewertet werden: 29

- potenzielle Schwachstellen/Bedrohungen/Verletzungen von geltenden Menschenrechten;

- potenzielle Schwachstellen/Bedrohungen/Verletzungen von Umweltrechten (Boden, Wasser, Luft), die sich auf Menschenrechte auswirken;
- Bei beiden genannten Aspekten empfiehlt es sich, die Entwicklungen auf EU-Ebene (geplante CSDDD) zu antizipieren, um potentielle Schwachstellen/Bedrohungen/Verletzungen von Rechtsgütern, wie z.B. Umweltrechten ohne Menschenrechtsbezug, zu ermitteln, die über das LkSG hinausgehen.

30 Zur Klärung der Frage, ob ein bestimmender Einfluss vorliegt, bietet § 2 VI LkSG erste Anhaltspunkte. Nach Angaben des Bundesministeriums für Arbeit und Soziales ist die Bewertung in Form einer „Gesamtschau" vorzunehmen, welche verschiedene wirtschaftliche, personelle, organisatorische und rechtliche Kriterien umfasst. Die Gesetzesbegründung des LkSG nennt weitere, jedoch keine abschließenden Kriterien, die zur Bewertung herangezogen werden können. Da diese Einschätzung jedoch weitreichende Folgen hat und u.a. maßgeblich für die Identifizierung von relevanten Lieferanten ist, empfiehlt es sich im Zweifel eine externe Rechtsberatung zu beauftragen.

31 Handelt es sich um Gesellschaften im Sinne von § 2 VI LkSG, sollte nachfolgend eine Konsolidierung der Lieferantenstammdaten eben dieser angesprochenen Bereiche und Gesellschaften erfolgen. Die Stammdatenqualität muss geprüft und ggf. mit fehlenden notwendigen Informationen angereichert werden, um sie bestmöglich anhand definierter Risikokategorien analysieren zu können.

32 Sollten Beteiligungsunternehmen aufgrund verschiedener Begebenheiten (Unternehmensgröße, Historie etc.) nicht an das Master Data Management-System der Obergesellschaft angeschlossen sein, muss eine technische Konsolidierung der Daten erfolgen. Hier kann geprüft werden, ob bereits etablierte Meldeprozesse der Gesellschaften an die Obergesellschaft, z.B. im Rahmen eines Terror- und Sanktionslistenscreenings, bestehen und genutzt werden können.

33 Für die Risikoanalyse nach § 5 Abs. I-IV LkSG sollten neben Jahresgesprächen/Workshops mit den Lieferanten unbedingt externe Quellen genutzt werden, u.a. Adverse Media Screenings von relevanten Lieferanten, Datenbanken bzgl. Länder-, Branchen- und Produktrisken, CSR-Audits aus Vorjahren und Hinweise aus Beschwerdeverfahren. Die relevanten Daten und Quellen sollten regelmäßig überprüft und bei Bedarf aktualisiert werden.

34 Zur Definition und Priorisierung der Risiken muss gemäß § 5 II LkSG ein Risikomodell entwickelt werden. Die Herausforderung für Unternehmen liegt hierbei in der Identifizierung geeigneter Datenquellen und Indizes. Ein mögliches Risikomodell kann sich an Berichten von Regierungen oder Nichtregierungsorganisationen (NGOs) zu den Risiken in Lieferketten orientieren. Der Prozess der Identifikation und Priorisierung von Menschenrechts- und Umweltrisiken in Lieferketten kann in mehreren Schritten erfolgen. In der Praxis werden häufig zuerst Länderrisiken auf Basis verschiedener Datenquellen (z.B. Worldwide Governance Indicators der Weltbank, ITUC Global Rights Index und dem Global Slavery Index der Walk Free Foundation) ermittelt. In einem Folgeschritt empfiehlt es sich, feingliedriger vorzugehen und Branchenrisiken zu ermitteln. Hierfür müssen zunächst alle Branchen, in denen das Unternehmen Geschäftsbeziehungen mit Lieferanten führt, ermittelt und daraufhin mit Unterstützung von Risikodatenbanken (etwa der SASB Materiality Map nach dem SICS Branchencode) mit einem Risikoprofil versehen werden. Anschließend empfiehlt es sich, Länder- und Branchenrisiken in eine logische Gewichtung zu setzen: Da Branchenindizes meist von einer internationalen Verflechtung einzelner Branchen ausgehen, ist deren Risikobewertung länderübergreifend zu verstehen. Jedoch wirken meist länderspezifische Situationen und politische Rahmenbedingungen auf spezifische Risiken ein. Es empfiehlt sich daher, die individuellen Ergebnisse der Risikoanalyse zu bewerten und beispielsweise die Länderrisiken gegenüber den Branchenrisiken doppelt zu gewichten.

35 Eine turnusmäßige Wiederholung der Risikoanalyse soll gemäß den Vorgaben des § 5 IV LkSG mindestens jährlich bzw. anlassbezogen stattfinden: Bei folgenden Änderungen sollten die relevanten Unternehmensbereiche oder Tochtergesellschaften zusätzlich unterjährig einer erneuten Risikoanalyse unterzogen werden:

- neue oder signifikant veränderte Aktivitäten, Produkte oder Dienstleistungen;
- wesentliche strukturelle oder strategie-bezogene Änderungen;

- signifikante Veränderungen im Umfeld, wie z.B. wirtschaftliche Verhältnisse, Marktbedingungen, Verbindlichkeiten und Kundenbeziehungen;
- Änderung von Social Compliance Anforderungen bzw. der Rechtslage;
- Social Compliance Vorfälle, in Form von Verstößen gegen menschenrechtliche und umweltbezogene Rechte im Sinne des LkSG.

Sofern ein bestimmender Einfluss der Obergesellschaft im Sinne des § 2 VI LkSG besteht, gilt: für die Durchführung der Risikoanalysen bei ausländischen Tochtergesellschaften können ggf. auch externe Berater mit entsprechenden Rechtskenntnissen von der jeweiligen Geschäftsführung beauftragt werden. Die Verantwortung obliegt jedoch weiterhin der Obergesellschaft und kann nicht an die Tochtergesellschaft übertragen werden. 36

Sollten im Rahmen der Risikoanalyse Erkenntnisse zu relevanten Sachverhalten gewonnen werden, so werden diese durch die verantwortlichen Stellen bearbeitet und mit adäquaten Maßnahmen (z.B. Schulungen, Vor-Ort-Audits, zusätzliche Kommunikation von Lessons Learned, Anpassung der entsprechenden Richtlinien) zur Risikominimierung versehen. Sonstige Risiken sollten dem jeweiligen zuständigen Risikomanager bekanntgegeben und durch diesen bearbeitet werden. Zu ergreifende Maßnahmen sollten der verantwortlichen Abteilung mitgeteilt und diese in die Durchführung eingebunden werden. Für den Fall, dass ein Risikomanager noch nicht feststeht, kann das entsprechende Risiko auch durch die Verantwortlichen an die Geschäftsführung der Ober- bzw. Tochtergesellschaft kommuniziert werden. 37

Weitere Hilfestellungen bzw. Spezifizierungen können auch der Handreichung des BAFA entnommen werden.

Due Diligence bei M&A-Projekten. Da bei dem Erwerb einer Gesellschaft menschenrechtliche und umweltbezogene Risiken unbemerkt „miteingekauft" werden können, ist eine „Social Compliance Due Diligence" vor Vertragsunterzeichnung erforderlich. Diese besteht aus einer (erweiterten) Geschäftspartnerprüfung und einer Selbstauskunft des Verkäufers, die um die Ergebnisse der im Vorfeld stattfindenden Geschäftspartnerprüfung ergänzt wird. 38

4. Social Compliance Programm

a) IDW-Vorgaben und Anforderungen des LkSG. Die identifizierten und bewerteten Social Compliance Risiken bestimmen die Maßnahmen, die getroffen werden, um potenzielle Verstöße zu vermeiden. Das resultierende Social Compliance Programm sollte von einer personenunabhängigen Funktion dokumentiert werden. 39

Das LkSG fordert in § 4 IV Unternehmen auf, ein geeignetes RMS zu implementieren. Dieses System muss nach § 4 II LkSG die Einhaltung der Sorgfaltspflichten sicherstellen und geeignet sein, menschenrechtliche und umweltbezogene Risiken zu erkennen, zu minimieren und solche Verletzungen zu verhindern, zu beenden oder deren Ausmaß zu minimieren. Hierfür sind insbesondere die Entwicklung und Implementierung geeigneter Beschaffungsstrategien und Einkaufspraktiken, welche zum Ziel haben, die festgestellten Risiken zu verhindern oder zu minimieren, gem. § 6 III LkSG erforderlich. 40

b) Praktische Umsetzung. Präventionsmaßnahmen nach § 6 LkSG. Im Rahmen der Beschaffungsstrategien ist darauf zu achten, dass der Eintritt der in der Risikoanalyse nach § 5 LkSG festgestellten Risiken verhindert oder die Eintrittswahrscheinlichkeit minimiert werden. Ein zentraler Baustein ist die Erstellung und der Rollout eines Supplier Code of Conduct (SCoC). Sollte derzeit noch kein SCoC existieren, ist dieser zeitnah zu erstellen, da neben der Erstellung insbesondere der Rollout je nach Anzahl der Lieferanten sehr zeitintensiv sein kann. Der SCoC beinhaltet ethische, soziale und rechtliche Grundsätze, deren Befolgung zur Minimierung von Risiken entlang der Lieferketten führen (siehe hierzu auch Kapitel „Kommunikation – Grundsatzerklärung"). Im Bereich der Lieferketten müssen Lieferanten künftig die Einhaltung von Sorgfaltspflichten 41 vertraglich zusichern. Diese Sorgfaltspflichten können entweder in den entsprechenden neuen Vertragsklauseln genannt oder durch einen Verweis auf die Inhalte des SCoC verbunden werden. Die Informationen über die einzuhaltenden Sorgfaltspflichten müssen allen Lieferanten zugänglich gemacht und die Inhalte turnusmäßig (jährlich) geschult werden (§ 6 IV 2 und 3 LkSG). Dies ist ein wichtiger Schritt, um die geltenden Social Compliance Regeln zu verbreiten. Die Teilnehmerlisten der Schulungen sind zu dokumentieren und zu archivieren.

42 Die vertragliche Zusicherung eines unmittelbaren Zulieferers ist nach § 6 IV 2 LkSG von zentraler Bedeutung, da durch die Geschäftsleitung des Unternehmens die Einhaltung menschenrechtsbezogener und umweltbezogener Standards zugesichert wird und diese Erwartungen auch entlang der Lieferkette angemessen adressiert werden. Die verschiedenen – mit Lieferanten – abgeschlossenen und abzuschließenden Vertragskategorien, wie etwa Dienst- oder Werksverträge, müssen hierfür intern identifiziert werden, um eine Vertragsart gerechte und angemessene Lösung erarbeiten zu können. Um die Einhaltung der Regelungen sicherstellen zu können, soll je nach Vertragsart eine entsprechende Formulierung in den Vertragsvorlagen mitaufgenommen sowie ein Nachtrag für bereits bestehende Rahmenverträge erstellt werden (bspw. mit einem Verweis auf die Inhalte des SCoC – siehe oben). Im Anschluss müssen Vertragsmuster angepasst und Nachträge unterzeichnet werden. Abschließend muss sichergestellt werden, dass zukünftig nur die aktualisierten Muster verwendet werden und alle relevanten Verträge angepasst wurden. Um eine fristgerechte Umsetzung dieser Anforderungen gewährleisten zu können, sollte mit den vertraglichen Anpassungen und den präventiven Schulungsmaßnahmen frühzeitig begonnen werden.

43 Darüber hinaus gilt es, potenzielle Risiken bei Lieferanten künftig bereits im Onboarding-Prozess zu erkennen und diese entsprechend bei der Lieferantenauswahl zu berücksichtigen. Hierfür können ggf. wieder Screening Tools und speziell entwickelte Fragebögen genutzt werden. Eine initiale Prüfung von potenziellen neuen Lieferanten vor Vertragsunterzeichnung sollte durchgeführt werden, um vergangene Rechts- und Regelverstöße aufzudecken. Hierfür bieten sich Screening Tools an, die ggf. bereits im Rahmen der Business Partner Compliance verwendet werden.

44 Im eigenen Unternehmen sollen nach § 6 III LkSG Richtlinien erstellt und Schulungen bzw. Weiterbildungen in den relevanten Geschäftsbereichen erfolgen. Hierbei empfiehlt es sich, bestehende Einkaufsrichtlinien und damit verbundene Beschaffungsstrategien zu aktualisieren und deren Inhalte in den oben beschriebenen Schulungen aufzunehmen. Die Teilnahme- und Absolvierungsquote hierfür sind unbedingt zu dokumentieren.

45 **Abhilfemaßnahmen nach § 7 LkSG.** Bei der Feststellung einer Verletzung im eigenen Geschäftsbereich nach § 7 I LkSG sollen unverzüglich angemessene Abhilfemaßnahmen ergriffen werden, um den Verstoß zu beenden oder seine Folgen zu minimieren. Im eigenen inländischen Geschäftsbereich hat das Unternehmen so zu reagieren, dass die Maßnahme die Verletzung beendet. Im Ausland muss sie in der Regel zur Beendigung führen.

46 Bei der Feststellung einer Verletzung bei einem unmittelbaren Zulieferer nach § 7 II LkSG, die nicht in absehbarer Zeit abgestellt werden kann, ist ein Konzept zur Beendigung/Minimierung zu erstellen/umzusetzen. Ein solches Konzept soll hierbei zwingend beinhalten:

- die gemeinsame Erarbeitung eines Plans zur Umsetzung;
- der Zusammenschluss mit anderen Unternehmen im Rahmen von Brancheninitiativen sowie ein
- temporäres Aussetzen der Geschäftsbeziehung während der Umsetzung.

47 Zur Überprüfung, ob eine Verletzung im Sinne des LkSG vorliegt, werden sämtliche Abkommen, Richtlinien und Tatbestände, die im LkSG genannt werden, geprüft und nicht nur diese, die den Verstoß primär adressieren. Beispiel Zwangsarbeit: Diese Verletzung nach LkSG wird primär in den ILO Standards adressiert. Die ILO Standards wurden aber nicht von allen Nationen weltweit ratifiziert. So hat beispielsweise die Volksrepublik China die entsprechenden Standards nicht ratifiziert, ist aber über den UN Sozialpakt verpflichtet, Zwangsarbeit zu verhindern.

48 Ein Abbruch der Geschäftsbeziehung nach § 7 III LkSG ist nur nötig, wenn die Verletzung sehr schwerwiegend ist und die Umsetzung des Konzepts keine Abhilfe leistet und dem Unterneh-

men keine anderen milderen Mittel zur Verfügung stehen und eine Erhöhung des Einflussvermögens aussichtlos erscheint. Das bloße Fehlen, dass ein Staat die Übereinkommen im Anhang nicht ratifiziert hat, führt nicht zur Pflicht eines Abbruchs.

Bei mittelbaren Zulieferern muss nach § 9 III LkSG lediglich bei Vorliegen tatsächlicher Anhaltspunkte einer Verletzung, d.h. bei substantiierter Kenntnis, eine Risikoanalyse gemäß § 5 I 3 erfolgen. Von substantiierter Kenntnis wird ausgegangen, wenn z.B. Hinweise eines Betroffenen vorliegen. Auf Basis der durchgeführten Risikoanalyse sind – soweit erforderlich – Präventionsmaßnahmen gegenüber dem Verursacher zu implementieren. Hierzu zählen mindestens Kontrollmaßnahmen, die Unterstützung zur Vorbeugung und Vermeidung, die Umsetzung branchenspezifischer Initiativen sowie ein Konzept zur Verhinderung/Beendigung/Minimierung des Risikos und eine Anpassung der Grundsatzerklärung nach § 6 LkSG. 49

Bzgl. der Angemessenheit und Wirksamkeit der Maßnahmen müssen Unternehmen relevante gesetzliche Entwicklungen beobachten – insbesondere auf EU-Ebene. Dies betrifft vor allem die künftige nationale Umsetzung der EU-Richtlinie über menschenrechtliche und umweltbezogene Sorgfaltspflichten von Unternehmen (CSDDD). 50

Beschwerdeverfahren nach § 8 LkSG. Zur Erfüllung der Anforderungen des § 8 LkSG ist ein Beschwerdeverfahren zu implementieren, das Mitarbeitern und externen Dritten die Meldung von menschenrechtlichen und umweltbezogenen Risiken und Vorfällen ermöglicht, sofern gewünscht auch unter Wahrung der Vertraulichkeit und Anonymität. Es empfiehlt sich, bereits vorhandene webbasierte Hinweisgeber-Systeme auf deren Eignung zu prüfen und entsprechend den Anforderungen des § 8 I LkSG anzupassen. Nach aktuellem Entwurf dem des Hinweisgeberschutzgesetzes ist die Nutzung des Hinweisgebersystems der Obergesellschaft durch Tochtergesellschaften zulässig. Bei der Einbindung auf die relevanten Unternehmenswebseiten ist darauf zu achten, dass Verfahrensordnungen, Datenschutzhinweise und möglicherweise notwendige Betriebsratszustimmungen vorliegen. Das BAFA veröffentlichte hierzu ebenfalls eine Handreichung zur Implementierung geeigneter Maßnahmen (https://www.bafa.de/DE/Lieferketten/Beschwerdeverfahren/beschwerdeverfahren_node.html). 51

Lieferanten sollten über das Beschwerdesystem und dessen Nutzung durch den SCoC und abgeschlossene Verträge informiert werden. Letztere sollten zudem darauf hinweisen, dass der Kanal sowohl den eigenen Mitarbeitern als auch der vorgelagerten Lieferkette zur Verfügung steht. § 9 I LkSG regelt die Anforderungen an das Beschwerdeverfahren nach § 8 LkSG. Im webbasierten System ist eine Verfahrensordnung nach § 8 II LkSG zu hinterlegen, welche den Verfahrensablauf im System beschreibt. Diese Beschreibung umfasst Informationen zum Datenschutz, Beantwortungsfristen, die Sicherstellung der Anonymität, durch wen der Fall bearbeitet wird etc. Insbesondere bei der bearbeitenden Funktion ist nach § 8 III LkSG dafür Sorge zu tragen, dass unparteiisches Handeln und Verschwiegenheit gewährleistet werden. Auch aus diesem Grund bietet es sich an, die Fallbearbeitung, wie bei anderen Hinweisen im Beschwerdeverfahren, über eine ggf. bestehende Compliance Funktion abzuwickeln. Da das Vorgehen im Beschwerdeverfahren nach dem LkSG in der Regel dem gleichen Prozedere eines bereits genutzten Hinweisgeber-Systems entspricht, kann für Änderungserfordernisse auch der Anbieter des Systems angesprochen werden. Andere Unternehmen haben hier voraussichtlich bereits ähnliche Aspekte angesprochen, sodass interne Mehrarbeit vermieden werden kann. Neben webbasierten Systemen können auch Hotlines von externen Vertrauensanwälten oder Kontaktpunkte zu Verbänden als Beschwerdemechanismen dienen. 52

In internen Schulungen sollten Mitarbeiter darauf hingewiesen werden, dass auch für sie die Nutzung von Beschwerdekanälen möglich ist (interne Nutzung). Sie sollten aber auch dazu ermutigt werden, LkSG-bezogene Themen mit ihrem Vorgesetzten oder den verantwortlichen Stellen zu besprechen. Wird ein Verdachtsfall in gutem Glauben gemeldet, muss sichergestellt werden, dass der Hinweisgeber – unabhängig davon, ob sich der Verdacht letztendlich bestätigt oder nicht – keinerlei Nachteile zu befürchten hat. Es dürfen insbesondere keine Vergeltungsmaßnahmen oder Diskriminierungshandlungen auf Grund eines solchen Hinweises erfolgen. 53

5. Social Compliance Organisation

54 **a) IDW-Vorgaben und Anforderungen des LkSG.** Die Unternehmensführung ernennt die Social Compliance Verantwortlichen, welche die nötigen fachlichen und persönlichen Voraussetzungen für diese Aufgaben mitbringen und deren Aufgabenbereich klar von anderen Verantwortungsbereichen abgegrenzt, kommuniziert und dokumentiert wurde. Die Aufbau- und Ablauforganisation des Social CMS wird verbindlich vorgegeben. Entsprechend wird die Zuständigkeit für die Umsetzung der Anforderungen des LkSG als integraler Bestandteil in der Unternehmensorganisation verankert.

55 Über die Entwicklungen und den Fortgang der Implementierung aller LkSG-Anforderungen ist die Unternehmensführung regelmäßig, mindestens jedoch jährlich durch die verantwortliche Stelle zu informieren (§ 4 III LkSG). Ebenfalls in § 4 III LkSG erwähnt wird die mögliche Benennung eines Menschenrechtsbeauftragten, um das RMS zu überwachen.

56 **b) Praktische Umsetzung.** Sofern bereits ein CMS (nach IDW PS 980) implementiert ist bzw. implementiert werden soll, empfiehlt es sich, die Zuweisung der klaren Verantwortung nach § 4 III LkSG im Compliance Bereich vorzunehmen und den Zuständigkeits- und Aufgabenbereich zu erweitern. Hierdurch kann ein bereits bestehender direkter Berichtsweg an die Unternehmensführung genutzt werden und die gesetzlichen Entwicklungen zur Anpassung des Managementsystems durch die vorhandene Expertise der Compliance Organisation bestmöglich beobachtet und übernommen werden. Eine andere Möglichkeit wäre, die Verantwortung an den Nachhaltigkeitsbereich oder an cross-funktionale Arbeitsgruppen zu übergeben, z.B. bestehend aus Nachhaltigkeit, Risikomanagement und Einkauf.

57 In jedem Fall ist zu erwähnen, dass das LkSG eine Fülle an Umsetzungspflichten von den Unternehmen fordert und dies bei der Ressourcenausgestaltung im Aufbau bzw. der Weiterentwicklung des Social CMS zu beachten ist. Die Kerntätigkeiten neben der Risikoidentifizierung und -abwehr sollten sich auf die Prävention im eigenen Geschäftsbereich und bei unmittelbaren Lieferanten fokussieren und grundsätzlich in der Bereitstellung von Informationen, Schulungen und Beratungen liegen. Die Social Compliance Organisation sollte hierbei zwingend in einem intensiven Austausch mit den zuständigen Kollegen der operativen Bereiche innerhalb des Unternehmens, den Beteiligungsunternehmen und anderen konzernweiten Funktionen, wie Nachhaltigkeit, Recht und Risikomanagement stehen, um gemeinsam das Managementsystem effektiv umzusetzen. Um klare Verantwortlichkeiten bzgl. der umzusetzenden Anforderungen zu schaffen, sollten Verantwortungsbereiche und Rollen klar abgegrenzt, kommuniziert und dokumentiert werden. Hierfür ist die Erstellung einer RACI-Matrix anzuraten. Da lediglich von der Schaffung einer Zuständigkeit etwa durch einen Menschenrechtsbeauftragten gesprochen wird, bleibt abzuwarten, ob Unternehmen diesem Beispiel folgen oder die Verantwortung auf mehrere Personen übertragen.

58 **Dezentrale Ansprechpartner.** Neben den zentralen Verantwortlichkeiten in den Kernfunktionen müssen in den operativen/dezentralen Bereichen Ansprechpartner benannt werden, die bei der praktischen Umsetzung diverser Anforderungen unterstützen, etwa der Implementierung von Präventionsmaßnahmen, beispielsweise dem Rollout eines Supplier CoC, der Einholung der vertraglichen Zusicherung oder der Risikoanalyse der unmittelbaren Lieferanten. Das Profil dieser Ansprechpartner sollte dem eines erfahrenen Einkäufers/einer Leitungsfunktion entsprechen, der über eine gute Kenntnis des Marktes, der Lieferantenstruktur des Unternehmens und den Inhalten des LkSG verfügt. Um das Profil zu schärfen, müssen die Inhalte und Anforderungen des Gesetzes durch die zentrale verantwortliche Stelle fortlaufend geschult werden. Die dezentralen Ansprechpartner gewährleisten zudem einen bidirektionalen Informationsfluss zwischen den operativen Einheiten und der zentralen verantwortlichen Einheit.

6. Social Compliance Kommunikation

a) IDW-Vorgaben und Anforderungen des LkSG. Mitarbeiter und Dritte, die vom Social CMS betroffen sind und Aufgaben zu erfüllen haben, werden über die Kultur, das Programm und die Organisation informiert und stetig aus- und weitergebildet. Die Berichterstattung zu Social Compliance Risiken und Verstößen an das Management wird festgelegt. 59

Innerhalb eines Unternehmens sollte die Kommunikation nach dem LkSG in Form eines Berichtsweges der zuständigen Person an die Unternehmensführung (§ 4 III LkSG), einer öffentlich zugänglichen Grundsatzerklärung der Unternehmensführung (§ 6 II LkSG), einer Berichterstattung (§ 10 II LkSG), Anweisungen/Richtlinien sowie Schulungsformaten (§ 6 IV 3 LkSG) auf verschiedenen Handlungsebenen gewährleistet sein. 60

b) Praktische Umsetzung. Fortlaufende Berichterstattung der verantwortlichen Stelle. Um den entsprechenden Pflichten aus § 4 III LkSG nachzukommen, berichtet die verantwortliche Stelle jährlich bzw. anlassbezogen und ad hoc an die relevanten Personen im Unternehmen (u.a. den Leiter des Einkaufs und die Unternehmensführung). Es empfiehlt sich, hierfür in einem Konzept oder einer Richtlinie eine Definition festzuhalten, bei welchem Ereignis welcher Meldeweg zu nutzen ist. Dieser Bericht umfasst Informationen zu folgenden Aspekten: 61

- Status der Durchführung (Abdeckung und erkannte Risiken) der Risikoanalysen im eigenen Geschäftsbereich: Hierfür empfiehlt es sich, Reports aus dem unternehmensinternen Risikotool zu nutzen (siehe Kapitel „Social Compliance Risiken“);
- Status der Durchführung (Abdeckung und erkannte Risiken) der Risikoanalysen bei direkten Lieferanten (siehe Kapitel „Social Compliance Risiken“);
- Beschreibung der geplanten/umgesetzten Präventionsmaßnahmen für die eben genannten Risiken (siehe Kapitel „Präventionsmaßnahmen“);
- Umsetzung und Ergebnis von Abhilfemaßnahmen (siehe Kapitel „Social Compliance Programm“) sowie
- Lessons learned aus den eben genannten Punkten zur Verbesserung des Risikomanagementsystems.

Grundsatzerklärung durch die Unternehmensführung. Nach § 6 II LkSG hat die Unternehmensführung jährlich eine Grundsatzerklärung über ihre Menschenrechtsstrategie abzugeben. Die Grundsatzerklärung sollte von der verantwortlichen Stelle in enger Abstimmung mit der Unternehmensführung erarbeitet und anschließend veröffentlicht werden. Diese Grundsatzerklärung hat gemäß LkSG zwingend folgende Informationen zu enthalten: 62

- § 6 II 1 LkSG: Beschreibung des Verfahrens zur Erfüllung der Pflichten nach § 4 I, § 5 I, § 6 III–IV, §§ 7–10;
- § 6 II 2 LkSG: Aussage über die in der Risikoanalyse ermittelten prioritären menschenrechtlichen und umweltbezogenen Risiken;
- § 6 II 3 LkSG: Festlegung der Erwartungen an Mitarbeiter und Lieferanten basierend auf Ergebnissen der Risikoanalyse.

Bereits in der Präambel der Grundsatzerklärung sollte darauf hingewiesen werden, dass die Einhaltung sämtlicher enthaltenen Erwartungen, Regelungen und Verpflichtungen sowohl von den Mitarbeitern als auch den Kunden und Lieferanten vorausgesetzt wird. Jeder Einzelne ist aufgefordert, diese Grundsatzerklärung im Alltag anzuwenden und umzusetzen und somit die geschäftlichen Aktivitäten nachhaltiger zu gestalten. Das Ziel sollte stets sein, die geltenden Menschen- und Umweltrechte mit Menschenrechtsbezug in den Konzerngesellschaften einzuhalten und bei Geschäftspartnern zu achten. Die verabschiedete Grundsatzerklärung wird gemäß den Vorgaben von § 6 II LkSG auf der Unternehmenswebsite veröffentlicht. Eine jährliche Anpassung der Grundsatzerklärung ist auf Basis der Ergebnisse der Risikoanalysen vorzunehmen. 63

Jährliche Berichterstattung. Gemäß § 10 II LkSG hat das Unternehmen für jedes beendete Geschäftsjahr einen Bericht über die Umsetzung und Erfüllung der vorgegebenen Sorgfalts- 64 pflichtenzuerstellen.GemäßvorliegenderInformationendesBAFA(https://www.bafa.de/DE/Lieferketten/Berichtspflicht/berichtspflicht_node.html) generiert sich der Bericht aus den Antworten eines strukturierten Fragebogens. Der Fragebogen enthält offene und geschlossene Fragen sowie Mehrfachauswahlmöglichkeiten (Multiple Choice). Dieser Bericht muss spätestens vier Monate nach Ablauf des Geschäftsjahres auf der Unternehmenswebsite für mindestens sieben Jahre kostenlos abrufbar sein. Unternehmen müssen mindestens Angaben zu folgenden Punkten machen:

1. ob und falls ja, welche menschenrechtlichen und umweltbezogenen Risiken oder Verletzungen einer menschenrechtsbezogenen oder umweltbezogenen Pflicht das Unternehmen identifiziert hat,
2. was das Unternehmen, unter Bezugnahme auf die in den §§ 4–9 beschriebenen Maßnahmen, zur Erfüllung seiner Sorgfaltspflichten unternommen hat; dazu zählen auch die Elemente der Grundsatzerklärung gemäß § 6 II sowie die Maßnahmen, die das Unternehmen aufgrund von Beschwerden nach § 8 oder nach § 9 I LkSG getroffen hat,
3. wie das Unternehmen die Auswirkungen und die Wirksamkeit der Maßnahmen bewertet und
4. welche Schlussfolgerungen es aus der Bewertung für zukünftige Maßnahmen zieht.

65 Zusätzlich zum öffentlichen Bericht müssen Unternehmen die Erfüllung der Sorgfaltspflichten nach § 3 LkSG unternehmensintern dokumentieren und ebenfalls für mindestens sieben Jahre archivieren. Die unternehmensinterne Dokumentation kann vom Bundesamt für Wirtschaft und Ausfuhrkontrolle als Nachweis für die Erfüllung der Sorgfaltspflichten angefordert werden.

66 Ob und inwieweit der jährliche Bericht in die Nachhaltigkeitsberichterstattung integriert werden kann, wird derzeit kontrovers diskutiert. Da jedoch gemäß LkSG immer für das zurückliegende Geschäftsjahr berichtet werden muss, werden Berichte für das Geschäftsjahr 2023 erstmalig in 2024 veröffentlicht werden. Nach der neuen EU-Richtlinie zur Nachhaltigkeitsberichterstattung (CSRD) werden die lieferkettenbezogenen Angabepflichten Bestandteil des Nachhaltigkeitsberichts, der künftig zwingend in den Lagebericht zu integrieren ist. Insofern ist davon auszugehen, dass bei der nationalen Umsetzung der CSRD und der geplanten CSDDD eine Einbettung der LkSG-bezogenen Angaben in den Nachhaltigkeitsbericht erfolgt, etwa in Form eines Anhangs

67 **Social Compliance Richtlinie.** Die relevante(en) Richtlinie(n) des/der Einkaufsbereichs/-e sollte(n) auf die Anforderungen des LkSG angepasst werden. Sobald dies erfolgt ist, sollte die neue Version entsprechend des internen Veröffentlichungsprozesses revisionssicher kommuniziert und dokumentiert werden. Alte Versionen sind ebenfalls revisionssicher zu archivieren. Alle relevanten Mitarbeiter erhalten eine Information von der Unternehmensführung mit dem Hinweis, dass die Inhalte der Richtlinie zu befolgen sind und ein Zuwiderhandeln entsprechend der internen Regelungen sanktioniert wird. Diese werden darauf hingewiesen, wo relevante Richtlinien mit Social Compliance Bezug, etwa die Einkaufsrichtlinie(n), zu finden ist und dass sie bei Fragen hierzu auf die entsprechende Stelle zugehen können. Weiterhin wird darauf hingewiesen, dass die auf die Social Compliance Richtlinie bezogenen Schulungen verpflichtend zu absolvieren sind (siehe „Schulungen“ weiter unten).

68 Zusammenfassend lässt sich sagen, dass die Richtlinie jedem Mitarbeiter der Obergesellschaft und auch den Mitarbeitern in Gesellschaften unter bestimmendem Einfluss der Obergesellschaft jederzeit zugänglich und bekannt sein muss (z.B. auf einem zugänglichen Laufwerk, Intranet, in Papierform).

69 **Schulungen.** Alle relevanten Mitarbeiter werden zu den Inhalten des LkSG, insbesondere den rechtlichen Anforderungen, Definitionen von Menschen- und Umweltrechten sowie den Pflichten und Maßnahmen des Unternehmens geschult. Alle Trainingsinhalte werden regelmäßig auf ihre Aktualität geprüft und die geschulten Mitarbeiter können ihr Feedback an die verantwortliche Stelle richten. Die detaillierte Vorgehensweise bei der Planung und Durchführung von Schulungen ist in einem separaten Konzept revisionssicher darzustellen.

70 Neben der Arbeit mit relevanten (operativen) Fachfunktionen der Obergesellschaft bzw. den relevanten Beteiligungen ist auch eine Kommunikation über die zu erfüllenden Sorgfaltspflichten

und Vorgaben des LkSG an die gesamte Belegschaft notwendig, um das LkSG und seine Auswirkungen auf das Unternehmen bzw. die Unternehmensgruppe zu erläutern und (in den notwendigen Bereichen) ein gemeinsames Verständnis der Umsetzung/Vorgaben zu entwickeln.

Intranet-Seite. Auf einer Intranet-Seite, welche den relevanten Mitarbeitern zugänglich ist, können umfangreiche Informationen für alle Social Compliance relevanten Themen angeboten werden. Dazu gehören insbesondere der Social Compliance Ansatz und die Ziele, die Social Compliance Vorgaben inklusive der Codes of Conduct, Grundsatzerklärung, Social Compliance Richtlinie, die relevanten Richtlinien und weiteren Leitfäden sowie die Vorstellung des Teams. Darüber hinaus kann auf verschiedene Möglichkeiten der Kontaktaufnahme in Bezug auf Social Compliance-Themen hingewiesen werden, etwa dem Beschwerdeverfahren (siehe Kapitel „Social Compliance Programm"). 71

7. Überwachung und Verbesserung

a) IDW-Vorgaben und Anforderungen des LkSG. Eine ausreichende Dokumentation des SCMS ist maßgeblich dafür, inwiefern Angemessenheit und Wirksamkeit des Systems überwacht werden können. Die Überwachung dient dazu, Verstöße und mögliche Schwachstellen im System zu identifizieren und an das Management zu kommunizieren. Dieses leitet wiederum Verbesserungs- und Abhilfemaßnahmen ein. 72

Gemeinsam mit weiteren Kernfunktionen muss die verantwortliche Stelle i.S.d. LkSG Überwachungs-, Analyse- und Verbesserungsprozesse definieren und implementieren. Insbesondere müssen hier die folgenden drei Anforderungen des LkSG miteinfließen: Eine jährliche bzw. anlassbezogene Überprüfung der Wirksamkeit ist für Präventionsmaßnahmen nach § 6 V LkSG, für Abhilfemaßnahmen nach § 7 IV LkSG und für das Beschwerdeverfahren nach § 8 V LkSG vorzunehmen. Ein Anlassbezug besteht z.B. bei der Einführung eines neuen Produkts, einer neuen Dienstleistung oder der Schaffung eines neuen Geschäftsbereichs 73

b) Praktische Umsetzung. Laufende Überwachung der Wirksamkeit. Zur Sicherstellung dieses Punktes muss in Abstimmung mit der Revisions-/Auditabteilung ein Kontrollkonzept über die Anforderungen des LkSG entwickelt werden, welches neben Regelprüfungen auch Sonderprüfungen zu menschenrechtlichen und umweltbezogenen Risiken umfasst. Die Revisons-/Auditabteilung sollte die Wirksamkeit des Managementsystems und seiner Umsetzung im Wege einer jährlichen Überprüfung anhand IDW 980 sowie unter Berücksichtigung neuer gesetzlicher/wissenschaftlicher Anforderungen und festgestellten Risiken prüfen. 74

Verbesserungen. Zur Verbesserung des Managementsystems müssen Prozesse mit LkSG-Bezug auf systemimmanente Schwachstellen untersucht und entsprechende Lücken geschlossen werden. Dies kann beispielsweise im Rahmen der turnusmäßig stattfindenden Risikoanalyse erfolgen. Hierzu können zusätzlich die Ergebnisse aus der Risikoanalyse, Meldungen aus dem Beschwerdeverfahren und Feedback aus den Schulungen ausgewertet werden. 75

Seit 2023 ist es ratsam, einen Reporting Prozess von den dezentralen Ansprechpartnern an die verantwortliche zentrale Stelle zu etablieren. Dabei kann z.B. in regelmäßigen Abständen unterjährig ein Fragebogen zu relevanten Social Compliance Sachverhalten an die Ansprechpartner gesendet werden und anhand der Antworten das Social CMS und die Prozesse ggf. angepasst/verbessert werden. Darüber hinaus können zum Jahresende Abschlussgespräche durchgeführt werden. Abschlussgespräche eigenen sich sowohl dafür, das vergangene Jahr systematisch aufzuarbeiten und ein Fazit zu ziehen als auch Verbesserungen für die künftige Periode zu definieren. 76

Externe Prüfung des CMS. Eine weitere Möglichkeit besteht in der Überprüfung des CMS durch externe Dritte, wie etwa Wirtschaftsprüfungsgesellschaften oder Kanzleien. Hierbei wird 77 zwischen drei Stufen der der Prüfung eines CMS nach IDW PS 980 unterschieden. Diese drei Stufen spiegeln zudem die Entwicklungsstufen bei der Implementierung eines CMS wider:

- Stufe 1: Konzeptionsprüfung,
- Stufe 2: Prüfung der Angemessenheit sowie
- Stufe 3: Prüfung der Wirksamkeit.

Hierbei ist zu beachten, dass ein voll funktionsfähiges, angemessenes und wirksames CMS nur in der Stufe 3 durch den externen Dritten attestiert werden kann.

78 Des Weiteren ist davon auszugehen, dass von unterschiedlichen Dienstleistern Zertifikate angeboten werden, die entweder den eigenen Geschäftsbereich oder ebendiesen von Lieferanten betreffen. Ob sich diese durchsetzen und welche Auswirkungen diese auf die gerichtliche Überprüfung der Angemessenheit eines wirksamen SCMS haben werden, bleibt abzuwarten. Bisherige Erfahrungen zeigen, dass man deren Mehrwert nicht überbewerten sollte.

C. Ausblick zur nationalen Umsetzung der CSRD und geplanten CSDDD

79 Mit dem Beginn des sog. „Green Deal"-Projekts und der „Sustainable Finance"-Regulierungen hatte die EU-Kommission unmissverständlich verdeutlicht, dass die regulatorischen Anreizwirkungen über die Nachhaltigkeitsberichterstattung nach der sog. EU-CSR-Richtlinie 2014 nicht ausgereicht haben.[17] Zur Erhöhung der Qualität der Unternehmensberichterstattung wurde Ende 2022 die Corporate Sustainability Reporting Directive (CSRD) verabschiedet, welche die bisherige nichtfinanzielle Erklärung nach der Non Financial Reporting Directive (NFRD) ablöst. In diesem Kontext hat die European Financial Reporting Advisory Group (EFRAG) eine Vielzahl von European Sustainability Reporting Standards (ESRS) der EU-Kommission übergeben, die in Kürze angenommen werden. Neben der Erklärung zur Unternehmensführung (§ 289 f HGB) ist auf die nichtfinanzielle Erklärung (§ 289b-e HGB) bzw. den künftigen Nachhaltigkeitsbericht (ESG-Bericht) als Publikationsmedien hinzuweisen. Eine EU-Berichterstattung zu den unternehmerischen Sorgfaltspflichten in Bezug auf die Lieferkette müsste sinnvollerweise in die bestehenden Erklärungen bzw. Berichte integriert werden. Eine weitere Zersplitterung durch die Aufnahme eines zusätzlichen Lieferkettenberichts nach dem LkSG, der auf der Homepage des Unternehmens platziert werden muss, steigert die Risiken von Greenwashing und der Informationsüberflutung. Die CSRD stellt zumindest sicher, dass die künftigen Berichtsanforderungen nach der CSDDD Bestandteil des neuen Nachhaltigkeitsberichts werden, sofern das Unternehmen von der CSRD betroffen ist. Nur für die sonstigen Unternehmen kommt eine separate Berichterstattung über die Beachtung der Sorgfaltspflichten in der Wertschöpfungskette auf der Homepage in Betracht. Eine vollständige Integration sämtlicher ESG-bezogenen Unternehmensinformationen inkl. der Lieferketten-bezogenen Sorgfaltspflichten im Lagebericht wäre aus langfristiger Sicht EU-weit jedoch notwendig.[18]

80 Unabhängig von der EU-Entwicklung der künftigen ESG-Berichtspflichten werden Regulierungen im Bereich der Unternehmensberichterstattung nicht ausreichen, um die ambitionierten Ziele einer klimaneutralen Wirtschaft in den kommenden Jahrzehnten zu erfüllen. Daher wurde die Verordnung EU 2020/852 verabschiedet, die ein EU-weites Klassifizierungssystem für grüne Wirtschaftsaktivitäten beinhaltet (Taxonomie). Die EU-Taxonomie ist auch mit der nichtfinanziellen Erklärung bzw. dem neuen Nachhaltigkeitsbericht verknüpft, da der Umfang der als ökologisch nachhaltig eingestuften Geschäftsaktivitäten auf der Basis von drei grünen Performance-Kennzahlen dargelegt werden muss.

81 In Ergänzung zu den Sustainable Finance- und Berichtserstattungsreformen hat die EU-Kommission 2022 einen Richtlinienentwurf zur Corporate Sustainability Due Diligence (CSDDD) veröf-

17 Vgl. *Velte* DB **2021** 1055.

18 Vgl. ebenso *Stave*/*Velte* DB **2021** 1801.

fentlicht, der sich auch an den Verwaltungsrat bzw. Vorstand und Aufsichtsrat richtet.[19] Analog zum deutschen LkSG sollen sich die Due Diligence-Pflichten der einbezogenen Unternehmen nicht nur auf den eigenen Geschäftsbereich, sondern auch auf die Lieferkette beziehen. Die geplante CSDDD soll jedoch wesentlich restriktiver als das deutsche LkSG ausfallen, u.a. mit Blick auf die zivilrechtliche Haftung bei einem Verstoß gegen die unternehmerischen Sorgfaltspflichten, die Reichweite der einzuhaltenden Menschenrechts- und Umweltstandards sowie die Reichweite der Wertschöpfungskette. Zudem sieht der EU-Richtlinienentwurf in stärkerem Maße im Vergleich zum LkSG eine Integration der lieferkettenbezogenen nachhaltigen Sorgfaltspflichten in die übergeordnete Unternehmenspolitik, -strategie und das Geschäftsmodell vor. Das LkSG bezieht sich dagegen schwerpunktmäßig auf die operativen Risikomanagement- und Compliance-Aktivitäten, ohne eine direkte Verknüpfung von Nachhaltigkeitszielen und Unternehmensinteresse zu thematisieren. Überdies hat die EU-Kommission Ende 2021 eine Initiative „Corporate reporting – improving its quality and enforcement" gestartet, die umfangreiche Reformmaßnahmen im Rahmen der Unternehmensberichterstattung, Corporate Governance, Abschlussprüfung, Prüferaufsicht und des Enforcements bei Unternehmen des öffentlichen Interesses in Aussicht stellt.[20] Hierbei diskutiert die EU-Kommission eine mögliche Einrichtungs-, Überwachungs- und Prüfungspflicht für Anti-Fraud-Managementsysteme als Teilmenge eines CMS. Aus nationaler Sicht wurde die zunehmende Verbindung von Umwelt- und Sozialaspekten im Tätigkeits- und Besetzungsprofil von Vorstand und Aufsichtsrat auch durch die Neufassung des DCGK 2022 verdeutlicht.[21] Hierbei sollen Umwelt- und Sozialaspekte sowohl in der Unternehmensstrategie-, -planung sowie im IKS/RMS berücksichtigt und diese auch durch den Aufsichtsrat bzw. Prüfungsausschuss überwacht werden. Hierbei soll auch der Aufsichtsrat und im Speziellen der Prüfungsausschuss über angemessene Nachhaltigkeitsexpertise verfügen.

Unabhängig von der weiteren Entwicklung auf europäischer und nationaler Ebene beinhaltet das LkSG bereits seit dem 1.1.2023 bzw. ab 1.1.2024 eine zwingende Berücksichtigung von bestimmten Menschenrechts- und Umweltaspekten im Tätigkeitsprofil von Vorständen und Aufsichtsräten. Die internen Corporate Governance-Systeme (IKS/RMS, CMS, IRS) werden zunehmend um Nachhaltigkeitsaspekte erweitert werden müssen. Insofern greifen die erweiterten Systemanforderungen nach dem FISG, die Sorgfaltspflichten nach dem LkSG, das Hinweisgeberschutzgesetz und die geplante CSDDD nahtlos ineinander. **82**

19 Der Richtlinienentwurf kann hier abgerufen werden: https://ec.europa.eu/info/publications/proposal-directive-corporate-sustainable-due-diligence-and-annex_de.

20 Vgl. hierzu https://ec.europa.eu/info/law/better-regulation/have-your-say/initiatives/13128-Corporate-reporting-improving-its-quality-and-enforcement_en.

21 Vgl. hierzu *Mock/Velte*, AG **2022** 885.

§ 6 Präventionsmaßnahmen

(1) Stellt ein Unternehmen im Rahmen einer Risikoanalyse nach § 5 ein Risiko fest, hat es unverzüglich angemessene Präventionsmaßnahmen nach den Absätzen 2 bis 4 zu ergreifen.

(2) [1]Das Unternehmen muss eine Grundsatzerklärung über seine Menschenrechtsstrategie abgeben. [2]Die Unternehmensleitung hat die Grundsatzerklärung abzugeben. [3]Die Grundsatzerklärung muss mindestens die folgenden Elemente einer Menschenrechtsstrategie des Unternehmens enthalten:
1. die Beschreibung des Verfahrens, mit dem das Unternehmen seinen Pflichten nach § 4 Absatz 1, § 5 Absatz 1, § 6 Absatz 3 bis 5, sowie den §§ 7 bis 10 nachkommt,
2. die für das Unternehmen auf Grundlage der Risikoanalyse festgestellten prioritären menschenrechtlichen und umweltbezogenen Risiken und
3. die auf Grundlage der Risikoanalyse erfolgte Festlegung der menschenrechtsbezogenen und umweltbezogenen Erwartungen, die das Unternehmen an seine Beschäftigten und Zulieferer in der Lieferkette richtet.

(3) Das Unternehmen muss angemessene Präventionsmaßnahmen im eigenen Geschäftsbereich verankern, insbesondere:
1. die Umsetzung der in der Grundsatzerklärung dargelegten Menschenrechtsstrategie in den relevanten Geschäftsabläufen,
2. die Entwicklung und Implementierung geeigneter Beschaffungsstrategien und Einkaufspraktiken, durch die festgestellte Risiken verhindert oder minimiert werden,
3. die Durchführung von Schulungen in den relevanten Geschäftsbereichen,
4. die Durchführung risikobasierter Kontrollmaßnahmen, mit denen die Einhaltung der in der Grundsatzerklärung enthaltenen Menschenrechtsstrategie im eigenen Geschäftsbereich überprüft wird.

(4) Das Unternehmen muss angemessene Präventionsmaßnahmen gegenüber einem unmittelbaren Zulieferer verankern, insbesondere:
1. die Berücksichtigung der menschenrechtsbezogenen und umweltbezogenen Erwartungen bei der Auswahl eines unmittelbaren Zulieferers,
2. die vertragliche Zusicherung eines unmittelbaren Zulieferers, dass dieser die von der Geschäftsleitung des Unternehmens verlangten menschenrechtsbezogenen und umweltbezogenen Erwartungen einhält und entlang der Lieferkette angemessen adressiert,
3. die Durchführung von Schulungen und Weiterbildungen zur Durchsetzung der vertraglichen Zusicherungen des unmittelbaren Zulieferers nach Nummer 2,
4. die Vereinbarung angemessener vertraglicher Kontrollmechanismen sowie deren risikobasierte Durchführung, um die Einhaltung der Menschenrechtsstrategie bei dem unmittelbaren Zulieferer zu überprüfen.

(5) [1]Die Wirksamkeit der Präventionsmaßnahmen ist einmal im Jahr sowie anlassbezogen zu überprüfen, wenn das Unternehmen mit einer wesentlich veränderten oder wesentlich erweiterten Risikolage im eigenen Geschäftsbereich oder beim unmittelbaren Zulieferer rechnen muss, etwa durch die Einführung neuer Produkte, Projekte oder eines neuen Geschäftsfeldes. [2]Erkenntnisse aus der Bearbeitung von Hinweisen nach § 8 Absatz 1 sind zu berücksichtigen. [3]Die Maßnahmen sind bei Bedarf unverzüglich zu aktualisieren.

Schrifttum

Bäumges/Jürgens Vorbereiter, Challenger, Verantwortlicher, Überwacher – die Rolle von Compliance bei der Umsetzung des LkSG, CCZ 2022 195; Bettermann/Hoes Der Entwurf der Europäischen Corporate Sustainability Due Diligence Richtlinie – Vergleich zum deutschen Lieferkettensorgfaltspflichtengesetz, WM 2022 697; Birkefeld/Schäfer Update Lieferkettenrecht: Was das LkSG von der Lebensmittelwirtschaft ab dem 1. Januar 2023 verlangt, ZLR 2023 25–46; Brouwer Noch viele offene Rechts- und Auslegungsfragen zum Lieferkettensorgfaltspflichtgesetz – Hinweise zum VCI-Diskussi-

https://doi.org/10.1515/9783110788976-008

onspapier zur Umsetzung des LkSG, CCZ 2022 137; Dutzi/Schneider/Hasenau Lieferkettenregulierung und Risk Governance – Implikationen für die betriebliche Praxis und Kritik, DK 2021 454; Edel/Frank/Heine/Heine Pionierarbeiten in der Lieferkette – Praxisfolgen für das Handels- und Arbeitsrecht, BB 2021 2890; Ehmann Der Regierungsentwurf für das Lieferkettengesetz: Erläuterung und erste Hinweise zur Anwendung, ZVertriebsR 2021 141; Frank/Edel/Heine/Heine Pionierarbeiten in der Lieferkette, Praxisfolgen für das Handels- und Arbeitsrecht (Teil I), BB 2021 2165; Gehling/Ott/Lüneborg Das neue Lieferkettensorgfaltspflichtengesetz – Umsetzung in der Unternehmenspraxis, CCZ 2021 230; *Herrmann/Rünz* Praktische Hinweise und Maßnahmen zur Umsetzung des Lieferkettensorgfaltspflichtengesetzes im Unternehmen, DB **2021** 3078; *Lutz-Bachmann/Vorbeck/Wengenroth* BB **2021** 906; *Ritz/Werner* Die Handreichungen des BAFA zum Lieferkettensorgfaltspflichtengesetz, DB 2023 125–127; *Spindler* Verantwortlichkeit und Haftung in Lieferantenketten – das Lieferkettensorgfaltspflichtengesetz aus nationaler und europäischer Perspektive, ZHR **2022** 67; *Wagner/Ruttloff* Das Lieferkettensorgfaltspflichtengesetz – Eine erste Einordnung, NJW **2021** 2145.

Materialien

BAFA FAQ-LkSG, abrufbar unter https://www.bafa.de/DE/Lieferketten/Ueberblick/ueberblick_node.html (zuletzt am 20.2.2023); KMU Sorgfaltskompass, den der Helpdesk Wirtschaft & Menschenrechte der Bundesregierung zur Verfügung stellt, abrufbar unter https://kompass.wirtschaft-entwicklung.de/sorgfalts-kompass/strategie-entwickeln#c105 (zuletzt am 20.2.2023); Verband der Chemischen Industrie e.V. Diskussionspapier zu Rechts- und Umsetzungsfragen des Lieferkettensorgfaltspflichtengesetze vom 18.3.2022 (zit. „**VCI Diskussionspapier**"), abrufbar unter https://www.vci.de/themen/nachhaltigkeit/lieferketten-menschenrechte-wirtschaft/lieferkettensorgfaltspflichtengesetz-rechts-umsetzungsfragen.jsp (zuletzt am 20.2.2023).

Übersicht

A. Zweck

1 Basierend auf den Erkenntnissen der Risikoanalyse nach § 5[1] müssen Unternehmen Präventionsmaßnahmen nach § 6 treffen. Diese Maßnahmen dienen der Vorbeugung menschenrechtlicher und umweltbezogener Risiken im eigenen Geschäftsbereich und im Geschäftsbereich des unmittelbaren Zulieferers.[2]

2 Zu den Präventionsmaßnahmen gehören die Verabschiedung einer Grundsatzerklärung (Abs. 2) sowie Maßnahmen insbesondere im Bereich der Beschaffung und des Einkaufs, die auf der in der Grundsatzerklärung enthaltenen Menschenrechtsstrategie aufbauen (Abs. 3 und 4).[3] Sie sind unverzüglich nach Feststellung eines Risikos zu etablieren.[4]

B. Präventionsmaßnahmen

I. Allgemeines

3 Nach § 6 Abs. 1 sind Unternehmen verpflichtet, unverzüglich nach Feststellung eines Risikos in der Risikoanalyse angemessene Präventionsmaßnahmen nach den Absätzen 2 bis 4 zu ergreifen.

4 Was unter einem **Risiko** zu verstehen ist und wann es als festgestellt gilt, regelt das Gesetz nicht näher.[5] Da die Risikoanalyse aufgrund des weiten Schutzbereichs der geschützten Risiken und Rechtsgüter womöglich in vielen Fällen in Grenzbereiche möglicher Risiken führt, sollten Unternehmen in diesen Grenzfällen die von § 6 vorgesehenen Präventionsmaßnahmen jedenfalls vorsorglich umsetzen. Nur so kann vermieden werden, ein potentielles Risiko übersehen oder nicht angemessen gewürdigt zu haben, und sich dadurch der Gefahr empfindlicher Bußgelder auszusetzen.[6]

1. Umfang der Maßnahmen

5 Die Sorgfaltspflichten nach § 3 enthalten sowohl risikounabhängige Pflichten, die das Unternehmen immer umsetzen muss, wie auch risikoabhängige Pflichten, deren Umsetzung die konkrete Risikosituation zu beachten hat.[7] Zu den risikoabhängigen Pflichten gehört die Einführung von Präventionsmaßnahmen. Bei der Abgabe einer Grundsatzerklärung handelt es sich – entgegen der Stellung in § 6 Präventionsmaßnahmen – um eine **risikounabhängige Pflicht**.[8]

6 Das Gesetz lässt jedoch offen, ob Präventionsmaßnahmen nur dann getroffen werden müssen, wenn ein entsprechendes Risiko erkannt wurde, oder ob es universelle Maßnahmen gibt, die Unternehmen grundsätzlich erwägen sollten. Schon nach dem Wortlaut des Abs. 1 haben Unternehmen Präventionsmaßnahmen nur zu treffen, wenn ein Risiko festgestellt wurde. Hier sollte jedoch differenziert werden zwischen systemischen Risiken und individuellen Risiken.[9]

7 **Systemische Risiken** betreffen Risiken, die einer Branche oder einer Produktfamilie inhärent sind. Diese Risiken bestehen unabhängig von konkreten Zulieferern und müssen daher gegenüber

---

1 Vgl. dazu im Detail § 5 Rn. 1 ff.
2 BT-Drs. 19/28649 S. 45.
3 BT-Drs. 19/28649 S. 46.
4 BT-Drs. 19/28649 S. 46.
5 Siehe dazu § 4 Rn. 9 ff.
6 *Gehling/Ott/Lüneborg* CCZ **2021** 230, 234.
7 *Bäumges/Jürgens* CCZ **2022** 195, 196; vgl. dazu § 3 Rn. 26 ff.
8 *Bäumges/Jürgens* CCZ **2022** 195, 196; ebenso GesRVer/*Lochen* 125, 131; **aA** Grabosch/*Grabosch* § 5 Rn. 78; siehe dazu unten B. II.1.
9 Vgl. zu dieser Unterscheidung VCI Diskussionspapier Frage 47.

allen unmittelbaren (und mittelbaren) Zulieferern getroffen werden.[10] Dies betrifft etwa die sogenannten „Konfliktmineralien" Zinn, Tantal, Wolfram und Gold, deren inhärentes Risikopotenzial bereits Anlass für den Erlass der sektorspezifischen EU-Verordnung über Mineralien aus Konfliktgebieten von 2017 (Konfliktmineralien-VO)[11] war. Darüber hinaus legt der Verweis auf die OECD-Leitlinien für Textilprodukte und Schuhwaren in den Gesetzesmaterialien[12] sowie in den Hinweisen des Bundesministeriums für Arbeit und Soziales, auf die auch das BAFA verweist,[13] nahe, dass auch dieser Branche ein gewisses Risiko, insbesondere bezüglich der Arbeitsbedingungen in den Hauptproduktionsländern,[14] inhärent ist.

Individuelle Risiken beschränken sich dagegen auf konkrete Zulieferer, etwa weil dieser bereits in der Vergangenheit Arbeitsschutzvorschriften missachtet hat. Solchen Risiken können Unternehmen nur mit Präventionsmaßnahmen gegenüber dem betreffenden Zulieferer begegnen.[15] 8

Der konkrete **Umfang der Präventionsmaßnahmen** kann nur unter Abwägung der Umstände im Einzelfall getroffen werden. Das Gesetz gibt in den Abs. 3 und 4 zwar abstrakte Maßnahmen vor. Diese Abstraktheit und Abwägungsoffenheit gewährt den Unternehmen jedoch einen Ermessensspielraum bei der Anwendung,[16] der von Behörden und Gerichten, die die Implementierung der Maßnahmen kontrollieren, beachtet werden muss.[17] 9

2. Unverzügliches Ergreifen

Die Präventionsmaßnahmen müssen nach Abs. 1 **„unverzüglich"** erfolgen. Zur Auslegung ist hier auf die Legaldefinition des § 121 BGB („ohne schuldhaftes Zögern") zurückzugreifen. Präventionsmaßnahmen müssen also nicht „sofort" nach Feststellung eines Risikos zu treffen sein. Ein schuldhaftes Zögern ist (nur) anzunehmen, wenn ein Zuwarten nicht durch die Umstände des Einzelfalls geboten ist.[18] Bei der Beurteilung dieses Zeitraums ist der risikobasierte Ansatz des LkSG zu berücksichtigen. Je höher das festgestellte Risiko, desto schneller sind Maßnahmen zu ergreifen und desto eher hat das Unternehmen Unterbrechungen seines regelmäßigen Geschäftsbetriebs zur Umsetzung der Maßnahmen hinzunehmen.[19] 10

Unberücksichtigt bleiben jedoch solche Verzögerungen der Umsetzung, die das Unternehmen nicht vorhersehen konnte und auch nicht seinem Geschäftsbereich zugeordnet werden können, wie etwa pandemiebedingte Betriebsschließungen.[20] Auch können sachliche Gründe Verzögerungen rechtfertigen. Wird eine branchenübergreifende Lösung als effektiver angesehen, auch wenn diese ggf. mit einer längeren Umsetzungsdauer einhergeht, so soll dies zulässig sein.[21] Entscheidend ist da- 11

---

10 VCI Diskussionspapier Frage 47.

11 Verordnung (EU) 2017/821 des Europäischen Parlaments und des Rates vom 17. Mai 2017 zur Festlegung von Pflichten zur Erfüllung der Sorgfaltspflichten in der Lieferkette für Unionseinführer von Zinn, Tantal, Wolfram, deren Erzen und Gold aus Konflikt- und Hochrisikogebieten, Amtsblatt der Europäischen Union v. 19.5.2017, L 130/1.; mit diesem Risiko befassen sich auch die OECD Due Diligence Guidance for Responsible Supply Chains of Minerals from Conflict-Affected and High-Risk Areas, 2016.

12 BT-Drs. 19/28649 S. 42.

13 Antwort VI.4 FAQ-LkSG.

14 Vgl. OECD Leitfaden für die Erfüllung der Sorgfaltspflicht zur Förderung verantwortungsvoller Lieferketten in der Bekleidungs- und Schuhwarenindustrie, 17.

15 VCI Diskussionspapier Frage 47.

16 Vgl. Grabosch/*Grabosch* § 5 Rn. 4; *Beckers* ZfPW **2021** 220, 235 f.

17 *Gailhofer/Verheyen* ZUR **2021** 402, 410.

18 BGH NJW **2012** 3305 Rn. 20; allgemein MüKo-BGB/*Armbrüster* § 121 Rn. 7.

19 Vgl. auch *Grabosch* § 5 Rn. 75.

20 Grabosch/*Grabosch* § 5 Rn. 76.

21 Grabosch/*Grabosch* § 5 Rn. 77.

bei jedoch, dass das Unternehmen die Vorbereitung und Umsetzung dieser Maßnahmen dokumentiert und somit sachliche Gründe für die Verzögerung der unverzüglichen Umsetzung nachweisen kann.[22]

II. Grundsatzerklärung (Abs. 2)

12 Das Unternehmen muss eine **Grundsatzerklärung** über seine Menschenrechtsstrategie abgeben, Abs. 2 S. 1.

1. Pflicht zur Abgabe einer Grundsatzerklärung

13 Da sich die Grundsatzerklärung in Abs. 2 findet, stellt sich die Frage, ob Unternehmen grundsätzlich immer zur Abgabe einer Grundsatzerklärung verpflichtet sind, oder die Grundsatzerklärung eine Maßnahme ist, die nach Abs. 1 nur zu treffen ist, wenn ein entsprechendes Risiko im Rahmen der Risikoanalyse festgestellt wurde.

14 Die Grundsatzerklärung ist nach dem Wortlaut des Abs. 1 Teil der Präventionsmaßnahmen, die nur bei Feststellen eines entsprechenden Risikos zu ergreifen sind. Zudem muss die Grundsatzerklärung nach Abs. 2 Nr. 2 und 3 die die für das Unternehmen auf Grundlage der Risikoanalyse festgestellten prioritären menschenrechtlichen und umweltbezogenen Risiken und seine darauf bezogenen Erwartungen an Mitarbeiter und Zulieferer enthalten. Dies könnte dafür sprechen, dass die Grundsatzerklärung erst abzugeben ist, wenn ein entsprechendes Risiko festgestellt wurde.[23] Jedoch soll die Grundsatzerklärung auch nach Abs. 2 Nr. 1 eine Beschreibung des Verfahrens enthalten, mit dem das Unternehmen seinen Pflichten nach § 4 Absatz 1, § 5 Absatz 1, also auch der Risikoanalyse, nachkommt. Dies spricht dafür, dass diese Erklärung stets erforderlich ist.[24] Hierfür spricht auch, dass sich das Unternehmen mit der Grundsatzerklärung grundsätzlich zu Achtung der Menschenrechte und der umweltbezogenen Pflichten bekennt. Ein solches Bekenntnis dürfte jedenfalls im Grundsatz auch unabhängig vom Vorliegen eines konkret festgestellten Risikos erwartet werden können.[25] So differenziert auch die Gesetzesbegründung zwischen der „in der Grundsatzerklärung enthaltenden Menschenrechtsstrategie sowie angemessenen Präventionsmaßnahmen".[26] Bei der Abgabe einer Grundsatzerklärung handelt es sich – entgegen der Stellung in § 6 Präventionsmaßnahmen – grundsätzlich um eine risikounabhängige Pflicht.[27] Der vom Unternehmen zu erwartende konkrete Inhalt der Menschenrechtsstrategie ist jedoch umso umfangreicher, je mehr Risiken festgestellt werden. Daher sollten Unternehmen eine bereits bestehende Grundsatzerklärung nach Durchführung der Risikoanalyse erneut überprüfen.

2. Adressat der Pflicht

15 Die Grundsatzerklärung ist von der Unternehmensleitung abzugeben, Abs. 2 S. 2. Dies soll gewährleisten, dass die Unternehmensleitung ein **Bekenntnis zur Unterstützung der Menschenrechtsstrategie** des Unternehmens abgibt und die Selbstverpflichtung und das diesbezügliche Engage-

22 Grabosch/*Grabosch* § 5 Rn. 77.

23 So Grabosch/*Grabosch* § 5 Rn. 78; in der Tendenz wohl auch *Frank/Edel/Heine/Heine* BB **2021** 2165, 2167; *Lutz-Bachmann/Vorbeck/Wengenroth* BB **2021** 906, 907.

24 *Wagner/Ruttloff* NJW **2021** 2145, Rdn. 18; *Spindler* ZHR **2022** 67, 84.

25 So auch VCI Diskussionspapier Frage 49; wohl auch *Ehmann* ZVertriebsR **2021** 141, 147.

26 BT-Drs. 19/28649 S. 46; VCI Diskussionspapier Frage 49.

27 Ebenfalls *Bäumges/Jürgens* CCZ **2022** 195, 196; GesRVer/*Lochen* 125, 131.

ment des Unternehmens zur Achtung der menschenrechtlichen und umweltbezogenen Pflichten zum Ausdruck bringt.[28]

Die Unternehmensleitung sollte bei der Erarbeitung der Grundsatzerklärung andere Beteiligte 16
des Unternehmens einbinden.[29] Folgende Schritte[30] sollten hier beachtet werden:

- Zunächst sollte eine **verantwortliche Person** bestimmt werden, die mit der inhaltlichen Konzeption und Integration der Grundsatzerklärung in die Unternehmensstrategie beauftragt ist. Sinnvollerweise ist die der Menschenrechtsbeauftragte im Sinne des § 4 Abs. 3 S. 1,[31] wenn ein solcher schon benannt ist.
- Bei Bedarf sollte ein **abteilungsübergreifendes Team** eingerichtet werden, das die Erarbeitung und spätere Umsetzung der Grundsatzerklärung nach Abs. 3 Nr. 1 betreut. Es sollten neben der Geschäftsleitung auch Mitarbeiter aus dem Umweltmanagement, Personal, Einkauf, Kommunikation und Qualitätsmanagement eingebunden werden. Entscheidend für eine effektive Umsetzung der Grundsatzerklärung im späteren Prozess kann es sein, bereits frühzeitig die Mitarbeiter einzubinden, die in Ihren Abteilungen die Inhalte der Grundsatzerklärung später umsetzen sollen.
- Die **Erkenntnisse der Risikoanalyse** sollten Einfluss in die Grundsatzerklärung finden. Daher sollte die Grundsatzerklärung erst finalisiert werden, wenn die Ergebnisse der ersten Risikoanalyse vorliegen. Bei Bedarf ist die Grundsatzerklärung zudem an eine geänderte Risikolage anzupassen.
- Es gilt aber festzuhalten, dass auch unter Einbindung weiterer Beteiligter bei Erstellung der Grundsatzerklärung die aktive Handlungspflicht stets bei der Unternehmensführung selbst bleibt.[32] Eine Übertragung innerhalb des Konzerns führt zu keiner Beseitigung der ordnungswidrigkeitenrechtlichen Verantwortung; eine wirksame Delegation ist nicht möglich.[33]

3. Mindestinhalt

Abs. 2 Nr. 1 bis 3 enthalten inhaltliche **Mindestanforderungen an die Grundsatzerklärung** und 17
die in ihr enthaltene Menschenrechtsstrategie formuliert.[34] Die Grundsatzerklärung darf sich nicht in einer Wiederholung der abstrakten gesetzlichen Vorschriften der §§ 4 bis 10 erschöpfen und ist auch keine reine Absichtserklärung.[35]

a) Verfahren (Nr. 1). Die Grundsatzerklärung muss eine Beschreibung des Verfahrens enthalten, 18
mit dem das Unternehmen seinen Pflichten nach § 4 Absatz 1, § 5 Absatz 1, § 6 Absatz 3 bis 5, sowie den §§ 7 bis 10 nachkommt. Das Unternehmen muss hierbei das Konzept seines Risikomanagements nach § 4 erläutern.[36] Es sind hierbei jedenfalls die wesentlichen Maßnahmen im Rahmen der Risikoanalyse nach § 5, der Prävention nach § 6, der Abhilfe nach § 7, des Beschwerdeverfahrens nach § 8, der Sorgfaltspflichten bezogen auf den mittelbaren Zulieferer nach § 9 und der Dokumentations- und Berichtspflicht nach § 10 zu benennen.[37] Zum Verfahren gehört auch die

28 BT-Drs. 19/28649 S. 46.
29 *Bäumges/Jürgens* CCZ **2022** 195, 197.
30 In Anlehnung an die Praxishilfe 10 des KMU Sorgfaltskompass, den der Helpdesk Wirtschaft & Menschenrechte der Bundesregierung zur Verfügung stellt.
31 Vgl. dazu § 4 Rn. 87 ff.
32 *Birkefeld/Schäfe*; ZLR 2023; 25; 29; *Ruttloff/Wagner/Reischl/Skoupill*, CB 2021, 364, 369.
33 *Birkefeld/Schäfe*; ZLR 2023; 25; 28.
34 BT-Drs. 19/28649 S. 46; *Spindler* ZHR **2022** 67, 84.
35 Grabosch/*Grabosch* § 5 Rn. 80.
36 BT-Drs. 19/28649 S. 46.
37 BT-Drs. 19/28649 S. 46.

Festlegung klarer Verantwortlichkeiten im Unternehmen.[38] Diese Maßnahmen sind unternehmensbezogen zu beschreiben; eine abstrakte Aufzählung der gesetzlichen Pflichten genügt nicht.[39]

19 **b) Priorisierte Risiken (Nr. 2).** Die Grundsatzerklärung muss die für das Unternehmen auf Grundlage der Risikoanalyse festgestellten prioritären menschenrechtlichen und umweltbezogenen Risiken enthalten. Das Unternehmen muss hier diejenigen Risiken adressieren, die für seinen Geschäftsbereich bzw. für den Geschäftsbereich seiner Zulieferer besonders relevant sind.[40] Verändert sich die Risikolage oder Strategie des Unternehmens, so muss die Grundsatzerklärung aktualisiert werden (vgl. Abs. 5).[41] Dies verpflichtet die Unternehmen zur fortlaufenden Transparenz hinsichtlich der für sie relevanten Risiken.[42] Diese öffentliche Berichterstattung über Risikomanagementziele und -methoden von Unternehmen ist bisher unüblich,[43] kann aber Lernprozesse innerhalb von Branchen beschleunigen.[44]

20 Obwohl die Gesetzesbegründung im Rahmen der Grundsatzerklärung von einer „**Menschenrechtsstrategie**“ spricht, ist eine gesonderte „**Umweltstrategie**“ nicht erforderlich. Die Menschenrechtsstrategie hat auch umweltbezogene Risiken zu erfassen, sofern diese für das Unternehmen relevant sind.[45]

21 **c) Erwartungen des Unternehmens (Nr. 3).** Schließlich muss die Grundlagenerklärung menschenrechts- und umweltbezogene Erwartungen formulieren, die das Unternehmen auf Grundlage der Risikoanalyse an seine Beschäftigten und Zulieferer in der Lieferkette richtet. Das Gesetz differenziert hierbei nicht zwischen mittelbaren und unmittelbaren Zulieferern.[46]

22 Im Fokus der Erwartungen sollte die Vermeidung bzw. Minderung der Risiken stehen, die das Unternehmen im Rahmen seiner Risikoanalyse priorisiert hat.[47] Mit diesen Erwartungen legt das Unternehmen in Grundzügen die Standards oder Maßstäbe fest, die es an sich und seine Zulieferer anlegt, um menschenrechtliche und umweltbezogene Pflichten zu achten. Diese Erwartungen dienen als Grundlage für die Entwicklung interner und externer Verhaltenskodizes oder -richtlinien.[48] So können die Sorgfaltspflichten des Unternehmens an die konkreten Akteure durchgereicht werden und sanktionsbewehrt werden.[49] Um sicherzustellen, dass diese Erwartungen die jeweilige Komplexität der Geschäftstätigkeit des Unternehmens abbilden, kann erforderlich sein, dass das Unternehmen zur Formulierung der Grundsatzerklärung externes Fachwissen hinzuzieht.[50]

23 Die Gesetzesbegründung weist darauf hin, dass sich die Erwartungen an den In der Anlage in den Nummern 1 bis 13 genannten Übereinkommen orientieren sollten und insbesondere klare

38 Vgl. Nationaler Aktionsplan Umsetzung der VN-Leitprinzipien für Wirtschaft und Menschenrecht, 8, abrufbar unter https://www.auswaertiges-amt.de/blob/297434/8d6ab29982767d5a31d2e85464461565/nap-wirtschaft-menschenrechte-data.pdf (zuletzt am 20.2.2023).

39 Grabosch/*Grabosch* § 5 Rn. 80; auch VCI Diskussionspapier Frage 47.

40 BT-Drs. 19/28649 S. 46.

41 Grabosch/*Grabosch* § 5 Rn. 80.

42 Dazu Grabosch/*Grabosch* § 5 Rn. 81.

43 *Dutzi/Schneider/Hasenau* DK **2021** 454, 457.

44 Grabosch/*Grabosch* § 5 Rn. 81.

45 VCI Diskussionspapier Frage 47.

46 BT-Drs. 19/28649 S. 46; dazu *Spindler* ZHR **2022** 67, 84.

47 BT-Drs. 19/28649 S. 46.

48 BT-Drs. 19/28649 S. 46; ebenso Grabosch/*Grabosch* § 5 Rn. 79.

49 Vgl. *Klinner* IWRZ **2021** 243, 248.

50 Ein entsprechender Hinweis findet sich in den VN-Leitprinzipien für Wirtschaft und Menschenrechte der Vereinten Nationen aus dem Jahr 2011 („**VN-Leitprinzipien**“) bei Leitprinzip 16; vgl. dazu auch VCI Diskussionspapier Frage 48. Eine Pflicht zur Nutzung externen Fachwissens enthält § 6 Abs. 2 jedoch nicht.

Vorgaben zur Prävention, Minimierung und Abhilfe von Risiken enthalten.[51] Nicht erwähnt wird in diesem Hinweis das Basler Übereinkommen,[52] das als Nr. 14 erst im Laufe des Gesetzgebungsverfahren zur Anlage hinzugekommen ist. Es ist jedoch anzunehmen, dass sich Unternehmen auch an diesem Übereinkommen orientieren sollen, da der Verweis alle Übereinkommen betraf, die zum Zeitpunkt des Gesetzesentwurfs in der Anlage aufgezählt waren.

4. Form der Grundsatzerklärung

Anders als § 8 enthält § 6 Abs. 2 keine Vorgaben über die Veröffentlichung der Grundsatzerklärung. 24
Laut Gesetzesbegründung ist die Grundsatzerklärung dennoch gegenüber Beschäftigten, gegebenenfalls dem Betriebsrat, den unmittelbaren Zulieferern und der Öffentlichkeit zu kommunizieren.[53] Diesen Hinweis nur in der Begründung, nicht im eigentlichen Gesetzestext aufzunehmen, ist ein überraschendes Vorgehen und trägt nicht unbedingt zur Rechtssicherheit bei, da die Begründung keinen Gesetzesrang aufweist.[54] Da die Art und Weise der **Veröffentlichung der Grundsatzerklärung** nicht vorgegeben ist, kann dies etwa auf der Website des Unternehmens erfolgen.[55]

Die Hinweise des Bundesministeriums für Arbeit und Soziales bzw. des BAFA stellen klar, dass 25
sich die Grundsatzerklärung aus mehreren Dokumenten zusammensetzen kann. Voraussetzung hierfür ist, dass diese Dokumente in ihrer Gesamtheit die gesetzlichen Anforderungen des § 6 Abs. 2 erfüllen und gegenüber Beschäftigten, dem Betriebsrat, den betreffenden Zulieferern und der Öffentlichkeit kommuniziert werden.[56] Die Grundsatzerklärung kann kurz gehalten werden.[57]

Haben Unternehmen bereits ein Compliance Management System etabliert, sollten sie zu- 26
nächst prüfen, inwieweit bestehende Dokumente bereits diese Anforderungen erfüllen oder ob eine Grundsatzerklärung noch erstellt werden muss.[58] Bestehende Dokumente und Grundsätze des Unternehmens sollten anhand einer Checkliste daraufhin untersucht werden, ob sie die Mindestanforderungen des § 6 Abs. 2 erfüllen.

Es kann beispielsweise folgende Checkliste für die Erstellung eine Grundsatzerklärung[59] ge- 27
nutzt werden:

- Verpflichtet sich die höchste Unternehmensebene zur Einhaltung und Überwachung der menschenrechtlichen Sorgfaltspflicht im gesamten Unternehmen?
- Stellt das Dokument/die Dokumente Bezug zu den internationalen Menschenrechts- und Umweltstandards her, die in § 2 Abs. 2 und 3 genannt werden?
- Werden sektor- und unternehmensspezifische Risiken identifiziert und priorisierte Risiken adäquat adressiert?
- Werden Verantwortlichkeiten sowie konkrete Maßnahmen zum Schutz von Menschenrechten und umweltbezogenen Pflichten bzw. mögliche Abhilfemaßnahmen bei Verletzung von menschenrechtlichen und umweltbezogenen Pflichten festgelegt?
- Wird ein Verfahren beschrieben, wie das Unternehmen seinen konkreten menschenrechtlichen und umweltbezogenen Sorgfaltspflichten nach § 4 Absatz 1, § 5 Absatz 1, § 6 Absatz 3 bis 5, sowie den §§ 7 bis 10 nachkommt?

---

51 BT-Drs. 19/28649 S. 46.

52 Basler Übereinkommen über die Kontrolle der grenzüberschreitenden Verbringung gefährlicher Abfälle und ihrer Entsorgung vom 22. März 1989, BGBl. 1994 II S. 2703, 2704.

53 BT-Drs. 19/28649 S. 46.

54 Ebenso *Dutzi/Schneider/Hasenau* DK **2021** 454, 457.

55 *Helck* BB **2021** 1603, 1605.

56 Antwort IX.2 FAQ-LkSG.

57 *Herrmann/Rünz* DB **2021** 3078, 3083.

58 *Gehling/Ott/Lüneborg* CCZ **2021** 230, 234.

59 Angelehnt an die Checkliste der Praxishilfe 10 des KMU Sorgfaltskompass, den der Helpdesk Wirtschaft & Menschenrechte der Bundesregierung zur Verfügung stellt.

– Werden hinreichend konkrete Erwartungen an Beschäftigte und Zulieferer in der Lieferkette auf Grundlage der Risikoanalyse formuliert?

5. Konzern-Grundsatzerklärung

28 Nach den Antworten des Bundesministeriums für Arbeit und Soziales bzw. des BAFA haben Unternehmen die Möglichkeit, statt Abgabe einer eigenen Grundsatzerklärung auf eine **konzernweite Grundsatzerklärung** oder einen **konzernweiten Kodex** zu verweisen. Voraussetzung hierfür ist, dass diese Konzern-Grundsatzerklärung die gesetzlichen Anforderungen an die Grundsatzerklärung auch hinsichtlich des konkreten Tochterunternehmens erfüllt. Insbesondere muss die konkrete Risikolage des Unternehmens adressiert werden.[60]

III. Präventionsmaßnahmen im eigenen Geschäftsbereich (Abs. 3)

29 Wurden Risiken festgestellt, muss das Unternehmen angemessene Präventionsmaßnahmen im eigenen Geschäftsbereich verankern. In den Nummern 1 bis 4 werden regelbeispielsartig Maßnahmen aufgezählt, die dazu dienen, die in der Grundsatzerklärung enthaltene Menschenrechtsstrategie in die alltäglichen Unternehmensabläufe und -entscheidungen – insbesondere des Beschaffungsprozesses – zu integrieren und als festen Bestandteil zu etablieren.[61] Daher dürften sich in der Regel vor allem die Bereiche Einkauf und Compliance mit Präventionsmaßnahmen beschäftigen.[62]

1. Charakter der Regelbeispiele

30 Nach der Gesetzesbegründung handelt es sich bei den Nummern 1 bis 4 um Regelbeispiele („insbesondere"). Es stellt sich die Frage, ob es sich bei den **Regelbeispielen** um kumulative Mindestanforderungen handelt.[63] Hiervon ist im Regelfall auszugehen. Regelbeispiele haben auch in anderen Bereichen des Zivilrechts, in denen sie zum Einsatz kommen, Leitbildcharakter und sind grundsätzlich immer anzuwenden.[64] Konkret bedeutet dies, dass Unternehmen die in den Nummern 1 bis 4 aufgezählten Präventionsmaßnahmen als Teil ihrer **Pflicht zur angemessenen Risikoprävention** zwingend umsetzen müssen.[65]

31 Etwas anderes gilt nur, wenn ausnahmsweise ungewöhnliche Umstände eine Abweichung von den Regelbeispielen rechtfertigen, weil etwa andere als die genannten Maßnahmen geeignet sind, das Ziel des Gesetzes zu erreichen.[66] Entsprechend der Nutzung der Regelbeispieltechnik in anderen Fällen muss eine Kontrolle der Präventionsmaßnahmen auch atypische Umstände berücksichtigen.[67] Unternehmen sollten jedoch nur in absoluten Ausnahmefällen von dem Maßnahmenkatalog des Abs. 3 abweichen, um keine Bußgeldrisiken einzugehen.

60 Antwort XI.1 FAQ-LkSG.
61 BT-Drs. 19/28649 S. 46.
62 *Herrmann/Rünz* DB **2021** 3078, 3083.
63 Frage aufgeworfen in VCI Diskussionspapier Frage 50.
64 Grabosch/*Grabosch* § 5 Rn. 5; vgl. ebenso BeckOK-FamFG/*Günter* 42. Ed. 1.4.2022, § 276 Rn. 8; BeckOK-BGB/*Pöcker* § 1766a Rn. 8.
65 Grabosch/*Grabosch* § 5 Rn. 101.
66 Grabosch/*Grabosch* § 5 Rn. 5.
67 So etwa BeckOK-BGB/*Pöcker* § 1766a Rn. 8.

2. Umsetzung der Grundsatzerklärung (Nr. 1)

Als erste Präventionsmaßnahme nennt Abs. 3 die Umsetzung der in der Grundsatzerklärung dargelegten Menschenrechtsstrategie in den relevanten Geschäftsabläufen. Zur Prozessintegration der **Menschenrechtsstrategie** sind zunächst interne und externe Verhaltensvorschriften (wie Verhaltensrichtlinien oder Codes of Conduct) für die einzelnen Geschäftsfelder und Geschäftsabläufe zu entwickeln.[68] Zunächst ist hier an **Verhaltensrichtlinien für Mitarbeiter** zu denken.[69] Eine Verletzung dieser Richtlinien wäre ein Verstoß gegen arbeitsvertragliche Pflichten und könnte im Extremfall sogar eine Entlassung rechtfertigen.[70] Will ein Konzernunternehmen **konzernweite Richtlinien** in mehreren Jurisdiktionen erlassen, so ist dabei auf etwaige Vorschriften des ausländischen Betriebsverfassungsrechts zu achten.[71] 32

Neben Mitarbeitern des eigenen Unternehmens sollten sich die Verhaltensvorschriften auch an Lieferanten richten. Entsprechend dem risikobasierten Ansatz der Sorgfaltspflichten[72] sollte der Fokus des Unternehmens auf den Geschäftsfeldern liegen, die in der Risikoanalyse als relevant identifiziert wurden.[73] Die Gesetzesbegründung nennt als Umsetzungsmöglichkeiten zudem die Festlegung einer Strategie zur Lieferantenauswahl und -entwicklung sowie die Festlegung von Maßnahmen, die im Falle eines Verstoßes gegen den Lieferantenkodex ergriffen werden können.[74] 33

3. Beschaffungsstrategie und Einkaufspraktiken (Nr. 2)

Das Unternehmen muss zudem geeignete **Beschaffungsstrategien** und **Einkaufspraktiken** entwickeln und implementieren, durch die festgestellte Risiken verhindert oder minimiert werden. 34

Hierbei kommt der Einkaufsabteilung des Unternehmens eine entscheidende Rolle zu, da sie die Schnittstelle zwischen dem eigenen Geschäftsbereich und dem des Zulieferers darstellt und in der Regel auch die Lieferantenbewertung und -auswahl vornimmt.[75] Mit der Implementierung geeigneter Einkaufspraktiken soll eine Überforderung des Zulieferers vermieden werden.[76] Die Gesetzesbegründung verweist in diesem Zusammenhang darauf, dass die Festlegung von Lieferzeiten, von Einkaufspreisen oder die Dauer von Vertragsbeziehungen einen maßgeblichen Einfluss darauf haben können, ob ein menschenrechtliches Risiko bei einem Zulieferer vermieden oder möglicherweise verstärkt wird.[77] So können etwa bei extrem niedrigen Preisen oder sehr kurzen Lieferzeiten die Risiken einer unangemessenen Bezahlung bzw. der Überschreitung von Arbeitszeiten höher ausfallen als bei höheren Preisen oder längeren Lieferzeiten.[78] 35

Aus diesem Grund empfiehlt die Gesetzesbegründung die Entwicklung einer unternehmensinternen Richtlinie für die einzelnen Beschaffungsschritte wie Produktentwicklung, Auftragsplatzierung, Einkauf und Produktionsvorlaufzeiten.[79] Diese Richtlinie sollte Vorkehrungen festlegen, wie 36

68 BT-Drs. 19/28649 S. 46.
69 Vgl. *Frank/Edel/Heine/Heine* BB **2021** 2165, 2167.
70 Vgl. *Klinner* IWRZ **2021** 243, 248.
71 Grabosch/*Grabosch* § 5 Rn. 84.
72 *Charnitzky/Weigel* RIW **2022** 12, 15; siehe dazu auch § 3 Rn. 38 ff.
73 BT-Drs. 19/28649 S. 46; vgl. auch Grabosch/*Grabosch* § 5 Rn. 83.
74 BT-Drs.19/28649 S. 47.
75 BT-Drs. 19/28649 S. 47; ebenso der KMU Sorgfaltskompass, den der Helpdesk Wirtschaft & Menschenrechte der Bundesregierung zur Verfügung stellt.
76 Vgl. *Ehmann* ZVertriebsR **2021** 141, 147.
77 BT-Drs. 19/28649 S. 47.
78 *Herrmann/Rünz* DB **2021** 3078, 3083.
79 BT-Drs. 19/28649 S. 47.

die identifizierten Risiken minimiert bzw. ihnen vorgebeugt werden können.[80] Diese Verhaltensrichtlinie sollte sich zudem um Transparenz und Kenntnis der Lieferkette bemühen.[81]

37 Anhaltspunkte für einen nachhaltigen Einkauf bietet z.B. die **Richtlinie ISO 20400** zu nachhaltiger Beschaffung (*sustainable procurement*).[82] Im Hinblick auf die Beschaffung von Rohstoffen kann das Unternehmen jedoch schnell an die Grenze seiner Möglichkeiten stoßen, wenn etwa Rohstoffe über internationale Rohstoffbörsen bezogen werden und ihr Ursprung daher nicht nachverfolgt werden kann. Hier ist zwar der Einsatz von **Blockchain-Technologien** denkbar, dieser dürfte jedoch im Einzelfall von einem einzelnen Unternehmen nicht verlangt werden.[83]

4. Schulungen (Nr. 3)

38 Ebenfalls der Implementierung der Menschenrechtsstrategie dient die Durchführung von Schulungen in den relevanten Geschäftsbereichen. Entsprechende Schulungen oder Fortbildungen sollen sicherstellen, dass die eigenen Beschäftigten die Menschenrechtsstrategie sowie entsprechende Verhaltenskodizes und Richtlinien kennen, verstehen und richtig anwenden.[84] Das Unternehmen kann hier im Bedarfsfall auch auf **externe Schulungsangebote** zurückgreifen. Die Gesetzesbegründung verweist beispielshaft darauf, dass Einkäufer in der Lage sein sollen, mögliche Zielkonflikte zu lösen, wenn etwa die „Nachhaltigkeit“ mit den klassischen Einkaufskriterien „Preis“, „Lieferzeit“ und „Qualität“ in Konflikt steht.[85]

5. Kontrollmaßnahmen (Nr. 4)

39 Schließlich muss das Unternehmen risikobasierte Kontrollmaßnahmen durchführen, mit denen die Einhaltung der in der Grundsatzerklärung enthaltenen Menschenrechtsstrategie im eigenen Geschäftsbereich überprüft wird. „Risikobasiert“ heißt, dass das Unternehmen gerade die Geschäftsbereiche kontrollieren muss, in denen sich Mitarbeiter entweder noch nicht als zuverlässig bewährt haben oder die mit der Vermeidung besonders priorisierter Risiken zu tun haben.[86] Zur Kontrolle gehört auch die regelmäßige Aktualisierung der entwickelten Verfahrensleitfäden und -vorschriften.[87]

6. Beteiligung der Arbeitnehmervertretung

40 Das Ergreifen von Präventionsmaßnahmen, insbesondere der Erlass von Verhaltenskodizes für Mitarbeiter, kann das **Mitbestimmungsrecht des Betriebsrats** aus § 87 Abs. 1 Nr. 1 BetrVG auslösen.[88]

41 Nach Rechtsprechung des BAG sind nach § 87 Abs. 1 Nr. 1 BetrVG solche Maßnahmen mitbestimmungspflichtig, die sich auf das Ordnungsverhalten der Arbeitnehmer, also auf die Sicherung des ungestörten Arbeitsablaufs und die Gestaltung des Zusammenlebens und Zusammenwirkens der Arbeit-

80 BT-Drs. 19/28649 S. 47.
81 Grabosch/*Grabosch* § 5 Rn. 85.
82 *Herrmann/Rünz* DB **2021** 3078, 3083.
83 Vgl. *Spindler* ZHR **2022** 67, 81; so auch Grabosch/*Grabosch* § 5 Rn. 101 ff.
84 BT-Drs. 19/28649 S. 47.
85 BT-Drs. 19/28649 S. 47; hierzu bieten auch der der KMU Sorgfaltskompass sowie der Leitfaden des Bundesministerium für Umwelt, Naturschutz, Bau und Reaktorsicherheit, abrufbar unter https://www.bmuv.de/fileadmin/Daten_BMU/Pools/Broschueren/leitfaden_nachhaltige_lieferkette_bf.pdf (zuletzt am 20.2.2023) Hilfestellungen.
86 Grabosch/*Grabosch* § 5 Rn. 87.
87 BT-Drs.19/28649 S. 47.
88 *Nezmeskal-Berggötz* CCZ **2009** 209, 211; *Edel/Frank/Heine/Heine* BB **2021** 2890, 2895.

nehmer im Betrieb, beziehen.[89] Grundsätzlich fallen daher Verhaltenskodizes oder Ethik-Richtlinien unter § 87 Abs. 1 Nr. 1 BetrVG, wenn sie für alle Beschäftigten verbindlich sein sollen.[90]

Zudem ist – sofern vorhanden – der **Wirtschaftsausschuss des Betriebsrats** bei der Implementierung von Präventionsmaßnahmen zu beteiligen. Das Beteiligungsrecht des § 106 Abs. 3 Nr. 5b BetrVG wurde zusammen mit dem LkSG eingeführt. Danach ist der Wirtschaftsausschuss vom Unternehmen über „Fragen der unternehmerischen Sorgfaltspflichten in Lieferketten gemäß dem Lieferkettensorgfaltspflichtengesetz" rechtzeitig und umfassend unter Vorlage erforderlicher Unterlagen zu unterrichten. Der Wirtschaftsausschuss berichtet dann dem Betriebsrat.[91] Davon erfasst dürfte auch die Einführung von Präventionsmaßnahmen sein, denn der Wirtschaftsausschuss soll die Möglichkeit haben, eigene Vorschläge zur Umsetzung der Sorgfaltspflichten mit dem Unternehmen zu beraten.[92] 42

IV. Präventionsmaßnahmen gegenüber unmittelbaren Zulieferern

Das Unternehmen muss angemessene Präventionsmaßnahmen gegenüber einem unmittelbaren Zulieferer verankern. Abs. 4 nennt vier Regelbeispiele für Präventionsmaßnahmen gegenüber einem unmittelbaren Zulieferer, mit dem sich eine Vertragsbeziehung anbahnt oder bereits eine Vertragsbeziehung besteht.[93] Die Definition des unmittelbaren Zulieferers findet sich in § 2 Abs. 7.[94] Danach ist ein unmittelbarer Zulieferer ein Partner eines Vertrages über die Lieferung von Waren oder die Erbringung von Dienstleistungen, dessen Zulieferungen für die Herstellung des Produktes des Unternehmens oder zur Erbringung und Inanspruchnahme der betreffenden Dienstleistung notwendig sind. 43

Die Regelbeispiele der Nummern 1 bis 4 können in der Praxis teilweise verschwimmen bzw. den Charakter von Abhilfemaßnahmen annehmen.[95] So können sich die vertraglichen Zusicherungen des Zulieferers sowohl auf Präventions- als auch auf Abhilfemaßnahmen beziehen (und sollten dies in der Regel auch tun). 44

1. Zulässigkeit einer Priorisierung

Wie jede Sorgfaltspflicht stehen auch Abhilfemaßnahmen gegenüber unmittelbaren Zulieferern unter dem Vorbehalt der Angemessenheit. Präventionsmaßnahmen werden in der Regel gerade dort sinnvoll sein, wo langfristige Kooperationen über wesentliche Produkte oder Materialien bestehen.[96] Steht ein Unternehmen mit einer Vielzahl an unmittelbaren Zulieferern in Geschäftsbeziehungen, so kann ein **abgestuftes Vorgehen** erforderlich sein.[97]Auch das Bundesministerium für Arbeit und Soziales verweist in seinen Antworten darauf, dass ein Unternehmen im Rahmen seiner Präventionsmaßnahmen nicht für jedes einzelne Produkt seine Lieferkette vollständig prüfen muss. Präventionsmaßnahmen „beziehen sich auf priorisierte Risiken, nicht auf die gesamte Produktpalette, mit der ein Unternehmen zu tun hat."[98] 45

89 BAG NJW **1982** 404; BAG NJW **2008** 3731; dazu auch *Sagan/Schmidt* NZA-RR **2022** 281, 288.
90 *Nezmeskal-Berggötz* CCZ **2009** 209, 211.
91 BeckOK-ArbR/*Besgen* 63. Ed. 1.3.2022, BetrVG § 106 Rn. 9.
92 *Edel/Frank/Heine/Heine* BB **2021** 2890, 2896.
93 BT-Drs.19/28649, 47; vgl. auch *Hettich/Charnitzky* in: Kubis/Tödtmann Vorstands-HdB, § 14 Rn. 273; *Schumm*, StuB 2021, 894, 899.
94 Dazu § 2 Rn. 308 ff.
95 Grabosch/*Grabosch* § 5 Rn. 89.
96 Vgl. Grabosch/*Grabosch* § 5 Rn. 90.
97 VCI Diskussionspapier Frage 49.
98 Antwort X.1 FAQ-LkSG.

46 Gleichzeitig stellt das BAFA in seiner Handreichung zur Angemessenheit aber bei der Erarbeitung von Präventionsmaßnahmen auch sehr detaillierte und weitgehende Anforderungen: Ziel soll es sein, in einem ersten Schritt alle denkbaren und möglichen Präventionsmaßnahmen aufzulisten, die wirksam dem Risiko vorbeugen können, und aus diesen sodann in einem zweiten Schritt eine Auswahl zu treffen.[99]

47 Wo nur **unwesentliche Produkte** betroffen sind, die etwa in ihrer finanziellen Bedeutung hinter anderen Materialien vernachlässigbar sind, so werden geringere Anforderungen an die Maßnahmen des Unternehmens gestellt. Unternehmen können etwa erwägen, eine **Mindestjahresumsatzschwelle** zu definieren, ab derer Präventionsmaßnahmen bei unmittelbaren Zulieferern vorzunehmen sind.[100] Diese Umsatzschwelle sollte jedoch zunächst bis zur Veröffentlichung konkretisierender Handreichungen oder Verordnungen niedrig angesetzt werden, um Bußgelder zu vermeiden.[101] Eine Vorsorge vor schweren Verstößen gegen besonders gewichtige Menschenrechte sollte jedoch in jedem Fall getroffen werden.[102]

2. Auswahl des Lieferanten/Lieferantenbewertung (Nr. 1)

48 Das Unternehmen muss seine eigenen menschenrechtsbezogenen und umweltbezogenen Erwartungen bei der Auswahl eines unmittelbaren Zulieferers berücksichtigen.[103] Dies hat zur Folge, dass eine Lieferantenbewertung bestehender und künftiger Lieferanten erforderlich wird.[104] Dies betrifft nicht nur klassische Zulieferer von Waren oder Bestandteilen, sondern auch Dienstleister und andere Vertragspartner.[105] Fallen öffentliche Auftraggeber in den Anwendungsbereich des LkSG, so müssen die menschenrechts- und umweltbezogenen Erwartungen des Auftraggebers auch im Vergabeverfahren bei der Auswahl der Auftragnehmer berücksichtigt werden, da der Auftragnehmer unmittelbarer Zulieferer ist.[106]

49 Ziel ist, dass die Lieferantenbewertung als fester Bestandteil der Unternehmenspraxis etabliert wird und die Aufnahme von Vertragsbeziehungen vorab evaluiert wird. Hierbei hat das Unternehmen die Vorgaben des § 6 Abs. 2 Nr. 2 und 3 zu beachten.[107]

50 Es können verschiedene **Methoden zur Lieferantenbewertung** eingesetzt werden. Einerseits bietet sich eine **Selbstauskunft** an. Aussagekräftiger dürften jedoch Hintergrundrecherchen, insbesondere **Geschäftspartnerintegritätsanalysen**, oder **Audits** sein.[108] Das Gesetz enthält keine konkreten Anhaltspunkte dafür, dass etwa eine Selbstauskunft nicht genutzt werden darf. Zu beachten ist bei der Wahl der Bewertungsmethode allerdings, dass eine Selbstauskunft regelmäßig nur als Ersteinschätzung der Einhaltung von menschenrechtlichen und Umweltstandards von Lieferanten dient und den Lieferanten für entsprechende Risiken sensibilisieren kann. Sie wird jedoch eher als Grundlage für weitere Überprüfungsinstrumente gesehen, wie Vor-Ort-Besuche oder Audits.[109]

51 Insoweit bieten die Antworten des Bundesministeriums für Arbeit und Soziales eine erste Konkretisierung der Anforderungen an die Lieferantenbewertung. Dort wird explizit darauf hin-

99 *Ritz/Werner*, DB 2023, 125, 126; Beispiele hierzu in: Handreichung „Prinzip der Angemessenheit nach den Vorgaben des Lieferkettensorgfaltspflichtengesetzes" (im Folgenden „**Handreichung Angemessenheit**") S. 5 f. – abrufbar unter https://www.bafa.de/SharedDocs/Downloads/DE/Lieferketten/handreichung_angemessenheit.html (zuletzt am 20.2.2023).
100 *Gehling/Ott/Lüneborg* CCZ **2021** 230, 235.
101 *Gehling/Ott/Lüneborg* CCZ **2021** 230, 235.
102 Grabosch/*Grabosch* § 5 Rn. 90.
103 BT-Drs. 19/28649 S. 47.
104 *Stöbener de Mora/Noll* NZG **2021** 1237, 1243.
105 Grabosch/*Grabosch* § 5 Rn. 91.
106 *Fritz/Klaedtke* NZBau **2022** 131, 136 f.
107 BT-Drs. 19/28649 S. 47.
108 Grabosch/*Grabosch* § 5 Rn. 92.
109 Eine Gegenüberstellung der Vor- und Nachteile enthält Praxishilfe 8 Nr. 2. des KMU Sorgfaltskompass.

gewiesen, dass das Unternehmen grundsätzlich nicht automatisch seine Sorgfaltspflicht erfüllt, wenn es sich lediglich auf eine schriftliche Zusicherung des Lieferanten verlässt. „Vielmehr sind auch alle übrigen im LkSG enthaltenen Pflichten zur Risikoanalyse und zu Präventions- sowie Abhilfemaßnahmen zu erfüllen."[110] Zudem führt das Ministerium aus, dass Audits ein Indiz für die Erfüllung der Erwartungen sein können, sofern das betreffende Audit die Voraussetzungen des LkSG berücksichtigt.[111]

Vor diesem Hintergrund sollten Unternehmen die Lieferantenbewertung nicht allein auf Grundlage von Selbstauskünften der Zulieferer durchführen. Aufgrund des risikobasierten Ansatzes können jedoch für bestimmte Lieferanten(gruppen) verschiedene Ansätze gewählt werden. So können umfangreiche Hintergrundrecherchen oder Audits eher bei risikoaffinen Zulieferern erwartet werden. Bei weniger wichtigen Zulieferern oder Zulieferern in Bereichen, in denen das Unternehmen keine schwerwiegenden Risiken festgestellt hat, mag daher im Einzelfall auch eine reine Selbstauskunft als angemessene Präventionsmaßnahme zulässig sein. 52

Eine effektive **Lieferantenbewertung** bzw. -überprüfung erfordert geschultes Personal. Es besteht die Möglichkeit, für diese Bewertung auf **Branchenlösungen** oder **Multi-Stakeholder-Initiativen** zurückzugreifen.[112] Durch diese Lösungsansätze können Bewertungen eines Lieferanten mehreren Unternehmen zugänglich gemacht werden, was Zeit und Personalressourcen auf Seiten des Unternehmens wie auch des Lieferanten spart.[113] Als Beispiele solcher Initiativen sind *Together for Sustainability* (TfS),[114] *Drive for Sustainability*[115] und die *Responsible Business Alliance*[116] zu nennen. Im Zuge des LkSG haben aber auch deutsche Unternehmensverbände bereits Initiativen ergriffen.[117] Zudem bieten auch kommerzielle Anbieter wie z.B. Ecovadis oder NQC die Möglichkeit, dass Unternehmen auf bestehende Kriterienkataloge für Lieferanten oder Lieferantenbewertungen zugreifen können.[118] 53

3. Vertragliche Zusicherung

Das Unternehmen ist weiter verpflichtet, die **vertragliche Zusicherung** eines unmittelbaren Zulieferers zu verlangen, mit der der Zulieferer bestätigt, dass er die von der Geschäftsleitung des Unternehmens verlangten menschenrechtsbezogenen und umweltbezogenen Erwartungen einhält und entlang der Lieferkette angemessen adressiert. 54

Das Unternehmen sollte vertraglich möglichst genau festlegen, welche Vorgaben der Zulieferer beachten muss, um insbesondere den in der Risikoanalyse priorisierten Risiken vorzubeugen oder diese zu minimieren.[119] Diese Verpflichtung sollte so ausgestaltet sein, dass das Unternehmen 55

110 Antwort X.4 FAQ-LkSG.

111 Antwort X.3 FAQ-LkSG.

112 Zur kartellrechtlichen Zulässigkeit dieser Zusammenschlüsse siehe § 7 Rn. 34 ff.

113 Vgl. Praxishilfe 8 Nr. 2. des KMU Sorgfaltskompass.

114 TfS bietet einen weltweiten Standard für die Umwelt-, Sozial- und Governance-Leistung von chemischen Lieferketten; vgl. https://tfs-initiative.com/ (zuletzt am 20.2.2023).

115 *Drive for Sustainability* ist ein Zusammenschluss der führenden Automobilkonzerne mit dem Ziel, die Nachhaltigkeit in der gesamten Lieferkette der Automobilindustrie durch gemeinsame Standards für den Beschaffungsprozess voranzutreiben, vgl. https://www.drivesustainability.org/about-us/ (zuletzt am 20.2.2023).

116 Die *Responsible Business Allicance* ist eine branchenübergreifende Initiative zur Stärkung der Rechte von Arbeitnehmern, die in globalen Lieferketten von Zwangsarbeit betroffen sind, vgl. https://www.responsiblebusiness.org/ (zuletzt am 20.2.2023).

117 So etwa die Initiative Chemie³ für die chemisch-pharmazeutische Industrie, siehe https://www.chemiehoch3.de/ (zuletzt am 20.2.2023).

118 Vgl. Praxishilfe 8 Nr. 2. des KMU Sorgfaltskompass.

119 *Edel/Frank/Heine/Heine* BB **2021** 2890, 2891.

die Möglichkeit hat, die Anforderungen auch nach Vertragsabschluss angepasst werden können, um ggf. auf eine veränderte Risikosituation reagieren zu können.[120]

56 Im Rahmen der Zusicherung bieten sich etwa Klauseln zu materiellen Anforderungen an die Einhaltung von menschenrechtlichen oder umweltbezogenen Pflichten an sowie Klauseln zur Kooperation bei Problemen und Beschwerdemechanismen.[121] Zudem sollte das Unternehmen sicherstellen, dass der unmittelbare Zulieferer die menschenrechts- und umweltbezogenen Erwartungen des Unternehmens in der weiteren Lieferkette gegenüber seinen eigenen Zulieferern durch geeignete vertragliche Regelungen durchsetzt.[122] Weiter sollten Zulieferer vertraglich verpflichtet werden, ihre eigenen unmittelbaren Zulieferer ebenfalls zur Einhaltung dieser Vorgaben zu verpflichten.

57 Das Unternehmen kann gegebenenfalls zusätzlich verlangen, dass der unmittelbare Zulieferer bestimmte Produkte nur von geprüften Lieferanten beziehen darf oder nachweisen muss, dass bestimmte Produkte aus zertifizierten Regionen oder Rohstoffe aus zertifizierten Schmelzen kommen (z.B. Chain of Custody Zertifizierung).[123] Diese Klauseln sind zwingend dort aufzunehmen, wo beispielsweise bereits sektorspezifische Anforderungen an entsprechende Nachweise bestehen. Dies ist vor allem für Konfliktmineralien und den Holzhandel der Fall. So sieht etwa die Konfliktmineralien-VO vor, dass Importeure im Anwendungsbereich der Verordnung ein System zur Rückverfolgbarkeit der Mineralien einführen, in dem Beschreibungen der Minerale oder Metalle, Mengen und Informationen zur Herkunft (Ursprungsland, Lieferant, ggf. Hütte oder Raffinerie und weitere Informationen) dokumentiert werden.[124] Die Holzhandels-VO[125] sieht ebenfalls Nachweispflichten von Holzhändlern und -importeuren hinsichtlich des Ursprungs des Holzes vor.[126]

58 Weiter sollten Unternehmen die Möglichkeit von Freistellungsklauseln nutzen, sodass unmittelbare Zulieferer verpflichtet werden, das Unternehmen von Kosten, Schäden oder Aufwendungen freizustellen, die dem Unternehmen infolge von Verstößen des unmittelbaren Zulieferers entstehen.[127] Dies dürfte vor allem den Fall betreffen, dass gegen das Unternehmen Bußgelder verhängt werden.

59 Auch außerordentliche Kündigungsrechte sollten in zukünftige Verträge mit unmittelbaren Zulieferern aufgenommen werden.[128] Dies kann insbesondere dann relevant werden, wenn das Unternehmen infolge schwerer Verletzungen nach § 7 Abs. 3 einen Abbruch der Geschäftsbeziehung erwägen muss.[129]

60 Zudem kann an vertragliche Anreizmechanismen gedacht werden, die das Erreichen bestimmter Nachhaltigkeitsziele belohnt.[130]

61 **a) Nutzung von Standardklauseln/Einkaufsbedingungen.** Unternehmen werden im Regelfall aus pragmatischen Gründen zur Umsetzung der vertraglichen Zusicherung entweder auf ihre die AGB in Lieferantenrahmenverträgen oder aber – mit dem Vorteil dynamischerer Anpassungsmöglichkeiten – auf Lieferantenkodizes zurückgreifen.[131] Da auch die Gesetzesbegründung explizit

120 BT-Drs. 19/28649 S. 47.
121 Grabosch/*Grabosch* § 5 Rn. 94.
122 BT-Drs. 19/28649 S. 47.
123 BT-Drs. 19/28649 S. 47.
124 Vgl. dazu *Teicke/Rust* CCZ **2018** 39, 41; *Spindler* ZHR **2022** 67, 114 f.; *Stave/Velte* DB **2021** 1791, 1793 f.
125 Verordnung (EU) Nr. 995/2010 des Europäischen Parlaments und des Rates v. 20.10.2010 über die Verpflichtungen von Marktteilnehmern, die Holz und Holzerzeugnisse in Verkehr bringen, ABl. EU v. 12.11.2010, Nr. L 295, 23.
126 *Spindler* ZHR **2022** 67, 114.
127 Vgl. *Edel/Frank/Heine/Heine* BB **2021** 2890, 2891.
128 Vgl. auch *Stöbener de Mora/Noll* NZG **2021** 1243.
129 Dazu im Detail § 7 Rn. 45 ff.
130 *Herrmann/Rünz* DB **2021** 3078, 3083.
131 Vgl. *Edel/Frank/Heine/Heine* BB **2021** 2890, 2891.

die Nutzung von Lieferantenkodizes erwähnt,[132] steht deren grundsätzliche Zulässigkeit als Präventionsmaßnahme nicht in Zweifel.

62 Unternehmen, die ihre Lieferanten bisher schon zur Unterzeichnung ihres Supplier Code of Conduct verpflichtet haben, sollten jedoch prüfen, ob dieser, sowie ihre Lieferantenrahmenverträge, die Anforderungen des § 6 Abs. 4 erfüllt.[133] Aufgrund des risikobasierten Ansatzes sollten Unternehmen darüber hinaus in Bereichen, in denen ein hohes Risiko festgestellt wurde, ausführlichere Klauseln nutzen, die die spezifische Risikosituation individuell adressieren.[134] Die dürfte insbesondere Risiken betreffen, die sich auf besonders schwerwiegende Verstöße gegen gewichtige menschenrechtliche Schutzgüter, wie das Verbot von Kinder- und Zwangsarbeit, beziehen.

63 Will das Unternehmen **Standardbedingungen** nutzen, so sind die §§ 305 ff. BGB zu beachten. Dies gilt insbesondere dann, wenn Machtasymmetrien in der Lieferkette bestehen.[135] Unter Umständen kann die Pflicht zur Einhaltung gewisser menschenrechtlicher und Umweltstandards eine unangemessene Benachteiligung des Zulieferers nach § 307 Abs. 2 BGB darstellen, wenn der Zulieferer nicht gleichzeitig befähigt wird, diese Anforderungen einzuhalten.[136] Zudem kann die Wirksamkeit eines Code of Conducts oder Standardklauseln daran scheitern, dass sie unübersichtlich sind oder einen überraschenden Inhalt haben (§ 305 c BGB). Gerade in Fällen, in denen von der gesetzlichen Aufgabenverteilung abgewichen wird, kann es sich daher anbieten, eine individuelle Verhandlung anzustreben statt einen vorformulierten Lieferantenkodex zu nutzen.[137]

64 **b) Folgen einer verweigerten Zusicherung.** Keine Aussage trifft Abs. 4 zur Frage, ob das Unternehmen vom Vertragsschluss mit Zulieferern Abstand nehmen muss, wenn es die vertragliche Zusicherung gegenüber dem Lieferanten nicht durchsetzen kann, weil die Marktmacht des Unternehmens nicht groß genug ist. Grundsätzlich entfalten die Sorgfaltspflichten der §§ 3 ff. nur Bemühenspflichten.[138] Insoweit könnte das Unternehmen dieser Bemühenspflicht bereits genügen, wenn ersthafte Verhandlungen über die Zusicherung durchgeführt wurden, diese aber nicht erfolgreich waren. Teilweise wird jedoch aus dem Wortlaut von Abs. 4 Nr. 2 gefolgert, dass die vertragliche Zusicherung zu erreichen ist, also ein Erfolg verlangt wird.[139] Entsprechend sei das Unternehmen dazu verpflichtet, etwa die eigenen AGB anzupassen.[140] Eine bloße Anpassung der AGB wird im Regelfall jedoch nicht ausreichen, um die Zusicherung rechtssicher in den Lieferantenvertrag zu integrieren, da der Lieferant meist eigene AGB nutzt, die der Geltung der Einkaufsbedingungen des Unternehmens entgegenstehen können.[141] Verweigert der Zulieferer daher eine vertragliche Zusicherung, so kann der Erfolg im Sinne von Abs. 4 Nr. 2 nicht erreicht werden.

65 Auch hier könnte jedoch der Grundsatz „Befähigung vor Rückzug“ greifen, der im Rahmen von Abhilfemaßnahmen gilt.[142] Dafür würde sprechen, dass Abhilfemaßnahmen nicht nur ein Risiko, sondern sogar eine Verletzung von menschenrechtlichen oder umweltbezogenen Pflichten voraussetzen. Ist ein Unternehmen zum **Abbruch von Geschäftsbeziehungen** nur unter strengen Voraussetzungen verpflichtet, so könnte dies entsprechend für den Abbruch von Vertragsverhandlungen bzw. die Nichtaufnahme von Geschäftsbeziehungen gelten.

---

132 BT-Drs. 19/28649 S. 47.
133 *Gehling/Ott/Lüneborg* CCZ **2021** 230, 236.
134 VCI Diskussionspapier Frage 51.
135 *Beckers* ZfPW **2021** 220, 237; *Spindler* ZHR **2022** 67, 105 f.
136 Grabosch/*Grabosch* § 5 Rn. 95; ebenso *Spindler* ZHR **2022** 67, 106.
137 Vgl. Grabosch/*Grabosch* § 5 Rn. 95.
138 Dazu im Detail § 3 Rn. 17 ff.
139 *Charnitzky/Weigel* RIW **2022** 12, 17.
140 *Charnitzky/Weigel* RIW **2022** 12, 17.
141 Vgl. zur Rechtslage bei sich widersprechenden AGB in Deutschland MüKo-HGB/*Maultzsch* vor § 343 Rn. 45.
142 Vgl. *Lutz-Bachmann/Vorbeck/Wengenroth* BB **2021** 906, 910.

66 Dieses Problem lässt sich vermutlich über den Grundsatz der Angemessenheit lösen. So ist im Einzelfall zu untersuchen, ob das Unternehmen auf andere Zulieferer ausweichen kann, wie entscheidend das Produkt des Zulieferers für die Geschäftstätigkeit des Unternehmens ist, und wie schwer das Risiko einer Verletzung menschenrechtlicher oder umweltbezogener Pflichten wiegt. Da von einem Unternehmen nichts faktisch Unmögliches verlangt werden kann,[143] dürfte es auch nicht verpflichtet sein, auf einen essentiellen Zulieferer zu verzichten und sich so einem erheblichen wirtschaftlichen Risiko auszusetzen, wenn eine Durchsetzung der Zusicherung gegenüber dem Zulieferer nicht möglich ist.

67 Die Darlegungslast für die Angemessenheit dieser Erwägungen dürfte jedoch das Unternehmen treffen.[144] Daher setzt sich das Unternehmen möglicherweise einem erheblichen Bußgeldrisiko aus, wenn Verträge mit Zulieferern ohne entsprechende Zusicherungen geschlossen werden. Im Zweifel sollten Verträge mit einer Laufzeit über den 1.1.2023 hinaus, die mit nicht behebbaren Verstößen des LkSG verbunden sind, daher bereits gar nicht erst abgeschlossen werden.[145]

68 **c) Anpassung laufender Vertragsbeziehungen.** Da Abs. 4 nur davon spricht, Präventionsmaßnahmen gegenüber unmittelbaren Zulieferern zu verankern, ist nicht klar, ob dies nur für neu abzuschließende Verträge gilt, oder ob auch eine Pflicht zur Anpassung bestehender Verträge gilt. Da eine Anpassung bestehender Verträge nur mit Zustimmung des Zulieferers möglich ist, steht das Unternehmen vor der Frage, ob es in diesem Fall verpflichtet ist, die Vertragsbeziehung zu beenden.

69 In der Literatur wird teilweise eine grundsätzliche Pflicht zur Anpassung bejaht.[146] Das Unternehmen habe ggf. zunächst zu prüfen, ob die bestehenden Verträge eine einseitige Anpassungsmöglichkeit des Unternehmens vorstehen.[147] Dies dürfte in der Regel jedoch nicht der Fall sein. Auch ein Anpassungsrecht aus § 313 BGB dürfte aufgrund der hohen Anforderungen an die Voraussetzungen des Wegfalls der Geschäftsgrundlage bzw. des daraus resultierenden Anpassungs- bzw. Kündigungsrechts[148] nur in den wenigsten Fällen gegeben sein.[149]

70 Gelingt eine einvernehmliche Anpassung des Vertrages nicht, wird daher teilweise vertreten, dass von Unternehmen als **ultima ratio** verlangt werden kann, eine bestehende Vertragsbeziehung zu beenden und den unmittelbaren Zulieferer durch die Kündigung zu Neuverhandlungen zu „zwingen".[150]

71 Dagegen spricht jedoch, dass schon zweifelhaft ist, ob bestehende Verträge von Abs. 4 Nr. 2 erfasst werden. Die Gesetzesbegründung etwa geht davon aus, dass das Unternehmen den Zulieferer „bei Vertragsschluss" zur Einhaltung der menschenrechtlichen und umweltbezogenen Vorgaben verpflichten muss.[151] Zudem stellt auch Abs. 4 Nr. 1 auf den Zeitpunkt der Auswahl des Zulieferers ab, der ebenfalls vor dem Vertragsschluss liegt.[152] Zudem ist auch hier das Kriterium der Angemessenheit zu berücksichtigen. Auch können die Sorgfaltspflichten von Unternehmen nichts verlangen, dass rechtlich oder tatsächlich unmöglich ist.[153] Ist die Kündigung mit dem Risiko verbunden, dass das Unternehmen einen Zulieferer verliert oder den Vertrag nur zu erheblich

---

143 Beschlussempfehlung des Ausschusses für Arbeit und Soziales, BT-Drs. 19/30505 S. 37.
144 *Charnitzky/Weigel* RIW **2022** 12, 17.
145 Ebenso GesRVer/*Bäumges* 137, 141.
146 *Wagner/Rutloff* NJW **2021** 2145, 2149; *Edel/Frank/Heine/Heine* BB **2021** 2890, 2891.
147 Vgl. *Edel/Frank/Heine/Heine* BB **2021** 2890, 2891.
148 Vgl. zu den hohen Anforderungen an § 313 etwa BGH NJW **2018** 3601; BGH NJW **2016** 3100; allgemein MüKo-BGB/*Finkenauer* § 313 Rn. 76 ff.
149 Vgl. *Edel/Frank/Heine/Heine* BB **2021** 2890, 2891; ebenso *Schäfer* ZLR **2022** 22, 49.
150 *Edel/Frank/Heine/Heine* BB **2021** 2890, 2891.
151 BT-Drs. 19/28649 S. 47.
152 In dieser Tendenz wohl VCI Diskussionspapier Frage 53; vgl. auch *Brouwer* CCZ **2022** 137, 144.
153 Beschlussempfehlung und Bericht des Bundestagsausschusses für Arbeit und Soziales zum LkSG, Drs. 19/30505 S. 37; *Brouwer* CCZ **2022** 137, 144.

schlechteren Bedingungen abschließen kann, so dürfte das Unternehmen seinen Sorgfaltspflichten dennoch genüge tragen, selbst wenn bestimmte Präventionsmaßnahmen nicht durchgesetzt werden konnten.[154]

4. Schulungen (Nr. 3)

Das Unternehmen muss zur Durchsetzung der vertraglichen Zusicherungen des unmittelbaren Zulieferers nach Nr. 2 Schulungen und Weiterbildungen durchführen. Diese Schulungen dienen in erster Linie dazu, den Zulieferer in die Lage zu versetzen, seine vertraglichen Anforderungen erfüllen zu können.[155] Eine entsprechende Pflicht zur Mitwirkung an Schulungen und Weiterbildungen sollte daher bereits in die vertragliche Zusicherung aufgenommen werden.[156] Sonst kann das Unternehmen nicht garantieren, seine Pflicht aus Nr. 3 auch gegenüber dem Zulieferer durchsetzen zu können. 72

Hier stellt sich jedoch die Frage, ob das Unternehmen zu Schulungen auch dann verpflichtet ist, wenn es davon ausgehen kann, dass der Zulieferer seine entsprechenden Pflichten und die Anforderungen des LkSG bereits verstanden hat. Dies kann etwa der Fall sein, wenn das Unternehmen selbst zu Schulungen nach Abs. 3 und 4 verpflichtet ist.[157] Doppelte Schulungen zu verlangen erscheint insoweit als „reiner Formalismus“,[158] der nicht zur Wirksamkeit der Präventionsmaßnahmen beiträgt. Über die Zulässigkeit einer solchen teleologischen Reduktion der Nr. 3 muss jedoch das BAFA entscheiden.[159] Bis zu einer solchen Entscheidung sollten Unternehmen entsprechende Schulungen bei allen Zulieferern durchführen. 73

5. Vereinbarung angemessener Kontrollmechanismen und deren risikobasierte Durchführung (Nr. 4)

Schließlich ist das Unternehmen verpflichtet, angemessene **vertragliche Kontrollmechanismen** sowie deren risikobasierte Durchführung zu vereinbaren, um die Einhaltung der Menschenrechtsstrategie bei dem unmittelbaren Zulieferer zu überprüfen. Als Kontrollmechanismen nennt die Gesetzesbegründung eigene Kontrolle vor Ort, Kontrollen durch mit Audits beauftragte Dritte sowie durch die Inanspruchnahme anerkannter **Zertifizierungs-Systeme** oder **Audit-Systeme**, soweit sie die Durchführung unabhängiger und angemessener Kontrollen gewährleisten.[160] In der Praxis wird die Kontrolle wahrscheinlich durch beim Zulieferer durchzuführende Audits oder Zertifizierungen durchgeführt werden,[161] wobei eine systembezogene Prüfung des Risikomanagements des Zulieferers für ausreichend erachtet wird.[162] 74

Die Beauftragung externer Dritter soll das Unternehmen jedoch nicht von seiner Verantwortung nach dem LkSG entbinden.[163] Diese Aussage scheint in Anbetracht des Kriteriums der Angemessenheit der Kontrollmaßnahmen jedenfalls überraschend.[164] Es wird jedoch darauf hingewiesen, dass die Ergebnisse von Audits und Zertifizierungen in der Praxis häufig unzutreffend seien, 75

154 *Brouwer* CCZ **2022** 137, 144.
155 Grabosch/*Grabosch* § 5 Rn. 98.
156 Grabosch/*Grabosch* § 5 Rn. 98.
157 *Brouwer* CCZ **2022** 137, 144 mit Hinweis auf das VDI-Diskussionspapier, Frage 54.
158 *Brouwer* CCZ **2022** 137, 144.
159 *Brouwer* CCZ **2022** 137, 144.
160 BT-Drs.19/28649 S. 48.
161 *Lutz-Bachmann/Vorbeck/Wengenroth* BB **2021** 906, 910; *Dutzi/Schneider/Hassenau* DK **2021** 454, 459.
162 *Spindler* ZHR **2022** 67, 85.
163 BT-Drs.19/28649 S. 48.
164 *Spindler* ZHR **2022** 67, 85.

weshalb in diesem Bereich Verbesserungen der Zertifizierungs- und Auditsysteme insbesondere von Nichtregierungsorganisationen verlangt werden.[165] Das Unternehmen ist daher ggf. verpflichtet, Informationen über die Verlässlichkeit der Kontrollsysteme von externen Anbieter einzuholen.[166] Ergeben sich aus diesem „Anbietercheck" keine Bedenken, so dürfte die Einholung einer anerkannten Zertifizierung zur Erfüllung der Sorgfaltspflichten des Unternehmens ausreichen. Nur, wenn das Unternehmen konkrete und nachvollziehbare Anhaltspunkte dafür hat, dass die Zertifizierung fehlerhaft ist oder wesentliche Risiken unberücksichtigt lässt, sind weitere Kontrollmaßnahmen notwendig.[167]

76 **Kontrollen bei mittelbaren Zulieferern** schreibt der Gesetzeswortlaut nicht vor.[168] Sie sind jedoch zumindest bei strategisch relevanten Zulieferern in Betracht zu ziehen.[169]

77 Um bei Bedarf die Einhaltung der Kontrollpflichten nachweisen zu können, sollten Unternehmen mit einer größeren Anzahl von Zulieferern ein professionelles Dokumentenmanagementsystem einführen,[170] in dem auch die regelmäßigen Kontrollen aufgenommen werden. Schließlich ist das Unternehmen nach § 10 zur Dokumentation sämtlicher Maßnahmen verpflichtet.[171]

C. Überprüfung der Wirksamkeit

I. Prüfungsintervall

78 Die Wirksamkeit der Präventionsmaßnahmen ist einmal jährlich sowie anlassbezogen zu überprüfen.

79 Eine anlassbezogene Prüfung ist immer dann notwendig, wenn das Unternehmen mit einer veränderten oder erweiterten Risikolage im eigenen Geschäftsbereich oder dem eines unmittelbaren Zulieferers rechnen muss.[172] Dies kann etwa der Fall sein vor Aufnahme einer neuen Tätigkeit oder Geschäftsbeziehung, vor strategischen Entscheidungen oder Veränderungen in der Geschäftstätigkeit durch einen bevorstehenden Markteintritt, durch Produkteinführung, Veränderung der Geschäftsgrundsätze oder sonstigen umfassenden geschäftlichen Änderungen.[173] Eine **anlassbezogene Prüfung** kann auch als Reaktion oder in Vorausschau auf Veränderungen im Geschäftsumfeld notwendig sein.[174] Welche Prüfungsfrequenz bzw. Prüfungstiefe im Einzelfall notwendig ist, hängt von den tatsächlich festgestellten Risiken ab.[175]

80 Das Unternehmen kann zur Durchführung der Wirksamkeitsprüfung auf externe Audits von Branchendienstleistern oder sonstigen (zertifizierten) Dritten zurückgreifen, oder selbst Vor-Ort-Prüfungen durchführen.

81 Nach Abs. 5 S. 2 hat das Unternehmen Erkenntnisse aus der Bearbeitung von Hinweisen nach § 8 Abs. 1 und der Durchführung von Streitbeilegungsverfahren bei der regelmäßigen Überprüfung der Präventionsmaßnahmen zu berücksichtigen.[176] Bei Bedarf sind die Maßnahmen unverzüglich anzupassen.[177]

---

165 Vgl. dazu Grabosch/*Grabosch* § 5 Rn. 99 mit einer Auflistung der Verbesserungsvorschläge.
166 Grabosch/*Grabosch* § 5 Rn. 99.
167 *Gehling/Ott/Lüneborg* CCZ **2021** 230, 236.
168 Grabosch/*Grabosch* § 5 Rn. 100; ebenso VCI Diskussionspapier Frage 51.
169 BT-Drs.19/28649 S. 48.
170 *Gehling/Ott/Lüneborg* CCZ **2021** 230, 236.
171 Siehe dazu § 10 Rn. 1 ff.
172 BT-Drs.19/28649 S. 48; Grabosch/*Grabosch* § 5 Rn. 106.
173 BT-Drs.19/28649 S. 48.
174 BT-Drs.19/28649 S. 48.
175 VCI Diskussionspapier Frage 52.
176 Grabosch/*Grabosch* § 5 Rn. 107.
177 BT-Drs. 19/28649 S. 48.

II. Indikatoren der Wirksamkeit

Bei der Prüfung der Wirksamkeit kann das Unternehmen eine Reihe von Indikatoren heranziehen. 82 So ist zu untersuchen, ob die geforderten Maßnahmen von eigenen Mitarbeitern oder von Zulieferern durchgeführt wurden. Ist dies der Fall, ist zu untersuchen, ob sie zu einer Verhinderung oder Beendigung des jeweiligen Risikos geführt haben.[178] Darüber hinaus sollte das System auf seine Offenheit für die Entdeckung neuer Risiken hin überprüft werden. Insbesondere sollten Wirksamkeitserkenntnisse aus dem Beschwerdeverfahren nach § 8 einbezogen werden und die Ergebnisse von Drittaudits bewertet werden.[179]

D. Auswirkungen auf nicht unmittelbar vom LkSG betroffene Gesellschaften

Insbesondere die Pflicht zur Festlegung von vertraglichen Kontrollmechanismen und der Veranke- 83 rung von vertraglichen Zusicherungen gegenüber unmittelbaren Zulieferern führt zu einer mittelbaren Ausstrahlungswirkung des § 6 auch auf kleinere Zulieferbetriebe, die dem Anwendungsbereich des Gesetzes aufgrund ihrer Mitarbeiterzahl an sich nicht unterfallen.[180] Diese Zulieferer werden nunmehr dennoch vertraglich zur Erfüllung der Sorgfaltspflichten des LkSG verpflichtet, indem sie etwa die Einhaltung eines Supplier Code of Conduct garantieren. Zulieferer sollten sich insbesondere darauf einstellen, dass sie im Rahmen der Lieferantenauswahl ihrer Abnehmer auch danach bewertet werden, inwieweit sie menschenrechtliche und umweltbezogene Pflichten erfüllen und ob sie bereits entsprechenden Risiken vorbeugen.[181] Unternehmen sollten daher eine freiwillige Umsetzung der Anforderungen des LkSG in Betracht ziehen, um Konflikten schon jetzt vorzubeugen.[182] Diese Maßnahmen werden ggf. vor Ort durch das Unternehmen oder Dritte kontrolliert, sodass sich die Zulieferer auf entsprechende Audits ihrer Produktionsstätten einstellen sollten.[183]

Teilweise kann es sogar vorkommen, dass Unternehmen dem LkSG sogar in zweifacher Weise 84 unterfallen: einmal im Rahmen der eigenen Beschaffungskette und einmal im Rahmen der Absatzkette.[184]

E. Verhältnis zum Richtlinienentwurf der Kommission zu unternehmerischen Sorgfaltspflichten

Auf EU-Ebene ist der Erlass einer Richtlinie über die Sorgfaltspflichten von Unternehmen geplant. 85 Der Richtlinienentwurf[185] lehnt die konkreten Maßnahmen zur Umsetzung dieser Sorgfaltspflicht ebenso wie das LkSG an den „OECD-Leitfaden für die Erfüllung der Sorgfaltspflicht für verantwortungsvolles unternehmerisches Handeln" an. Daher entsprechen die Präventionsmaßnahmen in Art. 7 des Richtlinien-Entwurfs (CSDDD-E) im Wesentlichen den Vorgaben von § 6. So sieht auch Art. 7 CSDDD-E vor, dass Unternehmen geeignete Vermeidungs- oder Minimierungsmaßnahmen

178 Der KMU-Sorgfaltskompass bietet mit Praxishilfe 4 eine Übersicht der Kennzahlen, die zur Überprüfung und Erfassung der Umsetzung von Maßnahmen genutzt werden sollten.

179 VCI Diskussionspapier Frage 51.

180 *Gehling/Ott/Lüneborg* CCZ **2021** 230, 236.

181 *Hess* NWB **2021** 2981, 2986.

182 *Hartke* WPg **2022** 675, 677.

183 Vgl. *Hess* NWB **2021** 2981, 2986.

184 *Gehling/Ott/Lüneborg* CCZ **2021** 230, 236.

185 Vorschlag für eine Richtlinie des Europäischen Parlaments und des Rates über die Sorgfaltspflichten von Unternehmen im Hinblick auf Nachhaltigkeit und zur Änderung der Richtlinie (EU) 2019/1937, COM(2022) 71 final.

ergreifen müssen, wenn die Risikoanalyse nach Art. 6 CSDDD-E zum Ergebnis kommt, dass negative Auswirkungen drohen. Im Detail bestehen jedoch teilweise Unterschiede.[186]

86 Art. 7 Abs. 2 Buchst. a CSDDD-E sieht den Erlass von Präventionsaktionsplänen einschließlich angemessener und klar festgelegter Zeitpläne sowie qualitativer und quantitativer Indikatoren vor. Ein solcher Plan ist immer dann notwendig, wenn Art und Komplexität der Präventionsmaßnahmen einen Maßnahmenplan notwendig machen.[187] Der Plan soll in Absprache mit den betroffenen Stakeholdern entwickelt werden.[188]

87 Art. 7 Abs. 2 Buchst. b CSDDD-E sieht, wie § 6 Abs. 4 Nr. 2, die Einholung vertraglicher Zusicherungen von direkten Geschäftspartnern vor, mit denen spezifisch die Einhaltung des Verhaltenskodex und Präventionsplans des Unternehmens sichergestellt werden soll. Dieser explizite Bezug auf Verhaltenskodizes könnte zu Umsetzungsschwierigkeiten führen, wenn Unternehmen von verschiedenen Geschäftspartnern zur Einhaltung inhaltlich unterschiedlicher Verhaltenskodizes verpflichtet werden.[189]

88 Eine Neuerung gegenüber dem LkSG findet sich darin, dass zu diesem Zweck Mustervertragsklauseln in Form von Leitlinien durch die EU-Kommission angenommen werden sollen (Art. 12 CSDDD-E).[190] Das Grundprinzip des „contractual cascading“ findet sich jedoch auch in § 6 Abs. 4.[191] Wie § 6 Abs. 4 Nr. 4 sieht auch Art. 7 Abs. 4 CSDDD-E vor, dass vertragliche Zusicherungen durch geeignete Kontrollmaßnahmen flankiert werden müssen, etwa durch den Einsatz unabhängiger Dritter oder durch geeignete Industrieinitiativen.[192]

89 Sollten andere Maßnahmen nicht geeignet oder wirksam sein, Risiken zu vermeiden oder zu minimieren, so soll nach Art. 7 Abs. 2 Buchst. e CSDDD-E eine Zusammenarbeit mit anderen Unternehmen (im Rahmen des kartellrechtlich zulässigen Umfangs) möglich sein, um die Einflussmöglichkeiten der Unternehmen zu verbessern.[193] Einen entsprechenden Zusammenschluss sieht auch § 7 Abs. 2 Nr. 3 vor.[194]

90 Anders als § 6 Abs. 4 stellt Art. 7 Abs. 5 CSDDD-E jedoch klar, dass auch bestehende Verträge von Präventionsmaßnahmen erfasst werden sollen.[195] Danach ist das Unternehmen verpflichtet, falls Risiken nicht verhindert oder verringert werden können, keine neuen Verträge mit dem Zulieferer abzuschließen bzw. bestehende Verträge nicht zu verlängern bzw. als ultima ratio die Geschäftsbeziehungen zu beenden.[196] Dies gilt im Präventionsbereich jedoch nur bei unmittelbar bevorstehenden schwerwiegenden Verletzungen.[197]

91 Ein wesentlicher Unterschied zu § 6 findet sich jedoch in Art. 7 Abs. 2 Buchst. d RL-E. Danach muss das Unternehmen gezielte und verhältnismäßige Unterstützung für ein KMU leisten, mit dem das Unternehmen eine etablierte Geschäftsbeziehung unterhält, sofern die Einhaltung des Verhaltenskodexes oder des Präventionsaktionsplans die Tragfähigkeit des KMU gefährden würde.[198] Ebenso werden KMU bei der Durchführung von Kontrollmaßnahmen besser gestellt, da Art. 7 Abs. 4 RL-E vorsieht, dass das Unternehmen die Kosten der Auditierung tragen soll.[199] Mit diesen Regelungen dürfte die Kommission auf die Kritik bezüglich der Umsetzungskosten der Richtlinie für KMU reagiert haben.[200]

---

186 *Bettermann/Hoes* WM **2022** 697, 700.
187 *Bettermann/Hoes* WM **2022** 697, 700.
188 *Birkholz* DB **2022** 1306, 1311.
189 *Bettermann/Hoes* WM **2022** 697, 700; kritisch ebenfalls *Birkholz* DB **2022** 1306, 1311.
190 *Ruttloff/Rothenburg/Hahn* DB **2022** 1116, 1119 f.
191 *Spindler* ZIP **2022** 765, 771.
192 *Birkholz* DB **2022** 1306, 1311; *Ruttloff/Rothenburg/Hahn* DB **2022** 1116, 1119 f.
193 *Ruttloff/Rothenburg/Hahn* DB **2022** 1116, 1119 f.
194 Siehe dazu § 7 Rn. 30 ff.
195 *Bettermann/Hoes* WM **2022** 697, 701.
196 *Spindler* ZIP **2022** 765, 771.
197 *Birkholz* DB **2022** 1306 1311.
198 *Bettermann/Hoes* WM **2022** 697, 700.
199 *Spindler* ZIP **2022** 765, 771.
200 Vgl. zum bisherigen Verfahrensgang des RL-E *Birkholz* DB **2022** 1306, 1307.

§ 7 Abhilfemaßnahmen

(1) [1]Stellt das Unternehmen fest, dass die Verletzung einer menschenrechtsbezogenen oder einer umweltbezogenen Pflicht in seinem eigenen Geschäftsbereich oder bei einem unmittelbaren Zulieferer bereits eingetreten ist oder unmittelbar bevorsteht, hat es unverzüglich angemessene Abhilfemaßnahmen zu ergreifen, um diese Verletzung zu verhindern, zu beenden oder das Ausmaß der Verletzung zu minimieren. [2]§ 5 Absatz 1 Satz 2 gilt entsprechend. [3]Im eigenen Geschäftsbereich im Inland muss die Abhilfemaßnahme zu einer Beendigung der Verletzung führen. [4]Im eigenen Geschäftsbereich im Ausland und im eigenen Geschäftsbereich gemäß § 2 Absatz 6 Satz 3 muss die Abhilfemaßnahme in der Regel zur Beendigung der Verletzung führen.

(2) [1]Ist die Verletzung einer menschenrechtsbezogenen oder einer umweltbezogenen Pflicht bei einem unmittelbaren Zulieferer so beschaffen, dass das Unternehmen sie nicht in absehbarer Zeit beenden kann, muss es unverzüglich ein Konzept zur Beendigung oder Minimierung erstellen und umsetzen. [2]Das Konzept muss einen konkreten Zeitplan enthalten. [3]Bei der Erstellung und Umsetzung des Konzepts sind insbesondere folgende Maßnahmen in Betracht zu ziehen:
1. die gemeinsame Erarbeitung und Umsetzung eines Plans zur Beendigung oder Minimierung der Verletzung mit dem Unternehmen, durch das die Verletzung verursacht wird,
2. der Zusammenschluss mit anderen Unternehmen im Rahmen von Brancheninitiativen und Branchenstandards, um die Einflussmöglichkeit auf den Verursacher zu erhöhen,
3. ein temporäres Aussetzen der Geschäftsbeziehung während der Bemühungen zur Risikominimierung.

(3) [1]Der Abbruch einer Geschäftsbeziehung ist nur geboten, wenn
1. die Verletzung einer geschützten Rechtsposition oder einer umweltbezogenen Pflicht als sehr schwerwiegend bewertet wird,
2. die Umsetzung der im Konzept erarbeiteten Maßnahmen nach Ablauf der im Konzept festgelegten Zeit keine Abhilfe bewirkt,
3. dem Unternehmen keine anderen milderen Mittel zur Verfügung stehen und eine Erhöhung des Einflussvermögens nicht aussichtsreich erscheint.

[2]Die bloße Tatsache, dass ein Staat eines der in der Anlage zu diesem Gesetz aufgelisteten Übereinkommen nicht ratifiziert oder nicht in sein nationales Recht umgesetzt hat, führt nicht zu einer Pflicht zum Abbruch der Geschäftsbeziehung. [3]Von Satz 2 unberührt bleiben Einschränkungen des Außenwirtschaftsverkehrs durch oder aufgrund von Bundesrecht, Recht der Europäischen Union oder Völkerrecht.

(4) [1]Die Wirksamkeit der Abhilfemaßnahmen ist einmal im Jahr sowie anlassbezogen zu überprüfen, wenn das Unternehmen mit einer wesentlich veränderten oder wesentlich erweiterten Risikolage im eigenen Geschäftsbereich oder beim unmittelbaren Zulieferer rechnen muss, etwa durch die Einführung neuer Produkte, Projekte oder eines neuen Geschäftsfeldes. [2]Erkenntnisse aus der Bearbeitung von Hinweisen nach § 8 Absatz 1 sind zu berücksichtigen. [3]Die Maßnahmen sind bei Bedarf unverzüglich zu aktualisieren.

Schrifttum

Bettermann/Hoes Das Lieferkettensorgfaltspflichtengesetz – Besondere Pflichten für Kreditinstitute? WM **2022** 697; *Birkholz* CSDD-E: Konkrete Sorgfaltspflichten für Unternehmen statt Vorgaben zur Sustainable Corporate Governance, DB **2022** 1306; *Brouwer* Noch viele offene Rechts- und Auslegungsfragen zum Lieferkettensorgfaltspflichtgesetz – Hinweise zum VCI-Diskussionspapier zur Umsetzung des LkSG, CCZ **2022** 137; *Charnitzky/Weigel* Die Krux mit der Sorgfalt – Zu den Untiefen und der Unschärfe des neuen Lieferkettensorgfaltspflichtengesetzes aus Unternehmenssicht, RIW **2022** 12; *Ekkenga/Erlemann* ZIP **2022** 49; *Ehmann* Der Regierungsentwurf für das Lieferkettengesetz: Erläuterung und erste Hinweise zur Anwendung, ZVertriebsR **2021** 141; *Frank/Edel/Heine/Heine* Pionierarbeiten in der Lieferkette, Praxisfolgen für

https://doi.org/10.1515/9783110788976-009

das Handels- und Arbeitsrecht (Teil I), BB **2021** 2165; *Hübner* Bausteine eines künftigen Liefergesetzes, NZG **2020** 1411; *Lutz-Bachmann/Vorbeck/Wengenroth* Nachhaltigkeitsbezogene Sorgfaltspflichten in Geschäftsbeziehungen – zum Entwurf der EU-Kommission für eine „Lieferkettenrichtlinie", BB **2021** 906; *Nasse* Das neue Lieferkettensorgfaltspflichtengesetz, RAW **2022** 3; *Rack* Lieferketten-Compliance im Digitalen Zwilling, Compliance Berater Sonderbeilage 1/**2022**, 1; *Ritz/von Schreitter* Chain(ed) Reaction? Das Lieferkettengesetz und seine kartellrechtlichen Hürden, NZKart **2022** 251; *Ruttloff/Rothenburg/Hahn* Der Richtlinienvorschlag zu unternehmerischen Sorgfaltspflichten im Bereich der Nachhaltigkeit – Auswirkungen auf die Corporate Governance, DB **2022** 1116; *Rühl/Knauer* Zivilrechtlicher Menschenrechtsschutz? Das deutsche Lieferkettengesetz und die Hoffnung auf den europäischen Gesetzgeber, JZ **2022** 105.

Materialien

BAFA Antwort VI.4 FAQ-LkSG, Antwort XI.1 FAQ-LkSG; Antwort XV.4 FAQ-LkSG abrufbar unter https://www.bafa.de/DE/Lieferketten/Ueberblick/ueberblick_node.html (zuletzt am 11.10.2022); Verband der Chemischen Industrie e.V. Diskussionspapier zu Rechts- und Umsetzungsfragen des Lieferkettensorgfaltspflichtengesetze vom 18.3.2022 (zit. „**VCI Diskussionspapier**"); abrufbar unter https://www.vci.de/themen/nachhaltigkeit/lieferketten-menschenrechte-wirtschaft/lieferkettensorgfaltspflichtengesetz-rechts-umsetzungsfragen.jsp, (zuletzt am 11.10.2022).

Übersicht

A. Zweck

Abhilfemaßnahmen sollen ermöglichen, dass bereits realisierte oder unmittelbar bevorstehende Verletzungen von Menschenrechten oder von umweltbezogenen Pflichten beendet oder minimiert werden.[1] Die Abhilfemaßnahmen stellen die Kehrseite der Präventionsmaßnahmen dar,[2] mit denen Verletzungen vermieden werden sollen. Das Unternehmen hat hierbei die Erkenntnisse der Risikoanalyse heranzuziehen. 1

Ziel ist es, dass inländische Unternehmen ihre Marktstellung und ökonomische Macht zum weltweiten Schutz der Menschenrechte nutzen.[3] Nach der Intention des Gesetzgebers sollen die Unternehmen in der Verantwortung stehen und zwar unabhängig davon, ob die Staaten, in denen das Unternehmen oder seine Zulieferer tätig sind, die Fähigkeit oder Bereitschaft aufweisen, ihrer Pflicht zum Schutz der Menschenrechte nachzukommen.[4] 2

Bei den Abhilfemaßnahmen handelt es sich um risikoabhängige Pflichten,[5] die je nach der konkreten Risikosituation zu beachten sind.[6] 3

B. Pflicht zum Ergreifen von Abhilfemaßnahmen

I. Voraussetzung: Eingetretene oder bevorstehende Pflichtverletzung

Zeigt sich im Rahmen der Risikoanalyse,[7] dass die Verletzung einer menschenrechtsbezogenen oder einer umweltbezogenen Pflicht im eigenen Geschäftsbereich des Unternehmens oder bei einem unmittelbaren Zulieferer bereits eingetreten ist oder unmittelbar bevorsteht, so muss das Unternehmen nach Abs. 1 S. 1 unverzüglich angemessene Abhilfemaßnahmen ergreifen, um diese Verletzung zu verhindern, zu beenden oder das Ausmaß der Verletzung zu minimieren. 4

Die Pflicht zur Ergreifung von Abhilfemaßnahmen besteht also erst dann, wenn eine Verletzung bereits eingetreten ist oder unmittelbar bevorsteht.[8] 5

1. Bereits eingetretene Verletzung

Der Begriff der Verletzung ist legaldefiniert in § 2 Abs. 4. Danach ist eine Verletzung einer menschenrechtsbezogenen Pflicht im Sinne dieses Gesetzes der Verstoß gegen ein in § 2 Abs. 2 Nummer 1 bis 12 genanntes Verbot.[9] Eine Verletzung einer umweltbezogenen Pflicht im Sinne dieses Gesetzes ist der Verstoß gegen ein in § 2 Abs. 3 Nummer 1 bis 8 genanntes Verbot.[10] 6

1 BT-Drs. 19/28649 S. 48.
2 *Nasse* RAW **2022** 3, 8.
3 Vgl. *Beckers* ZfPW **2021** 220, 225 f.
4 BT-Drs. 19/28649 S. 1; *Sagan/Schmidt* NZA-RR **2022** 281, 282.
5 Siehe dazu § 3 Rn. 26 ff.
6 Vgl. zu dieser Unterscheidung *Bäumges/Jürgens* CCZ **2022** 195, 196.
7 Siehe dazu § 5 Rn. 1 ff.
8 VCI Diskussionspapier Frage 52.
9 Siehe dazu § 2 Rn. 166.
10 Siehe dazu § 2 Rn. 166.

2. Unmittelbares Bevorstehen

7 Wann eine Verletzung unmittelbar bevorsteht, definiert das LkSG nicht. Hier ist auf die allgemeinen Grundsätze des Zivilrechts bzw. des Gefahrabwehrrechts zurückzugreifen.[11] Entscheidend für das unmittelbare Bevorstehen einer Verletzung oder eines Schadens ist eine besondere zeitliche Nähe und ein gesteigertes Maß der Wahrscheinlichkeit des Schadenseintritts.[12] Welche Anforderungen konkret an die zeitliche Nähe und das Maß der Wahrscheinlichkeit gestellt werden, wird in den verschiedenen Rechtsbereichen unterschiedlich beantwortet.[13]

8 Eine pauschale Aussage zu diesen Anforderungen dürfte sich aufgrund des risikobasierten Ansatzes der Sorgfaltspflichten[14] und der Pflicht zum Ergreifen *angemessener* Abhilfemaßnahmen hier jedoch gar nicht treffen lassen. Je schwerwiegender die drohende Verletzung und je gewichtiger das betroffene Rechtsgut ist, desto eher werden Unternehmen verpflichtet sein, Abhilfemaßnahmen zu treffen, auch wenn eine Verletzung (noch) nicht mit an Sicherheit grenzender Wahrscheinlichkeit droht. Jedenfalls sollten Unternehmen dann Abhilfemaßnahmen ergreifen, wenn bei ungehindertem Ablauf des Geschehens in naher Zukunft mit hoher Wahrscheinlichkeit mit einer Verletzung zu rechnen ist.[15] Bis zur Herausbildung einer Entscheidungspraxis des BAFA bzw. von Gerichten sollten Unternehmen jedoch keine allzu hohen Anforderungen an den Grad der Wahrscheinlichkeit der Verletzung stellen, um Bußgeldrisiken zu vermeiden.

II. Abgestufte Maßnahmenintensität

9 § 7 Abs. 1 und 2 differenzieren bezüglich des Ziels der Maßnahmen dahingehend, ob die Verletzung beim eigenen Geschäftsbereich des Unternehmens im Inland, im Ausland, oder im Geschäftsbereich eines unmittelbaren Zulieferers festgestellt wurde. § 7 verfolgt damit ein „Konzept der abgestuften Verantwortlichkeit".[16]

1. Verletzung im eigenen Geschäftsbereich im Inland

10 Nach Abs. 1 S. 3 muss die Abhilfemaßnahme im eigenen Geschäftsbereich im Inland zu einer Beendigung der Verletzung führen.

11 Im Gegensatz zu den sonstigen Sorgfaltspflichten der §§ 4 bis 10 statuiert § 7 Abs. 1 S. 3 eine Erfolgspflicht und nicht nur eine Bemühenspflicht.[17] Die Abhilfemaßnahme muss also *erfolgreich* zu einer Beendigung der Verletzung führen.[18]

12 Kritik erfuhr die Ausgestaltung der Abhilfemaßnahmen als teilweise Erfolgspflichten bereits im Gesetzgebungsverfahren.[19] Sie stehe der Grundkonzeption der Sorgfaltspflichten als Bemühenspflichten entgegen und ginge auch über die Anforderungen der VN-Leitprinzipien für Wirtschaft

11 Ebenso Grabosch/*Grabosch* § 4 Rn. 56.

12 BGH NJW **2003** 3693 Rn. 37; vgl. zu diesem Grundsatz auch Staudinger/*Althammer* § 904 Rn. 15, 17.

13 Im Gefahrenabwehrrecht wird teilweise eine an Sicherheit grenzende Wahrscheinlichkeit gefordert, vgl. etwa BVerwGE **45** 51, Rn. 32; ebenso verlangt das Ordnungswidrigkeitenrecht einen höchstwahrscheinlichen Schadenseintritt, etwa KK-OwiG/*Rengier* 5. Aufl. 2018, OwiG § 16 Rn. 14, dagegen genügt etwa im Versicherungsrecht eine hohe Wahrscheinlichkeit, MüKo-VVG/*Staudinger* 3. Auflage 2022, § 90.

14 *Charnitzky/Weigel* RIW **2022** 12, 15; vgl. dazu auch § 3 Rn. 38 ff.

15 In diese Richtung auch Grabosch/*Grabosch* § 4 Rn. 56.

16 *Rühl/Knauer* JZ **2022** 105, 107; *Kamann/Irrmscher* NZWiSt **2021** 249, 251.

17 *Spindler* ZHR **2022** 67, 85; *Charnitzky/Weigel* RIW **2022** 12, 17.

18 Grabosch/*Grabosch* § 5 Rn. 109.

19 Vgl. Stellungnahme der DAV-Ausschüsse NZG **2021** 546, 551.

und Menschenrechte der Vereinten Nationen aus dem Jahr 2011 („**VN-Leitprinzipien**") hinaus, an denen sich die Sorgfaltspflichten des LkSG orientieren.[20]

13 Die Unterscheidung ist jedoch unter Abwägung der Schutzzwecke des LkSG mit der Angemessenheit der Sorgfaltspflichten gerechtfertigt. Nach § 3 Abs. 2 gilt generell: Je näher das Unternehmen der drohenden oder bereits eingetretenen Verletzung steht und je mehr es dazu beiträgt, desto größer müssen seine Anstrengungen sein, die Verletzung zu beenden.[21] Im eigenen Geschäftsbereich im Inland steht das Unternehmen in einem so engen Zusammenhang mit dem Risiko, dass sein Verursachungsbeitrag[22] sowie sein Einflussvermögen[23] besonders hoch sind.[24] Daher kann vom Unternehmen erwartet werden, eine Verletzung im eigenen Geschäftsbereich im Inland unverzüglich zu beenden.[25]

2. Verletzung im eigenen Geschäftsbereich im Ausland und im Konzern

14 Im eigenen Geschäftsbereich im Ausland und im eigenen Geschäftsbereich gemäß § 2 Absatz 6 Satz 3 muss die Abhilfemaßnahme dagegen nur *in der Regel* zur Beendigung der Verletzung führen. Das Gesetz lässt hier also Ausnahmen zu, in denen kein Erfolg geschuldet ist, konkretisiert diese Ausnahmen jedoch nicht.[26]

15 Diese Klausel wurde im Rahmen des parlamentarischen Verfahrens eingefügt, da in Bezug auf Tochterunternehmen[27] und in Bezug auf rechtlich unselbständige Standorte im Ausland zwar im Regelfall, jedoch nicht immer, davon ausgegangen werden könne, dass sämtliche tatsächlichen und gesetzlichen Rahmenbedingungen vorhanden sind, dass die Verletzung durch das Unternehmen beendet werden könne.[28]

3. Verletzung bei einem unmittelbaren Zulieferer

16 Verletzungen im Geschäftsbereich eines unmittelbaren Zulieferers muss das Unternehmen nach Abs. 2 S. 1 ebenfalls in absehbarer Zeit beenden.[29] Nur, wenn eine Beendigung in absehbarer Zeit nicht möglich ist, muss das Unternehmen unverzüglich ein Konzept zur Beendigung oder Minimierung der Verletzung erstellen und umsetzen.

17 Unklar ist dabei jedoch, ob dies bedeutet, dass das Unternehmen auch hier eine Erfolgspflicht trifft. Dem wird jedenfalls in der Praxis entgegenstehen, dass die zeitnahe Beendigung mangels direkter Einwirkungsmöglichkeiten des Unternehmens nicht durch konkrete Maßnahmen herbeigeführt werden kann und sich so den direkten Einflussmöglichkeiten des Unternehmens entziehen kann.[30] Dies spricht dafür, dass das Unternehmen – da Unmögliches nicht verlangt werden kann und sämtliche Maßnahmen unter dem Vorbehalt der Angemessenheit stehen – hier keine Erfolgspflicht, sondern lediglich eine Bemühenspflicht trifft. In den meisten Fällen dürfte daher

---

20 DAV-Ausschüsse NZG **2021** 546, 551, mit Hinweis auf VN-Leitprinzipien 17–20.
21 BT-Drs. 19/28649 S. 48; vgl. auch *Rack* CB Sonderbeilage 1/**2022**, 1, 15.
22 Siehe dazu § 3 Rn. 52.
23 Siehe dazu § 3 Rn. 44.
24 BT-Drs. 19/28649 S. 48.
25 BT-Dr. 19/28649 S. 48; vgl. auch *Schumm* StuB **2021** 894, 899; Grabosch/*Grabosch* § 5 Rn. 109.
26 *Spindler* ZHR **2022** 67, 85.
27 Siehe dazu § 2 Rn. 240 ff.
28 Beschlussempfehlung des Ausschusses für Arbeit und Soziales, BT Drs. 19/30505 S. 41; vgl. dazu auch *Rühl/Knauer* JZ **2022** 105, 107; Grabosch/*Grabosch* § 5 Rn. 109.
29 Vgl. *Frank/Edel/Heine/Heine* BB **2021** 2165, 2169.
30 *Frank/Edel/Heine/Heine* BB **2021** 2165, 2169.

ein Konzept zur Beendigung oder Minimierung der Verletzung als angemessene Abhilfemaßnahme nach § 7 Abs. 1 S. 1 genügen.[31]

4. Verletzung bei einem mittelbaren Zulieferer

18 § 7 erwähnt Abhilfemaßnahmen bei Verletzungen im Geschäftsbereich von unmittelbaren Zulieferern nicht. Abhilfemaßnahmen sind nach Abs. 1 S. 2 jedoch dann zu treffen, wenn ein Umgehungsgeschäft bzw. eine missbräuchliche Gestaltung der Lieferkette im Sinne des § 5 Abs. 1 S. 2 vorliegt.[32] In diesem Fall gilt ein mittelbarer Zulieferer als unmittelbarer Zulieferer und das Unternehmen muss Abhilfe auch bei einem mittelbaren Zulieferer zu leisten.[33]

19 Darüber hinaus sind Abhilfemaßnahmen für Verletzungen bei mittelbaren Zulieferern nur nach Maßgabe des § 9 Abs. 3 zu ergreifen,[34] also wenn das Unternehmen substantiierte Kenntnis von einer möglichen Verletzung erlangt.[35]

III. Unverzügliches Ergreifen der Abhilfemaßnahmen

20 Die Abhilfemaßnahmen müssen nach Abs. 1 „unverzüglich" erfolgen. Zur Auslegung ist hier auf die Legaldefinition des § 121 BGB („ohne schuldhaftes Zögern") zurückzugreifen. Abhilfemaßnahmen müssen also nicht „sofort" nach Feststellung eines Risikos zu treffen sein. Ein schuldhaftes Zögern ist (nur) anzunehmen, wenn ein Zuwarten nicht durch die Umstände des Einzelfalls geboten ist.[36] Bei der Beurteilung dieses Zeitraums ist der risikobasierte Ansatz des LkSG zu berücksichtigen. Je schwerwiegender die festgestellte Verletzung ist, desto schneller sind Maßnahmen zu ergreifen und desto eher hat das Unternehmen Unterbrechungen seines regelmäßigen Geschäftsbetriebs zur Umsetzung der Maßnahmen – bis hin zur Aussetzung oder dem Abbruch von Geschäftsbeziehungen – hinzunehmen.[37]

IV. Art der Abhilfemaßnahmen

21 Die Art der Abhilfemaßnahmen ist einzelfallabhängig, da sie sich auf die jeweils festgestellte Verletzung beziehen muss. Das Gesetz gibt insoweit nur den *Abhilfeerfolg* vor, wenn es sich um Verletzungen im eigenen Geschäftsbereich des Unternehmens handelt.[38]

22 In den VN-Leitprinzipien, die laut Gesetzesbegründung sowie den Hinweisen des Bundesministeriums für Arbeit und Soziales zur Bestimmung der angemessenen Sorgfaltspflichten herangezogen werden können,[39] werden als materiellrechtliche Abhilfemaßnahmen etwa Entschuldigungen, Rückerstattung, Folgenbeseitigung, finanzieller oder nicht-finanzieller Schadensersatz, Strafmaßnahmen (straf- oder verwaltungsrechtlicher Art, wie etwa Geldstrafen) sowie die Schadensverhütung etwa durch einstweilige Verfügungen und Nichtwiederholungsgarantien genannt.[40] Ziel aller Abhilfemaßnahmen soll es nach Leitprinzip 25 sein, etwaigen entstandenen

---

31 So auch *Lutz-Bachmann/Vorbeck/Wengenroth* BB **2021** 906, 910; *Frank/Edel/Heine/Heine* BB **2021** 2165, 2169.
32 Siehe dazu § 5 Rn. 29 ff.
33 Grabosch/*Grabosch* § 5 Rn. 108.
34 Siehe dazu § 9 Rn. 1 ff.
35 *Rühl/Knauer* JZ **2022** 105, 107; *Ehmann/Berg* GWR **2021** 287, 290.
36 BGH NJW **2012** 3305 Rn. 20; allgemein MüKo-BGB/*Armbrüster* § 121 Rn. 7.
37 Vgl. auch Grabosch/*Grabosch* § 5 Rn. 75, 112 f.
38 VCI Diskussionspapier Frage 52.
39 Antwort VI.4 FAQ-LkSG.
40 VN-Leitprinzip 25.

menschenrechtlichen Schäden entgegenzuwirken bzw. sie wiedergutzumachen. Da sich die VN-Leitprinzipien an Staaten richten,[41] sind nicht alle genannten Maßnahmen auf Unternehmen übertragbar. Als mögliche Abhilfemaßnahmen, die sich auf die Beendigung oder Minimierung der Verletzung richten, kommen von den genannten Maßnahmen insbesondere die Folgenbeseitigung sowie Maßnahmen zur Schadensverhütung in Betracht.

Je nach Art der Auswirkungen kann das Unternehmen selbst Abhilfemaßnahmen einleiten.[42] 23
In anderen Fällen werden Abhilfemaßnahmen nur in Zusammenarbeit mit Zulieferern oder ggf. nationalen Behörden in Betracht kommen.

V. Kein Anspruch der Geschädigten auf Abhilfe

Laut Gesetzesbegründung soll § 7 Abs. 1 keine Grundlage für einen Anspruch eines Geschädigten 24
auf Abhilfe gegenüber einem Unternehmen schaffen.[43] Die Gesetzesbegründung hat indes selbst keinen Gesetzescharakter und bindet Gerichte, die über einen solchen Anspruch entscheiden müssten, nicht.[44] Insoweit könnte ein solcher Anspruch eines Geschädigten jedenfalls dann bestehen, wenn der Schaden im Geschäftsbereich eines Unternehmens im Inland eintritt. Hier hat das Unternehmen nämlich die Pflicht, die Verletzung zu beenden. Diesem Anspruch dürfte jedoch § 3 Abs. 3 entgegenstehen. Die Gesetzesbegründung drückt hier nur aus, was an anderer Stelle explizit im Gesetz geregelt ist: eine Verletzung von Pflichten aus dem LkSG begründet keine zivilrechtliche Haftung.[45] Dies betrifft auch die Pflicht des Unternehmens zum Ergreifen von Abhilfemaßnahmen.

C. Abhilfemaßnahmen bei unmittelbaren Zulieferern (Abs. 2)

Absatz 2 beschreibt Abhilfemaßnahmen bei Verletzung einer geschützten Rechtsposition oder ei- 25
ner umweltbezogenen Pflicht bei einem unmittelbaren Zulieferer. Kann ein Unternehmen die Verletzung nicht in absehbarer Zeit beenden, muss es unverzüglich ein Konzept zur Minimierung erstellen und umsetzen.

Zunächst muss das Unternehmen daher prüfen, ob eine Beendigung der Verletzung in abseh- 26
barer Zeit möglich ist. Nur, wenn dies nicht der Fall ist, ist ein Minimierungskonzept zu erstellen. Aber auch insoweit dürfte ein Konzept zur Beendigung der Verletzung Vorrang vor einem Konzept zur Minimierung haben.[46] Insoweit hat das Unternehmen zunächst zu prüfen, ob mit angemessenem Aufwand eine Beendigung der Verletzung erreicht werden kann. Je näher das Unternehmen der Verletzung steht und je mehr es dazu beigetragen hat, desto größer müssen die Anstrengungen zur Beendigung der Verletzung sein.[47] Entsprechen ist auch beachtlich, ob das Unternehmen aufgrund mangelnder Risikoanalyse selbst mit verschuldet hat, dass eine Verletzung nicht zeitnah beendet werden kann.[48]

Verletzungen im Geschäftsbereich von Zulieferern können jedoch so beschaffen sein, dass 27
eine Beendigung in absehbarer Zeit auch dann nicht möglich ist, wenn sich das Unternehmen vertragliche Zusicherungen nach § 6 Abs. 4 hat einräumen lassen.[49] Ist die Beendigung nicht oder

---

41 Vgl. *Sagan/Schmidt* NZA-RR **2022** 281.
42 Nationaler Aktionsplan zur Umsetzung der VN-Leitprinzipien für Wirtschaft und Menschenrecht, 9.
43 BT-Drs. 19/28649 S. 48.
44 *Ehmann* ZVertriebsR **2021** 141, 148.
45 Vgl. dazu § 3 Rn. 81 ff.
46 *Charnitzky/Weigel* RIW **2022** 12, 17; ebenso das Gutachten des Wissenschaftlichen Dienstes des Bundestags, WD 2 – 3000 – 027/21, 77.
47 *Rack* CB Sonderbeilage 1/**2022**, 1, 15.
48 Grabosch/*Grabosch* § 5 Rn. 110.
49 Grabosch/*Grabosch* § 5 Rn. 110.

nur mit unverhältnismäßigem Aufwand möglich, so kommt ein Minimierungskonzept in Betracht.[50] Der Gesetzgeber geht davon aus, dass dies in etwa 30 % der Fällen der Fall sein dürfte.[51] Da das Unternehmen die Darlegungslast dafür treffen dürfte, dass eine Beendigung nicht möglich oder nicht zumutbar war,[52] sollte der Entscheidungsprozess hier genau dokumentiert werden.

28 Unternehmen sollten erwägen, zur Aufklärung und zur Vorbereitung von Abhilfemaßnahmen neben der internen Revision hierauf spezialisierte Berater einzuschalten.[53] Entscheidend dürfte in diesem Zusammenhang eine Einbindung von Experten vor Ort und eine Kooperation mit zivilgesellschaftlichen Akteuren und unabhängigen Institutionen sein.[54]

I. Abhilfekonzept

29 Hinsichtlich der konkreten Ausgestaltung des Abhilfekonzepts enthält das Gesetz nur die Aussage, dass das Konzept einen konkreten Zeitplan enthalten muss (Abs. 2 S. 2.). In der Begründung des Regierungsentwurfs wird jedoch darauf hingewiesen, dass das Abhilfekonzept Erwägungen beinhalten sollte, wann ein Abbruch der Geschäftsbeziehung zu erwägen ist.[55] Abs. 2 S. 3 nennt mögliche Maßnahmen, die „insbesondere" in Betracht zu ziehen sind. Diese Maßnahmen stellen eine stufenweise Eskalierung der Abhilfebemühungen dar.[56]

1. Gemeinsame Erarbeitung und Umsetzung eines Plans (Nr. 1)

30 Als erste Stufe soll das Unternehmen gemeinsam mit dem unmittelbaren Zulieferer, durch den die Verletzung verursacht wird, einen Plan zur Beendigung oder Minimierung der Verletzung erarbeiten. Das Unternehmen hat also zunächst individuelle Korrekturmaßnahmen zu verlangen, etwa dass der Zulieferer die Vorgaben aus dem Lieferantenkodex einhält.[57] Hierzu hat das Unternehmen eine Frist zu setzen.[58] Der Gesetzgeber geht davon aus, dass das Unternehmen bereits auf Präventionsebene entsprechende vertragliche Zusicherungen vom Zulieferer verlangt hat,[59] auf dessen Einhaltung es nun bestehen kann.[60]

31 Der individuelle Aktionsplan zu Beendigung oder Minimierung der Verletzung sollte möglichst genau folgende Elemente enthalten:

- Maßnahmen-Art (etwa Umsetzung von Arbeitssicherheitsstandards)
- Ziel (Beendigung oder Minimierung einer konkret benannten Verletzung)
- Vorgesehener Zeitaufwand
- Beschreibung der Maßnahme (ggf. mit Zwischenschritten)
- Zuständige Abteilung beim Zulieferer
- Budget (sofern relevant)
- Umsetzungsfrist.[61]

---

50 *Charnitzky/Weigel* RIW **2022** 12, 17.
51 BT-Drs. 19/28649 S. 29.
52 *Charnitzky/Weigel* RIW **2022** 12, 17.
53 Vgl. auch *Hübner* NZG **2020** 1411, 1415.
54 *Gehling/Ott/Lüneborg* CCZ **2021** 230, 238.
55 BT-Drs. 19/28649 S. 48.
56 *Rack* CB Sonderbeilage 1/**2022**, 1, 16.
57 BT-Drs. 19/28649 S. 48.
58 *Rack* CB Sonderbeilage 1/**2022**, 1, 16.
59 Siehe dazu § 6 Rn. 54.
60 *Rack* CB Sonderbeilage, 1/**2022**, 1, 16.
61 List angelehnt an den KMU-Sorgfaltspflichtenkompass, den der Helpdesk Wirtschaft und Menschenrechte der Bundesregierung zur Verfügung stellt; abrufbar unter https://kompass.wirtschaft-entwicklung.de/sorgfalts-kompass/massnahmen-ergreifen#c230 (zuletzt am 11.10.2022).

Das Unternehmen sollte sicherstellen, dass die zuständigen Mitarbeiter über die notwendigen Prozesse informiert sind, um insbesondere bei schwerwiegenden Verstößen oder wenn sich der Zulieferer weigert, wirksame Gegenmaßnahmen zu ergreifen, schnell handeln zu können.[62] 32

2. Brancheninitiativen (Nr. 2)

Als nächste Eskalationsstufe sieht Abs. 2 Nr. 2 einen Zusammenschluss mit anderen Unternehmen im Rahmen von Brancheninitiativen und Branchenstandards, um die Einflussmöglichkeit auf den Verursacher zu erhöhen. Ein solcher Zusammenschluss soll die Einflussmöglichkeiten auf den Verursacher erhöhen und diesen dazu bewegen, die Missstände zu adressieren, die für die Verletzung ursächlich sind.[63] Als Beispiele solcher bereits bestehender Initiativen sind *Together for Sustainability* (TfS),[64] *Drive for Sustainability*[65] und die *Responsible Business Alliance*[66] zu nennen. Im Zuge des LkSG haben aber auch deutsche Unternehmensverbände bereits Initiativen ergriffen.[67] 33

Ein möglicher Zusammenschluss mit anderen Unternehmen sollte jedoch zunächst auf die Vereinbarkeit mit dem Kartellrecht geprüft werden.[68] Hierbei ist zu beachten, dass eine bloße Einigkeit der Unternehmen, die Vorschriften des LkSG einhalten zu wollen, noch keine Wettbewerbsrelevanz hat.[69] Sollen darüber hinaus jedoch weitere Maßnahmen getroffen werden, wie dies üblicherweise bei einem Zusammenschluss nach § 7 Abs. 2 S. 3 Nr. 2 der Fall sein dürfte, so hat der bloße Wille, politische und gesetzliche Zielvorgaben umzusetzen, keine kartellrechtspräkludierende Wirkung.[70] 34

Auch § 7 Abs. 2 S. 3 Nr. 2 schließt die Anwendung des Kartellrechts nicht aus.[71] Insbesondere bei der Abstimmung unter Konkurrenten über Preisvorgaben ist daher Vorsicht geboten. Ein angemessenes Preisniveau kann vor dem Hintergrund angemessener Bezahlung zwar im Sinne des LkSG sein.[72] Ein Zusammenschluss bzw. eine Abstimmung sollte jedoch darauf beschränkt sein, transparente und diskriminierungsfreie Zielvorgaben zu setzen, die durch die Beteiligten freiwillig und ohne Sanktionsdruck umgesetzt werden können.[73] 35

So hat etwa kürzlich das Bundeskartellamt einen Vorschlag der Deutschen Gesellschaft für Internationale Zusammenarbeit (GIZ) zu einer Brancheninitiative zur Förderung von existenzsi- 36

62 Sie hierzu die Hilfestellungen des KMU-Sorgfaltspflichtenkompass, abrufbar unter https://kompass.wirtschaft-entwicklung.de/sorgfalts-kompass/massnahmen-ergreifen#c230 (zuletzt am 11.10.2022).

63 BT-Drs. 19/28649 S. 49; *Charnitzky/Weigel* RIW **2022** 12, 16.

64 TfS bietet einen weltweiten Standard für die Umwelt-, Sozial- und Governance-Leistung von chemischen Lieferketten; vgl. https://tfs-initiative.com/ (zuletzt am 11.10.2022).

65 *Drive for Sustainability* ist ein Zusammenschluss der führenden Automobilkonzerne mit dem Ziel, die Nachhaltigkeit in der gesamten Lieferkette der Automobilindustrie durch gemeinsame Standards für den Beschaffungsprozess voranzutreiben, vgl. https://www.drivesustainability.org/about-us/ (zuletzt am 11.10.2022).

66 Die *Responsible Business Alliance* ist eine branchenübergreifende Initiative zur Stärkung der Rechte von Arbeitnehmern, die in globalen Lieferketten von Zwangsarbeit betroffen sind, vgl. https://www.responsiblebusiness.org/ (zuletzt am 11.10.2022).

67 So etwa die Initiative Chemie³ für die chemisch-pharmazeutische Industrie, siehe https://www.chemiehoch3.de/ (zuletzt am 11.10.2022).

68 *Frank/Edel/Heine/Heine* BB **2021** 2165, 2169; vgl. auch DAV-Stellungnahme S. 21 Rn. 41 sowie *Lutz-Bachmann/Vorbeck/Wengenroth* BB **2021** 906, 910.

69 *Ritz/von Schreitter* NZKart **2022** 251, 253.

70 *Ritz/von Schreitter* NZKart **2022** 251, 255; vgl. zur kartellrechtlichen Relevanz der Sorgfaltspflichten auch *Ekkenga/Erlemann* ZIP **2022** 49, 51 ff., die jedoch von einer teilweise legalisierenden Wirkung des § 7 Abs. 2 S. 3 Nr. 2 ausgehen.

71 *Ritz/von Schreitter* NZKart **2022** 251, 253.

72 *Ritz/von Schreitter* NZKart **2022** 251, 255.

73 *Ritz/von Schreitter* NZKart **2022** 251, 255; eine entsprechende allgemeine Empfehlung enthält auch der OECD-Leitfaden für die Erfüllung der Sorgfaltspflicht für verantwortungsvolles unternehmerisches Handeln, 2018, F. 13, S. 56.

chernden Löhnen im Bananensektor gebilligt.[74] Maßgeblich war insbesondere der Verzicht auf Vorgaben zur Preisgestaltung sowie der Verzicht auf einen Austausch über Einkaufspreise, weitere Kosten, Produktionsmengen oder Margen.[75] Der Zusammenschluss von Unternehmen kann jedoch dann zum Problem werden, wenn auf Nachfragerseite so viele Unternehmen am Zusammenschluss beteiligt sind, dass es zu Marktverschließungseffekten kommt, Zulieferer also nur noch zu den Bedingungen des Zusammenschlusses liefern können.[76] Auf solche Marktzutrittshindernisse soll die restriktive Rechtsprechung des EuGH zu Einkaufsgemeinschaften entsprechend anwendbar sein.[77]

37 Auch in anderen Jurisdiktionen sollte im Zweifel zunächst Rat bei Kartellbehörden eingeholt werden, ob gemeinschaftliche Aktivitäten regulatorische Risiken bergen.[78]

3. Temporäres Aussetzen der Geschäftsbeziehung (Nr. 3)

38 Die letzte Eskalationsstufe ist schließlich ein temporäres Aussetzen der Geschäftsbeziehung während der Bemühungen zur Risikominimierung. Die Gesetzesbegründung erwähnt zudem die Durchsetzung von Vertragsstrafen oder den Ausschluss von Vergabelisten, sollte ein unmittelbarer Zulieferer den im Abhilfekonzept vereinbarten Maßnahmen nicht nachkommen.[79]

II. Ausländische Gegenmaßnahmen

39 Am Tag vor der Verabschiedung des LkSG hat der Volkskongress von China das Anti-Foreign Sanctions Law[80] als Reaktion auf Sanktionen insbesondere durch die USA und die EU erlassen.[81] Von Sanktionen nach diesem Gesetz hat die chinesische Regierung bereits gegenüber amerikanischen Personen Gebrauch gemacht.[82]

40 Mit diesem Gesetz wendet sich China gegen die Einmischung eines anderen Landes in die inneren Angelegenheiten Chinas und ermöglicht das Ergreifen von Gegenmaßnahmen.[83] Diese Gegenmaßnahmen können sich nach Art. 4 des Gesetzes nicht nur gegen Regierungsmitglieder richten, sondern auch gegen andere Personen und Organisationen, die direkt oder indirekt an der Durchführung der sich in Chinas innere Angelegenheiten einmischenden, restriktiven Maßnahmen beteiligt sind. Weiter können Gegenmaßnahmen gegen Ehegatten und unmittelbare Verwandte oder leitende Angestellte von Organisationen richten.[84] Als mögliche Gegenmaßnahmen

---

74 Vgl. dazu die Pressemeldung des Bundeskartellamts vom 18.1.2022, abrufbar unter https://www.bundeskartellamt.de/SharedDocs/Meldung/DE/Pressemitteilungen/2022/18_01_2022_Nachhaltigkeit.html (zuletzt am 11.10.2022); vgl. dazu auch https://www.bananenbuendnis.org/ (zuletzt am 1110.2022).

75 BKartA Fallbericht v. 8.3.2022, B2-90/21, 2.

76 *Ekkenga/Erlemann* ZIP **2022** 49, 56.

77 Vgl. *Ekkenga/Erlemann* ZIP **2022** 49, 56 mit Hinweis auf EuGH Slg. 1981, 851 Rn. 12 f. „Coöperative Stremsel – en Kleurselfabriek" = WuW **1981** 756; dazu ebenfalls Immenga/Mestmäcker/*Ellger* Wettbewerbsrecht, 6. Aufl. 2019, AEUV Art. 101 Abs. 3 Rn. 278.

78 OECD-Leitfaden für die Erfüllung der Sorgfaltspflicht für verantwortungsvolles unternehmerisches Handeln, 2018, F. 13, 55 f.

79 BT-Drs. 19/28649 S. 49.

80 Law of the People's Republic of China on Countering Foreign Sanctions, in Kraft getreten am 10.6.2021, abrufbar unter http://www.npc.gov.cn/npc/c30834/202106/d4a714d5813c4ad2ac54a5f0f78a5270.shtml (zuletzt am 11.10.2022).

81 Grabosch/*Grabosch* § 5 Rn. 118; *Henninger/Köstner* ZfZ **2022** 41, 47.

82 Vgl. Presseerklärung v. 24.7.2021 abrufbar unter www.gov.cn/xinwen/2021-07/24/content_5627039.htm (zuletzt am 11.10.2022); jedoch richteten sich diese Sanktionen bisher nicht gegen Unternehmen oder deren Führungspersonen, sondern überwiegend gegen Politiker und NGO-Mitarbeiter.

83 *Nasse* RAW **2022** 3, 8.

84 *Henninger/Köstner* ZfZ **2022** 41, 47.

sieht Art. 6 des Gesetzes unter anderem die Verweigerung von Visa, der Einreise oder eine Abschiebung vor, sowie die Beschlagnahme oder das Einfrieren von beweglichem Eigentum, Immobilien und anderen Arten von Eigentum sowie das Verbot oder die Einschränkung von Transaktionen oder der Zusammenarbeit mit den genannten Organisationen oder Personen.

Bisher ist noch nicht absehbar, welche Relevanz das Sanktionsgesetz für deutsche Unternehmen haben wird, die auf Grundlage des LkSG Maßnahmen gegenüber chinesischen Zulieferern ergreifen.[85] Abhilfemaßnahmen könnten jedoch als „diskriminierend“ im Sinne des Anti-Foreign Sanctions Law verstanden werden und Sanktionen gegen die Unternehmensleitung, führende Mitarbeiter oder deren Angehörige zur Folge haben.[86] Insofern birgt das Gesetz erhebliche Risiken für deutsche Unternehmen.[87] Betroffene Unternehmen sollten daher unter Umständen auf Sanktionen, insbesondere den Abbruch der Geschäftsbeziehungen, vorbereitet sein und alternative Zulieferer ermitteln.[88] 41

Unklar bleibt vor dem Hintergrund dieser drohenden Sanktionen jedoch, in welchem Maße das Unternehmen hier zu Abhilfemaßnahmen verpflichtet ist bzw. wann diese Maßnahmen in Anbetracht der Sanktionsgefahr seitens der chinesischen Regierung nicht mehr als angemessen gewertet werden kann. Nach dem Gutachten des wissenschaftlichen Dienstes des Bundestages entbindet derartiger Druck deutsche Unternehmen aber grundsätzlich nicht davon, deutsche Gesetze einzuhalten.[89] Auch hier kommt es daher auf eine Abwägung im Einzelfall an. Zu berücksichtigen ist dabei die Schwere des Verstoßes, der Verursachungsbeitrag des deutschen Unternehmens, und in welchem Maß das Unternehmen auf den Zulieferer angewiesen ist bzw. welche Einflussmöglichkeiten es hat. Jedoch könne der von der chinesischen Regierung ausgeübte Druck im Einzelfall zumindest bei der Bemessung der Bußgelder berücksichtigt werden.[90] 42

III. Abhilfemaßnahmen als unzulässiges Druckmittel

Teilweise wurde davor gewarnt, von Zulieferern soziale Anforderungen einzufordern, da dies ein unzulässiges Druckmittel bzw. Machtmissbrauch sei.[91] So wurde etwa vereinzelt angenommen, dass marktbeherrschende oder marktstarke Unternehmen den Zulieferer durch die Drohung, den Warenbezug abzubrechen, behindern und diskriminieren würden und damit gegen § 19 Abs. 2 und 3 bzw. § 20 Abs. 1 GWB verstießen.[92] 43

Ob Behinderungen anderer Unternehmen im Wettbewerb als unbillig und deren ungleiche Behandlung als sachlich nicht gerechtfertigt zu beurteilen sind, ist nach der ständigen Rechtsprechung des BGH anhand einer Abwägung der Interessen der Beteiligten unter Berücksichtigung der auf die Freiheit des Wettbewerbs gerichteten Zielsetzung des GWB zu entscheiden.[93] Diesbezüglich dürfte § 7 Abs. 2 S. 3 jedoch legalisierende Wirkung zukommen, da entsprechende Abhilfemaßnahmen bis hin zum Abbruch der Geschäftsbeziehung nunmehr unter den jeweiligen Voraus- 44

85 Grabosch/*Grabosch* § 5 Rn. 120; zum Abbruch der Geschäftsbeziehungen mit Zulieferern in der Provinz Xinjiang siehe D.IV.1.
86 *Nasse* RAW **2022** 3, 8; Grabosch/*Grabosch* § 5 Rn. 120.
87 *Henninger/Köstner* ZfZ **2022** 41, 48.
88 *Ehmann* ZVertriebsR **2021** 205, 207.
89 Wissenschaftlicher Dienst des Bundestags, WD 2 – 3000 – 027/21,78.
90 *Nasse* RAW **2022** 3, 9; Wissenschaftlicher Dienst des Bundestags, WD 2 – 3000 – 027/21, 80.
91 Grabosch/*Grabosch* § 5 Rn. 116.
92 *Rieble* BB **2013** 245, 249 f.
93 Zuerst BGHZ **38** 90, 102 „Treuhandbüro“; BGH NJW **2012** 773 „Grossistenkündigung“; BGH EnWZ **2014** 268 „Stromnetz Berkenthin“; zuletzt BGH Urt. v. 23.1.2018 – KZR 48/15 = BeckRS **2018** 2279, Rn. 34.

setzungen der Nummern 1 bis 3 nicht nur erlaubt, sondern vielmehr für die Unternehmen verpflichtend sind.[94]

D. Abbruch der Geschäftsbeziehungen (Abs. 3)

I. Voraussetzungen

45 Die Ausgestaltung von § 7 Abs. 2 und 3 folgt dem Grundsatz „Befähigung vor Rückzug“,[95] der bereits in VN-Leitprinzip 19 angelegt ist. Unternehmen sollen danach zuerst versuchen, gemeinsam mit dem Zulieferer oder durch Zusammenschluss innerhalb der Branche nach Lösungen für die Verletzung der menschenrechtlichen oder umweltbezogenen Pflichten suchen.[96] Unternehmen sollen ermutigt werden, sich nicht aus Regionen mit schwachen Menschenrechts- oder Umweltstandards zurückzuziehen, sondern sich zunächst vor Ort um eine Risikominimierung bemühen, entweder zusammen mit ihren Zulieferern oder innerhalb der Branche.[97]

46 Grund dafür ist, dass der Abbruch der Geschäftsbeziehung meist weder im Interesse des Unternehmens noch der Beschäftigten beim Zulieferer ist und auch die Menschenrechtslage beim Zulieferer nicht direkt verbessert.[98] Scheiden deutsche Unternehmen aus, so dürften die nachrückenden Konkurrenten regelmäßig keine Verbesserung für die Betroffenen erwarten lassen.[99] Vielmehr kann ein Abbruch der Geschäftsbeziehungen zu schwerwiegenden Beeinträchtigungen der Lebenssituation der Beschäftigten des Zulieferers vor Ort bewirken.[100]

47 Aus diesem Grund ist der Abbruch der Geschäftsbeziehungen die *ultima ratio* und nur geboten, wenn die Voraussetzungen von § 7 Abs. 3 S. 1 Nummern 1 bis 3 vorliegen.[101] Es gelten folgende *kumulative* Voraussetzungen:

1. Die Verletzung einer geschützten Rechtsposition oder einer umweltbezogenen Pflicht ist als sehr schwerwiegend zu bewerten.
2. Die Umsetzung der im Konzept erarbeiteten Maßnahmen bewirkt nach Ablauf der im Konzept festgelegten Zeit keine Abhilfe.
3. Dem Unternehmen stehen keine anderen milderen Mittel zur Verfügung und eine Erhöhung des Einflussvermögens erscheint nicht aussichtsreich.[102]

1. Schwerwiegende Pflichtverletzung

48 Das LkSG legt nicht fest, was unter einer „sehr schwerwiegenden“ Pflichtverletzung zu verstehen ist.[103] Bei der Beurteilung, wie schwerwiegend ein Verstoß ist, sind jedoch der Grad der Beeinträchtigung, also die Intensität der Verletzung, die grundlegende Bedeutung des verletzten Rechts-

94 Grabosch/*Grabosch* § 5 Rn. 117; wohl auch *Ekkenga/Erlemann* ZIP **2022** 49, 56, jedoch kritisch hinsichtlich einer Vereinbarkeit mit Art. 101 AEUV; vgl. dazu allgemein Immenga/Mestmäcker/*Markert/Fuchs* Wettbewerbsrecht, 6. Aufl. 2020, GWB § 19 Rn. 122.

95 Beschlussempfehlung des Ausschusses für Arbeit und Soziales, BT-Drs. 19/30505 S. 32; Grabosch/*Grabosch* § 5 Rn. 112; *Hübner* NZG **2020** 1411, 1414.

96 Vgl. Kommentar zu VN-Leitprinzip 19, 25 f.

97 Antwort XV.4 FAQ-LkSG.

98 *Hübner* NZG **2020** 1411, 1414.

99 *Nasse* RAW **2022** 3, 8.

100 Grabosch/*Grabosch* § 5 Rn. 113.

101 BT-Drs. 19/28649 S. 49; *Hübner* NZG **2020** 1411, 1414; auch *Gehling/Ott/Lüneborg* CCZ **2021** 230, 237; *Lutz-Bachmann/Vorbeck/Wengenroth* BB **2021** 906, 910.

102 Siehe auch Antwort XI.1 FAQ-LkSG.

103 Kubis/Tödtmann/*Hettich/Charnitzky* Vorstands-HdB, 3. Aufl. 2022, § 14 Rn. 270.

guts sowie die Anzahl der von der Verletzung Betroffenen entscheidend.[104] Weiter ist unter Heranziehung von VN-Leitprinzip 14 als Auslegungshilfe[105] beachtlich, inwieweit die Verletzung wiedergutzumachen ist bzw. inwieweit permanente Schäden eingetreten sind.[106] Das heißt, dass eine sehr schwerwiegende Verletzung nicht nur bei Verstößen gegen grundlegende Menschenrechte wie dem Recht auf Leben oder dem Verbot von Kinder- und Zwangsarbeit anzunehmen ist.[107] Vielmehr kann auch eine andauernde Verletzung weniger gewichtiger Rechtspositionen sehr schwerwiegend sein, insbesondere wenn eine Vielzahl von Menschen betroffen ist.[108]

Es dürfte derselbe Maßstab gelten, der auch an die Auffangklausel des § 2 Abs. 2 Nr. 12 anzule- 49 gen ist,[109] auch wenn dort von einem „besonders schwerwiegenden" Verstoß die Rede ist.[110] Dies hat zur Folge, dass ein Verstoß gegen § 2 Abs. 2 Nr. 12 eine besonders sorgfältige Prüfung des Abbruchs der Geschäftsbeziehungen zur Folge hat[111] und einen Abbruch ggf. sogar indiziert, wenn auch die Voraussetzungen der Nummern 2 und 3 gegeben sind.

Im Gegenzug sollen die kumulativen Voraussetzungen den Unternehmen jedoch Sicherheit 50 bieten im Umgang mit Zulieferern, die menschenrechtlichen Risiken noch nicht angemessen begegnen. Das Bundesministerium für Arbeit und Soziales sowie das BAFA stellen klar, dass auch bei schweren Menschenrechtsverstößen ein Abbruch der Geschäftsbeziehung nur dann geboten ist, wenn auch die weiteren Voraussetzungen der Nummern 2 und 3 gegeben sind.[112]

2. Keine Abhilfe nach Fristablauf

§ 7 Abs. 3 S. 1 Nr. 2 stellt noch einmal klar, dass das Abhilfekonzept nach Abs. 2 Vorrang vor einem 51 möglichen Abbruch der Geschäftsbeziehung hat. Wurde ein Abhilfekonzept erstellt, so ist ein Abbruch nicht vor Ablauf der darin vorgesehenen Frist geboten.

Allenfalls in Ausnahmefällen kann sich etwas anderes ergeben, etwa wenn das Unternehmen 52 bereits vor Fristablauf erkennt, dass das Abhilfekonzept nicht erfolgreich sein wird, oder wenn der Zulieferer das Unternehmen so gravierend hintergangen hat, dass das Vertrauensverhältnis – und somit auch das Vertrauen in das Abhilfekonzept – zerstört ist.[113] Unternehmen haben dabei jedoch zu bedenken, dass auch ein sofortiger Abbruch der Geschäftsbeziehungen nachteilige Auswirkungen auf die menschenrechtliche Lage beim Zulieferer haben kann.[114]

3. Keine milderen Mittel

Letzte Voraussetzung des Abbruchs der Geschäftsbeziehungen ist, dass dem Unternehmen keine 53 anderen milderen Mittel zur Verfügung stehen und eine Erhöhung des Einflussvermögens nicht aussichtsreich erscheint. Die Hinweise des Bundesministeriums für Arbeit und Soziales behandeln mildere Mittel und eine Erhöhung des Einflussvermögens als eigenständige Voraussetzungen.[115] Es wäre jedoch auch denkbar, die Erhöhung des Einflussvermögens als ein mögliches milderes Mittel zu verstehen.

104 Grabosch/*Grabosch* § 5 Rn. 112.
105 Siehe dazu § 3 Rn. 69.
106 Vgl. Kommentar zu VN-Leitprinzip 14, S. 18.
107 *Harings/Jürgens* RdTW **2021** 297, 300.
108 *Harings/Jürgens* RdTW **2021** 297, 300.
109 Siehe dazu § 2 Rn. 142 ff.
110 *Lutz-Bachmann/Vorbeck/Wengenroth* BB **2021** 906, 910.
111 *Lutz-Bachmann/Vorbeck/Wengenroth* BB **2021** 906, 910.
112 Antwort XV.4 FAQ-LkSG.
113 Grabosch/*Grabosch* § 5 Rn. 113.
114 Vgl. Kommentar zu VN-Leitprinzip 19, S. 26.
115 Siehe auch Antwort XI.1 FAQ-LkSG.

54 Auch hier definiert das LkSG nicht, was unter Einflussnahmemöglichkeit verstanden wird bzw. wie eine Erhöhung umgesetzt werden soll.[116] Auch VN-Leitprinzip 19 hilft bei der Auslegung nur bedingt weiter: danach gilt das Einflussvermögen dann als vorhanden, „wenn das Unternehmen über die Fähigkeit verfügt, Veränderungen in den unrechtmäßigen Praktiken des Schadenverursachers herbeizuführen."[117] Denkbar sind daher sowohl rechtliche wie faktische Einflussnahmemöglichkeiten. Erstere setzten jedoch meist voraus, dass sich das Unternehmen bereits auf Präventionsebenen vertragliche Eskalationsmöglichkeiten wie etwa Vertragsstrafen hat einräumen lassen.[118] Ist dies nicht geschehen, so dürfte eine Verhaltensänderung beim Zulieferer nur schwer zu erreichen sein. Dies kann allenfalls bei einer entsprechenden Marktdominanz des Unternehmens der Fall sein oder bei einem besonders großen Auftragsvolumen,[119] sodass auch ohne rechtliche Mittel jedenfalls wirtschaftlicher Druck erzeugt werden kann.

II. Fehlende Ratifizierung von Übereinkommen

55 § 7 Abs. 3 S. 2 enthält die Klarstellung, dass die bloße Tatsache, dass ein Staat eines der in der Anlage zu diesem Gesetz aufgelisteten Übereinkommen nicht ratifiziert oder nicht in sein nationales Recht umgesetzt hat, nicht zu einer Pflicht zum Abbruch der Geschäftsbeziehung führt. Nach Satz 3 sollen davon unberührt bleiben Einschränkungen des Außenwirtschaftsverkehrs durch oder aufgrund von Bundesrecht, Recht der Europäischen Union oder Völkerrecht.

56 Die Klarstellung des Satz 2 wurde erst im parlamentarischen Verfahren eingefügt als Reaktion auf die Kritik von Unternehmensverbänden.[120] Grund der Kritik war, dass insbesondere China einige der in § 2 genannten ILO-Abkommen nicht ratifiziert hat.[121] Aber auch die USA haben nur zwei (Nr. 6, 11) der acht in Anlage zu § 2 genannten ILO-Abkommen ratifiziert.[122] Das Bundesministerium für Arbeit und Soziales weist im Zuge der Klarstellung darauf hin, dass es Sache der Saaten, nicht der Unternehmen, sei, die Abkommen zu ratifizieren und ins nationale Recht umzusetzen. Daher kann die Nichtratifikation von menschenrechtlichen oder umweltrechtlichen Abkommen oder deren Nichtumsetzung in nationales Recht allein kein Auslöser für die Pflicht sein, die Geschäftsbeziehung abzubrechen oder erst gar nicht einzugehen.[123] Diese Klarstellung ist insbesondere relevant für Geschäftsbeziehungen mit Zulieferern von Singe-Source Komponenten, da es oft Jahre dauern kann, bis diese Zulieferer ersetzt werden können.[124]

57 Diese Klarstellung wird jedoch dadurch relativiert, dass sowohl die Gesetzesmaterialien als auch die Hinweise des BAFA darauf verweisen, dass staatliche Defizite im Bereich der Menschenrechte, etwa durch fehlende Ratifizierung von Abkommen, oder staatliche Menschenrechtsverletzungen vom Unternehmen im Rahmen der unternehmerischen Sorgfaltspflicht zu beachten seien.[125] Die Nichtumsetzung von Abkommen sei daher in die Risikoanalyse einzubeziehen und die Folgen der fehlenden Umsetzung für die Risikolage zu prüfen.[126] Das Unternehmen hat in der

116 *Charnitzky/Weigel* RIW **2022** 12, 16; Kubis/Tödtmann/*Hettich/Charnitzky* Vorstands-HdB, § 14 Rn. 270.

117 Kommentar zu VN-Leitprinzip 19, S. 26.

118 *Charnitzky/Weigel* RIW **2022** 12, 16.

119 Vgl. zu diesen Kriterien Grabosch/*Grabosch* § 2 Rn. 66.

120 Beschlussempfehlung des Ausschusses für Arbeit und Soziales, BT-Drs. 19/30505 S. 40; *Spindler* ZHR **2022** 67, 86.

121 Vgl. BDI Stellungnahme zum Referentenentwurf Gesetz über die unternehmerischen Sorgfaltspflichten in Lieferketten, 1.3.2021, S. 6; BDA Umfassende Korrekturen notwendig – Stellungnahme zum Referentenentwurf des Bundesministeriums für Arbeit und Soziales für ein Gesetz über die unternehmerischen Sorgfaltspflichten in Lieferketten, 1.3.2021, S. 3.

122 Vgl. *Ehmann/Berg* GWR **2021** 287, 292.

123 Antwort XI.1 FAQ-LkSG.

124 *Gehling/Ott/Lüneborg* CCZ **2021** 230, 238.

125 Beschlussempfehlung des Ausschusses für Arbeit und Soziales, BT-Drs. 19/30505 S. 40; dazu auch *Spindler* ZHR **2022** 67, 86 f.

126 Antwort XI.1 FAQ-LkSG.

Folge dann die angemessenen Präventions- und gegebenenfalls Abhilfemaßnahmen zu treffen. Während der Gesetzgeber also einerseits klarstellt, dass die fehlende Ratifizierung von Übereinkommen nicht zwingend einen Abbruch der Geschäftsbeziehungen notwendig macht, so geht er dennoch davon aus, dass dieser Umstand die Risikolage jedenfalls erhöht.[127]

III. Einzelfälle

1. Pflicht zum Abbruch von Geschäftsbeziehungen mit China?

Besonders relevant ist die Regelung des § 7 Abs. 3 vor dem Hintergrund der Menschenrechtssituation in der chinesischen Provinz Xinjiang. Sowohl Medien als auch internationale Organisationen berichten seit längerer Zeit über Zwangsarbeit und weitere schwerwiegende Menschenrechtsverletzungen, die die uigurische Minderheit in der Provinz betreffen.[128] Jüngst stand insbesondere VW wegen seiner Geschäftstätigkeit in der Provinz in der Kritik.[129] Aber auch andere deutsche Unternehmen wie Adidas, Puma, BMW und Siemens sind in der Region präsent und sind entsprechender Kritik ausgesetzt.[130] 58

a) Hinweise auf schwere Menschenrechtsverletzungen durch US-Behörden. Auch die US-Regierung geht davon aus, dass es in der Region Xinjiang zu schwerwiegenden Menschenrechtsverletzungen kommt, die Inhaftierung, Folter, Vergewaltigung, Zwangssterilisation und Verfolgung umfassen, unter anderem durch Zwangsarbeit und die Verhängung drakonischer Beschränkungen der Religions- und Glaubensfreiheit, Meinungsfreiheit und Freizügigkeit.[131] In diesem Zusammenhang wird insbesondere auf die Internierungslager hingewiesen, in denen es unter dem Deckmantel der Berufsausbildung zu Zwangsarbeit, Schuldknechtschaft und anderen missbräuchliche Praktiken kommen soll.[132] Vor diesem Hintergrund erlaubt der US-Gesetzgeber den Import von Waren aus Xinjiang nur, wenn der Importeur nachweist, dass diese Produkte frei von Zwangsarbeit sind.[133] Nach dem US Tariff Act (19 U.S.C. § 1307) ist die Einfuhr von Gütern verboten, die ganz oder teilweise durch Zwangs- oder Kinderarbeit hergestellt wurden.[134] Erhält die *US Customs and Border Protection* (CBP) Kenntnis von Tatsachen, die auf einen Verstoß gegen das Verbot hindeuten, können die Güter durch sog. „Withhold Release Orders" festgehalten oder 59

127 *Spindler* ZHR **2022** 67, 86 f.

128 Eine Übersicht der Berichte findet sich bei Wissenschaftlicher Dienst, WD 2 – 3000 – 027/21, S. 73 ff.; dazu auch *Emtseva* Sanctioning the Treatment of Uighurs in China, Verfassungsblog, 25.4.2021, https://verfassungsblog.de/sanctioning-the-treatment-of-uighurs-in-china/ (zuletzt am 11.10.2022).

129 Vgl. Tagesschau, 17.6.2022, „Druck auf VW steigt – IG Metall für Rückzug aus Xinjiang", https://www.tagesschau.de/wirtschaft/ig-metall-stellt-vw-werk-in-china-infrage-101.html (zuletzt am 11.10.2022); The Wall Street Journal, 17.6.2022, „Volkswagen Should Rethink China Presence, Says Union Leader", https://www.wsj.com/articles/volkswagen-should-rethink-china-presence-says-union-leader-11655470073 (zuletzt am 11.10.2022).

130 Wissenschaftlicher Dienst, WD 2 – 3000 – 027/21, S. 74 m.w.N.

131 Siehe dazu die (nicht rechtsverbindlichen) Leitlinien der US-Behörden „Xinjiang Supply Chain Business Advisory – Risks and Considerations for Businesses and Individuals with Exposure to Entities Engaged in Forced Labor and other Human Rights Abuses linked to Xinjiang, China" vom 13.7.2021, S. 2, abrufbar unter https://www.state.gov/wp-content/uploads/2021/07/Xinjiang-Business-Advisory-13July2021-1.pdf (zuletzt am 11.10.2022); an den Leitlinien beteiligte Behörden sind das U.S. Department of State, das U.S. Department of the Treasury, sowie das U.S. Department of Commerce, das U.S. Department of Homeland Security (DHS), das Office of the U.S. Trade Representative sowie das U.S. Department of Labor.

132 Im Detail *Xinjiang Supply Chain Business Advisory*, S. 7 ff.

133 Section 307 of the Tariff Act of 1930 (19 U.S.C. § 1307).

134 Im Originalwortlaut: *„All goods, wares, articles, and merchandise mined, produced, or manufactured wholly or in part in any foreign country by convict labor or/and forced labor or/and indentured labor under penal sanctions shall*

sogar eingezogen werden. Um die Einhaltung dieser Anforderungen zu dokumentieren, ist ein „Certificate of Origin" des Verkäufers bzw. Herstellers sowie eine Stellungnahme des Importeurs vorzuweisen.[135] Bis zur Vorlage eines entsprechenden Nachweises kann die CBP die Herausgabe der Importwaren verweigern.[136]

60 Diese Regelungen wurden mit dem Uygur Forced Labor Prevention Act,[137] der am 21.6.2022 in Kraft trat, nochmals verschärft. Im Zuge dieses Gesetzes hat das US *Department for Homeland Security* eine Liste mit chinesischen Unternehmen veröffentlicht, für deren Produkte vermutet wird, dass sie mithilfe von Zwangsarbeit hergestellt wurden.[138] Für die gelisteten Produkte müssen Importeure nunmehr nachweisen, dass ihre Lieferkette frei von Zwangsarbeit ist. Bis zu diesem Nachweis ist ein Import in die USA verboten.[139] Diese *entity lists* betreffen insbesondere Produkte aus Baumwolle sowie Polysiliconen (zur Herstellung von Solaranlagen). Auch für die Risikoanalyse deutscher Unternehmen dürfte diese Liste beachtlich sein.

61 **b) Völkerstrafrechtliche Relevanz der Menschenrechtsverletzungen.** Für deutsche Unternehmen sind diese Berichte bzw. die Einschätzung der US-Regierung insbesondere relevant, da sich Fabrikgebäude oft in unmittelbarer räumlicher Nähe zu den Internierungs- und Umerziehungslager in Xinjiang befinden sollen.[140] Die mutmaßliche Zwangsarbeit ist auch Anlass für die Strafanzeige, die das European Center for Constitutional and Human Rights (ECCHR) wegen einer Verletzung des Völkerstrafrechts, insbesondere von § 7 Abs. 1 Nr. 3 VStGB, beim Generalbundesanwalt gegen mehrere deutsche Textilmarken und -händler erhoben hat.[141] Die Unternehmen haben laut ECCHR Lieferbeziehungen zu chinesischen Unternehmen mit Betriebsstätten in Xinjiang und sollen von der mutmaßlich staatlich geförderten Zwangsarbeit profitieren.[142] Nach § 7 Abs. 1 Nr. 3 VStGB macht sich strafbar, wer im Rahmen eines ausgedehnten oder systematischen Angriffs gegen eine Zivilbevölkerung Menschenhandel betreibt, insbesondere mit einer Frau oder einem Kind, oder wer auf andere Weise einen Menschen versklavt und sich dabei ein Eigentumsrecht an ihm anmaßt. Die Freiheitsstrafe beträgt nicht unter fünf Jahren. Zwangsarbeit wird zwar in § 7 Abs. 1 Nr. 3 VStGB nicht als eigenständige Form der Versklavung genannt, ist aber immer dann erfasst, wenn sie mit der Ausübung angemaßter Eigentumsrechte an den betroffenen Personen einhergeht.[143] Das entsprechende Ermittlungsverfahren beim Generalbundesanwalt wurde jedoch bisher noch nicht eingeleitet.[144]

---

not be entitled to entry at any of the ports of the United States, and the importation thereof is hereby prohibited (...). „Forced labor", as herein used, shall mean all work or service which is exacted from any person under the menace of any penalty for its nonperformance and for which the worker does not offer himself voluntarily. For purposes of this section, the term „forced labor or/and indentured labor" includes forced or indentured child labor.".

135 Vgl. 19 C.F.R. § 12.43(a) und (b); dazu auch CBP, Xinjiang Uyghur Autonomous Region WRO Frequently Asked Questions, abrufbar unter https://www.cbp.gov/trade/programs-administration/forced-labor/xinjiang-uyghur-autonomous-region-wro-frequently-asked-questions (zuletzt am 11.10.2022).

136 Vgl. auch Grabosch/*Grabosch* § 8 Rn. 20.

137 Abrufbar unter https://www.congress.gov/bill/117th-congress/house-bill/1155/text (zuletzt am 11.10.2022).

138 Diese *entity list* ist abrufbar unter https://www.dhs.gov/uflpa-entity-list (zuletzt am 11.10.2022).

139 Die CBP hat im Juni 2022 Hinweise für Importeure zum Ablauf des Verfahrens veröffentlicht, https://www.cbp.gov/sites/default/files/assets/documents/2022-Jun/CBP_Guidance_for_Importers_for_UFLPA_13_June_2022.pdf (zuletzt am 11.10.2022).

140 Wissenschaftlicher Dienst, WD 2 – 3000 – 027/21, S. 74.

141 ECCHR Menschenrechtsverletzungen von der Stange: Mutmaßliche Zwangsarbeit für europäische Modemarken, abrufbar unter https://www.ecchr.eu/fall/china-zwangsarbeit-uighuren/ (zuletzt am 11.10.2022); vgl. auch Süddeutsche Zeitung, 5.9.2021, „Menschenrechtler zeigen deutsche Firmen an", https://www.sueddeutsche.de/wirtschaft/menschenrechte-china-uiguren-deutsche-firmen-1.5401700 (zuletzt am 11.10.2022). Weitere Anzeigen wurden in Frankreich und den Niederlanden erhoben; dazu auch *Nasse* RAW **2022** 3.

142 *Nasse* RAW **2022** 3.

143 MüKo-StGB/*Werle*/*Jeßberger* VStGB § 7 Rn. 61.

144 ECCHR, Adidas, Hugo Boss, Puma und Co.: Baumwolle aus Zwangsarbeit?, abrufbar unter https://www.ecchr.eu/pressemitteilung/baumwolle-xinjiang-textilien-recherche/ (zuletzt am 11.10.2022).

Darüber hinaus wurde auch der Tatbestand des Völkermordes in Betracht gezogen. Der Ausschuss für Menschenrechte und humanitäre Hilfe hat zu diesem Thema im Mai 2021 öffentlich eine Reihe von Experten angehört. Der Wissenschaftliche Dienst des Bundestags kam in seinem Gutachten zu dem Ergebnis, dass jedenfalls der objektive Tatbestand des Artikels 2 der Völkermordkonvention erfüllt sei.[145] Zweifel wurden jedoch hinsichtlich der subjektiven Voraussetzungen geäußert, sodass dieser Tatbestand nicht erfüllt sein dürfte.[146] 62

Die breite Diskussion der strafrechtlichen Relevanz der Geschäftstätigkeit von deutschen Unternehmen in Xinjiang dürfte jedoch für Unternehmen Anlass geben, entsprechende Geschäftsbeziehungen zu überdenken bzw. einer strengen Kontrolle zu unterziehen. Das ECCHR hat überdies darauf hingewiesen, dass nach Inkrafttreten des LkSG weitere Strafanzeigen folgen könnten.[147] 63

c) Besondere Warnhinweise im Rahmen der Risikoanalyse. Auch wenn Unternehmen keine gesicherten Beweise für die behaupteten Menschenrechtsverletzungen in der Region Xinjiang haben, so sollten ihre Risikoanalyse die Medienberichte sowie die Einschätzung der US-Regierung nicht unberücksichtigt lassen und möglichen Hinweisen im eigenen Geschäftsbereich oder dem von Zulieferern nachgehen. Insbesondere könnten die Berichte Anhaltspunkte einer substantiierten Kenntnis nach § 9 Abs. 3 darstellen.[148] 64

Das *Xinjiang Supply Chain Business Advisory* enthält eine Reihe von Anzeichen bzw. Warnhinweisen, die Unternehmen bei der Ermittlung des Risikos von Zwangsarbeit beachten sollten. So können Anzeichen für Zwangsarbeit sein: 65

- eine fehlende Transparenz der Zulieferer hinsichtlich der Produktherkunft oder Herstellungsmethoden,
- eine im Vergleich zum Umsatz geringe Anzahl an Mitarbeitern des Unternehmens selbst,
- der Hinweis auf (Um-) Erziehungs- oder Trainingscenter zur Förderung ethnischer Minderheiten, insbesondere in unmittelbarer Nähe zu Fabrikgebäuden des Zulieferers oder des Unternehmens selbst,
- die Unterstützung durch die chinesische Regierung oder der Einsatz von Personalvermittlern der Regierung,
- sowie sämtliche Verbindungen des Zulieferers oder des Produktionsstandorts zum *Xinjiang Production and Construction Corps* (XPCC).[149]

Insbesondere Aufgrund der Schwere der behaupteten Menschenrechtsverletzungen dürften die Sorgfaltspflichten gesteigerten Anforderungen unterliegen.[150] Zudem sollen Unternehmen nach VN-Leitprinzip 18 besondere Aufmerksamkeit auf besonders gefährdete bzw. marginalisierte Gruppen legen,[151] zu denen die uigurische Minderheit gehören dürfte. 66

145 Wissenschaftlicher Dienst, WD 2 – 3000 – 027/21, S. 72.

146 *Jeßberger* Schriftliche Stellungnahme zur Öffentlichen Anhörung des Ausschusses für Menschenrechte und humanitäre Hilfe am 17. Mai 2021 zu dem Thema: „Völkerrechtliche Bewertung der Menschenrechtsverletzungen an den Uiguren", Ausschussdrucksache 19(17)153.6; *Kayser* Schriftliche Stellungnahme zur Öffentlichen Anhörung des Ausschusses für Menschenrechte und humanitäre Hilfe am 17. Mai 2021 zu dem Thema: „Völkerrechtliche Bewertung der Menschenrechtsverletzungen an den Uiguren", Ausschussdrucksache 19(17)153.7; Wissenschaftlicher Dienst, WD 2 – 3000 – 027/21, S. 72.

147 ECCHR Menschenrechtsverletzungen von der Stange: Mutmaßliche Zwangsarbeit für europäische Modemarken, abrufbar unter https://www.ecchr.eu/fall/china-zwangsarbeit-uighuren/ (zuletzt am 11.10.2022).

148 In diese Tendenz *Jahn* Das deutsche Lieferkettengesetz, Verfassungsblog, 31.5.2021, https://verfassungsblog.de/das-deutsche-lieferkettengesetz/ (zuletzt am 11.10.2022).

149 *Xinjiang Supply Chain Business Advisory* S. 9 f.

150 Vgl. zum Maßstab der angemessenen Sorgfaltspflichten Grabosch/*Grabosch* § 2 Rn. 66.

151 Kommentar zu VN-Leitprinzip 18, S. 23.

67 **d) Pflicht zum Abbruch der Geschäftsbeziehungen.** Der Wissenschaftliche Dienst des Deutschen Bundestages ist in Anbetracht der Berichte über die Menschenrechtsverletzungen gegenüber der uigurischen Minderheit zu dem Ergebnis gekommen, dass unter der Geltung des LkSG eine Pflicht zum Abbruch der Geschäftsbeziehung zu chinesischen Zulieferern fast unausweichlich scheine.[152]

68 Betrachtet man die Voraussetzungen des § 7 Abs. 3, so dürften diese regelmäßig vorliegen, wenn die Medien- und NGO-Berichte zutreffen.[153] Bei den behaupteten Inhaftierungen, Zwangsarbeit und anderen gravierenden Beschränkungen von Religions- und Meinungsfreiheit handelt es sich um sehr schwerwiegende Menschenrechtsverletzungen iSv § 7 Abs. 3 Nr. 1. Kommen diese Verletzungen in der Lieferkette des Unternehmens vor, so dürften Abhilfekonzepte aufgrund der mutmaßlich staatlich gedeckten bzw. geförderten Verletzungen selten aussichtsreich sein und auch eine Erhöhung des Einflussvermögens keinen Erfolg versprechen.[154] Daher wird teilweise angenommen, dass sich das Regel-Ausnahme-Verhältnis in Bezug auf Geschäftsbeziehungen mit chinesischen Zulieferern umkehrt und der Abbruch dieser Beziehungen in der Regel geboten sei.[155] Unklar ist jedoch, ob die Unternehmen im Rahmen der Entscheidung über den Abbruch mögliche negative Auswirkungen für die Betroffenen berücksichtigen müssen.[156]

69 Dies dürfte jedoch nur die Geschäftsbeziehungen in der Region Xinjiang betreffen, nicht sämtliche Beziehungen zu China. Aufgrund der Relevanz des chinesischen Marktes für deutsche Unternehmen wäre insoweit eine Klarstellung des BAFA jedoch begrüßenswert.[157]

2. Abbruch durch Vertragsbruch

70 § 7 Abs. 3 räumt dem Unternehmen jedenfalls kein ausdrückliches Recht ein, sich vom Vertrag zu lösen, sodass auf das für den jeweiligen Vertrag geltende Zivilrecht zurückgegriffen werden muss.[158] In Betracht kommen etwa §§ 323 oder 314 BGB oder Art. 25 CISG. Insoweit dürfte § 7 Abs. 3 jedenfalls die Tatbestandmerkmale der jeweiligen Norm beeinflussen. Setzten diese Normen etwa wie § 314 BGB einen „wichtigen Grund" voraus oder ist wie bei § 323 Abs. 2 Nr. 3 von „besonderen Umständen" und einer „Abwägung der Umstände" die Rede, so dürften diese Voraussetzungen bei einer sehr schwerwiegenden Verletzung nach § 7 Abs. 3 Nr. 1 vorliegen.[159]

71 Fraglich ist jedoch, ob das Unternehmen auch eine Pflicht zum Abbruch der Geschäftsbeziehung trifft, wenn nach geltendem Recht kein Loslösungsrecht besteht. Dies kann bei Anwendbarkeit des UN-Kaufrechts der Fall sein, da Art. 25 CISG eine Lösung vom Vertrag nur in Extremfällen zulässt.[160] Muss das Unternehmen in solchen Fällen also einen Vertragsbruch und etwaige Schadensersatzforderungen des Zulieferers in Kauf nehmen?

72 Hier ist jedoch der Grundsatz zu beachten, dass die Sorgfaltspflichten von keinem Unternehmen etwas rechtlich oder tatsächlich unmögliches verlangen. Entsprechend heißt es auch in den Gesetzesmaterialien, dass das Unternehmen seine Sorgfaltspflicht erfüllt, auch wenn es bestimmte Präventions- oder Abhilfemaßnahmen nicht vornehmen konnte, weil dies tatsächlich oder recht-

152 Vgl. Wissenschaftlicher Dienst, WD 2 – 3000 – 027/21, S. 80; auch *Ehmann/Berg* GWR **2021** 287, 292.

153 *Nasse* RAW **2022** 3, 8.

154 Grabosch/*Grabosch* § 2 Rn. 89 f.; *Nasse* RAW **2022** 3, 8.

155 *Nasse* RAW **2022** 3, 8; ebenso HDE Handelsverband Deutschland Stellungnahme – Referentenentwurf zum Gesetz über die unternehmerischen Sorgfaltspflichten in Lieferketten, 1.3.2021, S. 8.

156 Grabosch/*Grabosch* § 2 Rn. 92; *Nasse* RAW **2022** 3, 8.

157 Eine entsprechende Forderung bereit in HDE Handelsverband Deutschland Stellungnahme – Referentenentwurf zum Gesetz über die unternehmerischen Sorgfaltspflichten in Lieferketten, 1.3.2021, S. 8.

158 Grabosch/*Grabosch* § 5 Rn. 114.

159 Grabosch/*Grabosch* § 5 Rn. 114.

160 Ein Lösungsrecht wird aber bspw. im Fall eines drohenden Imageverlusts des Unternehmens angenommen, vgl. MüKo-BGB/*Gruber* CISG Art. 25 Rn. 23, der auch bei schwerwiegenden Menschenrechtsverletzungen bei einem unmittelbaren Zulieferer anzunehmen sein dürfte.

lich unmöglich gewesen wäre.[161] Rechtlich unmöglich ist eine Abhilfemaßnahme, wenn das Unternehmen damit gegen geltendes Recht verstoßen würde.[162] Entsprechend gilt im Fall des Abbruchs von Geschäftsbeziehungen, dass diese nur dort gefordert werden dürften, wo das Gesetz (oder der Vertrag) eine entsprechende Möglichkeit vorsieht.[163]

3. Abbruch der Geschäftsbeziehungen bei Single-Source-Fällen

Eine mögliche Pflicht zum Abbruch der Geschäftsbeziehungen ist vor allem in Single-Source-Fällen 73 relevant. Häufig werden Unternehmen jedenfalls für einzelne Produkte nach dem Single-Source-Prinzip einkaufen, bei dem die Produkte oder Komponenten nicht durch andere Zulieferer ersetzt werden können.[164] Alternative Beschaffungswege machen entweder Redesigns des Produkts nötig oder sind sonst zeitaufwändig.[165] Dies betrifft mit Blick auf China insbesondere den Bereich der Solarenergie, da ein Großteil der Rohstoffe für die Produktion von Solarzellen aus Xinjiang stammt.[166] Zudem könnte sich die Frage aber auch im Hinblick auf den Bezug von Gas und Öl aus Russland stellen.[167]

Es stellt sich daher die Frage, ob in diesen Fällen den Unternehmen ein erweiterter Spielraum 74 zur Beurteilung der Gebotenheit des Abbruchs bzw. der Angemessenheit der Abhilfemaßnahmen eingeräumt wird.[168] Der Kommentar zu VN-Leitprinzip enthält hierzu nur vage Auslegungshinweise. Danach können Geschäftsbeziehungen als „ausschlaggebend" angesehen werden, wenn sie entweder für das Unternehmen wesentlich ist oder keine andere zumutbare Quelle für das Produkt existiert. In diesem Fall soll das Unternehmen bei schwerwiegenden Verletzungen zu umfassenden Veränderungen verpflichtet sein, bevor es die Geschäftsbeziehung verändert.[169] Solange die Verletzung fortdauert, muss das Unternehmen die eignen Abhilfebemühungen kontinuierlich unter Beweis stellen „und bereit sein, alle reputationsbezogenen, finanziellen oder rechtlichen Folgen einer Fortsetzung der Beziehung auf sich zu nehmen."[170] Insoweit scheint VN-Leitprinzip 19 nicht von einer Pflicht zum Abbruch auszugehen, lässt jedoch offen, ob das Unternehmen sich dadurch nicht dennoch ordnungswidrig verhält und möglicherweise Bußgelder zu erwarten hat.

Unter Berücksichtigung der Angemessenheitskriterien des § 3 Abs. 2 ist in diesen Fällen zu 75 ermitteln, wie schwer die Verletzung wiegt, ob die Folgen der Verletzung unumkehrbar sind, wie groß der Verursachungsbeitrag des Unternehmens ist und wie groß das Einflussvermögen des Unternehmens ist.[171] Ist das Unternehmen nur ein unbedeutender Abnehmer unter vielen und hat außer der Bestellung des Produkts keinen Beitrag zur Verletzung geleistet,[172] ist das Produkt aber entscheidend für den Geschäftsbetrieb des Unternehmens, so könnte ein Abbruch der Geschäftsbeziehung mangels Angemessenheit nicht geboten sein.

Der Abbruch der Geschäftsbeziehungen um den Preis der eigenen Existenzgefährdung oder 76 gravierender wirtschaftlicher Schäden dürfte nach Abwägung gemäß § 3 Abs. 2 keine angemessene Maßnahme sein.[173] In der Rechtsprechung ist etwa anerkannt, dass die Existenzgefährdung

161 BT Drs. 19/30505 S. 37.
162 BT Drs. 19/30505 S. 37.
163 Ebenso VCI Diskussionspapier Frage 33.
164 *Gehling/Ott/Lüneborg* CCZ **2021** 230, 238; dazu auch Grabosch/*Grabosch* § 5 Rn. 115; *Brouwer* CCZ **2022** 137, 144.
165 *Gehling/Ott/Lüneborg* CCZ **2021** 230, 238.
166 *Nasse* RAW **2022** 3, 8.
167 *Brouwer* CCZ **2022** 137, 144.
168 *Brouwer* CCZ **2022** 137, 144; ebenso VCI Diskussionspaper Frage 56.
169 Kommentar zu VN-Leitprinzip 19.
170 Kommentar zu VN-Leitprinzip 19.
171 Grabosch/*Grabosch* § 2 Rn. 66; vgl. dazu auch § 3 Rn. 44 ff.
172 Grabosch/*Grabosch* § 5 Rn. 115.
173 So ist es in der Rechtsprechung.

eine Unzumutbarkeit im Sinne des § 313 BGB begründen kann.[174] Auch im Gefahrenabwehrrecht ist anerkannt, dass eine mögliche Existenzgefährdung im Rahmen der Verhältnismäßigkeit zu berücksichtigen ist, jedoch nicht notwendigerweise zur Unverhältnismäßigkeit einer Maßnahme führt.[175] Können Zulieferer daher nicht ersetzt werden und Abhilfemaßnahmen diesen Zulieferern gegenüber nicht durchgesetzt werden oder ist mit einer Minimierung oder Beendigung der Verletzung aus anderen Gründen nicht zu rechnen, so dürfte vom Unternehmen der Abbruch einer essentiellen Geschäftsbeziehung jedenfalls nur unter strengen, noch über den generellen Maßstab des § 7 Abs. 3 hinausgehenden Anforderungen verlangt werden.[176] Ist das Unternehmen jedoch durch einen eigenen Verursachungsbeitrag, der über die Bestellung hinausgeht, an einer schweren Menschenrechtsverletzung beteiligt, so dürfte sich im Umkehrschluss auf die Gebotenheit des Abbruchs nicht auswirken, dass es sich um einen Single-Source-Fall handelt.[177]

E. Überprüfung der Wirksamkeit (Abs. 4)

I. Prüfungsintervall

77 Die Wirksamkeit der Abhilfemaßnahmen ist einmal jährlich sowie anlassbezogen zu überprüfen.

78 Eine anlassbezogene Prüfung ist immer dann notwendig, wenn das Unternehmen mit einer veränderten oder erweiterten Risikolage im eigenen Geschäftsbereich oder dem eines unmittelbaren Zulieferers rechnen muss.[178] Dies kann etwa der Fall sein vor Aufnahme einer neuen Tätigkeit oder Geschäftsbeziehung, vor strategischen Entscheidungen oder Veränderungen in der Geschäftstätigkeit durch einen bevorstehenden Markteintritt, durch Produkteinführung, Veränderung der Geschäftsgrundsätze oder sonstigen umfassenden geschäftlichen Änderungen.[179] Eine anlassbezogene Prüfung kann auch als Reaktion oder in Vorausschau auf Veränderungen im Geschäftsumfeld notwendig sein.[180] Welche Prüfungsfrequenz bzw. Prüfungstiefe im Einzelfall notwendig ist, hängt von den tatsächlich festgestellten Verletzungen ab.[181] Anders als bei § 6 Abs. 4 ist jedoch jede identifizierte mögliche Verletzung nachzuverfolgen.[182]

79 Das Unternehmen kann zur Durchführung der Wirksamkeitsprüfung auf externe Audits von Branchendienstleistern oder sonstigen (zertifizierten) Dritten zurückgreifen, oder selbst Vor-Ort-Prüfungen durchführen.

80 Nach Abs. 4 S. 2 hat das Unternehmen Erkenntnisse aus der Bearbeitung von Hinweisen nach § 8 Abs. 1 bei der regelmäßigen Überprüfung der Abhilfemaßnahmen zu berücksichtigen.[183] Bei Bedarf sind die Maßnahmen unverzüglich zu aktualisieren, Abs. 4 S. 3.[184]

174 RGZ **98** 18; RGZ **100** 129, 131; RGZ **102** 273, 274; RGZ **166** 40, 49; dazu auch MüKo-BGB/*Finkenauer* § 313 Rn. 23.

175 Vgl. OVG Koblenz Urt. v. 2.3.2022 – 1 C 11675/20 = BeckRS **2022** 6430 Rn. 48; VGH München Urt. v. 25.1.2008 – 22 N 04.3471 = BeckRS **2008** 36263 Rn. 42; OVG Berlin-Brandenburg Beschl. v. 8.10.2018 – OVG 5 S 52.17 = BeckRS **2018** 24239 Rn. 14.

176 So auch *Schäfer* ZLR **2022** 22, 50; beachtlich dürfte hier im Unterschied zur Verhältnismäßigkeit hoheitlicher Anordnungen im Gefahrenabwehrrecht zudem sein, dass das LkSG keine Ausgleichzahlungen für betroffene Unternehmen vorsieht.

177 In diese Richtung Grabosch/*Grabosch* § 5 Rn. 115.

178 BT-Drs. 19/28649 S. 49; Grabosch/*Grabosch* § 5 Rn. 121.

179 BT-Drs. 19/28649 S. 49.

180 BT-Drs. 19/28649 S. 49.

181 VCI Diskussionspapier Frage 52.

182 VCI Diskussionspapier Frage 54.

183 Grabosch/*Grabosch* § 5 Rn. 107.

184 BT-Drs. 19/28649 S. 49.

II. Indikatoren der Wirksamkeit

Bei der Prüfung der Wirksamkeit kann das Unternehmen eine Reihe von Indikatoren heranziehen. 81
So ist zu untersuchen, ob die geforderten Maßnahmen von eigenen Mitarbeitern oder von Zulieferern durchgeführt wurden. Ist dies der Fall, ist zu untersuchen, ob sie zu einer Beendigung oder Minimierung der jeweiligen Verletzung geführt haben.[185] Darüber hinaus sollte das System auf seine Offenheit für die Entdeckung neuer Verletzungen hin überprüft werden. Insbesondere sollten Wirksamkeitserkenntnisse aus dem Beschwerdeverfahren nach § 8 einbezogen werden und die Ergebnisse von Drittaudits bewertet werden.[186]

F. Auswirkungen auf nicht unmittelbar vom LkSG betroffene Gesellschaften

Werden konkrete Verletzungen von menschenrechtlichen oder umweltbezogenen Pflichten festge- 82
stellt, so sind Unternehmen verpflichtet, Abhilfemaßnahmen zu ergreifen und müssen ggf. mit ihren Zulieferern ein Konzept zur Beendigung oder Minimierung der Verletzung entwickeln.[187] Die Zulieferer sind nicht direkt von der Pflicht zu Abhilfemaßnahmen des § 7 betroffen. Jedoch können sie vertraglich verpflichtet sein, an diesen Maßnahmen mitzuwirken und diese umzusetzen, wenn ihre Abnehmer sie bereits im Vorgang zur Einhaltung bestimmter menschenrechtlicher oder umweltbezogener Standards oder Pflichten verpflichtet haben.[188]

Sollten Zulieferer sich weigern, schwere menschenrechtliche oder umweltbezogene Verlet- 83
zungen zu beheben, so müssen sie ggf. damit rechnen, dass ihr Abnehmer die Geschäftsbeziehung abbricht, bzw. nach § 7 Abs. 3 abbrechen muss.

G. Verhältnis zu anderen Normen und Standards

Auf EU-Ebene ist der Erlass einer Richtlinie über die Sorgfaltspflichten von Unternehmen geplant. 84
Der Richtlinienentwurf[189] lehnt die konkreten Maßnahmen zur Umsetzung dieser Sorgfaltspflicht ebenso wie das LkSG an den „OECD-Leitfaden für die Erfüllung der Sorgfaltspflicht für verantwortungsvolles unternehmerisches Handeln" an. Daher entsprechen die Abhilfemaßnahmen in Art. 8 des Richtlinien-Entwurfs (CSDDD-E) im Wesentlichen den Vorgaben von § 7.[190] So sieht auch Art. 8 CSDDD-E sieht vor, dass Unternehmen geeignete Abhilfe- oder Minimierungsmaßnahmen ergreifen müssen, wenn die Risikoanalyse nach Art. 6 CSDDD-E zum Ergebnis kommt, dass tatsächliche negative Auswirkungen festgestellt wurden.

Art. 8 Abs. 3 Buchst. b) sieht den Erlass eines Korrekturmaßnahmenplans vor, der einen ange- 85
messenen und klar festgelegten Zeitplan sowie qualitative und quantitative Indikatoren für die Messung der Verbesserung enthalten muss.[191] Der Plan soll in Absprache mit den betroffenen Stakeholdern entwickelt werden.[192]

---

185 Der KMU-Sorgfaltskompass bietet mit Praxishilfe 4 eine Übersicht der Kennzahlen, die zur Überprüfung und Erfassung der Umsetzung von Maßnahmen genutzt werden sollten, abrufbar unter https://kompass.wirtschaft-entwicklung.de/sorgfalts-kompass/messen-und-berichten#c256 (zuletzt am 20.2.2023).

186 VCI Diskussionspapier Frage 51.

187 Vgl. *Hess* NWB **2021** 2981, 2987.

188 *Lutz-Bachmann/Vorbeck/Wengenroth* BB **2021** 906, 910; siehe dazu auch § 6 Rn. 54.

189 Vorschlag für eine Richtlinie des Europäischen Parlaments und des Rates über die Sorgfaltspflichten von Unternehmen im Hinblick auf Nachhaltigkeit und zur Änderung der Richtlinie (EU) 2019/1937, COM(2022) 71 final.

190 *Bettermann/Hoes* WM **2022** 697, 701; *Spindler* ZIP **2022** 765, 771.

191 *Ruttloff/Rothenburg/Hahn* DB **2022** 1116, 1119 f.; *Bettermann/Hoes* WM **2022** 697, 701.

192 *Birkholz* DB **2022** 1306, 1311.

86 Art. 8 Abs. 3 Buchst. c) CSDDD-E sieht, wie § 6 Abs. 4 Nr. 2,[193] die Einholung vertraglicher Zusicherungen von direkten Geschäftspartnern vor, mit denen spezifisch die Einhaltung des Verhaltenskodex und Präventionsplans des Unternehmens sichergestellt werden soll. Auch hier sind KMU bei Bedarf finanziell zu unterstützen.[194] Die Zusicherungen müssen gem. Art. 8 Abs. 4 CSDDD-E von geeigneten Überprüfungsmaßnahmen flankiert werden.

87 Sollten andere Maßnahmen nicht geeignet oder wirksam sein, Risiken zu vermeiden oder minimieren, so soll nach Art. 8 Abs. 3 Buchst. f) CSDDD-E eine Zusammenarbeit mit anderen Unternehmen (im Rahmen des kartellrechtlich zulässigen Umfangs) möglich sein, um die Einflussmöglichkeiten der Unternehmen zu verbessern.[195] Einen entsprechenden Zusammenschluss sieht auch § 7 Abs. 2 Nr. 3 vor.

88 Ebenso wie § 7 Abs. 3 sieht auch Art. 8 Abs. 6 CSDDD-E eine Beendigung der Geschäftsbeziehung nur als letztes Mittel vor. Die Pflicht zur Beendigung steht jedoch unter dem Vorbehalt des anwendbaren Rechts.[196]

89 Ein Unterschied zu § 7 besteht darin, dass als Beseitigungsmaßnahme nach Art. 8 Abs. 3 lit. a) CSDDD-E die Minimierung oder Neutralisierung von Verletzungen durch Zahlung von Schadensersatz oder Entschädigungen an Betroffene möglich sein soll.[197] Diese Vorschrift will jedoch keine eigenständige Haftungsgrundlage schaffen, sondern ist nur auf einen Kompensationseffekt gerichtet.[198] Entsprechend ist nicht klar, in welchem Verhältnis die Kompensationszahlung zu einem möglichen Schadensersatzanspruch steht bzw. ob sie auf diesen gemäß Art. 22 Abs. 2 CSDDD-E vollständig anzurechnen ist.[199]

---

193 Siehe dazu § 6 Rn. 54.

194 *Birkholz* DB **2022** 1306, 1311.

195 *Ruttloff/Rothenburg/Hahn* DB **2022** 1116, 1119 f.

196 *Spindler* ZIP **2022** 765, 771.

197 *Bettermann/Hoes* WM **2022** 697, 701.

198 *Ruttloff/Rothenburg/Hahn* DB **2022** 1116, 1120.

199 *Bettermann/Hoes* WM **2022** 697, 701; *Hübner/Habrich/Weller* NZG **2022** 644, 649 sprechen insoweit von einem „dogmatischen Durcheinander".

§ 8 Beschwerdeverfahren

(1) [1]Das Unternehmen hat dafür zu sorgen, dass ein angemessenes unternehmensinternes Beschwerdeverfahren nach den Absätzen 2 bis 4 eingerichtet ist. [2]Das Beschwerdeverfahren ermöglicht Personen, auf menschenrechtliche und umweltbezogene Risiken sowie auf Verletzungen menschenrechtsbezogener oder umweltbezogener Pflichten hinzuweisen, die durch das wirtschaftliche Handeln eines Unternehmens im eigenen Geschäftsbereich oder eines unmittelbaren Zulieferers entstanden sind. [3]Der Eingang des Hinweises ist den Hinweisgebern zu bestätigen. [4]Die von dem Unternehmen mit der Durchführung des Verfahrens betrauten Personen haben den Sachverhalt mit den Hinweisgebern zu erörtern. [5]Sie können ein Verfahren der einvernehmlichen Beilegung anbieten. [6]Die Unternehmen können sich stattdessen an einem entsprechenden externen Beschwerdeverfahren beteiligen, sofern es die nachfolgenden Kriterien erfüllt.

(2) Das Unternehmen legt eine Verfahrensordnung in Textform fest, die öffentlich zugänglich ist.

(3) [1]Die von dem Unternehmen mit der Durchführung des Verfahrens betrauten Personen müssen Gewähr für unparteiisches Handeln bieten, insbesondere müssen sie unabhängig und an Weisungen nicht gebunden sein. [2]Sie sind zur Verschwiegenheit verpflichtet.

(4) [1]Das Unternehmen muss in geeigneter Weise klare und verständliche Informationen zur Erreichbarkeit und Zuständigkeit und zur Durchführung des Beschwerdeverfahrens öffentlich zugänglich machen. [2]Das Beschwerdeverfahren muss für potenzielle Beteiligte zugänglich sein, die Vertraulichkeit der Identität wahren und wirksamen Schutz vor Benachteiligung oder Bestrafung aufgrund einer Beschwerde gewährleisten.

(5) [1]Die Wirksamkeit des Beschwerdeverfahrens ist mindestens einmal im Jahr sowie anlassbezogen zu überprüfen, wenn das Unternehmen mit einer wesentlich veränderten oder wesentlich erweiterten Risikolage im eigenen Geschäftsbereich oder beim unmittelbaren Zulieferer rechnen muss, etwa durch die Einführung neuer Produkte, Projekte oder eines neuen Geschäftsfeldes. [2]Die Maßnahmen sind bei Bedarf unverzüglich zu wiederholen.

Schrifttum

Bürger Neue Pflicht zur Einführung eines betrieblichen Beschwerdeverfahrens nach dem Lieferkettensorgfaltsgesetz, SPA **2022** 81; *Birkefeld/Schäfer* Update Lieferkettenrecht: Was das LkSG von der Lebensmittelwirtschaft ab dem 1. Januar 2023 verlangt, ZLR 2023 25–46; *Dutzi/Schneider/Hasenau* Lieferkettenregulierung und Risk Governance – Implikationen für die betriebliche Praxis und Kritik, DK **2021** 454; *Ehmann* Der Regierungsentwurf für das Lieferkettengesetz: Erläuterung und erste Hinweise zur Anwendung, ZVertriebsR **2021** 141; *Frank/Edel/Heine/Heine* Pionierarbeiten in der Lieferkette, Praxisfolgen für das Handels- und Arbeitsrecht (Teil I), BB **2021** 2165; *Gehling/Ott/Lüneborg* Das neue Lieferkettensorgfaltspflichtengesetz – Umsetzung in der Unternehmenspraxis, CCZ **2021** 230; *Lüneborg* Neue Pflichten zur Einrichtung von Hinweisgebersystemen – Integrierte Umsetzung in der Unternehmenspraxis, DB **2022** 375; *Ritz/Werner* Die Handreichungen des BAFA zum Lieferkettensorgfaltspflichtengesetz, DB 2023 125–127; *Reinhard* Mitbestimmungsrechte des Betriebsrats bei der Implementierung von Unternehmens-, insbesondere Verhaltensrichtlinien, NZA **2016** 1233; *Ruttloff/Rothenburg/Hahn* DB **2022** 1116, 1120; *Spindler* Verantwortlichkeit und Haftung in Lieferketten – das Lieferkettensorgfaltspflichtengesetz aus nationaler und europäischer Perspektive, ZHR **2022** 67; *Stemberg* CCZ **2022** 92.

Übersicht

https://doi.org/10.1515/9783110788976-010

A. Normzweck

1 Das Beschwerdeverfahren nimmt eine entscheidende Rolle innerhalb der Sorgfaltspflichten wie auch der allgemeinen Compliance-Organisation von Unternehmen ein.[1] Generell nehmen Beschwerdemechanismen zwei Funktionen hinsichtlich der Verantwortung von Wirtschaftsunternehmen zur Achtung der Menschenrechte wahr. Bereits die VN-Leitprinzipien für Wirtschaft und Menschenrechte der Vereinten Nationen aus dem Jahr 2011 („**VN-Leitprinzipien**") weisen darauf hin, dass das Beschwerdeverfahren als Teil der fortlaufenden Ausübung der menschenrechtlichen Sorgfaltspflicht eines Unternehmens erstens Unterstützung leistet bei der Ermittlung nachteiliger menschenrechtlicher Auswirkungen.[2] Nur ein funktionierendes Beschwerdeverfahren kann den Unternehmen Sicherheit bieten, dass Verletzungen der geschützten Rechtsgüter im Sinne des § 2[3] nicht vorliegen und auch nicht mit hinreichender Wahrscheinlichkeit drohen.[4] Dies setzt voraus, dass Personen, die von der Geschäftstätigkeit des Unternehmens unmittelbar betroffen sind, ein

1 *Dutzi/Schneider/Hasenau* DK **2021** 454, 458.
2 Vgl. Kommentar zu VN-Leitprinzip 29, 36.
3 Zu den geschützten Rechtsgütern siehe § 2 Rn. 10.
4 *Bürger* SPA **2022** 81.

Beschwerdeweg eröffnet wird, mit dem sie nachteilige Auswirkungen der Geschäftstätigkeit melden können.[5]

Eine Analyse dieser Beschwerden ermöglicht es dem Unternehmen, systemische Probleme festzustellen und seine Praktiken entsprechend anzupassen. So kann das Beschwerdeverfahren seine zweite Funktion erfüllen: das Unternehmen kann festgestellten Missständen frühzeitig begegnen und nachteilige Auswirkungen unmittelbar verhindern oder bereits eingetretene Schäden wiedergutmachen.[6] Dadurch trägt das Beschwerdeverfahren zu einer Minimierung der negativen Auswirkungen bei und ermöglicht Unternehmen eine frühzeitige Anpassung der Risikoanalyse bzw. der Präventions- oder Abhilfemaßnahmen.[7] 2

Das Beschwerdeverfahren dient daher als „Frühwarnsystem" innerhalb der Lieferkette[8] und ermöglicht es dem Unternehmen im Sinne einer Perspektiverweiterung, Probleme zu erkennen, die das Unternehmen selbst nicht wahrnehmen kann oder will.[9] Als solches hat es zentrale Bedeutung für potentiell Betroffene in der gesamten Lieferkette und sollte, um dieser Rolle gerecht zu werden, zum 1.1.2023 bereits eingerichtet sein.[10] 3

Eine entscheidende Bedeutung kommt dem Beschwerdeverfahren zudem in Zusammenhang mit den Pflichten gegenüber mittelbaren Zulieferern nach § 9 zu. Zwar bezieht sich § 8 nicht direkt auf mittelbare Zulieferer. § 9 Abs. 1 stellt jedoch klar, dass das Beschwerdeverfahren Personen auch ermöglichen muss, auf Risiken oder Verletzungen hinzuweisen, die durch das Handeln eines mittelbaren Zulieferers entstanden sind.[11] Dadurch wird einerseits der Anwendungsbereich des Beschwerdeverfahrens auf die gesamte Lieferkette erweitert.[12] Darüber hinaus kann das Beschwerdeverfahren zudem als wichtige Quelle für das Vorliegen der substantiierten Kenntnis im Sinne des § 9 Abs. 3 dienen.[13] 4

B. Ausgestaltung des Beschwerdeverfahrens (Abs. 1)

Nach § 8 Abs. 1 S. 1 hat das Unternehmen dafür zu sorgen, dass ein angemessenes unternehmensinternes Beschwerdeverfahren nach den Abs. 2 bis 4 eingerichtet wird. Während dies auf den ersten Blick so klingt, als würde das Beschwerdeverfahren nur *unternehmensinterne* Vorgänge erfassen, so muss das Beschwerdeverfahren jedoch auch Beschwerden bezüglich Sachverhalten entlang der Lieferkette ermöglichen.[14] Denn nach § 8 Abs. 1 S. 2 soll das Beschwerdeverfahren den Hinweis auf menschenrechtliche und umweltbezogene Risiken oder Verletzungen, die durch das wirtschaftliche Handeln eines Unternehmens im eigenen Geschäftsbereich oder eines unmittelbaren Zulieferers entstanden sind, ermöglichen. § 9 Abs. 1 weitet das Beschwerdeverfahren zudem aus auf Risiken oder Verletzungen, die durch das wirtschaftliche Handeln eines mittelbaren Zulieferers entstanden sind.[15] 5

Bei den im LkSG normierten Sorgfaltspflichten wird zwischen den sog. Risikounabhängigen Pflichten, die stets zu beachten sind und den sog. Risikoabhängigen Pflichten unterschieden, die bei einer entsprechenden Risikosituation zu beachten sind. Zu den risikounabhängigen Pflichten gehört auch die Einrichtung eines Beschwerdeverfahrens.[16] Ein Beschwerdeverfahren ist daher unabhängig von der konkreten Risikosituation des Unternehmens zwingend einzurichten. 6

5 Vgl. Kommentar zu VN-Leitprinzip 29, 36.
6 Vgl. Kommentar zu VN-Leitprinzip 29, 37.
7 *Dutzi/Schneider/Hasenau* DK **2021** 454, 458.
8 *Gläßer/Pfeiffer/Schmitz/Bond* ZKM **2021** 228.
9 *Stemberg* CCZ **2022** 92.
10 *Ritz/Werner*, DB 2023, 125, 126.
11 Vgl. dazu § 9 Rn. 1 ff.
12 *Stemberg* CCZ **2022** 92.
13 *Dutzi/Schneider/Hasenau* DK **2021** 454, 458; *Stemberg* CCZ **2022** 92.
14 Vgl. *Bürger* SPA **2022** 81.
15 Siehe dazu im Detail § 9 Rn. 7 ff.
16 *Bäumges/Jürgens* CCZ **2022** 195, 196.

I. Internes oder externes Beschwerdeverfahren

7 Hinsichtlich des Beschwerdeverfahrens haben Unternehmen zwei Umsetzungsmöglichkeiten. Sie können entweder ein unternehmensinternes Beschwerdeverfahren einrichten, oder sich gemäß § 8 Abs. 1 S. 6 an einem externen Beschwerdeverfahren beteiligen. In der Gesetzesbegründung wird als Beispiel eines solchen externen Verfahrens ein Beschwerdemechanismus, der unternehmensübergreifend von einem Branchenverband eingerichtet worden ist, genannt.[17] Diese Initiativen werden teilweise bereits als Multi-Stakeholder-Initiativen betrieben. Internationale Initiativen zur Streitbeilegung bieten etwa der *Roundtable on Sustainable Palm Oil*[18] mit Sitz in Genf und Kuala Lumpur, der *Bangladesh Accord*,[19] der die Arbeitsbedingungen in Bekleidungsfabriken in Bangladesch verbessern will, sowie die *Fair Wear Foundation*.[20] Diese Initiativen haben eine Reihe von Vorteilen, etwa eine größere Unabhängigkeit, die regionale Zugänglichkeit sowie Effizienzgewinne.[21]

8 Gerade bei größeren Unternehmen, die über eine Vielzahl von unmittelbaren und mittelbaren Zulieferern verfügen, kann die Einrichtung eines unternehmensinternen Beschwerdeverfahrens, das den gesetzlichen Anforderungen entspricht, ein komplexes Unterfangen sein. Für diese Unternehmen könnte es daher unter Kosten- sowie Zweckmäßigkeitsgesichtspunkten vorteilhafter sein, ein externes Beschwerdeverfahren zu nutzen.[22] Unternehmen müssen jedoch prüfen, ob die jeweilige Branchenlösung geeignet ist, ihre gesetzlichen Verpflichtungen in allen für das Unternehmen relevanten Jurisdiktionen abzudecken.[23]

9 Möglich soll ebenfalls sein, zur Erfüllung der Sorgfaltspflichten aus § 8 ein konzernweites Verfahren[24] zu nutzen.

10 Nutzen Unternehmen die Möglichkeit der Beteiligung an einem externen Beschwerdeverfahren, so wandelt sich ihre Verpflichtung zur Einrichtung eines Beschwerdeverfahrens aus § 8 Abs. 1 in eine Pflicht zur Überprüfung bzw. Überwachung der Tätigkeit des externen Anbieters.[25] Auch diese Überwachungspflicht besteht im jeweils nach § 3 Abs. 2 angemessenen Umfang.

11 Begrenzt wird die Pflicht zur Einführung eines Beschwerdeverfahrens, wie alle Sorgfaltspflichten der §§ 3 ff., durch das Prinzip der Angemessenheit.[26]

II. Beschwerdegegenstand

12 Zulässiger Beschwerdegegenstand ist nach Abs. 1 S. 2 jedes menschenrechtliche oder umweltbezogene Risiko sowie die Verletzung menschenrechtsbezogener oder umweltbezogener Pflichten im Sinne des § 2 Abs. 2 bis 4, die durch das wirtschaftliche Handeln im eigenen Geschäftsbereich oder in dem eines Zulieferers entstanden sind. Hierbei genügt es, wenn sich der Hinweis auf einen mit hinreichender Wahrscheinlichkeit drohenden Verstoß bzw. eine drohende Verletzung bezieht.[27]

---

17 BT-Drs. 19/28649 S. 49.

18 Eine Beschreibung des Beschwerdeverfahrens ist abrufbar unter https://askrspo.force.com/Complaint/s/ (zuletzt am 11.10.2022).

19 Die Website des *Bangladesh Accord* bietet zudem eine öffentlich zugängliche Übersicht der eingegangen Beschwerden und deren Status, abrufbar unter https://bangladeshaccord.org/safety-complaints (zuletzt am 11.10.2022).

20 Vgl. dazu Grabosch/*Grabosch* § 5 Rn. 134; die Verfahrensordnung des Beschwerdemechanismus der Fair Wear Foundation ist abrufbar unter https://api.fairwear.org/wp-content/uploads/2020/09/Fair-Wear-Complaints-procedure-V2.0.pdf (zuletzt am 11.10.2022).

21 Vgl. *Lüneborg* DB **2022** 375, 377.

22 *Gehling/Ott/Lüneborg* CCZ **2021** 230, 238.

23 *Lüneborg* DB **2022** 375, 377.

24 Siehe dazu unten E.

25 *Bürger* SPA **2022** 81.

26 Vgl. dazu § 3 Rn. 29 ff.

27 *Bürger* SPA **2022** 81.

Nicht als zulässiger Beschwerdegegenstand sollen dagegen **missbräuchliche Beschwerden** angesehen werden. Diese sollen keine Rechtswirkungen entfalten.[28] In den Gesetzesmaterialien findet sich als Beispiel einer missbräuchlichen Beschwerde etwa das Versenden mehrerer identischer E-Mails an die zuständige Stelle als sog. „Zuspammen".[29] Weiter sollen unter eine missbräuchliche Beschwerde auch wissentlich falsche oder irreführende Informationen fallen.[30] Diese sind etwa nach Art. 6 Abs. 1 der Whistleblowing-RL[31] nicht als zulässiger Hinweis erfasst. Die Erwägungsgründe der Whistleblowing-RL dürften auf § 8 übertragbar sein, denn sowohl Hinweisgeber als auch Beschwerdeführer müssen nicht geschützt werden, wenn die zum Zeitpunkt der Meldung hinreichend Grund zur Annahme haben, dass der von ihnen gemeldete Sachverhalt nicht der Wahrheit entspricht.[32] Handelt es sich dagegen um einen gutgläubigen Hinweisgeber, so sind dessen konkrete Motive für die Meldung jedoch irrelevant.[33] Zweck des Beschwerdeverfahrens ist die effektive Risikoprävention.[34] Diesem Zweck ist gedient, wenn ein richtiger Sachverhalt gemeldet wird. Ob der Beschwerdeführer damit unter Umständen unlautere Motive verfolgt, ändert nichts an der Tatsache, dass er das Unternehmen auf ein existierendes Risiko hinweist. In diesem Fall muss das Unternehmen diesem Hinweis nachgehen, um seinen Sorgfaltspflichten gerecht zu werden. 13

III. Beschwerdeberechtigte Personen

Das Beschwerdeverfahren soll es „Personen" (§ 8 Abs. 1 S. 1) ermöglichen, auf menschenrechtliche und umweltbezogene Risiken sowie auf Verletzungen menschenrechtsbezogener oder umweltbezogener Pflichten hinzuweisen, die durch das wirtschaftliche Handeln eines Unternehmens im eigenen Geschäftsbereich oder eines unmittelbaren Zulieferers entstanden sind. Nach § 9 Abs. 1 muss das Unternehmen das Beschwerdeverfahren nach § 8 zudem so einrichten, dass es Personen auch ermöglicht, auf menschenrechtliche oder umweltbezogene Risiken sowie auf Verletzungen menschenrechtsbezogener oder umweltbezogener Pflichten hinzuweisen, die durch das wirtschaftliche Handeln eines mittelbaren Zulieferers entstanden sind.[35] 14

Das Beschwerdeverfahren ist also als „Popularbeschwerde"[36] ausgestaltet und muss jedermann offenstehen.[37] Das Beschwerdeverfahren ist daher als allgemeines Hinweisgebersystem ausgestaltet; die Möglichkeit einer Betroffenheit oder einer Verletzung des Beschwerdeberechtigten ist keine Voraussetzung für die Beschwerde.[38] 15

Unternehmen mit bestehenden Beschwerde- oder Whistleblower-Kanälen sollten daher prüfen, ob ihr bisheriges Verfahren jedermann offensteht oder ausschließlich für Unternehmensangehörige eröffnet ist.[39] In letzterem Fall ist der Kreis der beschwerdeberechtigten Personen zu erwei- 16

28 Beschlussempfehlung des Ausschuss für Arbeit und Soziales, BT-Drs. 19/30505 S. 42.

29 *Stemberg* CCZ **2022** 92, 93; Beschlussempfehlung des Ausschuss für Arbeit und Soziales, BT-Drs. 19/30505 S. 42; die Missbrauchsgefahr durch Meldungen von Konkurrenten betont *Teichmann* ZHW **2022** 133, 138.

30 *Stemberg* CCZ **2022** 92, 93.

31 RL 2019/1937/EU des Europäischen Parlaments und des Rates vom 23.10.2019 zum Schutz von Personen, die Verstöße gegen das Unionsrecht melden (im Folgenden „**Whistleblowing-RL**"), ABl. 2019 L 305, 17.

32 Vgl. Erwägungsgrund 32 der Whistleblowing-RL; so auch *Stemberg* CCZ **2022** 92, 93.

33 Vgl. zur Whistleblowing-RL *Dzida/Granetzny* NZA **2020** 1201, 1204.

34 Vgl. *Frank/Edel/Heine/Heine* BB **2021** 2165, 2167.

35 *Verband der Chemischen Industrie e.V.* Diskussionspapier zu Rechts- und Umsetzungsfragen des Lieferkettensorgfaltspflichtengesetze vom 18.3.2022 (im Folgenden „**VCI Diskussionspapier**") Frage 55; abrufbar unter https://www.vci.de/themen/nachhaltigkeit/lieferketten-menschenrechte-wirtschaft/lieferkettensorgfaltspflichtengesetz-rechts-umsetzungsfragen.jsp, (zuletzt am 11.10.2022).

36 *Stemberg* CCZ **2022** 92, 93.

37 So auch *Lüneborg* DB **2022** 375. 379.

38 *Bettermann/Hoes* WM **2022** 697, 702.

39 Vgl. dazu *Gehling/Ott/Lüneborg* CCZ **2021** 230, 239.

tern. Das Unternehmen hat zudem auf diesen erweiterten Personenkreis hinzuweisen, sodass möglichen Beschwerdeberechtigten die Verfügbarkeit des Beschwerdeverfahrens für jedermann deutlich wird.[40]

17 Dies bedeutet auch, dass Personen, die nicht direkt betroffen sind, die Möglichkeit haben müssen, über das Beschwerdeverfahren Hinweise auf Risiken und mögliche Pflichtverletzungen einzureichen. Weiter muss eine Vertretung von direkt betroffenen Personen erfolgen können.[41]

18 Nach dem BAFA können die Unternehmen allerdings einen risikobasierten Ansatz verfolgen und sich so auf die wichtigsten Zielgruppen des Beschwerdeverfahrens konzentrieren. Dies sind all jene Personen, die im eigenen Geschäftsbereich und in der Lieferkette des Unternehmens potentiell von Menschenrechts- oder Umweltverletzungen betroffen sind. Hierbei handelt es sich etwa um eigene Beschäftigte des Unternehmens oder um Angestellte bei unmittelbaren und mittelbaren Zulieferern, aber auch um Anwohner lokaler Standorte.[42]

C. Formelle Verfahrensanforderungen

19 In der Gesetzesbegründung wird darauf hingewiesen, dass § 8 Abs. 2 bis 4 Schlüsselkriterien definieren, die gewährleisten, dass das Beschwerdeverfahren wirksam und unparteiisch ausgestaltet ist.[43] Dieser Hinweis beschreibt die Abs. 2 bis 4 jedoch nur unzureichend. Überwiegend regeln diese Absätze nämlich die Verfahrensanforderungen des Beschwerdeverfahrens, nicht die als „Schlüsselkriterien" bezeichneten allgemeinen Kriterien des Verfahrens.[44] Die Schlüsselkriterien finden sich vielmehr ausschließlich in Abs. 4 S. 2.

20 Zu den formellen Verfahrensanforderungen gehören die Bestätigung des Eingangs der Beschwerde (Abs. 1 S. 3), die Erörterungspflicht (Abs. 1 S. 4), die Erstellung und Veröffentlichung einer Verfahrensordnung (Abs. 2), die Benennung eines Beschwerdebeauftragten (Abs. 3) sowie die Informationspflichten des Abs. 4 S. 1.

21 Nach § 8 Abs. 5 ist das Unternehmen zudem zur jährlichen und anlassbezogenen Überprüfung der Wirksamkeit des Beschwerdeverfahrens verpflichtet.[45]

I. Eingangsbestätigung

22 Nach Eingang des Hinweises ist dieser den Hinweisgebern nach Abs. 1 S. 3 zu bestätigen, sofern der Hinweisgeber eine entsprechende Kontaktmöglichkeit hinterlassen hat.[46] Eine Frist, innerhalb der diese Bestätigung erfolgen soll, enthält Abs. 1 S. 3 nicht. Unternehmen sollten jedoch auf eine unverzügliche Bestätigung achten, um Hinweise nicht aus den Augen zu verlieren und weitere Verfahrensschritte rechtzeitig einleiten zu können. Einen Anhaltspunkt zur Ausgestaltung der Bestätigungsfrist kann hier Art. 9 Abs. 1 Buchst. b der Whistleblowing-RL bieten, der eine Frist von sieben Tagen nach Eingang des Hinweises vorsieht.[47]

---

40 *Gehling/Ott/Lüneborg* CCZ **2021** 230, 239.

41 Handreichung „Beschwerdeverfahren nach dem LkSG" (im Folgenden „**Handreichung Beschwerdeverfahren**") S. 7 – abrufbar unter https://www.bafa.de/SharedDocs/Downloads/DE/Liefer-ketten/handreichung_beschwerdeverfahren.html (zuletzt am 20.2.2023).

42 Handreichung Beschwerdeverfahren S. 7.

43 BT-Drs. 19/28649 S. 49.

44 So auch *Stemberg* CCZ **2022** 92.

45 Siehe dazu unten Rn. 83 ff.

46 *Lüneborg* DB **2022** 375, 383.

47 Vgl. dazu auch *Lüneborg* DB **2022** 375, 383, die eine gemeinsame Umsetzung der Beschwerdemechanismen vorschlägt.

II. Erörterungspflicht

23 Nach dem Eingang des Hinweises – und ggf. nach Einholung einer (vertraulichen) Übersetzung des Hinweises – ist der Sachverhalt nach Abs. 1 S. 4 mit dem Hinweisgeber zu erörtern.[48] Die Kontaktaufnahme soll dem Unternehmen ermöglichen, seinen weitergehenden Sorgfaltspflichten zu entsprechen.[49] Die Gesetzesbegründung enthält zudem den Hinweis, dass das Unternehmen zur Vermeidung von Reputationsrisiken oder mit dem Ziel der Wiedergutmachung nach § 24 Abs. 4 Nr. 7, ein Verfahren zur einvernehmlichen Beilegung anbieten kann.[50] Die BAFA Handreichung zum Beschwerdeverfahren konkretisiert, wie ein einvernehmliches Streitbeilegungsverfahren ausgestaltet werden kann und stellt ein Beispiel vor.[51] Ziel der einvernehmlichen Beilegung soll es danach sein, mithilfe eines neutralen und vermittelnden Dritten eine einvernehmliche Lösung zu finden und nicht das offiziell greifende – auch deutlich kostenintensivere – Beschwerdeverfahren zu wählen.[52] Bei der Planung einer einvernehmlichen Beilegung ist darauf zu achten, dass strukturelle Machtungleichgewichte zwischen hinweisgebenden Personen und dem Unternehmen ausgeglichen werden, was beispielsweise durch Hinzuziehen einer unabhängigen Organisation erfolgen kann.[53]

III. Verfahrensordnung (Abs. 2)

24 Nach Abs. 2 muss schriftlich eine angemessene Verfahrensordnung festgelegt werden, die einen vorhersehbaren zeitlichen Rahmen für jede Verfahrensstufe sowie klare Aussagen zu den verfügbaren Arten von Abläufen festlegt.[54]

25 Das Unternehmen sollte die Zielgruppen des Beschwerdemechanismus bei Gestaltung des Verfahrens konsultieren.[55] Dieser Hinweis findet sich zwar nur in der Gesetzesbegründung und geht nicht aus dem Gesetzestext selbst hervor,[56] eine entsprechende Kooperation mit den relevanten Stakeholdern ist jedoch bereits in VN-Leitprinzip 29 angelegt. Da der deutsche Gesetzgeber zu Bestimmung und Reichweite der angemessenen Sorgfaltspflichten unter anderem auch auf VN-Leitprinzipien verweist, kann Nr. 29 insoweit als zusätzliche Auslegungshilfe zur Ausgestaltung des Beschwerdeverfahrens dienen.[57] Zudem fördert die Einbeziehung der Zielgruppen die Akzeptanz und damit die Effektivität des Beschwerdeverfahrens.

1. Form und Inhalt der Verfahrensordnung

26 Das Unternehmen muss nach Abs. 2 eine Verfahrensordnung in Textform festlegen, die öffentlich zugänglich gemacht werden muss. Diese Verfahrensordnung muss klare und verständliche Informationen zur Erreichbarkeit und Durchführung des Beschwerdeverfahrens sowie zu den Zuständigkeiten enthalten, Abs. 4 S. 1.[58] Auch die Gesetzesbegründung hebt hervor, dass das Verfahren

---

48 *Lüneborg* DB **2022** 375, 383.; auch VCI Diskussionspapier Frage 55.

49 BT-Drs. 19/28649 S. 49.

50 BT-Drs. 19/28649 S. 49.

51 Handreichung „Beschwerdeverfahren nach dem LkSG" (im Folgenden „**Handreichung Beschwerdeverfahren**") S. 10 – abrufbar unter https://www.bafa.de/SharedDocs/Downloads/DE/Liefer-ketten/handreichung_beschwerdeverfahren.html (zuletzt am 19.1.2023).

52 Handreichung Beschwerdeverfahren S. 10.

53 Handreichung Beschwerdeverfahren S. 10.

54 BT-Drs. 19/28649 S. 49.

55 BT-Drs 239/21 S. 52.

56 Vgl. *Ehmann* ZVertriebsR **2021** 141, 149.

57 Vgl. dazu auch § 3 Rn. 29 ff.

58 Dazu auch *Lüneborg* DB **2022** 375, 381.

transparent sein muss.[59] Die Nutzer des Beschwerdeverfahrens sollen darüber informiert werden, wie mit ihren Hinweisen verfahren wird, um Vertrauen in die Wirksamkeit des Beschwerdeverfahrens zu bilden. Die öffentliche Zugänglichkeit der Verfahrensordnung soll zudem dazu beitragen, dass potenzielle Nutzer das Verfahren auch tatsächlich in Anspruch nehmen.[60]

27 Wird ein Verfahren der einvernehmlichen Beilegung nach Abs. 1 S. 5 angeboten, so muss die Verfahrensordnung auch dieses Verfahren beschreiben. Es kann als Ombudsmannverfahren z.B. unter Einschaltung eines unabhängigen Rechtsanwalts ausgestaltet werden und dient der Wiedergutmachung.[61]

28 Die Festlegung und Veröffentlichung einer Verfahrensordnung stellt teilweise eine Neuerung gegenüber bestehenden Whistleblower-Hotlines dar, da die Whistleblowing-RL nur fordert, geeignete und klare Informationen über Meldesysteme bereitzustellen.[62] Bestehende Hinweisgebersysteme sind daher an die Verfahrensanforderungen des § 8 anzupassen.

29 Die Verfahrensordnung sollte in den zulässigen Verfahrenssprachen,[63] jedenfalls aber in deutscher und englischer Sprache öffentlich zur Verfügung gestellt werden. Denkbar ist etwa an eine verständliche Darstellung auf der Homepage des Unternehmens bzw. ein zusätzlicher Hinweis auf das Beschwerdeverfahren in Lieferantenverträgen oder Codes of Conduct.[64] Aus § 8 folgt jedoch keine Pflicht zum physischen Aushang der Verfahrensordnung in sämtlichen Zulieferbetrieben; eine solche Pflicht würde den risikobasierten Ansatz bzw. das Erfordernis der Angemessenheit überdehnen.[65]

2. Zeitlicher Rahmen des Verfahrens

30 Konkrete Vorgaben zum zeitlichen Rahmen macht § 8 nicht und ist insoweit weniger detailliert als die Anforderungen nach der Whistleblowing-RL (vgl. Art. 9 und 11 der Richtlinie).[66]

31 Aus dem Erfordernis eines transparenten, klaren Verfahrens ergibt sich jedoch, dass der zeitliche Rahmen des Verfahrens, ähnlich nach der Whistleblowing-RL, konkretisiert wird. Es sollte also festgelegt werden, innerhalb welcher Frist der Eingang des Hinweises zu bestätigen ist, innerhalb welchen Zeitraums in der Regel Folgemaßnahmen ergriffen werden und wann der Beschwerdeführer mit einer Rückmeldung rechnen kann.[67]

32 In Anlehnung an den zeitlichen Rahmen des Whistleblowing-Verfahrens sowie den Empfehlungen zum Beschwerdeverfahren nach VN-Leitprinzipien 28 bis 31[68] empfehlen sich daher folgende Verfahrensschritte:[69]

1. Beschwerdeeingang
2. Zuteilung der Beschwerde an den zuständigen Beschwerdebearbeiter
3. Bestätigung des Beschwerdeeingangs innerhalb einer klar definierten Frist (z.B. sieben Tage)
4. Erste Evaluierung der Beschwerde (z.B. anhand von Risikokategorien)
5. Erörterung des Sachverhalts mit dem Beschwerdeführer

59 BT-Drs. 19/28649 S. 49.

60 BT-Drs. 19/28649 S. 49.

61 *Wagner/Ruttloff* NJW **2021** 2145, 2149; BT-Drs. 19/28649 S. 49.

62 Vgl. Erwägungsgrund 75 der Whistleblower-RL; *Gehling/Ott/Lüneborg* CCZ **2021** 230, 238.

63 Dazu im Detail Rn. 55.

64 *Lüneborg* DB **2022** 375, 381.

65 *Herrmann/Rünz* DB **2021** 3078, 3084; *Lüneborg* DB **2022** 375, 381.

66 Vgl. zu den Anforderungen der Whistleblowing-RL *Taschke/Pielow/Volk* NZWiSt **2021** 85, 88 ff.

67 VCI Diskussionspapier Frage 55; Art. 9 Abs. 1f der Whistleblowing-RL sieht etwa eine Rückmeldung an den Hinweisgeber innerhalb von drei Monaten nach Eingangsbestätigung vor.

68 Dazu die Hinweise des Bundesministeriums für Wirtschaft und Klimaschutz, „OECD-Leitsätze für multinationale Unternehmen – Das Beschwerdeverfahren vor der deutschen Nationalen Kontaktstelle für die OECD-Leitsätze" abrufbar unter https://www.bmwk.de/Redaktion/DE/Publikationen/Aussenwirtschaft/oecd-leitsaetze-fuer-multinationale-unternehmen.pdf?__blob=publicationFile&v=18 (zuletzt am 11.10.2022).

69 Vgl. dazu *Lüneborg* DB **2022** 375, 383.

6. Einstellung der Bearbeitung oder weiterer Aufklärungsmaßnahmen
7. Ggf. Ergreifen von Präventions- oder Abhilfemaßnahmen
8. Ggf. einvernehmliche Beilegung
9. Rückmeldung an den Hinweisgeber innerhalb eines festgelegten zeitlichen Rahmens

Die erste Evaluierung der Beschwerde kann anhand einer Einordnung in Risikokategorien geschehen. Durch diese Kategorien können etwa Fälle definiert werden, in denen Sofortmaßnahmen erforderlich sind. Zudem kann der Beschwerdebearbeiter eine Plausibilitätsprüfung durchführen, die berücksichtigen kann, ob es sich etwa um einen Hinweis eines anonym bleibenden Beschwerdeführers handelt oder ob es Anhaltspunkte für eine offensichtlich unwahre oder unbegründete Beschwerde gibt.[70] 33

In seiner Handreichung zum Beschwerdeverfahren sieht das BAFA vor, dass das Unternehmen den gesamten Beschwerdeprozess über mit der hinweisgebenden Person in Kontakt stehen soll.[71] Die Verfahrensordnung sollte deshalb festlegen, an welcher Stelle und zu welchen Zeitpunkten die Person über den Fortschritt der Untersuchung seiner Meldung informiert wird. Weiter ist es nach Auffassung des BAFA empfehlenswert, dass auch nach Abschluss des Verfahrens der Kontakt mit dem Beschwerdeführer gehalten wird, um sicherzustellen, dass dieser nicht Ziel von Vergeltungsmaßnahmen wird.[72] 34

Wie umfangreich die jeweilige Prüfung zu erfolgen hat, hängt – als Folge des risikobasierten Ansatzes der Sorgfaltspflichten[73] – von der Schlüssigkeit der jeweiligen Beschwerde bzw. der Schwere des behaupteten Risikos oder des Gewichts des angeblich verletzten Rechtsguts ab.[74] 35

IV. Unparteilichkeit der mit dem Verfahren betrauten Personen (Abs. 3)

Nach Abs. 3 S. 1 muss das Unternehmen eine (oder mehrere) mit der Durchführung des Verfahrens betraute Person(en) bestimmen. Dieser Beschwerdebeauftragte muss Gewähr für unparteiisches Handeln bieten und muss insbesondere unabhängig und nicht an Weisungen gebunden sein. 36

1. Unabhängigkeit und Unparteilichkeit

Umstritten ist vor dem Hintergrund der Unabhängigkeit und Weisungsfreiheit, ob der Beschwerdebeauftragte ein Mitarbeiter des Unternehmens sein darf. 37

Teilweise wird vertreten, dass Unternehmensmitarbeiter aufgrund des bestehenden arbeitsrechtlichen Weisungsrechts nicht als Beschwerdebeauftragte in Betracht kommen.[75] Ein internes Beschwerdeverfahren sei daher auch nur als Ombudsverfahren möglich, an dem interne Mitarbeiter nur zur Vorprüfung der Beschwerde mitwirken.[76] 38

70 *Lüneborg* DB **2022** 375, 383.

71 Handreichung Beschwerdeverfahren S. 9.

72 Handreichung Beschwerdeverfahren S. 10 ff.

73 Vgl. dazu § 3 Rn. 38 ff.

74 Vgl. Bundesministeriums für Wirtschaft und Klimaschutz, „OECD-Leitsätze für multinationale Unternehmen – Das Beschwerdeverfahren vor der deutschen Nationalen Kontaktstelle für die OECD-Leitsätze" abrufbar unter https://www.bmwk.de/Redaktion/DE/Publikationen/Aussenwirtschaft/oecd-leitsaetze-fuer-multinationale-unternehmen.pdf?__blob=publicationFile&v=18 (zuletzt am 11.10.2022).

75 *Ehmann* ZVertriebsR **2021** 141, 149; in dieser Tendenz auch *Dutzi/Schneider/Hasenau* Der Konzern 2021, 454, 458; sowie *Schork/Schreier* RAW **2021** 74, 78.

76 *Ehmann* ZVertriebsR **2021** 141, 149.

39 Dagegen spricht jedoch einerseits, dass das Gesetz explizit von einem unternehmensinternen Verfahren, nicht einem Ombudsverfahren spricht. Zudem kann die Unabhängigkeit und Weisungsfreiheit auch bei Einsatz eines Unternehmensmitarbeiters sichergestellt werden.

40 Durch interne Richtlinien oder arbeitsvertragliche Regelungen kann die Unabhängigkeit des Beschwerdebeauftragten hinreichend definiert werden. So kann festgelegt werden, dass der Beschwerdebeauftragte bei der Ausübung seiner Aufgabe vom Unternehmen weder unmittelbar noch mittelbar beeinflusst werden darf und keine Weisungen hinsichtlich der Verfahrensführung oder gar -beendigung erhalten darf.[77] Allgemeine Weisungen, die das Beschwerdeverfahren nicht direkt betreffen, wie etwa Vorgaben zur Nutzung der betrieblichen IT, sollen dagegen zulässig sein.[78] Auch kann festgelegt werden, dass der Beschwerdebeauftragte nicht im operativen Bereich tätig sein soll, sondern Teil der Rechts- oder Compliance-Abteilung sein soll.[79]

41 Entsprechende Regelungen zur Unabhängigkeit und Weisungsfreiheit aufgrund gesetzlicher oder arbeitsvertraglicher Vereinbarung existiert bereits im Datenschutzrecht (§ 4f Abs. 3 S. 2 BDSG) sowie im Umweltschutzrecht (etwa § 54 und § 58b BImSchG) und kommen daher auch für den Beschwerdebeauftragten in Betracht.[80] Hierfür spricht auch, dass auch der Menschenrechtsbeauftragte trotz seiner Überwachungsfunktion ein Unternehmensmitarbeiter sein kann, dessen Weisungsfreiheit bei Wahrnehmung seiner Funktion ebenfalls durch entsprechende arbeitsvertragliche Regelungen garantiert werden kann.[81]

2. Verschwiegenheit

42 Nach Abs. 4 ist der Beschwerdebeauftragte zur Verschwiegenheit verpflichtet und hat die Vertraulichkeit der Identität des Beschwerdeführers zu wahren. Für bestehende Hinweisverfahren sollten Unternehmen daher prüfen, ob die für die Beschwerdebeauftragten fachlich hinreichend qualifiziert und hinsichtlich der Einhaltung der Verschwiegenheit sensibilisiert sind.[82]

V. Informationspflichten

43 Das Unternehmen muss in geeigneter Weise klare und verständliche Informationen zur Erreichbarkeit und Zuständigkeit und zur Durchführung des Beschwerdeverfahrens öffentlich zugänglich machen, § 8 Abs. 4 S. 1.

VI. Betriebsinterne Beteiligungsrechte

1. Mitbestimmungsrecht des Betriebsrats

44 Die Einrichtung eines Beschwerdeverfahrens kann das Mitbestimmungsrecht des Betriebsrats aus § 87 Abs. 1 Nr. 6 BetrVG auslösen.[83] Dieses Mitbestimmungsrecht setzt voraus, dass das Unternehmen technische Einrichtungen einführt oder anwendet, die dazu bestimmt sind, das Verhalten oder die Leistung der Arbeitnehmer zu überwachen. Dabei kommt es auf die subjektive Überwachungsabsicht des Arbeitgebers nicht an. Es genügt, wenn die leistungs- oder verhaltensbezogenen

---

77 *Frank/Edel/Heine/Heine* BB **2021** 2165, 2167.
78 *Frank/Edel/Heine/Heine* BB **2021** 2165, 2168.
79 *Lüneborg* DB **2022** 375. 383.
80 Vgl. *Frank/Edel/Heine/Heine* BB **2021** 2165, 2167; *Lüneborg* DB **2022** 375. 383; Grabosch/*Grabosch* § 5 Rn. 128.
81 Vgl. zum Stellung des Menschenrechtsbeauftragten *Ruttloff/Wagner/Hahn/Freihoff* CCZ **2022** 20, 26.
82 *Gehling/Ott/Lüneborg* CCZ **2021** 230, 239.
83 Dazu *Edel/Frank/Heine/Heine* BB **2021** 2890, 2895.

Daten nicht auf technischem Weg durch die Einrichtung selbst gewonnen werden, sondern manuell eingegeben und von der technischen Einrichtung weiter verwertet werden.[84] So sind bereits Vorgaben zur Meldung von Verstößen gegen Verhaltenskodizes und Ethikrichtlinien mitbestimmungspflichtig.[85] Ein Mitbestimmungsrecht kommt daher auch in Betracht, wenn ein elektronisches Beschwerdeverfahren über eine Online-Eingabemaske oder per E-Mail eingerichtet wird und die IP-Adressen der hinweisgebenden Arbeitnehmer gespeichert werden.[86] Nur wenn jegliche Identifizierung des Hinweisgebers sowie eines ggf. belasteten Arbeitnehmers ausgeschlossen ist, besteht dieses Mitbestimmungsrecht nicht.[87] Dieses Mitbestimmungsrecht darf auch nicht durch die Nutzung externer Beschwerdeverfahren im Sinne des Abs. 1 S. 6 umgangen werden. In diesem Fall hat das Unternehmen durch eine entsprechende Vertragsgestaltung sicherzustellen, dass die ordnungsgemäße Wahrnehmung des Mitbestimmungsrechts gewährleistet ist.[88]

Weiter kommt ein Mitbestimmungsrecht aus § 87 Abs. 1 Nr. 1 BetrVG, wenn Arbeitnehmern **45** vorgegeben wird, ob und wie sie Beschwerden zu melden haben.[89] Dies gibt dem Betriebsrat die Möglichkeit, auf die Ausgestaltung der Verfahrensordnung Einfluss zu nehmen.[90]

2. Beteiligungsrecht des Wirtschaftsausschusses

Zusammen mit dem LkSG wurde zudem mit § 106 Abs. 3 Nr. 5b BetrVG ein Beteiligungsrecht des **46** Wirtschaftsausschusses des Betriebsrats eingeführt. Dieser ist vom Unternehmen über „Fragen der unternehmerischen Sorgfaltspflichten in Lieferketten gemäß dem Lieferkettensorgfaltspflichtengesetz" rechtzeitig und umfassend unter Vorlage erforderlicher Unterlagen zu unterrichten. Der Wirtschaftsausschuss berichtet dann dem Betriebsrat.[91] Davon erfasst dürfte auch die Einführung bzw. die Ausgestaltung des Beschwerdeverfahrens sein, denn der Wirtschaftsausschuss soll die Möglichkeit haben, eigene Vorschläge zur Umsetzung der Sorgfaltspflichten mit dem Unternehmen zu beraten.[92]

D. Schlüsselkriterien eines wirksamen Beschwerdeverfahrens

I. Stellung/Charakter der Schlüsselkriterien

Die vom Gesetzgeber erwähnten Schlüsselkriterien zur Gestaltung eines wirksamen Beschwerde- **47** verfahrens[93] finden sich in Abs. 4 S. 2. Danach muss das Beschwerdeverfahren „für potenzielle Beteiligte zugänglich sein, die Vertraulichkeit der Identität wahren und wirksamen Schutz vor Benachteiligung oder Bestrafung aufgrund einer Beschwerde gewährleisten." Weitere Ausführungen, wie diese „Gebotstrias" aus Zugänglichkeit, Vertraulichkeit und Beteiligtenschutz auszulegen ist, enthält das Gesetz jedoch nicht.[94]

---

84 BAG NZA **2019** 1009 Rn. 24.

85 LAG Baden-Württemberg, Beschl. v. 3.6.2019 – 11 TaBV 9/18 –, juris; vgl. auch *Reinhard* NZA **2016** 1233, 1241 zur Einführung von Whistleblower-Regelungen.

86 *Edel/Frank/Heine/Heine* BB **2021** 2890, 2895.

87 *Reinhard* NZA **2016** 1233, 1235.

88 BAG NZA **2015** 314.

89 Vgl. zur Einführung von Ethikrichtlinien BAGE **101** 216 ff.; BAG NZA **2003** 166; BAG NZA **2008** 1248; sowie *Reinhard* NZA **2016** 1233, 1235.

90 *Edel/Frank/Heine/Heine* BB **2021** 2890, 2895.

91 BeckOK-ArbR/*Besgen* 63. Ed. 1.3.2022, BetrVG § 106 Rn. 9.

92 *Edel/Frank/Heine/Heine* BB **2021** 2890, 2896.

93 BT-Drs. 19/28649 S. 49.

94 *Stemberg* CCZ **2022** 92.

48 Die Schlüsselkriterien gehen teilweise auf VN-Leitprinzip 31 zurück bzw. finden sich dort wieder. So wird dort die Zugänglichkeit und der Beteiligtenschutz erwähnt. Die generelle Vertraulichkeit der Kommunikation von betroffenen Stakeholdern und Mitarbeitern findet sich in VN-Leitprinzip 21. Die in Abs. 4 S. 2 genannten Schlüsselkriterien können dabei jedoch nicht isoliert betrachtet werden und bedingen sich in ihrer Wirksamkeit gegenseitig.[95] Bereits in VN-Leitprinzip 31 ist der Beteiligtenschutz ein Beispiel der Zugänglichkeit des Beschwerdeverfahrens.[96] Aber auch die Vertraulichkeit bedingt und garantiert etwa den Schutz des Beschwerdeführers.[97]

II. Zugänglichkeit

49 Das Beschwerdeverfahren muss für potenzielle Beteiligte zugänglich sein. Die Zugänglichkeit des Verfahrens ist entscheidend, denn das Beschwerdeverfahren kann seinen Zweck als „Frühwarnsystem“[98] nur dann erfüllen, wenn es von möglichen Beschwerdeführern auch tatsächlich genutzt wird.[99]

1. Allgemeine Anforderungen

50 Zunächst ist das Erfordernis der Zugänglichkeit des Beschwerdeverfahrens durch das Prinzip der Angemessenheit begrenzt.[100] Schon der Wortlaut der Norm verlangt keine Zugänglichkeit für jede denkbare Person. § 8 Abs. 4 spricht vielmehr davon, dass das Verfahren für „potenzielle Beteiligte“ zugänglich ist. Das Beschwerdeverfahren muss daher so gestaltet sein, dass es für die Personen zugänglich ist, die als potenzielle Beschwerdeführer in Bezug auf das jeweilige Unternehmen und seine Lieferkette in Betracht kommen.[101] Der in Frage kommende Personenkreis kann daher nur mit Blick auf das konkrete Unternehmen bestimmt werden und wird je nach Umfang und Reichweite der Tätigkeit des Unternehmens unterschiedlich ausfallen.

51 Die Handreichung des BAFA zum Beschwerdeverfahren führt zur Zugänglichkeit des Beschwerdeverfahrens allerdings an, dass bei der Bestimmung insbesondere auf vulnerable Personengruppen Rücksicht genommen werden soll und dass für diese unterschiedliche Zugangsbarrieren bestehen können. Neben naheliegenden Gruppen wie Kindern oder Menschen mit körperlicher bzw. geistiger Behinderung führt das BAFA beispielhaft auch indigene Gruppen, religiöse Minderheiten, Wanderarbeitende sowie Menschen verschiedener sexueller Orientierung an.[102] Letztlich ist jedoch jedes Unternehmen selbst dafür verantwortlich, das Beschwerdeverfahren so auszugestalten, dass die Anforderungen an die Zugänglichkeit erfüllt werden. Dies verhindert zwar einerseits, dass Unternehmen über Gebühr in Anspruch genommen werden, sorgt jedoch auch für ein gewisses Maß an Rechtsunsicherheit. Solange keine konkreten Zugangshindernisse bekannt sind, sollten Unternehmen daher ein Verfahren wählen, das generell für potenzielle Beschwerdeführer zugänglich ist.[103] Nicht erforderlich ist dagegen, dass das Beschwerdeverfahren ohne konkreten Anlass alle denkbaren Zugangshindernisse adressieren muss; auch das Beschwerdeverfahren folgt im Grundsatz dem risikobasier-

95 *Stemberg* CCZ **2022** 92, 94.
96 Vgl. Kommentar zu VN-Leitprinzip 31.
97 *Stemberg* CCZ **2022** 92, 94.
98 *Gläßer/Pfeiffer/Schmitz/Bond* ZKM **2021** 228.
99 *Stemberg* CCZ **2022** 92, 94.
100 *Lüneborg* DB **2022** 375, 380.
101 *Stemberg* CCZ **2022** 92, 94.
102 Handreichung Beschwerdeverfahren S. 12.
103 *Stemberg* CCZ **2022** 92, 94.

ten Ansatz.[104] Eine vollständige Barrierefreiheit ist weder praktisch umsetzbar noch angemessen und deshalb nicht zu fordern.[105]

52 Nach Ansicht des BAFA muss das Unternehmen das Beschwerdeverfahren zudem proaktiv bekannt machen. Dies soll neben klar gestalteten Hinweisen auf der Unternehmenswebsite etwa durch regelmäßige Informationen und durch Schulungen etwaiger Zielgruppen geschehen.[106]

2. Zugangshindernisse

53 Die Gesetzesbegründung verlangt einen barrierefreien Zugang des Beschwerdeverfahrens, etwa durch Bereitstellung einer barrierefreien Website oder von barrierefreien Beschwerdeformularen und Email-Adressen.[107] Als besondere Zugangshindernisse werden mangelnde Kenntnis des Mechanismus, Sprache, Lese- und Schreibvermögen, Kosten, Standort und Furcht vor Repressalien genannt.[108]

54 Auch hier ist jedoch grundsätzlich zu beachten, dass vom Unternehmen nicht verlangt werden kann, das praktisch nicht zu erfüllen ist.[109]

55 **a) Medium des Beschwerdeverfahrens.** Zur Wahl des Mediums des Beschwerdeverfahrens enthält die Gesetzesbegründung die Aussage, dass etwa die Zugänglichkeit durch die Bereitstellung einer barrierefreien Website oder von barrierefreien Beschwerdeformularen und E-Mail-Adressen gewährleistet werden könne.[110] Nach dem Wortlaut („oder“) würde bereits eines der genannten Medien als Zugangsweg zum Beschwerdeverfahren genügen.[111]

56 Da die Gesetzesbegründung jedoch selbst keinen Gesetzesrang hat und § 8 keine konkreten Vorgaben macht, ist umstritten, ob diese Zugangsmöglichkeiten bereits ausreichen. Teilweise wird gefordert, dass ein webbasiertes Beschwerdeverfahren ergänzt wird durch einen telefonischen Meldekanal, um Einschränkungen des Lese- und Schreibvermögens zu berücksichtigen.[112] Andere Stimmen halten mindestens die Bereitstellung von „E-Mail, Internet und Telefon“[113] für erforderlich. Teilweise werden weitere Zugangsmöglichkeiten gefordert, da potenzielle Nutzer unter Umständen keinen Zugriff auf moderne Kommunikationsmittel haben.[114]

57 Gegen solche pauschalen Aussagen zu Mindestanforderungen spricht jedoch der risikobasierte Ansatz des LkSG sowie die Beschränkung aller Sorgfaltspflichten auf das angemessene Maß. Grundsätzlich bestimmt sich der Umfang der Zugänglichkeit des Beschwerdeverfahrens daher nach den konkreten Gegebenheiten des Unternehmens und seiner Zulieferer entlang der Lieferkette. Die Gesetzesbegründung bietet jedoch einen Ausgangspunkt für die Gestaltung des Beschwerdeverfahrens.[115] Unternehmen haben danach jedenfalls ein textbasiertes Meldesystem einzurichten, dass die Meldung von Beschwerden über eine barrierefreie Website oder per E-Mail ermöglicht.[116]

---

104 *Herrmann/Rünz* DB **2021** 3078, 3084.
105 *Stemberg*, CCZ 2022, 92, 94; *Eggers/Pawel* CB 2022, 339, 342.
106 Handreichung Beschwerdeverfahren S. 12.
107 BT-Drs. 19/28649 S. 49 f.
108 BT-Drs. 19/28649 S. 50.
109 Vgl. *Gehling/Ott/Lüneborg* CCZ **2021** 230, 238.
110 BT-Drs. 19/28649 S. 50.
111 So etwa *Helck* BB **2021** 1603, 1605.
112 *Gehling/Ott/Lüneborg* CCZ **2021** 230, 238.
113 Grabosch/*Grabosch* § 5 Rn. 127.
114 *Nietsch/Wiedmann* CCZ **2021** 101, 108; hierauf weist auch Grabosch/*Grabosch* § 5 Rn. 127 hin.
115 Vgl. *Gehling/Ott/Lüneborg* CCZ **2021** 230, 238; *Stemberg* CCZ **2022** 92, 95.
116 Vgl. BT-Drs. 19/28649 S. 50.

58 Wenn das Unternehmen Anhaltspunkte dafür hat, dass potenzielle Beschwerdeführer Schwächen der Lese- und Schreibkompetenz haben, sollte dieses textbasierte Verfahren mit einem telefonischen Meldekanal ergänzt werden.[117] Da weltweit die Analphabetenquote auch im Jahr 2020 noch bei etwa 13 % lag,[118] und auch etwa 7,5 Millionen Deutsche funktionale Analphabeten sind,[119] dürfte sich ein telefonischer Meldekanal jedoch in der Regel anbieten.[120] Um mangelndem Lese- oder Schreibvermögen begegnen zu können, sieht das BAFA als weiteren Ansatz vor, Illustrationen oder Poster an Orten bereitzustellen, die von den Zielgruppen häufig frequentiert werden.[121] Unklar aber bleibt, welche Orte das sein sollen und wie das Unternehmen dies außerhalb des eigenen Geschäftsbereichs umsetzen soll.

59 Daneben muss das Unternehmen weitere Zugangsmöglichkeiten auch dann andenken, wenn es Anhaltspunkte dafür hat, dass potenzielle Beschwerdeführer weder Zugang zum Internet noch zu Telefonen haben und deshalb die vorgesehenen Beschwerdemaßnahmen nicht erfolgreich genutzt werden können.[122] Dies kann etwa der Fall sein bei Durchführung von Projekten in „zivilisationsfernen Gegenden"[123] oder wenn Zulieferer in Gegenden ohne regelmäßigen Zugang zum Internet liegen.[124]

60 **b) Sprache des Beschwerdeverfahrens.** Der Zugang zum Beschwerdeverfahren in allen denkbaren Sprachen kann praktisch nicht eingerichtet werden und kann daher auch nicht von Unternehmen verlangt werden.[125]

61 Teilweise wird vertreten, dass jedenfalls Deutsch und Englisch als Beschwerdesprachen vorgehalten werden sollen.[126] Auch hier sollte sich das Unternehmen jedoch an der eigenen Risikoanalyse orientieren und zumindest Meldungen in den Landessprachen der wesentlichen unmittelbaren Zulieferer ermöglichen.[127] Weitere Sprachen müssen nur vorgehalten werden, wenn an dem betreffenden Standort ein Risikopotenzial festgestellt wurde.[128] Unternehmen haben jedoch auch die Möglichkeit, (schriftliche) Hinweise in allen Sprachen zu bearbeiten und diese dann ggf. professionell übersetzen zu lassen.[129] In diesem Fall ist auf die Vertraulichkeit der Übersetzung zu achten.

III. Vertraulichkeit

62 Das Beschwerdeverfahren muss die Vertraulichkeit der Identität wahren, Abs. 4 S. 2. Die Gesetzesbegründung stellt dies in direkten Zusammenhang mit dem Beteiligtenschutz vor Nachteilen durch die Inanspruchnahme des Verfahrens. Dort heißt es, die *„dafür* notwendige Vertraulichkeit

117 Vgl. *Gehling/Ott/Lüneborg* CCZ **2021** 230, 238.

118 Vgl. Statistisches Bundesamt, https://www.destatis.de/DE/Themen/Laender-Regionen/Internationales/Thema/bevoelkerung-arbeit-soziales/bildung/Alphabetisierung.html (zuletzt am 11.10.2022).

119 Vgl. Newsletter der Bundesregierung vom 7.2.2012, https://www.bundesregierung.de/breg-de/service/newsletter-und-abos/rundbrief-ausbildung/analphabetismus-ein-unterschaetztes-und-tabuisiertes-problem-in-deutschland-351602 (zuetzt am 11.10.2022).

120 Ebenso *Stemberg* CCZ **2022** 92, 95.

121 Handreichung Beschwerdeverfahren S. 12.

122 In diese Richtung auch *Gehling/Ott/Lüneborg* CCZ **2021** 230, 238.

123 Grabosch/*Grabosch* § 5 Rn. 127.

124 *Stemberg* CCZ **2022** 92, 95.

125 *Gehling/Ott/Lüneborg* CCZ **2021** 230, 238; *Lüneborg* DB **2022** 375, 380 weist darauf hin, dass weltweit über 7000 Sprachen gesprochen werden.

126 Vgl. *Gehling/Ott/Lüneborg* CCZ **2021** 230, 238; ebenso *Lüneborg* DB **2022** 375, 380.

127 *Stemberg* CCZ **2022** 92, 95; so auch *Gehling/Ott/Lüneborg* CCZ **2021** 230, 238; *Lüneborg* DB **2022** 375, 380.

128 *Stemberg* CCZ **2022** 92, 95.

129 So *Lüneborg* DB **2022** 375, 380.

der Identität und der Datenschutz sind zu gewährleisten."[130] Darüber hinaus gewährleistet die Vertraulichkeit jedoch auch, dass das Unternehmen die Beschwerde und entsprechende notwendige Maßnahmen unabhängig von der Person des Beschwerdeführers bearbeitet. Somit trägt die Vertraulichkeit auch der Objektivierung des Verfahrens bei und fördert dessen Legitimität.[131]

Während die VN-Leitprinzipien die Vertraulichkeit nicht explizit als Voraussetzung der Be- 63
schwerdemechanismen erwähnen,[132] finden sich ähnliche Anforderungen in Art. 9 Abs. 1 Buchst. a der Whistleblowing-RL. Danach soll die Vertraulichkeit der Identität des Hinweisgebers und Dritter, die in der Meldung erwähnt werden, gewahrt bleiben.[133]

1. Reichweite der Vertraulichkeit

Die Vertraulichkeit ist nach Abs. 4 S. 2 auf die Identität des Beschwerdeführers beschränkt. Nicht 64
vertraulich ist daher grundsätzlich der Beschwerdegegenstand.[134]

Eine Definition der Vertraulichkeit enthält § 8 nicht. In Anlehnung an Art. 16 der Whistleblo- 65
wing-RL kann darunter jedoch verstanden werden, dass die Identität des Beschwerdeführers „ohne dessen ausdrückliche Zustimmung keinen anderen Personen als gegenüber den befugten Mitarbeitern, die für die Entgegennahme von Meldungen oder für das Ergreifen von Folgemaßnahmen zu Meldungen zuständig sind, offengelegt wird." Erfasst werden neben der Identität auch alle Informationen, aus denen die Identität des Beschwerdeführers abgeleitet werden kann.[135]

Dies schließt jedoch die Frage an, wie zu verfahren ist, wenn aus dem Beschwerdegegenstand 66
selbst auf die Person des Beschwerdeführers geschlossen werden kann.[136] Ist eine Bearbeitung der Beschwerde nur möglich, wenn der Beschwerdegegenstand weitergegeben wird, so muss dies im notwendigen Umfang erlaubt sein. *Stemberg* begründet dies mit einem impliziten Verzicht des Beschwerdeführers auf die Vertraulichkeit seiner Identität.[137] Da der Gesetzgeber die Vertraulichkeit jedoch primär als Garant des Beteiligtenschutzes sieht,[138] sollte hier jedoch in jedem Fall Rücksprache mit dem Beschwerdeführer gehalten werden, bevor seine Identität offengelegt wird. Eine entsprechende Regelung sieht auch Art. 16 Abs. 3 S. 2 der Whistleblowing-RL vor. Nur so kann sichergestellt werden, dass der Beschwerdeführer Kenntnis davon hat, dass ihm die Vertraulichkeit im Verfahren nicht zugutekommt.

2. Zulässigkeit anonymer Beschwerden

§ 8 regelt nicht explizit, ob auch anonyme Meldungen zulässig sein sollen. Im Unterschied zur 67
Vertraulichkeit der Identität bedeutet Anonymität, dass die Identität des Beschwerdeführers zu keinem Zeitpunkt des Verfahrens offengelegt wird.[139] Die Pflicht aus Abs. 1 S. 4 zur Erörterung

130 BT-Drs. 19/28649 S. 49 f.; Hervorhebung nicht i.O.
131 *Stemberg* CCZ **2022** 92, 96.
132 *Stemberg* CCZ **2022** 92, 96.
133 Vgl. zur Whistleblowing-RL *Holle* ZIP **2021** 1950 ff.; zum Entwurf des deutschen Umsetzungsgesetzes zudem *Gerdemann* ZRP **2022** 98, 100.
134 *Stemberg* CCZ **2022** 92, 96.
135 Eine entsprechende Definition findet sich auch bei *Stemberg* CCZ **2022** 92, 96.
136 *Stemberg* CCZ **2022** 92, 96 nennt etwa den Fall, dass ein Mitarbeiter Verletzungen in einem Bereich des Unternehmens meldet, für den er alleine zuständig ist.
137 *Stemberg* CCZ **2022** 92, 96.
138 Vgl. BT-Drs. 19/28649 S. 49 f.
139 *Stemberg* CCZ **2022** 92, 96.

des Sachverhalts mit dem Beschwerdeführer legt jedenfalls nahe, dass anonyme Beschwerden grundsätzlich nicht vorgesehen sind.[140]

68 Einige Stimmen stellen daher auf die Systematik des § 8 ab, insbesondere die Pflicht zur Erörterung des Sachverhalts.[141] Die Vertraulichkeit würde bereits einen hinreichenden Schutz des Beschwerdeführers gewährleisten.[142] Auch sei die Glaubwürdigkeit anonymer Meldungen abgeschwächt, da diesen ein Missbrauchsrisiko inhärent sei.[143]

69 Teilweise wird eine anonyme Beschwerde jedoch für zulässig erachtet.[144] Offenbart der Hinweisgeber seine Identität nicht und hinterlegt er auch keine andere Kontaktmöglichkeit, wie etwa einen Rechtsanwalt, so soll das Unternehmen entgegen Abs. 1 S. 4 jedoch nicht verpflichtet sein, den Sachverhalt mit ihm zu erörtern.[145] Schließlich kann ein Unternehmen nicht zu Unmöglichem verpflichtet werden[146] und ist in diesem Zusammenhang auch nicht gehalten, Nachforschungen zur Identität des Hinweisgebers anzustellen. Für die Zulässigkeit anonymer Meldungen spricht zudem der Zweck des Beschwerdeverfahrens als Frühwarnsystem. Gehen anonyme Meldungen zu schwerwiegenden Verletzungen von menschenrechtlichen oder umweltbezogenen Pflichten ein, so wird ein Unternehmen diese nicht mit Verweis auf die Anonymität unbeachtet lassen können.[147] Jedenfalls in diesen Fällen ist Unternehmen dazu zu raten, auch anonyme Meldungen weiter zu verfolgen.

70 Dieser Streit betrifft jedoch nur die Frage, ob nach § 8 eine anonyme Meldung verpflichtend vorgesehen sein soll. Unternehmen können dagegen auf freiwilliger Basis jederzeit anonyme Beschwerden zulassen.[148] Im Vergleich dazu überlässt es die Whistleblowing-RL den Mitgliedstaaten, ob sie ein anonymes Beschwerdefahren vorsehen möchten. Ob dies in Deutschland entsprechend umgesetzt wird, ist noch offen.[149]

3. Verzicht auf Vertraulichkeit

71 Umstritten ist auch, ob der Beschwerdeführer einseitig auf die Vertraulichkeit verzichten kann. Eine Offenlegung gegenüber dem Unternehmen wird generell für zulässig erachtet.[150] Die Offenlegung kann etwa dazu dienen, eine effektivere Bearbeitung des Beschwerdegegenstandes zu fördern oder ein Verfahren zur Wiedergutmachung durchzuführen.[151]

72 Unklar ist jedoch, ob der Beschwerdeführer einseitig, also ohne Zustimmung des Unternehmens, seine Identität gegenüber Dritten offenlegen darf. Hierfür würde sprechen, dass die Vertraulichkeit primär dem Beteiligtenschutz dient. Der Beschwerdeführer könnte also auf diesen Schutz verzichten. Dagegen wird angeführt, dass das Verfahren auch dem Interesse des Unternehmens an einer diskreten Behandlung des Beschwerdeverfahrens dienen soll.[152] Dafür spricht, dass sich der Gesetzgeber bewusst gegen eine Einrichtung eines externen Beschwerdeverfahrens bei einer Behörde entschieden hat und anders als Art. 15 der Whistleblowing-RL auch kein Verfahren

140 *Lüneborg* DB **2022** 375, 380; jedoch mit dem Hinweis, dass es ebenso wahrscheinlich ist, dass sich der Gesetzgeber keine Gedanken zur Frage anonymer Beschwerden gemacht hat.

141 So *Stemberg* CCZ **2022** 92, 96; *Bürger* SPA **2022** 81, 82.

142 Vgl. *Bürger* SPA **2022** 81, 82.

143 *Stemberg* CCZ **2022** 92, 96; **aA** Grabosch/*Grabosch* § 2 Rn. 113, wonach die Anonymität keine Zweifel an der Glaubwürdigkeit wecken soll.

144 *Frank/Edel/Heine/Heine* BB **2021** 2165, 2168; wohl auch Grabosch/*Grabosch* § 2 Rn. 113.

145 Vgl. *Frank/Edel/Heine/Heine* BB **2021** 2165, 2168.

146 Vgl. BT Drs. 19/30505 S. 37.

147 Ähnlich *Lüneborg* DB **2022** 375, 381.

148 *Stemberg* CCZ **2022** 92, 96; mit einer Übersicht zum Meinungsstand: Eggers/Pawel CB 2022, 339, 343.

149 Der letzte Entwurf des Hinweisgeberschutzgesetzes enthielt in § 27 Abs. 1 S. 3 eine Regelung zur Bearbeitung anonymer Hinweise, vgl. *Gerdemann* ZRP **2022** 98, 100.

150 *Stemberg* CCZ **2022** 92, 97; auch *Frank/Edel/Heine/Heine* BB **2021** 2165, 2168.

151 *Stemberg* CCZ **2022** 92, 97.

152 *Stemberg* CCZ **2022** 92, 97.

zur Offenlegung vorsieht.[153] Hieraus wird gefolgert, dass Beschwerdeführer einen Schutz nach § 8 nur dann genießen, wenn die das vorgesehene (unternehmensinterne oder -übergreifende) Beschwerdeverfahren genutzt haben und sich nicht direkt an die zuständigen staatlichen Behörden gerichtet haben.[154]

Der Beschwerdeführer dürfte jedoch auch bei der Nutzung staatlicher Beschwerdekanäle geschützt sein, soweit die Beschwerde in den Anwendungsbereich der Whistleblowing-RL fällt. Diese ist aufgrund des Anwendungsvorrangs des EU-Rechts[155] neben dem LkSG anwendbar. Art. 10 der Whistleblowing-RL stellt es den Hinweisgebern frei, ob sie interne oder behördliche Meldewege nutzen.[156] Ist der Anwendungsbereich der Richtlinie jedoch nicht eröffnet, so bedeutet dies, dass Hinweisgeber nach § 8 nur geschützt sind, wenn sie das vom Unternehmen vorgesehene Beschwerdeverfahren nutzen.[157] 73

IV. Beteiligtenschutz

Das Beschwerdeverfahren muss wirksamen Schutz vor Benachteiligung oder Bestrafung aufgrund einer Beschwerde gewährleisten. Dieses Schlüsselkriterium dient zugleich auch der Zugänglichkeit des Verfahrens, da die Furcht vor negativen Konsequenzen der Beschwerde abschreckende Wirkung haben kann.[158] Diese Erwägung findet sich bereits in VN-Leitprinzip 31 sowie Erwägungsgrund 97 der Whistleblowing-RL.[159] Es findet sich in § 8 jedoch wiederum keine Konkretisierung bezüglich etwaiger materieller Repressalienverbote noch bezüglich etwaiger Schutzansprüche.[160] 74

1. Mögliche Benachteiligungen

Verboten sind alle Handlungen des Unternehmens, die eine negative Reaktion auf die Einreichung der Beschwerde darstellen. Maßstab für die Beurteilung, ob eine Benachteiligung im Sinne des Abs. 4 S. 2 ist, ob der Beschwerdeführer im Vergleich zu anderen Arbeitnehmern anders behandelt wird. Erfasst sind sämtliche einseitige Maßnahmen des Unternehmens wie etwa Versetzungen, Abmahnungen oder Kündigungen. Diesbezüglich stellt Abs. 4 S. 2 ein gesetzliches Verbot im Sinne des § 134 BGB dar.[161] Erfasst sind auch Unterlassungen, wie etwa eine nicht gewährte Beförderung. Darüber hinaus sind auch Einschüchterungen, Drohungen und Nötigungen des Beschwerdeführers verboten.[162] Ob diese Maßnahmen unmittelbar als Folge der Beschwerde getroffen werden und eine Bestrafung dafür darstellen, oder nur Benachteiligungen im Zusammenhang mit der Beschwerde darstellen, macht keinen Unterschied.[163] 75

---

153 *Stemberg* CCZ **2022** 92, 97.

154 *Stemberg* CCZ **2022** 92, 97; auch *Frank/Edel/Heine/Heine* BB **2021** 2165, 2168.

155 Vgl. nur EuGH, Rs. 6/64, Slg. 1964, 1251 (1269 f.) – Costa/ENEL; dazu auch Calliess/Ruffert/*Ruffert* EUV/AEUV, 6. Aufl. 2022, AEUV Art. 1.

156 Dazu *Degenhart/Dziuba* BB **2021** 570, 571.

157 *Frank/Edel/Heine/Heine* BB **2021** 2165, 2168.

158 *Stemberg* CCZ **2022** 92, 97.

159 In Erwägungsgrund 97 der Whistleblowing-RL heißt es etwa: „Eine große abschreckende Wirkung auf Hinweisgeber kann zudem von außerhalb des beruflichen Kontexts ergriffenen Maßnahmen wie Gerichtsverfahren wegen vermeintlicher Verleumdung oder vermeintlicher Verstöße gegen das Urheberrecht, das Geschäftsgeheimnis, die Vertraulichkeit oder den Schutz personenbezogener Daten ausgehen.".

160 *Spindler* ZHR **2022** 67, 87.

161 *Frank/Edel/Heine/Heine* BB **2021** 2165, 2168.

162 *Bürger* SPA **2022** 81, 82.

163 Vgl. zu diesem Verständnis von Bestrafung und Benachteiligung *Stemberg* CCZ **2022** 92, 97.

76 Nicht erfasst sind jedoch ein Schutz des Beschwerdeführers vor staatlicher Strafverfolgung. Diesen kann das Unternehmen gar nicht garantieren, ohne sich möglicherweise selbst wegen Strafvereitelung strafbar zu machen.[164]

2. Kausaler Zusammenhang zwischen Beschwerde und Benachteiligungen

77 Nach Abs. 4 S. 2 besteht ein Schutz von Beteiligten nur vor Benachteiligungen oder Bestrafungen, die ihn *aufgrund* der Beschwerde treffen. Notwendig ist daher ein kausaler Zusammenhang zwischen der repressiven Maßnahme des Unternehmens und der Beschwerde.

78 Vorgaben hinsichtlich der Darlegungs- und Beweislast zu der Frage, ob eine Benachteiligung im Zusammenhang mit einer Beschwerde stand, enthält § 8, anders als die Whistleblowing-RL jedoch nicht.[165] Insbesondere ist keine Beweislastumkehr vorgesehen, wonach die Person, die die Benachteiligung vorgenommen hat, nachweisen muss, dass das Vorgehen in keinem Zusammenhang mit der Beschwerde stand.[166]

79 Daher hat grundsätzlich der Beschwerdeführer darzulegen und zu beweisen, dass das Unternehmen nicht auch ohne die Beschwerde gegen ihn vorgegangen wäre. Entsprechende Fälle sind etwa denkbar, wenn ein Arbeitnehmer, der für eine menschenrechtsbezogene oder umweltbezogene Pflichtverletzung des Unternehmens verantwortlich ist, arbeitsrechtliche Konsequenzen fürchten muss.[167] Eine Kronzeugenregelung enthält § 8 daher nicht.[168] Da ein entsprechender Nachweis dem Beschwerdeführer jedoch kaum möglich sein wird, sollte hier zum effektiven Schutz der Beteiligten Beweiserleichterungen etwa in Form einer sekundären Darlegungslast[169] des Unternehmens zugebilligt werden.

3. Reichweite des Schutzes

80 Der Schutz des Beschwerdeführers erfolgt unabhängig davon, ob seine Beschwerde berechtigt oder unberechtigt abgegeben wurde. Maßgeblich für den Schutzstatus ist einzig die Willensentscheidung, das Beschwerdeverfahren zu nutzen.[170] Etwas anderes gilt im Falle missbräuchlicher Beschwerden. Diese sollen nach den Gesetzesmaterialien schon kein zulässiger Beschwerdegegenstand sein.[171] Im Fall des Missbrauchs des Beschwerdeverfahrens durch Mitarbeiter kann nach deutschem Arbeitsrecht eine Abmahnung oder Kündigung in Betracht kommen.[172]

81 **a) Schutz vor Handlungen Dritter.** § 8 Abs. 4 S. 2 enthält keine Aussage darüber, ob das Unternehmen nur den Schutz des Beschwerdeführers vor Benachteiligungen aus dem eigenen Geschäftsbereich gewährleisten muss, oder ob sich dieser Schutz auch auf Benachteiligungen erstreckt, die dem Beschwerdeführer im Ausland oder durch mittelbare oder unmittelbare Zulieferer drohen.

82 Unter Berücksichtigung des Grundsatzes, dass das Unternehmen nur zu Maßnahmen verpflichtet werden kann, die im Rahmen seiner Möglichkeiten liegen, fallen Benachteiligungen oder

164 *Stemberg* CCZ **2022** 92, 97.
165 *Spindler* ZHR **2022** 67, 87.
166 Vgl. Erwägungsgrund 93 der Whistleblowing-RL.
167 *Stemberg* CCZ **2022** 92, 98.
168 *Stemberg* CCZ **2022** 92, 98.
169 Vgl. dazu allgemein etwa MüKo-ZPO/*Fritsche* 6. Aufl. 2020, ZPO § 138 Rn. 24.
170 Vgl. *Bürger* SPA **2022** 81, 82.
171 Beschlussempfehlung des Ausschuss für Arbeit und Soziales, BT-Drs. 19/30505 S. 42.
172 Grabosch/*Grabosch* § 5 Rn. 132; vgl. auch *Lüneborg* DB **2022** 375, 378.

Bestrafungen durch ausländische Behörden nicht unter den Schutzbereich.[173] Denn das Unternehmen wird in aller Regel keinen Einfluss auf die Entscheidungspraxis staatlicher Behörden haben.

Hat der Beschwerdeführer dagegen Benachteiligungen durch Zulieferer zu fürchten, so hat das Unternehmen grundsätzlich die Möglichkeit, den unmittelbaren Zulieferern mittels Lieferantenkodex oder vertraglichen Regelungen zur Einhaltung des Beteiligtenschutzes zu verpflichten.[174] In welchem Umfang solche Schutzmaßnahmen jedoch erforderlich bzw. angemessen sind, ist bisher unklar. Da es jedoch keinen ungewöhnlichen Fall darstellen dürfte, dass Mitarbeiter von Zulieferern Beschwerden melden, sollten Unternehmen jedenfalls im Rahmen der Wirksamkeitskontrolle überprüfen, ob Beschwerdeführer Benachteiligungen durch Zulieferern ausgesetzt waren und bei Bedarf entsprechende Schutzmechanismen gegenüber diesen Zulieferern implementieren.[175] 83

b) Schutz anderer Personen. Anders als Art. 4 Abs. 4 der Whistleblowing-RL enthält § 8 keine Aussagen darüber, ob sich der Beteiligtenschutz auch auf andere Personen, wie etwa Kollegen oder Verwandte des Beschwerdeführers erstreckt. 84

Da die Furcht vor Nachteilen für Angehörige den Beschwerdeführer ebenso von einer Beschwerde abhalten kann wie die Furcht vor eigenen Benachteiligungen, wird eine Ausweitung des Schutzes jedenfalls auf sie erwogen.[176] Die Angst vor *„spillover retaliations"* dürfte sich wie eine unmittelbare Benachteiligung des Beschwerdeführers selbst auswirken.[177] Erfolgt eine Beschwerde etwa durch den Angehörigen eines Mitarbeiters, der über diese Kenntnis von einem Risiko oder einer Verletzung erhalten hat, so dürfte dieser Fall schon vom Wortlaut des Benachteiligungsverbots erfasst sein.[178] 85

Nach Art. 4 Abs. 4 der Whistleblowing-RL sind auch „Mittler" geschützt. Diese sind nach Art. 5 Nr. 8 natürliche Personen, die einen Hinweisgeber bei dem Meldeverfahren in einem beruflichen Kontext unterstützen und deren Unterstützung vertraulich sein sollte. Eine Ausweitung auf solche Personen ist nach dem Wortlaut von § 8 Abs. 4 S. 2 nicht zwingend, da eine Benachteiligung solcher Mittler mangels Näheverhältnis nicht als Benachteiligung des Beschwerdeführers gesehen werden kann.[179] Gleichwohl wird erwogen, dass diese Mittler selbst Beteiligte des Beschwerdeverfahrens sind, da sie jedenfalls im Vorfeld der Beschwerde unterstützend tätig werden. Würden sie durch Benachteiligungen abgeschreckt, so könnte dies die Effektivität des Beschwerdeverfahrens insgesamt einschränken.[180] Vor dem Hintergrund der Angemessenheit des Beschwerdeverfahrens könnte diese Ausweitung jedoch zu weit gehen. Wünschenswert wäre daher, dass sich der Gesetzgeber bei Umsetzung der Whistleblowing-RL explizit auch mit einer möglichen Verbindung der Verfahren nach der Richtlinie und dem LkSG befasst.[181] 86

E. Konzernweites Beschwerdeverfahren

Nach den Hinweisen des Bundesministeriums für Arbeit und Soziales, auf die auch das BAFA verweist, soll zur Erfüllung der Pflichten aus § 8 auch ein auf Konzernmutterebene angesiedeltes 87

---

173 So *Stemberg* CCZ **2022** 92, 98; wie auch *Lüneborg* DB **2022** 375, 378 f.

174 *Lüneborg* DB **2022** 375, 379; ebenfalls *Stemberg* CCZ **2022** 92, 98.

175 *Stemberg* CCZ **2022** 92, 98 betont ebenfalls, dass der Schutz vor Benachteiligungen durch Zulieferer für ein effektives Beschwerdeverfahren notwendig ist.

176 *Stemberg* CCZ **2022** 92, 98; so auch *Bürger* SPA **2022** 81, 82.

177 Vgl. dazu die Erwägungen zur Whistleblowing-RL bei *Siemes* CCZ **2022** 7 ff.

178 *Stemberg* CCZ **2022** 92, 98.

179 *Stemberg* CCZ **2022** 92, 98.

180 So jedenfalls *Stemberg* CCZ **2022** 92, 98.

181 Dazu der einheitlichen Umsetzung des Beschwerdeverfahrens *Lüneborg* DB **2022** 375 ff.

Beschwerdeverfahren genügen, solange es den gesetzlichen Anforderungen entspricht. Denn wenn Unternehmen sich auch an externen Beschwerdeverfahren beteiligen können, gilt dies erst Recht für ein konzerneigenes Verfahren.[182]

88 Hierbei ist jedoch zu beachten, dass nach Ansicht der EU-Kommission konzernweite Hinweisgebersysteme nach der Whistleblowing-RL nur unter eingeschränkten Voraussetzungen zulässig sind. Nach der Meinung der Expertengruppe der EU-Kommission sollen konzernweite Hinweisgebersysteme nur zusätzlich zu lokalen Systemen, nicht als alleinige Lösung zulässig sein.[183] Zur Etablierung eines effektiven Hinweisgeberschutzes dürfte eine künstliche Aufteilung gut funktionierender Hinweisgebersysteme und der Aufbau von parallelen Hinweisgebersystemen mit möglicherweise unterschiedlichen Schutzstandards jedoch kaum geeignet sein.[184] Für ein einheitliches, konzernweites Beschwerdeverfahren spricht allerdings, dass eine dezentrale Lösung die Gefahr birgt, aus einer Meldung Rückschlüsse auf die Identität des Hinweisgebers ziehen zu können.[185] Auch hier bleibt abzuwarten, wie sich der deutsche Gesetzgeber auf Umsetzungsebene positioniert.

F. Überprüfung der Wirksamkeit (Abs. 5)

I. Prüfungsintervall

89 Die Wirksamkeit des Beschwerdeverfahrens ist einmal jährlich sowie anlassbezogen zu überprüfen, Abs. 5 S. 1.

90 Eine anlassbezogene Prüfung ist immer dann notwendig, wenn das Unternehmen mit einer veränderten oder erweiterten Risikolage im eigenen Geschäftsbereich oder dem eines unmittelbaren Zulieferers rechnen muss.[186] Dies kann etwa der Fall sein vor Aufnahme einer neuen Tätigkeit oder Geschäftsbeziehung, vor strategischen Entscheidungen oder Veränderungen in der Geschäftstätigkeit durch einen bevorstehenden Markteintritt, durch Produkteinführung, Veränderung der Geschäftsgrundsätze oder sonstigen umfassenden geschäftlichen Änderungen.[187] Eine anlassbezogene Prüfung kann auch als Reaktion oder in Vorausschau auf Veränderungen im Geschäftsumfeld notwendig sein.[188] Welche Prüfungsfrequenz bzw. Prüfungstiefe im Einzelfall notwendig ist, hängt von den tatsächlich festgestellten Risiken ab.[189]

91 Das Unternehmen kann zur Durchführung der Wirksamkeitsprüfung auf externe Audits von Branchendienstleistern oder sonstigen (zertifizierten) Dritten zurückgreifen, oder selbst Vor-Ort-Prüfungen durchführen.

92 Die Maßnahmen sind bei Bedarf unverzüglich zu wiederholen, Abs. 5 S. 2.

II. Indikatoren der Wirksamkeit

93 Das Beschwerdeverfahren ist nach dem BAFA dann wirksam, wenn es allen Zielgruppen bekannt ist, als vertrauenswürdig angesehen wird und es die Einreichung von Beschwerden und Hinwei-

---

182 Antwort XII.1 FAQ-LkSG, abrufbar unter https://www.bafa.de/DE/Lieferketten/Ueberblick/ueberblick_node.html (zuletzt am 11.10.2022).

183 EU-Kommission, Stellungnahme der Expertengruppe, abrufbar unter https://ec.europa.eu/transparency/expert-groups-register/screen/expert-groups/consult?lang=en&groupID=3709 (zuletzt am 11.10.2022).

184 *Lüneborg* DB **2022** 375, 378.

185 *Eggers/Pawel* CB 2022, 339, 341.

186 BT-Drs 19/28649 S. 50.

187 BT-Drs 19/28649 S. 50.

188 BT-Drs 19/28649 S. 50.

189 VCI Diskussionspapier Frage 52.

sen ermöglicht und fördert, noch bevor Pflichtverletzungen begangen werden.[190] Bei der Prüfung der Wirksamkeit kann das Unternehmen eine Reihe von Indikatoren heranziehen. Das BAFA empfiehlt zur systematischen Wirksamkeitsmessung die Entwicklung und Messung von geeigneten *Key Performance Indicators* (KPIs). Durch diese sollen Entwicklungen, Trends und Muster identifiziert und ausgewertet werden.[191] So ist zu untersuchen, ob die geforderten Maßnahmen in Bezug auf das Beschwerdeverfahren von eigenen Mitarbeitern oder von Zulieferern durchgeführt wurde. Weiter sollte zumindest stichprobenartig überprüft werden, ob potenzielle Nutzer das Beschwerdeverfahren kennen oder ob Zugangshindernisse bestehen, die das Unternehmen bisher noch nicht ausreichend berücksichtigt hat.[192] Schließlich sollte bewertet werden, ob die Erkenntnisse des Beschwerdeverfahrens auch an die entsprechenden Unternehmensbereiche weitergeleitet werden, um ggf. eine Anpassung der Präventions- oder Abhilfemaßnahmen vorzunehmen.

G. Verhältnis zu anderen Normen und Standards

I. Verhältnis zur Whistleblower-RL

94 Das Beschwerdeverfahren nach § 8 erinnert an das Hinweisgebersystem der Whistleblowing-RL, jedoch ohne auf diese konkret Bezug zu nehmen.[193] Die Whistleblowing-RL hätte bis zum 17.12.2021 durch den deutschen Gesetzgeber umgesetzt werden müssen. Eine Umsetzung steht bislang jedoch noch aus. Daher kann noch nicht bewertet werden, inwieweit eine Umsetzung beider Beschwerdemechanismen in einem Verfahren machbar ist.[194] Die Whistleblowing-RL ist jedoch neben dem LkSG anwendbar und wird – wegen des Anwendungsvorrangs des Europarechts – auch nicht vom LkSG verdrängt.[195]

95 Eine einheitliche Umsetzung beider Beschwerdemechanismen würde sich in vielen Unternehmen zur Vereinfachung des Arbeitsablaufes jedenfalls anbieten, da die Whistleblowing-RL alle Unternehmen mit mindestens 50 Arbeitnehmern erfasst und daher auch auf alle Unternehmen anwendbar ist, die unter den Anwendungsbereich des LkSG fallen.[196] Für eine gemeinsame Umsetzung spricht zudem, dass das Bestehen zweier unterschiedlicher Meldekanäle mit unterschiedlichen Zugangs- und Schutzvoraussetzungen die Hemmschwelle für potenzielle Beschwerdeführer insgesamt erhöhen dürfte.[197]

96 Die Umsetzung der Vorgaben des § 8 wird voraussichtlich weitgehend im Einklang mit den Vorgaben der Whistleblowing-RL gelingen.[198] Insbesondere hinsichtlich der Nutzung externer Beschwerdeverfahren gehen die Voraussetzungen der beiden Verfahren jedoch auseinander, da Art. 9 Abs. 6 der Whistleblowing-RL nur Unternehmen mit weniger als 250 Arbeitnehmern die Möglichkeit einräumt, sich an einem externen, von einem Branchenverband betriebenen Beschwerdeverfahren zu beteiligen.[199] Insoweit kann es hier zu Widersprüchen kommen, da das LkSG jedem Unternehmen diese Möglichkeit einräumt.

190 Handreichung Beschwerdeverfahren S. 16.

191 Handreichung Beschwerdeverfahren S. 17.

192 Der KMU-Sorgfaltskompass bietet mit Praxishilfe 4 eine Übersicht der Kennzahlen, die zur Überprüfung und Erfassung der Umsetzung von Maßnahmen genutzt werden sollten, abrufbar unter https://kompass.wirtschaft-entwicklung.de/sorgfalts-kompass/messen-und-berichten#c256 (zuletzt am 11.10.2022).

193 *Spindler* ZHR **2022** 67, 87; *Teichmann* ZWH **2022** 133, 138 bezeichnet § 8 daher als dogmatischen Tiefpunkt.

194 *Gerdemann* NVwZ **2021** 1721, 1722 weist jedoch darauf hin, dass die überwiegende Zahl der Pflichten aus der Whistleblowing-RL mangels Umsetzung ab dem 18.12.2021 Direktwirkung für Unternehmen entfalten dürften.

195 *Spindler* ZHR **2022** 67, 87; dazu auch Calliess/Ruffert/*Ruffert* EUV/AEUV, 6. Aufl. 2022, AEUV Art. 1.

196 *Gehling/Ott/Lüneborg* CCZ **2021** 230, 239.

197 *Lüneborg* DB **2022** 375, 376.

198 *Lüneborg* DB **2022** 375, 376.

199 Grabosch/*Grabosch* § 5 Rn. 136.

97 Die Herausforderungen für Unternehmen bestehen vor allem darin, bereits bestehende Beschwerdeverfahren an die Vorgaben der beiden Regelungsregimes anzupassen und mit diesen in Einklang zu bringen.[200]

II. VN-Leitprinzipien

98 Anders als die VN-Leitprinzip 22 sieht § 8 keine Wiedergutmachung vor. Dies wäre einem zivilrechtlichen Anspruch auf Schadensersatz gleichgekommen, den § 3 Abs. 3 gerade ausschließen will.[201] Da die Leitprinzipien nur Soft Law sind, birgt dies jedoch kein Konfliktpotential.

III. Verhältnis zum Richtlinienentwurf der Kommission zu unternehmerischen Sorgfaltspflichten

99 Auf EU-Ebene ist der Erlass einer Richtlinie über die Sorgfaltspflichten von Unternehmen geplant. Auch Art. 9 des Richtlinienentwurfs[202] sieht ein die gesamte Wertschöpfungskette umfassendes Beschwerdeverfahren vor.

100 Dieses Beschwerdeverfahren entspricht überwiegend dem Verfahren des § 8.[203] Art. 23 CSDDD-E enthält einen Hinweis auf die Whistleblowing-RL, die für Verstöße gegen den CSDDD-E anwendbar sein soll. Weitere Aussagen zum Verhältnis der beiden Verfahren trifft jedoch auch der CSDDD-E nicht.[204]

101 Art. 9 Abs. 1 CSDDD-E sieht vor, dass Unternehmen beschwerdeberechtigten Personen und Organisationen die Möglichkeit einräumen, Beschwerden an das Unternehmen zu richten, wenn diese berechtigte Bedenken hinsichtlich tatsächlicher oder potenzieller negativer Auswirkungen der Geschäftstätigkeit des Unternehmens, ihrer Tochterunternehmen und ihrer Wertschöpfungsketten auf die Menschenrechte und die Umwelt haben. Im Unterschied zu § 8 schränkt Art. 9 Abs. 2 Buchst. a) CSDDD-E den Kreis der Berechtigten zunächst dahingehend ein, dass nur natürliche Personen mit berechtigtem Grund zu der Annahme, dass sie von negativen Auswirkungen betroffen sein könnten, beschwerdebefugt sein sollen.[205] Daneben sieht Art. 9 Abs. 2 Buchst. b) jedoch in Form einer Prozessstandschaft vor,[206] dass Gewerkschaften und sonstige Arbeitnehmervertreter, die in der betroffenen Wertschöpfungskette tätige Personen vertreten, Beschwerden einreichen können. Art. 9 Abs. 2 Buchst. c) gibt darüber hinaus auch aktiven Organisationen der Zivilgesellschaft, die im Bereich der betreffenden Wertschöpfungskette aktiv sind, ein Beschwerderecht. Weitere örtliche oder sachliche Beschränkung für diese Gewerkschaften und Organisationen gibt es nicht.[207] Insoweit weitet Art. 9 Abs. 2 CSDDD-E den Kreis der Beschwerdeberechtigten gegenüber § 8 jedoch aus.[208]

102 Dem jeweiligen Beschwerdeführer muss das Recht eingeräumt werden, angemessene Folgemaßnahmen zu fordern, einschließlich eines Treffens mit Unternehmensvertretern, um schwerwiegende nachteilige Auswirkungen zu besprechen.[209]

---

200 *Lochen* in: Gesellschaftsrechtliche Vereinigung (Hrsg.), Gesellschaftsrecht in der Diskussion 2021, 125, 131.

201 Grabosch/*Grabosch* § 5 Rn. 137.

202 Vorschlag für eine Richtlinie des Europäischen Parlaments und des Rates über die Sorgfaltspflichten von Unternehmen im Hinblick auf Nachhaltigkeit und zur Änderung der Richtlinie (EU) 2019/1937, COM(2022) 71 final.

203 *Hübner/Habrich/Weller* NZG **2022** 644, 646.

204 *Spindler* ZIP **2022** 765, 772; *Birkholz* DB **2022** 1306, 1312.

205 *Bettermann/Hoes* WM **2022** 697, 702.

206 *Bettermann/Hoes* WM **2022** 697, 702.

207 *Spindler* ZIP **2022** 765, 772.

208 *Ruttloff/Rothenburg/Hahn* DB **2022** 1116, 1120; *Spindler* ZIP **2022** 765, 772.

209 *Ruttloff/Rothenburg/Hahn* DB **2022** 1116, 1120.

Nach Art. 9 Abs. 3 CSDDD-E haben Unternehmen ein Beschwerdeverfahren einzurichten, das unter anderem festlegt, wann das Unternehmen die Beschwerde für unbegründet erachtet. Auch sind die betroffenen Arbeitnehmer und Gewerkschaften über das Verfahren zu unterrichten. Weitere Vorgaben, etwa über die Ausgestaltung des Verfahrens oder die öffentliche Bekanntmachung von Entscheidungen, enthält Art. 9 CSDDD-E–anders als § 8–nicht.[210] 103

IV. Verhältnis zur Konfliktmineralien-VO

Bereichsspezifisch existiert zudem bereits die Pflicht zur Einführung eines Beschwerdemechanis- 104
mus aufgrund der Konfliktmineralien-VO.[211] Nach Art. 4 Buchst. e) der Konfliktmineralien-VO müssen die von der Verordnung erfassten Unionseinführer einen Beschwerdemechanismus als Frühwarnsystem zur Risikoerkennung einführen oder einen solchen Mechanismus bereitstellen. Dies kann mittels Kooperationsvereinbarungen mit anderen Wirtschaftsbeteiligten oder Organisationen oder etwa durch Inanspruchnahme eines Ombudsmanns geschehen.[212] Da die Konfliktmineralien-VO keine detaillierten Anforderungen an die Einführung des Beschwerdemechanismus legt, dürften diese durch Einrichtung eines Beschwerdeverfahrens nach § 8 erfüllt werden.

210 *Spindler* ZIP **2022** 765, 772.

211 Verordnung (EU) 2017/821 des Europäischen Parlaments und des Rates vom 17. Mai 2017 zur Festlegung von Pflichten zur Erfüllung der Sorgfaltspflichten in der Lieferkette für Unionseinführer von Zinn, Tantal, Wolfram, deren Erzen und Gold aus Konflikt- und Hochrisikogebieten, Amtsblatt der Europäischen Union v. 19.5.2017, L 130/1.

212 *Teicke/Rust* CCZ **2018** 39, 41; *Stave/Velte* DB **2021** 1791, 1794.

§ 9 Mittelbare Zulieferer, Verordnungsermächtigung

(1) Das Unternehmen muss das Beschwerdeverfahren nach § 8 so einrichten, dass es Personen auch ermöglicht, auf menschenrechtliche oder umweltbezogene Risiken sowie auf Verletzungen menschenrechtsbezogener oder umweltbezogener Pflichten hinzuweisen, die durch das wirtschaftliche Handeln eines mittelbaren Zulieferers entstanden sind.

(2) Das Unternehmen muss nach Maßgabe des Absatzes 3 sein bestehendes Risikomanagement im Sinne von § 4 anpassen.

(3) Liegen einem Unternehmen tatsächliche Anhaltspunkte vor, die eine Verletzung einer menschenrechtsbezogenen oder einer umweltbezogenen Pflicht bei mittelbaren Zulieferern möglich erscheinen lassen (substantiierte Kenntnis), so hat es anlassbezogen unverzüglich

1. **eine Risikoanalyse gemäß § 5 Absatz 1 bis 3 durchzuführen,**
2. **angemessene Präventionsmaßnahmen gegenüber dem Verursacher zu verankern, etwa die Durchführung von Kontrollmaßnahmen, die Unterstützung bei der Vorbeugung und Vermeidung eines Risikos oder die Umsetzung von branchenspezifischen oder branchenübergreifenden Initiativen, denen das Unternehmen beigetreten ist,**
3. **ein Konzept zur Verhinderung, Beendigung oder Minimierung zu erstellen und umzusetzen und**
4. **gegebenenfalls entsprechend seine Grundsatzerklärung gemäß § 6 Absatz 2 zu aktualisieren.**

(4) Das Bundesministerium für Arbeit und Soziales wird ermächtigt, Näheres zu den Pflichten des Absatzes 3 durch Rechtsverordnung im Einvernehmen mit dem Bundesministerium für Wirtschaft und Energie ohne Zustimmung des Bundesrates zu regeln.

Schrifttum

Altmeppen „Wissen" des rechtsfähigen Verbands nach dem Urteil „Dieselskandal", NJW **2020** 2833; *Birkefeld/Schäfer* Praktische Hinweise zur Umsetzung des Lieferkettensorgfaltspflichtengesetz in Unternehmen der Lebensmittelwirtschaft, ZLR **2022** 444; *Birkholz* CSDD-E: Konkrete Sorgfaltspflichten für Unternehmen statt Vorgaben zur Sustainable Corporate Governance? DB **2022** 1306; *Bohrer* Anmerkung zum Urteil des BGH 8.12.1989, DNotZ **1991** 124; *Bork* Wissenszurechnung im Insolvenz(anfechtungs)recht, DB **2012** 33; *Brunk* Menschenrechtscompliance –Eine Untersuchung menschenrechtlicher Verhaltenspflichten von Unternehmen und ihrer Umsetzung im Gesellschaftsrecht, 1. Aufl. (2022); *ders.* Zurechnung im Konzern, ZGR **1994** 237; *Buck-Heeb* Private Kenntnis in Banken und Unternehmen – Haftungsvermeidung durch Einhaltung von Organisationspflichten-, WM **2008** 281; *dies.* Wissenszurechnung, Informationsorganisation und Ad-hoc-Mitteilungspflicht bei Kenntnis eines Aufsichtsratsmitglieds, AG **2015** 801; *Drexl* Wissenszurechnung im Konzern, ZHR **1997** 491; *Dutzi/Schneider/Hasenau* Lieferkettenregulierung und Risk Governance – Implikationen für die betriebliche Praxis und Kritik, DK **2021** 454; *Ehmann* Der Regierungsentwurf für das Lieferkettengesetz: Erläuterung und erste Hinweise zur Anwendung, ZVertriebsR **2021** 141; *Ehmann/Berg* Das Lieferkettensorgfaltspflichtengesetz (LkSG): ein erster Überblick, GWR **2021** 287; *Faßbender/Neuhaus* Zum aktuellen Stand der Diskussion in der Frage der Wissenszurechnung, WM **2002** 1253; *Fleischer* Investor Relations und informationelle Gleichbehandlung im Aktien-, Konzern- und Kapitalmarktrecht, ZGR **2009** 505; *Frank/Edel/M. Heine/N. Heine* Pionierarbeiten in der Lieferkette, Praxisfolgen für das Handels- und Arbeitsrecht (Teil I), BB **2021** 2165; *Gasteyer/Goldschmidt* Wissenszurechnung bei juristischen Personen und im Konzern, AG **2016** 116; *Gehling/Ott/Lüneborg* Das neue Lieferkettensorgfaltspflichtengesetz – Umsetzung in der Unternehmenspraxis, CCZ **2021** 230; *Habersack* Verschwiegenheitspflicht und Wissenszurechnung – insbesondere im Konzern und mit Blick auf die Pflicht zur Ad-hoc-Publizität, DB **2016** 1551; *Herrmann/Rünz* Praktische Umsetzung der LkSG-Pflichten, COMPLY **2022** 14; *Hübner/Habrich/Weller* Corporate Sustainability Due Diligence, NZG **2022** 644; *Jungkind/Raspé/Terbrack* Unternehmensverantwortung in der Lieferkette, Das Lieferkettensorgfaltspflichtgesetz und seine Folgen für die Unternehmens-organisation, DK **2021** 445; *Karmann/Irmscher* Das Sorgfaltspflichtengesetz – Ein neues Sanktionsrecht für Menschenrechts- und Umweltverstöße in Lieferketten NZWiSt **2021** 249; *Keilmann/Schmidt* Der Entwurf des Sorgfaltspflichtengesetzes – Warum es richtig ist, auf eine zivilrechtliche Haftung zu verzichten, WM **2021** 717;

https://doi.org/10.1515/9783110788976-011

Koch Wissenszurechnung aus dem Aufsichtsrat, ZIP **2015** 1757; *Krebs* Menschenrechtliche und umweltbezogene Sorgfaltspflicht: Der Wettlauf zwischen europäischer und deutscher Rechtssetzung, ZUR **2021** 394; *Lutz-Bachmann/Vorbeck/Wengenroth* Menschenrechte und Umweltschutz in Lieferketten – der Regierungsentwurf eines Sorgfaltspflichtengesetzes, BB **2021** 906; *ders.* Nachhaltigkeitsbezogene Sorgfaltspflichten in Geschäftsbeziehungen – zum Entwurf der EU-Kommission für eine „Lieferkettenrichtlinie", BB **2022** 835; *Marschke* Wissenszurechnung und Aufklärungspflichten des Grundstücksverkäufers im Lichte der aktuellen Rechtsprechung des Bundesgerichtshofs, ZfIR **2012** 445; *Nietsch/Wiedmann* Der Regierungsentwurf eines Gesetzes über die unternehmerischen Sorgfaltspflichten in der Lieferkette, CCZ **2021** 101; *Reischl* Wissenszusammenrechnung auch bei Personengesellschaften? JuS **1997** 783; *Rickert/Heinrichs* Wissenszurechnung und Wissensorganisation im Aufsichtsrat, GWR **2017** 112; *Schürnbrand* Wissenszurechnung im Konzern – unter besonderer Berücksichtigung von Doppelmandaten, ZHR **2017** 357; *Schwintowski* Die Zurechnung des Wissens von Mitgliedern des Aufsichtsrats in einem oder mehreren Unternehmen, ZIP **2015** 617; *Seibt/Vesper-Gräske* Lieferkettensorgfaltspflichtengesetz, CB **2021** 357; *Seidel* Die Wissenszurechnung im einzelkaufmännischen Unternehmen, ZIP **2020** 1506; *Spindler* Verantwortlichkeit und Haftung in Lieferketten – das Lieferkettensorgfaltspflichtengesetz aus nationaler und europäischer Perspektive, ZHR **2022** 67; *ders.* Wissenszurechnung in der GmbH, der AG und im Konzern, ZHR **2017** 311; *Spindler/Seidel* Die zivilrechtlichen Konsequenzen von Big Data für Wissenszurechnung und Aufklärungspflichten, NJW **2018** 2153; *ders.* Wissenszurechnung und Digitalisierung, FS Marsch-Barner (2018) 549; *Stemberg* Die drei „Schlüsselkriterien" des Beschwerdeverfahrens nach § 8 Lieferkettensorgfaltspflichtengesetz, CCZ **2022** 92; *ders.* Zur substantiierten Kenntnis nach § 9 III Lieferkettensorgfaltspflichtengesetz, NZG **2022** 1093; *Stöbener de Mora/Noll* Grenzenlose Sorgfalt? – Das Lieferkettensorgfaltspflichtengesetz, Teil 1, NZG **2021** 1237; *Thomale* Wissenszurechnung im Gesellschaftsstrafrecht – deutsche Unternehmen vor französischen Strafgerichten, AG **2015** 641; *Verse* Doppelmandate und Wissenszurechnung im Konzern, AG **2015** 413; *E. Wagner/Ruttloff* Das Lieferkettensorgfaltspflichtengesetz – Eine erste Einordnung, NJW **2021** 2145; *G. Wagner* Haftung für Menschenrechtsverletzungen in der Lieferkette, ZIP **2021** 1095; *Weller* Wissenszurechnung in internationalen Unternehmensstrafverfahren, ZGR **2016** 384; *Wendt/Kreiling* Wissenszurechnung bei M&A Transaktionen, KSzW **2016** 67; *Werner* Die Zurechnung von im Aufsichtsrat vorhandenem Wissen an die Gesellschaft und ihre Folgen, WM **2016** 1474.

Materialien

BAFA Antwort IV.8. FAQ-LkSG, Antwort VI.12. FAQ-LkSG, Antwort VI.13. FAQ-LkSG, Antwort VII.12. FAQ-LkSG, Antwort VII.13. FAQ-LkSG, Antwort XVI. 3. FAQ-LkSG (Stand: 27.2.2023), abrufbar unter https://www.bafa.de/DE/Lieferketten/Ueberblick/ueberblick_node.html;jsessionid=D5A68471B72B14B444DD4DF1438388DB.2_cid371; BAFA, Angemessenheit – Handreichung zum Prinzip der Angemessenheit nach den Vorgaben des Lieferkettensorgfaltspflichtengesetzes, 1. Aufl. (2022), abrufbar unter https://www.bafa.de/SharedDocs/Downloads/DE/Lieferketten/handreichung_angemessenheit.pdf;jsessionid=30694D1725806D3B927F0836147A8D4F.2_cid381?__blob=publicationFile&v=3 (zit. BAFA Angemessenheit); BAFA Beschwerdeverfahren organisieren, umsetzen und evaluieren – Handreichung „Beschwerdeverfahren nach dem Lieferkettensorgfaltspflichtengesetz", 1. Aufl. (2022), abrufbar unter https://www.bafa.de/SharedDocs/Downloads/DE/Lieferketten/handreichung_beschwerdeverfahren.html;jsessionid=EF48D8415E5FBCEC8B86211F507CF9D8.1_cid381?nn=18750466 (zit. BAFA Beschwerdeverfahren) (zuletzt am 31.3.2023); BAFA Risiken ermitteln, gewichten und priorisieren – Handreichung zur Umsetzung einer Risikoanalyse nach den Vorgaben des Lieferkettensorgfaltspflichtengesetzes, 1. Aufl. 2022, S. 8, abrufbar unter https://www.bafa.de/SharedDocs/Downloads/DE/Lieferketten/handreichung_risikoanalyse.pdf?__blob=publicationFile&v=3 (zit. BAFA Risikoanalyse) (zuletzt am 31.3.2023).

Übersicht

A. Normzweck

1 § 9 LkSG regelt den Umgang mit mittelbaren Zulieferern (B.). Unternehmen müssen ihre internen Prozesse so gestalten, dass sie auch hinsichtlich ihrer mittelbaren Zulieferer auf menschenrechtliche oder umweltbezogene Risiken bzw. Verletzungen angemessen reagieren können. Dementsprechend stellt die Vorschrift bestimmte Anforderungen an das Beschwerdeverfahren und das Risikomanagement eines Unternehmens (C.).

2 § 9 Abs. 3 LkSG regelt Sorgfaltspflichten eines Unternehmens gegenüber mittelbaren Zulieferern in besonderer Weise. Während des Gesetzgebungsverfahrens diskutierten die Beteiligten kontrovers, wie weit die Sorgfaltspflichten des LkSG hinsichtlich mittelbarer Zulieferer reichen sollen.[1] Grundsätzlich wollte sich der Gesetzgeber mit dem LkSG an den VN-Leitprinzipien für Wirtschaft und Menschenrechte orientieren.[2] Diese sehen vor, dass Unternehmen Risikoanalysen und Präventionsmaßnahmen regelmäßig und risikobasiert auf die gesamte Wertschöpfungskette erstrecken müssen.[3] Dieses Verständnis war vielen Beteiligten allerdings zu weitreichend.[4] Nach

1 Zur Entstehungsgeschichte im Einzelnen siehe *Stemberg* NZG **2022** 1093, 1093.

2 Vgl. Hintergrundinformationen zum LkSG des BMZ: „Mit dem sogenannten Lieferkettensorgfaltspflichtengesetz werden die UN-Leitprinzipien für Wirtschaft und Menschenrechte verbindlich umgesetzt.“, abrufbar unter https://www.bmz.de/de/entwicklungspolitik/lieferketten/hintergrund-lieferketten-lieferkettengesetz (zuletzt am 31.3.2023).

3 Art. 15 UN-Leitprinzipien.

4 Siehe hierzu *Spindler* ZHR **186** (2022) 67, 88: Gegen die Einbeziehung von mittelbaren Zulieferern sprachen sich bspw. HDE und WdK aus, siehe *Handelsverband Deutschland* Stellungnahme zum Referentenentwurf des LkSG v. 1.3.2021 S. 8 f., abrufbar unter https://www.bmas.de/SharedDocs/Downloads/DE/Gesetze/Stellungnahmen/sorgfaltspflichtengesetz-hde.pdf;jsessionid=57F09078387DF6557FF8BC62AC5BF837.delivery1–replication?__blob=publicationFile&v=2 (zuletzt am 31.3.2023); *Wirtschaftsverband der deutschen Kautschukindustrie e.V.* Stellungnahme zum Referentenentwurf des LkSG v. 22.2.2021 S. 1,

langem Ringen einigten sich die befassten Ministerien mit § 9 LkSG auf einen Kompromiss.[5] Im Gegensatz zum eigenen Geschäftsbereich und gegenüber unmittelbaren Zulieferern, müssen Unternehmen bei mittelbaren Zulieferern nur anlassbezogen bestimmte Maßnahmen ergreifen. Dies ist der Fall, wenn das Unternehmen von tatsächlichen Anhaltspunkten erfährt, die es möglich erscheinen lassen, dass der mittelbare Zulieferer menschenrechtliche oder umweltbezogene Pflichten verletzt (sog. substantiierte Kenntnis). Derzeit ist noch nicht geklärt, wie dieser Begriff genau auszulegen ist (D.). Zwar ermächtigt § 9 Abs. 4 LkSG das Bundesministerium für Arbeit und Soziales die Pflichten nach § 9 Abs. 3 LkSG durch Rechtsverordnung im Einvernehmen mit dem Bundesministerium für Wirtschaft und Energie näher auszugestalten. Nach derzeitigem Stand ist mit einer solchen Rechtsverordnung in naher Zukunft nicht zu rechnen (E.). Verstößt ein Unternehmen gegen § 9 LkSG, drohen Bußgelder (F.). Die europäischen Rechtsentwicklungen dürfen ebenfalls nicht aus den Augen gelassen werden (G.).

B. Mittelbarer Zulieferer

Nach § 2 Abs. 8 LkSG ist mittelbarer Zulieferer jedes Unternehmen, das kein unmittelbarer Zuliefe- 3
rer ist und dessen Zulieferungen für die Herstellung des Produktes des Unternehmens oder zur Erbringung und Inanspruchnahme der betreffenden Dienstleistungen notwendig sind. Vereinfacht ausgedrückt ist mittelbarer Zulieferer jedes Unternehmen, zu dem keine unmittelbare vertragliche Beziehung im Sinne des § 2 Abs. 7 LkSG besteht.[6] Damit sind nicht nur Zulieferer von Komponenten und Halbfertigprodukten, sondern auch Dienstleister sowie Rohstoffunternehmen erfasst.[7] Zudem zählen jegliche Vorproduzenten als mittelbare Zulieferer.[8]

Beispiel: Das Unternehmen A stellt Schrauben her, die Unternehmen B benötigt, um einen 4
Motor herzustellen. Den Motor wiederum benötigt Unternehmen C, um Fahrzeuge zu produzieren. Aus Sicht des Unternehmens C handelt es sich bei Unternehmen B um einen unmittelbaren Zulieferer, bei Unternehmen A um einen mittelbaren Zulieferer.

Betrachtet man die Lieferkette anhand ihrer einzelnen Glieder, so können unmittelbare Zulie- 5
ferer aus der Sicht des verpflichteten Unternehmens auf der ersten Ebene (Tier-1 Lieferant) und mittelbare Zulieferer auf den nachfolgenden Ebenen (Tier-2 Lieferant, Tier-3 Lieferant, etc.) wie folgt verortet werden:[9]

abrufbar unter https://www.bmas.de/SharedDocs/Downloads/DE/Gesetze/Stellungnahmen/sorgfaltspflichtengesetz-wdk.pdf;jsessionid=57F09078387DF6557FF8BC62AC5BF837.delivery1–replication?_blob=publicationFile&v=1 (zuletzt am 31.3.2023); der *Verband der Automobilindustrie* (VDA), der *Bundesverband der Deutschen Industrie* (BDI) sowie der *Verband der Elektro- und Digitalindustrie* (ZVEI) äußerten sich teilweise sehr kritisch zum Gesetzesentwurf, siehe *VDA* Stellungnahme zum Referentenentwurf des LkSG v. 28.2.2021 S. 11, abrufbar unter https://www.bmas.de/SharedDocs/Downloads/DE/Gesetze/Stellungnahmen/sorgfaltspflichtengesetz-vda.pdf;jsessionid=57F09078387DF6557FF8BC62AC5BF837.delivery1–replication?_ _blob=publicationFile&v=2 (zuletzt am 31.3.2023); *BDI* Stellungnahme zum Referentenentwurf des LkSG v. 28.2.2021 S. 8 ff., abrufbar unter https://www.bmas.de/SharedDocs/Downloads/DE/Gesetze/Stellungnahmen/sorgfaltspflichtengesetz-bdi.pdf; jsessionid=57F09078387DF6557FF8BC62AC5BF837.delivery1–replication?_blob=publicationFile&v=1 (zuletzt am 31.3.2023); *ZVEI* Stellungnahme zum Referentenentwurf des LkSG v. 1.3.2021 S. 3 f., abrufbar unter https://www.bmas.de/SharedDocs/Downloads/DE/Gesetze/Stellungnahmen/sorgfaltspflichtengesetz-zvei.pdf;jsessionid=57F09078387DF6557FF8BC62AC5BF837.delivery1–replication?_blob=publicationFile&v=2 (zuletzt am 31.3.2023).

5 Grabosch/*Grabosch* § 2 Rn. 97.

6 *Frank/Edel/Heine* BB **2021** 2165, 2169.

7 *Wagner* ZIP **2021** 1095, 1100.

8 *Spindler* ZHR **186** (2022) 67, 88 f.

9 Siehe *Harings/Jürgens* 4.6. Diese Qualifizierung der Tier-Ebenen gilt dann nicht, wenn Lieferant Nr. 1 zum eigenen Geschäftsbereich des verpflichteten Unternehmens gehört.

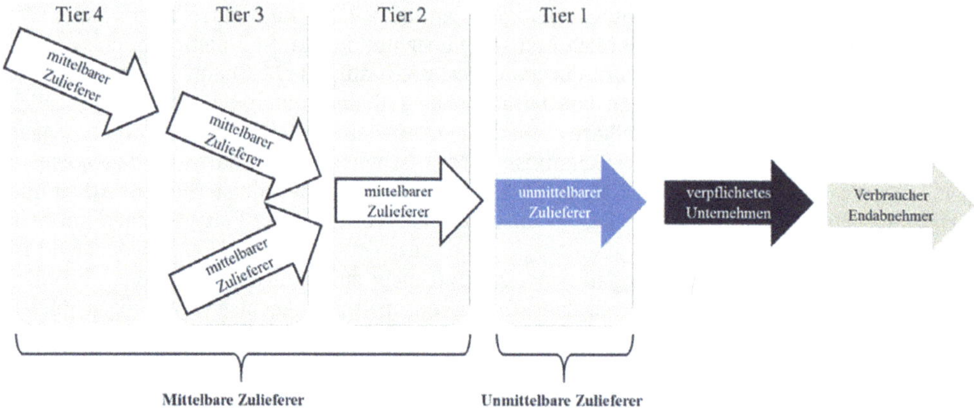

Abb. 1: Schematische Darstellung zur Verortung von Zulieferern.

C. Organisatorische Maßnahmen

6 § 9 LkSG stellt organisatorische Anforderungen an das Beschwerdeverfahren (I.) und an die Anpassung des Risikomanagements (II.).

I. Beschwerdeverfahren

7 § 9 Abs. 1 LkSG verpflichtet Unternehmen sicherzustellen, dass sie über mögliche menschenrechtliche oder umweltbezogene Missstände nicht nur bei ihren unmittelbaren Vertragspartnern, sondern auch bei mittelbaren Zulieferern informiert werden können. So müssen Unternehmen das Beschwerdeverfahren nach § 8 LkSG so einrichten, dass Personen menschenrechtliche und umweltbezogene Risiken und diesbezügliche Verletzungen melden können, die durch das wirtschaftliche Handeln eines mittelbaren Zulieferers des Unternehmens entstanden sind.

8 Es ist nicht erforderlich, dass die meldende Person ein besonderes Interesse an der Meldung hat, also insbesondere selbst betroffen ist. Für dieses Verständnis streitet neben dem Wortlaut der Vorschrift die Historie des Gesetzgebungsverfahrens. So stellte der ursprüngliche Entwurf von § 9 Abs. 1 LkSG darauf ab, dass die hinweisgebende Person entweder durch die wirtschaftliche Tätigkeit des mittelbaren Zulieferers in einer geschützten Rechtsposition verletzt sein könnte oder Kenntnis von einer möglichen Verletzung einer geschützten Rechtsposition hat.[10] Im weiteren Gesetzgebungsverfahren strich der Gesetzgeber die erste Alternative und verwies darauf, dass es für die Frage der Hinweisbefugnis irrelevant sei, ob jemand betroffen ist oder „nur" Kenntnis von einem meldewürdigen Umstand habe.[11] Somit ist jede Person berechtigt, ein Unternehmen auf ihr bekannte Anhaltspunkte für potenzielle menschenrechtliche oder umweltbezogene Missstände hinzuweisen.

9 Unternehmen sollten daher sicherstellen, dass sowohl Mitarbeitende[12] als auch externe Personen von der Möglichkeit erfahren, entsprechende Hinweise zu erteilen. Dies kann bspw. intern durch Meldungen über Email oder im Intranet erfolgen. Externe Personen können etwa auf der Webseite des Unternehmens auf die Möglichkeit hingewiesen werden. Dabei kann sich auch eine

10 BR-Drs. 239/21 S. 9; BT-Drs. 19/28649 S. 50.

11 BT-Drs. 19/30505 S. 42.

12 Anmerkung: Zur besseren Lesbarkeit wird auf die gleichzeitige Verwendung der Sprachformen männlich, weiblich und divers (m/w/d) verzichtet. Sämtliche Personenbezeichnungen gelten gleichermaßen für alle Geschlechter.

eigene Landing-Page anbieten, sodass Personen direkt die relevante Webseite ansteuern können. Hierzu verweisen wir auf die Ausführungen in § 8 LkSG.

II. Anpassung des Risikomanagements

Das Unternehmen hat nach Maßgabe des § 9 Abs. 3 LkSG sein Risikomanagement anzupassen, um die dort genannten Pflichten erfüllen zu können (§ 9 Abs. 2 LkSG). Daher muss ein Unternehmen im Rahmen seines Risikomanagements dafür Sorge tragen, dass es bei substantiierter Kenntnis von möglichen Verstößen handlungsfähig ist. Zur Einrichtung des Risikomanagements verweisen wir auf die Ausführungen in § 4 LkSG. 10

D. Anlassbezogene Maßnahmen

Ein Unternehmen hat bei substantiierter Kenntnis von möglichen Verstößen (I.), anlassbezogen und unverzüglich (II.), konkrete Maßnahmen einzuleiten (III.). 11

I. Substantiierte Kenntnis

Ein Unternehmen muss von tatsächlichen Anhaltspunkten (1.), die eine Verletzung möglich erscheinen lassen (2.), Kenntnis erlangen (3.). 12

1. Tatsächliche Anhaltspunkte

Tatsächliche Anhaltspunkte setzen einen überprüfbaren Tatsachenkern voraus (a)). Eine Verbindung zu einem konkreten mittelbaren Zulieferer ist dabei nicht erforderlich (b)). 13

a) Überprüfbarer Tatsachenkern. Dem Unternehmen müssen tatsächliche Anhaltspunkte gemäß § 9 Abs. 3 LkSG vorliegen. Die Norm selbst führt nicht aus, was unter tatsächlichen Anhaltspunkten zu verstehen ist. Nach der Gesetzesbegründung soll es sich um überprüfbare und ernst zu nehmende Informationen über eine mögliche Verletzung handeln.[13] Die gemeinsam von BMAS und BAFA erarbeiteten FAQ-LkSG verweisen darauf, dass bloße Meinungen oder Gerüchte nicht genügen, sondern die Angaben zumindest einen verifizierbaren Tatsachenkern enthalten sollen.[14] Für das Merkmal *„tatsächliche Anhaltspunkte"* im Sinne des § 9 Abs. 3 LkSG bedarf es mithin konkreter Umstände, die das Unternehmen nachprüfen kann. 14

Solche Anhaltspunkte sind abzugrenzen von bloßen Gerüchten[15] und Vermutungen,[16] was im Einzelfall schwerfallen kann.[17] Als weiteres Kriterium zur Bestimmung des Begriffs kann der Bezugspunkt der Anhaltspunkte dienen. Sie müssen sich ausweislich des Wortlauts der Norm auf eine Verletzung von LkSG-bezogenen Sorgfaltspflichten beziehen. Anhaltspunkte für bloße Risiken 15

13 BT-Drs. 19/28649 S. 50.

14 Antwort VI.12. FAQ-LkSG.

15 Nach allgemeinem Sprachgebrauch ist ein Gerücht *„etwas, was allgemein gesagt, weitererzählt wird, ohne dass bekannt ist, ob es auch wirklich zutrifft"* (vgl. Duden, „Gerücht", abrufbar unter https://www.duden.de/rechtschreibung/Geruecht (zuletzt am 31.3.2023).

16 Vgl. zur Abgrenzung zu Vermutungen siehe Grabosch/*Grabosch* § 2 Rn. 99.

17 Zu Beispielen siehe *Harings/Jürgens* 4.7.1.

reichen danach nicht aus (siehe unten D.I.2.a)). Die weitere Konturierung dieses Tatbestandsmerkmals durch Rechtsprechung und Schrifttum bleibt abzuwarten.

16 **b) Verbindung zu konkretem mittelbaren Zulieferer?** Nach § 9 Abs. 3 LkSG müssen dem Unternehmen tatsächliche Anhaltspunkte vorliegen, die die Verletzung bestimmter Pflichten bei mittelbaren Zulieferern möglich erscheinen lassen.

17 Aus dieser Formulierung leiten Stimmen in der Literatur ab, dass sich die Information auf einen konkreten mittelbaren Zulieferer beziehen müsse.[18] Dem lässt sich jedoch entgegenhalten, dass § 9 Abs. 3 LkSG von mittelbaren Zulieferern im Plural spricht.[19] Der Wortlaut stellt damit nicht darauf ab, dass sich die Information auf einen bestimmten mittelbaren Zulieferer beziehen muss, der möglicherweise die Sorgfaltspflichten verletzt hat. Hierfür spricht auch die Formulierung *„bei“* mittelbaren Zulieferern. Diese deutet darauf hin, dass die tatsächlichen Anhaltspunkte nicht auf ein bestimmtes Verhalten eines konkreten mittelbaren Zulieferers abstellen müssen. Es reicht aus, wenn das Unternehmen durch die Informationen in die Lage versetzt wird, diese auf einen oder mehrere konkrete mittelbare Zulieferer zu beziehen.[20]

18 Auch nach den FAQ-LkSG müssen die vorliegenden Informationen nicht an sich erkennen lassen, dass die mögliche Verletzung bei einem bestimmten Zulieferer verortet ist.[21] Dies mag dem Umstand geschuldet sein, dass eine Person oftmals die Region oder Branche des Unternehmens kennt, nicht hingegen den konkreten mittelbaren Zulieferer. Insofern stellt es wohl ein redaktionelles Versehen dar, wenn die FAQ-LkSG an anderer Stelle davon sprechen, dass die Anhaltspunkte die Verletzung *„bei einem mittelbaren Zulieferer“* möglich erscheinen lassen.[22] Zwar kann man berechtigterweise diesen Ansatz als zu weitgehend bezeichnen. An dem Willen des Gesetzgebers und der des § 9 Abs. 3 LkSG bestehen indes keine überzeugenden Zweifel. Zudem können etwaig zu weitreichende Pflichten im Rahmen der Angemessenheit nach § 3 Abs. 2 LkSG korrigiert werden.

2. Verletzung von sorgfaltsbezogenen Pflichten muss möglich erscheinen

19 Aufgrund der tatsächlichen Anhaltspunkte muss die Verletzung von menschenrechts- oder umweltbezogenen Sorgfaltspflichten (a)) möglich erscheinen (b)).

20 **a) Verletzung von Sorgfaltspflichten.** Die tatsächlichen Anhaltspunkte im Sinne des § 9 Abs. 3 LkSG müssen sich auf eine Verletzung von menschenrechts- oder umweltbezogenen Sorgfaltspflichten bei mittelbaren Zulieferern beziehen. Ein bloßes Risiko in Form einer unmittelbar bevorstehenden Verletzung reicht insofern nicht aus.[23] Anders ausgedrückt: Es reicht im Rahmen des § 9 Abs. 3 LkSG nicht aus, dass eine Verletzung zukünftig einzutreten droht, sondern es ist erforderlich, dass eine Verletzung möglicherweise schon eingetreten ist.[24]

---

18 Gehling/Ott/*Lüneborg* § 9 Rn. 25; *Gehling/Ott/Lüneborg* CCZ **2021** 230, 237; *Stöbener de Mora/Noll* NZG **2021** 1237, 1242; **a.A.** Grabosch/*Grabosch* § 2 Rn. 99; E. Wagner/Ruttloff/S. Wagner/*E. Wagner/S. Wagner* § 4 Rn. 794; *Altenschmidt/Helling* § 9 Rn. 8.

19 Anders wohl Antwort VI.13. FAQ-LkSG, die auf eine Verletzung einer Pflicht *„bei einem mittelbaren Zulieferer“* abstellen.

20 Wohl auch *Stemberg* NZG **2022** 1093, 1098.

21 Antwort VI.14. FAQ-LkSG, *„Die vorliegenden Informationen müssen nicht bereits an sich die Verortung der Verletzung bei einem Zulieferer erkennen lassen“.*

22 Antwort VI.13. FAQ-LkSG.

23 Gehling/Ott/*Lüneborg* § 9 Rn. 21; *Stemberg* NZG **2022** 1093, 1097; **a.A.** Grabosch/*Grabosch* § 2 Rn. 113; E. Wagner/Ruttloff/S. Wagner/*E. Wagner/S. Wagner* § 4 Rn. 795.

24 Vgl. *Stemberg* NZG **2022** 1093, 1097 f.

Der Wortlaut des § 9 Abs. 3 LkSG erfordert eine „*Verletzung*" einer menschenrechts- oder umweltbezogenen Pflicht bei mittelbaren Zulieferern. Dass die Norm davon spricht, dass die Verletzung „*möglich erscheint*", ist nicht so zu verstehen, dass auch ein Risiko einer Verletzung ausreicht. Vielmehr bezieht sich diese Formulierung auf die Qualität der tatsächlichen Anhaltspunkte, die geeignet sein müssen, eine Pflichtverletzung bei mittelbaren Zulieferern möglich erscheinen zu lassen. 21

Für ein solches Verständnis spricht auch die Gesetzessystematik. Nach § 2 Abs. 4 LkSG liegt eine Verletzung einer sorgfaltsbezogenen Pflicht vor, wenn gegen die aufgezählten Verbote „*verstoßen*" wird. Auch hiernach reicht das bloße Risiko eines Verstoßes nicht aus, selbst wenn dieser unmittelbar bevorstehen mag. Dies verdeutlichen auch § 2 Abs. 2 und Abs. 3 LkSG, die sich damit befassen, wann menschenrechts- und umweltbezogene Risiken vorliegen. Auch § 9 Abs. 1 LkSG unterscheidet einerseits zwischen menschenrechts- oder umweltbezogenen Risiken sowie andererseits der Verletzung menschenrechts- oder umweltbezogener Pflichten. Außerdem spricht die Gesetzgebungshistorie für ein solches Verständnis. Der Begriff der „*Verletzung*" in § 2 Abs. 4 LkSG wurde erst gegen Ende des Gesetzgebungsverfahrens eingefügt, um etwaige Abgrenzungsschwierigkeiten aufzulösen.[25] In diesem Zuge wurde auch § 9 Abs. 3 LkSG angepasst.[26] Die FAQ-LkSG sprechen ebenfalls an mehreren Stellen davon, dass eine „*Verletzung*" einer menschenrechtlichen oder umweltbezogenen Pflicht erforderlich ist.[27] Die Gesetzesbegründung geht jedoch über den Wortlaut hinaus: Danach reichen Berichte über die schlechte Menschenrechtslage in einer Produktionsregion oder Branchen des mittelbaren Zulieferers mit besonderen menschenrechtlichen oder umweltbezogenen Risiken sowie frühere Vorfälle bei mittelbaren Zulieferern aus, um von „*tatsächlichen Anhaltspunkten für Pflichtverletzungen*" i.S.d. § 9 LkSG ausgehen zu können.[28] Diese Auslegung ist vom Wortlaut der Norm nicht mehr gedeckt und daher u.E. nicht haltbar. Es ist bspw. nicht zu erkennen, warum frühere, nicht näher konkretisierte Vorfälle bei einem mittelbaren Zulieferer nunmehr tatsächliche Anhaltspunkte für eine aktuelle Pflichtverletzung darstellen sollen. Gleiches gilt für die Beschreibung von Risiken in bestimmten Regionen. Risiken für LkSG-bezogene Schutzgüter sind nicht gleichzusetzen mit Verletzungen dieser Schutzgüter. Dennoch folgen Stimmen in der Literatur dem Ansatz der Gesetzesbegründung.[29] 22

Im Einzelfall kann es schwierig zu beurteilen sein, ob sich aus einer Meldung lediglich ein Risiko oder bereits eine Verletzung von menschenrechts- oder umweltbezogenen Pflichten ergibt. In Zweifelsfällen ist es ratsam, dass ein Unternehmen sicherheitshalber Maßnahmen einleitet und z.B. nähere Informationen beim unmittelbaren Zulieferer einholt. Sollte ein Unternehmen davon absehen, einer Meldung nachzugehen, sollte es möglichst ausführlich die Gründe hierfür dokumentieren. 23

b) Grad der Möglichkeit. Zudem muss es möglich erscheinen, dass gegen ein bestimmtes Verbot i.S.d. § 2 Abs. 4 LkSG i.V.m. § 2 Abs. 2 bzw. Abs. 3 LkSG verstoßen wird. Die abstrakte Gefahr, dass irgendeine Pflicht des LkSG verletzt wird, genügt hingegen nicht.[30] 24

Über den Grad der Möglichkeit schweigen das LkSG und die Gesetzesbegründung. Diese zentrale Frage lässt sich nicht immer eindeutig beantworten, insbesondere, weil sich noch kein Standard für die Einschätzungen nach dem LkSG herausgebildet hat. Daher sind, jedenfalls anfänglich, weitere Leitplanken durch Auslegung der Norm zu ermitteln: 25

Aus dem weit gefassten Wortlaut „*möglich erscheint*" lässt sich die gesetzgeberische Wertung entnehmen, dass keine allzu hohen Anforderungen an die Wahrscheinlichkeit einer Verletzung 26

25 BT-Drs. 19/30505 S. 37.
26 BT-Drs. 19/30505 S. 42.
27 Antwort VI.12. und VI.13. FAQ-LkSG.
28 BT-Drs. 19/28649 S. 50; wohl auch *Dutzi/Schneider/Hasenau* DK **2021** 454, 460 mit Verweis auf den Regierungsentwurf; *Seibt/Vesper-Gräske* CB **2021** 357, 360.
29 Grabosch/*Grabosch* § 2 Rn. 113; E. Wagner/Ruttloff/S. Wagner/*E. Wagner/S. Wagner* § 4 Rn. 795.
30 *Stemberg* NZG **2022** 1093, 1097; **a.A.** *Brunk* Menschenrechtscompliance, 1. Aufl. 2022, S. 478 f.

menschenrechts- oder umweltbezogener Pflichtverletzungen zu stellen sind. Hiernach dürfte es jedenfalls ausreichen, dass mit einer Wahrscheinlichkeit von unter 50 Prozent eine menschenrechts- oder umweltbezogene Sorgfaltspflicht verletzt ist.[31] Dabei sollte ein Unternehmen auch andere potenzielle Erkenntnisquellen zur Bewertung des Möglichkeitsgrads heranziehen, z.B. gefestigte Erkenntnisse innerhalb der relevanten Branche.[32]

27 Das Unternehmen kann die Glaubwürdigkeit einer Quelle berücksichtigen, um insgesamt zu bewerten, ob die Verletzung einer menschenrechts- oder umweltbezogenen Sorgfaltspflicht möglich erscheint.[33] Dies wird allerdings nur in eng umgrenzten Ausnahmen relevant sein. Insbesondere ist es unerheblich, dass die meldende Quelle anonym bleiben möchte.[34] Das Beschwerdeverfahren muss gewährleisten, dass die Identität der Quelle vertraulich bleibt.[35] Dementsprechend empfiehlt das BAFA in seiner Handreichung zum Beschwerdeverfahren, die anonyme Nutzung des Beschwerdeverfahrens zu ermöglichen.[36] Auch sollte ein Unternehmen nicht schlussfolgern, dass eine Person unglaubwürdig ist, weil sie den Sachverhalt ungenau schildert oder zu Übertreibungen neigt.[37] Eine Meldung, die einen Ablauf aus der Erinnerung eines Zeugen wiedergibt, wird in der Regel zumindest in Teilen ungenau sein. Übertreibungen dürften in einem emotionalen Kontext, wie potenziellen Menschenrechtsverletzungen, ebenfalls zu erwarten sein. Wohl dürfte aber in Betracht kommen, Meldungen aus Quellen, die sich bereits in der Vergangenheit mehrfach als falsch erwiesen haben, besonders kritisch unter diesem Aspekt zu würdigen.[38]

28 **Beispiel**: Eine anonyme Person meldet Unternehmen A, dass Unternehmen B aus der Region C wahrscheinlich in mehrfacher Hinsicht Menschenrechte verletzt. Die meldende Person habe dies zwar nicht selbst erlebt. Ein Verwandter, der im Unternehmen B arbeitet, habe ihr dies erzählt. Die Brancheninitiative D hatte A bereits eine Woche zuvor vor Menschenrechtsverletzungen in der Region C gewarnt. Durch die Meldung der Person und die Warnmeldung der Brancheninitiative D dürften dem Unternehmen A tatsächliche Anhaltspunkte vorliegen, die es für möglich erscheinen lassen, dass das Unternehmen B menschenrechtsbezogene Sorgfaltspflichten verletzt. Dass die Meldung anonym einging, ändert hieran nichts.

29 Die von den FAQ-LkSG aufgeführte Leitfrage dürfte in der Praxis gerade am Anfang noch wenig weiterhelfen.[39] Hiernach soll anhand eines objektiv-normativen Verständnishorizonts gefragt werden, ob ein mit den Sorgfaltspflichten betrauter, durchschnittlich erfahrener und verständiger Mitarbeiter, in dessen Unternehmen das Risikomanagement entsprechend den gesetzlichen Vorgaben organisiert ist, eine eingetretene oder unmittelbar bevorstehende Verletzung in der Lieferkette für möglich halten würde.[40] Dies ist aus mehreren Gründen nicht überzeugend. Zum einen reicht das Risiko einer Verletzung menschenrechts- oder umweltbezogener Pflichten im Rahmen des § 9 Abs. 3 LkSG gerade nicht aus (siehe oben D.I.2.). Daneben wird es den durchschnittlich erfahrenen Mitarbeitenden am Anfang noch nicht geben, weil Unternehmen die Sorgfaltspflichten des LkSG erst erfüllen müssen und eine Verwaltungspraxis des BAFA bzw. einschlägige Rechtsprechung noch nicht existiert.

---

31 Vgl. Antwort VI.14. FAQ-LkSG.

32 Vgl. Antwort VI.14. FAQ-LkSG.

33 Vgl. *Stemberg* NZG **2022** 1093, 1097, der die Glaubwürdigkeit jedoch aus dem Merkmal „*Anhaltspunkt*" ableitet.

34 Ebenso Grabosch/*Grabosch* § 2 Rn. 113.

35 BT-Drs. 19/28649 S. 50.

36 BAFA Beschwerdeverfahren S. 9.

37 **A.A.** Grabosch/*Grabosch* § 2 Rn. 113.

38 Vgl. *Stemberg* NZG **2022** 1093, 1097.

39 Zum Erfordernis einer Einzelfallprüfung siehe auch *Stemberg* NZG **2022** 1093, 1098.

40 Antwort VI.13. FAQ-LkSG.

3. Kenntnis des Unternehmens

Ein Unternehmen muss von tatsächlichen Anhaltspunkten Kenntnis erlangen. Hierbei sind die Grundsätze der Wissenszurechnung anwendbar (a)). Somit ist es möglich, Wissen innerhalb eines Unternehmens (b)) und innerhalb verbundener Unternehmen (c)) zuzurechnen. Daneben besteht eine Organisationspflicht und Wissenszusammenrechnung (d)). 30

a) Anwendbarkeit der Grundsätze zur Wissenszurechnung. In Unternehmen teilen sich verschiedene Personen Aufgaben und verfügen daher über unterschiedliches Wissen und Erkenntnisse. Aus dieser geschäftsorganisatorisch bedingten Wissensaufspaltung soll ein Unternehmen nach der Rechtsprechung keine Vorteile ziehen können.[41] Daher stellt sich die Frage, wie diesen Erwägungen im Rahmen des LkSG Rechnung zu tragen ist. 31

Nach § 9 Abs. 3 LkSG müssen dem Unternehmen tatsächliche Anhaltspunkte *„vorliegen"*. Weder aus der Norm noch aus der Gesetzesbegründung ergibt sich, dass besondere Maßstäbe in der Wissenszurechnung heranzuziehen wären. Die Einheit der Rechtsordnung spricht dafür, auf bereits etablierte Modelle der Wissenszurechnung innerhalb des Unternehmens und innerhalb verbundener Unternehmen zurückzugreifen. Dies gilt ebenfalls für die Verpflichtung von Unternehmen, ihr Wissen zu organisieren.[42] 32

b) Wissenszurechnung innerhalb des Unternehmens. Personen innerhalb des Unternehmens müssen die konkreten Anhaltspunkte tatsächlich kennen (aa)). Dabei kommen innerhalb eines Unternehmens unterschiedliche Personen (bb)) und Informationsquellen (cc)) in Betracht. 33

aa) Tatsächliche Kenntnis. Im Rahmen des § 9 Abs. 3 LkSG muss das Unternehmen von den Anhaltspunkten tatsächlich Kenntnis erlangen. Ein bloßes Kennenmüssen reicht hierbei nicht aus. 34

Für dieses Verständnis spricht zunächst der Wortlaut des § 9 Abs. 3 LkSG, wonach *„dem Unternehmen"* die tatsächlichen Anhaltspunkte *„vorliegen"* müssen. Außerdem stellt die Norm ausdrücklich auf den Begriff der substantiierten *„Kenntnis"* und nicht des Kennenmüssens ab. Hierfür streiten auch die FAQ-LkSG, wonach die tatsächlichen Anhaltspunkte so in den Herrschaftsbereich des Unternehmens gelangen müssen, dass sie ohne Weiteres zur Kenntnis genommen werden können.[43] 35

Dementsprechend trifft das Unternehmen keine aktive Nachforschungs- oder Informationsbeschaffungspflicht hinsichtlich mittelbarer Zulieferer, deren Verstoß eine Kenntnisfiktion zur Folge hätte.[44] Das LkSG setzt insbesondere nicht voraus, dass ein Unternehmen hinsichtlich mittelbarer Zulieferer Informations- und/oder Überwachungssysteme, einschließlich Weiterleitung von Informationen über menschenrechts- oder umweltbezogene Risiken bei mittelbaren Zulieferern, ein- 36

41 BGH Urt. V. 14.1.2016 – I ZR 65/14 = NJW **2016** 3445, Tz. 61.

42 Grabosch/*Grabosch* § 2 Rn. 104; Antwort VI.12. FAQ-LkSG.

43 Antwort VI.14. FAQ-LkSG.

44 Gehling/Ott/*Lüneborg* § 9 Rn. 26; *Gehling/Ott/Lüneborg* CCZ **2021** 230, 237; Grabosch/*Grabosch* § 2 Rn. 100, 103; *Harings/Jürgens* 4.7.1.; *Birkefeld/Schäfer* ZLR **2022** 444, 462; *Stemberg* NZG **2022** 1093, 1095; *Herrmann/Rünz* COMPLY **2022** 14, 15; E. Wagner/Ruttloff/S. Wagner/*E. Wagner/S. Wagner* § 4 Rn. 793; *Altenschmidt/Helling*, LkSG, 1. Aufl. 2022, § 9 Rn. 10.

führt.[45] Ebenfalls ausgeschlossen ist eine analoge Anwendung des § 199 Abs. 1 Nr. 2 BGB.[46] Denn dieser setzt die grob fahrlässige Unkenntnis mit substantiierter Kenntnis gleich. Etwas anderes kann sich ausnahmsweise dann ergeben, wenn ein Unternehmen sich bewusst davor verschließt, relevante Informationen wahrzunehmen.

37 Es reicht aber aus, dass das Unternehmen von tatsächlichen Anhaltspunkten Kenntnis erlangt. Ob diese tatsächlichen Anhaltspunkte eine Verletzung bei einem mittelbaren Zulieferer möglich erscheinen lassen, ist eine Wertungsfrage im Einzelfall.[47]

38 **bb) Mögliche Empfänger.** Dem Unternehmen kann die Kenntnis verschiedener Personen zugerechnet werden. Hierzu zählen Mitglieder des Vertretungs- ((1)) oder des Aufsichtsorgans ((2)), Gesellschafter ((3)) sowie Wissensvertreter ((4)).

39 **(1) Mitglieder des Vertretungsorgans.** Juristischen Personen kann die Kenntnis des Vertretungsorgans zugerechnet werden.[48] Dabei ist das Kennen jedes einzelnen Mitglieds der Geschäftsleitung maßgebend, auch wenn sie nicht am konkreten Rechtsgeschäft mitgewirkt haben.[49] In gleicher Weise kann das Wissen organschaftlicher Vertreter von Personengesellschaften als Gesamthandgesellschaften zugerechnet werden, für die die vertretungsberechtigten Gesellschafter handeln.[50] Scheidet ein Organvertreter aus, wird sein Wissen dem Unternehmen zugerechnet, wenn es sich um Wissen handelt, das typischerweise aktenmäßig festgehalten wird (siehe unten D.I.3.).[51]

40 **(2) Mitglieder des Aufsichtsorgans.** Das Wissen eines einzelnen Aufsichtsratsmitglieds wird grundsätzlich nicht zugerechnet, weil dieses das Unternehmen nicht vertritt.[52] Nur wenn der

---

45 Ebenso *Gehling/Ott/Lüneborg*, CCZ **2021**, 230, 237; *Harings/Jürgens* 4.7.1.; kritisch auch *Ehmann/Berg* GWR **2021** 287, 290; *Ehmann* ZVertriebsR **2021** 141, 149.

46 *Spindler* ZHR **186** (2022) 67, 89, 90; *Stemberg* NZG **2022** 1093, 1099; vgl. E. Wagner/Ruttloff/S. Wagner/*E. Wagner/S. Wagner* § 4 Rn. 793; **a.A.** wohl *Krebs* ZUR **2021** 394, 397 f.

47 **A.A.** wohl *Stemberg* NZG **2022** 1093, 1099, wonach das Unternehmen auch die mögliche Verletzung kennen müsse.

48 Die rechtsdogmatische Zurechnung des Wissens bei Organmitgliedern ist umstritten. Für eine Zurechnung über den Rechtsgedanken des § 166 Abs. 1 BGB: BGH Urt. v. 13.10.2000 – V ZR 349/99 = NJW **2001** 359 f.; BGH Urt. v. 25.6.1996 – VI ZR 117/95 = NJW **1996**, 2508, 2510; *Mehrbrey* Streitigkeiten beim Unternehmenskauf, 2. Aufl. 2022, § 2 Rn. 429; BeckOK-BGB/*Schäfer* 65. Ed., Stand: 1.2.2023, § 166 Rn. 18; für eine Zurechnung über § 31 BGB analog: MüKo-AktG/*Spindler* § 78 Rn. 94; BGH Urt. v. 8.12.1989 – V ZR 246/87 = NJW **1990** 975; Hölters/*Weber* AktG, 4. Aufl. 2022, § 78 Rn. 15; für eine Zurechnung abgeleitet aus der Organtheorie: BGH Urt. v. 25.5.2020 – VI ZR 252/19 = NJW **2020** 1962, 1965 Rn. 29; vgl. *Altmeppen* NJW **2020** 2833, 2834; *Weller* ZGR **2016** 384, 400.

49 MüKo-BGB/*Schubert* § 166 Rn. 12; z.B. *Schürnbrand* ZHR **181** (2017) 357, 376 f.; vgl. Koch/*Koch*, AktG, 17. Aufl. 2023, § 78 Rn. 25 m.w.N.

50 MüKo-BGB/*Schubert* § 166 Rn. 15; BGH Urt. v. 12.11.1998 – IX ZR 145/98 = BGHZ **140** 54, 61; BGH Urt. v. 2.2.1996 – V ZR 239/94 = BGHZ **132** 30, 37; Staudinger/*Schilken* § 166 Rn. 3; NK-BGB/*Stoffels* § 166 Rn. 3; **a.A.** *Reischl* JuS **1997** 783, 787 f.

51 Vgl. Koch/*Koch* AktG, 17. Aufl. 2023, § 78 Rn. 24 f.; BGH Urt. v. 31.1.1996 – VIII ZR 297/94 = NJW **1996** 1205, 1206; BGH Urt. v. 2.2.1996 – V ZR 239/94 = BGHZ **132** 30, 38; BGH Urt. v. 17.5.1995 – VIII ZR 70/94 = NJW **1995** 2159 f; BGH Urt. v. 8.12.1989 – V ZR 246/87 = BGHZ **109** 327, 330 ff.; *Spindler* ZHR **181** (2017) 311, 325; BeckOGK-AktG/*Fleischer* § 78 Rn. 55; **a.A.** MüKo-BGB/*Schubert* § 166 Rn. 14; *Gasteyer/Goldschmidt* AG **2016** 116, 120; *Bohrer* DNotZ **1991** 124, 127; *Weller* ZGR **2016** 384, 400 f.; MüKo-AktG/*Spindler* § 78 Rn. 100; Soergel-BGB/*Leptien* § 166 Rn. 5.

52 MüKo-AktG/*Habersack* § 112 Rn. 27; *Koch* ZIP **2015** 1757, 1760 f.; MüKo-BGB/*Schubert* § 166 Rn. 12; *Schürnbrand* ZHR **181** (2017) 357, 376 f.; *Buck-Heeb* AG **2015** 801, 804 ff.; vgl. auch *Rickert/Heinrichs* GWR **2017** 112, 113 ff.

Aufsichtsrat an Geschäftsführungsmaßnahmen mitwirkt oder als Vertreter der juristischen Person agiert (§ 112 AktG), ist eine Wissenszurechnung möglich.[53]

(3) Gesellschafter. Bei juristischen Personen wird insbesondere das Wissen der handelnden vertretungsberechtigten Gesellschafter zugerechnet.[54] Ebenfalls kann das Wissen eines Gesellschafters zugerechnet werden, wenn er die Gesellschafterversammlung einberufen kann bzw. deren Einberufung pflichtgemäß hätte veranlassen müssen.[55] 41

(4) Wissensvertreter: Beschäftigte und Beauftragte. Auch das Wissen von Beschäftigten und Beauftragten kann dem Unternehmen unter bestimmten Voraussetzungen zugrechnet werden.[56] Dies ist der Fall, wenn es sich um Personen handelt, die nach der Arbeitsorganisation des Unternehmens dazu berufen sind, als Repräsentant bestimmte Aufgaben in eigener Verantwortung zu erledigen und die dabei anfallenden Informationen zur Kenntnis zu nehmen und ggf. weiterzuleiten (sog. Wissensvertreter).[57] Das Unternehmen muss den Wissensvertreter bewusst eingesetzt haben. Vertretungsmacht oder eine Bestellung ist aber nicht erforderlich.[58] 42

Hiernach können eine Vielzahl von Personen Wissensvertreter eines Unternehmens sein.[59] Im Rahmen des LkSG sind insbesondere folgende Personengruppen relevant, über die ein Unternehmen Kenntnis von tatsächlichen Umständen erlangen kann: 43

- **Für die Überwachung des Risikomanagements zuständige Stelle:** Beschäftigte der Überwachungsstelle (etwa Menschenrechtsbeauftragte) sind nach § 4 Abs. 3 LkSG dafür verantwortlich, das Risikomanagement hinsichtlich der Sorgfaltspflichten des LkSG zu überwachen.[60]
- **Beschäftigte mit zugewiesenen Aufgaben**: Denkbar es ist auch, dass Mitarbeitende, zu deren Aufgabenbereich Pflichten des LkSG gehören (§ 4 Abs. 1 S. 2 LkSG), Informationen über angebliche Missstände bei einem mittelbaren Zulieferer erhalten. Dies kann unter anderem für Beschäftigte der Einkaufs- oder Compliance-Abteilung gelten.[61]
- **Beauftragte**: Hier sind Fälle denkbar, in denen ein Unternehmen ein anderes Unternehmen beauftragt hat, einen Zulieferer zu überprüfen bzw. zu auditieren. Erfährt das beauftragte Unternehmen von Missständen bei einem mittelbaren Zulieferer, kann dem Unternehmen

53 MüKo-BGB/*Schubert* § 166 Rn. 12; BGH, Urt. v. 26.4.2016 – XI ZR 108/15 = NJW **2016** 2569, 2570 f.; *Buck-Heeb* WM **2016** 1469, 1472; *Werner* WM **2016** 1474, 1477 ff.; *Koch* ZIP **2015** 1757, 1766; *Gasteyer/Goldschmidt* AG **2016** 116, 121; *Buck-Heeb* AG **2015** 801, 804; *Spindler* ZHR **181** (2017) 311, 327; siehe zum fakultativen Aufsichtsrat einer GmbH: BGH Urt. v. 10.9.2001 – II ZR 14/00 = ZIP **2001** 1957, 1958; BGH Urt. v. 15.6.1998 – II ZR 318/96 = BGHZ **139** 89, 92 f.; *Spindler* ZHR **181** (2017) 311, 331.

54 Soergel-BGB/*Leptien* § 166 Rn. 5, 9; zu gesamtvertretungsberechtigten GbR-Gesellschaftern vgl. BGH Urt. v. 16.12.2009 – XII ZR 146/07 = NJW **2010** 861, 862.

55 BGH Urt. v. 10.9.2001 – II ZR 14/00 = ZIP **1957** 1958; BGH Urt. v. 15.6.1998 – II ZR 318/96 = BGHZ **139** 89, 92 f; BGH Urt. v. 18.6.1984 – II ZR 221/83 = ZIP **1984** 947, 949; *Spindler* ZHR **181** (2017) 311, 331.

56 Ebenso Grabosch/*Grabosch* § 2 Rn. 103f.; **a.A.** *Gehling/Ott/Lüneborg* CCZ **2021** 230, 237 nur für Personen, die in qualifizierter Weise Leitungsverantwortung tragen.

57 BGH Urt. v. 25.10.2018 – IX ZR 168/17 = NJW-RR **2019** 116, Rn. 13; BGH Urt. v. 14.1.2016 – I ZR 65/14 = NJW **2016** 3445, 3450 Rn. 61; BGH Urt. v. 23.1.2014 – III ZR 436/12 = NJW **2014** 1294, 1295 Rn. 16; BGH Urt. v. 13.12.2012 – III ZR 298/11 = NJW **2013** 448, 449 Rn. 19; BGH Urt. v. 17.4.2012 – VI ZR 108/11 = NJW **2012** 2644, 2645 Rn. 12 f; BGH Urt. v. 28.2.2012 – VI ZR 9/11 = NJW **2012** 1789, 1790 Rn. 13; BGH Urt. v. 15.3.2011 – VI ZR 162/10 = NJW **2011** 1799, 1800 Rn. 14; BGH Urt. v. 25.6.1996 – VI ZR 177/95 = BGHZ **133** 129, 139; kritisch *Grigoleit* ZHR **181** (2017) 160, 183 f.; BeckOK-BGB/*Schäfer* § 166 Rn. 18; MüKo-BGB/*Schubert* § 166 Rn. 28.

58 MüKo-BGB/*Schubert* § 166 Rn. 28; Staudinger-BGB/*Schilken* § 166 Rn. 4.

59 *Harings/Jürgens* 4.7.3.; allgemein siehe BeckOK-BGB/*Schäfer* § 166 Rn. 19 ff.

60 *Rothermel* § 9 Rn. 27; *Harings/Jürgens* 4.7.1.; *Altenschmidt/Helling* § 9 Rn. 11.

61 Vgl. Grabosch/*Grabosch* § 2 Rn. 104; *Harings/Jürgens* 4.7.3.1.

diese Kenntnis zugerechnet werden.[62] In der Praxis werden insbesondere Findings in Berichten des beauftragten Unternehmens eine Rolle spielen.

44 **cc) Mögliche Informationsquellen.** Informationen können sich aus unterschiedlichen Quellen ergeben. Hierzu zählen externe Quellen ((1)) und unternehmenseigene Quellen ((2)). Quellen privaten Wissens einzelner Personen sind dem Unternehmen hingegen nicht zuzurechnen ((3)).

45 **(1) Externe Quellen.** Die Gesetzesbegründung und die FAQ-LkSG führen eine Vielzahl möglicher externer Quellen an, aus denen sich relevante Anhaltspunkte im Rahmen des § 9 Abs. 3 LkSG ergeben können:[63]
- Handreichungen des BAFA,
- Medienberichte,
- Hinweise in den Medien[64]
- Berichte von Regierungs- und Nichtregierungsorganisationen,
- Meldungen im Internet, wenn sie offenkundig sind, weil sie branchenweit bekannt sind, oder dem Unternehmen übermittelt werden,
- Handreichungen, Falllisten und Datenbanken von Multistakeholder- oder Brancheninitiativen,
- Diskussionen zu Fällen oder Problemstellungen in bestehenden Brancheninitiativen.[65]

46 Hinsichtlich der eigenen Handreichungen des BAFA erwarten die FAQ-LkSG, dass die im jeweiligen Unternehmen für das Risikomanagement zuständige Stelle deren Veröffentlichung zur Kenntnis nimmt.[66] Bei den Handreichungen, Falllisten und Datenbanken von Multistakeholder- oder Brancheninitiativen soll es dagegen darauf ankommen, wie weit die Information branchenweit verbreitet wird.[67] Eine solche Einschränkung findet sich hingegen in der Handreichung des BAFA zur Risikoanalyse nicht.[68] Diese Anforderungen dürften zu unbestimmt sein. Auch dürfte der Wortlaut des § 9 Abs. 3 LkSG entgegenstehen, der darauf abstellt, dass die Anhaltspunkte *„dem Unternehmen"* vorliegen müssen. Es reicht mithin nicht aus, dass tatsächliche Anhaltspunkte branchenweit bekannt wären.[69] Auch eine allgemeine Diskussion in einer Brancheninitiative, an der kein Unternehmensvertreter teilgenommen hat oder in der das Unternehmen nicht Mitglied ist, reicht insofern nicht aus.

47 Ebenfalls kritisch zu bewerten ist, dass die FAQ-LkSG und die Handreichung des BAFA zur Risikoanalyse allgemein auf Medienberichte bzw. Hinweise in den Medien oder bestimmte Meldungen im Internet abstellen. Auch hier gilt, dass nach § 9 Abs. 3 LkSG das Unternehmen Kenntnis von den tatsächlichen Anhaltspunkten erlangen muss. Eine Veröffentlichung im Internet oder eine Ausstrahlung im Fernsehen genügt daher grundsätzlich nicht.[70]

48 Selbst wenn man dies anders sehen möchte, müssen die FAQ-LkSG für eine verlässliche Handhabung weiter konkretisiert werden. Insbesondere ist die Festlegung von Standardquellen empfehlenswert, die ein Unternehmen als Grundlage für ein etwaiges Meldungsscreening nutzen kann. Von einem Unternehmen wird nämlich im Rahmen angemessener Maßnahmen nicht erwartet werden

---

62 Grabosch/*Grabosch* § 2 Rn. 105; *Harings/Jürgens* 4.7.3.; E. Wagner/Ruttloff/S. Wagner/*E. Wagner/S. Wagner* § 4 Rn. 800.

63 BT-Drs. 19/28649 S. 50; Antwort VII.14. FAQ-LkSG.

64 BAFA Risikoanalyse S. 8.

65 BAFA Risikoanalyse S. 8.

66 Antwort VII.14. FAQ-LkSG.

67 Antwort VII.14. FAQ-LkSG.

68 BAFA Risikoanalyse S. 8.

69 **A.A.** wohl *Stemberg* NZG **2022** 1093, 1097; *Altenschmidt/Helling* § 9 Rn. 10 für *„Informationen mit einem hohen Verbreitungsgrad"*.

70 Vgl. auch *Stemberg* NZG **2022** 1093, 1097.

können, sämtliche Medien zu überwachen, zumal die FAQ-LkSG nicht zwischen nationalen, europäischen oder internationalen Medienberichten unterscheiden. Eine Fokussierung auf die auflagenstärksten deutschen Printmedien und bekanntesten deutschen Fernsehsender mit ihren gängigen Formaten (z.B. Nachrichten, Reportagen, Dokumentationen) erscheint insofern sinnvoll.

(2) Unternehmensquellen. Dem Unternehmen können auch tatsächliche Anhaltspunkte über eigene Erkenntnisquellen vorliegen.[71] Neben Erfahrungen aus früheren Kontakten[72] können hierunter fallen: 49

- **Beschwerdeverfahren**: Das Beschwerdeverfahren nach § 8 LkSG wird in Zukunft wohl die wichtigste Informationsquelle darstellen, über die ein Unternehmen Erkenntnisse nach § 9 Abs. 3 LkSG erhalten wird.[73]
- **Email-Adresse:** Einem Unternehmen können auch tatsächliche Anhaltspunkte vorliegen, wenn es Informationen über seine allgemeine Email-Adresse erhält. Die mit der Prüfung und Verwaltung der allgemeinen Email-Adresse beauftragte Person kann Wissensvertreter des Unternehmens sein.[74] Hier wird es auf die konkreten Umstände des Einzelfalles ankommen.
- **Soziale Medien**: Ebenso ist es möglich, dass ein Unternehmen über soziale Medien über tatsächliche Anhaltspunkte informiert werden kann. So ist es denkbar, dass eine NGO angebliche Missstände bei einem mittelbaren Zulieferer des Unternehmens auf einem oder mehreren Kanälen des Unternehmens postet (z.B. Instagram, LinkedIn, Meta, TikTok, Twitter, YouTube). Die Personen innerhalb des Unternehmens, die mit der Verwaltung dieser sozialen Kanäle betraut sind (z.B. Marketing oder Unternehmenskommunikation), können daher Wissensvertreter sein. Hier wird es ebenfalls auf die konkreten Umstände des Einzelfalles ankommen.
- **Veranstaltungen:** Problematisch sind Fälle, in denen Personen als Vertreter des Unternehmens an Veranstaltungen teilnehmen und Informationen über etwaige Missstände erlangen.[75] Hier kommt es maßgeblich auf die konkreten Umstände des Einzelfalls an. Insbesondere spielt es eine Rolle, um welche Art von Veranstaltung es sich handelt, welche Mitarbeitenden des Unternehmens hieran teilnehmen und wie intensiv die Information gegenüber diesen Personen geteilt wird. Vor diesem Hintergrund wird man nicht verlangen können, dass Teilnehmende ununterbrochen aufmerksam sein müssen. Dementsprechend dürfte es für eine Wissenszurechnung nicht ausreichen, wenn ein etwaiger Missstand bei einem mittelbaren Zulieferer in einem Workshop beiläufig erwähnt wird. Andererseits kann es für eine Wissenszurechnung ausreichen, wenn eine Person als Mitglied der Geschäftsleitung im Rahmen einer Panel-Diskussion zum Thema Menschenrechte teilnimmt und von Vertretern einer NGO auf einen angeblichen Missstand bei einem mittelbaren Zulieferer angesprochen wird. Ob das Mitglied der Geschäftsleitung die Information ablehnen kann bzw. ausdrücklich entgegennehmen muss, ist umstritten.[76]

(3) Private Quellen. Ob auch Wissen aus privaten Quellen dem Unternehmen zugerechnet werden kann, ist umstritten.[77] Dabei kann es sich um Wissen handeln, das in der Freizeit, z.B. im Rahmen der Vereinstätigkeit oder in Situationen erlangt wurde, die im Zusammenhang mit der 50

---

71 Vgl. BT-Drs. 19/28649 S. 50.

72 Vgl. E. Wagner/Ruttloff/S. Wagner/*E. Wagner*/*S. Wagner* § 4 Rn. 792.

73 *Lutz-Bachmann*/*Vorbeck*/*Wengenroth* BB **2021** 906, 909; *Stemberg* CCZ **2022** 92.

74 Vgl. Grabosch/*Grabosch* § 2 Rn. 104.

75 Kritisch auch *Rothermel* § 9 Rn. 27.

76 Bejahend Grabosch/*Grabosch* § 2 Rn. 105.

77 Bejahend *Gasteyer*/*Goldschmidt* AG **2016** 116, 118; MüKo-BGB/*Schubert* § 166 Rn. 28; ablehnend *Spindler* ZHR **181** (2017) 311, 325 f.; *Weller* ZGR **2016** 384, 407; BGH Urt. v. 9.4.1990 – II ZR 1/89 = NJW **1990** 2544; vermittelnd: *Buck-Heeb* WM **2008** 281, 285; Staudinger-BGB/*Schilken* § 166 Rn. 32 bei Organisationspflicht.

Erfüllung der beruflichen Tätigkeit stehen, z.B. ein Pausengespräch mit Kollegen aus einer anderen Abteilung.[78] Nach der Rechtsprechung des Bundesgerichtshofs wird privates Wissen dem Unternehmen grundsätzlich nicht zugerechnet.[79] Ausnahmsweise kann sich etwas anderes ergeben, wenn der Geschäftsherr aus Gründen des Verkehrsschutzes zur Organisation eines Informationsaustauschs verpflichtet ist, der auch privat erlangtes Wissen umfasst.[80]

51 Dies ist im Rahmen des LkSG nicht der Fall. Insbesondere sind den §§ 9 Abs. 1, 8 LkSG bzw. der Gesetzesbegründung nicht zu entnehmen, dass Mitarbeitende angehalten wären, privat erlangtes Wissen zu dokumentieren und weiterzuleiten.[81] Teilweise wird demgegenüber vertreten, dem Unternehmen zumindest die Kenntnis eines Beschäftigten zuzurechnen, der mit der Umsetzung oder Überwachung der Sorgfaltspflichten betraut ist und privat erfährt, dass ein Zulieferer schwerwiegend gegen menschenrechts- oder umweltbezogene Pflichten verstößt.[82]

52 **c) Wissenszurechnung innerhalb verbundener Unternehmen.** Die Grundsätze der Wissenszurechnung innerhalb verbundener Unternehmen (aa)) lassen sich auf das LkSG übertragen (bb)).

53 **aa) Grundsätze.** Grundsätzlich ist für den Konzern anerkannt, dass keine Wissenszurechnung stattfindet, weil jedes Unternehmen rechtlich selbstständig bleibt und keine Konzernleitungspflicht besteht.[83]

54 Ausnahmsweise ist eine Zurechnung von Wissen innerhalb verbundener Unternehmen und insbesondere im Konzern aber möglich. Ein allgemeines Grundgerüst an Voraussetzungen gibt es hierbei nicht. Insbesondere spielen Wertungsgesichtspunkte und die konkreten Einzelfallumstände eine Rolle.[84] Es lassen sich folgende Konstellationen unterscheiden:

- **Wissenszurechnung zwischen verbundenen Unternehmen**: Eine Wissenszurechnung zwischen Konzernunternehmen findet statt, wenn und soweit die Konzerngesellschaften als Vertreter für einander agieren.[85] Eine Wissenszurechnung innerhalb verbundener Unternehmen kommt zudem in Betracht, wenn ein Unternehmen einen Geschäftsbetrieb auf mehrere juristische Personen aufteilt, die bei der Verfolgung des unternehmerischen Ziels notwendig zusammenwirken müssen und von vornherein darauf ausgerichtet sind, als Einheit aufzutre-

78 MüKo-BGB/*Schubert* § 166 Rn. 78.

79 Vgl. BGH Urt. v. 14.1.2016 – I ZR 65/14 = NJW **2016** 3445, 3450 Rn. 61 zum Wissensvertreter; BGH Urt. v. 26.6.2007 – XI ZR 277/05 = NJW **2007** 2989, 2991 Rn. 14; BGH Urt. v. 9.4.1990 – II ZR 1/89 = NJW **1990** 2544, 2545; *Rothermel* § 9 Rn. 24; **a.A.** *Weller* ZGR **2016** 384, 407; *Thomale* AG **2015** 641, 649; GK-AktG/*Habersack* § 78 Rn. 42; differenzierend BeckOGK-AktG/*Fleischer* § 78 Rn. 56; differenzierend danach, ob es sich um typischerweise aktenmäßig festgehaltenes Wissen handelt: Hauschka/Moosmayer/Lösler/*Buck-Heeb* § 2 Rn. 49.

80 BGH Urt. v. 14.1.2016 – I ZR 65/14 = NJW 2016 3445, Tz. 61 m.w.N.

81 BT-Drs. 19/28649 S. 50.

82 *Harings/Jürgens* 4.7.3.4.

83 BGH Urt. v. 13.12.1989 – IVa ZR 177/88 = NJW-RR **1990** 285; OLG Hamm Urt. v. 19.2.2001 – 5 U 217/00 = BKR **2002** 958; OLG Stuttgart Urt. v. 25.4.2017 – 6 U 146/16 = BeckRS **2017** 108210; *Buck-Heeb* AG **2015** 801, 804; *Drexl* ZHR **161** (1997) 491, 508, 514 ff.; *Bork* DB **2012** 33, 40; *Faßbender/Neuhaus* WM **2002** 1253, 1255; *Habersack* DB **2016** 1551, 1553; Staudinger/*Schilken* § 166 Rn. 32a; MüKo-AktG/*Spindler* § 78 Rn. 103; Scholz/*Schneider Uwe H./Schneider, Sven H* § 35 Rn. 132; **a.A.** *Schwintowski* ZIP **2015** 617, 618, 622 f.; *Drexl* ZHR **161** (1997) 491, 508 f.; *Gasteyer/Goldschmidt* AG **2016** 116, 123; *Spindler* ZHR **181** (2017) 311, 333.

84 *Fleischer* setzt, gestützt auf eine Zurechnung von „unten nach oben“ abstrakt die rechtlich abgesicherte Zugriffsmöglichkeit der Obergesellschaft und zusätzlich besondere Umstände im Einzelfall voraus (siehe BeckOGK-AktG/*Fleischer* § 78 Rn. 59 ff.).

85 MüKo-BGB/*Schubert* § 166 Rn. 87 m.w.N.

ten.[86] Dies ist z.B. der Fall, wenn Aufgaben des Unternehmens auf andere juristische Personen ausgegliedert werden, wie etwa auf Einkaufs- oder Vertriebsgesellschaften (sog. Outsourcing).[87] In diesen Fällen ist eine Wissenszurechnung nur zulässig, soweit ein bewusst arbeitsteiliges Vorgehen in Bezug auf den Rechtsgeschäftsverkehr erfolgt und eine Wissensorganisation möglich und zumutbar ist.[88]

- **Wissenszurechnung von der Tochtergesellschaft auf die Obergesellschaft:** Diese ist möglich, wenn die Obergesellschaft partiell Pflichten in Bezug auf den Unternehmensverbund hat, wie bspw. Vorgaben zum Compliance- bzw. Risikomanagement und ihr Zugriffsmöglichkeiten zur Verfügung stehen, etwa Informationsansprüche aus Beherrschungsverträgen und Weisungsrechte.[89] Der Konzern als formaler Anknüpfungspunkt reicht hingegen nicht aus.[90] Wissen der Tochtergesellschaft kann der Konzernobergesellschaft zudem zugerechnet werden, wenn diese bewusst im Rahmen eines arbeitsteiligen Vorgehens zusammenwirken, vor allem wenn eine einheitliche unternehmerische Planung erfolgt und die Obergesellschaft tatsächlich Leitungsmacht ausgeübt.[91] In diesen Fällen besteht eine berechtigte Erwartung, dass das Wissen zwischen den Unternehmen ordnungsgemäß organisiert wird. Hierfür ist erforderlich, dass das Weisungsrecht ausgeübt wird oder die Geschäftsführung der abhängigen Gesellschaft auf andere Weise gesteuert wird.[92]
- **Wissenszurechnung von der Obergesellschaft auf die Tochtergesellschaft:** Dies ist z.B. möglich, wenn und soweit die Tochter ungehinderten Zugriff auf die Informationen der Obergesellschaft hat, etwa im Rahmen eines unternehmensweiten Informationssystems.[93]

bb) Übertragung der Grundsätze auf das LkSG. Die dargestellten Grundsätze lassen sich auf die Wissenszurechnung gemäß § 9 Abs. 3 LkSG innerhalb verbundener Unternehmen grundsätzlich übertragen, wobei den Besonderheiten des LkSG Rechnung zu tragen ist.[94] 55

Vor diesem Hintergrund wird das Wissen innerhalb verbundener Unternehmen grundsätzlich nicht zugrechnet, weil diese eigenständige Rechtspersönlichkeiten sind. Ausnahmsweise kann dies unter Wertungsgesichtspunkten jedoch anders zu beurteilen sein. Informationen innerhalb des Unternehmensverbunds können damit für die substantielle Kenntnis im Rahmen des § 9 Abs. 3 LkSG eine wichtige Rolle spielen. Relevant wird dies insbesondere dann, wenn das Beschwerdeverfahren oder die Überwachung des Risikomanagements organisatorisch in einer anderen Gesellschaft verankert ist, als z.B. Informationen über bestehende Zulieferbeziehungen, Märkte, Länder und Regionen, für und in denen der Unternehmensverbund Produkte herstellt bzw. Dienstleistungen erbringt. Hierbei kommt es auf die jeweiligen konkreten Umstände des Einzelfalles an. 56

86 MüKo-BGB/*Schubert* § 166 Rn. 93; vgl. dazu *Nobbe* Bankrechtstag 2002, 121, 158 f.; *Drexl* ZHR 161 (1997) 491, 505 f., der darauf hinweist, dass das Gleichstellungsargument in diesem Fall nicht passt; ähnlich *Spindler* ZHR 181 (2017) 311, 336 f.; **a.A.** *Gasteyer/Goldschmidt* AG **2016** 116, 124; GK-AktG/*Kort* § 76 Rn. 204.

87 MüKo-BGB/*Schubert* § 166 Rn. 93; *Spindler* ZHR **181** (2017) 311, 336.

88 Vgl. zu Einzelheiten siehe MüKo-BGB/*Schubert* § 166 Rn. 93 mit Verweis auf *Spindler* ZHR **181** (2017) 311, 336; vgl. auch *Seidel* ZIP **2020** 1506, 1508.

89 MüKo-BGB/*Schubert* § 166 Rn. 90; GK-AktG/*Habersack* § 78 Rn. 44.

90 MüKo-BGB/*Schubert* § 166 Rn. 87; Vgl. *Fleischer* ZGR **2009** 505, 529 ff.; *Gasteyer/Goldschmidt* AG **2016** 116, 124; *Wendt/Kreiling* KSzW **2016** 67, 70; GK-AktG/*Habersack* § 78 Rn. 44; *Spindler* ZHR **181** (2017) 311, 343 f.

91 OLG München Urt. v. 27.7.2006 – 23 U 5590/05 = BB **2007** 14, 15; OLG Hamm Urt. v. 19.2.2001 – 5 U 217/00 = BKR **2002** 958; *Drexl* ZHR **161** (1997) 491, 514 ff.; *Spindler* ZHR **181** (2017) 311, 335 f.; *Bork* ZGR **1994** 237, 256; *Marschke* ZfIR **2012** 445, 448 f.; vgl. auch MüKo-AktG/*Spindler* § 78 Rn. 103 bei gemeinsamem Datenpool.

92 MüKo-BGB/*Schubert* § 166 Rn. 88 m.w.N.

93 GK-AktG/*Habersack* § 78 Rn. 44.

94 Antwort VI.12. FAQ-LkSG; vgl. BT-Drs. 19/28649 S. 33 für das Merkmal „*in der Regel*" in § 1 Abs. 1 S. 1 Nr. 2 LkSG.

57 Eine Wissenszurechnung zwischen verbundenen Unternehmen ist denkbar, wenn das eine Unternehmen Aufgaben etwa auf eine Einkaufsgesellschaft überträgt, beide bewusst arbeitsteilig vorgehen und eine Wissensorganisation möglich sowie zumutbar ist. In diesem Fall könnte bspw. das Wissen der Einkaufsgesellschaft über bestehende Zulieferbeziehungen dem anderen Unternehmen zugerechnet werden.

58 Wissen der Tochtergesellschaft kann auch der Obergesellschaft zugerechnet werden. Hier spielt es eine Rolle, ob die Obergesellschaft gemäß § 2 Abs. 6 S. 3 LkSG einen bestimmenden Einfluss auf die Tochtergesellschaft ausübt. Anhaltspunkte können unter anderem sein, dass ein konzernweites Compliance-System besteht.[95] Die Obergesellschaft sollte vor diesem Hintergrund zusätzlich vertraglich vereinbaren, dass die Tochtergesellschaft relevante Informationen an sie weiterzugeben hat. Umgekehrt ist es denkbar, der Tochtergesellschaft das Wissen der Obergesellschaft zuzurechnen, wenn die Tochtergesellschaft ungehindert auf ein verbundweites Informationssystem zugreifen kann.

59 **d) Organisationspflichten und Wissenszusammenrechnung.** Auch die Grundsätze zu Organisationspflichten und zur Wissenszusammenrechnung innerhalb verbundener Unternehmen (aa)) lassen sich auf das LkSG übertragen (bb)).

60 **aa) Grundsätze.** Unternehmen können durch ihr arbeitsteiliges Vorgehen Aufgaben effizient bewältigen. Durch den Umstand, dass verschiedene Personen und Abteilungen involviert sind, können sich relevante Informationen auf unterschiedliche Stellen des Unternehmens und Personen verteilen. Diese Wissensaufspaltung auf verschiedene Köpfe kann dazu führen, dass der Vertragspartner einer Personengesellschaft oder juristischen Person schlechter gestellt wird, als der Vertragspartner einer natürlichen Person.[96] Zum Schutz des Rechtsverkehrs[97] ist das Unternehmen daher verpflichtet, einen ordnungsgemäßen Informationsaustausch zu organisieren (sog. Wissensorganisationspflicht).[98] Kommt ein Unternehmen dieser Verpflichtung nicht nach, muss es sich so behandeln lassen, als hätte es die interne Kommunikation ordnungsgemäß organisiert.[99]

61 Voraussetzung ist, dass es sich um Wissen handeln, das bei ordnungsgemäßer Organisation mit Rücksicht auf die Erwartung des Rechtsverkehrs typischerweise *„aktenmäßig“* festgehalten, weitergegeben bzw. vor Vertragsschluss abgefragt wird (sog. Informationsspeicherungs-, Informationsweitergabe- und Informationsabfragepflicht).[100] Mit der fortschreitenden Digitalisierung werden Informationen immer weniger in Papierakten abgelegt, sondern in Datenbanken gespeichert. Ein Unternehmen ist auch insofern verpflichtet, das vorhandene Wissen in geeigneter Weise zu organisieren.[101] Ob eine Information gespeichert werden muss, hängt von der Wahrscheinlichkeit ab, ob sie zu einem späteren Zeitpunkt rechtserheblich wird.[102]

---

95 Vgl. Antwort IV.8. FAQ-LkSG.

96 BeckOK-BGB/*Schäfer* § 166 Rn. 23.

97 Siehe zur fehlenden Wissenszusammenrechnung bei § 826 BGB z.B. BGH Urt. v. 28.6.2016 – VI ZR 536/15 = NJW **2017** 250, 251 Rn. 23; kritisch MüKo-BGB/*Wagner* § 826 Rn. 41 f.

98 BGH Urt. v. 2.2.1996 – V ZR 239/94 = BGHZ **132** 30, 35; BGH Urt. v. 13.10.2000 – V ZR 349/99 = NJW **2001** 359, 360; BGH Urt. v. 28.2.2012 – VI ZR 9/11 = NJW **2012** 1789, 1790; OLG Köln Beschl. v. 27.9.2019 – 19 U 150/19 = BeckRS **2019** 22774 Rn. 6; OLG Schleswig Urt. v. 11.8.2021 – 9 U 14/21 = BeckRS **2021** 26848 Rn. 84; für eine Beschränkung auf juristische Personen: OLG Düsseldorf Urt. v. 21.9.1997 – 9 U 124/96 = NJW-RR **1997** 718; *Reischl* JuS **1997** 783, 784 f.

99 *Buck-Heeb* WM **2008** 281, 282; *Gasteyer/Goldschmidt* AG **2016** 116, 118; *Schwintowski* ZIP **2015** 617, 621.

100 Staudinger/*Schilken* § 166 Rn. 6; BGH Urt. v. 15.12.2005 – IX ZR 227/04 = NJW-RR **2006** 771, 772 f.; BGH Urt. v. 16.7.2009 – IX ZR 118/08 = BGHZ **182** 85; BGH Urt. v. 15.4.2010 – IX ZR 62/09 = NJW **2010** 1806, 1807, Rn. 11; BGH Urt. v. 28.2.2012 – VI ZR 9/11 NJW **2012** 1789 f.

101 Zum überholten Begriff des aktenmäßigen Wissens siehe *Spindler/Seidel* FS Marsch-Barner 549, 551; zur Bedeutung von *„Big Data“* für die Wissenszurechnung *Spindler/Seidel* NJW **2018** 2153 ff.

102 BGH Urt. v. 2.2.1996 – V ZR 239/94 = NJW **1996** 1340, 1341.

Innerhalb eines Unternehmens wird das Wissen jedoch nicht grenzenlos zusammengerechnet. Der Bundesgerichtshof stellt darauf ab, dass sich das Erinnerungsvermögen des Menschen typischerweise danach richtet, wie wichtig und wie lange die Wahrnehmung zurückliegt.[103] Vor diesem Hintergrund können gespeicherte Informationen nur zugerechnet werden, soweit ein besonderer Anlass besteht, sich ihrer in der konkreten Situation (noch) zu vergewissern.[104] Dies ist anhand der konkreten Umstände des Einzelfalls zu ermitteln, wobei im Rahmen der Zumutbarkeit vor allem die Bedeutung des Anlasses und die Schwierigkeit der Suche maßgeblich ist.[105] Außerdem unterliegt die Informationsweiterleitungs- und Informationsabgabepflicht zeitlichen Grenzen, wobei es zur Festlegung eines angemessenen Zeitrahmens auf die Wichtigkeit der Information ankommt.[106] Auch gesetzliche Verbote und Beschränkungen zur Informationsweitergabe sind zu beachten, etwa datenschutzrechtliche Regeln oder Verstöße gegen Geheimhaltungspflichten.[107] 62

bb) Übertragung der Grundsätze auf das LkSG. Die oben dargestellten Grundsätze lassen sich auf das LkSG übertragen, wobei den Besonderheiten des LkSG Rechnung zu tragen ist.[108] Anknüpfungspunkt sind die §§ 4 Abs. 3 S. 2, 5 Abs. 3 und Abs. 4 LkSG, die Unternehmen zu einem wirksamen Risikomanagement verpflichten. Dies schließt eine effektive Verarbeitung relevanter Informationen ein.[109] 63

Das Risikomanagement sollte daher Mechanismen bereithalten, die eine Wissensaufspaltung vermeiden und für einen funktionierenden Wissensaustausch sorgen.[110] Erhält bspw. der Menschenrechtsbeauftragte einen Bericht über Missstände in einer bestimmten Region, muss er sich informieren, ob sein Unternehmen dort tätig ist bzw. dort mit Zulieferern zusammenarbeitet.[111] Von daher werden Unternehmen noch stärker darauf achten müssen, Informationen zu und über ihre Lieferkette möglichst umfassend aufzubereiten und bereichsübergreifend abrufbar abzuspeichern. 64

4. Verfassungsrechtliche Bestimmtheit

Stimmen in der Literatur sehen § 9 Abs. 3 LkSG unter verfassungsrechtlichen Gesichtspunkten kritisch, weil insbesondere der Begriff „*substantiierte Kenntnis*“ zu unbestimmt sei.[112] Die Norm dürfte jedoch dem verfassungsrechtlichen Bestimmtheitsgrundsatz nach Artt. 20 Abs. 3, 103 Abs. 2 GG genügen. Zunächst verbietet der Bestimmtheitsgrundsatz nicht, dass der Gesetzgeber unbestimmte Rechtsbegriffe oder Generalklauseln verwenden kann.[113] Er muss dann sicherstellen, dass das Handeln der Verwaltung messbar und für den Bürger voraussehbar und berechenbar ist 65

---

103 BGH Urt. v. 2.2.1996 – V ZR 239/94 = NJW **1996** 1340, 1341.

104 BGH Urt. v. 2.2.1996 – V ZR 239/94 = NJW **1996** 1340, 1341.

105 BGH Urt. v. 2.2.1996 – V ZR 239/94 = BGHZ **132** 30, 35, NJW 1996, 1340, 1341.

106 BGH Urt. v. 2.2.1996 – V ZR 239/94 = BGHZ **132** 30, 35, NJW 1996, 1340, 1341; MüKo-BGB/*Schubert* § 166 Rn. 77.

107 BGH Urt. v. 26.4.2016 – XI ZR 108/15 = NJW **2016** 2569, 2570 Rn. 32; Staudinger/*Schilken* § 166 Rn. 32a m.w.N.; *Buck-Heeb* WM **2008** 281, 285; *Faßbender/Neuhaus* WM **2002** 1253, 1256; *Schwintowski* ZIP **2015** 617, 623; *Spindler* ZHR **181** (2017) 311, 345; *Gasteyer/Goldschmidt* AG **2016** 116, 122; *Verse* AG **2015** 413, 417.

108 Vgl. BT-Drs. 19/28649 S. 33 für das Merkmal „*in der Regel*“ in § 1 Abs. 1 S. 1 Nr. 2 LkSG; kritisch einer Übertragung gegenüberstehend Gehling/Ott/*Lüneborg* § 9 Rn. 25.

109 Antwort VI.13. FAQ-LkSG.

110 Grabosch/*Grabosch* § 2 Rn. 111.

111 Ebenso Grabosch/*Grabosch* § 2 Rn. 107.

112 *Spindler* ZHR **186** (2022) 67, 83; *Lutz-Bachmann/Vorbeck/Wengenroth* BB **2021** 906, 909; *Karmann/Irmscher* NZWiSt **2021** 249, 254; *Keilmann/Schmidt* WM **2021** 717, 718; *Nietsch/Wiedmann* CCZ **2021** 101, 109 f.; *Ehmann/Berg* GWR **2021** 287, 290; **a.A.** Grabosch/*Grabosch* § 2 Rn. 119.

113 Dürig/Herzog/Scholz/*Grzeszick* Art. 20 und die allgemeine Rechtsstaatlichkeit, Rn. 61 f.

sowie eine gerichtliche Kontrolle möglich ist. Hierbei reicht es aus, dass sich mit Hilfe juristischer Auslegungsmethoden, des Normzusammenhangs sowie der Gesetzesbegründung eine zuverlässige Grundlage für die Auslegung und Anwendung der Vorschrift gewinnen lässt.[114] Bei Strafvorschriften hat der Gesetzgeber die Norm so genau zu formulieren, dass sich Anwendungsbereich und Tragweite der Straftatbestände aus dem Wortlaut ergeben oder jedenfalls durch Auslegung ermitteln lassen.[115]

66 Bei Strafnormen sind höhere Anforderungen zu stellen, je schwerer die angedrohte Strafe ist.[116] Zwar enthält § 9 Abs. 3 LkSG mehrere auslegungsbedürftige Rechtsbegriffe. Hinzu kommt, dass bei Verstößen empfindliche Sanktionen drohen. Außerdem ist der legaldefinierte Begriff der substantiierten Kenntnis komplex und der Wortlaut lässt mehrere Bedeutungen im Einzelfall zu. Bei komplexen Wirtschaftsbeziehungen, wie hier, ist dies jedoch kein Sonderfall und keine Spezialität des LkSG.[117] Zudem ist zu erwarten, dass Literatur und Rechtsprechung § 9 Abs. 3 LkSG und insbesondere den Begriff der substantiierten Kenntnis weiter konkretisieren werden. Hierfür kann insbesondere auf die bekannten juristischen Auslegungsmethoden und die Materialien des Gesetzgebungsverfahrens zurückgegriffen werden.[118]

II. Unverzügliches Ergreifen von Maßnahmen

67 Unternehmen müssen die Maßnahmen nach § 9 Abs. 3 LkSG *„unverzüglich“* ergreifen. Es gibt keine LkSG-spezifische Definition dieses Begriffes, auch fehlen Ausführungen hierzu in der Gesetzesbegründung. Für die Auslegung des Begriffs *„unverzüglich“* kann daher auf § 121 Abs. 1 S. 1 BGB zurückgegriffen werden. Die gesetzliche Definition dieses Begriffs gilt entsprechend für alle Rechtsbereiche.[119] Aus dem LkSG und der Gesetzesbegründung ergibt sich nichts Gegenteiliges.

68 Nach § 121 Abs. 1 S. 1 BGB ist die vorzunehmende Handlung unverzüglich, wenn sie ohne schuldhaftes, also vorsätzliches oder fahrlässiges Zögern erfolgt. Daher bedeutet *„unverzüglich“* nicht sofort.[120] Bei Unternehmen ist der Zeitraum zugrunde zu legen, der für eine zügige und ordnungsgemäße Bearbeitung zugebilligt werden muss.[121] Insbesondere ist dem Unternehmen eine angemessene Prüfungsfrist einzuräumen.[122] Hierbei ist berücksichtigen, dass es sich bei Meldungen über etwaige Verletzungen im Sinne des § 9 Abs. 3 LkSG nicht um einseitige Erklärungen handelt, die schlicht zurückgewiesen werden können, wie z.B. eine Kündigung.[123] Hinzu kommt, dass zu mittelbaren Zulieferern keine Vertragsbeziehungen bestehen (§ 2 Abs. 8 LkSG), sodass dem Unternehmen naturgemäß weniger Informationen vorliegen werden, als bei seinen unmittelbaren Zulieferern. Insbesondere wenn die Meldung sich lediglich auf Regionen oder Branchen bezieht und keinen mittelbaren Zulieferer konkret benennt, wird der Zeitraum großzügig zu bemessen sein. Dabei ist es nicht zu beanstanden, wenn ein Unternehmen die notwendige Aufklärung des

---

114 Dürig/Herzog/Scholz/*Grzeszick* Art. 20 und die allgemeine Rechtsstaatlichkeit, Rn. 61 f.

115 BVerfG Beschl. v. 23.6.2010 – 2 BvR 2559/08 u.a. = NJW **2010** 3209, Rn. 72 ff.

116 BVerfG Urt. v. 20.3.2002 – 2 BvR 794/95 = NJW **2002** 1779, 1780.

117 Grabosch/*Grabosch* § 2 Rn. 121.

118 Grabosch/*Grabosch* § 2 Rn. 121.

119 BeckOK-BGB/*Wendtland* § 121 Rn. 6 m.w.N.; **a.A.** wohl Staudinger/*Singer* § 121, Rn. 8 mit Verweis auf das gesamte Privatrecht; für die Anwendung im Rahmen des § 9 LkSG siehe Gehling/Ott/*Lüneborg* § 9 Rn. 42.

120 Staudinger/*Singer* § 121 Rn. 9 mit Verweis auf BGH Urt. v. 26.1.1962 – V ZR 168/60 = BeckRS **1962** 31186973.

121 MüKo-BGB/*Schubert* § 174 Rn. 26.

122 Staudinger/*Singer* § 121 Rn. 9.

123 Vgl. BPatG Beschl. v. 9.12.1988 – 4 W (pat) 60/88 = GRUR **1989** 340: unverzügliche Zurückweisung der Patentverzichtserklärung zehn Tage nach ihrem Eingang; vgl. aber LAG Düsseldorf Urt. v. 22.2.1995 – 4 Sa 1817/94 = DB **1995** 1036; BAG Urt. v. 11.3.1999 – 2 AZR 427/98 = DB **1999** 1612 und OLG Hamm Urt. v. 9.9.1987 – 20 U 161/87 = NJW-RR **1988** 282: Zurückweisung der Kündigung nach 17 Tagen oder drei Wochen nicht mit organisatorischen Gründen zu rechtfertigen; zu weiteren Einzelfällen siehe Staudinger/*Singer* § 121 Rn. 8.

Sachverhaltes abwartet, die allerdings mit der gebotenen Eile durchgeführt werden muss.[124] Auch das Einholen von Rechtsrat ist zulässig.[125]

69 Kommt das Unternehmen hiernach zum Ergebnis, dass tatsächliche Anhaltspunkte im Sinne des § 9 Abs. 3 LkSG vorliegen, hat es in einem ersten Schritt eine Risikoanalyse durchzuführen (siehe unten D.III.1.).

III. Zu ergreifende Maßnahmen

70 Liegen die oben dargestellten Voraussetzungen des § 9 Abs. 3 LkSG vor, hat das Unternehmen Maßnahmen einzuleiten, die sich konkret auf die mögliche Verletzung beziehen. So muss das Unternehmen eine Risikoanalyse durchführen (1.), angemessene Präventionsmaßnahmen gegenüber dem Verursacher verankern (2.), ein Konzept zur Beendigung, Verhinderung oder Minimierung erstellen und umsetzen (3.) sowie ggf. seine Grundsatzerklärung aktualisieren (4.).

1. Risikoanalyse

71 Zunächst hat das Unternehmen eine Risikoanalyse durchzuführen (§§ 9 Abs. 3 Nr. 1, 5 Abs. 1–3 LkSG).[126] Diese muss sich auf die mögliche Verletzung beziehen.[127] Das Unternehmen muss insbesondere das identifizierte Risiko angemessen gewichten und priorisieren.[128] Hierbei steht dem Unternehmen ein Ermessenspielraum zu. Nach der Gesetzessystematik kann auf die Kriterien des § 3 Abs. 2 LkSG zurückgegriffen werden (§§ 9 Abs. 3 Nr. 1, 5 Abs. 2, 3 Abs. 2 LkSG). Ein wesentlicher Aspekt in diesem Zusammenhang ist, dass das Unternehmen gegenüber einem mittelbaren Zulieferer weitaus weniger rechtliche Einflussmöglichkeiten besitzt, als im eigenen Geschäftsbereich oder gegenüber seinen unmittelbaren Zulieferern (§ 3 Abs. 2 Nr. 2 LkSG). Das Ergebnis der Risikoanalyse ist an die maßgeblichen Entscheidungsträger innerhalb des Unternehmens zu kommunizieren, also etwa an die Geschäftsleitung oder die Einkaufsabteilung (§ 5 Abs. 3 LkSG).

72 Da der Begriff der *„substantiierten Kenntnis“* weit gefasst ist, werfen Stimmen in der Literatur die Frage auf, ob Unternehmen ihre mittelbaren Zulieferer von Anfang an in ihre Risikoanalyse einbeziehen sollten. Die anfänglich höheren Kosten für die Risikoanalyse[129] könnten sich langfristig geringer darstellen, als teure anlassbezogene Abhilfemaßnahmen.[130] So verweist das BAFA in seiner Handreichung zur Risikoanalyse darauf, dass insbesondere der Sinn und Zweck des LkSG

---

124 Vgl. RG Urt. v. 9.12.1937 – IV 205/37 = RGZ **156** 334, 337; BAG Urt. v. 14.12.1979 – 7 AZR 38/78 = NJW **1980** 1302, 1303; Staudinger/*Singer* § 121 Rn. 9.

125 Vgl. BAG Urt. v. 5.12.2019 – 2 AZR 147/19 = NJW **2020** 1456, 1459 Rn. 48; BAG Urt. v. 8.12.2011 – 6 AZR 354/10 = NZA **2012** 495, 498 Rn. 32 f.; BAG Urt. v. 10.10.2002 – 2 AZR 532/01 = NZA **2003** 909, 911; MüKo-BGB/*Schubert* § 174 Rn. 26; *Meyer/Reufels* NZA **2011** 5, 6; BeckOK-BGB/*Schäfer* § 174 Rn. 10; Staudinger/*Schilken* § 174 Rn. 11.

126 Kritisch Gehling/Ott/*Lüneborg* § 9 Rn. 60 unter Verweis auf John G. Ruggie *„Gemäß den UNLP besteht ein wesentlicher Zweck der menschenrechtlichen Sorgfaltspflichten darin, von vornherein mögliche Risiken entlang der gesamten Wertschöpfungskette zu identifizieren. Wenn bereits ‚substantiierte Kenntnis‘ über eine mögliche Verletzung besteht, ist die Durchführung einer Risikoanalyse möglicherweise gar nicht mehr notwendig; stattdessen sollte das Unternehmen an diesem Punkt gemäß UNLP ermitteln, was seine Abhilfe- bzw. Wiedergutmachungsverpflichtungen sind (…)“* (siehe auch *Business & Human Rights Resource Center*, John Ruggie begrüßt in Brief an Minister Einigung auf Lieferkettengesetz-Entwurf, fordert zugleich aber stärkere Orientierung an UN-Leitprinzipien, 26.3.2021, abrufbar unter https://www.business-humanrights.org/de/latest-news/john-ruggie-lieferkettengesetz/ (zuletzt am 31.3.2023).

127 BT-Drs. 19/28649 S. 50.

128 BT-Drs. 19/28649 S. 50; *Birkefeld/Schäfer* ZLR **2022** 444, 463 für eine Clusterung mittelbarer Zulieferer, z.B. nach strategisch wichtigen Zulieferern oder *single-source supplier.*

129 Kubis/Tödtmann/*Hettich/Charnitzky* § 14 Rn. 277.

130 Grabosch/*Grabosch* § 2 Rn. 115; *Stemberg* NZG **2022** 1093, 1095.

für eine proaktive Risikoanalyse spräche.[131] Vor diesem Hintergrund ist wohl auch die Übersicht zur Umsetzung einer anlassbezogenen Risikoanalyse bei substantiierter Kenntnis zu verstehen. Diese spricht durchgehend von *„Risiken“* und von einer auf erster Stufe vorzunehmenden abstrakten Betrachtung von Risiken.[132]

73 Gleichwohl verpflichtet das LkSG Unternehmen nicht zu einer regelmäßigen Risikoanalyse hinsichtlich mittelbarer Zulieferer. Ebenso wenig lässt das LkSG im Rahmen einer anlassbezogenen Risikoanalyse bei mittelbaren Zulieferern abstrakte Risiken genügen (siehe oben D.I.2.). Zudem werden vor allem große Unternehmen oft nicht in der Lage sein, die Risiken hinsichtlich ihrer mittelbaren Zulieferer umfassend im Vorfeld zu analysieren. Bereits auf erster Stufe können komplexe Zulieferstrukturen mit einer fünfstelligen Zahl an unmittelbaren Zulieferern bestehen. Die Anzahl mittelbarer Zulieferer wird regelmäßig um ein Vielfaches höher ausfallen, bereits auf erster Stufe durchaus sechsstellig. In der Praxis ist es daher eher schwer vorstellbar, dass Unternehmen mit komplexen Zulieferstrukturen präventiv und umfassend ihre mittelbaren Zulieferer einer systematischen Risikoanalyse zuführen werden.

2. Angemessene Präventionsmaßnahmen

74 Nach der Risikoanalyse hat das Unternehmen gemäß § 9 Abs. 3 Nr. 2 LkSG angemessene Präventionsmaßnahmen gegenüber dem Verursacher zu verankern. Die Maßnahmen müssen sich auf die identifizierten und priorisierten Risiken bzw. das Risiko beziehen.[133] Bei der Wahl der angemessenen Maßnahmen hat das Unternehmen einen Ermessenspielraum, sollte sich nach dem Willen des Gesetzgebers aber an den Maßgaben des § 6 LkSG orientieren.[134] Wichtig zu beachten ist jedoch, dass ein Unternehmen nach Ansicht des BAFA nur aus wirksamen Maßnahmen eine angemessene Auswahl treffen darf.[135] Daher ist der Ermessenspielraum durch das Gebot der Wirksamkeit begrenzt. Wie sich bereits aus dem Wortlaut des § 9 Abs. 3 Nr. 2 LkSG ergibt (*„etwa“*), sind die in § 9 Abs. 3 Nr. 2 LkSG genannten Maßnahmen nicht abschließend.[136] Zieht man die Gesetzesbegründung heran, ergeben sich weitere mögliche Maßnahmen, von denen die Norm nicht ausdrücklich spricht.

75 Die in der Gesetzesbegründung angeführten Maßnahmen, lassen sich in folgende Kategorien einteilen.

– **Awareness:** Ein Unternehmen kann beim mittelbaren Zulieferer das Bewusstsein für menschenrechtliche und umweltbezogene Pflichten schärfen. So kann das Unternehmen gegenüber dem mittelbaren Zulieferer kommunizieren, dass es erwartet, dass dieser die menschenrechtlichen und umweltbezogenen Pflichten des LkSG erfüllt.[137] Hierbei muss das Unternehmen den mittelbaren Zulieferer ggf. kontaktieren, sei es direkt oder über seinen unmittelbaren Zulieferer.[138] Das Unternehmen kann seine Erwartungen z.B. in einem Lieferantenkodex niederlegen. Dabei sollte das Unternehmen den Lieferantenkodex in eine für den mittelbaren Zulieferer verständliche Sprache übersetzen und leicht auffindbar veröffentlichen.[139] Gerade in Regionen, in denen Englisch nicht als Amts- oder Arbeitssprache etabliert ist, kann es sich daher anbieten, den Lieferantenkodex in die jeweilige Amtssprache zu übersetzen.

131 BAFA Risikoanalyse S. 8.

132 BAFA Risikoanalyse S. 16.

133 Vgl. BT-Drs. 19/28649 S. 51. Die Risikoanalyse und die Pflicht zur Identifizierung und Priorisierung von Risiken wird einen Satz zuvor angesprochen (BT-Drs. 19/28649 S. 50).

134 BT-Drs. 19/28649 S. 51; vgl. BAFA Angemessenheit S. 18.

135 BAFA Angemessenheit S. 4.

136 So auch ausdrücklich die Gesetzesbegründung BT-Drs. 19/30505 S. 42.

137 BT-Drs. 19/28649 S. 51.

138 BT-Drs. 19/28649 S. 51.

139 BT-Drs. 19/28649 S. 51.

- **Kontrolle**: Das Unternehmen kann gegenüber dem mittelbaren Zulieferer Kontrollmaßnahmen in Betracht ziehen.[140] Solche kommen unter anderem dann in Frage, wenn sich der mittelbare Zulieferer vertraglich verpflichtet hat, den Lieferantenkodex des Unternehmens umzusetzen (sog. Weitergabeklauseln).[141]
  In der Praxis wird es maßgeblich darauf ankommen, wie diese Weitergabeklauseln konkret ausgestaltet sind. In der Regel wird sich der unmittelbare Zulieferer gegenüber dem Unternehmen verpflichten dafür Sorge zu tragen, dass der mittelbare Zulieferer die Regelungen des LkSG einhält. Wenn ein Unternehmen daher Kontrollmaßnahmen gegen einen mittelbaren Zulieferer durchführen möchte, müsste der unmittelbare Zulieferer hierbei zumindest unterstützen. In diesem Zusammenhang ist zu beachten, dass Unternehmen versuchen müssen, mehr über das Risiko und seine Ursache herauszufinden.[142] Daher erscheinen Mitwirkungsklauseln denkbar, in denen sich der mittelbare Zulieferer bspw. verpflichtet, bei der Sachverhaltsaufklärung grundsätzlich zu unterstützten und Informationen zur Verfügung zu stellen. Auch ist es denkbar, das Unternehmen oder den unmittelbaren Zulieferer vertraglich zu berechtigen, sich ein Bild von der Lage vor Ort zu verschaffen.
- **Unterstützung**: Ein Unternehmen kann in Betracht ziehen, den mittelbaren Zulieferer dabei zu unterstützen, einem Risiko vorzubeugen oder dieses zu vermeiden. Der Gesetzgeber sieht hierin eine Möglichkeit für Unternehmen, eine Lieferkette mit stabilen Geschäftsbeziehungen aufzubauen.[143] So kann ein Unternehmen mittelbare Zulieferer, die von strategischer Bedeutung sind, gezielt und langfristig unterstützen, um diese als stabile Partner zu etablieren.[144] Denkbar ist es z.B., den mittelbaren Zulieferer zu schulen. Nach dem Willen des Gesetzgebers können auch soziale Projekte in einer Region in Betracht kommen, die relevante Rechte in der Lieferkette stärken sollen, etwa die Gewerkschaftsfreiheit.[145]
  Da die vorgelagerte Lieferkette häufig aus komplexen und intransparenten Lieferantennetzwerken besteht, ist die Bedeutung kooperativer Ansätze hoch.[146] Deshalb kann ein Unternehmen erwägen, den mittelbaren Zulieferer dabei zu unterstützen, branchenspezifische oder branchenübergreifende Initiativen umzusetzen, denen das Unternehmen beigetreten ist. Solche Initiativen standardisieren Vorgaben, vergrößern das eigene Einflussvermögen eines Unternehmens und sollen zu einem geringeren Aufwand durch Synergieeffekte führen.[147] Zu diesen Initiativen zählen etwa der *„Grüne Knopf“* oder das *„Bündnis für nachhaltige Textilien“*.[148]

So weitreichend diese Maßnahmen scheinen, uferlos sind sie indes nicht. Nach § 9 Abs. 3 LkSG 76
muss es sich um für das Unternehmen *„angemessene“* Maßnahmen handeln.[149] Die Art und der Umfang der Maßnahmen hängt damit von den konkreten Umständen des Einzelfalles ab.[150] Zu berücksichtigen ist insbesondere, was nach Art der Geschäftstätigkeit und Größe des Unternehmens möglich ist. Besonders relevant ist der Umstand, dass ein Unternehmen in der Regel auf den mittelbaren Zulieferer nur begrenzt rechtlich Einfluss ausüben kann (§ 3 Abs. 2 Nr. 2 LkSG).

---

140 Grabosch/*Grabosch* § 5 Rn. 100; E. Wagner/Ruttloff/S. Wagner/*E. Wagner/S. Wagner* § 4 Rn. 810 a.E.; *Altenschmidt/Helling* § 9 Rn. 15 zu Audits durch Dritte und anerkannten Zertifizierungssystemen.
141 BT-Drs. 19/28649 S. 51.
142 BT-Drs. 19/28649 S. 51.
143 BT-Drs. 19/28649 S. 51.
144 BT-Drs. 19/28649 S. 51.
145 BT-Drs. 19/28649 S. 51.
146 BT-Drs. 19/28649 S. 51.
147 BT-Drs. 19/28649 S. 51.
148 *Grüner Kopf* abrufbar unter https://www.gruener-knopf.de/ (zuletzt am 31.3.2023); *Bündnis für nachhaltige Textilien*, abrufbar unter https://www.textilbuendnis.com/ (zuletzt am 31.3.2023); vgl. dazu auch *Krebs* ZUR **2021** 394, 397.
149 BT-Drs. 19/28649, S. 51, das Prinzip der Angemessenheit ist auch hier *„handlungsleitend“*.
150 Vgl. auch Antwort VI.3. FAQ-LkSG.

77 Wenn das Unternehmen substantiierte Kenntnis von einer tatsächlich eingetretenen Verletzung relevanter Pflichten bei mittelbaren Zulieferern hat, kann es dennoch verpflichtet sein, Präventionsmaßnahmen zu ergreifen. Zwar laufen präventive Maßnahmen hinsichtlich der konkret eingetretenen Verletzung ins Leere. Besteht aber im konkreten Fall z.B. die Gefahr, dass sich eine solche Verletzung wiederholen kann, haben Präventionsmaßnahmen eine eigenständige Berechtigung.[151] Eine andere Sichtweise schränkt das Maßnahmenspektrum des § 9 Abs. 3 LkSG zu sehr ein. So zählt der Wortlaut des § 9 Abs. 3 LkSG Präventions- und Abhilfemaßnahmen kumulativ auf („*und*"). Dem Kriterium der Angemessenheit kommt in diesem Fall eine besondere Bedeutung zu.

3. Konzepterstellung

78 Nach § 9 Abs. 3 Nr. 3 LkSG ist ein Unternehmen verpflichtet, ein Konzept zur Verhinderung, Minimierung oder Beendigung zu erstellen und umzusetzen. § 9 Abs. 3 Nr. 3 LkSG legt keine konkreten Anforderungen an das Konzept vor. Auch hier besteht für das Unternehmen ein Ermessenspielraum.[152] Allerdings ist das BAFA auch hier der Auffassung, dass ein Unternehmen nur aus wirksamen Maßnahmen eine angemessene Auswahl treffen darf.[153] Daher ist der Ermessenspielraum auch hier durch das Gebot der Wirksamkeit begrenzt. Die Gesetzesbegründung verweist darauf, dass § 7 Abs. 2 LkSG heranzuziehen ist.[154] Hiernach muss das Unternehmen insbesondere in Betracht ziehen, mit dem mittelbaren Zulieferer, der die Verletzung verursacht hat, gemeinsam einen Plan zu erarbeiten, mit dem die Verletzung beendet oder minimiert wird (§ 7 Abs. 2 S. 3 Nr. 1 LkSG). Eine Pflicht zur Verhinderung, Beendigung oder Minimierung einer Verletzung geht damit nicht einher.[155] Hierfür spricht, dass das Unternehmen regelmäßig auf den mittelbaren Zulieferer einen geringen Einfluss ausüben kann, als bei Abhilfemaßnahmen gegenüber seinem unmittelbaren Zulieferer.[156] Gegebenenfalls kann es sich anbieten, wenn sich das Unternehmen mit anderen Unternehmen im Rahmen von Brancheninitiativen und Branchenstandards zusammenschließt, um seinen Einfluss auf den mittelbaren Zulieferer zu vergrößern (§ 7 Abs. 2 S. 3 Nr. 2 LkSG). Zudem muss es das Unternehmen in Betracht ziehen, die Geschäftsbeziehung zum mittelbaren Zulieferer auszusetzen, während dieser sich darum bemüht, die Risiken zu minimieren (§ 7 Abs. 2 S. 3 Nr. 3 LkSG). Dies ist aber richtigerweise in der Regel nur mittelbar möglich, z.B. durch eine Anordnung gegenüber dem unmittelbaren Zulieferer.[157]

79 Ein vollständiger Abbruch der Geschäftsbeziehung mit dem mittelbaren Zulieferer dürfte indes nicht zwingend in Betracht zu ziehen sein.[158] Der Wortlaut des § 9 Abs. 3 Nr. 3 LkSG bezieht sich auf die Erstellung und Umsetzung eines Konzepts nach § 7 Abs. 2 LkSG.[159] Der Abbruch der Geschäftsbeziehung ist demgegenüber in § 7 Abs. 3 LkSG geregelt und bezieht sich nur auf den unmittelbaren Zulieferer. Durch die Kündigung der Vertragsbeziehung kann das Unternehmen als *ultima ratio* die Geschäftsbeziehung mit dem unmittelbaren Zulieferer beenden, wenn die weiteren Voraussetzungen vorliegen. Diese Möglichkeit läuft hier jedoch ins Leere, da keine vertragliche Bindung zwischen dem Unternehmen und dem mittelbaren Zulieferer besteht. Zudem erfordert der Wortlaut des § 9 Abs. 3 Nr. 3 LkSG nicht, dass das Konzept tatsächlich dazu führt, dass die

---

151 Ebenso *Stemberg* NZG **2022** 1093, 1095 f.

152 BAFA Angemessenheit S. 21.

153 BAFA Angemessenheit S. 4.

154 BT-Drs. 19/28649 S. 51.

155 *Stemberg* NZG **2022** 1093, 1096.

156 Vgl. *Stemberg* NZG **2022** 1093, 1096; *Wagner/Ruttloff* NJW **2021** 2145, 2150.

157 *Ehmann* ZVertriebsR **2021** 141, 149.

158 Ebenso *Spindler* ZHR **186** (2022) 67, 89 auch hinsichtlich des unmittelbaren Zulieferers.

159 BT-Drs. 19/28649 S. 51.

Verletzung bei dem mittelbaren Zulieferer beendet ist. Gegenteiliges ergibt sich auch nicht aus der Gesetzesbegründung, die lediglich davon spricht, dass das Konzept die Beendigung der Verletzung bewirken *„sollte“*.[160]

4. Grundsatzerklärung

Nach § 9 Abs. 3 Nr. 4 LkSG muss das Unternehmen seine Grundsatzerklärung anpassen, wenn sich in der Lieferkette ein Risiko offenbart hat, das bislang nicht oder nicht hinreichend adressiert war.[161] **80**

E. Verordnungsermächtigung

§ 9 Abs. 4 LkSG ermächtigt das BMAS, die Pflichten nach § 9 Abs. 3 LkSG durch Rechtsverordnung im Einvernehmen mit dem Bundesministerium für Wirtschaft und Klimaschutz näher zu regeln. Einer Zustimmung des Bundesrats bedarf es nicht. Während des Gesetzgebungsverfahrens empfahlen die Ausschüsse des Bundesrates § 9 Abs. 4 LkSG zu streichen. Wegen der Grundrechtsrelevanz und zur Rechtsklarheit solle der Gesetzgeber den Pflichtenkreis abschließend bestimmen.[162] Der Gesetzgeber entschied sich dazu, die Regelung beizubehalten.[163] Derzeit ist keine Verordnung geplant.[164] **81**

F. Folgen eines Verstoßes

Verstöße gegen Verpflichtungen des § 9 LkSG stellen Ordnungswidrigkeiten dar. § 24 Abs. 1 LkSG benennt folgende Ordnungswidrigkeiten: **82**

- Trägt ein Unternehmen nicht dafür Sorge, dass ein Beschwerdeverfahren nach §§ 9 Abs. 1, 8 Abs. 1 S. 1 LkSG eingerichtet ist, ist dies nach § 24 Abs. 1 Nr. 7 lit. b) LkSG zu ahnden. Hier droht ein Bußgeld von bis zu EUR 800.000,00 für natürliche Personen (§ 24 Abs. 2 Nr. 1 lit. a) LkSG). Bei einer Unternehmensgeldbuße nach § 30 Abs. 1 OWiG verzehnfacht sich der Bußgeldrahmen auf bis zu EUR 8 Mio. (§ 24 Abs. 2 S. 2 LkSG i.V.m. § 30 Abs. 2 S. 3 OWiG).
- Wird die Risikoanalyse nach § 9 Abs. 3 Nr. 1 LkSG nicht, nicht richtig, nicht vollständig oder nicht rechtzeitig durchgeführt, stellt dies eine Ordnungswidrigkeit nach § 24 Abs. 1 Nr. 2 LkSG dar. Diese kann mit einem Bußgeld von bis zu EUR 500.000,00 geahndet werden (§ 24 Abs. 2 Nr. 2 LkSG). Bei juristischen Personen und Personenvereinigungen erhöht sich der Höchstbetrag des Bußgelds auf EUR 5 Mio. (§ 24 Abs. 2 S. 2 i.V.m. § 30 Abs. 2 S. 3 OWiG).
- Erstellt ein Unternehmen ein Konzept nach § 9 Abs. 3 Nr. 2 LkSG nicht, nicht rechtzeitig oder setzt dieses nicht oder nicht rechtzeitig um, liegt eine Ordnungswidrigkeit nach § 24 Abs. 1 Nr. 7 lit. b) LkSG vor. Hier droht ein Bußgeld für natürliche Personen von bis zu EUR 800.000,00 (§ 24 Abs. 2 Nr. 1 lit. b) LkSG). Bei einer Unternehmensgeldbuße nach § 30 Abs. 1 OWiG verzehnfacht sich der Bußgeldrahmen auf bis zu EUR 8 Mio. (§ 24 Abs. 2 S. 2 LkSG i.V.m. § 30 Abs. 2 S. 3 OWiG).

---

160 BT-Drs. 19/30505 S. 42.
161 Vgl. BT-Drs. 19/28649 S. 51.
162 BR-Drs. 239/1/21 S. 20.
163 Kritisch zum Wesentlichkeitsgebot *Jungkind/Raspé/Terbrack* DK **2021** 445, 448.
164 Antwort XVI.3. FAQ-LkSG; kritisch *Altenschmidt/Helling* § 9 Rn. 18 m.w.N.

G. Potenzielle Auswirkungen der geplanten EU-Richtlinie

83 Der Entwurf für eine Corporate Sustainability Due Diligence Richtlinie[165] regelt die Sorgfaltspflichten hinsichtlich mittelbarer Zulieferer anders als das LkSG. So unterscheidet die CSDDD-E nicht zwischen unmittelbaren und mittelbaren Zulieferern eines Unternehmens, sondern stellt auf die *„etablierten Geschäftsbeziehungen"* (*established business relationships*) in den Wertschöpfungsketten eines Unternehmens ab (Art. 6 Abs. 1 CSDDD-E).[166]

84 Die *„Geschäftsbeziehung"* eines Unternehmens ist hierbei weit definiert und besteht vereinfacht ausgedrückt zu allen Rechtssubjekten seiner Wertschöpfungskette.[167] Eine vertragliche Beziehung ist nicht notwendig (Art. 3 lit. e) CSDDD-E).[168] Die Geschäftsbeziehung ist *„etabliert"*, wenn sie in Anbetracht ihrer Intensität oder Dauer beständig sein dürfte und keinen unbedeutenden oder lediglich untergeordneten Teil der Wertschöpfungskette darstellt. Eine etablierte Geschäftsbeziehung kann dabei direkt oder indirekt sein und deshalb auch zum mittelbaren Zulieferer bestehen (Art. 3 lit. f) CSDDD-E). Wenn die direkte Geschäftsbeziehung eines Unternehmens als etabliert gilt, sollten nach der CSDDD-E auch alle damit verbundenen indirekten Geschäftsbeziehungen als in Bezug auf dieses Unternehmen etabliert betrachtet werden.[169]

85 Einerseits geht das LkSG hinsichtlich unmittelbarer Zulieferer somit weiter als die CSDDD-E, da das LkSG nicht zwischen etablierten und nicht-etablierten Geschäftsbeziehungen unterscheidet.[170] Andererseits weitet die CSDDD-E die Sorgfaltspflichten durch den Verweis auf die *„Wertschöpfungskette"*[171] im Vergleich zum LkSG bedeutend aus.[172] Diese gelten für die eigentliche *„Lieferkette"*, also die vorgelagerte Geschäftsbeziehung (sog. *upstream*) als auch für nachgelagerte Geschäftsbeziehungen (sog. *downstream*).[173]

---

165 Vorschlag für eine Richtlinie des Europäischen Parlaments und des Rates über die Sorgfaltspflichten von Unternehmen im Hinblick auf Nachhaltigkeit und zur Änderung der Richtlinie (EU) 2019/1937, COM(2022) 71 final.

166 Diese Regelung scheint an das französische *Loi de Vigilance* angelehnt zu sein, wo eine solche Beziehung durch ihre Regelmäßigkeit, Stabilität und das Geschäftsvolumen gekennzeichnet ist (siehe *Lutz-Bachmann/Vorbeck/Wengenroth* BB **2022** 835, 837; *Hübner/Habrich/Weller* NZG **2022** 644, 648).

167 Für die Zwecke dieser Richtlinie bezeichnet der Ausdruck *„Geschäftsbeziehung"* eine Beziehung zu einem Auftragnehmer, einem Unterauftragnehmer oder jedem anderen Rechtssubjekt (*„Partner"*), i) mit denen das Unternehmen eine Geschäftsvereinbarung geschlossen hat oder denen das Unternehmen Finanzmittel, Versicherungs- oder Rückversicherungsleistungen bietet, oder (ii) die für das Unternehmen oder in dessen Namen mit den Produkten oder Dienstleistungen des Unternehmens zusammenhängende Geschäftstätigkeiten ausüben (Art. 3 lit. e) CSDD-E).

168 *Hübner/Habrich/Weller* NZG **2022** 644, 648.

169 Erwägungsgrund Nr. 20 CSDD-E.

170 *Hübner/Habrich/Weller* NZG **2022** 644, 648.

171 Für die Zwecke dieser Richtlinie bezeichnet der Ausdruck *„Wertschöpfungskette"* Tätigkeiten im Zusammenhang mit der Produktion von Waren oder der Erbringung von Dienstleistungen durch ein Unternehmen, einschließlich der Entwicklung des Produkts oder der Dienstleistung und der Verwendung und Entsorgung des Produkts sowie der damit verbundenen Tätigkeiten im Rahmen vor- und nachgelagerter etablierter Geschäftsbeziehungen des Unternehmens. In Bezug auf Unternehmen im Sinne von lit. a) iv umfasst die *„Wertschöpfungskette"* in Bezug auf die Erbringung dieser spezifischen Dienstleistungen nur die Tätigkeiten der Kunden, die solche Darlehen, Kredite und andere Finanzdienstleistungen erhalten, sowie anderer Unternehmen derselben Gruppe, deren Tätigkeiten mit dem betreffenden Vertrag verbunden sind. Die Wertschöpfungskette solcher beaufsichtigten Finanzunternehmen umfasst nicht KMU, die Darlehen, Kredite, Finanzmittel, Versicherungs- oder Rückversicherungsleistungen von solchen Unternehmen erhalten (Art. 3 lit. g) CSDD-E).

172 *Birkholz* DB **2022** 1306, 1310 spricht von *„fast unmögliche[n] praktische[n] Herausforderungen"*.

173 *Birkholz* DB **2022** 1306, 1309; *Lutz-Bachmann/Vorbeck/Wengenroth* BB **2022** 835, 837; Anmerkung: Die Reichweite der Sorgfaltspflichten auf die gesamte Wertschöpfungskette stellt derzeit noch einen umstrittenen Punkt im Gesetzgebungsverfahren auf europäischer Ebene dar.

§ 10 Dokumentations- und Berichtspflicht

(1) [1]Die Erfüllung der Sorgfaltspflichten nach § 3 ist unternehmensintern fortlaufend zu dokumentieren. [2]Die Dokumentation ist ab ihrer Erstellung mindestens sieben Jahre lang aufzubewahren.

(2) [1]Das Unternehmen hat jährlich einen Bericht über die Erfüllung seiner Sorgfaltspflichten im vergangenen Geschäftsjahr zu erstellen und spätestens vier Monate nach dem Schluss des Geschäftsjahrs auf der Internetseite des Unternehmens für einen Zeitraum von sieben Jahren kostenfrei öffentlich zugänglich zu machen. [2]In dem Bericht ist nachvollziehbar mindestens darzulegen,

1. **ob und falls ja, welche menschenrechtlichen und umweltbezogenen Risiken oder Verletzungen einer menschenrechtsbezogenen oder umweltbezogenen Pflicht das Unternehmen identifiziert hat,**
2. **was das Unternehmen, unter Bezugnahme auf die in den §§ 4 bis 9 beschriebenen Maßnahmen, zur Erfüllung seiner Sorgfaltspflichten unternommen hat; dazu zählen auch die Elemente der Grundsatzerklärung gemäß § 6 Absatz 2, sowie die Maßnahmen, die das Unternehmen aufgrund von Beschwerden nach § 8 oder nach § 9 Absatz 1 getroffen hat,**
3. **wie das Unternehmen die Auswirkungen und die Wirksamkeit der Maßnahmen bewertet und**
4. **welche Schlussfolgerungen es aus der Bewertung für zukünftige Maßnahmen zieht.**

(3) Hat das Unternehmen kein menschenrechtliches oder umweltbezogenes Risiko und keine Verletzung einer menschenrechtsbezogenen oder einer umweltbezogenen Pflicht festgestellt und dies in seinem Bericht plausibel dargelegt, sind keine weiteren Ausführungen nach Absatz 2 Satz 2 Nummer 2 bis 4 erforderlich.

(4) Der Wahrung von Betriebs- und Geschäftsgeheimnissen ist dabei gebührend Rechnung zu tragen.

Schrifttum

Baumüller/Scheid/Needham Die Corporate Sustainability Reporting Directive als Schlüsselelement von Sustainable Finance: Zusammenhänge und Entwicklungsperspektiven, IRZ **2021** 337; *Bettermann/Hoes* Der Entwurf der Europäischen Corporate Sustainability Due Diligence Richtlinie – Vergleich zum deutschen Lieferkettensorgfaltspflichtengesetz, WM **2022** 697; *DAV-Ausschüsse* Stellungnahme zum Regierungsentwurf eines Gesetzes über die unternehmerischen Sorgfaltspflichten in Lieferketten, NZG **2021** 546; *Dohrmann* Das deutsche Lieferkettensorgfaltspflichtengesetz als Vorbild für den europäischen Gesetzgeber? – Eine kritische Analyse, CCZ **2021** 265; *Dutzi/Schneider/Hasenau* Lieferkettenregulierung und Risk Governance – Implikationen für die betriebliche Praxis und Kritik, DK **2021** 454; *Ehmann* Der Regierungsentwurf für das Lieferkettengesetz: Erläuterungen und erste Hinweise zur Anwendung, ZVertriebsR **2021** 141; *Ehmann/Berg* Das Lieferkettensorgfaltspflichtengesetz (LkSG): ein erster Überblick, GWR **2021** 287; *Gehling/Ott/Lüneborg* Das neue Lieferkettensorgfaltspflichtengesetz – Umsetzung in der Unternehmenspraxis, CCZ **2021** 230; *Goldhammer* Geschäftsgeheimnis-Richtlinie und Informationsfreiheit, NVwZ **2017** 1809; *Harte-Bavendamm/Ohly/Kalbfuß* Gesetz zum Schutz von Geschäftsgeheimnissen, 1. Aufl. (2020); *Jungkind/Raspé/Terbrack* Unternehmensverantwortung in der Lieferkette, Das Lieferkettensorgfaltspflichtgesetz und seine Folgen für die Unternehmensorganisation, DK **2021** 445; *Kamann/Irmscher* Das Sorgfaltspflichtengesetz – Ein neues Sanktionsrecht für Menschenrechts- und Umweltverstöße in Lieferketten, NZWiSt **2021**, 249; *Klinner* Deutschland gibt sich ein Lieferkettensorgfaltsgesetz, IWRZ **2021** 243; *Lanfermann/Baumüller* Der Anwendungsbereich der Corporate Sustainability Reporting Directive (CSRD): Detailregelungen und Zweifelsfragen, IRZ **2023**, 89; *Lenz/Bodenstein/Wenzl* Erweiterung der Corporate Governance im Lichte des LkSG, ZCG **2022** 61; *Lutz-Bachmann/Vorbeck/Wengenroth* Menschenrechte und Umweltschutz in Lieferketten – der Regierungsentwurf eines Sorgfaltspflichtengesetzes, BB **2021** 906; *Müller/Lorson/Otter/Wulf/Griez/Piwinger* Lieferkettenüberwachung in der externen Berichterstattung im Spannungsfeld von Legitimität und Legalität, KoR **2022** 292; *Needham/Warnke/Müller* Grünes Licht für die Corporate Sustainability Reporting Directive (CSRD): Ein Überblick über die finalisierten Regelungen zur Nachhaltigkeitsberichtserstattung, IRZ **2023**, 41; *Nietsch/Wiedmann* Der Regierungsentwurf eines Gesetzes über die unternehmerischen Sorgfaltspflichten in der Lieferkette, CCZ **2021** 101; *ders.* Der Vorschlag zu einer europäischen Sorgfaltspflichten-Richtlinie im Unternehmensbereich (Corporate Sustainability Due Diligence Directive), CCZ **2022** 125; *Noll/Aryobsei* Der Regierungsentwurf für ein Sorgfaltspflichten-

https://doi.org/10.1515/9783110788976-012

gesetz: Neue Compliance-Pflichten und Risiken für Unternehmen, jurisPR-Compl **2021** (Heft 2) Anm. 5; *Passarge* Wo bleibt die Diskussion zum LkSG, CB-Editorial **2022** (Heft 4) 1; *ders.* Zur Anwendung des Lieferkettensorgfaltspflichtengesetzes auf Konzerngesellschaften, CB **2021** 332; *Rack* Lieferketten-Compliance im Digitalen Zwilling, CB-Sonderbeilage 1/**2022** 1; *Rohatschek/Schönhart/Sigl* Nachhaltigkeitsberichterstattung – Roadmap durch die Regulatorien für Nicht-Finanzunternehmen, IRZ **2022** 183; *Rothenburg/Rogg* Die Umsetzung des Lieferkettensorgfaltspflichtengesetzes im Konzern, AG **2022** 257; *Sagan/Schmidt* Das Lieferkettensorgfaltspflichtengesetz – Ein Überblick aus der Praxis des Arbeitsrechts, NZA-RR **2022** 281; *Schäfer* Das neue Lieferkettensorgfaltspflichtengesetz und seine Auswirkungen auf die Ernährungswirtschaft, ZLR **2022** 22; *Schumm* Das modifizierte Lieferkettensorgfaltspflichtengesetz (LkSG) und die Pflichten der Geschäftsleiter, StuB **2022** 894; *Seibt/Vesper-Gräske* CB-Beitrag: Lieferkettensorgfaltspflichtengesetz erweitert Compliance-Pflichten, CB **2021** 357; *Spindler* Verantwortlichkeit und Haftung in Lieferketten – das Lieferkettensorgfaltspflichtengesetz aus nationaler und europäischer Perspektive, ZHR **2022** 67; *Stave/Velte* Regulierung eines nachhaltigen Lieferkettenmanagements, DB **2021** 1791; *E. Wagner/Ruttloff* Das Lieferkettensorgfaltspflichtengesetz – Eine erste Einordnung, NJW **2021** 2145; *Wulf* Das Lieferkettensorgfaltspflichtengesetz: Anforderungen, praktische Hinweise und Handlungsempfehlungen für KMU, DStZ **2022** 476.

Materialien

BAFA Antwort IV.7. FAQ-LKSG, Antwort XIII.1. FAQ-LkSG, Antwort XIII.2. FAQ-LkSG, Antwort XIII.4. FAQ-LkSG, Antwort XIII.5. FAQ-LkSG, Antwort XIII.6. FAQ-LkSG, Antwort IV.10. FAQ-LkSG, Antwort XVI.1. FAQ-LkSG, Antwort XVI.3. FAQ-LkSG, Antwort XVI.7. FAQ-LkSG (Stand: 27.2.2023) abrufbar unter https://www.bafa.de/DE/Lieferketten/Ueberblick/ueberblick_node.html; Anleitung zur Berichtspflicht LkSG im Online-Portal ELAN-K2 – Erläuterungen zu Registrierung in der Preview-Version (zit. BAFA Anleitung Berichtspflicht), abrufbar unter https://www.bafa.de/SharedDocs/Downloads/DE/Lieferketten/anleitung_registrierung_berichtsfragebogen.pdf?__blob=publicationFile&v=2 (zuletzt am 31.3.2023); Risiken ermitteln, gewichten und priorisieren – Handreichung zur Umsetzung einer Risikoanalyse nach den Vorgaben des Lieferkettensorgfaltspflichtengesetzes, 1. Aufl. 2022, S. 14, abrufbar unter https://www.bafa.de/SharedDocs/Downloads/DE/Lieferketten/handreichung_risikoanalyse.pdf?__blob=publicationFile&v=3 (zit. BAFA Risikoanalyse); Berichtspflicht abrufbar unter https://www.bafa.de/DE/Lieferketten/Berichtspflicht/berichtspflicht_node.html (zuletzt am 31.3.2023); Lieferkettensorgfaltspflichtengesetz, Fragenkatalog zur Berichterstattung gemäß § 10 Abs. 2 LkSG, 1. Aufl. November 2022, abrufbar unter https://www.bafa.de/SharedDocs/Downloads/DE/Lieferketten/fragenkatalog_berichterstattung.pdf?__blob=publicationFile&v=2 (zit. BAFA Fragenkatalog) (zuletzt am 31.3.2023); DICO Standard S 16 – Lieferketten-Compliance-Management-System (L-CMS), August 2022.

Übersicht

A. Normzweck

§ 10 LkSG regelt Dokumentations- und Berichtspflichten für die betroffenen Unternehmen. Die Vorschrift soll eine informatorische Grundlage für die öffentlich-rechtliche Durchsetzung der im Gesetz verankerten Sorgfaltspflichten schaffen und Transparenz gegenüber der Öffentlichkeit gewährleisten.[1] Durch eine ordnungsgemäße Dokumentation sollen Unternehmen außerdem in die Lage versetzt werden nachzuweisen, dass sie ihre Pflichten nach dem LkSG erfüllen.[2] 1

B. Interne Dokumentation

Das LkSG stellt Anforderungen an den Inhalt der internen Dokumentation (I.) und an deren Aufbewahrung (II.). 2

I. Inhalt

Unternehmen müssen die Erfüllung der Sorgfaltspflichten nach dem LkSG (1.) fortlaufend (2.) dokumentieren. Eine unverzügliche Dokumentation im Sinne des § 121 Abs. 1 S. 1 BGB ist dem Gesetz dagegen nicht zu entnehmen (3.). 3

1. Gegenstand der Dokumentation

Die unter den Anwendungsbereich des LkSG fallenden Unternehmen sind gem. § 10 Abs. 1 S. 1 LkSG dazu verpflichtet zu dokumentieren, ob und wie sie ihre Sorgfaltspflichten erfüllen. Die Dokumenta- 4

1 BT-Drs. 19/28649 S. 51.
2 BT-Drs. 19/28649 S. 51.

tionspflicht bezieht sich auf sämtliche in § 3 LkSG aufgeführten Sorgfaltspflichten.[3] Da die Dokumentation nicht öffentlich zugänglich ist, kann sie sensible Informationen enthalten.[4]

5 Die Dokumentation ist kein Selbstzweck. Sie unterstützt dabei, dass das Unternehmen sich mit der Umsetzung der Sorgfaltspflichten auseinandersetzt. Zudem kann sie dazu dienen, die Mitglieder der Geschäftsleitung im Falle eines etwaigen Pflichtverstoßes zu entlasten.[5] Die Dokumentation ist zudem Grundlage für die externe Berichterstattung.[6] Außerdem kann das BAFA die Herausgabe der Dokumentation verlangen. So regelt § 17 Abs. 1 S. 1 LkSG, dass Unternehmen verpflichtet sind, dem BAFA auf Verlangen die Auskünfte zu erteilen und die Unterlagen herauszugeben, welche die Behörde zur Durchführung der ihr durch dieses Gesetz oder aufgrund dieses Gesetzes übertragenen Aufgaben benötigt. Diese Verpflichtung erstreckt sich gem. § 17 Abs. 1 S. 2 LkSG auch auf Auskünfte über verbundene Unternehmen, unmittelbare und mittelbare Zulieferer sowie die Herausgabe von diesbezüglichen Unterlagen. Dies gilt aber nur, soweit das betroffene Unternehmen die Information zur Verfügung hat oder aufgrund bestehender vertraglicher Beziehungen beschaffen kann.[7] Die zu erteilenden Auskünfte und herauszugebenden Unterlagen umfassen insbesondere auch die Angaben und Nachweise über die Erfüllung der internen Dokumentationspflicht (§§ 17 Abs. 2 Nr. 2, 10 Abs. 1 LkSG).[8] Hierzu wird auf die Ausführungen in § 17 LkSG verwiesen.

6 Vor diesem Hintergrund sollten Unternehmen darauf achten, gerade komplexe Abwägungsprozesse und schwierige Entscheidungen nachvollziehbar zu dokumentieren. Dies gilt insbesondere für die Durchführung der Risikoanalyse und die ergriffenen Maßnahmen im Rahmen des Risikomanagements. So können auch Unbeteiligte später den Entscheidungsprozess nachvollziehen und das Unternehmen schützt sich vor dem Vorwurf, Entscheidungen unüberlegt getroffen zu haben.[9]

2. Fortlaufende Dokumentation

7 Nach § 10 Abs. 1 S. 1 LkSG müssen Unternehmen fortlaufend dokumentieren, wie sie die Sorgfaltspflichten des LkSG erfüllen. Die interne Dokumentation ist damit eine Daueraufgabe für Unternehmen und nicht mit der erstmaligen Erstellung abgeschlossen.[10] Insbesondere sollten Unternehmen darauf achten, dass sie ihre Dokumentation regelmäßig daraufhin überprüfen, ob sie den aktuellen Stand widerspiegelt.

3. Unverzügliche Dokumentation?

8 Die Gesetzesmaterialien sprechen davon, dass die Dokumentation der ergriffenen Maßnahmen *„unverzüglich"* zu erfolgen habe.[11] Daraus folgern Stimmen in der Literatur eine analoge Anwendung des § 121 Abs. 1 S. 1 BGB.[12] Dies ist abzulehnen.

9 § 10 Abs. 1 S. 1 LkSG stellt auf eine fortlaufende Dokumentation ab und erfordert gerade nicht, dass diese unverzüglich erfolgen muss. Hierfür spricht auch ein Vergleich mit § 24 Abs. 1

3 Grabosch/*Grabosch* § 5 Rn. 143.
4 BT-Drs. 19/28649 S. 51; zu Umweltinformationen nach § 9 Abs. 1 S. 2 UIG siehe *Altenschmidt/Helling* § 10 Rn. 2.
5 *Noll/Aryobsei* jurisPR-Compl 2/**2021** Anm. 5.
6 *Wulf* DStZ **2022** 476, 485; Wagner/Ruttloff/Wagner/*E. Wagner/S. Wagner* § 4 Rn. 703.
7 Vgl. auch BT-Drs. 19/28649 S. 55.
8 Eine Beschlagnahmefreiheit dementsprechend ablehnend *Altenschmidt/Helling* § 10 Rn. 2; *Kamann/Irmscher* NZWiST **2021** 249, 252.
9 Vgl. Grabosch/*Grabosch* § 5 Rn. 143.
10 Vgl. *Falder/Frank-Fahle/Poleacov* S. 103 f.
11 RefE S. 35; BR-Drs. 239/21 S. 55; BT-Drs. 19/28649 S. 52.
12 Gehling/Ott/*Mader* § 10 Rn. 7; *Dutzi/Schneider/Hasenau* DK **2021** 454, 461; unklar Wagner/Ruttloff/Wagner/*E. Wagner/S. Wagner* § 4 Rn. 704; *Altenschmidt/Helling* § 10 Rn. 2; vgl. allgemein zur Definition von „unverzüglich" auch BAFA Fragenkatalog S. 34.

Nr. 9 LkSG, der keine *„verzögerte"* Dokumentation sanktioniert, sondern an den Umstand anknüpft, dass ein Unternehmen die Dokumentation nicht oder nicht sieben Jahre lang aufbewahrt. Unabhängig davon dürfte es im Interesse des Unternehmens liegen, die ergriffenen Maßnahmen möglichst zeitnah zu dokumentieren.

II. Art der Dokumentation

Die Dokumentation ist gem. § 10 Abs. 1 S. 2 LkSG ab ihrer Erstellung für einen Zeitraum von mindestens sieben Jahren aufzubewahren. Hierbei sollten sich die Grundsätze ordnungsgemäßer Berichterstattung spiegeln. Nur dann, wenn alle Informationen transparent und für Dritte nachvollziehbar dokumentiert und zugänglich sind, kann auch ein sorgfaltsgemäßer Bericht entstehen.[13] Insbesondere sollten Unternehmen darauf achten, dass die Dokumentation in Text- oder Schriftform erstellt, für Dritte nachvollziehbar geordnet und an einer bestimmten Stelle zu finden ist (sog. *single source of truth*). Zudem sollten Unternehmen sicherstellen, dass die Dokumentation revisionssicher ist, also nicht geändert werden kann (siehe unten F.I.). Gegebenenfalls sind bestehende Richtlinien für die Aufbewahrung von Dokumenten anzupassen.[14] 10

III. Zusammenfassung

Nachfolgend fassen wir wesentliche Dokumente für die fortlaufende Dokumentation zusammen:[15] 11

Dokument	Verwendung
Risikoinventar[16]	intern/extern möglich
Code of Conduct[17]	intern/extern möglich
Einkaufsrichtlinie[18]	intern
Grundsatzerklärung zur Menschenrechtsstrategie[19]	intern/extern
Jahresbericht[20]	extern
Lieferantenkodex[21]	extern
Verfahrensordnung für Beschwerdeverfahren[22]	extern
Wirksamkeitsprüfungen[23]	intern
[ggf. Konzept zur Beendigung oder Minimierung eines Verstoßes][24]	intern/extern

13 Vgl. DICO Standard S 16 S. 25.
14 DICO Standard S 16 S. 25 (*document retention policies*).
15 Vgl. *Harings/Jürgens* 6.9.4.; BAFA Risikoanalyse S. 14.
16 Das Risikoinventar enthält üblicherweise folgende Mindestangaben: Risikobeschreibung, Verantwortlicher, Gewichtung, Präventions- und Abhilfemaßnahmen, siehe BAFA Risikoanalyse S. 12 ff.
17 Vgl. § 6 Abs. 3 Nr. 1 LkSG.
18 Vgl. § 6 Abs. 3 Nr. 2, Abs. 4 Nr. 1 LkSG.
19 Vgl. § 6 Abs. 2 LkSG.
20 Vgl. § 10 Abs. 2 LkSG.
21 Vgl. § 6 Abs. 4 Nr. 2 LkSG.
22 Vgl. § 8 Abs. 2 LkSG.
23 Vgl. § 10 Abs. 1 LkSG.
24 Vgl. §§ 7 Abs. 7, 9 Abs. 3 Nr. 3 LkSG.

C. Externe Berichterstattung

12 § 10 Abs. 2 LkSG regelt die externe Berichterstattung. Das Unternehmen hat bestimmte Inhalte in den Bericht[25] aufzunehmen (I.). Den Umgang mit Betriebs- und Geschäftsgeheimnissen regelt das LkSG gesondert (II.). Der Bericht ist in deutscher Sprache (III.) für bestimmte Berichtszeiträume (IV.) zu veröffentlichen und gegenüber dem BAFA einzureichen (V.). Dabei soll das Unternehmen in Zukunft auf einen strukturierten Fragebogen des BAFA zurückgreifen können (VI.).

I. Inhalt

13 Neben den allgemeinen Anforderungen an die externe Berichterstattung (1.) muss der Bericht bestimmte Mindestaspekte enthalten (2.).

1. Grundsätze ordnungsgemäßer Berichterstattung

14 Der Bericht muss nachvollziehbar Auskunft darüber geben, wie das Unternehmen die Sorgfaltspflichten des LkSG erfüllt (§ 10 Abs. 2 LkSG). Dabei kommt dem Unternehmen, mit Ausnahme der Mindestinhalte, ein gewisser Ermessensspielraum zu, in welchem Umfang es Bericht erstattet.[26] Die Informationen müssen jedenfalls so ausführlich sein, dass sowohl Dritte als auch die Behörde sie nachvollziehen und einer Plausibilitätskontrolle unterziehen können.[27] Die Voraussetzungen erinnern an die Grundsätze gewissenhafter und getreuer Rechenschaft nach § 90 Abs. 4 AktG bzw. § 171 Abs. 2 AktG. Hiernach muss der Bericht insbesondere inhaltlich vollständig, nachprüfbar und sachlich richtig sein.[28]

2. Mindestinhalte

15 In § 10 Abs. 2 S. 2 Nr. 1–4 LkSG stellt der Gesetzgeber Mindestanforderungen an den Bericht. Die Berichtspflicht erstreckt sich dabei nur auf das rechtlich Zulässige und Gebotene.[29] So muss das Unternehmen ersichtlich machen, ob und welche Risiken es ermittelt hat (2.1.) und welche Präventions- bzw. Abhilfemaßnahmen es zur Begegnung dieser Risiken im eigenen Geschäftsbereich, bei unmittelbaren und bei mittelbaren Zulieferern ergriffen hat (2.2.). Dabei hat das Unternehmen insbesondere offenzulegen, wie es die Wirksamkeit der ergriffenen Maßnahmen einschätzt (2.3.) und welche Schlussfolgerungen es aus der Bewertung für künftige Risiken zieht (2.4.). Angaben zur Berichtstiefe finden sich im Gesetz nicht (2.5.).

---

25 Anmerkung: Die nachfolgenden Ausführungen sprechen von *„dem Bericht"*. Tatsächlich werden mehrere Berichte vorliegen, weil verpflichtete Unternehmen jedes Jahr einen Bericht erstellen und diesen sieben Jahre lang veröffentlichen müssen.

26 *Lutz-Bachmann/Vorbeck/Wengenroth* BB **2021** 906, 911.

27 BT-Drs. 19/28649 S. 52.

28 BeckOGK-AktG/*Fleischer* § 90 Rn. 51 m.w.N., daneben noch weitere Kriterien, wie übersichtlich gegliedert, zeitgerecht und Trennung von Tatsachen und Wertungen; ähnlich BeckOGK-AktG/*Euler/Klein* § 171 Rn. 78 m.w.N. zur Berichtspflicht des Aufsichtsrats nach § 171 Abs. 2 AktG.

29 BT-Drs. 19/28649 S. 52.

a) Risiken. Das Unternehmen muss in dem Bericht zunächst darlegen, ob und falls ja, welche menschenrechtlichen und umweltbezogenen Risiken oder Verletzungen es identifiziert hat (§ 10 Abs. 2 S. 2 Nr. 1 LkSG). Dabei muss es über sämtliche Schritte der Risikoanalyse berichten.[30] 16

Sollte das Unternehmen im Zuge der Risikoanalyse keine entsprechenden Risiken oder Verlet- 17
zungen festgestellt haben, ist dies in dem Bericht ebenfalls plausibel darzulegen (*comply or explain*[31]). In diesem Fall sind keine weiteren Ausführungen in dem Bericht nach § 10 Abs. 2 S. 2 Nr. 2–4 LkSG erforderlich (§ 10 Abs. 3 LkSG).

b) Ergriffene Maßnahmen. Das Unternehmen hat in dem Bericht auch darzulegen, was es zur 18
Erfüllung seiner Sorgfaltspflichten unternommen hat und weshalb es diese Schritte gegangen ist (§ 10 Abs. 2 S. 2 Nr. 2 LkSG).[32] Die Berichtspflicht erstreckt sich über die ergriffenen Präventions- und Abhilfemaßnahmen zur Risikominimierung im eigenen Geschäftsbereich, gegenüber unmittelbaren und mittelbaren Zulieferer.[33] Dabei hat das Unternehmen auf die in den §§ 4–9 LkSG beschriebenen Maßnahmen Bezug zu nehmen. Hierunter fallen insbesondere die Elemente der Grundsatzerklärung (§ 6 Abs. 2 LkSG) und die Maßnahmen, die das Unternehmen aufgrund etwaiger Beschwerden getroffen hat (§§ 8, 9 Abs. 1 LkSG).

c) Bewertung der Maßnahmen. Das Unternehmen hat in dem Bericht darzulegen, wie es 19
die Auswirkungen und die Wirksamkeit der ergriffenen Maßnahmen bewertet (§ 10 Abs. 2 S. 2 Nr. 3 LkSG). Hierbei kommt den Wirksamkeitsanalysen ergriffener Maßnahmen im Rahmen des Risikomanagements eine besondere Bedeutung zu. Maßgeblich ist hier die subjektive Sichtweise des Unternehmens, was zu einem weiten Ermessensspielraum führt.[34] Hierzu wird auf die Ausführungen in § 4 LkSG verwiesen.

d) Schlussfolgerungen. Überdies hat das Unternehmen in dem Bericht zu erläutern, welche 20
Schlüsse es aus der Bewertung für zukünftige Maßnahmen (Folgemaßnahmen[35]) zieht (§ 10 Abs. 2 S. 2 Nr. 4 LkSG). So muss ein Unternehmen auf Handlungsalternativen hinweisen.[36] Um der geforderten Plausibilitätskontrolle gerecht zu werden, wird ein Unternehmen auch darlegen müssen, aus welchen Gründen es die in Betracht gezogenen Handlungsalternativen nicht weiterverfolgt hat. Allerdings ist auch hier die subjektive Sichtweise des Unternehmens maßgeblich, die ebenfalls zu einem weiten Ermessensspielraum führt.[37]

e) Berichtstiefe. Inwieweit Unternehmen zu den geforderten Mindestangaben ausführen müs- 21
sen, regelt § 10 Abs. 2 LkSG nicht konkret. Die Angaben müssen jedenfalls nachvollziehbar sein, damit das BAFA und die Öffentlichkeit eine Plausibilitätskontrolle durchführen können, ob das Unternehmen die Sorgfaltspflichten einhält.[38] Daher bietet es sich an, die einzelnen Mindestanga-

---

30 BT-Drs. 19/28649 S. 52.
31 *Schäfer* ZLR **2022** 22, 52.
32 BT-Drs. 19/28649 S. 52.
33 BT-Drs. 19/28649 S. 52.
34 Gehling/Ott/*Mader* § 10 Rn. 32.
35 BT-Drs. 19/28649 S. 52.
36 BT-Drs. 19/28649 S. 52.
37 Gehling/Ott/*Mader* § 10 Rn. 34.
38 BT-Drs. 19/28649 S. 52; Zum Maßstab der Nachvollziehbarkeit siehe vertiefend Gehling/Ott/*Mader* § 10 Rn. 35 ff.

ben mit konkreten Details anzureichern. Unter anderem können im Bericht folgende Aspekte angeführt werden:[39]
- Benennung einzelner Risikoländer;
- Ggf. Lieferanten;
- Darstellung der Risikoanalyse unter Bezugnahme auf Risikoländerliste;
- Darstellung des eigenen Risikobewertungssystems, einschließlich Priorisierung;
- Darstellung von Audits (Umfang und Ergebnisse) und daraus abgeleitete Konsequenzen bzw. Umgang mit Verstößen.

22 Unternehmen können auch interne und lieferantenspezifische Kennzahlen in den Bericht einfließen lassen.[40] Zu den unternehmensinternen Kennzahlen zählen etwa:
- Anzahl der Lieferanten-Audits durch eigene Arbeitnehmer;
- Reklamationsrate (Veränderung in Prozent gegenüber dem Vorjahr);
- Kooperation mit lieferkettenspezifischen Stakeholdern, etwa Anzahl und Art von Mitgliedschaften in Verbänden oder Initiativen;
- Angaben zu Schulungen eigener Arbeitnehmer, z.B. Schulungsstunden oder Anzahl geschulter Mitarbeiter.

23 Zu den lieferantenspezifischen Kennzahlen zählen etwa:
- Anteil der (Vor-)Lieferanten, die einen Lieferantenkodex unterzeichnet haben;
- Anteil der (Vor-)Lieferanten, die eine Selbstauskunft vorgelegt haben;
- Anteil der zertifizierten (Vor-)Lieferanten;
- Anzahl der (Vor-)Lieferanten, die Abhilfemaßnahmen durchlaufen;
- Mittlere Dauer von Lieferantenbeziehungen;
- Anzahl der (Vor-)Lieferanten zu denen die Geschäftsbeziehung abgebrochen wurde;
- Anteil der durch eigene Arbeitnehmer oder Dritte geschulten (Vor-)Lieferanten.

II. Wahrung von Betriebs- und Geschäftsgeheimnissen

24 Das LkSG trifft zudem in § 10 Abs. 4 LkSG eine Sonderregelung zur Wahrung von Betriebs- und Geschäftsgeheimnissen (1.). Im Einzelnen existiert eine umfassende Kasuistik und zahlreiche Literaturmeinungen, welche Unternehmensinformationen grundsätzlich als Geschäftsgeheimnis anzusehen sind. Hierunter dürften grundsätzlich Lieferanten- und Kundenlisten fallen (2.). Ein Unterschied zwischen der Berichterstattung auf der Internetseite des Unternehmens und gegenüber des BAFA besteht hierbei nicht (3.).

1. Begriffsklärung

25 § 10 Abs. 4 LkSG regelt nicht, was unter einem Betriebs- und Geschäftsgeheimnis zu verstehen ist. Daher stellt sich die Frage, ob auf andere Normen zurückgegriffen werden kann.

26 In diesem Zusammenhang spielt insbesondere das Verhältnis des LkSG zum Geschäftsgeheimnisgesetz eine Rolle (1.1.). Derzeit noch nicht abschließend geklärt ist die Frage, inwiefern die Legaldefinition des Geschäftsgeheimnisses in § 2 Nr. 1 GeschGehG ganz oder teilweise für die Auslegung des § 10 Abs. 4 LkSG herangezogen werden kann (1.2.).

27 **a) Verhältnis zum Geschäftsgeheimnisgesetz.** In der deutschen Rechtsordnung verwenden diverse Vorschriften das Begriffspaar *„Betriebs- und Geschäftsgeheimnisse“*. Insbesondere gilt dies

39 Vgl. Bundesministerium für Umwelt, Naturschutz, Bau und Reaktorsicherheit, Schritt für Schritt zum nachhaltigen Lieferkettenmanagement – Praxisleitfaden für Unternehmen, 1. Aufl. 2017, S. 49 f.

40 Bundesministerium für Umwelt, Naturschutz, Bau und Reaktorsicherheit S. 51.

für öffentlich-rechtliche Auskunftsansprüche.[41] Stimmen in der Literatur sprechen sich dafür aus, die für § 6 S. 2 IFG entwickelten Grundsätze[42] bzw. Verschwiegenheitspflichten von Geschäftsführungsorganen[43] im Rahmen des § 10 Abs. 4 LkSG heranzuziehen. Zu beachten ist jedoch, dass nunmehr § 2 Nr. 1 GeschGehG den Begriff des Geschäftsgeheimnisses legal definiert.[44] Dieser umfasst auch technische Unternehmensinformationen und damit Betriebsgeheimnisse.[45]

Ob § 2 Nr. 1 GeschGehG auf § 10 LkSG direkt anzuwenden oder für dessen Auslegung heranzuziehen ist, ist derzeit ungeklärt.[46] Für eine selbständige Auslegung des § 10 LkSG spricht zunächst § 1 Abs. 2 GeschGehG. Hiernach gehen insbesondere öffentlich-rechtliche Vorschriften zur Geheimhaltung und Offenlegung von Geschäftsgeheimnissen vor. Nach der Begründung des Gesetzesentwurfs gilt dies auch für eine abweichende Definition des Geschäftsgeheimnisses in öffentlich-rechtlichen Vorschriften.[47] § 10 Abs. 2, 4 i.V.m. § 12 Abs. 1 LkSG stellen solche öffentlich-rechtlichen Vorschriften dar, weil sie das Verhältnis zwischen einem Unternehmen als Privatrechtssubjekt und des BAFA als Träger öffentlicher Gewalt regeln.[48] Eine Legaldefinition des Begriffs *„Geschäftsgeheimnis“* enthält § 10 LkSG gleichwohl nicht. 28

§ 2 Nr. 1 GeschGehG kann zumindest als Auslegungshilfe für § 10 LkSG im Interesse einer einheitlichen Begriffsbildung herangezogen werden.[49] In mehreren jüngeren Entscheidungen zog das Bundesverwaltungsgericht jedenfalls Kriterien des § 2 Nr. 1 GeschGehG direkt oder im Rahmen der Auslegung heran, auch hinsichtlich § 6 S. 2 IFG.[50] Daher stellen wir nachfolgend die Merkmale des Geschäftsgeheimnisbegriffs dar und erläutern mögliche Besonderheiten im öffentlich-rechtlichen Kontext. 29

b) Kriterien des Geschäftsgeheimnisgesetzes. § 2 Nr. 1 GeschGehG definiert den Begriff des Geschäftsgeheimnisses. Hiernach handelt sich um eine Information, die den Personen in den Kreisen, die üblicherweise mit dieser Art von Informationen umgehen, nicht allgemein bekannt oder ohne Weiteres zugänglich und daher von wirtschaftlichem Wert ist. 30

Zudem muss der rechtmäßige Inhaber die Information durch angemessene Geheimhaltungsmaßnahmen schützen. Damit enthält der Begriff des *„Geschäftsgeheimnisses“* nach § 2 Nr. 1 GeschGehG einen entscheidenden Unterschied zur früheren Rechtslage.[51] Auf einen Ge- 31

41 Betriebs- und Geschäftsgeheimnisse werden unter anderem in §§ 6 S. 2 IFG, 9 Abs. 1 Nr. 3 UIG, 9 Abs. 1 S. 1 KWG, 21 Abs. 1 S. 1 WpHG genannt (vgl. hierzu Schoch/*Schoch* IFG, 2. Aufl. 2016, § 6 Rn. 74 f.).

42 *Spindler* ZHR **186** (2022) 67, 91; DICO Standard S 16 S. 27; wohl auch *Schäfer* ZLR **2022** 22, 52; *Wagner/Rutloff* NJW **2021** 2145, 2147; Wagner/Ruttloff/Wagner/*E. Wagner/S. Wagner* § 4 Rn. 719, jeweils mit unterschiedlichen Ansichten zur Reichweite.

43 Gehling/Ott/*Mader* § 10 Rn. 32 mit Verweis auf § 93 Abs. 1 S. 3 AktG, § 34 Abs. 1 S. 2 GenG.

44 Im Rahmen des § 17 UWG unterschied die Rechtsprechung begrifflich zwischen kaufmännischen Informationen als Geschäftsgeheimnis und technischem Wissen als Betriebsgeheimnis. Rechtlich waren beide Informationen gleich geschützt (vgl. Harte-Bavendamm/Ohly/Kalbfuß/*Harte-Bavendamm* § 1 Rn. 4; Keller/Schönknecht/Glinke/*Keller* § 2 Rn. 8); ebenso *Altenschmidt/Helling* § 10 Rn. 12.

45 BT-Drs. 19/4724 S. 24; BVerwG Beschl. v. 5.3.2020 – 20 F 3/19 = NVwZ **2020** 715, Rn. 12.

46 Vgl. BeckOK-GeschGehG/*Hiéramente* § 1 Rn. 9 allgemein zu öffentlich-rechtlichen Normen.

47 BT-Drs. 19/4724 S. 23; vgl. auch BeckOK-InfoMedienR/*Guckelberger* IFG, 39. Ed., Stand: 1.2.2023, § 6 Rn. 18 m.w.N.

48 Vgl. Keller/Schönknecht/Glinke/*Alexander* § 1 Rn. 28.

49 Vgl. *Goldhammer* NVwZ **2017** 1809, 1810; BAFA Fragenkatalog S. 3.

50 BVerwG Beschl. v. 5.3.2020 – 20 F 3/19 = NVwZ **2020** 715 Rn. 11 ff.; BVerwG Urt. v. 17.6.2020 – 10 C 22.19 = BeckRS **2020** 18641, Rn. 15 ff. hinsichtlich § 6 S. 2 IFG; BVerwG Beschl. v. 12.2.2021 – 20 F 1.20 = BeckRS **2021** 7813 Rn. 19, § 2 Nr. 1 GeschGehG als *„Auslegungshilfe“*; noch offen gelassen BVerwG Urt. v. 30.1.2020 – 10 C 18/19 = NVwZ **2020** 1368 Rn. 24; vgl. auch VG Düsseldorf Urt. v. 21.10.2019 – 29 K 2845/18 = BeckRS **2019** 26350; offengelassen OVG Berlin-Brandenburg Beschl. v. 5.2.2020 – OVG 6 S 59.19 = BeckRS **2020** 1977 Rn. 36; ablehnend VG Berlin Beschl. v. 23.9.2019 – VG 27 L 98.19 = BeckRS **2019** 24436 (zu Einzelheiten siehe Keller/Schönknecht/Glinke/*Alexander* § 1 Rn. 6 ff.).

51 Vgl. BeckOK-GeschGehG/*Hiéramente* § 1 Rn. 8.1 mit Nachweisen zur bisherigen verwaltungsgerichtlichen Rechtsprechung; BVerfG Beschl. v. 14.3.2006 – 1 BvR 2087/03 u.a. = NVwZ **2006** 1041, Tz. 87; BGH Urt. v. 27.4.2006 – I ZR 126/03 = NJW **2006** 3424 Tz. 19.

heimhaltungswillen kommt es nicht mehr an. Stattdessen müssen Unternehmen nun aktiv unternehmensspezifische Schutzvorkehrungen treffen.[52] Zu einem *„perfekten Geheimnisschutz"* sind Unternehmen aber nicht verpflichtet.[53] Das Bundesverwaltungsgericht ließ jüngst offen, ob dieses Kriterium auch im öffentlichen Recht nachzuvollziehen ist und entschied, dass im konkreten Fall jedenfalls angemessene Geheimhaltungsmaßnahmen vorlagen.[54] Wegen der derzeit noch unklaren Rechtslage ist Unternehmen daher anzuraten, vorsorglich angemessene Geheimhaltungsmaßnahmen hinsichtlich vertraulicher Unternehmensinformationen zu verankern, damit diese als Geschäftsgeheimnisse im Sinne des § 10 LkSG gelten. Hiermit stellen Unternehmen auch einen Gleichlauf zum privaten Wirtschaftsrecht sicher.

32 Ob darüber hinaus ein berechtigtes Interesse an der Geheimhaltung zu fordern ist, wie es § 2 Nr. 1 lit. c) GeschGehG nahelegt, ist umstritten.[55] Das Bundesverwaltungsgericht befasste sich in mehreren jüngeren Entscheidungen jedenfalls mit diesem Kriterium. Das erforderliche berechtigte Interesse des Unternehmens an der Nichtverbreitung bestehe, wenn die Offenlegung der Informationen geeignet sei, exklusives technisches oder kaufmännisches Wissen den Marktkonkurrenten zugänglich zu machen und so die Wettbewerbsposition des Unternehmens nachteilig zu beeinflussen.[56]

2. Umfang des Schutzes

33 Im Einzelnen existieren umfassende Kasuistik und zahlreiche Literaturmeinungen, welche Unternehmensinformationen grundsätzlich als Geschäftsgeheimnis anzusehen sind.[57] Der Gesetzgeber zählt zu den relevanten Unternehmensinformationen im Sinne des GeschGehG etwa Kunden- und Lieferantenlisten, Kosteninformationen, Geschäftsstrategien, Marktanalysen, Prototypen, Formeln und Rezepte.[58] Das Bundesverwaltungsgericht führte unter anderem folgende Informationen an: Umsätze, Ertragslagen, Geschäftsbücher, Kundenlisten, Bezugsquellen, Konditionen, Marktstrategien, Informationen zur Kreditwürdigkeit und Kalkulationsunterlagen, bzw. Details vertraglicher Vereinbarungen, wie Lieferzeiten und -orte, Preise und Preisbestandteile, Zahlungsbedingungen und Angaben zu beteiligten Unternehmen.[59] Die Literatur und Rechtsprechung zu § 17 UWG a.F. nannte zudem unter anderem Herstellungsverfahren zur Fabrikation von Spezialfetten und Möbelpasten, Produktionsanlagen, Haute Couture Modelle, Vertriebsplanungen, Handelsvertreterlis-

52 Zu Einzelheiten eines Mix aus Vorkehrungen siehe Harte-Bavendamm/Ohly/Kalbfuß/*Harte-Bavendamm* § 2 Rn. 55 ff.; Keller/Schönknecht/Glinke/*Alexander* § 1 Rn. 53 ff., jeweils mit Verweis auf weitere Literatur, inklusive Praxisempfehlungen; aus der Rechtsprechung z.B. OLG Düsseldorf Urt. v. 11.3.2021 – 15 U 6/20 = GRUR-RS **2021** 17483 Rn. 40 ff.

53 BeckOK-GeschGehG/*Hiéramente* § 2 Rn. 20 m.w.N.

54 BVerwG BeckRS **2020** 18641, Rn. 17 zu § 6 S. 2 IFG; für eine andere Ausgestaltung im Öffentlichen Recht siehe auch BeckOK-InfoMedienR/*Guckelberger* 38. Ed., Stand: 1.11.2022, IFG § 6 Rn. 18, 25 m.w.N.

55 Für eine richtlinienkonforme Auslegung, wonach das berechtigte Interesse unwiderleglich vermutet wird, wenn die Voraussetzungen des § 2 Nr. 1 lit. a) und b) erfüllt sind: Keller/Schönknecht/Glinke/*Glinke* § 2 Rn. 100 m.w.N.; für die Unbeachtlichkeit als eigenständige Voraussetzung: Harte-Bavendamm/Ohly/Kalbfuß/*Harte-Bavendamm* § 2 Rn. 69 m.w.N.; siehe auch MüKo-LauterkeitsR/*Hauck* 3. Aufl. 2022, § 2 GeschGehG, § 2 Rn. 61 ff. m.w.N.

56 BVerwG Beschl. v. 12.2.2021 – 20 F 1.20 = BeckRS **2021** 7813, Rn. 19; BVerwG Beschl. v. 5.3.2020 – 20 F 3/19 = NVwZ **2020** 715 Rn. 11; ähnlich BVerwG Urt. v. 17.6.2020 – 10 C 22.19 = BeckRS **2020** 18641, Rn. 13 zu § 6 S. 2 IFG.

57 BeckOK-GeschGehG/*Hiéramente* § 2 Rn. 79.1 mit zahlreichen Beispielen sowie Literatur- und Rechtsprechungsnachweisen.

58 BT-Drs. 19/4724 S. 24.

59 BVerwG Beschl. v. 12.2.2021 – 20 F 1.20 = BeckRS **2021** 7813, Rn. 20 m.w.N.; zu Kundenlisten mit Kundendaten siehe auch MüKo-GmbHG/*Altenhain* § 85 Rn. 21 m.w.N.; zu § 17 Abs. 2 UWG siehe z.B. BGH Urt. v. 27.4.2006 – I ZR 126/03 = NJW **2006** 3424, 3426; Der Geheimnisschutz wurde auch bejaht, weil Teile eines Berichts eines pharmazeutischen Unternehmens mit Hilfe branchenspezifischen Fachwissens Rückschlüsse auf bestimmte Herstellungswege und Produktionsmethoden zuließen, so dass Mitbewerber am Markt Schlussfolgerungen zur Preisgestaltung hätten ziehen können, siehe OVG Koblenz Urt. v. 6.9.2012 – 8 A 10096/12 = NVwZ **2013** 376, 378 zum Landesumweltinformationsgesetz.

ten und Preisberechnungen.[60] Die letztgenannten Informationen nach § 17 UWG a.F. dürften grundsätzlich weiterhin als Geschäftsgeheimnis nach § 2 Nr. 1 GeschGehG einzustufen sein.[61]

Für die Berichterstattung im Rahmen des LkSG sind insbesondere die konkreten Zulieferbeziehungen relevant. Diese Informationen sind gerade in spezialisierten Branchen entscheidend, da dort die Gefahr besteht, dass aus der Kenntnis von Zulieferern Erkenntnisse über die Kostenstruktur, Produktion und Produktentwicklung abgeleitet werden können.[62] Daher gilt, dass Unternehmen über konkrete Zulieferbeziehungen nicht berichten müssen.[63] Ebenso können Informationen über spezielle Produkte betroffen sein, die ein Unternehmen für die Herstellung verwendet. 34

3. Unterschiedliche Reichweite des Geheimnisschutzes gegenüber der Öffentlichkeit und des BAFA?

In einer früheren Entwurfsfassung des LkSG fand sich die Regelung der Betriebs- und Geschäftsgeheimnisse und die Regelungen zur Veröffentlichung des Berichts zusammen in einem Absatz (§ 10 Abs. 4 LkSG-E). Daher warfen Stimmen in der Literatur die Frage auf, ob ein Unternehmen nur in dem auf der Website des Unternehmens zu veröffentlichenden Bericht keine Betriebs- und Geschäftsgeheimnisse anführen darf, im Bericht an das BAFA gem. § 12 LkSG hingegen schon.[64] 35

Im weiteren Gesetzgebungsverfahren verortete der Gesetzgeber die Regelungen zur Veröffentlichung in § 10 Abs. 2 S. 1 LkSG. Die Regelung zu den Betriebs- und Geschäftsgeheimnissen blieb hingegen in § 10 Abs. 4 LkSG. Daher gilt die Vorschrift allgemein für die Berichterstattung. Zwischen einer Fassung an das BAFA und des veröffentlichten Berichts wird in systematischer Hinsicht nicht unterschieden. Zudem spricht § 12 Abs. 1 LkSG eindeutig von dem Bericht nach § 10 Abs. 2 S. 1 LkSG. Dies ergibt sich auch unmissverständlich aus den Angaben des BAFA. So verweist die Behörde darauf, dass der automatisch generierte Bericht auf der Internetseite des Unternehmens zu veröffentlichen ist.[65] Zudem überzeugt es nicht, dass gegenüber Behörden kein Geheimhaltungsinteresse bestünde, weil diese zum Schweigen verpflichtet seien.[66] Mithin gibt es keine zwei unterschiedlichen Fassungen des Berichts.[67] Der Schutz von Betriebs- und Geschäftsgeheimnissen gilt auch bei der Berichterstattung gegenüber des BAFA in gleichem Umfang.[68] 36

III. Sprache

Der Bericht ist auf Deutsch zu verfassen (§ 12 LkSG). Dementsprechend hat das BAFA bereits angekündigt, dass es Berichte, die allein in englischer Sprache verfasst sind, nicht akzeptieren werde.[69] 37

---

60 BeckOK-GeschGehG/*Hiéramente* § 2 Rn. 79.1 mit weiteren Beispielen sowie Literatur- und Rechtsprechungsnachweisen.

61 Vgl. BeckOK-GeschGehG/*Hiéramente* § 2 Rn. 79.

62 *Passarge* CB-Editorial 4/**2022** 1; ähnlich *Stave/Velte* DB **2021** 1791, 1799 Lieferantennetzwerk als *„zentraler Wettbewerbsvorteil"*.

63 *Sagan/Schmidt* NZA-RR **2022** 281, 290; vgl. *Ehmann/Berg* GWR **2021** 287, 290; *Wagner/Rutloff* NJW **2021** 2145, 2147 2148; *Spindler* ZHR **186** (2022) 67, 91; *Schumm* StuB **2022** 894, 900; *Altenschmidt/Helling* § 10 Rn. 14; Gehling/Ott/*Mader* § 4 Rn. 41.

64 *Nietsch/Wiedmann* CCZ **2021** 101, 108.

65 BAFA Berichtspflicht: *„Durch die vollständige und wahrheitsgemäße Beantwortung des Fragebogens sowie die Veröffentlichung des dann generierten Berichts auf der Internetseite des Unternehmens kommen die Unternehmen Ihrer Berichtspflicht nach § 10 Abs. 2 LkSG nach."*.

66 Vgl. *Falder/Frank-Fahle/Poleacov* S. 106.

67 So auch *Lutz-Bachmann/Vorbeck/Wengenroth* BB **2021** 906, 911; vgl. Antwort XIII.1. FAQ-LkSG *„(...) einen Bericht (...) vorlegen und ihn online veröffentlichen."*; **a.A.** wohl Gehling/Ott/*Mader* § 4 Rn. 43.

68 Vgl. *Wagner/Rutloff* NJW **2021** 2145, 2147; *Lutz-Bachmann/Vorbeck/Wengenroth* BB **2021** 906, 911; *Spindler* ZHR **186** (2022) 67, 91; *Schäfer* ZLR **2022** 22, 52; BT-Drs. 19/28649 S. 52.

69 Antwort XIII.6. FAQ-LkSG.

Unternehmen können gleichwohl erwägen, den Bericht in andere Sprachen zu übersetzen. Gerade bei international agierenden Unternehmen dürfte dies ein sinnvoller Schritt sein, um größtmögliche Transparenz zu schaffen und einen Dialog mit relevanten Stakeholdern zu ermöglichen.

IV. Berichtszeitraum, Fristen und Prüfungsstichtag

38 Unternehmen müssen dem BAFA einmal im Jahr für das vergangene Geschäftsjahr berichten.[70] Das LkSG tritt am 1.1.2023 in Kraft. Der Berichtszeitraum beginnt dementsprechend erst ab dem 1.1.2023 (bzw. 1.1.2024).[71] Unternehmen müssen nur über Sachverhalte ab dem 1.1.2023 berichten, wenn sie zu diesem Zeitpunkt in den Anwendungsbereich des LkSG fallen.[72] Eine Berichterstattung für das Jahr 2022 ist somit nicht erforderlich.[73]

39 Der erste Bericht ist spätestens vier Monate nach dem Schluss des Geschäftsjahres gegenüber dem BAFA einzureichen, das im laufenden Kalenderjahr 2023 (bzw. 2024) abläuft.[74] Zudem muss das verpflichtete Unternehmen nur über die Maßnahmen berichten, die es im Jahr 2023 (oder später) ergriffen hat. Das heißt, wenn das Geschäftsjahr für das verpflichtete Unternehmen am 30.4.2023 endet, muss es bis zum 31.8.2023 über alle ergriffenen Maßnahmen im Zeitraum von Januar bis April 2023 erstmals berichten. Wenn das Geschäftsjahr dem Kalenderjahr entspricht, muss das verpflichtete Unternehmen den ersten Bericht am 30.4.2024 einreichen und über alle ergriffenen Maßnahmen im Zeitraum von Januar bis Dezember 2023 berichten. Für Unternehmen, die erst ab 2024 dem LkSG unterfallen, ist der Bericht bis zum 30.4.2025 einzureichen und umfasst alle ergriffenen Maßnahmen im Zeitraum von Januar bis Dezember 2024.[75]

40 Nach den FAQ-LkSG wird das BAFA bei Berichten, die zwischen dem 1.1.2023 und 1.6.2024 einzureichen sind, erstmalig zum 1.6.2024 prüfen, ob das verpflichtete Unternehmen diese gegenüber dem BAFA eingereicht und veröffentlicht hat. Auch wenn die Übermittlung eines Berichts an das BAFA und dessen Veröffentlichung nach dem LkSG bereits vor diesem Zeitpunkt fällig war, hat das BAFA angekündigt, die Überschreitung der Frist nicht zu sanktionieren, sofern der Bericht zum 1.6.2024 vorliegt. Bei Einreichung eines solchen Berichts ab dem 1.6.2024 kann das BAFA jedoch die fehlende bzw. verspätete Einreichung bzw. Veröffentlichung anmahnen und ggfs. sanktionieren. Für Berichte, deren Einreichungsfrist am bzw. nach dem 1.6.2024 endet, gelten hingegen keine Besonderheiten. Daher kann das BAFA unmittelbar deren nicht bzw. nicht rechtzeitige Einreichung bzw. Veröffentlichung anmahnen und ggfs. sanktionieren.[76]

V. Veröffentlichung und Einreichung

41 Der Bericht ist spätestens vier Monate nach dem Schluss des jeweiligen Geschäftsjahres auf der Internetseite des Unternehmens zu veröffentlichen (§ 10 Abs. 2 LkSG). Der Bericht muss für sieben Jahre kostenfrei, öffentlich zugänglich und einsehbar veröffentlicht werden.[77]

42 Zudem ist der Bericht beim BAFA einzureichen (§ 12 LkSG). Derzeit arbeitet das BAFA an einem elektronischen Verfahren für die Einreichung, um den Aufwand für Unternehmen mög-

---

70 BT-Drs. 19/28649 S. 52.

71 Antwort XIII.2. FAQ-LkSG.

72 Antwort XIII.5. FAQ-LkSG.

73 Gehling/Ott/*Mader* § 10 Rn. 19; **a.A.** *Falder/Frank-Fahle/Poleacov* S. 105, wonach über das Teiljahr 2022 zu berichten sei; zweifelnd *Rothermel* § 10 Rn. 23.

74 Antwort XIII.2. FAQ-LkSG.

75 Vgl. *Harings/Jürgens* 6.9.2.1.; Gehling/Ott/*Mader* § 10 Rn. 19.

76 Antwort XIII.2. FAQ-LkSG.

77 BT-Drs. 19/28649 S. 52.

lichst gering zu halten.[78] Das BAFA kann verlangen, dass das Unternehmen den Bericht innerhalb einer angemessenen Frist nachbessert, sollte dieser die nach dem LkSG geforderten Mindestinhalte nicht nachvollziehbar darlegen (§§ 13 Abs. 2, 10 Abs. 2 S. 3 LkSG).

Unternehmen, die vor dem 1.6.2024 berichten, kann das BAFA im Rahmen der Berichtsprüfung nach § 13 LkSG Hinweise erteilen, wie sie den Anforderungen des § 10 Abs. 2 und 3 LkSG in Folgeberichten Rechnung tragen sollen.[79] Das BAFA hat aber bereits angekündigt, keine Nachbesserungen wegen inhaltlicher Mängel dieser Berichte zu fordern.[80] Für ab dem 1.6.2024 eingereichte Berichte wird das BAFA ggf. erforderliche Nachbesserungen nach § 13 LkSG verlangen, wenn ein berichtspflichtiges Unternehmen die Anforderungen nach § 10 Abs. 2 und 3 LkSG nicht erfüllt und bei Verstößen ggfs. Sanktionen aussprechen.[81]

§ 13 Abs. 3 LkSG ermächtigt das Bundesministerium für Arbeit und Soziales durch Rechtsver- 43
ordnung im Einvernehmen mit dem Bundesministerium für Wirtschaft und Energie das Verfahren zur Einreichung des Berichts und dessen Prüfung durch Rechtsverordnung näher zu regeln. Eine solche Rechtsverordnung ist derzeit nicht geplant.[82]

VI. Berichtfragebogen, Berichtstandards

Für die Berichterstattung wird das BAFA einen Berichtfragebogen in einer Online-Maske bereit- 44
stellen. Aus den Antworten des Unternehmens wird automatisch der Bericht generiert.[83] Damit schafft das BAFA ein *level playing field* für die Berichterstattung. Durch die vollständige und wahrheitsgemäße Beantwortung des Berichtfragebogens sowie die Veröffentlichung des dann generierten Berichts auf der Internetseite des Unternehmens kommt ein Unternehmen nach Auffassung des BAFA der Berichtspflicht nach.[84]

Der Berichtfragebogen soll offene und geschlossene Fragen sowie Mehrfachauswahlmöglichkei- 45
ten (*multiple choice*) enthalten.[85] Im ersten Abschnitt muss das verpflichtete Unternehmen seine Stammdaten hinterlegen, etwa vertretungsberechtigte Personen und die Anzahl der Arbeitnehmenden und eine Kontaktperson. Der zweite Abschnitt beinhaltet die sog. verkürzte Berichtspflicht. Darin stellt das BAFA konkrete Fragen zur Erfüllung der Sorgfaltspflichten des LkSG. Hierunter fallen etwa Angaben zur Überwachung des Risikomanagements, zu den ermittelten Risiken sowie festgestellte Verletzungen. Das Unternehmen hat nur einen verkürzten Bericht abzugeben, wenn es plausibel begründet, weshalb es keine Risiken ermittelt bzw. Verletzungen festgestellt hat. Sollte ein Unternehmen menschenrechtliche bzw. umweltbezogene Risiken ermittelt oder Verletzungen festgestellt haben, hat es im dritten Abschnitt den vollständigen Berichtfragebogen auszufüllen. Hierbei hat das Unternehmen umfassend Fragen zu seinem Umgang mit den einzelnen Sorgfaltspflichten des LkSG zu beantworten. Unplausible Antworten stellen für das BAFA ein wichtiges Kriterium für intensivere Prüfungen dar.[86]

Die Konzeption des Berichtfragebogens ist unter rechtlichen Gesichtspunkten nicht unbedenk- 46
lich. So muss ein verpflichtetes Unternehmen beantworten, ob und wie es den Sorgfaltspflichten des LkSG nachgekommen ist. Es muss also gegenüber dem BAFA detailliert offenlegen, ob es Ordnungswidrigkeiten oder Straftatbestände verwirklicht hat. Grundsätzlich sind Unternehmen jedoch nicht gehalten, sich selbst zu belasten. Welches Dilemma entsteht, zeigt eine beispielhafte

78 Antwort XIII.1. FAQ-LkSG; vgl. auch BT-Drs. 19/28649 S. 52.
79 Antwort XIII.2. FAQ-LkSG, wobei die Erfüllung der übrigen Sorgfaltspflichten und deren Kontrolle durch das BAFA hiervon nicht berührt werden.
80 Antwort XIII.2. FAQ-LkSG.
81 Antwort XIII.2. FAQ-LkSG.
82 Antwort XVI.3. FAQ-LkSG.
83 BAFA Berichtspflicht.
84 BAFA Berichtspflicht.
85 Zu den einzelnen Fragen siehe BAFA Fragenkatalog S. 5 ff.
86 BAFA Fragenkatalog S. 5 ff.

Betrachtung gleich der ersten Frage. So erkundigt sich der Berichtfragebogen danach, ob ein verpflichtetes Unternehmen für den Berichtszeitraum Zuständigkeiten für die Überwachung des Risikomanagements festgelegt hat. Hierbei handelt es sich um eine gesetzliche Pflicht (§ 4 Abs. 3 S. 1 LkSG), die bei Nichterfüllung bußgeldbewehrt ist (§ 24 Abs. 1 Nr. 1 LkSG). Verneint das Unternehmen dies, legt es offen, dass es diese Sorgfaltspflicht nicht erfüllt hat. Wohl nicht umsonst enthält die Präambel des veröffentlichten Merkblatts zum Berichtfragebogen Angaben über das Aussageverweigerungsrecht bei Selbstbelastung.[87]

47 Ob das Unternehmen den Berichtfragebogen nach Ansicht des BAFA verwenden muss, ergibt sich aus den Angaben nicht. § 12 Abs. 1 LkSG bezieht sich nur darauf, dass das Unternehmen den Bericht über einen elektronischen Zugang einreichen muss, den das BAFA bereitstellt. Zudem existieren zwar im Rahmen des NAP Leitfäden zur Umsetzung einzelner Sorgfaltspflichten, unter anderem zur Berichterstattung.[88] Dabei können sich Unternehmen an bestehenden Reporting-Standards orientieren, etwa der GRI, des DNK oder des UN Global Compact.[89]

Das BAFA hat Ende März 2023 eine Vorversion (*Preview*) des Berichtsfragebogen auf einer Online-Plattform veröffentlicht. Nach erfolgreicher Registrierung über das Portal ELAN-K2 und Freigabe durch das BAFA erhalten Unternehmen einen Account mit Zugangskennung.[90] Diejenige Person, die die Registrierung im ELAN-K2 durchgeführt hat, verfügt über die umfangreichsten Berechtigungen, ähnlich wie ein Administrator. Nur dieser Benutzer kann etwaige zusätzliche Benutzerkonten verwalten. Zudem kann nur dieser Benutzer Änderungen am registrierten Unternehmen durchführen, etwa hinsichtlich der Firma, Rechtsform und Anschrift.[91] Daher sollten verpflichtete Unternehmen zuvor abwägen und festlegen, welche Person sich für das Unternehmen registriert bzw. wie Kennung und Passwort sicher verwaltet werden. Es bietet sich an, die Person für die Registrierung zu bestimmen, die auch für die Berichterstattung innerhalb des Unternehmens verantwortlich ist. Diese Person kann dann für etwaige weitere mit der Berichterstattung befasste Mitarbeitende des Unternehmens jeweils ein Benutzerkonto mit individuellen Berechtigungen einräumen, z.B. Benutzer, die auf die Berichtsmaske zugreifen (LkSG-Melder) oder den Bericht verändern können (LkSG-Schreibend).[92] Eine detaillierte Beschreibung zum Umgang mit dem Bericht hat das BAFA für die Live-Version angekündigt.[93]

D. Dokumentations- und Berichtspflicht innerhalb verbundener Unternehmen

48 Innerhalb verbundener Unternehmen ist hinsichtlich der Dokumentationspflicht (I.) und der Berichtspflicht (II.) zu differenzieren.

I. Dokumentationspflicht

49 Nach dem Wortlaut der §§ 10 Abs. 1 S. 1, 3 Abs. 1 S. 2 Nr. 9 LkSG ist die Dokumentationspflicht von der jeweiligen Gesellschaft selbst wahrzunehmen. § 10 Abs. 1 S. 1 LkSG regelt, dass die Erfüllung

87 BAFA Fragenkatalog S. 2.

88 Vgl. Antwort XVI.1. FAQ-LkSG; Bundesministerium für Arbeit und Soziales, Referat „CSR“ – Gesellschaftliche Verantwortung von Unternehmen, Allgemeine Leitfäden, abrufbar unter https://www.csr-in-deutschland.de/DE/Wirtschaft-Menschenrechte/Umsetzungshilfen/Leitfaeden/Allgemeine-Leitfaeden/allgemeine-leitfaeden.html (zuletzt am 31.3.2023).

89 Bundesministerium für Arbeit und Soziales, Referat „CSR“ – Gesellschaftliche Verantwortung von Unternehmen, CSR Praxis – Standards.

90 BAFA Anleitung zur Berichtspflicht.

91 BAFA Anleitung zur Berichtspflicht S. 9.

92 BAFA Anleitung zur Berichtspflicht S. 9.

93 BAFA Anleitung zur Berichtspflicht S. 10.

der Sorgfaltspflichten „*unternehmensintern*" fortlaufend zu dokumentieren ist. Damit verpflichtet das LkSG die jeweilige Gesellschaft als Rechtsträgerin des Unternehmens.[94] Jede verpflichtete Gesellschaft sollte daher selbst die Erfüllung der Sorgfaltspflichten dokumentieren.

Es ist gesetzlich nicht ausgeschlossen, dass eine verpflichtete Gesellschaft Elemente aus der Do- 50
kumentation anderer verpflichteter Gesellschaften übernimmt. Voraussetzung ist, dass diese auf die unternehmensspezifischen Gegebenheiten passen. So ist es bspw. nicht zweckmäßig, dass eine Gesellschaft Angaben zur Risikoanalyse einer anderen Gesellschaft übernimmt, obwohl sich die identifizierten Risiken oder die Zulieferbeziehungen zwischen den Gesellschaften unterscheiden.

II. Berichtspflicht

Hinsichtlich der Berichtspflicht ist zunächst danach zu unterscheiden, ob die Obergesellschaft (1.) oder 51
die Tochtergesellschaft (2.) nach dem LkSG verpflichtet ist. Fallen beide Gesellschaften in den Anwendungsbereich des Gesetzes, ist es möglich, dass der Unternehmensverbund gemeinsam berichtet (3.).

1. Obergesellschaft ist allein nach dem LkSG verpflichtet

Ist die Obergesellschaft nach dem LkSG verpflichtet, obliegt ihr die Berichtspflicht.[95] Die Oberge- 52
sellschaft kann ihre Pflichten nach allgemeinen Grundsätzen auf ein anderes Unternehmen innerhalb des Verbunds delegieren. Die Obergesellschaft bleibt in diesem Fall in organisatorischer Hinsicht dafür verantwortlich, dass das delegierte Unternehmen die Berichtspflicht erfüllt.

2. Tochtergesellschaft ist allein nach dem LkSG verpflichtet

Denkbar sind auch Fälle, in denen die Tochtergesellschaft allein nach dem LkSG verpflichtet ist, 53
z.B. weil die Muttergesellschaft im Ausland sitzt und keine Zweigniederlassung gem. § 13d HGB im Inland betreibt. In diesem Fall muss die Tochtergesellschaft die Berichtspflicht erfüllen. Zu beachten ist, dass sich die Pflichten dabei nicht auf den gesamten Unternehmensverbund erstrecken.[96] Die Tätigkeit der ausländischen Muttergesellschaft kann für das Tochterunternehmen grundsätzlich außer Betracht bleiben.[97] Ausländische Tochtergesellschaften haben keine Berichtspflichten, weil sie nicht in den Anwendungsbereich des LkSG fallen.[98]

3. Obergesellschaft und Tochtergesellschaft sind nach dem LkSG verpflichtet

Sofern die Obergesellschaft und Tochtergesellschaft nach dem LkSG verpflichtet sind, haben grund- 54
sätzlich beide Unternehmen die Sorgfaltspflichten für ihren eigenen Geschäftsbereich und im Hin-

---

94 Ebenso *Rothenburg/Rogg* AG **2022** 257, 264; Kubis/Tödtmann/*Hettich/Charnitzky* Arbeitshandbuch für Vorstandsmitglieder, 3. Aufl. 2022, § 14 Rn. 283; im Ergebnis wohl auch Wagner/Ruttloff/Wagner/*E. Wagner/S. Wagner* § 4 Rn. 706 ff.; auf den Rechtsträger des Unternehmens noch abstellenden BT-Drs. 19/28649 S. 33; gestrichen durch BT-Drs. 19/30505 S. 37, um nicht den Eindruck zu erwecken, dass der Anwendungsbereich des LkSG nur auf rechtsfähige Gesellschaften beschränkt wäre; **a.A.** *Dutzi/Schneider/Hasenau* DK **2021** 454, 456.

95 Vgl. Antwort IV.7. FAQ-LkSG.

96 Vgl. Antwort IV.7. FAQ-LkSG; *Rothenburg/Rogg* AG **2022** 257, 266.

97 Vgl. Antwort IV.7. FAQ-LkSG mit der Ausnahme, wonach die ausländische Muttergesellschaft die deutsche Tochtergesellschaft mit Waren und/oder Dienstleistungen beliefert und somit als unmittelbare Zulieferin zu qualifizieren sei; *Rothenburg/Rogg* AG **2022** 257, 266.

98 Vgl. Antwort XIII.4.FAQ-LkSG.

blick auf ihre unmittelbaren und mittelbaren Zulieferer zu erfüllen.[99] Dementsprechend haben grundsätzlich beide Unternehmen eigenständig über die Erfüllung ihrer Sorgfaltspflichten zu berichten.[100]

55 Eine gemeinsame Berichterstattung ist aber möglich.[101] Das Regelungskonzept des LkSG schließt nicht aus, dass sich beide Unternehmen hinsichtlich der zu ergreifenden Maßnahmen abstimmen können. So kann eine Tochtergesellschaft die von der Obergesellschaft initiierte Maßnahmen übernehmen und sich zu eigen machen,[102] z.B. im Rahmen eines unternehmensweiten Compliance- bzw. Lieferkettenmanagementsystems. In diesem Fall kann sich die Tochtergesellschaft den unternehmensweiten Bericht zu eigen machen und ganz oder auszugsweise veröffentlichen.[103] Der unternehmensweite Bericht muss dabei aber konkret und ausreichend auf die Tochtergesellschaft eingehen, um hinreichend Transparenz zu schaffen und eine Plausibilitätskontrolle zu ermöglichen.[104] Für eine gemeinsame Berichterstattung spricht auch ein Vergleich zur nicht-finanziellen Berichterstattung.[105] § 289c Abs. 2 HGB lässt hierbei eine Konzernberichterstattung ausdrücklich zu.

56 Eine gemeinsame Berichterstattung im Rahmen des vom BAFA geplanten Berichtfragebogens (siehe oben C.VI.) scheint hingegen nicht möglich zu sein. Laut BAFA haben innerhalb verbundener Unternehmen die Obergesellschaft und die verpflichtete(n) Tochtergesellschaft(en) den Berichtfragebogen jeweils eigenständig und vollständig zu beantworten.[106] Dabei sollen die verpflichteten Unternehmen auf Angaben des jeweils anderen Fragebogens verweisen bzw. Inhalte übernehmen dürfen. So kann es nach Ansicht des BAFA etwa zulässig sein, wenn ein verpflichtetes Unternehmen zusammenfassend und aussagekräftig auf den Bericht eines anderen konzernangehörigen Unternehmens verweist, etwa hinsichtlich der Anforderungen an die für das Beschwerdeverfahren zuständigen Personen.[107] Voraussetzung ist jedoch insbesondere, dass alle Berichte eigenständig nachvollziehbar und verständlich darlegen, inwiefern das jeweilige Unternehmen die Sorgfaltspflichten des LkSG erfüllt.[108] Damit reicht es etwa nicht aus, wenn eine verpflichtete Tochtergesellschaft im Fragebogen auf Seitenzahlen oder Antworten des Fragebogens der verpflichteten Obergesellschaft verweist. Denn durch einen solchen Verweis ist der Bericht der Tochtergesellschaft nicht aus sich hieraus verständlich. Verweisungen dürften daher in der Praxis selten vorkommen. Sofern eine Tochtergesellschaft Antworten aus dem Fragebogen der Obergesellschaft übernimmt, muss sie darauf achten, dass diese Angaben tatsächlich und vollständig auf sie zutreffen. Anderenfalls riskiert die Tochtergesellschaft, dass sie ihren Fragebogen nicht vollständig richtig beantwortet.

57 Ausländische Tochtergesellschaften sind nicht selbst berichtspflichtig, weil sie nicht in den Anwendungsbereich des LkSG fallen.[109] Sofern die Obergesellschaft in den Anwendungsbereich des LkSG fällt, kann sie jedoch verpflichtet sein, über die Erfüllung der Sorgfaltspflichten hinsichtlich der ausländischen Tochtergesellschaft zu berichten. Voraussetzung ist, dass die Obergesellschaft einen bestimmenden Einfluss auf die ausländische Tochtergesellschaft ausübt (§ 2 Abs. 6 S. 3 LkSG).[110] Hierzu wird auf die Ausführungen in § 2 LkSG verwiesen.

---

99 Vgl. Antwort IV.7. FAQ-LkSG.

100 Antwort IV.7. FAQ-LkSG; Gehling/Ott/*Mader* § 10 Rn. 17.

101 So auch: *Passarge* CB **2021** 332, 333; *Rothenburg/Rogg* AG **2022** 257, 264; *Harings/Jürgens* 6.9.2.1.; DICO Standard S 16 S. 26.

102 Antwort IV.7 FAQ-LkSG.

103 Ebenso *Rothenburg/Rogg* AG **2022** 257, 264.

104 Vgl. *Rothenburg/Rogg* AG **2022** 257, 264; ähnlich DICO Standard S 16 S. 26.

105 Grabosch/*Grabosch* § 5 Rn. 145; *Jungkind/Raspé/Terbrack* DK **2021** 445, 447.

106 BAFA Fragenkatalog S. 2; Antwort IV.7. FAQ-LkSG.

107 Antwort IV.7 FAQ-LkSG.

108 Vgl. BAFA Fragenkatalog S. 2; Antwort IV.7. FAQ-LkSG.

109 Vgl. Antwort XIII.4.FAQ-LkSG.

110 Vgl. Antwort IV.10. FAQ-LkSG.

E. Folgen von Verstößen gegen die Dokumentations- und Berichtspflicht

Erstellt ein Unternehmen den Bericht nicht richtig, drohen Bußgelder in Höhe von bis zu EUR 100.000,00 (§ 24 Abs. 1 Nr. 10, Abs. 2 Nr. 3 LkSG). Gleiches gilt, wenn ein Unternehmen den Bericht nicht oder nicht rechtzeitig öffentlich zugänglich macht (§ 24 Abs. 1 Nr. 11, Abs. 2 Nr. 3 LkSG) oder gegenüber dem BAFA verspätet einreicht (§ 24 Abs. 1 Nr. 12, Abs. 2 Nr. 3 LkSG) oder die Dokumentation nicht sieben Jahre aufbewahrt (§ 24 Abs. 1 Nr. 9, Abs. 2 Nr. 3 LkSG). Eine Erweiterung nach § 24 Abs. 2 S. 2 LkSG bzw. umsatzrelevante Bußgelder nach § 24 Abs. 3 LkSG sind hier nicht einschlägig. Hierzu wird auf die Ausführungen in § 24 LkSG verwiesen. 58

F. Verankerung der Dokumentation und Berichterstattung

Für die Dokumentation (I.) und Berichterstattung (II.) ist es entscheidend, dass Unternehmen den internen Informationsfluss und die Sammlung der maßgeblichen Informationen bestmöglich organisieren. 59

I. Dokumentation

Neben § 10 Abs. 1 S. 2 LkSG besteht auch nach der Rechtsprechung unter organisatorischen Gesichtspunkten eine Dokumentationspflicht.[111] Daher sind Unternehmen zur Entlastung der Geschäftsleitung, zu Beweiszwecken gegenüber Behörden und zur Wahrung von Reputationsschäden durch unbegründete Vorwürfe angehalten, eine vollständige und nachvollziehbare Dokumentation zu führen.[112] 60

In organisatorischer Hinsicht bietet es sich an, abteilungsübergreifende Dokumentationsmöglichkeiten zu nutzen. Zudem sollte festgelegt sein, wer innerhalb der jeweiligen Abteilungen für die Dokumentation von Prozessen oder Entscheidungen allein bzw. federführend zuständig ist, bspw. die Einkaufs-, Rechts- oder Compliance-Abteilung. Die einzelnen Abteilungen sollten die relevanten Informationen über eine zentrale Stelle in einheitlicher Form bereitstellen, um so eine Konsolidierung und Auswertung zu ermöglichen.[113] 61

Bei der Dokumentation sollten technische Lösungen bevorzugt werden, die eine einheitliche Dokumentation und Auswertung ermöglichen. Hier bietet sich etwa ein Dokumentenmanagementsystem an, das idealerweise eine unternehmensweite und funktionsübergreifende Ablage ermöglicht.[114] 62

Zudem sollte die Dokumentation in Text- oder Schriftform vorliegen, für Dritte nachvollziehbar geordnet und an einer zentralen Stelle zu finden sein (sog. *single source of truth*).[115] Überdies sollte die Dokumentation revisionssicher sein. 63

Unternehmen sollten darauf achten, möglichst umfassend zu dokumentieren, wie sie Entscheidungen im Zusammenhang mit dem LkSG getroffen haben. Dabei sollten objektive Kriterien zur Begründung herangezogen werden, wobei sich Unternehmen an den Kategorien des § 3 Abs. 2 LkSG orientieren können. Die Entscheidung sollte dabei nicht schablonenhaft, sondern die Umstände des konkreten Einzelfalls abwägen und zu einem vertretbaren Ergebnis führen. Dies gilt etwa für die Frage, wie ein Unternehmen identifizierte Risiken bewertet und priorisiert oder 64

111 Siehe hierzu *Rack* CB-Sonderbeilage **1/2022** S. 17 mit Rechtsprechungsnachweisen.

112 Vgl. *Bettermann/Hoes* WM **2022** 697, 702; *Rack* CB-Sonderbeilage **1/2022** S. 18.

113 Vgl. *Lenz/Bodenstein/Wenzl* ZCG **2022** 61, 65 f.

114 *Gehling/Ott/Lüneborg* CCZ **2021** 230, 239; ähnlich: *Nietsch/Wiedmann* CCZ **2021** 101, 108.

115 *Harings/Jürgens* 6.1.2., empfehlen ein zentrale Dokumentation in Form eines Lieferketten- bzw. Menschenrechtshandbuchs, angelehnt an ein Exportkontrollhandbuch.

weshalb sich das Unternehmen dazu entschieden hat, eine Geschäftsbeziehung abzubrechen oder weiter aufrechtzuerhalten.[116]

II. Berichterstattung

65 Welche Funktion innerhalb des Unternehmens für die Berichterstattung zuständig ist, regelt § 10 Abs. 2 LkSG nicht. Dem Unternehmen kommt daher ein Ermessensspielraum zu, welche Funktion es mit der Berichterstattung betraut. In der Regel kommen unterschiedliche Abteilungen in Betracht, wie etwa die Unternehmenskommunikation, Qualitätssicherung, oder die Compliance-, Rechts- bzw. Nachhaltigkeitsabteilung. Möglich und sinnvoll erscheint es auch, die Berichterstattung bei der Stelle zu verankern, die das Risikomanagement überwacht (§ 4 Abs. 3 S. 1 LkSG). Diese Stelle muss ohnehin regelmäßig intern der Geschäftsführung berichten. Dementsprechend könnte der Menschenrechtsbeauftragte bzw. die zuständige Abteilung mit der Berichterstattung betraut werden. Sofern das Unternehmen bereits über nicht-finanzielle Aspekte nach §§ 289b–289e HGB berichtet, bietet es sich an, dass eine Funktion die Berichte einheitlich bearbeitet.[117] Vor der Veröffentlichung des Berichts nach § 10 Abs. 2 LkSG sollte auch die Geschäftsleitung einbezogen werden.[118]

G. Verhältnis zur nicht-finanziellen Berichterstattung

66 Nach §§ 289b–289e HGB sind bestimmte kapitalmarktorientiere Kapitalgesellschaften und Kommanditgesellschaften auf Aktien angehalten, über nicht-finanzielle Aspekte zu berichten (CSR-Reporting).[119] Diese Vorschriften gehen auf die sog. CSR-Richtlinie zurück.[120] Die Berichtspflichten nach § 10 LkSG sind neben der nicht-finanziellen Berichterstattung nach §§ 289b–289e HGB zu beachten.[121]

67 Ob ein Unternehmen zwei unterschiedliche Berichte zu erstellen hat, ist derzeit ungeklärt.[122] Für eine getrennte Berichterstattung spricht das Gesetzgebungsverfahren und die Gesetzesbegründung des LkSG. So schlug der Deutsche Anwaltverein wegen des bürokratischen Mehraufwands vor, den Bericht nach § 10 LkSG in die nicht-finanzielle Berichterstattung zu integrieren.[123] Diesen Vorschlag griff der Gesetzgeber nicht auf, sondern verweist darauf, dass für die Zwecke des LkSG ein eigenständiger Bericht zu erstellen ist.[124] Zudem unterscheidet sich der Anwendungsbereich beider Berichtspflichten. Das LkSG stellt mit seiner Arbeitnehmerschwelle auf Unternehmen ab, die in der Regel 3.000 bzw. 1.000 Arbeitnehmer im Inland beschäftigten. Demgegenüber greift die nicht-finanzielle Berichterstattung bereits bei einer niedrigeren Schwelle von 500 Arbeitnehmern,

116 Ebenso Grabosch/*Grabosch* § 5 Rn. 143.

117 *Klinner* IWRZ **2021** 243, 247.

118 Vgl. *Lenz/Bodenstein/Wenzl* ZCG **2022** 61, 65 f.

119 Siehe hierzu ausführlich: BeckOGK-HGB/*Kleindiek* § 289c Rn. 1 ff.; Nietsch/*Beisheim/Dopychai* § 3.

120 Richtlinie 2014/95/EU des Europäischen Parlaments und des Rates v. 22.10.2014 zur Änderung der Richtlinie 2013/34/EU im Hinblick auf die Angabe nicht-finanzieller und die Diversität betreffender Informationen durch bestimmte große Unternehmen und Gruppen, ABl. EU 2014 L 330, 1; umgesetzt in Deutschland durch das Gesetz zur Stärkung der nicht-finanziellen Berichterstattung der Unternehmen in ihren Lage- und Konzernlageberichten (CSR-Richtlinie-Umsetzungsgesetz) vom 11.4.2017; BGBl. 2017 I S. 802.

121 Gehling/Ott/*Lüneborg* CCZ **2021** 230, 239; DICO Standard S 16 S. 25; *Schäfer* ZLR **2022** 22, 52; für eine systematische Gegenüberstellung der nicht-finanziellen Berichterstattung und der Berichterstattung nach dem LkSG siehe *Müller/Lorson/Otter/Wulf/Griez/Piwinger* KoR **2022** 292, 295 f.

122 BT-Drs. 19/28649 S. 53; *Gehling/Ott/Lüneborg* CCZ **2021** 230, 239; *Spindler* ZHR **186** (2022) 67, 91; *Wagner/Rutloff* NJW **2021** 2145, 2148; *Harings/Jürgens* 6.9.2.1.

123 *DAV-Ausschüsse* NZG **2021** 546, 547.

124 BT-Drs. 19/28649 S. 52.

aber nur unter weiteren Voraussetzungen (vgl. § 289b Nr. 1–3 HGB). Auch dies spricht dafür, dass beide Berichte nebeneinander stehen können.[125]

68 Für ein solches Verständnis spricht auch ein Vergleich zum Umfang der Berichtspflichten.[126] Die nicht-finanzielle Berichterstattung über Risiken in der Lieferkette unterscheidet sich maßgeblich von § 10 LkSG. So müssen Unternehmen nur über wesentliche Risiken berichten, die mit ihren Geschäftsbeziehungen, Produkten und Dienstleistungen verknüpft sind. Diese müssen außerdem sehr wahrscheinlich schwerwiegende negative Auswirkungen haben und gleichzeitig bedeutsam für ein Verständnis der finanziellen Lage des Unternehmens oder des Geschäftserfolgs sein (§ 289c Abs. 3 Nr. 4 HGB).[127] Aufgrund dieser weitreichenden Einschränkungen spielt diese Berichterstattung in der Praxis bislang allenfalls eine untergeordnete Rolle.[128]

69 Die Berichte im Sinne des § 10 Abs. 2 LkSG unterscheiden sich demgegenüber maßgeblich von der nicht-finanziellen Berichterstattung. Hier wirkt sich insbesondere die neue Risikoperspektive entscheidend aus. Vereinfacht dargestellt, nimmt das traditionelle Risikomanagement die Perspektive des Unternehmens ein und ermittelt Risiken, die sich aus seiner wirtschaftlichen Tätigkeit für das Unternehmen ergeben. Im Rahmen des Risikomanagements des LkSG muss das Unternehmen nun die Perspektive wechseln und sich fragen, inwiefern seine wirtschaftlichen Aktivitäten Risiken für Individuen nach sich zieht, die hiervon unmittelbar betroffen sind.[129] Zudem müssen Unternehmen im Rahmen des § 10 Abs. 2 LkSG möglichst umfassend über die von ihnen identifizierten Risiken und die ergriffenen Maßnahmen berichten.[130] Auf einen Wesentlichkeitsvorbehalt kommt es nicht an.

70 Der aufgrund des strukturierten Fragebogens des BAFA automatisch generierte Bericht dürfte auch faktisch dazu führen, dass Unternehmen in der Praxis zwei Berichte erstellen werden.

71 Dennoch ist nicht abzustreiten, dass sich die Berichte inhaltlich überschneiden können.[131] Ein Unternehmen kann somit die im Rahmen des LkSG gemachten Angaben für seine nicht-finanzielle Berichterstattung verwenden.[132]

H. Auswirkungen von Reformen

72 Auf europäischer Ebene können sich die geplante Corporate Sustainability Due Diligence Richtlinie (I.) und die Corporate Sustainability Reporting Richtlinie (II.) auf die Dokumentations- und Berichtspflichten des LkSG auswirken. Zudem können sich zukünftig Schnittmengen zwischen Angaben im Rahmen der Berichterstattung des LkSG und den geplanten Standards der International Financial Reporting Standards zur Nachhaltigkeits- und klimabezogenen Berichterstattung für Jahres- und Konzernabschlüsse bilden (III.).

---

125 Ebenso Wagner/Ruttloff/Wagner/*E. Wagner*/*S. Wagner* § 4 Rn. 723.

126 Ebenso *Spindler* ZHR **186** (2022) 67, 91; Wagner/Ruttloff/Wagner/*E. Wagner*/*S. Wagner* § 4 Rn. 725.

127 MüKo-HGB/*Kajüter* § 289b-e Rn. 28; Ebenroth/Boujong/Joost/Strohn/*Böcking*/*Gros*/*Wirth* HGB, 4. Aufl. 2020, § 289c Rn. 18.

128 BeckOGK-HGB/*Kleindiek* § 289c Rn. 104 m.w.N.; auf konkrete Beispiele in der Praxis verweisend *Müller*/*Lorson*/*Otter*/*Wulf*/*Griez*/*Piwinger* KoR **2022** 292, 296.

129 *Fitzer*/*Gergen* CB **2022** 327, 328; zu den Einzelheiten siehe auch Kommentierung zu § 4 LkSG.

130 Grabosch/*Grabosch* § 5 Rn. 146.

131 *Wagner*/*Ruttloff* NJW **2021** 2145, 2147; Grabosch/*Grabosch* § 5 Rn. 146; *Ehmann* ZVertriebsR **2021** 141, 144.

132 *Harings*/*Jürgens* 6.9.2.1.; Gehling/Ott/*Mader* § 4 Rn. 45; *Altenschmidt*/*Helling* § 10 Rn. 7; DICO Standard S 16 S. 27; *Dohrmann* CCZ **2021** 265, 272; vgl. auch Bundesministerium für Arbeit und Soziales, Referat „CSR" – Gesellschaftliche Verantwortung von Unternehmen, Umsetzung durch Unternehmen.

I. Corporate Sustainability Due Diligence

73 Der von der EU-Kommission vorgestellte Entwurf für eine Corporate Sustainability Due Diligence Richtlinie[133] wird sich in seiner jetzigen Form auf die Dokumentations- und Berichtspflichten des LkSG auswirken.

74 Die CSDDD-E verlangt nicht, dass Unternehmen intern dokumentieren müssen, ob und wie sie die Sorgfaltspflichten innerhalb der Wertschöpfungskette erfüllen. Ob der deutsche Gesetzgeber § 10 Abs. 1 LkSG im Wege einer überschießenden Richtlinienumsetzung aufrechterhalten wird, bleibt abzuwarten.[134] Unabhängig hiervon sind Unternehmen angehalten, eine vollständige und nachvollziehbare Dokumentation zu führen (siehe oben B.I.).

75 Ein gesonderter Bericht ist im Gegensatz zum LkSG nicht einzureichen, wenn das Unternehmen zur Nachhaltigkeitsberichterstattung verpflichtet ist. Sollte dies nicht der Fall sein, muss das Unternehmen im Rahmen der CSDDD-E berichten.[135] Die Europäische Kommission behält sich vor, delegierte Rechtsakte zum Inhalt und den Kriterien der Berichterstattung zu erlassen und festzulegen, welche Angaben zur Beschreibung der Sorgfaltspflicht, zu potenziellen und tatsächlichen negativen Auswirkungen und zu den ergriffenen Gegenmaßnahmen zu machen sind.[136]

76 Zudem reicht es aus, wenn der Bericht auf der Internetseite des Unternehmens jährlich in einer in der internationalen Wirtschaftswelt gebräuchlichen Verkehrssprache veröffentlicht wird.[137] Damit reicht auch ein Bericht in englischer Sprache aus.[138]

II. Corporate Sustainability Reporting

77 Am 5.1.2023 ist die CSRD in Kraft getreten.[139] Ziel der CSRD ist es, den Weg zu einem nachhaltigen und inklusiven Wirtschafts- und Finanzsystem durch eine vollständige und vor allem vergleichbare Nachhaltigkeitsberichterstattung zu ebnen.[140]

78 Diese bietet die Chance, die Nachhaltigkeitsberichterstattung und die Berichterstattung hinsichtlich Sorgfaltspflichten in Lieferketten zu vereinheitlichen.[141] Ob und inwiefern sich dies auf die Berichtspflichten nach § 10 LkSG auswirken wird, bleibt abzuwarten. Die EU-Mitgliedsstaaten und damit auch der deutsche Gesetzgeber, haben bis zum 6.7.2024 Zeit, die Regelungen der CSRD in nationales Recht umzusetzen.

79 Fest steht, dass die CSRD weitaus mehr Unternehmen erfassen wird, als es bislang der Fall war. Die EU-Kommission rechnet damit, dass sich die Zahl der berichtspflichtigen, privatwirtschaftlichen Unternehmen vervierfachen wird (ca. 49.000 Unternehmen). In Deutschland könnten rund 15.000 Unternehmen unter die neuen Regelungen fallen; damit würden rund dreißigmal so

133 Vorschlag für eine Richtlinie des Europäischen Parlaments und des Rates über die Sorgfaltspflichten von Unternehmen im Hinblick auf Nachhaltigkeit und zur Änderung der Richtlinie (EU) 2019/1937, COM(2022) 71 final.

134 Zu den Voraussetzungen einer überschießenden Richtlinienumsetzung siehe z.B. Grabitz/Hilf/Nettesheim/*Nettesheim* AEUV, 77. EL, 2022, Art. 288 Rn. 131.

135 Art. 11 Abs. 1 S. 1 CSDDD-E i.V.m. Art. 19a, 29a Richtlinie 2013/34/EU.

136 Art. 11 Abs. 2 CSDDD-E.

137 Art. 11 Abs. 1 S. 1 CSDDD-E.

138 Ebenso *Nietsch/Wiedmann* CCZ **2022** 125, 131.

139 Richtline (EU) 2022/2464 des Europäischen Parlaments und des Rates vom 14.12.2022 zur Änderung der Verordnung (EU) Nr. 537/2014 und der Richtlinien 2004/109/EG, 2006/43/EG und 2013/34/EU hinsichtlich der Nachhaltigkeitsberichterstattung von Unternehmen, Abl.EU L322/15; siehe hierzu z.B. *Lanfermann/Baumüller* IRZ **2023** 89, *Needham/Warnke/Müller* IRZ **2023** 41.

140 *Lanfermann/Baumüller* IRZ **2023** 89, 89; die CSRD enthält Änderungen der Bilanz-, Transparenz-, Abschlussprüferrichtlinie sowie Abschlussprüferverordnung.

141 Vgl. *Seibt/Vesper-Gräske* CB **2021** 357, 360.

viele Unternehmen berichtspflichtig sein, als es derzeit der Fall ist.[142] Die CSRD richtet sich an große sowie kleine und mittlere Unternehmen, die kapitalmarktorientiert sind. Gleiches gilt rechtsformunabhängig für alle großen Versicherungsunternehmen und Kreditinstitute.[143] Kleinstunternehmen sind nicht erfasst.

80 Die Kapitalgesellschaften müssen jeweils zwei der nachfolgenden Kategorien erfüllen:[144]

Klein	Mittel	Groß
Bilanzsumme: > EUR 4 Mio./EUR 6 Mio.	Bilanzsumme: > EUR 20 Mio.	Bilanzsumme: < EUR 20 Mio.
Nettoumsatzerlöse: > EUR 8 Mio./ EUR 12 Mio.	Nettoumsatzerlöse: > EUR 40 Mio.	Nettoumsatzerlöse: < EUR 40 Mio.
durchschnittliche Zahl der während des Geschäftsjahres Beschäftigten: > 50	durchschnittliche Zahl der während des Geschäftsjahres Beschäftigten: > 250	durchschnittliche Zahl der während des Geschäftsjahres Beschäftigten: < 250

81 Auch Unternehmen aus Drittstaaten sind verpflichtet, einen Nachhaltigkeitsbericht zu erstellen, wenn diese in den beiden letzten aufeinanderfolgenden Geschäftsjahren einen Nettoumsatz von mehr als EUR 150 Mio. in der Europäischen Union erzielt haben und mindestens eine Tochtergesellschaft oder Zweigniederlassung in der Europäischen Union besitzen.[145]

82 Die CSRD wird die Nachhaltigkeitsberichterstattung erweitern und vereinheitlichen. Verpflichtete Unternehmen müssen die erforderlichen Nachhaltigkeitsinformationen im (Konzern-)Lagebericht in einem gesonderten Abschnitt und klar erkennbar offenlegen.[146] Das derzeitige Wahlrecht nach § 289b Abs. 3 HGB scheidet damit zukünftig aus. Verpflichtete Unternehmen müssen eine Vielzahl geregelter Nachhaltigkeitsinformationen erteilen, die sich in die Kernbereiche (i) Umwelt (z.B. Klimaschutz; Scope 1, 2 und 3 Treibhausgasemissionen), (ii) Soziales und Menschenrechte (z.B. Gleichbehandlung; Chancengleichheit), sowie (iii) Governance (z.B. Rolle der Verwaltungs-, Leitungs- und Aufsichtsorgane des Unternehmens im Zusammenhang mit Nachhaltigkeitsaspekten) unterteilen lassen.[147] Maßgeblich ist hierbei die sog. doppelte Wesentlichkeit, wonach Unternehmen verpflichtet sind, sowohl über die Auswirkungen der eigenen wirtschaftlichen Tätigkeit auf Mensch und Umwelt (*Inside-Out-Perspektive*) als auch über die Auswirkungen von Nachhaltigkeitsaspekten auf das Unternehmen zu berichten (*Outside-In-Perspektive*).[148]

83 Die EU-Kommission wird einheitliche Standards für die Nachhaltigkeitsberichterstattung verabschieden.[149] Die EFRAG hat der EU-Kommission zu diesem Zweck am 23.11.2022 überarbeitete Fassungen von 12 Europäischen Nachhaltigkeitsberichtsstandards übermittelt.[150] Außerdem wird die EU-Kommission Prüfstandards vorlegen, hinsichtlich der nun verpflichtenden externen Prüfung der Nachhaltigkeitsberichterstattung.

---

142 DRSC, Kernbotschaften des DRSC-Verwaltungsrates zur CSRD, abrufbar unter https://www.drsc.de/app/uploads/2021/04/210430_Kernbotschaften_VR_CSRD.pdf (zuletzt am 31.3.2023); CSR, Corporate Sustainability Reporting Directive (CSRD), abrufbar unter https://www.csr-in-deutschland.de/DE/CSR-Allgemein/CSR-Politik/CSR-in-der-EU/Corporate-Sustainability-Reporting-Directive/corporate-sustainability-reporting-directive-art.html (zuletzt am 31.3.2023).

143 Vgl. *Needham/Warnke/Müller* IRZ **2023** 41, 42.

144 Art. 3 RiL 2013/34/EU i.d.F. CSRD/§ 267 HGB.

145 Art. 40a RiL 2013/34/EU i.d.F. CSRD.

146 Art. 19a Abs. 1 RiL 2013/34/EU i.d.F. CSRD.

147 Zu den Einzelheiten siehe Art. 19a Abs. 2 RiL 2013/34/EU i.d.F. CSRD sowie Art. 29b Abs. 2 RiL 2013/34/EU i.d.F. CSRD hinsichtlich der Standards für die Nachhaltigkeitsberichterstattung. Für KMU gelten eingeschränkte Nachhaltigkeitsinformationen vgl. dazu auch *Needham/Warnke/Müller* IRZ **2023** 41, 43.

148 *Needham/Warnke/Müller* IRZ **2023** 41, 43 f.

149 Anmerkung: Zu den internationalen Bemühungen siehe Abschnitt H.III.

150 EFRAG Pressemitteilung v. 23.11.2022, EFRAG delivers the first set of draft ESRS to the European Commission, abrufbar unter https://efrag.org/news/public-387/EFRAG-delivers-the-first-set-of-draft-ESRS-to-the-European-Commission (zuletzt am 2.9.2023).

III. International Financial Reporting Standards

84 Die IFRS sind internationale Rechnungslegungsvorschriften für Unternehmen, mit deren Hilfe Unternehmen international vergleichbare Jahres- und Konzernabschlüsse erstellen können.[151] Auf globaler Ebene wurde anlässlich der UN-Weltklimakonferenz 2021 in Glasgow das ISSB innerhalb der *IFRS-Foundation* eingerichtet, das zukünftig globale Basisstandards für die Angabe von Nachhaltigkeitsinformationen setzen soll.[152]

85 Derzeit arbeitet das ISSB an ersten Standards zu allgemeinen Anforderungen an die Nachhaltigkeitsberichterstattung (IFRS S 1) und an die klimabezogene Berichterstattung (IFRS S 2).[153]

86 Nach IFRS S 1 sollen zukünftig nachhaltigkeitsbezogene Informationen einen Teil der allgemeinen und zu veröffentlichen Finanzberichterstattung bilden.[154] Damit sollen Informationen aus dem Jahresabschluss und nachhaltigkeitsbezogene Finanzinformationen zusammen betrachtet werden können und hieraus Zusammenhänge zwischen verschiedenen Risiken und Chancen abgeleitet werden können. Nach IFRS S 2 sollen Unternehmen zukünftig insbesondere Angaben zur Governance, Strategie und Risikomanagement machen, damit die Auswirkungen klimabezogener Risiken und Chancen auf den Unternehmenswert beurteilt werden können.[155] Die Konsultationsphase zu den beiden Entwürfen endete am 29.7.2022. Das ISSB erhielt mehr als 1.300 Rückmeldungen.[156] Derzeit ist geplant, IFRS S 1 und IFRS S 2 Ende Juni 2023 final zu verabschieden. Die beiden Berichtstandards sollen dann ab dem 1.1.2024 anzuwenden sein.[157]

87 Es ist zu erwarten, dass sich Schnittmengen zwischen der Berichterstattung nach dem LkSG und den geplanten IFRS-Standards bilden werden. So werden Unternehmen im Rahmen des IFRS S 1 oder IFRS S 2 Informationen nutzen können, wie sie Sorgfaltspflichten des LkSG umgesetzt haben, insbesondere Vorgaben zum Risikomanagement und zur Risikoanalyse.

---

151 Siehe dazu im Einzelnen z.B.: *Driesch* Beck'sches IFRS-Handbuch, 6. Aufl. 2020, § 1 Rn. 1 ff.

152 *Rohatschek/Schönhart/Sigl* IRZ **2022** 183, 188 f.

153 Zum Stand des Verfahrens und weiteren Informationen siehe: *IFRS* General Sustainability-related Disclosures https://www.ifrs.org/projects/work-plan/general-sustainability-related-disclosures/ (zuletzt am 31.3.2023); *IFRS* Climate-related Disclosures, abrufbar unter https://www.ifrs.org/projects/work-plan/climate-related-disclosures/ (zuletzt am 31.3.2023).

154 *IFRS* IFRS Sustainability Disclosure Standard, Draft IFRS S 1 General Requirements for Disclosure of Sustainability-related Financial Information, March 2022, abrufbar unter https://www.ifrs.org/content/dam/ifrs/project/climate-related-disclosures/issb-exposure-draft-2022-2-climate-related-disclosures.pdf (zuletzt am 31.3.2023).

155 *IFRS* IFRS Sustainability Disclosure Standard, Draft IFRS S 2 Climate-related Disclosures, March 2022, abrufbar unter https://www.ifrs.org/content/dam/ifrs/project/climate-related-disclosures/issb-exposure-draft-2022-2-climate-related-disclosures.pdf (zuletzt am 31.3.2023).

156 *ISSB* ISSB receives global response on proposed sustainability disclosure standards, 5.8.2022, abrufbar unter https://www.ifrs.org/news-and-events/news/2022/08/issb-receives-global-response-on-proposed-sustainability-disclosure-standards/ (zuletzt am 31.3.2023).

157 *ISSB* ISSB ramps up activities to support global implementation ahead of issuing inaugural standards end Q2 2023, 17.2.2023, abrufbar unter https://www.ifrs.org/news-and-events/news/2023/02/issb-ramps-up-activities-to-support-global-implementation-ahead-of-issuing-inaugural-standards-end-q2-2023/ (zuletzt am 31.3.2023).

ABSCHNITT 3 **Zivilprozess**

§ 11 Besondere Prozessstandschaft

(1) Wer geltend macht, in einer überragend wichtigen geschützten Rechtsposition aus § 2 Absatz 1 verletzt zu sein, kann zur gerichtlichen Geltendmachung seiner Rechte einer inländischen Gewerkschaft oder Nichtregierungsorganisation die Ermächtigung zur Prozessführung erteilen.

(2) Eine Gewerkschaft oder Nichtregierungsorganisation kann nach Absatz 1 nur ermächtigt werden, wenn sie eine auf Dauer angelegte eigene Präsenz unterhält und sich nach ihrer Satzung nicht gewerbsmäßig und nicht nur vorübergehend dafür einsetzt, die Menschenrechte oder entsprechende Rechte im nationalen Recht eines Staates zu realisieren.

Schrifttum

Koch Das Lieferkettensorgfaltspflichtengesetz, MDR **2022** 1 ff.; *Schneider* Deliktische „Lieferkettenhaftung" unter Geltung des Lieferkettensorgfaltspflichtengesetzes, ZIP **2022** 407 ff.; *Stöbener de Mora/Noll* Grenzenlose Sorgfalt? Das Lieferkettensorgfaltspflichtengesetz, Teil 2, NZG **2021** 1285 ff.; *Völzmann-Stickelbrock* Werbung mit sozialem und ökologischem Engagement im Lichte unternehmerischer Sorgfaltspflichten nach dem LkSG, WRP **2022** 1328 ff.; *Wagner* Das Lieferkettengesetz: Viele Pflichten, keine Haftung, in: Tölle u.a. (Hrsg.) Festschrift für Reinhard Singer (2021) 693 ff.; *ders.* Haftung für Menschenrechte in der Lieferkette, ZIP **2021** 1095 ff.

Übersicht

A. Zweck und Entstehungsgeschichte

Auf den ersten Blick ist es erstaunlich, dass im vorliegenden Gesetz einerseits explizit klargestellt wird, dass dieses Gesetz überhaupt keine zivilrechtlichen Ansprüche begründen möchte (§ 3 Abs. 3 LkSG), 1

https://doi.org/10.1515/9783110788976-013

andererseits jedoch in Form des § 11 LkSG eine Vorschrift zur Durchsetzung zivilrechtlicher Ansprüche enthalten ist. Dieser scheinbare Widerspruch liegt in der Gesetzesgeschichte begründet. Der ursprüngliche Regierungsentwurf des Gesetzes ging zumindest stillschweigend noch davon aus, dass eine zivilrechtliche Haftung aufgrund der Vorschriften des LkSG möglich sein könnte.[1] Im weiteren Verlaufe der parlamentarischen Beratungen wurde dann aber klar, dass eine zivilrechtliche Haftungsnorm von der parlamentarischen Mehrheit politisch nicht gewünscht war, was dann durch die heute geltende Fassung des § 3 Abs. 3 LkSG dokumentiert wurde. Trotzdem blieb die verfahrensrechtliche Norm des § 11 LkSG bestehen. Dies war entweder ein schlichtes Versehen, oder es sollte damit die politische Aussage verbunden werden, dass – wenn man schon keine neuen zivilrechtlichen Ansprüche gewähren wollte – „immerhin" noch eine minimale verfahrensmäßige Besserstellung der Opfer von Menschenrechtsverletzungen erreicht wurde. Diese Erleichterung der verfahrensmäßigen Durchsetzung soll jedenfalls in „besonders schweren Fällen"[2] gelten; dazu dient das Merkmal der „überragend wichtigen geschützten Rechtsposition" im Text der Vorschrift (dazu unten, Rn. 14).

B. Verfahrensrechtliche Bedeutung

2 Die Vorschrift betrifft die Prozessstandschaft. Diese ist ein Sonderfall der Prozessführungsbefugnis, welche wiederum zu den Prozess- oder Sachurteilsvoraussetzungen im Zivilprozess gehört. Im Normalfall ist jeweils der Rechtsinhaber befugt, seine Rechte vor Gericht einzuklagen; dies bedarf keiner besonderen Begründung. Dagegen ist die Geltendmachung fremder Rechte im eigenen Namen eine Ausnahme, die als Prozessstandschaft bezeichnet wird. Dabei unterscheidet man typischerweise zwischen der durch Gesetz angeordneten „gesetzlichen" Prozessstandschaft einerseits (etwa beim Insolvenzverwalter gemäß § 80 InsO) und der „gewillkürten" Prozessstandschaft andererseits. Erstere ist zwangsweise angeordnet und hängt nicht vom Willen des eigentlichen Rechtsinhabers ab, während letztere auf einer freiwillig erteilten Ermächtigung durch den Rechtsinhaber beruht, d.h. von dessen Willen abhängt.

3 Die Regelung in § 11 LkSG ist als gewillkürte Prozessstandschaft einzuordnen,[3] weil sie ausweislich des Normtextes von der Ermächtigung des betroffenen Rechtsinhabers abhängt und nicht etwa schon kraft Gesetzes ohne Rücksicht auf den Willen des Betroffenen besteht. Wenn die Gesetzesbegründung fehlerhaft von einem „besonderen Fall der gesetzlichen Prozessstandschaft" spricht,[4] so liegt hier ein Missverständnis vor. Es handelt sich vielmehr um einen besonderen Fall der *gewillkürten* Prozessstandschaft, in dem nur die Zulässigkeit derselben gesetzlich geregelt ist. Dies hat folgenden Hintergrund: Die gewillkürte Prozessstandschaft ist im deutschen Verfahrensrecht von der Rechtsprechung zwar im Grundsatz anerkannt,[5] ihre Notwendigkeit wird in der Literatur aber mit guten Gründen bestritten: Es gibt genügend andere dogmatische Strukturen, in denen ein Prozess über ein fremdes Recht geführt werden kann, nämlich insbesondere durch Stellvertretung oder durch Abtretung des materiell-rechtlichen Anspruchs.[6] Auch die herrschende Auffassung, die das Konstrukt der gewillkürten Prozessstandschaft anerkennt, sieht diese jedoch als Ausnahme, die durch einen besonderen Grund zu rechtfertigen ist. Daher reicht auch nach dieser herrschenden Auffassung die bloße Ermächtigung durch den Rechtsinhaber nicht aus, sondern es muss noch ein weiteres Element hinzutreten, das üblicherweise als „eigenes schutzwürdiges Interesse des Ermächtigten an der Prozessführung im eigenen Namen" umschrieben wird.[7]

---

1 Zur Gesetzesgeschichte s. etwa *Rühl/Knauer* JZ **2022** 105, 107 f.; *Schneider* ZIP **2022** 407 ff.
2 Grabosch/*Engel* S. 199.
3 *Wagner* ZIP **2021** 1095, 1101.
4 BT Drs. 19/28649 S. 52.
5 BGH Urt. v. 3.12.1987 = BGHZ **102** 293, 296.
6 *Koch* JZ **1984** 809, 815; krit. auch *Schack* Rn. 767; *Stamm* ZZP **132** (2019) 411 ff.
7 BGH Urt. v. 3.12.1987 = BGHZ **102** 293, 296; Zöller/*Althammer* ZPO Rn. 40 vor § 50 m.w.N.

Die Anforderungen an dieses schutzwürdige Eigeninteresse des Ermächtigten sind im Einzelnen umstritten.[8] Sie müssen hier auch nicht weiter erörtert werden, da genau hier die gesetzliche Regelung des § 11 LkSG eingreift: Sie postuliert, dass die gewillkürte Prozessstandschaft im Anwendungsbereich dieser Vorschrift zulässig ist, und dass in diesen Fällen die Ermächtigung des Rechtsinhabers ausreicht. Eine besondere Prüfung des schutzwürdigen Eigeninteresses des Ermächtigten an der Prozessführung entfällt dann, und die Prozessstandschaft ist in den Fällen des § 11 LkSG kraft Gesetzes zulässig. Vor diesem Hintergrund wird auch die missverständliche Formulierung in der Gesetzesbegründung klarer: § 11 LkSG ist ein Fall der gewillkürten Prozessstandschaft, in dem aber – anders als in den ansonsten in Literatur und Rechtsprechung diskutierten Fällen – die Voraussetzung des Eigeninteresses des Ermächtigten durch eine für bestimmte Fälle gesetzlich ausgesprochene Zulässigkeit ersetzt wird. 4

C. Tatbestandsvoraussetzungen

Die Vorschrift des § 11 enthält verschiedene Voraussetzungen, die kumulativ erfüllt sein müssen, damit die gewillkürte Prozessstandschaft aufgrund dieser Vorschrift zulässig ist. 5

I. Erfasste Ansprüche (Abs. 1)

1. Geltendmachung im Zivilprozess

Die Vorschrift bezieht sich ausschließlich auf das Zivilverfahren vor den ordentlichen Gerichten. 6
Dies ergibt sich schon aus der davorstehenden Abschnittsüberschrift „Abschnitt 3: Zivilprozess." Dieser Abschnitt des Gesetzes besteht nur aus § 11, und danach schließt sich ein anderer Abschnitt zur „behördlichen Kontrolle und Durchsetzung" an (§§ 12 ff.), für den der § 11 ersichtlich nicht gelten soll. Daher gilt § 11 LkSG nicht für Ansprüche, die auf dem Verwaltungsrechtsweg durchzusetzen wären, wie etwa ein theoretisch denkbarer Anspruch auf Einschreiten gegen die zuständige Behörde.[9]

Es ist allerdings etwas zu eng, wenn daraus gefolgert wird, dass § 11 LkSG ausschließlich 7
„zivilrechtliche Ansprüche" beträfe.[10] Jedenfalls Amts- oder Staatshaftungsansprüche wird man eher nicht als zivilrechtliche Ansprüche qualifizieren, und dennoch sind sie gemäß § 40 Abs. 2 Satz 1 VwGO den Zivilgerichten ausdrücklich zugewiesen. Auch solche Streitigkeiten werden daher gemäß ZPO durchgeführt, und zwar wegen § 71 Abs. 2 Nr. 2 GVG vor den Landgerichten. Sie sind daher „Zivilprozess" im Sinne der Abschnittsüberschrift zu der vorliegenden Norm. Im Ergebnis findet § 11 LkSG daher nicht nur auf zivilrechtliche Ansprüche im engeren Sinne Anwendung, sondern auf alle nach den Regeln der ZPO durchgeführten Verfahren vor den ordentlichen Gerichten, einschließlich der Geltendmachung von Amts- oder Staatshaftungsansprüchen. Zur Frage des persönlichen Anwendungsbereichs des Gesetzes (§ 1) s. unten bei Rn. 12 f.

2. Keine Ansprüche aus dem LkSG selbst

Da das vorliegende Gesetz selbst keinerlei Anspruchsgrundlagen zu Gunsten der Opfer von Men- 8
schenrechtsverletzungen enthält, ja solche sogar explizit ausschließt (§ 3 Abs. 3 LkSG), kann sich die Vorschrift des § 11 LkSG nur auf solche Ansprüche beziehen, die unabhängig vom LkSG be-

8 Überblick z.B. bei *Wagner* ZIP **2021** 1095, 1101.
9 *Wagner* ZIP **2021** 1095, 1101.
10 So aber Gehling/Ott *Steinbrück* § 11 Rn. 2.

gründet werden.[11] In Betracht kommen daher insbesondere deliktsrechtlich begründete oder sonstige außervertragliche Ansprüche. Aber auch vertragliche Ansprüche, sofern solche geltend gemacht werden, gehören zum Anwendungsbereich der Vorschrift.

3. Anwendbares Recht irrelevant

9 Die Vorschrift des § 11 LkSG gilt für alle Zivilverfahren vor deutschen Gerichten, auch wenn es sich um einen Fall mit mehr oder weniger ausgeprägter Auslandsberührung handelt. Dies liegt daran, dass die Frage nach der Zulässigkeit einer gewillkürten Prozessstandschaft stets dem Prozessrecht der *lex fori* unterliegt.[12]

10 Der Anwendungsbereich des § 11 LkSG umfasst daher alle im Zivilprozess geltend gemachten Ansprüche ohne Rücksicht darauf, welchem anwendbaren Recht diese unterliegen mögen. Dies ergibt sich schon aus dem allgemeinen Grundsatz *iura novit curia*, nach dem ja ein rechtlicher Vortrag in einer Klage weder erforderlich noch für das Gericht bindend ist; daher muss weder zum deutschen noch zu einem ausländischen Recht vorgetragen werden.[13] Es ist ausreichend, wenn in der Klageschrift Tatsachen behauptet werden, aus denen sich die Verletzung einer „überragend wichtigen Rechtsposition" (dazu unten, Rn. 14 ff.) ergibt, Angaben zum anwendbaren Recht sind nicht erforderlich.

11 Es ist daher nicht nachvollziehbar, wenn in der Literatur erwogen wird, den Anwendungsbereich von § 11 LkSG auf Fälle zu beschränken, in denen deutsches materielles Recht zur Anwendung kommt oder in denen „absolute Rechte" im deutschen Sinne eine Rolle spielen würden.[14]

4. Nur Ansprüche gegen Unternehmen im Sinne des § 1 LkSG?

12 Die Vorschrift des § 11 LkSG sagt nichts darüber aus, gegen wen die entsprechenden Ansprüche geltend gemacht werden. Ausreichend ist die behauptete Verletzung einer „überragend wichtigen Rechtsposition aus § 2 Abs. 1" (dazu sogleich bei Rn. 14 ff.). Welchen Beitrag der Beklagte zu dieser Verletzung geleistet hat, spielt für die Anwendung des § 11 als Zulässigkeitsvoraussetzung zunächst keine Rolle, sondern betrifft die Begründetheit der Klage. Daher könnte eine auf § 11 LkSG gestützte Prozessstandschaft nach dem Wortlaut dieser Vorschrift auch möglich sein, wenn die Klage sich gegen ein Vorstandsmitglied oder eine sonstige Leitungsperson eines Unternehmens richtet, wenn diese Leitungsperson für die Rechtsverletzung verantwortlich gemacht wird. Dagegen könnte man jedoch einwenden, dass sich das gesamte Gesetz ausweislich seines § 1 Abs. 1 nur auf „Unternehmen" bezieht und nicht etwa auf die in diesen Unternehmen handelnden Mitarbeiter.

13 Die Lösung ist hier im Sinn und Zweck der jeweiligen Vorschriften zu suchen. Die Vorschrift des § 1 dient dazu, kleinere Unternehmen von den Verpflichtungen aus dem Gesetz freizuhalten, wohl aus Effizienz- und Verhältnismäßigkeitsgründen. In § 11 LkSG geht es aber gar nicht um die materiell-rechtlichen Verpflichtungen aus dem vorliegenden Gesetz, welches ja ausweislich seines § 3 Abs. 3 gar keine zivilrechtlichen Ansprüche begründet. Es geht nur um Zulässigkeitsvoraussetzungen einer Klage, die materiell-rechtlich auf sonstige Vorschriften in ganz anderen Gesetzen gestützt wird. Insofern hat § 11 LkSG mit dem in § 1 LkSG intendierten Schutz kleinerer Unternehmen kaum etwas zu tun. Hinzu kommt die Betrachtung im Falle einer Streitgenossenschaft: Im

---

11 Ebenso *Ehmann/Berg* GWR **2021** 287, 291; E. Wagner/Rutloff/S. Wagner/*E. Wagner/S. Wagner/Holtz* Rn. 2047.

12 BGH Urt. v. 6.5.1981 = NJW **1981** 2640; Urt. v. 24.2.1994 = NJW **1994** 2549; *Schack* Rn. 677 f.

13 Vgl. nur *Schack* Rn. 751 f.

14 So aber bei E. Wagner/Rutloff/S. Wagner/*E. Wagner/S. Wagner/Holtz* Rn. 2054. Das dort vorgetragene Argument, es müsse eine Verletzung „absoluter Rechte" in Rede stehen, findet entgegen der Behauptung bei Rn. 2052 in der Gesetzesbegründung keine Stütze, denn „überragend wichtige Rechtspositionen" sind nicht gleichzusetzen mit „absoluten Rechten" Sinne einer deutschen zivilrechtlichen Dogmatik.

Falle einer behaupteten Menschenrechtsverletzung mag es nicht ganz fernliegend sein, sowohl das Unternehmen zu verklagen wie auch bestimmte als verantwortlich angesehene Leitungspersonen. Dies kann normalerweise als subjektive Klagehäufung in Form der Streitgenossenschaft geschehen. Zwar entstehen dann unterschiedliche Prozessrechtsverhältnisse, für die jeweils alle Prozessvoraussetzungen vorliegen müssen, aber es erscheint aus Effizienzgründen nicht gerade sinnvoll, die Zulässigkeit der Prozessstandschaft jeweils unterschiedlich zu bewerten. Von daher sollte die Anwendbarkeit des § 11 LkSG nicht davon abhängen, wer im konkreten Falle Beklagter ist, sondern nur von den in der Vorschrift genannten Voraussetzungen.

5. Überragend wichtige Rechtsposition aus § 2 Abs. 1 LkSG

Die wichtigste dieser Voraussetzungen besteht darin, dass sich die Prozessstandschaft nur auf solche Ansprüche beziehen kann, die mit der Verletzung einer „überragend wichtigen Rechtsposition aus § 2 Abs. 1“ begründet werden. Ausweislich der Gesetzesbegründung soll damit ausgedrückt werden, dass nur „ein Teil der in § 2 Abs. 1 in Bezug genommenen Menschenrechte“ von § 11 LkSG umfasst sein soll, als Beispiel wird „Leib und Leben“ genannt.[15] Dadurch entsteht eine erhebliche Rechtsunsicherheit für den Prozessstandschafter, da die Klage möglicherweise unzulässig ist, wenn das Gericht entscheidet, dass die behauptete Verletzung nicht in diesen engeren Kreis von Rechtspositionen fällt. 14

Will man daher den Inhalt dieser „überragend wichtigen Rechtspositionen“ näher bestimmen, so bildet der in § 2 Abs. 1 LkSG enthaltene Verweis auf die in Nummern 1 bis 11 der Gesetzesanlage genannten Übereinkommen den Ausgangspunkt. Nur diese kommen als von § 11 LkSG umfasste Rechtspositionen in Betracht.[16] Soweit in der Literatur auch erwogen wird, zusätzlich auf Rechtspositionen zurückzugreifen, die in der langen Liste des § 2 Abs. 2 enthalten sind,[17] so kann dem angesichts des klaren Wortlauts in § 11 Abs. 1 nicht gefolgt werden. Dieser verweist eben nur auf § 2 Abs. 1 und damit nur auf die Nummern 1 bis 11 der Anlage zum Gesetz. 15

Somit ist zu untersuchen, welche dieser in Nummern 1 bis 11 der Anlage genannten völkerrechtlichen Verträge „überragend wichtige“ Rechtspositionen begründen. Außerdem könnte man innerhalb der jeweiligen Verträge noch differenzieren, ob es dort unterschiedliche Wertigkeiten von Rechtspositionen gibt, da es ja theoretisch nicht ausgeschlossen ist, dass in einem Vertrag zugleich sehr wichtige und weniger wichtige Dinge geregelt sind. Die damit verbundene Komplexität der Abwägung zeigt nur, wie fragwürdig diese Abgrenzung ist. Da sie aber vom Gesetzgeber angeordnet ist, soll hier ein erster Blick auf die jeweiligen völkerrechtlichen Verträge geworfen werden und der Frage nachgegangen werden, ob diese „überragend wichtige“ Rechtspositionen enthalten. 16

Die ILO-Übereinkommen Nr. 29 und Nr. 105 zu Zwangsarbeit (Nr. 1 und Nr. 6 der Anlage zum LkSG) sind überragend wichtig, denn Zwangsarbeit knechtet den Menschen und beraubt ihn seiner Freiheit. Das zugehörige Protokoll (Nr. 2 der Anlage zum LkSG) betrifft Maßnahmen gegen Zwangsarbeit und ist daher ebenso wichtig. Die Vereinigungsfreiheit (betroffen in Nr. 3 der Anlage zum LkSG) und das Recht auf Kollektivverhandlungen (Nr. 4 der Anlage zum LkSG) wird man dagegen als weniger wichtig einschätzen müssen, zumal wenn man den Vergleich zu „Leib und Leben“ zieht, die in der Gesetzesbegründung beispielhaft genannt sind. 17

Die Übereinkommen gegen Diskriminierung und gegen geschlechterspezifische Ungleichheit bei der Entlohnung (Nr. 5 und Nr. 7 der Anlage zum LkSG) sind etwas schwieriger zu beurteilen: Einerseits sind Ungleichheitserfahrungen tendenziell weniger einschneidend und weniger dramatisch als eine Verletzung von Leib, Leben oder Freiheit. Andererseits gehört gerade der Gedanke der Gleichheit und Gleichberechtigung aller Menschen zu den zentralsten menschenrechtlichen 18

15 BT Drs. 19/28649 S. 52.

16 Gehling/Ott/*Steinbrück* § 11 Rn. 14.

17 So wohl *Rothermel* § 11 Rn. 7.

Vorstellungen mindestens seit der amerikanischen Unabhängigkeitserklärung von 1776 und der französischen Erklärung der Menschen- und Bürgerrechte von 1789. Aufgrund dieser historischen und zentralen menschenrechtlichen Bedeutung sollten daher auch die entsprechenden Diskriminierungsverbote in den ILO-Übereinkommen Nr. 100 und Nr. 111 als „überragend wichtig" im Sinne des § 11 LkSG eingestuft werden.

19 In Nr. 8 und Nr. 9 der Anlage zum LkSG sind weitere ILO-Übereinkommen genannt, die sich gegen Kinderarbeit richten. Kinderarbeit kann zu schweren gesundheitlichen Schäden und zu Verzögerungen oder Störungen der kindlichen Entwicklung führen, daher ist hier durchaus ein enger Zusammenhang zu dem vom deutschen Gesetzgeber beispielhaft genannten Schutz von „Leib und Leben" zu sehen. Somit sind auch diese Übereinkommen als „überragend wichtig" im Sinne des § 11 LkSG anzusehen.[18]

20 Bei dem internationalen Pakt über bürgerliche und politische Rechte („Zivilpakt", Nr. 10 der Anlage zum LkSG) und dem „verschwisterten" Pakt über wirtschaftliche, soziale und kulturelle Rechte („Sozialpakt", Nr. 11 der Anlage zum LkSG) handelt es sich um zentrale völkerrechtliche Dokumente, mit denen Meilensteine in der weltweiten Anerkennung und Kodifikation der Menschenrechte geschaffen wurden. Der Zivilpakt enthält zentrale Menschenrechte wie etwa das Recht auf Leben, das Verbot von Folter und Sklaverei sowie grundlegende rechtsstaatliche Freiheitsgarantien. Hier handelt es sich eindeutig um „überragend wichtige Rechtspositionen" im Sinne des § 11 LkSG. Etwas anders mag es beim „Sozialpakt" liegen, der weniger die Abwehr staatlicher Eingriffe als vielmehr bestimmte sozialstaatliche Garantien und Leistungsansprüche betrifft; hier kann man vermutlich nicht alle Bestandteile des Vertragswerks als „überragend wichtige Rechtspositionen" im Sinne des § 11 LkSG qualifizieren.

21 Im Ergebnis sind also aus der Anlage zum LkSG mindestens die Nummern 1 und 2 sowie 4 bis 10 als Dokumente zu qualifizieren, aus denen sich „überragend wichtige Rechtspositionen" im Sinne des § 11 LkSG ergeben können.

22 In der Literatur findet sich auch ein etwas abweichender Ansatz, der diese Dokumente nicht nach ihrem ggf. mehr oder weniger wichtigem Inhalt beurteilen will, sondern danach, ob sich daraus nach dem jeweils anwendbaren Sachrecht deliktsrechtliche Ansprüche ergeben: Immer wenn dies der Fall sei, d.h. wenn ein deliktsrechtlicher Anspruch bestehe, sei auch das Merkmal der „überragenden Wichtigkeit" dieser Rechtsposition gegeben.[19] Diese Lesart will nicht recht überzeugen, weil sie das im Gesetz ausdrücklich enthaltene Merkmal der „überragenden Wichtigkeit" obsolet macht: Die „überrragend wichtige" Rechtsposition im Sinne des § 11 LkSG habe gegenüber der „geschützten Rechtsposition" in § 2 Abs. 1 LkSG „keine eigenständige Bedeutung".[20] Das ist aber nicht mit der ausdrücklichen Erläuterung in der Gesetzesbegründung vereinbar, wonach nur „ein Teil der in § 2 Abs. 1 in Bezug genommenen Menschenrechte im Wege einer Prozessstandschaft geltend gemacht" werden dürfe.[21]

II. Anforderungen an den Prozessstandschafter

1. Parteifähigkeit

23 Der Prozessstandschafter ist Partei des Verfahrens und muss daher schon nach allgemeinen Regeln parteifähig sein (§ 50 ZPO). Dies wird aber in der Regel unproblematisch sein, da auch Gewerkschaften[22] und nicht rechtsfähige Vereine (§ 50 Abs. 2 ZPO) parteifähig sind.

18 Ebenso *Harings/Jürgens* RdTW **2021** 297, 300.
19 Gehling/Ott/*Steinbrück* § 11 Rn. 16.
20 Gehling/Ott/*Steinbrück* § 11 Rn. 16.
21 BT-Drs. 19/28469 S. 52.
22 BGH Urt. v. 11.7.1968 = BGHZ **50** 325.

2. Inländische Gewerkschaft oder Nichtregierungsorganisation (§ 11 Abs. 1)

a) Gewerkschaft. Der Begriff der Gewerkschaft ist im deutschen Recht seit langem etabliert und wird normalerweise in der Terminologie des Art. 9 Abs. 3 Satz 1 GG umschrieben als „Vereinigung zur Wahrung und Förderung der Arbeits- und Wirtschaftsbedingungen".[23] Soweit dieser verfassungsrechtliche Begriff weiter sein sollte als derjenige der Gewerkschaft im Sinne des Arbeitsrechts (etwa in § 2 Abs. 1 TVG) sollte hier einer weiten Auslegung der Vorzug gegeben werden: Es geht in § 11 LkSG nicht um spezifisch arbeitsrechtliche Befugnisse von Gewerkschaften, sondern um eine allgemeine Unterstützung und Interessenwahrnehmung für von Menschenrechtsverletzungen betroffene Personen. 24

b) Nichtregierungsorganisation. Der Begriff der Nichtregierungsorganisation ist dagegen rechtlich noch eher unbestimmt. In der Literatur werden teilweise Definitionsversuche unternommen, nach denen eine Nichtregierungsorganisation „von Vertretern der Zivilgesellschaft gegründet" sei, „nicht durch ein öffentliches Mandat legitimiert" sei und sich „insbesondere sozial- und umweltpolitisch" engagiere.[24] Historisch handelt es sich um einen Begriff, mit dem bestimmte Interessengruppen sich eine besondere Legitimation verschaffen wollten und damit insbesondere ein Teilnahme- oder Anhörungsrecht bei internationalen Konferenzen erreichten. Im vorliegenden Kontext sollte man zwei Anforderungen stellen: Erstens ist eine idealistische Zwecksetzung erforderlich, d.h. gewinnorientierte Unternehmen gehören nicht zu den „Nichtregierungsorganisationen" im Sinne dieser Vorschrift (s. unten zum Merkmal „nicht gewerbsmäßig"). Jeder Idealverein (§ 21 BGB) erfüllt damit diese Anforderungen, in Betracht kommen aber auch gemeinnützige Stiftungen oder eine gemeinnützige GmbH. 25

Soweit in der Literatur behauptet wird, die Regierungsbegründung wolle nur „körperschaftlich verfasste Verbände" zulassen,[25] kann dem nicht gefolgt werden. Die Regierungsbegründung erwägt zwar als Beispiel für parteifähige Arbeitnehmervereinigungen „körperschaftlich organisierte Untergliederungen von Gewerkschaften,"[26] schließt aber Stiftungen nicht aus.[27] Auch Stiftungen kann man als „Organisationen" bezeichnen, und es ist kein sachlicher Grund ersichtlich, warum man einer Stiftung, deren Zweck etwa in der Förderung und Durchsetzung von Menschenrechten liegt, nicht auch die Befugnis gemäß § 11 gewähren sollte. 26

Zweitens muss bei dieser Organisation ein „Nichtregierungs"-Charakter bestehen. Damit ist gemeint, dass die Organisation zumindest organisatorisch nicht zur öffentlich-rechtlich verfassten Staatsgewalt gehört. Es muss sich daher um privatrechtlich organisierte Rechtssubjekte handeln wie etwa die bereits genannten Vereine, Stiftungen oder gemeinnützige Gesellschaften. Nicht ganz einfach ist die Abgrenzung, wenn zwar eine solche privatrechtliche Organisationsform vorliegt, die Finanzierung der Organisation aber ganz überwiegend von der Regierung stammt. Dies ist etwa bei manchen Verbraucherzentralen der Fall, die zwar in privater Rechtsform (e. V.) bestehen, aber deren Finanzierung bis zu 90 % (so beim VZBV e.V.) aus staatlichen Zuwendungen erfolgt. Man wird aber auch eine solche Einrichtung gerade noch als „Nichtregierungsorganisation" bezeichnen können, da der staatliche Einfluss nur mittelbar über die Finanzierung erfolgt und zumindest formal eine privatrechtliche Entscheidungsstruktur besteht. Es gibt keine unmittelbaren Weisungsbefugnisse des Staates gegenüber diesen Organisationen, auch wenn der Entzug der Finanzierung faktisch eine gewichtige Sanktion darstellen kann. Daher können auch staatlich geförderte Einrichtungen als Nichtregierungsorganisationen im Sinne der Vorschrift gelten. 27

23 So auch im vorliegenden Kontext Gehling/Ott/*Steinbrück* § 11 Rn. 21.
24 Gehling/Ott/*Steinbrück* § 11 Rn. 22.
25 Gehling/Ott/*Steinbrück* § 11 Rn. 20 mit fehlerhaftem Verweis auf BT-Drs. 19/28649 S. 53.
26 BT-Drs. 19/28649 S. 53.
27 Für die Einbeziehung von Stiftungen auch Johann/Sangi/*Wildfeuer* § 11 Rn. 10.

28 **c) „Inländische“ Gewerkschaft oder Nichtregierungsorganisation.** Mit dem Merkmal „inländisch“, das in Absatz 1 verwendet wird, soll ausweislich der Gesetzesbegründung gemeint sein, dass die jeweilige Gewerkschaft oder Nichtregierungsorganisation ihren Sitz in der Bundesrepublik Deutschland haben muss.[28] Dabei wird nicht gesagt, ob hier der tatsächliche Verwaltungssitz gemeint sein soll oder ein bloßer Satzungs- oder Registersitz. Im Zweifel sollte wohl eines von beiden ausreichen. Wenn etwa ein Verein in Deutschland in das Vereinsregister eingetragen ist, aber der Vorstand sich – ggf. auch nur zeitweise – im Ausland aufhält, kann man trotzdem noch ohne weiteres von einem „inländischen“ Verein sprechen. In der Literatur wird z.T. auf den Verwaltungssitz und nicht auf den Registersitz abgestellt, um „eine reine Briefkastenfirma mit bloß inländischem Satzungssitz“ auszuschließen.[29] Eine solche „Briefkasten“-Organisation, die in Deutschland faktisch gar nicht tätig ist, würde aber auch an den Voraussetzungen des Absatz 2 scheitern, der ja eine „auf Dauer angelegte eigene Präsenz“ in Deutschland fordert. Es besteht daher kein Grund, sich bei der Voraussetzung eines inländischen Sitzes nur auf den Verwaltungssitz zu beschränken.

29 Davon unabhängig zu betrachten ist die Frage nach der Parteifähigkeit, für welche ohnehin die allgemeinen Regeln des Zivilverfahrensrechts gelten. Im Grundsatz gilt hier gemäß § 50 ZPO die Kongruenz von Rechts- und Parteifähigkeit, so dass hier zunächst die Rechtsfähigkeit nach den anwendbaren Regeln des Kollisionsrechts zu ermitteln ist. Inwieweit ausnahmsweise auch auf ausländisches Prozessrecht Rücksicht zu nehmen ist, ist jedoch umstritten; insofern wird auf das allgemeine zivilverfahrensrechtliche Schrifttum verwiesen.[30]

30 Soweit die Vorschrift des § 11 LkSG Organisationen aus anderen Mitgliedstaaten der Europäischen Union von der Befugnis zur Prozessstandschaft ausschließen möchte, erscheint dies mit dem in Art. 18 AEUV enthaltenen europarechtlichen Diskriminierungsverbot kaum vereinbar.[31] Zwar spricht der Vertrag dort von „Staatsangehörigkeit“, so dass man vom Wortlaut her eher an natürliche Personen denken könnte. Der Europäische Gerichtshof hat in seiner Rechtsprechung jedoch klargestellt, dass das Diskriminierungsverbot auch für juristische Personen gilt, deren „Staatsangehörigkeit“ dann über den Sitz bestimmt wird.[32] Insofern muss man die vorliegende Vorschrift europarechtskonform dahingehend auslegen, dass der geforderte „inländische“ Sitz als Sitz innerhalb der Europäischen Union zu verstehen ist.

3. Auf Dauer angelegte eigene Präsenz (§ 11 Abs. 2)

31 Weiterhin fordert das Gesetz in Absatz 2, dass die Gewerkschaft oder Nichtregierungsorganisation eine „auf Dauer angelegte Präsenz“ unterhält, womit eine Präsenz im Inland gemeint ist, wie sich indirekt aus der Regierungsbegründung ergibt.[33] Dies ist europarechtlich unbedenklich, da es hier nicht um die Staatsangehörigkeit oder den Verwaltungs- oder Registersitz geht, sondern nur um Aktivitäten im Inland, die auch eine Organisation aus dem EU-Ausland entfalten kann. Welcher Art diese „Präsenz“ sein muss, ist unklar. Die Gesetzesbegründung fordert, dass die Aktivitäten der Organisation „nicht nur vorübergehend“[34] sein dürfen und erläutert damit aber nur das Merkmal „auf Dauer angelegt.“ Ob damit wirklich Organisationen ausgeschlossen werden sollen,

---

28 BT-Drs. 19/28649 S. 54, allerdings zu Absatz 2.

29 Johann/Sangi/*Wildfeuer* § 11 Rn. 11.

30 Vgl. etwa Peifer/*Halfmeier* Großkommentar UWG, 3. Aufl. 2021, Einleitung E Rn. 73 ff. m.w.N.

31 Zweifelnd auch *Stöbener de Mora/Noll* NZG **2021** 1285, 1287, allerdings unter Bezug auf die europarechtlichen Niederlassungs- und Dienstleistungsfreiheiten, die hier weniger passend erscheinen als das allgemeine Diskriminierungsverbot des Art. 18 AEUV.

32 Vgl. nur EuGH Urt. v. 18.3.2014, Rs. C-628/11 (*International Jet Management*) Rn. 64; ebenso und m.w.N. von Grabitz/Hilf/Nettesheim/*Bogdandy* Das Recht der Europäischen Union, Art. 18 AEUV Rn. 29.

33 BT-Drs. 19/28649 S. 53; ebenso Gehling/Ott/*Steinbrück* § 11 Rn. 23.

34 BT-Drs. 19/28649 S. 53.

die sich aus Anlass eines konkreten Schadensfalles bilden,[35] erscheint jedoch zweifelhaft. Es ist durchaus vorstellbar, dass ein bestimmter Schadensfall zum Anlass genommen wird, sich von nun an dauerhaft für bestimmte Ziele einzusetzen. Daher kann die ausreichende Präsenz im Inland nur durch eine Einzelfallbetrachtung bestimmt werden. Entscheidend ist, dass die fragliche Organisation in Deutschland Aktivitäten im Hinblick auf die idealistische Zielsetzung entfaltet.

Ein Büro mit ladungsfähiger Anschrift in Deutschland indiziert sicherlich eine solche Aktivi- 32 tät, ist aber nicht zwingende Voraussetzung.[36] Eine Anlehnung an den handelsrechtlichen Begriff der Zweigniederlassung (§ 13 HGB)[37] scheidet schon deswegen aus, weil dieser auf kaufmännisches, d.h. regelmäßig gewinnorientiertes Handeln zugeschnitten ist, was bei den hier in Betracht kommenden Organisationen ja gerade nicht vorliegt. Insgesamt wird man hier nur diejenigen Organisationen ausschließen können, die keinerlei nennenswerte Aktivitäten in Deutschland entfalten.

4. Anforderungen an die Satzung (§ 11 Abs. 2)

Im Hinblick auf die Satzung der Organisation fordert Abs. 2, dass diese eine Gewinnorientierung 33 ausschließen muss („nicht gewerbsmäßig") und sich dauerhaft auf den Schutz der Menschenrechte oder ähnlicher Rechtspositionen als Zweck der Organisation festlegt. In welcher Weise dies geschehen soll, regelt das Gesetz nicht. Es ist methodisch jedenfalls nicht nachvollziehbar, hier die Anforderungen eines ganz anderen Gesetzes übernehmen zu wollen, namentlich jene des § 606 ZPO zur Musterfeststellungsklage.[38] Hätte der Gesetzgeber diese Anforderungen übernehmen wollen, so hätte er dorthin verwiesen. Es geht auch der Sache nach um etwas ganz anderes: In § 606 ZPO wird bestimmten Organisationen eine eigene Verbandsklagebefugnis – vergleichbar etwa mit §§ 1 und 2 UKlaG – eingeräumt, die zunächst einmal unabhängig von der Mandatierung durch einzelne Betroffene besteht. Dies ist aber in § 11 LkSG nicht der Fall, vielmehr geht es hier nur um die Durchsetzung fremder Rechtspositionen, wenn auch im eigenen Namen im Wege der Prozessstandschaft.[39]

Insbesondere ist es bei § 11 Abs. 2 LkSG nicht erforderlich, dass die betreffende Einrichtung 34 auch eine „aufklärende und beratende Tätigkeit" entfaltet, wie es für Verbraucherschutzorganisationen in § 606 Abs. 1 Satz 2 Nr. 3 ZPO geregelt ist. Die Zwecke der Organisation können auch auf andere Weise verfolgt werden, insbesondere durch juristische Aktivitäten. Eine Organisation, die etwa Opfer von Menschenrechtsverletzungen bei der Durchsetzung ihrer Rechte gerichtlich und/oder außergerichtlich dauerhaft unterstützen möchte, fällt daher eindeutig unter § 11 LkSG.[40]

Für das Merkmal der fehlenden Gewerbsmäßigkeit gelten die üblichen Maßstäbe, insbesonde- 35 re im Hinblick auf § 21 BGB. Eine steuerrechtlich bestehende Gemeinnützigkeit belegt immer zugleich die fehlende Gewerbsmäßigkeit. Gemeinnützigkeit im steuerrechtlichen Sinne ist aber nicht zwingend erforderlich. Es ist ohnehin unklar, wie mit der Tätigkeit als Prozessstandschafter für diesen ein Gewinn erzielt werden könnte, da ja auf Leistung an die Anspruchsinhaber und nicht an den Prozessstandschafter geklagt wird. Ein Gewinn könnte sich allenfalls dadurch ergeben, dass mit den betroffenen Anspruchsinhabern eine Gebührenvereinbarung zugunsten des Prozessstandschafters getroffen wird. Solange diese Gebühren sich aber im kostendeckenden Rahmen bewegen, ist die Schwelle zur Gewerbsmäßigkeit noch nicht überschritten.[41] Auch eine Ge-

35 So Gehling/Ott/*Steinbrück* § 11 Rn. 24.

36 **A.A.** Gehling/Ott/*Steinbrück* § 11 Rn. 23.

37 Dafür Gehling/Ott/*Steinbrück* a§ 11 bei Fn. 42.

38 So aber Gehling/Ott/*Steinbrück* § 11 Rn. 26 unter Verweis auf Rechtsprechung zu § 606 ZPO.

39 Auf die Unterschiede zwischen Prozessstandschaft und originärer Verbandsklage verweist mit Recht auch Grabosch/*Engel* S. 202.

40 **A.A.** wohl Gehling/Ott/*Steinbrück* § 11 Rn. 26.

41 Johann/Sangi/*Wildfeuer* § 11 Rn. 13 m.w.N.

winnerzielung durch Dritte – etwa durch den mandatierten Rechtsanwalt oder durch einen Prozessfinanzierer, der eine entsprechende Vereinbarung mit den Anspruchsinhabern oder mit dem Prozessstandschafter schließt – schadet der Befugnis zur Prozessstandschaft aus § 11 LkSG nicht.

III. Ermächtigung durch den Anspruchsinhaber

36 Bei der Prozessstandschaft gemäß § 11 LkSG handelt es sich um eine gewillkürte Prozessstandschaft, so dass schon nach allgemeinen Regeln eine entsprechende Willenserklärung des Rechtsinhabers notwendig ist. Diese wird in § 11 Abs. 1 LkSG als „Ermächtigung zur Prozessführung" durch den Rechtsinhaber bezeichnet. Die Gesetzesbegründung weist ausdrücklich darauf hin, dass diese Ermächtigung formlos und auch durch konkludentes Handeln erteilt werden kann.[42] In der Praxis ist aber eine sorgfältige Dokumentation anzuraten. Als Zulässigkeitsvoraussetzung muss die Ermächtigung spätestens bis zum Schluss der mündlichen Verhandlung vorliegen.[43]

D. Rechtsfolge

37 Sind die dargestellten Voraussetzungen des § 11 LkSG erfüllt, so ist die Prozessstandschaft zulässig.

38 In der Literatur wird teilweise die abweichende Ansicht vertreten, dass selbst bei Vorliegen der tatbestandlichen Voraussetzungen des § 11 LkSG nur eine „Vermutung" zugunsten der Zulässigkeit der Prozessstandschaft bestehe, die im Einzelfall vom Beklagten noch widerlegt werden könne.[44] Diese Auffassung findet im Gesetz keine Stütze und ist daher abzulehnen. In der Gesetzesbegründung wird sogar klargestellt, dass es bei Vorliegen der Voraussetzungen des § 11 „lediglich" noch der Ermächtigung des Betroffenen bedürfe, um die Prozessstandschaft zu begründen.[45] Für eine weitere Abwägung oder Widerlegung im Sinne einer bloßen Vermutungswirkung ist daher kein Raum. Dies wäre auch der Sache nach nicht sinnvoll, da die genannte abweichende Auffassung dann erklären müsste, unter welchen Voraussetzungen die angebliche Vermutung zugunsten der Zulässigkeit einer Prozessstandschaft erschüttert würde. Wollte man dafür auf die in der Rechtsprechung entwickelten allgemeinen Maßstäbe zur Zulässigkeit der gewillkürten Prozessstandschaft zurückgreifen, so wäre die Vorschrift des § 11 LkSG wiederum sinnlos. Man muss vielmehr davon ausgehen, dass § 11 LkSG die Zulässigkeit der gewillkürten Prozessstandschaft unter den in der Vorschrift genannten Voraussetzungen eindeutig anordnet. Es handelt sich nicht um eine bloße „Vermutung".

E. Alternativen

39 Die Prozessstandschaft gemäß § 11 LkSG ist ein neu geregelter, aber sicherlich nicht der einzig mögliche Weg, auf dem Ansprüchen wegen Menschenrechtsverletzungen zu besserer Durchsetzung verholfen werden könnte. Im Interesse eines Gesamtüberblicks und zwecks Abwägung verschiedener Optionen sollen im Folgenden noch einzelne prozess- oder materiell-rechtliche Alternativen aufgezeigt werden.

---

42 BT-Drs. 19/28649 S. 53 unter Verweis auf BGH GRUR **2008** 1108.
43 Gehling/Ott/*Steinbrück* § 11 Rn. 32 m.w.N.
44 *Wagner*/*Ruttloff* NJW **2021** 2145, 2150.
45 BT-Drs. 19/28649 S. 52.

I. Gewillkürte Prozessstandschaft nach allgemeinen Regeln

Die Sonderregelung zur Prozessstandschaft in § 11 LkSG ist nicht abschließend, d.h. sie schließt nicht aus, dass eine Prozessstandschaft auch nach allgemeinen Regeln begründet werden könnte. Dies kann vor allem dann relevant sein, wenn aus bestimmten Gründen die in § 11 LkSG enthaltenen Anforderungen an den Prozessstandschafter nicht erfüllt werden können, weil etwa nur eine Organisation aus dem Nicht-EU-Ausland in Betracht kommt oder eine gewinnorientierte Organisation die Klage führen möchte. In einem solchen Fall müssten die richterrechtlich entwickelten Voraussetzungen der Zulässigkeit einer gewillkürten Prozessstandschaft erfüllt werden. Diese werden von der Rechtsprechung insbesondere in einem eigenen – in der Regel wirtschaftlichen – Interesse des Prozessstandschafters an der Rechtsverfolgung gesehen, sofern nicht schutzwürdige Interessen des Beklagten entgegenstehen.[46] Ein schutzwürdiges Interesse des Prozessstandschafters bejaht der Bundesgerichtshof vor allem dann, wenn die Entscheidung Einfluss auf die eigene Rechtslage des Prozessstandschafters hat.[47] Dies wird bei eher idealistisch getriebenen Organisationen in der Regel nicht der Fall sein,[48] so dass diese Option voraussichtlich kaum praxisrelevant ist. Genau dies war ja auch ein Grund für den Gesetzgeber, in § 11 LkSG eine Sonderregelung zur Zulässigkeit der gewillkürten Prozessstandschaft zu schaffen. **40**

II. Subjektive Klagehäufung

Es ist allerdings nicht ganz klar, wozu man überhaupt das Institut der gewillkürten Prozessstandschaft benötigt. Dies gilt schon ganz allgemein,[49] aber erst recht in dem hier interessierenden Bereich der Durchsetzung von – in der Regel wohl deliktsrechtlich begründeten – Schadensersatzansprüchen. So erreichte etwa der „Kik"-Fall in Deutschland einiges Aufsehen im Hinblick auf behauptete Menschenrechtsverletzungen in Pakistan.[50] Eine Prozessstandschaft benötigte man dafür jedoch nicht, sondern die vier Kläger klagten als Streitgenossen im üblichen Wege der subjektiven Klagehäufung, ohne dass dies besondere prozessrechtliche Schwierigkeiten aufgeworfen hätte. Dieser Weg ist auch in Zukunft ohne weiteres gangbar, ohne dass man den § 11 LkSG dafür bräuchte. Dass die Kläger ideell, finanziell und organisatorisch durch bestimmte Organisationen unterstützt werden, findet außerhalb des Prozessrechts statt und ist auch ohne Rückgriff auf den § 11 LkSG jederzeit möglich. **41**

III. Abtretung an ein Klagevehikel

Eine weitere Möglichkeit der gebündelten Anspruchsdurchsetzung, die völlig unabhängig von § 11 LkSG besteht, ist die materiell-rechtliche Abtretung von Forderungen an ein Inkassovehikel. Dieses kann dann die abgetretenen Forderungen als Zessionar im eigenen Namen einklagen. Dieses Modell wird derzeit häufig genutzt, um Ansprüche im Bereich des Kartellrechts, im VW-Dieselskandal, bei Fluggastentschädigungen und in vielen anderen Bereichen durchzusetzen, in denen es typischerweise zahlreiche Geschädigte mit ähnlich strukturierten Ansprüchen gibt. Die Zulässigkeit dieser Abtretungskonstruktionen war zeitweise umstritten, insbesondere wenn sie in Verbindung mit einer Prozessfinanzierung durchgeführt wird. Inzwischen hat der Bundesgerichtshof **42**

---

46 Vgl. etwa BGH Urt. v. 3.12.1987 = BGHZ **102** 293, 296; vgl. auch die Erörterung der richterrechtlichen Lage bei *Wagner* ZIP **2021** 1095, 1101.

47 BGH Urt. v. 7.3.2017 = NJW **2017** 2352 Rn. 8.

48 *Wagner* ZIP **2021** 1095, 1101.

49 S. die Bedenken bei *Koch* JZ **1984** 809, 815; krit. auch *Schack* Rn. 767; *Stamm* ZZP **132** (2019) 411 ff.

50 LG Dortmund Urt. v. 10.1.2019 = IPRax **2019** 317.

diese Modelle aber recht deutlich für im Grundsatz zulässig erklärt,[51] so dass auch dieser Weg durchaus offensteht, wenn es in einem konkreten Schadensfall zahlreiche gleichartig Betroffene gibt.

IV. Verbandsklagen

43 Eine weitere Möglichkeit sind echte Verbandsklagen, d.h. solche Klagen, bei denen bestimmte klagebefugte Einrichtungen eine originäre Klagebefugnis haben, die zunächst nicht von der Ermächtigung durch einzelne Betroffene abhängt. Nach geltender Rechtslage Anfang 2023 sind dies vor allem die Unterlassungs- und Beseitigungsklagen gemäß § 8 UWG sowie §§ 1 und 2 UKlaG und die auf bestimmte Feststellungen gerichtete Musterfestellungsklage gemäß §§ 606 ff. ZPO. In Zukunft ist aufgrund der Umsetzung der EU-Verbandsklagenrichtlinie Nr. 2020/1828 auch eine Abhilfeklage zu erwarten, mit der ein Verband dann auch Schadensersatzansprüche durchsetzen könnte, soweit die Betroffenen als Verbraucher eingestuft werden können. Die genaue Regelung befand sich bei Drucklegung noch in der parlamentarischen Beratung (Entwurf eines „Verbraucherrechtedurchsetzungsgesetzes").

44 Die genannten Varianten der Verbandsklage haben jeweils ihre eigenen Voraussetzungen, sowohl was ihren inhaltlichen Gegenstand betrifft als auch im Hinblick auf die notwendigen Eigenschaften des Verbandsklägers. Sie sind daher für Ansprüche aufgrund behaupteter Menschenrechtsverletzungen sicherlich nicht flächendeckend anwendbar, könnten aber in bestimmten Fällen interessante Alternativen oder Ergänzungen bieten. Sofern man etwa den fraglichen Vorgang (auch) als Verletzung von Verbraucherrechten beschreiben könnte, kämen Ansprüche z.B. aus § 2 UKlaG oder eine Musterfeststellungsklage gemäß §§ 606 ff. ZPO in Betracht.[52] Will man nicht unmittelbar gegen Menschenrechtsverletzungen vorgehen, wohl aber gegen falsche und beschönigende Aussagen etwa im Kontext sogenannter „Nachhaltigkeitsberichte", so könnte darin ein Verstoß gegen das UWG liegen, gegen den mit einer Unterlassungsklage gemäß § 8 UWG vorgegangen werden könnte.[53]

---

51 BGH Urt. v. 13.6.2022 = NJW **2022** 3350.

52 Dazu *Koch* MDR **2022** 1, 5.

53 Dazu *Völzmann-Stickelbrock* WRP **2022** 1328; *Halfmeier/Herbold* WRP **2017** 1430.

ABSCHNITT 4 Behördliche Kontrolle und Durchsetzung

UNTERABSCHNITT 1 Berichtsprüfung

§ 12 Einreichung des Berichts

(1) Der Bericht nach § 10 Absatz 2 Satz 1 ist in deutscher Sprache und elektronisch über einen von der zuständigen Behörde bereitgestellten Zugang einzureichen.
(2) Der Bericht ist spätestens vier Monate nach dem Schluss des Geschäftsjahres, auf das er sich bezieht, einzureichen.

Übersicht

A. Überblick

§ 12 LkSG knüpft an die Erstellung des Berichts zur Erfüllung der Sorgfaltspflichten nach § 10 Abs. 2 LkSG an. Diesen hat das jeweilige Unternehmen auf seiner Internetseite zu veröffentlichen (§ 10 Abs. 2 S. 1 LkSG) und zugleich, allerdings zwingend in deutscher Sprache, der zuständigen Behörde zu übermitteln – § 12 LkSG regelt insofern das „Wie" (Abs. 1) und das „Wann" (Abs. 2), während die inhaltlichen Anforderungen unverändert § 10 Abs. 2 S. 2 LkSG zu entnehmen sind. 1

B. Norminhalt/Voraussetzungen

I. Zuständige Behörde

Zuständige Behörde i.S.v. § 12 Abs. 1 LkSG ist das BAFA. Dies folgt aus § 19 Abs. 1 S. 1 LkSG. Die Einreichung des Berichts beim BAFA ist Resultat und Ausdruck der bewussten gesetzgeberischen Entscheidung gegen eine Einbeziehung des Berichts nach § 10 Abs. 2 S. 1 LkSG in die Abschlussprüfung (vgl. § 317 Abs. 2 S. 4–6 HGB).[1] 2

II. Einreichung des Berichts in deutscher Sprache

§ 10 Abs. 2 S. 1 LkSG verlangt eine Veröffentlichung des Jahresberichts auf der unternehmenseigenen Internetseite, spezifiziert aber nicht, in welcher Sprache – unterdessen verlangt § 12 Abs. 1 3

1 Sowohl der Deutsche Anwaltverein als auch die Bundesvereinigung der Arbeitgeberverbände hatten eine Zusammenführung mit der nichtfinanziellen Erklärung und Einbeziehung in die Abschlussprüfung angeregt: Siehe Deutscher Bundestag, Ausschuss für Arbeit und Soziales, Ausschussdrucksache 19(11)1136, S. 73, 130.

https://doi.org/10.1515/9783110788976-014

LkSG für die Einreichung des Berichts beim BAFA eine Abfassung „in deutscher Sprache“. Die deutsche Sprache meint die (neu-) hochdeutsche Schriftsprache.[2]

4 § 12 LkSG nimmt auf den Bericht nach § 10 Abs. 2 S. 1 LkSG Bezug. Die Verwendung des bestimmten Artikels legt bereits nahe, dass es sich um ein- und dieselbe Version des auf der unternehmenseigenen Internetseite veröffentlichten Berichts handelt[3] – abgesehen von der etwaig erforderlichen Übersetzung ins Deutsche. Insbesondere sind dem BAFA Betriebs- und Geschäftsgeheimnisse, denen nach § 10 Abs. 4 LkSG „gebührend Rechnung“ getragen werden darf, nicht ungefragt[4] offenzulegen.[5] Es gibt also nur *einen* Berichtsinhalt. Konsequenterweise differenziert die Gesetzesbegründung nicht.[6]

5 In rechtlicher Hinsicht scheint § 12 Abs. 1 LkSG auf den ersten Blick sogar redundant. Schließlich legt bereits § 23 Abs. 1 VwVfG im Bereich der öffentlich-rechtlichen Verwaltungstätigkeit von Bundesbehörden (§ 1 Abs. 1 Nr. 1 VwVfG) fest, dass die deutsche Sprache Amtssprache ist. Auf den zweiten Blick stellt sich im Vergleich mit § 23 VwVfG indes die Frage, ob § 12 Abs. 1 LkSG die Anwendbarkeit von § 23 Abs. 2–4 VwVfG ausschließt. Danach sind insbesondere Eingaben in nichtdeutscher Sprache dennoch zu berücksichtigen; die Behörde müsste das Unternehmen dann auffordern, eine Übersetzung beizubringen und ggf. die Übersetzung auf Kosten des Unternehmens anordnen (vgl. § 23 Abs. 2 VwVfG). Der Wortlaut von § 12 Abs. 1 LkSG spricht in der Tat dafür, dass diese Möglichkeit nicht besteht. Insbesondere stellt er bereits auf den Akt der Einreichung des Berichts ab. Insofern ist § 12 Abs. 1 LkSG als abschließend anzusehen. So dürfte letztlich der Hinweis des BAFA, dass englischsprachige Bericht nicht akzeptiert werden, zu verstehen sein.[7]

6 In unionsrechtlicher Hinsicht wird in Bezug auf § 23 VwVfG diskutiert, ob insbesondere die Grundfreiheiten des AEUV den Grundsatz deutscher Amtssprache im Einzelfall überlagern können.[8] Diese Diskussion lässt sich nicht auf § 12 Abs. 1 LkSG übertragen. Denn Adressaten der Berichts- bzw. Einreichungspflicht sind lediglich große Unternehmen bzw. Zweigniederlassungen i.S.v. § 1 Abs. 1 LkSG. Für diese dürfte bereits keine Beschränkung einer Grundfreiheit anzunehmen sein.[9] Jedenfalls ließe sich eine Beschränkung im Einzelfall durch die Ziele des LkSG sowie die insoweit erforderliche Effektivität behördlicher Kontrolle rechtfertigen. Dies gilt im Ergebnis auch mit Blick auf Unternehmensgrößen i.S.v. Art. 2 Abs. 1, Abs. 2 CSDDD-E, der kleine und mittlere Unternehmen wegen des finanziellen und administrativen Aufwands bewusst ausnimmt.[10]

III. Elektronische Einreichung

7 Die Gesetzesbegründung zum LkSG sieht für die Einrichtung des Zugangs für die elektronische Übermittlung der Berichte sowie dessen Pflege (nur) ca. 0,2 Vollzeitäquivalentstellen vor.[11] Die Ermöglichung eines elektronischen Informationsaustausches mit dem BAFA (§ 12 Abs. 1 LkSG) ist selbigem keineswegs fremd. Das elektronische Portal ELAN-K2 dient bereits seit Langem der erleichterten

---

2 Vgl. BGH Beschl. v. 19.11.2002 – X ZB 23/01 = NJW **2003** 671.
3 So auch *Rothermel* § 12 Rn. 3.
4 Denkbar bleiben Auskunftsersuchen im Einzelfall (§ 17 LkSG).
5 *Lutz-Bachmann/Vorbeck/Wengenroth* BB **2021** 906, 911; im Ergebnis ebenso *Schäfer* ZLR **2022** 22, 52. Offen gelassen (zumindest bzgl. des Wortlauts) von *Wagner/Ruttloff* NJW **2021** 2145, 2147.
6 BT-Drs. 19/28649 S. 53. Siehe überdies *Wagner/Ruttloff* NJW **2021** 2145, 2148.
7 BAFA Antwort XIII.6. FAQ-LkSG, abrufbar unter https://www.bafa.de/DE/Lieferketten/Ueberblick/ueberblick_node.html (zuletzt aufgerufen am 10.2.2023).
8 Schoch/Schneider/*Rixen* § 23 VwVfG Rn. 26.
9 Maßstab wäre, ob das Spracherfordernis die Ausübung der Grundfreiheit behindert oder weniger attraktiv macht. Dazu nur EuGH, Urteil vom 30.11.2995, Rs. C-55/94 (ECLI:EU:C:1995:411), Rn. 37 – Gebhard.
10 Vorschlag vom 23.2.2022: COM(2022) 71 final. Siehe dort im Rahmen der Begründung die Ausführungen zur Verhältnismäßigkeit.
11 BT-Drs. 19/28649 S. 25.

Kommunikation mit Wirtschaftsbeteiligten, auf der Basis von § 3 AWV[12] etwa im Außenwirtschaftsverkehr. Der Gesetzesbegründung zufolge sei das Verfahren – anderweitige substantielle Vorstellungen äußert sie nicht – „so auszugestalten, dass sich der Aufwand für Unternehmen beim Ausfüllen der Eingabemasken entsprechend verringert, wenn sie keine Risiken festgestellt haben und deshalb lediglich eine kurze Erklärung abgeben müssen."[13] Das BAFA hat einen äußerst umfassenden Fragebogen mit offenen und geschlossenen Fragen erarbeitet, der § 10 Abs. 2 LkSG genügen soll,[14] und bestätigt, eine elektronische Eingabemöglichkeit zur Verfügung zu stellen. Unabhängig davon, ob der Berichtspflichtige den ausgefüllten Fragebogen oder einen ggf. besser lesbaren Bericht, sofern dieser mit § 10 Abs. 2 LkSG vereinbar ist, auf seiner Internetseite veröffentlicht – dem BAFA ist stets die veröffentlichte Berichtsversion zukommen zu lassen (vgl. Rn. 4).

IV. Frist

Die Einreichungsfrist nach § 12 Abs. 2 LkSG beträgt vier Monate. Dies divergiert nicht notwendigerweise von den Fristen zur Abgabe der nichtfinanziellen Erklärung i.S.d. HGB, vgl. § 289b Abs. 3 S. 1 Nr. 2 lit. b HGB. Die Frist beginnt mit dem Schluss des berichtsgegenständlichen Geschäftsjahres zu laufen und korrespondiert mit der Veröffentlichungsfrist nach § 10 Abs. 2 S. 1 LkSG. Das Geschäftsjahr bestimmt sich gesellschaftsrechtlich und ist insbesondere vom Kalenderjahr zu unterscheiden. Bei Umstellung des Geschäftsjahres ist, da § 12 Abs. 2 LkSG auf den jeweiligen „Schluss" abstellt, für das durch Umstellung beendete Geschäftsjahr ein gesonderter Abschlussbericht, für das neue Geschäftsjahr der nächste Bericht abzugeben. Mit Ablauf der Vier-Monats-Frist kann das BAFA (vgl. § 24 Abs. 5 S. 1 LkSG) ein Bußgeld verhängen, denn den Bericht nicht oder nicht rechtzeitig einzureichen stellt eine Ordnungswidrigkeit nach § 24 Abs. 1 Nr. 12 LkSG dar (hierzu sei im Einzelnen auf die Kommentierung von § 24 LkSG verwiesen). Nach Fristablauf fällt die Einreichungspflicht des § 12 Abs. 1 LkSG nicht etwa weg. Der Bericht ist vielmehr weiterhin einzureichen – nach Sinn und Zweck nunmehr unverzüglich. 8

Genügt der Bericht den inhaltlichen Anforderungen nicht und verlangt das BAFA daher Nachbesserung gemäß § 13 Abs. 2 LkSG, hat dies zur Folge, dass sich der Bericht „nach § 10 Absatz 2 Satz 1" LkSG (so § 13 Abs. 1 Nr. 1, Abs. 2 LkSG) inhaltlich verändert. Dann gilt es die nachgebesserte Fassung zusätzlich in deutscher Sprache zu erstellen, sofern nicht ohnehin geschehen, und diese beim BAFA einzureichen. Denn § 12 Abs. 1 LkSG verwendet den bestimmten Artikel und geht daher von dem einen Bericht nach § 10 Abs. 2 S. 1 LkSG, mithin der Endfassung aus; diese liegt aber erst vor, wenn allen inhaltlichen Postulaten Genüge getan ist. Die Nichtbefolgung einer Anordnung nach § 13 Abs. 2 LkSG stellt eine eigenständige Ordnungswidrigkeit dar (§ 24 Abs. 1 Nr. 13 LkSG). 9

Mangels Geltung von Sorgfaltspflichten im Jahr 2022 ist der Bericht erstmalig für Sachverhalte, die in das Jahr 2023 fallen, zu erstellen und beim BAFA einzureichen. Womöglich umfasst er nur wenige Monate, je nach Schluss des Geschäftsjahres. Das Vorliegen der Berichte wird das BAFA erstmalig zum Stichtag 1.6.2024 prüfen (vgl. auch § 13 Rn. 3).[15] Des ungeachtet sind sie fristgerecht einzureichen. 10

12 Näher dazu Hocke/Sachs/Pelz/*Schäffer* Außenwirtschaftsrecht, 2. Aufl. 2020, AWV, § 3 Rn. 5 f.

13 BT-Drs. 19/28649 S. 53.

14 Dazu BAFA Berichtspflicht, abrufbar unter https://www.bafa.de/DE/Lieferketten/Berichtspflicht/berichtspflicht_node.html (zuletzt aufgerufen am 10.2.2023).

15 BAFA Berichtspflicht, abrufbar unter https://www.bafa.de/DE/Lieferketten/Berichtspflicht/berichtspflicht_node.html (zuletzt aufgerufen am 10.2.2023).

§ 13 Behördliche Berichtsprüfung; Verordnungsermächtigung

(1) Die zuständige Behörde prüft, ob
   1. der Bericht nach § 10 Absatz 2 Satz 1 vorliegt und
   2. die Anforderungen nach § 10 Absatz 2 und 3 eingehalten wurden.

(2) Werden die Anforderungen nach § 10 Absatz 2 und 3 nicht erfüllt, kann die zuständige Behörde verlangen, dass das Unternehmen den Bericht innerhalb einer angemessenen Frist nachbessert.

(3) Das Bundesministerium für Arbeit und Soziales wird ermächtigt, durch Rechtsverordnung im Einvernehmen mit dem Bundesministerium für Wirtschaft und Energie ohne Zustimmung des Bundesrates folgende Verfahren näher zu regeln:
   1. das Verfahren der Einreichung des Berichts nach § 12 sowie
   2. das Verfahren der behördlichen Berichtsprüfung nach den Absätzen 1 und 2.

Übersicht

A. Übersicht

1 § 13 Abs. 1 LkSG knüpft an die Erstellung des Berichts zur Erfüllung der Sorgfaltspflichten nach § 10 Abs. 2 S. 1 LkSG und die Einreichung des Berichts bei der zuständigen Behörde nach § 12 LkSG an. § 13 Abs. 2 LkSG fungiert als Grundlage, um etwaig erforderliche Nachbesserungen in Bezug auf den Bericht zu verlangen. § 13 Abs. 3 LkSG dient unterdessen als Ermächtigungsgrundlage zum Erlass von Rechtsverordnungen.

B. Norminhalt/Voraussetzungen

I. Zuständige Behörde

2 Zuständige Behörde i.S.v. § 13 Abs. 1 und Abs. 2 LkSG ist das BAFA. Dies folgt aus § 19 Abs. 1 S. 1 LkSG. Die behördliche Zuständigkeit für die Berichtsprüfung ist Resultat und Ausdruck der bewussten gesetzgeberischen Entscheidung gegen eine Einbeziehung des Berichts nach § 10 Abs. 2 S. 1 LkSG in die Abschlussprüfung (vgl. § 317 Abs. 2 S. 4–6 HGB).[1]

II. Berichtsprüfung (Abs. 1)

3 Mit dem „Bericht nach § 10 Absatz 2 Satz 1“ LkSG nimmt Abs. 1 Nr. 1 nicht auf die in § 12 LkSG geregelte Einreichung des Berichts in deutscher Sprache beim BAFA Bezug. Zwar mag dies in systematischer Hinsicht naheliegen, weil § 13 LkSG direkt an § 12 LkSG anschließt. Der Wortlaut

1 Sowohl der Deutsche Anwaltverein als auch die Bundesvereinigung der Arbeitgeberverbände hatten eine Zusammenführung mit der nichtfinanziellen Erklärung und Einbeziehung in die Abschlussprüfung angeregt: Siehe Deutscher Bundestag, Ausschuss für Arbeit und Soziales, Ausschussdrucksache 19(11)1136, S. 73, 130.

https://doi.org/10.1515/9783110788976-015

aber ist klar: § 10 Abs. 2 S. 1 LkSG betrifft den „auf der Internetseite des Unternehmens für einen Zeitraum von sieben Jahren" zu veröffentlichenden Bericht. Die Prüfung nach § 13 Abs. 1 Nr. 1 LkSG beschränkt sich zunächst auf das bloße Vorliegen des Berichts auf der unternehmenseigenen Internetseite bzw. dessen Fehlen. Da § 10 Abs. 2 S. 1 LkSG selbst eine Veröffentlichungsdauer von sieben Jahren postuliert, erstreckt sich die Prüfungsbefugnis des BAFA nach § 13 Abs. 1 Nr. 1 LkSG auf die fortlaufende Verfügbarkeit des Berichts in diesem Zeitraum. Das Vorliegen der Berichte wird das BAFA laut eigener Aussage erstmalig zum Stichtag 1.6.2024 prüfen.[2] Des ungeachtet sind sie fristgerecht zu veröffentlichen und einzureichen. Soweit Berichte aufgrund eines vom Kalender- abweichenden Geschäftsjahres bereits deutlich vor diesem Stichtag veröffentlicht und eingereicht worden sind, widerspricht die angekündigte Praxis einer temporären Nichtprüfung der aus § 13 Abs. 1 LkSG folgenden gesetzlichen Prüfpflicht.

§ 13 Abs. 1 Nr. 2 LkSG verpflichtet das BAFA sodann zur Prüfung der inhaltlichen Anforderungen, wobei nicht § 13 LkSG, sondern § 10 LkSG den Prüfungsmaßstab vorgibt, konkret dessen Abs. 2 und Abs. 3: Die Ausführungen müssen „nachvollziehbar" bzw. „plausibel" sein und einen gewissen Mindestinhalt abdecken (hierzu sei im Einzelnen auf die Kommentierung von § 10 LkSG verwiesen). Die inhaltliche Prüfung kann das BAFA auch anhand des in deutscher Sprache gemäß § 12 LkSG einzureichenden Berichts vornehmen; da Prüfungsgegenstand allerdings der auf der Internetseite des jeweiligen Unternehmens veröffentlichte Bericht ist, wäre in diesem Falle zusätzlich sicherzustellen, dass die Fassungen (wie gefordert) übereinstimmen. Insofern scheint zweifelhaft, dass das mit der Verpflichtung zur Einreichung einer deutschen Fassung (§ 12 Abs. 1 LkSG) verfolgte Ziel vollkommen erreicht worden ist. 4

Die Berichtsprüfung ist als Komplementärprogramm zum risikobasierten Prüfansatz i.S.v. § 19 Abs. 2 LkSG zu sehen: Dieser geht inhaltlich in die Tiefe, erfolgt aber nur punktuell – jene ist flächendeckend, inhaltlich freilich auf die Prüfung der Nachvollziehbarkeit bzw. Plausibilität beschränkt. Einzig das Zusammenwirken beider Ansätze verhindert eine konzeptionelle Schieflage der behördlichen Überwachungsstruktur. Die Gesetzesbegründung spricht treffend von den „zwei Säulen".[3] 5

III. Nachbesserungsverlangen (Abs. 2)

Genügt der Bericht den aus § 10 Abs. 2 und Abs. 3 LkSG folgenden Kriterien der Nachvollziehbarkeit bzw. Plausibilität nicht, oder entspricht er den dortigen Mindestanforderungen an den Inhalt nicht, „kann" das BAFA eine Nachbesserung verlangen. Der vom BAFA erarbeitete Fragebogen – im Einzelnen sei auf die Kommentierung von§ 10 LkSG verwiesen – mag die Prüfung standardisieren und somit erleichtern. Unabhängig davon kann das Nachbesserungsverlangen nach § 13 Abs. 2 LkSG nicht allein darauf abzielen, die Form des Fragebogens zu verwenden. Denn die Vorgaben des § 10 Abs. 2 und Abs. 3 LkSG stellen gewisse Anforderungen an den Inhalt des Berichts, sagen jedoch nichts über die Form. 6

Der Wortlaut räumt der Behörde Ermessen ein. Dies verwundert durchaus, ist die Schwelle zur Nachbesserungsbedürftigkeit doch recht hoch. Beim Wort genommen lässt § 13 Abs. 2 LkSG dem BAFA immer noch Raum zur Untätigkeit, obwohl es zu der Auffassung gelangt ist, dass der Bericht nicht nachvollziehbar bzw. nicht plausibel ist oder nicht einmal den Mindestinhalt abdeckt. Insoweit dürfte ein behördliches Einschreiten, da die Berichtspflicht ein zentrales Element des LkSG darstellt, vom Gesetzeszweck gewollt, das Ermessen daher intendiert sein.[4] Keine Nachbesserung zu verlangen, kommt naturgemäß in atypischen Einzelfällen oder insbesondere dann in Betracht, wenn das jeweilige Unternehmen bereits selbst eine baldige Nachbesserung angekündigt hat. 7

2 BAFA Berichtspflicht, abrufbar unter https://www.bafa.de/DE/Lieferketten/Berichtspflicht/berichtspflicht_node.html (zuletzt aufgerufen am 10.2.2023).

3 BT-Drs. 19/28649 S. 53.

4 Allgemein dazu statt Vieler Stelkens/Bonk/Sachs/*Sachs* VwVfG, 10. Aufl. 2023, § 40 Rn. 28 ff.

8 Zwar dauert die gesetzliche Veröffentlichungs- und Einreichungspflicht nach Fristablauf fort, wenn ihr nicht Genüge getan wurde, weshalb sich die Regelungswirkung des Nachbesserungsverlangens i.S.v. § 35 S. 1 VwVfG in abstrakter Hinsicht bezweifeln ließe. § 13 Abs. 2 LkSG ermöglicht indes gerade, darüber hinaus gehende, konkrete(re) Anordnungen zu treffen.

9 Letztlich kommt es auf das Nachbesserungsverlangen im Einzelnen gemäß dem maßgeblichen objektivierten Empfängerhorizont[5] an, um die Verwaltungsaktsqualität zu bestimmen. Liegt ein Verwaltungsakt vor, kommen präventive Zwangsgelder zwecks Willensbeugung in Betracht, wobei es zur Höhe von Zwangsgeldern in Abweichung von § 11 Abs. 3 VwVG die Sonderregelung des § 23 LkSG zu beachten gilt (siehe § 23 Rn. 6 ff.). Einer vollzieh- bzw. vollstreckbaren Anordnung nach § 13 Abs. 2 LkSG zuwiderzuhandeln stellt in repressiver Hinsicht eine Ordnungswidrigkeit nach § 24 Abs. 1 Nr. 13 LkSG dar.

10 Welche Frist „angemessen" ist, bestimmt sich nach dem jeweiligen Einzelfall. Indes dürfte der Umfang der Nachbesserungen ins Verhältnis zum Gesamtbericht zu setzen sein, um vor diesem Hintergrund, gemessen an der Vier-Monats-Frist des § 10 Abs. 2 S. 1 LkSG für den Gesamtbericht, die Angemessenheit – vorbehaltlich besonderer inhaltlicher Schwierigkeiten – entsprechend der gesetzgeberischen Wertung zu ermitteln.

11 Da sich die Nachbesserung auf § 13 Abs. 1 LkSG und damit auf den Bericht nach § 10 Abs. 2 S. 1 LkSG, d.h. den auf der unternehmenseigenen Internetseite veröffentlichten Bericht bezieht (s.o. Rn. 3), betrifft das Nachbesserungsverlangen unmittelbar auch lediglich diesen. Weil dann jedoch dem BAFA aufgrund der vorgenommenen Änderungen nicht die Endfassung des Berichts i.S.d. § 10 Abs. 2 S. 1 LkSG zur Verfügung gestellt worden ist, gilt weiterhin § 12 LkSG (§ 12 Rn. 8) – was zur Folge hat, dass der Bericht in seiner nachgebesserten Fassung wiederum elektronisch und in deutscher Sprache beim BAFA einzureichen ist (§ 12 Rn. 9).

IV. Erlass von Rechtsverordnungen (Abs. 3)

12 Die Ermächtigung zum Erlass von Rechtsverordnungen nach § 13 Abs. 3 LkSG ist – zusammen mit den §§ 14 Abs. 2, 19–21 LkSG – bereits am 23.7.2021 in Kraft getreten.[6] Die Intention des Gesetzgebers war, dem ermächtigten BMAS bereits vor Inkrafttreten der übrigen Vorschriften des LkSG den Erlass einer/mehrerer Rechtsverordnung(en) zu ermöglichen – dies hätte den Normadressaten Vorlaufzeit gegeben. Als möglichen Regelungsgegenstand erwähnt die Gesetzesbegründung „ein standardisiertes, aufwandsarmes, benutzerfreundliches und effizientes Berichtssystem."[7] Das Verhältnis zu anderen Nachhaltigkeitsberichtspflichten deklaratorisch zu klären,[8] gebührt unterdessen der Rechtsauslegung, nicht der Rechtssetzung auf dem Verordnungswege.

13 § 13 Abs. 3 LkSG richtet sich an das BMAS, welches „im Einvernehmen mit dem Bundesministerium für Wirtschaft und Energie" zum Erlass von Rechtsverordnungen ermächtigt wird. Das ist sprachlich in zweierlei Hinsicht ungenau: Zum einen firmiert das Wirtschaftsministerium inzwischen, nach Inkrafttreten von § 13 Abs. 3 LkSG, als „Bundesministerium für Wirtschaft und Klimaschutz". Die Zuständigkeiten des Bundesministeriums „für Wirtschaft und Energie" sind nach dem Zuständigkeitsanpassungsgesetz[9] freilich auf das BMWK übergegangen.[10] Zum anderen sieht die unstreitig abschließende[11] Aufzählung möglicher Ermächtigungsadressaten in Art. 80 Abs. 1 S. 1 GG nur die Ermächtigung eines Bundesministers, nicht aber eines Bundesministeriums vor. Nichtsdestoweniger

5 Dazu nur BVerwG Urt. v. 15.6.2016 – 8 C 5/15, Rn. 20 = NVwZ **2017** 326, 327 (st. Rspr.).

6 Gemäß Art. 5 Abs. 2 des Gesetzes vom 16.7.2021 (BGBl. I S. 2959).

7 BT-Drs. 19/28649 S. 53.

8 So Grabosch/*Engel*/*Schönfelder* § 6 Rn. 9.

9 Art. 1 des Gesetzes vom 16.8.2002 (BGBl. I S. 3165).

10 Problematisch wäre sicherlich eine Konstellation wie unter dem Kabinett Schröder II von 2002–2005, als es das „Bundesministerium für Wirtschaft und Arbeit" gab.

11 Dürig/Herzog/Scholz/*Remmert* Art. 80 Rn. 74 m.w.N.

darf die Verordnungsermächtigung im Lichte eben von Art. 80 Abs. 1 S. 1 GG so gelesen werden, dass der jeweilige Minister bzw. die jeweilige Ministerin für Arbeit und Soziales adressiert ist.

Das in der Sache von § 13 Abs. 3 LkSG geforderte „Einvernehmen“ setzt, wie es das BVerwG in anderem Kontext zum „Sprachsinn“ formuliert hat, „völlige Willensübereinstimmung“ voraus.[12] Das Einvernehmen ist insbesondere von schwächeren Formulierungen abzugrenzen, zuvörderst der Entscheidung „im Benehmen“.[13] Spiegelbildlich hat das BMWK ein formelles Beteiligungsrecht. Es kann das Einvernehmen erteilen oder versagen, aber nicht (direkt) auf den Verordnungsinhalt einwirken – zumindest kann es dies nicht beanspruchen. Überdies sieht § 13 Abs. 3 LkSG den Verordnungserlass „ohne Zustimmung des Bundesrates“ vor. Dies ist verfassungsrechtlich nicht zu beanstanden, vgl. Art. 80 Abs. 2 GG.[14] 14

Wie jede Verordnungsermächtigung muss § 13 Abs. 3 LkSG gemäß Art. 80 Abs. 1 S. 2 GG „Inhalt, Zweck und Ausmaß“ selbst bestimmen. Die Rechtsprechung des BVerfG dazu ist durchaus disparat. Es hat sowohl die Vorhersehbarkeit für den Verordnungsgeber, jedenfalls mittelbar ebenso für den Bürger, als auch die Selbstentscheidung des Gesetzgebers bzw. die Vorgabe eines „Programms“ durch selbigen betont.[15] Entgegen bisweilen vertretener früherer Ansicht verlangt das BVerfG nicht mehr, dass die ermächtigende Norm selbst Inhalt, Zweck und Ausmaß bestimmen muss.[16] Stattdessen ist ausreichend, wenn das Gesetz als solches dies tut. Die verfassungsrechtliche Prüfung am Maßstab der zu Art. 80 Abs. 1 GG entwickelten Rechtsgrundsätze halte nicht minder dann stand, so das BVerfG, „wenn sich die dort geforderte Bestimmtheit durch Auslegung im Rahmen der allgemeingültigen Auslegungsmethoden ermitteln und feststellen“ lasse.[17] Dies ist mit Blick auf das LkSG, ungeachtet der im Einzelnen nicht vollends geklärten Bedeutung der Kriterien des Art. 80 Abs. 1 S. 2 GG und deren Wechselwirkung untereinander, zu bejahen.[18] Insbesondere §§ 10 Abs. 2, Abs 3, 12 und § 13 Abs. 1, Abs. 2 LkSG schaffen im Lichte der Risiken und Sorgfaltspflichten einen hinreichend bestimmten Rahmen sowohl für die Einreichung des Berichts (Nr. 1) als auch für dessen Überprüfung (Nr. 2). 15

§ 13 Abs. 3 LkSG zwingt unterdessen nicht zum Erlass einer Rechtsverordnung. In den „Fragen und Antworten“ zum LkSG hat das BAFA auf seiner Website[19] (unter Abgabe des Stands November 2021) kommuniziert, dass keine Rechtsverordnung geplant sei.[20] Dies hat sich bislang offenbar nicht geändert. Die Praxis wird zeigen, ob eine Feinsteuerung auf Verordnungsebene zukünftig erforderlich werden wird. 16

12 BVerwG, Urt. v. 4.11.1960 – VI C 163/58 = BVerwGE **11** 195, 200; BVerwG Urt. v. 30.11.1978 – 2 C 6.75 = BVerwGE **57** 98, 101.

13 Illustrativ insofern Art. 108 GG, der in Abs. 1 auf das Benehmen, in Abs. 2 auf das Einvernehmen abstellt.

14 Art. 119 S. 1 GG ist nicht einschlägig, Art. 132 Abs. 4 GG obsolet.

15 Dazu Dürig/Herzog/Scholz/*Remmert* Art. 80 Rn. 66 ff. m.w.N.

16 So noch BVerfG Beschl. v. 9.10.1968 – 2 BvE 2/66 = BVerfGE **24** 184, Rn. 46. Diese Rechtsprechung hat das Gericht indes nicht durchweg vertreten.

17 BVerfG Beschl. v. 25.11.1980 – 2 BvL 7/76 = BVerfGE **55** 207, Rn. 86.

18 Kritisch hingegen zeigte sich im Gesetzgebungsverfahren u.a. die Bundesvereinigung der Deutschen Arbeitgeberverbände: Deutscher Bundestag, Ausschuss für Arbeit und Soziales, Ausschussdrucksache 19(11)1136, S. 69.

19 Siehe BAFA Berichtspflicht, abrufbar unter https://www.bafa.de/DE/Lieferketten/Ueberblick/ueberblick_node.html (zuletzt aufgerufen am 10.2.2023).

20 BAFA Antwort XVI.3. FAQ-LkSG. Siehe auch *Brouwer* CCZ **2022** 137, 138.

UNTERABSCHNITT 2 **Risikobasierte Kontrolle**

§ 14 Behördliches Tätigwerden; Verordnungsermächtigung

(1) Die zuständige Behörde wird tätig:
 1. von Amts wegen nach pflichtgemäßem Ermessen,
  a) um die Einhaltung der Pflichten nach den §§ 3 bis 10 Absatz 1 im Hinblick auf mögliche menschenrechtliche und umweltbezogene Risiken sowie Verletzungen einer menschenrechtsbezogenen oder einer umweltbezogenen Pflicht zu kontrollieren und
  b) Verstöße gegen Pflichten nach Buchstabe a festzustellen, zu beseitigen und zu verhindern;
 2. auf Antrag, wenn die antragstellende Person substantiiert geltend macht,
  a) infolge der Nichterfüllung einer in den §§ 3 bis 9 enthaltenen Pflicht in einer geschützten Rechtsposition verletzt zu sein oder
  b) dass eine in Buchstabe a genannte Verletzung unmittelbar bevorsteht.

(2) Das Bundesministerium für Arbeit und Soziales wird ermächtigt, durch Rechtsverordnung im Einvernehmen mit dem Bundesministerium für Wirtschaft und Energie ohne Zustimmung des Bundesrates das Verfahren der risikobasierten Kontrolle nach Absatz 1 und den §§ 15 bis 17 näher zu regeln.

Schrifttum

Frank/Edel/Heine/Heine Pionierarbeiten in der Lieferkette – Praxisfolgen für das Handels- und Arbeitsrecht, BB **2021** 2165; *Kamann/Irmscher* Das Sorgfaltspflichtengesetz – Ein neues Sanktionsrecht für Menschenrechts- und Umweltverstöße in Lieferketten, NZWiSt **2021** 249; *Koch* Das Lieferkettensorgfaltspflichtengesetz, MDR **2022** 1; *Lutz-Bachmann/Vorbeck/Wengenroth* Menschenrechte und Umweltschutz in Lieferketten – der Regierungsentwurf eines Sorgfaltspflichtengesetzes, BB **2021** 906; *Nasse* Das neue Lieferkettensorgfaltspflichtengesetz – Pflicht zur Entkopplung der deutschen Wirtschaft vom chinesischen Markt? RAW 1/**2022** 3; *Rühl/Knauer* Zivilrechtlicher Menschenrechtsschutz? Das deutsche Lieferkettengesetz und die Hoffnung auf den europäischen Gesetzgeber, JZ **2022** 105; *Schäfer* Das neue Lieferkettensorgfaltspflichtengesetz und seine Auswirkungen auf die Ernährungswirtschaft, ZLR **2022** 22; *Spindler* Verantwortlichkeit und Haftung in Lieferketten – das Lieferkettensorgfaltspflichtengesetz aus nationaler und europäischer Perspektive, ZHR **2022** 67.

Übersicht

A. Zweck

1 § 14 LkSG soll sicherstellen, dass das LkSG sein Ziel, neben dem Allgemeininteresse auch die Interessen und Rechte des Einzelnen zu schützen, erreicht.[1] Zu diesem Zweck verleiht die Vor-

1 BT-Drs. 19/28649 S. 54.

https://doi.org/10.1515/9783110788976-016

schrift dem Bundesamt für Wirtschaft und Ausfuhrkontrolle („**BAFA**") als gemäß § 19 Abs. 1 Satz 1 LkSG zuständige Behörde weitreichende Befugnisse.[2]

Die Norm ist Ausdruck des öffentlich-rechtlichen Durchsetzungsmechanismus (*public enforcement*), für den sich das LkSG entschieden hat.[3] Das Gesetz macht damit eine Kehrtwende gegenüber den ursprünglichen Plänen, die auch eine private Durchsetzung der Rechte und Pflichten nach dem LkSG, insbesondere in Form zivilrechtlicher Haftungsregelungen, vorsahen.[4] Es ist anzunehmen, dass gerade das durch § 14 Abs. 1 Nr. 2 LkSG etablierte System des privat induzierten *public enforcement*, wonach ein behördliches Einschreiten von nach dem LkSG geschützten Personen beantragt werden kann, im Lichte der fehlenden zivilrechtlichen Haftung Bedeutung erlangen wird.[5] 2

§ 14 Abs. 1 LkSG ist am 1.1.2023 in Kraft getreten. 3

B. Absatz 1: Behördliches Tätigwerden

Absatz 1 regelt, wann das BAFA eine Untersuchung aufnehmen kann oder muss. Das BAFA wird hierbei entweder von Amts wegen nach pflichtgemäßem Ermessen (Nr. 1) oder auf Antrag (Nr. 2) tätig.[6] Im Rahmen seines behördlichen Tätigwerdens hat das BAFA ergänzend zu den Regelungen des LkSG insbesondere die Vorgaben des allgemeinen Verwaltungsverfahrensrechts nach dem Verwaltungsverfahrensgesetz („**VwVfG**") zu beachten.[7] So sind betroffene Unternehmen vor dem Erlass sie belastender Verwaltungsakte gemäß § 28 Abs. 1 VwVfG anzuhören und behördliche Maßnahmen des BAFA stets am Grundsatz der Verhältnismäßigkeit zu messen.[8] 4

I. Absatz 1 Nr. 1: Behördliches Tätigwerden von Amts wegen

Das LkSG verfolgt einen Ansatz risikobasierter Kontrolle.[9] Das BAFA als zuständige Behörde ist grundsätzlich verpflichtet, die Einhaltung des gesamten Pflichtenkataloges der §§ 3 bis 10 LkSG von Amts wegen nach pflichtgemäßem Ermessen zu kontrollieren.[10] Ihm wird dabei ein weiter Ermessensspielraum zugebilligt, der gerichtlich nur auf das Vorliegen bestimmter Ermessensfehler hin überprüft werden kann.[11] Das BAFA wird dabei sowohl präventiv im Rahmen vorbeugender Kontrollen als auch repressiv zur Vorbereitung von Sanktionen, insbesondere Bußgeldverfahren, tätig.[12] Aufgrund der präventiven Wirkung des LkSG sollen nicht nur Verletzungen, sondern auch Risiken menschenrechts- und umweltbezogener Pflichten das Entschließungsermessen hin zu einem behördlichen Einschreiten intendieren.[13] Es ist zu erwarten, dass das BAFA von Amts wegen vor allem in Bereichen und bei Unternehmen kontrolliert, die allgemeinhin als anfällig für 5

---

2 Grabosch/*Engel/Schönfelder* § 6 Rn. 1. Die Autoren sprechen in diesem Zusammenhang zurecht von einem „besonders starken wirtschaftsverwaltungsrechtlichen Durchsetzungsmechanismus".

3 *Koch* MDR **2022** 1, 4 f.

4 *Rühl/Knauer* JZ **2022** 105, 107.

5 *Rühl/Knauer* JZ **2022** 105, 111; *Kamann/Irmscher* NZWiSt **2021** 249, 251. Siehe auch Grabosch/*Engel/Schönfelder* § 6 Rn. 1, wonach das LkSG keineswegs ein „Papiertiger ohne Zähne" sei.

6 BT-Drs. 19/28649 S. 54.

7 Vgl. Grabosch/*Engel/Schönfelder* § 6 Rn. 2.

8 Vgl. Grabosch/*Engel/Schönfelder* a.a.O.

9 Vgl. Überschrift in Abschnitt 4, Unterabschnitt 2 des LkSG („Risikobasierte Kontrolle"); ferner auch *Lutz-Bachmann/Vorbeck/Wengenroth* BB **2021** 906, 911.

10 *Spindler* ZHR **2022** 67, 92.

11 Vgl. Granosch/*Engel/Schönfelder* § 6 Rn. 13 unter Verweis auf § 40 VwVfG und § 114 der Verwaltungsgerichtsordnung (VwGO).

12 BT-Drs. 19/28649 S. 54; *Frank/Edel/Heine/Heine* BB **2021** 2165, 2170.

13 BT-Drs. 19/30505 S. 43; klargestellt durch veränderten Wortlaut gegenüber dem ursprünglichen Regierungsentwurf.

Verstöße gegen die menschenrechts- und umweltbezogenen Pflichten aus § 2 Abs. 1 und 3 LkSG gelten.[14] Dabei wird sich das BAFA voraussichtlich für ein an dem Verhältnismäßigkeitsgrundsatz sowie dem Ansatz risikobasierter Kontrolle orientiertes gestuftes Vorgehen entscheiden. Sollte das BAFA im Rahmen der behördlichen Berichtsprüfung gemäß § 13 LkSG Auffälligkeiten oder Unregelmäßigkeiten in den nach § 10 Abs. 2 Satz 1 LkSG jährlich zu veröffentlichenden Berichten feststellen, wird es zunächst auf das betroffene Unternehmen zugehen und durch die Ladung und Befragung von in dem Unternehmen tätigen Personen weitere Informationen sammeln (hierzu wird auf die Ausführungen zu § 15 Abs. 2 Nr. 1 LkSG verwiesen). Erst dann wird das BAFA dem Unternehmen nach § 15 Satz 2 Nr. 2 LkSG aufgeben, innerhalb der dort bestimmten Frist einen Plan zur Behebung der behördlicherseits aufgedeckten Missstände vorzulegen.

II. Absatz 1 Nr. 2: Behördliches Tätigwerden auf Antrag

6 Das BAFA wird auf Antrag nach § 14 Abs. 1 Nr. 2 LkSG nach dem Willen des Gesetzgebers immer dann tätig, „wenn zumindest möglich oder nicht von vornherein auszuschließen ist, dass die Verletzung einer Rechtsposition infolge einer Sorgfaltspflichtverletzung gegeben ist oder eine solche Verletzung unmittelbar bevorsteht".[15] Nach dem Wortlaut der Vorschrift ist der Fall, in dem bereits eine Sorgfaltspflichtverletzung eingetreten ist, von der Situation zu unterscheiden, in der eine solche Sorgfaltspflichtverletzung unmittelbar bevorsteht. Bei der Auslegung des unbestimmten Rechtsbegriffs der unmittelbar bevorstehenden Sorgfaltspflichtverletzung kann mangels anderslautender Hinweise in der Gesetzesbegründung auf die in der strafgerichtlichen Rechtsprechung zu der Auslegung des Begriffs der gegenwärtigen bzw. unmittelbar bevorstehenden Gefahr entwickelten Grundsätze zurückgegriffen werden.[16] Danach ist eine Sorgfaltspflichtverletzung als unmittelbar bevorstehend anzusehen, wenn das in Rede stehende Verhalten des betroffenen Unternehmens zwar noch keine Sorgfaltspflicht nach den §§ 3 bis 9 LkSG verletzt hat, aber unmittelbar in eine Verletzung umschlagen kann und deshalb ein Hinausschieben des Einschreitens durch das BAFA unter den gegebenen Umständen den Erfolg des behördlichen Tätigwerdens insgesamt gefährden würde.

7 Für das Vorliegen dieser Voraussetzungen trägt die antragstellende Person die Darlegungslast.[17] In Anbetracht der Schwierigkeit, Sorgfaltspflichtverletzungen anhand unternehmensinterner Vorgänge und Informationen darzulegen, sind an die geforderte Darlegung durch die betroffenen Antragsteller jedoch keine allzu strengen Anforderungen zu stellen.[18] So sollen die Anforderungen an eine substantiierte Geltendmachung bereits erfüllt sein, wenn *„ein gewisser Zusammenhang zwischen der wirtschaftlichen Tätigkeit des Unternehmens und der geltend gemachten Rechtsverletzung"* geben ist.[19] Die reine Möglichkeit einer Verletzung ist insoweit ausreichend; nicht ausreichend ist dagegen ein nur zufälliger Zusammenhang zwischen der wirtschaftlichen Tätigkeit des Unternehmens und der geltend gemachten Rechtsverletzung.[20] Derart qualifizierte Anträge von möglicherweise in ihren Rechten verletzten Personen muss das BAFA verpflichtend überprüfen.[21] Insoweit kommt ihm, wie sich bereits aus dem klaren Wortlaut des § 14 Abs. 1 Nr. 2 LkSG ergibt, kein Ermessensspielraum zu.

---

14 *Lutz-Bachmann/Vorbeck/Wengenroth* BB **2021** 906, 911.
15 BT-Drs. 19/28649 S. 54.
16 Vgl. die Definition des gegenwärtigen Angriffs im Sinne des § 32 Abs. 2 StGB, siehe hierzu BGH Urt. v. 26.8.1987 – 3 StR 303/87 (juris).
17 BT-Drs. 19/28649 S. 54.
18 BT-Drs. 19/28649 S. 54; *Lutz-Bachmann/Vorbeck/Wengenroth* BB **2021** 906, 911.
19 BT-Drs. 19/28649 S. 54.
20 BT-Drs. 19/28649 S. 54.
21 Siehe auch Grabosch/*Engel/Schönfelder* § 6 Rn. 12.

Weitere Einschränkungen hinsichtlich der Antragsbefugnis sieht das Gesetz nicht vor.[22] Grundsätzlich kann somit jede „betroffene Person“ Kontrollen anstoßen.[23] Neben allen Beschäftigten des zu überprüfenden Unternehmens sowie dessen unmittelbare und mittelbare Zulieferer sind auch Personen antragsberechtigt, die nach den jeweils geltenden Gesetzen in Schwarzarbeit tätig sind, die Arbeitsverboten unterliegen oder Scheinselbständige sind.[24] 8

Darüber hinaus kommen auch auf eigene Rechnung tätige, schutzwürdige Personen als Antragsteller in Betracht, etwa Kleinbauern, Soloselbstständige oder im Familienverband Tätige.[25] Erfasst sind auch natürliche und juristische Personen, die in sonstiger Weise von der in Frage stehenden wirtschaftlichen Tätigkeit des zu überprüfenden Unternehmens oder eines seiner unmittelbaren oder mittelbaren Zulieferer betroffen sind, insbesondere Anwohnende im Fall umweltbezogener Pflichten oder juristische Personen oder Personenvereinigungen, sofern sie von § 2 Abs. 1 LkSG geschützt sind.[26] In Betracht kommen hier insbesondere Gewerkschaften.[27] 9

Eine territoriale Beschränkung des Kreises der Antragsteller sieht das LkSG nicht vor, sodass auch Betroffene im Ausland einen Antrag auf Untersuchung stellen können.[28] Damit zieht das LkSG den Bereich möglicher Betroffener sehr weit.[29] Nichtregierungsorganisationen sind nicht selbst antragsberechtigt, sie können antragsberechtigte Personen jedoch als Bevollmächtigte gemäß § 14 Abs. 1 Satz 1 VwVfG vertreten[30] oder antragsberechtigte Personen zumindest mittelbar unterstützen.[31] Es ist deshalb anzunehmen, dass sich Unternehmen in Zukunft vermehrt mit von Nichtregierungsorganisationen unterstützten, öffentlichkeitswirksam inszenierten Anträgen konfrontiert sehen werden.[32] Ein solches Vorgehen ist nicht im Zusammenhang mit der Geltendmachung von Informationsansprüchen, sei es nach dem Informationsfreiheits- oder nach dem Umweltinformationsgesetz, bekannt. Auch hier werden, sofern Nichtregierungsorganisationen oder Umweltverbände nicht selbst als Antragsteller auftreten, Anträge von antragsberechtigten natürlichen Personen regelmäßig medienwirksam begleitet.[33] 10

Sind die Antragsvoraussetzungen von § 14 Abs. 1 Nr. 2 erfüllt, muss das BAFA, wie ausgeführt, verpflichtend tätig werden. Die Wahl der zu ergreifenden Mittel, steht jedoch weiterhin in seinem Ermessen.[34] 11

C. Absatz 2: Verordnungsermächtigung

§ 14 Abs. 2 ermächtigt das Bundesministerium für Arbeit und Soziales, das Verfahren der risikobasierten Kontrolle nach § 14 Abs. 1 und den §§ 15 bis 17 LkSG durch Rechtsverordnung im Einvernehmen mit dem Bundesministerium für Wirtschaft und Energie ohne Zustimmung des Bundesrates näher zu konkretisieren.[35] 12

Die Verordnungsermächtigung ist im Zusammenhang mit der Regelung des § 19 Abs. 2 LkSG zu lesen, wonach das BAFA im Rahmen seiner Aufsichtstätigkeit nach dem LkSG einen risikobasierten Ansatz verfolgt. § 19 Abs. 2 LkSG damit stellt klar, dass das BAFA nicht lediglich zufällige 13

---

22 *Spindler* ZHR **2022** 67, 92.
23 *Schäfer* ZLR **2022** 22, 27.
24 BT-Drs. 19/28649 S. 54.
25 BT-Drs. 19/28649 S. 54.
26 BT-Drs. 19/28649 S. 54.
27 *Spindler* ZHR **2022** 67, 92; BT-Drs. 19/28649 S. 54.
28 *Spindler* ZHR **2022** 67, 92 f; *Kamann/Irmscher* NZWiSt **2021** 249, 251.
29 *Spindler* ZHR **2022** 67, 93; *Kamann/Irmscher* NZWiSt **2021** 249, 251.
30 So auch Grabosch/*Engel/Schönfelder* § 6 Rn. 19.
31 *Nasse* RAW 1/22, 3; *Lutz-Bachmann/Vorbeck/Wengenroth* BB **2021** 906, 911.
32 *Lutz-Bachmann/Vorbeck/Wengenroth* BB **2021** 906, 911.
33 Vgl. die Öffentlichkeitsarbeit von https://fragdenstaat.de.
34 BT-Drs. 19/28649 S. 54.
35 BT-Drs. 19/28649 S. 55.

Stichproben vornimmt, sondern sich zunächst auf Fälle mit den schwersten Risiken konzentriert.[36] Dies wird vor allem relevant, wenn das BAFA gemäß § 14 Abs. 1 Nr. 1 LkSG von Amts wegen tätig wird.[37] Wie diese amtliche Aufsicht erreicht wird, hängt von dem behördeninternen Prüfkonzept ab.[38] So ist denkbar, dass das BAFA einen Teil seiner Ressourcen darauf verwendet, den substantiierten Hinweisen Dritter nachzugehen.[39] Die übrigen Verfahren könnten dazu dienen, turnusmäßig eine bestimmte Branche mit besonderen Risiken in den Blick zu nehmen.[40]

36 BT-Drs. 19/28649 S. 56.
37 BT-Drs. 19/28649 S. 56.
38 BT-Drs. 19/28649 S. 56.
39 BT-Drs. 19/28649 S. 56.
40 BT-Drs. 19/28649 S. 56.

§ 15 Anordnungen und Maßnahmen

[1]Die zuständige Behörde trifft die geeigneten und erforderlichen Anordnungen und Maßnahmen, um Verstöße gegen die Pflichten nach den §§ 3 bis 10 Absatz 1 festzustellen, zu beseitigen und zu verhindern. [2]Sie kann insbesondere
1. **Personen laden,**
2. **dem Unternehmen aufgeben, innerhalb von drei Monaten ab Bekanntgabe der Anordnung einen Plan zur Behebung der Missstände einschließlich klarer Zeitangaben zu dessen Umsetzung vorzulegen und**
3. **dem Unternehmen konkrete Handlungen zur Erfüllung seiner Pflichten aufgeben.**

Schrifttum

Frank/Edel/Heine/Heine Pionierarbeiten in der Lieferkette – Praxisfolgen für das Handels- und Arbeitsrecht, BB **2021** 2165; *Keilmann/Schmidt* Der Entwurf des Sorgfaltspflichtengesetzes – Warum es richtig ist, auf eine zivilrechtliche Haftung zu verzichten, WM **2021** Heft 15, 717; *Lutz-Bachmann/Vorbeck/Wengenroth* Menschenrechte und Umweltschutz in Lieferketten – der Regierungsentwurf eines Sorgfaltspflichtengesetzes, BB **2021** 906; *Spindler* Verantwortlichkeit und Haftung in Lieferketten – das Lieferkettensorgfaltspflichtengesetz aus nationaler und europäischer Perspektive, ZHR **2022** 67.

Übersicht

A. Zweck

§ 15 LkSG ist Teil des öffentlich-rechtlichen Durchsetzungsmechanismus, das dem LkSG nach seinem § 14 zugrunde liegt. Die Norm gibt dem BAFA als zuständige Behörde gemäß § 19 Abs. 1 S. 1 LkSG die notwendigen Befugnisse, damit dieses seinen Pflichten im Rahmen der risikobasierten Kontrolle gemäß der §§ 14 ff. LkSG nachkommen kann. 1

§ 15 LkSG ist am 1.1.2023 in Kraft getreten. 2

B. § 15 S. 1 LkSG

§ 15 S. 1 LkSG enthält eine klassische ordnungsrechtliche Generalklausel für die behördlichen Befugnisse des BAFA und stellt damit die zentrale Norm im Rahmen der öffentlichen Rechtsdurchsetzung dar.[1] Danach kann das BAFA grundsätzlich sämtliche Anordnungen und Maßnahmen treffen, die geeignet und erforderlich sind, um Verstöße gegen §§ 3 bis 10 Abs. 1 LkSG festzustellen, zu beseitigen und zu verhindern.[2] Schon begrifflich unterscheidet § 15 S. 1 LkSG somit zwischen drei Arten von Anordnungen und Maßnahmen, die das BAFA im Rahmen seiner Kompetenzausübung 3

1 *Frank/Edel/Heine/Heine* BB **2021** 2165, 2170.
2 *Frank/Edel/Heine/Heine* BB **2021** 2165, 2170.

https://doi.org/10.1515/9783110788976-017

nach dem LkSG treffen kann, namentlich Anordnungen und Maßnahmen (i) zur Feststellung von Verstößen, (ii) Anordnungen und Maßnahmen zur Beseitigung von Verstößen sowie (iii) Anordnung und Maßnahmen zur Verhinderung von Verstößen.[3] Dabei ist wie folgt zu differenzieren: Anordnungen und Maßnahmen zur Feststellung von Verstößen dienen der Informationsermittlung in Bezug auf konkrete Verstöße, wobei es dem BAFA wegen der Vielzahl denkbarer Fallgestaltungen überlassen bleiben soll, welche Maßnahmen es zur Informationsermittlung für nötig hält.[4] Die in § 15 S. 2 Nr. 1 bis 3 LkSG genannten Befugnisse stellen daher, wie der Wortlaut nahelegt („insbesondere"), nur Regelbeispiele dar, nicht jedoch abschließende Befugnisse. Praktisch besonders relevant dürfte auf dieser Stufe der Informationsermittlung die Ladung und Befragung von Personen gemäß § 15 S. 2 Nr. 1 LkSG sein.[5] Stellt das BAFA im Rahmen seiner Kontrolle und der weiteren Informationsermittlung Verstöße fest, kann es das jeweilige Unternehmen im Rahmen der Generalklausel des § 15 Abs. 1 LkSG zur Beseitigung der festgestellten Verstöße auffordern. Dies dürfte insbesondere in Fällen von Bedeutung sein, in denen bereits Menschenrechtsverletzungen eingetreten sind, also etwa Verstöße gegen Pflichten zur Abhilfe gemäß § 7 LkSG bestehen.[6] Die dritte Fallgruppe von möglichen Anordnungen und Maßnahmen betrifft das Verhindern von Verstößen. Hier geht es – anders als bei den Anordnungen und Maßnahmen zur Beseitigung von Verstößen – nicht um eine vergangenheits-, sondern um eine zukunftsgerichtete Perspektive, nämlich um die Frage, wie das betreffende Unternehmen Verstöße zukünftig vermeiden kann. Das BAFA hat insoweit die Möglichkeit, Vorgaben zur Verbesserung der bestehenden und möglicherweise als nicht ausreichend erachteten Sorgfaltspflichtmaßnahmen zu machen.[7]

4 Die behördlichen Anordnungen und Maßnahmen können mit der Androhung und Verhängung eines Zwangsgelds gemäß § 23 LkSG in Höhe von bis zu 50.000,00 € pro Verstoß kombiniert werden.[8]

C. § 15 S. 2 LkSG

5 § 15 S. 2 LkSG konkretisiert die Befugnisse des BAFA gemäß § 15 S. 1 LkSG.[9] Die Auflistung ist, wie sich bereits aus dem Wortlaut der Norm („insbesondere") ergibt, nicht abschließend.[10]

I. § 15 S. 2 Nr. 1 LkSG

6 Gemäß § 15 S. 2 Nr. 1 LkSG kann das BAFA als zuständige Behörde Personen laden, um Verstöße gegen die Pflichten nach den §§ 3 bis 10 Abs. 1 zu ermitteln.[11] Gegen diese Personen stehen dem BAFA gemäß § 17 LkSG umfangreiche Auskunfts- und Herausgabeansprüche zu.[12]

7 Aus § 15 S. 2 Nr. 1 LkSG geht nicht hervor, welchen Personenkreis das BAFA im Rahmen seiner Ermittlungen laden kann. Angesichts der Auskunfts- und Herausgabepflichten der ladungsfähigen Personen gemäß § 17 LkSG dürfte die Regelung jedoch in erster Linie darauf abzielen, dass Personen aus dem betroffenen Unternehmen (beispielsweise Geschäftsführer, Mitarbeiter) selbst geladen und befragt werden können. Dieser Personenkreis wird – je nach geladener Person – regelmä-

---

3 Grabosch/*Engel/Schönfelder* § 6 Rn. 32 ff.
4 Grabosch/*Engel/Schönfelder* § 6 Rn. 32.
5 Grabosch/*Engel/Schönfelder*, a.a.O.
6 Grabosch/*Engel/Schönfelder* § 6 Rn. 34.
7 Grabosch/*Engel/Schönfelder* § 6 Rn. 36.
8 *Lutz-Bachmann/Vorbeck/Wengenroth* BB **2021** 906, 912.
9 BT-Drs. 19/28649 S. 55.
10 BT-Drs. 19/28649 S. 55.
11 BT-Drs. 19/28649 S. 55.
12 *Frank/Edel/Heine/Heine* BB **2021** 2165, 2170.

ßig Auskünfte und Unterlagen zu den in § 17 Abs. 2 LkSG genannten Umständen, etwa zu den Verantwortlichkeiten für die internen Prozesse des Unternehmens, erteilen können. Da der Wortlaut des § 15 S. 2 Nr. 1 i.V.m. S. 1 LkSG dem BAFA jedoch (Auswahl-)Ermessen bei der Anordnung der geeigneten und erforderlichen Maßnahmen zur Erfüllung seiner risikobasierten Kontrollfunktion einräumt, ist es durchaus denkbar, dass das BAFA auch außerhalb des betroffenen Unternehmens stehende Personen, etwa auf Zuliefererseite, lädt, sofern es dies für zweckmäßig erachtet. Um eine ausufernde Anwendung des Ladungsrechts nach § 15 S. 2 Nr. 1 LkSG zu vermeiden, dürfte dies allerdings nur in Betracht kommen, wenn aus Sicht des BAFA zumindest möglich erscheint, dass die außerhalb des betroffenen Unternehmens stehende Person wertvolle Erkenntnisse für die behördlichen Ermittlungen liefern kann. Dies gilt insbesondere deshalb, weil die außerhalb des Unternehmens stehende Person durch die Ladung Kenntnis von den behördlichen Ermittlungen des BAFA und möglicherweise auch von der Geheimhaltung nach § 30 des Verwaltungsverfahrensgesetzes unterliegenden Umständen erlangt. Aus diesem Grund wird man eine weitere Einschränkung dergestalt vornehmen müssen, dass die Ladung von außerhalb des betroffenen Unternehmens stehenden Personen nachrangig ist gegenüber der Befragung von Personen innerhalb des betroffenen Unternehmens.

II. § 15 S. 2 Nr. 2 LkSG

Gemäß § 15 S. 2 Nr. 2 LkSG kann das BAFA als zuständige Behörde einem Unternehmen aufgeben, 8
einen Plan zur Behebung der Missstände vorzulegen. Der zu erarbeitende Plan muss innerhalb von drei Monaten ab Bekanntgabe der Anordnung bei dem BAFA eingereicht werden.[13] Konkrete zeitliche Vorgaben zur Behebung der Missstände sieht § 15 S. 2 Nr. 2 LkSG hingegen nicht vor.[14] Das betroffene Unternehmen hat jedoch im Rahmen des einzureichenden Planes klare Zeitangaben zur Umsetzung der Maßnahmen zur Behebung der Missstände zu machen.[15]

Zuwiderhandlungen gegen eine vollziehbare Anordnung nach § 15 S. 2 Nr. 2 LkSG können 9
gemäß § 24 Abs. 1 Nr. 3; Abs. 2 Nr. 2 LkSG mit einer Geldbuße von bis zu 500.000,00 € geahndet werden. Darüber hinaus kommt bei Zuwiderhandlungen auch ein Ausschluss von der Vergabe öffentlicher Verträge im Sinne des § 22 Abs. 1 S. 1; Abs. 2 S. 1 LkSG in Betracht, soweit der Verstoß gegen § 15 S. 2 Nr. 2 LkSG rechtskräftig festgestellt und mit einer Geldbuße von wenigstens 175.000,00 € geahndet worden ist.

III. § 15 S. 2 Nr. 3 LkSG

Gemäß § 15 S. 2 Nr. 3 LkSG kann das BAFA dem betroffenen Unternehmen gegenüber konkrete 10
Handlungen zur Erfüllung seiner Pflichten anordnen, sofern dies zur Feststellung, Beseitigung oder Verhinderung von Verstößen gegen die Pflichten nach den §§ 3 bis 10 Abs. 1 geeignet und erforderlich ist.[16]

Der Wortlaut von § 15 S. 2 Nr. 3 LkSG ist offen formuliert; eine nennenswerte Konkretisierung 11
gegenüber der Generalklausel des § 15 S. 1 LkSG ist darin nicht zu sehen. Insbesondere der Hinweis auf die Anordnung „konkreter Handlungen" enthält keine weitergehende Präzisierung, da sich die Pflicht zur Bestimmtheit behördlicher Anordnungen bereits aus dem allgemeinen Verwal-

13 BT-Drs. 19/28649 S. 55.
14 *Spindler* ZHR **2022** 67, 93.
15 BT-Drs. 19/28649 S. 55.
16 BT-Drs. 19/28649 S. 55.

tungsrecht ergibt.[17] Teilweise wird die Regelung daher im Schrifttum zurecht als „schwer einschätzbare Befugnis" tituliert.[18]

D. Rechtsschutz

12 Betroffene Unternehmen und Personen können gegen Maßnahmen, die das BAFA ihnen gegenüber gemäß § 15 LkSG erlassen hat, vor dem Verwaltungsgericht klagen. Denkbar sind insbesondere Anfechtungsklagen gegen Anordnungen, die das BAFA mit Verwaltungsaktqualität gegenüber dem betroffenen Unternehmen oder der vorgeladenen Person erlassen hat. Daneben könnten aber auch Betroffene, deren qualifizierten Anträge an das BAFA auf behördliches Einschreiten nach § 14 Abs. 1 Nr. 2 LkSG abgelehnt worden, auf eine Verpflichtung des BAFA zum Einschreiten klagen. Solche Verpflichtungsklagen haben dann Erfolg, wenn das BAFA zu Unrecht nicht eingeschritten ist.[19]

13 Die örtliche Gerichtszuständigkeit bestimmt sich gemäß § 52 Nr. 2 Sätze 1 und 2 der Verwaltungsgerichtsordnung nach dem Sitz der Bundesbehörde, gegen dessen Anordnung verwaltungsgerichtlicher Rechtsschutz ersucht wird. Nach diesen Grundsätzen ist das Verwaltungsgericht Frankfurt am Main für gegen das in Eschborn ansässige BAFA gerichtete Verwaltungsklagen zuständig.

---

17 *Spindler* ZHR **2022** 67, 93.

18 *Keilmann/Schmidt* WM **2021** Heft 15, 717, 718.

19 So auch Grabosch/*Engel/Schönfelder* § 6 Rn. 58 unter Verweis auf die Gesetzesbegründung zu § 14 Abs. 1, BT-Drs. 19/28649 S. 54.

§ 16 Betretensrechte

Soweit dies zur Wahrnehmung der Aufgaben nach § 14 erforderlich ist, sind die zuständigen Behörde und ihre Beauftragten befugt,
1. **Betriebsgrundstücke, Geschäftsräume und Wirtschaftsgebäude der Unternehmen während der üblichen Geschäfts- und Betriebszeiten zu betreten und zu besichtigen sowie**
2. **bei Unternehmen während der üblichen Geschäfts- oder Betriebszeiten geschäftliche Unterlagen und Aufzeichnungen, aus denen sich ableiten lässt, ob die Sorgfaltspflichten nach den §§ 3 bis 10 Absatz 1 eingehalten wurden, einzusehen und zu prüfen.**

Schrifttum

Figgener Behördliche Betretungsrechte und Nachschaubefugnisse (2000); *Frank/Edel/Heine/Heine* Pionierarbeiten in der Lieferkette, BB **2021** 2165; *Kamann/Irmscher* Das Sorgfaltspflichtengesetz – Ein neues Sanktionsrecht für Menschenrechts- und Umweltverstöße in Lieferketten, NZWiSt **2021** 249; *Lutz-Bachmann/Vorbeck/Wengenroth* Menschenrechte und Umweltschutz in Lieferketten – der Regierungsentwurf eines Sorgfaltspflichtengesetzes, BB **2021** 906; *Seibt/Vesper-Gräske* Lieferkettensorgfaltspflichtengesetz erweitert Compliance-Pflichten, CB **2021** 357; *Stöbener de Mora/Noll* Grenzenlose Sorgfalt? – Das Lieferkettensorgfaltspflichtengesetz, NZG **2021** 1285; *Thalhammer* Das umstrittene Lieferkettensorgfaltspflichtengesetz, DÖV **2021** 825; *Wagner/Ruttloff* Das Lieferkettensorgfaltspflichtengesetz – Eine erste Einordnung, NJW **2021** 2145.

Übersicht

A. Allgemeines

I. Normzweck und Hintergrund

§ 16 LkSG gewährt dem BAFA Betretens- und Prüfungsrechte während der üblichen Geschäftszeiten. Diese Norm ermöglicht dem BAFA das Sammeln von Informationen als Grundlage für seine Kontrolltätigkeit. 1

Betretens- und Besichtigungsrechte sind im deutschen Rechtssystem verbreitet: Bundesgesetzliche Parallelvorschriften finden sich beispielsweise in der Gewerbeordnung (§ 29 Abs. 2 GewO), im Schwarzarbeitsbekämpfungsgesetz (§ 4 Abs. 1 SchwarzArbG), in der Handwerksordnung (§ 17 Abs. 2 HwO) sowie im Strahlenschutzgesetz (§ 165 StrlSchG). Diese Vorschriften werden bei der Auslegung des § 16 LkSG berücksichtigt. 2

Ziel der Betretens- und Besichtigungsrechte ist die Überwachung der Einhaltung der Sorgfaltspflichten nach den §§ 3 bis 10 Abs. 1 LkSG. Darüber hinaus wird das BAFA in die Lage versetzt, die 3

https://doi.org/10.1515/9783110788976-018

gem. § 15 LkSG zulässigen Maßnahmen zur Feststellung, Beseitigung oder Verhinderung etwaiger Verstöße treffen zu können.[1]

II. Verfassungsrechtliche Bedenken

4 Zahlreiche Autoren zweifeln daran, dass das Betreten von Geschäftsräumen auf Basis von gesetzlich normierten Betretensrechten verfassungsgemäß ist.

5 Sie stützen sich dabei auf folgende Argumentationslinie: Da auch Arbeits- und Geschäftsräume vom Schutz des Art. 13 Abs. 1 GG erfasst sind, sind sie genau so zu schützen wie Wohnraum.[2] Das Betreten durch die Behörden komme einer Durchsuchung gleich und unterliege daher dem Richtervorbehalt (Art. 13 Abs. 2 GG).[3] Dies vor allem vor dem Hintergrund, dass die Behörde in Verbindung mit den §§ 17 und 18 LkSG die Geschäftsräume nicht nur betreten kann, sondern das Unternehmen zur Auskunft und Herausgabe verpflichtet ist und die Maßnahmen des BAFA dulden muss.[4] In Zusammenschau mit den Auskunfts- und Herausgabepflichten (§ 17 LkSG) und den Duldungs- und Mitwirkungspflichten (§ 18 LkSG) wird das Betreten durch die Behörde vielfach als „Quasi-Durchsuchung" angesehen, die aufgrund von Art. 13 Abs. 2 GG nur auf Grundlage einer richterlichen Anordnung erfolgen dürfte.[5]

6 Die ständige Rechtsprechung sieht dies anders: Nach Auffassung des Bundesverfassungsgerichts stellen Betretensrechte keine Durchsuchungen dar und bedürfen somit auch keinem richterlichen Beschluss.[6] Eine Durchsuchung sei nur das ziel- und zweckgerichtete Suchen staatlicher Organe nach Personen, Sachen oder Beweismaterial, um etwas aufzuspüren, was der Betroffene von sich aus nicht offenlegen oder herausgeben würde.[7] Hieran fehle es bei den behördlichen Betretensrechten. Im Gegensatz zur Durchsuchung, im Rahmen derer das Suchen, d.h. „Durchstöbern" bzw. „Herumwühlen" im Vordergrund steht, beschränken sich die behördlichen Betretensrechte auf das Betreten oder Besichtigen und damit die schlichte Inaugenscheinnahme.[8] Die Verknüpfung der Betretens- und Besichtigungsrechte mit Mitwirkungs- und Auskunftspflichten könnten allein nicht eine Durchsuchung begründen.[9]

7 Nach Auffassung des Bundesverfassungsgerichts ist das Betreten – ohne richterlichen Beschluss – rechtlich zulässig, wenn es (a) auf einer tauglichen Rechtsgrundlage beruht, (b) einem erlaubten Zweck dient und für dessen Erreichung erforderlich ist, (c) Umfang, Zweck des Betretens und Gegenstand der Prüfung im Gesetz deutlich zu erkennen ist und schließlich (d) während der üblichen Geschäftszeiten stattfindet.[10]

---

1 BT-Drs. 19/28649 S. 55.

2 BVerfG Beschl. v. 15.3.2007 – 1 BvR 2138/05 = NVwZ **2007** 1049, 1050; BVerfG Urt. v. 17.2.1998 – 1 BvF 1/91 = NJW **1998** 1627, 1931; BVerfG Beschl. v. 24.5.1977 – 2 BvR 988/75 = NJW **1977** 1489, 1490; BVerfG Beschl. v. 26.5.1976 – 2 BvR 294/76 = NJW **1976** 1735, 1735; BVerfG Beschl. v. 13.10.1971 – 1 BvR 280/66 = NJW **1971** 2299.

3 Brief der Wirtschaftsverbände unter Federführung des BDI v. 25.3.2021, S. 6, abrufbar unter: https://perma.cc/5YK2-B9J9.

4 *Kamann/Irmscher* NZWiSt **2021** 249, 252; Stellungnahme BDI, Referentenentwurf Gesetz über die unternehmerischen Sorgfaltspflichten in Lieferketten, Fassung vom 28.2.2021, 15:50, S. 10; Grabosch/*Engel/Schönfelder* § 6 Rn. 33 S. 186; *Hembach* S. 187 ff.

5 *Kamann/Irmscher* NZWiSt **2021** 249, 252; *Stöbener de Mora/Noll* NZG **2021** 1285, 1287.

6 BVerfG Beschl. v. 13.10.1971 – 1 BvR 280/66 = NJW **1971** 2299; BVerfG Beschl. v. 5.5.1987 – 1 BvR 1113/85 = NJW **1987** 2500, 2501; BVerfG Beschl. v. 3.4.1979 — 1 BvR 994/76 = NJW **1979** 1539, 1539; BVerwG Urt. v. 6.9.1974 – I C 17/73 = NJW **1975** 130, 131; BVerwG Urt. v. 12.12.1967 – I C 112/64 = NJW **1968** 563, 563.

7 BVerfG Beschl. v. 5.5.1987 – 1 BvR 1113/85 = NJW **1987** 2500, 2501; BVerfG Beschl. v. 3.4.1979 – 1 BvR 994/76 = NJW **1979** 1539, 1539; BVerwG Urt. v. 6.9.1974 – I C 17/73 = NJW **1975** 130, 131; BVerwG Urt. v. 12.12.1967 – I C 112/64 = NJW **1968** 563, 563.

8 Dazu ausführlich *Figgener* S. 85 ff.

9 Grabosch/*Engel/Schönfelder* § 6 Rn. 33 S. 186; *Hembach* S. 187 ff.

10 BVerfG Beschl. v. 13.10.1971 – 1 BvR 280/66 = NJW **1971** 2299.

Vorliegend ist jedoch zu beachten, dass das BAFA auch Hinweisen für eine Ordnungswidrigkeit nach § 24 LkSG nachgehen kann.[11] Hier kann die Ausübung des Betretensrechts auch in eine Durchsuchung umschlagen.[12] Dies vor allem dann, wenn das BAFA auf Grund eines Antrages nach § 14 Abs. 1 Nr. 2 LkSG agiert. Fernliegend wäre die Auffassung in diesem Fall, dass das BAFA nur die Betriebsunterlagen in Augenschein nimmt. Vielmehr ist weitaus lebensnaher, dass das BAFA gezielt nach Verstößen sucht. Dies vor dem Hintergrund, dass die antragsstellende Person nach § 14 Abs. 1 Nr. 2 LkSG substantiiert darlegen muss, dass ein Sorgfaltspflichtverstoß des betreffenden Unternehmens vorliegt bzw. unmittelbar bevorsteht. Das BAFA wird in diesen Fällen das Ziel verfolgen, den geschilderten Sachverhalt aufzuklären und nicht nur die schlichte präventive Kontrolle durchführen. 8

Vor diesem Hintergrund ist § 16 LkSG verfassungsgemäß auszulegen. Auch wenn das BAFA gezielt nach Verstößen suchen wird, dürfen Behördenmitarbeiter nicht nach (versteckten) Unterlagen suchen, um Dinge aufspüren, die das Unternehmen nicht herausgeben will.[13] 9

B. Inhalt der Befugnis

§ 16 LkSG ermöglicht dem BAFA, Betriebsgrundstücke zu betreten bzw. zu besichtigen (I.) und geschäftliche Unterlagen sowie Aufzeichnungen einzusehen und zu prüfen (II). 10

I. Betreten und Besichtigung

Nach § 16 Nr. 1 LkSG kann das BAFA Betriebsgrundstücke, Geschäftsräume und Wirtschaftsgebäude der Unternehmen während der üblichen Geschäfts- und Betriebszeiten betreten und besichtigen. 11

Das Betretensrecht gewährt ausweislich des Wortlauts das schlichte Betreten, d.h. die körperliche Anwesenheit auf den Betriebsgrundstücken, in den Geschäftsräumen und in den Wirtschaftsgebäuden des verpflichteten Unternehmens. 12

Neben dem Betretensrecht gewährt die Norm auch ein Besichtigungsrecht. Dieses ermöglicht der Behörde das „Sammeln von Informationen durch Inaugenscheinnahme". Über die bloße Inaugenscheinnahme hinaus steht der Behörde unter Berufung auf das Besichtigungsrecht auch die Befugnis zu, Gegenstände zu bewegen, zu rücken und zu schieben, sofern dies zur Besichtigung erforderlich ist.[14] 13

Der räumliche Anwendungsbereich des § 16 Abs. 1 LkSG beschränkt sich auf Betriebsgrundstücke, Geschäftsräume und Wirtschaftsgebäude. Mit umfasst sind neben den Läden und Büroräumen auch Lager- und Ausstellungsräume.[15] Zu beachten ist, dass Wohnräume ausdrücklich nicht auf Grundlage des § 16 LkSG betreten werden dürfen. Dies auch dann nicht, wenn in den Wohnräumen zugleich auch einer beruflichen Tätigkeit nachgegangen wird.[16] 14

---

11 Etwa: BVerfG Beschl. v. 15.3.2007 – 1 BvR 2138/05 = NVwZ **2007** 1049, 1051: „[...] *Hat die Handwerkskammer tatsächliche Anhaltspunkte dafür, dass [...], so liegt es nahe, dass ein Betreten der Betriebs- und Geschäftsräume zumindest auch dem Zweck dient, den Sachverhalt einer Ordnungswidrigkeit aufzuklären. In dieser Konstellation bestimmt Art. 13 II GG jedoch ausdrücklich den Vorbehalt einer richterlichen Anordnung der behördlichen Maßnahme.*"

12 *Figgener* S. 90.

13 Grabosch/*Engel*/*Schönfelder* § 6 Rn. 33; Wagner/Ruttloff/Wagner/*Ruttloff*/*Hahn* § 9 Rn. 1439.

14 *Figgener* S. 21 f. m.w.N.

15 BeckOK-GewO/*Meßerschmidt* § 29 Rn. 19.

16 BVerfG Beschl. v. 13.10.1971 – 1 BvR 280/66 = NJW **1971** 2299, 2301.

II. Einsichtnahme und Prüfung

15 Neben dem Betretens- und Besichtigungsrecht gewährt § 16 Nr. 2 LkSG dem BAFA ein Recht auf Einsichtnahme in und die Prüfung von geschäftlichen Unterlagen und Aufzeichnungen, aus denen sich ableiten lässt, ob die Sorgfaltspflichten nach den §§ 3 bis 10 Abs. 1 LkSG eingehalten werden.

16 Der Begriff der Prüfung ist weit auszulegen und umfasst neben der schlichten visuellen Wahrnehmung auch die aktive Untersuchung, Ermittlung und Prüfung der Unterlagen.[17]

17 Das Recht zur Prüfung der Geschäftsunterlagen berechtigt die Behörde nur zur Einsichtnahme der Unterlagen und deren inhaltlichen Prüfung vor Ort in den Geschäftsräumen des verpflichteten Unternehmens.[18] Eine Mitnahme der geschäftlichen Unterlagen ist von § 16 LkSG indes nicht umfasst.[19] Will die Behörde gleichwohl die Unterlagen außerhalb der Geschäftsräume sichten, wird sie dies über die Auskunfts- und Herausgabepflichten des § 17 LkSG einfordern müssen.

18 Auch wenn § 16 Nr. 2 LkSG kein Recht zur Herausgabe der Geschäftsunterlagen ermöglicht, bleibt eine freiwillige Herausgabe der geschäftlichen Unterlagen und Aufzeichnungen durch das verpflichtete Unternehmen möglich. Hierbei ist jedoch zu beachten, dass das Unternehmen die freiwillige Herausgabe der geschäftlichen Unterlagen im Nachgang nur schwer rechtlich prüfen oder beanstanden lassen kann. Es empfiehlt sich daher, Kooperationsbereitschaft gegenüber dem BAFA zu zeigen und gleichwohl auf eine Herausgabeentscheidung nach § 17 LkSG zu bestehen.

19 Das Einsichts- und Prüfungsrecht umfasst regelmäßig auch die Befugnis, Abschriften der geschäftlichen Unterlagen zu fertigen.[20] Dies erklärt sich vor dem Hintergrund, dass anderenfalls eine Auswertung und Dokumentation der behördlichen Maßnahme erheblich erschwert wäre.

20 Wie bei dem Recht auf Einsichtnahme in die Unterlagen des Arbeitgebers nach § 4 SchwarzArbG wird es bei § 16 Nr. 2 LkSG nicht auf die Urheberschaft sowie Eigentumsverhältnisse an den Unterlagen ankommen. Erforderlich wird allein sein, dass der Betriebsinhaber über sie verfügungsberechtigt ist.[21]

21 Das Recht zur Einsichtnahme erfasst nur geschäftliche Unterlagen und Aufzeichnungen, die Relevanz für den Nachweis der Einhaltung der Sorgfaltspflichten nach den §§ 3 bis 10 Abs. 1 LkSG haben. Unter die geschäftlichen Unterlagen fallen insbesondere Aufzeichnungen, die nach § 10 Abs. 1 LkSG zu erstellen sind.[22]

C. Umfang der Befugnis

22 Das BAFA kann die Maßnahme ohne Ankündigung vornehmen (I.), darf jedoch die Geschäftsräume nur zu den üblichen Geschäftsräumen betreten (II.). Das Recht zum Betreten umfasst nicht Geschäftsräume im Ausland (III.). Zufallsfunde darf das BAFA nicht nach § 108 StPO verwerten (III.).

I. Ankündigungserfordernis

23 Es stellt sich die Frage, ob die zuständige Behörde ihre Maßnahme nach § 16 LkSG zuvor ankündigen muss. Schließlich wird eine angekündigte Maßnahme als weit weniger einschneidend wahrgenommen als eine unangekündigte Maßnahme.

---

17 Dazu *Figgener* S. 22.
18 Gehling/Ott/*Fluck* § 16 Rn. 49.
19 Ennuschat/Wank/Winkler/*Winkler* § 29 Rn. 36; Vgl. dazu *Stöbener de Mora*/*Noll* NZG **2021** 1285.
20 Landmann/Rohmer/*Marcks* § 29 Rn. 15.
21 Erbs/Kohlhaas/*Ambs*/*Lutz* SchwarzArbG § 4 Rn. 2.
22 Dazu Grabosch/*Engel*/*Schönfelder* § 6 Rn. 31.

Unternehmensverbände forderten bereits im Rahmen des Gesetzgebungsverfahren eine Pflicht zur vorherigen Ankündigung der Maßnahme.[23] Dies hat der Gesetzgeber nicht umgesetzt und verlangt in § 16 LkSG kein Ankündigungserfordernis des BAFA. 24

Dieses Auslegungsergebnis wird auch bestätigt durch einen Seitenblick auf die Auslegung verwandter Normen, die Betretensrechte gewähren. Auch hier sind Behörden nicht verpflichtet, die Unternehmen vor dem Betreten zu informieren. So ist etwa bei § 29 GewO allgemein anerkannt, dass eine behördliche Kontrolle ohne vorherige Ankündigung möglich ist. Begründet wird dies bei § 29 GewO damit, dass das Unternehmen sich nicht auf die Maßnahme der Behörde vorbereiten solle und daher zur ständigen Erfüllung der Pflichten animiert werde.[24] Gleiches gilt für das SchwarzArbG. Auch im Rahmen von Kontrollen nach § 4 Abs. 2 SchwarzArbG wird gezielt auf den „Überraschungseffekt" der Kontrolle gesetzt.[25] 25

Mit Blick auf die EU-Richtlinie wird folgendes gelten: Nach Art. 18 Abs. 3 CSDDD-E sollen behördliche Kontrollen vorab angekündigt werden, sofern die Effektivität der Maßnahme hierdurch nicht beeinträchtigt wird.[26] Damit bilden (zumindest nach dem Wortlaut) unangekündigte Kontrollen die Ausnahme, die vorher angekündigten Kontrollen sollen in der Theorie zumindest dann den Regelfall darstellen. 26

II. Übliche Geschäftszeiten

Anders als bspw. § 29 Abs. 2 S. 1 und 2 GewO ist das Betretens- und Besichtigungsrecht in § 16 Nr. 1 LkSG auf die üblichen Geschäftszeiten beschränkt. 27

Die üblichen Geschäftszeiten sind die Zeiten, zu denen die Räume normalerweise für die jeweilige geschäftliche oder betriebliche Nutzung zur Verfügung stehen.[27] Maßgeblich für den zeitlichen Rahmen der Befugnis werden damit die vom Betriebsinhaber festgelegten Geschäftszeiten sein. Die Geschäftszeiten können länger als allgemeine Öffnungszeiten sein, da geschäftliche Aktivitäten auch außerhalb der allgemeinen Öffnungszeiten stattfinden können.[28] Daher sind Betretens- und Besichtigungsrechte sowohl abends als auch an den Wochenenden denkbar, sofern das verpflichtete Unternehmen auch in dieser Zeit die Räume betrieblich nutzt.[29] Sind die tatsächlichen Geschäftszeiten nicht zu ermitteln, gelten die branchenüblichen Geschäftszeiten.[30] 28

III. Betretensrecht im Ausland

Der Wortlaut des § 16 LkSG sieht nicht vor, dass das BAFA im Ausland befindliche Geschäftsräume, Betriebsgrundstücke und Wirtschaftsgebäude des verpflichteten Unternehmens betreten darf. 29

Um Souveränitätskonflikte zu vermeiden, wird auch in der Literatur gefordert, § 16 LkSG ausschließlich auf inländische Geschäftsräume zu beschränken.[31] Denn die Maßnahme einer deut- 30

23 Stellungnahme VDA, Referentenentwurf des Bundesministeriums für Arbeit und Soziales für ein „Gesetz über die unternehmerischen Sorgfaltspflichten in Lieferketten", 1. März 2021, S. 18.

24 OLG Düsseldorf Beschl. v. 16.7.1982 – 5 Ss (OWi) 294/82 – 232/82 I = NVwZ **1983** 638, 639; BeckOK-GewO/*Meßerschmidt* § 29 Rn. 22.

25 *Lutz-Bachmann/Vorbeck/Wegenroth* BB **2021** 906, 912.

26 Art. 18 Abs. 3 CSDDD-E, in dem es heißt: „[...] *with prior warning to the company, except where prior notification hinders the effectiveness of the inspection*".

27 Zu den üblichen Geschäftszeiten i.R.d. § 29 GewO: BVerfG Beschl. v. 13.10.1971 – 1 BvR 280/66 = NJW **1971** 2229, 2301; BeckOK-GewO/*Meßerschmidt* § 29 Rn. 21.

28 Vgl. Erbs/Kohlhaas/*Ambs/Lutz* SchwarzArbG § 4 Rn. 1.

29 BeckOK-GewO/*Meßerschmidt* § 29 Rn. 2.

30 Erbs/Kohlhaas/*Ambs/Lutz* SchwarzArbG § 4 Rn. 1.

31 *Thalhammer* DÖV **2021** 825, 832.

schen Behörde nach § 16 LkSG sei auf ausländischem Territorium nach völkerrechtlichen Maßstäben ohne Zustimmung des betroffenen Staates nicht zulässig.[32]

31 Dieser Auffassung ist zuzustimmen. Betretens- und Besichtigungsrechte außerhalb der Grenzen des deutschen Hoheitsbereichs müssen trotz der steigenden Zahl der multinationalen Konzerne mit Tochterfirmen in verschiedenen Ländern über ein Rechtshilfeersuchen an den jeweiligen fremden Staat abgewickelt werden.

32 Der Richtlinien-Entwurf der EU-Kommission enthält in Art. 18 Abs. 3 S. 2 CSDDD-E eine klare Vorgabe. Wenn die Aufsichtsbehörde eines Mitgliedsstaats im Rahmen ihrer Untersuchung im Hoheitsgebiet eines anderen Mitgliedsstaats eine Untersuchung durchführen möchte, hat sie in diesem Mitgliedsstaat um Amtshilfe zu ersuchen, Art. 18 Abs. 3 S. 2 CSDDD-E.

IV. Umgang mit Zufallsfunden

33 Im Rahmen behördlicher Kontrollen kann die zuständige Behörde auch auf Aufzeichnungen stoßen, die Anhaltspunkte für Straftaten oder Ordnungswidrigkeiten außerhalb des LkSG geben. Ob die Behörde auch diese sog. Zufallsfunde unter Berufung auf Vorschriften der StPO, insbesondere auf § 108 StPO, verwerten kann, ist fraglich.

34 Einer Anwendung des § 108 StPO steht bereits die oben ausgeführte Rechtsprechung des BVerfG entgegen, wonach behördliche Betretensrechte keine Durchsuchungen darstellen. Da damit schon der Anwendungsbereich des § 108 StPO nicht eröffnet ist, ist es dem BAFA verwehrt, unter Berufung auf § 108 StPO Zufallsfunde in irgendeiner Weise zu verwerten.

D. Zwangsweise Durchsetzung

35 Da es sich bei den Pflichten nach §§ 15 bis 18 LkSG um verwaltungsrechtliche Tätigkeiten der Behörde handelt, können deren Anordnungen im Wege des verwaltungsrechtlichen Vollstreckungszwanges nach dem VwVG durchgesetzt werden.[33] Die Anordnung, dass Betreten zu dulden ist, stellt einen Verwaltungsakt gem. § 35 Satz 1 VwVfG dar. Das Betreten selbst ist wiederum ein Realakt.

E. Verfahrensfragen und Rechtsschutz

36 Die Behörde wird von Amts wegen oder auf Antrag tätig. Sie wird dabei präventiv zur Gefahrenabwehr und repressiv zur Sanktionierung etwaiger Verstöße gegen das LkSG tätig.[34] Die Präventivbefugnisse sind in den §§ 13 ff. LkSG geregelt und sprechen den Behörden umfassende verwaltungsrechtliche Ermittlungsbefugnisse zu.[35] Die Erkenntnisse aus dem Verwaltungsverfahren können dabei bei einem sich anschließenden repressiven Verfahren gegen das Unternehmen verwertet werden.[36]

37 Das konkrete an die Unternehmen, ihre Inhaber oder Vertreter gerichtete Duldungsverlangen des BAFA, stellt einen belastenden Verwaltungsakt im Sinne von § 35 Satz 1 VwVfG dar, so dass gegen diesen die Rechtsschutzmöglichkeiten der VwGO zur Verfügung stehen. In Betracht kommen daher Widerspruch und anschließend die Anfechtungsklage.

---

32 *Thalhammer* DÖV **2021** 825, 833.

33 *Seibt/Vesper-Gräske* CB **2021** 357, 361.

34 *Frank/Edel/Heine/Heine* BB **2021** 2165; *Lutz-Bachmann/Vorbeck/Wengenrot* BB **2021** 906, 911; *Seibt/Vesper-Gräske* CB **2021** 357; *Wagner/Ruttloff* NJW **2021** 2145, 2150.

35 *Seibt/Vesper-Gräske* CB **2021** 357.

36 *Lutz-Bachmann/Vorbeck/Wengenrot* BB **2021** 906, 911.

§ 17 Auskunfts- und Herausgabepflichten

(1) [1]Unternehmen und nach § 15 Satz 2 Nummer 1 geladene Personen sind verpflichtet, der zuständigen Behörde auf Verlangen die Auskünfte zu erteilen und die Unterlagen herauszugeben, die die Behörde zur Durchführung der ihr durch dieses Gesetz oder aufgrund dieses Gesetzes übertragenen Aufgaben benötigt. [2]Die Verpflichtung erstreckt sich auch auf Auskünfte über verbundene Unternehmen (§ 15 des Aktiengesetzes), unmittelbare und mittelbare Zulieferer und die Herausgabe von Unterlagen dieser Unternehmen, soweit das auskunfts- oder herausgabepflichtige Unternehmen oder die auskunfts- oder herausgabepflichtige Person die Informationen zur Verfügung hat oder aufgrund bestehender vertraglicher Beziehungen zur Beschaffung der verlangten Informationen in der Lage ist.

(2) Die zu erteilenden Auskünfte und herauszugebenden Unterlagen nach Absatz 1 umfassen insbesondere

1. die Angaben und Nachweise zur Feststellung, ob ein Unternehmen in den Anwendungsbereich dieses Gesetzes fällt,
2. die Angaben und Nachweise über die Erfüllung der Pflichten nach den §§ 3 bis 10 Absatz 1 und
3. die Namen der zur Überwachung der internen Prozesse des Unternehmens zur Erfüllung der Pflichten nach den §§ 3 bis 10 Absatz 1 zuständigen Personen.

(3) [1]Wer zur Auskunft nach Absatz 1 verpflichtet ist, kann die Auskunft auf solche Fragen verweigern, deren Beantwortung ihn selbst oder einen der in § 52 Absatz 1 der Strafprozessordnung bezeichneten Angehörigen der Gefahr strafgerichtlicher Verfolgung oder eines Verfahrens nach dem Gesetz über Ordnungswidrigkeiten aussetzen würde. [2]Die auskunftspflichtige Person ist über ihr Recht zur Verweigerung der Auskunft zu belehren. [3]Sonstige gesetzliche Auskunfts- oder Aussageverweigerungsrechte sowie gesetzliche Verschwiegenheitspflichten bleiben unberührt.

Schrifttum

Gabriel Das Auskunftsverweigerungsrecht im Wirtschaftsverwaltungsrecht, NVwZ **2020** 19; *Hembach* Der Vorschlag der EU-Kommission für eine Richtlinie über die Sorgfaltspflichten von Unternehmen, CB **2022** 191; *Kamann/Irmscher* Das Sorgfaltspflichtengesetz – Ein neues Sanktionsrecht für menschenrechts- und Umweltverstöße in Lieferketten, NZWiSt **2021** 249; *Lutz-Bachmann/Vorbeck/Wengenroth* Menschenrechte und Umweltschutz in Lieferketten – der Regierungsentwurf eines Sorgfaltspflichtengesetzes, BB **2021** 906; *Nietsch* Legal Privilege und interne Untersuchungen in den USA und dem Vereinigten Königreich – Rechtsvergleichende Überlegungen zur möglichen Regelung des Vertraulichkeitsschutzes von internen Untersuchungen –, CCZ **2019** 49; *Ruttloff/Rothenburg/Hahn* Der Richtlinienvorschlag zu unternehmerischen Sorgfaltspflichten im Bereich der Nachhaltigkeit – Auswirkungen auf die Corporate Governance, DB **2022** 1116; *Seibt/Vesper-Gräske* Lieferkettensorgfaltspflichtengesetz erweitert Compliance-Pflichten, CB **2021** 357; *Spindler* Verantwortlichkeit und Haftung in Lieferantenketten – das Lieferkettensorgfaltspflichtengesetz aus nationaler und europäischer Perspektive, ZHR **186** (2022) 67; *Stöbener de Mora/Noll* Grenzenlose Sorgfalt? – Das Lieferkettensorgfaltspflichtengesetz, NZG **2021** 1285; *Thalhammer* Das umstrittene Lieferkettensorgfaltspflichtengesetz – Ein juristischer Blick auf Kritik aus Zivilgesellschaft, Wirtschaft und Politik, DÖV **2021** 825; *Wagner/Rutloff* Das Lieferkettensorgfaltspflichtengesetz – Eine erste Einordnung, NJW **2021** 2145; *Wagner/Ruttloff/Wagner/Hahn* Der Entwurf des „Sorgfaltspflichtengesetzes", CB **2021** 89.

Übersicht

https://doi.org/10.1515/9783110788976-019

A. Einführung

I. Regelungsinhalt

1 Das BAFA erhält durch § 17 LkSG die Möglichkeit, Auskünfte von dem in § 17 Abs. 1 LkSG definierten Personenkreis einzuholen und die Herausgabe von Unterlagen zu verlangen. Diese Norm ist neben § 15 S. 2 Nr. 1 LkSG (*Ladung von Personen*), § 16 LkSG (*Betretensrechte*) sowie § 18 LkSG (*Duldungs- und Mitwirkungspflichten*) Teil des ermittlungsrechtlichen Instrumentariums des BAFA.[1] Die Norm stellt ein wesentliches Eingriffsrecht des BAFA zur Durchsetzung der Pflichten unter dem LkSG dar.[2]

2 Die Pflicht des von § 17 LkSG betroffenen Personenkreises, Auskünfte zu erteilen und Unterlagen herauszugeben, ist nicht nur auf die betroffenen Unternehmen begrenzt, sondern erstreckt sich auch auf verbundene Unternehmen sowie Informationen und Unterlagen in Bezug auf unmittelbare und mittelbare Zulieferer.[3]

II. Regelungszweck

3 Die gesetzliche Eingriffsbefugnis des § 17 LkSG dient der behördlichen Kontrolle und Durchsetzung der sich aus §§ 3 bis 10 LkSG ergebenden Pflichten. Durch die so erhobenen Auskünfte und erlangten Unterlagen wird das BAFA in die Lage versetzt, sich die für ihre Aufsichtstätigkeit erforderlichen Informationen zu beschaffen.[4] Dem BAFA ist es somit möglich, eigenständig in die Sachverhaltsermittlung einzutreten ohne auf die Zusammenarbeit mit anderen Behörden angewiesen zu sein.

4 Letzteres verdeutlicht, neben der formalen Benennung als die zuständige Aufsichtsbehörde in § 19 Abs. 1 S. 1 LkSG, die primäre Verantwortung des BAFA für die Überwachung der Lieferket-

1 *Seibt/Vesper-Gräske* CB **2021** 357, 361.
2 *Wagner/Ruttloff* NJW **2021** 2145, 2150.
3 Grabosch/*Engel/Schönfelder* in § 6 Rn. 25; BT-Drs. 19/28649 S. 55.
4 Grabosch/*Engel/Schönfelder* § 6 Rn. 25.

ten von erfassten Unternehmen. In dieser Funktion nimmt das BAFA eine Doppelrolle ein. Einerseits wir es präventiv als Gefahrenabwehr-/Aufsichtsbehörde tätig, andererseits aber auch repressiv als Verfolgungsbehörde.[5] Es wird damit, abhängig vom konkreten Einzelfall, in verschiedenen Verfahrensarten tätig und ist in dieser Hinsicht etwa mit der BaFin vergleichbar.[6] Im Konsultationsverfahren wurde die Rolle des BAFA daher auch als *„Bundesanstalt für Menschenrechtsaufsicht in der Lieferkette“* bezeichnet.[7] Das BAFA ist im Aufsichtsverfahren daher verwaltungsrechtlich (VwVfG und LkSG) tätig, während es im Ermittlungsverfahren ordnungswidrigkeitenrechtlich (OWiG i.V.m. StPO) tätig ist.[8] Folglich hat der Zweck der Informationsbeschaffung nach § 17 Abs. 1 LkSG nicht nur einen präventiven, sondern auch einen repressiven Charakter. Damit sind den Verpflichteten im Einzelfall verschiedene Rechte einzuräumen bzw. die Maßnahmen des BAFA sind an unterschiedlichen Maßstäben zu messen.[9]

B. Verpflichtete nach § 17 LkSG

Die Auskunfts- und Herausgabepflichten des § 17 Abs. 1 S. 1 LkSG treffen Unternehmen (hierzu **B.I.**) und nach § 15 S. 2 Nr. 1 geladene Personen (hierzu **B.II.**).[10] Verbundene Unternehmen sowie unmittelbare und mittelbare Zulieferer sind indes keine Verpflichteten im Sinne des § 17 Abs. 1 S. 1 LkSG. Sie sind lediglich indirekt betroffen, wenn sich das Auskunfts- bzw. Herausgabeverlangen des BAFA auf solche Informationen und/oder Unterlagen erstreckt, die sich auf verbundene Unternehmen oder Zulieferer beziehen.[11] 5

I. Unternehmen

Unternehmen im Sinne des § 17 Abs. 1 S. 1 LkSG sind all jene Unternehmen gemäß § 1 Abs. 1 LkSG. Hierzu wird auf die Ausführungen zu § 1 Abs. 1 LkSG verwiesen. 6

II. Geladene Personen nach § 15 S. 2 Nr. 1 LkSG

Neben Unternehmen werden auch geladene Personen im Sinne des § 15 S. 2 Nr. 1 LkSG vom Anwendungsbereich des § 17 Abs. 1 LkSG umfasst, wobei der Begriff der Person in § 15 S. 2 Nr. 1 LkSG nicht weiter definiert wird. Hierzu wird auf die Ausführungen zu § 15 LkSG verwiesen. Allerdings dürfte er grds. eher weit zu verstehen sein und damit unter anderem auch solche Mitarbeiter umfassen, die nicht zur Vertretung des Unternehmens berechtigt sind. Geschäftsführer und andere vertretungsberechtigte Personen, die für das Unternehmen handeln, sollten bereits über den Begriff des „Unternehmens“ erfasst sein, da Unternehmen selbst nicht handeln können und damit für die Vornahme tatsächlicher Handlungen auf ihre Repräsentanten angewiesen sind. 7

---

5 *Wagner/Ruttloff/Wagner/Hahn* CB **2021** 89,94.
6 *Seibt/Vesper-Gräske* CB **2021** 357, 360.
7 Stellungnahme des Deutschen Anwaltvereins zum Regierungsentwurf eines Gesetzes über die unternehmerischen Sorgfaltspflichten in Lieferketten, April 2021, Rn. 57.
8 *Seibt/Vesper-Gräske* CB **2021** 357, 361; *Wagner/Ruttloff* NJW **2021** 2145, 2151.
9 Siehe hierzu unter C. und D.
10 BT-Drs. 19/28649 S. 55.
11 *Stöbener de Mora/Noll* NZG **2021** 1285, 1287.

C. Auskunfts- und Herausgabepflicht (§ 17 Abs. 1 LkSG)

8 Die Auskunfts- und Herausgabepflicht nach § 17 Abs. 1 S. 1 LkSG bedarf eines auf Auskunft oder Herausgabe von Unterlagen gerichteten Verlangens des BAFA gegenüber den verpflichteten Unternehmen bzw. geladenen Personen (hierzu **C.I.**). Daneben muss das Auskunfts- und Herausgabeverlangen zur Durchführung der dem BAFA nach dem LkSG übertragenen Aufgaben auch notwendig sein (hierzu **C.II.**). Zu berücksichtigen ist dabei, dass sich die Auskunfts- und Herausgabepflicht gemäß § 17 Abs. 1 S. 1 LkSG lediglich auf Auskünfte über das auskunfts- oder herausgabepflichtige Unternehmen oder die auskunfts- oder herausgabepflichtige Person bezieht. In § 17 Abs. 1 S. 2 LkSG wird die Auskunfts- und Herausgabepflicht auf Informationen über verbundene Unternehmen des Auskunfts- und Herausgabepflichtigen sowie unmittelbare und mittelbare Zulieferer erstreckt (hierzu **C.III.**).[12]

I. Verlangen der zuständigen Behörde

9 § 17 Abs. 1 S. 1 LkSG lässt sich nicht entnehmen, in welcher Form die Behörde ihr Auskunfts- und Herausgabeverlangen gegenüber dem Unternehmen bzw. den geladenen Personen nach § 15 S. 2 Nr. 1 LkSG geltend zu machen hat. Auch die Rechtsqualität der Geltendmachung des Verlangens ist unklar. Denkbar wären hier sowohl formlose Auskunftsersuche als auch ein förmliches Auskunftsverlangen.

10 Grds. sollte ein formloses Auskunftsersuchen durch das BAFA möglich sein. Solche formlosen Auskunftsersuchen sind etwa im Rahmen des § 59 Abs. 1 GWB ein gebräuchliches Ermittlungsmittel der Kartellbehörden.[13] Dabei handelt es sich um einfache Verwaltungsschreiben, die den Hinweis enthalten, dass eine fristgemäße Beantwortung erwartet wird, diese aber gleichwohl freiwillig ist.[14] Ein mit den Mitteln des Verwaltungszwanges durchsetzbares Auskunfts- und Herausgabeverlangen sollte ein solches formloses Auskunftsersuchen allerdings nicht darstellen. Hierfür ist vielmehr ein Auskunfts- und Herausgabeverlangen in der Form eines Verwaltungsaktes erforderlich.

11 Dabei sind bei einem förmlichen Herausgabeverlangen durch das BAFA in der Regel die Anforderungen des § 35 VwVfG an einen Verwaltungsakt erfüllt, denn es handelt sich dabei um eine hoheitliche Maßnahme, die eine Behörde zur Regelung eines Einzelfalls auf dem Gebiet des öffentlichen Rechts trifft und die auf unmittelbare Rechtswirkung nach außen gerichtet ist.[15] Insbesondere handelt das BAFA als zuständige Behörde im Sinne des § 19 LkSG, womit bereits durch diese Kompetenzzuweisung deutlich wird, dass ihr Handeln unmittelbar durch das öffentliche Recht geregelt wird.[16]

12 Als Verwaltungsakt kann das Auskunfts- oder Herausgabeverlangen gemäß § 37 Abs. 2 S. 1 VwVfG schriftlich, elektronisch, mündlich oder in anderer Weise erlassen werden.

13 Im Kontext des Auskunfts- und Herausgabeverlangens nach § 17 Abs. 1 LkSG ist die Bestimmtheit des Verwaltungsaltes nach § 37 Abs. 1 VwVfG von besonderer Bedeutung. Diese hat im Kern drei Anforderungen: (a) die Erkennbarkeit als Verwaltungsakt, (b) die Bestimmtheit des Adressaten oder Betroffenen sowie (c) die Bestimmtheit des Inhalts.[17] Dabei dürfte die Erkennbarkeit als Verwaltungsakt sowie des Adressaten im Rahmen des § 17 LkSG in der Regel gegeben sein, da die Auskunfts- und Herausgabeverlangen des BAFA als Behörde an die Unternehmen bzw. die nach § 15 S. 2 Nr. 1 LkSG geladenen Personen sowohl die handelnde Behörde als auch den Adressaten eindeutig erkennen lassen sollten. Es ist demnach erkennbar, zwischen wem die Rechtsbeziehung

12 *Lutz-Bachmann/Vorbeck/Wengenroth* BB **2021** 906, 911; BT-Drs. 19/28649 S. 55.
13 MüKo-KartellR/*Barth* § 59 Rn. 6; BeckOK-KartellR/*Vorster* § 59 Rn. 71.
14 MüKo-KartellR/*Barth* § 59 Rn. 6.
15 *Spindler* ZHR **186** (2022) 67, 93.
16 Schoch/Schneider/*Knauff* § 35 Rn. 102.
17 Schoch/Schneider/*Schröder* § 37 Rn. 22.

geregelt werden soll, womit gleichzeitig die Individualisierungsfunktion des Verwaltungsaktes erfüllt wird.[18]

14 Eine höhere praktische Relevanz dürften die Anforderungen an die Bestimmtheit des Inhalts des Auskunfts- und Herausgabeverlangens durch das BAFA haben.[19] Denn der Adressat des Verwaltungsaktes muss durch diesen in die Lage versetzt werden, zu erkennen was von ihm gefordert wird, so dass er sein Verhalten danach ausrichten kann.[20] Bei Maßnahmen, die der behördlichen Informationsbeschaffung dienen, besteht damit ein natürliches Spannungsverhältnis zwischen den Anforderungen an die inhaltliche Bestimmtheit des Auskunfts-/Herausgabeverlangens und dem Umstand, dass die Behörde die Maßnahme gerade mit dem Ziel durchführt, konkretere Kenntnisse zu erlangen. Erst dadurch wird sie in die Lage versetzt, die Notwendigkeit eines weiteren hoheitlichen Vorgehens prüfen zu können. Damit dürften, gerade zu Beginn eines aufsichtlichen Verfahrens durch das BAFA, für die Bestimmtheit des Inhalts keine exakten Angaben oder Beschreibungen der geforderten Informationen und Unterlagen erforderlich sein. Entscheidend ist aber, dass der Sachverhalt auf den sich die Regelung, also das Auskunfts- und Herausgabeverlangen, bezieht sowie die getroffene Rechtsfolge aus dem Verwaltungsakt heraus erkennbar ist.[21] Dabei darf sich das Auskunfts- und Herausgabeverlangen nicht in einer bloßen Wiederholung des Gesetzestextes erschöpfen.[22] Folglich dürfte es für die inhaltliche Bestimmtheit eines Auskunfts- und Herausgabeanspruchs auf der Grundlage des § 17 Abs 1 S. 1 LkSG nahe liegend sein, dass sich das BAFA an den in § 17 Abs. 2 LkSG genannten Beispielen orientiert und diese in Bezug auf den Adressaten soweit wie möglich konkretisiert.

II. Notwendigkeit der Auskünfte und Unterlagen

15 Auskünfte und die Herausgabe von Unterlagen darf das BAFA nach § 17 Abs. 1 S. 1 LkSG nur dann verlangen, wenn diese für die Durchführung der durch das LkSG übertragenen Aufgaben notwendig sind.[23] Das Tatbestandsmerkmal der „Notwendigkeit" dient damit als wesentlicher Kontrollmaßstab für das hoheitliche Handeln des BAFA.

16 Dem Gesetzeswortlaut lässt sich diese Funktion nicht ohne Weiteres entnehmen, da § 17 Abs. 1 S. 1 LkSG als Pflicht des Unternehmens formuliert ist, die Informationen herauszugeben, „die die Behörde zur Durchführung der ihr durch [das LkSG] oder aufgrund [des LkSG] übertragenen Aufgaben benötigt". Diese Formulierung erweckt den Eindruck, dass das Auskunfts- und Herausgabeverlangen recht generisch gehalten werden kann, sodass die Entscheidung darüber, welche Informationen nach § 17 Abs. 1 S. 1 LkSG benötigt werden, von dem Betroffenen eines Auskunfts- und Herausgabeverlangens selbst zu treffen ist. Dadurch erscheint die Eingriffsbefugnis des § 17 Abs. 1 S. 1 LkSG sehr weit.[24]

17 Allerdings dient der zweite Halbsatz der Norm gerade der Konkretisierung des Auskunfts- und Herausgabeverlangens. Dies ergibt sich einerseits aus dem Umstand, dass es sich bei dem Auskunfts- und Herausgabeverlangen um einen Verwaltungsakt handelt. Folglich müssen auch die Anforderungen an eine formelle und materielle Rechtmäßigkeit des Verwaltungsakts von jedem einzelnen Auskunfts- und Herausgabeverlangen erfüllt sein. Im Zusammenhang mit der Notwendigkeit der von dem BAFA geforderten Informationen ist dies vor allem die inhaltliche Bestimmtheit. Hier setzt das Notwendigkeitserfordernis an, da das BAFA durch den Gesetzeswortlaut aufgefordert ist, die Not-

18 Stelkens/Bonk/Sachs/*Stelkens* § 37 Rn. 2; Schoch/Schneider/*Schröder* § 37 Rn. 22.
19 *Thalhammer* DÖV **2021** 825, 832.
20 BVerwG Urt. v. 15.2.1990 – 4 C 41/87 = NVwZ **1990** 658; Schoch/Schneider/*Schröder* § 37 Rn. 35; Stelkens/Bonk/Sachs/*Stelkens* § 37 Rn. 2; *Thalhammer* DÖV **2021** 825, 832.
21 Schoch/Schneider/*Schröder* § 37 Rn. 35; Stelkens/Bonk/Sachs/*Stelkens* § 37 Rn. 27.
22 BVerwG Urt. v. 2.12.1992 – 3 C 42/91 = BVerwGE **94** 341.
23 *Hembach* S. 190.
24 *Wagner/Ruttloff* NJW **2021** 2145, 2150; *Wagner/Ruttloff/Wagner/Hahn* CB **2021** 89, 94.

wendigkeit des eigenen Handelns zu begründen. Denn die verlangten Informationen müssen in einem inhaltlichen Zusammenhang zu den Pflichten des LkSG und den dem BAFA übertragenen Aufgaben stehen.[25] Umgekehrt bedeutet dies aber auch, dass ein Auskunfts- und Herausgabeanspruch mit Rechtsmitteln angegriffen werden kann, wenn die Notwendigkeit der verlangten Informationen nicht begründet werden kann. Folglich kann das Notwendigkeitserfordernis als spezialgesetzliche Ausprägung des Bestimmtheitsgebotes nach § 37 Abs. 1 VwVfG angesehen werden und dient damit der Realisation des Rechtsstaatsprinzips.[26]

18 Die inhaltliche Reichweite wird zudem durch § 17 Abs. 2 LkSG weiter konkretisiert, was ebenfalls die Bestimmtheit des Verwaltungshaltens des BAFA erhöht.[27]

III. Auskunfts- und Herausgabepflichten in Bezug auf Dritte

19 Deutsche Unternehmen sind durch ihre starke Einbindung in globale Absatz- und Beschaffungsmärkte in besonderer Weise mit menschen- und umweltrechtlichen Herausforderungen in ihren Lieferketten konfrontiert.[28] Für das BAFA bedeutet dies, dass sie zur Wahrnehmung ihrer Aufgaben und zur Durchsetzung der Pflichten unter dem LkSG Informationen über globale Konzernstrukturen und der darin enthaltenen Unternehmen sowie Zulieferer der verpflichteten Unternehmen benötigt.

20 Diese wesentlichen Informationen kann sich das BAFA auf der Grundlage von § 17 Abs. 1 S. 2 LkSG beschaffen, der die Auskunfts- und Herausgabepflichten auf verbundene Unternehmen im Sinne des § 15 AktG sowie unmittelbare und mittelbare Zulieferer erweitert.[29] Die Begriffe des unmittelbaren und mittelbaren Zulieferers werden in § 2 Abs. 7, 8 LkSG definiert. Hierzu wird auf die Ausführungen zu § 1 LkSG verwiesen. Bei dem Begriff des verbundenen Unternehmens im Sinne des § 15 AktG handelt es sich um einen Oberbegriff unter dem fünf verschiedene Unternehmensverbindungen, im Konkreten die Mehrheitsbeteiligung (§ 16 AktG), Beherrschung (§ 17 AktG), Konzern (§ 18 AktG), wechselseitige Beteiligung (§ 19 AktG) und Verbindung durch Unternehmensvertrag (§§ 291, 292 AktG) zusammengefasst werden. Zu berücksichtigen ist dabei, dass sich diese Unternehmensverbindungen teilweise überlagern.[30]

21 Damit werden grds. sämtliche Unternehmen in der gesamten Lieferkette erfasst. Eine Beschränkung auf in Deutschland ansässige Unternehmen fehlt,[31] sodass sich das Auskunfts- und Herausgabeverlangen des BAFA gegenüber den Verpflichteten nach § 17 Abs. 1 S. 1 LkSG auch auf im Ausland ansässige Unternehmen und Zulieferer beziehen kann sowie auf KMU. Letztgenannte sind zwar nicht unmittelbar Gegenstand des LkSG, allerdings sind – auch ausweislich der Gesetzesbegründung – mittelbare Wirkungen auch auf nicht dem LkSG unmittelbar unterfallende Unternehmen zu erwarten.[32]

22 Die Auskunfts- und Herausgabepflicht in Bezug auf Dritte bezieht sich jedoch nur auf solche Informationen, soweit diese dem Verpflichteten zur Verfügung stehen oder die er aufgrund bestehender vertraglicher Beziehungen beschaffen kann.[33] Damit wird der Anwendungsbereich des § 17 Abs. 1 S. 2 LkSG im Vergleich zu § 17 Abs. 1 S. 1 LkSG bereits durch den Wortlaut („soweit“) eingeschränkt. Dieser Zweck ist bei der Auslegung der beiden Alternativen zwingend zu berücksichtigen.

---

25 BT-Drs. 19/28649 S. 55.

26 Schoch/Schneider/*Schröder* § 37 Rn. 5.

27 Siehe hierzu ausführlich unter D.

28 BT-Drs. 19/28649 S. 23.

29 BT-Drs. 19/28649 S. 55; *Spindler* ZHR **186** (2022) 67, 93.

30 MüKo-AktG/*Bayer* § 15 Rn. 1 f.; Koch/*Koch* AktG, 16. Aufl. 2022, § 15 Rn. 1.

31 *Kamann/Irmscher* NZWiSt **2021** 249, 250.

32 BT-Drs. 19/28649 S. 32.

33 BT-Drs. 19/28649 S. 55.

1. Zur Verfügung stehende Informationen (1. Alternative)

Weder dem Gesetzestext noch den Gesetzesmaterialien lässt sich entnehmen, was im Rahmen von § 17 Abs. 1 S. 2 LkSG unter „zur Verfügung haben" konkret zu verstehen ist. Der Wortlaut selbst deutet darauf hin, dass sich die Informationen im Herrschaftsbereich des Adressaten des Auskunfts- und Herausgabeverlangens befinden müssen. Denn die Formulierung „zur Verfügung haben" impliziert, dass keine wesentlichen tatsächlichen und/oder rechtlichen Zwischenschritte für die Informationsbeschaffung erforderlich sind. 23

Auch die Binnensystematik des § 17 Abs. 1 S. 2 LkSG legt nahe, dass die erste Alternative auf solche Informationen in Bezug auf Dritte abstellt, über die das Unternehmen bereits verfügt. Eine Beschaffung von Informationen von Dritten wird in der ersten Alternative gerade nicht gefordert, sondern lediglich, dass die Informationen in Bezug auf Dritte, die dem Unternehmen bereits zur Verfügung stehen, an das BAFA herauszugegeben sind.[34] Eine Pflicht zur Beschaffung von Informationen in Bezug auf Dritte lässt sich daraus allerdings nicht ableiten. Eine solche Auslegung würde andernfalls die vom Gesetzeswortlaut intendierte Begrenzung („soweit") aufweichen. Zudem wird die Beschaffung von Informationen von Dritten in der zweiten Alternative ausdrücklich geregelt und ist an bestimmte Voraussetzungen geknüpft. Eine über den Wortlaut der ersten Alternative hinausgehende Auslegung würde die ausdrücklich im Gesetz angelegte Differenzierung zwischen der ersten und zweiten Alternative aufheben und die Abgrenzung zwischen diesen erschweren. 24

2. Beschaffung von Informationen aufgrund vertraglicher Vereinbarungen (2. Alternative)

Neben den Informationen, die den auskunfts- oder herausgabepflichtigen Unternehmen oder den auskunfts- oder herausgabepflichtigen Personen zur Verfügung stehen, muss auch über solche Informationen Auskunft gegeben bzw. entsprechend Unterlagen herausgegeben werden, soweit sie in der Lage sind, diese aufgrund bestehender vertraglicher Beziehungen zu beschaffen.[35] Die Pflicht zur Auskunft und Herausgabe reicht damit in der zweiten Alternative so weit, wie das verpflichtete Unternehmen bzw. die verpflichtete Person aufgrund bestehender vertraglicher Beziehungen dazu in der Lage ist, die Information zum Zweck der Auskunft oder Herausgabe zu beschaffen.[36] 25

Wann Informationen aufgrund vertraglicher Vereinbarungen beschafft werden können, lässt sich weder dem Wortlaut selbst noch der Gesetzesbegründung entnehmen. Insbesondere ist auf den ersten Blick unklar, ob vertragliche Vereinbarungen auch die Beschaffung von Informationen gegenüber verbundenen Unternehmen umfasst. Hier ist jedoch zu berücksichtigen, dass sich die zweite Alternative der Herausgabe von Informationen in Bezug auf Dritte sowohl auf verbundene Unternehmen als auch auf Zulieferer bezieht. Würde man die Formulierung „vertragliche Vereinbarung" lediglich auf rein schuldrechtliche Rechtsverhältnisse beschränken und gesellschaftsrechtliche Rechtsverhältnisse davon nicht erfasst sehen, wären Zulieferer, die nicht dem Konzern angehören, stärker durch § 17 Abs. 1 S. 2 LkSG betroffen, als gruppenangehörige Unternehmen. Dadurch würde es zu einer Ungleichbehandlung der indirekt betroffenen Unternehmen kommen, die jedoch im Aufbau der Norm nicht angelegt ist und auch nicht deren Sinn und Zweck entspricht. 26

In der Praxis könnten diese indirekten Auswirkungen auf die unmittelbaren und mittelbaren Zulieferer der Unternehmen, gerade wenn es in Vertragsverhandlungen um die gegenseitige Zurverfügungstellung von Informationen oder Daten geht, die deutschen Unternehmen vor nicht unerhebliche Herausforderungen stellen. Denn abhängig von dem konkreten Geschäftsgegenstand 27

---

34 *Lutz-Bachmann/Vorbeck/Wengenroth* BB **2021** 906, 912.

35 *Lutz-Bachmann/Vorbeck/Wengenroth* BB **2021** 906, 912; *Seibt/Vesper-Gräske* CB **2021** 357, 360.

36 Kubis/Tödtmann/*Hettich/Charnitzky* Arbeits-HdB für Vorstandsmitglieder, 3. Aufl. 2022, § 14 Rn. 280.

können die zwischen den Parteien ausgetauschten Informationen oder auch die vereinbarten Prüfungs- und Kontrollrechte sehr weitgehend sein. So müssen etwa die Auslagerungsverträge von Kreditinstituten oder Versicherungsunternehmen angemessene Informations- und Prüfungsrechte der Internen Revision sowie externer Prüfer enthalten.[37] Demgegenüber werden Geschäftspartner deutscher Unternehmen wohl nur ein geringes Interesse daran haben, dass die Informationen, die sie diesen im Laufe einer Geschäftsbeziehung zur Verfügung gestellt haben bzw. aufgrund vertraglicher Informationspflichten zur Verfügung stellen müssen, durch die deutschen Unternehmen dem BAFA zur Verfügung gestellt werden. Hier wird auch der Umstand, dass das BAFA zum jetzigen Zeitpunkt keinen gesetzlichen Geheimhaltungspflichten unterworfen ist, von Bedeutung sein. Dies kann abhängig von der Jurisdiktion des verbundenen Unternehmens oder des Zulieferers für diesen erheblich werden. So ist beispielsweise zu erwarten, dass U.S.-amerikanische Unternehmen nur sehr widerwillig Informationen zur Verfügung stellen werden, wenn sie mit einer Informationsweitergabe an das BAFA rechnen müssen, da dies unter Umständen zu einem Verlust des sog. Legal Privilege führen kann.[38] In einem Zivilverfahren in den USA müssten diese Informationen sodann im Disclosure-Verfahren offengelegt werden.[39]

D. Inhalt und Umfang der Auskunfts- und Herausgabepflicht (§ 17 Abs. 2 LkSG)

I. Reichweite der Auskunfts- und Herausgabepflicht

28 Gemäß § 17 Abs. 2 LkSG umfassen die nach § 17 Abs. 1 LkSG zu erteilenden Auskünfte und herauszugebenden Unterlagen insbesondere die Angaben und Hinweise zur Feststellung, ob das Unternehmen in den Anwendungsbereich des LkSG fällt (§ 17 Abs. 2 Nr. 1), die Angaben und Nachweise über die Erfüllung der durch die §§ 3 bis 10 Abs. 1 LkSG auferlegten Pflichten (§ 17 Abs. 2 Nr. 2) sowie die Namen der Personen, die für die Überwachung der internen Prozesse des Unternehmens zur Erfüllung der vorbenannten Pflichten zuständig sind (§ 17 Abs. 2 Nr. 3).

29 Die Aufzählung der Informationsinhalte, auf die sich das Auskunfts- und Herausgabeverlangen des BAFA beziehen kann, ist jedoch nicht abschließend. Somit kann das BAFA auch Auskünfte oder Unterlagen verlangen, die über die in § 17 Abs. 2 LkSG genannten Beispiele hinausgehen. Bei der Prüfung, ob sich ein bestimmtes Auskunfts- und Herausgabeverlangen noch im Rahmen des § 17 Abs. 2 LkSG bewegt, ist zu berücksichtigen, dass § 17 LkSG den Zweck verfolgt, dem BAFA die Beschaffung der Informationen zu ermöglichen, die es benötigt, um die nach dem LkSG bestehenden Pflichten durchzusetzen. Folglich wird die Reichweite der Auskunfts- und Herausgabepflicht durch den in § 15 S. 1 LkSG genannten Zweck, Verstöße gegen die Pflichten nach §§ 3–10 LkSG festzustellen, zu beseitigen und zu verhindern entsprechend begrenzt.

II. Beschlagnahmeverbot für Erkenntnisse aus unternehmensinternen Untersuchungen

30 Die Pflicht zur Auskunft und Herausgabe dürfte grds. auch solche Informationen und Unterlagen erfassen, die im Rahmen interner Untersuchungen entstanden sind bzw. entstehen, sofern diese

37 Vergleiche hierzu etwa MaRisk AT 9 Tz. 7.

38 Denn die Preisgabe von Informationen, die etwa im Rahmen einer internen Untersuchung gewonnen wurden, können in den USA als „Intentional Waiver" gewertet werden und dazu führen, dass das legal Privilege sodann in Bezug auf die offengelegten Tatsachen entfällt, siehe hierzu im Detail *Nietsch* CCZ **2019** 49, 53 f.

39 *Nietsch* CCZ **2019** 49, 53 f.

von der Reichweite des § 17 Abs. 2 LkSG erfasst sind.[40] Dazu gehören insbesondere Unterlagen wie etwa Interviewprotokolle, E-Mail-Verläufe oder auch Berichte über die interne Untersuchung.[41]

Ein umfassendes Beschlagnahmeverbot in Bezug auf derartige Unterlagen besteht, ausgenommen spezieller Regelungen wie etwa § 97 Abs. 1 Nr. 3 StPO, nicht.[42] Dadurch besteht ein Beschlagnahmeverbot für Erkenntnisse aus internen Untersuchungen nur in den Fällen, in denen eine beschuldigtenähnliche Stellung des Unternehmens – etwa im Wege der Repräsentantenhaftung nach § 30 OWiG – gegeben ist.[43] Bedeutung erlangt ein Beschlagnahmeverbot im Kontext des § 17 Abs. 1 Satz 1 LkSG in Bezug auf interne Untersuchungen damit nur, wenn das BAFA repressiv tätig wird. Im präventiven Verwaltungsverfahren ist damit ein Zugriff auf die Erkenntnisse aus internen Untersuchungen damit grds. möglich. 31

III. Geheimnisschutz durch das BAFA?

Ein bislang wenig diskutierter Aspekt im Zusammenhang mit der Aufsichtstätigkeit des BAFA ist der des Geheimnisschutzes durch die Behörde selbst. So ermächtigt § 17 Abs. 1 S. 1 LkSG das BAFA in erheblichem Umfang sensible und streng vertrauliche Informationen und Unterlagen der Unternehmen zu verlangen. Andere Aufsichtsbehörden, wie die BaFin, unterliegen gesetzlichen Verschwiegenheitspflichten (etwa nach § 9 KWG). Diese dienen einerseits dem Schutz der von den beaufsichtigten Unternehmen erhobenen Berufs- und Geschäftsgeheimnissen.[44] Andererseits schützt etwa § 9 Abs. 1 KWG auch das aufsichtsrechtliche Geheimnis der Finanzaufsichtsbehörden.[45] Damit trägt eine strikte Beachtung der gesetzlichen Verschwiegenheitspflichten zur Funktionsfähigkeit einer effektiven Aufsichtstätigkeit bei, indem sie die Kooperationsbereitschaft der beaufsichtigten Unternehmen fördert.[46] Für die Tätigkeit des BAFA, insbesondere in seiner Rolle als zuständige Behörde nach dem LkSG, fehlt es bislang an einer vergleichbaren gesetzlichen Verschwiegenheitspflicht, obwohl die Pflichten des LkSG in erheblichem Maße unternehmensinterne Informationen, wie etwa zu Geschäftspartnern, Aufbau der Lieferketten oder unternehmerische Aktivitäten in bestimmten geographischen Regionen, betreffen.[47] 32

Hier wird die Praxis zeigen müssen, wie das BAFA ihr eigenes „funktionales“ Geheimhaltungsinteresse, welches sich in einem natürlichen Spannungsverhältnis mit den Rechten nach dem Informationsfreiheitsgesetz befindet, durchsetzen und den Zugang zu den ihr vorliegenden amtlichen Informationen beschränken wird.[48] 33

E. Auskunftsverweigerungsrecht (§ 17 Abs. 3 LkSG)

In § 17 Abs. 3 LkSG wird den nach § 17 Abs. 1 LkSG verpflichteten Unternehmen und Personen das Recht eingeräumt, die Auskunft auf solche Fragen zu verweigern, deren Beantwortung ihnen selbst oder einen der in § 52 Abs. 1 StPO bezeichneten Angehörigen der Gefahr strafrechtlicher bzw. ordnungswidrigkeitenrechtlicher Verfolgung aussetzen würde. Damit wird dem nach § 17 Abs. 1 LkSG zur Aussage Verpflichteten ein, aufgrund der Doppelrolle des BAFA als Aufsichts- und 34

40 *Kamann/Irmscher* NZWiSt **2021** 249, 252.
41 *Kamann/Irmscher* NZWiSt **2021** 249, 252.
42 *Ghassemi-Tabar/Wenzl* Münchener Handbuch des Gesellschaftsrecht, 6. Aufl., 2020, Bd. 7, § 107 Rn. 124.
43 *Ghassemi-Tabar/Wenzl* Münchener Handbuch des Gesellschaftsrecht, 6. Aufl., 2020, Bd. 7, § 107 Rn. 124.
44 Schwennicke/Auerbach/*Brocker* KWG, 4. Aufl. 2021, § 9 Rn. 1; Erbs/Kohlhaas/*Häberle* § 9 KWG Rn. 1; Boos/Fischer/Schulte-Mattler/*Lindemann* § 9 Rn. 1.
45 BVerwG Urt. v. 10.4.2019 – 7 C 22.18, Leitsatz 1.
46 BVerwG Urt. v. 10.4.2019 – 7 C 22.18, Rn. 30.
47 Grabosch/*Engel/Schönfelder* § 6 Rn. 25.
48 Zum Zusammenspiel zwischen § 10 LkSG und dem IFG siehe *Spindler* ZHR **186** (2022) 67, 91.

gleichzeitige Verfolgungsbehörde besonders wichtiges, Auskunftsverweigerungsrecht bereits im Verwaltungsverfahren zur Verfügung gestellt.[49]

35 Auskunftsverweigerungsberechtigt sind im Rahmen des § 17 Abs. 3 LkSG in erster Linie die Geschäftsführer und andere vertretungsberechtigte Personen, die für das Unternehmen handeln. Denn das Auskunftsverweigerungsrecht steht dem „Unternehmen" als Adressat der Pflichten nach § 17 Abs 1 S. 1 LkSG zu, welches jedoch nur durch seine Vertreter handeln kann. Andere Mitarbeiter dürften bereits nicht in den Anwendungsbereich des § 17 Abs. 1 S. 1 LkSG fallen und bedürfen vor diesem Hintergrund bereits keines Aussageverweigerungsrechts im Sinne von § 17 Abs. 3 LkSG. Ein solches Aussageverweigerungsrecht wäre nur dann relevant, wenn Mitarbeiter durch das BAFA über § 15 S. 2 Nr. 1 LkSG geladen werden und damit der persönliche Anwendungsbereich des § 17 Abs. 1 S. 1 LkSG für diese geladenen Personen eröffnet wird.

36 Allerdings ist dieses Auskunftsverweigerungsrecht darauf begrenzt, dass die Auskunft auf einzelne Fragen verweigert werden kann.[50] § 17 Abs. 3 LkSG räumt damit kein Herausgabeverweigerungsrecht ein, denn § 17 Abs. 1 LkSG unterscheidet in seinem Wortlaut eindeutig zwischen der Erteilung von Auskünften und der Herausgabe von Unterlagen. Damit ist die Norm im wörtlichen Sinne zu verstehen, wonach tatsächlich nur die reine Auskunft verweigert werden kann.[51] Diese Auslegung deckt sich auch mit der ständigen Rechtsprechung zum Auskunftsverweigerungsrecht in Wirtschaftsverwaltungsverfahren, wonach lediglich die Auskunft auf Fragen verweigert aber nicht die Aushändigung von Unterlagen bzw. die Einsichtnahme in Unterlagen wie Geschäftsbücher verweigert werden darf.[52] Begründet wird dies damit, dass bei der bloßen Vorlage von Unterlagen eine aktive, selbstbelastende Mitwirkung zu verneinen sei.[53] Damit kann die Herausgabe von Unterlagen nach § 17 Abs. 1 S. 1 LkSG entsprechend durch Verwaltungszwang durchgesetzt werden.[54] Dadurch entsteht aber auch die Gefahr, dass zuvor im Verwaltungsverfahren herausgegebene Beweismittel im späteren Ordnungswidrigkeitenverfahren verwertet werden können.[55]

F. Zwangsweise Durchsetzung und Rechtsschutz

I. Zwangsweise Durchsetzung

37 Die verwaltungsrechtlichen Ermittlungsbefugnisse, die § 17 Abs. 1 LkSG dem BAFA einräumt, können mithilfe des VwVG zwangsweise durchgesetzt werden.[56] § 23 LkSG hebt die Höchstgrenze hierfür abweichend von § 11 Abs. 3 VwVG deutlich auf bis zu 50.000,00 EUR an.

II. Verfahrensfragen und Rechtsschutz

38 Das konkrete an das Unternehmen oder die geladene Person gerichtete Auskunfts- und/oder Herausgabeverlangen des BAFA stellt einen belastenden Verwaltungsakt im Sinne von § 35 S. 1 VwVfG dar,[57] sodass gegen diesen die Rechtsschutzmöglichkeiten der VwGO eröffnet sind.

---

49 *Seibt/Vesper-Gräske* CB **2021** 357, 361; *Lutz-Bachmann/Vorbeck/Wengenroth* BB **2021** 906, 912.

50 BT-Drs. 19/28649 S. 56; KK-StPO/*Bader* § 55 Rn. 2.

51 BVerfG Beschl. v. 22.10.1980 – 2 BvR 1172, 1238/79 = NJW **1981** 1087 ff.; VG Berlin Urt. v. 23.7.1987 – 14 A 16/87 = NJW **1988** 1105 ff.; *Gabriel* NVwZ **2020** 19, 20; *Seibt/Vesper-Gräske* CB **2021** 357, 361.

52 Instruktiv hierzu *Gabriel* NVwZ **2020** 19, 20.

53 Der Auskunftsverweigerungsberechtigte darf analog § 95 Abs. 2 S. 2 StPO im repressiven Verfahren nicht zur Vorlage von Dokumenten gezwungen werden, sodass dort lediglich die Durchsuchung bleibt, die erhöhten rechtsstaatlichen Anforderungen unterliegt: KK-StPO/*Greven* § 95 Rn. 6.

54 *Seibt/Vesper-Gräske* CB **2021** 357, 361.

55 So auch *Seibt/Vesper-Gräske* CB **2021** 357, 361.

56 *Seibt/Vesper-Gräske* CB **2021** 357, 361.

57 *Spindler* ZHR **186** (2022) 67, 93.

G. Potentielle Auswirkungen der CSDDD-E

Die Richtlinie der Europäischen Union über die Sorgfaltspflichten von Unternehmen im Hinblick auf Nachhaltigkeit dürfte sich auf die Eingriffsbefugnisse des § 17 LkSG, wenn überhaupt, dann lediglich geringfügig auswirken. Denn den einzelnen Mitgliedsstaaten soll die Organisation der Durchsetzung der Pflichten unter der CSDDD-E überlassen bleiben.[58] So werden in Art. 18 des Entwurfs lediglich minimale Anforderungen an die den nationalen Aufsichtsbehörden durch die Mitgliedsstaaten zu gewährenden Befugnisse aufgelistet.[59] Da das BAFA als deutsche Aufsichtsbehörde aufgrund der Eingriffsbefugnisse im vierten Abschnitt des LkSG bereits über entsprechende Durchsetzungsbefugnisse verfügt, dürften bei einer Umsetzung der CSDDD-E keine wesentlichen Änderungen in diesem Zusammenhang zu erwarten sein.[60] Allerdings bedarf die Zusammenarbeit zwischen den einzelnen Aufsichtsbehörden in den Mitgliedsstaaten und der damit einhergehenden grenzüberschreitenden Amtshilfe nach Art. 18 (3) und Art. 21 des Entwurfs der CSDDD-E, noch einer Umsetzung in das nationale LkSG.[61] 39

---

58 Vorschlag für eine Richtlinie des Europäischen Parlaments und des Rates über die Sorgfaltspflichten von Unternehmen im Hinblick auf Nachhaltigkeit und zur Änderung der Richtlinie (EU) 2019/1937, COM (2022) 71 final, 23.2.2022, S. 21 und Erwägungsgrund 53.

59 *Hembach* CB **2022** 191, 195; *Ruttloff/Rothenburg/Hahn* DB **2022** 1116, 1121.

60 *Ruttloff/Rothenburg/Hahn* DB **2022** 1116, 1121.

61 *Ruttloff/Rothenburg/Hahn* DB **2022** 1116, 1122.

§ 18 Duldungs- und Mitwirkungspflichten

[1]Die Unternehmen haben die Maßnahmen der zuständigen Behörde und ihrer Beauftragten zu dulden und bei der Durchführung der Maßnahmen mitzuwirken. [2]Satz 1 gilt auch für die Inhaber der Unternehmen und ihre Vertretung, bei juristischen Personen für die nach Gesetz oder Satzung zur Vertretung berufenen Personen.

Schrifttum

Hembach Der Vorschlag der EU-Kommission für eine Richtlinie über die Sorgfaltspflichten von Unternehmen, CB **2022** 191; *Kamann/Irmscher* Das Sorgfaltspflichtengesetz – Ein neues Sanktionsrecht für menschenrechts- und Umweltverstöße in Lieferketten, NZWiSt **2021** 249; *Lutz-Bachmann/Vorbeck/Wengenroth* Menschenrechte und Umweltschutz in Lieferketten – der Regierungsentwurf eines Sorgfaltspflichtengesetzes, BB **2021** 906; *Ruttloff/Rothenburg/Hahn* Der Richtlinienvorschlag zu unternehmerischen Sorgfaltspflichten im Bereich der Nachhaltigkeit – Auswirkungen auf die Corporate Governance, DB **2022** 1116; *Seibt/Vesper-Gräske* Lieferkettensorgfaltspflichtengesetz erweitert Compliance-Pflichten, CB **2021** 357; *Spindler* Verantwortlichkeit und Haftung in Lieferantenketten – das Lieferkettensorgfaltspflichtengesetz aus nationaler und europäischer Perspektive, ZHR **186** (2022), 67; *Wagner/Rutloff* Das Lieferkettensorgfaltspflichtengesetz – Eine erste Einordnung, NJW **2021** 2145.

Übersicht

A. Einführung

I. Regelungsinhalt

1 Mit § 18 LkSG wurde für das BAFA und die von ihr Beauftragten eine allgemeine Ermächtigungsgrundlage geschaffen, welche von den Verpflichteten die Duldung von Maßnahmen bzw. die Mitwirkung an der Durchführung solcher Maßnahmen verlangt. Die Vorschrift ergänzt vor allem § 16 LkSG (*Betretungsrechte*) und § 17 LkSG (*Auskunfts- und Herausgaberechte*). Damit stellt die Norm ein wichtiges Eingriffsrecht des BAFA zur Durchsetzung der Pflichten unter dem LkSG dar.[1]

2 Im Unterschied zu §§ 16, 17 LkSG, ist der Kreis der Verpflichteten weiter gefasst, da dieser auch die Inhaber der Unternehmen sowie deren gesetzlichen bzw. satzungsmäßigen Vertreter den Duldungs- und Mitwirkungspflichten unterwirft.[2]

1 *Wagner/Ruttloff* NJW **2021** 2145, 2150.
2 *Seibt/Vesper-Gräske* CB **2021** 357, 361.

https://doi.org/10.1515/9783110788976-020

II. Regelungszweck

In erster Linie dient § 18 LkSG, wie auch die anderen Ermächtigungsgrundlagen des vierten Abschnitts des LkSG, der risikobasierten Kontrolle zur Einhaltung der Sorgfaltspflichten unter dem LkSG.[3] Für diesen Zweck schafft der Gesetzgeber eine, im Vergleich zum allgemeinen Verwaltungsverfahren, verschärfte Mitwirkungspflicht der nach § 18 S. 1 und S. 2 LkSG Verpflichteten. In § 18 S. 1 LkSG wird die Pflicht zur Mitwirkung an den Maßnahmen selbst begründet, während im allgemeinen Verwaltungsverfahren gemäß § 26 Abs. 2 VwVfG die Mitwirkung in erster Linie auf die Angabe von bekannten Tatsachen und Beweismitteln, also eine Mitwirkungslast, beschränkt ist.[4] Durch § 18 S. 1 LkSG wird damit aus der grundsätzlichen Mitwirkungslast des Betroffenen eine Mitwirkungspflicht des Betroffenen, was in der Konsequenz einen deutlich intensiveren Eingriff in die Rechte des Betroffenen begründet.[5] 3

B. Verpflichtete

I. Unternehmen

Verpflichtete unter § 18 S. 1 LkSG sind zunächst die Unternehmen im Sinne des § 1 Abs. 1 LkSG selbst. Als Norm, die primär der Durchsetzung der Pflichten des LkSG dient, zielt sie auch in erster Linie auf die unter dem LkSG verpflichteten Unternehmen ab.[6] Wie das LkSG insgesamt, ist damit auch der Anwendungsbereich des § 18 S. 1 LkSG weit zu verstehen, da er sich auf sämtliche Unternehmen ungeachtet ihrer jeweiligen Rechtsform erstreckt.[7] Die Eingrenzung der erfassten Unternehmen erfolgt vor allem über die Anzahl der Beschäftigten im Unternehmens, denn nicht nur Unternehmen mit Sitz in Deutschland gemäß § 1 Abs. 1 Satz 1 LkSG fallen in den Regelungskreis des LkSG, sondern auch die deutschen Niederlassungen von ausländischen Unternehmen, § 1 Abs. 1 Satz 2 LkSG.[8] 4

II. Inhaber des Unternehmens

Neben den Unternehmen selbst, sind auch deren Inhaber zur Duldung und Mitwirkung im Sinne von § 1 Abs. 1 verpflichtet. Unklar ist dabei, wie der Begriff des „Inhabers" auszulegen ist. Der Wortlaut deutet zunächst darauf hin, dass grds. jeder, der eine Beteiligung an einem Unternehmen – in welcher konkreten gesellschaftsrechtlichen Form auch immer – hält, als Inhaber im Sinne des § 18 S. 2 LkSG einzuordnen wäre. Denn die allgemeine Verwendung der Formulierung „Inhaber der Unternehmen" enthält keine Einschränkung hinsichtlich der Rechtsform. Der Terminus „Unternehmen" im LkSG wird als Oberbegriff verwendet und ist daher insgesamt rechtsformneutral zu verstehen.[9] Damit muss aber gleichzeitig auch der Begriff des „Inhabers" rechtsformneutral ausgelegt werden. In der Konsequenz würde dies zu einer erheblichen Ausweitung des Anwendungsbereichs des § 18 S. 1 LkSG führen. Diese (Verpflichtungs-)Wirkung über die grds. dem LkSG unterliegenden Unternehmen hinaus, ist vom Gesetzgeber durchaus intendiert. Gerade im vierten Abschnitt des LkSG, also im Kontext der behördlichen Durchsetzung desselbigen, werden dem BAFA verschiedene Eingriffsrechte, entweder unmittelbar gegenüber anderen Personen 5

3 *Wagner/Ruttloff* NJW **2021** 2145, 2150.
4 Stelkens/Bonk/Sachs/*Kallerhoff/Fellenberg* VwVfG, 9. Aufl. 2018, § 26 Rn. 44.
5 Vgl. *Seibt/Vesper-Gräske* CB **2021** 357, 361.
6 *Wagner/Ruttloff* NJW **2021** 2145, 2145.
7 *Spindler* ZHR **186** (2022) 67, 73.
8 *Wagner/Ruttloff* NJW **2021** 2145, 2145.
9 BT-Drs. 19/28649 S. 33.

als den Unternehmen, zugestanden oder diese werden mittelbar, wie etwa in § 17 Abs. 1 S. 2 LkSG, von diesen Maßnahmen betroffen. Hierzu wird auf die Ausführungen zu § 17 LkSG unter C.III. verwiesen.

6 Allerdings erfordern die weitgehenden Eingriffsbefugnisse des § 18 S. 1 LkSG, die über die bloße verwaltungsverfahrensrechtliche Mitwirkungslast hinausgehen,[10] eine einschränkende Auslegung des Begriffes des „Unternehmensinhabers". Eine bloße auf den Wortlaut gestützte Auslegung würde sonst Personen in den Anwendungsbereich einbeziehen, bei denen eine Anwendung der Duldungs- und Mitwirkungspflichten völlig unverhältnismäßig wären. Hier ist etwa an börsennotierte Aktiengesellschaften und andere große Kapitalgesellschaften oder Kommanditgesellschaften mit mehreren hundert Kommanditisten zu denken. Rein gesellschaftsrechtlich betrachtet sind diese als Unternehmensinhaber anzusehen. Da sie jedoch nur einen sehr begrenzten Einfluss auf die Geschäftstätigkeit des Unternehmens haben, sind Inhaber von Unternehmensanteilen, die nicht aktiv in die Geschäftsführung oder Geschäftstätigkeit des Unternehmens eingebunden sind, nicht als Unternehmensinhaber im Sinne des § 18 LkSG anzusehen.

7 Diese einschränkende Auslegung des Begriffes des „Unternehmensinhabers" ergibt sich bereits aus dem Sinn und Zweck der Vorschrift, welche der risikobasierten Kontrolle und Durchsetzung der Pflichten des LkSG dient. Dies setzt jedoch auch eine gewisse Einbindung in die Geschäftstätigkeit des Unternehmens voraus. Ein Anteilsinhaber, der nicht aktiv in die Geschäftstätigkeit bzw. in deren Überwachung eingebunden ist, kann weder unmittelbar Einfluss auf die Sorgfaltspflichten nach § 3 Abs. 1 LkSG nehmen, noch kann er effektiv an der Durchsetzung derselbigen durch das BAFA mitwirken. Auf eine solche einschränkende Sichtweise deutet auch die Gesetzesbegründung hin. Der Gesetzgeber sieht den Zweck dieser Eingriffsbefugnis in erster Linie in der Bußgeldbewehrung für die Nichtbefolgung behördlicher Anordnungen durch natürliche Personen, die für ein Unternehmen handeln, versteht.[11] Die Gesetzesbegründung – anders als der Gesetzeswortlaut selbst – unterscheidet nicht zwischen den gesetzlichen oder satzungsmäßigen Vertretern von juristischen Personen und Inhabern von Unternehmen, sondern stellt generisch auf natürliche Personen, die für ein Unternehmen handeln, ab. Damit soll die Durchsetzung behördlicher Maßnahmen sichergestellt werden, in dem die für das Unternehmen handelnden Personen mit Bußgeldern belegt werden können. Eine solche hohe Eingriffsintensität ist aber nur dann gerechtfertigt, wenn die natürliche Person auch einen entsprechenden Einfluss ausüben kann.[12] In den oben beschriebenen Fällen, in denen die Inhaber der Unternehmensanteile eher als „passive Investoren" zu verstehen sind, ist dies aber gerade nicht der Fall.

III. Vertreter juristischer Personen

8 Der Anwendungsbereich des § 18 S. 1 LkSG wird durch § 18 S. 2 LkSG jedoch nicht nur auf die Inhaber der Unternehmen ausgeweitet, sondern auch auf die Vertretung der Unternehmen. Bei juristischen Personen sind als Vertretung all jene Personen zu verstehen, die per Gesetz oder Satzung zur Vertretung berufen sind. Hierbei steht der Zweck der Bußgeldbewehrung für den Fall der Nichtbefolgung behördlicher Anordnungen durch natürliche für ein Unternehmen handelnde Personen im Vordergrund.[13]

9 Was unter „Vertretung" zu verstehen ist, wird in Bezug auf juristische Personen klar im Gesetzeswortlaut zum Ausdruck gebracht. Hier sind die aufgrund von Gesetz oder Satzung zur Vertretung berufenen Personen in den Anwendungsbereich des § 18 LkSG einbezogen. Dies gilt im Zivilrecht für die AG, die GmbH, die KGaA, Genossenschaften, Stiftungen oder rechtsfähige Vereine, während im öffentlichen Recht die öffentlich-rechtlichen Körperschaften, Anstalten oder

10 *Seibt/Vesper-Gräske* CB **2021** 357, 361.
11 BT-Drs. 19/28649 S. 56.
12 *Seibt/Vesper-Gräske* CB **2021** 357, 361.
13 BT-Drs. 19/28649 S. 56.

Stiftungen erfasst werden.[14] Nicht erfasst werden jedoch die gesetzlichen oder satzungsmäßigen Vertreter juristischer Personen des öffentlichen Rechts, die Verwaltungsaufgaben einer Gebietskörperschaft wahrnehmen, soweit sie nicht am Markt unternehmerisch tätig sind. Diese sind insgesamt vom Anwendungsbereich des LkSG insgesamt ausgeschlossen.[15]

Für Personengesellschaften, wie OHG, KG und GmbH & Co. KG, dürften im Rahmen des § 18 S. 2 LkSG die meisten relevanten Fälle bereits über die Alternative der Inhaberschaft erfasst sein, da bei Personengesellschaften die Geschäftsführung grds. bei den (haftenden) Gesellschaftern selbst liegt. Anhand der KG wird dabei die Stoßrichtung des § 18 S. 2 LkSG und das Zusammenspiel zwischen Inhabern des Unternehmens und Vertretern des Unternehmens im Sinne der Vorschrift besonders deutlich. Die Geschäftsführung obliegt bei der KG ausschließlich den Komplementären, während die Kommanditisten nach § 164 S. 1 HGB von der Geschäftsführung ausgeschlossen sind. Die Komplementäre sind nach § 18 S. 2 LkSG sowohl als Inhaber des Unternehmens als auch deren Vertreter anzusehen, weshalb § 18 S. 1 LkSG auf sie Anwendung findet. Die Kommanditisten sind zwar rechtlich betrachtet Inhaber des Unternehmens, aber da sie bereits qua Gesetz nicht für dieses handeln können, sind sie vom Anwendungsbereich auszunehmen, da sie keine natürliche Personen sind, die für das Unternehmen handeln. 10

Eine bloße Vollmachtserteilung gem. §§ 164 ff. BGB, die Erteilung einer Prokura nach § 48 HGB oder einer Handlungsvollmacht gem. § 54 HGB dürfte hingegen für § 18 S. 2 LkSG nicht ausreichend sein. Denn diese Formen der rechtsgeschäftlichen Vertretungsmacht sind nicht zur Vornahme von Handlungen befugt, die kraft Gesetzes oder der Satzung den gesetzlichen Vertretern obliegen.[16] Der Wortlaut des § 18 S. 2 LkSG stellt jedoch ausdrücklich auf diese Form der Vertretung ab, so dass hier davon auszugehen ist, dass Vertretung als organschaftliche Vertretung zu begreifen ist. Zumal auch der Gesetzgeber davon spricht, dass § 18 S. 2 LkSG „auch gesellschaftsrechtlich" vermittelt werden soll.[17] Der Zweck einer möglichst effektiven Durchsetzung behördlicher Anordnung gegenüber „natürlichen Personen, die für ein Unternehmen handeln"[18] würde zwar grds. auch eine weitere Auslegung zulassen, so dass auch Prokuristen und Handlungsbevollmächtigte erfasst sein könnten. Doch ist zu berücksichtigen, dass die Vorschrift ausweislich der Gesetzesbegründung neben der effektiven Durchsetzung behördlicher Anordnungen eine bußgeldrechtliche Zielsetzung verfolgt und damit auch einen repressiven Charakter hat. Dadurch erlangt das Bestimmtheitsgebot jedoch ein deutlich stärkeres Gewicht auch in Bezug auf den persönlichen Anwendungsbereich. 11

Dass dem Bestimmtheitsgebot im Zusammenhang mit der bußgeldbewehrten Haftung für Vertreterhandeln eine hohe Bedeutung zukommt, zeigt sich auch im Ordnungswidrigkeitenrecht. So enthält § 30 Abs. 1 OWiG welcher eine Repräsentantenhaftung der juristischen Person oder Personengesellschaft für das Handeln ihrer Vertreter, eine abschließende Aufzählung. Die Repräsentantenhaftung eines Generalbevollmächtigten, eines sich in leitender Stellung befindlichen Prokuristen oder Handlungsbevollmächtigten wird dabei ausdrücklich durch § 30 Abs. 1 Nr. 4 OWiG in den Anwendungsbereich der Norm aufgenommen.[19] 12

Auch wenn § 30 Abs. 1 OWiG und § 18 S. 2 LkSG in ihrer Wirkung nicht direkt vergleichbar sind, sondern lediglich darin, dass sie der bußgeldbewehrten Durchsetzung gesetzlicher Vorschriften dienen, macht § 30 Abs. 1 OWiG deutlich, dass sich der Anwendungsbereich der Norm eindeutig aus dieser ergeben muss. Bei § 18 S. 2 LkSG fehlt es in Bezug auf Prokuristen und Handlungsbevollmächtigte an einem solchen Anknüpfungspunkt im Gesetzeswortlaut. Diese spricht ausschließlich von Vertretung kraft Gesetzes oder Satzung. Eine über den Wortlaut hinausgehende Auslegung des Ver- 13

14 Krenberger/Krum/*Krenberger*/*Krum* OWiG, 7. Aufl. 2022, § 30 Rn. 12.

15 BT-Drs. 19/28649 S. 33.

16 Habersack/Casper/Löbbe/*Paefgen* GK-GmbHG, 3. Aufl. 2020, § 35 Rn. 126; Altmeppen/*Altmeppen* GmbHG, 10. Aufl. 2021, § 35 Rn. 14.

17 BT-Drs. 19/28649 S. 56.

18 BT-Drs. 19/28649 S. 56.

19 Vgl. hierzu etwa KK-OWiG/*Rogall* § 30 Rn. 79.

treterbegriffs in § 18 S. 2 LkSG sollte daher, auch vor dem Hintergrund der Weite der Eingriffsnorm des § 18 LkSG,[20]vermieden werden.

C. Maßnahmen der zuständigen Behörde

14 Das BAFA ist gemäß § 19 Abs. 1 S. 1 LkSG für die behördliche Kontrolle und Durchsetzung der Pflichten nach dem LkSG zuständig. Eine Einschränkung oder Konkretisierung des Begriffs der Maßnahme findet im Gesetz nicht statt. Selbst eine Beschränkung der Reichweite des § 18 S. 1 LkSG auf solche Maßnahmen, die zur Durchführung der dem BAFA durch oder aufgrund des LkSG übertragenen Aufgaben notwendig sind, fehlt. Anders als in § 17 Abs. 1 S. 1 LkSG, wird das Verhältnismäßigkeitsprinzip in § 18 S. 1 LkSG somit nicht ausdrücklich im Gesetzeswortlaut verankert. Die sich daraus ergebenden Eingriffsbefugnisse des BAFA hinsichtlich der Bestimmung der Maßnahmen sind damit in der Norm selbst sehr weit angelegt. Hinzukommt, dass die Kontrollen nach dem LkSG auch anlassunabhängig erfolgen können, wodurch auch die Eingriffsschwelle für das BAFA eher niedrig angesetzt wird.[21]

15 Nach § 18 S. 1 LkSG sind nicht nur die Maßnahmen des BAFA zu dulden bzw. an diesen mitzuwirken, sondern dies gilt auch für Maßnahmen von Beauftragten des BAFA. Was unter einem „Beauftragten“ zu verstehen ist, lässt sich dem Gesetz selbst nicht entnehmen. In der öffentlichen Stellungnahme zum LkSG wird teilweise vorgebracht, dass aus rechtsstaatlichen Erwägungen die Duldungs- und Mitwirkungspflicht nur gegenüber Amtsträgern und Mitarbeitern der Behöre oder von diesen eingeschalteten anderen staatlichen Behörden gelten sollte.[22] Diese Auffassung scheint, zumindest aus Sicht der Behörde, aber zu eng. Denn die Beauftragung nicht staatlicher Personen, etwa von Wirtschaftsprüfern, Rechtsanwälten oder Prüfungsverbänden, ist in der öffentlichen Eingriffsverwaltung durchaus etabliert wie etwa im Bereich des Bank- und Wertpapieraufsichtsrechts.[23] Zudem wird durch die Verwendung des Begriffs „Beauftragter“ deutlich, dass dieser im Namen für die Behörde eine bestimmte Maßnahme durchführt und damit keinen eigenen Ermessensspielraum haben soll. Dazu wird allerdings aufgrund der Weite des Tatbestandes eine klare Beschreibung des Prüfumfangs oder der anderen, durch den Beauftragten, durchzuführenden Maßnahmen erforderlich sein.

D. Duldungs- und Mitwirkungspflichten

16 Die Vorschrift des § 18 S. 1 LkSG umfasst neben der Duldungs- auch eine Mitwirkungspflicht der Unternehmer sowie deren Inhaber und Vertreter.[24] Die Norm enthält damit eine besondere Mitwirkungspflicht im Sinne des § 26 Abs. 2 S. 3 VwVfG für die Betroffenen, welche über den verwaltungsrechtlichen Grundsatz der Duldungslast hinausgeht.[25]

17 Nicht eindeutig ist die Reichweit dieser Duldungs- und Mitwirkungspflicht. Aufgrund der Weite des Wortlauts lässt sich durchaus vertreten, dass die Verpflichteten zur vollständigen Kooperati-

---

20 *Lutz-Bachmann/Vorbeck/Wengenroth* BB **2021** 906, 911.

21 *Lutz-Bachmann/Vorbeck/Wengenroth* BB **2021** 906, 911.

22 Stellungnahme BGA, 1.3.2021, S. 8, abrufbar unter https://www.bmas.de/SharedDocs/Downloads/DE/Gesetze/Stellungnahmen/sorgfaltspflichtengesetz-bga.pdf;jsessionid=7DA6B981702FB4B750FCA4A30FC070AF.delivery1-replication?__blob=publicationFile&v=1, zuletzt abgerufen am 9.2.2023.

23 Boos/Fischer/Schulte-Mattler/*Braun* KWG, § 44 Rn. 50.

24 BT-Drs. 19/28649 S. 56; *Lutz-Bachmann/Vorbeck/Wengenroth* BB **2021** 906, 912.

25 Stelkens/Bonk/Sachs/*Kallerhoff/Fellenberg* § 26 Rn. 44; *Seibt/Vesper-Gräske* CB **2021** 357, 361.

on gezwungen werden können.[26] Demgegenüber scheint aber auch die Auslegung als eine bloße passive Duldungs- und Verhaltenspflicht mit dem Gesetzeswortlaut vereinbar.[27]

Insgesamt spricht mehr dafür, § 18 LkSG als eine passive Duldungs- und Mitwirkungspflicht für die Betroffenen zu begreifen, da dies nicht zu vergleichbar starken verfassungsrechtlichen Bedenken führt, wie dies beim Verständnis einer vollständigen, d.h. aktiven, Kooperation der Fall wäre.[28] Ginge man von einer grenzenlosen Verpflichtung der Unternehmen zur vollständigen Kooperation mit dem BAFA aus, kann dies letztlich zu einer Selbstbezichtigung in einer Ordnungswidrigkeit führen. Auch wenn für juristische Personen umstritten ist, ob der nemo-tenetur-Grundsatz auch für diese gilt,[29] sollte bei § 18 LkSG eine stark am Rechtsstaatsprinzip ausgerichtete Auslegung, welche dem Gedanken des nemo-tenetur-Grundsatzes Rechnung trägt, geboten sein.[30] Denn anders als in § 17 Abs. 3 LkSG, ist bei § 18 LkSG kein Auskunftsverweigerungsrecht vorgesehen,[31] was vor dem Hintergrund der Intensität des möglichen Eingriffs durch das BAFA doch überrascht. Zudem ist durch die doppelte Rolle des BAFA als Aufsichtsbehörde und gleichzeitig Ordnungswidrigkeitenbehörde das Risiko erhöht, dass von Betroffenen im Aufsichtsverfahren zur Verfügung gestellte Information in einem nachfolgenden Ordnungswidrigkeitenverfahren durch die BAFA verwendet werden.[32] 18

Die besondere Brisanz und die damit einhergehende Erforderlichkeit einer einschränkenden Auslegung der Norm wird deutlich, setzt man § 18 Abs. 1 LkSG in den Gesamtkontext des vierten Abschnitts des LkSGs. Soweit erforderlich, kann das BAFA gemäß § 6 LkSG unangekündigt die Räumlichkeiten der Unternehmen betreten und Betriebsprüfungen vornehmen. In Kombination mit den Rechten des BAFA hinsichtlich Auskunfts- und Herausgabeverlangen nach § 17 LkSG sowie der Duldungs- und Mitwirkungspflichten der Unternehmen nach § 18 LkSG, können diese Kontrollen einer Durchsuchung mit Spontanbefragungen und Sicherstellung von Unterlagen gleichzustellen sein.[33] Das Zusammenspiel dieser drei Eingriffsbefugnisse legt, wenn keine einschränkende Auslegung durch das BAFA erfolgt, einen Verstoß gegen Art. 13 GG nahe.[34] Die verhältnismäßige Anwendung des § 18 S. 1 LkSG durch das BAFA ist auch deshalb von großer Bedeutung, weil die enorme Reichweite der Norm, insbesondere im vorstehend beschriebenen Zusammenspiel mit den anderen Eingriffsbefugnissen, nicht durch einen Richtervorbehalt oder zumindest durch Aufnahme einer „Notwendigkeitsschwelle“, wie etwa in § 17 Abs. 1 LkSG, eingeschränkt ist. 19

E. Zwangsweise Durchsetzung und Rechtsschutz

I. Zwangsweise Durchsetzung

Die verwaltungsrechtlichen Ermittlungsbefugnisse, die § 18 S. 1 LkSG dem BAFA einräumt, können mithilfe des Verwaltungsvollstreckungsrechts (VwVG) zwangsweise durchgesetzt werden.[35] Zu berücksichtigen ist hier allerdings, dass § 23 LkSG vorsieht, dass die Höchstgrenze abweichend von § 11 Abs. 3 VwVG deutlich auf bis zu 50.000 € angehoben wird. 20

26 So etwa *Lutz-Bachmann/Vorbeck/Wengenroth*, BB 2021, 906, 912.
27 *Kamann/Irmscher* NZWiSt **2021** 249, 252.
28 BVerfG NJW **1981** 1431; *Kamann/Irmscher* NZWiSt **2021** 249, 252.
29 Momsen/Grützner/*Prechtel/Schulz* Wirtschafts- und Steuerstrafrecht, 2. Aufl. 2020, § 24 Kartellrecht Rn. 214.
30 *Kamann/Irmscher* NZWiSt **2021** 249, 252.
31 *Kamann/Irmscher* NZWiSt **2021** 249, 252.
32 *Seibt/Vesper-Gräske* CB **2021** 357, 361.
33 *Lutz-Bachmann/Vorbeck/Wengenroth* BB **2021** 906, 912; *Kamann/Irmscher* NZWiSt **2021** 249, 252.
34 *Lutz-Bachmann/Vorbeck/Wengenroth* BB **2021** 906, 912; *Kamann/Irmscher* NZWiSt **2021** 249, 252.
35 *Seibt/Vesper-Gräske* CB **2021** 357, 361.

II. Verfahrensfragen und Rechtsschutz

21 Das konkrete an die Unternehmen, ihre Inhaber oder Vertreter gerichtete Duldungs- und/oder Mitwirkungsverlangen des BAFA, stellt einen belastenden Verwaltungsakt im Sinne von § 35 S. 1 VwVfG dar,[36] so dass gegen diesen die Rechtsschutzmöglichkeiten der VwGO zur Verfügung stehen.

F. Potentielle Auswirkungen der CSDDD-E

22 Die CSDDD-E dürfte sich auf die Eingriffsbefugnisse des § 18 LkSG, wenn überhaupt, nur geringfügig auswirken. Denn die Organisation der Durchsetzung der Pflichten unter der CSDD-E soll den einzelnen Mitgliedsstaaten überlassen bleiben.[37] So werden in Art. 18 des Entwurfs der CSDD-E lediglich minimale Anforderungen an die den nationalen Aufsichtsbehörden durch die Mitgliedsstaaten zu gewährenden Befugnisse aufgelistet.[38] Da das BAFA, als deutsche Aufsichtsbehörde, aufgrund der Eingriffsbefugnisse im vierten Abschnitt des LkSG bereits über entsprechende Durchsetzungsbefugnisse verfügt, dürfte bei einer Umsetzung der CSDD-E in diesem Zusammenhang keine wesentlichen Änderungen zu erwarten sein.[39] Allerdings bedarf die Zusammenarbeit zwischen den einzelnen Aufsichtsbehörden in den Mitgliedsstaaten und der damit einhergehenden grenzüberschreitenden Amtshilfe, Art. 18 (3) und Art. 21 des Entwurfs der CSDD-E, noch einer Umsetzung in das nationale LkSG.[40]

---

36 *Spindler* ZHR **186** (2022), 67, 93.

37 Vorschlag für eine Richtlinie des Europäischen Parlaments und des Rates über die Sorgfaltspflichten von Unternehmen im Hinblick auf Nachhaltigkeit und zur Änderung der Richtlinie (EU) 2019/1937, COM (2022) 71 final, 23.2.2022, S. 21 und Erwägungsgrund 53.

38 *Hembach* CB **2022** 191, 195; *Ruttloff/Rothenburg/Hahn* DB **2022** 1116, 1121.

39 *Ruttloff/Rothenburg/Hahn* DB **2022** 1116, 1121.

40 *Ruttloff/Rothenburg/Hahn* DB **2022** 1116, 1122.

UNTERABSCHNITT 3 Zuständige Behörde, Handreichungen, Rechenschaftsbericht

§ 19 Zuständige Behörde

(1) [1]Für die behördliche Kontrolle und Durchsetzung nach diesem Abschnitt ist das Bundesamt für Wirtschaft und Ausfuhrkontrolle zuständig. [2]Für die Aufgaben nach diesem Gesetz obliegt die Rechts- und Fachaufsicht über das Bundesamt dem Bundesministerium für Wirtschaft und Energie. [3]Das Bundesministerium für Wirtschaft und Energie übt die Fach- und Rechtsaufsicht im Einvernehmen mit dem Bundesministerium für Arbeit und Soziales aus.

(2) Bei der Wahrnehmung ihrer Aufgaben verfolgt die zuständige Behörde einen risikobasierten Ansatz.

Übersicht

A. Übersicht

§ 19 Abs. 1 LkSG regelt Zuständigkeiten gleich in zweierlei Hinsicht: Zum einen ist das BAFA „zuständige Behörde“ i.S.d. LkSG. Zum anderen ist das BMWK zuständige Rechts- und Fachaufsichtsbehörde, wobei es die Aufsicht im Einvernehmen mit dem BMAS auszuüben gilt. § 19 Abs. 2 LkSG verpflichtet das BAFA auf einen risikobasierten Ansatz. § 19 LkSG ist – zusammen mit den §§ 13 Abs. 3, 14 Abs. 2, 20 und 21 LkSG – bereits am 23.7.2021 in Kraft getreten.[1] **1**

Nach dem Wegfall der zivilrechtlichen Haftung unmittelbar aus dem LkSG im Laufe des Gesetzgebungsverfahrens ist die behördliche Kontrolle und Durchsetzung noch stärker in den Vordergrund gerückt, um dem vereinzelt als „Papiertiger“[2] diskreditierten LkSG „Biss“[3] zu verleihen. **2**

B. Norminhalt

I. Kontrolle und Durchsetzung

Die im Zuständigkeitsbereich des BAFA liegende „Kontrolle und Durchsetzung nach diesem Abschnitt“, d.h. Abschnitt 4 des LkSG, umfasst die behördliche Berichtsprüfung nach § 13 LkSG sowie **3**

---

1 Gemäß Art. 5 Abs. 2 des Gesetzes vom 16.7.2021 (BGBl. I S. 2959).

2 So *Kieninger* ZfPW **2021** 252.

3 So in der ersten Beratung zum LkSG am 22.4.2021 Bundesminister für Arbeit und Soziales *Heil* (vor allem neben Bundesminister für wirtschaftliche Zusammenarbeit und Entwicklung Müller maßgeblich am LkSG beteiligt): Das LkSG sei „ein Gesetz mit Biss [...]. Wir haben zwar keinen zivilrechtlichen Haftungsweg im deutschen Gesetz, aber ein robustes Mandat mit behördlicher Durchsetzung.“ Siehe Plenarprotokoll 19/224 S. 28438. Der EU-Richtlinienvorschlag vom 23.2.2022: COM(2022) 71 final sieht hingegen einen „smart mix“ (*Hübner/Habrich/Weller* NZG **2022** 644, 648) aus zivilrechtlicher Haftung und behördlicher Durchsetzung vor.

https://doi.org/10.1515/9783110788976-021

Einzelfallanordnungen gemäß §§ 14, 15, 17 LkSG, ggf. mit Prüfungen vor Ort (vgl. § 16 LkSG). Abschnitt 4 erstreckt sich zudem auf die Handreichungen (§ 20 LkSG) und die Erstellung des Rechenschaftsberichts (§ 21 LkSG). Eine effektive behördliche Kontrolle und Durchsetzung entspricht im Übrigen – international betrachtet – der ersten Säule der Leitprinzipien für Wirtschaft und Menschenrechte der VN.[4] Vor diesem Hintergrund wurde das BAFA etwas reißerisch und verkürzt bereits „als kleines ‚Menschenrechts-Aufsichtsamt'"[5] bezeichnet.

II. Zur Zuständigkeit des BAFA

4 Das nach § 19 Abs. 1 S. 1 LkSG zuständige BAFA ist eine Bundesoberhörde im Geschäftsbereich des BMWK. Seine Zuständigkeit gliedert sich bislang in eine Zentralabteilung (Abteilung Z) sowie sechs inhaltlich definierte Abteilungen, jeweils mit zwei Unterabteilungen und diesen zugeordneten Fachreferaten. Innerhalb der Organisationsstruktur ist ein zusätzlicher „Aufbaustab" LkSG geschaffen worden. Das BAFA sitzt in Eschborn. Die Aufgaben nach dem LkSG nimmt indes führend der (neue) Standort in Borna wahr.[6]

5 Den insoweit zusätzlichen voraussichtlichen Personalaufwand beziffert der Gesetzesentwurf auf 65 Vollzeitäquivalentstellen, wobei 30 % auf den höheren Dienst, 50 % auf den gehobenen Dienst und 20 % auf den mittleren Dienst entfallen.[7] In der Sache sind mehr als die Hälfte der laufenden Kosten Stellen für die „Überprüfung von Unternehmen im Rahmen einer risikobasierten Kontrolle" durch das BAFA zugeordnet (§§ 14 ff.) – hier also liegt der intendierte Fokus – und ein knappes Viertel dem „Einleiten von Ordnungswidrigkeitsverfahren und Versand von Bußgeldbescheiden".[8] Des Weiteren sind im Rahmen des laufenden Personalaufwands Stellen für folgende Aufgaben vorgesehen: „Zugang für elektronische Übermittlung der Berichte einrichten und pflegen" (0,2 Vollzeitäquivalentstellen), „Prüfung des Berichts zur Sorgfaltspflicht" (11 Vollzeitäquivalentstellen), „Veröffentlichung von Handreichungen" (3 Vollzeitäquivalentstellen), „Erstellung und Vorlage eines Rechenschaftsberichts durch Prüfbehörde" (0,1 Vollzeitäquivalentstellen), wobei dies jeweils in den Aufgabenbereich des BAFA fällt (siehe §§ 12, 13, 20 und 21 LkSG), während für die „Pflege des Wettbewerbsregisters und Auskunftserteilungen" durch das Bundeskartellamt[9] nochmal 0,15 Vollzeitäquivalentstellen eingeplant sind.[10] Für die Führung von Vollstreckungsverfahren sind keine Kosten vorgesehen. Die Personalplanung entspricht ab 2024 je nach Schätzung (im Einzelnen sei auf die Kommentierung von § 1 LkSG verwiesen) einem Schlüssel von etwa 45–80 Unternehmen pro Vollzeitäquivalentstelle; relativ zum EU-Konfliktmineralienrecht[11] (ca. 30 pro Unternehmen) hat das BAFA für das LkSG also wenig Mitarbeitende.[12] Allerdings bekennt der Gesetzesentwurf: „Der höhere Prüfaufwand kann in der abschließenden Höhe zum jetzigen Zeitpunkt […] noch nicht beziffert werden. Eine Bewertung des Umfangs der tatsächlichen Auswirkungen auf den Bedarf an Sach- und Personalmitteln und auf den Bundeshaushalt ist nach Einführung

4 I.B.3.(a): *„Enforce laws that are aimed at, or have the effect of, requiring business enterprises to respect human rights […]"*.

5 *Ehmann* ZVertriebsR **2021** 141, 151; zustimmend *Schäfer* ZLR **2022** 22, 27.

6 *Hembach* S. 179 (der Standort Merseburg ist nicht mit dem LkSG betraut).

7 BT-Drs. 19/28649 S. 25. Es wird davon ausgegangen, dass „die Mitarbeitenden eine fortgeschrittene Professionalisierung mitbringen und keine Berufsanfänger sind".

8 Ebd., wobei hier Stellen für höheren Dienst, den gehobenen Dienst und den mittleren Dienst einheitlich betrachtet werden.

9 Wegen der Änderung von § 2 Abs. 1 des Wettbewerbsregistergesetzes (Einfügung einer Nr. 4) durch Art. 3 des Gesetzes vom 16.7.2021 (BGBl. I S. 2959) mit Wirkung vom 1.1.2023.

10 BT-Drs. 19/28649 S. 25. Bereits der Referentenentwurf des Bundesministeriums für Arbeit und Soziales hatte dies so vorgesehen.

11 Siehe Verordnung (EU) 2017/821 und das deutsche Durchführungsgesetz (BGBl. I 2020 S. 864).

12 Siehe auch Grabosch/*Engel/Schönfelder* § 6 Rn. 4, dort auch Fn. 5.

der Rechtsänderung durch erste Erkenntnisse aus der Praxis möglich."[13] Dies ist sicherlich sachgerecht. Zumal Corporate Social Responsibility-Themen im Allgemeinen von besonderer Dynamik geprägt sind.[14] Bereits 2023 dürfte eine Vielzahl weiterer Planstellen geschaffen werden.

Ein sechsköpfiger Beirat aus Zivilgesellschaft, Wirtschaft, Gewerkschaften und Wissenschaft unterstützt das BAFA; dieser Beirat wurde auf Empfehlung des Deutschen Bundestages im Mai 2022 eingerichtet.[15] 6

Innerhalb der EU sieht die CSDDD-E[16] die umsatzorientierte Koordinierung von Zuständigkeiten vor, wenn ein Unternehmen seinen eingetragenen Sitz außerhalb der EU und keine Zweigstelle oder mehrere Zweigstellen innerhalb der EU hat, vgl. Art. 16 Abs. 3. Außerdem sieht der Entwurf vor, dass das BAFA Teil eines europäischen Behördennetzes wird, ggf. im Verbund mit Agenturen der Union mit einschlägigem Fachwissen, um die Koordinierung und Konvergenz der Regulierungs-, Untersuchungs-, Sanktions- und Aufsichtsverfahren sowie den Informationsaustausch zwischen diesen Aufsichtsbehörden zu erleichtern und zu gewährleisten, siehe Art. 21 Abs. 1. Dies hat eine effiziente, kostengünstige, qualitativ hochwertige Behördentätigkeit zum Ziel. Ein solches europäisches Netz hätte in der Tat großes Potential. Soweit möglich, dürfte und sollte sich eine kontinuierlich wachsende Informationslage, zumal wenn dies eine Effizienzsteigerung mit sich brächte, auch in entsprechend informativen Handreichungen (§ 20 LkSG) niederschlagen. 7

Als Vollzugsbehörde (§ 7 Abs. 1 VwVG, siehe überdies § 23 Rn. 2) ist das BAFA zudem für die Vollstreckung der von ihm erlassenen Verwaltungsakte zuständig. Darüber hinaus ist das BAFA gemäß § 24 Abs. 5 S. 1 LkSG zugleich Verwaltungsbehörde nach § 36 Abs. 1 Nr. 1 OWiG, d.h. sachlich für die Verfolgung von Ordnungswidrigkeiten zuständig. 8

Schließlich ist es theoretisch denkbar, obschon praktisch nahezu ausgeschlossen, dass in dringenden Ausnahmekonstellationen die Eilzuständigkeit der Polizei, subsidiär ggf. anderer Behörden (wie etwa der Zollverwaltung, vgl. § 12d ZollVG) an die Stelle des BAFA tritt. Denn die unternehmerischen Pflichten des LkSG sind vielfach Teil der öffentlichen Sicherheit im gefahrenabwehrrechtlichen Sinne. Ferner gelten Grundrechtsbindungen der deutschen Hoheitsgewalt, konsequenterweise im Grundsatz auch Schutzpflichten, nicht nur im Inland, sondern zumindest weitgehend ebenfalls für Auslandssachverhalte – wie das BVerfG mit seinem wegweisenden Urteil zur sog. Ausland-Ausland-Aufklärung nach dem BNDG klargestellt hat.[17] 9

III. Rechts- und Fachaufsicht

Die Ausübung der Rechts- und Fachaufsicht durch das „Bundesministerium für Wirtschaft und Energie" als dem BAFA hierarchisch übergeordnete Behörde ist sprachlich ungenau, weil dieses inzwischen, nach Inkrafttreten von § 19 LkSG, als „Bundesministerium für Wirtschaft und Klimaschutz" firmiert. Die Ungenauigkeit ist aber unschädlich. Denn die Zuständigkeiten des „Bundesministeriums für Wirtschaft und Energie" sind nach dem Zuständigkeitsanpassungsgesetz[18] auf das BMWK übergegangen. Die Aufsichtsbefugnisse erstrecken sich gleichfalls auf Sachverhalte, in denen das BAFA als Vollzugsbehörde oder als Verwaltungsbehörde i.S.v. § 36 Abs. 1 Nr. 1 OWiG, § 24 Abs. 5 S. 2 LkSG fungiert. 10

Die Rechtsaufsicht ist immer beschränkte Aufsicht. Ihr Fokus liegt auf der Gesetzmäßigkeit des Verwaltungshandelns. Die Auslegung unbestimmter Rechtsbegriffe ohne Beurteilungsspielraum darf das Ministerium vollumfänglich prüfen, ebenso die Einhaltung der rechtlichen Grenzen 11

13 Ebd.

14 *Zeisel* S. 23.

15 Siehe https://www.bafa.de/SharedDocs/Pressemitteilungen/DE/Lieferketten/2022_02_lksg_beirat.html (Pressemitteilung des BAFA vom 23.5.2022, zuletzt aufgerufen am 11.2.2023). Siehe auch *Brouwer* CCZ **2022** 137, 138 f.

16 Vorschlag vom 23.2.2022: COM(2022) 71 final.

17 BVerfG Urt. v. 19.5.2020 – 1 BvR 2835/17 = BVerfGE **154** 152. Siehe insbes. Rn. 104.

18 Art. 1 des Gesetzes vom 16.8.2002 (BGBl. I S. 3165).

der Ermessensausübung.[19] Aus verfassungsrechtlicher Perspektive ist die Ausübung von Rechtsaufsicht vor allem Ausdruck der sachlich-inhaltlichen demokratischen Legitimation der Tätigkeit des BAFA; speziell die Einflussnahme über Weisungen stellt insofern ein klassisches Steuerungsinstrument dar.[20]

12 Die Fachaufsicht als solche ist weder definiert noch besteht ein glasklares Verständnis davon, was sie umfasst. In Abgrenzung zur Rechtsaufsicht bzw. in Erweiterung dazu beinhaltet sie jedenfalls nicht-rechtliche Aspekte. Der Maßstab der Fachaufsicht kann sich speziell aus folgenden Elementen zusammensetzen: die „Einheitlichkeit und Gleichmäßigkeit [sowie] insbesondere die Einhaltung von Normen und Regeln, die Zielerreichung, Zweckmäßigkeit (deren Entscheidungskriterien aus außerjuristischen Fachdisziplinen wie Volks-/Betriebswirtschaftslehre, Soziologie, Politologie, Psychologie, Naturwissenschaften usw. zu gewinnen sind), Verlässlichkeit, Ratsamkeit und die politische Opportunität".[21] Hinsichtlich der Mittel dürften aus der normativen Festlegung auf die Fachaufsicht unmittelbar umfassende Informations- und Einwirkungsrechte wie Strategieplanung, Zielvereinbarungen, Fortbildungsvorschläge, Besprechungsanordnungen, Weisungen oder Erlasse zu folgern sein – ggf. zudem Einwirkungspflichten, wenngleich angesichts der terminologischen Unschärfe nur in seltenen Einzelfällen.[22] Als ultima ratio impliziert die Fachaufsicht ein Selbsteintrittsrecht. In diesem Kontext beachtet das BMWK im Rahmen von § 3 der Gemeinsamen Geschäftsordnung der Bundesministerien insbesondere die „Grundsätze zur Ausübung der Fachaufsicht der Bundesministerien über den Geschäftsbereich".

13 Mangels klarer Maßstabsbildung gilt für die Ausübung der Aufsicht umfassend das Opportunitätsprinzip. Sollte das BMWK zu der Auffassung gelangt sein, dass ein Rechtsverstoß andauert, droht oder sich wiederholen dürfte, legt Art. 20 Abs. 3 GG indes nahe, dass hinsichtlich des „Ob" der Rechtsaufsichtsausübung kein Ermessen, im Rahmen der Pflicht zum Einschreiten aber wiederum ein signifikantes Auswahlermessen hinsichtlich der zur Verfügung stehenden Mittel besteht. Zumeist dürfte es insoweit bei einem Hinweis bzw. einer Weisung bleiben.

14 Anregungen, das BAFA vor politisch gefärbtem Einfluss abzuschirmen und mit einer (gewissen) Unabhängigkeit auszustatten – etwa weil die Interessen der Wirtschaft im Wege der Aufsicht zu stark einfließen könnten –, hat der Gesetzgeber mithin nicht aufgenommen.[23] Die CSDDD-E[24] sieht in Art. 18 Abs. 8 S. 1 zwar die „Unabhängigkeit" der zuständigen Behörde(n) in den Mitgliedstaaten vor. Insbesondere aus S. 2 geht indes hervor, dass dies nicht das Aufsichtsverhältnis betrifft, sondern die notwendige Unabhängigkeit der zuständigen Behörde(n) unmittelbar von Unternehmen, die dem LkSG bzw. dem Richtlinienentwurf unterliegen.[25]

15 Das BMWK übt seine Aufsichtsbefugnisse „im Einvernehmen" mit dem BMAS aus. Dieses „Einvernehmen" setzt, wie es das BVerwG in anderem Kontext zum „Sprachsinn" formuliert hat, „völlige Willensübereinstimmung" voraus.[26] Das Einvernehmen ist insbesondere von schwächeren Formulierungen abzugrenzen, zuvörderst der Entscheidung „im Benehmen".[27] Spiegelbildlich hat das BMAS ein formelles Beteiligungsrecht. Es kann das Einvernehmen erteilen oder versagen, aber nicht (direkt) auf das „Ob" und „Wie" der Aufsicht einwirken – zumindest kann es dies nicht beanspruchen. Da das Aufsichtsverhältnis allein zwischen dem BMWK sowie dem BAFA besteht, spricht Vieles dafür, dass Aufsichtsmaßnahmen auch bei fehlendem Einvernehmen mit dem BMAS

---

19 Siehe etwa zur Kommunalaufsicht Gern/Brüning/*Gern/Brüning* Deutsches Kommunalrecht, 4. Aufl. 2019, 7. Kap. Rn. 325.

20 Vgl. Dreier/*Dreier* Art. 20 Rn. 112.

21 *Etscheid* vr **2010** 229, 232.

22 Siehe *Etscheid* vr **2010** 229, 231.

23 So forderte es bspw. die Initiative Lieferkettengesetz: siehe Deutscher Bundestag, Ausschuss für Arbeit und Soziales, Ausschussdrucksache 19(11)1136, S. 82.

24 Vorschlag vom 23.2.2022: COM(2022) 71 final.

25 So auch *Spindler* ZIP **2022** 765, 773.

26 BVerwG Urt. v. 4.11.1960 – VI C 163/58 = BVerwGE **11** 195, 200; BVerwG Urt. v. 30.11.1978 – 2 C 6.75 = BVerwGE **57** 98, 101.

27 Illustrativ insofern Art. 108 GG, der in Abs. 1 auf das Benehmen, in Abs. 2 auf das Einvernehmen abstellt.

seitens des BAFA zu befolgen sind und ein interministerieller Konflikt innerhalb der Regierung zu lösen wäre.

IV. Risikobasierter Ansatz

§ 19 Abs. 2 LkSG schreibt einen risikobasierten Ansatz vor. Dabei handelt es sich um ein recht junges gesetzgeberisches Konzept zur bestmöglichen, sprich: effizientesten Ressourcenverwendung.[28] Konkrete Einzelmaßnahmen gibt der Ansatz nicht vor, stattdessen fungiert er als Leitprinzip. Zwar erlaubt § 14 Abs. 2 LkSG eine nähere Ausgestaltung des Verfahrens der risikobasierten Kontrolle nach § 14 Abs. 1 LkSG. Eine nähere Konturierung oder gar Definition des risikobasierten Ansatzes an sich enthält das LkSG allerdings nicht. Binnensystematisch gilt es in diesem Zusammenhang § 3 Abs. 2 Nr. 3 LkSG zu betonen:[29] Die Wahrscheinlichkeit sowie die mögliche Schwere und Irreversibilität einer Verletzung liefern auf der Basis eines risikobasierten Ansatzes jeweils wichtige Indizien für ein behördliches Tätigwerden (im Einzelnen sie auf die Kommentierung von § 3 LkSG verwiesen). 16

Die Gesetzesbegründung ihrerseits akzentuiert, dass das BAFA „nicht lediglich zufällige Stichproben vornimmt, sondern sich zunächst auf Fälle mit den schwersten Risiken konzentriert. Dies wird vor allem relevant, wenn die Behörde von Amts wegen tätig wird. Wie dies erreicht wird, hängt von dem behördeninternen Prüfkonzept ab. Beispielsweise ist denkbar, dass die Behörde einen Teil ihrer Ressourcen darauf verwendet, den substantiierten Hinweisen Dritter nachzugehen. Die übrigen Verfahren könnten dazu dienen, turnusmäßig eine bestimmte Branche mit besonderen Risiken in den Blick zu nehmen.“[30] Die Gesetzesbegründung lässt sich also zum einen negativ – insofern eindeutig – als Absage an das Zufalls- als alleiniges oder maßgebendes Ordnungsprinzip lesen. Einen gewissen (deutlich unter 50 % liegenden) Anteil der Unternehmen, auf die das LkSG Anwendung findet, zufallsbasiert zu prüfen, wäre konzeptuell indes mit § 19 Abs. 2 LkSG vereinbar. Insbesondere könnte das BAFA auf diesem Wege „blinde Flecken“ vermeiden und so gerade den risikobasierten Ansatz insgesamt stärken. Die Gesetzesbegründung lässt sich zum anderen positiv – aber weniger eindeutig – als Vorgabe zur Entwicklung eines Prüfkonzepts lesen. Explizit Erwähnung findet ein branchenspezifisches Risikoverständnis. Die Textilherstellung sowie der Bergbau z.B. sind abstrakt mit einem hohen Risiko verbunden, was typisierend zu berücksichtigen wäre. Ebenfalls Erwähnung findet die Möglichkeit substantiierter Hinweise Dritter (vgl. § 14 Abs. 1 S. 2 LkSG). Letzteres dürfte im Kontext von § 14 LkSG eine direkte, bei der Herausbildung eines Prüfkonzepts eine indirekte Mobilisierung des LkSG durch Private, Nichtregierungsorganisationen etc. ermöglichen. 17

Evident denkbar wäre im Rahmen von § 19 Abs. 2 LkSG ferner, behördeninterne Risikocluster neben den explizit erwähnten Aspekten – branchenbezogene Risiken und Hinweise Dritter – um involvierte Herkunftsländer bzw. darauf bezogene formelle[31] und materielle[32] Kriterien sowie zugehörige Handelsvolumina anzureichern. Als risikoerhöhende Faktoren kommen außerdem konkrete Handelspartner im Ausland, die bereits als kritisch bekannt sind (ähnlich einer Negativliste), sowie in der Vergangenheit festgestellte Verstöße der inländischen Unternehmen gegen das LkSG in Betracht. Hier könnte sich zukünftig ein Informationsaustausch innerhalb der EU besonders auswirken (s.o. Rn. 7). Erkenntnisse aus der Berichtsprüfung nach § 13 Abs. 1 LkSG kann das BAFA zur Bildung eines internen Prüfansatzes extrapolieren. Überdies bietet sich eine kumulative, integrierte Beachtung etablierter Indizes zur Risikoermittlung und damit zur Belebung des risiko- 18

---

28 Vgl. im Kontext von § 14 LkSG Grabosch/*Engel/Schönfelder* § 6 Rn. 13.

29 Grabosch/*Engel/Schönfelder* § 6 Rn. 13 (im Kontext von § 14 LkSG); *Hembach* S. 180.

30 BT-Drs. 19/28649 S. 56.

31 Etwa ob die vom LkSG in Bezug genommen internationalen Abkommen nach dem nationalen Recht des jeweiligen Landes dort Geltung beanspruchen.

32 Etwa durch Berücksichtigung aktueller Entwicklungen, einschlägiger anerkannter Berichterstattung etc.

basierten Ansatzes, d.h. zur Entwicklung eines entsprechenden Prüfkonzepts an – in Betracht kommen etwa der Korruptionswahrnehmungsindex von Transparency International, der Umweltperformance-Index der Universität Yale, der Kinderrechte-Index von UNICEF u. v. m.[33] Eine Art Positivliste wäre bei fortlaufender Überprüfung ebenfalls denkbar, jedenfalls sofern sie sich allein risikomindernd für gelistete Unternehmen, jedoch nicht risikoerhöhend auf sonstige Unternehmen auswirkt. Zertifizierungen, Siegel sowie Audits von Produkten und Managementsystemen können bei kritischer Prüfung der Erteilungsvoraussetzungen Berücksichtigung finden;[34] dies sieht im Übrigen das BAFA selbst so.[35]

19 Das BAFA besitzt einen weiten Ausgestaltungsspielraum bei der Entwicklung des Prüfkonzepts bzw. bei der risikobasierten Prüfung und Kontrolle. Es kann einzelne Aspekte nutzen und andere nicht sowie die Gewichtung bestimmter Kriterien untereinander bestimmen, solange und soweit dies mit Blick auf § 19 Abs. 2 LkSG sachgerecht ist. Sollte das Prüfkonzept, was in praxi fernliegend erscheint, trotz des weiten Ausgestaltungsspielraums nicht mehr sachgerecht sein, könnte dies die Ermessensausübung im Einzelfall infizieren.[36] Eine Veröffentlichung des Prüfkonzepts bzw. des risikobasierten Ansatzes, etwa in Gestalt von Handreichungen (§ 20 LkSG), kommt nur insofern in Betracht, als die Effektivität der behördlichen Kontrolle und Durchsetzung dadurch nicht unterminiert wird.

20 § 19 Abs. 2 LkSG nimmt im Wortlaut auf die Aufgabenwahrnehmung durch das BAFA Bezug, was den gesamten Abschnitt 4 erfasste. Die §§ 12, 13, 20 und 21 LkSG lassen unterdessen keinen Raum für ein risikobasiertes Vorgehen. Vielmehr ist ein elektronischer Zugang bereitzustellen (§ 12 Abs. 1 LkSG), eingereichte Berichte sind zu prüfen (§ 13 LkSG), Handreichungen (§ 20 LkSG) und Rechenschaftsberichte (§ 21 LkSG) zu veröffentlichen. Dementsprechend gilt der risikobasierte Ansatz lediglich für die §§ 14–18 LkSG, was auch in systematischer Hinsicht naheliegt: Denn die §§ 14–18 LkSG stehen in Abschnitt 4, Unterabschnitt 3, der mit „Risikobasierte Kontrolle“ überschrieben ist.

21 Die risikobasierte Kontrolle ist als Komplementärprogramm zu der Berichtsprüfung nach § 13 LkSG zu sehen: Diese ist flächendeckend, inhaltlich aber auf die Prüfung der Nachvollziehbarkeit bzw. Plausibilität beschränkt – jene hingegen geht inhaltlich in die Tiefe, erfolgt allerdings nur punktuell. Einzig das Zusammenwirken beider Ansätze verhindert eine konzeptionelle Schieflage der behördlichen Überwachungsstruktur. Die Regierungsbegründung spricht treffend von den „zwei Säulen“.[37]

22 Der Begriff des risikobasierten Ansatzes ist im Übrigen vor allem aus dem Datenschutz- und Geldwäscherecht bekannt (vgl. etwa §§ 32 Abs. 1, 39 Abs. 2 DS-GVO, § 3a Abs. 1 S. 1 GwG), jeweils ohne ihn zu definieren.[38] Die Erstellung der nationalen Risikoanalyse nach § 3a Abs. 2 GwG mag als Referenz für das risikobasierte Vorgehen des BAFA nach § 19 Abs. 2 LkSG dienen. Vielmehr liegt jedoch nahe, die Praxis der Bundesanstalt für Geowissenschaften und Rohstoffe – ebenfalls eine Bundesoberbehörde im Geschäftsbereich des BMWK – näher in den Blick zu nehmen. Denn diese ist im Bereich des Konfliktmineralienrechts hinsichtlich der nachträglichen Kontrollen einem risikobasierten Ansatz verpflichtet.[39] Neben der Einfuhrmenge sind der Ursprung, der Trans-

---

33 *Zeisel* S. 28 f.

34 Vgl. auch *Zeisel* S. 33 f.

35 BAFA Antwort XIII.3. FAQ-LkSG: „Soweit die Siegel, Zertifikate oder Audits nachweisbar die gesetzlichen Sorgfaltsanforderungen erfüllen, können sie als wichtige Anhaltspunkte für die Erfüllung der Sorgfaltspflichten dienen.“ Siehe https://www.bafa.de/DE/Lieferketten/Ueberblick/ueberblick_node.html (zuletzt aufgerufen am 11.2.2023).

36 Diese eher theoretische Frage dürfte sich vor allem im Kontext der (Fehl-) Gewichtung öffentlicher und privater Belange, insofern im Kontext der Ermessensdisproportionalität stellen, dazu nur Schoch/Schneider/*Geis* § 40 Rn. 102 ff.

37 BT-Drs. 19/28649 S. 53.

38 Eine tiefergehende Analyse dürfte für hiesige Zweck allenfalls bedingt hilfreich sein. Siehe die Hinweise in den Erwägungsgründen 75 ff. der DS-GVO bzw. in Erwägungsgrund 22 der Richtlinie (EU) 2015/849 oder Erwägungsgründe 12, 24 der Richtlinie (EU) 2018/843.

39 Vgl. Art. 11 Abs. 2 der Verordnung (EU) 2017/821, § 2 des Gesetzes zur Durchführung dieser Verordnung (BGBl. I 2020 S. 864).

portweg sowie die „anderen Risiken in der Lieferkette“[40] zu berücksichtigen. Es liegt nahe, dass dort bereits gewonnene Erkenntnisse und Erfahrungswerte auch vom BAFA genutzt werden – und vice versa.

Um die zur Verfügung stehenden Ressourcen i.S.d. risikobasierten Vorgehens optimal einzusetzen, dürfte es ein Anliegen des BAFA und ganz i.S.v. § 19 Abs. 2 LkSG sein, die definierten Risikokriterien in ein IT-basiertes Verfahren zu überführen – insoweit bietet sich an, eine Parallele zur zollrechtlichen Praxis zu ziehen. Im Kontext der Verpflichtung zur Durchführung einer Risikoanalyse[41] stehen der deutschen Zollverwaltung nämlich diverse IT-Verfahren zur Verfügung, u.a. das IT-Verfahren DEBBI (dezentrale Beteiligtenbewertung), das unabhängig von einzelnen Warensendungen fortlaufend analysiert, wie hoch die Wahrscheinlichkeit eines Rechtsverstoßes durch einen bestimmten Beteiligten ist.[42] 23

40 § 3 Abs. 4 des Gesetzes zur Durchführung dieser Verordnung (BGBl. I 2020 S. 864).

41 Siehe nur Art. 5 Nrn. 7, 25, Art. 46, Art. 264 der Verordnung (EU) Nr. 952/2013 (Unionszollkodex).

42 Zur Einführung von „DEBBI“ im Jahr 2004 (und zur Ermächtigungsgrundlage) *Harings/Stünkel* AW-Prax **2005** 369; zur Risikoanalyse etwa *Lux* AW-Prax **2021** 467.

§ 20 Handreichungen

[1]Die zuständige Behörde veröffentlicht branchenübergreifende oder branchenspezifische Informationen, Hilfestellungen und Empfehlungen zur Einhaltung dieses Gesetzes und stimmt sich dabei mit den fachlich betroffenen Behörden ab. [2]Die Informationen, Hilfestellungen oder Empfehlungen bedürfen vor Veröffentlichung der Zustimmung des Auswärtigen Amtes, insofern außenpolitische Belange davon berührt sind.

Übersicht

A. Übersicht

1 § 20 LkSG ist – zusammen mit den §§ 13 Abs. 3, 14 Abs. 2, 19 und 21 LkSG – schon am 23.7.2021 in Kraft getreten.[1] Das BAFA soll sich bei der Erstellung von Handreichungen nicht auf deskriptiv-informative Elemente zum LkSG beschränken. Vielmehr handelt es sich im Anspruch um veritable Compliance-Hinweise. Freilich kommt dem BAFA insoweit ein beachtlicher Ausgestaltungsspielraum zu – die veröffentlichten FAQ sind bereits als Handreichungen i.S.d. Norm anzusehen. Ferner hat das BAFA eine Handreichung zur Risikoanalyse veröffentlicht. Diese Hinweise sollen Unternehmen unterstützen. Es ist ratsam, sie im Rahmen der unternehmensinternen Lieferketten-Compliance angemessen zu beachten. Sie sind und bleiben aber unverbindlich. Andere vertretbare Wege sind gangbar. Letztendlich obliegt die verbindliche Auslegung allein der Judikative.

B. Norminhalt

I. Zuständige Behörde

2 Zuständige Behörde i.S.v. § 20 S. 1 LkSG ist das BAFA. Dies folgt aus § 19 Abs. 1 S. 1 LkSG.

II. Informationen, Hilfestellungen und Empfehlungen

3 Die Handreichungen sollen die „Unternehmen bei der Umsetzung ihrer Sorgfaltspflichten [...] unterstützen“[2] und gliedern sich in Informationen, Hilfestellungen und Empfehlungen. Eine trennscharfe Ausdifferenzierung dieser Begrifflichkeiten scheint kaum möglich. Unterscheiden lassen

1 Gemäß Art. 5 Abs. 2 des Gesetzes vom 16.7.2021 (BGBl. I S. 2959).
2 BT-Drs. 19/28649 S. 56.

https://doi.org/10.1515/9783110788976-022

sich jedenfalls deskriptiv-informative und beratend-appellative Elemente. Insbesondere dürfen sich die Handreichungen nicht auf allgemeine Informationen beschränken. Dies verdeutlicht die verbindende Formulierung „und" in S. 1, speziell in Kontrast zum „oder" in S. 2.

Insbesondere die Hilfestellungen und Empfehlungen dienen der „Einhaltung" des LkSG. Insofern handelt es sich um Compliance-Hinweise. Zwar haben diese keinen konkreten Einzelfallbezug, eine abstrahierende Behandlung von Einzelfällen wäre indes möglich. Der Normzweck suggeriert, die Handreichungen fortlaufend – zumindest bei relevanten Änderungen des LkSG, bei Änderung der Behördenpraxis etc. – anzupassen. Denn nur auf diese Weise dienen sie effektiv der Einhaltung des LkSG. 4

Die Informationen, Hilfestellungen und Empfehlungen können ausweislich des Wortlauts branchenübergreifend oder branchenspezifisch sein. Die branchenübergreifenden Handreichungen lassen sich gleichsam, ähnlich einem Allgemeinen Teil, vor die Klammer ziehen. Neben alle Unternehmen betreffenden Umsetzungshinweisen könnte das BAFA bspw. Möglichkeiten der Nutzung digitaler Werkzeuge, die eine Einhaltung der Pflichten nach dem LkSG unterstützen, aufzeigen.[3] Branchenspezifische Hinweise gelten lediglich für die jeweils betroffene Branche. Das BAFA sollte zur Vermeidung von Missverständnissen klar deutlich machen bzw. werden lassen, welcher Kategorie eine Handreichung angehört, d.h. wer adressiert ist. Für die Zukunft und die Weiterentwicklung von Handreichungen bietet sich an, jedenfalls in Bezug auf branchenspezifische Hinweise, Erfahrungen einschlägig betroffener Unternehmen im Wege eines systematischen Austauschs zu berücksichtigen.[4] Das BAFA könnte auch auf die eingereichten (§ 12 LkSG) und geprüften (§ 13 Abs. 1 LkSG) Berichte zurückgreifen. 5

Im internationalen Kontext sieht bereits die erste Säule der UN-Leitprinzipien für Wirtschaft und Menschenrechte vor, dass der Staat den Unternehmen wirksame Orientierungshilfen geben solle.[5] Daher ist wenig verwunderlich, dass andere Staaten vergleichbar vorgehen. Zu nennen wäre etwa die britische Praxis der Veröffentlichung von Statements und praktischen Hinweisen zur Umsetzung des *Modern Slavery Acts*.[6] 6

Die CSDDD-E[7] könnte der Kommission ermöglichen (vgl. Art. 14 Abs. 3), die Handreichungen des BAFA zu „ergänzen und neue Maßnahmen aus[zu]arbeiten". Außerdem sieht der Entwurf Mustervertragsklauseln (Art. 12) sowie EU-eigene Leitlinien (Art. 13) vor. 7

III. Abstimmung mit fachlich betroffenen Behörden

Das BAFA muss sich, ohne dass dies näher spezifiziert wäre, mit den fachlich betroffenen Behörden abstimmen. Dies dürfte im Besonderen für branchenspezifische Hinweise gelten. Die Gesetzesbegründung erwähnt exemplarisch eine Abstimmung mit dem Umweltbundesamt im Hinblick auf umweltbezogene Pflichten.[8] In puncto Arbeitsschutz kommt etwa eine Abstimmung mit der Bundesanstalt für Arbeitsschutz und Arbeitsmedizin – eine Bundesoberbehörde im Geschäftsbereich des BMAS – in Betracht.[9] Eine enge Koordinierung erfolgt ohnehin mit der Aufsichtsbehörde, dem BMWK, sowie mit dem BMAS.[10] Eine „Abstimmung" erfordert bereits sprachlich keine Über- 8

3 So fordert(e) es Bitkom (Bundesverband Informationswirtschaft, Telekommunikation und Neue Medien): Deutscher Bundestag, Ausschuss für Arbeit und Soziales, Ausschussdrucksache 19(11)1136, S. 193.

4 Siehe auch die Stellungnahme des Deutschen Anwaltsvereins: Deutscher Bundestag, Ausschuss für Arbeit und Soziales, Ausschussdrucksache 19(11)1136, S. 146.

5 I.B.3.(c): „*Provide effective guidance to business enterprises on how to respect human rights throughout their operations*".

6 Zu finden auf der Website des Home Office [sic]: https://www.gov.uk/government/collections/modern-slavery (zuletzt aufgerufen am 11.2.2023). Auf die britische Praxis verweist ebenso *Hembach* S. 179.

7 Vorschlag vom 23.2.2022: COM(2022) 71 final.

8 BT-Drs. 19/28649 S. 56.

9 Grabosch/*Engel*/*Schönfelder* § 6 Rn. 57.

10 Siehe auch *Brouwer* CCZ **2022** 137, 138.

einstimmung. Stattdessen hat das BAFA die „fachlich betroffenen" Behörden einerseits zu informieren und ihnen andererseits angemessen Gelegenheit zur Stellungnahme zu geben. Unklarheiten gilt es zu beseitigen, abweichende Ansichten können im Dialog thematisiert werden. § 20 S. 1 LkSG dürfte insoweit vorschweben, dass sich das BAFA ein Bild von der betroffenen Branche macht, Lieferketten im Wesentlichen kennt, ebenso wie etwaige Besonderheiten, und diesen Umständen in Gestalt der Handreichungen Rechnung trägt. Welche Behörde fachlich betroffen ist, bestimmt das BAFA in gewissem Sinne durch den Inhalt der Handreichungen selbst.

9 Dieser Prozess ist rein verwaltungsintern; einzelne Unternehmen haben keinen Anspruch auf Abgabe von behördlichen Stellungnahmen bzw. auf Abstimmung. Die Handreichungen stellen im Übrigen keine Verwaltungsakte i.S.v. § 35 VwVfG dar, schließlich enthalten sie bloß Hinweise, setzen jedoch keine Rechtsfolge, haben mithin keine Regelungswirkung und sind überdies nicht auf einen Einzelfall, sondern allenfalls auf eine Branche bezogen. Vor diesem Hintergrund haben einzelne Unternehmen auch kein subjektiv-öffentliches Recht auf den Erlass von Handreichungen.

IV. Veröffentlichungspflicht und Ausgestaltungsspielraum

10 Der objektiv-rechtliche Wortlaut ist klar: Das BAFA „veröffentlicht" Handreichungen. Mit Blick auf das „Ob" der Veröffentlichung besteht daher kein Spielraum – wohl aber mit Blick auf das „Wie". Denn § 20 S. 1 LkSG verlangt zwar über deskriptiv-informative Elemente hinausgehend expressis verbis „Hilfestellungen und Empfehlungen", d.h. letztlich die Veröffentlichung von veritablen Compliance-Hinweisen. Angaben zum Umfang bzw. zur Detailschärfe dieser Hinweise bleiben indes aus. Dies auszuloten fällt daher in den Ausgestaltungsspielraum des BAFA. § 20 S. 1 LkSG gibt lediglich den Orientierungspunkt vor: die Erleichterung der Einhaltung der Pflichten des LkSG. Ein Inkrafttreten des CSDDD-E[11] könnte sich dahingehend auswirken, dass der geplante EU-weite Informationsaustausch auch in den Handreichungen Niederschlag findet (vgl. § 19 Rn. 7).

11 Die Handreichungen sind unverbindlich. Ihnen kommt keine Rechtsnormqualität zu. Schon deshalb sind sie, soweit Zweifel an der Bestimmtheit des LkSG aufkommen sollten oder bereits gehegt werden, nicht imstande, diese Zweifel auszuräumen.[12] Denn die Anforderungen des allgemein-rechtsstaatlichen Bestimmtheitsgebots aus Art. 20 Abs. 3 GG bzw. diejenigen aus Art. 103 Abs. 2 GG postulieren ja gerade eine hinreichende Bestimmtheit *des Rechts*.

V. Einzelne Handreichungen

12 Das BAFA hat im Oktober 2021 den Konsultationsprozess zum Erlass von Handreichungen mit Vertretern der Wirtschaft begonnen.[13] Im Februar 2022 hat es drei ausgeschriebene Arbeitspakete – Übersetzung der Gesetzes- in Prüfanforderungen, Entwicklung eines Prüfkonzepts für die risikobasierte Kontrolle, IT-Themen – vergeben, vor allem an Nachhaltigkeits- und Rechtsberater.[14] Im August 2022 hat das BAFA mit der Handreichung zur Risikoanalyse erstmals eine durchaus ausführliche Ausarbeitung vorgelegt. Sie wird voraussichtlich von besonderer Praxisrelevanz sein. Etwaige Hoffnungen auf eine Fortführung der Studie des BMAS zu Branchenrisiken,[15] ein Anknüpfen an Brancheninitiativen oder gar – weniger realistisch – eine Übersicht zu Löhnen, die für angemessene Lebensstandards erforderlich sind, sahen sich demnach (bislang) enttäuscht.[16]

11 Vorschlag vom 23.2.2022: COM(2022) 71 final.

12 So aber wohl *Kamann/Irmscher* NZWiSt **2021** 249, 254; *Schäfer* ZLR **2022** 22, 31. Wie hier *Thalhammer* DÖV **2021** 825, 832.

13 *Hembach* S. 179.

14 Dazu *Brouwer* CCZ **2022** 137, 138.

15 Forschungsbericht 543, Die Achtung von Menschenrechten entlang globaler Wertschöpfungsketten, 2020.

16 Grabosch/*Engel/Schönfelder* § 6 Rn. 55.

13 Mangels Festlegung auf eine bestimmte Form sind bereits die Ende April 2022[17] veröffentlichten „Fragen und Antworten“ zum LkSG auf der Website des BAFA[18] Handreichungen i.S.v. § 20 LkSG. Diese gliedern sich in 18 Kapitel und behandeln (i) Grundsätzliches einschließlich Begrifflichkeiten in den Kapiteln I–VI, XVI–XVIII, (ii) einzelne Sorgfaltspflichten in den Kapiteln VII–XIII, (iii) die behördliche Überwachung in Kapitel XIV sowie (iv) Fragen der Ahndung und Haftung in Kapitel XV. In diesem Kontext verweist das BAFA zudem auf die Hinweise und Unterstützungsangebote der Bundesregierung.[19] Mit Blick auf die Erfüllung der Sorgfaltspflichten verweist das BAFA ferner auf die UN-Leitprinzipien für Wirtschaft und Menschenrechte sowie die OECD-Leitsätze für multinationale Unternehmen, jeweils von 2011, sowie auf viele weitere branchenübergreifende und sektorspezifische Hinweise.[20] Letzteres dürfte zwar „Informationen“ i.S.v. § 20 S. 1 LkSG liefern, für die operative Unternehmenspraxis hingegen wenig hilfreich sein. Zentrale Bedeutung kommt im Rahmen von § 20 LkSG hingegen der Handreichung zur Risikoanalyse aus August 2022 zu.

14 Soweit erforderlich, wird das BAFA dem Normzweck entsprechend sicherlich Aktualisierungen vornehmen (s.o. Rn. 4). Insgesamt dürften die FAQ den inhaltlichen Ansprüchen i.S.v. § 20 LkSG gerecht werden. Eine noch konkretere Ausgestaltung bleibt unterdessen (teilweise) wünschenswert. Es ist keineswegs ausgeschlossen, dass in Zukunft detailliertere Merkblätter o.Ä., wie sie etwa aus der außenwirtschaftsrechtlichen Praxis des BAFA bekannt sind, veröffentlicht werden. Zumal wenn in absehbarer Zukunft alle vorgesehenen und ggf. weitere erforderliche Planstellen besetzt sind (vgl. § 19 Rn. 5).

VI. Selbstbindung und unternehmensinterne Compliance

15 Zwar haben die Handreichungen selbst keine Rechtsnormqualität. Die geübte Behördenpraxis des BAFA kann allerdings zu einer Selbstbindung über Art. 3 Abs. 1 GG führen.[21] Zumal eine solche Bindung umso eher eintritt, je weniger intensiv die gesetzliche Steuerungsfunktion ist.[22] Soweit also das LkSG Ermessen einräumt und die Handreichungen etwa in Gestalt von „Informationen“ eine realiter geübte Behördenpraxis des BAFA dokumentieren (werden), dürfen Unternehmen aufgrund von Art. 3 Abs. 1 GG zumindest im Grundsatz mit einer kontinuierlichen Ausübung rechnen. Freilich darf das BAFA wie jede Verwaltungsbehörde ihre Praxis ändern – wenn ein sachlicher Grund dafür besteht. In jedem Fall ist es dringend ratsam, die FAQ bzw. sonstige Handreichungen fortlaufend zu beobachten, unternehmensintern in der Lieferketten-Compliance hinreichend zu berücksichtigen und dies prozessmäßig sicherzustellen. Soweit Unternehmen indes andere vertretbare Konzepte verfolgen, können sie in Einzelfällen auch von der Behördenpraxis abweichen. Letztverbindlich kann darüber allein die Judikative entscheiden. Ratsam bleibt, abweichende Konzepte im Rahmen des Möglichen mit dem BAFA abzustimmen.

VII. Berührung außenpolitischer Belange (S. 2)

16 Das LkSG definiert außenpolitische Belange nicht. Vergleichend bietet sich an, jedenfalls ansatzweise, das Verständnis des Schutzes internationaler Beziehungen i.S.v. § 3 Nr. 1 lit. a IFG als Aus-

---

17 Früher als angekündigt (Sommer 2022; das jedenfalls hätte *Schäfer* ZLR **2022** 22, 24 „sehr spät“ gefunden).

18 Siehe BAFA Berichtspflicht, abrufbar unter https://www.bafa.de/DE/Lieferketten/Ueberblick/ueberblick_node.html (zuletzt aufgerufen am 11.2.2023).

19 Antwort XVI.1. FAQ-LkSG. Einen Überblick bietet die Website www.wirtschaft-menschenrechte.de (zuletzt aufgerufen am 11.2.2023).

20 Antwort VI.4. FAQ-LkSG.

21 Allgemein dazu Stelkens/Bonk/Sachs/*Sachs* VwVfG, 10. Aufl. 2023, § 40 Rn. 104 ff.

22 Münch/Kunig/*Boysen* GG, 7. Aufl. 2021, Art. 3 Rn. 77.

schlussgrund für den Informationszugang heranzuziehen. Denn jeweils stellt sich die Frage, ob die Veröffentlichung einzelner Informationen einen mit Blick auf die auswärtigen Beziehungen unerwünschten Effekt haben könnte. Das BAFA hat das Auswärtige Amt mit den Handreichungen zu befassen, falls selbige außenpolitische Belange auch nur berühren.

17 Zu § 3 Nr. 1 lit. a IFG hat sich ein tendenziell weites Verständnis der internationalen Beziehungen etabliert. Dieses umfasst vor allem die Beziehungen zu ausländischen Staaten zum Schutze des diplomatischen Vertrauensverhältnisses und der Verhandlungsfähigkeit[23] – nicht indes, immerhin nach Ansicht des OVG Berlin-Brandenburg, die Beziehungen zu nichtstaatlichen Akteuren der internationalen Politik und Nichtregierungsorganisationen.[24] So verstanden, geht die Formulierung „außenpolitische Belange" in § 20 S. 2 LkSG darüber hinaus. Naturgemäß werden aber Beziehungen zu anderen Staaten im Vordergrund stehen.

18 § 20 S. 2 LkSG verlangt lediglich, dass die derart verstandenen außenpolitischen Belange „berührt" sind, also dass sich die Handreichungen potentiell auf sie auswirken. Dies wäre v.a. der Fall, wenn die Informationen auf besondere Risiken in einem Staat oder in einer Region – viel diskutiert etwa Xinjiang[25] – hinweisen bzw. Empfehlungen bis hin zum Abbruch von Geschäftsbeziehungen geben und dies bestehende diplomatische Beziehungen zu gefährden imstande ist. Im Allgemeinen dürften außenpolitische Belange bei länderspezifischen Hinweisen „berührt" sein. Handreichungen, die außenpolitische Belange berühren, können nichtsdestoweniger ergehen – das Auswärtige Amt muss ihnen jedoch vorher zugestimmt haben. Soweit internationale oder zwischenstaatliche Vereinbarungen eine thematisch einschlägige direkte Zusammenarbeit des BMWK mit dem betroffenen Staat ohne Involvierung des Auswärtigen Amtes erlauben, ist § 20 S. 2 LkSG teleologisch dahingehend zu reduzieren, dass „außenpolitische" Belange nicht mehr „berührt" sind.

---

23 BeckOK-InfoMedienR/*Schirmer* IFG, § 3 Rn. 49; *Schoch* IFG, 2. Aufl. 2016, § 3 Rn. 29.

24 OVG Berlin-Brandenburg, Beschl. v. 21.4.2015 – OVG 12 N 88.13, Rn. 7, juris. Kritisch *Schoch* IFG, 2. Aufl. 2016, § 3 Rn. 29.

25 Siehe etwa die Ausarbeitung der Wissenschaftlichen Dienste des Bundestags: Die Uiguren in Xinjiang im Lichte der Völkermordkonvention, 2021, S. 80 (WD 2- 3000 – 027/21).

§ 21 Rechenschaftsbericht

(1) [1]Die nach § 19 Absatz 1 Satz 1 zuständige Behörde berichtet einmal jährlich über ihre im vorausgegangenen Kalenderjahr erfolgten Kontroll- und Durchsetzungstätigkeiten nach Abschnitt 4. [2]Der Bericht ist erstmals für das Jahr 2022 zu erstellen und auf der Website der zuständigen Behörde zu veröffentlichen.

(2) Die Berichte sollen auf festgestellte Verstöße und angeordnete Abhilfemaßnahmen hinweisen und diese erläutern sowie eine Auswertung der eingereichten Unternehmensberichte nach § 12 enthalten, ohne die jeweils betroffenen Unternehmen zu benennen.

Übersicht

A. Übersicht

Nicht nur die Unternehmen berichten über die Erfüllung ihrer Sorgfaltspflichten (§ 10 Abs. 2 S. 1, 12 LkSG), auch das BAFA als zuständige Behörde muss Rechenschaft über seine Kontroll- und Durchsetzungstätigkeit ablegen und insbesondere einen anonymisierten Überblick geben. § 21 LkSG ist – zusammen mit den §§ 13 Abs. 3, 14 Abs. 2, 19 und 20 LkSG – bereits am 23.7.2021 in Kraft getreten.[1] 1

B. Norminhalt

I. „Kontroll- und Durchsetzungstätigkeiten" des BAFA

Zuständige Behörde ist das BAFA Dies folgt aus § 19 Abs. 1 S. 1 LkSG. Die „Kontroll- und Durchsetzungstätigkeiten nach Abschnitt 4", auf die § 21 Abs. 1 S. 1 LkSG verweist, umfassen die behördliche Berichtsprüfung nach § 13 LkSG sowie Einzelfallanordnungen gemäß §§ 14, 15, 17 LkSG, ggf. mit Prüfungen vor Ort (vgl. § 16 LkSG). Abschnitt 4 erstreckt sich neben § 21 LkSG selbst zudem auf die Handreichungen (§ 20 LkSG). Der Rechenschaftsbericht des BAFA muss einen Überblick über die gesamte Kontroll- und Durchsetzungstätigkeit geben. Weil Abs. 2 die von Abs. 1 S. 1 erfassten Tätigkeiten nur partiell widerspiegelt, ist Abs. 2 als Ergänzung und Spezifizierung der grundsätzlichen Berichtspflicht i.S.v. Abs. 1 S. 1 zu verstehen. 2

II. Vorgaben nach Abs. 2

Die Vorgaben des § 21 Abs. 2 LkSG sind zweigeteilt: Zum einen beziehen sie sich auf die Nennung sowie Erläuterung festgestellter Verstöße und Abhilfemaßnahmen. Zum anderen zielen sie – inhaltlich anspruchsvoller – auf die Auswertung von Unternehmensberichten ab. Die betroffenen Unternehmen dürfen jeweils nicht genannt werden. 3

1 Gemäß Art. 5 Abs. 2 des Gesetzes vom 16.7.2021 (BGBl. I S. 2959).

https://doi.org/10.1515/9783110788976-023

4 Allerdings ist § 21 Abs. 2 LkSG eine Soll-Vorschrift. Dies hat für den Regelfall eine verpflichtende Wirkung zur Folge – in atypischen Ausnahmekonstellationen jedoch kann das BAFA von Abs. 2 abweichen.[2] Die Soll-Formulierung bezieht sich nur auf den ersten Satzteil, nicht auf die Anonymisierung der Unternehmen. Eine Nennung der Unternehmen hat daher in jedem Fall zu unterbleiben. Ein atypischer Fall ist naturgemäß schwer vorhersehbar, könnte aber etwa vorliegen, wenn die Darstellung von Verstoß und Abhilfemaßnahme unzweideutig erkennen ließe, um welches Unternehmen es sich handelt. Dann dürfte eine verkürzte, hinreichend anonyme Darstellung vom Normzweck gedeckt sein und insofern eine Abweichung vom Regelfall rechtfertigen. Eine hohe Arbeitsbelastung des BAFA, Personalmangel oder dergleichen können unterdessen keine Abweichung begründen, da der Normzweck Rechenschaft vom BAFA verlangt, weshalb naheliegt, dass die Gründe, von den Angaben des Abs. 2 abzuweichen, nicht in der Sphäre des BAFA selbst liegen dürfen. Für die „Erstellung und Vorlage eines Rechenschaftsberichts" sieht die Gesetzesbegründung (nur) 0,1 Vollzeitäquivalentstellen vor.[3]

5 Das BAFA soll zunächst auf Verstöße und Abhilfemaßnahmen „hinweisen". Dies entspricht einer bloßen Nennung der Verstöße/Maßnahmen. Diese zudem zu „erläutern" bedeutet, den jeweiligen Verstoß samt Abhilfemaßnahme in einen Kontext zu stellen, insbesondere den Sachverhalt und etwaig relevante Zusammenhänge zu schildern. Die Schilderung muss letztlich für Dritte aus sich selbst heraus verständlich sein. Im Hinblick auf die Länge, Detailschärfe oder generell Art der Darstellung ist das BAFA – Verständlichkeit vorausgesetzt – mangels konkretisierender Angaben frei.

6 Eine „Auswertung" der Unternehmensberichte geht inhaltlich über diese deskriptive Ebene hinaus. Denn sprachlich verlangt eine Auswertung zumindest auch analytische Arbeit. Eine bloße Sortierung eingereichter Berichte nach Branchen o.Ä. genügte dem nicht. Vielmehr soll das BAFA auf der Basis der Unternehmensberichte zur berichtsgegenständlichen Erfüllung der Sorgfaltspflichten übergreifende Ergebnisse gewinnen, ggf. Schlüsse daraus ziehen, Bewertungen anstellen. Vor diesem Hintergrund erscheint die Gewichtung der Vollzeitäquivalentstellen i.S.d. Gesetzesbegründung unangemessen niedrig. Es bietet sich an, eine veritable „Auswertung" vorausgesetzt, dass diese zu einem späteren Zeitpunkt in Handreichungen nach § 20 LkSG münden wird.

7 Einzelne Unternehmen dürfen nicht genannt werden und nicht identifizierbar sein. Auf die v.a. grundrechtlich hoch umstrittene Frage, unter welchen Umständen staatliches Informationshandeln mit potentiell schädlichen Auswirkungen auf Kauf- bzw. Konsumentscheidungen Privater erlaubt ist, kommt es daher nicht an.[4] Dass der Bericht womöglich Anlass zu Mutmaßungen gibt, dürfte sich unterdessen schlicht nicht vermeiden lassen. Dies wäre mit § 21 Abs. 2 LkSG vereinbar. Das BAFA hat darauf zu achten, dass die Schwelle zur Individualisierbarkeit nicht überschritten wird.

III. Erstbericht für 2022

8 Der Bericht für das Jahr 2022 fällt notwendigerweise anders aus als derjenige für 2023 bzw. diejenigen ab 2024. Denn das Gros des LkSG tritt erst zum 1.1.2023 in Kraft. Insbesondere § 21 Abs. 2 LkSG läuft insoweit ins Leere, kann es doch noch nicht zu Verstößen durch Unternehmen, die erst ab 2023 bzw. in größerem Umfang ab 2024 an das LkSG gebunden sind, gekommen sein, dementsprechend auch nicht zu Abhilfemaßnahmen. Ebenso wenig müssen Unternehmensberichte Sachverhalte vor dem 1.1.2023 behandeln. Vielmehr beschränkt sich der Rechenschaftsbericht auf die bereits zum 23.7.2021 in Kraft getretene Pflicht zur Veröffentlichung von Handreichungen nach § 20 LkSG. Dafür einen gesonderten Rechenschaftsbericht anzufertigen, scheint zwar wenig

2 Vgl. exemplarisch BVerwG, Urt. v. 15.12.1989 – 7 C 35/87, Rn. 29 = BVerwGE **84** 220, 232. Siehe auch Stelkens/Bonk/Sachs/*Sachs* VwVfG, 10. Aufl. 2023, § 40 Rn. 26 ff.

3 BT-Drs. 19/28649 S. 25.

4 Maßgeblich insoweit zuletzt v.a. BVerfG, Beschl. v. 21.3.2018 – 1 BvF 1/13 = BVerfGE **148** 40.

effizient, entspricht allerdings dem Wortlaut von § 21 Abs. 1 S. 2 LkSG. Der Bericht „für 2022" meint das Kalenderjahr 2022 (Abs. 1 S. 1) und ist im Jahr 2023, da er sich auf das vorausgegangene Jahr bezieht (Abs. 1 S. 1), auf der Website des BAFA zu veröffentlichen (Abs. 1 S. 2). Anders als § 10 Abs. 2 S. 1 LkSG bzw. § 12 LkSG für Unternehmensberichte sieht § 21 LkSG keine die Veröffentlichung im Jahr 2023 näher begrenzende Frist vor.

IV. Folgeberichte und unternehmensinterne Compliance

Der Bericht für 2023 ist dementsprechend 2024 zu veröffentlichen. Der 2025 zu veröffentlichende **9** Bericht für 2024 dürfte aufgrund des dann erweiterten Normadressatenkreises (vgl. § 1 Abs. 1 S. 3 LkSG) deutlich umfangreicher ausfallen. Eine bessere personelle Ausstattung (vgl. Rn. 4, 6) erscheint zumindest ab diesem Zeitpunkt sinnvoll, abstrakt betrachtet, wenn nicht gar geboten.

Für alle Normadressaten des LkSG dürften die Rechenschaftsberichte ab 2024 von besonde- **10** rem Interesse sein, soweit diese nicht ohnehin in konkrete Handreichungen nach § 20 LkSG münden. Es ist jedenfalls dringend zu empfehlen, die Berichte aus der unternehmensinternen Compliance-Perspektive zu studieren und Folgerungen daraus ggf. zu implementieren, wobei freilich abzuwarten bleibt, ob die Praxis der Rechenschaftsberichte in der Tat eine echte Hilfestellung wird leisten können.

ABSCHNITT 5 Öffentliche Beschaffung

§ 22 Ausschluss von der Vergabe öffentlicher Aufträge

(1) [1]Von der Teilnahme an einem Verfahren über die Vergabe eines Liefer-, Bau- oder Dienstleistungsauftrags der in den §§ 99 und 100 des Gesetzes gegen Wettbewerbsbeschränkungen genannten Auftraggeber sollen Unternehmen bis zur nachgewiesenen Selbstreinigung nach § 125 des Gesetzes gegen Wettbewerbsbeschränkungen ausgeschlossen werden, die wegen eines rechtskräftig festgestellten Verstoßes nach § 24 Absatz 1 mit einer Geldbuße nach Maßgabe von Absatz 2 belegt worden sind. [2]Der Ausschluss nach Satz 1 darf nur innerhalb eines angemessenen Zeitraums von bis zu drei Jahren erfolgen.

(2) [1]Ein Ausschluss nach Absatz 1 setzt einen rechtskräftig festgestellten Verstoß mit einer Geldbuße von wenigstens einhundertfünfundsiebzigtausend Euro voraus. [2]Abweichend von Satz 1 wird

1. **in den Fällen des § 24 Absatz 2 Satz 2 in Verbindung mit § 24 Absatz 2 Satz 1 Nummer 2 ein rechtskräftig festgestellter Verstoß mit einer Geldbuße von wenigstens eine Million fünfhunderttausend Euro,**
2. **in den Fällen des § 24 Absatz 2 Satz 2 in Verbindung mit § 24 Absatz 2 Satz 1 Nummer 1 ein rechtskräftig festgestellter Verstoß mit einer Geldbuße von wenigstens zwei Millionen Euro und**
3. **in den Fällen des § 24 Absatz 3 ein rechtskräftig festgestellter Verstoß mit einer Geldbuße von wenigstens 0,35 Prozent des durchschnittlichen Jahresumsatzes vorausgesetzt.**

(3) Vor der Entscheidung über den Ausschluss ist der Bewerber zu hören.

Schrifttum

Ehmann Der Regierungsentwurf für das Lieferkettengesetz: Erläuterung und erste Hinweise zur Anwendung, ZVertriebsR **2021** 141; *Freund/Krüger* Das neue Lieferkettensorgfaltspflichtengesetz, Was haben öffentliche Auftraggeber im Vergabeverfahren zu beachten – Ein erster Überblick, NVwZ **2022** 665; *Jungkind/Raspé/Terbrack* Unternehmensverantwortung in der Lieferkette, DK **2021** 445; *Kamann/Irmscher* Das Sorgfaltspflichtengesetz – Ein neues Sanktionsrecht für Menschenrechts- und Umweltverstöße in Lieferketten, NZWiSt **2021** 249; *Lutz-Bachmann/Vorbeck/Wengenroth* Menschenrechte und Umweltschutz in Lieferketten – der Regierungsentwurf eines Sorgfaltspflichtengesetzes, BB **2021** 906; *Spindler* Verantwortlichkeit und Haftung in Lieferketten – das Lieferkettensorgfaltspflichtengesetz aus nationaler und europäischer Perspektive, ZHR **2022** 67.

Materialien

BT-Drs. 19/28649; BT-Drs. 19/30505; Referentenentwurf des Bundesministeriums für Arbeit und Soziales, Gesetz über die unternehmerischen Sorgfaltspflichten in Lieferketten, Stand 15.2.2021.

Übersicht

https://doi.org/10.1515/9783110788976-024

A. Zweck

1 Der Ausschluss von der Vergabe öffentlicher Aufträge ist Teil des Durchsetzungs- und Sanktionsregimes des LkSG.[1] Die Norm steht in Zusammenhang mit den vergaberechtlichen Ausschlussgründen gemäß §§ 123, 124 GWB und tritt neben andere spezialgesetzliche Ausschlusstatbestände,[2] wie beispielweise § 19 Mindestlohngesetz und § 21 Schwarzarbeitsbekämpfungsgesetz.[3] Dass auch das LkSG eine Vergabesperre vorsieht, ist nicht systemfremd: Bereits aus § 97 Abs. 3 GWB ergibt sich, dass bei Vergabeentscheidungen auch „soziale und umweltbezogene Aspekte" berücksichtigt werden.[4] Zudem sieht bereits § 124 Abs. 1 Nr. 1 GWB fakultative Ausschlussgründe für den Fall vor, dass ein Unternehmen gegen geltende umwelt- oder sozialrechtliche Vorschriften verstoßen hat.

2 Konzeptionell stellt der Vergabeausschluss keine – neben die nach § 24 LkSG verhängten Bußgelder – tretende zusätzliche Sanktion dar.[5] Er wirkt vielmehr präventiv derart, dass im Rahmen der vergaberechtlichen Eignungsprüfung nach § 122 GWB solche Bewerber und Bieter aussortiert werden, die sich in der Vergangenheit nicht an Recht und Gesetz gehalten haben und bei denen auch zukünftig kein rechtstreues Verhalten zu erwarten ist. Insbesondere für Unternehmen, die sich regelmäßig auf öffentliche Ausschreibungen bewerben, entfaltet ein drohender Ausschluss von Vergabeverfahren eine nicht zu unterschätzende Anreizwirkung, das LkSG zu beachten.[6]

3 § 22 LkSG tratt am 1.1.2023 in Kraft.

B. § 22 Abs. 1 LkSG

4 Gemäß § 22 Abs. 1 LkSG sollen Unternehmen, die wegen eines rechtskräftig festgestellten Verstoßes nach § 24 Abs. 1 LkSG mit einer Geldbuße belegt worden sind, von der Teilnahme an einem Verfahren über die Vergabe eines Liefer-, Bau- oder Dienstleistungsauftrags der in den §§ 99 und 100 GWB genannten Auftraggeber ausgeschlossen werden.[7]

5 Zu den in § 99 GWB genannten Auftraggebern zählen die Auftraggeber der öffentlichen Hand. Diese lassen sich in vier Kategorien unterteilen: Die klassischen öffentlichen Auftraggeber bilden Gebietskörperschaften sowie deren Sondervermögen (§ 99 Abs. 1 Nr. 1 GWB). Hinzukommen funktionelle Auftraggeber, wie öffentlich rechtliche Unternehmen, aber auch solche Einrichtungen, die zwar nicht unmittelbar in die Staatsorganisation eingebunden sind, aber dennoch Staatsaufgaben wahrnehmen (§ 99 Abs. 1 Nr. 2 GWB).[8] Zu den öffentlichen Auftraggebern zählen zudem Verbände, deren Mitglieder unter § 99 Abs. 1 Nrn. 1 oder 2 GWB fallen, da diese Verbände Aufgaben erfüllen, die primär ihre Mitglieder als öffentliche Auftragnehmer treffen (Nr. 3).[9] Dies gilt jedoch nur insofern, als der Verband selbst nicht unter § 99 Abs. 1 Nrn. 1 oder 2 GWB fällt. Die Nr. 3 dient somit lediglich als Auffangtatbestand.[10] Schließlich zählen zu den öffentlichen Auftraggebern auch staatlich subventionierte Auftraggeber, wenn diese Bauvorhaben realisieren, die im öffentlichen Interesse stehen und die erforderlichen Mittel hierzu zu mehr als 50 % von öffentlichen Auftraggebern erbracht werden (Nr. 4).[11]

---

1 *Spindler* ZHR **2022** 67, 92.
2 Grabosch/*Engel*/*Schönfelder* § 6 Rn. 48.
3 BT-Drs. 19/28649 S. 57.
4 *Freund*/*Krüger* NVwZ **2022** 665.
5 Grabosch/*Engel*/*Schönfelder* § 6 Rn. 48.
6 Grabosch/*Engel*/*Schönfelder* a.a.O.
7 *Kamann*/*Irmscher* NZWiSt **2021** 249, 252; *Ehmann* ZVertriebsR **2021** 141, 150.
8 Siehe bspw. BeckOK-VergabeR/*Bungenberg*/*Schelhaas* § 99 GWB Rn. 22.
9 BeckOK-VergabeR/*Bungenberg*/*Schelhaas* § 99 GWB Rn. 98.
10 BeckOK-VergabeR/*Bungenberg*/*Schelhaas* § 99 GWB Rn. 98.
11 BeckOK-VergabeR/*Bungenberg*/*Schelhaas* § 99 GWB Rn. 103.

§ 100 GWB erfasst schließlich Auftraggeber der Sektoren Trinkwasser- und Energieversorgung sowie des Verkehrs. 6

Welche Bußgeldschwellen für die Anwendbarkeit des Vergabeausschlusses überschritten sein müssen, bestimmt Abs. 2. 7

Der Ausschluss kann für bis zu drei Jahre angeordnet werden. Dabei ist zu beachten, dass ein Ausschluss formal für jedes betroffene Verfahren einzeln verfügt werden muss und nicht pauschal für einen Zeitraum ausgesprochen werden darf. Innerhalb des jeweils angemessenen Zeitraums kann aber über ein Ausschluss grundsätzlich beliebig oft verfügt werden.[12] Die Unternehmen können den Ausschluss durch den Nachweis einer durchgeführten Selbstreinigung gemäß § 125 GWB beseitigen (hierzu unter E.). 8

Ein früherer Referentenentwurf des Bundesministeriums für Arbeit und Soziales sah ab einem Auftragswert von 5 Millionen Euro noch eine zwingende Ausschlussregelung – vergleichbar § 123 GWB – vor.[13] In der finalen Fassung ist der Ausschluss nun für alle Anwendungsfälle als „Soll"-Regelung ausgestaltet. Der öffentliche Auftraggeber ist bei seiner Ausschlussentscheidung also dahingehend gebunden, dass er sich in der Regel für einen Ausschluss entscheiden soll, dabei aber alle Umstände des Einzelfalls in Betracht zu ziehen hat (sog. intendiertes Ermessen).[14] Die Entscheidung muss dabei insbesondere dem allgemeinen Verhältnismäßigkeitsgrundsatz genügen.[15] 9

Um der neuen Regelung des § 22 LkSG Rechnung zu tragen, wird auch das Wettbewerbsregistergesetz entsprechend angepasst.[16] Gemäß § 2 Abs. 1 Nr. 4 WRegG werden ab dem 1.1.2023 rechtskräftige Bußgeldentscheidungen in Höhe von wenigstens EUR 175.000,00, die wegen Ordnungswidrigkeiten nach § 24 Abs. 1 LkSG ergangen sind, ins Wettbewerbsregister eingetragen. Aufgrund des Verweises in § 24 Abs. 2 Satz 2 LkSG auf § 30 Abs. 2 Satz 3 OWiG in Fällen des § 24 Abs. 1 Nrn. 1 und 2 LkSG, der zu einer Verzehnfachung des Bußgeldrahmens auf bis zu EUR 8 Mio. führt, sowie aufgrund der Möglichkeit nach § 24 Abs. 3 Satz 1 LkSG die Bußgeldhöhe am Unternehmensumsatz zu orientieren, wird in diesen Fällen eine Eintragung ins Wettbewerbsregister eher die Regel als eine Ausnahme sein. 10

Gemäß § 7 Absatz 1 Satz 3 des WRegG werden Eintragungen spätestens nach Ablauf von drei Jahren gelöscht. Das betroffene Unternehmen hat die Möglichkeit, auf Antrag die Löschung aus dem Wettbewerbsregister bereits zu einem früheren Zeitpunkt im Rahmen des Selbstreinigungsverfahren zu erreichen, vgl. § 8 WRegG.[17] 11

C. § 22 Abs. 2 LkSG

§ 22 Abs. 2 LkSG legt die Bußgeldschwelle fest, die jeweils überschritten sein muss, damit die Ausschlussregelung des Abs. 1 zur Anwendung kommt. Durch diese Schwellenregelung soll sichergestellt werden, dass nur schwerwiegende Verstöße zu einem – für die Unternehmen oft schwerwiegenden – Ausschluss von der Vergabe öffentlicher Aufträge führen.[18] Die für die Schwere des Verstoßes maßgeblichen Umstände sind gemäß § 24 Abs. 4 LkSG bei der Bemessung des Bußgeldes zu berücksichtigen.[19] 12

Ein Ausschluss nach Abs. 1 kommt grundsätzlich in Betracht bei einem rechtskräftigen Verstoß mit einer Geldbuße in Höhe von EUR 175.000,00, vgl. § 22 Abs. 2 Satz 1 LkSG. Abweichend davon legen die § 22 Abs. 2 Satz 2 Nr. 1–3 LkSG für bestimmte Verstöße eine höhere Mindestgeldbuße fest.[20] 13

12 BT-Drs. 19/30505 S. 44.

13 Referentenentwurf des Bundesministeriums für Arbeit und Soziales, Stand 15.2.2021, S. 17.

14 Vgl. *Kamann/Irmscher* NZWiSt **2021** 249, 253, die von einer (gebundenen) Ermessensentscheidung sprechen.

15 Grabosch/*Engel/Schönfelder* § 6 Rn. 51.

16 *Lutz-Bachmann/Vorbeck/Wengenroth* BB **2021** 906, 913.

17 BT-Drs. 19/28649 S. 57.

18 BT-Drs. 19/28649 S. 57.

19 BT-Drs. 19/28649 S. 57.

20 Siehe Kommentierung zu § 24.

D. § 22 Abs. 3 LkSG

14 Vor der Entscheidung über den Ausschluss ist der Bewerber zu hören. Eine vorherige Anhörung ist auch bei vergleichbaren Vorschriften vorgesehen.[21] Da ein Ausschluss nach der Konzeption des § 22 LkSG einen rechtskräftig festgestellten Verstoß mit einer Geldbuße von wenigstens EUR 175.000,00 voraussetzt (vgl. § 22 Abs. 2 Satz 1 LkSG), dürfte es für betroffene Unternehmen in der Praxis nicht darum gehen, sich gegen die Vorwürfe in der Sache zu wehren (dies ist vielmehr Bestandteil der Verteidigung im vorgelagerten Ordnungswidrigkeitenverfahren), sondern Einzelfallumstände vorzubringen, die dafür sprechen, ausnahmsweise von einem Ausschluss abzusehen. So hat der öffentliche Auftraggeber bei seiner intendierten Ermessensentscheidung über einen Ausschluss alle Umstände des Einzelfalls in Betracht zu ziehen und dabei insbesondere auch dem Verhältnismäßigkeitsgrundsatz zu entsprechen.[22] Ein Ausschluss vom Vergabeverfahren dürfte insbesondere dann nicht in Betracht kommen, wenn der Ausschluss für das betroffene Unternehmen schwere oder sogar existenzgefährdende wirtschaftliche Folgen haben könnte, wobei die Darlegungslast insofern bei dem betroffenen Unternehmen liegt. Vom öffentlichen Auftraggeber bei seiner Entscheidung über den Ausschluss zu berücksichtigen ist ferner, ob es sich bei dem rechtskräftig festgestellten Verstoß um die erste Geldbuße handelt oder ob mehrere gleich oder ähnlich gelagerte Verstöße vorliegen.

E. Selbstreinigungsverfahren

15 § 22 Abs. 1 Satz 1 LkSG verweist ausdrücklich auf die Möglichkeit der Selbstreinigung nach § 125 GWB. Eine Selbstreinigung nach § 125 Abs. 1 Satz 1 GWB setzt voraus, dass das Unternehmen für den durch den Verstoß verursachten Schaden einen Ausgleich zahlt oder sich zur Zahlung verpflichtet (Nr. 1), dass das Unternehmen die Hintergründe des Verstoßes und des Schadens durch aktive Zusammenarbeit mit den Ermittlungsbehörden bzw. dem öffentlichen Auftraggeber umfassend geklärt (Nr. 2) und dass das Unternehmen konkrete technische, organisatorische und personelle Maßnahmen ergriffen hat, um weitere Verstöße zu verhindern (Nr. 3).

16 Die in § 125 Abs. 1 Satz 1 Nr. 1 GWB enthaltene Verpflichtung, den Schaden zu ersetzen, der durch die dem Unternehmen zuzurechnende Straftat oder das Fehlverhalten entstanden ist, war lange Zeit umstritten, wurde aber durch Art. 57 Abs. 6 der Richtlinie 2014/24/EU verbindlich vorgeschrieben.[23] Sie greift allerdings nur, wenn die Verwirklichung des in Rede stehenden Ausschlussgrundes einen ausgleichsfähigen materiellen Schaden verursacht hat.[24] Dies ist bei den Verstößen nach § 24 LkSG gerade nicht der Fall. Wie einige der in §§ 123, 124 GWB genannten Straftatbestände bzw. Ausschlussgründe schützen die Bußgeldtatbestände des § 24 LkSG andere Rechtsgüter als das Vermögen, sodass es bei einem Erlass von Bußgeldbescheiden auf dieser Grundlage an einem ausgleichungsfähigen Schaden fehlt. In diesem Fall entfällt die Verpflichtung zum Schadensausgleich als Voraussetzung für eine Selbstreinigung nach § 22 LkSG i.V.m. § 125 GWB.[25] Es kommt vorliegend daher insbesondere darauf an, ob das betroffene Unternehmen umfassend bei der Aufklärung des Fehlverhaltens mitwirkt (vergangenheitsbezogene Selbstreinigung) und konkrete technische, organisatorische und personelle Maßnahmen ergreift, die geeignet sind, weiteres Fehlverhalten zu vermeiden (zukunftsbezogene Selbstreinigung). Als Maßnahmen im vorstehenden Sinne kommen die Implementierung eines umfassenden Lieferkettenmanagementsystems, die Be-

---

21 Vgl. nur § 21 Abs. 1 Satz 6 Schwarzarbeitsbekämpfungsgesetz. In der vergaberechtlichen Praxis wird auch bei § 123 GWB regelmäßig eine vorherige Anhörung durchgeführt, vgl. Pünder/Schellenberg/*Kaufmann* § 123 GWB Rn. 78 m.w.N.

22 So bereits unter B.

23 Vgl. Ziekow/Völlink/*Stolz* § 125 GWB Rn. 5.

24 Vgl. *Dabringhausen/Fedder* VergabeR **2013** 30, 34.

25 Vgl. hierzu *Gabriel/Ziekow* VergabeR **2017** 119, 122.

endigung von Geschäftsbeziehungen mit bestimmten Zulieferern sowie der Wechsel von Führungspersonal in Betracht.[26]

§ 22 Abs. 1 Satz 1 LkSG verweist uneingeschränkt auf § 125 GWB, weswegen der Nachweis der Selbstreinigung sowohl gegenüber dem Auftraggeber wie auch über den Verweis auf § 8 WRegG gegenüber dem Bundeskartellamt erfolgen kann.[27] Falls das Bundeskartellamt die Selbstreinigungsmaßnahme für ausreichend erachtet, sind Auftraggeber an die Entscheidung des Bundeskartellamts gebunden; falls das Bundeskartellamt die Maßnahmen nicht für ausreichend hält, bindet dies die Auftraggeber nicht, § 7 Abs. 2 WRegG. 17

F. Rechtsschutz

Der Vergabeausschluss nach § 22 LkSG kann von dem betroffenen Unternehmen zunächst im Rahmen des konkreten Vergabeverfahrens vor der zuständigen Vergabekammer angegriffen werden. Vor Einleitung eines solchen Nachprüfungsverfahrens hat das betroffene Unternehmen den aus seiner Sicht unrechtmäßigen Ausschluss beim öffentlichen Auftraggeber zu rügen.[28] Hilft der öffentliche Auftraggeber der Rüge nicht innerhalb der 15-Tages-Frist des § 160 Abs. 3 Satz 1 Nr. 4 GWB ab, ist der Weg zur Vergabekammer frei. 18

Wurde ein Unternehmen noch nicht vom Vergabeverfahren ausgeschlossen, droht ihm allerdings ein Ausschluss, kann es einen Antrag auf Erlass vorläufiger Maßnahmen nach § 169 Abs. 3 Satz 1 GWB stellen. Die erforderliche Antragsbefugnis ist für das betroffene Unternehmen dann gegeben, wenn es geltend machen kann, dass seine Rechte aus § 97 Abs. 6 GWB auf andere Weise als durch den Zuschlag gefährdet sind. Es muss eine ernsthafte Wahrscheinlichkeit bestehen, dass der öffentliche Auftraggeber das Unternehmen, wie üblicherweise im Rahmen der nach § 22 Abs. 3 LkSG durchzuführenden Anhörung angekündigt, vom Vergabeverfahren ausschließen wird.[29] 19

Der Vergabeausschluss nach § 22 LkSG hat schließlich auch drittschützende Wirkung.[30] Andere am Vergabeverfahren beteiligte Unternehmen haben dem öffentlichen Auftraggeber gegenüber einen subjektiven Anspruch im Sinne des § 97 Abs. 6 GWB darauf, dass er solche Unternehmen vom Vergabeverfahren ausschließt, bei denen ein Fall des § 22 Abs. 2 LkSG vorliegt. Beabsichtigt der öffentliche Auftraggeber, einem Unternehmen dem Zuschlag zu erteilen, das nach § 22 LkSG vom Vergabeverfahren ausgeschlossen werden müsste, kann ein konkurrierendes Unternehmen einen vergaberechtlichen Nachprüfungsantrag bei der zuständigen Vergabekammer stellen. Hierbei muss es sein Interesse am Auftrag nachweisen.[31] 20

26 Grabosch/*Engel*/*Schönfelder* § 6 Rn. 51.

27 *Freund*/*Krüger* NVwZ **2022** 665, 669.

28 Vgl. § 160 Abs. 3 Satz 1 Nr. 1–3 GWB.

29 Allgemein zu § 123 GWB vgl. Pünder/Schellenberg/*Kaufmann* § 123 GWB Rn. 80; siehe auch Pünder/Schellenberg/*Nowak* § 169 GWB Rn. 62.

30 Grabosch/*Engel*/*Schönfelder* § 6 Rn. 53 m.w.N.

31 Allgemein zu § 123 GWB vgl. Pünder/Schellenberg/*Kaufmann* § 123 GWB Rn. 81.

ABSCHNITT 6 Zwangsgeld und Bußgeld

§ 23 Zwangsgeld

Die Höhe des Zwangsgeldes im Verwaltungszwangsverfahren der nach § 19 Absatz 1 Satz 1 zuständigen Behörde beträgt abweichend von § 11 Absatz 3 des Verwaltungsvollstreckungsgesetzes bis zu 50 000 Euro.

Übersicht

A. Übersicht

§ 23 LkSG setzt die Zulässigkeit des Verwaltungszwangs (§ 6 VwVG) ebenso wie die Ordnungsgemäßheit des Verwaltungszwangsverfahrens (vgl. insbesondere §§ 13, 14 VwVG) voraus und stellt nur eine punktuelle Modifizierung dar, indem er die Maximalgrenze des Zwangsgeldes im Vergleich zu § 11 Abs. 3 VwVG auf 50.000 € verdoppelt. 1

B. Norminhalt

I. Zuständigkeit des BAFA als Vollzugsbehörde

Das BAFA ist auch für das Vollstreckungsverfahren zuständig. Dies folgt aus § 7 VwVG, nicht indes aus § 19 LkSG. Daher ist anzunehmen, dass § 23 LkSG, zumal als Regelung zum Zwangsgeld, nicht die Zuständigkeit des BAFA als Vollzugsbehörde bestimmt bzw. bestimmen will, sondern diese voraussetzt. Der Wortlaut – „im Verwaltungszwangsverfahren der nach § 19 Absatz 1 Satz 1 zuständigen Behörde" – könnte insofern freilich klarer sein. 2

II. Anwendungsbereich

Der Anwendungsbereich von § 23 LkSG setzt eine auf Normen des LkSG gestützte hoheitliche Maßnahmen, konkret: den Erlass eines Verwaltungsakts i.S.v. § 35 VwVfG voraus. Dieser muss auf Rechtsfolgenseite eine Handlung, Duldung oder Unterlassung verlangen, um überhaupt vollstreckbar zu sein. § 23 LkSG setzt ferner die Zulässigkeit des Verwaltungszwangs (§ 6 VwVG) ebenso wie die Ordnungsgemäßheit des Verwaltungszwangsverfahrens (vgl. insbesondere §§ 13, 14 VwVG) voraus. Der Erlass eines Zwangsgeldes wiederum postuliert, dass das zu vollstreckende Verhalten – im Duktus von § 11 Abs. 1 VwVG – „nur vom Willen des Pflichtigen" abhängt, also eine unvertretbare Handlung darstellt. 3

https://doi.org/10.1515/9783110788976-025

4 Im Regelfall wird die Vollstreckung im gestreckten Verfahren nach § 6 Abs. 1 VwVG, mithin auf der Basis eines tatsächlich erlassenen und wirksamen[1] Verwaltungsakts – der entweder bestandskräftig oder sofort vollziehbar ist, weil dies gesondert angeordnet wurde (§ 80 Abs. 2 S. 1 Nr. 4 VwGO) bzw. weil einem Rechtsbehelf keine Suspensivwirkung zukommt – erfolgen.[2] Zwar mag in Einzelfällen ein Sofortvollzug auf der Basis eines hypothetischen Verwaltungsakts in Betracht kommen.[3] Ein Sofortvollzug kann jedoch nicht mittels Zwangsgeld erreicht werden, sondern allein durch Ersatzvornahme oder Anwendung unmittelbaren Zwangs, sodass § 23 LkSG insoweit keine Rolle spielen wird.

5 Ermächtigungsgrundlagen für vollstreckbare Verwaltungsakte enthält Abschnitt 4 des LkSG („Behördliche Kontrolle und Durchsetzung"). Insbesondere sind dies § 13 Abs. 2, § 14 Abs. 1, § 15, § 17 Abs. 1 LkSG. Die Vollstreckbarkeit gilt es stets im Einzelfall zu prüfen. Die Feststellung eines Verstoßes nach § 14 Abs. 1 Nr. 1 lit. b LkSG etwa könnte womöglich schon keine Regelungswirkung i.S.v. § 35 VwVfG entfalten, d.h. keinen Verwaltungsakt darstellen, in jedem Fall wäre eine bloße Feststellung nicht vollstreckbar.

III. Präventives Zwangsgeld

6 Das Zwangsgeld ist neben der Ersatzvornahme, die eine vertretbare Handlung voraussetzt, und der subsidiären Anwendung unmittelbaren Zwangs eines von drei Zwangsmitteln (vgl. § 9 Abs. 1 VwVG). Als einziges Zwangsmittel dient es in Gestalt des drohenden Zugriffs auf Vermögenswerte primär der Willensbeugung.[4] Schließlich ist Voraussetzung, dass das zu vollstreckende Verhalten „nur vom Willen des Pflichtigen" abhängt. Als Beugemittel hat das Zwangsgeld ausschließlich präventive Funktion zur Vermeidung künftiger objektiver Rechtsverletzungen.[5] Insbesondere unterliegt es daher nicht dem Verbot des Art. 103 Abs. 3 GG und kann wiederholt, auch neben etwaigen Geldbußen, angewendet werden (§ 13 Abs. 6 VwVG). Die Begrenzung der Höhe nach durch § 23 LkSG beschränkt sich auf das einzelne Zwangsgeld, die Summe wiederholter Zwangsgelder kann 50.000 € mithin übersteigen.[6] Für die Anwendung des Zwangsgelds ist irrelevant, wie allgemein im Vollstreckungsrecht, ob der Adressat den Rechtsverstoß verschuldet hat.[7]

7 Der präventive Charakter des Zwangsgeldes schließt dessen Festsetzung und Beitreibung indes nicht deshalb aus, weil ein weiterer Verstoß gegen Normen des LkSG tatsächlich ausgeschlossen wäre. Es reicht vielmehr, dass der Rechtsverstoß nach Androhung des Zwangsgeldes, während die vollziehbare Grundverfügung gegolten hat, erfolgt ist.[8] Andernfalls wäre der präventiven Wirkung des Zwangsgeldes ein gehöriger Teil ihrer Wirksamkeit genommen.[9] Ein Unterlassungspflichtiger könnte sich bspw. des angedrohten Zwangsgeldes gleichsam entledigen, indem er die eigentlich zu unterlassende Handlung durchführt, sofern eine Wiederholung dieser Handlung tatsächlich unmöglich ist. Dies mutet in sich widersprüchlich an. Letztlich darf davon ausgegangen werden, dass gerade die präventive Wirkung ein hohes Maß an Vollstreckungseffektivität impliziert und das Zwangsgeld daher in Konstellation wie der skizzierten festgesetzt und beigetrieben werden darf. Eine rein nachträgliche Sanktion für in der Vergangenheit liegende Verstöße bleibt aber unzulässig.[10] Ebenso

1 Der Verwaltungsakt darf insbesondere nicht nichtig sein, vgl. § 43 Abs. 3 VwVfG. Die Nichtigkeit eines Verwaltungsakts (§ 44 VwVfG) ist bekanntlich nicht mit dessen Rechtswidrigkeit gleichzusetzen.

2 Überblicksartig zum gestreckten Verfahren im Allgemeinen *Muckel* JA **2012** 272, 275 ff.

3 Überblicksartig zum Sofortvollzug im Allgemeinen *Muckel* JA **2012** 355, 356 ff.

4 BeckOK-VwVfG/*Deusch/Burr* § 11 Rn. 2; *Lemke* Verwaltungs-Vollstreckungsgesetz, 2012, § 11 Rn. 1.

5 BVerwG, Urt. V. 21.1.2003 – 1 C 5/02, 1. Leitsatz, Rn. 19 = BVerwGE **117** 332.

6 Vgl. nur VGH Kassel Beschl. v. 28.1.2014 – 6 A 1875/13.Z, juris.

7 Siehe dazu Engelhardt/App/Schlatmann/*Troidl* VwVG, 12. Aufl. 2021, § 11 Rn. 1a.

8 OVG Münster, Urt. v. 9.2.2012 – 5 A 2152/10, Rn. 25 ff., juris (st. Rspr.).

9 Vertiefend m.w.N. OVG Münster, Urt. v. 9.2.2012 – 5 A 2152/10, Rn. 27 ff., juris. Kritisch etwa *Dünchheim* NVwZ **1996** 117.

10 Engelhardt/App/Schlatmann/*Troidl* § 11 Rn. 1a.

wenig darf die Androhung eines Zwangsgeldes zur Erzwingung einer befristeten Duldung oder Unterlassung nach Ablauf der Frist festgesetzt werden.[11]

Das BAFA als zuständige Vollzugsbehörde muss einen konkreten Betrag in € nach pflichtgemäßem Ermessen festsetzen. Die Obergrenze beträgt in Abweichung von § 11 Abs. 3 VwVG, der maximal 25.000 € vorsieht, 50.000 €. Während das VwVG allgemein den Rahmen für Zwangsgelder festlegt, also u.a. oder sogar im Besonderen natürliche Personen vor Augen hat, betrifft § 23 LkSG ganz überwiegend Zwangsgelder gegen große Unternehmen. In dieser Relation besehen mutet die Erhöhung des maximalen Zwangsgeldes gering an. § 17 Abs. 1 FinDAG etwa erlaubt der Bundesanstalt für Finanzdienstleistungsaufsicht Zwangsgelder von bis zu 2.500.000 €. Im Regulierungsrecht kennt das TKG ebenfalls deutlich höhere Zwangsgelder, in § 202 Abs. 5 und § 204 Abs. 7 sogar solche von bis zu 10.000.000 €; auch § 94 EnWG ermöglicht Zwangsgelder bis zu dieser Höhe. Nichtsdestoweniger sind Zwangsgelder von bis zu 50.000 € nach § 23 LkSG, zumal sie bei Bedarf wiederholt angewendet werden können, ein im verfassungsrechtlichen Sinne geeignetes Beugemittel. 8

Die Einleitung vollstreckungsrechtlicher Maßnahmen steht im Ermessen der zuständigen Behörde (§ 6 VwVG), sprich: des BAFA. Neben der wirtschaftlichen Leistungsfähigkeit des Pflichtigen und ggf. dem wirtschaftlichen Interesse am Fortbestand des rechtswidrigen Zustands ist behördlicherseits im Rahmen der Ermessensausübung unter Beachtung von Art. 3 Abs. 1 GG insbesondere die rechtliche Bedeutung des verfolgten Zwecks, die Dringlichkeit der Sache sowie der geleistete bzw. erwartete Widerstand zu berücksichtigen[12] – und entsprechend zu begründen (vgl. § 39 Abs. 1 S. 3 VwVfG). Eine Begründung, die maßgeblich darauf abstellt, dass das zur Grundverfügung führende Verhalten rechtswidrig gewesen sei, stellt keine ordnungsgemäße Ermessensausübung dar.[13] Denn das Zwangsgeld soll nicht retrospektiv sanktionieren, sondern präventiv Verstöße verhindern; diesen Zweck muss die Festsetzung der „richtigen" Höhe verfolgen. 9

Der vorgegebene Rahmen von bis zu 50.000 € ist als gesetzgeberische Wertungsentscheidung zu achten. Die volle Ausschöpfung dieses Rahmens darf nicht standardmäßig erfolgen, sondern ist besonders dringenden und schwerwiegenden Konstellationen gegenüber einem wirtschaftlich entsprechend leistungsfähigen Pflichtigen vorbehalten. Oftmals dürfte es erst bei wiederholter Zwangsgeldandrohung in Betracht kommen, da der Pflichtige dann bereits die Ungeeignetheit der vormaligen Willensbeugung dokumentiert hat.[14] 10

Ist das Zwangsgeld uneinbringlich, kann in Bezug auf natürliche Personen – vgl. insoweit §§ 15 S. 2 Nr. 1, 17 Abs. 1 S. 1 LkSG – als sekundäres Zwangsmittel gemäß § 16 VwVG Ersatzzwangshaft angeordnet werden, wenn bei Androhung des Zwangsgeldes darauf hingewiesen worden ist. Der präventive Zweck des Zwangsgeldes setzt sich in ihr gewissermaßen fort. Auch die Zwangshaft dient allein als Beugemittel und stellt keine Strafe dar. Aus Verhältnismäßigkeitsgründen ist sie ultima ratio. Die Ersatzzwangshaft ist auf zwei Wochen begrenzt (§ 16 Abs. 2 VwVG) und wird ihrerseits auf Antrag des BAFA von der Justizverwaltung gemäß §§ 802g, 802h, 802j Abs. 2 ZPO vollstreckt (§ 16 Abs. 3 VwVG). 11

IV. Rechtsschutz

Während für die Verwaltungsvollstreckung nach Bundesrecht durch die Länder von selbigen aufgrund von § 80 Abs. 2 S. 2 VwGO in aller Regel bestimmt worden ist, dass Rechtsbehelfe keine aufschiebende Wirkung haben, soweit sie sich gegen Maßnahmen richten, die in der Verwaltungsvollstreckung getroffen werden, ist dies für die Verwaltungsvollstreckung durch Bundesbehörden 12

11 VGH Mannheim, Beschl. v. 12.3.1996 – 1 S 2856/95, juris.

12 Jeweils m.w.N.: BeckOK-VwVfG/*Deusch*/*Burr* § 11 Rn. 13; *Lemke* § 11 Rn. 9; Engelhardt/App/Schlatmann/*Troidl* § 11 Rn. 8a.

13 So VGH Mannheim, Beschl. v. 17.1.1995 – 5 S 3471/94, juris.

14 Vgl. dazu m.w.N. Engelhardt/App/Schlatmann/*Troidl* § 11 Rn. 8d.

weder allgemein der Fall noch speziell im LkSG vorgesehen. Das Zwangsgeld stellt mangels Planbarkeit für die geordnete Haushaltführung überdies keine „Abgabe“ i.S.v. § 80 Abs. 2 S. 1 Nr. 1 VwGO dar, sodass die aufschiebende Wirkung eines Rechtsbehelfs deshalb entfiele.[15] Rechtsbehelfe gegen die Androhung oder Festsetzung des Zwangsgeldes haben mithin grundsätzlich, vorbehaltlich der Anordnung sofortiger Vollziehung (§ 80 Abs. 2 S. 1 Nr. 4 VwGO), aufschiebende Wirkung.

13 In der Sache kann das Gericht das Zwangsgeld in den Grenzen von § 114 VwGO überprüfen. Da dessen Höhe eine in sich geschlossene, materiell unteilbare Ermessensentscheidung verkörpert, kommt eine gerichtliche Teilaufhebung, d.h. eine Herabsetzung auf das „richtige“ Maß wegen teilweiser Rechtswidrigkeit, nicht in Betracht.[16] Zumal dann die Vollstreckungsvoraussetzungen (§ 13 Abs. 5 VwVG – Androhung eines bestimmten Betrages, § 14 VwVG – Festsetzung) nicht mehr vorlägen. Vielmehr wäre die Androhung bzw. Festsetzung des Zwangsgeldes in Gänze aufzuheben, das Zwangsgeld vom BAFA ggf. neu anzudrohen und festzusetzen.

---

15 Siehe Schoch/Schneider/*Schoch* § 80 Rn. 130 ff.; Engelhardt/App/Schlatmann/*Troidl* § 11 Rn. 1b.

16 Was nicht ganz unumstritten ist. Zutreffend Schenke/Graulich/Ruthig/*Baumeister* Sicherheitsrecht des Bundes, 2. Aufl. 2019, VwVG, § 11 Rn. 17.

§ 24 Bußgeldvorschriften

(1) Ordnungswidrig handelt, wer vorsätzlich oder fahrlässig
1. entgegen § 4 Absatz 3 Satz 1 nicht dafür sorgt, dass eine dort genannte Festlegung getroffen ist,
2. entgegen § 5 Absatz 1 Satz 1 oder § 9 Absatz 3 Nummer 1 eine Risikoanalyse nicht, nicht richtig, nicht vollständig oder nicht rechtzeitig durchführt,
3. entgegen § 6 Absatz 1 eine Präventionsmaßnahme nicht oder nicht rechtzeitig ergreift,
4. entgegen § 6 Absatz 5 Satz 1, § 7 Absatz 4 Satz 1 oder § 8 Absatz 5 Satz 1 eine Überprüfung nicht oder nicht rechtzeitig vornimmt,
5. entgegen § 6 Absatz 5 Satz 3, § 7 Absatz 4 Satz 3 oder § 8 Absatz 5 Satz 2 eine Maßnahme nicht oder nicht rechtzeitig aktualisiert,
6. entgegen § 7 Absatz 1 Satz 1 eine Abhilfemaßnahme nicht oder nicht rechtzeitig ergreift,
7. entgegen
   a) § 7 Absatz 2 Satz 1 oder
   b) § 9 Absatz 3 Nummer 3

   ein Konzept nicht oder nicht rechtzeitig erstellt oder nicht oder nicht rechtzeitig umsetzt,
8. entgegen § 8 Absatz 1 Satz 1, auch in Verbindung mit § 9 Absatz 1, nicht dafür sorgt, dass ein Beschwerdeverfahren eingerichtet ist,
9. entgegen § 10 Absatz 1 Satz 2 eine Dokumentation nicht oder nicht mindestens sieben Jahre aufbewahrt,
10. entgegen § 10 Absatz 2 Satz 1 einen Bericht nicht richtig erstellt,
11. entgegen § 10 Absatz 2 Satz 1 einen dort genannten Bericht nicht oder nicht rechtzeitig öffentlich zugänglich macht,
12. entgegen § 12 einen Bericht nicht oder nicht rechtzeitig einreicht oder
13. einer vollziehbaren Anordnung nach § 13 Absatz 2 oder § 15 Satz 2 Nummer 2 zuwiderhandelt.

(2) [1]Die Ordnungswidrigkeit kann geahndet werden
1. in den Fällen des Absatzes 1
   a) Nummer 3, 7 Buchstabe b und Nummer 8
   b) Nummer 6 und 7 Buchstabe a

   mit einer Geldbuße bis zu achthunderttausend Euro,
2. in den Fällen des Absatzes 1 Nummer 1, 2, 4, 5 und 13 mit einer Geldbuße bis zu fünfhunderttausend Euro und
3. in den übrigen Fällen des Absatzes 1 mit einer Geldbuße bis zu hunderttausend Euro.

[2]In den Fällen des Satzes 1 Nummer 1 und 2 ist § 30 Absatz 2 Satz 3 des Gesetzes über Ordnungswidrigkeiten anzuwenden.

(3) [1]Bei einer juristischen Person oder Personenvereinigung mit einem durchschnittlichen Jahresumsatz von mehr als 400 Millionen Euro kann abweichend von Absatz 2 Satz 2 in Verbindung mit Satz 1 Nummer 1 Buchstabe b eine Ordnungswidrigkeit nach Absatz 1 Nummer 6 oder 7 Buchstabe a mit einer Geldbuße bis zu 2 Prozent des durchschnittlichen Jahresumsatzes geahndet werden. [2]Bei der Ermittlung des durchschnittlichen Jahresumsatzes der juristischen Person oder Personenvereinigung ist der weltweite Umsatz aller natürlichen und juristischen Personen sowie aller Personenvereinigungen der letzten drei Geschäftsjahre, die der Behördenentscheidung vorausgehen, zugrunde zu legen, soweit diese Personen und Personenvereinigungen als wirtschaftliche Einheit operieren. [3]Der durchschnittliche Jahresumsatz kann geschätzt werden.

https://doi.org/10.1515/9783110788976-026

(4) [1]Grundlage für die Bemessung der Geldbuße bei juristischen Personen und Personenvereinigungen ist die Bedeutung der Ordnungswidrigkeit. [2]Bei der Bemessung sind die wirtschaftlichen Verhältnisse der juristischen Person oder Personenvereinigung zu berücksichtigen. [3]Bei der Bemessung sind die Umstände, insoweit sie für und gegen die juristische Person oder Personenvereinigung sprechen, gegeneinander abzuwägen. [4]Dabei kommen insbesondere in Betracht:

1. **der Vorwurf, der den Täter der Ordnungswidrigkeit trifft,**
2. **die Beweggründe und Ziele des Täters der Ordnungswidrigkeit,**
3. **Gewicht, Ausmaß und Dauer der Ordnungswidrigkeit,**
4. **Art der Ausführung der Ordnungswidrigkeit, insbesondere die Anzahl der Täter und deren Position in der juristischen Person oder Personenvereinigung,**
5. **die Auswirkungen der Ordnungswidrigkeit,**
6. **vorausgegangene Ordnungswidrigkeiten, für die die juristische Person oder Personenvereinigung nach § 30 des Gesetzes über Ordnungswidrigkeiten, auch in Verbindung mit § 130 des Gesetzes über Ordnungswidrigkeiten, verantwortlich ist, sowie vor der Ordnungswidrigkeit getroffene Vorkehrungen zur Vermeidung und Aufdeckung von Ordnungswidrigkeiten,**
7. **das Bemühen der juristischen Person oder Personenvereinigung, die Ordnungswidrigkeit aufzudecken und den Schaden wiedergutzumachen, sowie nach der Ordnungswidrigkeit getroffene Vorkehrungen zur Vermeidung und Aufdeckung von Ordnungswidrigkeiten,**
8. **die Folgen der Ordnungswidrigkeit, die die juristische Person oder Personenvereinigung getroffen haben.**

(5) [1]Verwaltungsbehörde im Sinne des § 36 Absatz 1 Nummer 1 des Gesetzes über Ordnungswidrigkeiten ist das Bundesamt für Wirtschaft und Ausfuhrkontrolle. [2]Für die Rechts- und Fachaufsicht über das Bundesamt gilt § 19 Absatz 1 Satz 2 und 3.

Schrifttum

Bettermann/Hoes Das Lieferkettensorgfaltspflichtengesetz – Besondere Pflichten für Kreditinstitute? BKR **2022** 23; *Dohrmann* Das deutsche Lieferkettensorgfaltspflichtengesetz als Vorbild für den europäischen Gesetzgeber? – Eine kritische Analyse, CCZ **2021** 265; *Ehmann/Berg* Das Lieferkettensorgfaltspflichtengesetz (LkSG): ein erster Überblick, GWR **2021** 287; *Freund/Krüger* Das neue Lieferkettensorgfaltspflichtengesetz, NVwZ **2022** 665; *Gehling/Ott/Lüneborg* Das neue Lieferkettensorgfaltspflichtengesetz – Umsetzung in der Unternehmenspraxis, CCZ **2021** 230; *Harings* Die Rolle des Menschenrechtsbeauftragten im Lieferkettensorgfaltspflichtengesetz, CB **2022** 93; *Harings/Zegula* Die „Lieferkette" als Anknüpfungspunkt der Compliance-Verpflichtungen nach dem LkSG, CCZ **2022** 165; *Helck* Gesetz über die unternehmerischen Sorgfaltspflichten in Lieferketten: Worauf sich Unternehmen zukünftig vorbereiten müssen, BB **2021** 1603; *Kamann/Irmscher* Das Sorgfaltspflichtengesetz – Ein neues Sanktionsrecht für Menschenrechts- und Umweltverstöße in Lieferketten, NZWiSt **2021** 249; *Keilmann/Schmidt* Der Entwurf des Sorgfaltspflichtengesetzes – Warum es richtig ist, auf eine zivilrechtliche Haftung zu verzichten, WM **2021** Heft 15, 717; *Lutz-Bachmann/Vorbeck/Wengenroth* Menschenrechte und Umweltschutz in Lieferketten – der Regierungsentwurf eines Sorgfaltspflichtengesetzes, BB **2021** 906; *Mitsch* Lieferkettengesetz und Ordnungswidrigkeitenrecht, NZWiSt **2021** 409; *Nietsch/Wiedmann* Der Regierungsentwurf eines Gesetzes über die unternehmerischen Sorgfaltspflichten in der Lieferkette, CCZ **2021** 101; *Passarge* Zum Anwendungsbereich des Lieferkettensorgfaltspflichtengesetzes auf Konzerngesellschaften, CB **2021** 332; *Ruttloff/Rothenburg/Hahn* Der Richtlinienvorschlag zu unternehmerischen Sorgfaltspflichten im Bereich der Nachhaltigkeit – Auswirkungen auf die Corporate Governance, DB **2022** 1116; *Ruttloff/Wagner/Hahn/Freihoff* Der Menschenrechtsbeauftragte, CCZ **2022** 20; *Ruttloff/Wagner/Reischl/Skoupil* Auf dem Weg zum Chief Sustainability Officer (CSO) – Teil 2, CB **2021** 425; *Sagan/Schmidt* Das Lieferkettensorgfaltspflichtengesetz, NZA-RR **2022** 281; *Schlumm* Das modifizierte Lieferkettensorgfaltspflichtengesetz (LkSG) und die Pflichten der Geschäftsleiter, StuB **2021** 894; *Seibt/Vesper-Gräske* Lieferkettensorgfaltspflichtengesetz erweitert Compliance-Pflichten, CB **2021** 357; *Spindler* Verantwortlichkeit und Haftung in Lieferantenketten – das Lieferkettensorgfaltspflichtengesetz aus nationaler und europäischer Perspektive, ZHR **2022** 67; *Stöbener de Mora/Noll* Grenzenlose Sorgfalt? – Das Lieferkettensorgfaltspflichtengesetz, NZG **2021** 1237; *Teichmann* Ausgewählte Schwachstellen des Gesetzes über die unternehmerischen Sorgfaltspflichten zur Vermeidung von Menschenrechtsverletzungen in Lieferketten (Lieferkettensorgfaltspflichtengesetz – LkSG), ZWH **2022**

133; *Wagner/Ruttloff*, Das Lieferkettensorgfaltspflichtengesetz – Eine erste Einordnung, NJW **2021**, 2145; *Wagner/Ruttloff/Wagner/Hahn*, Der Entwurf des „Sorgfaltspflichtengesetzes", CB **2021**, 89.

Übersicht

A. Allgemeines

§ 24 LkSG flankiert die Sorgfaltspflichten des LkSG weitreichend mit Ordnungswidrigkeitentatbeständen. § 24 LkSG bildet damit zusammen mit der Regelung zur Vergabesperre in § 22 LkSG das Sanktionsinstrumentarium des Lieferkettensorgfaltspflichtengesetz.[1] Da die Sorgfaltsplichten des Lieferkettensorgfaltspflichtengesetz lediglich Bemühungspflichten statuieren, handelt es sich bei den in § 24 angeführten Tatbeständen regelmäßig um typisches Verwaltungsunrecht, dessen Ahndung mit Kriminalstrafe unangemessen wäre. 1

1 Siehe auch *Mittwoch/Bremenkamp* KritV **2021** 207, 230 f.

I. Schutzzweck der Norm

2 Es ist fraglich, welche Rechtsgüter § 24 LkSG schützt. Das Lieferkettensorgfaltspflichtengesetz dient ausweislich der Gesetzesbegründung der Verbesserung der internationalen Menschenrechtslage durch eine verantwortungsvolle Gestaltung der Lieferketten in der Bundesrepublik Deutschland ansässiger Unternehmen.[2] Verschiedentlich wird daher geäußert, dass auch § 24 LkSG primär dem Schutz von Menschenrechten und auch der Umwelt diene.[3] Insofern folgerichtig wird dann kritisiert, dass das Gesetz die zentrale Definition von Menschenrechten nicht enthält und auf ausgewählte internationale Übereinkünfte verweist.[4] Entsprechend vage bliebe daher das Verständnis davon, welche Menschenrechte genau das Lieferkettensorgfaltspflichtengesetz schützen will.

3 *Teichmann*[5] gibt gar zu Bedenken, dass fraglich sei, ob die Ordnungswidrigkeitentatbestände des § 24 LkSG tatsächlich Lücken im Hinblick auf das Verbot von der Beschäftigung von Kindern (§ 2 Abs. 2 Nr. 1 LkSG), das Verbot der Zwangsarbeit (§ 2 Abs. 2 Nr. 3 LkSG) sowie alle Formen der Sklaverei (§ 2 Abs. 2 Nr. 4 LkSG) schließen, da mit § 232b StGB und § 233 StGB entsprechende Straftatbestände existieren. Dabei lässt er freilich außer Acht, dass durch die Bemühungspflichten im Hinblick (auch) auf fremde Geschäftsbereiche das Lieferkettensorgfaltspflichtengesetz eine völlig andere Schutzrichtung als die den § 232b und 233 StGB zugrundeliegenden Verhaltensnormen bezweckt wird.

4 Im Ergebnis werden Menschenrechts- und Umweltschutzbelange von den Tatbeständen des § 24 LkSG allenfalls mittelbar geschützt. Tatsächlich knüpft das LkSG nur insoweit an konkrete Fälle von Menschenrechtsverletzungen innerhalb der Lieferkette an, als für diese Fälle Reaktionen hinsichtlich der Sorgfaltspflichten des Unternehmens vorgesehen sind. Eine konkrete Menschenrechtsverletzung oder auch nur eine abstrakte Gefährdung selbiger sehen die Ordnungswidrigkeitentatbestände des § 24 LkSG hingegen nicht vor. Eine Menschenrechtsverletzung wäre – wenn die Sorgfaltspflichten im Übrigen korrekt umgesetzt wurden – sogar irrelevant.[6] Das bedeutet, Unternehmen müssen nicht garantieren, dass in ihren Lieferketten keine Menschenrechte oder umweltbezogene Pflichten verletzt werden.[7] Wofür das Unternehmen jedoch einstehen muss, ist eine dem LkSG entsprechende Organisation des eigenen Lieferkettenmanagements; entsprechend knüpfen die Ordnungswidrigkeitentatbestände des § 24 daran an, ob die in den §§ 4 bis 10 näher beschriebenen Sorgfaltspflichten umgesetzt wurden, die vor dem Hintergrund ihres individuellen Kontexts machbar und angemessen sind. Die Tatbestände der Nrn. 12 und 13 sehen zusätzlich Ahndungsmöglichkeiten für Verstöße gegen Berichtspflichten oder vollziehbare Anordnungen des BAFA vor. Vorschläge, die Ordnungswidrigkeitentatbestände zum Teil als Gefährdungsdelikte zu formulieren, fanden keinen Eingang in den Gesetzesentwurf.[8]

5 Nimmt man die Regelungsrichtung des § 24 LkSG ernst, ist ein ordnungsgemäß eingerichtetes Compliance-System im Unternehmen Schutzgegenstand des § 24 LkSG. Die in den Nr. 1–13 normierten Bußgeldtatbestände sind daher keine abstrakten Gefährdungsdelikte, sondern tatsächlich Verletzungsdelikte, die an konkrete Verstöße von Organisationspflichten anknüpfen.

II. Verfassungsrechtliche Bedenken

6 Schon die ersten Stellungnahmen zu § 24 LkSG melden bereits Zweifel an der Verfassungsmäßigkeit der Ordnungswidrigkeitentatbestände an. Tatsächlich sind Ordnungswidrigkeitentatbestände

2 BR-Drs. 239/21 S. 20.
3 *Kamann/Irmscher* NZWiSt **2021** 249, 251.
4 *Kamann/Irmscher* NZWiSt **2021** 249, 251.
5 *Teichmann* ZWH **2022** 133, 134 f.
6 So auch *Wagner/Ruttloff/Wagner/Hahn* CB **2021** 89, 92.
7 BR-Drs. 239/21 S. 42.
8 Siehe BR-Drs. Empfehlungen der Ausschüsse 239/1/21 S. 24.

im selben Maß an verfassungsrechtlichen Vorgaben zu messen wie Straftatbestände, denn Ordnungswidrigkeiten gehören zum „Strafrecht im weiteren Sinn".[9] Der Bestimmtheitsgrundsatz ist auch in § 3 OWiG ausdrücklich festgeschrieben. So verwundert es nicht, dass die Kritiken in erster Linie auf die vermeintliche Unbestimmtheit des § 24 LkSG zielen. Sie erheben alternativ und/oder kumulativ folgende Einwände: Die Ordnungswidrigkeitentatbestände verweisen auf einzelne Vorschriften der allgemeinen Sorgfaltspflichten, die wiederum vermeintlich unbestimmte Rechtsbegriffe wie „angemessen" oder „unverzüglich" enthalten.[10] Daneben ließe das Lieferkettensorgfaltspflichtengesetz völlig offen, welchen menschenrechtlichen und umweltbezogenen Risiken im Einzelnen vorgebeugt werden solle; der Verweis in § 2 Abs. 1 LkSG auf die in den Nummern 1–11 aufgelisteten Übereinkommen könne dem Bestimmtheitsgrundsatz nicht genügen. Dass beide Aspekte insbesondere in § 3 Abs. 2 LkSG kumulieren, trägt freilich nicht dazu bei, die aufgezeigten Bedenken auszuräumen.

Bei nüchterner Betrachtungsweise überzeugen die Einwände in ihrer Pauschalität keineswegs. 7
Dass die Ordnungswidrigkeitentatbestände als Blankettnormen ausgestaltet sind, die auf die Pflichten anderer Normen des LkSG verweisen, ist für sich unproblematisch. Hieran ändert ebenfalls nichts, dass das Lieferkettensorgfaltspflichtengesetz sich auf die in der Anlage genannten völkerrechtliche Vereinbarungen bezieht. Keiner der in § 24 Abs. 1 LkSG normierten Bußgeldtatbestände verweist unmittelbar auf diese. Der Streit um die Voraussetzungen verfassungsgemäßer Blankettverweise auf supranationales Recht spielt daher in diesem Zusammenhang keine Rolle.[11] Problematischer ist, wenn Ordnungswidrigkeitentatbestände nicht nur Bußgelder dafür vorsehen, dass eine Sorgfaltspflicht grundsätzlich nicht beachtet wurde, sondern für eine Sanktion an eine etwaige unzureichende *qualitative* Umsetzung der Sorgfaltspflicht anknüpfen. Einen Beitrag zur Konkretisierung der Sorgfaltspflichten soll § 3 Abs. 2 LkSG leisten. Danach bestimmt sich die „angemessene Weise eines Handelns" nach den Faktoren Art und Umfang der Geschäftstätigkeit eines Unternehmens, Einflussmöglichkeiten des Unternehmens auf den unmittelbaren Verursacher eines „menschenrechtlichen oder umweltbezogenen Risikos", der typischerweise zu erwartenden Schwere der Verletzung sowie nach der Art des Verursachungsbeitrages des Unternehmens zu dem menschenrechtlichen oder umweltbezogenen Risiko.[12] Es obliegt somit dem Unternehmen einzuschätzen, was im konkreten Fall angemessen erscheint.[13] Den Verpflichteten trifft dabei das bußgeldbewehrte Risiko, hinter den Erwartungen des BAFA zurückzubleiben. Doch auch hieraus ergeben sich keine verfassungsrechtlichen Hürden. Denn derartige normative Tatbestandsmerkmale sind im Wirtschaftsstrafrecht oftmals anzutreffen und nicht von vornherein verfassungsrechtlich zu beanstanden.[14] So spielt im Rahmen der Pflichtwidrigkeit des Untreuetatbestandes (§ 266 Abs. 1 StGB) oftmals eine Rolle, ob die Sorgfaltsanforderungen an einen gewissenhaften Geschäftsleiter nach § 93 Abs. 1 AktG oder gewissenhaften Aufsichtsrat nach § 116 S. 1 AktG beachtet wurden. Wohl aber ergibt sich aufgrund dieser Regelungstechnik ein Gebot zur *restriktiven Auslegung* der Tatbestände.[15]

Verfassungsrechtlich problematisch wäre, falls nach § 24 Abs. 1 Nr. 3 LkSG Bußgelder für un- 8
benannte Präventionsmaßnahmen nach § 6 Abs. 1 LkSG verhängt werden könnten, d.h. für solche Präventionsmaßnahmen, die in den Absätzen 3 und 4 nicht exemplarisch aufgezählt werden. Sol-

---

9 BVerfG Urt. v. 5.2.2004 – 2 BvR 2029/01= NJW **2004** 739, 744 m.w.N. aus der Rspr.; *Bülte* StV **2017** 460, 461; *Hefendehl* ZIS **2016** 636, 637. Aus Sicht der EMRK MüKo-StPO/*Gaede* Art. 6 EMRK Rn. 47.

10 Bspw. *Harings/Zegula* CCZ **2022** 165, 166; *Kamann/Irmscher* NZWiST **2021** 249, 253; *Lutz-Bachmann/Vorbeck/Wengenroth* BB **2021** 906, 912.

11 Vgl. MüKo-StGB/*Schmitz* § 1 Rn. 68 m.w.N.

12 Siehe *Wagner/Ruttloff/Wagner/Hahn* CB **2021** 89, 91.

13 Ähnlich *Lutz-Bachmann/Vorbeck/Wengenroth* BB **2021** 906, 910.

14 BVerfG Beschl. v. 23.6.2010 – 2 BvR 2559/08 = BVerfGE **126** 170; BVerfG Beschl. v. 15.3.1978 – 2 BvR 927/76 = BVerfGE **48** 48; siehe auch *Tiedemann* FS Rissing-van Saan S. 685. Im Ergebnis ebenso *Mittwoch/Bremenkamp* KritV **2021** 207, 230 f.

15 Vgl. MüKo-StGB/*Dierlamm/Becker* § 266 Rn. 4; *Wittig* Wirtschaftsstrafrecht § 6 Rn. 24.

len Sanktionen auch an solche unbenannte Maßnahmen angeknüpft werden, ließe sich dies tatsächlich nicht mit dem Bestimmtheitsgrundsatz vereinbaren (hierzu ausführlich unter Rn. 21). Schließlich wirft auch der „dynamischen“ Bußgeldrahmen des § 24 Abs. 3 LkSG mit der Möglichkeit der Schätzung die Frage auf, ob dieser hinreichend bestimmt ist. Für die ähnlich formulierten §§ 81 ff. GWB wird ein solcher umsatzbezogener Bußgeldrahmen jedoch nach h.M. für zulässig erachtet (hierzu ausführlich unter Rn. 46).

III. Erfüllungsaufwand und Inkrafttreten

9 In den Gesetzesmaterialien geht der Gesetzgeber von rund 750 Ordnungswidrigkeitenverfahren im Jahr aus und legt diese Zahl der Schätzung des Erfüllungsaufwandes für Ordnungswidrigkeitenverfahren zu Grunde.[16]

10 § 24 LkSG trat am 1. Januar 2023 in Kraft.

B. Bußgeldtatbestände

I. Zuständigkeit für Risikomanagement nicht festgelegt (Nr. 1)

11 Nach § 24 Abs. 1 Nr. 1 LkSG handelt ordnungswidrig, wer entgegen § 4 Abs. 3 S. 1 LkSG nicht dafür sorgt, dass festgelegt ist, wer innerhalb des Unternehmens dafür zuständig ist, das Risikomanagement zu überwachen. Die Pflicht, ein angemessenes und wirksames Risikomanagement einzurichten, ist eine unternehmensbezogene Pflicht. Dies ergibt sich bereits aus den Formulierungen „Unternehmen müssen“ (Abs. 1), bzw. „das Unternehmen hat dafür zu sorgen“ (Abs. 3).

12 Wie genau die Zuständigkeit für das Risikomanagement im Unternehmen ausgestaltet werden muss, legt § 4 Abs. 3 LkSG nicht fest. Einen Menschenrechtsbeauftragten zu bestellen ist möglich. Ebenso denkbar ist jedoch, die Verantwortlichkeit durch Zuweisung an einen Geschäftsführer oder an eine Compliance-Funktion festzulegen. § 24 Abs. 1 Nr. 1 LkSG bezieht sich nicht auf § 4 Abs. 3 *S. 2* LkSG. Daher ist nicht ahndbar, wenn sich die Geschäftsleitung nicht regelmäßig über die Arbeit der zuständigen Person informiert.[17]

II. Verstoß gegen Anforderungen an Risikoanalyse (Nr. 2)

13 Verstöße gegen die Pflichten aus § 5 Abs. 1 S. 1 LkSG und § 9 Abs. 3 Nr. 1 LkSG eine Risikoanalyse zu erstellen, sind nach § 24 Abs. 1 Nr 2 LkSG ahndbar. Erfasst sind sowohl die reguläre wie auch die anlassbezogene Risikoanalyase.[18] Ordnungswidrig handelt demnach, wer eine Risikoanalyse nicht, nicht richtig, nicht vollständig oder nicht rechtzeitig durchführt. Nach § 5 Abs. 1 LkSG gehört es zum Risikomanagement eines Unternehmens, eine Risikoanalyse für die unmittelbaren Zulieferer zu erstellen. Nach § 9 Abs. 3 LkSG muss das Unternehmen anlassbezogen eine Risikoanalyse in Bezug auf mittelbare Zulieferer durchführen, wenn es substantiierte Kenntnis über eine mögliche Verletzung einer geschützten Rechtsposition oder einer umweltbezogenen Pflicht bei diesen erlangt. Der Umfang einer solchen anlassbezogenen Risikoanalyse richtet sich nach § 5 Abs. 1–3 LkSG.

14 Eine Risikoanalyse ist entsprechend den Anforderungen des § 5 Abs. 1 S. 1 LkSG dann nicht erstellt, wenn das Unternehmen dem Anwendungsbereich des LkSG gemäß § 1 Abs. 1 LkSG unterfällt, somit im Rahmen des Risikomanagements zur Erstellung einer Risikoanalyse verpflichtet ist

16 BR-Drs. 239/21 S. 30.

17 Siehe Gehling/Ott/*Schmelzeisen* § 24 Rn. 20.

18 Vgl. Gehling/Ott/*Schmelzeisen* § 24 Rn. 21.

und dieser Pflicht nicht nachgekommen wird. Nicht rechtzeitig wurde eine Risikoanalyse erstellt, insbesondere wenn nach § 5 Abs. 4 oder § 9 Abs. 3 Nr. 1 LkSG anlassbezogen eine Risikoanalyse erstellt werden muss. Im Hinblick auf das erstmalige Erstellen einer Risikoanalyse ist umstritten, ob diese zum Zeitpunkt, zu dem das Unternehmen die Pflichten des LkSG treffen, bereits erstellt sein muss oder ab diesem Zeitpunkt zu erstellen ist. Nach Auffassung des BAFA muss eine Risikoanalyse erst ab Inkrafttreten des LkSG erstellt werden.[19]

Im Fall des § 9 Abs. 3 LkSG ist die Risikoanalyse ausdrücklich unverzüglich zu erstellen. Un- 15
verzüglich bedeutet ohne schuldhaftes Zögern.[20] In der Praxis wird die Frage, ob eine Risikoanalyse „ohne schuldhaftes Zögern" erstellt wurde, jedoch nur mit Schwierigkeiten zu beantworten sein. Feststellbar werden regelmäßig nur der Beginn und die Fertigstellung der Risikoanalyse sein. Ob die Risikoanalyse zu zögerlich erstellt wurde oder die Bearbeitungsdauer angemessen war, kann nur bei einem deutlichen Missverhältnis von Bearbeitungszeit zur inhaltlichen Tiefe der Analyse beurteilt werden.

Im Gegensatz zu § 9 Abs. 3 LkSG sieht die ebenfalls anlassbezogene Pflicht nach § 5 Abs. 4 16
LkSG gerade nicht vor, dass die Risikoanalyse unverzüglich erstellt werden muss, sondern diese ist zum einen jährlich und zum anderen dann durchzuführen, wenn das Unternehmen mit einer wesentlich veränderten oder wesentlich erweiterten Risikolage in der Lieferkette rechnen muss. Im Hinblick auf die jährlich durchzuführende Risikoanalyse lässt das LkSG offen, ob auf das Kalender- oder das Geschäftsjahr abzustellen ist; ahndbar ist daher lediglich, wenn die Risikoanalyse weder im Geschäfts- noch im Kalenderjahr erstellt wurde.[21]

Problematischer ist die Gemengelage, wenn die Risikoanalyse anlassbezogen wegen einer 17
wesentlichen Änderung oder wesentlichen Erweiterung der Risikolage in der Lieferkette angezeigt ist. Für die Fälle, in denen das Unternehmen mit einer solchen Änderung rechnen muss, nennt § 5 Abs. 4 S. 1 Hs. 2 LkSG exemplarisch die Einführung neuer Produkte, Projekte oder die Erschließung eines neuen Geschäftsfeldes. Nach dem systematischen Vergleich zu § 9 Abs. 3, § 6 Abs. 1 S. 1 LkSG oder § 7 Abs. 1 S. 1 LkSG ist davon auszugehen, dass in Fällen des § 5 Abs. 4 LkSG eine Risikoanalyse nicht unverzüglich zu erstellen ist. Andererseits müssen unverzüglich Präventiv- (§ 6 Abs. 1 S. 1) oder Abhilfemaßnahmen (§ 7 Abs. 1 S. 1) ergriffen werden, falls in der Risikoanalyse Risiken festgestellt werden. Daraus kann sich die paradoxe Situation ergeben, dass das Unternehmen zwar mit einem Anlass konfrontiert ist, nach dem es davon ausgehen muss, dass nach einer Risikoanalyse unverzüglich Maßnahmen ergriffen werden müssten; wird aber die Risikoanalyse verzögert, ließen sich damit auch die eigentlich geboten Maßnahmen hinauszögern. Vor dem Hintergrund der Auslegungsmaximen in § 3 Abs. 2 Nrn. 3 und 4 LkSG scheint es gut vertretbar, dass in Fällen, in denen Risiken offenkundig sind, auf die reagiert werden muss, eine Risikoanalyse unverzüglich zu erstellen ist. *Schmelzeisen* betont, dass die Gesetzesbegründung der Risikoanalyse nach § 5 Abs. 4 LkSG eine besondere präventive Funktion beimisst; entsprechend müsse die Risikoanalyse bereits erstellt werden, bevor sich eine wesentlich veränderte oder erweiterte Risikolage in der Lieferkette ergebe.[22] Nicht rechtzeitig erstellt sei die Risikoanalyse demnach immer schon dann, wenn die Risikoanalyse nicht schon vor Änderung der Lage erstellt wurde.[23] Diese Ansicht verkennt, dass nicht per se jedes neue Produkt, jedes neue Projekt oder jedes neue Geschäftsfeld zwangsläufig zu einer wesentlich veränderten oder wesentlich erweiterten Risikolage führt. Dem Unternehmen ist insoweit eine gewisse Einschätzungsprärogative zuzubilligen. Eine Ahndung in den Fällen, in denen die Risikoanalyse nicht bereits vor der Änderung der Risikolage erstellt wurde, kommt nur in Betracht, wenn sich die wesentliche Änderung oder Erweiterung der Risikolage bereits im Vorfeld aufdrängen musste. Bei Anlässen hingegen, bei denen ein Hand-

---

19 Siehe Kommentierung zu § 5.

20 Siehe Kommentierung zu § 9.

21 Zutreffend Gehling/Ott/*Schmelzeisen* § 24 Rn. 26.

22 Gehling/Ott/*Schmelzeisen* § 24 Rn. 27.

23 Gehling/Ott/*Schmelzeisen* 24 Rn. 27.

lungsbedarf völlig fernliegend erscheint, mag auch ein Zuwarten bis zur nächsten jährlichen Risikoanalyse möglich sein.

18 Den Rechtsanwender stellt zudem vor Probleme, dass § 5 Abs. 1 S. 1 LkSG darüber hinaus Sanktionen vorsieht, falls die Risikoanalyse *nicht richtig* oder *nicht vollständig* erstellt wird. § 5 Abs. 2 LkSG sieht vor, dass die ermittelten menschenrechtlichen und umweltbezogenen Risiken angemessen zu *gewichten* und zu *priorisieren* sind. Dem Unternehmen wird also ein Einschätzungsspielraum eingeräumt, der jedoch nicht nur voll überprüfbar sein soll, sondern eine vermeintliche Falschgewichtung sogar ein Bußgeld nach sich ziehen könnte.[24] Dabei besteht immer die Gefahr, dass das BAFA – möglicherweise sogar unter dem Eindruck einer bekanntgewordenen Menschenrechtsverletzung innerhalb der Lieferkette – aus der Perspektive ex post dem Unternehmen vorwirft, Risiken falsch gewichtet oder priorisiert zu haben. Auch hier ist eine restriktive Auslegung notwendig. Eine Sanktion für eine *nicht vollständige* Risikoanalyse ist somit nur denkbar, falls offensichtliche Risiken nicht in die Risikoanalyse mit einbezogen wurden. Dies ist beispielsweise der Fall, falls relevante Geschäftsfelder oder relevante Lieferanten nicht mit einbezogen wurden.[25] Geldbußen für eine *nicht richtig* erstellte Risikoanalyse sind nur in den Fällen angemessen, in denen die in der Risikoanalyse vorgenommene Priorisierung unvertretbar erscheint.[26]

III. Verstoß gegen Pflicht zur Ergreifung von Präventionsmaßnahmen (Nr. 3)

19 § 24 Abs. 1 Nr. 3 LkSG bezieht sich auf die Pflicht nach § 6 Abs. 1 LkSG, den im Rahmen einer Risikoanalyse festgestellten Risiken *unverzüglich* mit *angemessenen* Präventionsmaßnahmen zu begegnen. Die zu ergreifenden Präventionsmaßnahmen werden in den Absätzen 2–4 genauer definiert. Hierzu gehören eine Grundsatzerklärung über die Menschenrechtsstrategie des Unternehmens (Abs. 2), Präventionsmaßnahmen im eigenen Geschäftsbereich (Abs. 3) und Präventionsmaßnahmen gegenüber unmittelbaren Zulieferern (Abs. 4).

20 Unverzüglich bedeutet auch in diesem Zusammenhang ohne schuldhaftes Zögern. Im Übrigen knüpft der Tatbestand nur daran an, *ob* eine Präventionsmaßnahme ergriffen wurde. Dass die Präventionsmaßnahmen nach § 6 LkSG „angemessen" sein müssen, ist für § 24 Abs. 1 Nr. 3 LkSG ohne Belang. Die Sanktionsnorm nennt als Tathandlung – anders als Nr. 1 – gerade nicht, dass die Maßnahme nicht richtig (d.h. „angemessen") umgesetzt wurde. Soll ein Bußgeld dafür verhängt werden, dass eine Maßnahme nicht „angemessen" umgesetzt wurde, so überdehnt dies den Wortlaut.[27]

21 Problematisch ist freilich in diesem Zusammenhang, dass die denkbaren Präventionsmaßnahmen in § 6 Abs. 3 und 4 LkSG lediglich exemplarisch aufgezählt werden („insbesondere") und daneben weitere „unbenannte" Maßnahmen denkbar wären. Sollen Bußgelder auch für solche Maßnahmen verhängt werden, die nicht bereits als Regelbeispiele in § 6 Abs. 3 und 4 LkSG benannt sind, stellt dies einen Verstoß gegen den Bestimmtheitsgrundsatz dar, da für den Rechtsanwender gerade nicht erkennbar ist, welche weiteren unbenannten Maßnahmen ihm abverlangt werden.[28] In der Konsequenz muss § 24 Abs. 1 Nr. 3 LkSG restriktiv dahingehend ausgelegt werden, dass für das Unterlassen einer unbenannten Maßnahme nur dann ein Bußgeld verhängt werden kann, soweit das Unternehmen schlicht gar keine Präventionsmaßnahmen ergriffen hat. Im umgekehrten Fall, wenn im Unternehmen eine Präventionsmaßnahme ergriffen wurde, die in § 6 Abs. 3 LkSG nicht aufgezählt ist, kann keine Sanktion verhängt werden.

24 *Kamann/Irmscher* NZWiSt **2021** 249, 251 f.
25 Vgl. Gehling/Ott/*Schmelzeisen* § 24 Rn. 25.
26 Siehe auch Gehling/Ott/*Schmelzeisen* § 24 Rn. 24; Wagner/Ruttloff/Wagner/*Skoupil* § 10 Rn. 1540.
27 Unklar Gehling/Ott/*Schmelzeisen* § 24 Rn. 33.
28 Zutreffend Gehling/Ott/*Schmelzeisen* § 24 Rn. 36.

Zu Zweifeln hinsichtlich der Anwendbarkeit des deutschen Ordnungswidrigkeitenrechts auf Maßnahmen, die nicht innerhalb des deutschen Staatsgebiets vorgenommen werden müssten, siehe sogleich Rn. 29 f. 22

IV. Verstoß gegen Pflicht zur Überprüfung (Nr. 4)

In Nr. 4 sieht § 24 Abs. 1 LkSG Bußgelder vor, falls Überprüfungspflichten nicht oder nicht rechtzeitig erfüllt werden. Hierzu gehören die Prüfung der Wirksamkeit von Präventionsmaßnahmen (§ 6 Abs 5 S. 1 LkSG), die Prüfung der Wirksamkeit von Abhilfemaßnahmen (§ 7 Abs. 4 S. 1 LkSG) und die Prüfung der Wirksamkeit des Beschwerdeverfahrens (§ 8 Abs. 5 S. 1 LkSG). Diese müssen jeweils einmal im Jahr oder anlassbezogen überprüft werden. Wird eine fällige Überprüfung nicht vorgenommen, ist der Tatbestand erfüllt. 23

Problematisch ist, wann eine Überprüfung nicht *rechtzeitig* durchgeführt wurde. Bezüglich der jährlichen Prüfung ließe sich darauf abstellen, ob diese innerhalb der Jahresfrist erfolgte oder nicht. Da das LkSG offenlässt, ob vom Kalender- oder Geschäftsjahr auszugehen ist, ist eine Ahndung auf die Fälle zu beschränken, in denen die Risikoanalyse weder innerhalb des Kalender- noch innerhalb des Geschäftsjahres durchgeführt wird.[29] Schwieriger ist die Frage für anlassbezogene Überprüfungen zu beantworten. Genaue Vorgaben dazu, wann die Prüfung erfolgt sein muss, machen die jeweiligen Vorschriften nicht. Insbesondere ist dort keine unverzügliche Überprüfung gefordert. 24

V. Maßnahme nicht oder nicht rechtzeitig aktualisiert (Nr. 5)

Wird bei der Überprüfung der Wirksamkeit von Präventionsmaßnahmen, Abhilfemaßnahmen oder des Beschwerdeverfahrens Handlungsbedarf festgestellt, so sind diese jeweils unverzüglich zu aktualisieren. Unverzüglich bedeutet auch in diesem Zusammenhang ohne schuldhaftes Zögern. 25

Sprachlich misslungen ist offensichtlich der Verweis auf § 8 Abs. 5 S. 2 LkSG.[30] Denn Abs. 5 S. 2 verlangt nicht, dass Maßnahmen aktualisiert, sondern dass diese *wiederholt* werden müssen. Der Wortlaut von Verhaltens- und der zugehörigen Sanktionsnorm fallen auseinander. Die Abweichung ist relevant, denn auch der Wortsinn ist ein anderer. Aktualisieren impliziert, dass die Maßnahmen an neue oder aktuelle Gegebenheiten angepasst werden sollen; wiederholen bedeutet, dass die ursprünglichen Maßnahmen in derselben Weise noch einmal durchgeführt werden. *Schmelzeisen* ist daher nicht zuzustimmen, dass durch die misslungene Formulierung Wortlautgrenze nicht überschritten sei,[31] denn die Sanktionsnorm verlangt eine andere Handlung als die in Bezug genommene Verhaltensnorm. Vielmehr läuft die Sanktionsnorm in der derzeitigen Fassung ins Leere. 26

VI. Abhilfemaßnahme nicht ergriffen (Nr. 6)

Ordnungswidrig nach Nr. 6 handelt, wer entgegen § 7 Abs. 1 LkSG eine Abhilfemaßnahme nicht oder nicht rechtzeitig ergreift. Nach § 7 Abs. 1 LkSG sind Abhilfemaßnahmen unverzüglich zu ergreifen, sodass diese ohne schuldhaftes Zögern vorgenommen werden müssen. Nach § 7 Abs. 1 S. 3, 4 LkSG muss die Abhilfemaßnahme im eigenen Geschäftsbereich im Inland zu einer Beendigung der Verletzung führen; im eigenen Geschäftsbereich im Ausland und im eigenen Geschäftsbe- 27

29 Siehe Gehling/Ott/*Schmelzeisen* § 24 Rn. 26, 39.
30 Siehe zur Gesetzgebungsgeschichte Gehling/Ott/*Schmelzeisen* § 24 Rn. 41.
31 Gehling/Ott/*Schmelzeis* § 24 Rn. 43.

reich gemäß § 2 Abs. 6 S. 3 muss die Abhilfemaßnahme *in der Regel* zur Beendigung der Verletzung führen.

28 Auch gegen § 24 Abs. 1 Nr. 6 i.V.m. § 7 Abs. 1 LkSG wird vorgebracht, dass der Normadressat nicht klar erkennen könne, welche Pflichten ihn überhaupt treffen; dies sei, weder anhand der Verbotskataloge in § 2 Abs. 2 und 4, noch der in Anlage des LKSG in Bezug genommenen völkerrechtlichen Verträge zweifelsfrei möglich.[32] Aus diesem Grund ist wie auch im Fall von § 24 Abs. 1 Nr. 3 i.V.m. § 6 Abs. 1 LkSG eine restriktive Auslegung angezeigt.[33]

29 *Mitsch*[34] gibt zu Bedenken, dass Abhilfemaßnahmen oftmals Handlungen erfordern werden, die auf ausländischem Staatsgebiet ausgeführt werden müssten. Ob deutsches Ordnungswidrigkeitenrecht dann aber überhaupt anwendbar sei, hänge von der Reichweite des räumlichen Geltungsbereiches ab. Diesen normiere § 5 OWiG – wie § 3 StGB – auf Grundlage des Territorialprinzips. Eine Ausdehnung des Geltungsbereichs auf Auslandstaten kenne das Ordnungswidrigkeitenrecht anders als das Kernstrafrecht in den §§ 5–7 StGB nicht. Da es sich bei den in § 24 Abs. 1 LKSG beschriebenen Pflichtverletzungen überwiegend Unterlassungen handele, müsse an den Ort angeknüpft werden, wo der Täter „hätte tätig werden müssen“, § 7 Abs. 1 Var. 2 OWiG. Eine Tatortbegründung durch ihren „zum Tatbestand gehörenden Erfolg“ (§ 7 Abs. 1 Var. 3 OWiG) komme bei Tatbeständen ohne Erfolgsmerkmal nicht Betracht. Dies führe dazu, dass das Ordnungswidrigkeitenrecht nicht anwendbar sei, soweit allein ein physisches Tätigwerden am unmittelbaren Ort des zu beseitigenden Schadens als pflichtgemäße Maßnahme geeignet sei.

30 Diese Bedenken greifen nicht durch, wie auch *Mitsch* im Folgenden selbst konstatiert:[35] § 24 Abs. 1 LKSG richtet sich in erster Linie an Entscheidungsträger eines Unternehmens mit Sitz in Deutschland. Die ratio legis ist, dass diese vom Unternehmenssitz in Deutschland aus „dirigierend das Handeln und Unterlassen untergebener Mitarbeiter im Ausland steuern“. Werden sie nicht tätig, unterlassen sie eine in Deutschland vorzunehmende Handlung. Insofern ist deutsches Ordnungswidrigkeitenrecht anwendbar.

VII. Verstoß gegen Anforderungen an Konzept (Nr. 7)

31 Nach Nr. 7 handelt ordnungswidrig, wer entgegen § 7 Abs. 2 S. 1 oder § 9 Abs. 3 Nr. 3 LkSG ein Konzept nicht oder nicht rechtzeitig erstellt. Die Konzepte müssen jeweils unverzüglich erstellt werden.

VIII. Kein Beschwerdeverfahren eingerichtet (Nr. 8)

32 Unternehmen müssen gemäß § 8 Abs. 1 S. 1 LkSG ein angemessenes Beschwerdeverfahren einrichten. Hierzu machen die Absätze 2 bis 4 detailliertere Angaben. Der Verweis auf § 9 Abs. 1 LkSG stellt klar, dass eine Ahndung auch dann in Betracht kommt, wenn das Beschwerdeverfahren nicht so eingerichtet wurde, dass es Personen ermöglicht, auf menschenrechtliche oder umweltbezogene Risiken sowie auf Verletzungen menschenrechtsbezogener oder umweltbezogener Pflichten hinzuweisen, die durch das wirtschaftliche Handeln eines mittelbaren Zulieferers entstanden sind. Darüberhinausgehende Zweifel an der Angemessenheit des Beschwerdeverfahrens dürfen nicht zuungunsten des Unternehmens eine Sanktion nach sich ziehen.

32 So *Lutz-Bachmann/Vorbeck/Wengenroth* BB **2021** 906, 912.
33 Siehe auch Wagner/Ruttloff/Wagner/*Skoupil* § 10 Rn. 1546.
34 *Mitsch* NZWiSt **2021** 409 f.
35 *Mitsch* NZWiSt **2021** 409 f.

IX. Verstoß gegen Aufbewahrungspflicht von Dokumentation (Nr. 9)

Gemäß § 10 Abs. 1 S. 2 LkSG muss die Dokumentation über die Erfüllung der Sorgfaltspflichten sieben Jahre aufbewahrt werden. Verstöße gegen diese Aufbewahrungspflicht werden nach Nr. 9 geahndet. Unverständlich ist, dass der Gesetzgeber ausdrücklich nur auf § 10 Abs. 1 S. 1 LkSG und nicht auch auf § 10 Abs. 1 S. 1 LkSG verweist, in dem die Pflicht zur Dokumentation selbst geregelt ist. Dies lässt zwei Schlüsse zu: Wird die Dokumentation gar nicht erst erstellt, ist dies nicht ahndbar. Oder aber man sieht die Erstellung der Dokumentation als notwendige Voraussetzung für deren Aufbewahrung an und ahndet das Unterlassen der Dokumentation als Verstoß gegen die Aufbewahrungspflicht.[36] Die letztere Ansicht muss sich freilich vorhalten lassen, gegen den gesetzgeberischen Willen zu verstoßen. Ein Verweis auch auf Satz 1 wäre ohne weiteres möglich gewesen. Da dieser unterblieb, muss dem Gesetzgeber unterstellt werden, an dieser Stelle nur eine fragmentarische Sanktionsmöglichkeit gewollt zu haben. 33

X. Verstoß gegen Anforderungen an Bericht (Nr. 10–12)

Die Nummern 10, 11 und 12 haben verschiedene Berichtspflichten des Unternehmens zum Gegenstand. Nach § 10 Abs. 2 S. 1 LkSG müssen Unternehmen jährlich einen Bericht über die Erfüllung der Sorgfaltspflichten erstellen und spätestens vier Monate nach Ende des Geschäftsjahres auf der Internetseite des Unternehmens veröffentlichen. Wird der Bericht nicht oder nicht richtig erstellt, kann ein Bußgeld nach Nr. 10 verhängt werden. Vorgaben dazu, welche Informationen der Berichtet mindestens enthalten soll, enthalten § 10 Abs. 2 S. 2 Nrn. 1.-4. Wird der Bericht nicht oder nicht spätestens vier Monate nach Ende des Geschäftsjahres auf der Internetseite des Unternehmens veröffentlicht, kann ein Bußgeld nach Nr. 11 verhängt werden. 34

Zudem muss gemäß § 12 Abs. 1 muss der Bericht in deutscher Sprache elektronisch über einen vom BAFA bereitgestellten Zugang eingereicht werden. Auch insoweit gilt die Frist von vier Monaten nach dem Schluss des Geschäftsjahres (§ 12 Abs. 2 LkSG). Hierauf bezieht sich Nr. 12, wonach ein Bußgeld verhängt werden kann, falls der Bericht nicht oder nicht rechtzeitig eingereicht wird. 35

XI. Verstoß gegen vollziehbare Anordnungen (Nr. 13)

Schließlich hält § 24 Abs. 1 LkSG in Nr. 13 einen Bußgeldtatbestand für Verstöße gegen bestimmte vollziehbare Anordnungen vor. Namentlich nimmt der Tatbestand Bezug auf § 13 Abs. 2 LkSG und § 15 S. 2 Nr. 2 LkSG. Nach § 13 Abs. 2 LkSG kann das BAFA verlangen, dass das Unternehmen seinen Bericht zur Erfüllung der Sorgfaltspflichten nachbessert, wenn dieser den Anforderungen gemäß § 10 Abs. 2 und 3 LkSG nicht genügt. Gemäß § 15 S. 2 Nr. 2 LkSG kann das BAFA dem Unternehmen aufgeben, innerhalb von drei Monaten ab Bekanntgabe der Anordnung einen Plan zur Behebung von Verstößen gegen die Pflichten nach den §§ 3 bis 10 Abs. 1 LkSG einschließlich klarer Zeitangaben zu dessen Umsetzung vorzulegen. 36

Wenn die Tatbestände des § 24 Abs. 1 LkSG gemäß der hier vertretenen Auffassung restriktiv ausgelegt werden, ist zu erwarten, dass dem Tatbestand § 24 Abs. 1 Nr. 13 i.V.m. § 15 Abs. 2 LkSG erhebliche praktische Bedeutung zukommen wird. Hält das BAFA Maßnahmen des Unternehmens nicht für angemessen oder fordert weitergehende Maßnahmen, ist zu erwarten, dass das BAFA das Unternehmen zunächst auffordern wird, die vermeintlichen Missstände zu beseitigen und erst bei Missachtung der Aufforderung Bußgelder verhängt. 37

36 In diesem Sinne Gehling/Ott/*Schmelzeisen* § 24 Rn. 53.

XII. Subjektiver Tatbestand

38 In subjektiver Hinsicht muss der Täter entweder vorsätzlich oder fahrlässig handeln. Vorsatz bedeutet Wissen und Wollen der Tatbestandsverwirklichung.[37] Dabei ist ausreichend, dass der Täter die Tatbestandsverwirklichung für möglich hält und diese billigend in Kauf nimmt (dolus eventualis).[38]

39 Nach allgemeinem Verständnis in Literatur und Rechtsprechung handelt fahrlässig, wer die Sorgfalt außer Acht lässt, zu der er nach den Umständen des konkreten Falls und seinen persönlichen Verhältnissen verpflichtet und fähig ist.[39] Da die objektiven Tatbestände irrtumsträchtig formuliert wurden und Vorsatz oft wegen Tatbestandsirrtum (§ 11 Abs. 1 S. 1 OWiG) ausscheiden wird, ist zu erwarten, dass der Vorwurf in den meisten Fällen auf Fahrlässigkeit lauten wird.[40]

C. Rechtsfolgen

40 Eine Besonderheit des § 24 LkSG stellen dessen detaillierten Vorgaben zu den Rechtsfolgen dar. Die Vorschrift modifiziert weitreichend nicht nur den Bußgeldrahmen für natürliche und juristische Personen, sondern macht darüber hinaus auch Vorgaben zu den Bußgeldbemessungsfaktoren.

I. Bußgeldhöhe für natürliche Personen (Abs. 2 S. 1)

41 Zunächst einmal legt § 24 Abs. 2 S. 1 LkSG den Bußgeldrahmen in Abweichung von § 17 Abs. 1 OWiG fest. Da der Bußgeldrahmen des § 17 Abs. 1 OWiG unter dem Vorbehalt steht, dass „das Gesetz nichts anderes bestimmt", darf das Lieferkettensorgfaltspflichtengesetz einen höheren Bußgeldrahmen vorsehen.[41]

42 In den Fällen von § 24 Abs. 1 Nrn. 3, 6, 7 und 8 beträgt der Bußgeldrahmen bis zu EUR 800.000,00. In den Fällen von § 22 Abs. 1 Nr. 1, 2, 4, 5 und 13 liegt die Bußgeldobergrenze bei EUR 500.000,00. Verstöße gegen Dokumentationspflichten sowie das Unterlassen der (korrekten) Einreichung entsprechender Berichte können schließlich zu einem Bußgeld von bis zu EUR 100.000,00 führen.

43 Die Beträge in § 24 Abs. 2 S. 1 LkSG unterscheidet nicht zwischen Vorsatz und Fahrlässigkeitstaten. Bei der Ahndung von Fahrlässigkeitstaten beträgt der zulässige Bußgeldrahmen gemäß § 17 Abs. 2 OWiG lediglich die Hälfte.[42]

II. Bußgeldhöhe bei juristischen Personen oder Personenvereinigungen (Abs. 2 S. 2, Abs. 3)

44 Ein besonderes Novum sind die Modifikationen des Bußgeldrahmens, die § 24 LkSG in Absatz 2 S. 2 und Absatz 3 vorsieht. § 24 Abs. 2 S. 2 LkSG bestimmt, dass in Fällen des § 24 Abs. 1 Nrn. 1 und 2 § 30 Abs. 2 S. 3 OWiG anzuwenden ist. Grundsätzlich richten sich der Bußgeldrahmen für Geldbußen gegen juristische Personen und Personenvereinigungen bei Ordnungswidrigkeiten nach dem Bußgeldrahmen des Grunddelikts (§ 30 Abs. 2 S. 2 OWiG); verweist eine Vorschrift jedoch auf § 30 Abs. 2 S. 3 OWiG, verzehnfacht sich der Bußgeldrahmen. Nach dem Willen des Gesetzgebers

---

37 So die gängige wenn auch unpräzise Kurzformel, siehe Lackner/Kühl/*Kühl* § 15 Rn. 3.

38 Siehe Schönke/Schröder/*Sternberg-Lieben*/*Schuster* § 15 Rn. 72 ff. m.w.N.

39 So bspw. Lackner/Kühl/*Kühl* § 15 Rn. 35.

40 *Mitsch* NZWiSt **2021** 409, 411.

41 Siehe auch *Mitsch* NZWiSt **2021** 409, 412.

42 Siehe auch *Mitsch* NZWiSt **2021** 409, 412.

sei der Verweis auf § 30 Abs. 2 S. 3 OWiG im Hinblick auf die hohen Schutzgüter der international anerkannten Menschenrechte sowohl spezial- wie auch generalpräventiv angezeigt.[43] Dabei müsse der Tatsache Rechnung getragen werden, dass es sich bei den Adressaten der Verpflichteten vielfach um große Unternehmen handeln dürfte, die wirksam vor einer Erfüllung der Tatbestände abgeschreckt werden müssten.[44] Nach §§ 24 Abs. 2 Nrn. 1 oder 2, Abs. 2 S. 2 LkSG i.V.m. § 30 Abs. 2 S. 3 OWiG beträgt der Bußgeldrahmen im Falle von juristischen Personen oder Personenvereinigungen in den in § 24 Abs. 2 S. 1 Nr. 1 LkSG genannten Fällen bis zu EUR 8 Mio. und in den § 24 Abs. 2 S. 1 Nr. 2 LkSG genannten Fällen bis zu EUR 5 Mio.

In § 24 Abs. 3 hat der Gesetzgeber einen weiteren Sonderbußgeldrahmen vorgesehen, der in 45 bestimmten Fällen einen am Umsatz orientierten Bußgeldrahmen eröffnet. § 24 Abs. 3 LkSG legt fest, dass gegen juristische Personen oder Personenvereinigungen mit einem durchschnittlichen Jahresumsatz von mehr als EUR 400 Mio. bei Ordnungswidrigkeiten nach § 24 Abs. 1 Nr. 6 und 7 lit. a) eine Geldbuße von bis zu 2 % des durchschnittlichen Jahresumsatzes verhängt werden kann. Nach dem Willen des Gesetzgebers soll diese einschneidende Rechtsfolge nur für Verstöße durch unterlassene Abhilfemaßnahmen wegen Vorkommnissen im eigenen Geschäftsbereich und beim unmittelbaren Zulieferer gelten.[45] Diese Regelungstechnik ist bereits aus der europäischen Datenschutz-Grundverordnung sowie dem Kartellrecht (§ 81c GWB) bekannt, die augenscheinlich Vorbilder für § 24 Abs. 3 LkSG waren. Ein am Umsatz bemessener Bußgeldrahmen findet sich auch in § 56 Abs. 3 S. 3 GwG.

1. Verfassungsrechtliche Bedenken

Zunächst einmal stellt sich die Frage, ob eine derartige auf den Umsatz bezogene Bußgeldober- 46 grenze mit dem Bestimmtheitsgrundsatz vereinbar ist oder gegen Art. 103 Abs. 2 GG verstößt. Dabei stellen sich folgende drei Problematiken: 1. Die Umsatzhöhe richtet sich nach dem durchschnittlichen Jahresumsatz der letzten drei Geschäftsjahre, die der Behördenentscheidung vorausgehen (Abs. 3 S. 2). Dies bedeutet, dass der Bußgeldrahmen, je nachdem wann die Behördenentscheidung ergeht, unterschiedlich hoch ausfallen kann. Eine mögliche Sanktion muss jedoch bereits zum Tatzeitpunkt auch der potentiellen Höhe nach vorhersehbar sein. 2. Abgestellt wird nicht auf die jeweils in Rede stehende juristische Person, sondern auf *„alle[] natürlichen und juristischen Personen sowie alle[] Personenvereinigungen [...] soweit diese Personen und Personenvereinigungen als wirtschaftliche Einheit operieren.“* (Abs. 3 S. 2). Hier stellen sich die Fragen, wie eine wirtschaftliche Einheit zu definieren ist und wie mit etwaigen Änderungen der wirtschaftlichen Einheit in den maßgeblichen letzten drei Geschäftsjahren umzugehen wäre. 3. Schließlich erkennt der Gesetzgeber, dass der Umsatz anhand dieser Kriterien in vielen Fällen nur mit Schwierigkeiten zu ermitteln ist und gestattet dem Rechtsanwender in Satz 3 daher, den durchschnittlichen Jahresumsatz zu schätzen. Satz 3 sieht dabei noch nicht einmal vor, dass die Schätzung subsidiär sein soll, wodurch die Bestimmung der Obergrenze des Bußgeldrahmens faktisch ins Ermessen des BAFA bzw. des Gerichts gestellt wird.

Die verfassungsrechtlichen Grenzen von Sanktionen gegen juristische Personen ergeben sich 47 aus Art. 103 Abs. 2 GG.[46] Die dynamische Bußgeldobergrenze des § 24 Abs. 3 LkSG ist daher am Bestimmtheitsgrundsatz zu messen; dabei ergeben sich Zweifel an dessen Vereinbarkeit mit den Bestimmtheitserfordernissen, die an gesetzliche Strafrahmen zu stellen sind. Zu den verfassungsrechtlichen Voraussetzungen an die Bestimmtheit von Sanktionsobergrenzen hat sich das Bundesverfassungsgericht ausführlich in seiner Entscheidung zur Vermögensstrafe (§ 43a StGB [a.F.]) ge-

43 BR-Drs. 239/21 S. 63.
44 BR-Drs. 239/21 S. 63.
45 BR-Drs. 239/21 S. 63.
46 Siehe Graf/Jäger/Wittig/*Bock* Wirtschafts- und Steuerstrafrecht, § 1 StGB Rn. 11; Dürig/Herzog/Scholz/*Remmert* Art. 103 Abs. 2 GG Rn. 54; jew. m.w.N.

äußert. Dass der Sanktionsrahmen sich nach dem „Vermögen" des Angeklagten richten soll, hat das Bundesverfassungsgericht für nicht mit dem Bestimmtheitsgrundsatz vereinbar erklärt:[47]

> *„Der Gesetzgeber hat auch für die Bestimmung des Strafrahmens der Vermögensstrafe keine ausreichenden Festlegungen getroffen. § 43a StGB ermöglicht die Verurteilung eines Täters zur Zahlung eines Geldbetrags, dessen Höhe nur durch den Wert seines Vermögens zum Zeitpunkt des Urteils begrenzt ist. Die Vermögensstrafe ist damit zwar keine der Höhe nach unbegrenzte Geldstrafe. Sie enthält aber [...] keine abstrakt bestimmte oder auch nur bestimmbare Unter- und Obergrenze. Ihre Höhe wird erst zum Zeitpunkt der konkreten Rechtsanwendung auf den Einzelfall sichtbar; es ist nämlich in der jeweiligen Entscheidungssituation ein individueller Strafrahmen zu bilden, der durch den tatsächlichen Wert des Vermögens nach oben begrenzt ist." Insbesondere kritisierte das Bundesverfassungsgericht auch die Möglichkeit zur Schätzung des Vermögens: „Das Maß an gesetzlicher Unbestimmtheit erhöht sich weiter durch die Schätzklausel in § 43a I 3 StGB. Sie räumt dem Richter einen noch einmal erweiterten Entscheidungsraum für die Bestimmung der Strafobergrenze und damit für die Feststellung der Vermögensstrafe insgesamt ein. Vorschriften, die den Richter schätzen lassen, sind auf Fälle zugeschnitten, in denen der zu ermittelnde Wert nicht mit hinreichender Sicherheit festgestellt werden kann [...]. Sie führen mit ungenauer Feststellung oder pauschaler Berechnung eines Umstands, der für die rechtliche Entscheidung tragend ist, einen Unsicherheitsfaktor ein, der das Ergebnis mit bestimmt [...]. Eine Schätzung führt – auch wenn sie auf eine hinreichende Schätzungsgrundlage gestützt ist und eine der Wirklichkeit möglichst nahe kommende Feststellung zu erreichen sucht – immer die erhöhte Möglichkeit einer Abweichung von der Realität mit sich."*

48 Die aufgeführten Bedenken haben freilich bei den parallel gestalteten Vorschriften des Kartellrechts bisher nicht dazu geführt, dass deren Verfassungswidrigkeit festgestellt wurde. Tatsächlich lässt sich für die umsatzbezogene Bußgeldobergrenze ins Feld führen, dass ein Prozentsatz des Umsatzes eines Unternehmens oder einer Unternehmensgruppe – die im Regelfall verpflichtet sein wird, ihre Geschäftszahlen zu veröffentlichen – einen klareren Rahmen schafft, als der sehr abstrakte Begriff „Vermögen". Dennoch wird auch bei einer am Umsatz orientierten Sanktionsobergrenze diese erst durch den Rechtsanwender bestimmt. Für das europäische Kartellrecht hat der EuGH entschieden, dass die umsatzbezogene Bußgeldobergrenze des Art. 23 VO 1/2003 kein Verstoß gegen den Grundsatz der Gesetzmäßigkeit darstelle, da ein *„verständiger Wirtschaftsteilnehmer* [...] *erforderlichenfalls mit Hilfe eines Rechtsbeistands* [] *hinreichend genau die Berechnungsmethode und die Größenordnung der Geldbußen vorhersehen"* könne.[48]

49 Ähnlich argumentierte der Bundesgerichtshof für die umsatzbezogene Bußgeldobergrenze in § 81 GWB a.F.:[49] *„Mit einer solchen umsatzabhängigen Obergrenze verstößt der Bußgeldrahmen nicht gegen das Bestimmtheitsgebot des Art. 103 II GG. Er widerspricht insbesondere nicht den Grundsätzen, die das BVerfG zur Vermögensstrafe nach § 43 a StGB aufgestellt hat.* [...] *Für den Fall der Kartellordnungswidrigkeit tritt als Besonderheit hinzu, dass der wirtschaftliche Vorteil bei Kartellverstößen, die häufig das marktwirtschaftliche Gefüge in ganz erheblichem Umfang stören und große volkswirtschaftliche Schäden verursachen können, in der Regel bei dem Unternehmen eintritt. Es bedarf deshalb der Androhung einer auch für Großunternehmen empfindlichen Geldbuße. Damit ist von vornherein ein weiter Rahmen notwendig, wenn die Geldbuße sowohl kleine als auch weltweit tätige Unternehmen erfassen und Zuwiderhandlungen gegen das Kartellverbot nach ihrer jeweiligen wirtschaftlichen Leistungsfähigkeit ahnden soll. Die Anknüpfung an Indikatoren, die eine gewisse Aussagekraft hinsichtlich der wirtschaftlichen Leistungsfähigkeit des Unternehmens aufweisen, ist deshalb unumgänglich, wenn der Gesetzgeber die gleichermaßen der Verfassung zu entnehmenden Gebote des angemessenen Sanktionierens und der Wahrung der Einzelfallgerechtigkeit umsetzen will. Dass der Gesetzgeber* [...] *die Umsatzzahlen als maßgebliche Bezugsgröße bestimmt hat, begegnet vor diesem Hintergrund keinen Bedenken."* Auch dass an den aktuellen Umsatz und nicht an den Umsatz zum Tatzeitpunkt angeknüpft werden solle, sei nicht zu beanstanden.[50] Hierin

---

47 BVerfG Urt. v. 20.3.2002 – 2 BvR 794/95 = BVerfGE **105** 135, hier nach NJW **2002** 1779.
48 EuGH Urt. v. 18.7.2013 – C-501/11 P, Rn. 58.
49 BGH Beschl. v. 26.2.2013 – KRB 20/121975 = NJW **2013** 1972, 1975.
50 BGH Beschl. v. 26.2.2013 – KRB 20/121975 = NJW **2013** 1972, 1975.

liege weder ein Verstoß gegen den Schuldgrundsatz oder das Bestimmtheitsgebot.[51] Jedenfalls die Argumente, die das Bundesverfassungsgericht in seiner Entscheidung über die Vermögensstrafe gegen die Möglichkeit, die Bemessungsgrundlage der Bußgeldobergrenze zu schätzen, ins Feld führt, treffen auf § 24 Abs. 3 LkSG vollauf zu. Zur Möglichkeit der Schätzung der Bußgeldobergrenze – auch § 81 Abs. 4 S. 4 GWB sah diese bereits vor – äußerte sich der BGH in seinem Urteil vom 26.2.2013 nicht. Die weitere Rechtsentwicklung bleibt abzuwarten.

2. Mehr als EUR 400 Mio. Jahresumsatz

Der dynamische Bußgeldrahmen des § 24 Abs. 3 LkSG findet nur auf solche Unternehmen Anwendung, deren durchschnittlicher Jahresumsatz mehr als EUR 400 Mio. beträgt. Abzustellen ist auf die letzten drei Geschäftsjahre, wie sich aus § 24 Abs. 3 S. 2 LkSG ergibt. Der Jahresumsatz ist nach den allgemeinen für die jeweilige Geschäftstätigkeit maßgeblichen Vorschriften zu bestimmen.[52] Maßgeblich ist der Zeitpunkt der Behörden- bzw. der gerichtlichen Entscheidung. Veränderungen in der Zusammensetzung der wirtschaftlichen Einheit sind bei der Berechnung des durchschnittlichen Jahresumsatzes zu berücksichtigen. Entsprechend können Veränderungen der wirtschaftlichen Einheit während des maßgeblichen Zeitraums dazu führen, dass der Sonderbußgeldrahmen überhaupt erst anwendbar wird, bzw. zum Zeitpunkt der Bußgeldentscheidung nicht mehr anwendbar ist.[53] 50

3. Wirtschaftliche Einheit

Für die Bußgeldobergrenze soll nicht der Umsatz der jeweiligen juristischen Person, sondern der aller juristischen Personen sowie Personenvereinigungen zugrunde gelegt werden, die als wirtschaftliche Einheit operieren. Diese Regelung ist damit parallel zu § 81c Abs. 5 S. 1 GWB ausgestaltet. Naheliegend ist, diese Grundsätze auf § 24 Abs. 3 LkSG zu erstrecken. Von einer wirtschaftlichen Einheit ist demnach auszugehen, wenn eine Tochtergesellschaft trotz eigener Rechtspersönlichkeit ihr Marktverhalten nicht unabhängig bestimmt, sondern im Wesentlichen Weisungen der Muttergesellschaft befolgt.[54] Ein bestimmender Einfluss ist gegeben, wenn die Muttergesellschaft das Marktverhalten ihrer Tochtergesellschaft im Hinblick auf deren wirtschaftliche, organisatorische und rechtliche Bindungen im Allgemeinen in maßgeblicher Weise bestimmt.[55] Im europäischen Recht wird der bestimmende Einfluss widerleglich vermutet, falls die Muttergesellschaft fast alle Beteiligungen oder eine Mehrheitsbeteiligung hält und 100 % der Stimmrechte ausübt.[56] Nach deutschem Beweisrecht können die Vermutungsregelungen wegen des in dubio pro reo-Grundsatzes nur als Erfahrungssätze im Rahmen der Beweiswürdigung herangezogen werden.[57] 51

4. Möglichkeit der Schätzung

Nach § 24 Abs. 3 S. 3 LkSG kann der durchschnittliche Jahresumsatz geschätzt werden. Aus der Formulierung der Vorschrift ergibt sich dabei keinerlei Subsidiarität der Schätzung. Aufgrund der 52

51 BGH Beschl. v. 26.2.2013 – KRB 20/121975 = NJW **2013** 1972, 1975, unter Verweis auf die Gegenauffassung von Göhler/*Gürtler* § 17 Rn. 48c.

52 Siehe hierzu Gehling/Ott/*Schmelzeisen* § 24 Rn. 86.

53 Siehe Gehling/Ott/*Schmelzeisen* § 24 Rn. 108 f.

54 EuGH Urt. v. 14.7.1972 – 48/69 (Imperial Chemical Industries).

55 Vgl. MüKo-WettbR/*Vollmer* § 81c GWB Rn. 28 m.w.N. aus der Rspr.

56 EuGH, Urt. v. 12.7.2018 – T-419/14 Rn. 43 ff.; MüKo-WettbR/*Vollmer* § 81c GWB Rn. 28.

57 Siehe *Achenbach* wistra **2018** 185, 187; MüKo-WettbR/*Vollmer* § 81c GWB Rn. 31.

dargestellten verfassungsrechtlichen Probleme im Zusammenhang mit der Schätzklausel darf diese jedoch nur die letzte Möglichkeit darstellen, d.h. konkrete Feststellungen sind entweder nicht oder allenfalls mit völlig unverhältnismäßigem Aufwand zu treffen.[58] Schließlich muss die Schätzung auf einer hinreichend sicheren Grundlage beruhen und in sich schlüssig sein.[59] Nicht hinsichtlich jedem Umstand, der Grundlage der Schätzung bildet, muss der in dubio pro reo-Grundsatz angewendet werden; im Ergebnis ist dann jedoch ein Sicherheitsabschlag vorzunehmen, der den Unsicherheiten bei der Schätzgrundlage Rechnung trägt.[60]

III. Bußgeldbemessungsfaktoren (Abs. 4)

53 § 24 Abs. 4 LkSG gibt Leitlinien vor, anhand derer die Geldbuße gegen juristische Personen oder Personenvereinigungen bemessen werden soll. Für natürliche Personen bleibt es bei den allgemeinen Grundsätzen des § 17 Abs. 3 OWiG. Maßgebliches Kriterium soll die Bedeutung der Ordnungswidrigkeit sein (Satz 1). Ebenfalls sind die wirtschaftlichen Verhältnisse der juristischen Person zu berücksichtigen (Satz 2). Nach Satz 3 sind die Faktoren, die für und die gegen die juristische Person sprechen gegeneinander abzuwägen; insofern handelt es sich ebenfalls um eine rechtsstaatliche Selbstverständlichkeit.[61]

54 In Satz 4 Nrn. 1–8 werden mögliche Abwägungsgesichtspunkte aufgezählt. Nach Willen des Gesetzgebers soll § 24 Abs. 4 LkSG § 17 Abs. 3 OWiG ergänzen.[62] Die Auflistung ist nicht abschließend. Was den Gesetzgeber dazu bewogen hat, die Sanktionszumessung im engeren Sinne in § 24 Abs. 4 LkSG weiter zu konkretisieren bleibt unklar, denn die genannten Gesichtspunkte wären bei einer Sanktionszumessung allein auf Grundlage des § 17 Abs. 3 OWiG wohl im selben Maße zu berücksichtigen.[63]

55 Nr. 1 legt fest, dass der Vorwurf, der den Täter trifft, zu berücksichtigen ist. Im Fall von § 30 OWiG ist anerkannt, dass sich die individuelle Schuld des Täters nur soweit auf den Verbandsvorwurf erstreckt, als sich *„in ihm eine von dem Individualtäter konstituierte kollektive Sinnbestimmung manifestiert."*[64] Entscheidend ist zudem, ob sich die Tat des Täters in die „Verbandattitüde" fügt oder diese im Gegenteil im Widerspruch zum übrigen Geschäftsgebaren steht.[65] Selbiges gilt auch für die in Nr. 2 genannten Beweggründe und Ziele des Täters. Handelt dieser besonders rücksichtlos, kann dies unter der genannten Einschränkung auch der juristischen Person oder Personenvereinigung negativ angerechnet werden.

56 Nach Nr. 3 sind Gewicht, Ausmaß und Dauer der Ordnungswidrigkeit zu berücksichtigen. Dies meint insbesondere den Umfang und die Gefährdung der im LkSG postulierten Ziele und zwar sowohl in zeitlicher, quantitativer und qualitativer Hinsicht.[66] In eine ähnliche Richtung zielen auch die Nrn. 4 und 5. Je mehr Leitungspersonen an der Ordnungswidrigkeit beteiligt waren und je höher diese in der Unternehmenshierarchie stehen, desto höher soll die Sanktion gegen das Unternehmen ausfallen. Nr. 5 bezieht sich ausdrücklich auf die negativen Folgen etwaiger Betroffener.[67]

57 Nach Nr. 6 können vorausgegangene Bußgelder gegen die juristische Person bzw. Personenvereinigung bußgelderhöhend herangezogen werden. Compliance-Bemühungen hingegen sowie

58 Siehe Wagner/Ruttloff/Wagner/*Skoupil* § 10 Rn. 1577.
59 Vgl. Gehling/Ott/*Schmelzeisen* § 24 Rn. 113; Wagner/Ruttloff/Wagner/*Skoupil* § 10 Rn. 1577.
60 Gehling/Ott/*Schmelzeisen* § 24 Rn. 113.
61 So auch Wagner/Ruttloff/Wagner/*Skoupil* § 10 Rn. 1591.
62 BR-Drs. 239/21 S. 62.
63 So auch *Mitsch* NZWiSt **2021** 409, 412.
64 KK-OWiG/*Rogall* § 30 Rn. 137.
65 Siehe KK-OWiG/*Rogall* § 30 Rn. 137.
66 Siehe Gehling/Ott/*Schmelzeisen* § 24 Rn. 149 f.
67 Siehe Gehling/Ott/*Schmelzeisen* § 24 Rn. 155.

etwaige Wiedergutmachungshandlungen sind bußgeldmindernd heranzuziehen. Dies gilt auch für die Aufarbeitung des Sachverhalts durch eine interne Untersuchung sowie eine Überprüfung und Nachbesserung der Präventionsmaßnahmen.[68]

Erleidet das Unternehmen Reputationsschäden oder wird dieses (erfolgreich) auf Schadenser- 58
satz in Anspruch genommen, so soll dies nach Nr. 8 ebenfalls Berücksichtigung finden.

D. Beteiligung, prozessuale Fragen

I. Täterschaft

Bei den Ordnungswidrigkeitentatbeständen handelt es sich ausnahmslos um sog. Pflichtdelikte.[69] 59
Täter ist demnach, wer die von den Sanktionsnormen in Bezug genommenen Sorgfaltspflichten nicht ausführt. In den einschlägigen Vorschriften ist stets das „Unternehmen" Adressat der Sorgfaltspflichten. Täter der genannten Ordnungswidrigkeiten können jedoch nur natürliche Personen sein, denn das deutsche Sanktionsrecht kennt keine Täterschaft von juristischen Personen.[70] „Unternehmen" kann freilich theoretisch auch eine natürliche Person – bspw. ein Einzelkaufmann – sein, doch aufgrund des sachlichen Anwendungsbereiches wird die Vorschrift sich in erster Linie an juristische Personen und Personenvereinigungen richten. Der Täterkreis bestimmt sich daher zunächst einmal nach § 9 OWiG: Handelt jemand als Organ oder Gesellschafter einer juristischen Person (Nrn. 1 und 2) sowie als Vertreter eines anderen (Nr. 3) können besondere persönliche Merkmale – hier die Pflicht zur Erfüllung der Sorgfaltspflichten – dem Vertreter zugerechnet werden.

Damit hat es – jedenfalls bei Vorsatztaten – noch nicht sein Bewenden. Dem Ordnungswidrigkei- 60
tenrecht liegt ein sog. extensives[71] Einheitstäterprinzip zu Grunde. Dabei verhält sich das Ordnungswidrigkeitenrecht auf *Tatbestandsebene* jedoch keinesfalls indifferent hinsichtlich der Beteiligungsformen. Dies bedeutet, dass das Ordnungswidrigkeitenrecht anders als das Kriminalstrafrecht zwar nicht zwischen Täter, Anstifter und Gehilfe unterscheidet, sondern die Beteiligungsformen in der *Rechtsfolge* gleichbehandelt. Daher muss auch für den Einheitstäter des Ordnungswidrigkeitenrechts stets mitgedacht werden muss, ob eine Person als Gehilfe oder Anstifter in Betracht kommt.[72] Denn gemäß § 14 Abs. 1 OWiG begeht demnach neben dem unmittelbaren Täter auch jeder *andere Tatbeteiligte* die Ordnungswidrigkeit. Dies bedeutet im Hinblick auf die Pflichtdelikte des § 24 Abs. 1 LKSG, dass auch Personen als Täter in Betracht kommen, denen die Pflichten des Unternehmens nicht gemäß § 9 OWiG zugerechnet werden.[73] Vielmehr kommen auch die Personen in Betracht, die den eigentlichen Täter (i.S.d.) § 26 StGB angestiftet haben oder ihm zu dessen Tat Hilfe geleistet haben (i.S.d. § 27 StGB). Der Täterkreis wird daher über den Personenkreis der Adressaten der Sorgfaltspflichten hinaus erweitert.

Eine solche Erweiterung des Täterkreises über die Adressaten der Sorgfaltspflichten hinaus 61
gilt nur für Vorsatztaten. Es existieren weder eine fahrlässige Anstiftung noch eine fahrlässige Beihilfe.[74] Im Umkehrschluss setzt eine Fahrlässigkeitstäterschaft in jedem Fall voraus, dass dem

68 Vgl. Wagner/Ruttloff/Wagner/*Skoupil* § 10 Rn. 1593 f.

69 Grundlegend zu Pflichtdelikten siehe *Roxin* Pflichtdelikte und Tatherrschaft, FS Schünemann 2014 509; *ders.* Täterschaft und Tatherrschaft, 9. Aufl. 2015, S. 352 ff.; 771 ff.

70 Zur Rechtsdogmatik siehe *Schünemann* ZIS **2014** 1. An diesem Befund hätte auch das Verbandssanktionengesetz nichts geändert, denn diesem liegt wie auch § 30 OWiG das sog. Rechtsträgerprinzip zugrunde. Eine Sanktion gegen Unternehmen erfordert damit stets eine täterschaftliche Zuwiderhandlung einer natürlichen Person, an die die Sanktion gegen die juristische Person geknüpft wird.

71 Vgl. KK-OWiG/*Rengier* § 14 Rn. 4; *Rotsch* Einheitstäterschaft statt Tatherrschaft, 2008, S. 193 ff.; *Seier* JA **1990** 342 f. Siehe auch OLG Karlsruhe Beschl. vom 5.12.1985 – 3 Ss 121/85 = NStZ **1986** 128.

72 KK-OWiG/*Rengier* § 14 Rn. 4; *Rotsch* Einheitstäterschaft statt Tatherrschaft, 2008, S. 193 ff.; *Seier* JA **1990** 342 f.

73 *Mitsch* NZWiSt **2021** 409, 411.

74 Dies ergibt sich bereits aus der Formulierung von §§ 26, 27 StGB; siehe auch Lackner/Kühl/*Kühl* § 26 Rn. 1.

Täter die Pflichtenstellung als besonderes persönliches Merkmal gemäß § 9 OWiG zugerechnet werden kann.

II. Verhängung von Bußgeldern gegen juristische Personen und Personenvereinigungen

62 Gegen juristische Personen und Personenvereinigungen kann unter den zusätzlichen Voraussetzungen des § 30 Abs. 1 OWiG eine Unternehmensgeldbuße verhängt werden. Voraussetzung ist, dass eine Person in leitender Stellung im Sinne des § 30 Abs. 1 Nrn. 1–5 OWiG (es genügt nach Nr. 5 faktisch leitende Funktion[75]) gehandelt hat (Bezugstäter) und durch die Ordnungswidrigkeit Pflichten verletzt wurden, die juristische Person oder Personengemeinschaft betreffen, oder dass die juristische Person oder Personenvereinigung durch die Tat bereichert wurde.[76]

63 Dass das LKSG die tatsächlich vor allem das Unternehmen als Adressat einer Geldbuße vor Augen hat, zeigt sich in dem § 24 Abs. 2–4 LKSG enthaltenen konkretisierenden Regelungen betreffen Verbandsgeldbuße.[77] Auch die Gesetzesbegründung aus, dass es sich bei den Ordnungswidrigkeitentatbeständen um solche handle, die typischerweise vom Personenkreis des § 30 Abs. 1 Nrn. 1–5 OWiG unter Verletzung von Pflichten, welche das Unternehmen treffen, erfüllt werden.[78]

64 Die Unternehmensgeldbuße kann gemäß § 30 Abs. 4 OWiG auch selbstständig verhängt werden, d.h. ohne zugleich ein Ordnungswidrigkeitenverfahren gegen den Täter der Ordnungswidrigkeit zu führen. § 30 Abs. 4 OWiG nennt die Möglichkeiten der Nichteinleitung, die Einstellung des Verfahrens und das Absehen von Strafe. Nichteinleitung meint dabei, dass das BAFA sich dazu entschließt, kein Bußgeldverfahren gegen die Leitungsperson einzuleiten.[79] Im Bußgeldverfahren gilt das Opportunitätsprinzip, sodass es im Ermessen des BAFA steht, ob gegen den Bezugstäter ein Bußgeldverfahren eingeleitet wird.[80] Auch ist gar nicht notwendig, dass die Identität des Bezugstäters ermittelt wird; ausreichend ist die Feststellung, *dass* eine Leitungsperson eine taugliche Anknüpfungstat begangen hat.[81]

III. Zuständigkeit des BAFA (Abs. 5)

65 Die zur Verfolgung von Ordnungswidrigkeiten nach § 24 LkSG zuständige Behörde im Sinn des § 36 Abs. 1 Nr. 1 OWiG ist gemäß § 24 Abs. 5 S. 1 LkSG ist das BAFA. Die Rechts- und Fachaufsicht obliegt gemäß § 24 Abs. 5 S. 2 i.V.m. § 19 Abs. 1 S. 2 LkSG dem Bundesministerium für Wirtschaft und Energie. Dabei handelt es in Einvernehmen mit dem Bundesministerium für Arbeit und Soziales, § 24 Abs. 5 S. 2 LkSG i.V.m. § 19 Abs. 1 S. 3 LkSG.

66 Nach § 47 Abs. 1 S. 1 OWiG liegt die Verfolgung im pflichtgemäßen Ermessen des BAFA. Zur Verfolgung einer Ordnungswidrigkeit stehenden dem BaFa über den Verweis in § 46 OWiG auf die Eingriffsbefugnisse der StPO grundsätzlich dieselben Mittel wie im strafrechtlichen Ermittlungsverfahren zur Verfügung. Die Behörde kann also beispielsweise Beweismittel beschlagnah-

75 Krenberger/Krumm/*Bohnert* OWiG, 6. Auflage 2020, § 30 Rn. 30.
76 Vgl. KK-OWiG/*Rogall* § 30 Rn. 86.
77 *Lutz-Bachmann*/*Vorbeck*/*Wengenroth* BB **2021** 906, 912.
78 BR-Drs. 239/21 S. 63.
79 Vgl. allg. BeckOK-OWiG/*Meyberg* § 30 Rn. 132 m.w.N.
80 Siehe KK-OWiG/*Rogall* § 30 Rn. 164.
81 BGH Beschl. v. 8.2.1994 – KRB 25/93 = NStZ **1994** 346; Leitner/Rosenau/*von Galen*/*Maass* Wirtschafts- und Steuerstrafrecht, 2017, § 30 OWiG Rn. 39; BeckOK-OWiG/*Meyberg* § 30 Rn. 57; KK-OWiG/*Rogall* § 30 Rn. 119 f.

men, Geschäftsräume durchsuchen oder Zeugen vernehmen.[82] Über § 1 Abs. 1, 2 IRG ist ferner internationale Rechtshilfe möglich.[83]

IV. Verfolgungsverjährung

Für die Verfolgungsverjährung von Ordnungswidrigkeiten nach § 24 LkSG gilt § 31 OWiG. Die Verjährungsfrist richtet sich daher nach dem möglichen Höchstmaß eines Bußgelds. Da für alle Bußgeldtatbestände des § 24 Abs. 1 LkSG zumindest ein Höchstmaß von EUR 100.000,00 angedroht ist (§ 24 Abs. 2 S. 1 Nr. 3 LkSG) verjähren die Taten drei Jahre nach Beendigung, § 31 Abs. 2 Nr. 1 LkSG. 67

82 BR-Drs. 239/21 S. 62.

83 *Lutz-Bachmann/Vorbeck/Wengenroth* BB **2021** 906, 913.

Sachregister

https://doi.org/10.1515/9783110788976-027

J

K

L

V

www.ingramcontent.com/pod-product-compliance
Lightning Source LLC
LaVergne TN
LVHW081516300926
849161LV00006B/1197